JOHN HALE

Die Kultur der Renaissance in Europa

Sixtus IV. ernennt B. Platina zum Präfekten der Vatikanischen Bibliothek (1474),
Melozzo da Forlì, Fresko, um 1477 (Vatikanische Sammlungen, Rom)

John Hale

Die Kultur der Renaissance in Europa

Aus dem Englischen von
Michael Schmidt

verlegt bei Kindler

Originaltitel: The Civilization of Europe in the Renaissance
Originalverlag: Harper Collins, London

Die Deutsche Bibliothek – CIP-Einheitsaufnahme

Die Kultur der Renaissance in Europa
John Hale. Aus dem Engl. von Michael Schmidt. –
München : Kindler, 1994
Einheitssacht.: The Civilization of Europe
in the Renaissance < dt. >
ISBN 3-463-40247-5
NE: Hale, John R.; EST

Dieses Buch wurde auf chlor- und säurefreiem Papier gedruckt.
Die Folie des Schutzumschlags sowie die Einschweißfolie
sind PE-Folien und biologisch abbaubar.

Umschlaggestaltung: Graupner & Partner, München
Umschlagabbildung: aus dem Zyklus *Szenen aus
dem Leben der Heiligen Ursula*
»Rückkehr der englischen Gesandten« (1490–1495)
von Vittore Carpaccio, Öl auf Leinwand
Foto: Archiv für Kunst und Geschichte, Berlin
Umbruch: Ventura Publisher im Verlag
Druck und Bindearbeiten: Chemnitzer Verlag, Zwickau
Printed in Germany
ISBN 3-463-40247-5

2 4 5 3 1

Für Sheila

Inhalt

Vorwort

Dieses Buch befaßt sich mit der Epoche der europäischen Geschichte, die von etwa 1450 bis etwa 1620 reicht. Kein Ausschnitt aus der geschichtlichen Zeit ruht in sich selbst. Aber das »lange« 16. Jahrhundert, wie man es zu nennen pflegt, besitzt eine eigentümliche Geschlossenheit. Es war das erste Zeitalter, in dem die Worte »Europa« und »europäisch« eine weithin verstandene Bedeutung annahmen. Es erlebte die Entstehung einer neuen, allgemein verbreiteten Mentalität gegenüber dem, was man als die wertvollsten Aspekte zivilisierten Lebens schätzte. Es war Zeuge der größten Flut an geistiger und kultureller Energie, die bis dahin über den europäischen Kontinent hinweggegangen war, während die italienische Renaissance ihren Höhepunkt erreichte und von anderen dynamisch sich entwickelnden Nationalkulturen aufgenommen oder abgewiesen wurde. Es war auch eine Epoche, in der es dramatische Umschwünge zum Besseren oder Schlechteren gab – in religiöser, politischer, wirtschaftlicher und, infolge der Entdeckung anderer Kontinente, auch globaler Hinsicht –, so daß mehr Menschen als je zuvor ihre Zeit als einzigartig ansahen und von »diesem neuen Zeitalter«, »dem gegenwärtigen Zeitalter«, »unserem Zeitalter« sprachen. Was dem einen als »gesegnetes Zeitalter« galt, war einem anderen »das schlimmste Zeitalter der Geschichte«.

Ich habe mich bei meiner Untersuchung bemüht, das, was damals gesagt und getan wurde, auch unter dem Blickwinkel der Fragen zu betrachten, die die Nachwelt immer gern der Vergangenheit stellen möchte, und sie tut dies vielleicht gegenüber keiner Epoche vor dem 19. Jahrhundert mit größerem Interesse als dieser. Genauso wie es Städte gibt – Paris, Prag, Venedig, London –, deren geradezu magnetische Anziehungskraft auf Besucher nicht nur auf dem beruht, was sie sind, sondern auch auf den Assoziationen, die sie auslösen, so gibt es auch Epochen mit dieser magnetischen Anziehungskraft, und in diesem Sinne verstehe ich mein Buch als Führer für »Zeitreisende« in diese einzigartige Epoche.

Ich hoffe, man hält es nicht für anmaßend, daß sich der Titel meines Buches an ein Werk von wahrhaft epochemachender Bedeutung anlehnt: Jacob Burckhardts *Die Kultur der Renaissance in Italien* von 1859. Ich habe es schon so lange in meinem geistigen Gepäck bei mir gehabt, als einen zugleich schützenden wie provozierenden Talisman, daß ich diese Reise keineswegs ohne ihn unternehmen konnte. Allein den Finger auf diesen Titel zu legen schärft meine Sinne für Gefahren, die an meinem Weg lauern. Was genau bedeutet »Kultur«? Wie anschaulich ist der Begriff »Renaissance«? Was signalisierte eigentlich ein Wort wie »Italien« den Menschen der damaligen Zeit? Als ich diese Fragen auf ganz Europa ausweitete, konnte ich mich zwar ein wenig mit Francis Bacons Bemerkung trösten, »in der Unterhaltung alle Argumente vertreten zu wollen ist lächerlich und entbehrt wahrer Urteilskraft; denn kein Mensch kann in allen Dingen vollkommen sein«. Aber ich bin mir darüber im klaren, wie sehr ich es versäumt habe, die in meinem Literaturverzeichnis präsentierte Ansammlung von Wissen voll zu nutzen.

Was auf den folgenden Seiten am wenigsten unvollkommen ist, verdanke ich dem mäßigenden Wohlwollen meiner Frau Sheila und der unermüdlichen Wachsamkeit meines Lektors Stuart Proffitt, die geduldig Stil und Inhalt meines Manuskripts unter die Lupe genommen haben. Von den vielen Kollegen und Freunden, die mit mir hilfreicherweise über mein Vorhaben gesprochen haben, möchte ich hier nur zwei erwähnen: Nicolai Rubinstein, der mich drängte, mich intensiv mit dem Thema der Vermittlung zu befassen – von Menschen und Ideen; und Jane Martineau, die mich in einem frühen Stadium fragte: »Gehört Eishockey zur Kultur?« Ich verdanke auch viel den berauschenden Parallelen, denen ich in den Bücherstapeln aus dem Warburg Institute und der London Library begegnete, ebenso wie der Möglichkeit, die mir das Center for Medieval and Renaissance Studies an der University of California, Los Angeles, einräumte, nämlich Teile dieses Buches versuchsweise vorzutragen. Ich verrate mein Alter, wenn ich zugebe, daß ich ein handgeschriebenes Buch zum Abschreiben geben mußte; aber damit habe ich einen guten Grund, Julia Cornes dafür zu danken, daß sie sich – wie jener großartige Bewahrer von Manuskripten in der ersten Generation des Buchdrucks, Herzog Federico von Urbino – ein waches Verständnis für eine aus der Mode gekommene Form der Selbstdarstellung bewahrt hat.

Erster Teil

Europa

Der untere Teil des Himmels öffnet sich, und sichtbar wird die dahingestreckte und ausgemergelte Gestalt Europas, die Alpen wie ein Rückgrat geformt und die davon abzweigenden Gebirgsketten wie Rippen, während das iberische Halbinselplateau den Kopf bildet. Weite und langgestreckte Tiefebenen ziehen sich vom Norden Frankreichs über Rußland hinweg wie ein graugrünes Gewand, gesäumt von den Gebirgen des Ural und dem glitzernden Nordpolarmeer.

Dann taucht die Perspektive nach unten durch den Weltraum und nähert sich der Oberfläche der in Aufruhr versetzten Länder, wo man sieht, wie die Völker, erschüttert von Ereignissen, die sie nicht verursacht haben, in den verschiedenen Städten und Ländern sich krümmen, winden, dahinschleppen und zittern.

Thomas Hardy, *The Dynasts*, Bühnenanweisung

1. Kapitel

Die Entdeckung Europas

Das Wort und der Mythos

Als Francis Bacon 1623 von »uns Europaern« sprach[1], ging er davon aus, daß seine Leser wußten, wo »Europaer« waren, wer sie waren und was sie, trotz aller nationalen Unterschiede, miteinander gemeinsam hatten. Eineinhalb Jahrhunderte zuvor hätte diese Formulierung nicht mit einer derartigen Selbstverständlichkeit verwendet, dieses Wissen nicht so ohne weiteres vorausgesetzt werden können. Denn erst in der Epoche, von der dieses Buch handelt, ging das Wort Europa in den allgemeinen Sprachgebrauch ein, und der Kontinent selbst erhielt ein auf gesicherten kartographischen Erkenntnissen beruhendes Koordinatensystem, eine bildhafte Identität, die sich in einer Reihe von Vorstellungsbildern ausdrückte, sowie eine triumphale Ideologie, die sich über alle inneren Widersprüche hinwegsetzte.

Zwar hatten Gelehrte bereits im Mittelalter gewußt, daß sie auf einem Kontinent lebten, der von den antiken Geographen »Europa« genannt worden war, um ihn von Afrika und Asien zu unterscheiden, den anderen Landmassen, die ihnen zum Teil bekannt waren, aber das Wort rief nur ein geringes Echo hervor. Aller Wahrscheinlichkeit nach war der großen Mehrheit der Menschen, die in Europa lebten und nur mit Mühe, wenn überhaupt, lesen konnten, das Wort nicht einmal zu Ohren gekommen. Sie bezogen ihr Wissen über eine Welt jenseits ihrer lokalen oder nationalen Grenzen aus den Geschichten der Märtyrer und Missionare, aus den Berichten über die Kreuzzüge sowie von der Kanzel. Unermüdlich predigte ihnen der Klerus, daß sie als Christen einem besonderen Kontinent angehörten, der von der göttlichen Vorsehung auserkoren sei, Heimstatt des wahren Glaubens zu sein: des Christentums. Ohne räumlich präzise Landkarten und ohne die mit dem Aufkommen des Buchdrucks massenhaft erscheinenden Straßenkarten und Reiseberichte besaß Europa vor allem eine gefühlsmäßige Identität: Hier waren Wir, die einzigartig Auserwählten (und darum auch durch Kriege, Seuchen und Hungersnöte für unsere Sünden zu bestrafen), dort Sie, die Gottlosen oder einem Irrglauben Anhängenden.

Schon im Jahre 1471 pries der Astronom Johannes Müller (Regiomontanus) aus begeisterter Dankbarkeit für den Empfang, den ihm Nürnberg bereitete, die Stadt als »Mittelpunkt von Europa«.[2] Für Bacon war es immer Europa; Heinrich VII. wurde in der Westminster Abbey in einem der prachtvollsten und vornehmsten Grabmäler – geschaffen von dem Italiener Pietro Torrigiano – »in Europa« beigesetzt: Seine Handlungen seien »in den Geschäften Europas wichtig geworden«.[3]

Die Idee des Christentums aber war schon seit längerer Zeit im Schwinden begriffen. Sie floß zwar weiterhin aus den Federkielen jener Männer, die Friedensverträge verfaßten, denn konnte es angesichts des unheilbaren kämpferischen Dranges des Menschen eine bessere Lösung für einen innenpolitischen Konflikt geben als einen gemeinsamen christlichen Feldzug gegen die Heiden? Sie tauchte auch in dem Gebet auf, das ein frommer Bürger von Mailand 1565 auf Anraten seines Beichtvaters für seine Familienandachten übernahm: Er betete, Gott möge seine Familie bewahren »in vollkommener Eintracht und vollkommener Liebe, uns und die ganze Christenheit«.[4] Sogar 1590 sprach ein konservativer, aber weitgereister englischer Landedelmann, Sir John Smythe, abwechselnd von den Ländern des westlichen »Europa« und den »Nationen der abendländischen Teile des Christentums«.[5] Der eher persönliche Reiz dieser Idee kam noch 1620 zum Ausdruck, als Peter Mundy, ein junger Mann aus Cornwall, im Anschluß an eine Reise nach Konstantinopel den mühsamen Heimweg durch die von den Türken beherrschten Balkanländer antrat und schließlich den Grenzstein der venezianischen Enklave Spalato (Split) passierte: »Wir waren gerade erst daran vorbeigekommen, aber wir waren wieder ins Christentum eingetreten, und uns war, als seien wir in einer neuen Welt.«[6]

Diese Art und Weise, der Erleichterung nach der Heimkehr aus fremden Ländern Ausdruck zu verleihen, ist so rührend wie selten in der damaligen Zeit. Das Gefühl, das Christentum sei eine heilige Schafhürde, in der die europäischen Völker zumindest durch die tröstliche Einheitlichkeit ihres Glaubens geeint waren, war inzwischen hohl geworden. Fürsten hatten sich mit Päpsten geeinigt, als es unter anderem um Berufungen in hohe Kirchenämter und die Einführung von Steuern für kirchliche Ländereien ging, lange bevor öffentlich erklärt wurde, warum England unter Heinrich VIII. Rom den Gehorsam aufkündigte. Im Jahre 1439 hatte eine öku-

menische Konferenz in Florenz vielen zum ersten Mal die Augen geöffnet
für die Kluft zwischen Lehrmeinung und Kirchenpraxis, die die katholische
und die griechisch-orthodoxen Spielarten des Christentums voneinander
trennte. Und seit dem frühen 16. Jahrhundert machte die Propaganda für
die Idee, Moskau sei das Dritte Rom und der Zar der wahre Führer und
Hüter der Orthodoxie, auf die Verbreitung dieser seltsamen russischen
Glaubensversion aufmerksam. Das Christentum im Sinne eines Reisenden,
der wußte, welche Bilder und Handlungen er zu erwarten hatte, wenn er
eine Kirche in einem anderen Land betrat oder Geistlichen und Mönchen
auf der Straße begegnete, wurde nun bestenfalls »das Christentum von
Europa«, wie es ein Priester 1572 formulierte – und damit wurde auch sein
Schwerpunkt nach Westen verschoben.[7] Die dramatischste Verschiebung
in dieser Richtung war die Eroberung von Gebieten in Südosteuropa durch
die Osmanen, die lange vor der Eroberung von Konstantinopel im Jahre
1453 begonnen hatte; 1529 standen sie vor den Mauern von Wien, das sie
belagerten, aber nicht erobern konnten.

Bis dahin aber war das Christentum stets ein flexibles Ideengebäude
gewesen. Es hatte bei seiner Ausbreitung die byzantinischen Christen in
Anatolien in seinen Schoß aufgenommen, die koptischen Christen in Nordafrika, ja sogar die Christengemeinde, die angeblich der Apostel Thomas
in Südindien gegründet hatte, so daß Vasco da Gama, als er Kalikut im Jahre
1498 erreichte, in krallenbewehrten Hindugottheiten exzentrisch gestaltete Engel und Heilige zu sehen vermeinte. Die Idee war jedoch gleichermaßen in der Lage gewesen, sich zurückzuziehen. Nach seiner Wanderschaft
durch die osmanisierten Balkanländer konnte Mundy noch immer das
Christentum erkennen, als er die Welt seiner Bräuche und seines Kultus
wieder betrat. Die Präsenz der Türken in Europa wirkte sich weniger auf
das geschmeidige Konzept vom Christentum aus als auf die immer konkre-
ter werdende Idee von Europa.

Die Vorstellung, daß Christen einer Gemeinschaft angehörten, die in fast
ganz Europa zu Hause war, wurde nachhaltiger erschüttert durch die
Reformation, eine überaus einschneidende Spaltung seit den zwanziger
Jahren des 16. Jahrhunderts, die die nichtorthodoxe Christenheit in katholische und protestantische Zonen einteilte, von denen jeweils, besonders
seit den fünfziger Jahren, der ebenso tyrannische wie aufrichtige Ruf
ausging, den Glauben, die Lebensführung und die religiöse Praxis zu
überdenken. Als Calvin, der geschickteste und glaubensstrengste Prote-
stantenführer, von seinem Hauptquartier in Genf in den sechziger Jahren
des 16. Jahrhunderts aus diesen Glaubensstreit verfolgte, faßte er die
politischen und gesellschaftlichen Folgen der Spaltung im Begriff der

»Erschütterung« zusammen – und zwar bemerkenswerterweise nicht des Christentums, sondern »von Europa: *Europae concussio*«.[8]

Damals waren durch die Missionstätigkeit in Amerika und Asien Hunderttausende von Seelen für Christus gewonnen worden – genauer: sie hatten es zugelassen, daß man glaubte, sie seien gewonnen worden. Aber sie wurden nicht mehr als Angehörige des Christentums betrachtet. Der dehnbare Begriff hatte sich ausgeleiert. Und wogegen man ein Jahrhundert lang wie gegen eine sündige Verfehlung gewettert hatte, wurde nun als eine alltägliche Tatsache hingenommen: daß die christlichen Mächte nicht gemeinsam um des Christentums willen gegen die osmanischen Türken zu Felde ziehen würden. Matteo Bandello, Autor unterhaltsamer Novellen und zugleich kosmopolitischer Angehöriger einer neuen Generation von Europhilen, hat gleichfalls in den sechziger Jahren des 16. Jahrhunderts die Inschrift eines der vielen Grabsteine des Christentums formuliert. Die Türken, schrieb er, hätten die Christenheit zurückgeworfen auf einen »Teil von Europa, dank der Mißhelligkeiten zwischen den christlichen Fürsten, die von Tag zu Tag zunehmen«.[9] Er ließ sie Revue passieren und gelangte zu der Schlußfolgerung: »Wir können mit Nachdruck feststellen, daß nur wenige Zeitalter derart plötzliche Veränderungen durchgemacht haben, wie wir sie täglich erleben; zu welchem Ende, kann ich einfach nicht sagen, denn mir will scheinen, daß es immer schlimmer wird und daß die Uneinigkeit zwischen Christen stärker ist als je zuvor.« So nimmt es nicht wunder, daß sich im *Theatrum orbis terrarum* (1570) des bedeutenden Kartographen Abraham Ortelius der Hinweis befindet: »Dieses ist das thaill des Erdbodems, wellichs wir heutigs tags die Christenheit nennen«, und was damit gemeint war, geht an anderer Stelle hervor: »Europa nennet man das thaill da von alter her, das Christenreich in glegen ist.«[10]

Für selbstgenügsam in sich ruhende Geister war England ganz anders, nämlich glücklicherweise abgeschieden von »überseeischen Nationen« oder, wie ein Dichter 1611 schrieb, »dem KONTINENT«.[11] Und als es seit 1558 unter Elisabeth I., der Nachfolgerin der katholischen Königin Maria I., zur protestantischen Isolation kam, bezeichnete der spanische Botschafter in London England als »den kranken Mann von Europa«.[12]

Daß Europäer etwas anderes miteinander gemeinsam hatten als Formen des Christentums, war vom Betreiber der ersten Druckpresse, die 1465 in Italien eingerichtet wurde, zum Ausdruck gebracht worden: Er sah in ihnen die Ex-Untertanen und gegenwärtigen Nachfolger des Römischen Reiches und damit »Menschen der lateinischen Welt«.[13] Diese säkularisierte Einstellung gegenüber denen, die in Europa lebten, führte dazu, daß der Begriff selbst in der Umgangssprache an Kontur verlor. Als Falstaff prahlte:

»Hätte ich nur einen einigermaßen leidlichen Bauch, so wäre ich schlecht-
weg der rüstigste Kerl in Europa«, hieß »Europa« schlicht »irgendwo«.[14]
Das vielleicht bemerkenswerteste Beispiel für die Verschiebung vom Christentum hin zu Europa findet sich in einer Ansprache aus dem Jahre 1559
des französischen Gelehrten Louis Le Roy, der sich auch mit politischer
Philosophie befaßte und für das Ende der Feindseligkeiten zwischen den
christlichen Herrschern plädierte. »Bedenket nur, wie weit das Christentum einst gereicht hat und wie viele Länder nun an den siegreichen Türken
verloren sind, der Nordafrika und den Balkan besitzt und Wien belagert
hat. Als wären die Gebete der Mohammedaner erhört worden, ist Europa
von seinem eigenen Blut getränkt. Was für eine Blindheit liegt darin! Wenn
ihr mir nicht zuhören wollt, dann hört auf die Stimme unserer gemeinsamen Mutter Europa: ›Ich, die ich in den vergangenen hundert Jahren so
viele Entdeckungen gemacht habe, sogar von Dingen, die die Alten nicht
gekannt haben: neue Meere, neue Länder, neue Spezies von Menschen,
neue Sternbilder – mit spanischer Hilfe habe ich gleichsam eine Neue Welt
gefunden und erobert. Aber so großartig diese Dinge auch sind: Im selben
Augenblick, da sich der Gedanke an Krieg erhebt, versinken die besseren
Künste des Lebens in Schweigen, und ich bin in Flammen gehüllt und
entzweigerissen. Bewahrt mich vor weiteren Übeln: Ehret die Künste des

Europa und der Stier,
Majolikaschale, um 1550
(British Museum, London)

Friedens, der Literatur und des Fleißes, und ihr werdet belohnt vom
dankbaren Gedenken der Menschheit.« Le Roy schließt mit dem Appell:
»Hört nur auf die heilige Stimme Europas.«[15]

Mutter Europa mit ihrer heiligen Stimme: Wie sah ein Zeitalter, das sich
abstrakte Begriffe gern bildlich vorstellte – die Architektur, den Handel, die
Theologie oder einen Kontinent –, Europa mit den Augen des Geistes?
Es war der einzige Kontinent, dessen Name mit einem griechischen Mythos
verknüpft war. Europa war die Tochter von Agenor, dem König der levan-
tinischen Stadt Tyros. Eines Tages hatte Jupiter vom Olymp aus ihren
Liebreiz gewahrt und war in Gestalt eines weißen Stiers an den Strand
geschwommen, an dem sie sich mit den jungen Frauen ihres Gefolges die
Zeit vertrieb. Sie fühlte sich sogleich zu ihm hingezogen (später allerdings
wurde die Begegnung zu Raub und Vergewaltigung hochgespielt). Diese
Geschichte wurde in den späten siebziger Jahren des 15. Jahrhunderts von
dem Gelehrten und Poeten Angelo Poliziano paraphrasiert, als er die
Reliefskulpturen neben dem Eingang zu einem imaginären Palast der
Venus schilderte:

> Auf der anderen Seite des Eingangs sieht man Jupiter, der sich aus
> Liebe in einen stattlichen weißen Stier verwandelt hat, wie er seinen
> süßen reichen Schatz davonträgt, und sie wendet ihr Gesicht dem
> verlorenen Strand mit einer ängstlichen Gebärde zu; im Gegenwind
> spielt ihr liebliches goldenes Haar über ihren Brüsten; ihr Gewand
> flattert im Wind und bauscht sich hinter ihr, eine Hand klammert
> sich an seinen Rücken, die andere an sein Horn.
> Sie zieht ihre bloßen Füße unter sich, als fürchte sie, das Meer könnte
> über ihr zusammenschlagen: In dieser Pose von Angst und Kummer
> scheint sie vergebens nach ihren treuen Begleiterinnen zu rufen;
> diese, zwischen Blüten und Blättern verlassen, beklagen traurig
> Europas Los. »Europa«, tönt es am Strand, »Europa, komm zurück.«
> Der Stier schwimmt weiter, und hin und wieder küßt er ihre Füße.[16]

Jupiter trägt sie von Asien nach Kreta. Hier verwandelt er sich in einen
Mann, schwängert sie, und aus ihrem göttlich gezeugten Nachwuchs
entstehen die Europäer, und sie wird die Schutzgottheit ihres Kontinents.
Ovids Metamorphosen, die Hauptquelle dieser leidenschaftlichen Sage,
war auch mittelalterlichen Autoren bekannt, und sie gaben der Geschichte
eine Moral bei, um sie christlichen Lesern schmackhaft zu machen. Im
vierten Jahrhundert hatte Lactantius, ein frühchristlicher Autor, ohne

großen Erfolg versucht, die Legende auf ein menschliches Maß zurechtzu-
stutzen, indem er behauptete, der Stier sei schlicht der Name eines Schiffes
gewesen. Später wurde Jupiters Verwandlung in den Stier mit Gott verglichen, der Mensch geworden sei, um die Seelen ins Paradies bringen zu
können, indem er sie aus der Sünde und dem Heidentum entführte. In einer
Abhandlung über die Jungfräulichkeit Marias aus dem Jahre 1471 ist auf
einem Holzschnitt Europa dargestellt, wie sie sich keusch vorbeugt, um
den Stier in einer Gebärdensprache zu berühren, die auf frühere bildliche
Darstellungen von der Jungfrau und dem Einhorn zurückgeht. Um 1550
aber ist sie auf einer Majolikaschale zu sehen, wie sie auf Kreta nackt auf
einem Felsen sitzt, im Hintergrund befindet sich der Strand von Tyros,
während der Stier mit dem Vorderfuß ihre Beine öffnet und Cupido beifällig
zusieht. Der Gegensatz zwischen diesen beiden Darstellungen zeigt auf
typische Weise, wie in relativ kurzer Zeit klassische Mythen zu ihrem teils
magischen, aber auch großenteils menschlichen Ursprung zurückfanden.
Mit einem gewissen Zögern wurde ein so freimütig heidnischer Grün-
dungsmythos akzeptiert. Auf einer Federzeichnung (um 1512) fügte der
Nürnberger Künstler Peter Vischer der Jüngere erklärende Inschriften –
»EUROPA«, »IUPITER IN FORMA THAURI« – für all jene hinzu, die mit der Geschichte der Entführung noch nicht vertraut sein könnten.[17] Aber ein anderer
Deutscher, Albrecht Dürer, hatte bereits die Gewohnheit der Italiener
übernommen, den Mythos wiederzubeleben und eine Vertrautheit mit
seiner Thematik vorauszusetzen. Während ihre klagenden Gespielinnen
zurückbleiben, reitet Europa erstaunt, aber furchtlos dahin – »eine Hand
klammert sich an seinen Rücken, die andere an sein Horn« –, über ein Meer,
in dem es nur so wimmelt von Schilfinselchen und jenen Kreaturen: Satyrn
und Meeresnymphen, durch die die Griechen ihre Empfindungen über
Naturphänomene zum Ausdruck brachten.
Was für ein Thema! Sex, Gewalt, Meer, Landschaft, die Schöne und das
Ungeheuer, Gesten der Unruhe und der Zuneigung, und all das angerei-
chert mit Analogien zu anderen zunehmend populären Themen. Europas
Entführung stützte sich auf Darstellungen der Entführung von Deianira
durch den Kentauren Nessus; Europa, die von ihren Begleiterinnen für das,
was ihr bevorsteht, zurechtgemacht wird, übernahm Anspielungen aus
Bildern der Morgentoilette von Venus, bevor sie Mars gegenübertritt, oder
von Bathseba, ehe sie dem Ruf Davids folgt. Die Künstler stürzten sich mit
Vergnügen auf ihr Thema. In jedem Medium, vom Gemälde bis zur Keramik, von der Reliefskulptur bis zur Glasur, feierte die Geschichte neue
Triumphe, aber noch nie war sie so hinreißend eins mit dem Geist von
Ovids Dichtung und dem Gefühl für Landschaft, Farbe, Klima und Verdich-

Albrecht Dürer,
*Studienblatt mit dem
Raub der Europa*, 1494
(Albertina, Wien)

tung von Schönheit im Weiblichen wie in Tizians überaus selbstsicherer
Vision. Kein Wunder, daß er sie für Philipp II. von Spanien malte, dessen
Familie fast die Hälfte von West- und Mitteleuropa beherrschte.

Ob sie nun christianisiert oder remythologisiert wurde oder als Bonbon den
unersättlichen ästhetischen Appetit kitzelte – nichts deutet darauf hin, daß
die Europäer tatsächlich der Meinung gewesen wären, sie oder ihr Kontinent hätten dieser Europa etwas Wesentliches zu verdanken. Es wurden
Versuche unternommen, die angesehenere mittelalterliche Legende wiederzubeleben, derzufolge die Welt zwischen den Söhnen Noahs aufgeteilt
worden sei: Nach der Sintflut hätte Sem Afrika, Ham Asien und Japhet
Europa bevölkert. 1561 erklärte ein ungemein intellektueller Franzose
namens Guillaume Postel, es schicke sich nicht, einer Affäre zwischen
einem Tier und einer Frau, die schließlich keine Heilige gewesen sei, zu
huldigen, vielmehr solle Europa umbenannt werden, und zwar in *Japétie*,
nach Japhet.[18] Aber damit hatte er keinen Erfolg. Der Kontinent mußte in
diesem Zeitalter der wiederbelebten Latinität weiblich sein, genau so wie
die anderen. Als Johann Rauw, ein Kosmograph aus dem späten 16. Jahr-

hundert, das Aussehen des Kontinents beschrieb, verglich er Europa mit
»einer ligenden wolgeschmückten und zierlichen Jungfrauw ...: Nun haben
wir erstlich das Haeupt mit der auffgesetzten Cronen dieser Jungfrauw
vorgehabt / welches begreiffe *Hispaniam.* Oben auf der Brust hat diese
Jungfrauw auch jre Zierde / das ist / das Pyrenaeische Gebirge / auff der
Brust hat sie *Galliam,* dem anhaengig sindt etliche Teutsche Landschafften ... Weil nun aber der rechte Arm dieser Jungfrauwen oben am Leibe
der Brust incorporirt ist / ... erfordert die natuerliche Ordnung / daß wir
uns aus dem Schweitzerlande zu nechst in *Italiam* wenden / ... / und
darnach dann auch den Bauch sampt dem außgestreckten halben lincken
Arm der Jungfrauwen / das ist / *Germaniam, Bohemiam, Daniam, und
andere Landschafften.*«[19] Genauso wurde Europa auch auf einer Karte
dargestellt, die sich als Illustration im Werk eines Zeitgenossen befand, des
Theologen und begeisterten Geographen Sebastian Münster. Darauf wird

Tizian, *Raub der Europa,* 1559–1562 (Isabella Stewart Gardner Museum, Boston, Mass.)

der Kontinent in weibliche Formen gezwängt: Königin Europas gekröntes Haupt ist Spanien und Portugal (die gemeinsam seit 1580 von Philipp II. regiert wurden), in ihrer rechten Hand trägt sie den Reichsapfel Sizilien, während die Britischen Inseln vom Szepter flattern, das sie in ihrer Linken (Dänemark) hält.

Dieser ein wenig bizarre Anthropomorphismus ging auf eine andere Tradition, Europa als Frau zu personifizieren, zurück. Während die mythologische Europa immer mehr in ihre ureigene Geschichte zurückgeführt wurde, war eine herrschaftliche und weniger romantische Gestalt aufgekommen, um ihre Stelle einzunehmen. Die beiden sind eine Einheit eingegangen in einem äußerst reizvoll bemalten österreichischen Stuckrelief aus den achtziger Jahren des 16. Jahrhunderts: Europa sitzt auf dem Stier, reitet ihn nun aber als gewappnete Kaiserin in gelassenem Triumph. 1570 hatte Ortelius im einführenden Text zu seiner Europakarte die mythologische Europa ebenso ungeduldig wie naiv beiseite geschoben: »Warum

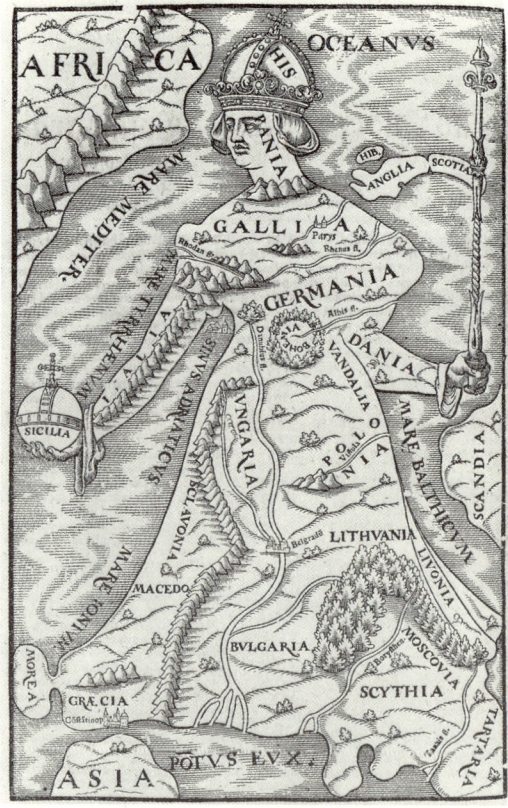

Königin Europa,
aus Sebastian Münster,
Cosmographia, Basel 1588

Europa triumphierend auf dem Stier: Bemaltes Stuckrelief von Hans Mont,
achtziger Jahre des 15. Jahrhunderts (Schloß Bucovice, Mähren)

Europa so genannt werden sollte oder wer der Urheber dieses Namens war,
hat bis jetzt noch niemand herausgefunden.« Gleichwohl befindet sich auf
dem Titelblatt seines Atlas von 1572 eine Abbildung von Europa. Mit ernster
Miene sitzt sie auf einem Thron unter einer Laube. In einer Hand hält sie
das Szepter der Weltherrschaft. Die andere ruht über einer globusförmigen
Kugel, auf der das christliche Kreuz aufgepflanzt ist. Darunter und ihr
untertan sind drei andere weibliche Gestalten: eine reich gekleidete Asia,
eine halbnackte Africa und eine nackte America, die einen menschlichen
Kopf hochhält und damit als Kannibalin ausgewiesen ist.

Für ein teures Buch, das auf reiche Käufer ebenso wie auf gelehrte Kollegen
angewiesen war, die sich vielleicht ein Freiexemplar erhofften, waren
derart zur Schau gestellte Personifikationen ganz geschickt. Die seit dem
frühen 16. Jahrhundert gesicherte Erkenntnis, daß Amerika ein eigenständiger Kontinent war (selbst wenn seine Abmessungen kartographisch im
dunkeln blieben), stellte das klassische Dreikontinente-Weltmodell in Frage und damit auch den Hauch von Wahrheit, der der Geschichte um Jupiter
und Europa beigemessen worden war. Sie räumte auch – außer für geniale
Exzentriker wie Postel – mit der Kinder-Noahs-Theorie vom Ursprung der

Europa auf dem Thron:
Titelseite von Abraham Ortelius'
Theatrum orbis terrarum,
Antwerpen 1572

Kontinente auf. Und es kam der neuen Vorliebe für kunstvolle Ergötzungen
zupaß, mit denen man europäischen Herrschern zu schmeicheln suchte:
Schauspieler stellten die anderen Kontinente dar, die in Ehrerbietung vor
ihnen knieten – so geschehen auch in Antwerpen, als die Stadt Philipp als
Kaiser Karls V. Erben willkommen hieß. Es war nicht einfach so, daß Ovids
Entführte an Boden verlor gegenüber den auffallenderen Bildern, die
America als nackte Dame zeigten, deren Speisekammer mit Menschenbra-
ten gefüllt war, vielmehr verlangte eine sich ausbreitende Ansicht von der
Welt, die auf politischer und wirtschaftlicher Herrschaft basierte, nach
Personifikationen, die der Wirklichkeit mehr entsprachen. Während sie
weiblich blieb, wurde Europa eine strengere, dirigistischere Gestalt, die
zwar ihre Brüste behielt, aber ihre Poesie verlor.
In der 1603 erschienenen Ausgabe von Cesare Ripas *Iconologia,* einem
einflußreichen Handbuch, das Künstlern erklärte, wie Personifikationen,

Allegorien und abstrakte Ideen darzustellen seien, wird das Bild von Europa wie folgt beschrieben: Sie trägt eine Krone, »um zu zeigen, daß Europa schon immer die Führerin und Königin der ganzen Welt gewesen ist«. Auf beiden Seiten hat sie zwei überquellende Füllhörner, weil »dieser Teil der Welt vor allen anderen fruchtbar ist und überreich an all jenen Erzeugnissen, die die Natur hervorbringen kann«. In der einen Hand hat sie eine Kirche, die das Christentum darstellt, »die wahrste und allen anderen überlegene« Religion. Mit der anderen zeigt sie auf Kronen und Szepter, »weil es in Europa die größten und mächtigsten Herrscher der Welt gibt«. Um sie herum befinden sich ein Pferd und Waffen, die Eule der Weisheit sowie Bücher und Musikinstrumente, weil Europa »immer schon allen anderen Teilen der Welt überlegen gewesen ist in der Waffenkunst, der Literatur und allen geisteswissenschaftlichen Fächern«.

Und dann beendet Ripa seine Ausführungen mit dem Hinweis, daß Europa »seinen Namen von Europa erhielt, der Tochter des Phönikerkönigs Agenor, die von Jupiter auf die Insel Kreta entführt worden ist«. Aber noch viel stärker beeinflußt war seine Darstellung von Strabon, auf den er sich beruft und dessen *Geographika* (um 10 v. Chr.) im 15. Jahrhundert unter anderem auch von Christoph Kolumbus sorgfältig studiert wurde, der sich in seiner Ansicht bestärkt fühlte, daß Asien direkt erreicht werden könnte, wenn man nach Westen über den Atlantik segelte.

Während Strabon in erster Linie als Anreger für überseeische Entdeckungen bekannt ist, hatte er auch großen Einfluß auf das Selbstverständnis der Europäer, die ihren Kontinent trotz seiner geringeren Größe den anderen für überlegen erachteten. Er betonte, wie vielfältig seine Klimaregionen und deren Erzeugnisse seien, und hob seine größere städtische Besiedelungsdichte hervor wie auch das im Frieden oder im Krieg gesittete, gesetzestreue Leben seiner Bewohner. Der Blick auf Europa durch vorchristliche Augen zu einer Zeit, da die Autoren der klassischen Antike ein neues, überaus großes Ansehen genossen, förderte eine profane, pragmatische Einstellung gegenüber den Qualitäten seiner Bewohner und den Reichtümern unter der Erde. Das führte nun zur topographischen, anthropologischen und historischen »Entdeckung Europas«, die den Europäern den hohen Informationsstand vermittelte, von dem aus sie auf die zwar größeren, aber weniger bekannten Kontinente mit einer ziemlich weitverbreiteten Verachtung herabsahen.

Auch Ortelius äußert sich in seinem Atlas von 1570, *Theatrum orbis terrarum*, ganz in diesem Sinne: »Es ist durch auss woll temperiert eyns gesundes lufft, und der wegen ein fruchtbares Land, und mehr dan die anderen thaill der welt allenthalben bewohnet, und mit stattlichen Stetten besetzt.

Die haubtstat ist noch (wie sy jederzeit gewest) Rom, allerzeit und ortern
bekant, etc. Die Einwonner seind allzeitt, uber alle volcker, scharpsinnig,
verstendig, und von leicham khun gewest, wadurch das sy ehzeit vast die
gantze welt under sy gebracht haben, jedoch zum wenigsten so weit jnen
die bekant gewest ist; geleich wie es sich zum ersten im Macedonischen
Reich durch Alexandrum Magnum erfunden hatt; aber darnach, furnemb-
lich mit dem Romischen Reich, und heutigs tags durch den Khunig von
Hispanien Phillipus unsern gnedigsten Herrn, unnd Khunig von Portugall;
welche mit jnen zwayen in die vier taill der welt herschen, In mass das es
sich ansehen last, das die einwonner dises thails der erden von natur umb
die anderen thaill zu regieren fuglich geboren worden.«[20]

Auch wenn dadurch jene Damen bei Hofe enttäuscht wurden, die lieber in
östlichen Seidengewändern und exotischen Parfüms aufgetreten wären
oder mit farbig bemalten und entblößten Leibern die prachtvolle Sonne
Afrikas oder die sportlich betriebene Menschenjagd Amerikas versinnbildlicht hätten: Die Hauptrolle in den Tableaus und Maskenspielen der
Kontinente wurde von einer weißen, gutgekleideten und stumpfsinnig
gebieterischen Europa gespielt, und das Bild der »wahren« Europa, der
geraubten asiatischen Prinzessin auf ihrem schmachtenden Reittier, verblaßte still und leise. Was blieb, war das Bild ihres Entführers Jupiter, und
für die Astrologen wurde Jupiter das Leitgestirn Europas. Man glaubte, daß
Europas Geschick seinem planetarischen Einfluß als Gesetzgeber des
Olymp und als Gott der Götter unterworfen sei. Und dieser Führung
folgend, wurden den Nationen von Europa männliche Zeichen zugeordnet:
Mars, Widder, Löwe, Schütze und der Stier selbst – Europa und seine
einzelnen Teile wurden assoziiert mit Stärke, mit dem härtesten aller
Planeten wie mit der herrscherlichsten Königin des Kontinents. Mußten
sich darum nicht die anderen Kontinente, auch die unermeßliche und
staunenswerte *trouvaille* Amerika, Europa und seinen Völkern beugen?

Doch es sollten vor allem Landkarten und nicht so sehr Planeten und Bilder
von Königinnen zur Verbreitung der Vorstellung beitragen, daß jene, die
in Europa lebten, Europäer waren. Diese Karten veranlaßten den flämischen Diplomaten Ogier Ghiselin von Busbeck, als er 1554 nach Konstantinopel kam, die Idee des Christentums zu ignorieren und schlichtweg zu
schreiben, die Stadt »liegt in Europa, sie hat den Blick auf Asien, und zur
rechten Ägypten und Afrika«[21], und darum fiel es dem Kartographen
Francesco Basilicata im Kommentar zu seiner vorzüglichen Karte von
Kreta leicht, die Insel nicht mehr mit der schönen Europa zu assoziieren,
sondern rundheraus zu erklären, sie befinde sich »an den Grenzen der drei
Teile der Welt, Afrika, Asien und Europa«.[22]

Die Landkarte

Die körperliche Beschaffenheit von Europa konnte erst im 16. Jahrhundert ermittelt werden. Mittelalterliche Karten der Erde, die über das rein Schematische hinausgingen, hatten bereits geographische Informationen enthalten, allerdings mit einer symbolischen Intention: den Betrachter daran zu erinnern, daß Gott eine Welt geschaffen hatte, die durch einen Kreis von Ländern dargestellt wurde, dessen Mittelpunkt das von ihm erwählte Jerusalem war. Innerhalb dieses Kreises waren die drei Kontinente zusammengefaßt, wobei ihre relative Größe wie auch die genauere Bezeichnung dieser Gebilde kaum eine Rolle spielten: Der Zeichner der Hereford-Karte aus dem späten 13. Jahrhundert schrieb über Afrika »Europa« und umgekehrt. Und als im späteren 15. Jahrhundert das Studium des Geographen Ptolemäus aus dem 2. Jahrhundert zur Herstellung von Karten führte, in deren Mittelpunkt sich der Indische Ozean befand und die die Welt so darzustellen suchten, wie er sie gekannt hatte – was war da Europa doch für ein überzähliges Anhängsel von Asien!

Wo war da noch Raum in diesem Bildschnipselchen für all jene Klimaregionen, jene Zonen von Ebenen und Gebirgen und Wäldern, jene Städte, jene allumfassende Autarkie und Überlegenheit gegenüber Afrika und Asien geblieben? Allen Betrachtern, die dank der Druckpresse immer mehr von diesen ptolemäischen Karten zu Gesicht bekamen, müssen sie, in ihrer profanen Gestaltung, als rein symbolische Gebilde erschienen sein, genauso wie zuvor die um Jerusalem zentrierten Karten.

Aber dank eines neu erwachten mathematischen Interesses an kartographischen Projektionen, die die Erdkrümmung berücksichtigen konnten, dank genauerer Bestimmungen der Breitengrade sowie eines immer weiter zunehmenden Wissens über die Oberfläche der Welt begann die Kartographie von Europa seit dem frühen 16. Jahrhundert es den Europäern zu ermöglichen, sich glaubhaft den geographischen Raum vorzustellen, in dem sie lebten. Nun gab es eine Reihe von Karten, die sich mit dem Kontinent befaßten, und als sie in Kartenwerke über die gesamte Welt aufgenommen wurden, führte dies dazu, daß Europa zumindest umfangreicher, räumlich gewichtiger und nicht mehr als entbehrlicher Fortsatz von Asien wirkte.

Die Kartographie wurde im 16. Jahrhundert tatsächlich fast so etwas wie eine Modeerscheinung. Es gab immer mehr berufsmäßige Hersteller von Meßblättern, und dazu gesellten sich Amateure, deren begeistertes Interesse sich an der Aufzeichnung topographischer Fakten entzündet hatte, und zwar in einer graphischen Form, die von anderen nachvollzogen und genutzt werden konnte. Grundbesitzer wollten Karten von ihrem Besitz haben, und Regierungen benötigten Verwaltungskarten, die ihnen bei der Steuereintreibung und Zollkontrolle wie bei der Planung von Straßen und Kanälen, von Verteidigungsanlagen und Truppenaufmarschpunkten behilflich waren.

Staatsmänner verwendeten sie für strategische Zwecke. Monarchen gaben Karten als Machtsymbole in Auftrag. In ganz Europa gehörten sie zum geistigen Inventar gebildeter Menschen – ja, buchstäblich zur Einrichtung ihrer Wohnungen: Sie wurden gerahmt und an den Wänden aufgehängt oder direkt darauf gemalt, in Wandteppiche eingewebt, und ganze Sammlungen wurden zusammengerollt oder gefaltet in Truhen und auf Regalen aufbewahrt. Die intuitive Vision, die es Leonardo da Vinci ermöglicht hatte (als er von Florenz 1503/04 mit einem Projekt betraut wurde, den Arno vom Hafen des rebellischen Pisa wegzuleiten), die Informationen, die er auf der Erde gewonnen hatte, auf den Standpunkt eines Beobachters zu übertragen, der wie ein Adler darüber schwebte – diese geniale Vision wurde etwas, was man lernen konnte.

Weltkarte, aus Ptolemäus, *Atlas*, Ulm 1482 (British Library, London)

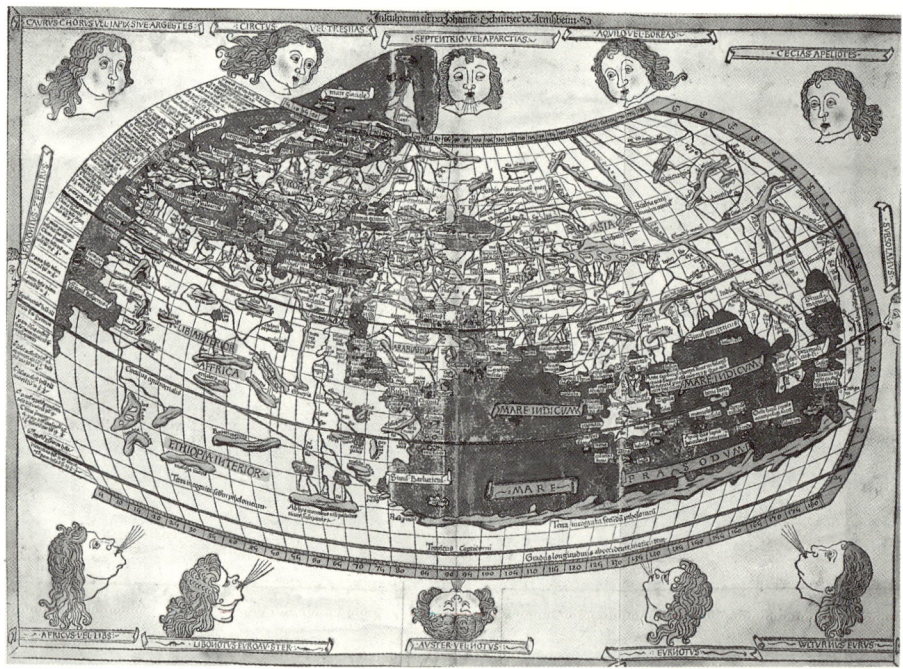

Jan de Hervy, *Blick auf den Zwin*, 1561 (Stedelijk Museum, Brügge)

Die trigonometrische Vermessung mit Hilfe von Kompaß, Meßtisch und
Theodolitfernrohr wurde etwas Alltägliches, und für den Amateur gab es
zahlreiche illustrierte Handbücher. Von Gipfeln und Kirchtürmen aus oder
mittels Meßrädern, die man an den Straßen entlangzog, wurde die Oberfläche von Europa von Hunderten von Landvermessern erfaßt, die ihr
Handwerk berufsmäßig betrieben oder dies aus reiner Begeisterung taten.
In Karten wurden nun auch Entfernungsmaßstäbe eingezeichnet, und mit
Hilfe von Symbolen für Ortschaften, Städte, Burgen, Flußüberquerungen
konnten sie leichter gelesen werden.
Wie sehr man sich für lokale Karten interessierte und ihnen auch traute,
macht Shakespeares Hotspur (Percy) anschaulich klar. Während er sich
mit seinen Mitverschwörern gegen die Krone über eine solche Karte beugt,
erklärt er:

> Mich dünkt, mein Anteil nördlich hier von Burton
> Ist Euren beiden nicht an Größe gleich.
> Seht, wie der Fluß [der Trent] mir da herein sich schlängelt
> Und schneidet mir von meinem besten Lande
> Ein Stück aus, einen großen halben Mond.

Er schlägt vor, man solle seinen Lauf ändern:

> Er soll sich da so scharf gezackt nicht winden
> Und eines reichen Landstrichs mich berauben.

Mündung des Arno, Zeichnung von Leonardo da Vinci, um 1504 (HM The Queen, Windsor, Nr. 12277)

Worauf Glendower vernünftigerweise und unverblümt erwidert:

Nicht winden? Doch er soll; Ihr seht, er tut's.[23]

Christopher Saxton hatte bereits 1579 die erste nationale Sammlung von Regionalkarten fertiggestellt. 1602 hieß es in George Owens *Description of Pembrokeshire,* derartige Karten »haben gewöhnlich alle Edelleute und Herren bei sich, und täglich studieren sie sie, um besser über den Besitz dieses Königreiches unterrichtet zu sein«.[24] Wenn man einmal die Darstellungen der Welt, die ständig durch die auf Abenteuer- und Entdeckungsreisen in das zuvor Unbekannte gewonnenen Erkenntnisse auf den neuesten Stand gebracht wurden, als das episch-dichterische Element der Kartographie bezeichnet, so stellten die regionalen und nationalen Karten die reichhaltige Prosa eines Europas dar, das sich mit weit größerer Faszination selbst entdeckte.

1511 erstellte Martin Waldseemüller die erste Karte von Europa, die unabhängig von beiden Traditionen war: der ptolemäischen wie der mittelalterlichen mit Jerusalem als Mittelpunkt. Sie wurde 1520 neu herausgege-

ben, und bald folgten ihr andere – Höhepunkt war 1554 der gut eineinhalb
Meter hohe Kupferstich *Europa* des flämischen Mathematikers und Kartographen Gerhard Mercator.

Auf der bis dahin größten Darstellung eines Kontinents sah man ein wohl
angemessen auftrumpfendes Europa, mit all seinen Ebenen, Wäldern und
Gebirgsketten und mit seinen Punkt an Punkt eingetragenen Orten und
Städten, so daß der Süden so urbanisiert wirkte wie der Norden, Ungarn
wie Frankreich, Portugal wie die Niederlande. Hier hatte man endlich den
Kontinent Strabons vor sich, vollgepackt mit allen natürlichen Ressourcen
und den von Menschenhand erschaffenen Zentren des Handels und
Wandels: jenen Kontinent also, der – so klein er auch noch immer auf
Weltkarten aussah – den übrigen Globus mit seiner Tatkraft unterwarf.
Darauf verweist der großartige Ausspruch von Marlowes sterbendem
Tamerlan:

Europa, Nachdruck von 1520 der *Carta Itineraria Europae* von
Martin Waldseemüller, 1511

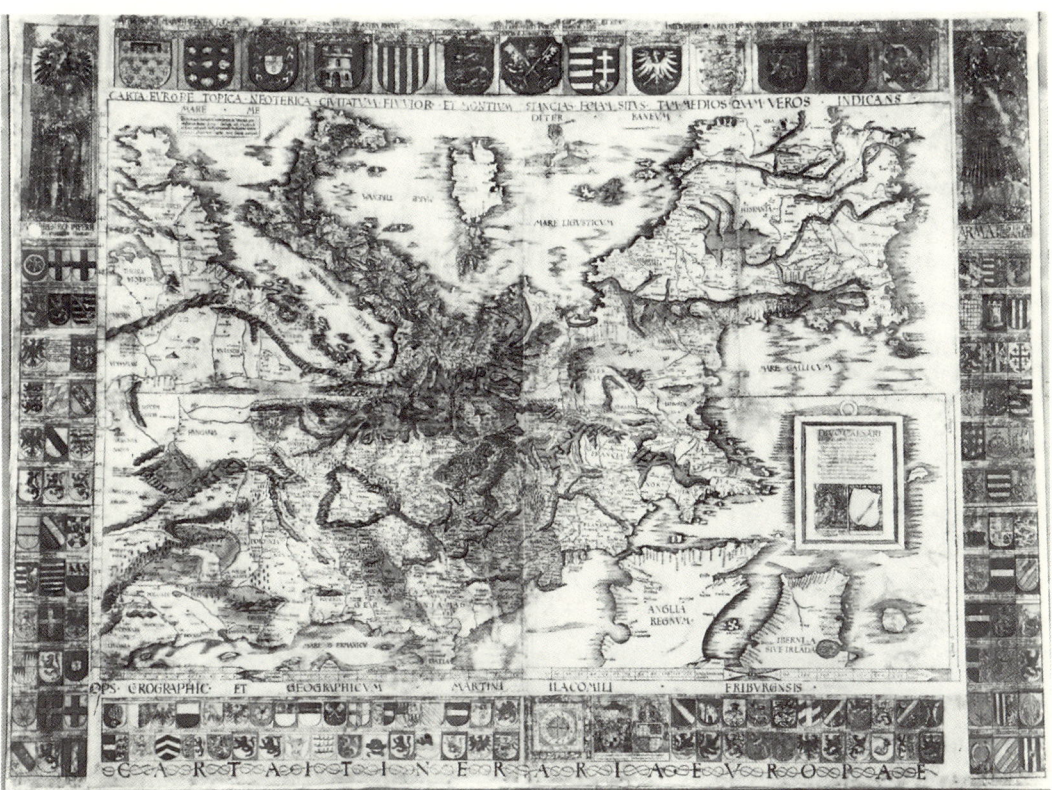

Gebt mir eine Landkarte; dann laßt mich sehen, wieviel
für mich übrigbleibt, um die ganze Welt zu erobern.[25]

Diese naturgetreue Abbildung beruhte auf der Fülle von regionalen Karten,
die in den Darstellungen des Kontinents aufgingen. Dies waren zunächst
selbsternannte »neue Karten«, die im späten 15. und frühen 16. Jahrhundert
in die Ausgaben von Ptolemäus' *Einführung in die Geographie* aufgenommen wurden.

Um 1570 waren sie so genau geworden und versinnbildlichten so sehr den
Stolz jeder Nation, daß die Idee des Atlas geboren wurde: Ortelius nahm in
sein *Theatrum* dreiundfünfzig Karten im üblichen Druckformat auf, wobei
die meisten die Teile von Europa darstellten. Es war ein teures Werk,
wahrscheinlich das kostspieligste Buch, das im 16. Jahrhundert erschien.
Aber sein Erfolg – vierzig Auflagen bis zum Ende des Jahrhunderts – regte
die Konkurrenten an, die einen Markt sahen für billigere Werke, die
ausschließlich europäische Karten enthielten, wie etwa Mathias Quadts
Atlas von Europa, der 1594 in einem kleineren Format gedruckt wurde und
neben einer Karte von ganz Europa fünfzig nationale und regionale Karten
enthielt, unter denen nur die von Rußland, Norwegen und Irland fehlten.
Trotz der herausragenden politischen Bedeutung, die man später dem
Italien, Spanien, Frankreich und England des 16. Jahrhunderts beigemessen hat, zeigten weder Atlanten noch Karten ein Europa, in dem der Westen
eine bevorzugte Darstellung genoß. Diese kartographischen Werke enthielten bis gegen Ende des Jahrhunderts keinerlei Hinweise auf politische
Grenzen und sollten auch nicht im politischen Sinne gelesen werden. Und
die mit großem Eifer betriebene gleichmäßige Verteilung von Ortsnamen
deutete nicht darauf hin, daß in Westeuropa ein gewichtigeres Wirtschaftsleben herrschte als in Osteuropa. Dieser Anschein der unparteiischen
Gleichförmigkeit war gewiß auch ein wenig auf den *horror vacui* der
Kartographen zurückzuführen, aber mehr noch auf die Orte, in denen sie
arbeiteten, und auf das von dort aus gespannte Netz von Korrespondenten
und Herstellern von Regionalkarten. Die frühen Europakarten wurden in
Basel und Straßburg am Oberrhein sowie in Ingolstadt an der Donau
angefertigt. Von der Mitte des 16. Jahrhunderts an verlagerte sich die
Produktion von Karten und Atlanten rheinabwärts nach Köln sowie Löwen
und Antwerpen, wo sich Mercator beziehungsweise Ortelius niedergelassen hatten. Auch wenn man in diesen Zentren den lokalen Karten, die
inzwischen auch in Frankreich, England sowie, in einem geringeren Ausmaß, in Spanien und Portugal hergestellt wurden, Beachtung schenkte,
hielten sie sich an die traditionellen Grenzen des Reiches, dessen politi-

Mittel- und Osteuropa: »Moderne« Karte von Barnard Wapowsky (?), nach einem
verlorenen Original von Nikolaus von Kues, in Ptolemäus' *Geographia*, Rom 1507

scher Einflußbereich von den Niederlanden bis nach Ungarn, Böhmen und
Litauen im Osten reichte und dessen wirtschaftliche Interessen sich auf
den Ostseeraum konzentrierten; mit den Karten dieser Gebiete, nach dem
neuesten Stand erstellt, wurden ihre Atlanten immer dicker. Ungeachtet
der dramatischen Machtspiele zwischen den Ländern des Westens, wurden bei der kartographischen Darstellung von Europa die Informationen
auch weiterhin gleichmäßig über den ganzen Kontinent verteilt.
Weder für die Kartographen noch für die Handeltreibenden bestand Europa aus einem »fortgeschrittenen« Mittelmeer- und einem »rückständigen«
Ostseeraum oder aus einem politisch und wirtschaftlich hochentwickelten
atlantischen Westen und einem nur marginal bedeutenden Osten. In der
Küstenzone von Nord- und Ostsee war man genauso aktiv wie im Mittelmeerraum, und ihr südlicher Bereich war durch Handelsbeziehungen mit
dem übrigen Europa verknüpft, während ihre Häfen durch die Handelsge-

meinschaft der Hanse miteinander verbunden waren. Hier wiesen die Rathäuser und die größeren Privathäuser eine unübersehbar ähnliche architektonische Form auf, mit mehreren Stockwerken und ihren Giebeln, und die Handelssprache, die man hier sprach, war ein gewandter Jargon, der eher eine gemeinsame germanische als romanische Grundlage hatte. Während sich der Handel im Mittelmeerraum weitgehend mit teuren Luxusgütern befaßte, handelte man im Norden eher mit Gütern für den täglichen Bedarf, die zwar bei ihrem Gewicht einen geringeren Gewinn einbrachten, aber einen größeren Markt versorgten: Bauholz für Schiffe und Häuser, Fische zum Pökeln, Seehundöl für Lampen und Seifen, Hanf für Seile, Teer zum Abdichten, Getreide und Vieh aus dem ärmeren Hinterland, aber auch einige Luxusgüter, die zum Bedarf der einigermaßen Wohlhabenden gehörten – Pelze zum Schutz gegen die Kälte, Wildhonig als Süßmittel. Gegen Ende des 15. Jahrhunderts umrundeten jährlich etwa zweihundert Schiffe die Nordspitze von Dänemark – Ende des 16. Jahrhunderts waren es fast zweitausend.

1535/36 wurde Lübeck, die kämpferischste und erfolgreichste Hansestadt, von den vereinten Seestreitkräften Norwegens, Dänemarks, Schwedens und Preußens geschlagen. Dies war zwar das Ende der politischen Rolle der Hanse, aber zugleich der Beginn eines noch größeren internationalen Interesses am Ostseeraum. Nun beförderten englische und dänische Schiffe Hanseprodukte ins Mittelmeergebiet. Süddeutsche Kaufmannsdynastien wie die Fugger übernahmen die Leitung eines Großteils der Handelsorganisation der Hanse, Genueser Banken errichteten Zweigstellen in deren Hafenstädten. Der zwischen Schweden und Moskau entbrannte Streit um Estland und Livland führte zu Feldzügen (etwa dem Nordischen Siebenjährigen Krieg von 1563 bis 1570), die ein allgemeineres Interesse fanden als die bisherigen Konflikte zwischen Herrschern im skandinavischen Norden. Das Abkommen von 1569 über den Zusammenschluß zwischen Polen und Litauen und der Wunsch beider Länder, ihre nur spärlich mit Häfen versehene Küstenlinie dem Handel zu öffnen und Moskau daran zu hindern, Livland für den gleichen Zweck zu nutzen, lenkten erneut die Aufmerksamkeit gen Norden. Für die Besitzer von Karten war es von Nutzen, daß die Kartographen gut darauf vorbereitet waren, mit den erstaunlichen Leistungen von Gustav Adolf und seinen Wirtschaftsberatern Schritt zu halten. Diese machten von 1630 an das zuvor rückständige und ländliche Schweden zu einer der Hauptfiguren in jenem bedeutendsten europaweiten Konflikt: dem Dreißigjährigen Krieg.

Eine unparteiische Darstellung sorgte zudem für einen Kontext, der über eine Verlagerung des politischen Interesses nach Mitteleuropa auf dem

laufenden hielt. Als der kränkelnde und von Spanien, dessen amerikanischen Besitzungen und den Niederlanden in Beschlag genommene Kaiser
Karl V. seinem Bruder Ferdinand und dessen Erben seinen Anspruch auf
die alten kaiserlichen Herzländer Deutschland, Österreich, den Großteil
der heutigen Tschechischen wie Slowakischen Republik und einen Teil
von Ungarn abtrat, nahm der zerbrochene Traum vom Heiligen Römischen Reich Deutscher Nation erneut Gestalt an. Böhmen erlangte wieder
seine alte kulturelle Identität. Seine Bewohner wurden schließlich wahre
»Bohemiens«, die selbstbewußt Kontakte zu ausländischen Hauptstädten
und Universitäten knüpften. Als Ferdinands Enkel Rudolf II. Prag statt
Wien zur kaiserlichen Hauptstadt erwählte und zu einem Zentrum
machte, in das die europäische intellektuelle und künstlerische Elite
gegen Ende des 16. Jahrhunderts strömte, entsprach Europa immer mehr
dem gleichgewichtigen Gebiet, das die Kartographen in ihrer Darstellung
bereits vorweggenommen hatten.

Dazu trug auch die neue Größe Polens bei. Durch die Vereinigung mit
Litauen im Jahre 1569 war es der größte Staat in Europa geworden. Seine
weit auseinanderliegenden Städte blieben freilich klein, seiner Zentralver-
waltung gelang es nur mit Mühe, aus der Vereinigung eine Einheit zu
machen. Beim Zusammenschluß von städtischen Siedlungen und ländlichen Gemeinden, die von Großgrundbesitzern beherrscht waren, wurden
nur geringe Fortschritte erzielt. Es gab ethnische Minderheiten – Deutsche
und Juden aus dem Westen, Flüchtlinge aus den von den Türken besetzten
Gebieten im Süden sowie aus der ständig von Raubzügen heimgesuchten
Ukraine im Osten – und ein Gemisch von Religionen, deren Anhänger
einander mit Mißtrauen begegneten: Katholiken, Lutheraner, Juden, Armenier und Russisch-Orthodoxe. Aber obwohl es im Innern vor Widersprü-
chen gärte, wurde Polen von außen als ein Staatsgebilde angesehen, mit
dem man Handel trieb und Verträge abschloß. Der Gebrauch von Deutsch
und Latein als Sprachen der Diplomatie, die Form der Wahlmonarchie,
durch die französische, siebenbürgische und schwedische Könige in den
letzten Jahrzehnten des 16. Jahrhunderts auf den Thron gelangten, dazu
die erzwungene Abwanderung von Polen aus guter Familie nach Deutschland und Italien und der entsprechende Zuzug von Westeuropäern an den
in Krakau (und von 1569 an in Warschau) ansässigen Hof – all dies verwob
Polen fest in das Gefüge Europa.

Das lag nicht einfach nur daran, daß »Polen, die unerschütterlichste Fe-
stung für ganz Europa gegen die barbarischen Völker« war, wie es die
Inschrift auf einem Triumphbogen anläßlich der Wahl von Heinrich von
Valois (der bald als König Heinrich III. von Frankreich heimgeholt wurde)

Das Herzogtum Litauen, aus Nikolaus Radziwill, *Magni Ducatus Lithuaniae,*
Amsterdam 1613

formulierte.[26] Litauen, das den Titel eines Herzogtums auch nach der
Vereinigung behielt, war vielleicht wirtschaftlich gesehen rückständiger
(wie verstimmte Reisende schnell feststellen sollten), in politischer und
sozialer Hinsicht anarchischer und im Unterschied zu den Polen fast
überhaupt nicht interessiert an den Angelegenheiten von Mittel- und
Westeuropa. Aber es galt genauso als unerschütterliche Festung, und zwar

nicht so sehr gegen die Türken und Krimtartaren, als vielmehr gegen jene anderen gen Westen drängenden »Barbaren«: die Völker Rußlands, von den moskowitischen Herzländern um die Hauptstadt bis zu den halb unabhängigen Kosaken aus dem Süden. Das von dieser europäischen Rolle ausgelöste Interesse führte denn auch zur Herstellung von derartigen Meisterwerken einer hingebungsvollen Kartographie wie Nikolaus Radziwills *Herzogtum Litauen* von 1613.

Eine ähnlich genaue und detaillierte Karte konnte von den riesigen, unübersehbaren Gebieten, die unter dem Begriff »Rußland« zusammengefaßt waren, nicht erstellt werden. In einer der großartigen Expansionsgeschichten des 16. Jahrhunderts, die etwa mit den spanischen Eroberungszügen in Mittel- und Südamerika zu vergleichen war, hatte Moskau seine Herrschaft ungleichmäßig ausgedehnt auf die nördlichen Territorien zwischen dem Weißen Meer und der Karasee und drang tief nach Sibirien vor, während ein gewinnbringenderer Vorstoß gen Süden entlang dem Don bis zum Schwarzen Meer und an der Wolga bis zum Kaspischen Meer es mit einigen von den wichtigen asiatischen Handelsrouten in Berührung brachte.

Um diese Vorstöße nach Asien kümmerten sich die Europäer nicht. Was sie aber dann doch zwang, von Rußland Kenntnis zu nehmen, waren die gen Westen gerichteten Einfälle in Livland und Estland, die zu litauischen und schwedischen Gegenangriffen führten. Durch diese Attacken drängte Rußland sich in die aufgeregte Ansammlung von Nationen, die sich selbst für die wahren Europäer hielten, und damit beschwor es die gespenstische Vorstellung herauf, der Ostseeraum und Osteuropa würden von seinen endlosen Horden überschwemmt werden. Rußlands Antriebskraft wurde zwar von den Säuberungen unterdrückt, die Iwan IV., genannt der Schreckliche, unter seinen Kriegführern veranstaltete, und weiter geschwächt durch die Nachfolgekrisen nach dem Tod von Boris Godunow im Jahre 1605. 1617 ließ Rußland es zu, daß ihm der Zugang zur Ostsee versperrt wurde. Aber das Schreckgespenst war nun einmal gerufen und verschwand nicht wieder. Es bekam neue Nahrung durch Reiseberichte über das »asiatische« Aussehen der Russen – mit ihren importierten persischen Gewändern, türkischen Waffen und der grellen Schminke der Frauen, ihrer unvermittelten Gewaltbereitschaft und ihrer sklavischen Ergebenheit gegenüber den Zaren – ebenso wie durch die Ansprüche der Zaren, Herrscher »aller Reußen« zu sein, wobei zu einigen dieser »Reußen« auch Volksgruppen gezählt wurden, die längst in Polen-Litauen aufgegangen und noch nie Untertanen von »Großrußland« gewesen waren, dem Großherzogtum Moskau. In ethnographischer Hinsicht also waren die Karten

Russischer Kaufmann, auf dem Wappen
des Hanse-Kaufmannsgildehauses
in Nowgorod (Museum für Kunst und
Geschichte, Lübeck)

nicht mehr imstande, einen Kontext für politische Entwicklungen zu bieten – das näher gelegene Rußland allerdings war keine *terra incognita.* Kaufleute der Hanse hatten Teile davon gut gekannt, besonders in jener Zeit, ehe Iwan III. sie aus ihrem östlichen Handelszentrum Nowgorod im Jahre 1478 vertrieben hatte, wobei freilich kein Hansedokument die Fremdheit ihrer fernsten Kunden so gut zu veranschaulichen vermag wie das Bild eines russischen Kaufmanns, das dort in ihrem Zunfthaus hing.

Vor 1500 hatte Moskau die italienischen Architekten empfangen, die den Kreml entwarfen, die deutschen und böhmischen Soldaten und Kanonengießer, die die Unterwerfung von Völkern ermöglichten, die zwar Mut und gute Pferde hatten, aber keine Feuerwaffen, sowie die Gesandten aus Venedig und Rom, Dänemark und Schweden. Die einflußreichste Beschreibung von Moskau, die im 16. Jahrhundert veröffentlicht wurde, die *Rerum moscoviticarum commentarii* (*Moscouiter wunderbare Historien,* 1549; deutsch 1567) von Sigismund von Herberstein, ging auf zwei diplomatische Missionen zurück, die der österreichische Staatsmann für das kaiserliche Deutschland 1517 und 1526 unternommen hatte. Er widmete sein Werk Ferdinand von Habsburg und erklärte darin, er kenne zwar Ungarn, Polen und die Türkei, würde aber nicht über diese Länder schreiben, da sie gut bekannt seien: »Dieweil aber die Moscouitische haendel vil weiter gelegen / unnd zu diser unserer zeit nitt also bekandt / hab ich sy für vyl nothwendiger geachtet / und sollichezubeschreyben angefange.«[27]

Selbst hinsichtlich der Nomenklatur gab es Unsicherheiten. Die königliche Charta von 1555 führte zur Errichtung der englischen Handelsfirma »Die Kaufleute von Rußland«, die bei ihren Mitgliedern gemeinhin nur »Die

Moskau-Kompanie« hieß. 1591 erklärte Giles Fletcher, Elisabeths Botschafter am Hof Iwans IV., Moskau sei so offenkundig das Handels- und Verwal-
tungszentrum, »daß nicht nur die Provinz, sondern auch Rußland insgesamt
von manchen nach Moskau, der Hauptstadt, benannt wird«.[28] Es war eine
klarere Definition, als sie den meisten europäischen Besuchern oder Kom-
mentatoren gelang.

Gleichwohl ging man davon aus, daß klassische Geographen recht gehabt
hatten: »Tanais oder Don«, schrieb Herberstein, »ist ein namhafftiger be-
kandter fluß / welcher Europam von Asia absünderet.«[29] Der französische
Geograph und Kartograph Antoine du Pinet war der gleichen Meinung.
1564 legte er »den großen Fluß ›Donk‹« als »Grenze von Europa« fest.[30] Aber
über das, was nördlich vom Hauptlauf des Don lag, hatte sich die Antike in
Schweigen gehüllt, und die zeitgenössischen Kartographen gaben darüber
nur verwirrende Auskünfte. Vor allem: Lag Moskau in Europa? Die einen
bejahten dies – sie zogen eine ziemlich gerade Linie von der Mündung des
Don ins Schwarze Meer bei Rostow bis hinauf durch Nischni Nowgorod
zum Zugang Moskaus am Weißen Meer und am Nordmeer bei Archan-
gelsk. Für andere lautete die Anwort nein: Sie waren genauso verwirrt wie
die Kartographen angesichts des Problems, nördliche Entfernungen einzu-
zeichnen, da sich ihre Längengradlinien gegen den Nordpol zu immer
rascher verengten. Richard Eden, der englische Sammler, Übersetzer und
Verleger von Reiseberichten, war sich da ganz sicher: »Wenn man eine
gerade Linie von den Mündungen des Tanais [des Don] zu dessen Quellen
zieht, dann wird man Moskau in Asien vorfinden und nicht in Europa.«[31]
Dieses Problem irritierte selbst Ortelius. Auf seiner Karte von Rußland, die
auf Laienaussagen beruhte (denn in Rußland gab es keine ausgebildeten
Kartenhersteller, und Besucher durften sich nur in eingeschränktem Maße
frei bewegen), faßte er seine Anschauung in einem eingefügten Bildchen
zusammen, das den Zaren als Potentaten eines asiatischen Nomadenvolkes
zeigte.

Der Mangel an kartographischen Informationen trug dazu bei, daß man
sich einen Abscheu vor den wilden Manieren eines Volkes bewahrte, das
behauptete, christlich zu sein, aber dessen Priester in den Augen jener
Europäer, die meinten, wirklich auf die Karte zu gehören, weder so aussahen noch sich so benahmen. Wie im Falle der Iren verbannten sie –
abgesehen von den wenigen Zeitgenossen, denen spätelisabethanische
Militärkarten von der Insel zugänglich waren – auch die Russen in die
Kulissen des kartographischen *Theatrum*.

Denn zum ersten Mal regten Karten zu einer rational begreifbaren persönlichen Standortbestimmung innerhalb einer klar definierten kontinentalen

Karte von Rußland, in Abraham Ortelius, *Theatrum orbis terrarum*, Antwerpen 1572

Fläche an. Und diese Quelle der Selbstorientierung auf einer zweidimensionalen Oberfläche erhielt ihre Tiefendimension durch das parallele Aufkommen der Chorographie, der Länderkunde: die Textdarstellung der Topographie, der Altertümer, Brauchtümer und der neueren Geschichte der verschiedenen Regionen, aus denen sich Europa zusammensetzte.

Die Teile und das Ganze

Als einen der Gründe für die Veröffentlichung seines Atlas führte Ortelius an, daß jeder Europäer, »von Natur zu seinem Vatterlandt genaigt, woll aine besundere Carta derhalben hieneben wunschen solte«.[32] Ähnlich hatte der alte Topograph John Leland argumentiert, der seine Prosaschilderung von England, den *Itinerary,* 1546 Heinrich VIII. gewidmet hatte.

Nachdem er sich in »viele gute Autoren« sowie »gut hundert Chronikschrei-
ber« vertieft habe, schrieb Leland, »war ich ganz und gar in Liebe ent-
flammt und darauf erpicht, all jene Teile Eures so großartigen Reiches
genauestens zu sehen, von denen ich gelesen hatte« – mit dem Ergebnis,
fuhr er fort, daß »ich in Euren Herrschaftsgebieten an den Meeresküsten
entlang wie durch die mittleren Teile gereist bin, wobei ich im Zeitraum
der vergangenen sechs Jahre weder Mühe noch Kosten gescheut habe, so
daß es kaum ein Kap gibt, keinen Hafen, keine Bucht oder Pier, keinen Fluß
oder Zusammenfluß von Flüssen, keine Strände, Tümpel, Seen, Teiche,
Sumpfgewässer, Berge, Täler, Moore, Heiden, Wälder, Haine, Städte, Gemeinden, Schlösser, wichtige Güter, Klöster und Universitäten, die ich
nicht gesehen habe, und als ich dies tat, habe ich eine ganze Welt von
überaus denkwürdigen Dingen zu Gesicht bekommen«.[33]

Damit hat Leland die Faszination und die Entschlossenheit, die so typisch
sind für die europäische Chorographen-Bewegung, wunderbar zum Ausdruck gebracht. Einige Chorographien begannen hochgemut als Kosmo-
graphien, als Darstellungen des Universums oder ein wenig bescheidener
als Beschreibungen von Europa, aber was deren Autoren eigentlich interessierte, war die mikrokosmische Sicht auf »eine ganze Welt von überaus
denkwürdigen Dingen« – eine Welt, hieß das, die im Sinne einer erweiterten Nachbarschaft erkundet wurde. Die meisten ihrer Werke beschäftigten
sich mit Gegenden, die sie zu Fuß oder zu Pferde oder mit dem Schiff
erreichen konnten, wobei ihnen auch gleichgesinnte Briefpartner behilflich waren und entsprechende Ortskenntnis vermittelten. Chorographien
waren die farbigen Steinchen einer regionalen Selbsterkundung für das
Mosaik eines Europas, das man sich dank der Kartographen als ein Ganzes
vorstellen konnte.

Die Verbreitung des Buchdrucks verhalf zu einem immer größer werdenden Publikum. Wachsender Wohlstand steigerte das Interesse am geschäftigen Treiben und am Reiz der Beschreibungen von Städten und verstärkte
die faszinierenden Kontraste zwischen ihnen und der täglichen Fron des
Landlebens. Die neue Kartographie schärfte das Auge des Autors. Dabei
spielte auch ein mehr in sich ruhender Patriotismus eine gewisse Rolle:
»Österreich hat unter den anderen Regionen nicht Seinesgleichen«, erklärte Johann Cuspinian in seiner *Austriae regionis descriptio (Beschreibung der
Region Österreich)* von 1553.[34] Und dieser Patriotismus hing eng zusammen
mit dem Kult um die klassische Antike, der die Autoren darin bestärkte,
noch tiefer als in ihrer jüngeren und mittelalterlichen Vergangenheit zu
graben und zu enthüllen, daß auch ihr Land Teil des herrlichen römischen
Großreichs gewesen war.

Die Deutschen, die voller Eifersucht die Fülle von Foren, Amphitheatern, Tempeln und Bögen gewahrten, auf die sich der Nationalstolz der Italiener berief, hoben nachdrücklich hervor, daß Tacitus die Tapferkeit ihrer Ahnen gerühmt habe. Französische Autoren, die sich mit den römischen Ruinen bei Avignon und Orange nicht zufriedengaben, verwiesen auf den lauteren Charakter der Gallier, den Cäsar in seinen *Commentarii* offengelegt habe. Litauische Autoren gingen sogar so weit zu behaupten, sie würden von einer Schiffsladung römischer Legionäre abstammen, die ein Sturm in der Nordsee von den Streitkräften, die Cäsar gen England entsandt hatte, weggeblasen habe. Die Russen beteuerten, die Zaren seien Nachfahren des Bruders von Kaiser Augustus. Während die Karten eine umfassende »flache« Ansicht ermöglichten und der Patriotismus ein tieferes Vordringen zu mittelalterlichen Präzedenzfällen für die Selbstachtung erlaubte, stürzten sich die Chorographen auf der Suche nach einer römischen Vergangenheit in das größte Forschungsabenteuer überhaupt. Daher beziehen ihre Werke die Dichte ihrer Schilderung gerade von diesen drei Ebenen des Erkundens. Am kunstvollsten vereinen sie sich in William Camdens *Britannia*, die 1586 auf Lateinisch erschien, wobei der Autor ernsthaft

Ansicht von Florenz: Ausschnitt aus *Mariä Himmelfahrt*, Francesco Botticini (Zuschreibung), um 1475/76 (National Gallery, London)

davon überzeugt war, daß die Zeit gekommen sei, Europa eine modellhafte Nationalgeschichte zu präsentieren.

Aber die chorographische Darstellungsform ging auch in eher populäre literarische Formen ein, so zum Beispiel in eine aus vielen Stilformen montierte und stellenweise brillante Komödie des weitgereisten, nichtsnutzigen elisabethanischen Vielschreibers Robert Greene. Seine *Honorable Historie of Frier Bacon, and Frier Bongay (Die rühmliche Geschichte von Bruder Bacon und Bruder Bongay)* wurde um 1591 uraufgeführt, kurz bevor er verarmt starb. Sie wurde rasch wiederaufgeführt und erlebte zahlreiche Drucke. Geographisch in Oxford und Suffolk angesiedelt, an Orten, die ein gutes Bild vom zeitgenössischen Stadt- und Landleben vermittelten, historisch zur Zeit Heinrichs III., macht diese Komödie viel Aufhebens um die bekannte Legende, daß der Name Britannien auf Brutus von Troja zurückgehe, einen Emigranten aus vorrömischer Zeit. Zur Feier von Heinrichs triumphaler Hochzeit mit Eleonore von Provence kommen »mächt'ge Potentaten«, »glorreiche Fürsten von Europa's Ländern«, zusammen. »Mit Reichthum schmückt der Ueberfluß den Strand, / Der Brutus irrend Auge schon ergötzte.« »So ist«, stellt Heinrich fest, indem er die klassische Gründung des Inselreichs, die politische Bedeutung und die fruchtbare Vereinigung von Stadt und Land (durch die Nebenhandlung) zusammenfaßt – »So ist England ob allem West verherrlicht.«[35]

Auffallend war die Neigung des Chorographen zu einer übertrieben ausführlichen Schilderung der Hauptstadt seiner Region, was auf eine frühere literarische Tradition der Lobpreisung von Städten zurückging. In seiner *Laudatio Florentinae urbis (Lob der Stadt Florenz)* von 1403/04 hatte Leonardo Bruni gefragt: »Was ist auf der ganzen Welt so großartig und herrlich wie die Architektur von Florenz? Andere Städte tun mir wirklich leid, wenn sie sich mit Florenz messen sollen.«[36] Solche Töne schlugen die Autoren häufig an, etwa als im Jahre 1505 Jakob Wimpheling in seiner elsässischen Chorographie auf Straßburg zu sprechen kam. Über das Straßburger Münster hieß es da: »Ich würde sagen, es gibt nichts Herrlicheres auf Erden als dieses Bauwerk. Wer kann diesen Turm erschöpfend bewundern? Wer ihn angemessen rühmen? Mit seinem steinernen Maßwerk, seinen gemeißelten Säulen, seinen behauenen Statuen, die so viele Dinge darstellen, übertrifft es an Schönheit alle Bauwerke in Europa.«[37]

Dank technischer Neuerungen bei der künstlerischen Gestaltung wie bei der Vermessung und aufgrund der immer lauter werdenden Forderung nach einem topographischen Realismus waren Darstellungen von Städten nicht mehr unpräzise oder – wie noch in Hartmann Schedels *Weltchronik* von 1493 – austauschbar.

Blick auf Venedig aus der Vogelperspektive, Holzschnitt von Jacopo de' Barbari, 1500 (British Museum, London)

Francesco Rossellis Ansicht von Florenz aus der Vogelperspektive (um 1470) spiegelt die neue seriöse Methode wider, indem sie den Künstler bei der Arbeit gleich mit abbildet. Auf Jacopo de' Barbaris erstaunlich detailreicher Ansicht von Venedig ist das Datum »MD« in halbfetten Zierbuchstaben angegeben – der Künstler will damit zeigen, daß die Stadt im Jahre 1500 tatsächlich so, fast Haus für Haus, ausgesehen habe. 1515 gab es die erste exakte Darstellung einer Stadt im Norden: Antwerpen. Auf der Ansicht von Augsburg aus dem Jahre 1521 konnte jeder Bürger oder Vorstädter sein Haus und seinen Garten entdecken, während er gleichzeitig die Bedeutung genoß, die seiner Stadt insgesamt beigemessen wurde.
Stadtansichten förderten den Bürgerstolz in einem umfassenden Sinne. Hans Mielichs drei Meter breiter Holzschnitt vom Lager Karls V. vor den Stadtmauern von Ingolstadt im Jahre 1549 verknüpfte die Stadt mit ihrer Rolle innerhalb des Reiches – und wieder bildete sich der Künstler selbst bei der Arbeit ab: an seinem Standort auf dem Turm der Frauenkirche, womit er betonen wollte, daß dies eine historisch getreue Darstellung sei. Herrscher gaben ganze Serien von Stadtansichten in Auftrag, um Besucher damit zu beeindrucken, wie weit sich ihr Machtbereich erstreckte. Philipp II. von Spanien bezahlte den niederländischen Topographen Anton van den Wyngaerde von 1563 an dafür, daß er Ansichten von zweiundsechzig spanischen Städten auf der ganzen Halbinsel zeichnete. Von 1573 an entsandte er von Madrid aus Agenten mit Standardfragebögen, um Infor-

mationen über mehr als sechshundert kastilische Städte einzuholen für
ein Reichsgrundbuch von ganz Spanien. Von 1577 an ergingen Befehle an
jede Siedlung in den von Spanien besetzten Teilen Amerikas, »die Lage
besagten Ortes zu beschreiben und seine Beschaffenheit zu ermitteln«. Die
Behörden sollten angeben, »ob er hoch gelegen ist oder unten in einer
Ebene, und einen Plan oder ein farbiges Bild abgeben, auf dem die Straßen,
Plätze und andere Örtlichkeiten zu sehen sind«.[38] Zwar wurde keines
dieser Projekte abgeschlossen, aber ihr Umfang spiegelt den Einfluß
wider, den die Chorographie auf die dokumentarische Arbeit der Verwaltung wie auf strategische Zielsetzungen hatte.

Vergleichsweise neu gegenüber dem nachhaltigen Interesse für Städte und
Informationen von patriotischer Bedeutung (wo ein König auf die Jagd
gegangen war, wo die Gebeine eines örtlichen Heiligen aufbewahrt wur-
den) war die Neugier auf die Gebräuche von unbekannten Orten und
Gegenden. 1517 vermerkte Lauren Vital, der Kopfschmuck der Frauen in
Teilen der nordspanischen Provinz Asturien gleiche »dem Ding, mit dem
Männer Kinder machen«.[39] In seiner Beschreibung von Pommern erklärte
Thomas Kantzow in den dreißiger Jahren des 16. Jahrhunderts, in den
Weichselniederungen »wüchse aber wol an vielen orten wein, ... aber das
folck ist so unachtsam das es sich nicht darzu bemuehet«. Andererseits
würden sich die einheimischen Fischer im Winter, wenn das Haff zugefro-
ren sei, durchaus zu helfen wissen, wenn sie ihre Netze auswerfen: »Die
hawen loecher ins eiß, und beslagen einen großen rawm damit, und zihens
mit langen stangen.«[40] Ein anderer Autor, Ladislaus Suntheim, war ganz
fasziniert, als er von einem bemerkenswerten Fest bei Cannstadt (bei
Stuttgart) erfuhr: »... da ist alle Jar ain Tag haist der ungeschaffenn Tag
vonn Mannen jungen Gesellen Weiber unnd Jungfraw unnd welcher der
ungestältest ist der gewindt ain Rogkh unnd ander Ding darzu unnd welche
die ungeschäfnest ist die gewindt ain Gürttl Pewttel Hanndschuh unnd
ander Ding.«[41] Während sie herumzogen, beobachteten und zuhörten,
leisteten die Chorographen Vorarbeit für eine regionale Ethnographie, die
es den Europäern erlaubte, sich selbst zu sehen, und die es anderen
ermöglichte, Beschreibungen von Ausländern zu erstellen, mit denen die
Europäer in zunehmendem Maße zurechtkommen mußten und deren
Wesen nicht so ohne weiteres mit den überlieferten historischen und
althergebrachten Mitteln dargestellt werden konnte.

Bei der Erkundung der Region interessierte man sich nur wenig für ein
politisches Europa, das noch nicht durch feste Grenzen aufgeteilt war,
wenn man einmal von ein paar befestigten Küstenabschnitten absieht. Im
Osten, von den noch nicht entwässerten Sumpfgebieten Litauens bis zu der

Ansicht von Antwerpen, Kupferstich, 1515 (Stadtarchiv, Antwerpen)

– in Ungarn rund 320 Kilometer breiten – Pufferzone zwischen den Herrschaftsgebieten des Kaiserreiches und der Türken, dachten weder die dort
lebenden Menschen noch die Kartographen an Zäune und Zollschranken,
auch wenn man durchaus wußte, auf welcher »Seite« man sich befand.
Sogar im Westen, wo sich die politischen Nationen viel stärker aneinander
rieben, wurde der Begriff »Grenze« nur selten im Sinne einer starren
Trennungslinie benutzt – man wollte sich die Möglichkeit für künftige
Eroberungen oder territoriale Tauschgeschäfte offenhalten.
Man hatte auch kaum den Eindruck, daß geographische Gegebenheiten –
abgesehen vom Meer – natürliche Grenzen darstellten. Die Länder waren
nicht bereit, sich durch einen Fluß voneinander trennen zu lassen – so
natürlich war die Verbindung zwischen seinen Ufern zu einer Zeit, als die
Straßen schlecht waren und der Verkehr zu Wasser vergleichsweise billig
war. Gebirgszüge waren dazu da, überquert zu werden, auch wenn die
Pässe auf beiden Seiten in fester Hand sein konnten. Man war allerdings
der Meinung, daß es so etwas wie Sprachgrenzen gab. Als Michel de
Montaigne von Tirol aus nach Süden reiste, sprach er in seinem Reisetagebuch nicht davon, daß er nun Italien betrete, sondern »das italienische
Sprachgebiet«.[42] Als Heinrich IV. im Jahre 1601 Teile von Savoyen besetzte,
ließ er die Bewohner wissen: »Da ihr von Natur her Französisch sprecht,
war es vernünftig, daß ihr Untertanen des französischen Königs seid.«[43]

Politisch gesehen war das freilich ein schwaches Argument, denn jedermann wußte, daß politische Begrenzungen nur aufgrund historischer Umstände festgelegt worden waren, und die Umstände konnten sich nun einmal ändern.

Die Grenzen, ganz gleich, ob sie zwischen England und Schottland, Frankreich und Spanien oder Deutschland, Venedig und Tirol gezogen waren – diese Grenzen jedenfalls waren durchlässig. Da gab es sprachliche Überlappungen, Enklaven der Gerichtsbarkeit auf der »anderen« Seite, seit langem umstrittene und ungeklärte territoriale Ansprüche. Grenzstreitigkeiten füllten den Advokaten die Taschen und riefen, wie in Venedig, ständige Regierungsgremien ins Leben, die für ihre Beilegung zuständig waren. Diese tiefreichenden Auseinandersetzungen regten zwar die örtliche Vermessungstechnik an, aber die Kartographen hüteten sich, in ihre Kupferplatten starre Grenzlinien einzugravieren, und erst allmählich wurden sie ermutigt, sie auf Karten von ganz Europa hinzuzufügen.

Die Herausgeber von Karten in Atlanten übernahmen die Gepflogenheiten der Kartographen, mit denen sie korrespondierten und von denen einige gepunktete Linien verwendeten, um die Umrisse von Ländern oder deren entsprechenden Verwaltungsgebieten anzudeuten. Die überarbeiteten Fassungen, die Ortelius nach 1570 veröffentlichte, enthielten, als sich diese Gepflogenheit immer weiter durchsetzte, mehr solcher Linien, aber häu-

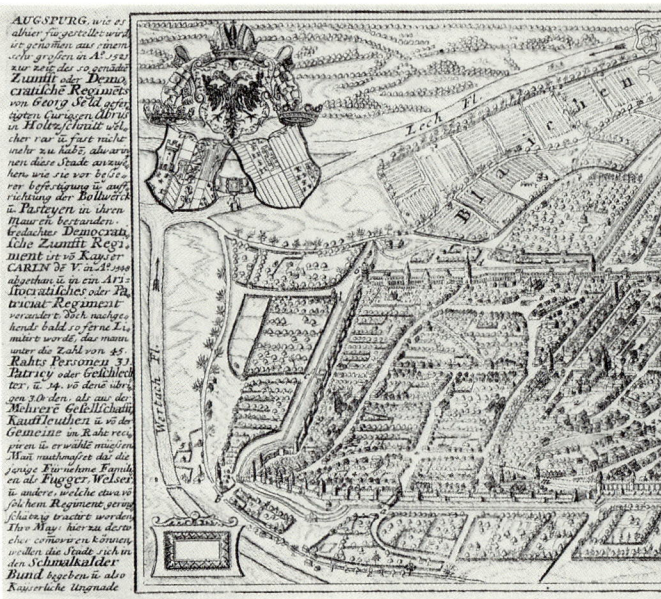

Ansicht von Augsburg,
Holzschnitt von
Hans Weiditz nach Jörg Seld,
1521 (Maximiliansmuseum,
Augsburg)

figer sollten damit eher regionale als politische Einheiten angedeutet werden. So wurde zwar die englisch-schottische Grenze nicht gezeigt, aber dafür die englischen Grafschaften. Italien wies insgesamt keine Nordgrenze auf, doch durch Punkte war das Herrschaftsgebiet von Venedig um Verona herum angedeutet. Quadts Atlas von 1604 verwendete erstmals gepunktete Ländergrenzen als Gestaltungsprinzip – seine Frankreichkarte beispielsweise trägt die Überschrift »Frankreich mit seinen Grenzen«. Aber sie wurden doch noch nicht ständig verwendet, und die Punkte – die im Grunde darauf hinwiesen, wie unwirklich durchgehend gezogene »Grenzen« seien – waren unauffällig. Auf Quadts Karte von ganz Europa etwa gab es überhaupt keine. Farbflächen wurden ziemlich häufig bei Grundbesitzkarten verwendet, oder um umstrittene Grenzansprüche zu veranschaulichen, aber bei den ganz wenigen erhaltenen Europakarten mit zeitgenössischer Kolorierung (die in allen Fällen höchstwahrscheinlich von den Verlegern nicht genehmigt war) sollten die Farbflächen den Benützer nicht dazu bewegen, den Kontinent ernsthaft unter politischen Gesichtspunkten zu betrachten. Vielmehr spiegelten sie den Zeitgeschmack wider, für den Karten dekorative Gegenstände waren, oder sie definierten weite geographische Zonen. Noch 1622, als Henry Peacham auf die Kolorierung von Karten als Teil des Bildungsprogramms von *The Compleat Gentleman* zu sprechen kam, diente sie schlicht als Hilfsmittel, um sich in Erinnerung zu

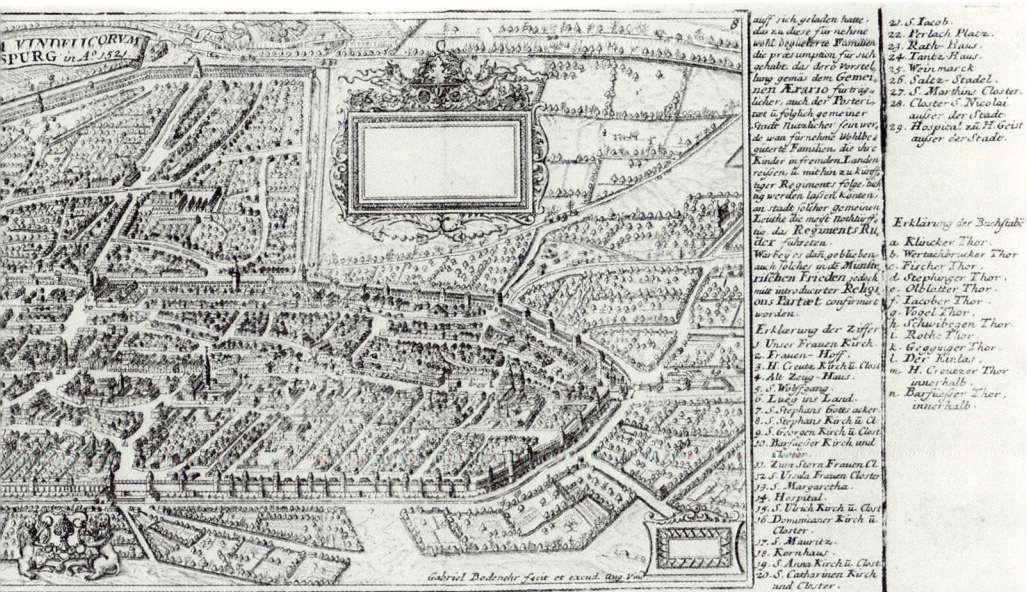

rufen, wo sich die verschiedenen Länder Europas befanden. Darin, schrieb er, »üben sich in anderen Ländern die Fürsten … wie auch viele unserer jungen Adelsherren in England«.[44]

Anders als regionale oder nationale Chorographien, spielten Karten die Aufteilung Europas herunter und boten Vorstellungsbilder an, die eine kontinentale Perspektive förderten. Dies taten nach und nach auch eine Reihe von historischen Werken. Zur mittelalterlichen Chronik, mit ihrer anschaulichen Schilderung lokaler Ereignisse und Persönlichkeiten sowie ihren Ausblicken auf andere Dinge, in denen Gottes Einfluß auf das menschliche Schicksal zum Ausdruck kam, hatte sich im 15. Jahrhundert eine eher fachliche Form der Berichterstattung gesellt, die sich auf die politische Entwicklung eines Landes konzentrierte. Niccolò Machiavellis *Istorie fiorentine* (*Geschichte von Florenz*, 1531) verfolgte das wechselvolle Geschick der Verfassung und des Gebiets der Stadt vom Niedergang des Römischen Reiches bis zum Tod von Lorenzo de' Medici, »dem Prächtigen«, im Jahre 1492. Danach, erklärte er am Ende dieser *Istorie*, »schoß … die böse Saat auf, welche, da jener nicht mehr lebte, der sie auszurotten vermocht hatte, Italien verwüstete und noch immer verwüstet«.[45] Die Wende wurde von den unabhängigen Staaten von Italien herbeigeführt. Aber hier in Italien wurde auch vom späten 15. Jahrhundert an durch den Ansturm von – französischen, spanischen, deutschen – Eroberungsarmeen

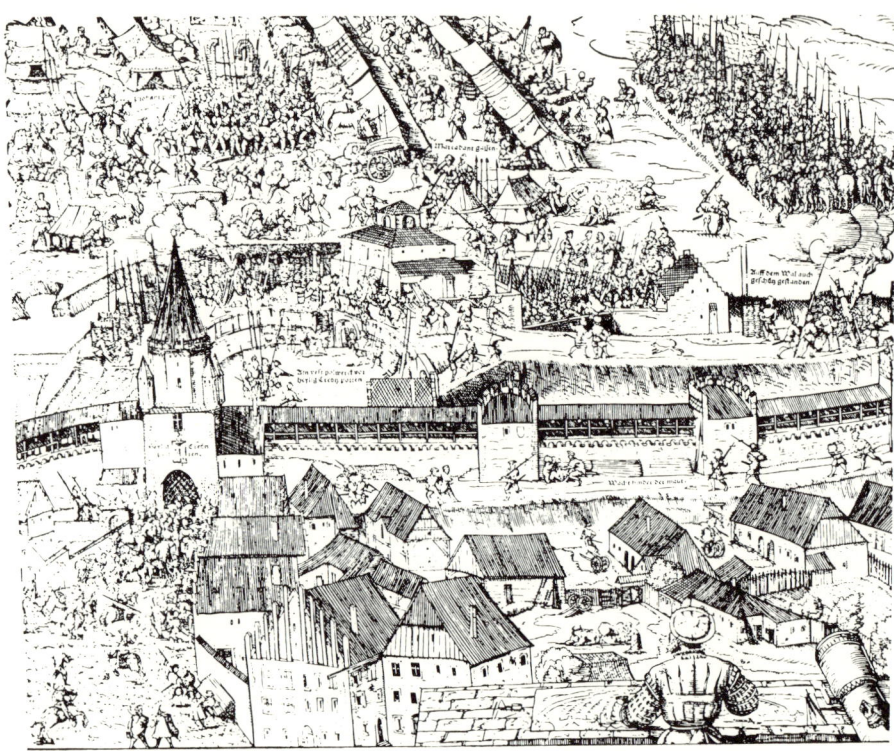

Der Blick des Künstlers von einem Kirchturm: Ausschnitt aus *Die Belagerung von Ingolstadt durch Karl V.*, Holzschnitt von Hans Mielich, 1549 (British Museum, London)

der engstirnigen Kirchtumspolitik ein Ende bereitet. »Die historischen Ereignisse unserer Zeit«, schrieb Francesco Vettori in der Widmung seines *Sommario della istoria d'Italia* (*Abriß der italienischen Geschichte,* 1511 bis 1527), »sind so eng miteinander verbunden, daß man nicht nur von denen in Italien sprechen und alle anderen weglassen kann.«[46] Die wesentlich umfangreichere und gedankenvolle *Storia d'Italia (Geschichte Italiens)* von Francesco Guicciardini, einem anderen Florentiner, der als hochrangiger päpstlicher Verwaltungsbeamter mehr mit internationalen Angelegenheiten zu tun hatte, befaßte sich intensiv mit Europa, ja sogar mit der Neuen Welt, um zu erklären, wie erniedrigend sich die Einmischung der Ausländer auf die Halbinsel ausgewirkt habe. Dieses Werk entstand in den späten dreißiger Jahren des 16. Jahrhunderts und wurde erst 1561 vollständig veröffentlicht, aber dann fand es durch Übersetzungen ins Lateinische, Französische, Deutsche, Holländische, Spanische und Englische rasch ungeheure Verbreitung in Europa. Und als sich Niccolò Contarini zu

Beginn des 17. Jahrhunderts daran machte, die Geschichte Venedigs während seines eigenen, politisch so turbulenten Lebens zu schreiben, erklärte er, er könne dies nur tun, wenn er »viele Dinge, die in Europa geschahen«, einbeziehe, weil »die Darstellung dessen, was mit Menschen an einem einzigen Ort geschah, ohne das Wissen um das, was an anderen Orten geschah, stets konturlos und voller Ungereimtheiten bleiben wird. Aber wenn sie mit fernen Ereignissen verknüpft werden, sind sie leichter zu verstehen und nützlicher für jene, die sich für derartige Dinge interessieren.«[47]

»Europa« selbst begann nun auf den Titelblättern historischer Werke aufzutauchen. Seit Mitte des 16. Jahrhunderts waren dies bereits eine ganze Reihe: Lodovico Guicciardinis *Kommentare über die bedeutendsten Ereignisse in Europa* (1565), Pier Francesco Giambullaris *Historia dell'Europa* (*Geschichte Europas*, 1566), Alfonso de Ulloas *Le historia di Europa* (*Die Geschichten von Europa,* 1570). Gewiß, »Europa« war für all diese Werke nichts weiter als ein Schlagwort: Das erste konzentrierte sich auf die Niederlande, das zweite endete im 10. Jahrhundert, und das dritte hätte genaugenommen *Einige herausragende militärische und politische Ereignisse in Europa* heißen müssen. Es gab keine Geschichte von Europa insgesamt, so wie es auf der Karte zu sehen war. Dennoch setzte sich die Erkenntnis immer mehr durch, daß die Geschichte eines einzelnen Landes mit der anderer Länder verknüpft war. Das Material in der zweiteiligen *Historiarum sui temperis libri* (*Bücher über die Geschichte seiner Zeit* des Italieners Paolo Giovio (1550–1552) reichte von Spanien und England bis Polen und Rußland. Als von den *Historiae sui temporis (Geschichten seiner Zeit)* des Franzosen Jacques-Auguste de Thou (1604–1620) eine überarbeitete Neuauflage nach der anderen erschien, galt dieses Werk als die seinerzeit vollständigste Darstellung der politischen und religiösen Zusammenhänge und Konflikte in Europa. Eine gewisse Verbreitung fanden auch Bücher, deren Autoren erklärtermaßen die Städte und Staaten von ganz Europa schildern wollten. Dies waren zumeist gelehrte Zettelkästen, in denen der Autor wahllos seine unterschiedlichsten Lesefrüchte anhäufte, aber als Beitrag zur Entdeckung Europas haben sie einen gewissen Stellenwert. Einige stammten von überaus originellen Köpfen und galten über viele Generationen hinweg als Klassiker: 1576 erschienen Jean Bodins *Les six livres la république (Sechs Bücher über den Staat);* Giovanni Boteros *Delle cause della grandezza e magnificenza delle città (Anordnung guter Policeyen vnd Regiments : auch Fuersten und Herrn Stands. Von der Staetten Aufgang / Groesse und Herrligkeit)* wurde 1588 veröffentlicht. Es gab auch bunt zusammengewürfelte, aber nützliche Sammlungen von indiskret ausgeplauderten diplomatischen Berichten über andere Länder, von England bis Schweden, wie den *Politischen Schatz:* Erstmals 1589 in Italien veröffentlicht, entwickelte sich dieses Werk in seinen nachfolgenden Auflagen und Übersetzungen zu einem Handbuch für jene Leser, die sich für die Hintergründe internationaler Angelegenheiten interessierten. Ganz gleich, ob sie nun gut, geistlos oder ausgesprochen schlecht waren: All diese Bücher spiegelten eine radikal geänderte Einstellung gegenüber dem Kontinent wider. Durch Mythologie und Kartographie, Chorographie, Geschichtsschreibung und Landvermessung wurde Europa zum geistigen Besitz.

Wir und Sie

Zu Beginn des 17. Jahrhunderts machte sich Samuel Purchas, ein englischer Sammler von Reiseberichten, zum Sprecher der europäischen Nationenfamilie: »Asien schickt uns alljährlich seine Gewürze, Seidenstoffe und Gemmen; Afrika sein Gold und Elfenbein; Amerika ... läßt zu, daß fast überall europäische Kolonien entstehen.« Hinsichtlich aller Lebensbereiche – der Pflege der freien Künste oder der technischen Errungenschaften (wie »den vielen künstlichen Irrgärten und Labyrinthen in unseren Uhren«) – ging die Siegespalme an »uns im Westen«, sie gehört »uns«, ist »unser«.[48] Inzwischen feierte Strabons westlich zentrierte Weltsicht wieder fröhliche Urständ in einem gemeinsamen Bewußtsein der eigenen separierten und überlegenen Stellung in der Welt. Physisch bedrängt von der türkischen Fremdherrschaft im Südosten, in der Vorstellungskraft weit ausgreifend durch zunehmende Kontakte mit den anderen »alten« Kontinenten Afrika und Asien und vor allem durch das seit der Entdeckung Amerikas rauschhaft beflügelte Selbstvertrauen, machten sich die Europäer mehr Gedanken über ihre eigene Identität – zumal wenn die schiere Neugier über die Menschen und Sitten anderer Kontinente einherging mit – nicht immer beruhigenden – Vergleichen zwischen ihnen und uns.

Als Thomas More in seiner *Utopia* (1516) auf die politischen Sitten in »Europa, und zwar besonders in den Ländern, in denen der christliche Glaube herrscht«, zu sprechen kam[49], war er damit einverstanden, daß die Osmanischen Türken wahrscheinlich die Herren von Griechenland und den Balkanländern, dem Großteil von Albanien und ganz Bosniens, blieben. Als Sultan Suleiman in den dreißiger Jahren des 16. Jahrhunderts

Karl V., mit Schutzengel
und heimgesucht von
Sultan Suleiman,
Bronzemedaille, um 1530
(British Museum, London)

seinen anderen Titeln den eines »Gebieters über Europa« hinzufügte,
waren die Türken über Bukarest, Belgrad und Budapest bis auf ein paar
Tagesmärsche an Wien herangerückt. Dort wurden sie aufgehalten. Auf
einer etwa zur gleichen Zeit geprägten Medaille ist die Büste von Kaiser
Karl V. zu sehen, mit einem Engel im Gefolge und heimgesucht vom
turbangekrönten Profil von Suleiman. Man hätte den damaligen Status quo
nicht besser ausdrücken können.

Als Antwort auf das Vordringen der Türken in Europa geisterte von Zeit zu
Zeit die Idee des Kreuzzugs durch die Köpfe. Aber die christlichen Mächte
waren alle viel zu sehr damit beschäftigt, das eigene Haus zu ordnen und
sich der Feinde in der unmittelbaren Nachbarschaft zu erwehren. Und
jedenfalls hatte niemand – außer Gelehrten, die des Griechischen mächtig
waren – das spätbyzantinische Reich in Südosteuropa, mit seinen merkwürdigen Bärten und der nichtkatholischen Form des Christentums, jemals für einen natürlichen Pächter des Kontinents gehalten. Und was das
Heilige Land selbst betraf, so verstummten die Kreuzzugsideen, als man
merkte, daß die Türken einen einigermaßen funktionierenden »Touristen-
service« für Pilger zuließen. Ja, gerade diese selbstbewußte Toleranz, die
die Osmanen gegenüber Andersgläubigen übten, deren Land sie okkupier-
ten (auch wenn christliche Kirchen innerhalb ihres Herrschaftsbereiches
nicht die Glocken läuten lassen durften), war einer der Faktoren, der es für
Europa so kompliziert machte, auf sie zu reagieren. Und als christliche

Eroberer in zunehmendem Maße Ländern in Übersee ihre Anwesenheit aufnötigten, die diese gar nicht wollten, wurde es um so schwieriger, dem Türken *seine* »Besatzerrechte« in Abrede zu stellen. Die Venezianer entschieden sich für Koexistenz. 1536 erklärte der französische König Franz I. eine französisch-türkische Allianz mit folgenden, nur zum Teil entschuldigenden Worten: »Ich kann nicht leugnen, daß ich es nur zu gern sähe, wie der Türke Macht gewinnt und zum Krieg bereit ist, und zwar nicht um seiner selbst willen, denn er ist ein Heide und wir andern sind Christen, sondern um die Macht des Kaisers [Karl V.] zu untergraben und ihm erdrückende Kosten zu verursachen.«[50] Dank des zunehmenden, nach innen gerichteten Kultes der Zentralisierung der nationalen Macht konnte

Grausamkeiten der Türken, Holzschnitt von Erhard Schoen, 1530

Erasmus von Rotterdam 1530 schreiben – und das in einem Buch, das die sittliche Entwicklung der Jugend fördern sollte : »So der Türck (da Gott vor sey) unserer Oberer were / so sündeten wir / so wir jm die gebuerliche ehr der Oberkeyt / nit theten.«[51]

Viele fähige Christen gingen nach Konstantinopel und wurden Moslems um ihrer Karriere willen – sie wußten, wie mißtrauisch das Sultanat einer Beförderung seiner eigenen Untertanen in verantwortliche Positionen in der Armee oder in der Verwaltung gegenüberstand und wie sehr es auf die fortschrittlichere Technik des Westens angewiesen war. 1581 billigte Elisabeth I. die Handelsbeziehungen mit Konstantinopel durch die englische Turkey Company und unterstützte deren erfolgreiche Unternehmungen dort und in Aleppo. Nichtsdestoweniger tadelte sie ihren inoffiziellen Botschafter Edward Barton, weil er Mohammed III. 1593 auf seinem Feldzug gegen Österreich begleitet hatte, »denn er hatte das englische Wappen auf seinem Zelt geführt ... in der türkischen Kampagne gegen Christen«.[52] Nicht anders schreckte ihr Nachfolger Jakob I. vor der Vorstellung zurück, eine offizielle Gesandtschaft aus Konstantinopel zu empfangen, und zwar mit der Begründung, daß sich das »für einen christlichen Fürsten nicht schicke«.[53]

In dieser widersprüchlichen Einstellung gegenüber Europas fremdem, heidnischem »Daueruntermieter« lassen sich zwei unterschiedliche Meinungsrichtungen ausmachen. Der einen ging es um eine monströse Unmenschlichkeit, der anderen um einen hohen Lebensstandard. Mit beidem hatte die Religion wenig zu tun. Der islamische Glaube, der sich entlang der nordafrikanischen Küste nach Kleinasien und weiter durch das Persische Reich bis nach Indien ausbreitete, war für die meisten Europäer kurz gesagt die Religion der Türken. Und außer für Propagandazwecke wurden die Türken genausosehr nach ihrem Verhalten beurteilt wie nach ihrem Glauben.

Wer das Osmanische Reich von außen betrachtete, hielt seine Bewohner vor allem für grausam. Welcher europäische Monarch würde all seine Brüder erdrosseln lassen – wie Mohammed III. es mit seinen neunzehn Brüdern tat –, um jeden Anspruch auf seine Nachfolge zu vereiteln? Europäer verbrannten und folterten ihre Gegner und machten sie zu Krüppeln – aber nur die Türken kannten das Pfählen, indem sie einen spitzen Pfahl durch den Anus nach oben trieben und zwischen den Schlüsselbeinen wieder hinausrammten, ganz gleich, welchen Alters und Geschlechts das Opfer war, das sie dann aufgespießt auf dem in den Boden gepflanzten Pfahl als Warnung stehenließen. Auf Ansichten deutscher Künstler von der Belagerung von Wien im Jahre 1529 und von späteren Türkenkriegen war die Landschaft übersät mit solchen schauerlichen Mahnmalen. Wann immer ein Türke in einem englischen oder französischen Stück aus dem späten 16. Jahrhundert auftrat, verband man mit ihm die fürchterlichsten Assoziationen, so komisch sie auch dargestellt waren.

Für diejenigen allerdings, die tatsächlich in der Türkei auf Reisen gingen, war diese Gleichgültigkeit gegenüber menschlichem Leiden zwar durchaus zu bemerken, aber sie wurde doch von positiveren Wahrnehmungen überstrahlt. Im Unterschied zu einem anderen Schreckgespenst, den Russen in Europa, schätzten die Türken die Gelehrsamkeit, die Künste und die Annehmlichkeiten des Lebens. Die Gelehrsamkeit mochte sich auf den Islam beschränkt haben, die Künste waren vielleicht nicht repräsentativ, die Annehmlichkeiten bestanden aus unbequemen Stühlen und abstoßendem Wein – aber der Lebensstil war doch wohltuend hochkultiviert. Darüber hinaus konnten die Christen von den Türken einiges lernen. Ungeachtet ihrer Toleranz gegenüber den Ansichten anderer, widmeten sie sich dem Glauben und den Ritualen ihrer eigenen Religion mit einer Ernsthaftigkeit, an der sich nur zu viele Christen ein Beispiel hätten nehmen können.

Der radikale Protestant Thomas Müntzer ging in den zwanziger Jahren des 16. Jahrhunderts sogar so weit zu behaupten, wenn ein frommer Türke im katholischen Europa »durch den Glauben, den wir zur Zeit noch haben, gebessert werden sollte, hätte er davon so viel Gewinn, wie eine Mücke auf ihrem Schwanz wegführen könnte, ja noch viel weniger«.[54]

Im Gegensatz zum Verhalten christlicher Truppen verwies man oft auf die Disziplin türkischer Soldaten und ihr geduldiges Ertragen von Entbehrungen. Die Straßen waren schmutzig, aber die Sauberkeit in türkischen Häusern, die Betonung der persönlichen Hygiene und die Reinlichkeit von Kleidungsstücken und Turbanen (die in den lebhaften Szenen von Carpaccios Gemälden für so viele Glanzlichter sorgen) konnten übelriechende, sich nicht so häufig waschende Europäer durchaus beschämen. Eine winzige Kleinigkeit, die der Italiener Pietro Della Valle bemerkte, als er 1614 Konstantinopel besuchte, verdeutlicht, wie sehr sich doch die in der Türkei vorherrschende würdige Ruhe von der unruhigen, eitlen Selbstbespiegelung der Europäer bei einem großen Empfang unterschied: »dann die Türcken pflegen nicht ohne Ursach / gleich wie wir / auf und ab zu spatzieren / sondern haben einen Abscheu hierab / und achten es für eine Thorheit / wie auch an solchen vornehmen Orthen mit einander Gespraech zu halten / wann man nichts sonderliches vorzubringen hat; dannenhero halten sie sich in dergleichen Faellen gantz still und eingezogen / worüber ihr euch zweyfels frey verwundern wuerdet / wann ihr offtermals etlich tausend Personen ohne einiges Wort sprechen / noch daß geringste Gethoeß beysammen sehen soltet.«[55]

Als er weiter nach Osten zog (er war unterwegs nach Indien), zog Della Valle weitere Vergleiche. Er stellte den geschickten und gewaltfreien persischen Nationalsport Polo aggressiven Ballspielen wie dem florentinischen *calcio* gegenüber. Die hingebungsvolle Andacht der Hindus vor ihren Götzenbildern »beschämt uns Christen wegen unserer Trägheit, mit der wir den Kult und Dienst am wahren Gott ausüben«.[56] Und als der Westen über den Handel und die Arbeit der Missionare mehr über China erfuhr, konnte Joseph Hall in *The Discovery of a New World (Die Entdeckung einer neuen Welt)* von 1608 fragen: »Wer hätte je so viel Verstand und Sittlichkeit in China erwartet? Solche Künste, so viel praktisches Geschick auf allen Gebieten? Wir haben geglaubt, die Gelehrsamkeit habe in unserem Teil der Welt ihre Heimstatt gefunden – sie lachen uns deswegen aus, zu Recht, indem sie uns beweisen, daß sie von allen Menschen auf Erden zwei Augen haben, die Ägypter einäugig sind und die ganze übrige Welt völlig blind ist.«[57] Und wenn wir noch weiter nach Osten gehen, so hatten portugiesische, spanische und italienische Jesuiten – seit der ersten Mission des heiligen Franz Xaver in Japan im Jahre 1549 – Japanisch gelernt und das Wesen der neuen religiösen Sekten, die sie dort antrafen, zu verstehen versucht, um ihnen gegenüber das Christentum durchzusetzen. Ständig verglichen sie in ihren Briefen und Berichten die europäischen mit den japanischen Sitten. Beim Darmentleeren, bemerkte einer, »sitzen wir, während sie kauern«.[58] »Ich schicke dir«, schrieb der heilige Franz seinem Ordensoberen zu Hause, »eine Zeichnung einer japanesischen Schrift, indem die Japaneser in der Art zu schreiben von andern sehr unterschieden sind. Denn sie fangen oben an, und schreiben gerade herunter. Da ich den Paulus den Japaneser fragte, warum sie nicht nach unserer Art schrieben: Vielmehr, versetzte er, warum schreibet ihr nicht nach der unsrigen? Denn wie der Kopf des Menschen zu hoechst, die Fuesse zu unterst sind, so schickt es sich auch, daß die Menschen, wenn sie schreiben, von oben in gerader Linie herab fahren.«[59] Und als man das Land immer besser kennenlernte, wuchs neben dem Staunen auch die Bewunderung. Als Alessandro Valignano gegen Ende des 16. Jahrhunderts über Japan schrieb, berichtete er, im Hinblick auf die Höflichkeit aller Klassen seien die Japaner »nicht nur anderen östlichen Völkern, sondern genauso auch den Europäern überlegen«. Ihre Kinder lernten schneller als unsere, »und sie raufen auch nicht miteinander oder schlagen einander wie europäische Jungen«.[60]

Als Valignano seine Eindrücke zusammenfaßte, schrieb er: »Man kann wahrhaftig sagen, daß Japan eine Welt darstellt, die das genaue Gegenteil von Europa ist – alles ist so anders und entgegengesetzt, und sie sind uns praktisch in nichts gleich. So gänzlich anders sind ihre Nahrung, Kleidung, Ehrerbietung, Zeremonien, Sprache, Haushaltführung, ihre Art zu verhandeln, zu sitzen, zu bauen, die Verwundeten und Kranken zu heilen, die Kinder zu unterrichten und großzuziehen, ja alles andere auch, daß man es weder beschreiben noch verstehen kann. Nun wäre all dies nicht weiter überraschend«, fährt er in dieser aufschlußreichen Passage fort, »wenn sie wie so viele Barbaren wären, aber zu meinem Erstaunen verhalten sie sich in all diesen Dingen wie sehr kluge und vornehme Leute. Wenn man sieht, wie alles das genaue Gegenteil von Europa ist, ungeachtet der Tatsache, daß ihre Sitten und Gebräuche so kultiviert und vernunftbegründet sind, wird jeder, der etwas von diesen Dingen versteht, nicht wenig überrascht sein.«[61]

Im Gegensatz zu Asien bot Afrika kaum Anlaß, sich über das Wesen der europäischen Zivilisation ernsthaft Gedanken zu machen. So aufregend es auch war, daß es Portugal gelang, Handelsbeziehungen mit Westafrika einzugehen und dort Missionsstationen zu errichten, wobei man über den Äquator hinaus vorstieß – ungeachtet aller Märchen, die man sich über die Hitze dort erzählte, die Menschen zu Asche verbrenne – und nach Vasco da Gamas Seereise von 1498 eine Kette von Stützpunkten am Indischen Ozean von Moçambique bis Mombasa errichtete – die Einbildungskraft der Europäer wurde jedenfalls kaum angeregt durch Berichte über Begegnungen mit der eingeborenen Bevölkerung. Und die Portugiesen, die sich bereits seit dem 14. Jahrhundert als erfahrene Entdeckungs- und Handelsreisende erwiesen hatten (Madeira, die Kanarischen Inseln, die Azoren), waren praktische und wortkarge Leute, und dies um so mehr, weil jedes Gerede über ihr Überseereich, angesichts potentieller Konkurrenz, von ihrer Regierung entschieden mißbilligt wurde. Ein transmediterraner Sklavenhandel in früherer Zeit hatte allerdings die Südeuropäer bereits mit einer ganzen Palette von Hautfarben vertraut gemacht, die vom Ebenholzschwarz der Äthiopier bis zum etwas helleren Teint der »Mohren« jenseits der Sahara reichte.

Afrikaner dienten als Gondoliere ihren venezianischen Herren, verliehen norditalienischen Höfen einen Hauch von dunkelhäutiger Exotik und wurden als Bedienstete in den Häusern der Reichen im gesamten nördlichen Mittelmeerraum wie Haustiere (und Liebhaber) gehalten. (Dem Helden des frühen spanischen Schelmenromans *La vida de Lazarillo de Tormes –
Das Leben des Lazarillo de Tormes*, von 1554 macht es überhaupt nichts

Der Rialto, mit einem afrikanischen Sklaven als Gondoliere: Ausschnitt aus *Heilung des Besessenen*, Vittore Carpaccio, um 1496 (Accademia, Venedig)

aus, daß sich seine Mutter einen Neger zum Liebhaber nimmt.) Weiter im Norden waren Afrikaner durchaus nicht unbekannt: 1596 erklärte Elisabeth I., zu viele »Mohren« würden mit bedürftigen Engländern auf dem Stellenmarkt für Hauspersonal konkurrieren.[62] Während sich Portugiesen und Spanier den Sklavenhandel innerhalb von Afrika zunutze machten (und Schwarze hatten auf Plantagen von Weißen auf Madeira und den Kanarischen Inseln gearbeitet, lange bevor sie als Bergarbeiter und für den Zuckeranbau in Nord- und Südamerika importiert wurden), nahm man in Europa kaum Notiz von der Verschiffung von Afrikanern als Arbeitskräfte und militärische Hilfstruppen von Peru bis Ceylon. Missionare interessierten sich nicht für ihre verpflanzten Gebräuche und Glaubensformen:

Afrikaner waren eine Importware, die für die eigentliche Aufgabe der Errettung einheimischer Seelen keine Rolle spielte. Sogar in Afrika selbst gaben sich die Missionare kaum Mühe, die Männer und Frauen zu verstehen, die sie eiligst zur Taufe trieben und deren Götzenbilder sie zerstörten. Innerhalb von Europa waren sie nur verstreut zu finden und befanden sich in untergeordneten Stellungen. Im Drama verkörperten sie aufgrund ihrer Hautfarbe fast automatisch das Böse, auch wenn – unter den Weisen aus dem Morgenland, die stellvertretend für die Kontinente der präkolumbischen Welt kamen, um das Christkind anzubeten – Balthasar ehrerbietig als Neger dargestellt wurde. Shakespeare schuf in *Othello* da schon eine Ausnahme, als er einen sympathischen, wenn auch beunruhigenden Protagonisten zwischen diese Extreme stellte. Typischer war die dünne Konzeption von Ben Jonsons Schauspiel *Masque of Blackness*, das im selben Jahr wie *Othello* (1605) am Hof Jakobs I. aufgeführt wurde. Darin kommt ein Höfling, der den Fluß Niger darstellt, nach London mit seinen schwarzen Töchtern (die schwarze Masken, Handschuhe und Strümpfe tragen), um zu sehen, ob – repräsentatives Beispiel für die Gleichgültigkeit gegenüber der afrikanischen Geographie – die englische Sonne »einen Äthiopier bleichen« kann. Als er sicher ist, daß dies im englischen Klima zweifellos geschehen wird, kehrt der Fluß glücklich wieder heim, überzeugt, daß seine Töchter weiß und daher, in den Augen der Europäer und zur Befriedigung seines Ehrgeizes, auch schöner werden. Und als die Schauspielerinnen, die Königin und ihre Hofdamen, ihre Verkleidung ablegen, werden sie es in der Tat.

Um so größer war die intellektuelle Energie, die man für das Verständnis der bis dahin unbekannten amerikanischen »Inder« aufwandte. Als Christoph Kolumbus über seine erste Reise im Jahre 1492/93 Bericht erstattete, erinnerte er Ferdinand und Isabella von Spanien in seiner Einführung an den ihm erteilten Auftrag, »mich nicht auf dem Landweg, wie es bisher üblich gewesen, nach dem Fernen Osten aufzumachen, sondern in westlicher Richtung aufzubrechen, also auf einem Wege, den nach unserm Wissen bis auf den heutigen Tag noch niemand befahren hatte«.[63] Während Kolumbus bis zu seinem Tod davon überzeugt war, daß er auf dem Seeweg dorthin gekommen war, wohin Marco Polo auf dem Landweg gelangt war, kam man schnell dahinter, was sein Osten eigentlich war – auch wenn man gewohnheitsmäßig noch immer von »Indien« sprach. Francisco López de Gómara, der seine *Historia de las Indias (Geschichte der Indischen Inseln)* 1552 Ferdinands Nachfolger Karl V. widmete, feierte die Entdeckung des »neuen« Kontinents als »das größte Ereignis seit der Erschaffung der Welt, abgesehen von der Inkarnation und dem Tod von Ihm, der sie erschaffen

hat«.[64] Und innerhalb der dazwischenliegenden sechzig Jahre hatten sich
die Europäer nicht nur damit abgefunden, daß es einen neuen Kontinent
gab, sondern auch neue Männer und Frauen. Da existierte also eine
gewaltige Landmasse, von der die antiken Geographen keine Ahnung
gehabt hatten, auf der sich eine Fülle von Völkern mit den unterschiedlichsten Gesellschaftsformen befanden, von den Azteken und Inkas bis zu den
Kariben und den Tupinambá.

Als die Spanier auf die Stadtstaatenreiche von Mexiko und Peru stießen,
sahen sie darin schwächere Versionen der Reiche von Alexander und
Augustus. In logistischer wie diplomatischer Hinsicht war das zwar recht
problematisch, aber aufgrund dieser Analogie war ein radikales Umdenken
im Hinblick auf das Wesen politischer Gesellschaftsformen nicht erforderlich. Denn jene alten Weltreiche waren ja untergegangen. Und nun waren
diese Reiche an der Reihe. Es lag an der größeren Zahl offensichtlich
primitiverer Völker in Mittel- und Südamerika, daß es zu einer Gewissens-
krise kam, zu einer öffentlichen Diskussion und einer Art von Selbstprü-
fung. Zunächst quälten das Gewissen der Missionare zwei Fragen. Die
erste lautete: Haben Menschen, die in einem natürlichen Zustand leben,
Eigentumsrechte? Wenn dies der Fall ist: Haben *wir* dann das Recht, sie zu
enteignen und zu versklaven? Und die zweite Frage lautete: Haben diese
Menschen, die anscheinend wie Tiere nur nach ihrem Instinkt leben, auch
Seelen? Und wenn auch dies der Fall ist: Sollten wir sie dann nicht bekehren
und beschützen, statt sie auszubeuten? Diese erste sachbezogen wie lei-
denschaftlich geführte Debatte über abstrakte Menschenrechte hielt über
eine Generation an – auf der einen Seite stand der Bedarf der Siedler an
Arbeitskräften, auf der anderen das Interesse der Priester an potentiell zu
Bekehrenden. Dieser Konflikt wurde schließlich um die Jahrhundertmitte
gelöst, als sich die Ansicht durchsetzte, daß die Masse der amerikanischen
Indianer genauso wie ihre besser bewaffneten und zielstrebigeren Herren
Menschen mit gesetzlich verbrieften Rechten waren und Seelen besaßen,
die es zu retten galt. Aber da war es bereits zu spät, den ungeheuren
Rückgang der Bevölkerungszahlen aufzuhalten, zu dem es infolge von
Zwangsarbeit, Kriegen und der heimtückischeren Dezimierung von Men-
schenleben durch eingeschleppte Krankheiten gekommen war, haupt-
sächlich Geschlechtskrankheiten und Lungenentzündung, gegen die die
Eingeborenen nicht immun waren. Und bis dahin konnte man auch die
entnervend oft wiederholte Frage nach dem Status der amerikanischen
Ureinwohner nicht mehr hören. Für jene, die an einer Antwort darauf
persönlich nicht interessiert waren, war das fortwährende Abenteuer der
Ausweitung der spanischen Herrschaft viel interessanter, ebenso die da-

durch gegebene Möglichkeit, die Droge zu beschaffen, nach der das zunehmend hektischer werdende monetäre System Europas so dringend verlangte: Silber.

Im Anschluß daran allerdings kam es zu einer Art von Wiederentdeckung
der amerikanischen Indianer: als Völkern mit eigenen »Sitten und Gebräuchen«. Wie bei den Jesuiten in Japan wurden auch bei den Dominikanern
und Franziskanern in Amerika ethnographische Forschungen im Interesse
der Bekehrung angestellt. Aber nun geschah dies mit mehr Geduld und
weniger mit Polemik. Statt den zu Bekehrenden durch einen unbeholfenen
Gebrauch ihrer Sprache und mit Hilfe von Gesten einen Glauben aufzunö-
tigen, der so seltsam war wie ihr eigener – mit einem Gott, der aus drei
Personen bestand und von besonders gekleideten Mittlern gegessen und
getrunken werden konnte –, wurden ihre Sprachen richtig gelernt und die
Religionen der Eingeborenen studiert.

»Für mich«, schrieb José de Acosta, der Historiker des neuen »Indien«, im
Jahre 1590, »für mich schienen die Gegebenheiten von Indien, nachdem
ich sie persönlich erlebt hatte, genau so zu sein, wie ich sie vom Hörensagen kannte, und zugleich ganz anders. Ich fand sie in der Tat genau so,
weil diejenigen, die mir davon berichtet hatten, nicht gelogen hatten; aber
gleichwohl waren sie nach meinem Urteil ganz anders, als ich zunächst
gedacht hatte.«[65] Den gleichen Ton schlug in seinem Lebenswerk auch der
Franziskaner Bernardino de Sahagún an, der von 1529 bis zu seinem Tod
im Jahre 1590 in Mexiko predigte, unterrichtete und die Menschen zu
bekehren suchte. Zur gleichen Zeit machte er sich durch ausgiebige und
disziplinierte Lektüre sowie mit Hilfe eines sorgfältig ausgearbeiteten
Fragenkatalogs mit der Sprache, der Literatur und den Anschauungen
seiner riesigen Gemeinde vertraut. Er engagierte sich so sehr für seine
Schäfchen, daß er seine Forschungsergebnisse zuerst in ihrer eigenen
Sprache (Nahuatl) aufschrieb, um ihnen zu erklären, wer sie einst gewesen
und nunmehr in ihrem von den Eroberern zerschlagenen Ex-Reich waren.
Erst später übersetzte er sein Werk ins Spanische zurück – eine Don-
quichotterie ohnegleichen, zumal er die Veröffentlichung zu seinen Lebzeiten verbot.

Wie bei dem früher geführten Kampf um Gerechtigkeit für die Eingeborenen bemühte man sich auch um ein Verständnis vom Wesen der amerika-
nisch-indianischen Gesellschaften so zielstrebig, daß dabei keine Vergleiche mit den europäischen Gesellschaften abfielen. Das blieb der dritten,
intellektuell schwächsten und »romantischsten« Reaktion vorbehalten:
dem Wunsch, in ihnen nicht die Vertreter einer Neuen Welt zu sehen,
sondern der ältesten Welt überhaupt, der Welt vor jeder Zivilisation, als

Amerigo Vespucci entdeckt Amerika, Kupferstich von Johannes Stradan,
1589 (Metropolitan Museum, New York)

sich die ganze Menschheit noch im Zustand der Unbefangenheit, der
Spontaneität und des Friedens befunden haben mußte.

1589 war auf einem reizenden, im Norden entstandenen Stich zu sehen,
wie Amerigo Vespucci Amerika entdeckt. Vespucci, eine gedrungene Gestalt, ist bewaffnet, trägt aber einen Kaufmannshut; in einer Hand hält er
ein Banner mit dem Zeichen des Kreuzes, in der andern das Astrolabium
eines Steuermanns. Er ist gerade von der Pinasse an Land gegangen, die
ihn von seinem Schiff übergesetzt hat, und sieht sich unvermittelt einer
aufregenden nackten Frau in einer Hängematte gegenüber. An einem der
Bäume, zwischen denen sie aufgehängt ist, lehnt ihre Keule. Seltsame
Tiere tummeln sich in einer friedlichen und ansonsten verlassenen Landschaft.

Diese ein wenig komische Vorstellung von der Begegnung zwischen Amerigo und Amerika geht auf den historischen Zufall zurück, wonach die
neuen Länder, die zum ersten Mal als eigenständiger Kontinent auf der
1507 von Martin Waldseemüller veröffentlichten Weltkarte zu sehen waren, Waldseemüllers Vorschlag folgend nicht nach Kolumbus benannt
wurden, sondern nach Vespuccis späteren Reisen nach Südamerika in den

Jahren 1499 und 1501. Ganz oben auf diesem respektgebietenden Werk –
die Karte ist immerhin 2,40 Meter breit und besteht aus zwölf Holzschnitt-
blättern – betrachtet Ptolemäus reuevoll sein überholtes Weltmodell mit
den drei Kontinenten, und Vespucci hält den Stechzirkel in der Hand, der
die Trennung Amerikas von Asien symbolisiert. Und daß Amerigo und
Amerika in einem Atemzug genannt und als Name übernommen wurden,
liegt großenteils an dem unwiderstehlichen Reiz, der für Waldseemüller
und andere Leute von den exotischen Sensationsberichten über Vespuccis
eigene Darstellung der Völker von Amazonien und Brasilien ausging, die
1504 gedruckt wurde.

Wir werden noch darauf zurückkommen, mit welcher Sehnsucht die Eu-
ropäer damals auf das mythische Goldene Zeitalter zurückblickten, als die
Menschen noch in der Natur aufgingen, ohne die Sorgen und Nöte des
Geschäftslebens oder der Politik und frei von den Einschränkungen der
Klasse, der Gesetze und der Moral.[66] Mit dieser Sehnsucht verwandt war
die Vorstellung eines irdischen Paradieses, in der vorsintflutlich sünden-
freie Menschen sich mit den Tieren friedlich die Früchte aus dem reichen
Füllhorn der Natur teilen. Am 17. August 1498, als Kolumbus nach der
Erkundung des Mündungsgebiets des Orinoko in See stach, schrieb er in
sein Tagebuch, südlich der venezolanischen Küste erstrecke sich ein
großes Festland, und zwar der Ort, an dem sich das irdische Paradies
befinde.[67]

Vespuccis Bericht versorgte eine Leserschaft, die süchtig nach Mythen und
Wundern war und bereitwillig glaubte, daß diese zwar den Forschungsrei-
senden auf den alten Kontinenten entgangen waren, aber daß man ihnen
dafür auf dem neuen begegnen würde. Viel Aufhebens wurde um das
Thema gemacht, das man als Sinnbild Amerikas ansah: den Kannibalis-
mus. Wollte man seinen Herausgebern glauben, so hatte Vespucci mit
einem Mann gesprochen, der zusammen mit anderen dreihundert Menschen verzehrt habe, außerdem habe der große Entdecker in Eingebore-
nenhütten gesalzene Menschenschinken für den künftigen Verzehr bau-
meln sehen und dazu bemerkt, es wären nicht nur Feinde gegessen
worden, sondern gelegentlich auch Frauen und Kinder. Der gleiche Kitzel
ging von Vespuccis Ausführungen über sexuelle Gebräuche aus: Die Frau-
en seien nicht nur so lüstern, daß sie sich frank und frei jedem männlichen
Wesen anböten, sondern sie würden auch den Penis ihres festen Partners
vergiften, damit er zu einer befriedigenderen Größe anschwoll.

Das waren gewiß unmittelbar eingängige Themen, aber am meisten hatte
es Vespuccis ernsthafteren Lesern der Gedanke angetan, daß es dort
offenbar – ungeachtet dieser Auswüchse – so etwas wie eine ideale Gesell-

Jan Mostaert, *Eine Westindische Szene*, Ausschnitt, um 1540–1550
(Frans Hals Museum, Haarlem)

schaft gab. »Sie tragen weder Gewänder aus Wolle, noch aus Leinen noch
aus Katun, denn sie bedürfen solcher überhaupt nicht; und es gibt bei ihnen
kein Eigentum, alles gehört allen. Sie leben ohne König oder Regenten, und
jeder ist sein eigener Herr. Sie haben soviele Frauen, wie es ihnen beliebt … Sie haben weder Tempel noch Glauben und beten auch keine
Götzen an. Was kann ich noch mehr sagen? Sie leben nach der Natur.«[68]
Ein wenig später im 16. Jahrhundert erkannten die ethnographisch interessierten Missionare, daß primitiv sein nicht gleichbedeutend war mit
einfach sein und daß hinter dem nach außen hin so »natürlich« wirkenden
Leben komplexe religiöse Glaubensformen, Gesetze und Verhaltenskodizes standen, und nun verfolgte man alle möglichen Berichte über friedvolle, nichthierarchisch geordnete und nichtmaterialistische Lebensformen
zurück, um sie dann mit europäischen Lebensformen zu vergleichen.
Montaigne traf den Ton perfekt. In einem der konzentriertesten seiner
gewöhnlich weitschweifigen *Essais* »Von den Wägen«, heißt es (wobei er
insbesondere an Reisen von Franzosen nach Kanada dachte): »Unsere Welt
hat eine neue entdeckt …, die nicht weniger groß, platt, und stark, als sie …
ist … Es sind noch nicht funfzig Jahre, daß sie weder von Buchstaben, noch
Gewichte, noch Maaße, noch Kleidung, noch Getraide, noch Weinstöcken,
etwas wußte. Sie war noch ganz nacket, im Schooße ihrer Säugamme, und
lebte nur von dieser.« Aber bald, fährt Montaigne fort, werde sie sich durch
unser Zutun verändern: »Doch, ich besorge, daß wir dieselbe angesteckt,

ihren Verfall und Untergang dadurch gar sehr befördert, und ihr unsere Meynungen und Künste theuer verkaufet haben.« Und dann holt er weit aus und führt die Vernichtung einer Gesellschaft des Goldenen Zeitalters auf die Aufnötigung der Werte der Eisenzeit seitens seiner profitgierigen, landhungrigen und kriegslüsternen Mitmenschen in Europa zurück: »Wer hat jemals den Nutzen der Kaufmannschaft und des Handels so hoch gesetzt, des Perlen- und Pfefferhandels wegen so viele Städte zu schleifen, so viele Nationen aus zu rotten, so viele Millionen Menschen nieder zu machen, und den reichsten und schönsten Theil der Welt zu verwüsten! Niederträchtige Siege!«[69]

In einem anderen Essay, »Von den Cannibalen«, bemerkt er: »Ich befinde, ... bey dieser Nation, so viel man mir erzählet hat, nichts wildes oder barbarisches: ausgenommen, weil ieder dasienige Barbarey nennt, was bey ihm nicht gebräuchlich ist.«[70] Diese bittere Relativierung spiegelt den Zusammenbruch von Montaignes eigener Welt während der seit den sechziger Jahren des 16. Jahrhunderts anhaltenden Fehden der französischen Bürgerkriege wider. Die überwiegende Mehrheit allerdings, die sich nicht wie Montaigne für die allgemeingültige Wahrheit über die menschliche Natur interessierte, deckte ihre Einbildungskraft gleichsam mit ihrer Selbstachtung zu, indem sie sich – ungeachtet der ständigen Signale von außen – dem allgemeinen Interesse an der Erforschung der weniger beunruhigenden, neu erschlossenen Welt der klassischen Antike und der eher unmittelbar relevanten Erkundung lokaler Identitäten und Unterschiede widmete. Um 1600 war die Neugier auf »Sie« nur noch eine Randerscheinung gegenüber dem vordringlichen Interesse an »Uns«.

2. Kapitel

Die Länder Europas

Antipathien

Während der kartographische Rahmen, innerhalb dessen sich die Menschen für Europäer halten konnten, immer klarer definiert wurde, und während die Bewohner eines Landes durch eine zunehmende Reisetätigkeit und Lektüre mehr über die Bewohner anderer Länder erfuhren, kam es zu einer gegenläufigen Tendenz: Wissen hieß nicht notwendigerweise auch Zuneigung. Informationen weiteten den Horizont – sie nährten aber auch Vorurteile.

Die objektive Karte von Europa wurde von einem subjektiven Gewebe aus klischeehaften Nationaleigenschaften, vorschnellen Zuspitzungen folklorehafter Merkmale und tradierten Stereotypen überlagert, wie den folgenden aus dem spätmittelalterlichen spanischen *Alexander-Epos:*

> Die Menschen in Spanien sind lebhaft und tatkräftig,
> Die Franzosen sehen wir als mutige Krieger,
> Die Engländer sind falschherzige Prahlhänse,
> Die Italiener [Lombarden] sind Feiglinge, die Deutschen Diebe.[1]

Dieses spitzzüngige Nationalpsychogramm war so tief verankert, daß es sogar immer wieder in den Schriften von gebildeten Männern umhergeisterte – wie etwa in dem rüpelhaften Brief von Ulrich von Hutten aus dem Jahre 1517: »Grüße send' ich mehr noch an Euch, als Polen / Diebe, Böhmen Ketzer, das Land der Schweizer / Bauern zählt, ... in Sachsen Säufer / Sind ... Huren in Bamberg / ... / Mehr noch, als Florenz Sodomiter zählet«, und so weiter[2], oder in Louis Le Roys pauschaler Erklärung von 1576: »Im großen und ganzen sind die Spanier überheblich ..., die Engländer und Schotten stolz, die Griechen vorsichtig und schlau, die Italiener wachsam, die Franzosen mutig.«[3] Ein elisabethanisches Publikum war im

Jahre 1596 durchaus vertraut mit der Einstellung, mit der Porzia die Liste
ihrer Freier durchging. Der Italiener – aus Neapel, dieser unübertroffenen
Brutstätte für Reitlehrer – »spricht von nichts als seinem Pferde«. Der
Franzose »ist jedermann und niemand ... Wenn ich ihn nähme, so nähme
ich zwanzig Männer.« Der Engländer »ist eines feinen Mannes Bild – aber
ach! wer kann sich mit einer stummen Figur unterhalten?« Die Schwäche
des Deutschen ist das Trinken, und darum kann Porzia ihre kritische
Musterung mit dem unfehlbar effektvollen Resümee schließen: »Alles
lieber, Nerissa, als einen Schwamm heiraten.«[4]

Auch wenn sie noch so witzig gemeint waren, spiegelten diese fremdenfeindlichen Klischees doch alte Ängste und Phantasievorstellungen wider:
Sie bedrohten die Sicherheit eines Lebensstils oder das individuelle Selbst-
wertgefühl. Der Katalog von Stereotypen stellte eine Kartographie der
Beschimpfung dar, und ihre während der Renaissance geschaffene Reich-
haltigkeit ist seitdem nicht mehr verlorengegangen.

Selbst der doch so weitgereiste Erasmus war in seinen frühen Schriften im
16. Jahrhundert keineswegs immun gegen den Virus der Verallgemeinerung: Die Deutschen waren lax und grob, die Franzosen unter der äußeren
Politur der Verfeinerung gewaltsam, die Italiener waren eitel und übertrieben hinterhältig. Er ließ Charon erklären, er habe nichts dagegen, die
Spanier über den Styx zu bringen, weil sie so enthaltsam seien, während
die Engländer so vollgestopft mit Essen seien, daß sie beinahe sein Boot
versenkten. Da Erasmus mit Männern aus (und in) all diesen Ländern
befreundet war, ist es klar, was von diesen Klischees zu halten war. Aber
andererseits beweist er, was für ein genauer Beobachter er wirklich sein
konnte. In einem Traktat von 1530 (hier in zeitgenössischer deutscher
Übersetzung) erteilt er der Jugend Ratschläge für schickliches Verhalten.

> In Italien setzen etzliche in ehrerbietung / beyde fueß uff einander
> / stehn also auff einem fuoß / wie die storcken ...
> Der gleichen im knie biegen / ist in yedem land ein sondere weiß.
> Etzliche biegen beyde knie / Ein teil mit uffrechtem leib / Die ande-
> ren für sich geneygt. Andere achten diß für weibisch / biegen mit
> uffrechtem leib / erstlich das rechte / darnach das linck knie / We-
> liches in Engelandt an der Jugent gelobt würt.
> Die Frantzosen / mit ordenlichen umkerung des leibs / biegen allein
> dz rechte knie.[5]

Zumal wenn es um einen einzigen Wesenszug oder eine bestimmte Tätigkeit ging, kamen die über die Nationen Europas erworbenen vergleichen-

den Kenntnisse voll und ganz – wenn auch alles andere als gerecht – zum Einsatz. Porzias Register wurde bereits etwas derber von Pietro Aretino in seinen *Ragionamenti* (*Kurtisanengespräche*, 1533–1536) vorweggenommen, und zwar am ersten Tag des zweiten Teils (»an dem die Nanna ihr Töchterlein Pippa im Hurenberuf unterrichtet«). Nanna macht ihre gelehrige Schülerin darauf aufmerksam, wie sehr sich das Verhalten, das sie von ihren verschiedenen Kunden – Franzosen, Spaniern, Deutschen und Schweden – zu gewärtigen habe, von dem ihrer Landsleute (das Gespräch findet in Venedig statt) aus den verschiedenen Teilen von Italien unterscheide.[6] 1546 berichtete der venezianische Botschafter am Hof Karls V. von den Gefahren, die von den Armeen des Kaisers drohten, wobei er sich auf die Nationaleigenschaften der verschiedenen Armeeangehörigen bezog. Er ließ sich nur kurz über Karls niederländische Untertanen aus, weil Venedig ihnen wahrscheinlich kaum gegenüberstehen würde. Auf jeden Fall sei es »nun, da sich das Land auf den Handel verlegt hat und es voller schöner und im Überfluß schwelgender Städte ist, mit ihrer alten Tapferkeit nicht mehr weit her«. Ausführlicher äußert er sich über die Spanier – angesichts der Tatsache, daß sie Mailand und Neapel besetzt hielten, würden sie am ehesten die Republik angreifen, die es mit den Franzosen hielt.

Die spanischen Soldaten sind sehr geduldig und aufgrund der Lebhaftigkeit und Geschmeidigkeit ihrer Bewegungen aufmerksam bei einem Gefecht oder bei der Einnahme einer Stadt. Sie sind rasch ängstlich, wachsam und untereinander einig; sie neigen dazu, ihre Erfolge zu übertreiben und ihre Rückzüge auf die leichte Schulter zu nehmen; sie sind höflich in ihren Reden und ihrem Benehmen, besonders gegenüber ihren Untergebenen; maßvoll und nüchtern; und sie stellen sich gern gutgekleidet zur Schau, obgleich sie habgierig und gewinnsüchtig sind.

Am umfassendsten erging er sich über die Deutschen, denn in Deutschland sah Venedig ein ganz natürliches Reservoir zur Aufstockung seiner in Italien schrumpfenden Rekrutierungsgebiete.

Die Unverschämtheit dieser Nation ist geradezu unglaublich. Sie haben keine Achtung vor Gott und sind gegenüber ihrem Nachbarn grausam ... Sie haben keine Angst vor dem Tod, können aber gewisse Ereignisse weder vorhersehen noch sie sich zunutze machen. Beim Angriff auf eine Stadt, der viel Sachverstand und Geschick erfordert, sind sie denkbar schlecht, und im Falle eines Gefechts steht ihnen ihr endloser Troß ständig im Weg. Sie sind ganz und gar ungeduldig, wenn sie Hunger oder Durst haben, und wollen unbedingt zum vereinbarten Zeitpunkt bezahlt werden.[7]

Es läßt sich kaum ein besseres Beispiel dafür anführen, wie unversehens bösartig derartige Charakterisierungen von Nationen werden konnten, als die Warnung, die der Held von Thomas Nashes Roman *The Unfortunate Traveller* (*Der unglückliche Reisende oder Die Abentheuer des Jack Wilton*, 1594) von einem im Exil lebenden englischen Earl erhielt, den er in Rom kennenlernte. Was könne man denn schon anderes lernen in Frankreich, als »die Franzosenpocken nur für Pusteln achten«, in Spanien: »eine klein-winzige Ratsherrenkrause mit Bändern, so kurz wie Nasenfädchen«, in Italien: »die Kunst des Atheismus und des Epikureismus ..., die Kunst der Hurerei, Giftmischerei und Sodomie«, in Dänemark und Deutschland: »sich vollaufen lassen und mitten über dem Essen zu schnarchen anfan-gen«? »Glaubt mir«, schloß der Earl seine Ausführungen ab, »weder Luft noch Brot noch Feuer noch Wasser erquicken einen Menschen in der Fremde.«[8]

Nüchterneren Rat erteilte ein Jahr später der überaus erfahrene polnische Diplomat Christoph Warszewicki in seinem lateinischen Traktat *Über Botschafter und Gesandte* (1595). Ganz allgemein, führte er aus, muß ein Botschafter flexibel und in der Lage sein, sich der Gesellschaft jeden Landes anzupassen, in das er geschickt wird. Als er sich aber speziellen Fällen zuwandte, geisterten sogar durch die Einbildungskraft dieses ge-lehrten und welterfahrenen Mannes die altbekannten Klischees.

> Die Position in Moskau eignet sich für vorsichtige Männer, denn dort praktiziert man »den griechischen Glauben«, und nichts kann ohne langwierige Dispute getan werden ... Nach Spanien sollten Personen mit einem ruhigen Temperament geschickt werden ... In Italien ist es richtig, wenn der Staat durch kultivierte und höfliche Männer repräsentiert wird ... Frankreich ist ein Land für vielseitige Männer mit einer raschen Auffassungsgabe ... In England sind gut aussehen-de Gesandte von hoher Geburt am besten geeignet, denn die Eng-länder haben große Achtung vor solchen Personen und erklären ihnen anscheinend, es sei schade, daß sie keine Engländer seien. In Deutschland sollten Diplomaten sich an ihre Versprechungen hal-ten, denn die Deutschen sind seit undenklichen Zeiten berühmt für ihre Beständigkeit und Ausdauer.[9]

All diese Merkmale sind in ein bemerkenswertes Werk eingegangen, das der spanische Vielschreiber Carlos García 1617 in Paris veröffentlicht hat. In dieser Schrift setzte er sich entschieden für das *rapprochement* zwischen Frankreich und Spanien ein, im Anschluß an den unsicheren Frieden von Vervins (1598) zwischen diesen beiden Gegenspielern seit vielen Jahrhunderten.

Ein Teil von Garcías langem Titel machte auf ein grundlegendes Problem aufmerksam: *Die Antipathie zwischen dem spanischen und dem französischen Volk.*[10] Die beiden größten Mächte in Europa, schrieb er, könnten gar nicht umhin, einander als Nachbarn nicht zu mögen, aber der Teufel habe diese Abneigung in Abscheu verwandelt. Und nun seien sie schließlich in jeder nur denkbaren Hinsicht verschieden.

> Die Spanier sind körperlich so ganz anders als die Franzosen, ja ihr genaues Gegenteil, daß es müßig ist, sich damit eingehender zu befassen. Die meisten Spanier sind klein, die meisten Franzosen groß; die Franzosen sind blond, die Spanier schwarzhaarig; die Franzosen haben einen blassen oder rosigen, die Spanier einen dunklen Teint; die Franzosen tragen das Haar lang, die Spanier kurz; die Franzosen haben schlanke Beine, die Beine der Spanier sind so stämmig, daß die Wade eines Spaniers so dick ist wie der Oberschenkel eines Franzosen; die Franzosen lassen das Barthaar unrasiert von einer Schläfe um das Kinn bis zur anderen wachsen, die Spanier rasieren es und lassen nur einen Schnurrbart und eine Fliege unter der Unterlippe stehen; die Franzosen sind cholerisch, die Spanier geduldig; die Franzosen sind lebhaft, die Spanier kommen nur langsam in Schwung; erstere sind lebhaft, heiter und impulsiv, letztere schwerfällig, düster und nach innen gekehrt; die Franzosen essen eine Menge, die Spanier wenig; die Franzosen geben gern, die Spanier sind sparsam – man könnte endlos fortfahren, die einen mit den anderen zu vergleichen, und würde doch nur auf Gegensätze stoßen.

Und in ausführlicheren Kapiteln tut er genau dies: Er vergleicht die beiden Völker, wie unterschiedlich ihr Gang und ihre Körperhaltung ist, wie sie reden und wie sie sich gegenüber Frauen verhalten – der Spanier ist ihnen ein für allemal in Tun und Denken ergeben, der Franzose riskiert stets ein Auge für andere.

So ausgeklügelt das auch wirkt, bleibt es doch noch immer in der Tradition der Klischees stecken. Aber García geht noch einen Schritt weiter, indem er behauptet, die Unterschiede seien so klar, daß er oft gewünscht hätte, Hebammen in beiden Ländern befragt zu haben, um zu sehen, ob man irgend etwas bereits aus der Art und Weise ableiten könne, wie die Babys der beiden Nationen zur Welt gebracht werden. Vom Äußeren geht er über die Manieren und den Charakter zur geistigen Verfassung über. Die Franzosen, erklärt er, begreifen etwas ganz rasch und lassen es dann wieder fallen. Darum sind sie mehr praktisch veranlagt. Die Spanier nehmen die Dinge langsam auf, aber dann brüten sie darüber und genießen dieses Nachdenken um seiner selbst willen. Daran liege es, wie jeder französische Reisende bezeugen werde, daß »es so wenige Spanier im Land gibt, die ein mechanisches Handwerk ausüben, als Weber, Schuster, Schneider«, und warum es, zum Kummer der Reisenden, so wenige Gastwirte gebe. »Aber wenn die Franzosen etwas verstehen, so wenden sie es gleich zum praktischen Vorteil an; sie hassen das Nichtstun, und darum verlegen sie sich auf alle möglichen Arten des Handwerks.« In ähnlicher Weise bewirkt dieser geistige Wesenszug, daß sich gebildete Franzosen der Nützlichkeit des Rechts zuwenden statt dem weniger praktischen Studium der scholastischen Theologie.

Als er merkte, daß er sich selbst in eine Sackgasse manövriert hatte, sah García eine effektive Möglichkeit zur Versöhnung der Gegensätze nur darin, daß es zu einer göttlichen Intervention gegen den Zwietracht stiftenden Teufel kam, unterstützt von einer Reihe von Heiraten zwischen den beiden Herrscherfamilien, so daß zumindest an der politischen Front für Eintracht gesorgt würde.

Eine allgemeine Erklärung dafür, warum die Bewohner eines Landes sich von anderen unterschieden, wurde aus den klimatologischen Theorien der klassischen Geographen herausgelesen und weiterentwickelt.

Es verhalte sich doch so, behauptete Stefano Guazzo im Jahre 1574, »daß einer jeglichen Nation / einem jeglichen Land und Ort durch die Natur deß Orts / und Gelegenheit deß Himmels / auch Influß der Sternen / etliche gewisse Tugenden und auch gewisse Laster mitgetheilt / und gleichsam eingossen worden / welche jhr eigen / jhnen angeborn / und alweg jhnen anhaengig ist«.[11]

Darauf gehe es zurück, führte Giovanni Botero 1589 aus, daß ein Spanier seine Energie verdopple, wenn er nach Frankreich gehe, während ein Franzose in Spanien träge und geziert werde. Der geographische Determinismus war so weitverbreitet, daß er der klischeehaften Zuordnung unterschiedlicher Nationalcharaktere einen Anschein von »wissenschaftlicher« Seriosität verlieh. Boteros selbstbewußte Aussagen waren typisch für die damalige Zeit:

Die Septentrionalische oder Mittnaechtige Voelcker (welche deßhalben nicht die letzten) sind hertzhafft und mutig / doch wenig klug
und gescheyd : dargegen sind die Meridionalische oder Mittaegige
Voelcker klug / listig und abgefuehret / aber verzagten Hertzens.
Der Septentrionalischen Leibe sindt nach dem Gemuet geformieret
und beschaffen : als namlich / lang / dick / blutreich / starck : da
dargegen der Meridionalischen Coerper / ran / duerr / und geschickter zu der Flucht sind / als zum Widerstandt. Jene sind einfal-
tigen und auffrichtigen Hertzens / diese boßhafftig / verdeckt unnd
verschlagen : jene haben ein Hertz wie ein Löwe / diese einen Sinn
wie ein Fuchs : jene sind langsam / und in jren sachen getrew und
bestaendig / diese ungestuem und leichtfertig : jene sind lustig und
froelich / diese melancholisch : jene sind dem Wein / dise der Unzucht ergeben. ... Die Bergwohner / sind etwas rohe und wild :
dargegen sind die / so in Thaelern wohnen / weibischen und verzagten Hertzens. In unfruchtbarn Orten / sind die Leut gemeinlich
kunstreich / geschickt / ernsthafft und geflissen : da sie dargegen in
fruchtreichen Oertern dem Wollust und Muessiggang ergeben
sind.[12]

Dieser oberflächliche Determinismus kam dem weitverbreiteten Verlangen entgegen, die verschiedenen Nationen nach ihrem Verhalten zu beno-
ten. Auch für kultiviertes Benehmen wurden Punkte vergeben. Zu Beginn
des 15. Jahrhunderts beglückwünschte Leonardo Bruni seinen Landsmann
Poggio Bracciolini dazu, daß er ein Manuskript von Quintilian aus einem
Schweizer Kloster nach Italien zurückgebracht hatte und damit den Autor
gewissermaßen »aus seiner langen Gefangenschaft in den Kerkern von
Barbaren befreite«.[13] Und als im Laufe des Jahrhunderts auch anderswo
Literaten dem Beispiel der Italiener nacheiferten und das humanistische
Studium der klassischen Antike in hohem Ansehen stand, zogen sie mit
Hohn und Spott über ihre weniger erleuchteten Nachbarn her. Dieser
ziemlich esoterische Test verband sich mit der Bewertung anständiger
Manieren. Als Erasmus 1530 bemerkte, es sei bei den Spaniern Brauch,
sich die Zähne mit Urin zu putzen[14], spiegelte diese offenbar grundlose
Beleidigung den wachsenden Widerstand in Spanien gegen seine eigenen
Werke wider wie gegen den liberalen Katholizismus, den er vertrat. Und
während des ganzen Jahrhunderts wurden die Iren (die »reinen« oder
gebürtigen Iren, im Gegensatz zu den englischen Siedlern) in einem
Atemzug mit den Russen genannt: Sie waren in jenen Teilen von Europa
zu Hause, in die die kultivierten Tugenden von schicklichen Manieren und

verstandesgemäß organisierten Staaten noch kaum vorgedrungen waren. Und zwischen diesen geographischen Extremen konnte das Kainsmal der Barbarei ausgemacht und jeder Nation aufgedrückt werden, deren Lebensweise ein Beobachter als primitiv oder rückständig verunglimpfen wollte. Die von anderen auf eine Nation projizierten Klischees wurden auch noch durch wirtschaftliche und politische Rivalitäten vermehrt, die von breiteren Kreisen diskutiert wurden. Am Londoner Evil May Day von 1517 fiel bei diesem fremdenfeindlichen Krawall ein zweitausendköpfiger Mob über Ausländer her und plünderte ihre Läden. Es kam zwar selten zu derart gewalttätigen Ausschreitungen, aber man nahm auch weiterhin reale oder eingebildete Kränkungen übel: die Unterbietung von Preisen, die Fälschung von Warenzeichen, die Verführung von Frauen anständiger Bürger. Auf der anderen Seite warf man Ausländern vor, sie würden nichts mit denen gemein haben wollen, von denen sie doch lebten: »Obwohl sie doch hier unter uns gestorben oder geboren sind«, lautete eine englische Anschuldigung im späten 16. Jahrhundert, »halten sie sich doch abseits von uns in der Kirche, in der Regierung, im Handel, mit ihrer Sprache und Ehe.«[15] Aber alles in allem regelten miteinander Handel treibende Gemeinschaften sich selbst in einem System der wechselseitigen Anpassung, auch wenn eine so typisierende Darstellung eines norditalienischen Kaufmanns wie die von Andrew Boorde um 1542 – »Ich bin ein Lombarde, und über genügend Witz ich verfüge / daß ich einen Gentleman, einen freien Bauern oder Schurken betrüge« – den Zerrbildern von den Italienern im allgemeinen eine weitere Verunglimpfung hinzufügte.[16]

Es war ganz normal, daß in der Kriegspropaganda der Rufmord eine zentrale Rolle spielte. Im Schwabenkrieg von 1499 verhöhnten die Deutschen ihre bäuerlichen (und siegreichen) Schweizer Gegner als »Kuhhirten« und »Melker«.[17] Die Franzosen brachten es doch tatsächlich fertig, die Engländer, die im Jahre 1513 unter Heinrich VIII. über sie herfielen, in einem Spottgedicht von wenigen Zeilen als scheußliche, widerwärtige, stinkende und übelriechende geschwänzte Kröten zu bezeichnen.[18] Während des zur gleichen Zeit stattfindenden englisch-schottischen Kriegs strengte ein Engländer eine Verleumdungsklage gegen seinen Pfarrer an, weil dieser ihn als Schotten bezeichnet habe. 1536 wurde Thomas Cromwell vor den Schotten gewarnt – ihnen sei nicht zu trauen, da »es zur teuflischen Veranlagung eines Schotten gehört, einen Engländer weder zu lieben noch für gut zu halten«.[19] Die Feldzüge Elisabeths in Irland hatten zur Folge, daß der erbitterte Haß auf die Engländer endemisch wurde; als die Spanier in den nördlichen Niederlanden von den späten sechziger Jahren des 16. Jahrhunderts an bis 1609 den religiösen und politischen Gehorsam mit militärischen Mitteln erzwangen, wurde der Abscheu gegen die Spanier dort zur Gewohnheit. Und als sich der Herzog von Sully im Jahre 1603 mit einer Gesandtschaft in London aufhielt, wies er Heinrich IV. darauf hin, »daß die Engländer uns einen so starken und so allgemein verbreiteten Haß entgegenbringen, daß man sich versucht fühlen könnte, ihn den natürlichen Anlagen dieses Volkes zuzurechnen«.[20] Derartige Reaktionen waren weder für ganz Europa repräsentativ noch in sich konsequent. Über die brutale Plünderung von Rom im Jahre 1527 durch die in Italien stehenden Söldnertruppen des deutschen Kaisers und Königs von Spanien Karl V. war man auf der gesamten Halbinsel einfach entsetzt. Doch in den dreißiger Jahren des 16. Jahrhunderts fanden sich die Italiener mit der spanischen Herrschaft im zuvor unabhängigen Herzogtum Mailand ohne allgemeine Feindseligkeit genauso ab, wie sie es seit Beginn des Jahrhunderts im Königreich Neapel getan hatten; wohlhabende Italiener übernahmen die spanische Kleidermode; in der Literatur fand der unterdrückte Groll ein zaghaftes Ventil in der Verkörperung der klassischen Bühnenfigur des bramarbasierenden Soldaten durch einen prahlerischen Spanier. Auf einer allgemeineren Ebene führte die zunehmende Reisetätigkeit von Diplomaten, Kaufleuten, Gelehrten und Künstlern quer durch Europa, mit der wir uns später beschäftigen werden, zu einem gewissen Maß an wechselseitigem Verständnis. Alle Länder hielten sich ausländische Söldner, und zumindest zwischen den Offizieren gegnerischer Heere trugen Freundschaften und gegenseitige Bewunderung großenteils dazu bei, Vorurteile zu überwinden, wie aus Pierre de Bourdeilles *Leben der Hauptleute,* ja aus der ganzen Fülle der Kriegsmemoiren des 16. Jahrhunderts klar hervorgeht.

Dennoch tauchten auch weiterhin nationale Vorurteile auf, und zwar nicht nur in Krisenzeiten, wobei sie entweder tiefen Schichten des Volksbewußtseins entstiegen oder neu erweckt wurden. Neben wirtschaftlichen und politischen Rivalitäten konnten nationale Antipathien auch durch die friedliche Berufung von Ausländern in privilegierte und einflußreiche Ämter geschürt werden. Als der junge Karl von Habsburg 1516 die spanische Krone erbte, war es ein schweres und anhaltendes Ärgernis, daß er ein Korps von Beamten und Ratgebern aus seiner burgundischen Heimat mitbrachte. Als Caterina de' Medici zwischen 1559 und 1589 ihre ehemaligen italienischen Landsleute übertrieben bevorzugte, führte das dazu, daß die verstimmten Franzosen ihrem Groll Luft machten. Das reichte von der Verachtung des Adels gegenüber der Königin, weil sie nur von einer florentinischen Kaufmannsfamilie abstamme, bis zu Vorbehalten gegenüber Italienern im allgemeinen – sie seien Heuchler und korrupt und hätten in das anständige Frankreich die Sucht nach homosexuellen und lesbischen Praktiken eingeführt. In den siebziger Jahren des 16. Jahrhunderts schrieb Henri Estienne eine Schmährede gegen den Gebrauch »der neuen italianisierten französischen Sprache« und tadelte Höflinge dafür, daß sie italienische Gesten nachäfften: »Die Franzosen neigen von Natur aus nicht zu Gesten, und sie lieben sie auch nicht.«[21] Und ehe die Welle von Vorurteilen verebbt war, hatte eine andere Italienerin, Maria de' Medici, die sich in ähnlicher Weise in einem Kreis italienischer Günstlinge akklimatisierte, während ihrer Regentschaft von 1610 bis 1617 dieser Welle neuen Schwung verliehen. Noch dramatischer verlief die Entwicklung in Polen: Während noch im späten 15. Jahrhundert Italiener als nützliche Kaufleute, Gelehrte und Künstler willkommen geheißen wurden, hatte man bereits entschiedene Vorbehalte, als Bona Sforza nach ihrer Heirat mit Sigismund I. im Jahre 1518 als Königin mit einer aus ihren Landsleuten bestehenden Schutztruppe eintraf, und im Laufe des Jahrhunderts kam es zu einer ausgesprochenen Italophobie. Die Versuche des Königshauses, eine gewisse zentrale Kontrolle über die vom Landadel angezettelte Anarchie auszuüben, wurden als italienische, »machiavellistische« politische Theorie abgetan; man warf den Italienern vor, sie würden die intellektuelle Kraft der Polen verweichlichen und sie dazu verleiten, sich an importierten Tand zu verschwenden. Die Ressentiments gegen den wirtschaftlichen Erfolg der italienischen Einwanderer wurden noch verschärft, weil man ihnen für ihre Import-Export-Geschäfte Steuerfreiheit gewährte, und führten dazu, daß man höhnte, sie hätten ein großes Gehirn auf einem schwachen Körper; angesichts der ärgerlichen Tatsache, daß die Ausländer erfolgreich den Bergbau, das Verlagswesen und den Handel mit Luxusgütern beherrschten, meinten die Polen nur dadurch ihr Gesicht wahren zu können, indem sie sie als unmännliche »Lautenspieler« abtaten. Nicht einmal die Vorliebe der Italiener für Teigwaren, Salat und Wein statt für Fleisch, Wild und Bier blieb von diesem Spott verschont.[22] In immer größeren Scharen wanderten die Polen von den italienischen Universitäten ab und gingen auf die deutschen.

Etwa seit den siebziger Jahren des 16. Jahrhunderts waren generalisierende Charakterisierungen von Italienern weit verbreitet. Zuvor setzte sich das Bild der Halbinsel für Einheimische wie für Besucher gleichermaßen hauptsächlich aus den Facetten der unterschiedlichen Wesensarten der unabhängigen Staaten zusammen, aus denen sie bestand. Der Bürgerstolz war durch und durch partikularistisch. In Castigliones *Der Hofmann* von 1528 verwahrte sich ein florentinischer Zuhörer gegen die harmlose Anekdote eines Venezianers über die typische Einfalt der Florentiner, indem

er behauptete, die Geschichte müsse sich auf einen Sieneser beziehen.
Ausländische Reisende faßten zunächst einmal ihre Eindrücke von einer
Region zusammen, ehe sie sich der nächsten zuwandten – von »Mailand
der Großartigen« zu »Genua der Stolzen«, »Florenz der Schönen«, »Bologna
der Gelehrten«, »Venedig der Reichen« und so weiter. Botschafter eines
italienischen Staates in einem anderen berichteten nach Hause über eine
ebenso reichhaltige Fülle an Details, wie sie es von einem Posten jenseits
der Alpen getan hätten. Sogar auf der Halbinsel selbst wurden Wörter wie
»Italien« und »Italiener« nur selten gebraucht, außer im Zusammenhang
mit einer ihr insgesamt geltenden Drohung von außerhalb oder wenn man
die kulturelle Überlegenheit über andere Länder zum Ausdruck bringen
wollte. Noch um 1617 konnte ein Engländer den Katalog der Unterschiede
herunterrasseln: »Die Mailänder sollen kaum eifersüchtig sein und dicke
Frauen verabscheuen. Die Mantuaner mögen Frauen, die tanzen können.
Die Florentiner lieben eine bescheidene Frau und eine, die gern zu Hause
ist. Die Neapolitaner schätzen eine würdevolle, intelligente Frau. Die
Männer von Lucca sollen in der Liebe beständig, die Venezianer voller
Widersprüche sein, und beide sollen dicke Frauen mit großen Brüsten
begehren.«[23] Aber auch wenn sich eine derart billig karikierende Sehweise
hartnäckig hielt, setzte sich doch allmählich eine verallgemeinernde und
umfassendere Form der Charakterisierung durch.

Zunächst entstand sie im Inland selbst. Bereits im *Hofmann* findet man das
Eingeständnis, daß Siege von Ausländern auf irgendein Versagen der
eigenen Nerven zurückzuführen seien, was ein panitalienisches Phänomen
sei. Giovanni Della Casa erklärt in seinem Handbuch des guten
Benehmens von 1558, dem *Galateo,* das auch in zahlreichen Übersetzungen
eine große europäische Leserschaft erreichte, ausländische und barbarische
Sitten seien »nach Italien eingedrungen, das durch ihre Wirkungen
erniedrigt und herabgesetzt wurde«.[24] Als »Mailand die Großartige« und
»Neapel die Edle« unter spanischer Herrschaft waren und »Genua die
Stolze« und »Florenz die Schöne« mit Spanien politisch an einem Strang
zogen, sah die Halbinsel schon homogener aus. Nur Venedig konnte von
dieser Selbstdarstellung ausgenommen werden, weil es nicht nur seine
Unabhängigkeit von Spanien beibehielt, sondern es auch geschickt vermied,
sich vollständig unter die striktere päpstliche Kontrolle des katholischen
Glaubens und der kirchlichen Organisation zu begeben, die so
kennzeichnend für die Gegenreformation um die Mitte des Jahrhunderts
war. Ansonsten erschien Italien für Außenstehende nicht nur politisch,
sondern auch religiös eine Einheit darzustellen. Dieses neue »Italien« war
nunmehr der feste Verbündete von Spanien, dem Hauptgegner Englands,

Frankreichs und der Niederlande – einem Land, in dem die Folterknechte der Inquisition den Nichtkatholiken auflauerten.

Es gab also genügend Stoff, an dem sich traditionelle Schmähungen entzünden konnten. Botero – ein italienischer Schriftsteller, aber als Bürger von Piemont, das damals zum Herzogtum von Savoyen gehörte, dem Herzen nach kein Italiener – warnte 1588 jeden, der an den italienischen Universitäten studieren wollte: »Daselbsten sind die Schreybfedern inn Dolchen / die Schreybzeug in Pulverflaeschen verwandelt : die Disputationen inn blutige Gezaencke / die Schuln gleichsam als inn Bolwercke / alle Boßheit dadurch zu schirmen / unnd die Scolaren inn Todtschläger verkehrt worden. Daselbsten wirdt die Ehrbarkeit verspottet und verlachet / und die Zucht und Schamhafftigkeit fuer Unehr und Schande gehalten.«[25] Im Jahre 1600 forderte ein englischer Livius-Übersetzer seine Leser auf, sich von Italien fernzuhalten, denn in diesem Land, über das sein Held berichtet habe, seien »die Bewohner heute so sehr entartet gegenüber jenem alten Volk, das einst so fromm, so tugendhaft und unverdorben gewesen«.[26] Darin spiegelt sich noch einmal die Meinung wider, die Roger Ascham dreißig Jahre zuvor in seiner Abhandlung *The Scholemaster (Roger Ascham's Schulmeister)* zum Ausdruck gebracht hatte: »Italien ist jetzt nicht das Italien, das es einst war; und ist es jetzt nicht ein geeignetes Land, wie manche es glauben, wo junge Leute Weisheit oder Rechtschaffenheit sich holen können.«[27] Und Aschams berühmte Warnung, *Englese italianato è un diabolo incarnato* – der italienisierte Engländer ist die Verkörperung des Teufels – fand ein fernes Echo in den zwei Tragödien (von 1612 und 1623) John Websters, in denen Italiener ihre Opfer auf vier verschiedene Arten vergiften: durch die Blätter eines Buches, die Lippen auf einem Porträt, den Knauf eines Sattels und einen präparierten Helm. Doch Aschams Ausspruch war längst in den europäischen Sprachgebrauch eingegangen: Der Deutsche Bartolomäus Sastrow zitierte als gängiges Sprichwort »*Tedesco Italianato se un Diabolo incarnato* (Ein verwälschter Deutscher ist ein eingefleischter Bösewicht)«.[28]

Dank der allgemeinen Anerkennung, ja des Gehorsams gegenüber der allumfassenden Autorität des Deutschen Reichs und aufgrund eines von allen geteilten Ärgers über die kulturellen Ansprüche der Italiener hatte es bereits seit Heinrich Bebels Appell an den Kaiser im Jahre 1500, »Mater Germania« gegen die Verleumdungen von Ausländern zu verteidigen[29], so etwas wie ein deutsches Selbstverständnis gegeben. Gleichwohl kursierten auch Slogans mit den unterschiedlichen Charakteristika deutscher Städte. Der Engländer William Smith, der Ende des 16. Jahrhunderts lange in

Nürnberg gelebt hatte, erklärte in seiner Beschreibung der Stadt, es gebe
dort »so viele Kaufleute, daß ein bekannter Ausspruch in Deutschland sagt:
›Die Kaufleute von Nürnberg, die Herren von Ulm und die Bürger von
Augsburg‹. Außerdem gibt es noch einen Spruch: ›Die Nürnberger Hand
betrügt jedes Land‹.«[30] Von außen allerdings urteilte man gewöhnlich
pauschal über die Deutschen. Das Vorurteil, sie seien im humanistischen
Sinne ungebildet, hatte in den dreißiger Jahren des 16. Jahrhunderts an
Schärfe verloren. Da ihre Literatur weithin keinen Anklang fand und als
formlos galt – und dies aufgrund der langsamen Entwicklung einer unverwechselbaren und schwer zu übersetzenden deutschen »Literatursprache«
ja auch war –, hielt sich ziemlich hartnäckig die Vorstellung, daß die
Deutschen unkultiviert seien, ungeachtet einer in ganz Europa verbreiteten Bewunderung für deutsche Holzschnitte und Kupferstiche. Die eigentlichen Vorurteile, die das eilfertige Klischee nährten, bezogen sich indes
eher auf die Trunksucht (die mit den vielen Unsitten, »die über die Alpen
zu uns gedrungen sind, … noch nicht hierher gelangte«, wie es Della Casa
formulierte[31]), die ungehobelten Manieren und die intellektuelle Schwerfälligkeit.
1590 empfahl der italienische Kunsttheoretiker Giovanni Paolo Lomazzo
Malern, wie sie einen Deutschen darzustellen hätten – »mit geckenhaftem
Gang, übertriebener Gestik, wildem Gesichtsausdruck, ungeordneter Kleidung, hartem und strengem Wesen« – und dabei berücksichtigen müßten,
daß sie »ekelerregend essen, in der Unterhaltung unerträglich, ungestüme
Liebhaber, eifrige Arbeiter, treu ergebene Soldaten« seien.[32] Und Fynes
Moryson, der als positiv vermerkte, daß die Deutschen »ihr Wasser nicht
auf der Straße abschlagen«, rühmte zwar ihr handwerkliches Geschick,
fügte aber hinzu: »Ich glaube aber, das ist nicht ihrem Scharfsinn zuzuschreiben, sondern ihrem Fleiß, denn sie plagen sich mit großer Aufopfe-
rung in ihren Berufen ab.« Abschließend bemerkte er, »irgendwie hängen
sie dem Laster der Schwerfälligkeit an«.[33] Und da er, wie die meisten
Besucher, die Schweizer ehrenhalber zu Deutschen erklärte, ungeachtet
ihrer Unabhängigkeit vom Reich, bezeichnete er ihren Charakter zusammenfassend als nüchtern, tapfer, aufrichtig, fleißig und – dies war ein neuer
und nachhaltiger Ton – rühmte sie, daß sie andere Sprachen beherrschten.
Weil die Ost-West-Kontakte zwar zunahmen, aber an Bedeutung weit
hinter den politischen Händeln zurückstanden, in die die westlichen Staaten – die Hauptproduzenten der Klischees – immer mehr verstrickt waren,
blieben die Charakterisierungen von Völkern östlich des deutsch-österrei-
chischen Reiches besonders einfältig. Die Ungarn waren wilde Menschen,
die Zylinderhüte trugen und mit den Armen fuchtelten, wenn sie tranken.

Die Russen waren gemeine, mürrische Trunkenbolde, die wie die Tiere extreme Hitze und Kälte aushielten; auf der Suche nach Siedlern, die seine Eroberungen im östlichen Ostseeraum stabilisieren sollten, hielt Gustav Adolf von Schweden 1626 Ausschau nach Männern mit »anständigen deutschen Manieren« statt nach Einwanderern, die die »schweinischen russischen Sitten« widerspiegelten.[34] Und am entgegengesetzten Rand von Europa wurden die Portugiesen, die Bewohner jenes Land also, das von allen Nationen südlich von Skandinavien am wenigsten besucht wurde, als stolze, ignorante Patrone abgestempelt, die sich nicht einmal für das Wesen der asiatischen Völker interessierten, mit denen sie doch so erfolgreich zusammenlebten und sich mischten – jedenfalls hielt man sie bis zu ihrer zwangsweisen Einverleibung durch die spanische Monarchie im Jahre 1580 nicht so ohne weiteres für Angehörige einer europäischen Macht.

Man kann gar nicht genug betonen, wie sehr die Alpen als Barriere empfunden wurden: zwischen einer nördlichen, transalpinen und einer südlichen Welt, die vom Temperament wie von ihrer Kultur her vom Mittelmeerraum geprägt war. Als der flämische Künstler Hugo van der Goes 1482 im Roode Clooster bei Brüssel starb, erklärte sein Klosterbruder Gaspar Ofhuys: »Als Maler hatte er einen solchen Ruf, daß es seinerzeit hieß, diesseits der Berge könne man seinesgleichen nicht finden.«[35] Und für die Italiener waren die Begriffe *fiamminghi* – Flamen – und *tedeschi* – Deutsche – fast Synonyme. Die Niederländer wurden in vieler Hinsicht den Deutschen zugeordnet: wegen ihrer sauberen Straßen, ihrer liederlichen Manieren, ihres lustlosen, von der Sonne nicht erregten sexuellen Appetits, vor allem wegen ihrer Trunksucht. Als Hadrian VI. nach seiner unerwarteten Wahl zum Papst 1522 von Utrecht nach Rom kam, machte das Wortspiel die Runde, ein derber Flame sei »divino« (trunken »di vino«, vom Wein) geworden. Hans, der erste Niederländer, der – in der um 1557 entstandenen Moralität *Wealth and Health* – auf der englischen Bühne dargestellt wurde, entsprach genau den Erwartungen des Publikums: als umhertorkelnder Trunkenbold. Selbst nahezu zwei Generationen später, als die Engländer holländische Kunst und Musik zu achten gelernt und seit 1585 mit den nördlichen Niederlanden als politischen Verbündeten zusammengearbeitet hatten, konnte man noch immer mit diesem Klischee aufwarten: Ohne einen Anflug von Selbstkritik behauptete Sir John Smythe 1590, daß dieses »abscheuliche Laster innerhalb der letzten sechs oder sieben Jahre wundersam Fuß gefaßt hat in unserer englischen Nation, die doch in vergangenen Zeiten unter allen anderen Nationen der Christenheit« – man beachte den moralisierenden Gebrauch des Wortes – »so gern eine der nüchternsten sein wollte«.[36] Es half den Holländern nichts, daß sie sich selbst als tapfer, treu, bescheiden und gebildet darstellten. Selbst an einem so ruhigen Hort der Gelehrsamkeit wie Leiden konnte der bedeutende französische Gelehrte Joseph Scaliger 1606 schreiben, daß »alle Holländer groß und langsam sind. Sie waschen ihre Straßen, aber in ihren Eß- und Trinkgewohnheiten sind sie Ferkel.« Dennoch, räumte er immerhin ein, »gibt es einige gute Menschen«, und er lobte den Umstand, daß »das Landvolk, Männer und Frauen, und fast alle Dienstmädchen lesen und schreiben können«.[37]

Die Engländer kamen keineswegs besser weg. Die italienische Antwort auf das Klischee vom *diavolo incarnato* war das nicht minder wohlfeile *bona terra, mala gente:* Ein Diplomat aus Mantua schrieb von London nach Hause und bestätigte, England sei in der Tat ein Paradies, das von Teufeln bewohnt sei.[38] Obwohl Heinrich VIII. als Schirmherr italienischer Künstler, Handwerker und Kriegstechniker galt, schreckte Benvenuto Cellini, wenn er auch gern in Frankreich arbeitete, vor der Vorstellung zurück, unter »den Bestien, den Engländern« zu leben.[39] Die im Mittelalter kursierende Vorstellung, halb Aberglaube, halb feste Überzeugung, daß die Engländer doch tatsächlich zusammengeringelte Schwänze in ihren Hosen trügen, tauchte zwar noch einmal in einem Propagandagedicht von 1513 auf, war aber nach der Mitte des 15. Jahrhunderts im öffentlichen Bewußtsein nicht mehr präsent. Nun verspottete man die Engländer wegen ihrer borniserten Selbstüberschätzung und, in Verbindung damit, wegen ihrer blindwütigen Fremdenfeindlichkeit.

In einer italienischen Beschreibung von England aus den Jahren 1496/97 hieß es, daß »die Engländer sich selber und alles, was ihnen gehört, überaus lieben; sie meinen, daß es keine anderen Menschen außer ihnen selbst gibt und keine andere Welt als England; und wann immer sie einen gutaussehenden Ausländer erblicken, sagen sie, ›er sieht wie ein Engländer aus‹, und ›es ist doch sehr schade, daß er kein Engländer ist‹; und wenn sie bei Ausländern irgendeinen Leckerbissen angeboten bekommen, fragen sie, ›ob so etwas tatsächlich in *ihrem* Land bereitet wird‹.«[40] Und wie sich das nun einmal für ein Klischee gehörte, taucht der gleiche Punkt (den bereits Herberstein aufgegriffen hatte) in einem von einem Deutschen fast ein Jahrhundert später (1598) geschriebenen Bericht über England wieder auf: »Wenn sie einen Ausländer erblicken, der sehr gut gebaut oder besonders hübsch ist, dann sagen sie, ›es ist schade, daß er kein Engländer ist‹.«[41] Die Italiener hatten unaufhörlich die Tatsache hervorgehoben, daß die Engländer »eine Antipathie gegenüber Ausländern« hätten. Ein Spanier gab 1554 eine Variante zu diesem bereits alten Thema zum besten. Die Engländerinnen verachteten doch tatsächlich die Annäherungsversuche seiner Landsleute – wenn man allerdings bedenke, »welche Art von Frauen« sie seien, so sei das doch »ganz hervorragend für die Spanier«.[42] Vier Jahre später beklagte sich ein Franzose darüber, daß sie ihn und seine Landsleute Schurken, Hunde und Hurensöhne nennen würden. Die Engländer, meinte er, seien noch falscher und gewissenloser als Schlangen, Krokodile und Skorpione.[43] Immer wieder wurde in die gleiche Kerbe geschlagen. Während seines Aufenthaltes zwischen 1583 und 1585 beschwerte sich der Philosoph Giordano Bruno darüber, daß er angepöbelt und beleidigt worden sei.[44] Ein Begleiter des württembergischen Herzogs Friedrich berichtete 1592, die Engländer »interessieren sich kaum für Ausländer, sondern verachten sie und machen sich über sie lustig«.[45] 1581 war George Pettie, der Übersetzer von Guazzo, geneigt, derartige Verunglimpfungen auf das veränderte Verhalten der Engländer nach dem Überqueren des Ärmelkanals zurückzuführen. England sei »das zivilisierteste Land der Welt, und wenn es von Fremden nicht dafür gehalten wird, dann ist das unordentliche Verhalten von jenen Reisenden im Ausland die Hauptursache dafür«.[46] Eine weitere Stichelei mit einer langen Tradition ist auf die herablassende Bemerkung des italienischen Aristokraten Pietro Della Valle im Jahre 1615 über den englischen Botschafter in Konstantinopel zurückzuführen, er sei »ein besserer Ladenbesitzer statt ein Soldat« gewesen.[47]

Wenngleich Spanien im frühen 16. Jahrhundert bekannt genug war, daß Besucher die üblichen Klischees über einzelne Städte aufgriffen: Barcelona die Reiche, Saragossa die Plumpe, Valencia die Schöne und so weiter, vermittelten ihm seine Eroberungen in Italien, seine Verbindungen durch Karl V. mit dem deutsch-niederländischen Reich der Habsburger sowie die Rolle des aggressiven Vorreiters eines wiederbelebten, militanten Katholizismus einen völlig neuen Stellenwert in der Einbildungskraft der Europäer.

Innenpolitisch kam es nach der Eroberung des maurischen Königreichs Granada und der Vertreibung fast aller Juden aus ganz Spanien zu einer entschiedeneren Betonung der *limpieza di sangre,* des unvermischten Blutes. Dieser Kult der Reinheit der Rasse erntete schon in Spanien selbst Spott und Kritik: In Francisco de Quevedos pikarischem Roman *Historia de la vida del Buscón llamado Don Pablos, ejemplo de vagamundos y espejo de tacaños (Der abenteuerliche Buscón,* erschienen 1626) ist der Wirt des Helden »einer von denen, die nur aus Höflichkeit oder Verstellung an Gott glauben, Maurisquen, wie man sie im Volke nennt, denn noch gibt es eine weidliche Nachernte dieser Leute und ebenso derer, die Nasen wie rechte Gurken haben, welche indessen nur dann versagen, wenn es drauf ankömmt, einen anständigen Schweinsspeck zu riechen. Ich sage das offen heraus, erkenne jedoch den vielen Adel an, welchen es unter den Leuten von Stand gibt, der gewiß bedeutend ist.«[48] Außerhalb Spaniens indes bestätigte die *limpieza*, was man für ein Hauptcharakteristikum der Spanier hielt: Stolz. »Es ist das höchstragende unndt stöltzist volck, so ich mein tag gesehen«, erklärte der Baseler Arzt Thomas Platter in der Beschreibung seiner *Reyss*, die ihn 1599 unter anderem auch nach Spanien geführt hatte, »niemandt ist ihnen gutt genug; derowegen sie über alle sein wellen, sich auch niemandts mitt ihnen vertragen kan.«[49]

Damals hatte sich der Einsatz spanischer Truppen gegen die protestantischen Städte und Fürsten des Schmalkaldischen Bundes durch Karl V. auf die Einstellung der Deutschen ausgewirkt. Menschen, die die Begriffe »Mutter Deutschland« und »Vaterland« verwendeten, sahen die von den Protestanten beklagten Greueltaten als Beleidigungen der deutschen Nation insgesamt an; und mit dem grundlegenden Vorwurf der Grausamkeit verbanden sich Unterstellungen wie die sexueller Zügellosigkeit und des Bestrebens, das deutsche Volk in seiner angeborenen Anständigkeit und Schicklichkeit zu verderben. Derartige Vorwürfe wurden später bestärkt durch die unbarmherzige Plünderung der Städte und die Politik der verbrannten Erde, die für das Vorgehen der Spanier gegen die rebellischen Provinzen der Niederlande charakteristisch waren – beides bestätigte nur die frühere Propaganda über die Behandlung der hilflosen Völker in beiden Amerikas durch die Spanier und trug dazu bei, die »Schwarze Legende« über die angeborene Grausamkeit der Spanier zu verbreiten. Außerdem bemerkten Reisende, daß Spanien – und dies war einzigartig unter den Ländern von Mittel- und Westeuropa – eine so schwache Kaufmanns- und Handwerkerschicht aufwies, daß es dazu Einwanderer heranziehen mußte (und denen wiederum von den Spaniern vorgeworfen wurde, sie würden derart überzüchtete Gewohnheiten einführen, daß die Reinheit des angeborenen Charakters ihrer Gastgeber Schaden erlitte). Trotz des Silbers, das von Amerika hereinfloß und für Flotten und Söldnerheere wieder ausgegeben wurde, galt Spanien in volkswirtschaftlicher Hinsicht als das Litauen oder Rußland des Westens – ein Klischee, in dem sich Verachtung mit Abneigung verband.

Allen Klischees lag eine schlichte Behauptung zugrunde: Wir sind besser als sie, und ein Kontakt mit »ihnen« gefährdet unsere nationale Einheit. Das konnte natürlich auch ganz einfach am Heimweh liegen, das man im Ausland empfand. »Ach! Welch ein Abgrund trennt die Donau vom Tiber!« klagte ein italienischer Prälat während einer diplomatischen Mission nach Regensburg in den frühen siebziger Jahren des 15. Jahrhunderts.[50] »Ich muß soviel ertragen«, schrieb ein italienischer Künstler um 1517 aus Brüssel, »so fern unter ausländischen Barbaren.«[51] Unmittelbar aus dem Herzen kommt die Klage eines Spaniers aus den niederländischen Kriegen: Dies sei ein Land, in dem »kein Lavendel und kein Thymian wachsen, keine Feigen, keine Oliven, keine Melonen und keine Mandeln; wo Petersilie, Zwiebeln und Kopfsalat saft- und kraftlos schmecken; wo Speisen, man sollte es kaum glauben, mit Kuhbutter statt mit Öl angerichtet werden«.[52] Und ein einziger trauriger Vorfall konnte zu einem völligen Meinungsumschwung führen: Im Laufe einer ansonsten angenehmen und objektiv geschilderten Reise durch Frankreich im Jahre 1517 wurde Antonio de Beatis, dem Kaplan von Kardinal Luigi d'Aragona, in einem Gasthof die Reisetasche gestohlen. Auf einmal werden »die gemeinen Leute« insgesamt »so verachtenswert, faul und lasterhaft, wie man es sich nur vorstellen kann«.[53]

Erst um 1600 wurden Stimmen laut gegen allzu wohlfeile Spontanurteile und routinemäßig geäußerte Voreingenommenheit. Das Bedürfnis nach internationalem Frieden wie das Verantwortungsgefühl umfassender gebildeter Männer erforderten eine weniger engstirnige Sicht auf die Dinge. Der deutsche Kosmograph Johann Rauw bemerkte 1597, daß »das Sprichwort wol war seyn mag: Es ist kein Land umb drei Heller besser als das ander.«[54] »Aber es lebt ja unter der Sonne kaum eine Nation, die nicht ihre besondern Fehler und Vorzüge hat«, schrieb der Holländer Karel van Mander 1604, als er empfahl, Maler sollten auf Reisen gehen, um ihre Fähigkeiten zu verbessern.[55] Joseph Hall räumte 1608 zwar ein, daß »die Franzosen gemeinhin unbesonnen, die Spanier stolz, die Holländer betrunken, die Engländer geschäftig, die Italiener weibisch, die Schweden scheu, die Böhmen unmenschlich, die Iren barbarisch und abergläubisch genannt werden«, aber dann fuhr er fort: »Ist denn irgend jemand so blöde zu glauben, daß es in ganz Frankreich keinen einzigen standhaften Mann, in Spanien keinen Schwächling oder in Deutschland keinen einzigen nüchternen Menschen gibt?«[56]

Genau wie auf der politischen Karte Europas gab es auch auf der geistigen Karte der nationalen Klischees Grenzgebiete, in denen sich nationale Kerneigenschaften mischten und – wie Moryson es formulierte – »die Untugenden der jeweils angrenzenden Nationen aufschnappten … Ja, im allgemeinen sind die Grenzbewohner aller Nationen gewöhnlich die schlimmsten Leute.«[57] Und jenseits der Grenzen gab es äußere Randbezirke, über die auf den Karten von Europa nähere Angaben fehlten, die vielleicht die unermüdlich wiederholten Vorurteile in gewisser Weise wettgemacht hätten. In Ländern, die »auf der Karte« waren, wurden Klischees eher durch Tatsachenurteile ausgeglichen, selbst wenn diese kaum der Lust auf Verunglimpfung Paroli boten. Aber wie das Beispiel Rußlands zeigt, ließen mangelnde Kenntnisse und die Schwierigkeit, persönliche Freundschaften zu knüpfen, Vorurteile auch weiterhin ins Kraut schießen. Während sich eine Vielzahl von diplomatischen und geschäftlichen Kontakten mit Rußland entwickelte, blieben die Anschauungen über dieses Land unverändert bestehen, wobei sich darin zumeist der Abscheu über brutale Manieren, sexuelle Promiskuität, sklavische Autoritätshörigkeit, die Ignoranz und die Götzendienerei des Klerus, das geschmacklose Schwelgen in protzig zur Schau getragenem Luxus widerspiegelte. Ein päpstlicher Gesandter bemerkte 1567, »der gesamte Marktplatz in Moskau bot weniger Waren zum Verkauf an als ein einziger Laden in Venedig«.[58]

Diese negativen Urteile über Rußland waren zum einen auf eine Abneigung gegenüber dem teils allzu heißen, teils allzu kalten Klima zurückzuführen, zum anderen auf Beschränkungen, denen sich Ausländer in ihrer Bewegungsfreiheit ausgesetzt sahen; hinzu kam, daß die ernsthafte Ausübung der Religion und das als schicklich geltende Verhalten nach neuen, durch Veränderungen zu Hause beeinflußten Maßstäben beurteilt wurden. Zugleich spiegelte sich aber darin auch die Unsicherheit der Besucher wider, ob sie es hier mit einer europäischen oder einer asiatischen Gesellschaft zu tun hatten. Und diese Unsicherheit führte dazu, daß das, was als »asiatisch« galt, strenger beurteilt wurde als das, was unbestreitbar »asiatisch« war – und darum Maßstäben ausgesetzt, die sich von jenen unterschieden, nach denen Europäer einander lobten oder tadelten.

So geistesschlicht diese Klischees auch waren, tauchten sie doch hartnäckig in den Schriften gebildeter Männer auf. Sie wurden gegenüber einem breiteren Publikum auf gedruckten Flugblättern und von der Bühne herab nachgebetet. Daran sollte man nützlicherweise nicht nur dann denken, wenn man die Einstellung gegenüber den umfassenderen Fragen von Krieg und Frieden in Europa betrachtet, sondern auch die Versuche von Regierungen, lokale Loyalitäten und patriotische Gefühle zu einem manipulierbaren Nationalbewußtsein zusammenzuschweißen.

Loyalitäten

Mit Hilfe der Stereotypen, die als Charakterisierungen von Ausländern aufkamen, läßt sich die Einstellung des einzelnen gegenüber anderen Ländern als seinem eigenen leichter bestimmen. Aber in allen Sprachen hatte »Ausländer« eine doppelte Bedeutung: Sie bezog sich auf Fremde, aber auch auf Außenseiter, die vielleicht aus einer nur dreißig Kilometer entfernten Gegend stammten und nun eine Konkurrenz auf dem Arbeitsmarkt darstellten oder den lokalen Wohlfahrtseinrichtungen zur Last fielen. Länder bildeten schon immer eine Ansammlung von regionalen und lokalen Identitäten.

In einem populären Geographielehrbuch für Schüler von 1552, den *Rudimenta Cosmographica (Grundlagen der Kosmographie)* von Johannes Honter, das bis zum Ende des Jahrhunderts immer wieder neu aufgelegt wurde, zeigten die Karten Flüsse, Gebirge und größere Städte, aber keine Grenzen, und in den Ortsnamen – alle auf Lateinisch – spiegelten sich eher die Provinzen des Römischen Reiches und der Welt des Mittelalters wider, als daß sie einen zeitgenössischen politischen Überblick böten. Auf der Karte von Frankreich sind »Burgundia Gallia« (Burgund) und »Brittania Celtica« (Bretagne) in größeren Versalien gedruckt als »Francia« selbst, das über »Lutecia« (Paris) steht[59]; in dieser Hinsicht entsprach die Karte durchaus dem Kommentar eines italienischen Reisenden aus dem Jahre 1517, daß man endlich »das wahre Frankreich« betrete, wenn man sich Paris nähere.[60] Eine weitere Parallele dazu ist die Bemerkung eines anderen Autors zehn Jahre später: »London ist das gemeinsame Land von ganz England.«[61]

Die Bedeutung einer allgemeinen Sprachregelung, in der der innere Zusammenhang eines Landes exemplarisch zum Ausdruck kommt, wurde bereits 1492 erkannt. Als Antonio de Nebrija der überraschten Königin Isabella in jenem Jahr die erste Grammatik der spanischen Sprache überreichte, soll er ihre Einführung mit den Worten gerechtfertigt haben: »Madame, die Sprache ist das Instrument des Reiches.«[62] Eine ähnliche Vorstellung vermittelt das von Franz I. 1539 mit der Maßgabe erlassene Edikt, die Form des Französischen, wie es in der Pariser Region gesprochen werde, solle die offizielle Sprache in ganz Frankreich sein. In England war das Bedürfnis nach einer gemeinsamen Sprache von William Caxton aus unternehmerischen Gründen schon 1490 artikuliert worden. Wie solle er, fragte er, als auf Übersetzungen spezialisierter Drucker, »zwischen guten, primitiven und merkwürdigen« Formen des Englischen wählen? Und als

Beispiel führte er den Fall eines Londoner Kaufmanns an, der sich in East Anglia nicht verständlich machen konnte.[63] In einer nüchternen Abhandlung über richtiges Englisch von 1589 wurde vorgeschlagen, man nehme sich als Vorbild »die übliche Sprache bei Hofe und die von London und der um London innerhalb von sechzig Meilen und nicht viel darüber hinaus liegenden Grafschaften«.[64]

Machiavelli beklagte sich 1516 darüber, daß das Toskanische, das klassische Idiom von Dante, Petrarca und Boccaccio, von all jenen in Frage gestellt werde, die das Musterbeispiel von Florenz mißachteten und »so wenig dankbar für die Wohltaten ihres Vaterlandes sind, daß sie mit ihm in der Sprache Mailand, Venedig, die Romagna und alle Flüche der Lombardei gleichstellen wollen«.[65] Seine Besorgnis war zwar literarischer Natur, aber in diesem leidenschaftlichen Engagement drückt sich doch auch der Kummer darüber aus, daß die Regionen der Halbinsel, deren Bewohner ohnehin Ausländer füreinander seien, sich notfalls nicht gegen die »barbarischen« Ausländer – Frankreich, Spanien und Deutschland – und ihre Eroberungsheere vereinigen konnten. Und das war nicht übertrieben: 1538 wurde ein Kriegstechniker aus Bergamo, einer lombardischen Stadt unter venezianischer Herrschaft, aus Venedigs Diensten entlassen, weil er zwar durchaus fähig, aber sein Dialekt so stark war, »daß es ihm daran mangelte, seine Ideen verständlich vermitteln zu können«.[66]

Soweit es das gedruckte Wort betraf, machte die offenkundige Vereinheitlichung der Sprache eines Landes beachtliche Fortschritte. Aber bei der gesprochenen Sprache, die schließlich die Reaktionen seitens der Besucher wie der Einheimischen auf die nationale Identität beeinflußte, änderte sich wenig. Als Charles de Rouelles Mitte des 16. Jahrhunderts von Nordfrankreich aus sein Land bereiste, beklagte er sich darüber, daß er unterwegs acht verschiedenen Formen, »ja« und »nein« zu sagen, begegnet sei. Bei Dialekten ging es ja nicht nur um Abweichungen bei der Aussprache, sondern auch bei der Syntax und beim Wortschatz. So konnte sich zwar 1597 ein Johann Rauw durchaus damit brüsten: »Wann du umb Teutschland herumb ziehen wolltest / als weit man die Teutsche Sprach gebraucht / so ... köndtest also ... in 93. Tagen / ganz Teutschland umbziehen / wann du alle Tage fünff Meil reysetest«, aber dabei ignorierte er die Unterschiede zwischen dem Süddeutschen und dem Norddeutschen wie innerhalb beider Sprachgebiete.[67] Als die erste norddeutsche Übersetzung der Bibel 1479 veröffentlicht wurde, geschah dies in zweispaltiger Form, weil man auch die fränkischen und sächsischen Sprachformen berücksichtigen mußte. Selbst der auf einen gesamtdeutschen Massenmarkt abzielende Ausstoß an Büchern und Flugschriften während der

Reformationszeit hatte ein Jahrhundert später kaum eine Veränderung bewirkt.

Nur langsam sollte sich ein Nationalitätsgefühl entwickeln, weil es in einem Land als Ganzem nur dann aufkam, wenn in Ausnahmesituationen Gefahr von außen drohte. Und selbst da waren aufrüttelnde Appelle aus dem Zentrum nur noch als Flüstern zu vernehmen und verstummten schließlich ganz, während sie sich langsam über schlecht gebaute Straßen bis in Regionen verbreiteten, die ihre eigenen Sprachformen und vielfältigen lokalen Loyalitäten aufwiesen.

Das Wort »Nation« selbst wurde in bezug auf alle Bewohner eines Landes vor dem 17. Jahrhundert so gut wie nie verwendet. Es wurde entweder für Menschen einer bestimmten Kategorie, unabhängig von ihrer Herkunft, gebraucht – etwa als der Pädagoge Roger Ascham 1570 »die barbarische Nation von Schulmeistern«[68] anprangerte –, oder es bedeutete eine Gruppe von Fremden, die im Ausland lebten. So wurden in Universitätsstädten, in denen es eine große Zahl ausländischer Studenten gab, wie Bologna und Padua, Paris und Montpellier, die sich teilweise selbstverwaltenden Sektionen, in die sie nach ihrem Herkunftsort eingeteilt wurden, »Nationen« genannt. Oder als die aus Lyon verbannten italienischen – meist florentinischen – Kaufleute 1594 Heinrich IV. um die Wiederherstellung ihrer Privilegien ersuchten, schrieben sie im Namen »der florentinischen Nation, die sich früher in Lyon niedergelassen hatte«.[69] Gewiß wurden bereits Ausdrucksformen verwendet, die die spätere Idee der Nationalität vorwegzunehmen scheinen: »unser Deutschland« von Rudolf Agricola und »wir Deutschen« von Luther, Guillaume Budés Homage an »den Genius von Frankreich«, der Appell an »Italien« und »die Italiener« im gefühlsbetonten letzten Kapitel von Machiavellis *Principe* – aber das waren die Worte in ganz bestimmten Plädoyers und Ansprachen. Shakespeares Heinrich V. konnte vor der Erstürmung von Honfleur (III,1) noch rufen: »Auf, Englische von Adel! ... Ruft: Gott mit Heinrich! England! Sankt Georg!«, aber am Vorabend der Schlacht von Agincourt (IV,3) ließ der realistische Dramatiker seinen Helden auch jener »Edelleut in England, jetzt im Bett« gedenken, die sich durch den Ruf zu den Waffen nicht hatten aufrütteln lassen.[70] Einem ähnlichen Bedauern darüber, daß sich Engländer für eine patriotische Sache nicht erhoben hatten, war 1517 Ausdruck verliehen worden. In einer Huldigungsadresse an den Hof klagte John Rastell darüber, daß Reisende aus Bristol zwar im späten 15. Jahrhundert amerikanisches Land gesichtet hatten, aber die Ehre, die beiden Amerikas zu besetzen, sei Spanien zuteil geworden. Wieviel befriedigender wäre es doch gewesen,

Wenn sie, die Engländer,
Die ersten von allen gewesen wären,
Die davon Besitz ergriffen hätten
Und als erste Bauten und Wohnungen errichtet –
welch ewiges Angedenken![71]

Es gab auch anderswo genug fremdenfeindlichen Patriotismus, so daß sich Erasmus fünf Jahre später veranlaßt sah zu sagen, daß er sich zwar einst in seinen Schriften stolz dazu bekannt habe, Erasmus »von Rotterdam« oder »von Batavia« (dem lateinischen Namen der holländischen Provinz, in der Rotterdam lag) zu sein, aber nun ziehe er es doch vor, »Weltbürger zu sein, allen zu gehören, oder besser noch Nichtbürger bei allen zu sein«.[72] In einer Zeit, in der es immer wieder zu Kriegen kam und die religiösen Parteistreitigkeiten begannen, Protestanten gegen Katholiken standen, wurde der Patriotismus – ein vages Gefühl, das sich hauptsächlich auf die Reaktion auf gewonnene oder verlorene Kriege bezog – für ihn ein Verbrechen gegen die Menschlichkeit. Aber davon abgesehen, müssen patriotische Erklärungen im Namen eines ganzen Landes als Stimmung einer Minderheit verstanden werden, denen ein einzelner Ausdruck verleiht. »Ich denke, kein Mensch ist der zivilisierten Menschheit so weit entfremdet, daß er nicht weiß, wie sehr wir alle in der Schuld unseres Herkunftslandes stehen«, schrieb Thomas Becon 1543,

> ja sogar kraft einer gewissen Eingebung durch Gott wie durch die Natur dazu bewegt sind, dasselbe zu lieben und uns nach ihm zu sehnen. Denn wie froh ist ein Engländer, der sich in Frankreich, Deutschland, Italien oder sonstwo aufhält, wenn er durch einen Briefwechsel erfährt, was in England geschieht, in welchem Zustand sich das öffentliche Wohl befindet, wie es gedeiht … Die Liebe zu unserem Land muß einfach groß sein, wenn wir sehen, daß die großen, klugen, wissenden und weisen Lenker des öffentlichen Wohls ehedem in all ihren Taten nichts anderes so sehr erstrebten als dessen Wohlstand und Reichtum. Ach, welche süßen Sätze verwahrten sie im Busen ihrer Jugend, ja schon von der Wiege an, um sie zur Liebe zu ihrem Land zu bewegen. Als da sind: *Pugna pro patria. Mortem oppete pro patria. Dulce et decorum est pro patria mori.*[73]

1543 war Becon ein gelehrter Geistlicher, der kränkelnd und unter ärmlichen Umständen in Kent lebte. Er war nie über den Ärmelkanal gekom-

men. Aber ihm entging nicht, daß Vorbereitungen für Heinrichs VIII.
Feldzug gegen Frankreich im darauffolgenden Jahr im Gange waren. Und
er geriet in Schwierigkeiten mit seinen Kirchenobersten, weil er einem
radikaleren Protestantismus zuneigte, als es dem Kirchenestablishment
unter Heinrich genehm war. Also versuchte er mit seinen patriotischen
Schmeicheleien einen möglichst guten Eindruck zu machen. In ihrer
Mischung aus echtem Gefühl und schwülstigem Unsinn stehen seine
Gedanken gleichwohl zwischen dem auf den eigenen Vorteil in einer Krise
bedachten Patriotismus und dem noch fernen Nationalismus, der erwartete, daß es eine Bereitschaft gab, regionale Strukturen und Anschauungen
im ständigen Gehorsam gegenüber einer gemeinsamen Autorität aufgehen
zu lassen, und daß diese Autorität organisatorisch in der Lage war, zu
führen und notfalls jenen Gehorsam zu erzwingen.

In allen Sprachen huldigten Untertanen von Zeit zu Zeit pflichtschuldig der
Idee des »öffentlichen Wohls«, des gemeinsamen Wohlergehens der Bewohner eines ganzen Landes. Dies taten auch Regierungen in den Präam-
beln von Gesetzen, die für alle Untertanen bindend sein sollten. Als Sir
Thomas Elyot seinen *Governour (Das Buch vom Führer)*, eine Abhandlung
über die Erziehung englischer Führungspersönlichkeiten, Heinrich VIII.
widmete, betrachtete er sein Werk als Beitrag zum Gemeinwohl »in diesem
Ew. Majestät herrlichem Reich«.[74] Und dieses »Reich« definierte natürlich
die historische Dimension, in der im Laufe vieler Jahrhunderte die wichtigen politischen Einheiten durch die Kriege ihrer Herrscher zur Gestalt
der Länder zusammengeschmiedet worden waren, die dann auf den Europakarten des frühen 16. Jahrhunderts eigens benannt wurden. Innerhalb
dieser Dimension waren die Klischees der Antipathie gediehen, und an
diese Dimension appellierten die Fürsprecher patriotischer Gefühle. Ein
Engländer ging im frühen 17. Jahrhundert sogar so weit, daß er seinem
Sohn den Namen Cassibelan zumutete – nach dem Keltenkönig Cassivel-
launus, der Cäsars Legionen tapfer Widerstand geleistet hatte.

Am meisten konzentrierte sich die innere Einheit wie die Einschätzung der
internationalen Rolle eines Landes im Ausland auf die Person des Herr-
schers. Die erste Pflicht eines Diplomaten, der in ein fremdes Land beor-
dert wurde, bestand darin, daß er seine Regierung über den Charakter des
Herrschers unterrichtete, über die von ihm gewählten Minister, seine
Beziehungen zu seinen mächtigsten Untertanen und seine Fähigkeit, die
Ressourcen seines Landes im Krieg zu mobilisieren. Noch größer war das
Interesse bei den Landsleuten, die sein oder – wie im Falle von Isabella von
Kastilien oder von Maria und Elisabeth von England – ihr Bildnis bei sich

trugen. Aber das Gefühl, in unmittelbarem Kontakt zum Herrscher zu stehen, wurde nicht nur durch die räumliche und lokale Distanz zwischen Fürst und Untertan beeinträchtigt, sondern auch durch die Gewohnheit der Herrscher, Ausländerinnen zu heiraten, um politische Unterstützung gegen die gemeinsamen Feinde zu bekommen, oder weil sie dabei Gebietserweiterungen im Auge hatten.

Erasmus mißbilligte diesen Brauch. »Wenn die Verwandtschaft der Herrscher untereinander der Welt Ruhe schenken könnte, würde ich wünschen, daß alle durch Hunderte von Verschwägerungen verbunden seien.«[75] Aber da dies nicht der Fall sei, sollten Herrscher eine Einheimische heiraten und

Kandidatin für die vierte Ehe
Heinrichs VIII.: Christina von
Dänemark, Hans Holbein d. J., 1538
(National Gallery, London)

sich das Interesse und die Loyalität ihrer Untertanen zu erhalten suchen. Das war ein hoffnungsloser Appell. Fürsten betrachteten ausländische Staaten wie Grundbesitzer den Besitz anderer – als Gebiete, die man mit dem eigenen Besitz durch die Heirat mit der Erbin verbinden konnte. Daß dieses Akkumulationsverfahren funktionieren konnte, bewies höchst sensationell die über viele Generationen hinweg betriebene internationale Heiratspolitik, die den Habsburger Karl V. im Jahre 1519 zum Herrn über rund ein Fünftel der Bevölkerung von Europa gemacht hatte – ein Reich, das aus Deutschland, Spanien, den Niederlanden, Österreich, Böhmen, einem Teil von Ungarn, dem Herzogtum Mailand und dem Königreich von Neapel und Sizilien bestand. Und da er gezwungen war, seinen verstreuten Besitz ständig im Auge zu behalten, schrieb er 1525 von Spanien aus verdrießlich an seinen Bruder: »Um diese Königreiche [Kastilien und Aragón, die ihrerseits durch die Heirat zwischen Isabella und Ferdinand 1474 vereinigt worden waren] unter guter Ordnung und Herrschaft zu belassen, weiß ich mir keinen anderen Ausweg, als die Infantin Donna Isabella von Portugal zu heiraten.«[76] Aber sogar kleinere Fürsten mischten auf dem Heiratsmarkt mit. So verschaffte sich beispielsweise Ercole II. d'Este durch die Heirat mit Renée, der Enkelin von Franz I., einen Verbündeten zur Bewahrung der Unabhängigkeit seines Herzogtums Ferrara, während Franz dafür einen nützlichen Vorposten für Frankreich in Norditalien bekam.

Zweifellos lenkte diese Heiratspolitik die Aufmerksamkeit auf die Fürsten und ihre Familien. In ganz Europa überprüften die Abgesandten fürstlicher Junggesellen Stammbäume, sie nahmen die Gesundheit und Fruchtbarkeit von Heiratskandidatinnen unter die Lupe, berichteten nach Hause über das Vorhandensein oder Fehlen von Haaren im Gesicht, die Größe der Brust, Anzeichen von Temperament, guten oder schlechten Atem. Derartige Prüfungen konnten so aufdringlich sein, daß der auf sächsischer Seite für die Nachforschungen Heinrichs VIII. über Anna von Kleve zuständige Beamte indigniert fragte, ob die Agenten des Königs sie etwa nackt sehen wollten. Schließlich trug Holbeins Porträt von ihr dazu bei, daß dieses Verbindungsglied mit einem nützlichen protestantischen europäischen Verbündeten geschmiedet werden konnte. Heinrich ging zwar die Heirat ein, brachte es dann aber doch nicht über sich, mit seiner »flandrischen Mähre« die Ehe zu vollziehen.

Für Künstler war es schwer, den goldenen Mittelweg einzuschlagen zwischen dem, was diplomatisch erwünscht, und dem, was in sexueller Hinsicht akzeptabel war. Zwei Jahre zuvor, im Jahre 1538, war Holbein ausgesandt worden, eine Zeichnung (die später zu dem lebensgroßen

Eine national engagierte Königin: Elisabeth I. mit Maria Stuart,
aus *Die Familie Heinrichs VIII.*, Lucas de Heere, 1572 (Sudeley Castle)

Gemälde in der National Gallery ausgearbeitet wurde) von einer anderen
Kandidatin für Heinrichs vierte Heirat anzufertigen, der sechzehnjährigen
Christina, Tochter des einige Jahre zuvor entthronten Königs von Däne-
mark und bereits Witwe des Herzogs von Mailand. Die Verbindung kam
nicht zustande, weil sie, wie so viele von Heinrichs Fischzügen unter den
Ehekandidatinnen von Westeuropa, an diplomatischen Klippen scheiterte.
Aber der Gesichtsausdruck von Holbeins Modell macht es glaubhaft, daß
sie durchaus einen Funken von Unabhängigkeit besaßen – Christina soll
ihren Brautwerbern gesagt haben, wenn sie zwei Köpfe hätte, würde sie
Heinrich gern einen davon anbieten. Entschiedener protestierte da schon
Franz' I. fünfzehnjährige Nichte Jeanne d'Albret, als der König darauf
beharrte, daß sie den Herzog von Kleve heiratete, den er als nördlichen
Verbündeten gegen den allmächtigen Karl V. brauchte. Als der Herzog dann
doch dem militärischen Druck Karls nachgab, insistierte Franz, der Jeanne
für eine weitere Heirat in petto haben wollte, daß die Ehe mit der Begründung annulliert wurde, sie sei nicht vollzogen worden. Unter den dafür
aufgebotenen Beweisen befand sich auch Jeannes Erklärung von 1545, sie
habe nur einer formalen Heirat zugestimmt, »aus Angst vor dem König [von

Navarra], meinem Vater, und vor der Königin [Margarete, der Schwester von Franz I.], meiner Mutter, die mich bedrohten und mich von meiner Gouvernante auspeitschen ließen ... und mich warnten, wenn ich dieser Heirat nicht zustimmte ..., würde man mich totschlagen«.[77]

In einer Zeit, als die meisten Ehen zwischen einflußreichen Familien eher um der Macht und des Besitzes willen als aus freien Stücken geschlossen wurden, erwiesen sich auch die Heiraten zwischen Königsfamilien als weder besser noch schlechter als andere. Aber sie alle gemahnten die Untertanen daran, daß die Interessen ihrer Herrscher zum Teil anderswo lagen – da konnten schon Verlobungen besiegelt und auswärtige Liebschaften angeknüpft werden, wenn ein Erbe oder eine Erbin erst zwei Jahre alt war. Es besteht kaum ein Zweifel, daß die so einmalig intensive patriotische Identifikation mit Elisabeth I. zum Teil auf ihrem immer wieder öffentlich verkündeten Entschluß beruhte – im Anschluß an die verhaßte Heirat ihrer Vorgängerin Maria mit Philipp von Spanien –, sie wolle, wenn schon nicht eine Jungfrau, so doch zumindest eine ihrem Land treu verbundene Königin bleiben.

Nicht nur mit Hilfe der Heiratspolitik richteten Könige den Blick über ihr eigenes Reich hinaus. Es gab auch andere Formen von zum Teil ständigen Bündnissen, wie das zwischen Schottland und Frankreich – um England in Schach zu halten – das zwischen England und Portugal – um Spanien Paroli zu bieten – und viele andere, die fieberhaft errichtet, gebrochen und erneut geknüpft wurden, ganz wie die Verteidigungsbedürfnisse und die Gelegenheiten für einen gemeinsamen Angriff kamen und gingen. Und als die Monarchen alle Initiativen in der Außenpolitik selbst übernahmen und ihre Durchführung nur zögerlich an ihre Minister delegierten, war Erasmus' Vision von Fürsten, die nur an ihre Landsleute dachten, nichts weiter als ein Traum. Doch die Idee blieb, ja sie wurde ein königliches Klischee: »Könige«, machte Jakob I. dem Parlament 1609 klar, »werden auch mit Familienvätern verglichen: denn ein König ist wahrhaftig Parens Patriae, der politische Vater seines Volkes.«[78] Aber wenn man wissen will, wie weit die »Liebe zum eigenen Land« auf Loyalitätsgefühle gegenüber seinem Souverän zurückging, dann muß man berücksichtigen, wie weit solche Väter dafür bekannt waren, nichtfamiliäre Angelegenheiten im Sinn zu haben.

Nicht alle europäischen Länder haben sich unter einer Herrscherdynastie entwickelt, und es ist zu bezweifeln, ob erbliche Formen der Führung mehr Loyalität genährt haben als demokratische. Die Dogen der Republik Venedig, Vorsitzende in einem Handelsreich, das sich von den Grenzen Mai-

Vittore Carpaccio, *Der Löwe von San Marco*, 1516 (Dogenpalast, Venedig)

lands bis nach Zypern erstreckte, waren normalerweise so alt, wenn sie in ihr Amt gewählt wurden, daß nur wenige die Möglichkeit hatten, eine Aura von persönlicher Herrschaft zu schaffen. Der seit Jahrhunderten währenden Stabilität der Regierung, die sie repräsentierten, wie dem Schutz, den sie vor den feindlichen Ländern um das Staatsgebiet der Republik bot, verdankte sich der Respekt vor dem jeweiligen Dogen und vor dem immerwährenden Bildnis des heiligen Markus auf der Münze, der Festung und den Regierungspalästen in den unterworfenen Städten.

Päpste genossen immerhin den Vorzug – mit welchen zynischen Wahlmanipulationen ihre Wahl auch immer zustande gekommen war (um ihre Stimmen auszuhandeln, »trafen sich viele Kardinäle im geheimen«, schrieb Pius II. über das Konklave, das ihn 1458 gewählt hatte[79]) –, daß sie in den Augen der Gläubigen Gottes Stellvertreter auf Erden waren. Das half ihnen allerdings auch nicht sehr viel bei ihrer innenpolitischen Rolle als Herrscher über das breite Band von Gebieten quer durch Mittelitalien, das die Kirchenstaaten bildeten; und indem sie als Verwaltungsbeamte Verwandte hinzuzogen, auf deren treue Ergebenheit sie sich verlassen konnten, brachten sie das Papsttum der Renaissance als nepotistisch in Verruf. Gleichwohl sicherten der Umfang des jedem Papst zustehenden Patronats und die Angst ihrer Untertanen, unter die Herrschaft von Florenz oder Neapel zu geraten, den späteren Päpsten ein Maß an Loyalität, das entschieden von Selbstinteresse diktiert war. Am dünnsten war das Band zwischen Untertan und Herrscher in Polen-Litauen, wo sich der Wahlkönig weder auf die Unterstützung eines stabilen Regierungsapparats noch auf göttlichen Segen berufen konnte. Da gab es von 1573 bis 1575 einen französi-

schen Monarchen, einen Siebenbürger, Stephan Báthory, von 1575 bis 1586
und einen schwedischen, Sigismund III., von 1587 bis 1632: Das größte
Land in Europa hatte als Monarchie das schwächste Image – außer bei der
begrenzten Wählerschicht der Grundbesitzer, die die Bauern ausbeuteten.
Denn der polnische Adel war in erster Linie daran interessiert, Herrscher
zu wählen, die sich nicht in ihre eigenen regionalen Interessen einmisch-
ten.

Wenn man den Atlas weiter durchblättert, bestätigt sich der Eindruck, daß
es keine beständige Identifikation zwischen Herrscher und Beherrschten
in den Teilen Europas gab, die historisch und kartographisch als separate
Länder definiert waren. Zugleich wird man die Schwierigkeiten gewahr,
auf die Regierungen stießen, die sich von ihren Untertanen Unterstützung
für eine Ausweitung ihrer Machtbefugnisse erhofften.

So trugen die dänischen Könige seit 1387 auch die Krone von Norwegen.
In Rußland führte die Entschlossenheit, mit der Iwan IV. eine moskowiti-
sche Zone schuf, in der seine Autorität unübertragbar und absolut war, zur
Errichtung der *Opritschnina,* einer Organisation aus Angehörigen seiner
Leibgarde, von der die Hocharistokratie, die Bojaren, in ferne Ländereien
verbannt wurde. Die damit verbundene rücksichtslose Anwendung von
Gewalt trug ihm den Beinamen »der Schreckliche« ein und machte jede
breitere Resonanz auf den Anspruch der Zaren, sich auf die Loyalität »aller
Reußen« stützen zu können, mit einem Schlag zunichte.

Verwirrender noch als Italien war die Anhäufung mittelalterlicher Traditionen und Interessen, welche die Kartographie in dem klassischen Begriff
»Germania« krönte. Trotz der gelegentlich auftauchenden Idee des
Deutschtums und der Projektion von klischeehaften Charakteristika auf
alle deutsch sprechenden Menschen durch andere zerfiel Deutschland in
eine Vielzahl von Erbfürstentümern, Fürstbischofstümern und Städten, die
innerhalb ihrer Mauern und in den umliegenden Gebieten praktisch unabhängig waren. Mit seinen von verschiedenen Städten abgehaltenen
Reichstagen, auf denen man über alle Angelegenheiten diskutierte, die die
wechselseitigen Handels- und Verteidigungsinteressen betrafen, und der
umfassenderen politischen Verbindung zwischen Fürstentümern und
Städten im Süden, dem Schwäbischen Bund, der hauptsächlich gegen jede
Ausweitung des kaiserlichen Einflusses gerichtet war, stellte Deutschland
gleichsam einen Mikrokosmos der Unabhängigkeiten, Allianzen und Ant-
agonismen in ganz Europa dar. Ein englischer Reisender kommentierte
dies 1609: »Wenn es einer einzigen Monarchie untertan wäre, so wäre es
für alle anderen einfach schrecklich.« So aber, fuhr er fort, diene diese
Vielfalt keinem anderen Zweck als »dem inneren Ausgleich«.[80]

Karl V. und Ferdinand,
Modell für eine Medaille,
signiert Hans Kels, 1537
(Museum für Kunst und
Kunstgewerbe, Hamburg)

Diese »einzige Monarchie« erinnerte an ein illustres Schreckgespenst: das des Heiligen Römischen Kaisers, des christlichen Nachfolgers der Kaiser des antiken Roms mit ihrer allumfassenden Machtbefugnis. Vom 10. Jahrhundert an war dieser Titel, der zwar nur durch eine Wahl vergeben wurde, mit einem Herrscher deutscher Herkunft gleichgesetzt worden, vom 15. Jahrhundert an mit einem Angehörigen der österreichischen Familie der Habsburger. In den Jahrhunderten dazwischen war die Rolle des Kaisers vom weithin anerkannten weltlichen Schutzherrn des Christentums auf das europäische Oberhaupt reduziert worden, das zwar mit Ehren und Assoziationen überhäuft war, die bis ins Kaiserreich der Antike zurückreichten, das aber direkte Herrschaft nur innerhalb der Ländereien der Familie ausüben durfte und dessen Einfluß auf ein Maß beschränkt war, wie es andere deutsche Fürsten und Städte in ihrem Sinne für nützlich hielten. Gleichwohl ist es bezeichnend für das nicht nach innen orientierte Selbstverständnis der Monarchen, daß sich nach dem Tod des Habsburgers Maximilian I. im Jahre 1519 nicht nur sein Territorialerbe, sein Enkel Karl, sondern auch Heinrich VIII. von England und Franz I. von Frankreich selbst als Nachfolgekandidaten bewarben. Kaiser zu werden würde einem Ausländer Prestige eintragen, eine Patronatspfründe durch die Verleihung großartiger Titel (Graf, Marquis, Herzog) und eine spezielle diplomatische Beziehung zum Papsttum, dem geistlichen Alter ego des Kaiserreichs. Es würde ihn allerdings auch in die ungeheuren Komplikationen im politisch so uneinigen Mitteleuropa verwickelten. Doch Heinrichs und Franz' Teilnahme an dieser Wahlkonkurrenz unverantwortlich zu nennen, hieße das Maß überschätzen, in dem sich Herrscher schlicht für die Führer einer Nation hielten.

Als die Nachricht von seiner Wahl Spanien erreichte, jubelte Karls oberster Minister: »Gott hat Euch auf den Weg zur Weltmonarchie geschickt.«[81] Der Kaiser meinte jedoch mit Deutschland, dessen mosaikartige Zusammensetzung seit den zwanziger Jahren des 16. Jahrhunderts infolge der religiösen Spaltungen noch deutlicher sichtbar war, einfach nicht zurechtzukommen: 1556 trat er den kaiserlichen Titel an seinen in Österreich beheimateten Bruder Ferdinand ab. Doch obwohl sich Ferdinand in deutsche Gewänder hüllte und das Haar in altfränkischer Manier lang trug, konnte auch er seine Untertanen nicht zu entschiedener Loyalität gegenüber seiner Person bewegen. Im späten 16. Jahrhundert fand sich Kaiser Rudolf II. damit ab, daß sich die Geschichte vom Schicksal losgesagt hatte, und verlegte die kaiserliche Hauptstadt von Wien nach Prag – in ein ergebeneres Gebiet des traditionellen kaiserlichen Herrschaftsbereichs, in dem ein Kaiser noch wirklich Monarch sein konnte.

Allen Regierungen gemeinsam war das Bestreben, eine effektive Kontrolle über ihre Untertanen auszuüben und die damals am meisten verbreitete Bedeutung des Wortes »Staat« – das heißt die durch einen Herrscher und seine Minister und obersten Beamten repräsentierte Machtstruktur – mit einem seinerzeit weniger verbreiteten Sprachgebrauch zu verbinden: der Staat als geographisches Einzugsgebiet von Einzelpersonen, die der Zentralregierung gemeinsam Gehorsam schuldeten. Welche Terminologie auch immer verwendet wurde – das Ziel war jedenfalls das gleiche: einen Herrscher stark und unangreifbar in seinem ganzen Königreich zu machen, darin eine effektive Verwaltung auszuüben und ein einhelliges Echo innerhalb eines Gemeinwesens von Landsleuten zu finden.

Die Erreichung dieses Ziels wurde indes erschwert durch frühere und starr aufrechterhaltene Ansichten über die Funktion einer Regierung: das Territorium, das man in der Vergangenheit gewonnen hatte, zu erhalten und – wenn man es für opportun hielt – zu erweitern; gesetzlich verbriefte Privilegien zu schützen, während man bestrebt war, allen Menschen »gutes Recht« widerfahren zu lassen; maßvolle Steuern zu erheben für das Gemeinwohl und mit entsprechender Beratung; die Rechte und den Einfluß der »wahren Religion« zu fördern. Das alles waren konservative Werte. Wenn die Herrscher – sei es ein König von Frankreich oder ein Doge von Venedig – bei ihrer Krönung oder Wahl schworen, sich danach zu richten, gelobten sie damit praktisch, die historische Entwicklung aufzuhalten. Aber wie schon der italienische Staatsmann Francesco Guicciardini erklärte: Jeder Versuch, eine vergangene Situation wiederherzustellen, erzeugt aufgrund der dazwischenliegenden Umstände etwas Neues. Das galt insbesondere für Länder, die gerade eine lange Epoche einer schwachen oder umstrittenen Herrschaft hinter sich hatten, wie Frankreich nach dem Hundertjährigen Krieg und England nach den Rosenkriegen. Es traf auch für jene Staaten zu, die die Kontrolle über Länder zurückgewannen, die im Krieg verlorengegangen waren, wie Venedig im Jahre 1517. In solchen Fällen führte allein schon die Bestandsaufnahme zur Veränderung. Das Ergebnis der Überprüfung auf Bedeutung und Echtheit von Dokumenten, von alten Ansprüchen auf die Befreiung von dieser oder jener Steuer oder Dienstleistung war durchaus der zeitgenössischen Durchforstung klassischer oder biblischer Texte verwandt: Die gereinigten Fassungen erhielten eine neue Bedeutung. Und auf alle Fälle waren die Regierungen gezwungen, den Status quo zu ändern, indem sie mehr Geld auftrieben. Im gleichen Maße, wie sich das Tempo der internationalen Beziehungen seit dem späten 15. Jahrhundert beschleunigte, stiegen auch die Kosten der Diplomatie, vom Botschafter bis zum Spion. Auch die Heere wurden größer: von 12 000 bis 30 000 Mann vor 1500, bis zu 85 000 in den siebziger Jahren des 16. Jahrhunderts und bis zu 100 000 und mehr in den zwanziger Jahren des 17. Jahrhunderts. Bessere Kanonen bedeuteten, daß Festungen und Stadtmauern neu gebaut oder verstärkt werden mußten. Und ein Krieg konnte gewaltige Extrakosten verursachen: Die Einlösung der Söhne, die Franz I. als Geiseln nach seiner Gefangennahme in der Schlacht von Pavia im Jahre 1525 in Spanien zurückgelassen hatte, kostete ihn den Gegenwert von 3,6 Tonnen massivem Gold. Da alle Regierungen gezwungen waren, im Laufe des 16. Jahrhunderts immer mehr in Kriege oder in die Verteidigung oder in beides zu investieren, mußten auch die Staatsmittel zunehmen: in Frankreich beispielsweise von 3,5 Millionen *livres* im Jahre 1497 auf 15 Millionen im Jahre 1596, in Kastilien von 850 000 Dukaten (1504) auf 13 Millionen (1598). Überall stiegen im Laufe des Jahrhunderts die Staatseinkünfte um den Faktor fünf. Das lag hauptsächlich an den Erfordernissen des Krieges, teilweise an willkürlichen Ausgaben für Bauwerke und für eine verschwenderische Hofhaltung, die das Ansehen des Herrschers künstlich befördern sollte. Und es war auf das immer größer werdende Staatspersonal zurückzuführen: In Paris etwa wurde die Place des Vosges errichtet, um Heinrichs IV. Stab aus zivilen und Kriegstechnikern und Kartographen unterzubringen. So einfallsreich Regierungen auch Abgaben hinauszögerten, indem sie von Finanziers Überbrückungskredite erhielten – die Rückzahlungen mußten wie die normalen Ausgaben aus Steuermitteln beglichen werden. Und damit griff die Verwaltung in immer mehr Taschen, die bisher vor ihr sicher gewesen waren.

Um dies tun zu können und auch um für Gesetz und Ordnung zu sorgen, die eine Verwaltung erst effektiv machten, mußten mehr Beamte unterhalten werden: Der nichtministerielle Bürokrat schob den mittelalterlichen Wandteppich beiseite, hinter dem er sein schattenhaftes Dasein gefristet hatte, und schritt nun selbstbewußt über die Korridore der Macht, ungeliebt und nicht immer ehrlich, aber ein wichtiges Verbindungsglied zwischen Herrscher und Untertan. Auf der untersten Ebene stieg die Zahl der Kopisten, Registratoren und Buchhalter, die von früheren Regierungen eingestellt worden waren, sprunghaft an. Neue Aufgaben, vor allem die von Spanien erworbenen Gebiete in Amerika und Italien, brachten die Einrichtung neuer Regierungsausschüsse mit sich, aber auch andere Staaten erweiterten die Ministerien, die sich mit verschiedenen Aspekten der Regierungsgeschäfte befaßt hatten: Finanzen, Auswärtige Angelegenheiten, Justiz. Über diesem Proletariat von Tintensklaven befand sich eine immer mächtiger werdende Schicht von Aufsichtsbeamten, die nicht nur die Arbeit ihrer Abteilungen koordinierten, sondern auch Rat in verwickelten und umstrittenen Fragen erteilten. Auf dieser Ebene der Verantwortung läßt sich ihre Bedeutung in zeitgenössischen Berichten auch zahlenmäßig belegen: Kurz nach 1600 sind es zwischen drei- und viermal mehr als um 1500. In absoluten Zahlen ausgedrückt, ist dies freilich alles andere als beeindruckend. Mitte des 16. Jahrhunderts gab es beispielsweise in Frankreich bei einer Bevölkerung von etwa achtzehn Millionen nicht mehr als rund dreitausend gehobene Beamte.

Darunter befanden sich auch Männer, die ihre Posten tatsächlich erkauften. Lange Zeit hatten Herrscher loyale Diener mit Landbesitz belohnt, mit dem feudale Titel verbunden waren. Dies nahm so überhand, daß eine Aristokratie »des Schwertes« mit offen zur Schau gestellter Verachtung erleben mußte, wie sie von einer Aristokratie *de la robe* – eine Anspielung auf die charakteristische lange Kleidung des Beamten – unterwandert wurde. Aber als der Bedarf an solchen Männern, speziell an Steuereintreibern, zunahm, während sich die Herrscher weigerten, das Budget für die unmittelbaren Verwaltungskosten zu erhöhen, verkaufte man Posten in der Bürokratie für bare Münze, ja sie wurden sogar ein vererbbares Vorrecht. Dabei kam es oft vor, daß die für die Eintreibung einer bestimmten Steuer Verantwortlichen sich davon soviel abzweigten, wie sie es für angemessen hielten. Aber auch wenn dieses System in finanzieller Hinsicht ineffizient war, verstärkte es doch jene Beamten zahlenmäßig, deren Status bei Hofe unter ihren Verwandten und Bekannten die Gewohnheit förderte, sich im Zentrum der Macht nach Gewinn oder Anerkennung umzutun.

Es gab indes nie genug Beamte, ganz gleich, ob sie am Sitz der Regierung oder in den Provinzen tätig waren, um durch das Adernsystem, das eine Hauptstadt mit dem ganzen Land verband, so viel Gehorsam zu pumpen, wie es eine neue Gesetzgebung forderte. Aber schließlich ließen sich die Werte des Beamtentums vereinbaren mit einem zunehmenden Einverständnis auf seiten regionaler Magnaten und von Landedelleuten, so daß ihre eigene Beziehung zur Regierung, der sie lange Zeit durch die Ausübung der Justiz und die Stellung von Truppen gedient hatten, nicht mehr in dem üblichen distanzierten Mauern bestehen konnte, sondern eine Frage des unmittelbaren Selbstinteresses war. Wo es um die Auferlegung neuer Steuern und die Weiterleitung von Gerichtsverfahren von lokalen an königliche Gerichte ging, erfolgte die Unterstützung auch weiterhin nur widerwillig. Aber die allgemeine Zustimmung zu zentralen Initiativen fiel leichter, als sich eine gemeinsame Front gegen die Leichtfertigkeit der immer schlechter gestellten Armen bildete. Als die Landbesitzer aufgrund der gesellschaftlichen Gegensätze und der steigenden Preise, die das Zeitalter prägten, in Bedrängnis gerieten, hielten sie es – oder zumindest ihre Söhne und ihre ärmeren Verwandten – für einfacher, die ehrenvollen oder mit Geld verbundenen Privilegien anzunehmen, die der Hof bot.

Blaise de Monluc, Musterbeispiel eines Berufssoldaten aus der Provinz (Gascogne) und aus gutem Hause, bemerkte in seinen *Commentaires*, die er in hohem Alter vor seinem Tod im Jahre 1577 diktierte, man müsse von Zeit zu Zeit an den Hof gehen, »um sich zu wärmen – wie vor einem Feuer oder an der Sonne«.[82]

Traditionsgemäß war ein Hof – und diese Kernfunktion behielt er auch weiterhin – vor allem ein Haushalt mit einer Reihe von Dienern und Aufsehern, die für jeden Aspekt im Leben eines Herrschers oder einer Herrscherin und seiner oder ihrer Familie zuständig waren. Er oder sie mußte bewacht werden: Da gab es eine Eskorte, mit der man ausging, und Wachen, die in den Gängen patrouillierten und die Türen zu den Privatgemächern beobachteten. Er oder sie mußte arbeiten können: Siebentausend Briefe von Caterina de' Medici sind erhalten, und als sie sich über die Fülle ihrer Pflichten beklagte, erklärte der künftige Heinrich IV. unverblümt: »Ihr verzettelt Euch bei dieser Arbeit.«[83] Philipp II. liebte zwar die Jagd, verbrachte aber die meisten Stunden des Tages damit, Depeschen zu lesen und seine Erwiderungen zu schreiben oder zu diktieren; Elisabeth I. erklärte 1601 vor dem Parlament: »Herrscher zu sein und eine Krone zu

Goldmünzen regnen aus
dem burgundischen
Hofschatz. Miniatur aus
einem Stundenbuch, für
Lord Hastings in Brügge
angefertigt, um 1477
(Bodleian Library,
Oxford)

tragen ist großartiger für die, die sie sehen, als es für diejenigen, die sie
tragen, angenehm ist.«[84] Da gab es Schreiber und Sekretäre und Majordo-
mus, die Besprechungen mit Ministern, den Empfang von Botschaftern und
den Besuch von Würdenträgern arrangierten. Der Herrscher und sein
Haushalt mußten ernährt und ihre Gäste mit Musik und Kurzweil nach dem
Essen unterhalten werden. Da mußte die Liebe zu sportlicher Betätigung
mit Ställen, Hundezwingern und Falknereien befriedigt werden. Da gab es
Personal für die Wartungs- und Instandhaltungsarbeiten und den be-
schwerlichen Transport des Herrschers von einem Ort zum andern. Eine
beachtliche Zahl von Arbeitskräften war erforderlich, die Haushaltsbücher
zu führen und die Einkünfte aus Erbländereien der Krone im Griff zu
behalten. Auch wenn man diesen ganzen Anhang an Künstlern, Hofhisto-
rikern und Dichtern nicht zum engeren Kreis des Haushaltsmanagements
dazurechnete, war dieser schon sehr umfangreich. Selbst ein so kleiner

Hofstaat wie der von Mantua hatte 1520 rund achthundert männliche und weibliche Angestellte. Im selben Jahr gab es am päpstlichen Hof zweitausend, eine Zahl, mit der der französische Hof um 1600 mithalten konnte. Allerdings war der Hofstaat des 16. Jahrhunderts weitaus mehr als nur ein Mammuthaushalt. Dieser Begriff symbolisierte eben auch den Staat und die Regierung – die eigentliche Regierung sogar, denn wichtige politische Entscheidungen wurden vom Monarchen oder der Monarchin unter Hinzuziehung seiner oder ihrer persönlichen Ratgeber sowie der offiziell bestallten Berater und Leiter der Ministerien im Palast des Herrschers getroffen, auch wenn die alltäglichen Verwaltungsangelegenheiten in anderen Gebäuden abgewickelt wurden. Der Palast war der symbolische Ort der persönlichen Herrschaft, denn wo immer sich der Fürst aufhielt, war auch der Ursprung und Quell von Auszeichnungen, Beförderungen und Geschenken. Letzteres wurde für so selbstverständlich gehalten, daß bereits der Illustrator eines Erbauungsbuches aus dem späten 15. Jahrhundert auf den Randbildleisten die Schatzmeister des burgundischen Hofes abbildete, die von oben über die Seitenränder Münzen hinabschütten, die von gierigen Empfängern am unteren Rand mit Mützen und im Schoß aufgefangen werden. In der Tat war vor allem im spätmittelalterlichen Burgund das Bild vom fürstlichen Hof (in diesem Fall war es der eines Herzogs) aufgekommen, als einem Ort, der bedeutende Männer anzog, die ihrem Ruf ein Glanzlicht aufsetzen wollten, ebenso wie unbedeutendere, die sich ein Pöstchen erbettelten oder eine freie Mahlzeit, von der sie auf Einladungen ihr Leben lang zehren konnten.

Der Hof als Haushalt, als allerinnerstes Entscheidungszentrum und als Quelle von Gunstbeweisen, als glanzvoller, wenn auch von gefährlichem Klatsch erfüllter und streitsüchtiger »Klub«, in dem politisch genehme Granden automatisch Mitglieder waren und unabhängig von ihren persönlichen Interessen und Rivalitäten die Vorzüge im Dunstkreis der Regierung erlebten – dieser Hof war bis zur zweiten Hälfte des 16. Jahrhunderts nicht unbedingt an einen bestimmten Ort gebunden. Die Entourage von Karl V. war fast ständig unterwegs, während der Kaiser seinen diplomatischen Missionen und Kriegen quer über die Landkarte seines Herrschaftsbereichs nachging. Der rastlose Franz I. verlangte häufig, daß seine annähernd achtzehntausend Pferde seinen weitverzweigten Haushalt, samt Wandteppichen, Silberzeug und Schlafzelten, in eine andere Stadt oder in ein Jagdgebiet transportierten, nach dem ihm gerade der Sinn stand. Auch eine derartige Karawanserei blieb noch immer »der Hof«, an dem es Kurzweil und Privilegien gab und die Regierungspolitik erörtert wurde. Elisabeth I. war oft unterwegs – um Geld zu sparen, indem sie sich einladen ließ, und um Unterstützung für die Krone zu mobilisieren. Aber um 1600 war der Hof auch ein bestimmter Ort geworden: London, Paris, Madrid, Stockholm, Prag. Seit das Geschäft der Diplomatie immer mehr eine feste Adresse erforderte und die Verbindungen zwischen der Regentschaft und der Region gefestigt waren, hatte die Reisetätigkeit ausgedient. Die Wärme, von der Monluc schrieb, entströmte einem fest und sicher installierten Herd.

Im Hofleben spielten politische oder intellektuelle Gaben so gut wie kaum eine Rolle. Dabei kam es besonders dann zu Rivalitäten, wenn führende Bürokraten Adelstitel erwarben und einen Lebensstil pflegten, der mehr Bewunderung genoß als der von Männern, die in ihrem eigenen fernen Verwaltungsbezirk quasi Potentaten waren. Die Hackordnung konnte demütigend sein (an welchem Tisch man saß, ob ein Bediensteter einem die nötige Aufmerksamkeit widmete, ob ein versprochenes Salär auch bezahlt wurde), aber sie konnte auch ein Gefühl der Sicherheit vermitteln. Dies ließ einen ganzen Zweig der Literatur gedeihen: über die Erniedrigung von Begabten bei Hofe (der Dichter Torquato Tasso ließ sich in seinen Satiren beredt darüber aus) wie über die Förderung prahlerischer Angeber – eine Untugend, die im Höfling Osric in Shakespeares *Hamlet* so trefflich porträtiert ist. Gleichwohl stellte der Hof mit seiner glanzvollen Außenseite und dank der Hinzuziehung begabter Menschen aus allen möglichen sozialen Schichten ein Interessenforum für nationale Angelegenheiten dar.

Er war auch ein ergiebiger Quell der Propaganda für die Tugenden einer unbestrittenen Autorität. Als Baldassare Castiglione in seinem *Buch vom Hofmann* den herzoglichen Palast von Urbino schilderte und erklärte, er sei eher »eine Stadt in der Form eines Palastes«, spielte er damit nicht nur auf die Größe und das Aussehen des Palastes an, der das Bergstädtchen selbst in den Schatten stellte, sondern er spiegelte damit ein weitverbreitetes Ziel der Fürsten wider, nämlich ihr Bildnis dem Leben ihrer Untertanen buchstäblich einzuverleiben.[85] Im 15. Jahrhundert, als die Medici die wahren Führer in einer republikanischen Regierungsform waren, war ihr Palast Mittelpunkt für diplomatische Besucher und übte eine kulturelle und politische Schirmherrschaft aus, aber er wurde als privater Haushalt und nicht als Hof geführt. Als die Florentiner in den dreißiger Jahren des 16. Jahrhunderts von Krisen erschüttert waren, auf die sie keinen unmittelbaren Einfluß hatten, akzeptierten sie die Führung der Medici als Erbfürsten, und dieser Wandel machte sich rasch in Herzog Cosimos Bauplänen bemerkbar. Er verließ den alten, überfüllten Familienpalast, und nachdem er zunächst den Palast der Signoria als Residenz bezogen hatte, übersiedelte er 1560 in den ehemaligen Palazzo Pitti. Dieser stand auf

Hradschin, Prag, Pietra-dura-Mosaik von Giovanni Castrucci, nach 1606
(Kunsthistorisches Museum, Wien)

freiem Gelände und konnte zu einem Hof ausgebaut werden, dessen Größe
und förmliche Pracht um so großartiger waren, weil er neu war und sich
mit längst errichteten Palästen messen sollte. Cosimo ließ das ehemalige
offizielle Regierungszentrum – künftig Palazzo Vecchio, alter Palast, genannt – renovieren, um in Wandfresken und Deckengemälden seine alte
Abstammung und seine neue Macht zu demonstrieren. Daneben ließ er
seine neuen Staatsbehörden (Uffizi) errichten, deren Innenhof bis zum
Arno verlief, und außerdem baute ihm der Architekt Giorgio Vasari einen
überdachten Gang über den Ponte Vecchio bis zum Palazzo Pitti.
Eine derart augenfällig quer durch eine Stadt gezogene Achse der Macht
war ungewöhnlich. Aber ob es sich um den Louvre in Paris handelte oder
um die Erweiterungsbauten des Hradschin in Prag: Fürsten bauten nicht
nur aus Zweckmäßigkeitsgründen, sondern um Eindruck zu machen.
Optische Effekte spielten dabei die größte Rolle. Es genügte nicht, daß die
Druckpresse es möglich machte, die Erklärungen von Fürsten in ihrem
Namen an Kirchentüren und an Bäume auf dem Dorfanger allüberall in
ihrem Reich anzunageln. Was nicht direkt zum Ausdruck gebracht werden
konnte, als ein Befehl vom Herrscher an seine Untertanen, fand allegorische Verbreitung in Gemälden und Aufführungen, die zwar nur für ein
kleines Publikum bestimmt waren, über die aber weithin gesprochen
wurde.
Der Monarch in der Rolle Jupiters oder Augustus' als gleichsam göttlicher
Schutzherr seiner Landsleute wurde ein gängiges Motiv in den ritualisierten Unterhaltungsformen europäischer Höfe, das seit den vierziger Jahren

des 16. Jahrhunderts noch mehr verstärkt wurde durch die Verwendung
von Bühnenbildern, deren perspektivische Linien die zentrale Position des
Herrscherthrons gegenüber dem Publikum betonte. Unter Einbeziehung
von Dichtung und Tanz und spektakulären Verwandlungsszenen spielten
Masken allegorisch auf die Macht des Herrschers an, dem die Harmonie
des Kosmos zu Gebote stand und der sie auf Erden neu erschuf. Die Männer
und Frauen, die über die Härte und Grausamkeit der wirklichen Welt
beunruhigt waren, konnten hier erleben, wie jene Motive in der Verwandlung Wilder Männer durch Minerva und die Musen und die Gute Regierung
zu glücklich gehorsamen Untertanen wieder auftauchten oder wie sich
durch einen Theatertrick ein häßlicher Hügel als prächtiger Palast ent-
puppte.

Darin spiegelte sich der Narzißmus des Hoflebens – er war eine Versiche-
rung, die in Form von Metaphern abgeschlossen wurde gegen das Akzeptieren der Lebensrealitäten außerhalb des Hofes. Und doch konnte Jakob I.
in seiner Rede vor dem Parlament aus dem Jahre 1609 erklären: »Die
Monarchie ist das Höchste auf Erden. Denn Könige sind nicht nur GOTTES
Statthalter auf Erden, und sitzen auf GOTTES Thron, sondern werden sogar
von GOTT selbst Götter genannt.«[86] Und als die Gelehrten mehr über die
Macht der Kaiser im alten Rom ans Licht brachten und die Teilungen
zwischen den Ländern und in den Ländern selbst in ihrer Kompliziertheit
und Gefährlichkeit immer klarer erkannt wurden, verwiesen Staatstheoretiker darauf, wie vorteilhaft es doch sei, alte Freiheiten zugunsten einer
neuen, entscheidenden, unbestrittenen Macht des Souveräns über Bord zu
werfen. In seinen 1576 erschienenen *Sechs Büchern über den Staat* ging
Jean Bodin so weit zu behaupten, »daß ein souveräner Fürst von Gesetzen,
deren Einhaltung er geschworen hat, ohne Zustimmung der Untertanen
abgehen kann, wenn sie aufgehört haben, gerechte Gesetze zu sein« – es
sei denn, er wäre der Meinung, daß ihr Widerstand ihn stürzen würde.[87]

Man kann freilich allzuviel hineinlesen in die veränderte Art und Weise,
über Macht und Autorität zu schreiben. Volltönende Behauptungen bei der
Anleitung zu politischem Handeln wie Machiavellis Ausspruch »Daraus
folgt eine allgemeine Regel, die nie oder nur selten versagt«[88], oder die
Verwendung der Wortbildung »Staatsräson« in einem Buchtitel, wie bei
Boteros Abhandlung *Della ragion di stato* von 1589, vermitteln den Eindruck, das autoritäre Regierungssystem sei immer mehr zum Programm
geworden. In der Praxis allerdings achteten weltliche wie kirchliche Behörden – wie sie es immer schon getan hatten – ganz pragmatisch darauf,
daß alles seinen Gang ging. Francisco de Vitoria, ein Mann, der mit den
Praktiken von Kirche und Staat gleichermaßen vertraut war, schrieb wäh-

Palast in einer Höhle,
Bühnenbildentwurf von
Inigo Jones (1611) für
Oberon (Chatsworth,
Trustees of the
Chatsworth Settlement)

rend der Herrschaft Karls V., Herrscher seien nun einmal gezwungen, »von der Hand in den Mund zu denken«.[89] Theorien über das Wesen und die Rechte der Macht mußten erst das konservative Filter älterer Berater passieren, die nur ungern das eingespielte Gleichgewicht zwischen Autorität und Konsens verändern wollten. Ob es sich dabei um den venezianischen Dogen und seine Ratgeber oder um Philipp II. und seine leitenden Staatsdiener handelte: Jede kühne Theorie stieß zunächst einmal auf den Erfahrungsschatz von Männern, die sich langsam nach oben gedient hatten und nur selten an die Spitze gelangten, ehe sie fünfzig waren. Die Idee des fürstlichen Absolutismus – wie sie ein Jahrhundert später in Ludwigs XIV. Ausspruch *»L'État, c'est moi«* zum Ausdruck kam – lag zwar in der Luft, aber auch wenn sich die Herrscher gemeinhin um äußere Dinge kümmerten, wo es eher um interne Dinge wie die Beziehungen zwischen Herrscher und Untertanen ging, war das Tempo der Zentralisierung der Regierungsgewalt eher zögerlich, und die ideologische Triebkraft dahinter stieß durchaus noch auf Widerstand.

Kurz nach 1515, dem Jahr, in dem der junge Franz I. Nachfolger seines Vaters Ludwig XII. auf dem französischen Königsthron wurde, schrieben zwei seiner Untertanen Bücher zu seiner Unterweisung: über sein Reich und seine Position darin. Einer dieser Autoren, Guillaume Budé, ein gelehrter Kenner der Geschichte des römischen Kaiserreichs, betonte, wie

notwendig es für den König sei, seine Autorität im ganzen Land zu stärken.
Der andere, Claude de Seyssell, ein Bischof und Diplomat, der eher in der
jüngsten Vergangenheit zu Hause war, erinnerte Franz daran, daß laut
seinem Krönungsschwur, den Status quo zu bewahren, seiner Bewegungs-
freiheit gewisse *freins*, Zügel, auferlegt seien. Dies waren die traditionellen
Rechte der Kirche sowie die Privilegien und »Befreiungen« (von einer
Einmischung von oben) von Städten, Regionen und Adelsfamilien als
Gegenleistung für entsprechende Dienste in der Vergangenheit und zu
jener Zeit vereinbart, als die abgelegenen Provinzen Anjou, Picardie,
Provence und Bretagne durch Vererbung, Heirat, Schenkung oder Krieg an
die Krone fielen. Im Unterschied zu Budé äußerte sich Seyssell ganz im
Sinne der Stimmungslage, wie sie auf der Versammlung der Generalstaa-
ten im Jahre 1484 einer ihrer Sprecher, Philippe Pot, zum Ausdruck gebracht hatte. Pot hatte erstaunlichen Einfallsreichtum bewiesen, als er
erklärte, daß alle dort repräsentierten Provinzen – die des »eigentlichen
Frankreich« wie die jüngst hinzuerworbenen – ein einziges Land bildeten.
Aber diese Botschaft war alles andere als versöhnlich. Das Volk von Frankreich, behauptete Pot nämlich, habe ein zweifaches Recht, über seine
eigenen Interessen selbst zu entscheiden: erstens »weil es tatsächlich seine
eigenen sind, zweitens weil es stets der Schikanierung durch die [zentrale]
Regierung ausgesetzt ist«.[90] Erst 1560 berief die Krone wieder eine derart
umfassend repräsentative Versammlung ihrer Untertanen ein.

Man riskierte in der Tat in allen Ländern eine Konfrontation, wenn man
eine Nationalversammlung einberief – das englische Parlament, die *Cortes*
von Kastilien und Aragón, den polnischen *Sejm,* den ungarischen Landtag,
den schwedischen *Riksdag* oder den Moskauer *Semskij Sobor* –, um (fast
immer) eine Zusammenarbeit bei der Eintreibung zusätzlicher Steuern zu
erreichen. Hier wurden Effizienz und Autorität, wie sie sich ein Budé oder
ein Bodin vorstellten, gegen ein verkrustetes Mißtrauen gegenüber jeder
Neuerung ins Feld geführt.

Der »kooperative« Nationalstaat lag allerdings noch in ferner Zukunft und
konnte nur heimlich angesteuert werden: indem man regionale Magnaten
davon überzeugte, daß eine Zusammenarbeit einen Vorteil für sie darstellte, indem man zwischen die lokalen und zentralen Behörden bürokra-
tische Bindeglieder einfädelte und auf Nationalversammlungen die wider-
willige Zustimmung mit dem Argument einhandelte, daß neue Umstände,
die sich aus militärischen oder religiösen Krisen ergaben, auch eine Neubewertung alter Einstellungen erforderten. Herrscher konnten Gehorsam
nicht erzwingen. Sie hatten eine persönliche Leibgarde, eine bescheidene
Zahl von Truppen, die in Garnisonen in Städten lagen, welche in Kriegs-

zeiten strategisch verwundbar waren, und sie hatten das traditionelle Recht, Milizen zu organisieren und einzuberufen. Aber kein Herrscher verfügte über so etwas wie ein stehendes Heer, mit dem sie ihren Willen widerstrebenden Untertanen aufnötigen konnten. Und der Wunsch, die zentrale Macht mit dem geographischen Gebiet eines Landes gleichzusetzen, scheiterte einfach daran, daß die Kommunikation zu langsam und die Bevölkerung zu weit gestreut war – und das stand auch einem gemeinsamen, aktiven Loyalitätsgefühl gegenüber der Macht im Wege.

Selbst in Gegenden mit den meisten Städten, wie den Niederlanden, dem Rheinland und Norditalien, bestand Europa doch größtenteils aus dünn und ungleichmäßig bewohnten Landstrichen, weitgehend unabhängigen Dorfgemeinschaften und kleinen Marktflecken, die durch Wege und Sträßchen miteinander verbunden waren. Mancherorts schnitten Wälder und Sümpfe und unzugängliche Bergzonen sogar eine Unterregion von der anderen ab. Vom fernen Rand aus nahm sich das Zentrum zuweilen wie eine feindliche Welt aus: Zornig über eine Besteuerung marschierten im Jahre 1497 rund 15 000 Männer aus Cornwall, alle mit irgendeiner Waffe versehen, bis nach London, ehe sie in die Flucht geschlagen und ihre Anführer hingerichtet wurden. Aber während der Regionalismus die Macht in ihrer Entfaltung behinderte, schützte sie sie zugleich: Der süddeutsche Bauernaufstand von 1524/25 scheiterte zum Teil auch daran, weil sich Männer aus unterschiedlichen Gegenden, die sich aus ähnlichen Gründen gegen ihre Grundherren erhoben, nicht auf eine gemeinsame Strategie einigen konnten. Beide Vorfälle waren Ausbrüche aus halb abgeriegelten Gemeinden, die die Chorographen und andere Reisende so faszinierend fanden – wobei keiner dieser Autoren sich über einen derart hartnäckigen lokalen Konservatismus überrascht zeigte oder die Meinung äußerte, man solle dagegen einschreiten. Selbst wenn sich einzelne darüber im klaren waren, daß sie einem großen Adelsgut oder einem ausgedehnten Bistum angehörten, deren Verwalter sie von Zeit zu Zeit daran erinnerten, was sie an Gebühren und Zehnten schuldig waren, so blieb doch der von Arbeit, Verwandtschaft und Bekannten definierte Horizont des Familienlebens eng, man verwahrte sich gegen weitere Störungen und schätzte Veränderungen ganz und gar nicht. Und dieses Gefühl einer Gemeinschaft, in sich geschlossen zu sein, wurde noch durch die restriktiven Zölle verstärkt, die die Grundherren für den Transport von Gütern durch Gebiete erhoben, die seit jeher innerhalb ihrer Gerichtsbarkeit lagen, oder auf Flüssen, an denen sie Uferanliegerrechte hatten. Nur der wohlhabendste Bauer konnte seine Produkte über diese Kontrollen hinaus auf den Markt bringen. Die meisten Männer und

Frauen entfernten sich nur selten mehr als fünfundzwanzig Kilometer von ihrem Heim und lebten in einer Isolation, die ein Gefühl gar nicht erst aufkommen ließ, das man als patriotisch bezeichnen konnte – allenfalls im engsten und beiläufigsten Sinne.

Ein aktiver Patriotismus auf lokaler Ebene beschränkte sich hauptsächlich auf gebildete und wohlhabende Städter, die sich zugleich bewußt waren, daß sie eine konstitutionell anerkannte Position innerhalb des Reiches gewonnen hatten und diese auch behalten wollten. Thomas Platter bemerkte, daß »die stolzen Montpelierer, die der könig selber seine kleine könig von Montpelier nennet«, sich nicht viel um königliche Erlasse scherten, »weil sie gar weit vom könig sindt gesessen«.[91] *Campanilismo,* Kirchturmpolitik – ein Begriff, der fast wörtlich zu nehmen war, als eine Figur in Machiavellis Schauspiel *Mandragola* (1518) einen anderen hänselte, er würde sich unwohl fühlen, wenn er sich außerhalb der Sichtweite des florentinischen Doms begebe (mit seinem Wahrzeichen, dem *campanile* oder Glockenturm) –, war in Italien ein symbolischer Ausdruck bürgerlicher Behaglichkeit. Wie anrührend ist doch eine Passage in Felix Fabris Beschreibung seiner Heimatstadt Ulm (um 1480), in der er sich an die Grundsteinlegung des Münsters im Jahre 1377 erinnert: »Nach dem Beschluß des Rates stieg der angesehene Herr Ludwig Krafft, der damals die Bürgermeisterwürde inne hatte, in die Fundamentgrube hinab mit einigen von den Vornehmsten, um den gewaltigen Felsblock in Empfang zu nehmen, der nach Anordnung der Werkleute oben in der Höhe in einer starken Klammer hing. Um die dritte Stunde des Tages nun, um welche der Heilige Geist den Aposteln gesandt wurde, begannen nicht die Werkleute, sondern die Ältesten von Ulm, den Stein in die Grube hinabzulassen; einige von ihnen drehten das Rad oder hielten es fest, andere hielten das Seil mit der Hand.«[92] Diese Atmosphäre des Eingeschlossenseins, der bürgerlichen Geborgenheit wurde 1497 auch von einem Besucher in Calais eingefangen, als er schrieb: »Jeden Tag, wenn die Bewohner am Nachmittag der Ruhe pflegen, werden die Tore geschlossen … Um diese Zeit halten die Posten und Wachen von der Stadtmauer nach allen Seiten Ausschau.«[93] Dieses weithin empfundene Gefühl des Behütetseins faßte das polnische Wort für unabhängige Ortschaften zusammen: jede war ein *gniazdo,* ein »Nest«.

Natürlich hatten die Nester etwas gegen Kuckucke. Als Herzog Albert von Bayern sein Korps von Männern verstärkte, die in römischem Recht ausgebildet waren, murrte ein ländlicher Ritter 1497: »Diese Männer des Rechts kennen unsere Gewohnheiten nicht, und wenn sie sie kennen, sind sie nicht bereit, unsere Bräuche anzuerkennen.«[94] Und eine effektivere zentrale Regierung bedeutete notwendigerweise nicht nur, daß althergebrachte Gerichtsverfahren abgeschafft wurden, sondern daß den Untertanen auch kräftiger in die Taschen gelangt wurde. Oder wie es der Held des beliebten spätmittelalterlichen deutschen Volksbuches *Reineke Fuchs* formulierte:

> Der König ist ein Edelmann;
> Doch liebt er den, der ihm viel bringt
> Und der ihm tanzt, ganz wie er singt. ...
> Doch nimmt der arme Fuchs ein Huhn,
> Dann wollen sie alles mögliche tun;
> Sie wünschen, daß man ihn sucht und fängt,
> Ja, alle fordern, daß man ihn hängt.
> Die kleinen Diebe hängt man auf,
> Den großen läßt man freien Lauf
> Und Schutz, gibt ihnen Burg und Land. [95]

Andere Autoren griffen diesen alten Groll gegen die zentrale Macht wieder auf. 1531 spottete Sebastian Franck über den Doppeladler der Habsburger: »Allein der Adler ist von den weisen geacht worden / der des künigs leben anzeig und bedeüt / welcher weder schön / wolgestalt / nutz / noch zu essen tüchtig ist / sund fraessig / raubisch / einsam / niemant nutz, kriegerig / unfridsam / feindselig / allen menschen nachteilig / yedermans plag / der wol vilen schaden mag / doch mer will dann er vermag / und sein macht sich erstreckt.«[96] Noch ironischere Töne schlug Thomas Heywood 1599 in seinem Stück *Edward IV* an, als eine seiner Figuren erklärte, er respektiere einen König, »so wie das arme Volk Feiertage liebt und froh ist, sie ab und an zu haben; aber wenn sie zu oft stattfänden, wäre es um sie geschehen«.[97]

Nicht lange nachdem die Provence von ihrem letzten Grafen Karl III. unter der Bedingung abgetreten worden war, daß ihre Formen der Selbstverwaltung weitgehend respektiert werden sollten, wurde ein Beamter des provenzalischen *parlement* ausgesandt, um Berichte zu überprüfen, denen zufolge ein Grenzdistrikt wie ein Teil des »eigentlichen Frankreich« behandelt würde. Als er dort eintraf, fand er einen Pfahl mit dem königlichen Wappen vor. Er zog seinen Hut und kniete ehrerbietig davor nieder. Dann ließ er den Pfahl herausreißen und mitnehmen.

Und als König Philipp II. von Spanien seinem Stellvertreter in Katalonien befahl, Zimmerleute für den Bau der königlichen Galeeren abzustellen, erhielt er schroffen Bescheid: »Das Volk von Katalonien ist dank der ihm garantierten Freiheiten nicht wie das von Toledo [in Kastilien], wo jeder

Der junge Philipp II.,
Porträtkopf auf Rüstung
montiert, Pompeo Leoni,
Desiderius Helmschmidt
und Ulrich Holzmann,
1544–1556 (Kunsthisto-
risches Museum, Wien)

Vogt anordnen kann, Zimmerleute mit Gewalt herbeizuschaffen. Hier
gelten Eure Majestät als Einzelperson, die an einen Vertrag gebunden
ist.«[98] Kurz zuvor hatte sich ein Katalane darüber beklagt, daß die Kastilier
»den Eindruck vermitteln, als seien sie allein vom Himmel herabgestiegen
und die übrige Menschheit sei nichts als Unrat«. Doch Philipp II., ein
ausgesprochener Bürokrat auf dem Thron, erklärte, während er an seinem
Schreibtisch im Escorial inmitten seiner Sekretäre sitze, könne er »die
halbe Welt mit zwei Zoll Papier regieren«.[99]
Es war eine verständliche Illusion. Herrscher überblickten von ihren Höfen
aus – inmitten ihrer Berater und vor sich die diplomatische Korrespondenz,
die sie erhielten – einen größeren Teil der Welt, der hauptsächlich von
ihren Gegenspielern repräsentiert wurde. Das Wissen über ihre Untertanen war aus räumlichen wie aus Sicherheitsgründen begrenzt. Und
umgekehrt wußten auch ihre Untertanen wenig von ihnen. Wir kennen die
Persönlichkeit der Renaissanceherrscher, die Bedeutung der Inschriften

auf ihren Münzen und der allegorischen Bilder, die bei ihren Festlichkeiten zur Schau gestellt wurden, ja sogar ihren Regierungsapparat viel besser als die meisten ihrer Untertanen. Appelle an die persönliche Loyalität hatten damals nur eine begrenzte Wirkung. Zwar sprach die Propaganda durchaus ein gewisses Nationalgefühl an. 1539, als England die Invasion durch die vereinten Streitkräfte von Frankreich und Spanien drohte, veröffentlichte Thomas Cromwells Protegé Richard Morison einen *Aufruf an alle Engländer, zur Verteidigung ihres Landes zu eilen* – König Heinrich VIII. scheue keine Mühen und Kosten, die Häfen zu befestigen: »Wäre es dann nicht eine große Schande für uns, wollten wir Seine Hoheit allein schuften lassen?«[100] Aber wer solche Werke las, die nur in einer begrenzten Auflage von weniger als zweitausend Exemplaren erschienen, und was sie bewirkten, können wir nur vermuten. Das gilt auch für die Werke einzelner Autoren, die sich begeistert über die Geschichte und den Charakter ihres Volkes äußerten, Bücher wie jenes, in dem Bernard du Haillan in den siebziger Jahren des 16. Jahrhunderts die »Tugend«, den »Ruhm«, das »Schicksal« Frankreichs rühmte.[101] Dies waren umfangreiche Bücher mit kleinen Auflagen, deren Autoren dabei oft eine Gunst des Hofs im Auge hatten: Zweifellos gab es so etwas wie Patriotismus als eine Idee, an die man appellieren konnte, aber es spricht wenig dafür, daß derartige Schriften sie beflügelten.

Bei ungarischen Autoren spiegelte sich in der Wiederbelebung der magyarischen Sprache und im Auftauchen bestimmter Leitmotive – etwa daß Ungarn die östliche Bastion der Christenheit darstelle und seine Bewohner ein auserwähltes Volk seien – ein ständiges Gefühl der unmittelbaren Bedrohung durch die Türken wider, das eine Welle von Patriotismus aufkommen ließ, der einem Nationalgefühl sehr nahekam. Aber anderswo wurden Krisen, die das Leben eines Landes bedrohten, nur sporadisch als solche angesehen – meist galten sie eher als Erfindungen, die die Herrscher um ihrer eigenen streitbaren Absichten willen in die Welt gesetzt hatten. So löste zwar der seit 1567 vier Jahrzehnte dauernde bewaffnete Kampf um die Unabhängigkeit von Spanien gemeinschaftliche patriotische Gefühle unter den zehn nördlichen Provinzen der Niederlande aus, die ihren Ausdruck in gemeinsamen Emblemen auf Münzen und Medaillen fanden, in Propagandastichen wie jenen, auf denen weibliche Krieger ihre Stadtmauern verteidigen und in solchen Formulierungen wie »Die Lande der Vereinigten Niederlande«; aber trotz ihres gemeinsamen Widerstands erblickten weniger diese Provinzen selbst als andere darin die Bildung einer einzigen nationalen Ganzheit. Wie die Schweizer Kantone, die sich 1499 de facto die Unabhängigkeit vom Kaiserreich durch Waffengewalt erkämpften, blieben sie eine Konföderation von Ländern, deren Sitten und Gebräuche, Sprach- und Regierungsformen sowie deren Beziehungen zwischen Stadt und Land ganz unterschiedlich waren.

Die Versuche der Herrscher, Landesteile zu vereinen, waren weitgehend eine Reaktion auf die Teilungen in Europa selbst und entsprangen dem Zwang, die Staatseinkünfte und den Gehorsam in den Griff zu bekommen – der augenfälligste Test des Nationalgefühls war die Reaktion auf einen Krieg. Da England kleiner war als Frankreich und Spanien und die Probleme nicht hatte, die mit der Integration der Provence und Kataloniens verbunden waren, lassen sich an seinem Beispiel die gegensätzlichen Standpunkte von Budé und Seyssel mustergültig darstellen.

Nur in England gab es so etwas wie ein Denkmal für Kriegsopfer, das sich von den Grabmälern für Heeresführer deutlich unterschied. Es war ein kleiner Fries von Bogenschützen, von denen jeder mit seinem Namen versehen war, in einem Glasfenster der Pfarrkirche von Middleton in Manchester. Sie waren 1513 bei Flodden gefallen. Aber auch sie waren hier nicht abgebildet, weil sie für ihr Land gekämpft hatten, sondern weil sie die Pächter des Schirmherrn der Gemeinde, Sir Richard Assheton, waren. Vielleicht waren sie ja stolz darauf gewesen, Engländer zu sein, und hatten für die Schotten nichts als Verachtung übrig, aber sie kämpften für einen Grundherrn, nicht für eine Nation. Im Jahre 1588, als man die Invasion durch die katholische spanische Armada erwartete, hatte die Tudor-Regierung viel dafür getan, den Raum mit Macht auszufüllen, der nominell unter der Kontrolle des Herrschers stand. Man hatte eine zentrale Bürokratie geschaffen. Der Hof Elisabeths war der Mittelpunkt nationaler Interessen und Bestrebungen. Man hatte mit dem katholischen Rom gebrochen, und eine protestantische Staatskirche war errichtet und praktisch allgemein angenommen worden. Kurz bevor die Armada im Ärmelkanal aufkreuzte, stellten die von der Regierung organisierte Befestigung der Küste und das in Leuchttürmen installierte Frühwarnsystem entlang der gesamten Südküste zusammen mit der Aufstellung einer nationalen Miliz von etwa 90 000 Mann (einer aus jedem elften Haushalt des Landes) einen wahren Triumph der zentralen Legislative dar, der durch gemeinschaftliche lokale Verwaltungsbehörden in die Tat umgesetzt worden war. Doch von den Männern, die mobilisiert worden waren, England zu verteidigen, falls die Flotte ihre Truppen und Kanonen an Land brachte, waren die einen mit irgendwelchen Entschuldigungen bei der Hand, um zu Hause bleiben zu können, viele desertierten nach ein paar Tagen, und andere wurden von ihren Befehlshabern für untauglich befunden, weil sie es versäumt hatten, sich für einen nationalen Notfall entsprechend auszubilden. In ihrer An-

Gefallene Bogenschützen aus der Schlacht von Flodden (1513): Ausschnitt aus dem Ge-
denkfenster für Sir Richard Assheton, um 1524 (Middleton Church, Manchester)

sprache vor den Anti-Invasions-Truppen, die sich im Hauptquartier von
Tilbury versammelten, sprach Elisabeth mit echter Rührung von »den
loyalen Herzen und dem guten Willen meiner Untertanen« und von der
Unterstützung durch »mein Volk«. Diese Formulierung gebrauchte sie oft:
»God bles mi piple! daß ist: Gott segne mein volck«, notierte Thomas Platter,
der dabei war, als sie zur Menge aus einem Fenster des Richmond Palace
sprach.[102] Aber auch wenn diese Floskel vielleicht tatsächlich von Herzen
kam – das Bild, das sie beschwor, war getrübt.

Als Shakespeare nach dem Ereignis schrieb, wie er es unverfänglicherwei-
se schon früher über Kriege getan hatte, konnte er davon ausgehen, daß
sein Publikum ihn verstehen würde, als er zeigte, wie Prinz Heinrichs
Anwerber Sir John Falstaff in *Heinrich IV.* größte Mühe hatte, einen einzigen widerstrebenden Freiwilligen aus Gloucestershire zu mustern. »Ich

rufe Geister aus der wüsten Tiefe«, behauptet Glendower im ersten Teil dieses Schauspiels (III,1). »Doch kommen sie, wenn Ihr nach ihnen ruft?« entgegnet ihm Hotspur (Percy).[103] So überrascht es nicht weiter, daß Monarchen, wenn sie in den Krieg zogen, sich auch weiterhin nicht auf »die Nation« verließen, sondern auf die Männer, die ihnen an Rang und Pflichten am nächsten standen und die eine abhängige Gefolgschaft in der Region hatten, in der ihre Besitztümer lagen, auf weniger mächtige Männer aus gutem Hause, die auf Abenteuer oder eine Beförderung aus waren, auf ausländische Berufssöldner und schließlich (und nicht unbedingt zuletzt, denn der Krieg brachte zuweilen Helden wider Willen hervor) auf jene Landsleute, die sich vor der Einberufung nicht drücken konnten und es für lohnenswert hielten, etwas zu riskieren, um ein weniger beschränktes und vielleicht glücklicheres Leben führen zu können. Und wieder artikulierte Shakespeare, was viele insgeheim dachten. »Was wolltet Ihr denn, daß ich tun sollte?« fragt Bolz, der Diener des Kupplers in *Perikles* (IV,6), als er wegen seiner Tätigkeit getadelt wird. »Meint Ihr, in den Krieg gehn, wo ein Mensch sieben Jahre dienen kann, um ein Bein zu verlieren, und am Ende nicht Geld genug hat, sich ein hölzernes zu kaufen?«[104]

3. Kapitel

Das geteilte Europa

Kriege

Um 1500 schrieb Philippe de Commynes, Diplomat und Berater König Karls VIII. von Frankreich in auswärtigen Angelegenheiten, in seinen *Memoiren:* »Und ich habe doch so viele große Fürsten gekannt und so viel Umgang mit ihnen gehabt, wie kein Mensch, der zu meiner Zeit in Frankreich lebte, ob sie nun in unserem Königreich, in der Bretagne, in flandrischen Gebieten, in Deutschland, England, Spanien, Portugal und Italien herrschten, ob es weltliche oder geistliche Herren waren; und von mehreren, die ich nicht gesehen habe, erhielt ich Kenntnis durch die Vermittlung ihrer Gesandtschaften, durch Briefe und ihre Instruktionen, durch die man sich genug Einblick in ihre Art und ihren Charakter verschaffen kann.« Und welchen Schluß zog er daraus? Daß Europa dazu verdammt sei, durch wechselseitige Feindseligkeiten zerrissen zu werden. »Im Ganzen meine ich, daß Gott weder einen Menschen noch ein Tier geschaffen hat, das nicht irgendwie seinen Widerpart hat, um in Demut und Furcht gehalten zu werden.« So habe Gott Frankreich »als Gegner die Engländer gegeben; den Engländern die Schotten; dem Königreich Spanien Portugal«. Und dann ging er die Landkarte weiter durch: Ein italienischer Staat stehe gegen den anderen, die Schweizer gegen die Deutschen, ein deutscher Fürst oder eine deutsche Stadt gegen einen Nachbarn, die Hafenstädte der Hanse gegen Dänemark. »Ich habe nur von Europa gesprochen, denn über die anderen beiden Erdteile, Asien und Afrika, bin ich nicht unterrichtet ...« Aber er hatte den Eindruck, »als ob diese Streitigkeiten für die Welt notwendig seien«.[1]

Sir Philip Sidney erhielt seinen Vornamen 1554 von seinem Taufpaten Philipp von Spanien, als der Prinz anläßlich seiner Heirat mit Maria von Tudor nach England kam. Er starb 1586 auf dem Feldzug gegen Philipps Streitkräfte in den Niederlanden. 1581, im Alter von siebenundzwanzig

Jahren, war er schon viel herumgekommen, hatte viele politisch einflußreiche Freunde in England wie im Ausland und war unglücklich verliebt
in die siebzehnjährige Frau eines anderen Mannes. In einem Sonett seines
Zyklus' *Astrophel und Stella* schrieb er über die unablässigen Kriegstrau-
mata des Zeitalters. Würden die Türken – die 1571 in der Seeschlacht von
Lepanto geschlagen worden waren – erneut einen massiven Angriff im
Mittelmeerraum wagen? Welche Chancen hatte der polnische König Stephan Báthory gegen Moskau? Welches Los würde den protestantischen
Heeren in den Niederlanden gegen Philipps katholische Streitmacht be-
schieden sein? Wie würden Elisabeths Kriege gegen die rebellierenden
Iren enden, wie die Fehden am schottischen Hof?

> Geschäftig wird all dies mir vorgebracht;
> Ich gebe Antwort, wohlerzogen, fein,
> Doch weiß nicht was, denn einzig denk ich dein![2]

Weitere Erkenntnisse über die Wirren auf dem Kontinent verdanken wir
einem Monarchen selbst, dem Kaiser Karl V. Physisch überlastet aufgrund
seiner ganz Europa umfassenden Verantwortung für seine ererbten Ländereien wie für den katholischen Glauben, den vor der protestantischen
Ketzerei zu schützen er als seine Pflicht empfand, wurde er 1548 von einer
dieser immer wiederkehrenden Ängste heimgesucht, daß er zu früh sterben würde in einer Welt voller Widersacher. Er diktierte eine lange
»Instrucción«, ein Memorandum an seinen Sohn Philipp, worin er zwar
einräumte: »Angesichts der Unsicherheit der menschlichen Dinge kann ich
Euch keine allgemeine Regel geben«[3], aber dann ausführlich auf die
Gefahren einging, mit denen man rechnen müsse: aufgrund innerer Aufstände oder ausländischer Aggressionen, und zwar quer durch alle seine
Ländereien, von Spanien bis Mailand, Neapel und den Niederlanden, von
Deutschland bis Österreich. Philipps größte Schwierigkeit würde darin
bestehen, ein heterogenes Kaiserreich zu regieren, das jederzeit aus eigenem Antrieb oder aufgewiegelt von begehrlichen Nachbarn auseinander-
fallen konnte. Salbungsvoll schrieb er:

> Behütet auch den Frieden und meidet den Krieg, es sei denn, daß er
> Euch aufgezwungen werde zu Eurer Verteidigung; schon wegen der
> ungeheuren Lasten für Eure Erblande, die ich Euch unversehrt, ja
> vermehrt hinterlasse. Leider mußte ich von den Gütern und Rechten
> der Krone manches aus der Hand geben, das Ihr versuchen solltet,
> wieder zu erlangen.

Und dann ging er ein Problem nach dem anderen durch:

An Papst Paul III kennt Ihr selbst seine Unzuverlässigkeit in Verträgen und seinen Mangel an Eifer für die Christenheit, besonders in Sachen des Konzils. Trotzdem ehret seine Würde. Da der Papst alt ist, beachtet für die Wahl seines Nachfolgers die Anweisungen, die ich meinem Botschafter in Rom gegeben habe. Schwierigkeiten mit den Päpsten wird es dauernd geben, in Neapel, in Sizilien und in bezug auf die Pragmatica für Castilien; wachet darüber! Mit den Venezianern haltet gutes Verständnis. Den Herzog von Florenz habe ich gefördert, und er ist mir ergeben, da er uns auch familiär durch das Haus Toledo nahe steht. Ferrara neigt zu Frankreich und erfordert Vorsicht, während der Herzog von Mantua zuverlässig ist und pfleglich behandelt werden sollte, da er von den Kriegen sehr gelitten hat. Für ganz besonders wichtig haltet Genua; hier müßt Ihr klug und geschickt vorgehen. Siena und Lucca werden hoffentlich im Schutz des römischen Königs bleiben.

Frankreich hat niemals seine Verträge gehalten … Laßt von Euren Rechten nie auch nur das Geringste fahren; dann würden sie gleich alles verlangen. Diese französischen Könige haben zu allen Zeiten die Hand ausgestreckt nach den Ländern ihrer Nachbarn. Verteidigt Mailand mit guter Artillerie, Neapel mit Eurer überlegenen Flotte … Wegen der Franche Comté, die zuletzt neutral gemacht war gegen Frankreich, bedürft Ihr der Anlehnung an die Schweiz und an Österreich …

Was die Franzosen zur Zeit am heftigsten ablehnen, ist die Rückgabe der von ihnen weggenommenen Teile der Länder des Herzogs von Savoyen. Ich habe mich stets für die Rückgabe eingesetzt, schon um der verwandtschaftlichen Beziehungen willen, aber erst recht wegen Italien …

Zu England sollte das gute Verhältnis nach den Verträgen erhalten werden, ohne in dem ewigen und unüberwindlichen Gegensatz der Engländer und Franzosen Partei zu nehmen. Bei Schottland handelt es sich vorzüglich um Sicherungen des Handels und Verkehrs. Auch gegenüber Dänemark müßte es sein Bewenden haben bei den letzten Verträgen unter Verzicht auf eine Einmischung in das Verhältnis zu dem alten Könige, dessen Schicksal man schon um seiner Töchter willen erleichtern sollte, ohne ihm aber volle Freiheit zu lassen …

Ihr könnt nicht überall sein. Sorget für gute Vizekönige und beaufsichtigt sie so, daß sie ihre Instruktionen nicht überschreiten; Ihr sollt

gewiß nicht auf alle Klagen eingehen, die gegen sie laut werden;
noch weniger dürft Ihr sie übersehen ...
Das Beste ist aber immer, die Reiche durch die eigenen Kinder an
sich zu fesseln. Deshalb solltet Ihr mehr Nachkommenschaft haben
und eine neue Ehe schließen.[4]

Wie wir gesehen haben, fiel Philipps Wahl auf Maria, die neue Königin von
England. Und seit dem Tod seines Vaters im Jahre 1558 bewahrheitete sich
die Binsenweisheit des alten Kaisers über »die Unsicherheit der menschlichen Dinge«: Während seiner ganzen Regierungszeit war er mit Kriegen
gegen die Türken, gegen England und die aufständischen Provinzen der
Niederlande beschäftigt und mußte während des Auf und Ab der Bürgerkriege in Frankreich die Interessen Spaniens in voller Gefechtsbereitschaft
schützen.
Karls Memorandum bestätigte Commynes Beobachtung, daß die europäischen Staaten sich in einem Zustand ständiger Angespanntheit befänden.
Entweder kam es zum Krieg, wenn sie sich aneinander rieben oder einander herausforderten, oder es herrschte ein unsicherer Frieden. Und Frieden herrschte gerade, als – wie es ein französischer Dichter im Jahr nach
Philipps Thronbesteigung formulierte – »die Furie Alekto eine Schlange aus
ihrem Haar in den Busen Europas gleiten ließ«.[5] Man muß nur einen Finger
anfeuchten und ihn in die politischen Lüfte der Zeit halten, und schon ist
er bedeckt mit lauter Partikeln aus derart fatalistischen Betrachtungen.
Commynes düstere Tour d'horizon ging auch auf Heraklits Diktum zurück – »der Krieg ist der Vater aller Dinge« –, wie es in Petrarcas meistver-
breitetem Werk, *De remediis utriusque fortunae (Heilmittel gegen Glück und
Unglück),* interpretiert wurde: als Launen der Fortuna. Eine Illustration zu
einer deutschen Ausgabe von 1532 verdeutlicht dies. Schon am Himmel
kommt es zu Konflikten: Wind, Regen, Hagel kämpfen gegen eine sengende
Sonne; Vögel zausen Artgenossen und fressen kleine Tiere; Tiere nehmen
es mit anderen Tieren auf und werden von Menschen gejagt, während die
Menschen einander bekämpfen; die Zeit zerrt, in der allegorischen Gestalt
eines riesigen Spinnennetzes, an den Grundfesten eines Hauses; Soldaten
fallen über Frauen her, während der Tod eine von der Seite ihres Geliebten
wegträgt; ein Hahn kämpft um die Erhaltung seiner Oberherrschaft über
den Misthaufen; ein Bauer wehrt sich gegen das Eindringen der Natur, die
bereits mit sich selbst in Konflikt liegt. Überall in der europäischen Literatur drehte sich das Glücksrad des menschlichen Schicksals, das am Rand
die blutige Röte des Kriegs trug. In seinen Ausführungen über den Gebrauch der Allegorie erinnerte Karel von Mander 1604 die Künstler an »die

Krieg, der Vater aller Dinge, Holzschnitt-Illustrationen von Hans Weiditz (?) zu einer
Ausgabe von Petrarcas *De remediis,* Augsburg 1532

alte Redensart vom Kreislauf der Welt: Frieden sorgt für den Lebensunterhalt, Lebensunterhalt bringt Reichtum, Reichtum Stolz, Stolz Zwietracht,
Zwietracht Krieg, Krieg Armut, Armut Bescheidenheit, Bescheidenheit
Frieden«.[6]
Jeder neue Beitrag zum großen politischen Diskurs der Zeit wiederholte
die Botschaft, daß der Krieg das Erbe der Herrscher sei – und ihre Pflicht
sein könne. Humanistisch gesprochen, hatte es nach dem umfassenden
Augusteischen Frieden, in dem es Gott gefiel, als Christus Mensch zu
werden, einen Rückfall in getrennte politische Einheiten gegeben. Jedes
Land konnte auf einen Nationalhelden verweisen, der Roms Anspruch
widerstanden hatte, Herr über ganz Europa zu sein. Und als kampfbereite
und aufmüpfige Protestanten ihr Heil immer mehr im Sinne des Alten
Testaments der Stammesväter wie auch im Sinne des friedliebenden Neu-
en Testaments suchten, fanden sie Rückhalt besonders im »Buch der
Schlachten Gottes«, wie ein englischer Geistlicher das Alte Testament 1602
nannte.[7] Niccolò Machiavellis *Principe,* der zwar schon 1513 entstanden

war, aber erst 1532 ediert wurde, verstärkte die Neigung von Staatstheore-
tikern, ihr Denken auf eine militaristische »Staatsräson« einzustimmen –
wenn auch Machiavelli selbst diesen Begriff nicht verwendet hatte, so hatte
er doch die Bereitschaft zum Krieg als eine der ersten Pflichten eines
Herrschers hervorgehoben. Argumente zugunsten von Kriegen waren
ebenfalls an der Tagesordnung. Damit wollte man des aufgrund des Bevölkerungswachstums überhandnehmenden Unwesens der Tagediebe
und rüpelhaften Bettler Herr werden. Der deutsche Ritter und Gelehrte
Ulrich von Hutten äußerte sich dazu 1518 ganz unverblümt: »Der Krieg ist
notwendig, um die Jugend aus dem Land zu bringen und die Bevölkerung
unter Kontrolle zu halten«[8]; in der teilweise von Shakespeare stammenden
Tragikomödie *Die beiden edlen Vettern* drückte es Arcite recht bildhaft aus,
als er den »großen Mars« um ein »Zeichen deiner Gunst« anflehte:

> Du, der die Zeit, die aus den Fugen ging,
> Von neuem wieder fügst, – entnervte Reiche
> Zertrümmerst, – über Staub und alte Rechte
> Gericht hältst, – wenn die Erde krank, mit Blut
> Sie heilest und vor Uebervölk'rung
> Die Welt bewahrst ...«[9]

In Rußland rechtfertigte man blutige und häufig erfolglose Einfälle in
Livland-Litauen damit, daß man achselzuckend auf eine alte Redensart
verwies: »Wir sind ein großes Volk.«[10] Nach einer anderen Variante wurde
ein Krieg im Ausland häufig als Allheilmittel gegen innere Unruhen befürwortet. »Zu jetziger Zeit giebt es viele«, berichtete Montaigne, »welche
wünschen, daß diese Hitze und innerlichen Bewegungen, die unter uns
sind, zu einem auswärtigen Krieg ausschlagen möchten«.[11] Giovanni Botero griff das Thema auf: Zum Krieg gegen eine benachbarte Macht »lassen
sich gemeinlich alle die gern brauchen / welche mit Rath oder mit That
etwas außrichten koennen / unnd erkuelen jhren Muht wider den allgemeinen Feindt«.[12]
Diese Bemerkungen kann man nicht nur als Reaktionen von Schriftstellern
abtun. Auch Herrscher akzeptierten diese agitatorischen Argumente zur
Lösung des Problems der angeblichen Überbevölkerung. Heinrich II. von
Frankreich machte sie sich zueigen, um ein weiteres Einschreiten in Italien
im Jahre 1552 zu rechtfertigen – vor diesem Versuch, Siena beherrschen
zu wollen, war Karl V. noch zurückgeschreckt. Und obwohl dieser Feldzug
scheiterte, konnte der venezianische Botschafter 1575 berichten, daß Heinrichs III. Hofstaat die Notwendigkeit eines weiteren Kriegs im Ausland

Polnisch-litauischer Sieg über eine russische Armee am Dnjepr, 1514:
Die Schlacht von Orscha, anon., um 1515–1520 (Nationalmuseum, Warschau)

erörterte, um die gefährliche Masse der Bauern abzulenken, die während der innerfranzösischen Konflikte seit 1562 auf der einen oder anderen Seite zu den Waffen gegriffen hatten.

Daß der Krieg oder die Bereitschaft zum Krieg zum Wesen des Menschen gehöre, wurde stillschweigend vorausgesetzt in der modischen Debatte über die jeweiligen Vorzüge von Waffen und Worten, Schwert und Feder. Während man mit diesem Wettstreit längst vertraut war, als Castiglione ihn in seinem *Hofmann* ausführlich behandelte und zu der ungewöhnlichen Schlußfolgerung gelangte, daß das eine so notwendig sei wie das andere, war dieser Gegensatz bereits völlig trivialisiert, als Cervantes ihn 1604 zum Thema eines langen Diskurses machte, den Don Quixote in »so vernünftiger Art und mit so angemessenen Ausdrücken verfolgte ..., daß gewißlich keiner von seinen Zuhörern ihn jetzt für einen Narren halten durfte«.[13] Die Tatsache, daß immer mehr Menschen lesen und schreiben konnten, die neue Hinwendung zur »Literatur« als einem Aspekt der Bildung des adeligen Herrn wie des Klerikers, Juristen und Kaufmanns sowie die ungeheure Verbreitung gedruckter Bücher – all dies bedeutete, daß der Leser noch nie so ausdauernd über Kriegführung belehrt und unterrichtet worden war, und zwar nicht nur durch geschichtliche Darstel-

lungen oder Bücher, die sich direkt mit Aspekten der Kriegführung befaßten (und zu diesem Thema erschienen zwischen 1492 und 1570 allein in
Venedig 145 Titel), sondern durch Novellen, Romane, Ratgeber über das
richtige Verhalten, Schauspiele und Gedichte. Die Fülle anschaulicher
Bilder aus dem Militärbereich in Shakespeares Werken legt es nahe anzunehmen, daß er die »verlorenen Jahre« zwischen der letzten Erwähnung
seiner Jugendzeit in Stratford im Jahre 1585 und dem Auftreten als Schauspieler und Stückeschreiber in London im Jahre 1592 als Soldat in den
Niederlanden verbracht hat. Ben Jonson diente als Soldat, desgleichen
Cervantes. Alonso de Ercilla y Zúñiga war nur einer von vielen Dichtern,
die in den Krieg zogen und ganze Werke den dort gemachten Erfahrungen
widmeten. Sein Versepos *La Auracana* (1589), das auf seiner Teilnahme
an der Eroberung von Chile beruht, hielt den Krieg für unvermeidlich,
während es zugleich dessen Folgen dort wie in Europa beklagte:

> Soll ich von nichts als Schlachtgetümmel reden,
> Vom Feur der Zwietracht und von blut'gen Fehden,
> Von Groll, Erbittrung, Grausamkeit,
> Von Zornwuth und tollkühner Unbesonnenheit,
> Von nimmersatter Rachsucht und Verheerung,
> Von Mord, Verwüstung und Zerstörung
> Was selbst den Mars, deß Blutdurst schwer zu stillen,
> Mit Ueberdruß und Ekel könnt' erfüllen?[14]

Der mit Überdruß und Ekel erfüllte Mars wurde tatsächlich ein eigenständiges Motiv in der bildenden Kunst.

Während Ercilla seine Pflicht als Aristokrat, als Angehöriger der privilegierten Schicht der Soldaten tat, sehnte er sich nach der sanftmütigeren
Welt, in der er ein gebildeter Mann, ein Dichter und Liebender geworden
war. Und auch hier setzte die Literatur, indem sie das Leben widerspiegelte, einen anderen Akzent, der die Rolle des Krieges im Bewußtsein des
Lesers wachhielt. Überall, außer in Deutschland, ging die Angst um, daß
die aus Familien mit militärischer Tradition stammenden Führer der
Gesellschaft die Künste des Friedens der Kriegskunst vorzögen. Ein venezianischer Patriot, der sich noch an die Tage erinnern konnte, als Patrizier
in Kriegen gekämpft wie auch sie geführt hatten, schimpfte im Jahre 1509
darauf, daß sie nun das Feld den Söldnern und Bauern überließen, während
die Rüstung ihrer Vorfahren an den Wänden ihrer Paläste vor sich hin
rostete. Im Laufe des Jahrhunderts stellte ein französischer Adeliger beunruhigt fest, daß viele Angehörige der französischen *noblesse* die Waffen

»Großer Mars«: *Mars und Venus,* Kupferstich von Lucas van Leyden, 1530 (British Museum, London)

niederlegten und sich »den verschiedenen Zweigen des Wissens, den Künsten und der Landwirtschaft« zuwandten. Und im Jahre 1600 bestätigte der Geheime Rat und Staatssekretär Thomas Wilson in seinem Werk *The State of England,* daß »Edelleute, die sich einst dem Krieg verschrieben, nunmehr gute Landwirte sind und sich sehr gut darauf verstehen, die Erträge ihrer Ländereien zu verbessern«.[15]

Doch um 1600 konnte weder der Abscheu vor den Schrecken des Krieges noch die Vorliebe für die Bestellung des eigenen Gartens eine Wiederbelebung des Pazifismus herbeiführen, der weithin propagiert worden war durch die Werke des Engländers Thomas More *(Utopia),* des Holländers Erasmus *(Die Klage um den Frieden* – »Schön ist der Krieg für den, der ihn noch nicht am eigenen Leib erfahren hat«, heißt es auch in den *Adagia),* des Deutschen Agrippa von Nettesheim *(Über die Unsicherheit und Eitelkeit der Wissenschaften und Künste),* des Spaniers Juan Vives *(Über den Türkischen Krieg)* oder des Flamen Josse Clichthove, der in seinem Buch *Über Krieg und Frieden* (1523) mit aller Entschiedenheit erklärt hatte, daß er kein Patriot sei: »Ich spreche nur als Christ.«[16]

Hinter all diesen und anderen Werken des frühen 16. Jahrhunderts stand
so etwas wie eine internationale »Friedensbewegung«. Das war nicht nur
eine rein gelehrte Angelegenheit. Der Wortlaut von Friedensabkommen
und diplomatischen Briefwechseln läßt erkennen, daß Staatsmänner sie
zumindest in Erwägung zogen, und ernsthafte Versuche wurden unternommen, eine gemeinsame Grundlage für die langfristige Beilegung von
Feindlichkeiten zwischen den Nationen zu finden. Der Tenor dieser pazifistischen Tendenz ging indes nicht so weit, daß man den Krieg aus dem
heraklitischen Gang der Dinge herausnehmen könnte, sondern daß sich
einzelne Herrscher der Übergriffe enthielten und sich damit begnügten,
innerhalb ihrer Grenzen Ordnung zu halten; oder wenn diese Zügelung
ihres Aggressionstriebs unzumutbar schien, sollten sie ihn schlimmsten-
falls auf ein legitimes Ziel umlenken: den Türken.

Gleichwohl hatte diese Friedensbewegung des frühen 16. Jahrhunderts
Ende der zwanziger Jahre Schiffbruch erlitten in den Kriegen, die sich
unaufhaltsam selbst am Leben zu erhalten schienen. Alfonso de Valdés –
ein loyaler Parteigänger von Karl V., dessen Heere zwei Jahre zuvor Rom
geplündert hatten, im Herzen aber ein Sympathisant von Erasmus – schrieb
1529 einen Dialog, in dem ein Monarch, ein gewisser Polidoro, auftrat – ein
guter Mensch, aber ein Opfer seines Zeitalters. »Meine benachbarte Fuersten und ich«, läßt Valdés seinen Polidoro erklären, »geriethen in einen
solchen grawsamen Krieg / und fiele die sach also schwer / daß ungeachtet
nach verlauffenen vielen Jahren / eines und deß andern theil begerten
fried zu machen / wir darzu kein Weg noch Mittel finden koenten.« Er
erläuterte das Dilemma mit Worten, die eigentlich von Karl selbst oder
seinem notorischen Gegner Franz I. hätten stammen können: »dahero ich /
dem Sprichwort nach / den Wolff bey den Ohren halten thet / in dem ich
auff einem theil meine Koenigreich verwuestet / die Land darumb wir
stritten / gantz verhoeret unnd zu grundt verderbet sahe / welches allein
ich mich erbarmete / und auff Fried unnd Einigkeit zu trachten / verursacht : Anders theils aber / wann ich mich erinnerte der grossen unbillig-
keit / welche meine feinde wider mich gebrauchet und noch ubeten / auch
mit was Unrecht sie mir viel Sachen anmuteten / unnd solche verthedig-
ten / hielt ich mirs für einen Spott vnd Schand / die Sachen nicht hinauß
zu führen / weil ich sonderlichen so viel vorhin darauff gewendet und
michs kosten hat lassen.«[17]

Von dieser Stimmungslage war Karl in seinem Memorandum an seinen
Sohn ausgegangen. Im frühen 17. Jahrhundert wurde Jakob I. von England
als »der weiseste Narr der Christenheit« verspottet, nicht zuletzt weil er
glaubte, Herrscher könnten einträchtig miteinander leben, ungeachtet

aller Differenzen in Glaubensdingen und trotz aller historischen Ansprüche und Zwistigkeiten. 1623 gab es ein spätes Echo der pazifistischen
Grundströmung des vorangegangenen Jahrhunderts: »O sterbliches Geschlecht«, klagte Virginio Cesarini, »warum dem Tod, der kommen muß,
mit Krieg entgegeneilen? … Wenn du denn kämpfen mußt, verschon dein
eignes Land.«[18] Zu dieser Zeit waren die europäischen Nationen – von
Spanien und Frankreich bis Polen und Rußland, von Schweden bis Italien –
bereits in den Dreißigjährigen Krieg verstrickt.

In der Mitte des 15. Jahrhunderts, fünfzig Jahre vor Commynes' Porträt des
geteilten Europas, hatte Enea Silvio Piccolomini die Nachricht, daß Konstantinopel 1453 an die Türken gefallen war, mit betrübter Resignation
kommentiert. Noch nie hätten die Mächte ein so ausdrückliches Verlangen
nach Einigkeit empfunden – aber: »Ich hoffe nicht, was ich wünschte. Die
Christenheit hat kein Haupt, dem Alle zu gehorchen bereit wären. Es wird
weder dem Papste noch dem Kaiser gegeben, was ihnen gebührt. Die
Ehrfurcht, der Gehorsam sind hin. Als wären sie Namen der Dichtung,
gemalte Häupter, so sehen wir auf Papst und Kaiser.« Nachdem Piccolomini
sich gefragt hat, wie man die zahllosen christlichen Herrscher »zur Ergrei-
fung der Waffen bewegen« könne, läßt er ihre privaten Interessen Revue
passieren. Venedig werde seine Handelsprivilegien in der Levante nicht
aufs Spiel setzen. Genua befinde sich mit Aragón im Krieg wegen der
Handelskontrolle im westlichen Mittelmeerraum. Kastilien kämpfe gegen
die Mauren im Königreich Granada. Frankreich fürchte nach einem hundertjährigen Krieg zu sehr eine Wiederaufnahme der Feindseligkeiten mit
England, als daß es riskieren würde, Truppen außerhalb des Landes zu
entsenden. England denke nur an Rache für das, was es in Frankreich
verloren habe. Für die Schotten, Dänen, Schweden und Norweger, die am
Ende der Welt leben, gehe nichts über die Interessen ihrer Länder hinaus.
Die Deutschen seien ganz und gar geteilt, und nichts könne sie vereinen.[19]
Bezeichnenderweise entwickelte sich aus dem ersten Impuls, einen Krieg
anzufangen, eine Eigendynamik, die es wiederum erschwerte, ihn zu
beenden. Selbst beeindruckende Siege auf dem Schlachtfeld gingen im
unaufhörlichen Strom der Feldzüge einfach unter. Die großen Hansestädte
benötigten allein dreizehn Jahre (1454–1466), um den Deutschen Orden
mit polnischer Hilfe zu zwingen, den Anspruch auf die selbständige Herrschaft über Preußen aufzugeben. Seit dem Eindringen der Franzosen in
Italien und der Eroberung von Neapel 1494/95 vergingen sechsunddreißig
Jahre mit ständigen Feldzügen, ehe ein unsicherer Frieden auf der Halbinsel einkehrte, wobei sich zuerst Maximilians Deutsche, dann die Schweizer
und schließlich die Franzosen aus diesem Drama zurückzogen, an dessen

Landsknechtsschlacht, anon., 1514 (Universitätssammlung, Würzburg)

Ende die Dinge nicht viel anders lagen als am Anfang, außer daß das
Herzogtum Mailand sowie das Königreich von Neapel und Sizilien in
spanische Hände übergingen. Der Krieg, der 1562 begann, als die Schweden Iwan IV. aufzuhalten versuchten, von Moskau nach Estland vorzudringen, sollte alle skandinavischen Länder mit hineinziehen, bevor er zehn
Jahre später im Sande verlief. Seit Spaniens erstem Feldzug gegen die
rebellischen Provinzen der Niederlande im Jahre 1567 vergingen zweiund-
vierzig Jahre, bis der Konflikt mit einer halbherzigen Waffenruhe endete.
Als die schwelenden Grenzstreitigkeiten zwischen dem östlichen Habsburgerreich und den Türken zum offenen Krieg aufflammten, dauerte es
dreizehn Jahre, bis sie beigelegt waren, wobei die Kriegserfolge mehr oder
weniger gleich verteilt waren.
Bezeichnend auch, wie die rasch zunehmende Zahl diplomatischer Kontakte dazu führte, daß das politische Europa kleiner erschien, besonders
im Westen. Ehe Karl VIII. 1494 zu seinem Feldzug nach Neapel aufbrach,

hatte er dafür Sorge getragen, daß sein eigenes Land durch Abkommen mit Maximilian, Heinrich VII. sowie Ferdinand und Isabella geschützt und daß der sichere Durchzug seiner Armee und der sie unterstützenden Flotte durch Verhandlungen mit Mailand und Genua zunächst garantiert war. 1509 wurde ein Angriff auf Venedigs Festlandbesitztümer zwischen Frankreich, dem Deutschen Kaiserreich, Aragón, dem Papsttum, dem Marquese von Mantua, dem Herzog von Ferrara und dem Herzog von Savoyen koordiniert – letzterer sollte als Anteil aus der Kriegsbeute die ferne venezianische Insel Zypern erhalten. Heinrich VIII. war zwar versucht, sich einem derart illustren Bund anzuschließen, aber dann schreckte ihn doch der Gedanke ab, daß sein Erzfeind Frankreich nur darauf wartete, so viel auf Kosten von Englands Handelspartner Venedig zu gewinnen.

Typisch für dieses Kriegsbündnis zwischen den Mächten war auch die Abruptheit, mit der die Allianz zusammenbrach und den Kurs änderte. Nachdem das venezianische Heer 1509 geschlagen war und die alliierten Truppen die Dörfer am Rande der Lagune besetzt hatten, war Papst Julius II. darüber entsetzt, daß sich die französischen Truppen den Löwenanteil gesichert hatten. Er machte den nicht minder beunruhigten Ferdinand von Aragón seinen Partnern abspenstig und bildete eine Heilige Liga – um Venedig zu schützen. Diese diplomatische Quadrille wurde von Machiavelli mit Mißbilligung verfolgt: Als ihm die Idee einer Allianz zwischen italienischen Staaten gegen ihre ausländischen Angreifer vorgetragen wurde, erwiderte er: »... so macht Ihr mich lachen.«[20] Daß Bündnisse geschlossen und wieder gebrochen wurden, je nachdem, in welchen Wind opportunistische Herrscher ihr Mäntelchen gerade hängten, wurde ein Leitmotiv der Epoche und führte zu vielen Pattsituationen wie zu einem verschobenen Gleichgewicht der Kräfte, wodurch die Kriege nur noch verlängert wurden.

Diese Kriege hielten das ganze Jahrhundert hindurch an und zogen sich bis ins nächste hinein: neuerliche Konflikte zwischen Frankreich und der Habsburger Monarchie, die nördlich der Alpen – in der Provence, in Savoyen und am Niederrhein – nach der Beilegung ihrer Auseinandersetzungen in Italien im Jahre 1530 wieder ausbrachen; wiederholte Angriffe Englands gegen Schottland und Frankreich; dänisch-norwegische Angriffe auf schwedische Festland- und Inselstützpunkte; der friaulische Krieg von Venedig gegen Österreich. Da gab es Kriege oder Kriegsaufmärsche, die nach lokalen Krisen – um Brandenburg oder Köln – oder nach strategischen Reibungspunkten benannt waren, deren Namen für die Bereitwilligkeit stehen, mit der die größeren Mächte gierig zu den Waffen griffen, auch wenn sie sie nicht wirklich einsetzten: Riga, der begehrte livländische

Ostseehafen; das um seine Unabhängigkeit bangende Herzogtum von Jülich an der deutsch-französischen Grenze im Nordwesten; das Veltlin (das Tal, das die Lombardei mit Tirol verband und bei dem spanische, französische, deutsche und italienische Interessen im Spiel waren); das Marquisat von Saluzzo, ein häufig benagter Zankapfel zwischen Frankreich, Savoyen und Spanien.

Wir könnten diese Liste noch endlos fortsetzen, wollen uns aber lieber fragen, warum sie bereits jetzt so lang ist und welches Licht das auf die politischen Teilungen von Europa wirft.

Das einzige Machtvakuum, in das hinein die Staaten ihre Gebiete noch ausdehnen konnten, befand sich in den Teilen der ans Schwarze Meer angrenzenden Moldauregion und der Walachei, die von den Türken nicht effektiv beherrscht wurden. Nach dem Tod Stephans des Großen von Moldavia im Jahre 1504 konnte in dieser nahezu stammesmäßig loyalen oder subversiven Region kein Herrscher lange genug überleben, um so etwas wie ein klar definiertes Land zu errichten, von einer Dynastie ganz zu schweigen, und damit auf der Landkarte dauerhaft zu bestehen. Piccolomini und Commynes hatten es deutlich zum Ausdruck gebracht: Die Länder von Europa waren inmitten gegenseitiger Erbitterung wie zusammengepfercht. Ein Land, das genügend Truppen mobilisierte, konnte zunächst auf das Gebiet eines Feindes vordringen. Das führte zur Bildung einer Bürgerwehr, die die logistischen Nachschublinien des Eindringlings gefährdete und für eine Atempause sorgte, in der man Söldner anwerben und Verbündete zusammenrufen und damit jede größere Verschiebung im politischen Machtmuster verhindern konnte. Obwohl von einem »Gleichgewicht« der Kräfte in internationalen Beziehungen seit dem frühen 16. Jahrhundert die Rede ist, blieb es eher eine Idee, als daß daraus ein Programm wurde.

Somit waren im frühen 17. Jahrhundert die nationalen Grenzen bemerkenswerterweise so gut wie unverändert. Das maurische Granada war von Spanien annektiert worden, die Schweiz wurde tatsächlich unabhängig vom Deutschen Reich, Spanien gewann Mailand und Neapel, die Toskana schluckte Siena, Savoyen-Piemont wurde eine weithin stärker anerkannte nationale Einheit, die Vereinten Provinzen der nördlichen Niederlande waren fast schon ein neues Mitglied im streitbaren Klub der Nationen. Ein paar deutsche Fürstentümer und Städte – zum Beispiel Brandenburg, Bayern und Nürnberg – expandierten ein wenig auf Kosten ihrer Nachbarn. Alles in allem also ein bescheidener Gegenwert für eine derart gewaltige Verschwendung von Leben und Geld, für soviel Elend und organisatorische Anstrengung, wobei dies alles kaum dem Willen der breiten Masse entsprach! Aber schließlich war der Krieg, wie Galilei 1610 an einen Freund schrieb, ein »königliches Spiel«.

Vorausschauende strategische Planung, die Suche nach Allianzen, ihre Aufrechterhaltung und Verschiebung, die Verpflichtung großer Kontingente ausländischer Söldner – all dies führte zu einer raschen methodischen Entwicklung der Diplomatie. Während es auch weiterhin kurzfristige Gesandtschaften gab, lag das Schwergewicht zunehmend auf im Ausland residierenden Botschaftern, die regelmäßig ausgetauscht wurden. Während sie bereits in den italienischen Staaten in den sechziger Jahren des 15. Jahrhunderts üblich waren, breitete sich vom frühen 16. Jahrhundert an diese – durch gemeinsame Interessen während der italienischen Kriege angeregte – Praxis in ganz West- und Mitteleuropa aus und wurde von Polen in den sechziger Jahren des 16. Jahrhunderts übernommen. Durch die früheren gelegentlichen diplomatischen Missionen errichteten Verbindungen waren Kontakte hergestellt und Informationen vermittelt worden. Aber erst die fest installierten Botschaften, mit ihren Stäben aus Sekretären, Spionen und langfristig tätigen einheimischen Informanten sowie die sich im Laufe der Zeit ansammelnden Informationen nicht nur über den Charakter von Herrschern, sondern über die wirtschaftlichen und militärischen Ressourcen ihrer Länder – all dies vermittelte den Herrschern das Gefühl, daß sie Europa viel besser kannten, als dies in den vorangegangenen Jahrhunderten möglich gewesen war.

Diese neue Flut von Informationen über Europa, die oft täglich eintrafen, sorgte im großen und ganzen dafür, daß der Gedanke gar nicht aufkam, den Kontinent für eine potentiell friedliche Einheit zu halten. 1491 war sich der venezianische Botschafter in Rom über seine Funktion völlig im klaren: »Die erste Pflicht eines Botschafters ist genau die gleiche wie die jedes anderen Staatsdieners, nämlich alles zu tun, zu sagen, zu empfehlen und zu denken, was der Erhaltung und Förderung seines eigenen Staates am besten dient.«[21] Selbst wenn sie zusammenkamen, um einen Friedensvertrag zu vereinbaren, waren sich Diplomaten ihrer Pflicht bewußt, keinen Fußbreit Boden mehr preiszugeben, als unbedingt notwendig war, um den Standort nicht zu gefährden, von dem aus ein neues Vorpreschen möglich war. Im Laufe der diplomatischen Plänkeleien, die schließlich zum Vertrag von Brügge zwischen England und dem Kaiserreich von 1521 führten, beklagte sich Kardinal Wolsey bitter darüber, daß sein Gegenspieler einen ganzen Wald verlange, während sein Herr, der Kaiser, nichts weiter als sieben oder acht Bäume brauche. Hinter allen Friedensabkommen, so sehr deren einleitende Worte den Frieden priesen, stand die unausgesprochene Möglichkeit einer Revanche unter besseren Bedingungen.

Da man davon ausging, daß internationale Beziehungen von Grund auf instabil seien, richtete man sich Wege für politische Neuigkeiten außerhalb der diplomatischen Kanäle ein. Kurz nach der Krönung Heinrichs III. in Paris im Jahre 1575 schrieb ein Korrespondent von Sir Philip Sidney an diesen aus Venedig: »Es ist schon erstaunlich, wie sich die Leute doch überall einreden, daß ein Frieden geschlossen worden sei ... Wer den König kennt, erwartet das gar nicht ... und ganz sicher nicht einen Frieden, der diese Bezeichnung auch wirklich verdient.«[22] Männer von Sidneys Bildung und Stand pflegten derartige Kontakte, um sich auf dem laufenden zu halten. Seit den sechziger Jahren des 16. Jahrhunderts arbeiteten Unternehmen – die Fuggers in Augsburg, die Rožmberks in Prag – mit einem Netz von Informanten in ganz Europa, um ihre Geschäfte zu führen. Seit 1609 wurden regelmäßig erscheinende Nachrichtenbulletins, die sich mit Europa befaßten, in Deutschland und Holland gedruckt und allmählich auch in Frankreich und England für ein viel größeres Publikum herausgegeben. Darin ging es natürlich um Krisen, Mobilmachungen, die Entwicklung von Feldzügen. Der Frieden war keine Nachricht wert. Der Krieg hingegen machte Appetit darauf, sich über das Ausland auf dem laufenden zu halten und nach der Europakarte zu greifen.

Die Motive, die die Herrscher veranlaßten, miteinander in kriegerischen Wettstreit zu treten, waren von Lorenzo Valla 1440 formuliert worden. Hier eine zeitgenössische deutsche Übersetzung: »Entweder das man unbilligkeyt rechen / und die freünd beschütze / oder auß forcht der not / die man darnach erleiden müste / wann man die andern zu starck und mechtig werden lest / Oder von hoffnung wegen der beudt / oder auß begird der ehr / under welchen die erste etwas erlich ist / Die ander sehr wenig / Die zwo letsten seind gar nit ehrlich.«[23]

Der Ruhm eines Fürsten und seiner Dynastie wurde von Historikern, die sich seit dem frühen 16. Jahrhundert für die Analyse der Ursachen eines Krieges ebenso interessierten wie für die Aufzeichnung seiner Ereignisse, zur »Ehrbegier« stilisiert, und seit der Jahrhundertmitte wurde das Motiv umbenannt in das Streben nach »Ansehen«. »Ehre und Ansehen« sei das, »was einen Menschen ... am deutlichsten kennzeichne«, schrieb Karls V. Bruder Ferdinand 1549[24]; in den Memoranden zweier leitender Minister, die Philipp II. 1577 drängten, den Krieg in den Niederlanden voranzutreiben, betonte der eine, wie wichtig es für den Herrscher sei, »Ehre und Prestige«, der andere: »Ehre und Ansehen« aufrechtzuerhalten.[25]

Beute machen hieß für Soldaten plündern, für Herrscher Land gewinnen. Territorialer Besitz und dessen Beherrschung durch Gesetze und fiskalische Rechte hatten schon immer als wichtigste Statussymbole gegolten.

»Ruhmsucht«: *Der Krieg in der Picardie*, Miniatur von Georg Lemberger, um 1512 (Albertina, Wien)

Wir haben bereits gesehen, daß die Fürsten als die größten Landbesitzer in Europa genauso handelten wie ihre Untertanen bei der Anhäufung von Besitz: indem sie alte Ansprüche auf Landbesitz wieder geltend machten, der in Zeiten der Armut oder der gewaltsamen Besetzung verlorengegangen war, sowie Besitztümer durch Heiraten miteinander verknüpften. Genauso wie es einst bei den weit verstreuten Besitzungen mittelalterlicher Adeliger der Fall gewesen war, kümmerten sie sich nicht darum, ob die neuen oder wiedergewonnenen Ländereien mit den alten zusammenhingen oder ob deren Bevölkerungen unterschiedliche Sprachen oder Bräuche hatten. Nach Jahrhunderten von Eroberungen und dynastischen Heiraten mit ausländischen Prinzessinnen hatte sich ein ungeheurer Bestand an ruhenden Ansprüchen gebildet. Karl VIII. eroberte Neapel (wenn auch nur für kurze Zeit), indem er einen Anspruch wiederbelebte, der bis ins 13. Jahrhundert zurückreichte; Ludwig XII. nahm sich das Recht, in »sein« Mailand einzuziehen, weil ein Vorfahr 1389 die Tochter eines Herzogs von Mailand geheiratet hatte. Heinrichs VIII. aufeinanderfolgende – und erfolglose – Einfälle in Frankreich wurden als Versuche dargestellt, sein Erbe nach Eduard III. aus dem 14. Jahrhundert wiederherzustellen. Philipp II. regierte in den Niederlanden und überzog sie mit Kriegen, weil ihm die Heirat seines Großvaters mit Maria von Burgund im Jahre 1477 das Recht dazu einräumte. Einige Kriege, insbesondere im Ostseeraum, wurden um irgendwelcher Handelsvorteile willen geführt, aber dies war nie das einzige Motiv, und Monarchen hielten es für unter ihrer Würde. Als er die Unterstützung der seiner Ansicht nach provokativen Streifzüge der Moskauer Handelsgesellschaft durch Elisabeth zurückwies, schrieb Zar Iwan vorwurfsvoll: »Wir waren der Ansicht gewesen, daß Ihr Herrscherin über Euer Land seid …, aber nun müssen wir erkennen, daß in Wirklichkeit andere Männer herrschen, und zwar keine Männer von Rang, sondern Bauern und Händler.«[26] Und entsprechend hörte sich das auf englischer Seite an: Als Heinrich IV. seinen Krieg mit dem Herzog von Savoyen beilegte, indem er lieber fiskalisch profitable Distrikte forderte als das prestigeträchtige Marquisat von Saluzzo, berichtete Elisabeths Agent, daß Heinrichs eigener Adel, »der eher an die Ehre Frankreichs als an den Profit des Königs denke, dies als einen schändlichen und unehrenhaften Vertrag bezeichne«.[27]

Die »forcht der not / die man darnach erleiden müste / wann man die andern zu starck und mechtig werden lest« – diese Angst hatte Lodovico Sforza von Mailand dazu bewogen, Karl VIII. zu seinem Einfall in ein Italien zu ermutigen, in dem er sich gefährlich isoliert sah. Und dieses Motiv veranlaßte Julius II. auch, die Seiten zu wechseln, als die Anwesenheit der Franzosen in Italien nach der Besetzung von venezianischem Gebiet die Macht des Papstes als einem Herrscher auf Zeit gefährdete. Aus Angst ging man Allianzen ein oder kündigte sie wieder auf: Es war eine Reaktion auf die Polarisierung der internationalen Machtpolitik seit den dreißiger Jahren des 16. Jahrhunderts – eine Reaktion auf den Antagonismus zwischen der militärisch effizientesten und ehrgeizigsten Macht, Frankreich, und der am weitesten reichenden Macht, dem Netz, das die Habsburger zwischen Madrid, Mailand, Brüssel und Wien gespannt hatten. Angst erzeugte das Schreckbild eines Dominoeffekts. Herzog Ulrich von Württemberg wurde von den anderen Mitgliedern des süddeutschen Schwäbischen Bundes gezwungen, ins Exil zu gehen, weil seine Angriffe auf benachbarte Städte diese – und nach ihrem Beispiel andere – dazu verleiten konnten, dem Vorbild der Schweiz zu folgen und für ihre Unabhängigkeit vom Bund wie vom Reich zu kämpfen, das ihm ein gewisses Maß an Schutz gewährte. Und aus Angst, daß andere Länder dem Beispiel der Niederlande folgen könnten, wenn diese aus der Hegemonie der Habsburger ausbrächen, behielten die Spanier ihre militärische Präsenz dort bei – ungeachtet eines Staatsbankrotts nach dem anderen.

An der Verwirklichung dieser Überlegungen beteiligten sich auch gleichgesinnte Magnaten, Minister und leitende Beamte ein wenig unterhalb der unmittelbaren Umgebung des Herrschers, und sie veranschlagten auch,

wieviel Geld und wie viele Männer zusammengebracht werden konnten, damit ein Feldzug Aussicht auf Erfolg hatte. Bevor Thomas More in *Utopia* (1516) zur Beschreibung der Insel gelangt, auf der ein sozial gerechtes Leben herrschte, das so frei wie möglich war von äußerer Unruhe, stellt er sich selbst dar, indem er seinen imaginären Reisenden fragt, warum er seine Weisheit, die er aus seiner Kenntnis von Utopia bezogen hatte, nicht irgendeinem Herrscher im entzweiten Europa habe zugute kommen lassen. »Stelle dir einmal vor, ich wäre beim König von Frankreich und säße in dessen Rat, während in einer Geheimsitzung unter dem Vorsitz des Königs selber in einem Kreise kluger Männer mit großem Eifer darüber verhandelt würde, mit welchen Künsten und Machenschaften man Mailand behalten und das abtrünnige Neapel zurückgewinnen, ferner Venedig vernichten und ganz Italien unterwerfen, dann Flandern und Brabant, schließlich das ganze Burgund unter seine Gewalt bringen könne ...« (In diesem Zusammenhang ist es wichtig zu wissen, daß More ein erfahrener Londoner Advokat um die Vierzig war, als er dies schrieb – er wußte über den Hof Bescheid, ebenso wie über die Art und Weise, wie für die Öffentlichkeit bestimmte politische Entscheidungen getroffen wurden, und bevor er diesen Teil von *Utopia* schrieb, dachte er über das Angebot nach, Mitglied im Rat von Heinrich VIII. zu werden. Er war gerade von einer diplomatischen Mission in den Niederlanden zurückgekehrt, wo er von der Eroberung von Mailand durch Franz I. erfahren hatte. Beeinflußt durch die Friedensliebe von Erasmus und seinem humanistischen Kreis, übertrieb More zwar ein wenig, aber er gab doch die Atmosphäre des »königlichen Spiels« ziemlich unverzerrt wieder.) »Der eine rät«, fährt Hythlodaeus, Mores Sprachrohr, fort, »mit den Venezianern ein Bündnis zu schließen, das nur so lange dauern solle, wie es für einen selbst vorteilhaft sei ...; ... ein weiterer hält es für ratsam, die Streitigkeiten mit dem König von Aragon beizulegen und ihm gleichsam als Handgeld für den Frieden das Königreich Navarra, das einem anderen gehört [Catherine von Foix], abzutreten, während der letzte der Ansicht ist, man müsse den Fürsten von Kastilien durch gewisse Aussichten auf Verschwägerung umgarnen und einige adlige Höflinge durch feste Jahresgelder auf seine Seite ziehen ...; man solle die Engländer Freunde nennen, aber argwöhnisch, wie Feinde, im Auge behalten, daher die Schotten wie Wachtposten für jeden Notfall in Bereitschaft halten, um sie den Engländern, wenn sie sich auch nur rührten, sofort auf den Hals zu schicken ...
Wenn ich weiterhin zeigen sollte«, fährt Hythlodaeus fort, »daß alle diese kriegerischen Versuche, durch die so viele Völker des Königs wegen in Unruhe gestürzt würden, da sie den Staatsschatz erschöpft und das Volk

zermürbt hätten, durch irgendein Mißgeschick schließlich doch erfolglos
enden würden, und daher riete, er solle das ererbte Reich fördern und
pflegen, so gut er könne, es zu höchster Blüte bringen, er möge seine
Untertanen lieben und sich von ihnen lieben lassen, mit ihnen zusammen
leben, milde herrschen und andere Reiche in Ruhe lassen, da ja das, was
ihm bereits zugefallen sei, genug und übergenug sei – mit was für Ohren,
mein lieber Morus, glaubst du wohl, würde eine solche Rede aufgenommen
werden?« Darauf erwiderte More vorsichtig neutral: »Wahrscheinlich nicht
mit sehr geneigten!«[28]

1525 wurde Franz in der Schlacht gegen die Armee Karls V. bei Pavia
gefangen. 1529 verzichtete er auf all seine Ansprüche in Italien. 1535
befand er sich erneut im Krieg gegen Karl, diesmal, was allgemein Aufse-
hen erregte, im Bund mit den Türken. Nach dem Frieden im Jahre 1539
folgte 1542–1544 wieder ein Feldzug gegen Karl. 1546, ein Jahr vor dem
Tod des Königs, berichtete der venezianische Botschafter, daß Franz zu faul
sei, sich an den gewöhnlichen Regierungsgeschäften zu beteiligen, »aber
bei allen großen Staatsangelegenheiten, wenn es um Krieg und Frieden
geht, bestehen Seine Majestät darauf, daß Ihr Wille geschehe. In diesem
Fall gibt es niemanden bei Hofe, soviel Autorität er auch genieße, der es
wagt, Seiner Majestät Vorhaltungen zu machen.«[29] »Könige«, schrieb der
Herzog von Alba, General Philipps II., 1553 an einen der Sekretäre des
Monarchen, »Könige sind dazu geboren, ihren Willen durchzusetzen, und
wir, ihre Vasallen und Diener, sind dazu geboren, ihren Willen gleichermaßen durchzusetzen.«[30]

Und Könige ließen sich gern in ihrer Rüstung porträtieren: Als Karl erst
zwölf Jahre alt war, ließ ihm sein Großvater Maximilian I. eine Rüstung
von dem bedeutenden Innsbrucker Waffenschmied Konrad Seusenhofer
anfertigen. Francisco de Holanda schmeichelte König Sebastian von Portugal 1571 damit, daß er ihn genialerweise ganz aus militärischem *matériel*
bestehend darstellte: Die Krone und die Beine bestanden aus einer Kom-
bination von Kavallerie und Infanterie, die Arme, das Schwert, die obere
Brust aus Kavallerie, das Schild, die untere Brust und die Taille aus
Pikenieren, das Gesicht aus Artillerie und die Hüften aus Zelten. Das war
reines Wunschdenken: Als Sebastian sieben Jahre später nicht in der Lage
war, eine ausreichend große und loyale Streitmacht bei seinem Feldzug
gegen die nordafrikanischen Mauren auf die Beine zu stellen, erlitt er eine
Niederlage und fiel in der Schlacht von Ksar el-Kebir in Marokko.

Herrscher konnten sich im großen und ganzen darauf verlassen, daß die
Großgrundbesitzer und der höhere Klerus loyalerweise eine gewisse Partnerschaft mit der königlichen Politik eingingen und das Ihre taten, andere

zum Zahlen und Dienen zu bewegen, wenngleich wir gesehen haben, welche Schichten aus nationaler Trägheit und Gleichgültigkeit sie dabei durchdringen mußten. Dennoch konnte ein Krieg geführt werden, sobald er beschlossene Sache war, wie groß auch immer bei der Ausführung die Diskrepanz war zwischen dem Ziel und den Mitteln. Im frühen 16. Jahrhundert bezeichnete ein Venezianer die Armeen der Republik als eine »Arche Noah« aus ungewöhnlichen Bestandteilen.[31] Seit den späten sechziger Jahren des 16. Jahrhunderts kam die Kerntruppe von Philipps II. Streitmacht, die in den Niederlanden die spanische und katholische Einheit durchsetzen sollte, direkt aus Spanien. Aber als sich seine Landsleute dann weigerten, sich freiwillig zu melden, und viele, die dies taten, Fahnenflucht begingen, war Philipp gezwungen, auch Söldner anzuwerben: Unter den 17 000 Mann, die in Flandern darauf warteten, daß die Armada sie beim Transport über den Kanal eskortierte, waren nur 4000 Spanier. Und als sich aufgrund der spanischen Erfolge im Süden der Konflikt auf die nördlichen Provinzen konzentrierte, die den Vorzug geschützter Wasserwege und des Zugangs zum Nachschub übers Meer aufwiesen, bestanden die »holländischen« Armeen seiner Gegner überwiegend aus deutschen, englischen, französischen und dänischen Soldaten, wobei keineswegs alle von ihnen dem protestantischen Glauben anhingen, geschweige denn an der Sache interessiert waren, um deretwillen sie ihren Sold kassierten. So war »Königliches Spiel« ein abfälliger wie finsterer Kommentar.[32] Aber wenn Regierungen einen Krieg haben wollten und das Geld hatten, sich auf dem internationalen Markt für käufliche Soldaten zu bedienen, konnte sie weder ein Glaubensbekenntnis noch eine internationale Autoriät daran hindern.

Glaubensbekenntnisse

Während der Krieg über Jahrhunderte hinweg kennzeichnend gewesen war für die europäische Geschichte, stellte die Spaltung des Kontinents durch die protestantische Reformation seit den zwanziger Jahren des 16. Jahrhunderts etwas radikal Neues dar. Im Gegensatz zur Saga der Christenheit, die sich allmählich in einer Welt des Heidentums ausbreitete, handelte es sich hier um das Phänomen, wie eine zumeist lang gesicherte und einheitliche Gemeinschaft des christlichen Glaubens mit erstaunlicher Schnelligkeit und tiefgreifender Verstörung für immer in zwei grob voneinander abgegrenzte Teile gespalten wurde.

Zu dieser Spaltung kam es zu einer Zeit, da fast jeder glaubte oder glauben wollte, daß er oder sie eine persönliche Rolle in einem göttlichen Plan spiele, der begann, als Gott die Welt erschuf, und der sich direkter mit dem einzelnen befaßte, als Gott selbst Mensch wurde und in dieser Gestalt unter Qualen am Kreuz für seine Mitmenschen starb. Ein Leben, das von der Bedeutung dieser Ereignisse nicht geprägt war, schien praktisch unvorstellbar. In den Gestalten von Pflügern, Zimmerleuten und Steinmetzen, die in Miserikordien geschnitzt und in Kapitelle gemeißelt waren, spiegelte sich die gelassene Beziehung der breiten Masse zu den Kirchen wider, in denen Handwerker ihre Dienste samt ihren Werkzeugen zur Verfügung stellten. Während Christus die Geldverleiher aus dem Tempel vertrieben hatte, schlossen nun Händler dort ihre Geschäfte, verabredeten sich Liebende (»Habt ihr Blicke in der Kirche gewechselt?« war eine Routinefrage, die Priester im Beichtstuhl stellten), sicherten Inschriften und Wappen auf Kapellen einen Anspruch auf weltliche Gleichsetzung mit den Heiligen: »Ich lege ein Meßgewand an«, erklärte Savonarola seiner florentinischen Gemeinde, »und denke, es wird ein Crucifix darauf sein: abermals ein Wappen, das sie da hingemalt haben, damit es dem Volke recht in die Augen falle, wenn der Priester am Altare steht. Das sind also eure Götzen, denen ihr eure Opfergaben bringt!«[33]

Stifter wurden auf Altarbildern gezeigt – sie knieten in Szenen von der Geburt, der Anbetung und der Kreuzigung Christi; Heilige wachten über Hintergrundansichten der Städte, denen sie ihren geistlichen Schutz angedeihen ließen; die heilige Jungfrau hielt das Jesuskind in Sichtweite eines sofort erkennbaren örtlichen Rathauses im Arm. Künstler gaben dem Personal religiöser Szenen die Gesichtszüge von Menschen, die sie und ihr Publikum kannten, wobei sie – wie Filippo Lippi in Italien und Jean Fouquet in Frankreich – frivolerweise die Mätressen, die sie hatten oder die sie begehrten, als Modelle für Maria verwendeten.

Tabernakel standen an Straßenecken, Kruzifixe an Kurven einer Landstraße, Heiligenfiguren oder Szenen aus der Leidensgeschichte Christi waren in Metall geprägt oder in die Glasur von irdenem Geschirr eingebrannt, in Rüstungsteile eingraviert, zu Ofenkacheln geformt, in Balken und Möbel geschnitzt und bildeten die frühesten Themen von Holzschnitten, die in einfachen Hütten an die Wand geklebt oder genagelt wurden – überall war der sichtbare Beweis für die Einbürgerung übernatürlicher Einwanderer in der irdischen Welt. Der Kalender war nur mit den Namen von Heiligen angefüllt. Als einem Mann aus Lancashire 1532 vorgeworfen wurde, eine Frau geschwängert zu haben, gab er zwar zu, daß er mit ihr von Zeit zu Zeit geschlafen habe – aber nicht, behauptete er, in der fraglichen Zeit

»zwischen dem Tag des heiligen Markus und dem Tag von Johannes dem Täufer«.[34]

Die Geistlichkeit, Mittler von aktiven Beziehungen zwischen Irdischem und Heiligem, verstärkte diese visuelle Verbindung. In den großen Städten des katholischen Europas schwankte das Verhältnis von Klerikern (Priestern, Mönchen, Nonnen, Laienmitgliedern religiöser Orden, die alle an ihrer Kleidung zu erkennen waren) und Laien zwischen einem und drei Prozent der erwachsenen Bevölkerung. Auch wenn einige von ihnen die gebildetsten Mitglieder ihrer Gemeinde waren, so waren doch viele für eine religiöse Unterweisung schlecht geeignet. »Ein Prediger, der gerade eine Predigt über Mariä Verkündigung hielt, sagte folgendes: ›... Was glaubt Ihr, werte Damen, tat die Jungfrau Maria da gerade? Färbte sie ihr Haar blond? Nein, natürlich nicht! Sie hatte ein Kruzifix vor sich stehen und las im Stundenbuch unserer Lieben Frau.‹«[35] Das war natürlich ein Scherz, der aber durchaus glaubhaft klang. Ehe der Protestantismus einen ziemlich gelassenen, weil monopolistischen Katholizismus in Frage stellte und dieser sich daraufhin bemühte, daß seine Geistlichkeit als Vorbild für die (freilich ganz anders gekleidete) Gesellschaft herhielt, befand sich das Verhältnis zwischen der Theologie und den praktischen Dingen des Lebens in einem weithin nicht hinterfragten Gleichgewicht. Bischöfe waren auch Großgrundbesitzer. Äbte konnten Pächtern befehlen, ihre Besitzrechte mit der Waffe zu verteidigen. Rom war ein Salon für weltliche Kardinäle, ein Marktplatz für die internationale Diplomatie ebenso wie ein Anziehungspunkt für Pilger: Es war *Caput Mundi,* das Haupt der Welt, für seine Bewunderer – *Coda Mundi,* der Anus der Welt, für jene, die die Habgier der Geistlichkeit und die Zahl der Prostituierten dort mißbilligten. Mit all diesen historisch bedingten Besonderheiten und Anschauungen kam man meist spielend klar.

Die Auseinandersetzung zwischen einem Kleinbauern und seinem Priester über das Recht des letzteren auf einen Zehnten am Ertrag in einem mageren Jahr; das Feilschen eines Bürgers um einen Nachlaß für die Ausbildung seiner Tochter im Kloster; die Überprüfung des *curriculum vitae* eines Kandidaten für ein Erzbistum auf den entsprechenden Nachweis seines gesellschaftlichen Status und seiner politischen Manipulierbarkeit; Franz' I. Aufforderung an bretonische Priester, die Stärke der Männer der Bretagne dadurch zu demonstrieren, daß sie vor seinen Gästen einen Ringkampf veranstalteten: all diese Beziehungen zwischen der Welt der Laien und der Welt der Geistlichkeit brachten durch ihre Repräsentanten den Himmel auf die Erde. Kirchliche Strafen für ein Routinevergehen wie Gotteslästerung waren im großen und ganzen leicht, und für die

meisten Sünden – außer solchen wie Angriffen auf den Klerus oder die
Verführung einer Nonne, die dem Urteil einer höheren Autorität vorbehalten waren – konnte dem reuigen Sünder an Ort und Stelle im Beichtstuhl
Absolution gewährt werden. Auch wenn die Mehrheit in Wirklichkeit nur
selten zur Beichte ging oder das heilige Abendmahl nicht mehr als einmal
im Jahr während der Messe nahm, nämlich zu Ostern, während man
regelmäßig einfach am lateinischen Gottesdienst teilnahm oder dabei
miteinander schwatzte, wurde durch die Anrufung von Schutzheiligen, den
Kult mit den Reliquien, die Einteilung des Tages durch die Glocken, die in
einer Pfarr- oder Klosterkirche läuteten, dem Leben in all seiner Unsicherheit doch so etwas wie ein Gefühl der Sicherheit vermittelt. Aus den Kirchen
und Kapellen ländlicher Klöster und in Städten aus den Votivkapellen und
von den Altären von Brüderschaften (religiösen Freundeskreisen – um 1500
gab es davon bis zu zweihundert in London) stiegen Gebete auf, die den
Aufenthalt im Fegefeuer für jene verkürzen sollten, deren Verwandte für
sie bezahlen konnten. Die Religion im vorreformatorischen Zeitalter des
Glaubens war zwar allgegenwärtig, aber nicht besonders aufdringlich und
für die meisten Menschen keine anstrengende oder in Frage stellende
Glaubensangelegenheit.

Gleichwohl galten Priester in Augenblicken der Qual als unverzichtbare
Mittler zwischen Gott und dem Menschen, und echte Reue wurde als
mögliche Garantie gegen die Qualen der Hölle angesehen (»Die von einem
Funken Höllenfeuer verursachte Qual ist größer als die, die tausend Jahre
mühevolles Gebären für eine Frau bedeuten würden«, hieß es in einem
Buch mit Hinweisen für Beichtväter[36]) – denn Gottes Strafen waren
schrecklicherweise unerklärlich. Zuweilen eskalierten persönliche Ängste
zur Massenhysterie großer Menschenscharen, die sich vor der Kanzel eines
charismatischen Predigers drängten; es gab Prozessionen von Männern
und Frauen, die einander den Rücken peitschten zur blutigen Buße für die
Sünden dieser Welt. Aber auch in den Köpfen der Intellektuellen der Kirche
herrschte keineswegs Ruhe. Die Theologen stritten über Probleme wie die
Prädestination, die Unsterblichkeit der Seele, die Wirksamkeit von Buß-
taten, die einen Akt der Reue besiegelten, die Frage, inwieweit die Rettung
der Seele nach dem Tode davon abhing, daß man so wenig wie möglich
vom aktiven Leben der Geschäfte, der Familie, der Politik und der Kriege
in Anspruch genommen worden war.

Frühere Wellen eines ketzerischen Protests gegen den Katholizismus,
seine Priesterschaft, seine Praktiken und einige seiner Lehren waren um
die Mitte des 15. Jahrhunderts in gemeinsamem Vorgehen von Kirche und
Staat unterdrückt oder an ferne Orte verbannt worden. Eine Sekte, die

Böhmischen Brüder, bestanden weiter, und ein Briefschreiber schilderte ihre Wesensart in einem Brief an Erasmus aus dem Jahre 1519. An ihr lasse sich nützlicherweise die Eigentümlichkeit anderer verstreuter Formen des Protests aufzeigen. Den Papst und all seine Mitarbeiter und Beamte, schrieb dieser Jan Slechta, bezeichneten sie als Antichrist. Sie würden ihre eigenen Bischöfe ernennen, derbe, ungebildete Laien mit Frauen und Familien. Für sie gebe es keine Autorität außer der Bibel. Ihre Geistlichen zelebrierten die Messe ohne jeden Ornat, sie verwendeten Brot aus Sauerteig und beteten nur das Vaterunser. Sie leugneten die Transsubstantiation, die Lehre also, derzufolge das geweihte Brot und der geweihte Wein sich, wenn auch unsichtbar für das menschliche Auge, in den Leib und das Blut Christi verwandeln. Heiligengelübde, Gebete für die Toten und Beichten gegenüber Priestern fänden sie lächerlich, und sie hielten keine anderen Feiertage ein, außer den Sonntagen, Weihnachten, Ostern und Pfingsten.

Eine weniger separatistische Form des Protestes artikulierten die Brüder vom gemeinsamen Leben, einer lockeren Gruppierung von Anhängern der sogenannten Neuen Andacht, der *Devotio Moderna.* Besonders zahlreich traten sie in den Niederlanden und im Rheinland auf und übten Einfluß aus durch ihre Schulen (Erasmus besuchte eine) und Bücher (insbesondere *De imitatione Christi* von 1418, das Thomas a Kempis zugeschrieben wurde). Aber sie griffen die Kirche weniger offen an und äußerten ihre Kritik dadurch, daß sie vieles, was sie zu bieten hatte, stillschweigend ablehnten, insbesondere das, was sie als überflüssige Zeremonien und Rituale ansahen, sowie ihre Gleichgültigkeit gegenüber der subjektiven religiösen Erfahrung des einzelnen. Überall spiegelte sich in einer derartigen Einstellung gegenüber der katholischen Kirche eine gewisse Widersprüchlichkeit wider: Man akzeptierte ihren Glauben, begegnete aber ihrem Personal nur mit Mißtrauen und Spott. Glaube und Antiklerikalismus gingen eine gewohnheitsmäßige, doch instabile Partnerschaft ein. Jedes allgemeine Bild der europäischen Völker, die nur hin und wieder ernsthaft über das Wesen ihrer Religion nachdachten und sich in einer Kirche zu Hause fühlten, die – ungeachtet der Pracht ihrer Liturgie, der weltlichen Macht ihrer Prälaten und der Unwissenheit und Habgier vieler ihrer Geistlichen – ohne weiteres als Teil der Ordnung der Dinge hingenommen wurde – dieses Bild muß auch einen weniger leicht auszumachenden Zündfunken wie die Unzufriedenheit mit dem Glauben und mit dem Klerus berücksichtigen, ein Funke, der nur sporadisch und verstreut aufglomm, aber durchaus angefacht werden konnte. Als das Jahr 1500 nahte, brachen in einer ungewöhnlichen Fülle von Wahnvorstellungen und inbrünstigen Pilgerschaften alte Ängste der Jahrtausendwende durch, daß Gott in einem

Jahr mit zwei Nullen am Ende einer von Grund auf verderbten Welt durch ein feuriges Gericht ein Ende bereiten werde.

Vor diesem Hintergrund schwelender Unruhen forderte der Bergmannssohn Martin Luther, der in sich das qualvolle Gefühl einer geistigen Unsicherheit mit tadellosen theologischen Referenzen und einer so treffsicheren wie populären Rhetorik verband, zum Entsetzen der Kirchenautoritäten eine Neudefinition, eine Reform einiger der sakrosanktesten Lehrmeinungen. Korrekterweise datiert die Überlieferung den Beginn der Reformation auf das Jahr 1517, als Luther seinen ersten provokanten Aufruf in Umlauf gab – allerdings wohl nicht das Schriftstück mit seinen 95 Thesen persönlich ans Portal der Schloßkirche von Wittenberg nagelte. Wie auch immer – diese Thesen (kurze Überschriften von Punkten, die in der Debatte erörtert werden sollten, zu der sie aufforderten) wurden rasch von Druckern verbreitet, die spürten oder es von Luthers Freunden erfuhren, daß sie der Auftakt einer Kampagne waren. Ungeachtet ihrer Anzahl war ihr argumentativer Rahmen sehr eng gefaßt. Mit Genehmigung von Papst Leo X. wurden in Deutschland sogenannte »Ablaßbriefe« verkauft, die dem Käufer Zugang zum geistlichen Schatz der von den Heiligen angehäuften Gnade versprachen, auf die die Seele zurückgreifen konnte, um die Zeit des Leidens im Fegefeuer zu verkürzen. Die Ausgabe derartiger Ablässe war an sich nichts Neues, aber in diesem Falle war die Art und Weise, wie sie verkauft wurden, besonders dreist, denn die Verkäufer versäumten es zu betonen, wie notwendig eine reuevolle Gewissensprüfung war, ehe sich der Gnadenvorrat erschloß. Was war dies denn für eine Kirche, deren Oberhaupt zu verstehen gab, daß der Gott, dessen Stellvertreter es war, bestochen werden konnte und daß der Geldbeutel eines Menschen wichtiger war als seine Gebete? Ja, gab es überhaupt einen derartigen Hort voll angehäufter Verdienste, auf die der Mensch zurückgreifen konnte? Wenn es ihn nicht gab: Wie hatte denn die Kirche sonst noch den Weg zum Seelenheil durch falsche Wegweiser verstellt? Einer überaus plumpen Verkaufsaktion stand unversehens eine äußerst weitreichende Protestaktion gegenüber.

Gegenangriffe ließen nicht lange auf sich warten. Sie gingen zuerst von den örtlichen Kirchenbehörden, dann vom Papst und schließlich 1521 von Kaiser Karl V. aus, der fest entschlossen war, den Religionsstreit in seinen deutschen Landen im Keim zu ersticken. Obwohl ihm der Schutz des sächsischen Kurfürsten Friedrichs des Weisen ein gewisses Maß an Freiheit vor einer Haft ermöglichte, übergab Luther ein Traktat nach dem anderen, kurze Abhandlungen und Sammlungen seiner Briefe an Drucker, denen ein großes volkssprachliches Publikum sicher war. Da er quasi in einem Wettlauf mit der Zeit seine Ansichten veröffentlichen wollte, hatten seinen Schriften bisweilen etwas hektisch-journalistisch Übertriebenes an sich, das aber ihrer Popularität keinen Abbruch tat. Auch in seinen Briefen an die Kirchenoberen schlug er kühne Töne an. 1520 schrieb er an Leo X.: »Ich hab frisch antastet den Romischen stuel, den man nennet Romischen hoff, wilchen auch du selbs noch niemant auff erden anders bekennen muß, den das er sich erger und schendlicher den yhe keyn Zodoma, Gomorr oder Babylonien gewesen ist. Und so viel ich merck, so ist seyner boßheyt hynfurt widder zu radten noch zu helffen.«[37] Seine Mitstreiter, wie Melanchthon, die weniger schöpferische Geister, aber auch weniger persönlich bedroht waren, hatten Mühe, die vielfachen Richtlinien zu erklären, aus denen das Luthertum bestehen sollte.

Ihre Grundlage war die Bibel als allein ausreichende Anleitung zum Glauben. Luther bestritt die Anschauung, daß den Päpsten von Gott die Macht verliehen worden war zu erklären, bestimmte, von theologisch gebildeten Männern gebildete Glaubensmeinungen spiegelten das Wirken des Heiligen Geistes im historischen Leib der Kirche wider und stellten daher korrekte Lehrmeinungen dar, während er im Hinblick auf andere Anschauungen (die unbefleckte Empfängnis der Heiligen Jungfrau beispielsweise) erklärte, sie könnten als Anleitung zur Andacht wichtig sein, stellten aber keine für die Gläubigen bindenden Glaubensgrundsätze dar. Unterstützung fand diese Infragestellung der gewachsenen Lehre, die die überragende Organisation der nachbiblischen Kirche ins Leben gerufen hatte, in der humanistischen Mode, die antike Welt anhand der in klassischer Zeit geschriebenen Texte zu studieren und diese von späteren Eingriffen und Kommentaren zu befreien. Dieser Wunsch, das einst geschriebene Wort exakt wiederherzustellen und klassische Autoren aus ihrem Leben und ihrer Zeit heraus zu verstehen, lag vor allem für den zentralen christlichen Text, die Bibel, nahe, insbesondere das Neue Testament und die Episteln, die in klassischer Zeit geschrieben worden waren. Die Revision des christlichen Glaubens durch eine Konzentration auf die Worte und das Leben Christi wie jener Menschen, die die Evangelien verfaßten und kurz nach seinem Tod verbreiteten, bedeutete für Luther, wie für viele seiner weniger leidenschaftlich radikalen Zeitgenossen, an dem zu zweifeln, was sich als Kommentar und Eingriff erwies. Abgesehen von der bereits in den Evangelien enthaltenen Taufe und dem Abendmahl, entfiel somit der ganze später entwickelte Apparat der Sakramente – Konfirmation, Ehe (als Sakrament, im Gegensatz zu einem Vertrag), Beichte und Buße, Letzte Ölung, Priesterweihe – und damit zugleich auch die Notwendigkeit einer Wunderhelferkaste von Priestern, die ihn eingerichtet hatten. Und ohne sie wurde die gesamte katholische Hierarchie, vom Papst bis zum Barfüßermönch, überflüssig. Außerdem entfiel dann auch das Beharren der Katholiken auf der spirituellen Wirksamkeit von Bußen und wohltätigen guten Werken – und damit beispielsweise auch die Stichhaltigkeit des Ablaßsystems. Für Luther würde Gott seine Gnade und Vergebung dem in Sünde geborenen Menschen nur aufgrund der Intensität erweisen, mit der der einzelne an seine Barmherzigkeit glaubte. Der Wunsch eines Menschen, beim Jüngsten Gericht erlöst zu werden, sei nur durch das gerechtfertigt, was er Gott in seinem Herzen entgegengebracht habe.

Dieser eine und einzige Glaube, der Luther als jungem Mann höchste Qualen bereitet hatte, bevor er ihn ergriff, bot Hoffnung all jenen, die über die Lehren der Kirche größere Beunruhigung empfanden als über ihren unzulänglichen Klerus. Ein Freund schrieb an den jungen Advokaten William Roper, den Schwiegersohn von Sir Thomas More, trotz »übertriebenen Fastens und vieler Gebete« habe er (wie Luther) alle Hoffnung auf Erlösung fahrenlassen. Dann habe er einige von Luthers Werken gelesen, die deutsche Kaufleute in London gegen das 1521 erlassene Einfuhrverbot hereingeschmuggelt hätten. Als er sie selbst gelesen hatte, war Roper »fest davon überzeugt, daß nur der Glaube wahrhaft zählt, daß dem Menschen all seine Werke nichts nützen, und wenn der Mensch einmal daran glaubt, daß Christus, unser Erlöser, sein kostbares Blut um unserer Sünden willen vergossen hat und am Kreuz gestorben ist, dann reicht nur das allein aus für unsere Erlösung. Dann dachte er, daß alle Zeremonien und Sakramente in Christi Kirche ganz und gar nichtig sind.«[38]

Als andere Luthers Ideen aufgriffen und sie ihren eigenen inneren Bedürfnissen entsprechend anwandten, und zwar unter anderen Bedingungen und durch andere Mitstreiter und Schüler, nahm der Protestantismus unterschiedliche Formen an. 1518 predigte der Priester und Gelehrte Ulrich Zwingli in der Züricher Kathedrale gegen den Verkauf von Ablässen. Er lehnte gleichfalls die geistige Wirksamkeit von Werken ab, im Gegensatz zu ihrer moralischen Wirkung, und erklärte: »Wir glauben, daß die Vergebung der Sünden durch den Glauben dem Menschen sicher zuteil werde, sooft er durch Christus zu Gott fleht.«[39] Aber er spielte die Idee der Ursünde herunter, an der Luther festhielt, und während Luther eine Kompromißposition hinsichtlich des Wesens der Eucharistie einnahm, indem er die Transsubstantiation von Brot und Wein in den echten Leib und das wirkliche Blut Christi ablehnte, aber ihre geistige Anwesenheit akzeptierte, bestritt Zwingli, daß sich an ihrem Wesen irgend etwas ändere – sie sollten schlicht gegessen und getrunken werden als Symbole des

Gedenkens an das, was Christus vor seinem Tod für die Menschheit damals und für alle Zeiten getan habe. Sobald diese Unterschiede entsprechend weit verbreitet und in die Worte und Handlungen von Gottesdiensten eingegangen waren, stellten sie die spezifisch zwinglianische Schweizer Version der Reform dar.

Auf die gleiche Weise wurde ein neuer Akzent innerhalb des lutherischen Denkens von dem Franzosen Jean Calvin gesetzt, einem anderen katholischen Intellektuellen, der aufgrund persönlicher Zweifel die traditionelle Theologie reformieren wollte. Luther wie Zwingli hatten sich so gut wie gar nicht auf ein theologisches Problem eingelassen, das von Zeit zu Zeit katholischen Denkern Kopfzerbrechen bereitete. Wenn Gott wirklich alles wußte, Vergangenheit, Gegenwart und Zukunft, wie es zweifellos seinem Wesen entsprach, dann kannte er auch das Schicksal jedes Menschen, ganz gleich ob er erlöst oder verdammt werden sollte. Worauf lief dann das geistige Bemühen des einzelnen hinaus? Calvin lehrte öffentlich, daß die Menschheit eingeteilt sei in jene, die zur Erlösung prädestiniert seien, und jene, deren ganzes auf Gott gerichtetes Streben zum Scheitern verurteilt sei, seit Gott sich zum ersten Mal die Welt vorgestellt habe, die er erschaffen würde. Der einzelne könne nichts weiter tun, als fromm zu leben, Ihn und Seine Worte zu ehren und das Beste zu hoffen – und ehrfurchtsvoll dankbar dafür zu sein, daß er in einem derart transzendental geheimnisvollen Plan eine Rolle spielen dürfe, und sei sie noch so tragisch.

Diese asketische Vision erwies sich als ungeheure Herausforderung. Keine andere reformerische Idee machte so scharf deutlich, wie viele religiöse Geister die Begleitung des Katholizismus über die Trittsteine der Sakramente – auf einer Seite gestützt auf einen Beichtvater, in der anderen Hand den Stab der guten Werke – ablehnten. Es stand natürlich dem einen oder anderen frei, schlicht anzunehmen, er sei, im Gegensatz zu seinen Nächsten, einer der »göttlich« Auserwählten. Aber mit der Veröffentlichung seiner *Christianae religionis institutio (Unterricht in der christlichen Religion)* im Jahre 1536 wurde aus Calvins Ideen ein alles andere als freizügiger Calvinismus, der Konvertiten in Form eines einzelnen Buches zugänglich war statt in der diffusen Sammlung von Flugblättern, Abhandlungen und Predigten, mit denen Luther und Zwingli ihre Botschaft propagierten. Schon in den fünfziger Jahren des 16. Jahrhunderts war die religiöse Spaltung definiert worden, wenn auch noch nicht in einem definitiven geographischen Muster. Spanien, der größte Teil von Süddeutschland, Österreich, Böhmen, Polen und Litauen blieben katholisch, wenngleich die letzten vier die Anwesenheit calvinistischer Minderheiten duldeten. Der größte Teil von Norddeutschland wurde lutherisch, ebenso Preußen, Dänemark, Norwegen und Schweden. Die Schweizer Kantone waren teilweise katholisch; Genf war das Organisations- und Missionszentrum des sich ausbreitenden Calvinismus, dessen Anhänger sich vorwiegend aus der Führungselite der Städte und den Adelsfamilien von Frankreich und den Niederlanden rekrutierten. Nach vielem Hin und Her war England ein protestantisches Land geworden, mit einer Staatskirche von calvinistischer Provenienz. Schottland wandte sich einem ausgesprochenen Calvinismus zu. Rußland, das keine spontan abweichlerischen Führer hatte und nicht missioniert wurde, behielt seinen exzentrischen katholisch-orthodoxen Glauben bei.

Als sich die protestantischen Ideen verbreiteten, bahnten sie auch Exzentrikern den Weg, die allein zu wissen meinten, was der rechte Glaube bedeute – »Schwarmgeister«, wie Luther sie nannte.[40] Da war zum Beispiel der Niederländer Jan Beukelsz, der die Polygamie empfahl und praktizierte und der 1534 eine seiner Frauen umbrachte, weil sie seine Prinzipien verraten hätte. Ganze Sekten entwickelten sich, und zwar sowohl aus dem Katholizismus wie aus den zunehmend anerkannten reformierten Religionen. Am bekanntesten sind die Anabaptisten oder Wiedertäufer, wie Zwingli sie nannte, weil sie glaubten, daß die Taufe im Erwachsenenalter wiederholt werden müsse (das griechische *ana* bedeutet wieder), ehe sie eine geistige Bedeutung annehmen konnte. Als einzige unter den Protestanten weigerten sie sich, Christi Weisung zu akzeptieren, »dem Kaiser zu geben, was des Kaisers ist«, indem sie erklärten, die Zahlung von Steuern, die Rekrutierung in Armeen oder der Dienst in Behörden laufe einem wahrhaft religiösen Leben zuwider. In den Augen der Regierungen waren Wiedertäufer, die öffentlich diese Meinung äußerten oder danach handelten, Verräter, die als solche hingerichtet werden sollten. Und scharfe Kritik mußten sie von den großen Reformbewegungen hinnehmen, die soweit wie möglich mit den zivilen Behörden zusammenzuarbeiten suchten.

Das religiöse Ereignis jedoch, das am deutlichsten klarmachte, wie sehr sich die protestantische Doktrin inzwischen zu einer orthodoxen Glaubenslehre entwickelt hatte, war 1553 die öffentliche Verbrennung des spanischen Arztes und Theologen Miguel Serveto in Genf auf Betreiben Calvins, und zwar wegen eines Verbrechens, das bisher ein katholisches Monopol gewesen war: Ketzerei. Serveto war der Meinung gewesen, daß die Reform nicht gründlich genug gewesen sei. Man hatte zwar die Formen des Gottesdienstes neu durchdacht, indem man auf die Evangelien zurückgriff, aber man akzeptierte noch die nachbiblische, katholische Auffassung der Dreifaltigkeit, die Serveto als aufeinanderfolgende Manifestationen Gottes interpretierte: als Schöpfer, als Christus und danach als der Heilige Geist,

der Schutzgeist der wahren Kirche. Zwanzig Jahre früher wäre sein Hauptwerk mit dem provokativen Titel *Christianismi restitutio (Wiederherstellung
des Christentums)* nur als ein weiterer Beitrag zur Theologie der Reform
angesehen worden. Zwei Jahre nach seiner Verbrennung wurde die Errichtung des Protestantismus durch ein politisches Ereignis bestätigt. 1555
akzeptierte Karl V. im Augsburger Religionsfrieden, daß er das Luthertum
in Deutschland nicht mit Waffengewalt unterdrücken könne; unabhängige
Städte und Landesfürsten durften fortan selbst darüber entscheiden, welche Religionsform sie bevorzugten: den Katholizismus oder das Luthertum
– und in einigen Fällen den Calvinismus.

Aufgrund der Geschwindigkeit, mit der sich die Reformation ausbreitete,
und zwar buchstäblich, wie es schien, als eine Antwort auf das Gebet, sahen
sich die Städte und Fürsten veranlaßt, sie zu billigen, und so überstand sie
auch die Wellen der Verfolgung, die 1545 in der Provence einsetzten und
die Herrschaft von Maria Tudor in England zwischen 1555 und 1558
charakterisierten. Aufgrund ihrer Geschwindigkeit und ihres Ausmaßes
etablierte sie sich in den dreißiger Jahren als eine Ketzerei, die ein für
allemal weiterbestehen sollte. Für diesen Erfolg war es vielleicht sogar von
wesentlicher Bedeutung, daß die Gründungsreformer in Städten lehrten,
in denen Prediger bereits ein Publikum vorfanden, das des Lesens und
Schreibens genügend kundig war, um schriftlich formulierten Argumenten
folgen zu können: Um 1530 hatten deutsche Druckereien rund viertausend
deutschsprachige Flugschriften herausgebracht, viele in Neuauflagen. Für
diese neugeschaffene Verbindung zwischen Mensch und Gott stand in der
Tat am Anfang das Wort: gesprochen, geschrieben oder mündlich vorgetragen. Sobald das Wort artikuliert war, wurde seine Botschaft auf verschiedenen Ebenen interpretiert. Einigen genügte es, daß es gegen den Papst,
gegen den Katholizismus, gegen das Establishment gerichtet war. Da gab
es Deutsche, die sich übermütig ihr Hinterteil mit Ablaßbriefen wischten,
ein Londoner hob einen Hund hoch, als der Priester die geweihte Hostie
hochhielt, und ein anderer begrüßte die vorübergehende Unterdrückung
der heiligen Messe im Jahre 1548 mit zotigem Jubel:

> Ach, gute Mistress Messe,
> Wir werden dich vermissen.
> Doch laß dich noch mal küssen –
> O weh, vor Schmerz muß ich gleich pissen.[41]

Doch solche Possen waren nicht von Dauer, auch nicht die Aufstände
deutscher Bauern, die in der Reformation eine Entschuldigung dafür sa-

hen, daß sie sich nicht nur von Priestern abwandten, die den Zehnten von
ihnen forderten, sondern auch von ihren weltlichen Herren, die ihren
Pachtzins einholten. Allgemeiner gesprochen, hatte die Reformation den
Reiz des Neuen: Seit Jahrhunderten hatten Quacksalber auf Jahrmärkten
eine gaffende Menge angezogen, wenn sie ein neues Heilmittel gegen
Krankheiten anboten – hier kam nun das neueste Heilmittel gegen die
Sünde. In einem Zeitalter der Extreme, mit außergewöhnlich guten wie
mit katastrophal schlechten Ernten, hier strotzende Gesundheit, da verheerende Pest – in einer solchen Zeit stellte ein extremer Kontrast zwischen den verschiedenen Formen der Religionsausübung kurzfristig einen
ausgesprochenen Anreiz dar.

Während diese emotionale Unterstützung der Reformation durchs Volk von
den für Gesetz und Ordnung zuständigen Behörden zur Kenntnis genommen werden mußte, sorgte das Umsichgreifen einer wohlüberlegten Reaktion auf ihre geistige Botschaft unter wohlhabenden Bürgern wie unter
einer Reihe von Klerikern selbst dafür, daß aus der Ketzerei eine Religion
wurde, die auch den Beifall von Regierungen finden konnte. Die Reformer
waren darauf bedacht, mit dem Kaiser zusammenzuarbeiten, und soweit
es die Moral und das ordentliche Verhalten ihrer Schäfchen betraf, waren
ihre Werte konservativ und konstruktiv. In vielen Fällen war es attraktiv,
von der weitreichenden Finanz- und Verwaltungsstruktur der katholischen
Kirche unabhängig zu sein, insbesondere wenn Angehörige der herrschenden Klasse zur Unterstützung ihrer Familie nicht auf klerikale Einkünfte –
aus Bistümern, Abteien, Ämtern an der römischen Kurie – angewiesen
waren. Es konnte überaus einträglich sein, Kirchen- und Klosterbesitz zu
konfiszieren: Damit verdoppelte der Herzog von Württemberg sein Einkommen, und Heinrich VIII. verdiente dabei weit über eine Million englische Pfund netto. Selbst wenn man die langfristigen Kosten in Betracht zog,
die ein Ersatz von solchen Dienstleistungen wie der Armenfürsorge, den
Hospizen, Krankenhäusern und Gehältern von Pfarrern mit sich brachte,
war die Versuchung groß, einen so unverhofften Glücksfall zu nutzen. Und
das traf insbesondere auf jene Regierungen zu, für die ein Bruch mit Rom
im Interesse ihrer dynastischen wie der Außenpolitik lag (wie in Heinrichs VIII. Fall) oder von der Einmischung einer höheren Autorität befreite,
was den deutschen Fürsten zugute kam, die zum Luthertum übertraten. In
jedem Fall hing die Ausbreitung der Reformation von der Persönlichkeit
ihrer Lehrer wie vom Status der Laien ab, die sich zu ihrer Lehre und Form
des Gottesdienstes bekehren ließen.

Vielleicht erst als die vollen Auswirkungen der reformatorischen Lehren
in den vierziger Jahren klar wurden und die Mönche und Priester in die

Gesellschaft in anderer Gestalt wiedereingegliedert waren, erkannte der Konvertierte wirklich, was es hieß, Gott mehr oder weniger allein gegenüberzustehen, um sich selbst zu rechtfertigen und zu hoffen, Seiner Gnade teilhaftig zu werden. Nun stiegen keine Gebete für die Toten aus den Klöstern und den Votivkapellen in Kathedralen mehr auf. Die Heiligen und Maria waren aus den Kirchen und von den Straßenecken entfernt worden. Da gab es keine fromme Pilgerfahrt mehr. Almosen zu geben war fortan reine Wohltätigkeit, nicht mehr, nicht weniger. Der Altar und die Nische, wo die Hostie verabreicht wurde, hatten ihre tröstliche Magie verloren, und die Menschen starben ohne den Ritus der Sakramente. Der Mensch war nun zwar frei, zu Gott in seinem Herzen ohne die Vermittlung eines Priesters zu sprechen, aber dafür war er auch nicht mehr sicher, ob er erhört wurde.

Um zu vermeiden, daß ein Zustand der unbefriedigenden Ungewißheit nicht durch einen anderen abgelöst wurde, als die anfängliche Euphorie über die Reformation sich legte, hatte man inzwischen Hilfssysteme errichtet: besser gebildete Pfarrer anstelle der bisherigen Priester; Kirchen ohne Gemälde und Skulpturen, in denen man sich besser auf die Kanzel oder den Abendmahlstisch konzentrieren konnte; Gebete, Psalmen und Lieder in der Landessprache, an denen sich alle beteiligten; Schulen, in denen die neuen Glaubenslehren unterrichtet und erklärt wurden; Gerichte, denen Fehlverhalten oder ein Fernbleiben von der Kirche gemeldet wurden. In jeglicher Form, vom verschlankten und politisierten Protestantismus der Anglikanischen Kirche in England bis zur streng kontrollierten Quasi-Theokratie in Calvins Genf, verwandelte die Reformation ehedem katholische Männer und Frauen in einander gegenseitig unterstützende Gemeindemitglieder und führte konforme Verhaltensweisen ein, um das persönliche Abenteuer des Nonkonformisten zu gewährleisten.

Die protestantische Infragestellung einer auf erstarrten Gewohnheiten beruhenden Gleichgültigkeit, die hin und wieder von persönlichen oder gemeinsamen Ängsten abgelöst wurde, fand parallel auch im Katholizismus selbst statt. Die »Reformation« war ursprünglich eine katholische Idee gewesen: Allgemeine Kirchenräte hatten im frühen 15. Jahrhundert eine »Reformation« bei der Auswahl des Personals und bei der Seelsorge gefordert. Schon zuvor hatten sich religiöse Orden – wie die Augustiner und Franziskaner – geteilt in »reformierte« Zweige, die zu den asketischen Forderungen ihrer Gründer zurückkehrten, und in jene Gemeinschaften, die ihre Intentionen lässiger auslegten. Im Mittelalter hatten energische Bischöfe versucht, die Disziplin in den Klöstern wiederherzustellen und die Geistlichkeit zu ermahnen, ein wahrhaft vorbildliches Leben zu führen.

Aber die Trägheit der Gewohnheit, die Größe der kirchlichen Organisation und die Fügsamkeit, mit der ihre Dienste im großen und ganzen akzeptiert wurden, hatten verhindert, daß eine gründliche Reform als vordringlich angesehen wurde. Doch diese Einstellung änderte sich, als sich der Protestantismus so spektakulär rasch ausbreitete und einflußreiche Fürsprecher fand. Dies führte zu einem Programm, das hinreichend entschlossen und aggressiv war, so daß man es rückblickend zu Recht eine Gegenreformation nannte.

Dabei gab es zwei Aspekte. Der erste betraf die Lehre. Es wurde viel klarer herausgestellt, daß das Sakrament der Taufe aus katholischer Sicht vom Makel der Erbsünde reinwusch. Danach erfolgte die Erlösung des Menschen aus dem Glauben an Christus und dem Gehorsam gegenüber den Gesetzen der Kirche, wobei der Glaube eine Bestätigung in ernsthaft vollzogenen bußfertigen und wohltätigen guten Werken fand. Die Bedeutung der anderen Sakramente wurde erneut betont, mit besonderem Nachdruck darauf, daß aus dem geweihten Brot und Wein der wahre Leib und das wahre Blut Christi wurden. Damit wurde die wesentliche Rolle einer geweihten Priesterschaft, die allein diese Umwandlung vermitteln konnte, erneut bestätigt. Das galt auch für die nachbiblische Macht der Päpste, als den Nachfolgern des Christusjüngers Petrus, die weiterhin Botschaften von Gott verbreiteten, die genauso authentisch waren wie die in den Evanglien enthaltenen. Man bescheinigte den Praktiken, die der Masse der Katholiken so viel bedeuteten – der Reliquienkult, die Anrufung heiliger Fürsprecher, vor allem die Marienverehrung –, daß sie eine geistige Wirkung hatten, auch wenn man die Verfahren zur Bestimmung der Echtheit von Reliquien und zur Prüfung der Kandidaten einer Heiligsprechung verschärfte. Dabei enthielten diese Erklärungen, die auf den Tagungsperioden des Konzils von Trient zwischen 1545 und 1563 erarbeitet wurden, nur wenig, was absolut neu war. Aber der Katholizismus ließ sich nun an einem Katalog von Definitionen und Bedingungen messen, die sogar noch klarer und kategorischer waren als diejenigen, die Calvin in den Bearbeitungen seiner *Institutio* erörterte, und mindestens so schlüssig wie die Erklärungen und Predigten, die die Grundsätze anderer protestantischer Glaubensrichtungen definierten.

Der zweite Aspekt der Wiederbelebung des Katholizismus betraf die Priesterschaft. Man unternahm entsprechende Schritte, um das Bildungsniveau des Klerus zu heben und die Laien mit Hilfe von Schullehrplänen und Katechismusunterricht in dem zu unterweisen, was sie glauben und tun sollten. Und zum Teil war dieses seelsorgerische Programm – insbesondere durch den 1541 gegründeten Jesuitenorden – nicht nur auf die Wankelmü-

tigen in katholischen Ländern, sondern auch auf die Wiederbekehrung von
»Ketzern« in protestantischen Ländern ausgerichtet. Dieses europäische
Missionsunternehmen (das oft mit großen persönlichen Risiken verbunden
war) wie auch die Anwendung der Inquisition im eigenen Land zur Überwachung der Glaubenstreue und die Indices verbotener Bücher zur Zensur
des Lesestoffs von Katholiken erklären, warum ein solcher Aufruf zur
Ordnung als »Gegenreformation« bezeichnet werden konnte, der genaugenommen eine Reformation des Katholizismus darstellte. Denn das
Hauptziel bestand nicht bloß darin, den Glauben zu korrigieren, sondern
ihn zu vertiefen. Und der Erfolg dieser Bemühungen war um so beeindruckender, da die Missionstätigkeit von Amerika bis China und Japan
einen erheblichen Teil der intelligentesten und mutigsten Katholiken von
der Wiederbekehrungsarbeit zu Hause abzog.

Nach dem Zeitalter einer monopolistischen Religion in Europa, mit agitatorischen Bestrebungen an den Rändern und einer an Gleichgültigkeit
grenzenden Laxheit in breiten Schichten, kam es damals – aufgrund der
Rivalität zwischen den einzelnen Glaubensorganisationen und des Drucks
auf den einzelnen in ihnen – zu einer Neuorientierung auf höherer Ebene.
Seit den fünfziger Jahren des 16. Jahrhunderts änderte sich in der geographischen Verteilung der Religionen nur wenig. Schottland wandte sich
dem Calvinismus in den sechziger Jahren zu, und damit konnte die Vereinigung der Kronen, wenn auch unter Schwierigkeiten, herbeigeführt
werden, als der schottische König Jakob 1603 Elisabeths Nachfolger auf
dem englischen Thron wurde. Durch den Übertritt zum Calvinismus in
einigen französischen Provinzen während der sechziger Jahre und danach
wurde die Rivalität zwischen den großen Territorialmagnaten in einer Zeit
schwacher Zentralregierung ideologisiert – ein Zeichen dafür, wie oberflächlich die Zentralisierungspolitik früherer Monarchen gewesen war, als
sie die Menschen in Frankreich dazu überreden wollten, sich selbst für
Franzosen zu halten. Während der Bürgerkriege, die das Land immer
wieder zerrissen, und zwar von 1562 bis 1593, als Heinrich IV. einsah, daß
er zwar als Protestant Kriege gewinnen, aber die Treue der Mehrheit seiner
Untertanen nur dann erringen konnte, wenn er ein Katholik wurde – in
dieser Zeit lief Frankreich Gefahr, ein »mosaikartiges« Land wie Deutschland oder die Schweiz zu werden, wo die Rivalität zwischen Nachbarstädten
oder -kantonen sich darauf auswirkte, ob man katholisch blieb oder sich
der reformierten Religion zuwandte.

Als die niederländischen Städte und Provinzen seit den sechziger Jahren
des 16. Jahrhunderts unterschiedlich darauf reagierten, daß Spanien sie
nötigte, katholisch zu bleiben, kam es auch hier zu einem Konflikt zwischen

der verstreuten und willkürlichen Rezeption protestantischer Ideen und politischen Loyalitäten und regionalen Eigeninteressen, dem sich der einzelne, der damit nicht einverstanden war, nur durch Flucht entziehen konnte.

Die Gefahr der Einmischung in religiöse Bräuche war einer der »Zügel« gewesen, die, Bischof Seyssel zufolge, ein Herrscher seiner Macht auferlegen sollte. Als sich der Protestantismus in Deutschland, der Schweiz und Frankreich ausbreitete und dabei hier und da Fuß faßte, wurden dadurch sicherlich die alten regionalen Einteilungen verstärkt, die die Entwicklung einer nationalen Loyalität behinderten. Nicht anders war es in Polen-Litauen und in den christlichen Teilen von Ungarn, die nicht von den Türken besetzt waren. Adelsfamilien, die die Herrschaft des Königshauses leid waren, benutzten die Hinwendung zum lutherischen oder calvinistischen Glauben dazu, ihre Unabhängigkeit stärker abzugrenzen. Man könnte versucht sein zu glauben, daß das Beharren des Staates auf der Einheit der religiösen Praxis, wie im katholischen Spanien oder im protestantischen England, dazu beitrug, die Kluft zwischen der Zentralregierung und der Nation weitgehend zu überbrücken. Doch die Religion verschärfte propagandistisch bereits bestehende politische Rivalitäten. Indem er die Londoner an die Brutalität erinnerte, mit der die Spanier 1576 Antwerpen ausgeplündert hatten, stellte der anonyme Autor des 1602 uraufgeführten Stückes *Alarum for London* die Folgen eines spanischen Angriffs auf diese Stadt dar. Zwei kleine Kinder in panischem Entsetzen:

> MARTIN: Weh uns, die Spanier kommen! Was sollen wir nur tun?
> LENCHY: Ach, armer Martin, man wird uns beide töten.
> MARTIN: O arme Lenchy, küß mich, liebe Schwester, nun geht's
>   ans Sterben ...
>
> *Spanier laufen mit gezogenen Schwertern auf die Bühne.*
>
> SPANIER: Töten, töten, töten!

Für den, der eine neue Intensität des Glaubens erlebte, war dies weitgehend eine persönliche Angelegenheit. Für andere konzentrierte sich das religiöse Leben auf eine Kirche, ihren Pfarrer oder Priester und die vertraute Gemeinde der Nachbarn – für sie zählte weder die Kirche noch ein Land.

Die Glaubensspaltung führte zu Unruhen und Grausamkeiten. Im Jahre 1530, ehe der Calvinismus die Reformation noch mehr daran gehindert hatte, eine vereinte Glaubensfront zu bilden, brachte Sebastian Franck

Adriaen van de Venne, *Religionsstreit:* Ein Kommentar über den unsicheren Frieden
zwischen Katholiken und Protestanten kurz vor dem Dreißigjährigen Krieg
(am linken Ufer die protestantischen Theologen und Herrscher, am rechten die
Katholiken), 1614 (Rijksmuseum, Amsterdam)

seine Verzweiflung zum Ausdruck: »Sihe mein leser / Das seind allein
zehen haupt nation und secten / die diser lerer hie anzeucht / ich ge-
schweig das yr noch vil mer seind / hie nit erzelt / als die weissen Reussen /
Moscobiter. Und das ist erst zuerbarmen / das diese secte aller erst under
ynselbs uneynig / yn vil sect zerteilt seind / das eine vor disem leben
grawen solt / und es nit vergebens Christus eyn reych der finsternus genent
hat.«[42] Aber bis Serveto in Genf verbrannt wurde, störten und verbannten
die Sekten einander, statt daß sie sich gegenseitig umbrachten. Als Calvinisten Zuflucht in Deutschland suchten vor der Verfolgung in Frankreich
und den Niederlanden, tolerierten eine Reihe von deutschen Städten und
Landesfürsten sie und die Lutheraner unter ihren katholischen Untertanen, ja in manchen Städten teilten sich Calvinisten und Lutheraner eine
Kirche. Erst die politisch überspitzte Trennung zwischen dem Katholizismus und dem Protestantismus als Ganzem und die Gleichsetzung von
Freikirchentum und Verrat führte zur brutalsten Form der Unterdrückung,
und zwar sowohl in den Gefängnissen der Inquisition von Lissabon bis Rom
wie auf den Scheiterhaufen im England der Tudor-Königin Maria, derer
John Foxe 1563 in seinen *Actes and Monuments* der protestantischen
Märtyrer so drastisch gedachte.

Hauptsächlich handelte es sich dabei allerdings um Symptome innerer
Spannungen, zu denen es kam, als Regierungen darüber entschieden, was
ihre Untertanen in religiöser Hinsicht denken sollten. Die Religion verschärfte entschieden die Bürgerkriege im späten 16. Jahrhundert in Frankreich, wie auch von 1642 an in England, ebenso wie das militärische
Einschreiten anderswo. 1546 erklärte Karl V. seiner Schwester Maria,
warum er gegen den lutherischen Schmalkaldischen Bund Krieg führen
wolle. »Wenn wir es versäumen, jetzt einzuschreiten«, schrieb er, »liefen
alle Staaten von Deutschland Gefahr, mit dem Glauben zu brechen ... Ich
beschloß, einen Krieg gegen Hessen und Sachsen zu beginnen, weil sie den
Frieden mit dem Herzog von Braunschweig und seinem Land gebrochen
haben ..., auch wenn dieser Vorwand nicht lange die Tatsache verschleiern
wird, daß es dabei um die Religion geht.« 1566 machte sein Sohn dem
spanischen Botschafter in Rom klar, daß er nicht bereit sei, den Einfluß
calvinistischer Unruhestifter in den Niederlanden zu dulden. »Ich beab-
sichtige weder, noch wünsche ich, Herrscher über Ketzer zu sein. Wenn
sich die Dinge nicht so bessern lassen, wie ich es möchte, und zwar ohne
daß wir Zuflucht zu den Waffen nehmen, dann bin ich entschlossen, in den
Krieg zu ziehen.«[43] Karl gewann seinen Krieg, indem er den Bund 1547 in
der Schlacht von Mühlberg schlug, aber acht Jahre später verlor er den
daraus resultierenden Frieden, als er in den Kompromiß von Augsburg
einwilligte. Philipp zog in seinen Krieg, als der Herzog von Alba 1567 die
erste einer Reihe von Armeen nach Norden führte, die so lange seine Ziele
bis zur Erschöpfung zu verwirklichen suchten, bis es schließlich 1609 zum
Waffenstillstand zwischen beiden Parteien kam. Aber trotz der Entfernung,
über die Truppen von Spanien aus geschickt werden mußten, kann man
keinen dieser Feldzüge als Krieg im Ausland bezeichnen. Karl ging nach
Osten, um die Einheit des Katholizismus in seinen eigenen Ländern als
Kaiser und als Herrscher über die habsburgischen deutschen Ländereien
wiederherzustellen. Philipp ging nach Norden, um zu verhindern, daß ein
Teil seines ererbten Reiches unabhängig von den übrigen Teilen wurde.
Lorenzo Valla hatte von einem vierten Motiv gesprochen, das Herrscher
bewege, in den Krieg zu ziehen: »unbilligkeyt rechen und die freünd
beschütze«. Protestantische wie katholische Herrscher und ihre Ratgeber
brachten doch tatsächlich ihre Sorge um unterdrückte Minderheiten in
anderen Ländern zum Ausdruck und sprachen von Allianzen, als ob dahinter sowohl religiöse wie politische Motive stünden. Aber die Behauptung,
man ziehe in den Krieg, »um Freunde zu verteidigen«, unterstellt einen
Altruismus, der so gut wie gar nicht vorhanden war. Kampfbereite Reli-
gionsgenossen in anderen Ländern zu unterstützen hieß höchstens, Expe-

ditionsstreitkräfte auszusenden, um den Druck von ihnen zu nehmen und ihre Moral aufrechtzuerhalten. Und wenn man diese Streitkräfte aussandte (was rechtlich nicht einer offenen Kriegserklärung entsprach), wie dies bei Elisabeths militärischer Hilfe für französische und niederländische Protestanten der Fall war, dann verbanden sich diese Motive stets mit kommerziellen und politischen Überlegungen. Émeric Crucé erkannte dies, als er in seinem Werk *Der neue Cyneas* von 1623 auf die von Valla aufgeführten Kriegsursachen einging und zu der Schlußfolgerung gelangte: »Man könnte noch die Religion hinzufügen – wenn man nicht aus Erfahrung wüßte, daß diese am häufigsten als Vorwand dient.«[44] Aber wenn es schon keine wirklichen Religionskriege gab, so wurden doch Kriege geführt, bei denen die Religion mit im Spiel war, und diese Komponente machte die Kriege besonders brutal und stellte ein zusätzliches Problem für all jene dar, die sich nach einem internationalen Frieden in Europa sehnten.

Freundschaftsideale

Dabei mangelte es durchaus nicht an Kommentaren über die Schrecken des Krieges. Ein paar Tage nach Karls V. Sieg im Jahre 1547 über den Schmalkaldischen Bund bei Mühlberg, an den Tizians Reiterporträt des bewaffneten Kaisers, der in nachdenklicher Gelassenheit durch die Landschaft galoppiert, so idealistisch erinnert – kurz nach diesem Sieg also ritt ein Advokat namens Bartholomäus Sastrow, unterwegs in einer Mission des Herzogs von Pommern an Karl V., am Schlachtfeld vorbei.

> Auf der Walstatt sahe ich noch viele Spuren der Schlacht, zerbrochene Spieße, Zündröhre, Halfter, an den Zäunen liegende Landsknechte, die tödtlich verwundet, dazu verhungert und verschmachtet waren. Um Wittenberg herum waren die Dörfer wüste, und aus allen Höfen waren die Leute entlaufen. Alles Vieh war hinweg getrieben, in den Höfen nichts gelaßen. Bisweilen sah ich auf dem Felde eines Bauern Körper liegen, bei dem standen die Hunde und rissen ihm die Gedärme aus dem Leibe, oder einen Landsknecht, darin noch ein wenig Leben war, obwol der Leib geschwollen, Arme und Schenkel aufgerißen und von einander gesperrt waren.[45]

Und ein anderer Zivilist, der als Arzt bei den kaiserlichen Truppen diente, die Metz von den Franzosen zurückzuerobern suchten, bemerkte im harten

Tizian, *Karl V. zu Pferde*
(in der Schlacht von
Mühlberg, 1547), 1548
(Museo del Prado,
Madrid)

Winter 1552/53 mit einem für diese Zeit ganz neuen ironischen Unterton,
daß seine Patienten unter den Spaniern in den Belagerungslinien unbedingt *sterben* wollten – »obgleich doch jeder Soldat sein Feldbett hatte und
einen Baldachin, übersät mit glitzernden Sternen, die heller leuchten als
edles Gold, und jeden Tag bekam er schneeweiße Laken und bezog sein
Logis beim Anblick des Mondes«.[46]
Ein weiterer neuer Ton, der wesentlich komplexer war, weil darin die
Unvereinbarkeit von ritterlicher Erwartung und dem brutalen Erleben auf
dem Schlachtfeld anklang, wurde von dem spanischen Soldatendichter
Francisco de Aldana angeschlagen, der 1573 in den Niederlanden ver-
wundet worden war und seine Eindrücke von dem furchtbaren Gemetzel
in einem Sonett verdichtete:

> Nichts andres hier zu sehen: kriegerische
> Scharen wild sich bekämpfend,
> blut'ger Saft die grüne Erde färbt,
> Kämpfer, die dem Ruhm nachjagen.

Nichts andres hier zu hören – nur der herrliche Ruf:
Spanien, Santiago, Spanien über alles.
Linder Duft hier schreckt die Lüfte,
Schwefeldampf mengt sich mit Feuer.

Getrübte Zunge sucht fauliges Wasser.
Nichts anderes tasten und finden
als harte Trophäen aus blutigem Eisen,

Knochen in Splittern, zerquetschtes Fleisch,
zerhaunen Harnisch, zerrissne Panzer:
O nobler Stand, dem Manne einzig würdig![47]

Und neu war auch das schmerzliche Gefühl der Hilflosigkeit, wie es in den *Memoiren* des Protestanten François de la Noue zum Ausdruck kam, die er in den achtziger Jahren des 16. Jahrhunderts schrieb, als er nach der Gefangennahme in der Schlacht die Gefangenschaft der ihm angebotenen Alternative vorgezogen hatte – sich die Augen ausstechen zu lassen.
Als de la Noue auf das Treffen anläßlich des Waffenstillstands von 1562 zwischen Caterina de' Medici und dem Fürsten von Condé sowie den Offizierstrupps beider Seiten, der Katholiken und der Protestanten, zu sprechen kam, schilderte er auf eindringliche Weise, wie sich die Männer, nachdem sie die Erlaubnis erhalten hatten, untereinander mischten, um Freunde und Verwandte zu begrüßen.

Kurzum, jeder rief zum Frieden auf sowie dazu, die Großen von einer Verständigung zu überzeugen. Manche, die etwas abseits standen, betrachteten die Dinge etwas genauer und bedauerten den öffentlichen Zwist, der eine Quelle künftigen Elends sein könnte. Und wenn sie auch noch in ihrem Innern daran dachten, daß alle diese Streicheleien in blutige Morde sich verwandeln könnten, sobald die Oberen den Wink zum Kampf geben würden, und daß, sobald die Visiere heruntergeklappt und die Augen durch die Kampfeswut geblendet wären, der eine Bruder dem anderen nicht mehr vergeben würde, so kamen ihnen die Tränen in die Augen.

»Ich befand mich dort«, fuhr er fort, »auf der Seite derer von der Religion und kann sagen, daß ich auf der anderen Seite ein Dutzend Freunde hatte, die ich so liebte wie meine eigenen Brüder und die mich ebenso liebten.« Sechs Monate später erschlugen sie einander in der Schlacht von Dreux, und »diese Tatsache war recht erschreckend, tat dem Mut aber keinen Abbruch«.[48]

Doch derartige Reaktionen waren untypisch. Dies war – mit seiner Bärenhatz, seinen gerichtlich verfügten Folterungen und Hexenverbrennungen und seiner fast ausnahmslosen Gleichgültigkeit gegenüber dem Wohlergehen auf Holzbeinen humpelnder oder chronisch kranker Ex-Soldaten – alles andere als ein humanitäres Zeitalter. Doch obwohl die Armeen immer größer wurden, rafften sie kaum ein Prozent einer einheimischen Bevölkerung dahin. Die Geschwindigkeit, mit der sich zumindest einige vom Krieg verwüstete Gebiete wieder erholten, könnte rückblickend geradezu beruhigend sein: Felder wurden wieder angebaut, besonders in der Nähe von Städten, die Darlehen für die Produkte anbieten konnten, die sie selbst benötigten; industrielle Betriebe waren im allgemeinen klein und konnten sofort wieder errichtet werden, und wenn sie größer waren, wie es bei Werften und Bergwerken der Fall war, entgingen sie der Zerstörung, weil sie schwer bewacht oder kaum zugänglich waren. Auch wenn Volksaufstände – sei es ein lokales Aufbegehren gegen einen zu hohen Brotpreis oder die umfassenderen Revolten der sechziger Jahre in Schottland, England, auf Korsika und in Südspanien – durch die Beschlagnahme von Lebensmitteln für Armeen oder durch Feindseligkeiten unterbrochene Handelsbeziehungen beeinflußt wurden, so konzentrierten sich die Klagen damals doch nicht auf den Krieg selbst, sondern auf die Borniertheit von Beamten, die Illoyalität einflußreicher Untertanen, die Machenschaften von Agitatoren. Die Herrscher kümmerten sich kaum um die Menschenopfer, die der Krieg forderte, und diese spielten denn auch allenfalls eine untergeordnete Rolle, als man daran ging, den Kriegen Einhalt zu gebieten, indem man die Teilung von Europa zu beenden trachtete.

In den frühen dreißiger Jahren des 16. Jahrhunderts, etwa fünfzehn Jahre nach dem Erscheinen von *Utopia*, war Thomas More geadelt worden und Lordkanzler von England. Sorgen bereitete ihm Heinrichs VIII. Drohung, England aus der katholischen Gemeinschaft von Europa herauszulösen, wenn ihm der Papst nicht die Scheidung von Katharina von Aragón gewähre. Als More mit seinem Schwiegersohn William Roper den Treidelpfad bei Chelsea entlangspazierte, erklärte er ihm, wenn er drei Wünsche frei hätte, dann könne man ihn ruhig in einen Sack stecken und in den Fluß werfen. Als erstes wünsche er sich, erwiderte er auf Ropers naheliegende Frage, daß die Scheidung in freundschaftlichem Einvernehmen arrangiert werden könne. Der zweite Wunsch? Daß »die in einen tödlichen Krieg verstrickten christlichen Fürsten einen allgemeinen Frieden schlössen«. Und als drittes wünsche er sich, daß Europa »in einer absolut einheitlichen

Schlachtfeld, Zeichnung von Urs Graf, 1521 (Kunstmuseum, Kupferstichkabinett, Basel)

Religion zur Ruhe« käme.[49] Doch keiner dieser Wünsche ging in Erfüllung, und Mores Leben endete nicht im Flußbett der Themse, sondern unter dem Schwert des Henkers im Londoner Tower. Die Scheidung führte zu Heinrichs Bruch mit Rom. Die Fürsten lagen weiterhin miteinander im Streit. In dieser abstrakten, wenn auch tief empfundenen Verknüpfung eines allgemeinen Friedens mit einer einheitlichen Religion kam eine alte Hoffnung zum Ausdruck, die bereits im frühen 14. Jahrhundert von Dante in seiner Schrift *De Monarchia* artikuliert worden war. Seine Abhandlung war ein Aufruf an alle souveränen Herrscher, sich freiwillig der Entscheidung eines gestärkten Heiligen Römischen Reiches zu unterwerfen. Dieser höchste Schiedsrichter würde Kriege beenden und einen Friedenszustand herstellen, in dem allein die Menschen ein ungestörtes und geistig erfülltes Leben führen könnten. Für Erasmus und alle anderen, die mit ihm für den Frieden waren, hatten die Erfahrungen der nachfolgenden Jahrhunderte den Glauben an ein universales christliches Reich zerstört. Sie plädierten nun für eine Eintracht zwischen den mächtigsten Herrschern. 1522/23 widmete Erasmus seine *Paraphrasen* der vier Evangelien Karl V., Franz I., Heinrich VIII. und Erzherzog Ferdinand. Die Widmung für Franz in der Paraphrase des Markus-Evangeliums lautete: »Mit Gottes Gnade möge der

Geist des Evangeliums ... Euer aller Herzen in wechselseitiger Freundschaft und Eintracht vereinen ... Möge dies lange währen und nicht entehrt
werden durch das Vergießen christlichen Blutes in Kriegen, die Ihr gegeneinander führt zur ewigen Verderbnis der Religion Christi.«[50] 1524 zogen
die Empfänger der Widmungen der Matthäus- und der Lukas-Paraphrase
(Karl V. und Heinrich VIII.) in den Krieg gegen den Adressaten der Widmung der Markus-Paraphrase.

Genauso wie der Glaube an die Idee einer Universalmonarchie war auch
die Vorstellung verlorengegangen, der Papst könnte ein Schiedsrichter
zwischen den Nationen sein. Die letzte große Geste einer solchen
päpstlichen Entscheidung erfolgte 1494 im Vertrag von Tordesillas, demzufolge (modern ausgedrückt) der um den Globus laufende Längengrad
von 46°37' westlich von Greenwich die Grenze darstellen solle zwischen
den Hemisphären der ausländischen Siedlungen und Eroberungen der
Spanier und der Portugiesen. Zu Spaniens Verdruß erhielt Portugal dadurch Brasilien und auf der anderen Seite der Welt die Molukken oder
Gewürzinseln. Aber bemerkenswert an diesem geopolitischen Schuß ins
Dunkle war, daß er von denen respektiert wurde, für die er gedacht war –
auch wenn sich seefahrende protestantische Nationen (England, Frankreich, Holland) darüber hinwegsetzten. Bevor Fernão de Magalhães 1519
zur ersten Weltumsegelung aufbrach (in deren Verlauf er freilich sterben
sollte), erhielt er von den Spaniern Anweisungen, die in diesem Punkt
unmißverständlich waren: »Ihr dürft in all jenen Erdteilen entdecken [das
heißt: für uns in Anspruch nehmen], was noch nicht entdeckt worden ist,
so daß Ihr innerhalb der Demarkation und der Grenzen des Allerdurch-
lauchtigsten Königs von Portugal nichts entdeckt oder tut ..., sondern nur
innerhalb der Grenzen unserer Demarkation.«[51] In seinem Bericht über
eine spätere Reise um die Welt bemerkte der florentinische Kaufmann
Francesco Carletti anläßlich der Ankunft in Goa im Jahre 1601, dies sei das
Hauptquartier des östlichen Weltreichs von Portugal, »gemäß der Teilung
der Welt durch Papst Alexander VI.«[52]

Doch wenn sich die Päpste innerhalb Europas erboten, Streitigkeiten
beizulegen, mißtraute man ihren Motiven, besonders nach ihrer Einmischung in die Selbsthilfepolitik der italienischen Kriege. Als der Papst im
Interesse eines Kreuzzugs gegen die Türken zum Frieden mahnte, schenkte man ihm kein Gehör. Als der venezianische Botschafter die Bereitschaft
der Republik erklärte, diese Initiative von Papst Leo X. zu unterstützen,
machte ihm Heinrich VIII. unmißverständlich klar: »Zu einem allgemeinen
Feldzug gegen die Türken wird es nicht kommen, solange so viel Verrat
unter den christlichen Mächten herrscht, daß sie nur von dem einen

Gedanken beseelt sind, einander zu vernichten.«[53] Die Idee, politischer Frieden könne erkauft werden um den Preis, daß man die Streitigkeiten untereinander in einem gemeinsamen Angriff auf das Osmanische Reich aufhob, lebte gleichwohl weiter, wenn auch zum größten Teil nur in der Traumwelt von Schriftstellern, die vor den nackten Tatsachen des politischen Lebens zurückschreckten, wie in der Vorstellung einer treuen Leserschaft von Ritterromanen, für die Torquato Tasso 1581 sein sinnenfreudiges Versepos *Das befreite Jerusalem* über die damals herrschende Kreuzzugsstimmung schrieb. Wirkliche Kreuzzugsinitiativen wie das Projekt des polnischen Königs Stephan Báthory in den späten siebziger Jahren des 16. Jahrhunderts, einen paneuropäischen Angriff auf die Türken mit päpstlicher Unterstützung zu organisieren (vermutlich erst nach einer Eroberung von Rußland), waren reine Propagandaübungen. Die ungewöhnliche Mission der Brüder Anthony und Robert Sherley, im Jahre 1600 einen Kreuzzug in Europa zu mobilisieren, sobald sie die Unterstützung von Schah Abbas von Persien, dem Hauptfeind der Türken im Osten, gewonnen hatten – was ihnen nach vielen Abenteuern auch gelang –, war die verschrobene Besessenheit redegewandter Schwindler: Als sie die zurückhaltend interessierten europäischen Höfe aufsuchten, zeigte sich nur, daß in der Idee der Einheit für einen Kreuzzug noch ein Fünkchen Leben steckte. Doch aus diesem Fünkchen wurde keine Flamme. Der religiöse Aspekt des Friedenswillens ging in den frühreformatorischen Konflikten unter, um dann in der zwar breitere Zustimmung findenden, aber noch immer ohnmächtigen Form des Eirenismus wiederaufzutauchen – einem Appell, daß alle Formen eines ernsthaften Glaubens unter einer friedlich vereinten politischen Schutzmacht sollten gedeihen dürfen. Eine festere Grundlage zur Reduzierung von Konflikten schienen multinationale Verträge zu bieten, die nicht nur Kriege beilegen, sondern auch den Frieden aufrechterhalten sollten. Ein frühes Muster stellte der Frieden von Lodi im April 1454 dar. Was zunächst nichts weiter als ein Abkommen zwischen den kriegführenden Staaten Mailand, Florenz und Venedig war, weitete sich in den folgenden Monaten zum Vertrag von Venedig aus. Damit hatte man ein Rahmenabkommen für ganz Italien geschlossen, nach dem es keine Kriege mehr zwischen den einzelnen Staaten geben sollte und man sich gegen eine ausländische Einmischung verbünden würde. Durch die Einbeziehung von Neapel wurde es auf die Straße von Messina ausgeweitet. Andere unabhängige Staaten schickten rasch ihre Botschafter zur Unterzeichnung, und nach der Zustimmung des Papstes nannte sich das gesamte Abkommen Heilige Liga.

Im Januar 1455 gab es in Italien eine Organisation zur Erhaltung des

Friedens, die einzigartig in Europa war. Ihre Mitglieder sicherten zu, daß sie zunächst einmal fünfundzwanzig Jahre lang die Grenzen der anderen Mitgliedsländer respektieren und diese konsultieren würden, ehe sie irgendeine militärische oder diplomatische Initiative ergriffen, die das gemeinsame Interesse gefährden würde, und daß schließlich jeder von ihnen eine Streitmacht aufrechterhalten würde, die mit denen der anderen Mitglieder gegen jede Signatarmacht einschreiten würde, welche sich nicht an die Bedingungen des Abkommens hielte. Nicht minder bemerkenswert war auch die Tatsache, daß das System nicht nur in den ersten fünfundzwanzig Jahren, sondern fast fünfzig Jahre funktionierte. Bis 1494 die Einfälle von außen begannen und enthüllten, wie dünn das Band war, das die Liga zusammenhielt, gab es nur zwei einigermaßen bedeutsame und nahezu lokal begrenzte Kriege auf der Halbinsel: einen Versuch Neapels und des Papstes, Lorenzo de' Medici aus seiner Position in Florenz zu verdrängen, und den Krieg von Ferrara zwischen dem Papst und Venedig. Beide Konflikte wurden zwar nicht genauso beigelegt, wie es die Vertragsbestimmungen vorsahen, aber zumindest durch einen ungewöhnlichen Aufwand an gemeinsamer diplomatischer Überredungskunst.

Auf dieses vorzüglich funktionierende System griff ein Projekt zurück, das im Jahre 1462 dem französischen König Ludwig XI. von Antonio Marini, einem Bankier und Kaufmann italienischer Herkunft, der in Grenoble lebte, sowie – ernsthafter – vom böhmischen König Georg von Podiebrad vorgetragen wurde. Im Unterschied zur erklärten Absicht der Heiligen Liga dachten sie an die Errichtung eines Mechanismus zur Sicherung des inneren Friedens, so daß man gemeinsam Krieg gegen die Türken führen könnte. Wie beim Frieden von Lodi sollte der erste Schritt in einem Bündnis zwischen wenigen Mächten bestehen, in diesem Falle zwischen Frankreich, Böhmen und Venedig. Wie bei der Liga, aber auf europäischer Ebene, sollten dann die anderen Mächte aufgefordert werden, sich anzuschließen. Alle sollten versprechen, untereinander keinen Krieg zu führen sowie eine gemeinsame Sicherheitsstreitmacht aufrechtzuerhalten und sich an einer Kreuzzugsarmee zu beteiligen. Im Hinblick auf sein größeres Ausmaß ging das Projekt dann noch weiter: Es sollte einen gemeinsamen Gerichtshof geben, vor dem Streitigkeiten zwischen Mitgliedsstaaten entschieden würden, eine Generalversammlung aus Vertretern der einzelnen Nationen, die regelmäßig zusammenkämen, und eine entsprechende Bürokratie. Das Ganze machte den Eindruck, mehr als nur ein Mechanismus zu sein, mit dem man die Türken zurückwerfen könnte – vielleicht würde man damit sogar die Teilung Europas ein für allemal in den Griff bekommen.

Das Projekt scheiterte an Desinteresse, Mißtrauen und seiner unrealistischen Logistik. Aber seine allgemeinen Prinzipien sollten im frühen 17. Jahrhundert wieder zur Sprache gebracht werden, und inzwischen wurden sie 1518 im Vertrag von London widergespiegelt, der das ewige Hin und Her zwischen dem Anknüpfen und Abbrechen diplomatischer Beziehungen beenden sollte, das so typisch war für das politische Leben in West- und Mitteleuropa seit 1494.

Wie der Marini-Podiebrad-Plan begründete zwar auch dieser Vertrag seinen Friedenswillen auf dem Motiv eines christlichen Kreuzzugs, aber in erster Linie zielte er doch auf die Errichtung einer ständigen Organisation für die kollektive politische Sicherheit der europäischen Mächte. Der führende Kopf dabei war Kardinal Wolsey, der den Ehrgeiz hatte, den Kontinent als Ganzes zu prägen, aber damals auf die humanistische Forderung nach einer Einigkeit unter den Fürsten einging. Sein hauptsächlich weltliches politisches Anliegen wurde gleichwohl 1517 angeregt durch das Projekt eines paneuropäischen Kreuzzugs, das von Leo X. initiiert war und mit aller Entschiedenheit von seinen Legaten in anderen Ländern propagiert wurde. Leo stellte sich eine allgemeine Waffenruhe vor, die fünf Jahre währen sollte und bei der die Mächte bereit waren, einen päpstlichen Schiedsspruch über jede wechselseitige Gegnerschaft, die zum Krieg führen könnte, zu akzeptieren und das Ihre in Form von Geld, Truppen, Artillerie und Schiffen beizusteuern. Die Legaten fanden rasch heraus, daß dieser letzte Versuch, einen Kreuzzug im Interesse von ganz Europa (außer Rußland) zu propagieren, zwei entscheidende Schwächen aufwies: Man traute dem Papst nicht als unparteiischem Schiedsrichter, und die Monarchen konnten sich nicht darauf einigen, wer der Oberbefehlshaber des militärischen Unternehmens sein sollte. An diesem Punkt schaltete sich Wolsey ein, um das Element der »Waffenruhe« in Leos Plan stärker herauszuarbeiten und das allzusehr auf Rivalität abzielende militärische Element herunterzuspielen. Der Vertrag von London sollte die Probleme von Europa ein für allemal beilegen und nicht kurzfristig die Kriegslust des Christentums anstacheln. Ausgerechnet Wolsey, eine Säule der Kirche, zielte also darauf ab, die Betonung der christlichen Mission Europas zurückzunehmen.

Wie beim Abkommen von Lodi ging es auch bei diesem Vertrag im Kern um eine interne Regelung: um eine Allianz zwischen England und Frankreich, die durch einen Heiratsvertrag zwischen Heinrichs VIII. zweijähriger Tochter Mary und Franz' I. ältestem Sohn, der noch in der Wiege lag, zusammengehalten werden sollte (ein französischer Kommentator bemerkte dazu später: »Kriege enden wie Komödien: durch eine Heirat«[54]).

Daraus entwickelte sich der eigentliche Vertragsinhalt. Danach bemühte
man sich erfolgreich um den Beitritt aller Großmächte wie den der kleineren, von Portugal bis Gelderland und Urbino. Selbst die Schweizer, die vom
Export von Söldnern lebten, unterzeichneten, und sogar der Papst begnügte sich mit der Rolle eines Partners. Alle waren bereit, ihren Untertanen zu
verbieten, für ausländische Mächte zu kämpfen, und einstimmig auf die
Unterdrückung lokaler Kriege hinzuwirken. Die schwerfälligen Mechanismen der Initiative von 1462 wurden umgangen, und so vermittelte der
Vertrag von London den meisten europäischen Ländern einen gedämpften
Optimismus, die Teilung doch noch in den Griff zu bekommen.

Europa war freilich einerseits zu groß, um sich selbst zu überwachen, und
zugleich zu klein und noch allzu angespannt aufgrund vergangener Ressentiments, als daß es sich über längere Zeit an ein Moratorium gegen ihr
Wiederaufflackern gehalten hätte. Innerhalb von zwei Jahren fiel Dänemark in Schweden ein; trotz der Freundschaftsparade von 1520 in der
Zeltstadt auf dem sogenannten Goldtuchfeld unweit von Calais, als französische und englische Chöre bei der Messe einen Wechselgesang anstimm-
ten, verband sich England mit Spanien zu einem Angriff auf Frankreich;
Italien wurde wieder einmal das Objekt für dynastische Gewinnsucht;
angesichts der Ausbreitung des lutherischen Glaubens in Deutschland und
der Schweiz war es für den Papst unmöglich, Frieden auf Kosten des
katholischen Glaubens zu suchen; die Verbindung zwischen Deutschland
und den Niederlanden nach der Wahl von Karl zum Kaiser im Jahre 1519
konkretisierte die vage Idee der europäischen Einheit in der leichter
nachzuvollziehenden Vorstellung einer dynastischen Achse: hier die Habsburger und ihre Verbündeten, dort das französische Haus Valois und seine
Anhänger.

Dem Rückfall von der Eintracht in den Konflikt wurde 1559 vorübergehend
erneut Einhalt geboten. In diesem Jahr stimmten anläßlich des auf einem
Abkommen zwischen Spanien und Frankreich beruhenden Friedensver-
trags von Cateau-Cambrésis die erschöpften Mächte westlich von Polen
einer Vereinbarung zu, nach der die Unterzeichner ihre Interessen einem
dauerhaften, allgemeinen Frieden unterordneten. Aber es verging kein
Jahrzehnt, da herrschte erneut Krieg in Frankreich, und England sandte
Truppen zur Unterstützung der Hugenotten aus; auch Schweden und
Dänemark führten gegeneinander Krieg; nach der Abdankung Karls V. im
Jahre 1556 brach das Habsburgerreich auseinander, das zumindest ein
Bündnisgleichgewicht um eine Achse quer durch Europa angeregt hatte.
Die politischen Rivalitäten wurden unterstützt durch ideologische Aufrufe
zum Handeln, die von Calvins Genf und vom gegenreformatorischen Rom

ausgingen; die italienischen Staaten holten ihre Gesandten aus protestantischen Hauptstädten zurück; England zog 1568 seinen letzten Botschafter
in Spanien ab und verlor den offiziellen Kontakt zu Wien; Rom war nicht
länger die internationale Informationsbörse. Das europaweite System der
ständigen Botschaften, das in den vergangenen hundert Jahren aufgebaut
worden war, hatte zwar Kriege nicht verhindert, aber gelegentlich den
Frieden ermöglicht. Nun verkümmerten Teile davon und wurden ersetzt
durch ein Netz von Agenten minderen Ranges, die nicht immer im Gastland
akkreditiert waren – Informationssammler und Spione statt potentielle
Verhandlungsführer.

1589, dreißig Jahre nach Cateau-Cambrésis, räsonierte Botero darüber, ob
derartige Allianzen für einen dauerhaften Frieden sorgen könnten. »Demnach aber / wa viel Fuersten und Herrn in einer Buendnusse sind / und
zugleich miteinandern Kriege fuehren / einen die Gefahr mehr betrifft /
derowegen jhme mehr daran gelegen / als den andern / und diß orts ein
ungleicheit sich befindet / die man nicht vermeyden kan : so ist es ja nicht
glaeublich / daß die Bundsgenossen sich mit gleicher Macht allzeit erheben sollen. Wa aber diß orts nicht ein gleicheit gehalten wirdt / da wirt
gewiß lich der Bund wenig namhafftiges außrichten. Dann zu gleicher
weise / wann in einem Uhrwerck es nur an einem eintzigen Rad / oder am
Gewichte fehlet / dz gantze Werck still stehet und nichts soll : also wann
in einer Buendnusse nur ein Theil mangel hat / so wirt dadurch der gantze
Bund zertrennet und zertheilet / nit anderst als wann an einem Leyb ein
Glied vom andern gerissen wurde.«[55] Der fehlende Glaube an Allianzen
und das verzweifelte Gefühl, daß die Teilung Europas unabänderlich sei,
verleiteten einige Denker, denen die noch immer lebendige Idee des
Augusteischen Kaiserreiches, »als in der ganzen Welt Frieden herrschte«,
und des Heiligen Römischen Reiches von Karl dem Großen im späten
8. Jahrhundert durch die Köpfe spukte, zu vergessen, wie sehr diese Epochen doch in Wahrheit von Kriegen zerrissen gewesen waren, als sie darauf
drängten, daß alle sich einer großmütigen Supermacht unterwerfen sollten. Selbst Botero konnte kurz vor seinem Lebensende im Jahre 1607 noch
schreiben, er glaube, das Menschengeschlecht wäre glücklich, wenn es
unter einem einzigen Fürsten leben könnte. Er begeisterte sich für diese
hoffnungsfrohe Vorstellung und sah ein Europa voraus, in dem alle Patrio-
tismen sich zu einem einzigen vereint hätten, die Lebenshaltungskosten
wegen der fehlenden Kriegssteuern sinken würden und die Menschen
überallhin würden reisen können, »mit ein und derselben Sprache und
Währung«.[56] Für den Italiener Tommaso Campanella, der zu der neuen
Welle utopiebegeisterter Schriftsteller um die Wende zum 17. Jahrhundert

gehörte, die wie More über die internen Machtkämpfe in Europa bekümmert waren – für Campanella stand eine derartige umfassende Führung Spanien zu und dann Frankreich: Angesichts des Schauspiels eines unnachgiebigen Katholizismus und aufgrund eigener bitterer Erfahrungen in den Gefängnissen der Inquisition änderte er seine Meinung. Bemerkenswerterweise allerdings war das Land, das damals das größte bewunderungsvolle Interesse unter den Beobachtern, wenn auch nicht unter den Akteuren der politischen Szene auf sich zog, das republikanische und isolationistische Venedig, dessen Staatsmänner durch ihr praktisches Beispiel wie durch ihre Propaganda unmißverständlich zu verstehen gegeben hatten, daß es auf dem geteilten Kontinent das beste sei, sich zur Verteidigung zu bewaffnen, sich aus Schwierigkeiten herauszuhalten, gerecht zu regieren und einen sicher umfriedeten Garten zu bestellen.

Nach Cateau-Cambrésis war die Beschäftigung mit dem Frieden auf internationaler Ebene tatsächlich aus den Händen der Politiker in die Köpfe von Intellektuellen übergegangen, von den Konferenztischen mitsamt ihrem beflissenen Gefolge in Denklaboratorien, in denen hingebungsvoll Zuversicht spendende Kulturmodelle konzipiert wurden. In dieser Beschäftigung kam ein realistischerer Versuch der Auseinandersetzung mit grundsätzlichen Problemen zum Ausdruck als in den pazifistischen Ideen von Erasmus und seinen Zeitgenossen.

Angesichts der Völkermorde in der Neuen Welt und des zunehmenden Schreckens, den in der Alten größere Armeen und Feuerwaffen verbreiteten, war ein neues Konzept entstanden: ein durchsetzbares Völkerrecht, das die Gewaltpolitik einschränken sollte und auf ureigenen »natürlichen« Lebens- und Eigentumsrechten beruhte wie auf der Achtung vor den üblichen Gebräuchen der Menschheit insgesamt. Das würde dann das mittelalterliche »Kriegsrecht« ablösen, das in erster Linie an der Etikette einer formalen Ankündigung von Feindseligkeiten und an der Behandlung von Gefangenen interessiert war, für die man ein Lösegeld herausholen konnte. Bei den frühen Theoretikern verwies das Völkerrecht auf einen Internationalismus im weitesten Sinne. »Denn nur die Welt als Ganzes, gewissermaßen als eine einzige Republik, hat die Macht, Gesetze zu erlassen, die gerecht sind und allen gemäß«, schrieb Francisco de Vitoria Mitte der dreißiger Jahre des 16. Jahrhunderts[57]; für Alberico Gentili gehörte 1598 das internationale Kriegsrecht »zu jener großen Gemeinschaft, die von der ganzen Welt und dem gesamten Menschengeschlecht gebildet wird«.[58] Gleichwohl wandten sich im frühen 17. Jahrhundert die Rechtsphilosophen, darin wahrhaft Männer ihrer Zeit, von einer derartigen Verallgemeinerung ab und befaßten sich nunmehr mit den Rechten von Untertanen in souveränen Nationen und mit dem Verhalten von Nationen angesichts individueller Feindseligkeiten. Der große Kenner dieser Materie, Hugo Grotius, machte in seinem 1625 erschienenen Hauptwerk *De iure belli ac pacis libri tres (Drei Bücher vom Recht des Krieges und des Friedens)* unmißverständlich klar, daß es beim Kriegsrecht nur um die Rechte und Pflichten der Kriegführenden gehe und daß sich damit weder nationale Gerichtshöfe noch internationale Versammlungen zu befassen hätten.

Zunehmend war man der Meinung, daß es nicht einer Organisation, sondern einer bestimmten Atmosphäre bedurfte, in der die Idee der Eintracht gedeihen konnte. Nun, da die religiös begründete Verfolgung von Juden und verdächtigen Konvertiten vom Koran zur Bibel auf Menschen mit einem reinen christlichen Gewissen und auf Intellektuelle an sich ausgedehnt worden war (der nur seinem inneren Drang folgende radikale Philosoph Giordano Bruno wurde verbrannt, der Utopist Tommaso Campanella gefoltert, Grotius entkam einer lebenslangen Kerkerstrafe durch die Flucht in einer Bücherkiste), war zunächst religiöse Toleranz erforderlich – eine Luft, die man ohne Heimlichkeit und selbstbewußt atmen konnte.

Die eirenistische Friedensbewegung, die sich seit der Jahrhundertmitte durch Bücher und Korrespondenzen ausbreitete, stützte sich auf viele intellektuelle Strömungen. Da gab es den verführerischen Synkretismus des Neuplatonismus, für dessen Anhänger die Botschaft Gottes alle Glaubensformen durchdrang – man mußte nur die kulturellen Codes entziffern, in die sie sich verkleidet hatte: die klassische Mythologie, die Lehre des Persers Zarathustra, die ägyptischen Hieroglyphen. Da gab es die auf Erasmus zurückgehende Tradition, die in den Evangelien eher eine Quelle zu gemeinsamer geistlicher Anleitung sah als ein Arsenal, aus dem Polemiker sich ihre Waffen holen konnten. Immer mehr breitete sich der Glaube aus, daß man mit magischen Praktiken die allem zugrundeliegende Harmonie des Universums erschließen und für die Beziehungen zwischen Menschen und Nationen nutzbar machen könne. Dann gab es Menschen, die von politischen und sektiererischen Konflikten nichts wissen wollten und, wie der tödlich verwundete Mercutio über die verfeindeten Familien Montagu und Capulet, eine Haltung nach dem Motto »Hol der Henker eure beiden Häuser!« einnahmen. Die einen fügten sich in diesem Sinne resignierend, stoisch pragmatisch ins Unglück. Andere sahen dies weniger weltlich. »Dann unser Vaterland«, schrieb Valentin Weigel 1576, »ist nicht diese Welt / nicht Europa / nicht Deutschland / nicht diß oder das Fürstenthumb ... wer in GOtt lebet / und Gott in jhm / der ist daheim in seinem

Vaterland / und mag nicht verjaget werden.«[59] Andere wiederum waren
der Meinung, daß die Erfordernisse der inneren Ordnung wie der diplomatischen und wirtschaftlichen Vernunft religiöse Konflikte in die Schranken wiesen. Im Prolog zu *Der Jude von Malta* (um 1589) läßt Marlowe
seinen (unhistorischen) Machiavelli wettern:

> Nur kindisch Spielwerk ist mir Religion,
> Unwissenheit erklär ich einzig Sünde.[60]

Daß er damit in den zunehmenden Abscheu gegenüber dem Sektierertum
einstimmte, geht daraus hervor, daß genau zur selben Zeit Jean Bodin, der
entschiedenste Fürsprecher der politischen Souveränität, für Religions-
toleranz plädierte. Als Émeric Crucé allerdings 1623 für Frieden warb,
schätzte er die Abkehr vernünftiger Menschen vom Sektierertum allzu
optimistisch ein. »Wir sehen, wie sich eine unendliche Vielzahl von Menschen nicht verpflichtet fühlen, etwas anderes zu glauben, als was ihnen
die Vernunft zeigt ... Die Zahl dieser Menschen wird jeden Tag größer.«[61]
Allein schon aus der namentlichen Erwähnung derartiger Meinungsquel-
len geht hervor, wie unterschiedlich sie waren – teils esoterisch, teils
mystisch oder einfach idiosynkratisch. Und weil sie auf derart exzentrischen Fundamenten ruhte, neigte die eirenistische Bewegung weniger zu
praktischen europäischen Lösungen als zu einem unverbindlichen Universalismus. Guillaume Postel, der in allen intellektuellen Strömungen seiner
Zeit beschlagen war und sich um den Frieden in Europa bemühte, zwängte
1545 seine Reflexionen zu diesem Thema in ein Buch, dem er gleich den
Titel *Über die Eintracht auf der ganzen Welt* geben mußte. Vergebens
wandte er sich um Unterstützung an mehrere französische Könige, an den
deutschen Kaiser Ferdinand, ja sogar an Venedig. Man müsse nur, argumentierte er, mit allem Nachdruck die für alle Menschen bestehenden
Probleme der Welt vernunftgemäß angehen, um einzusehen, daß das
Geteiltsein die Entwicklung der Menschen als körperliche und geistige
Wesen beeinträchtige. »Da Gott die Menschen in die Welt gesetzt hat, auf
daß sie gesellige Wesen seien«, erklärte Postel,

> die einander helfen und Vergnügen daran empfinden, beisammen
> zu sein; und weil es – aufgrund der Vielfalt der Gebräuche, Sprachen,
> Meinungen und Religionen – unmöglich ist, daß Menschen sich in
> einer Gemeinschaft vereinen, wenn sie einander zunächst nicht
> kennenlernen: Dann, sage ich, kann das beste, nützlichste und
> notwendigste Werk auf dieser Welt, das zu einer vollkommenen

Versöhnung der Menschheit führt, nur darin bestehen, den Menschen so viel Wissen über einander zu vermitteln, daß sie mit dessen Hilfe das Schlechte wie das Gute in Personen oder Völkern erkennen, die ihnen vorher unbekannt waren, und das Schlechte im anderen ertragen, während sie das Gute begrüßen – und dann kann die Welt zu allgemeiner Einigkeit gelangen.[62]

Mit ähnlichen Formulierungen verbreiteten auch spätere Eirenisten ihre Botschaft und verwässerten sie damit: Indem sie sie an die ganze Menschheit richteten, erschien sie dem einzelnen zu abstrakt, um sie begreifen zu können. Die Katholiken waren der Ansicht, daß alle Europäer wieder zum Katholizismus zurückkehren sollten, die Calvinisten waren dafür, daß sich so viele wie möglich zur calvinistischen Form der reformierten Religion bekehren sollten. Postel – und nach ihm der Venezianer Paolo Sarpi, der 1619 in seiner bitter realistischen *Ausführlichen Historie und Beschreibung des Concilii zu Trient* die religiöse und politische Teilung von Europa beklagte – warf dem Konzil (1543–1546) vor, das Ideal einer Versöhnung im Interesse eines Programms für den Konflikt ignoriert zu haben. Auch die gegen Trient gerichtete calvinistische Dordrechter Synode von 1618/19 sollte keineswegs die Unterschiede harmonisieren, die sich zwischen den internationalen Mitgliedern herausgebildet hatten, sondern das Schwert des Glaubens neu schmieden. Dabei hatte es durchaus eine Versöhnung auf lokaler Ebene gegeben. 1570 einigten sich polnische Lutheraner und Calvinisten darauf, ihre Differenzen beizulegen. Zähneknirschend akzeptierte die französische Regierung 1598 im Edikt von Nantes, bis zu einem gewissen Grade den calvinistischen Gottesdienst zu tolerieren. Aber nur einsam spekulierende Geister konnten sich den Luxus leisten, sich eine allgemeine Duldung vorzustellen, die den Weg zum Frieden in Europa erleichtern würde.

Es gab allerdings eine ganze Reihe praktischer internationaler Abkommen um die Jahrhundertwende: zwischen den katholischen Erzrivalen Frankreich und Spanien im Jahre 1598, zwischen Spanien und dem protestantischen England 1604, zwischen den Habsburgern im Osten und den Türken 1606 und schließlich den am zögerlichsten geschlossenen Frieden überhaupt – die 1609 vereinbarte Waffenruhe zwischen Spanien und den weitgehend calvinistischen Provinzen in den nördlichen Niederlanden. Dahinter stand kein umfassendes Programm, sondern dies waren einfach zufällige Augenblicke der finanziellen Erschöpfung oder des nervösen Mißtrauens von Monarchen, die sich nicht sicher waren, inwieweit sie bereits abhängig waren von unzuverlässig mächtigen Untertanen oder

repräsentativen Institutionen, die die Kriegführung noch aufrechterhielten. Zwei dieser Monarchen, Jakob I. im Westen und Rudolf II. im Osten,
interessierten sich tatsächlich für die eirenistische Bewegung, aber sie
galten als Joker im Kartenspiel der europäischen Fürsten: sexuell ambiva-
lente, intellektuelle Sympathisanten universalistischer Träumer, exzentrisch, schwach. Aber die Abkommen beeinflußten in der Tat zwei Entwürfe zur Unterdrückung der Teilung, die durch die Schichten des
eirenistischen Universalismus bis zu den früheren Projekten für eine
friedenserhaltende Organisation zurückreichten.

Beide kamen aus Frankreich, und das war nicht weiter überraschend: Von
allen Ländern war Frankreich am tiefsten in seinem Nationalstolz ge-
kränkt, weil es gerade erst von einem Bürgerkrieg erschüttert war und sich
vergebens bemüht hatte, Verbündete zur Wiederherstellung seiner Position zu gewinnen, die es unter Franz I. innegehabt hatte. Die gemäßigte
Meinung hatte einen schweren Schlag erlitten durch das Ausmaß des
politisch-religiösen Hasses, der 1572 zu jenem antiprotestantischen Po-
grom in Paris geführt hatte, das in ganz Europa als das Massaker der
Bartholomäusnacht berüchtigt war (außer bei unverbesserlichen Katholiken: der Papst gab eine Gedenkmedaille heraus). Davon mußte man sich
erst im Rahmen einer Koexistenz erholen.

Als 1608 der Außenminister Heinrichs IV. an den Botschafter in London
schrieb, gebrauchte er Formulierungen, die schon damals altmodisch
waren: Er sprach von königlichen Heiraten, die dafür sorgen könnten, daß
Frankreich, England und Spanien einander in Freundschaft verbunden
wären. Und dann fügte er hinzu, falls diese Verbindungen geschickt ein-
gefädelt würden, könnten sie eine Grundlage bilden für »einen universalen
Frieden in der Christenheit, der unsere Tage überdauern könnte«.[63] Aber
erst der Minister, dem Heinrich am meisten traute, der omnikompetente
Maximilien de Béthune, Herzog von Sully, weitete diese vage Hoffnung zu
einem sorgfältig durchgearbeiteten Projekt für ein friedliches Europa aus.[64]
Daß er darüber mit Heinrich sprach, ehe der König 1610 ermordet wurde,
ist unwahrscheinlich. Der ehemalige Soldat und führende Kopf bei Be-
festigungs- und Militärstraßenprojekten empfahl den Krieg gegen Spanien
bis zu Heinrichs Tod. Danach fiel er in Ungnade, wurde entlassen, und
irgendwann in seinem Ruhestand, vermutlich in den zwanziger Jahren des
17. Jahrhunderts, nahm er den Plan in die merkwürdige Schriftensamm-
lung auf, die er als seine *Memoiren* bezeichnete. Das Grundmotiv dieses
Plans zielte zwar darauf ab, den Druck Spaniens auf Frankreich zu mildern,
doch sein klarer Aufbau, in dem sich die Faszination widerspiegelte, die
Kartographie und strategische Planung auf Sully ausübten, war die private

Zerstreuung eines überaus geordneten Verstandes in der erzwungenen Abstinenz von Staatsangelegenheiten.

Sully klammerte das »asiatische« Rußland aus seiner Rechnung aus, als er die bestehenden Staaten von Europa in fünfzehn Einheiten einteilte. Sechs beruhten auf dem Wahlprinzip: das Papsttum, die Kronländer des britischen Reiches, Ungarn, Böhmen und Polen sowie der Doge und der regierende Rat der Republik Venedig. Sechs waren Erbmonarchien (wobei die Kronen von England und Schottland nunmehr in der Person Jakobs I. vereint waren): Frankreich, Spanien, Großbritannien, Dänemark, Schweden und Savoyen. Drei bezeichnete Sully als gemischt: die Schweiz, die Niederlande und »Italien«, womit er einen Staatenbund aus der Toskana, Mantua, Parma und Piacenza, Modena und Reggio, Genua und Lucca meinte. Er schlug vor, Neapel solle von der spanischen Herrschaft unter die des Papstes gestellt werden. Damit sprach er eine Reihe von Gebietstransfers an, in denen er eine Möglichkeit sah, ein Gleichgewicht der Interessen herzustellen. Somit sollte Sizilien an Venedig gehen, Österreich und die südlich davon gelegenen Herzogtümer (Steiermark, Kärnten, die Kraina) an Ungarn, Mailand und Montferrat an Savoyen-Piemont, Tirol, die Franche-Comté und das Elsaß an die Schweiz. Spaniens Machtbereich sollte sich auf die Halbinsel, Sardinien sowie die Balearen und die Azoren beschränken, und seine überseeischen Besitzungen würden der spanischen Monarchie nach dem Ermessen sämtlicher konföderierter Einheiten zurückgegeben werden.

Wenn dies geregelt sei, sollte es echte, festgelegte und dauerhafte Grenzen geben. Das sollte keine eirenistische Tagträumerei sein. Die Grenzen gestatteten es den religiösen Blöcken – dem Luthertum, dem Katholizismus und dem Calvinismus –, für sich zu bleiben, und diese Grenzen sollten von einer Generalversammlung aus Vertretern all der neugebildeten Einheiten garantiert werden, die abwechselnd in verschiedenen Ländern zusammenkommen würde. Da die Zusammenkünfte dieser Körperschaft aus logistischen Gründen nur gelegentlich stattfinden könnten, sollte es sechs ständige Räte geben, die für bestimmte Regionen zuständig seien: in Danzig für skandinavische und polnische Angelegenheiten, in Nürnberg für deutsche, in Wien für böhmische und ungarische, in Konstanz für Mailänder, mantuanische und Schweizer sowie in Bologna für päpstliche und italienische Belange. Ein siebtes Konzil würde abwechselnd in den Niederlanden, in Großbritannien, Frankreich und Spanien zusammentreten.

Die von Sully vorgeschlagene föderale Organisation sollte die Aufgabe haben, die Handelsfreiheit zu Lande und zu Wasser zu sichern und vor allem Kriege zu verhindern. Jede Einheit sollte eine Friedenstruppe aufrechterhalten, die dort eingesetzt wurde, wo es notwendig war. Ein Krieg zwischen einzelnen Einheiten sollte nur mit Genehmigung der Versammlung gestattet werden, und zwar unter der Bedingung, daß die gesamte Kriegsbeute mit den am Krieg nicht beteiligten Einheiten geteilt wurde. Pflichtschuldigst merkte Sully ergänzend an, daß sich daraus noch ein dritter Vorteil ergeben könne: eine vereinte europäische Gegnerschaft gegen das Osmanische Reich.

Daß dieser von einem der erfahrensten und nüchternsten Staatsminister der Zeit entwickelte Plan so haarsträubend unbrauchbar war, lag an dem Versuch, den eirenistischen Idealismus in eine Aktualitätsschablone zu pressen und Politiker dazu zu bewegen, die traditionalistische Brille abzulegen, durch die sie ihre Landkarten betrachteten. Zweifellos war das auch ein wenig auf seine Ungeduld angesichts der Fülle von amateurhaften Friedensprojekten zurückzuführen, die Frankreichs erneutes Hineinschlittern in einen Bürgerkrieg im Jahre 1614 kennzeichneten und die umfassenderen Konflikte begleiteten, zu denen es kam, als ein Land nach dem anderen von 1618 an in eine neuerliche internationale Konfliktrunde hineingezogen wurde: in den Dreißigjährigen Krieg.

Aus diesen Projekten ragte wegen ihres größeren Spielraums die von Émeric Crucé vorgeschlagene föderale Organisation zur Erhaltung des Friedens heraus. Im *Neuen Cyneas* behauptete Crucé, sein Projekt werde den Bedürfnissen Europas auf eine praktische Weise gerecht. Diese Bedürfnisse lauteten: gesellschaftliche Harmonie, freundschaftliche und organisierte internationale Beziehungen und religiöse Toleranz. Aufgrund des sich daraus ergebenden Friedens würde es zu Steuer- und Tarifnachlässen kommen und mit der Abwertung von Währungen ein Ende nehmen. Dank des Friedens könnte der Austausch zwischen einzelnen Ländern verbessert werden, besonders durch die internationale Verbindung von Meeren und Flußsystemen mit Hilfe von Kanälen. »Welche Freude wäre es doch zu sehen«, bemerkte er dazu, »wie Menschen sich frei von hier nach dort bewegen und sich miteinander verbinden, ohne durch Eigentümlichkeiten eines Landes, Zeremonien oder andere derartige Unterschiede behindert zu werden, so als wäre die Erde wirklich das, was sie ja ist – eine einzige Stadt, in der alle miteinander leben.«[65]

Zur Grundbedingung, dem Frieden, erklärte Crucé: »Unter Kaiser Augustus waren alle Nationen befriedet. Und nach der Herrschaft von Franz I. [das heißt nach Cateau-Cambrésis] herrschte ein paar Jahre lang Frieden in ganz Europa.«[66] Er war also ein durchaus erreichbares Ziel. Alle Staaten (und für ihn hieß das einschließlich Rußland) sollten dem Krieg abschwören und ihre Streitkräfte auf die Größe einer Polizeitruppe reduzieren. Alle sollten sich damit einverstanden erklären, sich bei Schwierigkeiten an den Schiedsspruch einer Generalversammlung ihrer Repräsentanten zu halten und Mehrheitsentscheidungen notfalls mit Waffengewalt zu unterstützen. Der Europäische Rat sollte einen festen Standort haben. Crucé entschied sich für Venedig, teils wegen seiner Lage zwischen Osten und Westen und seinen guten Verbindungen zu den nördlichen Nationen, teils »weil es praktisch neutral ist und gleichgültig gegenüber allen Fürsten«.[67] Teilweise vermutlich auch wegen der berühmten gesellschaftlichen Harmonie zwischen der Regierung und den Untertanen, die zum »Mythos« Venedig dazugehörte, ebenso wie wegen der Stabilität seiner Währungseinheit, des Dukaten, und seines ausgesprochenen Kosmopolitismus. Denn Crucé war empfänglich für einen eirenistischen Universalismus. Daher nahm er auch den Repräsentanten des Sultans in den Rat auf (wobei er so weit ging, ihn in seiner Rangtabelle zwischen den Papst und den Kaiser zu setzen). Er ließ sogar die Tür offenstehen für Abgesandte aus Marokko, Japan und des »Großmoguls ... und auch anderer Monarchen aus Indien und Afrika«.[68]

Fünf Jahre zuvor, 1618, während einer Zusammenkunft von Vertretern der böhmischen Stände, die gegen die Politik protestierten, die dem Land vom abwesenden Kaiser Matthias (er hatte seinen Hof von Prag nach Wien zurückverlegt) diktiert worden war, waren zwei seiner Statthalter aus einem Fenster oben im Hradschin geworfen worden – sie stürzten immerhin in eine Tiefe von zwanzig Metern. Wie durch ein Wunder schwächte der Unrat im Burggraben den Aufprall ab, so daß sie fliehen und von diesem ungeheuerlichen Vorgang Bericht erstatten konnten. Und die Geschwindigkeit, mit der sich diese Geschichte auf dem ganzen Kontinent verbreitete, veranschaulicht, in welchem Maße ganz Europa für eine Krise in einer einzelnen Region sensibilisiert war. Das Thema Revolution und Selbstbestimmung stellte die Macht in Frage und ließ (insbesondere religiöse) Minderheiten überall neue Hoffnung schöpfen. Als spanische Truppen in Böhmen einmarschierten, erklärte ein holländischer Beobachter gegenüber einem deutschen Kollegen, er glaube, daß »der böhmische Krieg unser aller Schicksal entscheiden wird«.[69] Als sich der Konflikt ausweitete, boten sich neue Möglichkeiten zur Intervention – Mitteleuropa wurde, was Italien seit 1494 längst war: eine Zone, in der man Gebiete annektieren und die Macht von Nationen erneut auf die Probe stellen konnte. 1628 – fünf Jahre nach Crucés Plan zu einem einzigen runden Tisch für den Frieden – bemerkte der expansionistische Herrscher von Schweden, Gustav Adolf, mit entschiedener Genugtuung, daß »alle Kriege, die in Europa im Gange sind, miteinander verschmolzen und ein einziger Krieg geworden sind«.[70] In dem Maße, wie das Bild Europas in intellektueller Hinsicht immer klarer wurde, traf dies auch auf die Teilungen und die Möglichkeiten zu, daraus politisches Kapital zu schlagen. Das ist durchaus nicht paradox. Freunde und Feinde zogen aus dem Wissen, das beiden zunehmend zur Verfügung stand, schlicht unterschiedliche Schlüsse. Und auf die gleiche Weise wuchsen die Antipathien zwischen den Nationen, je schneller die Menschen einander kennenlernten – Postels Rezept für die »vollkommene Versöhnung der Menschheit« hatte nicht funktioniert.

4. Kapitel

Verkehr

Grenzen und Sprachen

Émeric Crucé sehnte sich nach einem friedlichen Europa, in dem die Menschen »sich frei von hier nach dort begeben« könnten, und er verschwieg dabei, in welchem Maße ihnen dies bereits möglich war. Ungeachtet der inquisitorischen Überwachung im Spanien und Italien der Gegenreformation, wo protestantische Besucher Schikanen befürchten und zuweilen sogar um ihr Leben bangen mußten, war die Zahl der Menschen, die über die stets durchlässigen Grenzen europäischer Länder hinweg reisten, im Verhältnis zur Bevölkerung größer als je zuvor.

Aus noch immer ungeklärten Gründen und an keinem Ort wie zu keiner Zeit gleichförmig schwoll die Gesamteinwohnerzahl von Europa an: von geschätzten sechzig Millionen im Jahre 1500 auf achtzig Millionen im Jahre 1600, wobei Litauen und Rußland nicht berücksichtigt sind – hier ist das demographische Belegmaterial selbst für eine vorsichtige Schätzung zu dürftig. Die Bevölkerung von Deutschland beispielsweise stieg von zwölf auf sechzehn Millionen, die von Frankreich von sechzehn auf über neunzehn Millionen, in England und Süditalien hat sie sich vielleicht verdoppelt, ebenso wie in Kastilien, nämlich von drei auf fast sechs Millionen, ehe es in ganz Spanien seit den neunziger Jahren des 16. Jahrhunderts zu einem ausgesprochenen *rallentando* kam. Der Spielraum für die Aufnahme dieser neuen Arbeitskräfte war allerdings gering in einer Landwirtschaft, die überwiegend aus Ackerbau und Weidewirtschaft bestand, und um 1500 bereits so weit wie praktisch möglich in sumpfige, karge und gebirgige Gegenden vorgedrungen war. Die zahlreichen verstreut liegenden Kleinstädte, mit einer Einwohnerzahl zwischen sechs- und zwölftausend, waren einfach zu abhängig von einem beschränkten Gebiet, in dem sie ihre Erzeugnisse vermarkten mußten, als daß sie noch viele neue Arbeitsplätze anbieten konnten. Der Hauptdruck verlagerte sich auf Städte mit einer seit langem errichteten Handels- und Industriebasis und weiterbestehenden guten Einfuhrmöglichkeiten von Rohstoffen und Nahrungsmitteln. Die Einwohnerzahl im eigentlichen London also – der Stadt innerhalb der Mauern – verdreifachte sich von rund 50 000 auf 150 000; im Ballungsgebiet London nahm sie von 60 000 auf annähernd 225 000 zu.

Gerade die Städte mit magnetischer Anziehungskraft, die Eldorados der Enteigneten und Vertriebenen – dazu zählten auch Lissabon, Sevilla, Venedig, Nürnberg, Paris und Lyon, Antwerpen –, beklagten sich bei ihrer Regierung darüber, daß die zumeist einheimischen, aber auch ausländischen Wanderarbeiter den Wohlstand und die gesellschaftlichen Kontrolldienste zerstörten, die gerade mit den eigenen Problemfällen fertig wurden: den ungeschützten Alten, den Gebrechlichen, den Geistesgestörten, den unerwünschten Kindern, den aufgrund eines Niedergangs der lokalen Wirtschaft vorübergehend Arbeitslosen. Eine Fülle von Gesetzen und eine ganz Europa überschwemmende Flut von Büchern und Flugschriften, die sich mit arbeitslosen Banden, echten und falschen Bettlern, übelriechenden Straßenlagern, terrorisierten Vorstädten befaßten, bezeugten die Ernsthaftigkeit dieses innenpolitischen Problems ebenso wie das Unvermögen der Regierungen, damit fertig zu werden. Die wellenartige Zunahme der Bevölkerung schwemmte die Menschen weiterhin von einem Land ins andere. Lange, unkontrollierte Grenzabschnitte sowie eine Vielzahl von Furten und einsamen Buchten boten zahllose Möglichkeiten zur heimlichen Wanderung. Viele Auswanderer zeichneten sich durch besondere Fähigkeiten oder Neigungen aus, so daß sie in der Geschichte namentlich als Steuerzahler, Soldaten oder Verbrecher auftauchten. Andere hingegen tauchten, und zwar nicht unbedingt tragischerweise, darin unter.

Auf jeden Fall beschränkten die Staaten angesichts einer personalmäßig nur schwach besetzten Bürokratie ihre effektive Einmischung in den freien Grenzverkehr auf eher vordergründige Ziele. Man erwartete, daß Kaufleute mit ihren Waren in Allwetterhäfen einlaufen oder auf polizeilich überwachten Straßen hereinkommen konnten. Das galt auch für diplomatische und wohlhabende Privatreisende: Sie waren bereit, einige Unbequemlichkeiten in Kauf zu nehmen, wenn sie sich in Häfen oder Städten wieder erholen konnten, in denen es gute Gasthöfe gab und normale Transportmöglichkeiten (zu mietende Schiffe oder frische Pferde) zur Verfügung standen, während sie sich die offiziellen Reisegenehmigungen besorgten, die ihnen auf der Weiterreise viel Ärger ersparen konnten. Gleichwohl war die Ausgabe von Pässen und Reiseerlaubnissen, ein erstes Anzeichen staatlicher Wachsamkeit, eine allgemeine, wenn auch wechselnde Praxis. Thomas Platter, ein eifriger Bildungsreisender im »Ausland«, schrieb nach

einem Englandaufenthalt zu Hause in Deutschland den »paßport« ab, den
er und seine Gefährten 1599 in London von Sir Henry Cobham vor der
Weiterreise nach Dover erhalten hatten, und übersetzte ihn »auf teütsch«:

> Dieweil zeigere disers briefs, Hans Joachim Stüber, Peter Julius,
> Andres Pucher, Paulus Holtzbecher, Martin Pisset, Thomas Platter,
> hochteütsche edelleüt unndt studenten, neüwlich hie über kommen
> sindt, getriben mit begirdt, ihre mayestet undt daß landt zebesehen,
> unndt yetzunder willens sindt, in Frankreich über zu passieren, eben
> umb der ursach willen, so ist diser brief, eüch zu bitten undt alle die
> eüweren, welche dieß mag antreffen, nicht allein ihnen zuzulassen,
> daß sie mit ihren fellis undt allem, was sie notwendig mit ihnen
> führen, rüwig passieren, ohne einige eüwerer oder der eüweren
> hinderung; sondern viel mehr ihnen allen gebeürlichen gonst undt
> freündtlikeit, so viel es eüch möglich wirdt sein unndt sie begeren
> werden, desto komblicher fort zu reißen, zerzeigen, dieweil sie
> nichts mit ihnen führen, welches der ordnung zewider ist, unndt sich
> auch nicht anderst dann gebürendt verhalten. Wann ihr dieß thun
> werdendt, solt ihr in kraft diß zedels entschuldiget sein.[1]

Das Ganze war von Cobham unterzeichnet und außerdem durch das rote
Wachssiegel von Elisabeths Bevollmächtigtem beglaubigt.
In den an Inländer ausgegebenen Pässen wurde nicht nur der Inhaber
namentlich aufgeführt, sondern auch die Zahl der Pferde und die Barschaft,
die zur Begleichung der Reisekosten ausgeführt wurde. Im Krieg oder in
Zeiten internationaler Spannungen wurde auf eine zeitliche Begrenzung
sowie auf die Länder hingewiesen, die die Reisenden nicht betreten durften. Eigentlich wurden Pässe einigermaßen regelmäßig nur in solchen
Zeiten ausgegeben, außer bei Männern von Rang und Würde, die auf
staatliche Dienstleistungen sogar in Friedenszeiten Anspruch erheben
könnten; Einwanderungskontrollen waren in jedem Fall nur oberflächlich.
Platter und seine Freunde, lauter Protestanten, präsentierten einfach ge-
fälschte Pässe, in denen ein anderer Wohnsitz stand, wenn sie katholisches
Gebiet betraten, oder sie gaben sich, bei ihrem Spanienaufenthalt, als
Kaufleute aus, die keine politischen Pässe benötigten, solange sie für
anderswo gekaufte Gegenstände in ihrem Gepäck Zoll zahlten – in einem
Reiseführer von 1610 stand sogar, am leichtesten könne man durch den
Zoll gelangen, wenn man jemanden auf der richtigen Ebene besteche.
Angesichts der Durchlässigkeit der Grenzen und der Bestechlichkeit der
an den Übergangsstellen diensttuenden Beamten lag die ganze Last, die

unerwünschte Einwanderung und Reisebewegung zu beschränken, bei
den Städten. Die meisten dieser für die umherirrenden Beschäftigungs-
losen oder Sektenprediger so anziehenden Orte waren von Mauern umgeben. Wenn die Tore bei Einbruch der Dämmerung geschlossen wurden,
konnten nicht einmal die Bewohner in ihre Häuser zurück, die sich bei der
Rückkehr von einem Ausflug verspätet hatten. Wegen einer schlechten
Straße, eines lahmen Pferdes konnte ein Reisender von der Dunkelheit
überrascht werden – das hatte auch zur Folge, daß einige der besten
Gasthöfe und gastfreundlichsten Klöster in Vorstädten gelegen waren.
Nach Tagesanbruch bekam es der Besucher mit der Torwache zu tun. Die
kontrollierte das Gepäck und die Reisegenehmigungen, ging Hinweisen
auf Stadtbewohner nach, die als Bürgen benannt wurden, überprüfte
Zertifikate, denen zufolge der Besucher in den vergangenen vierzig Tagen
nicht Gebiete passiert hatte, die von der Pest heimgesucht waren, und gab
die Pässe schließlich an einen namentlich bekannten Privathaushalt oder
einen Gasthof weiter, der sie mit einem entsprechenden Vermerk wieder
abliefern mußte. Waffen, die nachgerade zur Grundausstattung eines Reisenden gehörten, wurden eingezogen – außer bei besonders hochstehen-
den Besuchern. So berichtete ein Besucher von Florenz 1546: »Vor dieser
Stadt nahm man uns aber die Wehre, und da wir sagten, daß wir bis an den
Abend in der Stadt bleiben wollten – sonst hätte uns einer, unsre Wehre
tragend, durch die Stadt geführt – so bunden sie an das Kreuz der Wehre
ein Kerbstöcklein, von dem sie uns ein Stück gaben, das daraus geschnitten
war.«[2] Zuweilen verpflichtete man Gastwirte, die Waffen aufzubewahren,
und verlangte von ihnen, daß sie den Behörden täglich über ihre Gäste
Bericht erstatteten.

Regierungen erwarteten von ihren Geheimagenten im Ausland, daß sie
nicht nur Informationen über das betreffende Land besorgten, sondern
auch über ihre eigenen Landsleute berichteten. Elisabeths außenpoliti-
scher Spezialist, Sir Francis Walsingham, beschäftigte dreiundfünfzig Informanten in den wichtigen Städten von sieben Ländern, unter anderem
auch drei Agenten in der Türkei. Aber von diesem Land und von Rußland
bezeichnenderweise abgesehen, kamen die Reisebedingungen jenen Kategorien von Menschen entgegen, die aufgrund ihrer Erziehung und ihres
savoir faire am ehesten imstande waren, ihre Erlebnisse im Ausland
bewußt zur Kenntnis zu nehmen und sie anderen mitzuteilen. Dies waren,
wie wir sehen werden, Kaufleute und geschickte, des Lesens und Schreibens kundige Handwerker, besonders wenn sie eine Zeitlang im Ausland
lebten; Diplomaten jeden Ranges; Studenten und Gelehrte; Literaten, Musiker, Maler und Bildhauer; Forschungsreisende. Auf diese Kategorien von

Reisenden stützte sich Postels Glaube, daß ein europäisches Gemein-
schaftsgefühl von Menschen ausgehen würde, die »Wissen über einander«
erwarben.

Am eigentlichen Vorgang des Reisens hatte sich seit dem Mittelalter nichts
geändert. Die revolutionäre Entwicklung der Kartographie mag es Reisenden ermöglicht haben, sich ihre Route im voraus klarer zu vergegenwärtigen und sie für die Rückkehr festzulegen, aber es steht nicht eindeutig
fest, ob Karten unterwegs zu Rate gezogen wurden. Nur wenige Karten,
selbst regionale kaum, enthielten Straßen, und auf jeden Fall konnten
Straßen durch heftigen Regen ausgewaschen werden und monatelang
praktisch unpassierbar sein, nachdem ein Heer seine schweren Kanonen-
fahrzeuge auf ihnen entlanggeschleppt hatte. Reisende erkundigten sich
noch immer an Ort und Stelle über die praktikabelste Möglichkeit, sich an
ihre Reiseroute zu halten, nämlich anhand der Liste der Ortsnamen, die
die üblichste Quelle für Richtungsangaben war und deren Einfluß sich in
der sorgfältigen Notierung von Haltepunkten und der Entfernung zwischen
ihnen in Reisetagebüchern widerspiegelte. Nach Möglichkeit wandten sie
sich vor Ort an Landsleute oder Gastwirte und Priester, die Standardfragen
mit ein paar mehrsprachigen Brocken beantworten konnten, oder – wie in
Venedig – an offizielle Führer, deren Aufgabe darin bestand, Besuchern zu
zeigen, wo sie wohnen und einkaufen konnten und was sie sich ansehen
sollten.

Noch bewegte man sich mit der alten Geschwindigkeit fort, nämlich zu Fuß
oder hoch zu Roß. Ein Schweizer Kaufmann, der viel unterwegs war,
beklagte sich in der zweiten Hälfte des 16. Jahrhunderts: »Hab wenig Ruh
gehabt, daß mich der Sattel nicht an das Hinterteil gebrannt hat.«[3] Mit dem
Pferd konnte man häufig fünfzig bis siebzig Kilometer am Tag zurücklegen,
ja ein berufsmäßiger Kurier sogar doppelt soviel und mehr, wenn er sich
auf Postrouten mit frischen Pferden versorgte. Bis politische Neuigkeiten
das diplomatische Zentrum Rom erreichten, benötigten sie von Florenz
oder Neapel mindestens drei Tage, von Venedig vier, von Lyon zehn, von
Madrid sechsundzwanzig. Normalerweise schaffte man auf einer Tagesreise rund vierzig Kilometer, und diese Reisegeschwindigkeit blieb kon-
stant bis zur Einführung der Eisenbahn. Auf Flüssen ließen sich zwar
schwere Frachten billig befördern (die Schiffe wurden oft am Ziel verkauft
oder abgewrackt, weil es zu teuer war, sie wieder flußaufwärts zu schlep-
pen), aber Reisende unternahmen nur selten Flußfahrten: sie mußten an
Zollstationen anhalten, die von Grundbesitzern mit Uferrechten errichtet
worden waren. Das Kanalsystem, wie es Émeric Crucé vorgeschwebt war,
hatte in Europa keine Unterstützung gefunden, außer in der mailändischen

Lombardei, und türkische Pläne, das Schwarze und das Kaspische Meer im
Jahre 1570 durch einen Kanal zwischen Don und Wolga miteinander zu
verbinden, gediehen auch nicht weiter als ihre noch kühnere Idee, eine
Verbindung zwischen Mittelmeer und Indischem Ozean über die Landenge
von Suez herzustellen. Was die Transportmittel betraf, so gab es auf gut
instand gehaltenen Durchgangsstraßen vielleicht mehr Kutschen als bisher – eigentlich waren es Bauernwagen mit Sitzen. Erasmus, der immer
über die Unbequemlichkeit des Reitens bei seinen vielen Besuchen von
Freunden und Verlagen stöhnte, fuhr 1518 in so einem Wagen von Köln
nach Aachen. Er war darüber keineswegs glücklich: »Gegen Dunkelwer-
den« kam er »nach Aachen, todmatt infolge des Rüttelns des Wagens, das
auf der steinigen Straße mir so beschwerlich war, daß ich lieber auf dem
lahmsten Pferde hätte sitzen mögen.«[4] Seit der Jahrhundertmitte wurden
nach und nach reich verzierte Kutschen eingeführt. Über kurz oder lang
würden sie Statussymbole für Langstreckenreisende werden, aber zunächst einmal mußten sie sich damit begnügen, majestätisch über die
gepflasterten Straßen in Städten auf und ab zu rollen.

Da das ländliche Europa dünn besiedelt war, kam es selbst in Spanien, wo
es nur wenige Gasthöfe gab, die noch dazu weit auseinander lagen, nur
selten vor, daß man über Nacht nicht irgendeine Schlafgelegenheit fand.
Überrascht und bestürzt mußte ein Reisender im Jahre 1602 feststellen,
man könne in Rußland »zwanzig bis dreißig Meilen zurücklegen, ohne auf
eine Stadt oder ein Dorf zu stoßen«.[5] Man hielt es hingegen kaum für der
Rede wert, daß das Essen schlecht und der Wein sauer sein konnte, daß
es vielleicht vor Läusen wimmelte und man das Bett mit anderen teilen
mußte. Auch wenn die häufigen Berichte über die Reinlichkeit holländischer Straßen und Häuser auf eine gewisse Empfindlichkeit im Hinblick
auf Abwässer, Hygienebedingungen und Gestank schließen lassen, war
dies doch kein heikles Zeitalter. Man tröstete sich über Unannehmlich-
keiten hinweg, indem man ausgiebig zechte. Ogier Ghiselin von Busbeck
beklagte sich nicht etwa darüber, daß er in der Türkei hin und wieder auf
dem Boden oder in einem Stall schlafen mußte, sondern über die
Schwierigkeit, Wein zu bekommen, »die übliche Arznei gegen schlimme
Nächte«.[6]

Das Reisen wurde gefährlicher, als das Bevölkerungswachstum manche
Männer zwang, sich auf Straßenraub zu verlegen. Im Laufe des 16. Jahrhunderts wurde es üblich, einen Geleitschutz anzuheuern oder sich mit
anderen Gruppen zusammenzutun. Die wachsende Zahl von Galgen am
Straßenrand außerhalb von Städten, an denen die verwesenden Leichname
von Räubern hingen, mochte die effiziente Arbeit von Bürgerpolizeikräften

demonstrieren, war aber für Reisende eher beunruhigend als tröstlich, wenn sie sich auf einsamere Wegstrecken begaben. Zusätzliche Gefahr ging von den aus den Heeren Desertierten und von Soldaten aus, die nach einem Feldzug auf den Geschmack gekommen waren, auf Kosten der Zivilbevölkerung zu leben. Fynes Moryson beschrieb die Notbehelfe, dank derer er noch einigermaßen bei Kasse war, als er 1617 unterwegs in Frankreich ausgeraubt worden war: Er hatte Münzen ins Futter seiner Kleidung eingenäht, Garn um andere Münzen gewickelt und Nadeln ins Garn gesteckt, so daß man das Ganze für Nähzeug hielt, weitere Münzen hatte er auf den Boden einer Schachtel getan und »mit einer stinkenden Salbe gegen Krätze« eingeschmiert, so daß die Räuber die Schachtel angewidert beiseite warfen.[7] Auch die Reformationsunruhen brachten neue Gefahren mit sich. Als Sastrow von seiner protestantischen Heimat Pommern nach Italien reiste, stattete er sich mit dem Hut und dem Abzeichen eines Pilgers sowie mit einem italienischen Gewand aus (dessentwegen er auf der Rückreise durch Innsbruck beinahe gelyncht wurde), und einmal mußte er den Stummen spielen, damit ihn sein deutscher Akzent nicht verriet.

Diese zufällig ausgewählten Beispiele mögen auch als Erklärung dafür dienen, warum Zeitgenossen stets davon ausgingen, daß es sich bei Reisenden um Männer handelte. Frauen begaben sich vom Bauernhof auf den Markt, von einer protestantischen deutschen Stadt, in der sie sonntags am Gottesdienst teilnahmen, in eine katholische, wo sie Verwandte besuchten. Aber da sie sich um die Kinder und den Haushalt kümmern sowie das Geschäft des Mannes im Auge behalten oder es in seiner Abwesenheit sogar weiterführen mußten, von der Unsicherheit auf den Straßen ganz zu schweigen, überschritten sie nur selten die Landesgrenzen. Weniger Frauen als früher begaben sich auf Pilgerfahrten, die weiter führten als bis zu den Familiengräbern im eigenen Lande. In nennenswerter Zahl erlebten Frauen die Freiheit der Straße nur, wenn sie in Zigeunerbanden mitzogen, in *commedia dell'arte*-Truppen auf Tournee gingen oder dem Troß eines Heerlagers angehörten (als Ehefrauen, Geliebte, Prostituierte, Waschfrauen, Marketenderinnen und Krankenschwestern). Keine hat freilich einen Bericht über ihre Erfahrungen hinterlassen, weder die des Lesens und Schreibens kundigen Frauen, die mit einem Kaufmann oder Handwerker verheiratet waren und sich mit ihm im Ausland niedergelassen hatten, noch die Damen im Gefolge einer dynastischen Braut. Es ist nicht weiter überraschend, daß in dieser Welt alleinreisender Junggesellen und verheirateter Männer zumindest einige ein Auge für die Mode und das Aussehen der Frauen hatten und sich beispielsweise in Deutschland und der Schweiz

Handelshäuser florentinischer und Genueser Kaufleute in Brügge,
Druck aus dem 16. Jahrhundert

über den Reiz von gemischten Badehäusern und die bloßen Beine der
Bedienungen in den Schenken ausließen.

Daß lange oder in die Ferne führende Reisen beträchtliche Risiken bargen
(hauptsächlich im Hinblick auf Krankheiten und weniger auf den gewaltsamen Tod durch Strolche oder Piraten), spiegelte sich gegen Ende des
16. Jahrhunderts in der Zunahme von Lebensversicherungen wider, die
von dem Versicherungsunternehmen in der – reisezielabhängigen – Annahme abgeschlossen wurden, daß der Reisende nicht zurückkehren könnte. Ein derartiges Spiel mit Gottes Barmherzigkeit wurde nahezu allgemein
mißbilligt, besonders im Falle von Pilgerreisen, aber entsprechende Ab-
schlüsse wurden in England, den Niederlanden, Frankreich und Italien
schriftlich festgehalten und verweisen darauf, wie sehr sich die Geschäfts-
welt des immer größer werdenden Umfangs des Reiseverkehrs bewußt
war, von dem die Eirenisten sich erhofften, er würde die Menschheit in
wechselseitigem Verständnis zusammenbringen.

Viele größere Städte boten dem Reisenden die Möglichkeit, sich unter
seinen eigenen Landsleuten zu erholen. Im frühen 16. Jahrhundert gab es
italienische Gemeinden in Augsburg, Ulm, Ravensburg, Nürnberg und

Trient, in Brüssel und Antwerpen, in London, in Paris, Rouen, La Rochelle, Lyon, Montpellier, Avignon und Marseille, in Barcelona, Valencia und Sevilla, in Lissabon und in Genf. In Italien wiederum ging der Anteil der Deutschen zwar in Florenz zurück, nahm aber in Lucca zu. Der Kosmopolitismus Venedigs war geradezu sprichwörtlich. 1468 erklärte der gelehrte griechische Kardinal Bessarion gegenüber dem Dogen, er wolle seine herrliche Manuskriptbibliothek der Stadt übereignen, weil man sich als Grieche dort »in einem neuen Byzanz zu befinden scheint« und »Männer dort praktisch aus der ganzen Welt zusammenkommen«.[8] Thomas Coryat gab der Stadt 1608 den Spitznamen »Kleines Christentum«. Aber er räumte ein, daß selbst diese Bezeichnung nicht ausreiche, denn »dort kann man viele Polen, Slawonen, Perser, Griechen, Türken, Juden, Christen aus allen berühmten Regionen der Christenheit sehen, und jede Nation unterscheidet sich von der anderen durch ihre eigenen und besonderen Gewohnheiten«.[9] Noch heute verweisen die Namen venezianischer Plätze auf die Anwesenheit ausländischer Gemeinden: der Fondaco dei Tedeschi (ein Lagerhaus und Büros der Deutschen) und der Fondaco dei Turchi (das heißt der Händler aus dem Nahen Osten, also neben den Türken auch noch Armenier, Perser und andere), die Fondamenta dei Schiavoni (der Slawen, meist Dalmatiner), die griechische Kirche von San Giorgio dei Greci, die jüdischen Ghettos (ein venezianisches Wort). Ein weiteres kosmopolitisches Zentrum war Palermo. 1589 stellte ein französischer Besucher fest: »Man kann durchaus sagen, daß die Stadt – abgesehen von einigen einheimischen Handwerkern – vollständig von Ausländern bevölkert ist.«[10] Und als die Medici-Großherzöge Livorno zum gut ausgestatteten Freihafen ausbauten, begegnete man auch hier den unterschiedlichsten Zungen und Gesichtern.

Bedeutsamer für das Wachstum bestehender ausländischer Gemeinden und für die Errichtung neuer war die zunehmende Handelstätigkeit entlang der westlichen und nordwestlichen europäischen Küsten und über die Ozeane hinweg. »Früher«, schrieb ein Spanier 1524 an den Stadtrat von Córdoba, dem er die Verbesserung der Verbindungen auf dem Guadalquivir bis zum Meer bei Sevilla dringend nahelegte, »früher waren wir am Ende der Welt – heute befinden wir uns mittendrin, und unser Schicksal hat sich auf noch nie dagewesene Weise verändert.«[11] Das gleiche Gefühl brachte ein Lokalpatriot in Sevilla selbst zum Ausdruck: Einst pflegten unsere Regionen »wirklich das Ende der Welt zu sein, aber heute, seit der Entdeckung Westindiens, sind sie ihr Mittelpunkt«. Daher seien ausländische Händler und Bankiers zugezogen, zumeist Italiener (»unser Spanien ist das Westindien der Genueser« lautete ein bitterer einheimischer Kom-

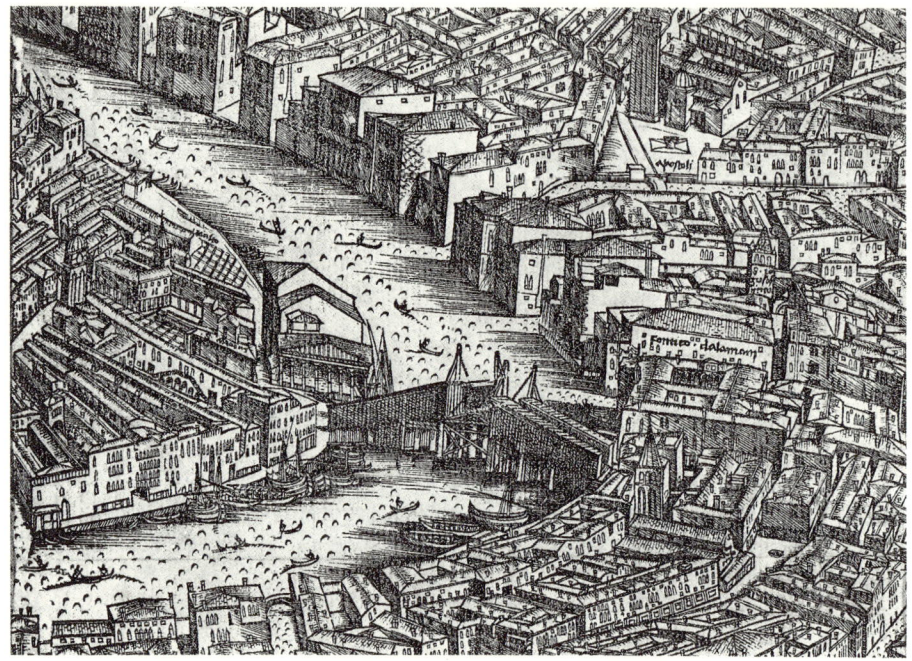

Rialto: Detail aus *Ansicht von Venedig aus der Vogelperspektive,* Holzschnitt von
Jacopo de' Barbari, 1500 (British Museum, London)

mentar von 1617), aber auch Deutsche und Franzosen.[12] Über London
bemerkte ein deutscher Besucher im Jahre 1599, »daß sie nicht allein die
fürnembste im gantzen königreich Engellandt, sondern auch für eine der
verrümptesten in der gantzen christenheit billich solle gehalten werden;
sonderlich sitthäro der kriegen in Niderlandt unndt Frankreich hatt sie umb
ettlich tausendt (familias) haußgesindt zugenommen, die wegen der religion sich in dise statt begeben haben, wie man dieselbigen gern aufgenommen«.[13] In der ersten Hälfte des 16. Jahrhunderts verband Antwerpen
den Ostseehandel mit Schwergütern mit dem Import von Gewürzen, Arz-
neimitteln und Ingredienzen zum Färben von Textilien aus den Ländern
am Indischen Ozean. Dank seiner ausgeklügelten Hafeneinrichtungen –
Riesenkränen, einem System von Zollspeichern und Kreditinstituten –
wurde Antwerpen das Venedig des Nordens. In den sechziger Jahren des
16. Jahrhunderts allerdings schränkte die Verschlammung der Schelde
bereits die Durchfahrt von Schiffen mit großem Tiefgang zu ihren Kais ein.
Dazu kam noch, daß sich die Katholiken als unduldsam erwiesen, so daß
Protestanten, die im Import-Export-Wesen, im Banken-, Versicherungs-

und Wechselgeschäft tätig waren, ihres Lebens nicht mehr sicher waren. Einige siedelten nach Amsterdam über, andere in jene deutschen Zentren, die ihre Tore fähigen Exilierten öffneten: Köln, Nürnberg, Frankfurt und Hamburg hießen als produktive Neubewohner nicht nur niederländische und französische Calvinisten willkommen, sondern auch jene, als Kaufleute tätigen jüdischen und getauften muslimischen »Marranen«, denen die Säuberungsaktionen der Inquisition und des »reinen Blutes« in Spanien das Leben zur Hölle gemacht hatten. Mit der Aufnahme calvinistischer Flüchtlinge siedelten sich in London und den größeren Städten von East Anglia französisch sprechende Minderheiten von hochqualifizierten Webern, Töpfern und Silberschmieden an. Neben dem Handel wurde also der Glaube ein weiteres Motiv für das Leben im Ausland. Die herausragendste Flüchtlingsstadt war das calvinistische Genf. Lange Zeit war es wegen seiner strategischen Lage an europäischen Handelsstraßen der Brennpunkt für kleine ausländische Kaufmannsgemeinden gewesen. Um 1570 waren sechzig Prozent seiner Bewohner Ausländer, zumeist Franzosen, aber andere kamen aus so fernen Ländern wie Schottland und Kreta. Am Ende des Jahrhunderts war es die am dichtesten bevölkerte Stadt in Europa. Stellte Sevilla die Verdichtung der alten, merkantilen Form des kosmopolitischen Zentrums dar, so war Genf das Flaggschiff der neuen Art: die Arche Noah der Flüchtlinge.

Die Mitglieder der ausländischen Gemeinden, ebenso wie die Besucher, die sich in ihrer Gesellschaft erholten, blieben – wenn sie nicht gerade besonders reich waren und gute lokale Beziehungen unterhielten – lieber unter sich: Sie lebten in eigenen Sprachbezirken, übernahmen die Schirmherrschaft über bestimmte klösterliche Orden oder Pfarrkirchen oder bauten sogar ihre eigene, wie die Florentiner Gemeinde in Rom oder die Griechen in Venedig. Die Kaufleute nun waren gekommen, um Handel zu treiben und Kontakte zu knüpfen, und die Flüchtlinge wollten ein neues Leben unter Glaubensbrüdern führen, und damit entstand ein Sprachproblem. Die Sprachverwirrung, die Gott als Strafe über die vermessenen Erbauer des himmelstürmenden Turms zu Babel verhängt hatte, erwies sich als Hindernis für jedes zwanglose Gefühl der Einheit unter den Völkern von Europa, genauso wie Dialekte das Bewußtsein einer gemeinsamen Herkunft innerhalb einer einzelnen Nation einschränkten. Als Luther die in der *Genesis* dargestellte Geschichte des Turmbaus zu Babel kommentierte, gestattete er sich eine Abschweifung mit einer zeitgenössischen Nutzanwendung: »Also ist ein Franzose einem Deutschen feind und verachtet ihn; die Italiener aber verachten und hassen alle anderen Nationen, so ihre Sprache nicht führen. Darum kann man aus dieser Verwirrung

der Sprachen erachten und spüren, daß ihre Herzen untereinander zer-
theilt und zertrennt, ihre Sitten verkehrt und alle ihre Gedanken, Art und
Vornehmen sich verwandelt haben; daß man solche Spaltung der Zungen
recht nennen möchte einen Ursprung und Ursache alles Uebels und
Unglücks; denn sie zugleich im weltlichen und Hausregiment Unordnung
und Verwirrung angerichtet hat.«[14]

Latein war zwar das Gegenmittel gegen die babylonische Spaltung, aber
als Verkehrssprache stellte es stets nur eine gelehrte Patina auf den
Intarsien der Volkssprachen dar, und diese Schicht wurde immer dünner.
Theoretisch hatte nahezu jeder, der zur Schule ging, eine Ahnung von
Latein. Es blieb die angesehenste Sprache für Autoren, die ein europäisches Publikum zu erreichen suchten. Verleger erkannten ihre Marktvor-
teile. Auch wenn Castigliones *Buch vom Hofmann* schon ziemlich bald nach
seinem Erscheinen im Jahre 1528 aus dem Italienischen ins Englische,
Französische und Spanische übersetzt worden war, verkaufte sich die
lateinische Übersetzung doch am besten. Das Latein ermöglichte es den
Gelehrten, ihr Fachwissen von einer Universität zur anderen mitzunehmen. Dem Latein verdankten es die Engländer – durch die Schriften von
Männern wie Bacon, Camden, dem Anatomen William Harvey und dem
Arzt und Theosophen Robert Fludd –, daß sie als Intellektuelle auf einem
Kontinent wieder Fuß fassen konnten, der sie – nach dem Verlust von Calais
im Jahre 1558 – als politische Macht zurückgewiesen hatte. Latein war der
Paß, der es der mehrsprachigen englischen Dichterin Elizabeth Weston
ermöglichte, Lob und Ruhm in Prag zu ernten, wo man ihrer um 1596 mit
einem Porträt gedachte. Aber die Kluft zwischen der Achtung vor dem
geschriebenen Latein und dessen praktischer Anwendung wurde von
Jahrzehnt zu Jahrzehnt größer. In einer 1522 geschriebenen Abhandlung
über Vorsichtsmaßnahmen gegen die Pest erklärte der Autor, während der
erste Teil lateinisch geschrieben sei zum Nutzen seiner Ärztekollegen, sei
der zweite in der Volkssprache gehalten, und zwar »für diejenigen Leser,
die eine klassische Sprache nicht verstehen«. Es war eine Sprache, die
derjenige, wie Moryson anmerkte, der sie tatsächlich fließend beherrschte,
»nur im geschriebenen Wort, nicht aber in der Praxis lebt«.[15]

Das Latein war in gewisser Hinsicht das Opfer seiner eigenen Fürsprecher
geworden, jener Humanisten nämlich, die es von Mischformen befreien
und wieder auf die Reinheit zur Zeit eines Cicero und eines Vergil zurück-
führen wollten. Das hemmte jene, die ihr Alltagslatein mit Worten und
Formulierungen anreicherten, die sie aus ihrer Muttersprache übernommen hatten. Aus den Tischgesprächen Luthers geht hervor, wie er aus dem
Lateinischen, das er bei der Erörterung theologischer Sachverhalte ver-

Elizabeth Weston,
anon. Zeichnung, um 1596
(Hessisches Landesmuseum,
Darmstadt)

wendet, ins Deutsche überwechselt, wenn er sie auf die Probleme des
normalen, häuslichen Lebens überträgt – in dem Neben-, ja Durcheinander
lateinischer und deutscher Wörter, Ausdruck seiner raschen Denkart,
spiegelt sich zwar zuweilen seine Persönlichkeit wider, aber der Sinn
seiner Worte bleibt eher dunkel. Als die diplomatischen Kontakte zunahmen und immer weniger Diplomaten des Lateinischen mächtige Kleriker
waren, beschränkte sich das Latein der Botschafter zumindest von den
zwanziger Jahren des 16. Jahrhunderts an hauptsächlich auf höfliche
Begrüßungs- und Abschiedsformeln, wobei man sich seit den fünfziger
Jahren freilich auch davon allmählich befreite: Das Dolmetschen zwischen
verschiedenen Volkssprachen wurde ein neuer Beruf. Keiner außer den
päpstlichen Diplomaten verwendete Latein regelmäßig für die Korrespondenz mit seiner Regierung, und selbst diejenigen, die Latein sprechen
konnten – die gab es immer –, hatten damit ihre liebe Not bei Verhandlungen, denn lokale Ausspracheformen erschwerten es, Bedeutungsnuancen
zu erfassen. Werke über die Arbeitsweise des Diplomaten, wie Ottaviano
Maggis Opus *Der Botschafter* von 1566, betonten immer mehr die Bedeu-

tung lebender Sprachen. Neben der lateinisch geschriebenen internationalen Verträge gab es, auf einer tieferen Ebene, Übersetzungen von Dolmetschern und Formulierungen von Sekretären in der jeweiligen Volkssprache.

Nur wenige Männer außer Erasmus liebten das Lateinische mehr als Enea Silvio Piccolomini, der es wie kein anderer geschickt anzuverwandeln wußte, um es für Themen und Begriffe nutzbar zu machen, von denen man im Augusteischen Zeitalter noch keine Ahnung gehabt hatte. Als er allerdings den jungen König Ladislaus von Böhmen und Ungarn im Jahre 1450 beriet, erklärte er, man solle zwar die Kenntnis des Lateinischen für selbstverständlich halten, aber Latein allein genüge nicht. »Die Liebe, nicht weniger als das Schwert, wacht über Königreichen … Ein Austausch der Sprachen ist der Liebe förderlich … Ihr müßt danach trachten, selbst in der Lage zu sein, Eure Untertanen zu hören, sie zu verstehen und mit ihnen zu sprechen. Häufig geschehen Dinge, die Eure Untertanen lieber Euch allein berichten mögen und die sie nicht einem Dolmetscher anvertrauen würden.«[16] Maximilian I. berichtete voller Stolz, wie sehr er doch für seine vielsprachige kaiserliche Rolle qualifiziert sei. Er war als Kind mit Deutsch aufgewachsen, lernte Latein auf der Schule, Sächsisch und Tschechisch

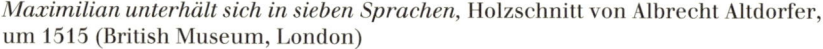

Maximilian unterhält sich in sieben Sprachen, Holzschnitt von Albrecht Altdorfer, um 1515 (British Museum, London)

von seinen Untertanen, Französisch von seiner Frau Maria von Burgund, Flämisch von den Beamten in den niederländischen Teilen seines Erbreichs, Spanisch von diplomatischen Korrespondenten, die geschmeichelt waren, als er ihre Sprache verwendete, Italienisch von den Hauptleuten und Englisch von den Bogenschützen, die er in seine Heere holte.

Maximilian legte auf seine Sprachkenntnisse so viel Wert, daß er einen seiner Künstler ein Bild von sich anfertigen ließ, auf dem er mit einer Meuterei unter seinen vielsprachigen Soldaten fertig wird. Dies ist, wie andere Behauptungen, daß er zu allen Aufgaben eines Herrschers befähigt sei, gewiß nicht für bare Münze zu nehmen. Aber es ist doch bezeichnend. Auch seine Nachfolger in Osteuropa – Ferdinand, Maximilian II. und Rudolf II. – lernten wenigstens einige Sprachen ihrer Untertanen. Rudolf beherrschte außer Latein noch Deutsch und Tschechisch und konnte zumindest spanisch, französisch und italienisch lesen. Andere Monarchen hingegen, Herrscher über einsprachige Reiche, nahmen das Verkümmern des Lateins hin. Franz I. sprach zumindest ein verständliches Italienisch; seine Söhne hatten alle italienische Hauslehrer. Elisabeth I., eine gute Lateinerin, beherrschte Italienisch und Französisch. Philipp II. von Spanien hielt sich ungewöhnlicherweise an die Sprache seines Vaterlandes, desgleichen Heinrich IV. – als ausgesprochener Chauvinist ließ er sogar seinen Sohn züchtigen, weil er Spanisch lernte.

Man war sich durchaus darüber im klaren, daß das Schullatein nicht lange verfügbar blieb. Machiavelli (der in seinen gewöhnlich volkssprachlichen Schriften nur das manierierte *etiam* verwendete) machte sich in seiner 1518 entstandenen Komödie *Mandragola* über den ebenso reichen wie einfältigen Bürger Nicia lustig, weil er auf den Latein parlierenden falschen Arzt hereinfällt, der seine Frau verführen will. 1594 konnte sich Shakespeare darauf verlassen, daß sein Publikum kicherte, als der pedantische Holofernes in *Liebes Leid und Lust* (V,2) den Jüngling einführte, der in dem von ihm erdachten Stück bei Hofe den jungen Herkules spielen soll:

> Den großen Herkules spielt dieser Knirps,
> Der Cerbrus totschlug, den dreiköpf'gen *canis.*
> Der schon als Säugling, als ein kleiner *stirps,*
> Die Schlangen hat erstickt in seiner *manus.*
> *Quoniam* er kommt noch minorenn allhie,
> *Ergo* verfaßt ich dies' Apologie.[17]

Fünf Jahre später ließ sich Thomas Platter, der sein Latein als Verständigungsmittel benutzen mußte, über die Schwierigkeit aus, die er damit hatte, die Schüler in Eton wie die Studenten in Oxford dazu zu bewegen, es gleichfalls zu gebrauchen. Während Paracelsus 1526 für einen Skandal sorgte, als er in seiner Heimat an der Baseler Universität Medizinvorlesungen in deutscher Sprache hielt, wurden einige der juristischen Vorlesungen an den Londoner Inns of Court bereits in englischer Sprache gehalten, und gemäß den Gründungsstatuten des Sir Thomas Gresham's College aus dem Jahre 1596 sollte die Montagsvorlesung über Medizin am Vormittag in Latein gehalten und am Nachmittag auf Englisch wiederholt werden, weil »der größte Teil der Hörer wahrscheinlich aus solchen Bürgern und anderen besteht, die von der lateinischen Sprache nur eine geringe oder gar keine Kenntnis haben«.[18] Während auf den Universitäten weiterhin offiziell auf Latein gelehrt wurde, entstanden in Frankreich, Deutschland und Italien immer mehr Institute für junge Männer, die sich auf eine höfische, diplomatische oder militärische Karriere vorbereiten wollten, für die Latein keine Grundvoraussetzung war. Um die Universitäten selbst entwickelten »Pauker« ihre Tätigkeit: Als Galilei noch an der Universität Padua lehrte, hielt er neben seinen Vorlesungen auch private Kurse für jene Studenten ab, die die neuen Anwendungsmöglichkeiten der Mathematik bei der Truppenbildung und der Befestigungstechnik kennenlernen wollten. Zur Vorbereitung junger Männer aus gutem Hause »auf den Dienst für ihr Land«[19] schlug Sir Humphrey Gilbert 1570 eine Akademie vor, an der Lehrer für Französisch, Italienisch, Spanisch und Holländisch beschäftigt seien. Als Sir George Buck im Jahre 1615 London als Englands »dritte Universität« vorstellte, die dem Staat mehr nützen werde als die konservativen Colleges in Oxford und Cambridge, verwies er darauf, daß sie über Lehrer in diesen und »diversen anderen Sprachen« verfüge, die sich »für Botschafter und Redner, für Agenten von Kaufleuten und für Reisende« eigneten.[20]

Die nichtberufstätige Oberschicht der Gesellschaft war nicht so sehr gegen das Latein an sich eingestellt, sondern gab ihm in ihren Erziehungsplänen nur weniger Gewicht. Die Bibliothek in Rabelais' imaginärem Ideal eines frommen Bildungsinstituts, der Abtei von Thélème im *Gargantua* (1532), war zwar entsprechend ausgestattet mit Büchern in den für das Bibelstudium benötigten Sprachen Latein, Griechisch und Hebräisch, verfügte aber auch über Werke auf Französisch, Italienisch und Spanisch, damit die wirkliche Welt nicht in Vergessenheit geriet und Gottes allgegenwärtige Stimme nicht verstummte. Die Betonung des persönlichen religiösen Erlebens durch die Reformation, die Rabelais berührte, ohne ihn zu bekehren, war von Luther 1518 zum Ausdruck gebracht worden: »Ich danck Gott, das ich yn deutscher zungen meynen gott also hoere und finde, als ich und sie

mit myr alher nit funden haben, Widder in lateynischer, krichscher noch
hebreischer zungen.«[21] Predigten waren zwar üblicherweise schon in der
Sprache der Gemeindemitglieder gehalten worden, aber die Verwendung
der Volkssprache für die Liturgie in protestantischen Ländern verringerte
die Zahl der Menschen in Europa, die zumindest daran gewöhnt waren,
Latein an Sonntagen und Heiligenfesten zu vernehmen.

Aus einer Reihe von Gründen nahm daher das Zeitalter, das die Wiedergeburt der wahren Form der Universalsprache des kaiserlichen Roms erlebte,
auch deren Niedergang hin. Dabei konnte eine sterbende Sprache noch
immer einen lebendigen Glauben nähren. Das Buch, das vermutlich den
Glauben und die Politik in Europa am stärksten beeinflußte, Calvins *Unterricht in der christlichen Religion,* erschien 1536 zuerst in lateinischer Sprache, wurde allerdings rasch übersetzt und für die landessprachliche Benutzung in Gemeinden von Schottland bis Böhmen bearbeitet. Latein blieb
ein Medium, in dem sich die internationale Gelehrtenwelt verständigte. Es
gab auch eine blühende neulateinische Literatur, deren lebendige Poesie
Pierre de Ronsard und seine Kollegen in der Dichterschule der Pléiade um
die Mitte des 16. Jahrhunderts zu begeistern vermochte. An Boden verlor
das Latein indes als allgemeines Verständigungsmittel.

Dieser Boden war aber eigentlich – außerhalb der gebildetsten Kreise – nie
sicher gewesen. Für die überwiegende Mehrheit derer, die unterwegs
waren, war Latein nie ein Ersatz für Gesten, die Aushändigung einer
Münze, geselliges Miteinander gewesen. Vor der Reformation gab es,
zumindest theoretisch, so etwas wie eine Informationsquelle für Reisende
in der Person des Gemeindepfarrers. Im Jahre 1507 lernte ein Florentiner,
der sich auf einer diplomatischen Mission nach München verirrt hatte, zu
seiner Erleichterung in Überlingen einen Priester kennen, der »in bescheidenem Maße Latein verstand«.[22] Eines der Ziele der Gegenreformation war
die Reduzierung der unglaublich großen Zahl von Priestern, die nicht
einmal ihre eigene Liturgie verstanden – immer wenn der Ablaßkrämer in
dem 1554 anonym veröffentlichten spanischen Schelmenroman *Die Geschichte vom Leben des Lazarillo von Tormes* Pfarrer aufsuchte, »erkundigte
er sich immer zuerst genau, wes Geistes Kind sie waren. Waren sie nämlich
gebildete Leute, so hütete er sich wohl, mit ihnen Latein zu reden, um keine
Schnitzer zu machen«.[23] Andererseits stieß Montaigne auf seiner Italienrei-
se auf Priester, deren Latein besser war als sein aus Büchern angelerntes
Italienisch. In dieser Zeit war alles möglich. Kein Wunder daher, daß
Reisende, die es sich leisten konnten, unterwegs Dolmetscher anheuerten
und sich ansonsten soviel wie möglich in den Gemeinden ihrer Landsleute
aufhielten.

Das Sprachproblem wird erst vordringlich, wenn es auf eine praktische Verständigung ankommt, bei der es um mehr als die üblichen Grundbedürfnisse geht. Als klar war, daß die praktische Verkehrssprache nicht Latein sein konnte, zeigte sich die babylonische Verwirrung in ihrer ganzen Konsequenz. Nunmehr hatte der Dolmetscher mehr zu bieten als der humanistisch gebildete Sekretär oder Hauslehrer. Er stand im Dienst der Regierung oder bot seine sprachlichen Waren auf Marktplätzen, in Häfen, in der Wandelhalle einer Börse feil. (Dabei war ihm nicht unbedingt zu trauen. Als Busbeck sich erkundigte, warum ein alter Türke wehklagte, als er ein Glas Wein in der Hand hielt, erfuhr er: »Er fordert seine Seele auf, sich in einen entlegenen Teil seines Körpers zurückzuziehen, so daß sie so wenig wie möglich verdorben wird durch das Verbrechen, das er gerade begeht.«[24]) Kaufleute schickten ihre Söhne in die Fremde, damit sie sich auf ausländischen Märkten besser auskannten, wobei sie jetzt besonderen Wert auf die Erlangung sprachlicher Fertigkeiten legten. Einige packten diese Gelegenheit beim Schopfe. Während seiner Lehre in Breslau wurde dem sechzehnjährigen Michael Behaim eine Stelle bei einer Firma in Krakau angeboten, »damit ich die Sprache lernen kann«. Er schrieb nach Hause: »Ich würde lieber nach Böhmen als nach Polen gehen, denn in Krakau gibt es jetzt fast mehr Deutsche als Polen ... Ich werde mehr lernen, wenn ich nicht unter Deutschen bin.«[25] Regierungen schickten aus den gleichen Gründen vielversprechende junge Männer aus Kanzleien an Botschaften im Ausland. Mehrsprachigkeit wurde zur Kenntnis genommen und gerühmt: Ein befreundeter Franzose sagte Ortelius nach, daß er fließend holländisch, deutsch, französisch und spanisch sprach; Marcus Pérez, ein emigrierter Marrane, der in Antwerpen als Kaufmann tätig war, wurde in den sechziger Jahren des 16. Jahrhunderts von seinen Kollegen wegen seiner beneidenswerten flämischen, deutschen, französischen, spanischen und italienischen Sprachkenntnisse empfohlen. Der niederländische Porträtmaler Anthonis Mor verdankte seinen internationalen Erfolg seit den fünfziger Jahren nicht zuletzt der Tatsache, daß er mit seinen Kunden und ihren Agenten französisch, spanisch und italienisch sprechen konnte.

Seit den achtziger Jahren des 15. Jahrhunderts hatten Reisende damit begonnen, ihren Berichten Glossare mit nützlichen ausländischen Wörtern als Anhang beizugeben. Seit 1477 wurden immer häufiger mehrsprachige Wörterverzeichnisse veröffentlicht: François Garons *Wörterbuch aus fünf Sprachen: Latein, Italienisch, Französisch, Spanisch und Deutsch* war nach seiner Veröffentlichung im Jahre 1526 in Venedig so beliebt, daß die Ausgabe von 1546 auf acht Sprachen erweitert worden war. Jacopo de'

Tizian, *Jacopo de' Strada,*
1567/68
(Kunsthistorisches
Museum, Wien)

Strada, ein gelehrter Antiquitätensammler und -händler, dessen Porträt
von Tizian gemalt wurde, starb 1588 über der Arbeit an einem Wörterbuch
mit elf Sprachen. Seit dem frühen 16. Jahrhundert begannen mehrsprachige Konversationsbücher als einfache Hilfen für Kaufleute im Ausland zu
erscheinen; seit der Jahrhundertmitte wurden sie so umfassend, daß sie
auch die Bedürfnisse jener befriedigten, die ihre Kenntnisse von einer
ausländischen Sprache vertiefen wollten. In dem langen Untertitel von
Claudius Hollybands *The French Schoolemaister (Der französische Schul-*
meister) von 1573 klingt die neue Kultur des Selbstunterrichts an: *worin*
ganz einfach die richtige und vollkommen perfekte Art der Aussprache der
französischen Sprache vorgeführt wird, ohne die Hilfe eines Meisters oder
Lehrers: zur Unterstützung all jener, die privat in ihrem Studierzimmer oder
Haus studieren. Der Ton von einigen dieser Bücher für den Selbstunterricht
konnte beruhigend unpedantisch sein. Als John Florio die Teile der Rede
in den parallel gedruckten englischen und italienischen Dialogspalten

seines 1578 veröffentlichten *Florio, his firste Fruites (Florios Erste Früchte)*
durchnahm, schrieb er:

> Laßt uns nun zu den Artikeln kommen.
> Ich bitt Euch, Sir, dies auch zu tun, falls Ihr nicht müde seid.
> Um Euch die Wahrheit zu sagen: Ich bin fast müde,
> aber gleichwohl werden wir weitermachen.

Und so vergnüglich lernte man mit Florio das Konjugieren:

> Schöne Maid, wollt Ihr, daß ich Euch liebe?
> Ich kann nicht behaupten, daß Ihr nicht liebt,
>   wenn Ihr lieben werdet.
> Ich habe Euch geliebt, ich liebe Euch,
>   und ich werde Euch lieben …
> Ich werde mein Fasten mit Euch brechen:
> Wir werden zusammen ein paar Würste essen.[26]

Während dieses Interesse am Lernen von Fremdsprachen die Lücke füllen
sollte, die das Latein hinterlassen hatte, interessierte man sich zugleich
für den Aufbau und den Umfang der eigenen Landessprache. Im Gegensatz zu den deutschen Humanisten, die die Vernachlässigung des klassischen Lateins durch ihre Landsleute tadelten, behauptete Luther, es gebe
nichts Wichtiges in der Alltagsunterhaltung zu sagen, was man nicht
genauso vollkommen auch auf Deutsch ausdrücken könne. Warum Zeit
mit der Wiederbelebung des Lateins verschwenden, fragte Ronsard 1589
– also einige Zeit nach der Veröffentlichung der *Défense et illustration de
la langue française (Verteidigung und Erläuterung der französischen Sprache)* seines Dichterkollegen Joachim du Bellay im Jahre 1549 –, wenn doch
das Französische eine so wortreiche und blühende Sprache ist? Gegen
Ende der Herrschaft von Elisabeth I. stellte Samuel Daniel die prophe-
tische Frage:

> Wer weiß denn, ob wir einst veräußern werden
> Den Schatz unserer Sprache, fremden Küsten
> Den Vorzug unsres höchsten Ruhms vermitteln,
> Unwissende Nationen so bereichern?
> Ob Welten im noch rohen Okzident
> Durch unsre Zunge je verfeinert werden?[27]

Aber wenn wir einmal von diesem besonderen Traum absehen, so beruhte die bewußte Kultivierung der Landessprachen auf kulturellem Stolz und auf bürokratischer Zweckmäßigkeit. Außer daß sie Übersetzern Anregungen vermittelte, wirkte sie sich nicht gezielt auf die Schwierigkeiten aus, die den gegenseitigen Verkehr behinderten. In Grenzstädten wie Trient, Triest oder Ragusa war die Zweisprachigkeit jedenfalls üblich. Für die gebildeten Franzosen von Navarra war Spanisch die zweite Sprache. Infolge der traditionellen politischen und militärischen Kontakte zwischen Schottland und Frankreich, der Toskana und Deutschland, Rom und der Schweiz, Spanien und den Niederlanden entstanden Mischformen in der gesprochenen Sprache, die von praktischem Nutzen waren. Polnische Kaufleute, die auf der Weichsel nach Danzig fuhren, um dort ihre Waren zu verkaufen, konnten im allgemeinen miteinander verhandeln, indem sie Deutsch und etwas Latein sprachen – das hatte sich in Osteuropa wegen der Fülle der dortigen lokalen Sprachen länger als im Westen gehalten. Aber für Kaufleute, deren Muttersprache Deutsch war, sowie für die Holländer, Schweden und Norweger, die mit Danzig und den anderen Ostseehäfen handelten, gab es eine entsprechende Verkehrssprache aus gemeinsamen Handels- und Seefahrtsbegriffen, genauso wie in der Handelswelt der Mittelmeerhäfen. Außerdem taten Europäer von Persien bis zu den Molukken ihre Wünsche kund und machten ihren Handel perfekt mit Hilfe einer Kommunikation, die aus ein paar Substantiven, Verben in der Infinitivform, Gesten und der Fingersprache des Feilschens bestand.

Der zunehmende diplomatische Austauschverkehr löste im Laufe des 16. Jahrhunderts einen Prozeß aus, durch den eine Landessprache vor allen anderen als eine international gemeinsame Sprache den Vorzug erhielt. So riesig das Weltreich von Portugal und so bedeutend sein Handel mit Antwerpen auch war – seine Sprache jedenfalls, nach den damaligen Handbüchern zu urteilen, bemühte sich nicht jedermann zu lernen. Ein alter russischer Mitarbeiter der englischen Rußlandgesellschaft konnte zwar behaupten, die Landessprache sei »die wortreichste und eleganteste auf der Welt«,[28] aber diesem Lob begegnete man mit respektvollem Schweigen. Elisabeth sah sich aufgrund ihres Interesses an den wertvollen russischen Kontakten veranlaßt, den Earl of Essex zu ersuchen, diese Sprache zu lernen, aber der Earl brachte es über ein pflichtschuldiges Radebrechen nicht hinaus. Trotz Daniels Blick in die Zukunft, Florios Offenbarung, daß es *Eine Welt aus Wörtern* sei (so der Titel seines englisch-italienischen Wörterbuchs von 1598), und dem Beispiel Shakespeares – das Englische hatte im Wettbewerb um die gemeinsame Sprache keine Chance. So bemerkte Florio selbst einmal in einem anderen Werk, Englisch sei »eine

Sprache, die einem in England zugute kommt, aber sobald man Dover hinter sich gelassen hat, ist sie nichts mehr wert«.[29]

Ebenso chancenlos war das Deutsche, auch wenn einige seiner Wörter und Ausdrücke in die Handelssprache des Nordens aufgenommen waren. Später als bei anderen europäischen Sprachen bildete sich zwischen seinen ober- und niederdeutschen Varianten eine halbwegs verständliche Einheitssprache aus, doch schreckten manche vor ihrem Klang zurück: Für Moryson, einen toleranten mehrsprachigen Mann, hörte sich das knarzende, herrische Deutsch »besser aus dem Mund Tamerlans an als aus dem eines kultivierten Mannes«.[30] Eine ähnliche Verworrenheit im »Innern« der Sprache und eine ähnlich rauhe Wirkung nach außen verhinderten es, daß das »Holländische« der nördlichen Niederlande eine internationale Sprache wurde, auch wenn diese Gegend so lange im Brennpunkt des politischen und kommerziellen Interesses gestanden hatte. Den Niederländern selbst war daran gelegen, die Sprachen ihrer Besucher zu lernen und die entsprechenden Handbücher zu veröffentlichen.

So konnten sich hauptsächlich Sprachen behaupten, die wie das Italienische, Spanische und Französische vom Lateinischen abgeleitet und daher ziemlich leicht zu erlernen waren, und um die Mitte des 16. Jahrhunderts war die Sprache, die die meisten Menschen verstanden, vermutlich die italienische, vor allem in ihrer toskanischen Form. Das italienische Handelsnetz war lange Zeit das größte in Europa gewesen und zog auch weiterhin ausländische Kaufleute auf die Halbinsel. Im späten 16. Jahrhundert schildert ein Nürnberger Kaufmann in Lucca, wie er versucht habe, aus dem Sohn eines Kollegen, einem faulen Lausejungen, einen gestandenen jungen Geschäftsmann zu machen: »Er hat eine Furcht vor mir«, berichtete er seiner Frau, »bei der ich ihn zu erhalten trachte, obwohl ich ihm nun schon gute Worte gebe und nimmermehr nicht ihn anschnarre. Es pflegt gleichwohl der Verstand auch nicht vor den Jahren zu kommen. Ich hab jetzt angefangen, die welschen Briefe, die ich zu schreiben hab, nun ihm in die Feder zu diktieren und anzusagen, worin er sich ziemlich fein schickt und wohl anläßt, was ihm auch im Briefstellen und auch in der Sprache wohl helfen wird.«[31] Die Handelsschulen in Antwerpen brachten künftigen Kaufmannslehrlingen immerhin die Anfangsgründe des Handelsitalienisch bei. Der Reiz der neuen humanistischen, klassischen Bildung und der Ruf von Fürstenhöfen hatten dafür gesorgt, daß sich in den dreißiger Jahren des 16. Jahrhunderts in ganz Europa, von England bis Polen, junge Männer tummelten, die auf den Universitäten von Pavia, Bologna und Padua studiert oder Mailand, Mantua und Ferrara besucht hatten.

Im 16. Jahrhundert verdrängte die italienische Literatur die bis dahin
überall beliebten französischen – oder auf sie zurückgehenden – Ritterromane. Italienische Autoren gewannen eine beachtliche Leserschaft im
Ausland, und das veranlaßte angehende Dichter in Spanien, England und
Frankreich, die Werke von Petrarca und Ariost in der Originalsprache zu
lesen. Die dichtende Königin von Navarra, Marguerite d'Angoulême,
schrieb an ihre Dichterkollegin Vittoria Colonna auf Italienisch. Eine Reihe
von Franzosen, denen der »Fürst der Bettler« Pietro Aretino seine teils
liebedienerischen, teils rüden Briefe schrieb, suchten ihm mit Antwort-
briefen in seiner eigenen Sprache zu schmeicheln. Wie schick Italienisch
um 1550 geworden war, geht aus den Versen in dieser Sprache hervor, die
der galante französische Poet Mellin de Saint-Gelais angeblich mit einem
Diamanten in den Spiegel einer jungen Frau eingeritzt hatte:

>An äuß'rer Schönheit gleicht dir keine andre,
>Wie sehr trifft dies erst zu für deine inn're.[32]

Für Montaigne war es ganz selbstverständlich, daß er – wie schon sein Vater
– Italienisch sprechen lernte, und als er auf seinen Reisen die Alpen
überquerte, wechselte er in seinem Tagebuch vom Französischen ins
Italienische. Bei der Rückkehr über den Paß am Mont-Cenis merkte er
allerdings erleichtert an: »Hier spricht man französisch, daher gebe ich die
fremde Sprache auf, deren ich mich recht leicht bediene, und doch sicher
sehr ungeschickt.«[33] Und in einem Essay machte er deutlich, wie praktisch
doch eine romanische Sprache als Passepartout für weite Landstriche in
Süd- und Westeuropa war. Am besten komme man zurecht, empfahl er
jemandem, »dem die Italiänische Sprache schwer wurde, daß er sich … nur
der ersten Wörter, die ihm in den Mund kämen, sie möchten Lateinisch,
Französisch, Spanisch oder Gasconisch seyn, bedienen, und denselben
eine italiänische Endung geben sollte, denn auf diese Art würde er allezeit
gewiß eine landübliche Mundart … treffen.«[34]
Die Vertrautheit mit der italienischen Sprache wurde auch durch die
allgemeine, intensive Beschäftigung der westlichen Mächte mit Italien in
den Kriegen von 1494 bis 1530 und dann, wenn auch weniger allgemein,
bis 1559 gefördert. Immerhin entschieden weder Dichter noch Kaufleute
darüber, welche Umgangssprache auf hoher Ebene gesprochen wurde. Sir
Thomas Hoby, der durch seine schwungvoll verschnörkelte Übersetzung
von Castigliones *Hofmann* ins Englische berühmt wurde, war in Italien
gewesen, um die Sprache zu lernen, weil er – wie sein Bruder, ein Botschafter – eine diplomatische Karriere einschlagen wollte. Und im Jahre 1559

sprachen die französischen, spanischen und englischen Chefunterhändler in Cateau-Cambrésis alle fließend Italienisch. Dennoch wurde in den privaten Unterhaltungen, sozusagen unterhalb der lateinischen Ebene der offiziellen Beratungen, über den Wortlaut des Friedensabkommens offenbar häufiger Französisch gesprochen (das auch die Engländer und Spanier beherrschten).

Tatsächlich begann 1559 die lange Karriere des Französischen als zweite Sprache der Politik. Eine Zeitlang stellte Spanisch eine gewisse Konkurrenz dar. Weithin nachgeahmt wurde die spanische Kleidung, die zwar düster wirkte, aber doch ausgesprochen elegant war. Man zollte dem großen Machtbereich der Spanier Tribut, wenn man sich entsprechend kleidete. Aber die Sprache hielt nicht, wie Nebrija gemeint hatte, mit der Ausdehnung des Reiches Schritt: In den südlichen Niederlanden wurde mehr Französisch als Spanisch gesprochen, in der Franche-Comté ausschließlich Französisch; selbst in den Vizekönigtümern Mailand und Neapel hatte das Spanische nur geringen Einfluß; in Deutschland, Österreich und anderen mittel- und osteuropäischen Ländern sträubten sich die Habsburger Vettern gegen die Einführung einer Sprache, die so gar nichts mit den germanischen und slawischen Wurzeln der Sprachen ihrer Untertanen gemein hatte.

In England war zwar das normannische Französisch im 14. Jahrhundert aus der Sprache der Oberklasse verschwunden, aber Anklänge daran hatten sich noch in der Rechtsterminologie gehalten (und die Nonnen der Lacock Abbey in Wiltshire sprachen es noch in den dreißiger Jahren des 16. Jahrhunderts); darüber hinaus brach die territoriale Verbindung zwischen der Krone und Frankreich erst mit dem Verlust von Calais im Jahre 1558 ab. Als die italienischen Staaten nach 1559 nicht mehr ganz obenan auf der Tagesordnung der Diplomaten standen und die deutschen sich aus internationalen Angelegenheiten heraushielten, trugen die große Bevölkerungszahl von Frankreich, sein politisches Gewicht (auch wenn man wegen der Wirren der immer wieder aufflackernden Bürgerkriege nicht recht vorankam) und seine geographische Lage dazu bei, daß seine Sprache in ihrer Pariser Amtsform an Format gewann. Französische Universitäten zogen immer mehr Protestanten und gemäßigte Katholiken an, die früher vielleicht in Italien studiert hätten. Um 1600 war der Impuls bereits ausgelöst, der zur internationalen Vorrangstellung des Französischen während der Vorherrschaft des Landes in Europa unter Ludwig XIV. führte. Es war die Sprache der inneren Kreise an kultivierten deutschen Höfen geworden, und spanische Diplomaten hatten sich damit abgefunden, das Französische bei den vielen Verhandlungen mit katholischen Splittergruppen während der Bürgerkriege wie auch bei den Vorbereitungen des Friedens von Vervins zu verwenden.

Gleichwohl gab es weiterhin Schwierigkeiten bei der sprachlichen Kommunikation, auch wenn sich Eliten bemühten, sie zu überwinden. So bezeichnend wie die Zustände an irgendeinem Verhandlungstisch, waren auch die Reihen von Beichtstühlen, mit ihren Schildern für die vielen darin gesprochenen Sprachen, denen sich gegen Ende des Jahrhunderts ein Besucher in der Pilgerkirche Nuestra Señora de Montserrat gegenübersah. Und die Sprachen blieben weiterhin durch Dialekte gespalten: Man muß wohl bezweifeln, daß mehr als fünf Prozent der Italiener das toskanische Idiom sprachen, das gebildete Ausländer als »Italienisch« lernten. Aber die Energien, die die Bewegung von Menschen und Produkten innerhalb Europas förderten, waren gegen den Fluch von Babel gefeit.

Waren und Menschen

Einige Verkehrsformen stellten jahrhundertealte Muster dar. Polnisches und ungarisches Vieh wurde in Herden von bis zu zwanzigtausend Stück nach Ostdeutschland getrieben, ja die Tiere, die unterwegs nicht verkauft wurden, sogar bis nach Straßburg. In vielen Teilen von Europa gab es auch weiterhin die Herdenwanderung, also den Wechsel der Herden von den Hochweiden im Sommer in die Winterställe im Tal und umgekehrt, und als der Markt für Fleisch, Wolle und Häute immer größer wurde, wuchsen auch die Herden. Die weiten kastilischen Schafweiden waren über sechshundert Kilometer lang; da zweieinhalb Millionen Schafe unterwegs waren und geschoren werden mußten, führten Tausende von Hirten ein Wanderleben. Da es im Königreich Neapel viele Schafweiden gab, entwickelte sich Foggia im 16. Jahrhundert zu einer wichtigen Marktstadt. Nur wenige Herdenwanderungsrouten liefen über Grenzen, außer zwischen Schottland und England sowie in den Pyrenäen zwischen Frankreich und Spanien, aber all diese Routen bezeugten, wie etwa in Griechenland und der Schweiz, daß es selbst in jenen Teilen von Europa, die kultiviert worden waren, noch große Abschnitte offenen Landes gab.

An der Wende vom 15. zum 16. Jahrhundert erreichten die kosmopolitischen Pilgerfahrten zu den heiligen Stätten in Europa (vor allem nach Santiago de Compostela und Aachen) ebenso wie ins Heilige Land und – für die Unermüdlichsten – zum Sinaigebirge, ihren Höhepunkt. Von da an

gingen die Pilgerzahlen entschieden zurück, und zwar nicht nur weil
Protestanten Pilgerfahrten als geistlosen pfäffischen Aberglauben abtaten,
sondern weil man das ungute Gefühl hatte, daß sie eher das Alibi für eine
Ferienreise als ein Akt der Frömmigkeit waren. Als der Schwabe Felix Fabri
1480 Graf Eberhard von Württemberg, der in Jerusalem gewesen war, vor
seiner beabsichtigten Fahrt um Rat fragte, wurde ihm dieser zwar herz-
lichst erteilt, aber er mißachtete ihn: Pilgerschaft, Krieg und Ehe, erfuhr
er, hätten viel miteinander gemein – sie alle »können einen sehr guten
Anfang und ein sehr schlechtes Ende nehmen«.[35] Dieser Dominikanermönch ging sein Vorhaben ausgesprochen touristisch an. Er schrieb nicht
nur einen der detailreichsten und genauesten Reiseberichte seiner Zeit,
sondern bereitete sich auch eifrig auf die Sehenswürdigkeiten vor, die ihn
erwarteten. »Ich versichere Euch«, schrieb er, »daß ich mich mehr bemühte, von Buch zu Buch zu laufen und abzuschreiben, zu korrigieren und zu
kollationieren, was ich geschrieben hatte, als daß ich von Ort zu Ort auf
meiner Pilgerfahrt reiste.«[36] Der Seidenhändler Jacques le Saige, der sich
auf seiner Reise von Douai nach Jerusalem im Jahre 1518 auch lebhaft für
alles andere als Gebete interessierte, beschrieb das, was er sah, in unver-
geßlichen Details. So schilderte er beispielsweise, wie peinlich es ihm war,
als er in die Küche eines französischen Gasthofs eilte, damit er sein Essen
schneller bekäme, und sah, wie die Frau des Wirts nackt in dem Bottich
hockte, in dem sie das Geschirr wusch.

Als immer mehr Piraten das Mittelmeer unsicher machten und die Nachfrage nach Pilgerfahrten nachließ, stellte Venedig in den achtziger Jahren
des 16. Jahrhunderts seine langjährigen Versorgungs- und Transport-
dienstleistungen dafür ein. In Spanien wurden die Pilger von den Behörden
immer mehr schikaniert, weil man sie verdächtigte, Schmuggler, illegale
Hausierer oder gemeine Diebe im heiligen Gewand zu sein. Massenwall-
fahrten beschränkten sich nunmehr auf nationale heilige Stätten, wie den
Mont-Saint-Michel für die Franzosen oder das Heilige Haus von Loreto für
die Italiener. Fahrten zum Heiligen Grab in Jerusalem wurden nun hauptsächlich von Einzelreisenden unternommen, die reich genug waren, um
eigene Arrangements zu treffen. Gruppenreisen mit einem gemeinsamen
Ziel hatten auch nicht unbedingt zu einer wechselseitigen Verständigung
geführt: Als der Italiener Pietro Casola 1494 das Heilige Land aufsuchte,
notierte er süffisant: »Ich habe die Ultramontanen sich immer vordrängen
lassen.«[37]

Die Zeit der Massenwanderungen war längst vorbei. Die mittelalterliche
Landnahme jenseits der Elbe, in Brandenburg und Pommern und weiter
in Preußen und Kurland, war für die Deutschen nicht mehr so vordringlich,

ebenso wie die ständigen, weniger dramatischen Raubzüge in die früher
so einladenden, leeren Räume von Polen, Böhmen und Ungarn. Im
16. Jahrhundert zog es slawische Völker nach Mitteleuropa, die aus dem
Südosten durch die Eroberungszüge einer türkischen Regierung vertrieben worden waren, mit der eine Minderheit sich nicht abfinden konnte.
Die meisten gingen unmerklich in der landwirtschaftlichen Arbeiterschaft
auf. Andere zogen weiter nach Westen und beteiligten sich an den kleinen
Gaunereien und Wahrsagekünsten der Zigeuner oder schlossen sich –
bewaffnet mit Kurzbogen und Krummschwert, auf gestohlenen Pferden
reitend – den Söldnerbanden einer leichten Kavallerie an, die man »Stra-
dioten« oder Streifreiter nannte. Aber im Westen gab es durchaus Gründe
für großräumige Wanderbewegungen.

Die meisten umherziehenden Menschen entstammten der Überschußbe-
völkerung auf dem Lande und suchten langfristig in der Arbeiterschaft der
Städte unterzukommen. Die Behörden sahen sich vor noch nie dagewesene
Probleme hinsichtlich Armut und Verbrechen gestellt: Im späten 16. Jahr-
hundert waren zwanzig Prozent der Bevölkerung von Hamburg, Rouen und
Lyon ohne Arbeit und als mittellos eingestuft. Da gab es die Saisonsar-
beiterwanderungen wie die von den armen Bergbauernhöfen in den
Cevennen hinunter in die Provence zur Zeit der Ernte. »Als fürsorglicher
Herrscher hat Gott an alles gedacht«, bemerkte ein provenzalischer Grund-
besitzer um 1600, »… und eine Vielzahl Menschen dazu veranlaßt, aus den
Bergen und kalten Gegenden [des Zentralmassivs] in die Ebenen und
warmen Länder hinabzusteigen, um das Getreide zu ernten … Auf diese
Weise verdienen sich diese armen Leute … ihr Leben und das Geld, um
den Winter zu überstehen, weil sie dann nicht genügend Arbeit haben, um
sich zu versorgen.«[38]

Gottes Hauswirtschaft trieb auch die Armen aus den Balkanländern nach
Italien, aus der Auvergne und der Gascogne nach Spanien (wo sie als
gabachos, wertlose Schweine, geschmäht wurden), aus den am wenigsten
ertragreichen Ländereien von Sachsen und Schweden in die lockenden
Vorstädte von Lübeck, Danzig und Reval. In solchen Fällen konnte man
kaum noch zwischen dem Wanderer aus Not, dem freiwillig nach besseren
Lebensbedingungen Ausschau Haltenden und dem unfreiwilligen Flücht-
ling unterscheiden. Von den Griechen, die nach Italien gingen, verdingten
sich die meisten als Arbeiter oder Hausdiener. Andere waren Gelehrte oder
geschickte Handwerker, die sich verbessern wollten. Schließlich gab es
auch noch Priester, die nach der türkischen Besetzung kein Einkommen
mehr hatten und bevorzugt in die orthodoxen Gemeinden im Süden des
Königreichs Neapel strebten – und zwar so zahlreich, daß ein Bischof Ende

des 16. Jahrhunderts empfahl, man möge »sie alle aus dem Königreich hinauswerfen«.[39]

Diejenigen, die sich auf derartige, alles andere als abenteuerliche Wanderungen begaben, zogen selten soviel Aufmerksamkeit auf sich. Doch es waren bei weitem mehr als die, die Europa ganz verließen. Im Laufe des 16. Jahrhunderts wanderten etwa 240 000 Menschen nach Amerika aus, zumeist Spanier und hauptsächlich Männer, die hofften, bei ihrer Rückkehr ihr Glück gemacht zu haben. Einige wollten in der Zwischenzeit ihre Frauen nachholen. »Hier«, schrieb ein Schneider 1569 von Mexiko nach Hause, »hier können wir so leben, wie es uns gefällt, und Du wirst sehr zufrieden sein, und wenn Du bei mir bist, werden ich bald reich sein.«[40] Etwa 200 000 Menschen, fast ausschließlich Männer, die aus Portugal stammten, versuchten ihr Glück in den portugiesischen Überseebesitzungen. Über die meisten von ihnen ist kaum etwas bekannt: wie viele unterwegs starben, wie viele zurückkehrten, wie viele sich niederließen und eine Familie gründeten, obgleich die Portugiesen offenbar bereitwilliger als die Spanier Beziehungen zu einheimischen Frauen eingingen. Während die ärmsten Auswanderer sich als Domestiken von einigermaßen angesehenen Männern verdingten oder einem Kaufmann oder jemandem, der einen Rechtsanspruch auf die Besiedelung von Neuland hatte, dienten, um die Kosten für die Überfahrt abzuarbeiten, haben viele diese wohl doch selbst bezahlt. Der Preis einer solchen Überfahrt nach den beiden Amerikas entsprach Mitte des 16. Jahrhunderts etwa ein oder zwei Monatseinkommen eines geschickten Handwerkers – das überstieg die Ersparnisse eines Bauern oder städtischen Arbeiters. Für die wirklich Armen waren Städte und Heere somit die Neuen Welten.

Unter denjenigen, die sich diese Reise leisten konnten, befanden sich aller Wahrscheinlichkeit nach auch Menschen, die sich der Strafe für ein Verbrechen durch Flucht entziehen wollten. Wenn englische Verbrecher in Rußland Zuflucht fanden, wie sich Elisabeth I. 1590 gegenüber dem Zar beklagte, dann liegt es auf der Hand anzunehmen, daß Iberer ihr Glück in günstigeren Ländern versuchten, wo man jemandem, der bereit war zu arbeiten und etwas Geld vorweisen konnte, keine Fragen stellte. Und wahrscheinlich hatten zumindest einige dieser Menschen, die nach Amerika auswanderten, auch wenn sie nicht unbedingt arm waren, so doch ihr Leben in der alten Heimat als beschwerlich, wenn nicht gar als ausgesprochen gefährlich empfunden, weil man sie wegen ihrer jüdischen Abstammung verdächtigte oder weil man ihnen ihre Abkehr vom Islam nicht glaubte.

Diese fragwürdigen Bekehrungen stellen ein neues Problem dar, waren

aber lokal begrenzt: Sie gingen auf die Wiedereroberung des maurischen
Königreichs Granada durch Spanien im Jahre 1492 zurück. Die Verfolgung
der Juden allerdings war ein altes Phänomen und griff auch weiterhin auf
ganz Europa über. Ebenfalls 1492 wurden rund fünfzigtausend Juden
aufgefordert, Kastilien und Aragón zu verlassen, wenn sie nicht ernsthaft
und nachweislich zum Christentum konvertierten. Ein Beobachter hat
ihren Exodus geschildert. »Sie traten ihre Reise leiderfüllt und unglücklich
an ... Es gab kaum einen Christen, dem sie nicht leid taten, und wo immer
sie hingingen, wurden die Juden aufgefordert, sich taufen zu lassen.
Manche konvertierten und blieben da, aber das waren nur ganz wenige.
Zu den andern gingen die Rabbis, drängten sie zum Aufbruch und hießen
die Frauen und Knaben singen und Trommeln und Tamburine spielen, um
sie aufzumuntern. Und so verließen sie Kastilien.«[41]
Seit vielen Jahrhunderten schon waren die Juden, die ihre Heimat zunächst
an das christianisierte Römische Reich und dann an die muselmanischen
Eroberer der Levante verloren hatten, in ganz Europa unterwegs, und zwar
hauptsächlich um der Verfolgung zu entgehen, zuweilen aber auch auf der
Suche nach neuen Möglichkeiten für ihr geschäftliches Geschick, das sich
mit einer Sprachbegabung verband, die sie als Dolmetscher zwischen eher
seßhaften, einsprachigen, Handel treibenden Gemeinschaften so wertvoll
machte. Da es zu Mischehen kam, waren sie längst nicht mehr reinrassig
– und so wurden in Ländern, wo die katholische Inquisition eingeführt
worden war, sogar aristokratische Familien nervös. Aber im großen und
ganzen hielten sie hartnäckig an ihrer traditionellen Religionsausübung
und den damit verbundenen Essens- und Küchenvorschriften fest, womit
sie sich sowohl ihr Identitätsgefühl bewahrten, als auch die Antipathie der
Christen erweckten, unter denen sie lebten. Das Netz der Hausierer,
Wanderrabbis und Handelsvertreter war auf Zentren wie Venedig, Lissabon, Antwerpen, Prag ausgerichtet, wo ihre Anwesenheit sich nicht nur
lohnte, sondern auch begrüßt wurde. Nach der Kopfsteuer geschätzt, machten die Juden in Polen-Litauen im Jahre 1520 bis zu zwanzig Prozent der
Bevölkerung aus. In Krakau war die jüdische Gemeinde so einflußreich,
daß ihre Führer 1595 verlautbarten, jeder neue jüdische Einwanderer, der
in sie eindringen wollte, »soll von aller Heiligkeit Israels exkommuniziert
werden, soll aus dieser Welt wie aus dem Leben danach ausgestoßen
werden, soll seine Kinder nicht beschneiden dürfen und soll nicht auf
einem jüdischen Friedhof begraben werden«.[42]
Da Christen vor Wucher zurückschreckten, insbesondere vor seiner offen-
kundigsten Form von hohen Zinsen für kleine Kredite, waren jüdische
Geld- und Pfandleiher ebenso willkommen, wie sie von denen, die vorüber-

gehend Geld brauchten, verachtet wurden. »Die Juden«, erklärte im frühen 16. Jahrhundert der venezianische Patrizier und Chronist Marino Sanudo, »sind in einem Lande ebenso dringend vonnöten wie die Bäcker!«[43] Aber die selbstgewählte Fremdheit, die sie innerhalb des Körpers Europa als eigener Organismus am Leben erhielt, führte dazu, daß sie als Sündenböcke herhalten mußten, wenn Kriege verloren wurden oder bei Lebensmittelknappheit die Preise in die Höhe schnellten – in solchen Zeiten riefen Prediger zur Rache an den Kreuzigern des Herrn auf. Einzelne Juden mochten wegen ihrer besonderen Fähigkeiten geachtet sein, nicht gerade als Geschäftsleute und – speziell in Polen – als Gutsverwalter, sondern eher als Ärzte, Astrologen, gelehrte Hüter des hebräischen Ursprungs der biblischen Botschaft. Aber es war schon ein erniedrigender Kompromiß, den gelben Flicken auf der Brust oder die gelbe Kappe und die über das Ghetto verhängte Ausgangssperre akzeptieren zu müssen. Gewiß, auch europäische Christen, die sich in Rußland, in der Türkei oder in Persien frei bewegen wollten, mußten sich Beschränkungen gefallen lassen. Ausländische Diplomaten, die in Konstantinopel ansässig waren, lebten in ihren Siedlungen praktisch wie in einem Ghetto. Das Besondere an den westlichen Christengemeinschaften war indes ihre neurotische Sprunghaftigkeit.

Die Juden wurden aus Neapel im Jahre 1501 vertrieben und durften 1509 zurückkehren – aus Genua warf man sie 1516, und im Jahr darauf waren sie wieder geduldet. Man verjagte sie 1494 aus Florenz, ließ sie 1513 zurückkehren, verbannte sie erneut 1527 und ließ sie 1531 wieder herein. Viele von denen, die 1492 aus Spanien vertrieben wurden, zogen nach Portugal weiter. In diesem unruhigen Milieu führte ein Befehl König Emanuels von 1497 zur Zwangstaufe von rund siebzigtausend Juden und trieb weitere zwanzigtausend anschließend in die Flucht, wobei sie ihren spanischen Religionsbrüdern und -schwestern entweder entlang den nordafrikanischen islamischen Häfen oder entlang den christlichen Ländern im nördlichen Mittelmeerraum nach Osten folgten – und stets waren sie sich darüber im klaren, daß ihre innere wie äußere Distanz zu beiden Glaubenswelten ein Paß war, der bei jedem Sinneswandel zurückgewiesen werden konnte. Wieder andere Juden überquerten den Atlantik und bildeten das Handelselement, das den Portugiesen die Errichtung ihres blühenden Kolonialreiches in Brasilien erleichterte.

Die anschließenden Vertreibungen nahmen zwar nicht mehr iberische Ausmaße an, aber die leidenschaftlichen Auseinandersetzungen der Reformation verschärften die antisemitische Stimmung und führten dazu, daß der jüdische Glaube immer seltener eine sichere Zuflucht fand. Ihre

Weigerung, die Botschaft des Evangeliums anzunehmen, erzürnte Luther
so sehr, daß er sich erfolgreich für die Verbannung dieser »verdampte Gotts
Lesterer und Luegener« aus Sachsen im Jahre 1543 einsetzte.[44] Calvin
selbst hatte zwar eine gemäßigte Einstellung, aber viele seiner Anhänger
vertraten den Standpunkt, daß der Widerstand der Katholiken dem protestantischen Glauben sowieso schon genug zu schaffen machte, auch ohne
die lästige Präsenz des jüdischen Glaubens. Sogar Erasmus machte sich
Sorgen über das Ausmaß, in dem christliche Gelehrte der Kabbala und dem
Talmud ihre Aufmerksamkeit widmeten und sich mit dem Studium des
Hebräischen befaßten. Das Schiff der erneuerten, evangelischen Christenheit habe keinen Platz für Diskussionen über seine Bauweise – er ließ sich
sogar dazu hinreißen, die Behauptung, »es ist christlich, die Juden zu
hassen«, gutzuheißen, weil so viele gute Christen dies taten.[45] Und auf
katholischer Seite führte eine ähnliche Begeisterung für ein wiederbeleb-
tes und geklärtes religiöses Gefühl erneut zu Vertreibungen aus der Toskana und 1569 zur zwangsweisen Schließung von Synagogen in allen
Kirchenstaaten – außer in Ancona, wo die Anwesenheit der Juden als
unerläßlich galt, damit das Papsttum von ihrem Handel profitieren konnte.
Diese Wiederaufnahme eines alten mittelalterlichen Verhaltensmusters –
Verbannung im Namen des Glaubens, befristete Aufenthaltserlaubnis im
Namen des Beutels – führte zu einer immer stärkeren Entwurzelung
jüdischer Gemeinden in ganz Westeuropa und zu einer zunehmenden
Abwanderung gen Osten, nach Litauen und Rußland, wo die besonderen
Gaben des jüdischen Volkes nicht so reich gesät waren. Dieser Zustrom
ließ erst nach, als man seit den siebziger Jahren des 16. Jahrhunderts
teilweise einsah, daß der Konflikt zwischen den christlichen Glaubensrichtungen sich an einem Punkt festgefahren hatte, bei dessen Überwindung
die Politik eine größere Rolle zu spielen hatte als die Verkündigung des
Evangeliums. Von diesem Punkt an konnte sich der Einfluß des Beutels
klarer bemerkbar machen – unterstützt wurde dies durch eine gewisse
Desillusionierung, was die Notwendigkeit glaubensbedingter Animosität
betraf. Gemeinsam eröffneten Mammon und guter Wille den Juden einen
größeren Spielraum. In Prag wuchs die jüdische Gemeinde von ein paar
Familien in den sechziger Jahren auf gut dreitausend Personen um 1600;
auch in Frankfurt waren es fast dreitausend Juden im Jahre 1613, nach 420
im Jahre 1542 – und das in einer Stadt, deren Gesamtbevölkerung sich auf
etwa zwanzigtausend Einwohner belief. In einem Bereich wirtschaftlichen
Wachstums nach dem anderen, vor allem dort, wo das Wachstum durch
die religiöse Spaltung behindert worden war, boten sich für die Juden und
diejenigen, denen man die Bekehrung zum Christentum nicht abnahm,

erneut gewisse Möglichkeiten – selten freilich ohne religiöse Rechtfertigung, indem man die erniedrigenden Kleidungs- oder Wohnsitzvorschrif-
ten verschärfte. Wie im Falle von Ancona beruhte die Lockerung der
antijüdischen Gesetzgebung in Venedig auf der Erkenntnis, daß finanziel-
les Geschick aus jeder Ecke erforderlich war, um den wirtschaftlichen
Rückgang der Mittelmeerhäfen aufzuhalten; zugleich war diese Liberali-
sierung aber auch eine Unabhängigkeitserklärung der Republik Venedig,
was die Gängelung des religiösen Lebens durch Rom betraf. Auf ähnliche
Bedingungen reagierte man auch in den toskanischen Häfen Pisa und
Livorno, als man die Juden wieder hereinließ. Um 1620 kann man endlich
von einem seßhaften, wenn auch noch immer wählerisch begünstigten
europäischen Judentum sprechen.

Unzufriedene und andere Exilierte, die auf der falschen Seite der Politik
oder des Gesetzes standen, hatten schon immer nationale Grenzen überschritten. Karls VIII. Einfall in Italien im Jahre 1494 beispielsweise ging
teilweise auf Empfehlungen und Informationen vertriebener Italiener zurück, allen voran des Mailänders Gian Giacomo Trivulzio. Nachdem er sich
mit dem Herrscher von Mailand, Ludovico Sforza, überworfen hatte, diente
Trivulzio unter Karl als Berater und befehligte dann das Heer von dessen
Nachfolger, welches die Venezianer 1509 schlug – am Ende wurde er als
Marschall von Frankreich eingebürgert. 1598 wurde ein anderer Italiener,
ein gewisser Francesco Tensini, aus venezianischem Gebiet im Alter von
siebzehn Jahren ausgewiesen, weil er in ein Stift in Crema eingedrungen
war und eine Nonne verführt hatte. Er ging in die Niederlande, trat dem
spanischen Heer bei, wurde hier rasch befördert und schließlich General-
leutnant der Artillerie von Kaiser Rudolf – 1617 gewährte ihm Venedig dann
eine Amnestie und machte ihn zum obersten Berater für die Festungsanlagen der Republik und zum Ritter von San Marco.

Diese Beispiele stehen für viele, die weniger herausragend waren. Die
offizielle Verbannung oder die vorsorgliche Flucht ins Exil war von jeher
eine der Unwägbarkeiten des Lebens gewesen. Mit der Verschärfung der
Religionsspaltung seit der Mitte des 16. Jahrhunderts gab es sogar eine
Diaspora verfolgter Christen, die es vom Umfang her mit der Diaspora der
Juden aufnehmen konnte.

Einige dieser unfreiwilligen Wanderungsbewegungen waren nicht gerade
großräumig. Als Sebastian Franck wegen seiner politisch-religiösen Ansichten 1531 aus Straßburg ausgewiesen wurde, ging er nach Eßlingen, wo
er sich als Seifensieder durchschlug, und dann nach Ulm, wo er als
Buchdrucker arbeitete. Aber auch von hier wurde er wegen seiner politischen Ansichten vertrieben, und schließlich fand er in der toleranteren

Stadt Basel Zuflucht. Andere, die bereits vertrieben waren, mußten noch viel weiter wegziehen. In der Kirche Saint Olave beim Londoner Tower steht eine Gestalt mit einem Brustpanzer und einer Halskrause darüber im klassischen Bogen eines Wandgrabs. »Hier«, lautet die Inschrift aus dem Jahre 1582, »ruht Peter Capponi, ein Florentiner aus altem Geschlecht, der sich durch seine aufrechte Lebensart ausgezeichnet hat und von den bedeutendsten Fürsten anerkannt war. Standhaft ertrug er das Exil, das er als Opfer eines ungerechten Schicksals erleiden mußte. Noch im Tod umfängt Britannia ihn, die ihn schon zu Lebzeiten an ihrem Busen barg. Peter Land, geboren in Lyon in Frankreich als Sohn Florentiner Eltern, hat dieses Denkmal der Zuneigung und Trauer errichtet.« Zweifellos wurde nur eine Minderheit von calvinistischen Exilierten aus Lyon und anderen französischen Städten von ihrem Gastland an die Brust genommen. Aber wie die Juden waren auch die Calvinisten in der Mehrzahl Stadtbewohner und verfügten über nützliche Fertigkeiten. Sie zogen anderswohin, um ihrem Glauben in Sicherheit dienen zu können, aber sie wurden um so eher aufgenommen, als sie imstande waren, Kapital mitzubringen oder eine bestimmte Dienstleistung anzubieten. Wie viele es waren, steht nicht genau fest. Den Zeitgenossen kam ihre Zahl offenbar groß vor. Aus dem spanisch-katholischen Antwerpen gingen so viele nach Amsterdam, daß ein eingewanderter Kaufmann dort 1594 ausrief: »Hier hat sich Antwerpen, in Amsterdam verwandelt.«[46] Der Calvinist Joseph Scaliger, der von Paris nach Genf übersiedelt war und dann einen Lehrstuhl an der Universität Leiden erhalten hatte, äußerte sich 1607 verärgert über die lebhaften Bewegungen auf dem Immobilienmarkt, den vermögende christliche wie jüdische Flüchtlinge ausgelöst hatten. »Denn dieses geräumige Logis«, schrieb er, »in dem ich zehn ganze Jahre gelebt habe, ist verkauft worden. Die gegenwärtige Knappheit an Häusern in dieser Stadt ist so groß, und zwar wegen des abscheulichen Rassengemischs, das hierherzieht, daß Mieter glauben, noch gut daran zu sein, wenn sie bloß eine Hütte bekommen.« Und in einem anderen Brief aus demselben Jahr heißt es: »Wahrhaftig, ich sage Euch, noch nie hat eine derartige Mode zu kaufen die Menschen so besessen. Und nunmehr wird Leiden nicht mehr eine Universitätsstadt sein, sondern eine Werkstatt oder eine Synagoge.«[47] So viele Einwanderer drängten in die Arche von Genf, daß die neugebauten Häuser beinahe den sechsstöckigen Mietshäusern im Ghetto Venedigs glichen.

Durch die Zunahme der europäischen Bevölkerung im allgemeinen und einer beachtlichen Minderheit von Reichen – die Nachfrage galt inzwi-

schen nicht mehr nur den lebensnotwendigen Gütern – wurde auch der
Handel mit Waren und Fertigkeiten angeregt. Um 1510, als Leonardo da
Vinci kurz vor seinen Visionen rasender Wirbelstürme und sintflutartiger
Regengüsse stand, die die Landschaft umgestalteten und den Energie-
aufwand des Menschen verringerten, da zeichnete er Sturmwolken, aus
denen kein Hagel oder Regen herniederging, sondern ein Niederschlag aus
Konsumgütern und Werkzeugen zu ihrer Herstellung: Uhren und Brillen,
Weinfässer, Musikinstrumente, Lampen, Töpfe und Pfannen sowie Häm-
mer, Zeichendreiecke und Zangen. Leonardos Wertvorstellungen waren
ambivalent: Er mißbilligte die Brutalität des Krieges, erfand aber Waffen,
die ihn noch furchtbarer machten. Er litt darunter, daß er Kunst und Natur
gedanklich nicht in Beziehung zu setzen vermochte, stellte aber für Geld
seine Kunst in den Dienst der Unterhaltung eines Hofes, indem er mit
Emblemen, Festzugswagen und Bühnenkulissen zu seiner Unterhaltung
beitrug. Er wußte alles zu schätzen, was seinen eigenen Lebensstil zierte
und angenehm machte. Aber andererseits kann man nicht einfach beiseite
schieben, was er unter jene Zeichnung schrieb: »O menschliche Qual – wie
vielen Dingen mußt du für Geld dienen.«

Das Bevölkerungswachstum regte natürlich in erster Linie den Handel mit
Gütern für den täglichen Bedarf an: Textilien, Leder für Schuhe und Gürtel;
Lebensmittel, vor allem Getreide, aber auch Salz (der durchschnittliche
Pro-Kopf-Verbrauch in Sachsen betrug fünfzehn Kilogramm im Jahr,
hauptsächlich für das Pökeln von Fisch); Holz als Brennstoff und Bauma-
terial; Wal- und Seehundtran für Lampen; billige Bier- und Weinsorten.
Veränderungen in der Kriegführung – größere Heere, schwer bewaffnet
mit Handfeuerwaffen und Artillerie – führten zu einer verstärkten Beför-
derung von Metallen (Eisen, Kupfer und Zinn) sowie der Bestandteile für
Schießpulver: Schwefel, Salpeter, Holzkohle. Hinzu kam der Bedarf des
Transportwesens für diese großen Frachten: Flachs für Tauwerk und Segel,
Eisen für Nägel, Bolzen und Anker und immer mehr Bauholz. Küsten- und
Hochseeschiffe, Flußkähne und Flöße, Maultierkarawanen – sie alle reagierten auf die Bedürfnisse von Menschen, im Frieden wie in Kriegszeiten.
Zur Ausstattung der Schiffe für die spanische Armada im Jahre 1588
benötigte man englisches Zinn, ungarisches Kupfer, deutsches und italie-
nisches Schießpulver und genuesische Zimmerleute und Kalfaterer. Angesichts der gestiegenen Nachfrage lohnte es sich, über lange Entfernungen
hinweg auch Produkte zu transportieren, die aufgrund unterschiedlicher
Mikroklimata oder der außergewöhnlichen Lagerung von Erzen dicht
unter der Erdoberfläche nur an bestimmten Orten vorkamen: baltischen
Flachs nach Lissabon, Malagawein nach Bristol, schwedisches Kupfer nach

»Es regnet Konsumgüter und Werkzeuge zu ihrer Herstellung«: Zeichnung von
Leonardo da Vinci, um 1510 (HM The Queen, Windsor, Nr. 12698)

London, römisches Alaun und sizilianischen Schwefel nach Stockholm.
»Der rote [geräucherte] Hering«, schrieb Thomas Nashe 1599 in seinem
Loblied auf Yarmouth, »fliegt am besten, wenn seine Flügel trocken sind –
er fliegt durch ganz Belgien, Süddeutschland, Frankreich, Spanien und
Italien, ja bis nach Griechenland und Afrika.« Italienische Fürsten importierten Falken aus Island.
Leonardo hatte vermutlich nicht an die mühsame Beförderung von Mas-
sengütern für den täglichen Bedarf auf den Straßen, die Flüsse hinab und
entlang der Küsten von Europa gedacht, sondern an den Regen von Luxus-

gütern, der vom Himmel des Handels herniederging. Wenn Falstaff Frau Fluth in *Die lustigen Weiber von Windsor* (V,5) mit dem Ausruf empfängt: »Nun mag der Himmel Kartoffeln regnen«, dann handelt es sich dabei nicht um ein ungewöhnlich surrealistisches Bild, sondern um eine Anspielung auf das neue, aus Amerika eingeführte Luxusgemüse, das eine Zeitlang wegen seiner hodenähnlichen Form als Aphrodisiakum galt.[48] Das neue Konsumdenken, eine Reaktion auf das neue Geld, welches die Beutel jener bereits Reichen oder der künftigen Reichen füllte und wieder verließ, war nicht auf Brot und Barchent aus, sondern auf die angenehmen Überflüssigkeiten, die den gesellschaflichen Status ihrer Käufer deutlich herausstellten. Und die Nachfrage stieg – nach Silberzeug, Keramik und Glas, nach persischen und türkischen Teppichen, die die Tische in einen farbenprächtigen Schein tauchten; nach flämischen und französischen, später florentinischen und englischen Tapisserien, die den Wänden die Kälte nahmen, oder nach bemalten Tüchern als billigerem Ersatz; nach Nippes in Form kleiner Bronze- oder Holzfiguren; nach kupfernen oder stählernen Küchengeräten.

Je mehr Menschen es sich leisten konnten, sich gut zu kleiden, desto stärker stieg die Nachfrage nach guten und besonderen Bekleidungsmaterialien. »Herzensschatz«, schrieb Magdalena Paumgartner 1591 aus Nürnberg an ihren Mann, als er sich gerade auf einer seiner Geschäftsreisen nach Lucca befand, »ich bitt Dich, Du wollest auch meinen welschen Rock nicht vergessen, wie der Wilhelm Imhoff seinem Weib einen von Venedig mitgebracht hat, von der Art, die man für Pelze trägt. Und Du willst es mir nicht übelnehmen, daß ich Dir in meinem Schreiben immer etwas abbettele. Ich will Dich sonderlich bitten, wenn Du etwa einen oder zwei rote oder safranfarbene Atlasstoffe wohlfeil bekommen kannst, wollest du etwas mitbringen.«[49] Und als nichtklösterliche Kräuter- und Gemüsegärten in Mode kamen, entwickelte sich ein weiterer Aspekt weitreichenden Konsumdenkens. Von einer politischen Mission in Italien schickte Rabelais im Jahre 1536 aus Neapel in das Poitou Samen von Kopfsalat, mit genauen Anweisungen, wie er zu säen und anzubauen sei. Aus Spanien sandte Andrew Boorde Rhabarbersamen nach Hause, die aus Afrika importiert waren und nun ihr Glück in einem englischen Garten versuchen sollten.

Mehr Geld bedeutete auch vielfältigeres Essen. Es gab eine lebhafte Nachfrage nach feinen Kochbüchern. Zum ersten Mal fand Öl von Oliven nördlich ihres Klimagürtels Verbreitung. Bier verbreitete sich nicht von allein, aber Wein: Englische Handelsvertreter befühlten die Trauben aus der Gascogne und dem Burgund, ehe sie sie kauften, und konnten in Paris

Ein türkischer Teppich schmückt den Konferenztisch: Ausschnitt aus *The Somerset House Conference*, unbekannter Künstler, 1604 (National Portrait Gallery, London)

den schweren provenzalischen Muskatellerwein probieren, der aus Aigues-Mortes kam. Von London bis Lübeck konnten Hausfrauen gerade eingetroffene Ladungen spanischer, portugiesischer und italienischer Feigen, Orangen, Zitronen und nordafrikanischer Datteln kritisch prüfen und Händler dauerhaftere und wiederverkäufliche Produkte wie Ingwer, Anis, Kreuzkümmel, Safran, Mandeln, Rosinen einkaufen. Der portugiesische Direkthandel mit Indien und dem Fernen Osten sowie seine undichten Stellen, aus denen Venedig die reichhaltigen Tröpfchen auffangen konnte, die noch in den Mittelmeerraum flossen, sorgten dafür, daß Pfeffer und andere beliebte Gewürze den europäischen Märkten immer mehr zur Verfügung standen, auch wenn sie ihren Preis hatten. Künstler, die Laden- und Marktszenen malten, machten sich von der gesellschaftlichen Dokumentation der Handwerksberufe und von den schlichten Einfällen in religiösen Darstellungen frei und schwelgten in kräftigen Bildern vom Kauf und der Zubereitung von Nahrungsmitteln.

1438 hatte der spanische Reisende Pedro Tafur über Brügge geschrieben:

Marktszene in Antwerpen, anon., spätes 16. Jahrhundert (Kon. Museum voor Schone Kunsten, Antwerpen)

Jeder, der Geld hat und es ausgeben möchte, wird in dieser Stadt alles finden, was auf der ganzen Welt hergestellt wird. Ich habe dort Orangen und Zitronen aus Kastilien gesehen, die gerade erst von den Bäumen gepflückt zu sein schienen, Obst und Wein aus Griechenland, und zwar so reichhaltig wie in diesem Land. Ich habe auch Konfekt und Gewürze aus Alexandrien und aus der ganzen Levante gesehen, als ob man sich dort befände; Pelze vom Schwarzen Meer, als ob sie in der Region hergestellt worden wären. Hier befand sich ganz Italien, mit seinen Brokat- und Seidenstoffen, mit seinen Rüstungen und allem, was dort gemacht wird – ja, eigentlich gibt es keinen Teil der Welt, dessen Erzeugnisse man hier nicht in ihren besten Exemplaren vorfindet.[50]

Eineinhalb Jahrhunderte später, im Jahre 1597, besichtigte Thomas Platter den Hafen von Marseille: »Ich sahe auch an dem port allerley seltzame wahren außladen, dann ettliche schiff erst kurtz darvor ankamen. In ettlichen wahre gewürtz ein mechtiger last, in anderen rhabarbaren unndt sonst artzneyen. In anderen affen, dann gemeinlich sie auch frembde thier mittbringen; In anderen *pomerantzen, zitronen undt* sonst wahren; es kan einer sich nitt ersettigen, also lustig ist es zuzusehen. Deßgleichen vernimbt einer auch allerhandt zeitungen auß frembden landen daselbst.«[51] Der Handelsverkehr mit Exotika war damals nichts Neues mehr. Neu war vielmehr der Umfang dieses Verkehrs sowie die Zahl der Käufer.

Der Import von Gewürzen und orientalischen Luxusgütern durch Portugals direkten Kontakt mit dem Osten machte Lissabon zur drittgrößten Stadt in Europa und belebte auch den Import-Export-Handel von Antwerpen. Dank dem Handel mit den beiden Amerikas wuchs die Bevölkerung von Sevilla von 49 000 Einwohnern im Jahre 1530 auf über 100 000 am Ende des Jahrhunderts. Entdeckung und Besiedelung führten zu einem Aufschwung im Schiffsbau und machten Mittel- und Südamerika zu einem stabilen Markt für Textilien, Fertigerzeugnisse, Öl und Wein, und die Bezahlung in amerikanischem Silber wiederum regte die Produktion in Europa an. Als man sich an die Reisen gen Westen gewöhnt hatte, nahm nicht nur die Kolonisierung des Landes, sondern auch des Ozeans zu, da mehr Schiffe gebaut wurden, um die nordatlantischen Fischgründe auszubeuten. Auch Luxusgüter gelangten nach Osten, wenngleich sie nur einen bescheidenen Anteil an der Gesamttonnage des Überseehandels hatten: Nach den Kartoffeln kamen Tomaten, Truthähne, Schokolade und Tabak aus Amerika, Tee und Kaffee hingegen aus dem Osten; zum ersten Mal machte der Zucker dem Honig als Süßmittel Konkurrenz. Die Handelstätigkeit verlagerte sich zwar vom Mittelmeer stärker in den Atlantik und in die Nord- und Ostsee, aber der einzige europäische Hafen, der sich aus einem kleinen Fischernest zu einem geschäftigen, kosmopolitischen Umschlagplatz entwickelte, war Livorno im Mittelmeer. Von Barcelona und Marseille bis Genua und Venedig blieb der prosperierende Handel älteren Stils noch in erheblichem Maße lebendig und intakt, wie die im späten 16. und frühen 17. Jahrhundert gebauten Kirchen und Paläste hinreichend belegen.

Die Marktmechanismen, die für die Beförderung von Gütern, auch in finanzieller Hinsicht, sorgten, veränderten sich kaum. Die Mehrheit der Kaufleute operierte weiterhin auf kleiner Geschäftsbasis. Einige waren nicht viel mehr als Hausierer, die lokale Erzeugnisse auf Kredit kauften und die Verkäufer ausbezahlten, wenn diese Produkte einen Abnehmer fanden. Andere, die noch von einem festen Standort aus agierten, sandten Vertreter aus – in vielen Fällen ihre Söhne –, die in bescheidenem Rahmen die örtlichen Exportwaren einkaufen sollten. So wurde etwa Francesco Carletti 1591 nach Sevilla geschickt, um die dortigen Handelspraktiken

kennenzulernen, und anschließend brachte ihn seine Handelstätigkeit um
die ganze Welt; der aus Cornwall stammende Peter Mundy machte sich im
Jahre 1608 im Auftrag seines Vaters in Bayonne mit dem französischen
Sardinenhandel vertraut, und zwei Jahre später ging er nach San Lúcar
und Sevilla, um Spanisch zu lernen und den Zinnexport der Familie in die
Hand zu nehmen. Auf einer höheren Ebene kamen die großen internationalen Familien der Bankierskaufleute zu Wohlstand, verloren ihn wieder
und wurden von anderen abgelöst: die Medici von den Fuggern und
Bonvisi, die internationale Handelstendenzen unter Kontrolle behielten
und Kredite dorthin lenkten, wo sie am dringendsten gebraucht wurden –
und am zuverlässigsten zurückgezahlt werden konnten. Die Konzentration
der Kreditinstitute, die das Unternehmertum förderten, verlagerte sich
zwar – von Florenz nach Genua, von Augsburg nach Antwerpen –, als einige
Unternehmungen den Bogen überspannten und andere florierten, aber die
Mechanismen funktionierten weiterhin. Von dem Hinweis auf »Moskau«
abgesehen, hätte der Held in Marlowes *Der Jude von Malta* (um 1589) seine
Klage durchaus schon eineinhalb Jahrhunderte früher anstimmen können:

> In Florenz, London, Venedig, Antwerpen, Moskau,
> Frankfurth, Sevilla, Lübeck, und wo nicht,
> Hab' ich der Schuldner, in den meisten auch
> Sind große Summen von mir in den Banken.[52]

Die seit dem Aufblühen des spätmittelalterlichen Handels bestehenden
großen internationalen Handelsmessen zogen auch weiterhin Kaufleute
an, die die Musterbeispiele von allen möglichen Erzeugnissen in Augen-
schein nehmen wollten, von Kleidung und Farbstoffen bis zu Büchern und
Radschlössern für Pistolen. Die großen Regionalmessen – Medina del
Campo, Prato, Leipzig, Lublin in Polen und Genf – hatten alle ein ausgedehntes Einzugsgebiet. Aber die internationalen Hauptattraktionen wurden die Messen in Lyon und besonders in Frankfurt am Main. Eine gewisse
Vorstellung vom Umfang der Luxusgüter, die in Frankfurt zum Kauf angeboten wurden oder bestellt werden konnten, vermittelt eine Liste von
Artikeln, die 1495 von einem Handelsvertreter aus Lübeck eingekauft
wurden: Perlen, Broschen, goldene Ringe und Ketten, Silberpokale und
-teller, Samt, Waffen und Kettenhemden, Gewürze und Papier aus Norditalien. Da es nur wenige Kaufleute riskierten, zu diesen Messen große
Summen Bargeld mitzunehmen, wurden Kredite gegen Wechsel gewährt
– unter Zeugen abgegebenen Versprechen, zu einem späteren Zeitpunkt
zu zahlen. Als solche vertrauten papierenen Versprechungen zunahmen,

entstand eine neue Messe, die zuerst 1536 in Besançon und dann seit 1579 in Piacenza abgehalten wurde und die sich fast ausschließlich mit dem Handel mit Gutschriften zwischen den Vertretern der großen Handels- und Bankunternehmen befaßte. Diese Messe stellte eine Art Clearingstelle für Schulden und Bilanzen dar, die sich – über weitere Papiere – bis zu den Hauptbüchern und Kassen jeder größeren Handelsstadt in Europa erstreckten.

Auf den Handelsstraßen waren auch immer mehr Personen unterwegs, die ihr fachliches Können und Wissen statt Waren zu verkaufen hatten. Weder Paßkontrollen noch Drohungen gegenüber jenen, die mit technischen Geheimnissen durchbrannten, konnte diesen Strom aufhalten. Der Bedarf an Industriehandwerkern und anderen Spezialisten erreichte in Europa ein immer höheres Niveau, da der private Konsum zunehmend »das Beste« verlangte; das galt auch für Fachleute, die über ein Können und Wissen verfügten, das vor Ort knapp war. Deutsche Bergleute und Dräniertechniker wurden in den Osten geholt, als man in Böhmen und Polen den Wert der eigenen Metallflöze erkannte. So viele Schiffbauer, Schuhmacher und Segelmacher folgten der Verlockung der hohen Löhne, die von Iwan IV. gezahlt wurden, als Rußland sich am Ostseehandel beteiligen wollte, daß der beunruhigte König von Polen, Sigismund II., bei Elisabeth I. dagegen protestierte und sie aufforderte, »Handwerker und Fertigkeiten ihm zugute kommen zu lassen, mit deren Hilfe er sich selbst so stark machen könnte, um alle anderen aus dem Feld zu schlagen«.[53] Einem deutschen Sprengstoffspezialisten verdankte Iwan es, daß er auf seinem südwärts gerichteten Eroberungszug gegen die Krimtartaren Kasan eroberte. Im lutherischen Schweden, einem anderen technisch rückständigen Land, beschloß man 1611, daß »im Falle von Ausländern mit einer anderen Religion, deren Anwesenheit aus wirtschaftlichen oder militärischen Gründen erwünscht ist, die Erlaubnis erteilt wird, daß sie im Lande bleiben und ihren rechtmäßigen Berufen nachgehen dürfen«.[54] Auf die gleiche Art holte man protestantische deutsche Kanonengießer nach Spanien, wo sie allerdings streng überwacht wurden, damit sie nicht ihren schädlichen Glauben verbreiteten. England wie Frankreich hießen deutsche Büchsenmacher und italienische Waffenschmiede willkommen, die ihnen beim Anlegen von Rüstungsvorräten behilflich sein sollten, die man benötigte, als sich das Wesen der Kriegführung veränderte. Kriege und Religionsgrenzen zwischen einzelnen Nationen behinderten kaum den internationalen Verkehr des Waffenhandels und seiner Hersteller. Waren einst im Jahre 1453 die Mauern von Konstantinopel unter dem Feuer türkischer Kanonen gefallen, die dank der Beratung christlicher Kanonengießer gegossen worden waren, so erklärte Sir Walter Raleigh nach dem Sieg über die Armada 1588 warnend vor dem Unterhaus: »Bislang war ein Schiff Ihrer Majestät imstande, zehn spanische zu schlagen, aber nun, aufgrund der von uns selbst exportierten Kriegsmaterialien, können wir uns kaum im Verhältnis eins zu eins messen.«[55]

Was die handwerklichen Fertigkeiten betraf, so wußten die traditionellen Zentren das Ansehen zu wahren, das seit je mit ihren speziellen Erzeugnissen verbunden war: Tapisserien kamen aus Brüssel, Uhren und Schlösser aus Nürnberg, Schwertklingen aus Solingen, Paraderüstungen aus Mailand, Chiffonstoffe mit Samtmuster aus Genua, Jagdarmbrüste aus Mecheln, schönes Glas und Spiegel aus Venedig und so weiter. Alle waren regelmäßig auf den Handelsmessen vertreten, auch wenn Reisende Umwege in Kauf nahmen, um vor Ort zu Werkstattpreisen einzukaufen. Zunftvorschriften sorgten gewissenhaft für die Einhaltung der Qualitätsmaßstäbe und hüteten ihr fachliches Monopol. Aus Mitteleuropa, wo das Wanderjahr zur Ausbildung von Zunftangehörigen gehörte, kamen regelmäßig junge Handwerker. Fynes Moryson schilderte, wie die deutschen Handwerksgesellen im späten 16. Jahrhundert, »durch die großen Städte von Deutschland, Frankreich und Italien zu reisen pflegen ... Diese überaus selbstbewußten Wanderer betreten die Häuser der besten Vertreter ihres Berufsstandes, fragen nach Arbeit, als ob sie im Haus ihres Meisters wären, und leben dort von ihrer Arbeit, bis sie genügend Geld beisammen haben, um weiterreisen zu können«.[56]

Das Wanderjahr war eingeführt worden, damit der Geselle mit besseren Fertigkeiten wieder in die heimische Werkstatt zurückkehrte. Der Export heimischer Fertigkeiten ins Ausland wiederum war das Werk von Handwerksmeistern, die es zu Hause nicht hielt und die der Aussicht auf eine Befreiung von den örtlichen Zunftbeschränkungen oder auf höhere Löhne in der Fremde nicht widerstehen konnten. Von seinem Feldzug in Italien im Jahre 1494/95 brachte Karl VIII. Goldschmiede mit, einen Alabasterbildhauer, einen Intarsienspezialisten, einen Orgelbauer, Schneider für Männer- und Frauenbekleidung, einen Meistersticker, einen Parfümmischer, einen Gärtner – und einen schwarzafrikanischen Papageienhalter. Unter Karls Nachfolger kamen Medailleure hinzu, Stuck- und Fayencearbeiter, Tischler und Berater bei der Herstellung von Glaswaren und Spiegeln. Die am meisten geschätzten importierten Handwerker erhielten Einbürgerungspapiere, paßten ihre Namen lokalen Ausspreche- und Schreibweisen an und hinterließen die Geschäfte ihren Söhnen. Von den Sitten und Gebräuchen des Luxuslebens an Höfen ausgehend, breitete sich der modische Sinn für herrliche, raffinierte Gebrauchsgegenstände in den Häu-

sern anderer reicher Männer aus, die entweder einen eigenen italienischen Stukkateur oder französischen Gärtner anstellten oder Handwerker
vor Ort aufforderten, sie nachzuahmen. In England wurden die ersten
Uhren und komplizierten Uhrwerke von deutschen und französischen
Uhrmachern hergestellt. Dann wurden englische Kopien von ausländischen Mechanismen in die von ausländischen Handwerkern stammenden
Gehäuse eingebaut. Aber vom späten 16. Jahrhundert an wurden durch
und durch englische Chronometer hergestellt, und damit begann eine
beachtliche eigenständige Entwicklung der Mechanismen, die sie in Gang
hielten. Dieser Prozeß, daß Fertigkeiten zunächst eingeführt, dann kopiert
und schließlich unabhängig von ihrem eigentlichen Ursprung weiter ausgeübt wurden, war auch für andere Bereiche und Länder typisch, aber
selbst am Ende des 16. Jahrhunderts konnte der spezialisierte Handwerker
sicher sein, im Ausland eine Beschäftigung zu finden – zumal wenn er ein
künstlerisches Talent hatte oder eine esoterische Fähigkeit wie das
Einlegen von *pietre dure* oder das Schneiden von Bergkristall beherrschte.
Thomas Dallam baute eine so raffinierte Orgel (sie enthielt auch einen
Stechpalmenbusch voller Vögel, die sangen und mit den Flügeln flatterten),
daß Elisabeth I., die mit diesem Geschenk den Sultan so weit bezaubern
wollte, daß er der Levant Company gewisse Gefälligkeiten erwies, Dallam
gleich mitschickte, damit er den Mechanismus erklärte. Seine Fertigkeit
wurde so freudig begrüßt, daß man ihn drängte, sich doch in Konstantinopel niederzulassen. »Ich erwiderte ihnen, ich hätte eine Frau und Kinder
in England, die erwarteten, daß ich zu ihnen zurückkehrte, obgleich ich
eigentlich weder Frau noch Kinder hatte, doch um mich herauszureden,
gab ich ihnen dies zur Antwort.«[57]
Allmählich ersetzten einheimische Könner ausländische Fachleute auch
auf anderen Gebieten: Drucker, Kartographen, Finanzverwalter (die Karriere des Genuesers Orazio Pallavicino, der 1585 englischer Staatsbürger
wurde, stellt in dieser Hinsicht eine Ausnahme dar). Ein herausragendes
Beispiel sind die Kriegstechniker. Seit Mitte des 15. Jahrhunderts arbeiteten italienische Theoretiker und Techniker an der Aufgabe, wie Verteidigungsanlagen gegen die Einschläge von Kanonenkugeln geschützt werden
können – Variationen zum Grundthema der mit Bastionen versehenen
Mauer. Um die Mitte des 16. Jahrhunderts bauten Italiener Festungsanlagen in England, Frankreich, Spanien, entlang der Donau, in der spanischen
Karibik und in allen portugiesischen Stützpunkten an der ostafrikanischen
Küste sowie an der westindischen Küste von Diu bis Kalikut. Danach
lernten die anderen europäischen Länder so viel, daß sie ihre eigenen
Untertanen damit beauftragen konnten. Ja, auf der italienischen Halbinsel

selbst mußten im frühen 17. Jahrhundert einheimische Fachleute erleben, wie ihre eigenen Pionierleistungen auf dem Gebiet der Verteidigungs-anlagen durch französische und holländische Abwandlungen Konkurrenz erhielten.

Indes nahm der Strom jener zu, die am Verkehr auf den Straßen allein um des Reisens willen, zur Unterhaltung und aus Interesse, teilnahmen. Der Nürnberger Gabriel Tetzel schrieb einen ausführlichen Bericht über eine der frühesten Europareisen, die in diesem touristischen Sinne unternom-men wurden, und zwar zwischen 1465 und 1467. Er gehörte dem Gefolge des Barons Leo von Rožmital (bei Pilsen) an und berichtete, wie ihm dieser bei einem Besuch von seiner geplanten Reise erzählte: »er woll alle chri-stenlich kunigreich, auch alle furstenthum in teutschen und welschen landen geistlich und weltlich besuchen, und sunderlichen vor woll er gen dem heiligen grab und gen dem lieben herrn sant Jacob.«[58]
Im Laufe der Reise, die von Prag durch Deutschland, die Niederlande, England, Frankreich, Spanien und Portugal, Italien und Österreich wieder zurück nach Böhmen führte, wurde zwar das Grab des Heiligen in Compostela vorschriftsmäßig aufgesucht, aber unter so vielen weltlich interessanten Zielen war im Reiseplan des Barons kein Platz mehr für Jerusalem.
»Unter den anständigen Zerstreuungen, denen sich Menschen hingeben können«, schrieb Francesco Vettori 1507 nach einer Reise durch die Schweiz und Deutschland, »ist meiner Meinung nach das Vergnügen des Reisens das höchste. Wer nie in Berührung mit vielen Menschen gekom-men ist und viele Orte gesehen hat, kann nicht vollkommen weise sein … [Aber] man sollte ohne geschäftliche Sorgen sein, frei sein, an einem Ort zwei Wochen nacheinander bleiben und zu Lande oder Wasser reisen können und nicht irgendwelchen Verspätungen ausgeliefert sein.«[59] Oder wie es Paracelsus aus der Perspektive eines Wissenschaftlers formulierte: Wer die Natur »durchforschen wil, der muß mit den füßen ire bücher treten. die geschrift wird erforschet durch ire buchstaben, die natur aber durch lant zu lant : als oft ein lant als oft ein blat. also ist codex naturae, also muß man ire bletter umbkeren.«[60] Und dann stellte Thomas Nashe hochmütig fest: »Nichts gilt unter uns, wer nicht gereist ist.«[61] Andererseits gab es Leute, die die Reiselust geißelten, weil er den Patriotismus auf unverant-wortliche und lasterhafte Weise in Frage stelle, und die statt dessen ein Wanderjahr im Kopf empfahlen. Ariost erklärte 1518, er sei durchaus zufrieden mit einem ptolemäischen Atlas: »Wer auch immer in der Welt herumkommen will, möge dies doch tun. Laßt ihn England, Ungarn,

Frankreich und Spanien sehen. Was mich betrifft, so möchte ich mich einzig und allein dort aufhalten, wo ich geboren bin.«[62]

Dies war zweifellos witzig gemeint. Aber in aller Ernsthaftigkeit begegnet einem diese Empfindung in Thomas Elyots *Buch vom Führer* von 1531. Ungeachtet aller Karten, Chorographien und Berichte von Reisen, die andere unternommen hätten, stehe für ihn fest: »Ich kann nicht sagen, welch größere Freude einem feinen Geiste widerfahren könnte, als im eigenen Hause jedwedes Ding zu betrachten, das irgend auf der ganzen Welt vorkommt.«[63] Ganz in diesem Sinne veröffentlichte Samuel Lewkenor 1600 *A Discourse ... for such as are desirous to know the Situation and Customes of forraine Cities without travelling to see them (Ein Diskurs ... für diejenigen, die die Lage und Bräuche ausländischer Städte kennenlernen wollen, ohne sie auf Reisen zu besuchen).* Diese so ganz andere Anschauung konnte natürlich all jene, die gern reisen wollten, überhaupt nicht beeindrucken. Sie waren sich darüber im klaren, daß sie sich mit Geld, Kraft, Geduld und Findigkeit überallhin begeben konnten, wo es laut ihrer Lektüre oder nach dem Hörensagen interessant oder lehrreich war. Zumindest die Städte wiesen bereits eine fest etablierte touristische Infrastruktur auf: Gasthöfe, Führer zu den Hauptsehenswürdigkeiten, Sakristane, die gegen ein Trinkgeld Flügelaltäre und die Türen öffneten, hinter denen der Aufstieg auf Kathedralentürme und sonstige Aussichtspunkte begann. In Rom bemerkte im Jahre 1580 der Sekretär, den Montaigne mitgenommen hatte, daß sein Herr, nachdem der Führer seines Amtes überdrüssig geworden war, es sich in den Kopf setzte, »durch eigenen Eifer und mit Hilfe von verschiedenen Karten und Büchern, die er sich abends vorlesen ließ, des Stoffes Herr zu werden. Am Tag ging es immer an Ort und Stelle und verwertete das Neugelernte. Nach wenigen Tagen hätte er seinen Führer selbst mit Leichtigkeit führen können.«[64] Auf Ausflügen von Neapel zu den Solfataren der Phlegräischen Felder wurden Hunde bereitgehalten, die die Besucher schütteln sollten, wenn sie die Schwefeldämpfe einatmeten und dann ohnmächtig umfielen. Es gab Führer für einzelne Länder und Städte sowie allgemeinere Werke voller nützlicher Tips, wie etwa diesen: Reisende sollten sich »ein offenes Gesicht, eine zurückhaltende Zunge und geheime Gedanken« bewahren.[65]

So wie man hinter dem Deckmantel einer Pilgerfahrt vielfältige Abenteuer erleben konnte, hatten auch die meisten Touristen ein erklärtes Ziel – oder Alibi: fremde Sitten kennenzulernen; Fürsten oder herausragende Gelehrte aufzusuchen; eine fremde Sprache zu lernen; gesellschaftlich akzeptierten Fertigkeiten wie Reiten, Fechten oder Tanzen den letzten Schliff zu geben; die heilenden Wässer in Kurorten zu probieren; die Überreste der

klassischen Antike zu erkunden. Typisch für das Bemühen um Konzentration auf das Wesentliche in der humanistischen Bildung Mitte des 16. Jahrhunderts war ein Eintrag über Rom im Tagebuch des neunzehnjährigen
Thomas Hoby, der später Castigliones *Hofmann* ins Englische übersetzte:
»Nachdem Mr. Barker, Mr. Parker, Whitehorn und ich solche Antiquitäten,
wie sie hier von Ort zu Ort zu sehen waren, gründlich erforscht hatten ...,
hielten wir es nur für einen Zeitverlust, hier länger zu verweilen.«[66]
Außerdem konnte ein kleines Geschäft unterwegs einer Vergnügungsreise
ein gewisses Ziel vermitteln. Im Laufe der Reise von Nürnberg in die
Niederlande im Jahre 1520/21, die Dürer in Aquarellen und einem Tagebuch festhielt, befinden sich zwischen Einträgen über Kirchen und Paläste,
Gasthöfe und Mahlzeiten (und ihre Kosten) Anmerkungen über die Stiche,
die er unterwegs verkaufte, sowie über die Kohlezeichnungen, die er
zuweilen bei Kerzenlicht anfertigte, um Freunden, die ihn und seine Frau
aufnahmen, einen Gefallen zu erweisen oder sie zu entschädigen. (Es kam
übrigens selten vor, daß jemand mit seiner Frau zum Vergnügen verreiste,
und Dürer hatte dafür einen unmittelbaren Grund: Nürnberg wurde im
heißen Sommer 1520 von der Pest heimgesucht, und er besaß kein Haus
auf dem Lande, wo er seine Frau hätte zurücklassen können.)
Rožmitals große Tour geriet weniger ungewöhnlich. Aus einer spontanen
und ganz profanen Laune heraus beschloß Kardinal Giovanni de' Medici,
Lorenzos ältester Sohn, im Jahre 1499, sich das Exil, das die republikanischen Florentiner nach dem Aufstand gegen seine Familie über ihn verhängt hatten, so angenehm wie möglich zu machen. Dazu gehörte eine
Reise, die ihn durch Deutschland, die Niederlande, Frankreich und England führen sollte (wenngleich er schließlich die wogenden Wellen des
Ärmelkanals doch nicht erblicken konnte). Er brach von Venedig mit einer
Gruppe von Freunden auf, und jeder von ihnen bestimmte abwechselnd
das Ziel des kommenden Tages. Im Jahre 1517 unternahm ein anderer
Kardinal, Luigi d'Aragona, eine ähnliche Reise im gleichen Geist. In seinem
anschaulichen Bericht über ihre unersättliche Besichtigungslust hat Anto-
nio de Beatis angemerkt, der Kardinal habe beschlossen, weil »es ihm nicht
genügte, den größeren Teil von Italien, fast ganz Baetica [Katalonien und
Andalusien] und die entlegensten Gegenden Spaniens mehrmals besichtigt
zu haben, daß er auch Deutschland, Frankreich und all jene anderen
Regionen kennenlernen wollte, die an den nördlichen und westlichen
Ozean grenzen«.[67]
Solche Reisende konnten auf eine internationale aristokratische Kamera-
derie bauen, dank derer sie trotz aller nationalen und politischen Differenzen mit einem höflichen Empfang und gelegentlich auch mit der Hilfe von

Angehörigen ihrer eigenen Klasse rechnen durften. Daß sie es sich auch leisten konnten, ihre Erlebnisse von jemand anderem aufschreiben zu lassen, erklärt wohl auch, warum viele der anschaulichsten Berichte die Reiserouten und -eindrücke von Reichen zum Inhalt haben. Seit der Mitte des 16. Jahrhunderts war die Reiseliteratur allerdings so weit verbreitet, daß sich unabhängige Reisende einfacherer Herkunft – wie Thomas Platter und Fynes Moryson – darüber im klaren waren, wie interessant das alles war, was sie sahen und erfuhren, und sich am oft unbequemen Ende eines ermüdenden Tages im Sattel die Zeit nahmen, ihre Erlebnisse ausführlicher festzuhalten, und nicht nur die zurückgelegten Meilen und die bezahlten Rechnungen zu notieren.

In dieser späteren Phase werden auch schlichte Vergnügungen ausführlichst geschildert. Hier beschreibt beispielsweise der Spanier Eugenio de Salazar, ein reisender Richter, wie es ist, wenn man auf einem guten Pferd mit genügend Geld im Beutel reist.

> Man reitet eine Zeitlang in der Ebene, dann erklimmt man den Hügel und begibt sich in das Tal auf der anderen Seite hinab; man durchquert einen dahineilenden Fluß und trabt über eine Weide voller Vieh; man hebt den Blick und sieht den Vögeln zu, die über einem fliegen; man trifft auf alle möglichen Leute und erkundigt sich nach den Neuigkeiten aus den Orten, aus denen sie gekommen sind … Da gibt es eine angenehme Begegnung mit irgendeinem jungen Dorfmädchen, das in die Stadt geht und nach Minze und Majoran duftet, und man ruft ihr zu: »Wollt Ihr mit meiner Gesellschaft vorlieb nehmen, meine Liebe?« … Ein Bauer verkauft einem einen schönen Hasen für ein Frikassee, oder man kauft einem Jäger ein Paar Rebhühner ab. In der Ferne erblickt man die Stadt, wo man zur Nacht oder für eine Mahlzeit abzusteigen gedenkt, und fühlt sich allein schon durch den Anblick ausgeruht und erfrischt.

Unter der Oberfläche dieser ständig anwachsenden Literatur aber bedeutete der Rückgang organisierter Pilgerfahrten, daß immer weniger Menschen aus bescheidenen Verhältnissen nationale Grenzen überquerten, um sich zu vergnügen und zu bilden. Immer mehr Kaufleute, Gelehrte und Diplomaten hielten ihre Reiseeindrücke fest, aber die ausgedehnte Bildungsreise wurde mehr denn je zum Luxus der Privilegierten. Für sie wurden die Richtlinien, die festlegten, wonach man Ausschau halten und was man erfahren sollte, immer ausgeklügelter und verbindlicher. Francis Bacon hat sie 1597 in seinem Essay *Über das Reisen* zusammengefaßt. Ein

ernsthafter Reisender, legte er dar, benötige einige Fremdsprachenkennt-
nisse, einen kundigen Führer, eine Karte und ein Buch, in dem jedes Land
beschrieben ist. Er sollte seinen Landsleuten aus dem Weg gehen, sich aber
nicht allzusehr von ausländischen Manieren beeinflussen lassen.

> Was man sehen und studieren soll, sind die Höfe der Fürsten ...; die
> Wälle und Befestigungen von Haupt- und andern Städten; ... alte
> Kunstwerke, Ruinen, Büchereien, Hochschulen, Streitgespräche
> und Vorlesungen, wo es deren gibt; Handels- und Kriegsflotten;
> Prachtbauten und Lustgärten in der Nähe großer Städte; Rüstkam-
> mern, Zeughäuser, Pulverkammern, Wechselbanken, Börsen, Reit-,
> Fecht- und Kriegsübungen und dergleichen mehr; ferner Schauspie-
> le, doch nur solche, welche Leute von Stand zu besuchen pflegen;
> Schatzkammern für Juwelen und Staatsgewänder; Kunstkammern
> und Seltenheiten, eben alles, was sonst in den besuchten Orten
> Merkwürdiges vorhanden ist.[68]

Das hört sich anspruchsvoll an. Dabei hat es ein Mann von vielseitigem
Geist geschrieben, der von London nie weiter als bis nach Frankreich
gekommen ist, und dies bereits in seiner Jugend. Allein aus seiner reichhaltigen Bibliothek bezieht er seine umfassenden Anschauungen. Und
auch wenn er nichts von Spaß und Abenteuer, nichts von sexuellen Eska-
paden wissen will und weder an der Landschaft noch an örtlichen und
beliebten absonderlichen Erscheinungs- oder Verhaltensweisen interessiert ist, die üblicherweise in Reiseberichten vorkommen, vertritt Bacons
Essay nicht zu Unrecht die neue Anschauung, daß unabhängiges Reisen
ernsthaft den Geist öffnen sollte für ein Verständnis all dessen, was andere
Nationen Europas miteinander gemein haben und was sie voneinander
unterscheidet. In seiner gedanklichen Weite und Schärfe klingt ein neues
Element in der kulturellen Besinnung auf die wahre Natur des Kontinents
an.

Europa blieb weiterhin ein Konglomerat von wirtschaftlich unabhängigen
Gebieten, die es überstehen konnten, wenn sie von den Hauptadern des
Handeslslebens abgeschnitten waren. Der Aufmarsch von Soldaten konnte
zwar lokal verheerende Auswirkungen haben, war aber unbedeutend
angesichts der Räume, die den Reisenden offenstanden, für die Straßen
oftmals ohnehin nicht mehr von Nutzen waren als simple Wege und Pfade.
Ein Krieg oder der Ausbruch der Pest machte das Vorankommen gewiß
komplizierter, konnte es aber nicht in größerem Maße oder auf Dauer

aufhalten. Wie weit wirkte sich dieser ausgiebige und mehr oder weniger
ständige Verkehr auf die Einstellung des einzelnen zum Leben in einem
multinationalen Europa aus?

Zweifellos nahm das Wissen bei jenen zu, die Handel trieben, auf Reisen
gingen und ihre Fähigkeiten in andere Länder mitnahmen. Aber auch
wenn sie den Kontinent als solchen fester in den Griff bekamen, wurden
sie noch lange keine Europäer. Natürlich wurde unterhalb der Ebene des
geschriebenen Wortes mehr mündlich weitergegeben, wieder und wieder
gesagt, verkam zu Klatsch und verflüchtigte sich so, ohne überliefert zu
werden. Aber aus dem schriftlich Festgehaltenen geht nicht hervor, daß
sich bei der großen Mehrheit irgendein innerer Wandel vollzog – noch
immer gaben die Autoren nationale Klischees weiter, umfassendere Interessen paßten einfach nicht zu patriotischen und nationalistischen Bestrebungen, die von politischen und religiösen Teilungen noch verstärkt
wurden. Kulturbedingte Scheuklappen konnten wie von jeher den Blick
verstellen, und die Zahl jener, die Landesgrenzen überquerten, war noch
immer sehr klein im Vergleich zur großen Mehrheit derer, die sich selten
– wenn überhaupt – mehr als eine Tagesreise von zu Hause wegbewegten.
Gleichwohl besteht kein Zweifel daran, daß die Formen des Verkehrs in all
ihrer zunehmenden Vielfalt auch die Neugier weckten und den Blickwinkel
des einzelnen weiteten, unter dem er das wahrnahm, was anderswo gedacht und gemacht wurde. Ohne diesen Verkehr hätte Europa nicht im
Glanz des kulturellen Wandels erstrahlen können, dem sich der Begriff
Renaissance verdankt.

Zweiter Teil

RENAISSANCE

Manche meinen, es sei Aufgabe des Historikers ..., in einem einzelnen intuitiven Augenblick den »Geist« oder »Sinn« seiner Epoche zu erfassen. Mit einem gewissen Zögern und voller Hochachtung vor den bedeutenden Leuten, die anderer Ansicht sind als ich, behaupte ich, daß wir genau dies unterlassen sollten. Ich kann mich einfach nicht dazu durchringen, daß ein derartiger »Geist« oder »Sinn« viel mehr Realität besitzt als die Bilder, die wir im Feuer erblicken ... Die »Kanäle« auf dem Mars verschwanden, als wir über stärkere Linsen verfügten.

C. S. Lewis,
Englische Literatur im 16. Jahrhundert (1954)

5. Kapitel

Verwandlungen

Aufgetaute Stimmen

Im Laufe der phantastischen Reise, die Rabelais im 1552 erschienenen vierten Buch von *Gargantua und Pantagruel* schilderte, »stund Pantagruel auf und spähet' so aufrechtstehend in die Fern. Dann sprach er zu uns: lieben Brüder, hört ihr nichts? Mir ist als hör ich Leut in der Luft parliren; aber ich seh doch niemand. Horcht! Wir also paßten fleißig auf, wie er befal, und schlurften die Luft mit offnen Ohren, wie gute Austern in der Schaal, ob eine Stimm oder Laut darinn schwäm: und daß uns ja nichts entgehen sollt, hielten wir unser Etliche ... die flachen Händ uns hinter die Ohren ... Je länger wir horchten, je mehr Stimmen wir unterschieden; bis wir endlich selbst ganze Wort verstunden.« Pantagruels Freunde waren zutiefst beunruhigt und erfuhren vom Kapitän, was sie da gerade zu hören bekämen, sei der Lärm einer grausamen Schlacht, der im Winter gefroren sei und nun aufzutauen beginne. Einige Worte und Schreie fielen tatsächlich aufs Deck: »... die sahen aus wie Zuckerplätzel und Brustküglein von verschiedenen Farben. Da sahen wir gehle geile Wort, *vulgo* Zötlein, Grünspan-Wort, azurne, schwarze, güldne Wort die, wenn wir sie ein wenig in den Händen wärmten, wie Schnee zergingen.«[1]

Das ist kein schlechtes Bild für die Klänge der klassischen Antike, die nach dem langen Winter des Mittelalters, der mit dem Verlust Roms an die Barbaren hereinbrach, nun wieder zu vernehmen waren. Das »Aufwärmen« der Texte durch getreue Neuausgaben seit dem 14. Jahrhundert brachte die Stimmen ihrer Autoren erneut klar zu Gehör, und als man sich daraufhin für die Welt, in der sie gelebt hatten, verstärkt interessierte, erwachten ihre Schlachten noch einmal zum Leben. Auch wenn die entsprechenden Vorarbeiten bereits in Italien geleistet worden waren, bemächtigten sich zu der Zeit, als Rabelais schrieb, gebildete Männer und Frauen in ganz Europa wieder einer Alten Welt – einem lehrreichen, für die eigene Zeit relevanten Alter ego –, die für die meisten von ihnen weitaus interessanter war als die Neue Welt. In ferner Vergangenheit, aber den eigenen Sorgen und Nöten näher als die Jahrhunderte des Mittelalters, hatte es eine Gesellschaft wie die ihre gegeben, die nur noch keine Steigbügel, keinen Kompaß, keinen Buchdruck, kein Schießpulver, kein Papsttum und keine Amerikas gehabt hatte. Es entsprach der Neigung der Zeit, die eigenen trivialen Quellen und Monumente auszusieben, so daß man den Eindruck hatte, jene Gesellschaft sei ein intellektuelles und schöpferisches Herrenvolk gewesen. Was immer es noch zu tun gab: im philosophischen Denken, im politischen Handeln oder in kulturellen Leistungen, es war offenbar bereits getan worden, und zwar mit höchster Kraft und Kunst, durch ein Volk, dessen Geschichte nicht nur durch die zeitliche Distanz Klarheit besaß, sondern auch die Ganzheit eines vollendeten Zyklus aufwies, von dunklen Anfängen über die Errichtung eines Weltreichs bis ins Chaos der Barbarei.

Als die Rekonstruktion der Alten Welt in der Einbildungskraft immer weiter voranschritt, wurde Text um Text der Zeitbezug dieses Alter ego immer klarer. Da ihre Worte nicht mehr dunkel blieben, ihre Persönlichkeit wiedererstand im Kontext ihrer eigenen Gesellschaft, wurde die Attraktivität der Autoren, die das Mittelalter zwar gelesen, aber nicht wirklich vernommen hatte – Platon, Aristoteles, Vergil, Cicero und Ovid –, immer stärker, und dazu kam noch eine ganze Schar weiterer Autoren. Der Eindruck, den so viele geistige Meister auf Männer machten, die sie nicht nur voller Bewunderung für ihr Wissen oder ihre besonderen Fachkenntnisse lasen, sondern als Vorbilder, von denen man viel über Staatskunst, Kriegführung, die Erschaffung von Kunstwerken und die bedeutendere Kunst, auch im Unglück standzuhalten, lernen konnte – dieser Eindruck verwandelte das Studium der Alten Welt in eine kulturelle Kraft. Das war nicht einfach die Lektüre vernachlässigter Texte, sondern die zielbewußte Kommunikation mit einer Schar erlauchter Ahnen.

Die Vorstellung einer Kommunikation ist keineswegs aus der Luft gegriffen. »Ich bin nie weniger einsam, als wenn ich allein bin«, schrieb der Künstler und Gelehrte Leon Battista Alberti in den dreißiger Jahren des 15. Jahrhunderts, und dabei dachte er an die Autoren seiner bevorzugten klassischen Texte, die ernsthaft und beredt oder humorvoll zerstreuend waren.[2] 1513 erklärte Machiavelli in einem Brief an Vettori, wie er – seines Postens bei der Kanzlei des florentinischen Rats enthoben und auf dem abgelegenen Landgut seiner Familie »vermodernd« – den Trost fand, der ihn dazu befähigte,»ein Werkchen *de principatibus*« zu schreiben: »Wenn der Abend kommt, kehre ich nach Hause zurück und gehe in mein Schreibzimmer. An der Schwelle werfe ich die Bauerntracht ab, voll Schmutz und Kot, ich lege prächtige Hofgewänder an und, angemessen gekleidet, begebe ich mich in die Säulenhallen der großen Alten. Freundlich von ihnen aufgenommen, nähre ich mich da mit der Speise, die allein die meinige ist, für die ich geboren ward. Da hält mich die Scham nicht zurück, mit ihnen zu sprechen, sie um den Grund ihrer Handlungen zu fragen, und herablassend antworten sie mir. Vier Stunden lang fühle ich keinen Kummer, vergesse alle Leiden, fürchte nicht die Armut, es schreckt mich nicht der Tod; ganz versetze ich mich in sie.«[3] Und dieses Gefühl, mit der Antike in Verbindung zu stehen, breitete sich bald über Italien hinaus aus. Der Grieche Plutarch war um 120 v. Chr. gestorben. Immer wenn Montaigne – fünfzehneinhalb Jahrhunderte später – nach Plutarchs Werken griff, fühlte er augenblicklich sein ganzes Verlangen gestillt. Er »schickt sich so gut auf alles, und hat so viele Dinge abgehandelt, daß er sich bey allen Gelegenheiten, wenn man auch die wunderlichste Materie hat, von selbsten einstellet, und einem unerschöpfliche Reichthümer und Schönheiten von freyen Stücken darbietet. Ich bedaure nur, daß er sich von denen, die ihn gebrauchen, so oft muß bestehlen lassen. Ich kann ihm so wenig gleich kommen, daß ich ihm weder etwas kleines noch großes abzunehmen vermag.«[4] Im Jahre 1600 widmete Philemon Holland, ein Landarzt, der mehr Zeit mit seinen Büchern als bei seinen Patienten verbrachte, seine englische Livius-Übersetzung Königin Elisabeth I. »Reicht Eure huldvolle Hand«, schrieb er, als wolle er einen ausländischen Freund vorstellen, »T. Livius, der schon lange auf Eurem berühmten Inselreich als einfacher Fremder weilt und als solcher behandelt wird ... und ergebenst die Gunst Eurer Majestät begehrt, wie andere freie Bürger behandelt zu werden ... und unter Eurem fürstlichen Schutz zu leben.«[5]

Manche lauschten den Stimmen der Antike in einer nostalgischen Rückbesinnung auf eine Zeit, als Europa noch im Frieden leben konnte und die Menschen sich nicht ständig mit ihrer Sündhaftigkeit befassen mußten. Inmitten der von Dornen überwucherten Ruinen des alten Roms schrieb Poggio Bracciolini um 1430: »Gewiß ist diese Stadt zu betrauern, die einst so viele illustre Männer und Kaiser hervorgebracht hat, so viele Kriegführer – sie war ... die Förderin so vieler und derart bedeutender Tugenden, die Mutter so vieler guter Künste, die Stadt, von der militärische Disziplin, die Reinheit der Moral und des Lebens, Ordnung und Recht, die Vorbilder aller Tugenden und das Wissen um das rechte Leben ausgegangen sind.«[6] Aber die vorherrschende Stimmung, in der die vergangene Antike studiert wurde, war keineswegs wehmütig romantisch. Vielmehr stellten ihre Taten und Leistungen eine Herausforderung und Ermutigung dar. Da ging es nicht einfach um ironische Vergleiche (»Wir« und »Sie«) mit Türken und amerikanischen Indianern, sondern um eine Begegnung mit heldenhaften Vorfahren. Zwanzig Jahre nach Bracciolini erklärte Ciriaco von Ancona, die Gegenwart sei verpflichtet, »die Toten zu erwecken … die ruhmreichen Dinge wiederzubeleben, die für jene Menschen, die in der Antike gelebt haben, so lebendig waren, aber begraben und versunken sind … sie aus ihrem dunklen Grab ans Licht zu bringen, damit sie noch einmal zum Leben erwachen«.[7] Und das Weiterleben ihrer Sprache, des Lateinischen (in Teilen von Süditalien auch des Griechischen), brachte sie jenen nahe, die ihre Werke lasen oder sich über ihre Zeit kundig machten.

Im frühen 16. Jahrhundert hatten der Einfluß der klassischen Gelehrsamkeit sowie ihre Popularisierung durch Übersetzungen und Bearbeitungen eine kritische Masse erreicht, die unaufhaltsame Kettenreaktionen hervorrief. Kaum ein Bereich der Forschung, von der Jurisprudenz bis zur Mathematik, von der Kriegstechnik bis zu den Künsten, der keine entscheidenden Impulse von einem einschlägigen Text, Kunstwerk oder Bericht über ein historisches Ereignis empfing. Im Vorwort zu den *Discorsi sopra la prima deca die Tito Livio (Erörterungen über die erste Dekade des Titus Livius),* die Machiavelli nach Beendigung des *Fürsten* begann und die ebenfalls postum (1531) erschienen, sprach er davon, »welche Ehre dem Altertum gezeigt« werde. Er verwies auf das, was die Rechtsgelehrten aus dem *Corpus iuris civilis*, den Kaiser Justinian im 6. Jahrhundert geschaffen hatte, und die Ärzte von Galen und Hippokrates gelernt hätten. Wie oft werde doch »ein Bruchstück einer antiken Bildsäule um hohen Preis angeschafft …, um es zu besitzen, sein Haus damit zu schmücken, es von denen nachahmen zu lassen, die sich jener Kunst widmen«. Nun habe er sich entschlossen, einen neuen Weg zu eröffnen, der noch nicht von jedem begangen worden sei – ein vom Beispiel der Römer abgeleitetes Vorbild für die Methoden, die Verfassungsrechtler, Staatsmänner und Generäle anwenden sollten.[8] In fast jeder Hinsicht gestattete die Antike einen Vergleich mit dem jahrhundertelangen Erbe ritterlicher, feudaler und christlicher Werte – Reformatoren wie auch ihre Gegner tauchten gemeinsam ihre Federn ins riesige Tintenfaß der Klassik. Rom war zu seiner Größe erst als Republik und dann als Kaiserreich gelangt. Also konnten potentielle absolutistische Herrscher wie leidenschaftliche Republikaner ihre Sache jeweils mit Argumenten und Beispielen aus der Antike untermauern. Sir Francis Walsingham machte einen Freund darauf aufmerksam, wie vielfältig das neue Wissen umgesetzt werden könne. Studiert das anhand der Erfahrungswelt der Antike, legte er ihm nahe, die nutzbringend angewendet werden könne, »auf diese unsere Zeit und unsere Staaten, und erkennt, wie sie für unser Zeitalter von praktischem Nutzen sein kann oder warum sie abgelehnt werden sollte«.[9] Schriftsteller und Künstler, Philosophen und Männer der Wissenschaft, Fachleute auf dem Gebiet der Landwirtschaft, der Sitten und des häuslichen Lebens – sie alle wandten sich der Antike im gleichen Geist zu: Was konnte man nützlicherweise daraus lernen? Auf diese Weise erhielt also das intellektuelle und schöpferische Leben Europas einen frischen Adrenalinstoß, der sich auf die Entfaltung begabter Zeitgenossen um so stärker auswirkte, als sie sich bei ihrem Vorwärtsdrang Rat aus der Vergangenheit holen konnten.

Die schöpferischsten Leistungen ermöglichte das wiederbelebte Interesse an der Antike durch die verstärkte Umsetzung eines bereits vorhandenen Könnens und Ziels. Vor die Aufgabe gestellt, den gewaltigen Raum mit einer Spannweite von über vierzig Metern über dem Oktogon des Doms von Florenz zu überwölben, studierte Filippo Brunelleschi die Konstruktion von Kuppeln, etwa die des römischen Pantheons. Doch bei ihrer Vollendung im Jahre 1436 sah seine Kuppel, obwohl er nach antiken Methoden vorgegangen war, radikal anders aus als alles, was die Antike geschaffen hatte. Bemerkenswerterweise hat Hernán Cortés, als er 1519 zur Eroberung von Mexiko aufbrach, seine kleine Gruppe spanischer Abenteurer ermahnt, sich nicht die Helden der Ritterromane, der Lieblingslektüre seiner adeligen Klasse, zum Vorbild zu nehmen, sondern die Taten der Römer nachzuahmen. Und »wir antworteten ihm Alle aus Einem Munde«, berichtete sein Chronist Bernal Díaz del Castillo (der dabei war, aber erst später über dieses Ereignis schrieb), »daß wir blindlings seinen Befehlen gehorchen würden, da der Würfel einmal geworfen wäre, und wir, wie Cäsar, nachdem er den Rubicon überschritten, keine Wahl mehr hätten«.[10] Sowohl die rasant entwickelten Ideen wie die sprachlichen Turbulenzen, die sie erzeugten und die so typisch waren für das schriftstellerische Schaffen von Rabelais seit den dreißiger Jahren des 16. Jahrhunderts, verdankten ihre unverhohlen anarchische Exzentrizität ebensosehr seiner klassischen Bildung wie seiner Liebe zum gesprochenen und geschriebenen Französisch.

Diese Art der Wiederbelebung beruhte freilich auf der unerschütterlichen Hartnäckigkeit einer beschränkteren Begeisterung. Die Antriebskraft hinter dem Studium der Antike indes war gelehrter Natur, ein intellektueller Reiz, der von der Wiederentdeckung, Kollationierung, kritischen Würdigung und Veröffentlichung von Texten ausging. Seit dem 14. Jahrhundert war der Prozeß des »Auftauens« und Deutens der Stimmen die entschiedene Pflicht von Männern, die ganz in ihrer Arbeit aufgingen. Im frühen 16. Jahrhundert nannte es Guillaume Budé bedauernd ein »Opfer«, als er sich

Das Pantheon in Rom

neben seiner Arbeit noch die Zeit nahm zu heiraten. Und hinter den
Nutznießern der Wiederbelebung standen jene Männer, die sie mit für
inspirierend befundenen Mitteilungen aus der Vergangenheit versorgten –
Männer, die, wie Postel sagte und damit seine eigenen Mühen beschrieb,
in ihre Tintenfässer hauchen mußten, um auch in strengen Wintern weiterarbeiten zu können. Und während die Texte veröffentlicht und übersetzt
(von Vergils Werken um das Jahr 1600 über eine halbe Million Exemplare
in beiden Sprachen) sowie für den Massengeschmack bearbeitet wurden,
pickte man sich Zitate und Anspielungen wie die Rubikon-Bemerkung der
Begleiter von Cortés heraus und machte davon in der Unterhaltung weithin
Gebrauch, so daß die Vertrautheit mit dem Alter ego der Gegenwart auch
durch Veränderungen in den europäischen Lehr- und Studienplänen gefördert wurde.

Nach dem italienischen »umanista« des 15. Jahrhunderts, des Mannes also,
der mit Hilfe der Texte die »literae humaniores« lehrte: die Studienfächer,
die sich vornehmlich mit der weltlichen Befindlichkeit des Menschen
befaßten (Grammatik und Rhetorik, Geschichte, Dichtkunst und Moralphilosophie) – nach diesem »umanista« also prägte das 19. Jahrhundert das

Wort »Humanismus«, um damit die Ideenlehre zu umschreiben, die ihr
Wissen aus der klassischen Antike bezog. Um 1402 schrieb Pietro Paolo
Vergerio sein Manifest über eine freiheitliche Erziehung, *De ingenuis
moribus et liberalibus studiis adulescentiae (Über die edlen Sitten und die
freie Unterrichtung der Jugend).* Während der Leib durch körperliche
Ertüchtigung in Form gehalten werden sollte, dienten die Unterrichtslek-
tionen der charakterlichen Bildung des Schülers und sollten ihn auf ein
Leben in nützlicher Dienstbarkeit vorbereiten. Die Grammatik sollte ihn
dazu befähigen, die exemplarischen Texte zu beherrschen, die ihm das
Reden und Schreiben erleichtern und es den verschiedenen Themen und
Zuhörern wie Lesern anpassen würden. Die Geschichte würde ihm Bei-
spiele für ein Verhalten liefern, die er meiden oder befolgen sollte, die
Dichtkunst ein Verlangen wecken, die Tugenden der Helden der epischen
Literatur nachzuahmen. Die Moralphilosophie sollte die hohen Grundsätze
des persönlichen Verhaltens betonen, die vom verantwortungsbewußten
Bürger erwartet wurden.

Als Vergerio seine Abhandlung schrieb, war er Hauslehrer von Ubertino da
Carrara, dem Sohn des Herrschers von Padua, und die wenigen Schulen,
die seine Vorschriften am genauesten befolgten, befanden sich alle in
Städten und waren an Machtzentren gebunden. Vergerios Schüler Vittorino
da Feltre eröffnete eine Schule in Mantua, auf Einladung des dortigen
Herrschers Gianfrancesco Gonzaga. Guarino da Verona lehrte in Ferrara,
nachdem er dorthin als Lehrer des Sohnes des Marchese Niccolò d'Este
geholt worden war. Die erste humanistische Schule in Spanien wurde von
Marineo Siculo geleitet, der bis zum Alter von fünfundzwanzig Jahren des
Lesens und Schreibens unkundig in einem sizilianischen Städtchen gelebt
hatte und fortan mit dem Eifer des Autodidakten zu Werke ging. Die Schule
war zweifelsohne ein Gewinn für den Hof von Königin Isabella, und 1492
schrieb Siculo an einen Freund: »Den ganzen Tag über bevölkern diese
temperamentvollen jungen Adeligen mein Haus. Von diesem eitlen Zeitvertreib, an den sie ... seit ihrer Kindheit gewöhnt sind, wenden sie sich
bereits nach und nach der Liebe zur Literatur zu.« Siculo hetzte seine
lebhaften Schüler so rasch wie möglich durch das mechanische Auswendiglernen der grammatischen Regeln und führte ihnen dann die Texte
selbst und die Persönlichkeit ihrer Autoren vor Augen – auf diese Weise,
behauptete er, »werden sie gewiß weiter vorankommen und keine Gram-
matiker, sondern Lateiner werden«.[11] Erasmus dachte genauso: Die Erziehung sollte den Kontakt zur Vergangenheit erleichtern, die das Leben in
der Gegenwart bereichern würde. In direkter Zusammenarbeit mit Erasmus gründete John Colet, Dekan an der Londoner Saint Paul's Cathedral,

im Jahre 1509 die Saint Paul's School – eine weitere Schule in einem politischen Machtzentrum.

Derart programmatisch-humanistische Schulen gab es indes nicht viele, und zudem waren sie – ungeachtet der Proteste der Pädagogen, daß dies ganz und gar nicht in ihrem Sinn sei – von Klassengegensätzen beherrscht. Die mittelalterlichen Schulen waren noch vollkommen in der Lage gewesen, Jungen auf kaufmännische Beschäftigungen wie auch auf die Universitätsausbildung vorzubereiten, die aus ihnen Priester, Advokaten und Ärzte machten. Aber als die Verwaltungsapparate sich ausdehnten, die Diplomatie zunahm und die Höfe eine immer wichtigere Rolle im Leben einer Nation spielten, änderte sich das Verhältnis zwischen Bildungsangebot und Nachfrage. Auch wenn der Diplomat und Erasmus-Freund Richard Pace 1517 behauptete, einen Herrn kennengelernt zu haben, der erklärte: »Um des Corpus Christi willen, lieber würde ich meinen Sohn hängen sehen, als daß er sich der Gelehrsamkeit hingäbe ... Das Studium der Literatur sollte den Söhnen von Bauern überlassen werden«, kam die Meinung seines Gewährsmannes doch aus der Mode.[12] Die Veröffentlichungen von Bildungstheoretikern und der Einfluß von Hauslehrern in Privathaushalten (der Altphilologe John Cheke war Hauslehrer von König Eduard VI. und unterrichtete auch die künftige Elisabeth I.) trugen genausoviel zur Förderung einer liberalen Erziehung bei wie die wenigen Musterschulen. Dank der Druckpresse legten die Buchhandlungen immer mehr Zeugnis ab von den Mühen der Altphilologen. Sammlungen von Redewendungen und Zitaten wie Erasmus' *De duplici copia verborum ac rerum* von 1512/13 sowie seine ungeheuer beliebten *Adagia*, die eine Neuauflage nach der andern erlebten, verdankten ihren Erfolg der Annahme, daß eine gebildete Person ihre Schriften mit klassischen Redensarten und Anspielungen würzen wolle. Immer mehr in Mode kam ein umfassendes Allgemeinwissen, das zwar amateurhaft war, sich aber wohltuend vom starren Professionalismus und den unsicheren sozialen Verhältnissen des mittelalterlichen Universitätsfachgelehrten abhob.

Daß Baldassare Castigliones *Buch vom Hofmann* gleich nach seiner Erstveröffentlichung in Venedig im Jahre 1528 in ganz Europa berühmt wurde, verdankte es seinem höfischen Szenarium. Auf den Seiten dieses Buches diskutierten Männer von hoher Geburt und mit politischer Verantwortung im herzoglichen Palast von Urbino, zuweilen ernsthaft, zuweilen scherzhaft, über die Qualitäten, die ein aktiver, vielseitiger Mann aufweisen müsse, dem das klassische Wissen leicht zuflog und der sich in der Gesellschaft von Frauen, Dichtern und Musikern in seinem Element fühlte. Es war das genaue Porträt einer exklusiven Gesellschaft, die sich eigentlich

den Werten von Vergerios pädagogischer Philosophie verschrieben hatte
– Castiglione behauptete nämlich, nur aufgeschrieben zu haben, was
tatsächlich in aller Munde sei. Und dies waren schließlich die Werte, die
in der Antike selbst hochgehalten worden waren. Der gebildete Mann, so
Cicero, der meistgelesene antike Autor, sollte »auch theoretisch und praktisch alle Themen der Philosophie beherrschen ... Ja, damit er sich großartiger und gewissermaßen erhabener zeige, wünsche ich mir sogar, daß
er auch die Naturphilosophie gut kenne ... Wendet er sich dann von den
überirdischen zurück zu den menschlichen Angelegenheiten, dann wird
er gewiß alles erhabener und großartiger formulieren und bedenken ...
Das bürgerliche Recht soll er beherrschen ... Er sollte aber auch vertraut
sein mit der Geschichte der Ereignisse der Vergangenheit ... Nicht zu
wissen, was vor unserer Geburt geschehen ist, das heißt sein Leben lang
infantil zu bleiben!« Und Quintilian hatte im ersten Jahrhundert geschrieben: »Mit einer solchen Zahl von Lehrmeistern, einer solchen Zahl von
Beispielen hat uns die frühere Zeit ausgestattet, daß kein Zeitalter über die
Geburtsstunde, die es erlost hat, glücklicher scheinen kann als das unsere,
zu dessen Belehrung die früheren alle so große Mühe aufgewandt haben!«[13]
Indem sich der Humanismus aus solchen Quellen nährte, wurde er immer
überzeugender zur Lehre *dieses* Zeitalters.

Der Humanismus nahm großenteils unter der Hand an Einfluß zu, nach
der Schule und außerhalb der Universitäten. Er erfaßte beide, führte aber
sozusagen ein eigenständiges Leben in Büchern, Hauslehrern, inoffiziellen
Studiengruppen wie auch im Klatsch – all diesen Wegen, auf denen jede
intellektuelle Mode zur Orthodoxie wird. Im großen und ganzen waren
Universitäten zurückhaltend, was die Änderung von Lehrplänen und -me-
thoden betraf, die sich in Europa jahrhundertelang bewährt hatten. Was
sie schließlich dann doch beeinflußte, war die Tatsache, daß die Humanisten betonten, wie sehr sich die Erziehung auswirke auf das Verhalten, wie
wichtig es sei, Autoren in ihrer Ganzheit zu betrachten statt als Zitaten-
schatz für Dispute, und vor allem wie notwendig es sei, nicht nur zu den
Quellen der weltlichen Literatur zurückzukehren, sondern auch zu denen
des Christentums.

1496 brachen Colets Vorlesungen in Oxford über die Briefe des heiligen
Paulus an die Korinther radikal mit den traditionellen Methoden eines
Theologen. Statt sein Thema mit den mittelalterlichen lateinischen Kommentaren anzugehen und damit seine Zuhörer daran zu erinnern, daß die
Kirche eine Ansammlung von Interpretationen und Lehren darstelle, griff
er direkt auf den griechischen Text zurück. Er erklärte, wie die Form und
die Sprache der Briefe von Paulus' Ansicht über die Menschen geprägt

worden seien, an die sie gerichtet waren. Er stellte Paulus in den Kontext
der römischen Kultur und der frühen Jahre des Christentums. Und indem
Colet Paulus eindeutig in Raum und Zeit einordnete, ließ er ihn beinahe so
direkt zu den Studenten von Oxford sprechen, wie er zu den Korinthern
gesprochen hatte – nämlich um Zeugnis abzulegen von den Anfängen der
Kirche und um die persönliche Reflexion anzuregen, statt als Ausrede für
die Zurschaustellung von Bildung mißbraucht zu werden. Vielleicht noch
beeindruckender als die Veranschaulichung der humanistischen Sehnsucht nach einer Rückkehr zu den Quellen war der Wunsch, die Bibel in
der eigentlichen Sprache Gottes und Christi zu sehen: dem Hebräischen.
Als einer der ersten erlernte es der deutsche Privatgelehrte Johannes
Reuchlin, der seine sprachlichen Regeln festhielt, so daß andere es studieren konnten. Dies führte zu dem Vorwurf, er wolle den jüdischen Glauben
im Gegensatz zum christlichen fördern. Seine humanistischen Freunde
bekannten sich offen zu ihm, indem sie 1514 eine Sammlung von Briefen
herausgaben, die seine Ansichten unterstützten, die *Epistolae clarorum
virorum (Briefe berühmter Männer).* Zwei seiner Fürsprecher, Ulrich von
Hutten und Crotus Rubeanus, genügte dies noch nicht, und ein Jahr später
veröffentlichten sie ein satirisches Pendant, die *Epistolae obscurorum virorum*, die *Dunkelmännerbriefe* – eine fingierte Auswahl von Briefen an
einen von Reuchlins Hauptgegner, Ortwin Gratius, einen Theologen an der
Kölner Universität, von *seinen* Bewunderern. Mit beträchtlichem Geschick
und überaus genüßlich bescheinigen diese »Bewunderer« Ortwin, daß er
ein sittenloser und pedantischer Ignorant sei. Sie feierten seine niedrigen
Amouren, rühmten seine Fähigkeit, über so gewichtige Angelegenheiten
zu befinden wie die Frage, ob es eine läßliche Sünde oder eine Todsünde
sei, an einem Freitag ein Ei mit einem ungeschlüpften Küken zu verzehren
– vor allem aber zogen sie seine Gelehrsamkeit in Zweifel. »Ich habe ja«,
schrieb einer der Beiträger mit gespieltem Respekt, »als ich zu Cöln in
Eurer Stube war, wohl gesehen, daß Ihr viele Bücher in großem und
kleinem Format habt: die einen waren in Holzdeckel gebunden, andere in
Pergament, wieder andere waren ganz mit rothem, grünem und schwar-
zem Leder überzogen, andere nur zur Hälfte. Ihr saßet da und hattet einen
Kehrwisch in der Hand, um den Staub davon abzukehren.«[14]
Im ganzen gesehen beschränkte sich der Angriff gegen die Scholastik –
Gegenstand und Methode der mittelalterlichen Universitätslehre – auf
deren Betonung der Ausbildung des Verstandes ohne die Einbeziehung des
Herzens. Zuviel Zeit, behaupteten die Humanisten, sei so raffinierten
Rätseln wie diesem gewidmet worden, »ob wir nach dem Gesetz der Liebe
verpflichtet sind, einen Nachbarn vor Unterdrückung, Schande oder Tod

zu bewahren, wenn wir dies nur tun können, indem wir uns selbst gefährden oder verletzen, und falls dies gegen seinen Willen ist«. Aber teils aus Eigeninteresse, weil manche selbst einen Lehrstuhl haben oder sich zumindest ungeschoren als Privatlehrer in Universitätsstädten etablieren wollten, und teils aus echter Achtung vor dem Fortleben der traditionellen Gelehrsamkeit wurden diese Angriffe nie systematisch vorgetragen. Der Spanier Juan Luis Vives, ein leidenschaftlicher Befürworter des humanistischen Erziehungssystems, schilderte 1519 in bewegenden Worten, wie sehr es ihn schmerzte, als er sich von der Tradition abwandte, in der er sich einst zu Hause gefühlt hatte. Erst nach langem Nachdenken habe er sich dazu überwinden können, »das Alte gegen das Neue« einzutauschen, und »oft wandte ich meine Gedanken von besseren Dingen [humanistischen Studien] wieder den alten [scholastischen] Methoden zu, nur um mich davon zu überzeugen, daß ich nicht umsonst so viele Jahre in Paris darauf verwendet hatte«.[15]

Auch wenn der Humanismus die Vorzüge einer heidnischen Kultur vor einer christlichen herausstellte, bürgerte er sich doch nahezu mühelos ein. Doch als Pico della Mirandola 1487 versicherte, Gott habe genauso dem Sinne nach, wenn nicht gar direkt durch den Mund heidnischer Seher gesprochen wie durch den der biblischen Propheten, führte dies zu seiner Verdammung durch Rom; nachdem er sich taktvoll selbst ins französische Exil begeben hatte und nach einiger Zeit wieder nach Florenz zurückgekehrt war, verständigte man sich darauf – etwa wie im späteren Fall Galileis –, daß er zu Hause bleiben und sich ruhig verhalten sollte. Der Humanist Konrad Celtis widmete 1502 ein Gedicht voller mythologischer Anspielungen der Äbtissin Caritas Pirckheimer, ihrerseits eine berühmte Altphilologin, woraufhin sie ihn energisch zurechtwies: »Deshalb will ich, ermutigt durch die vertraute Freundschaft, welche uns beide verbindet, Euch ermahnet haben, abzulassen von den ruchlosen Fabeln des Jupiter und der Diana, Venus und anderer Verdammten, deren Seelen gegenwärtig in den höllischen Flammen brennen. Eben deswegen sollten aber auch ihre Namen, und selbst die Erinnerung an sie, bei rechtgläubigen Männern, die sich zum Christentum bekennen, gänzlich ausgeschieden, verabscheut und der Vergessenheit überliefert werden.«[16] Einige Humanisten, die die Priesterweihen empfingen, wie dies so viele taten, empfanden Gewissensbisse. »Wir Geistlichen Gottes«, schrieb Bartolomeo Fonzio 1510, »können gewiß veröffentlichen, was immer wir verfaßt haben, als wir noch Laien waren, aber ob wir dies auch reinen Gewissens tun *sollten,* weiß ich nicht.«[17] Die Kirchenbehörden in Spanien befleißigten sich der Unterdrückung, soweit ihnen dies möglich war, da sich der königliche Schutz auch auf italienische Humanisten erstreckte. Seit 1535 verboten die protestantischen Machthaber in Prag alle Aufführungen »heidnischer Schauspiele«. Aber dies war höchstwahrscheinlich auf die Freizügigkeiten zurückzuführen, die sich der Darsteller der Titelfigur in einer Aufführung von Plautus' *Miles gloriosus* in jenem Jahr herausgenommen hatte und für die er ins Gefängnis gesteckt worden war.

Im großen und ganzen jedoch war man der Ansicht, daß es kaum einen potentiellen Konflikt gebe. Die humanistische Morallehre schrieb die Pflichten, die dem einzelnen in seinem anständigen Verhalten auferlegt waren, sowie das Streben nach dem kollektiven Guten mit Begriffen vor, die weder den zehn Geboten noch der Bergpredigt widersprachen. Unter Theologen selbst herrschte jedenfalls eine entschiedene Tendenz vor, den Aspekt der Wahrheit, der durch die Vernunft und die Erfahrung der Gemeinde nachweisbar war, von dem der Geistigkeit und der Erlösung zu unterscheiden. »Der Heiligen Schrift gebührt zwar überall das höchste Ansehen«, schrieb Erasmus in seinem vielgelesenen Dialog *Das geistliche Gastmahl,* »gleichwohl stoße ich bisweilen teils auf Aussprüche der Alten, teils auf Schriften der Heiden, auch von Dichtern, die so rein, so ehrwürdig und so vortrefflich sind, daß ich nicht glauben kann, daß ihren Verstand, als sie das schrieben, nicht irgendein gutes Wesen lenkte. Und vielleicht ergießt sich der Geist Christi weiter, als wir zu erkennen meinen. Auch in der Gemeinschaft der Heiligen gibt es viele, die bei uns in keinem Verzeichnis aufscheinen.«[18] Da die humanistischen Studien das sprachliche Verständnis der Bibel gefördert hatten, fühlte sich Luther ihnen so verpflichtet, daß er diesen Aspekt der Wiedergeburt des Wissens für einen Akt der Vorsehung hielt. Im Hinblick auf das vorangegangene Jahrhundert schrieb er: »Niemant hat gewußt, warumb Gott die sprachen erfuer lies komen, bis das man nu allererst sihet, das es umb das Evangelio willen geschehen ist, wilchs er hernach hat woellen offinbarn und da durch des Endchrists regiment auff decken und zu stoeren. Darumb hat er auch kriechen land dem Tuercken geben, auf das die kriechen verjagt und zu strewet die kriechische sprach aus brechten und eyn anfang wuerden, auch andere sprachen mit zu lernen.«[19] Calvin war von humanistischen Studien geprägt worden und billigte sie ebenso – solange die Texte sorgfältig ausgewählt waren und ihre Lehre überwacht wurde – wie die auf den Klassikern beruhenden Schullehrpläne, die in Europa zur Norm wurden bei der Heranbildung von Geistlichen ebenso wie von Kaufleuten, Höflingen und Advokaten. Die Jesuiten erkannten die erzieherische Bedeutung des guten Lateins an, wenn es von seriösen klassischen Autoren gelernt wurde. Das Konzil von Trient bekräftigte noch einmal die Unantastbarkeit des traditio-

Andrea Mantegna, *Verurteilung des heiligen Jacobus*, zerstörtes Fresko,
um 1450–1454 (Chiesa degli Eremitani, Padua)

nellen, nichthumanistischen Bibeltextes, der Vulgata, weil von ihm in so
reichem Maße katholische Doktrin ausging. Die Gegenreformation jedoch
akzeptierte, daß der Humanismus gleichsam ein zusätzlicher Zeiger auf
der Uhr der Gelehrsamkeit und der Kanzelrhetorik war, der nicht mehr

zurückgestellt werden konnte. Als der große vatikanische Obelisk, der ursprünglich von dem quasigöttlichen Kaiser Augustus in Alexandria errichtet worden war, 1586 mühevoll in Rom vor Sankt Peter aufgestellt wurde, meinte Papst Sixtus V., es würde genügen, einen Splitter des echten Kreuzes auf der Spitze einzulassen, um dem Steinpfeiler seine heidnische Bedeutung auszutreiben.

Während der Humanismus eine Bewunderung der Ideen und Taten der Alten implizierte, stellte die Altertümelei, die sie begleitete, eher eine nüchterne Art von Neugier dar. Mantegna, ein Künstler voller schöpferischer Ideen und mit einem Hang zum Akademischen – seine Gönnerin Isabella d'Este nannte ihn ihren »Fachmann für Antikes« – versetzte religiöse Themen in ausgeklügelt nachgestellte klassische Szenerien. Aber dies geschah im Geiste der historischen Genauigkeit, nicht im Sinne einer Auseinandersetzung: Der Künstler hatte zwar viele humanistische Freunde, die ihn berieten, aber seine Kunst war an sich nicht humanistisch. Doch auch wenn das Sammeln römischer und griechischer Münzen sowie klassischer Gemmen, Vasen und Statuen, das seit dem 15. Jahrhundert von Italien ausging, weitgehend mit einer historisch ausgerichteten Habgier betrieben wurde, förderte es doch eine Bewunderung für den Qualitätssinn, der sie hervorgebracht hatte. In Höfen und Gärten zur Schau gestellt, mischte sich die Vergangenheit mit der Gegenwart weitaus provokativer, als es in den Kirchen die Bilder von Männern und Frauen waren, die vor fast genauso langer Zeit den Märtyrertod gestorben waren.

Da das gebildete Publikum von so vielen Seiten mit der Antike konfrontiert wurde, überrascht es nicht, daß sie zur Mode wurde. Resigniert tauften Priester Kinder mit Namen wie Julius Cäsar, Camillus, Aeneas, Hector, Achilles, Flavia, Livia. Wie bei allen Moden machte man sich auch über diese ein wenig lustig. In den frühen vierziger Jahren des 16. Jahrhunderts parodierte Niccolò Boldrini die verehrte und einflußreiche Laokoongruppe durch sich krümmende Affen; Niccolò dell'Abbate stellte den Kriegsherrn Franz I. auf seinem Porträt in einem Gewand dar, weil die Göttin Minerva die Verkörperung der intelligent eingesetzten Kraft war. Über Andrea Palladios Verwendung klassischer architektonischer Stilelemente machte sich ein anonymer Verseschmied lustig:

> Palladio sucht keine Huren auf;
> Doch wenn er sich zu ihnen mal begibt,
> Dann rät er ihnen dringend, ihr Bordell
> Mit 'nem antiken Innenhof zu schmücken.[20]

Niccolò Boldrini, *Karikatur der Laokoongruppe*, frühe vierziger Jahre des
16. Jahrhunderts

Immerhin spiegelt sich ein wenig von der Kraft, die ein bloßer Name aus
der Antike beschwören konnte, in Hamlets melancholischer Bemerkung
über den Schauspieler wider (II, 2), der ganz in der Erzählung von Priamus'
Tod aufgeht:

> Was ist ihm Hekuba, was ist er ihr,
> Daß er um sie soll weinen?[21]

Im 15. Jahrhundert hatten Gelehrte die Ruinen der klassischen Antike
beschrieben und ihre ursprüngliche Form und Funktion zu erklären versucht. Künstler hatten sie gezeichnet, zum Beispiel Pisanello in den dreißiger Jahren. Architekten vermaßen sie und bemühten sich, daraus etwas
zu lernen. Das 16. Jahrhundert hingegen zeichnete sich nicht nur durch
die Achtung des Sammlers vor antiken Vasen, bronzenen und silbernen
Gegenständen, mit Basreliefs verzierten Sarkophagen, freistehenden Büsten und anderen Statuen und wohlerhaltenen Inschriften aus – man ging
so vertraut mit der Kultur der Antike um, daß man die herausragenderen
Überreste behandelte, als wären die Vandalen wiedergekehrt. Man benütz-

te sie nämlich als Material für moderne Gebäude: Es genügte völlig, wenn
man sie mit dem geistigen Auge sah.

Schon um 1450 hatte Sigismondo Malatesta da Rimini ganze Wagenladun-
gen von antiken Marmortrümmern requirieren lassen, damit Werke in der
Kirche von San Francesco im klassischen Stil gestaltet wurden – ohne daß
sein Architekt Leon Battista Alberti dagegen protestierte, der immerhin
seinen Vitruv studiert und römische Bauwerke vermessen hatte. In einem
1519 verfaßten Bericht für Papst Leo X. wiesen die Autoren darauf hin, daß
»dieses ganze neue Rom, das wir heutzutage vor Augen haben – so großartig es auch ist, so verschönert mit Palästen, Kirchen und anderen Bauwerken –, mit Mörtel aus antikem Marmor erbaut worden ist«. Gebietet
diesem Raubbau Einhalt, forderten sie, bewahrt, was an Zeugnissen von
jenen »göttlichen Geistern« erhalten geblieben ist, die »den Ruhm und den
[wahren] Namen von Italien« begründet haben.[22] Doch diese Bitte verhallte
ungehört. Bramantes neuer Dom Sankt Peter bezog sein Baumaterial aus
dem Forum: Die Bauten des antiken Roms stellten über Generationen
hinweg einen Steinbruch für ihre klassizistischen Nachfolger dar. 1540
verbot Papst Paul III. anderen diesen Raubbau, aber nur um selbst ein
Monopol für die Arbeit an Sankt Peter zu bekommen. Nach der gängigen
Philosophie war das, was neu war, auch das Beste. Vergebens plädierten
die wenigen Männer vom Schlage des Universalgelehrten Claudio Tolo-
mei für eine Erhaltung: »Die Ruine eines Triumphbogens, ein eingestürz-
ter Tempel, ein verfallenes Theater, die am Boden liegenden Trümmer
eines Torbogens«, schrieb er, »sind von höherem Wert als jedes der
unbeschädigten neuzeitlichen Häuser, der riesigen Paläste, breiten Straßen, neuen Gotteshäuser und eleganten Gärten.«[23] 1596, als Frankreich
wichtige Beiträge in allen humanistischen Studienfächern geleistet hatte,
kommentierte ein Besucher kritisch den Zustand des römischen Amphi-
theaters in Nîmes: »Darinn *yetz* ettliche heüser in wenig jahren gebauwt
worden sindt, darinn auch die leüt wohnen, damitt solcher großer platz
nitt umbsonst in der statt ledig standt, welches doch zubedauren, dann
man nichts daran abgehen lassen solte, weil es meines erachtens noch daß
gäntzist amphitheatrum ist, daß zu unseren zeiten gefunden mag werden,
dann es weder die Gothen noch Sarracener yemahlen zerstöret haben.«[24] Nur
in Verona, das seit 1405 zu Venedig gehörte, aber sich bemühte, alle
Anzeichen seiner einstigen Unabhängigkeit in römischer Zeit zu bewahren, wurden römische Triumphbögen und die Arena respektiert und neue
Bauwerke errichtet, die stilistisch auf die klassischen Überreste verwiesen,
ohne diese zu plündern.

Andrea Mantegna, *Der Triumph Cäsars* (Leinwand VI: Träger mit Münzen, Schilden und Rüstungstrophäen), um 1500 (HM The Queen, Hampton Court)

Als sich der Humanismus von dem Stamm, der ständig von einem auf die Texte bezogenen Gelehrtentum genährt wurde, in immer mehr thematische Bereiche verzweigte, verlieh er ganz gewiß Glanz einer Welt, die die Antike wiedererweckte. Während Mantegna 1492 an seinem sorgfältig recherchierten und glanzvollen *Triumph*-Zyklus arbeitete, schrieb sein Gönner, der Marchese Francesco Gonzaga, stolz über »den Triumph Julius Cäsars, den er für uns in Bildern malt, welche beinahe leben und atmen, so daß ihr Gegenstand nicht dargestellt, sondern tatsächlich zu existieren scheint«.[25]

Ohne Sir Thomas Norths Übersetzung der *Parallelbiographien* von Montaignes Lieblingsautor Plutarch aus dem Jahre 1579 hätte Shakespeare

seinen Antonius nicht in die Venusfliegenfalle von Kleopatras Umarmung
schicken können. Aber der Humanismus wirkte sich vor allem in praktischer Hinsicht aus. Er lenkte die Aufmerksamkeit von Künstlern und
Schriftstellern auf klassische Vorbilder. Gleichzeitig bestärkte ihre modische Bestätigung durch die Gönner und Mäzene den Status von deren
Tätigkeit und nährte damit den Wunsch, diese Vorbilder zu übernehmen,
statt sie einfach nur zu kopieren.

Historiker richteten ihre Methoden wie ihr Material nach dem Muster
eines Livius, Tacitus und Polybius aus, indem sie Gott an das eine Ende
der Kette von Ursache und Wirkung drängten und alle sonstigen Details
der Darstellung politischer und militärischer Ereignisse unterordneten.
Lyriker übernahmen nahtlos Fragmente von Ovid, Catull und Tibull,
wobei sie den Tenor änderten, ohne den Impetus ihrer eigenen Stimme
zu verlieren. Andere waren für die Struktur des klassischen Epos empfänglich, während sie zugleich den Unterhaltungswert des Ritterromans bei-
behielten – wie beispielsweise Ariost und Tasso oder der Portugiese Luís
Vaz de Camões in *Os Lusíadas (Die Lusiaden)*, seinem 1572 erschienen
Epos über die überseeische Expansion. Von klassischen Mustern – insbesondere von den Komödien von Plautus und Terenz sowie von den Tragödien Senecas – beeinflußte Schauspiele bereicherten den Strom der Aufführungen, der die mittelalterliche Liebe zum Theater weitertrug. Sie
wurden seit dem späten 15. Jahrhundert aufgeführt, und an ihrem Vorbild
orientierten sich neulateinische Stücke. Der Erfolg dieser unterhaltsamen
Werke, zuerst in Italien und dann überall, bewirkte, daß Stücke in der
Volkssprache geschrieben wurden, die sich zwar an die für das alte
römische Schauspiel typische fünfaktige Form und die Einheit von Zeit
und Ort hielten, aber das zeitgenössische Publikum doch direkter ansprachen. Machiavellis *Mandragola* von 1518 spielt in einem bestimmten
Jahr an einem bestimmten Ort – Florenz im Jahre 1504 –, und in dieser
Hinsicht stimmt die Handlung des Stückes wie sein Personal bis ins
kleinste Detail. Auch wenn klassische Plots aufgefrischt wurden, wie in *La
Calandria* von Bernardo Dovizi (genannt Il Bibbiena) von 1513, einer
Verschmelzung der Intrigen von Plautus' Komödien *Casina* und *Menaech-
mi*, so wurde doch das Gefühl, daß das Schauspiel – wie seine Urheber
nicht müde wurden zu betonen – den Sitten der Gegenwart einen Spiegel
vorhalte, nicht durch den Rauch der Lampe der Gelehrsamkeit verdunkelt.
Und als das auf den klassischen Regeln basierende Schauspiel auch im
Ausland gespielt und von fremder Hand umgestaltet wurde, damit es dem
Können anderer Schauspieltruppen und den traditionellen Erwartungen
von deren Publikum entsprach, erfuhr es die Anpassungen, die bei dem

Pfarrer in Cervantes' *Don Quixote* »einen alten Groll wiedererweckt« hatten, da er »manches Drama gesehen habe, wo der erste Aufzug in Europa anfing, der zweite in Asien und der dritte in Afrika zu Ende ging und gewiß, wenn es vier Aufzüge gewesen wären, der vierte in Amerika schließen und also das Stück in allen vier Weltteilen spielen würde«.[26] Shakespeare hingegen, der mit den Konventionen des klassischen Dramas völlig vertraut war, demonstrierte, wie gut er als Schauspieler sein Publikum kannte, als er die umherziehende Schauspieltruppe von Polonius ankündigen ließ als die »besten Schauspieler in der Welt, sei es für Tragödie, Komödie, Historie, Pastorale, Pastoral-Komödie, Historiko-Pastorale, Tragiko-Historie, Tragiko-Komiko-Historiko-Pastorale, für Einheit des Ortes oder unbegrenzte Handlung«.[27] Und Lope de Vega, Shakespeares Zeitgenosse und Spaniens erstes dramatisches Genie, äußerte sich über sein Werk mit Worten, die vielleicht gegen Cervantes' Priester gerichtet waren. »Wenn ich ein Schauspiel schreibe«, erklärte er, »schließe ich die [klassischen] Vorschriften mit sechs Schlössern weg und verbanne Terenz und Plautus aus meiner Studierstube ... Auch wenn sie [seine Stücke] vielleicht besser gewesen wären, wenn sie in anderer Manier geschrieben worden wären, so hätten sie doch nicht die günstige Aufnahme gefunden, derer sie sich erfreuten.«[28]

Eine ähnliche Entwicklung vollzog sich auch bei der klassischen Form des Dialogs, wie sie Platon und Cicero ernsthafterweise sowie der griechische Satiriker Lukian im 2. Jahrhundert für humoristische Zwecke verwendet hatten: Sobald wissenschaftliche Editionen die Aufmerksamkeit auf diese literarische Form gelenkt hatten, wurde sie popularisiert, etwa in Erasmus' *Colloquia familiaria (Vertraute Gespräche)* und Castigliones *Hofmann*. Um 1600 gab es Dialoge, die sich mit dem Wesen der Liebe und des Staates befaßten, Dialoge über Kriegführung, Kunst, Mathematik und Metallurgie: Es gab kaum ein Thema, ganz gleich ob hoch oder niedrig, das nicht in Dialogform behandelt worden war. Beim Dialog wie beim Drama entfernte sich der Anreiz der wiederbelebten Antike weit von seinem Ursprung – von der ersten zur zweiten und dritten Hand und weiter durch eine Art geistiger Osmose bis zum bloßen Verweis auf die ursprünglichen Texte. Der Humanismus wäre keine Bewegung geworden, hätte er sich nicht weiter von der Studierstube und vom Hörsaal des *umanista* entfernt – oder wenn er sich nicht, parallel zur Huldigung gegenüber der Leistung der Antike, zu Texten hin bewegt hätte, die außerhalb seiner ursprünglichen Intention lagen. In einer Vorlesung an der Universität Kopenhagen im Jahre 1574 sprach der Astronom Tycho Brahe neiderfüllt über das frühe mathematische Wissen seiner klassischen Ahnen, »wohingegen wir leider die besten Jahre unserer

Jugend auf das Studium von [ihrer] Sprache und Grammatik verwenden müssen, die sie sich in ihrer Kindheit mühelos angeeignet haben«.[29]

Von der Hydraulik des Archimedes, den Büchern des Marcus Terentius Varro über Landwirtschaft und der Geographie des Ptolemäus sowie den Zeichnungen in Aelianus Tacticus' Abhandlung über militärische Formationen bis zu den Stimmen der Lyriker und Prosaschreiber und den Porträts von Kriegsherren und Staatsmännern der Historiker und Biographen (allen voran Plutarch und Sueton) vermittelte das Programm des Humanismus einen Zugang zu Musterbeispielen und Informationen für alle Bildungsbereiche sowie Erkennungssignale – ein Zitat, ein Name –, die zwischen ihnen ausgetauscht werden konnten. Nur zwei Informationsquellen der antiken Welt wurden ausgespart. Die Frauen, die nach klassischer Konvention ins Haus und Heim verbannt wurden, gerieten allenfalls als Kaiserinnen, Priesterinnen und Prostituierte ins Blickfeld oder als Gegenstand der Empfindungen eines Dichters. Da gab es keine hilfreiche oder beruhigende Stimme, der man lauschen konnte. Der klarere Blick auf das griechische und römische Gesellschaftsleben trug allenfalls dazu bei, die zunehmende Tendenz zu bestärken, die Rolle der Frauen oberhalb der Schicht der Krämerinnen auf die Sorge um Haushalt und Familie zu beschränken. Andererseits konnten dank dem durch Bücher vermittelten Zugang zum humanistischen Bildungsprogramm Mädchen und Frauen aus aufgeschlossenen Familien nunmehr genausoviel Bildung erwerben wie die meisten Männer. Im späten 15. Jahrhundert war die noch junge Venezianerin Cassandra Fedele wegen ihrer Vorlesungen in Latein und Griechisch sowie wegen ihrer Eloquenz als öffentliche Rednerin in Venedig und an der Universität von Padua weithin berühmt. Angelo Poliziano, Lehrer und Freund von Lorenzo de' Medici und mit Ficino und Pico della Mirandola zu den führenden Florentiner Gelehrten zählend, schrieb ihr 1491, um ihr von seiner Bewunderung für Pico vorzuschwärmen: »Ich pflegte in der Tat Giovanni Pico della Mirandola zu bewundern, denn es gab nie einen besseren unter den Sterblichen und einen, der in allen Zweigen des Wissens Hervorragenderes leistete. Nun aber siehe, ich begann auch dich zu verehren, Cassandra, gleich nach ihm, und vielleicht auch schon neben ihm.«[30] Sie wurde von Königin Isabella eingeladen, an den Hof von Aragón zu kommen, aber der Senat wollte ihr nicht gestatten, die Stadt zu verlassen, die sich im Abglanz ihres Ruhms sonnte. Auch wenn Männer ein wenig gönnerhaft auf sie als interessante Wunderkinder herabblickten, konnte der Humanismus danach eine stattliche Garde hochkultivierter Frauen vorweisen, etwa Lady Jane Grey, das tragische Opfer einer königlichen Intrige und für kurze Zeit vor ihrer Hinrichtung im Jahre 1554

Sandro Botticelli, *Der Frühling*, um 1477 (Uffizi, Florenz)

Königin von England, oder ihre Zeitgenossin, die französische Dichterin Louise Labé.

Der zweite stumme Bereich der Antike umfaßte die Kauf- und Geschäftsleute. Doch im Italien des 15. Jahrhunderts waren die wichtigen gelehrten Vertreter der humanistischen Bewegung von Handelsoligarchen und in Finanzdingen beschlagenen *condottieri* gefördert worden. Andernfalls hätte sich die Verbreitung des Humanismus als kulturelle Kraft und als gemeinsame geistige Anschauung in Europa damals und später verzögert. Das Fach im Programm des *umanista*, das diese »sprachlose« Zone überbrückte, war die Moralphilosophie, der Geist der antiken Welt in seiner Rolle als Berater von Männern, die sich darin bestätigt sehen wollten, daß sie ehrenvoll und zugleich aktiv und im Wohlstand leben konnten. Man bezog sich dabei auf die *Ethiken* des Aristoteles (keine vernachlässigten Texte, sondern mit einem neuen Bewußtsein für ihre Relevanz wiedergelesen), auf Ciceros *De officiis (Vom pflichtgemäßen Handeln)* und *De oratore (Über den Redner)*, auf Teile von Plutarchs *Moralia* sowie auf Senecas moralphilosophische Traktate, und die daraus gewonnene Lehrmeinung warnte vor unmäßigem Ehrgeiz, Prahlsucht und vor einer Übervorteilung anderer. Allerdings verdammte und mißbilligte sie nicht wie die Kirche die Gewinnsucht oder die Hingabe an bürgerliche Geschäfte. Die humanistische Morallehre vermittelte einen durchdachten und anspruchsvollen Kodex der Selbstbeherrschung, der Mäßigung und der öffentlichen Pflicht, der an die Männer in den besten Positionen appellierte, die literarischen und künstlerischen Aspekte des wiederbelebten Interesses an der Antike finanziell zu fördern.

Die Humanisten im Italien des 15. Jahrhunderts widmeten ihre Aufmerksamkeit auch der anderen, eher abstrakten, metaphysischen Seite der antiken Philosophie, wobei sie vor allem Platon neu bewerteten (und übersetzten). Ficinos Beschäftigung mit Platon und seinen Nachfolgern, insbesondere dem im 3. Jahrhundert wirkenden Philosophen Plotin, führte zu einer weitreichenden Synthese und Harmonisierung mit dem Christentum, die so systematisch war, daß man sie Neuplatonismus nannte. Einige seiner Ideen – die Beziehung zwischen Wissen und Erkennbarkeit, die ethische Bedeutung von Schönheit und Liebe – wurden von Dichtern (Lorenzo de' Medici, Pietro Bembo) und den Ideenlieferanten für Gemäldesujets wie Botticellis *Frühling* aufgegriffen. Um die Vornehmheit des Hofs von Urbino unter Beweis zu stellen, schloß Castiglione seinen *Hofmann* mit einer Rede auf das Wesen der Liebe ab, die er Bembo in den Mund legte und die stark von Ficinos Publikationen beeinflußt war. Ihr Höhepunkt war eine mystisch ekstatische Vision: Als Bembo »mit solcher Heftigkeit gesprochen hatte, daß er gleichsam entrückt und außer sich erschien, stand er still und unbeweglich, die Augen zum Himmel gerichtet, wie erstarrt. Da faßte Signora Emilia, die wie alle anderen der Rede in höchster Aufmerksamkeit gelauscht hatte, ihn an einem Zipfel seines Gewandes und sprach, es ein wenig schüttelnd: Gebt acht, Messer Pietro, daß über diesen Gedanken sich nicht auch Euch die Seele vom Körper trenne.«[31]

Denn obgleich die Metaphysik dem spekulativen Geist eine Menge zu bieten hatte, wollten die meisten Männer und Frauen nichts weiter als eine intellektuelle Basis für den Umgang mit den Werten und Problemen des alltäglichen Lebens haben. Der Tenor von Picos Rede über die Würde des Menschen läßt sich durch alle Schriften der Renaissance verfolgen, aber er war ambivalent, denn für den Menschen stellte seine einzigartige Privilegiertheit auch eine ebenso einzigartige Belastung dar. Mochte er auch »im Handeln wie ähnlich einem Engel! im Begreifen wie ähnlich einem Gott! die Zierde der Welt! das Vorbild der Lebendigen!« sein – für den an der Welt verzweifelnden Hamlet (II, 2) war er letztlich doch nur »diese Quintessenz von Staub«.[32]

Im 16. Jahrhundert verlor die Philosophie großenteils den Kontakt mit menschlichen Grundfragen, den sie einst durch ihre Verbindung mit der Theologie gehabt hatte. Wer sich mit der Philosophie beruflich befaßte, begnügte sich damit, die neuerdings auftauchenden klassischen Texte bestimmten Schulen – den Pythagoräern, Epikuräern, Skeptikern, Stoikern – zuzuordnen und die Verbindungen zwischen ihnen zu erforschen sowie die existierenden aristotelischen und platonischen Systeme durch die wieder zugänglichen vernachlässigten oder bis dahin unbekannten antiken Kommentaren zu ergänzen. Diese Schulen waren einander nicht wohlgesonnen: »Diese Ferkel, diese unflätigen Schweine«, nannte der Deutsche Cornelius Agrippa von Nettesheim all jene, die sich nicht seiner Meinung anschlossen.[33] Und als die Kirche sich in mehrere Kirchen spaltete, beharrte jede um so mehr darauf, daß ihre Lehre den Vorrang gegenüber der der Alten genieße. Cicero beispielsweise wurde mehr wegen seines Stils als wegen seines Denkens geschätzt. Petrarcas leicht zugängliches Traktat *De remediis utriusque fortunae (Heilmittel gegen Glück und Unglück)* erfuhr zwar seit seinem Erscheinen im 14. Jahrhundert eine breite Rezeption, aber wer gern als »Philosoph« gelten wollte, weil er sich kraft seines Wissens gegen die Wechselfälle des Lebens gewappnet glaubte, der hatte mit akademischen Publikationen nichts im Sinn. So erklärte eine der Figuren in Stefano Guazzos 1574 erschienenem Dialog *De civili conversatione (Von dem Buergerlichen Wandel und zierlichen Sitten):* »So viel die Buecher in der Philosophia uberfluessig vorhanden sind : so viel mangelt es an den Philosophis.«[34] Es vergingen noch fast zwei Jahrzehnte, bis der Niederländer Justus Lipsius, einer der einflußreichsten, wenn nicht gar profundesten Geister der Renaissance, eine eingängige Philosophie entwickelte, die die intimen Ängste der Zeit im Stil eines wiederbelebten Stoizismus direkt ansprach.

Montaigne schrieb seine *Essais* in den siebziger und achtziger Jahren des 16. Jahrhunderts, in einer Zeit also, da politische und religiöse Konflikte dazu führten, daß die Länder Europas sich in einem, wie er sagte, gegenwärtig wirren, unruhigen Zustand befanden, und er lehnte das intellektuelle Treiben der Metaphysik als unzulänglich ab: »Wir haben allezeit mit dem Menschen zu thun, der allezeit wunderbar an dem Körper hängt.«[35] Er wandte sich den stoischen Moralphilosophen zu, insbesondere Plutarch und Seneca, »aus welchen ich, wie des Danaus Töchter, ohne Aufhören schöpfe, und wieder laufen lasse«.[36] Während das Studium anderer philosophischer Richtungen die Frage nach dem Verhältnis von Geist und Materie in immer esoterischere Ebenen im Empyreum der Spekulation führte und damit zu einem Mißtrauen in das logische Denkvermögen des

Menschen, stellte der Stoizismus dieses ins Zentrum seiner Auffassung vom Platz des Menschen in der Schöpfung. Da gab es gewisse Tugenden – vor allem die Unterscheidung zwischen richtig und falsch, die Selbstbeherrschung gegenüber den Leidenschaften, der Mut im Gegensatz zum Leichtsinn –, die intellektuell erklärt und durch Erziehung entfaltet werden konnten. Die Stoiker waren an einer praktisch anwendbaren Psychologie interessiert – sie wollten wissen, wie man Phänomene nicht bloß beobachten und kategorisieren, sondern auch ertragen kann. Ihre Ideen waren von Cicero übernommen worden und hatten auf diese Weise ins mittelalterliche Denken wie in die humanistische Moralphilosophie Eingang gefunden, wenngleich eher als eine besondere Note denn als eigenständige Lehre. Die religiösen und politischen Wirren der zweiten Hälfte des 16. Jahrhunderts brachten die Stoiker den Menschen näher, die noch als hilflose Zuschauer der Geschichte auf eine Haltung von einiger Würde bedacht waren. »Edel und erhaben ist es«, schrieb der Dichter Torquato Tasso 1594, ein Jahr bevor sein so tragisch verworrenes Leben endete, »im Elend Anstand zu bewahren und nicht nur kühn zu sein, sondern auch standhaft Schicksalsschläge zu ertragen.«[37] Der Stoizismus war eine Einstellung, die einen immer stärker werdenden Reiz ausübte, und Seneca (ein Zeitgenosse Christi) war ihr herausragender Vertreter: »Jenes vollendete Gut der Menschennatur fordert nichts weiter als den Frieden von Körper und Seele«, hatte er geschrieben.[38] Diese Maxime ging Lipsius nicht aus dem Sinn, als er daranging, den unvollendeten Werkkorpus der stoischen Philosophenschule zu systematisieren.

Lipsius wurde 1547 im katholischen Flandern geboren. Als er 1575 seinen ersten Lehrstuhl an der neugegründeten protestantischen Universität von Leiden übernahm, waren die Niederlande das führende europäische Zentrum für humanistische Wissenschaften. Ihr Wohlstand hatte gebildete Drucker angezogen – Plantin erklärte, er sei von Frankreich nach Antwerpen gegangen, weil »kein anderer Ort auf der Welt größere Annehmlichkeiten für das Gewerbe bieten« könne.[39] Menschen, die vor den französischen Bürgerkriegen geflüchtet oder wie Scaliger aus Gewissensnöten ins Exil gegangen waren, fanden hier das richtige Maß an Toleranz vor, und Dozenten und Studenten wurden im Lateinischen an Schulen ausgebildet, die zu den besten in Europa zählten. Aber seit die spanische Intervention im Jahre 1567 den Niederlanden einen einheitlichen katholischen Glauben und politischen Gehorsam hatte aufnötigen wollen, waren sie auch, wie eine abgedroschene Formulierung der Zeit lautete, eine Schule des Krieges geworden. »Doch ach«, schrieb Lipsius 1584, »wir werden vom Krieg hin und her getrieben, wir werden nicht nur von äußeren Kriegen gequält,

Peter Paul Rubens, *sein
Bruder Philipp und Jan
van der Wouwere mit
Justus Lipsius,* um 1615
(Palazzo Pitti, Florenz)

sondern auch von Bürgerkriegen, nicht nur vom Bürgerkrieg, sondern vom
Krieg in uns selbst. Denn wir haben nicht nur zwei Parteien, sondern neue
Parteien bilden sich zwischen ihnen. Ach, mein Land! Welche Rettung wird
dir beschieden sein? Zu diesen Übeln gesellen sich Pestilenz, Hungersnot,
Zwangsabgaben [Zahlungen an Soldaten, um sich bei ihnen vor Plünde-
rungen freizukaufen], Raub, Mord – und schlimmstes aller Übel – Tyrannei
und Unterdrückung nicht nur des Körpers, sondern des Geistes. Und was
müssen wir in den anderen Ländern von Europa erblicken? Krieg oder die
Angst vor Krieg mitten im vermeintlichen Frieden sowie schmachvolle
Knechtschaft unter kleinlichen Herrschern, die kaum dem Krieg vorzu-
ziehen ist.«[40]
Der Versuch, dieses Verdikt zu verallgemeinern, war ein Trick, um die
kirchliche Zensur von seiner Hauptsorge abzulenken: der religiösen Spaltung zwischen den protestantischen Provinzen im Norden und den katholischen Provinzen im Süden der Niederlande sowie dem sektiererischen
Parteigeist in ersteren. Lipsius war Katholik seiner Herkunft nach und
vielleicht auch im Herzen, trotz seines intellektuellen Eirenismus, und so
verließ er Leiden drei Jahre später; nach Jahren der Unsicherheit und trotz

Peter Paul Rubens und
seine Werkstatt, *Der Tod
des Seneca*, um 1615
(Museo del Prado,
Madrid)

vieler Angebote aus Frankreich, Italien – darunter eines vom Papst – sowie
von katholischen deutschen Fürsten entschied er sich für seine Heimat und
nahm 1592 einen Lehrstuhl in Löwen an. Dort schrieb und lehrte er bis zu
seinem Tod im Jahre 1606, auch wenn er es erneut mit der Zensur zu tun
bekam, diesmal von seiten der Jesuiten, die sich darüber beklagten, daß er
sich nicht eindeutig zur wahren Lehre bekannte. Einem seiner dortigen
Lieblingsstudenten verdanken wir zwei bildliche Darstellungen von ihm.
Philipp Rubens, der ältere Bruder des Malers, war ein Gelehrter, der von
Lipsius' Klassikstudien zutiefst beeinflußt und als einer der ersten von
seiner Erläuterung eines christianisierten Stoizismus beeindruckt war. Die
Brüder Rubens hielten sich mit einigen Freunden 1602 in Italien auf, und
es lag auf der Hand, daß sie ihre Eindrücke von diesem Land austauschten.
Daß sie dabei an Lipsius dachten (der nie in Italien gewesen war), geht
daraus hervor, daß er in das Gruppenbild aufgenommen wurde, das Peter
Paul Rubens von sich und den anderen malte, um ihre Begegnung festzuhalten. Ja, Philipp wurde sogar nach Lipsius' Tod dessen Lehrstuhl in
Löwen angeboten. Als Philipp selbst im Jahre 1611 starb und vier Jahre
später eine postume Ausgabe seiner Werke gleichzeitig mit einer Neuaus-

gabe der von Lipsius edierten *Opera omnia* von Seneca herauskam, malte der Künstler in memoriam eine weitere imaginäre Begegnung, und zwar zwischen den beiden Brüdern, einem gemeinsamen Freund und Lipsius. Auf dem Tisch liegen Bücher. Im Hintergrund erkennt man den Palatin in Rom. Lipsius deutet als Mittler und weiser Gelehrter auf eine aufgeschlagene Seite, während sich hinter und über ihm in einer Nische eine Büste von Seneca befindet, deren Dreiviertelprofil sein eigenes aufnimmt.

Rubens hatte bereits ein bewegendes Gemälde angefertigt, auf dem Seneca standhaft dem »Justizselbstmord« entgegensieht, zu dem er von Kaiser Nero auf den fingierten Vorwurf der Verschwörung hin verurteilt worden war. Senecas Werke befanden sich unter den Büchern, die sich Rubens im Alter vorlesen ließ, während er in seinem Atelier arbeitete. Wahrscheinlich hat er als Staatsmann und Diplomat, ebenso wie als vielbeschäftigter genialer Künstler, wie so viele andere in dem von Lipsius erläuterten »Neustoizismus« einen inneren Halt erfahren, der den Halt von seiten der Kirche ergänzte, an deren Messe er jeden Tag teilnahm, sofern dies seine Gesundheit erlaubte.

De constantia libri duo qui alloquiam praecipue continent in publicis malis *(Von der Bestendigkeit Zwey Buecher. Darinnen das hoechste Stueck Menschlicher weisheit gehandelt wird)*, das 1584 erschienene Werk, in dem Lipsius die Zerrissenheit seiner Zeit beklagt, ist ein Dialog, in dem ein stoischer Weiser einen ängstlichen jungen Mann (der den Autor verkörpert) davon abzubringen sucht, sich dem Unglück durch Flucht zu entziehen. Wohin auch? Vor den Übeln dieser Welt gibt es kein Entkommen, es sei denn, man stellt sich ihnen aktiv und standhaft, mit entschiedener Selbsterkenntnis und Selbstbeherrschung. Das Buch war gleich nach Erscheinen erfolgreich und wurde in viele Sprachen übersetzt.

Lipsius war kein ungebrochener Weiser. Einer seiner Schüler in Leiden war Moritz Prinz von Nassau-Oranien gewesen, einer der führenden Köpfe, die die Heere der nördlichen Provinzen so umgebildet hatten, daß sie den abgehärteten Streitkräften Spaniens standhalten konnten. Durch Veränderungen in der militärischen Praxis des 16. Jahrhunderts – man setzte mehr auf die Infanterie und minimierte die durch Schießpulverwaffen verursachten Verluste, indem man kleinere und besser ausgebildete taktische Einheiten aufstellte – ähnelten moderne Heere immer mehr den römischen. Durch sein 1595 erschienenes Werk über römische Kriegführung war Lipsius zum Militärexperten geworden, der von den Reformern, auch von Moritz, zu Details konsultiert wurde, sogar noch als er ins »spanische« Flandern umgezogen war. Und dank seines immensen Sachwissens über die politischen Einrichtungen der antiken Welt gewannen seine 1598 veröffentlichten *Politicorum sive civilis doctrinae libri VI (Sechs Bücher über politische oder zivile Lehren)* erneut Einfluß, doch diesmal nicht – wie *De constantia* – auf das Privatleben des einzelnen, sondern auf die herrschende politische Klasse seiner Zeit. Innerhalb von zehn Jahren wurden über 22 000 Exemplare in lateinischer Sprache gedruckt, außerdem wurde das Werk in mehrere Sprachen übersetzt, wobei allein die französische Ausgabe vor 1613 zehn Neuauflagen erlebte.

Diese politischen Diskurse stellten nicht nur ein interessantes Kompendium voller Informationen und Zitate klassischer Autoren dar, sondern verkündeten auch eine klare Botschaft. Damit sich der einzelne entfalten könne, bedürfe es einer gewissen Ordnung. Zu ihrer Durchsetzung sei Autorität erforderlich, und wenn diese in einer offenkundig vernünftigen Form ausgeübt werde, habe sie das Recht, über die disziplinierte Unterstützung einzelner zu gebieten, deren aktive Mitarbeit nötig sei, damit die Struktur der institutionellen Autorität stabil bliebe. Im Gegenzug zu diesem Gehorsam müsse der Herrscher gerecht regieren, insbesondere wenn es um Recht und Steuern gehe. Er schließe ein Ehrenabkommen mit seinen Untertanen, und beide hätten teil an Gottes Plan für das Leben in Gemeinschaften. Das Führungsprinzip einer stabilen politischen Struktur sei sodann die Selbstkontrolle innerhalb der staatlichen Kontrolle. Da ihm soviel an der Ordnung gelegen war, griff Lipsius darüber hinaus einige der Ideen auf, die Machiavelli so in Verruf gebracht hatten. Der Herrscher solle sich nicht um Frieden bemühen, indem er neutral blieb, während andere durch den Krieg stärker wurden. Täuschung und Betrug seien zulässige Waffen, wenn sie gegen schlechte Menschen eingesetzt würden. In Notfällen gebiete die Staatskunst über eine eigene Moral. Der philosophische Mensch müsse dies hinnehmen. In Lipsius' Augen war Machiavelli ein Mann, der das Licht des Intellekts erblickt hatte, ohne vom göttlichen Licht erleuchtet worden zu sein.

Für seine Leser war der Ton dieser Stimme – im geachteten Habitus der Antike daherkommend – angenehm und beruhigend. Eine stabile, von einer kooperativen Bevölkerung unterstützte Regierung paßte nur zu gut zu den Idealen von fast allen höheren, politischen wie religiösen Organisationssystemen. Und obwohl Lipsius ganz bewußt vage blieb, was die religiöse Praxis betraf, verschaffte er seinen Ideen um so mehr Ansehen, als er erklärte, sie würden die christlichen Werte der inneren Kraft, des Gottesdienstes und der geistigen Selbstentfaltung fördern. Er schrieb zwar an einer katholischen Stätte der Gelehrsamkeit, aber auch ein lutherischer Theologe, David Chytraeus aus Rostock, konnte seinen Studenten *De constantia* wärmstens empfehlen: »Kauffets jr Studenten / und lesets / dann in tausent Jharen ist dergleichen Buch in *Philosophicis* nicht geschrieben oder gesehen worden.«[41]

Lipsius' Werke über die Philosophie der Stoiker enthalten auch ein Selbstporträt, das – neben seinen Briefen und der Verbreitung seiner Bücher – ein wenig von der Achtung widerspiegelt, die humanistische Gelehrsamkeit erringen konnte, wenn sie sich direkt an ein nachdenkliches Publikum wandte. »Ich könnte fast mit Livius Drusus ausrufen, daß ›mir allein seit meiner Kindheit kein freier Tag beschieden ist‹. Schon wenn ich morgens aufstehe, heißt es: ›Hier sind Briefe, beantworte sie.‹ Habe ich dies getan, wende ich mich anderen Dingen zu. Mein Diener kommt und verkündet, irgendein Edelmann habe mich aufgesucht, oder ein Jüngling aus Frankreich, Deutschland oder Sarmatien [Polen, vielleicht auch allgemeiner für Osteuropa] wünsche mir seine Aufwartung zu machen ... Kaum habe ich wieder Luft geholt, da taucht einer meiner belgischen Freunde auf. ›Gott zum Gruße! Ich habe gerade ein Gedicht – oder ein Pamphlet – geschrieben und möchte, daß du es liest.‹ – ›Noch etwas?‹ – ›Übe Kritik daran und verbessere es.‹ ... Schon glaube ich, endlich für mich zu sein, da kommt jemand anderes und wünscht ein Epitaph ... oder irgendeine Inschrift für ein Haus oder einen Triumphbogen oder einen Altar. Und was machen nun meine Studenten? ... Dennoch habe ich von Zeit zu Zeit Muße für mich selbst, und dann geht mir irgend etwas Nützliches und Vorteilhaftes durch den Sinn. Ein bißchen oberflächlich und nebenbei vielleicht – aber ich denke darüber nach.«[42] Lipsius war zwar nicht der Urheber einer neuen philosophischen Betrachtungsweise, wie es Spinoza (ein Holländer) und Descartes (ein Franzose) in den beiden nächsten Generationen sein sollten. Aber von allen humanistischen Gelehrten der Renaissance verstand er es am besten, den Menschen beizubringen, »philosophisch« zu sein. An diese persönliche Qualität dachte Fynes Moryson, als er auf der Durchreise durch die Niederlande keine Gelegenheit gefunden hatte, Lipsius kennenzulernen, »den ich wegen seines Buches über die Harmonie liebe«.[43]

Moryson war Dozent am Peterhouse College in Cambridge und schrieb seinen Reisebericht, dem diese Bemerkung entnommen ist, zuerst auf Lateinisch, ehe er ihn ins Englische übersetzte. Offenbar sprachen die Stimmen am direktesten in ihrer eigenen Sprache, und zum Beweis dafür, daß sie sie verstanden hatten, gaben sich die Humanisten neue Namen: Aus Lips wurde Lipsius, wie vor ihm aus Bredekopf Laticephalus, aus Sommerfeld Aesticampanus und aus Bauer Agricola geworden war. Man latinisierte seinen Namen, damit eine Titelseite sprachlich einheitlich war, aber zugleich war das auch eine Form, sich innerhalb der Welt der gesellschaftlich anerkannten Gelehrsamkeit selbst zu befördern. Von seiner ursprünglichen Förderung durch Männer von Stand und der Übernahme des auf der klassischen Antike beruhenden Bildungsprogramms, das bis weit ins 19. Jahrhundert hinein das Monopol einer vornehmen Erziehung blieb, bis zur Nachlese der klassischen Gelehrsamkeit aus Übersetzungen machte der Humanismus aus der Kenntnis der antiken Kultur unwillkürlich ein Kastenzeichen. Lipsius' Botschaft für jene Menschen, die von den Erschütterungen in der Gesellschaft beunruhigt waren, war im Grunde an diejenigen gerichtet, die eine verantwortliche Rolle darin spielten. Durch seine Generation waren humanistische Werte ein typisches Merkmal der »Bildungsschicht« geworden, der wir uns noch zuwenden werden und die ihr eigenes Programm hatte, um sich von der stetig wachsenden Zahl der Menschen mit schmutzigen Händen und knurrendem Magen abzuheben. Noch gab es keinen Konflikt mit der Befreiung, die die »aufgetauten« Stimmen ausgelöst hatten. Die humanistische Begeisterung währte so lange, weil ihr Energiezentrum, die historische Wirklichkeit der Antike, unumstritten war (außer wenn sich ein Meuchelmörder auf das Beispiel des Brutus berief oder ein zum Heiden gewordener Schwärmer sich über den christlichen Glauben lustig machte) und weil der Enthusiasmus der Gelehrten über das Bedürfnis, die Leistungen der griechischen und römischen Geschichte nutzbringend anzuwenden, durch den Beweis, daß dies möglich war, am Leben erhalten wurde. Als die Schriftsteller die angebotenen Vorbilder nun überprüften und sich davon angeregt fühlten oder sie ablehnten, stieg ihr Selbstbewußtsein, und sie hofften, daß ihr Werk ein »passendes, wenn auch kleines Publikum finden« würde, wie Milton es formulierte. Die Volkskultur der Geschichten, Balladen, Sprüche und des lebendigen Jargons des Klatsches, dem Montaigne so gern ein Ohr lieh, behielt ihre Energie. Doch abgesehen von der sprachlichen Unersättlichkeit und der allumfassenden Menschlichkeit eines Rabelais übernahmen nur wenige Autoren des 16. Jahrhunderts die Sprüche und Redewendungen dieser Volkskultur, außer wenn sie sich in einem Schauspiel oder einem pikarischen Roman (wie beispielsweise dem anonymen spanischen *Lazarillo de Tormes* von 1554) bewußt unters Volk mischten. Die Autoren der sturzbachartig anschwellenden Literatur – eine Reaktion auf die Verlockungen der Druckerpresse und die Zunahme des lesekundigen Publikums – suchten zuweilen nach lateinischen Redensarten und mythologischen Anspielungen und gaben sie an ihre Leser weiter. Auf der Ebene der bewußt gestalteten literarischen Formen förderte der Humanismus die Trennung zwischen den Menschen, die ein Wort dabei mitzureden hatten, wie es auf der Welt zugehen sollte, und denen, die darauf keinen Einfluß hatten.

Gewandelte Erscheinungen

So notwendig und umfassend auch die Veränderungen waren, die der Humanismus im Schreiben und Denken der Menschen bewirkte, so vermitteln doch erst die bildenden Künste ein anderes Bild von ihnen und ihrer Zeit. Von etwa 1400 an nehmen Männer und Frauen in der bildlichen Darstellung eine Dreidimensionalität des Körpers und ein unmittelbar nachvollziehbares Mienenspiel an, so daß sie ganz anders aussehen als ihre flacheren, eher passiven mittelalterlichen Vorfahren. Sie stehen in Gruppen beisammen, als ob sie von einem Augenblick zum nächsten eine andere Beziehung zueinander eingehen könnten. Statt daß sie nur auf einen Hintergrund aufgetragen zu sein scheinen, gewinnen sie durch die Art der Darstellung eines Raumes, einer Straße oder eines Landstrichs in ihrer Umgebung eine gewisse Natürlichkeit.

Diese Übereinstimmung von Kunst und Wirklichkeit zu erreichen war ein erklärtes Ziel. Darauf legten besonders die wenigen Künstler Wert – allen voran Leon Battista Alberti und Leonardo da Vinci –, die sich schriftlich darüber äußerten, worin dieses Ziel des Malers und Bildhauers bestehen sollte. Giorgo Vasari, ein überaus erfolgreicher Maler und zudem der erste Historiker der italienischen Kunst von etwa 1300 bis zu den sechziger Jahren des 16. Jahrhunderts, hat diese Veränderung auf den Punkt gebracht: »Man erkennt hieran, wie jene trefflichen Meister allmählich die wahre Eigenthümlichkeit der Naturgegenstände erforschten, die sie mit großem Studium nachahmten«.[44] Sie erfuhren Unterstützung von Menschen, die keine Künstler waren, aber eine Kunst begrüßten, die das Leben widerspiegelte. In seinen Memoiren beschrieb Enea Silvio Piccolomini, der künftige Papst Pius II., Mitte des 15. Jahrhunderts die Skulpturenreliefs an der Fassade des Doms von Orvieto: »Die Gesichter heben sich vom Marmor ab, als wären sie lebendig, und die Körper von Mensch und Tier sind so gut dargestellt, daß die Kunst der Natur gleichzukommen scheint. Ihnen fehlt nur noch die Sprache, damit sie zum Leben erwachen.«[45] Reisende, die nach einer Möglichkeit suchten, Kunstwerke zu loben, ergänzten immer wieder die abgegriffenen Floskeln »herrlich« und »sehr schön« durch dieses »als wäre es lebendig«.[46] »Jede Gestalt sieht wie lebendig aus«, kommentierte Hieronymus Müntzer 1495 den von van Eyck in Saint-Bavo in Gent gemalten Flügelaltar. Antonio de Beatis bemerkte 1517 über dieses Werk, es sei »in Ölfarben ausgeführt mit einer derartigen Vollendung und Lebensechtheit, und zwar sowohl im Hinblick auf die Proportionen und Farbe der Körperteile wie auf die Verwendung von Licht und Schatten, daß man ohne

Zögern zu sagen vermag, dies sei das schönste Gemälde der Christenheit«.[47]

Diese Neigung, die Kunst wieder einmal mit dem Leben gleichzusetzen,
war offenbar so stark, daß sich Antonio de Beatis nach seiner Rückkehr
nach Italien bemüßigt fühlte, eine verblüffende Vermutung über das *Abend-*
mahl von Leonardo anzustellen, den er tatsächlich in Frankreich, in Amboise, kennengelernt und gehört hatte. »Die Gestalten auf diesem Gemäl-

Jan van Eyck, *Adam und Eva*,
obere Außenflügel des
Genter Altars, 1432
(Sint-Baafskathedraal, Gent)

Leonardo da Vinci, *Abendmahl*, Fresko, 1495–1498 (Santa Maria delle Grazie, Mailand)

de«, berichtete er, »sind Porträts, nach dem Leben und in Lebensgröße
gemalt, von verschiedenen Persönlichkeiten bei Hofe und von Mailänder
Bürgern jener Zeit.«[48] Dieser Kommentar war völlig unzutreffend. Die
anatomischen Zeichnungen, die Leonardo ihm gezeigt hatte, waren ein
Hilfsmittel, damit die idealisierte Darstellung um so überzeugender wirkte
– seine Apostel sollten keineswegs Freunden und Bekannten gleichen. Und
doch ist dieser Kommentar in anderer Hinsicht aufschlußreich. Der Kanonikus de Beatis sah das Fresko in Gesellschaft seines Herrn und Meisters,
des weltmännischen Kardinals Luigi d'Aragona, und zwar während der
Besichtigung der Mailänder Sehenswürdigkeiten, die ihnen von den Nota-
beln der Stadt gezeigt wurden, und Antonio richtete sich in seiner Meinung
üblicherweise nach der seiner Vorgesetzten. Ein Jahrzehnt zuvor, im Jahre
1508, hatte Christoph Scheurl über die Malerei in Deutschland geschrieben, sie sei »erst jetzt dem Leben wieder zurückgegeben worden«. Für ihn
war der Held dieser Wiedergeburt Lucas Cranach, und indem er sich
rhetorisch an diesen Künstler wendet, der keineswegs die Natur geradlinig
nachahmte, gibt er zu verstehen, daß »Leben« für ihn in diesem Zusammenhang lebensähnlich bedeutete. Er erinnert Cranach daran, wie »Ihr einst
in Österreich Trauben auf einem Tisch auf eine derart natürliche Weise
gemalt habt und wie eine Elster herbeiflog, als Ihr gegangen wart, und über
die Täuschung so verärgert war, daß sie auf das Werk mit dem Schnabel

und den Krallen einhackte; und beim Anblick des Hirschen, den Ihr in Coburg maltet, mußten die Hunde bellen«.[49] Gewiß gehörten damals Plinius' Anekdoten über die Kunst der Antike und damit auch Geschichten von Vögeln, die nach gemalten Trauben pickten, und von Hengsten, die beim Anblick gemalter Stuten wieherten, zum gängigen Repertoire humanistischer Kommentare über ästhetische Sachverhalte. Aber man mußte Plinius nicht kennen, um zu begreifen, daß Künstler die Darstellung der Natur meisterhaft beherrschten. Über eine in Amerika neu entdeckte Pflanze erklärte der Spanier Gonzalo Fernández de Oviedo im Jahre 1535, daß Worte nicht ausreichten, sie zu beschreiben: »Sie sollte von der Hand eines [Pedro] Berruguete« – eines spanischen Malers und Bildhauers, der 1508 gestorben war – »oder eines anderen Malers, der so hervorragend ist wie er, gemalt werden, oder von Leonardo da Vinci oder Andrea Mantegna, berühmten Künstlern, die ich in Italien kenne.«[50]

Alle diese Bemerkungen stammen von Männern, die durchaus den Reichtum an beschreibenden, naturalistischen Details auf den mittelalterlichen Holzschnitten und Gemälden wahrnahmen, die sie beim Beten umgaben oder ihnen beim Blättern in den illustrierten Manuskripten ins Auge fielen: Pflanzen und Tiere, sorgfältig ausgearbeitete Kostüme, die von Handwerkern und Bauern verwendeten Werkzeuge. Obgleich man sich in erster Linie für die Art und Weise interessierte, in der das Gesicht und der Körper des Menschen gemalt waren: wenn man davon sprach, daß die Kunst dem Leben zurückgegeben worden sei, so beruhte diese Wahrnehmung doch auf dem Bewußtsein, die Gestalten seien dergestalt auf die gemalte Szenerie bezogen, daß sie sich in ihrer natürlichen Umgebung zu befinden schienen. Antonio de Beatis hielt Leonardos Apostel nur deshalb für realistische Porträts, weil Menschen, die bei einem so naturalistisch aufgetischten Mahl sitzen, an einem so realistischen Refektoriumstisch in einem derart authentischen architektonischen Raum, und Gruppe für Gruppe auf eine derart glaubwürdige Weise aufeinander reagiert, ganz gewiß aus dem wirklichen Leben genommen sein mußten, auf das sich der Maler bezog. Für Vasari war die »Erneuerung«, die »Wiederherstellung«, die »Wiedergeburt« der Kunst vor allem auf eines zurückzuführen: Die Künstler wußten um den Dank, den sie »der Malerkunst der Natur schuldig sind, die immer zum Vorbild für diejenigen dient, welche das Gute aus ihren besten und schoensten Theilen auszuwaehlen wissen und sich unausgesetzt bemuehen sie nachzuahnen«.[51] Dieser neue Umgang der Künstler mit ihren Motiven sei – nach der Vorwegnahme durch Giotto im frühen 14. Jahrhundert – unwiderruflich im frühen 15. Jahrhundert von Masaccio in die Malerei und von Donatello in die Bildhauerei eingeführt worden. Zur selben Zeit übertrug Jan van Eyck die Farben, Räume und umfassend wahrgenommenen Menschen aus der Welt der Natur auf die Tafelbilder seines Genter Flügelaltars mit ihrer »Lebensechtheit«. Und Claus Sluter in Dijon brachte in die Bildhauerei eine physiognomische Schärfe und ein Verständnis für Gewicht und Aufbau des Körpers ein, wie es sie zuvor nur andeutungsweise hier und da in Europa gegeben hatte. Wie in Italien bildete dieses Verständnis für die natürlichen Erscheinungsformen eine dauerhafte Grundlage für das gewandelte Erscheinungsbild von Gemälden und Statuen, und zwar nicht nur im 15. und 16., sondern bis zum 20. Jahrhundert. Bemerkenswert ist die Ernsthaftigkeit, mit der diese Veränderung sowohl im Süden (zunächst in Florenz) wie im Norden (erst in den »belgischen« Provinzen der Niederlande) vonstatten ging. Frühere verstreute Andeutungen gingen in einem revolutionären Ganzen auf, wie es nur eine ausgesprochene Zielstrebigkeit erreichen konnte.

Masaccio hatte sein Fresko *Der Zinsgroschen* in der Brancacci-Kapelle in der Kirche Santa Maria del Carmine in Florenz um 1427 gemalt. Es ist eine vielschichtige erzählerische Darstellung. Christus und die Apostel sind gerade in Kapernaum eingetroffen. Dies ist eine römische Stadt, und man fordert sie auf, einen Eintrittszoll oder Zins zu bezahlen. Als Juden, in ihrer eigenen Heimat, diskutieren sie – in der Szene in der Mitte – über das Für und Wider dieser imperialistischen Zumutung mit dem Torhüter, dessen Rücken und Arme in beredter Körpersprache sein Erstaunen über ihren

Masaccio, *Der Zinsgroschen*, Fresko, um 1427 (Brancacci-Kapelle, Santa Maria del Carmine, Florenz)

Starrsinn ausdrücken. Christus, der sich auf seine Sendung konzentriert, bricht den Streit ab. Er befiehlt dem entrüsteten Petrus, eine Angel im See von Galiläa auszuwerfen – was er in der Szene links tut, rot vor Anstrengung, während er sich bückt, um sie herauszuziehen –, »und wenn du sein Maul aufmachst, wirst du ein Zweigroschenstück finden; das nimm und gib's ihnen für mich und dich« (Matthäus 17, 27). In der dritten Szene (rechts) drückt Petrus die Münze ärgerlich dem Torhüter in die Hand. Die Geschichte spielt am Rande einer glaubwürdigen (wenn auch nicht authentisch klassischen) Stadt, deren Gebäude über den Rahmen des Bildes hinaus aufragen. Wir sehen vor uns eine Gruppe von Personen, deren Mimik und Körpersprache durchweg auf diese Diskussion ausgerichtet und deren Körper glaubhaft über ein eindeutig vorgestelltes Stück Boden verteilt sind; wir schauen an Gebäuden und Gestalten vorbei in eine Landschaft mit einem See, Bäumen, Hügeln und einem wolkenbedeckten Himmel, und all diese Elemente verweisen nicht nur auf die Wirklichkeit, sondern zeigen sie. Alle Linien, die nicht parallel zu den Rändern des Bildes verlaufen, verlieren sich in einem gemeinsamen Fluchtpunkt: Die Landschaft setzt sich nicht aus einer Reihe von gleich scharf abgegrenzten Zonen zusammen, sondern erstreckt sich gleichmäßig bis zu diesem Fluchtpunkt, wobei sie sich allmählich in Ton und Klarheit ändert. Die Figuren werden nicht nur durch ihre Umrisse bestimmt, sondern durch das Spiel von Licht und Schatten, das einen Eindruck von ihrem Volumen vermittelt. Die Anwendung dieser Regeln sowie eine ganz eigene Vorliebe für einen schlichten, natürlichen Faltenwurf der Gewänder und markige, aber nicht verzerrte Gesichter vermitteln dem Bild *Der Zinsgroschen* eine »Wirklichkeit«, die durch die Geistigkeit über der von dem normalerweise rastlosen Auge wahrgenommenen Wirklichkeit erhöht wird.

Jan van Eyck begibt sich von der offenen Landschaft in einen einzelnen Raum hinein: in seinem Doppelbildnis *Giovanni Arnolfini und seine Frau Giovanna Cenami,* der sogenannten *Arnolfini-Hochzeit* – einem 1434 entstandenen Bild, das die reale Welt in einem doppelten Sinn bekundet. Giovanni Arnolfini, ein Kaufmann aus Lucca, der einen Großteil seines Lebens geschäftlich in Brügge verbrachte, wo er van Eyck kennenlernte, hält die Hand seiner künftigen Frau in seiner Linken und hebt die Rechte, um ihr vor Zeugen ewige Treue in einer Zeremonie zu schwören, die völlig einer Eheschließung gleichkommt, auch wenn es der damaligen Konvention entsprach, dieses Versprechen sakramental in einer Kirche zu leisten. Er blickt seine Trauzeugen an, um sich ihrer Aufmerksamkeit zu versichern. Es sind zwei, und sie werden im gewölbten Spiegel an der Rückwand gespiegelt: winzige Figuren, die dem Anlaß entsprechend in leuchtenden

Jan van Eyck,
Giovanni Arnolfini und
*seine Frau Giovanna
Cenami,* 1434 (National
Gallery, London)

Farben gekleidet sind, und eine davon ist mit ziemlicher Sicherheit Jan van
Eyck selbst – jedenfalls steht über dem Spiegel in gotischer Schrift »Johannes de eyck fuit hic 1434« (Jan van Eyck ist 1434 hier gewesen). Der Spiegel
selbst bezeugt die Wirklichkeit des Zimmers. Er zeigt das Oberteil der
Truhe, die von Giovannis pelzbesetztem Umhang verdeckt ist. Ferner zeigt
er ein weiteres Fenster, dort, wo sich das Zimmer vor dem Bräutigam
erstreckt, sowie eine Tür, in der die Zeugen dieses Vorgangs stehen, denen
sich Jahr um Jahr viele andere anschließen, die gekommen sind, um vor
dem Bild zu stehen – gewiß ist Giovanni glücklich, daß sich so sein Gelöbnis
unendlich oft erneuert. Alles in diesem Zimmer (das beste Schlafzimmer
wurde damals auch zum Empfang guter Freunde benutzt, nicht nur zum
Schlafen) ist eine exakte Transkription der Wirklichkeit: das Flaschenglas
im Fenster, die Äpfel auf der Truhe, die Holzsandalen fürs Freie, die
gemaserten Bohlen, das geraffte Gewand der Braut in der Art von Schwan-
gerschaftskleidung, wie es damals in Frankreich, wo sie aufwuchs, gerade

in Mode war. Einige Gegenstände sind bewußt eingesetzte Symbole: die einzelne Kerze im Leuchter, die die einzige Entscheidung darstellt, die das Paar getroffen hat; das Hündchen als Emblem ehelicher Treue; die Statuette der heiligen Margareta, der Schutzheiligen bei Geburtsnöten. Aber diese Symbole sind alles andere als aufdringlich. Der Spiegel verweist eher auf das Geschick des Künstlers als auf die Theorie einer Kunst, die der Natur einen Spiegel vorhält – indem er den Raum auf die Zuschauer hin verlängert, ist er ein treffendes, wenn nicht gar bewußt eingesetztes Symbol von Raum und Zeit. Real und feierlich zugleich, ist die *Arnolfini-Hochzeit* viel mehr als ein erlesen in Szene gesetztes Stück Leben.

Diese beiden hier so ausführlich betrachteten Dokumente eines neuen Zeitalters der realistischen Wahrnehmung, die sich eher in ihrer künstlerischen Methode als in ihrer Intention unterschieden, sind um so bemerkenswerter, weil sie mit einem populären und hoch angesehenen Stil brachen, der sich gerade auf seinem glanzvollen Höhepunkt befand. Im Laufe des 14. Jahrhunderts hatte sich ein gefällig dekorativer, unemphatischer Stil in der Malerei und Buchillustration entwickelt, der in Europa so weit verbreitet war, das man auch von einer internationalen Gotik spricht. Hinter diesem Etikett entfaltete sich eine Vielfalt an gestalterischen Mitteln, mit denen Künstler von Frankreich über Deutschland bis Böhmen sowie von den Niederlanden bis Spanien und Italien ein lebhaftes Interesse an alltäglichen Details zu Kompositionen verarbeitet hatten, denen es zwar an intellektueller wie räumlicher Tiefe fehlte, die aber einen Charme besaßen, der alles andere als oberflächlich war. Und während Masaccio und van Eyck ihre Werke malten, wies nichts auf einen Niedergang dieses Stils hin. Da war nichts Experimentelles, keine *fin de siècle*-Stimmung in den Kalenderbildern der Stundenbücher, die die flämischen Brüder Paul, Jan und Herman de Limbourg für den Duc de Berry von 1411 bis 1416 verfertigten. Noch nie hatte es so grellblaue Himmel, so hochaufragende Burgen gegeben, als seien sie von Zauberern und nicht von Maurern errichtet worden, wie jene, vor denen Bauern ihre Arbeiten verrichteten oder elegante Männer und Frauen in festlichen Gewändern zum Klang von Trompeten ausritten. Aber die Burgen sind wehrhaft. Die Männer und Frauen tragen schwach individuelle Züge. Die Bauern bücken sich angestrengt, und wenn sie sich vorbeugen, blitzt unter ihrem Wams die Unterwäsche hervor. Und die Landschaft, in der sie sich abrackern, ist von Mauern und Zäunen und Straßen unterteilt und besitzt eine Weite, die auf die zunehmende Entfernung anspielt, ohne näher darauf einzugehen. Alles ist noch im Lot und in sich stimmig, nichts ist neu überdacht.

Ausschnitt aus einer Miniatur des Stundenbuchs *Très riches heures*
der Brüder Limbourg für den Herzog von Berry, 1411–1416
(Musée Condé, Chantilly)

Ein grundlegend anderer stilistischer Reichtum zeigt sich in Gentile da
Fabrianos großem Altarbild *Anbetung der Könige,* das 1423 für einen der
reichsten Männer in Florenz, Palla Strozzi, sowie für eine der elegantesten
Kirchen der Stadt, Santa Trinità, gemalt worden war. Doch auch dieses
Tafelbild beruhte auf einer Tradition, die naturalistische Details in ein
Gesamtbild einfügte, das nur geringen Wert legte auf die Nachbildung von
Gewicht und Volumen von Körpern oder Gegenständen oder auf eine
Einladung an den Betrachter, in den abgebildeten Raum einzutreten. Alles,
was Gentile kann, stellt er gleichsam in einem Schaufenster aus. Innerhalb
der Rundbögen über diesem feierlichen Gedränge anläßlich des freudig-
sten Ereignisses der Christenheit befindet sich eine schnörkelhaft erzäh-
lende Darstellung: Links erblicken die drei Könige den Stern von einem
Berggipfel; in der Mitte schwenken sie mit ihrem tatendurstigen Gefolge

auf eine der Städte zu, durch die sie bei Tage kamen; rechts betreten sie nacheinander eines der Städtchen, die sie bei Anbruch der Dämmerung erreichten. Und dann, als seien sie den Berg hinuntergerutscht, tauchen sie rechts im Vordergrund auf, sie gestikulieren, schneiden Grimassen und versuchen sich die Bedeutung des Anlasses in Erinnerung zu rufen. Vögel fliegen und balgen sich, Affen schnattern, ein Kamel starrt an seiner Nase entlang, ein Löwenkopf sieht aus, als ob sich ein Mensch hinter einer Löwenmaske versteckte. Mit seiner Eleganz wie aus einem Modejournal bringt der stehende König Ruhe in diese turbulente Szene. Neben seiner aufrechten Mittelachse versinken seine Kollegen in immer tiefere Anbetung. Sie beugen sich fast in ein anderes Bild hinein. Abgeschirmt durch den Felsen, unter dessen schützendem Dach Ochs und Esel stehen, blicken Joseph und Maria ernst hinab auf die Gesten, in denen die Bedeutung des Werks kulminiert: die wechselseitigen Akte von Anbetung und Segnen. Und Gentiles Genialität zeigt sich darin, daß dieser Augenblick sowohl rituell wie natürlich ist. Das Kind macht etwas, was kein neugeborenes Baby tun könnte, doch seine Hand berührt den Kopf des alten Mannes gleichsam mit dem unwillkürlichen Erkundungsdrang eines Säuglings, und während es einen Fuß ausstreckt, damit er ergebenst geküßt werde, krümmt es den anderen, als ob es Angst habe, gekitzelt zu werden. Das Bild strotzt vor solchem Einfallsreichtum. Auch wenn die Oberfläche durch den verhaltenen Glanz seiner Farben zusammengehalten wird, so ist dies doch kein Werk, das man als Ganzes erfaßt, sondern in dem das Auge von Detail zu Detail wandert. Viele dieser Details (zum Beispiel der David ähnelnde Page, der das Pferd und das riesige Schwert hält, mit dem festen Stand auf seinen stämmigen Beinen und seinem Eifer verratenden Gesichtsausdruck) besitzen so viel Energie und verkörpern ein so großes Maß an lebendiger Beobachtung, daß sie die Akzeptanz der Konventionen, die das Bild enthält, in Zweifel ziehen. Doch Gentile verwendet auch weiterhin den alten Maßstab von zwei zu eins zwischen Gebäuden und Menschen. Die oben dargestellten Landschaften weisen eine unnatürliche Klarheit auf und enden vor einem unveränderlichen Goldhimmel. Die Figuren auf der rechten Seite sind weniger eine Gesellschaft von einzelnen Menschen als eine Ansammlung von Gesichtern. Vieles ist in der Tat gut beobachtet. Aber wie bei den Buchillustrationen der Gebrüder Limbourg ist nichts neu überdacht.

Kurz nach der Fertigstellung von Gentiles *Anbetung* begann Masaccio mit der Gestaltung der Brancacci-Kapelle. Und nicht lange nach seiner rigorosen Neubesinnung auf die Einstellung des Malers gegenüber der natürlichen Welt im *Zinsgroschen* machte sich sein Einfluß in der *Kreuzabnahme*

Gentile da Fabriano, *Anbetung der Könige*, 1423 (Uffizi, Florenz)

eines Klosterkünstlers bemerkbar, des Dominikanermönchs Fra Angelico,
der ohne diesen Einfluß eher den Inbegriff der internationalen Gotik
dargestellt hätte, statt deren typische Eigenschaften abzulehnen. Die
Kreuzabnahme war von Gentiles Mäzen Palla Strozzi in Auftrag gegeben
worden, und abermals für die Kirche Santa Trinità. Eigentlich sollte sie die
Anbetung ergänzen. Doch ungeachtet Fra Angelicos beharrlicher Liebe zu
leuchtenden Farben, Oberflächenmustern und scharfen, oberflächlichen
Details, so daß alles wie frisch geprägt aussah, distanzierte er sich in
diesem Werk gleichwohl von jener langen Tradition. Die Ansicht von
Jerusalem im linken Bogen beruht auf einem echten Gefühl für die Darstellung geometrischer Körper, das noch durch ihre Dreidimensionalität
gesteigert wird. Einen geradezu mathematischen Eindruck vermittelt auch
das symmetrische Raster, das von den beiden Leitern neben dem Kreuz im
Zentrum gebildet wird; und als sich der zuoberst daraufstehende Mann
vorbeugt, um Christus hinabzulassen, neigt sich auch sein Heiligenschein

mit ihm vor. Die Landschaft jenseits des blumenübersäten Bühnenbodens verläuft ununterbrochen nach hinten bis zum Horizont, und dort wird der Himmel wie in der Natur dunkler. Alle Figuren verbindet eine intensive Konzentration auf die zentrale Tragödie beziehungsweise auf die damit verknüpften Symbole: das Gemälde als Meditationshilfe und nicht den Versuch, ein Ereignis so festzuhalten, wie es tatsächlich stattgefunden haben könnte. Und die Gesichter sehen gelöster aus dank des Lichtes, das von einer einzigen Quelle auf der linken Seite auf sie fällt. Alles ist gewiß sanfter, hübscher, bedeutungsschwangerer als bei Masaccio, aber die analytische Gründlichkeit und Folgerichtigkeit verweist auf ihn.

Eine andere *Kreuzabnahme*, die fast gleichzeitig (um 1435) mit der von Fra Angelico entstanden war, zeigt, wie gründlich die Tradition der gotischen Kunst nicht nur von Jan van Eyck, sondern auch von anderen niederländischen Künstlern umformuliert worden war. Rogier van der Weyden übernimmt (in seinem im Prado ausgestellten Bild *Kreuzabnahme Christi*) die traditionell geschwungene Form des Körpers Christi und der gebeugten Gestalten von Johannes und der Magdalena, die die Szene einrahmen. Er bietet eine vernünftige Erklärung für die vertraute Vorliebe für einen flachen, gedrängten Vordergrund, indem er auf dem Hügel Golgatha kühn eine feste Mauer errichtet, vor der gerade noch Platz für die hinter dem Kreuz aufgestellte Leiter bleibt. Er bewahrt noch das Modebewußtsein der Ritter und ihre Vorliebe für sorgfältig studierte Kostüme, die zusammen ein buntes Ensemble bilden. Aber Antonio de Beatis hätte durchaus vermuten können, daß diese Gestalten von bekannten Individuen abgenommen worden seien. Ihre Gesichter spiegeln Nachdenken und Gefühle wider. Unter ihren Gewändern befinden sich lebendige Leiber, geschmeidig wie der von Magdalena oder kräftig wie der der Figur im Zentrum, auf deren Hüfte das Gewicht Christi ruht. Auch wenn sich eine gotische Phantasie darin zu ergehen scheint, daß das Gewand des jungen Mannes auf der Leiter in dieser windlosen Szene flattert, so verkörpert diese Figur doch einen wahren Triumph der Kunst, eine reale Person in Farbe zu übertragen, während sie eine Aufgabe vollzieht. Allein schon die Darstellung der Hände auf dem ganzen Bild demonstriert, wie sicher die neue Auffassung von der Beziehung zwischen Kunst und Natur geworden ist. Und in den Niederlanden ebenso wie in Italien war diese Auffassung und Methode – trotz all ihrer unterschiedlichen Spielarten – grundlegend für das gewandelte Erscheinungsbild der Kunst der Renaissance.

Die Kraft, die diesen Wandel bewirkte, beruhte auf dem individuellen Genie der Künstler, die ihn vorantrieben. Aber die Richtung, für die sie sich entschieden und die ein Echo in weniger begabten Künstlern fand und von diesen eingehalten wurde, ging doch auf lokale Bedingungen zurück, die weitgehend gleich waren. Sowohl in den Niederlanden wie in Italien gab es auf seiten einiger Kleriker ein wachsendes Bedürfnis, die Gläubigen zu versammeln, da sie die durch den Schwarzen Tod in der Mitte des 14. Jahrhunderts hervorgerufene Panik überwunden hatten und wieder neuen Mut faßten, indem sie ihnen die Geschichte des Evangeliums so real wie möglich darstellten. Dies geschah hauptsächlich durch anekdotische und erzählerische Predigten, aber der literarische Realismus erzeugte einen

Fra Angelico, *Kreuzabnahme*, um 1440 (Museo di San Marco, Florenz)

Druck, den andere Einflüsse von Worten in Farbe umsetzen sollten. Einer dieser Faktoren war der wirtschaftliche Aufschwung in beiden Ländern nach dem Schwarzen Tod. Das Handelsleben blühte wieder auf, und die Persönlichkeiten, die Einfluß auf das bürgerliche Leben nahmen, wurden einer sorgfältigeren Prüfung unterzogen. Neue Bauvorhaben regten den Stolz auf die eigene Stadt an – einige der frühesten genauen Stadtansichten sind durch die Fenster auf den religiösen Gemälden von Jan van Eyck, Rogier van der Weyden sowie ihres Zeitgenossen, des Meisters von Flémalle, zu sehen. Als die führenden Gestalten in Kirche und Staat – und beide entstammten denselben aristokratischen Verhältnissen, stützten also ihre Macht auf Grundbesitz oder merkantilen Erfolg – ihre Position bei der Kontrolle über die öffentlichen Angelegenheiten neu definierten, wollten sie zugleich handschriftliche Chroniken haben, deren Illustrationen Schlachten und Belagerungen, diplomatische Zusammenkünfte und große Feste in leicht vorstellbarer Form zeigten. Und da Maler von Tafelbildern in unmittelbarer Nachbarschaft von Illustratoren arbeiteten und in beiden Sparten beschäftigt werden konnten, wobei sie dieselben Mäzene hatten, ging in ihre Porträts und Altarbilder eine gemeinsame Intention ein.

Das war insbesondere in den Niederlanden der Fall. In Italien gab es zwar einen geringeren Bedarf an Chronikillustrationen, die historische Ereignisse wiedergaben. Aber hier, wo der Humanismus schon früh bei den Gönnern angesehener Künstler Einzug gehalten hatte, gab es dafür eine Vorliebe für Künstler, die an die Kunst der Antike durch eine Anspielung auf eine klassische Szenerie oder auf die »lebensechte« Erscheinung einer antiken Skulptur zu erinnern vermochten. Beide Elemente enthielt Masaccios Fresko *Dreifaltigkeit* (um 1427) in der Kirche Santa Maria Novella zu Florenz: Hier sind Gestalten, die wie jene im *Zinsgroschen* als Ganzkörperskulpturen dargestellt sind, in einer Kapelle mit einer klassischen Kassettendecke zu sehen, deren Wölbung vom Rundbogen der mit Säulen und Pfeilern verzierten Fassade nach hinten zu verlaufen scheint. Masaccios gewichtige Gestalten gingen auf die Skulpturen von Zeitgenossen wie Nanni di Banco zurück, die ihren Werken ein klassisches Erscheinungsbild verleihen wollten. Um 1413 hatte Nanni einen Schrein mit einer Skulpturengruppe errichtet, die die Tradition der antiken Plastik wiederbeschwor. In einer gotischen Nische an einer Außenmauer der Kirche Or San Michele in Florenz stehen die Marmorgestalten der sogenannten *Santi Quattro Coronati (Die vier gekrönten Heiligen)*: christliche Bildhauer, die im 3. Jahrhundert durch Kaiser Diokletian zum Märtyrertod verurteilt wurden, weil sie sich geweigert hatten, die Statue einer heidnischen Gottheit anzufertigen. In einem Relief unter der Nische zeigt Nanni sie bei der Arbeit, als ob

sie in seiner eigenen Zeit tätig wären als Mitglieder der Zunft der Steinmetzen, die das gesamte Werk in Auftrag gegeben hatten. Also errichtet
einer von ihnen eine Steinmauer, zwei andere meißeln die gotischen
architektonischen Details aus, nach denen noch immer eine lebhafte
Nachfrage herrscht (eine gedrehte Säule und ein Bossenwerk), während
der vierte als fachmännischer Bildhauer einen strammen und sehr ungo-
tischen *putto* bearbeitet. Die Märtyrer über ihnen, wie Schauspieler gewan-
det, die sie aus der Zeit Diokletians zum Leben erwecken, erörtern mit
verhaltener Würde die zeitlose Bedeutung ihres Todes. Die Jünger im
Zinsgroschen vernehmen Christi Worte in einer Stimmung, die der von
Nanni di Banco erzeugten sehr ähnlich ist.

Obgleich die Beziehung zwischen Malerei und Bildhauerei im Norden so
eng war wie in Italien, ersetzte in der italienischen Bildhauerkunst der
Hang zur Nachbildung der Klassik den größeren Eifer, mit dem niederländische Künstler die Welt im Sinne einer sorgfältigen Beobachtung inter-
pretierten. Dieser Hang gesellte sich zu der italienischen Vorliebe für
theoretische Mittel, mit denen sich Kunst und Natur zusammenbringen
ließen, insbesondere die räumliche Darstellung durch Farbwerte und
mathematisch errechnete Sichtlinien (die sich verengenden perspektivischen Linien, die bewirken, daß sich die Kapelle in Masaccios *Dreifaltigkeit* über die Wand hinaus zu erstrecken scheint, auf die sie gemalt ist).
All das sorgte dafür, daß es unterschiedliche Methoden gab, das gemeinsame Bedürfnis nach der realen Gegenwart der Welt in der Kunst zu
befriedigen.

Als seit den dreißiger Jahren des 15. Jahrhunderts infolge der gutgehenden
Handelsgeschäfte die Zahl der Aufträge ebenso zunahm wie der Wettbewerb zwischen den Ateliers und zwischen den Künstlern verschiedener
Städte, veränderte sich das Muster, wonach der ursprünglich hauptsächlich von Frankreich ausgehende internationale gotische Stil in alle Richtungen der Windrose ausgestrahlt hatte. Fortan gingen die gewandelten
Erscheinungsbilder von den Niederlanden und Italien aus, und Künstler in
anderen Ländern nahmen jeweils das, woran ihnen lag, von einem dieser
Zentren auf. Gewöhnlich führte dies dazu, daß man das, was an Neuem
und Modischem aus beiden Quellen kam, innerhalb eines Stils miteinander
kombinierte, der einem entsprach, weil er regional vertraut war. Um 1450
aber brachte es der reaktionsfreudigste französische Künstler, Jean Fouquet, zu einer beachtlich stabilen Balance zwischen beiden Modellen. Auf
seinem Porträt von Estienne Chevalier mit seinem Schutzheiligen, dem
Märtyrer Stephan (der einen der Steine hält, mit denen er gesteinigt
wurde), herrscht eine Eycksche Detailgenauigkeit in der Darstellung von

Nanni di Banco,
*Die vier gekrönten
Heiligen,* um 1410–1415
(Or San Michele, Florenz)

Geweben und Oberflächen: das Haar und die Kleidung der beiden Männer,
die geäderten Marmorplatten an der Wand hinter ihnen. Der Lichteinfall
aber, der die Bildung von Hals und Gesicht des Heiligen so klar hervorhebt
und beide Gestalten innerhalb des Raums, den sie einnehmen, so natürlich
auftreten läßt, ist auf Fouquets Besuch in Italien, kurz bevor er mit diesem
Werk begann, zurückzuführen.

Diese Balance ist um so bemerkenswerter, weil es in den vierziger Jahren
des 15. Jahrhunderts kein herausragendes »italienisches« Modell gab, auf
das ein ausländischer Maler hätte zurückgreifen können. Während die
Veränderung in den Niederlanden nach den dreißiger Jahren sich nur
langsam vollzog und eher auf das Temperament aufeinanderfolgender
Meister zurückging, als aus irgendeiner radikalen Bestandsaufnahme re-
sultierte, war die Zeit von der Mitte bis ins letzte Drittel des 15. Jahrhunderts eine Phase des unermüdlichen Experimentierens. Das Interesse am
künstlerischen Arbeiten auf einer theoretischen Grundlage ließ Gemälde
entstehen, die zwar wundervoll waren, aber allzusehr die Perspektive
(Uccello), die Anatomie (Pollaiuolo) oder die zarte Zeichnung (Botticelli)

betonten und damit isoliert die Eigenwilligkeiten ihrer Schöpfer widerspiegelten. Der extrem wählerische Realismus von Castagno, die fiebernde Anmut von Cosmè Tura, der metallische Glanz auf Crivellis dekorativen Phantasien: Immer wieder hatten diese Darstellungen etwas skurril Verschnörkeltes oder durchtränkten ihr Thema mit einem persönlichen Stil, der keine Nachahmung zuließ. Der Einfluß der internationalen Gotik wirkte weiterhin fort – in einem einzelnen Künstler wie Pisanello oder in einer ganzen Schule wie der von Siena. Tatsächlich geht der viel später entstandene Begriff von »Schulen« der Malerei auf die Unterschiede im Erscheinungsbild der Kunst zurück, die in verschiedenen Regionen von Italien entstand. In jeder von ihnen gab es Künstler mit einer ausgeprägten Persönlichkeit. Und da so viele Alternativen in der Luft lagen und es so viele Möglichkeiten gab, seine Sympathie mit der Antike zu bekunden oder von ihr abzurücken, konnte ein Künstler an seine Aufträge auf eine so vielfältige Weise herangehen, wie es vor dem 15. Jahrhundert undenkbar gewesen war. Ohne die Kenntnis seiner gesamten künstlerischen Karriere würde man kaum annehmen, daß Donatellos *Heiliger Georg* (um 1411 bis 1415) und seine *Heilige Magdalena* (um 1455) Arbeiten ein und desselben Mannes sind oder daß die behutsam klassizistische *Verkündigung* aus den dreißiger Jahren von derselben Hand stammt wie die unbekümmert gefühlsseligen Kanzelreliefs von San Lorenzo aus den sechziger Jahren des 15. Jahrhunderts. Für einen Künstler wie Mantegna war die Antike etwas, was man rekonstruieren konnte, wie er es mit der Imitation von klassischen Marmor- und Bronzereliefs tat. Für einen anderen, den Bildhauer Adriano Fiorentino, diente ein im klassischen Sinne allgemeingültiges Gesicht dazu, der zierlichen Bronzefigur eines Mädchens, die ganz eindeutig auf das Studium eines nackten Modells zurückging, das in seinem Atelier posiert hatte, eine gewisse Würde zu verleihen.

Angesichts einer derartigen Vielfalt gab es bislang keinen eigenständigen italienischen – oder genauer gesagt: keinen mailändischen, florentinischen oder venezianischen – Stil, dessen feste Prinzipien seine Übernahme durch andere Künstler erleichtert hätten. Hin und wieder entstand zwar ein Werk, das die Errungenschaften Masaccios wiederaufzunehmen schien, als seien sie zur Norm geworden – beispielsweise das großartige Fresko von Melozzo da Forlì aus dem Jahre 1477, *Papst Sixtus IV. ernennt B. Platina zum Präfekten der Vatikanischen Bibliothek*. In einem tiefen klassischen Saal spricht der Papst diese Berufung gegenüber dem knienden Humanisten Bartolomeo Sacchi (Platina) aus. Melozzos geometrisch definierter Raum und seine massiven Gestalten mit ihren persönlichen Zügen strahlen selbstbewußt eine Norm aus, die keine neuerliche Gewissensprüfung mehr

erfordert. Aber das war nur eine isolierte Pause bei der ständigen Suche
nach neuen Lösungen.

Dieses Fehlen einer sicheren Grundlage machte den italienischen Künstlern immer wieder bewußt, was sie alles vom Norden lernen konnten. Seit
den dreißiger Jahren des 15. Jahrhunderts hatten italienische Künstler mit
Ölfarben experimentiert – in einem Land, das Fresken an Wänden und die
stumpfe, flächige Wirkung von Temperafarben auf Tafelbildern gewöhnt
war. Doch erst mit Antonello da Messina, der in den sechziger Jahren
Werke von van Eyck und Rogier van der Weyden in der Sammlung König
Alfons' von Neapel studiert hatte, meisterte man den flämischen Gebrauch
von Ölfarben zur erhöhten Herausarbeitung von Details, zur Verbesserung
farblicher Tiefenwirkung mit Lasuren, der es dem Künstler auch ermöglichte, ein Werk im Laufe der Arbeit daran, zu übermalen und zu verändern. Die Verschmelzung der italienischen Methode, die Anatomie einer
Figur von innen zu entwickeln, mit der flämischen Technik der farblichen
Konturierung der Oberfläche, wie sie Antonello in einem Werk wie dem
Bildnis *Der Condottiere* von 1475 demonstrierte, beeinflußte die Künstler
von Venedig (wo Antonello dieses Porträt malte), vor allem den einflußreichsten unter ihnen: Giovanni Bellini. Aber nicht nur im Hinblick auf die
Technik bekannten italienische Künstler, sie würden noch vom Norden

Jean Fouquet,
*Estienne Chevalier mit
dem heiligen Stephan*,
Ausschnitt aus dem Altar-
bild, um 1450 (Staatliche
Museen, Gemäldegalerie
Dahlem, Berlin)

lernen. Um 1478 traf der gewaltige *Portinari-Altar* von Hugo van der Goes in Florenz ein, den Tommaso Portinari in Auftrag gegeben hatte, als er in Brügge die Filiale der Medici-Bank leitete. Der Einfluß, den dieses Triptychon auf die Künstler im höchstentwickelten Kulturzentrum Italiens hatte, zeigt, daß man sich noch nicht auf einen lokalen Stil geeinigt hatte. Dieses Altarbild, für die Familienkapelle der Portinari in der Kirche von San Egidio gefertigt, war zugleich ein Ausstellungsstück, das die ruhige Entwicklung demonstrierte, die das Werk von van Eyck und van der Weyden in den Niederlanden genommen hatte. Während es die umfassende kompositorische Ausgewogenheit nicht erreichte, die man später an florentinischen Altarbildern so schätzte, konnte man davon einiges lernen: die kühne zwanglose Andeutung eines Raums, der links von einer massiven klassischen Säule, neben der Ochs und Esel aus ihrer Krippe fressen, und rechts von einem offenen Holzrahmen zusammengehalten wird; die emotionale Isolation des Christkinds, das auf dem Boden ausgestreckt auf dem Rücken liegt; die sorgfältige Darstellung der verschiedenen Gewänder der drei Gruppen von knienden Engeln; das grell damit kontrastierende Häuflein der beinahe störend hausbackenen Hirten, deren grobe Gesichtszüge durch ihre Andacht irgendwie vergeistigt wirken; das Leitmotiv der betenden Hände; das *trompe l'œil*-Stilleben mit Vase, Krug und Strohbündel im Vordergrund; die Verbindung der Triptychonflügel mit der zentralen Szene durch einen gemeinsamen landschaftlichen Hintergrund. Diese einzeln oder kombiniert verwendeten Elemente machten die Niederlande zur Hauptquelle von Anleihen für europäische Künstler bis zum frühen 16. Jahrhundert.

Fouquet war unter den Besuchern von Italien eine Ausnahme, weil er den idealisierten Realismus zu erahnen vermochte, zu dem der italienische Experimentalismus führen sollte. Die meisten reagierten nur auf die echten Antiquitäten, die sie erblickten, oder auf die klassizistischen Details oder Szenerien, die italienische Künstler verwendeten. Der Antwerpener Maler Jan Gossaert, der 1508 in Italien gewesen war, hatte diese Merkmale im Sinn, als er sein Bild *Der heilige Lukas zeichnet die Madonna* um 1515 malte. Das Ergebnis war eine geschickte und attraktive künstliche Mischung aus den schlechtesten Merkmalen beider Welten. Die rein flämischen Elemente, die Madonna, das Kind und der Heilige, haben ihr ursprüngliches Volumen verloren und sind trotz ihrer ausgebreiteten Gewänder reine Scherenschnitte geworden, die auf die »klassische« architektonische Perspektive aufgesetzt sind, die aufdringlich den Blick auf sich zieht. Eher klassizistisch als klassisch breitet Gossaert sein neuerworbenes Wissen aus, mischt aber gotische mit römischen Rahmen für die Reliefskulpturen

Donatello, *Heiliger Georg,*
um 1415–1417
(Museo Nazionale del
Bargello, Florenz)

und lenkt das Auge durch ein mit klassischen Säulen und Pfeilern und Kassettendecken versehenes Vestibül auf einen gotischen Brunnen. Er zitiert die mathematisch geplante italienische Perspektive, vertut sich aber ärgerlicherweise dabei, während er zugleich das ererbte und vollkommen überzeugende, auf genauer Beobachtung beruhende Zurückweichen vom Vordergrund bis zum Horizont verleugnet.

Um diese Zeit nun stand Italien kurz davor, dem übrigen Europa eine Abfolge leicht verständlicher Stile zur Nachahmung oder Übernahme anzubieten, in denen die experimentellen Ansätze unterdrückt worden waren. Auch wenn Vasaris Ansicht über das 15. Jahrhundert aufgrund seiner eigenen Praxis als Künstler in der Mitte des 16. Jahrhunderts befangen war, als er seine Geschichte der italienischen Kunst schrieb, so ist doch seine Bestandsaufnahme von deren Qualitäten durchaus richtig. Während er einzelnen Künstlern seine Bewunderung nicht versagte, beklagte er sich darüber, daß »das allzuängstliche Studium«, das sie bei ihrer persönlichen Maltechnik betrieben, eine »trockne, scharfe, harte Methode« zur

Folge gehabt habe, der die
»überirdische Anmuth« fehle,
die auf einer meisterhaften
Beherrschung aller Techniken
beruhe; die wahre, »schöne
Manier«, der Italien seine führende Rolle in Europa verdanke, habe sich an das höchste Ziel dieser Meisterschaft
gehalten, »das Schönste der
Natur nachzuahmen«. Diese
Meisterschaft, die in einer
anmutigen Harmonie von
Komposition und Farbgebung
verborgen liege und eine
»lebendigere Schönheit« ver-
mittle, sei »fruchtbar und
eigenthümlich« und stelle eine
»dritte Manier« dar, »welche
wir die neuere nennen wollen«.[52]

Diese Qualitäten sah Vasari
auf exemplarische Weise ausgedrückt im Werk von Leonardo und Raffael, die beide, wie
er schrieb, zu denen gehörten,
die zurückschauten, »um die
Kunst der Malerei zu lernen«
von Masaccios Fresken in der
Brancacci-Kapelle. Als erster
verkörperte Raffael für Nicht-
italiener einen Stil, der als
maßgeblich und nachahmens-
wert italienisch galt. Obgleich
er sich sorgfältig mit Hilfe
kompositorischer Skizzen und
Zeichnungen nach Modellen
vorbereitete, strahlen seine
großen Kompositionen eine
Sicherheit in ihrer Intention

Donatello,
Maria Magdalena,
um 1453
(Baptisterium, Florenz)

und Wirkung aus. Kein anderer Künstler – auch Leonardo in seinem *Abendmahl* nicht – hatte imaginäre Welten geschaffen, in die man so leicht eintreten konnte. Ob es die der Philosophen der Antike ist, die sich in einer klassischen architektonischen Szenerie versammelt haben, deren Geräumigkeit und Gesittung ihrem Denken förderlich ist, oder die der verliebten Wassergötter und der Schwerkraft spottenden Jünger Cupidos (der ihr Treiben von einer Wolke aus beifällig beobachtet), die die Wassernymphe Galatea umkreisen – die Wirkung ist jedesmal die gleiche: Raffael fordert den Betrachter auf, in die Welten des Wissens und des Mythos einzutreten, und tritt beiseite. Da gibt es kein Nachhelfen, kein aufdringliches Beharren, keine Übertreibung und kein loses Ende – nichts von dem also, was den Betrachter daran erinnern könnte, daß dies ein unter großen Mühen hergestelltes Konstrukt sei. Gerade diese Gabe, mit Hilfe der eigenen Phantasie die des Betrachters freizusetzen, bewirkte, daß Raffaels Gemälde über der geschäftigen Welt italienischen Einfallsreichtums frei zu schweben scheinen. Zu seinen einflußreichsten Werken zählen die für Szenen aus dem Leben der Apostel Petrus und Paulus geschaffenen lebensgroßen, farbigen Entwürfe, die 1517 nach Brüssel geschickt wurden, damit man danach Wandteppiche verfertigte. Wer diese Entwürfe in der vielbesuchten belgischen Stadt sah oder vor den Wandteppichen stand, als sie unter den Wandfresken der Sixtinischen Kapelle im Vatikan hingen, erkannte darin einen anderen Aspekt von Raffaels Genie: seine Gabe, monumental konzipierte Gestalten in eine realistische Erzählhandlung zu versetzen, während über allem eine Aura gesteigerter Natürlichkeit gewahrt blieb.

Hugo van der Goes, *Portinari-Altar*, um 1475–1478 (Uffizi, Florenz)

Jan Gossaert (genannt Mabuse), *Lukasmadonna,* um 1515 (Nationalgalerie, Prag)

Das war eine Maltechnik, die sich für das Kopieren wie auch für Schwarzweißreproduktionen eignete, und zwar mit Mitteln, denen wir uns im
nächsten Kapitel zuwenden werden. Und sie wurde von Raffaels Gehilfen
mitgetragen, von denen einige, wie Giulio Romano, selbst überaus erfolgreiche, unabhängige Künstler wurden. Andere Maler, außerhalb seines
engeren Kreises, gaben gleichfalls seinen Einfluß weiter: Correggio, Parmigianino – »er strenge sich an in Allem, vernehmlich in der Malerei, ihm

nachzuahmen«, wie Vasari schrieb[53] – sowie der Bildhauer Jacopo Sansovino, weil die Mischung aus Kraft und Charme in Raffaels Werk so leicht auf andere künstlerische Ausdrucksformen zu übertragen war. Nicht so sehr die Handschrift Raffaels selbst, sondern der raffaeleske Stil war von nun an eine der Wahlmöglichkeiten, die Künstlern außerhalb von Italien offenstanden. Und seiner Leichtigkeit und Lebensechtheit verdankte es dieser Stil, daß sein Einfluß weiter reichte als der der eher mühsam errungenen Tiefgründigkeit von Michelangelos Gestalten an der Decke der Sixtina, die entstanden, als beide Künstler für Papst Julius II. arbeiteten. Darüber hinaus führte Raffael eine ganz neue Malweise ein, die von Italien aus Einzug in die Kunst der meisten europäischen Länder halten sollte, und zwar in einem Werk, über dessen Vollendung er 1520 starb (im Alter von siebenunddreißig Jahren): der *Verklärung Christi*. Mit ihren düsteren oder überaus eigenwilligen Farben, ihrer deklamatorischen Gestik und ihrer Räumlichkeit, die sich einer rationalen Analyse entzieht, wäre die *Verklärung* einfach nur ein Zeichen dafür, daß Raffael für das Raffaeleske keine Geduld mehr übrig gehabt hatte – wäre sie nicht ein Signal für andere gewesen, die die Regeln der ruhig harmonischen Komposition, der naturalistischen Darstellung der menschlichen Gestalt und der logischen Organisation von Nähe und Ferne frei auslegen wollten.

Zu denen gehörte auch Rosso Fiorentino. Drei Jahre nachdem Raffael in Rom gestorben war, malte Rosso in Florenz das Bild *Moses verteidigt die Töchter Jethros*. Der Text aus dem *Exodus* (2 Mose 2, 16 f.), den er illustrieren sollte, hört sich relativ friedlich an: »Der Priester aber in Midian [Jethro] hatte sieben Töchter; die kamen, Wasser zu schöpfen, und füllten die Rinnen, um die Schafe ihres Vaters zu tränken. Da kamen Hirten und stießen sie weg. Mose aber stand auf und half ihnen und tränkte ihre Schafe.« Rosso interpretierte diese kurze Geschichte mit derwischartiger Wildheit. Moses, der berserkerhafte Retter in der Not, teilt in der Bildmitte Boxhiebe aus und verrenkt Arme. Der hingestreckte Hirt rechts vorn ist bewußt kompliziert gestaltet: Arm und Schenkel liegen parallel, die Scham reckt sich über den gekreuzten Beinen vor und bietet damit einen zuvor nie gesehenen Blick auf Bauch und innere Weichteile jenseits eines steil abfallenden Brustkorbs. Die komplizierten Verrenkungen hier wie bei den anderen nackten Gestalten sind mit einem fast rücksichtslosen (wenn auch nicht unsinnlichen) professionellen Temperament bewältigt, während die Parodie der hingestreckten Leiber durch die dicht gedrängten Köpfe der Schafe auf die emotionale Distanz zwischen dem Maler und seinem Sujet verweist. Der Schäfer, der von links hereinstürmt, die Hand theatralisch ausgestreckt und den Mantel künstlich steif aufgeworfen, ist eine weitere

Raffael, *Galatea*, um 1514
(Villa Farnesina, Rom)

akademische Übung, genauso wie die in der Bewegung erstarrte Gestalt
von Jethros so gut wie nackter Tochter. Ihr Gesicht hat etwas Puppenhaftes,
die Hände sind zierlich gespreizt, die lustig gelockte Frisur will so gar nicht
zum Thema passen, aber die bloße Brust, die Schulter und der ausgestreck-
te Arm künden von der florentinischen Tradition, Figuren durch ihren
Umriß hervorzuheben und mit Licht zu modellieren. Trotz seiner überele-
ganten Details und seiner schrill unnatürlichen Farben ist das Gemälde ein
Tribut an die humanistische, skulpturale, rational analytische Manier, die
Rosso als »Fiorentino« aufgesogen hatte, und zwar gerade durch die Intensität, mit der er sie ablehnt.

Um das Jahr 1534 begann Raffaels Bewunderer Francesco Mazzola, genannt Il Parmigianino, – in der Stadt Parma, von der sein üblicherweise
verwendeter Beiname abgeleitet ist – mit der Arbeit an dem Gemälde, das
unter dem Titel *Madonna mit dem langen Hals* berühmt geworden ist. Man
könnte sie genausogut auch Madonna mit den langen Fingern oder mit dem

gestreckten Torso oder kürzer: mit der Brustwarze oder mit dem Nabel nennen – so viele Merkmale unterscheiden sie nämlich von anderen Madonnen, von wirklichen Frauen ganz zu schweigen. Die Farben hier sind alles andere als überpersönlich oder ungegenständlich. Das Kind ist nicht gerade einnehmend, aber seine Größe erinnert konventionellerweise an den toten Christus, der auf demselben Schoß ruhen wird. Der Jüngling, Bacchus und Täufer zugleich, dessen Weinkrug dann durch den neuen Wein vom Blut des Erlösers ersetzt wird, stellt eine Idee dar, die kaum weiter hergeholt ist als ein Großteil der zeitgenössischen religiösen Metaphern, und auch der Gegensatz zwischen der Anspielung auf die Zeit eines vornehmen Heidentums und alttestamentlicher Prophetie und dem zeitgenössischen Vordergrund ist nicht übertrieben ausgespielt. Aber hier hört

Raffael,
Verklärung Christi,
um 1517–1520
(Vatikanische
Sammlungen, Rom)

Rosso Fiorentino,
Moses verteidigt die
Töchter Jethros,
1523/24 (Uffizi, Florenz)

das mehr oder weniger Konventionelle auch schon auf und weicht dem
Zwang, um jeden Preis auf Kosten der Wirklichkeit des Aussehens oder der
Wahrheit des Gefühls erlesen zu sein. Die orthodoxe Sicherheit ist dahin.
Es gibt keine Möglichkeit mehr, die Distanz zwischen dem Baldachin der
Jungfrau, dem hutzeligen Propheten und der ungewöhnlich geformten
Säule zu messen. Die Nebenfiguren sind alle auf eine Seite gedrängt. Dem
Künstler geht es nicht mehr darum, den Gläubigen zu gewinnen, sondern
den Kunstkenner zu überraschen und zu entzücken.

Eine der Qualitäten, nach der Vasari im Werk eines Künstlers Ausschau
hielt, war in der Tat seine *maniera,* die Art und Weise, in der er sich selbst
ausdrückte. In diesen beiden Gemälden rangiert die Manier vor dem
Thema. Statt ihr Können zu verstecken, stellt die Kunst es zur Schau. Der
Manierismus gewährte den Schülern der *Schule von Athen* einen freien
Tag. Eine Reihe von Malern und Bildhauern, so versiert sie auch in der
Technik waren, die Natur nachzuahmen und ihre Eigenwilligkeiten auf

Parmigianino,
*Madonna mit dem
langen Hals,* 1534–1540
(Uffizi, Florenz)

einen geordneten Nenner zu reduzieren, entwickelten sich in ganz Italien
in den zwanziger und dreißiger Jahren des 16. Jahrhunderts sowie danach
in vielen europäischen Ländern zu Kunsthandwerkern: »Künstlich« im
Gegensatz zu »natürlich« stellte ein Lob dar. Sobald man sie beherrschte,
wurde die Wirklichkeit etwas, womit man spielen konnte.

Die in den frühen Beispielen mit dem Begriff des Manierismus verbundene
energische Sabotage des Akademischen wie in *Jethros Töchter* oder die
kühle Kostbarkeit wie in Parmigianinos sorgsamer Weiterführung der
raffaelesken Norm trat in den Hintergrund, als deren Einfluß schlicht die
Erlaubnis darstellte, alte Dinge auf neue Weise zu tun. Der italienische

Einfluß wirkte sich direkt auf die französische Schule von Fontainebleau aus sowie auf die zeitgenössische, anmutig selbstbewußte Bildhauerkunst von Jean Goujon. Das rührte daher, daß italienische Maler, die diesen Stil bevorzugten – Rosso und der Mantuaner Primaticcio (ein Meister der flinken Eleganz, die man aus diesem Stil gewinnen konnte) – sowie der Bildhauer Benvenuto Cellini eingeladen worden waren, in Frankreich zu arbeiten. Eher unabhängig davon brachen Künstler mit ihrer eigenen Tradition. Ob dieser Stil nun in den persönlichen Techniken des mild erotischen Franzosen Jean Bellange oder des Niederländers Pieter Aertsen, der Begebenheiten aus den Evangelien in den Hintergrund von Genreszenen des zeitgenössischen Alltagslebens versetzte, oder in der trancehaften Geistigkeit des aus Griechenland stammenden spanischen Malers El Greco zum Ausdruck kam – der Manierismus jedenfalls wurde ein dritter Weg: Um die Mitte des 16. Jahrhunderts konnten europäische Künstler dieser phantastischen Route folgen oder sich an die nüchterne Alternative des niederländischen Realismus oder an den raffaelesk idealisierten und geordneten Naturalismus halten, die beide weiterhin ihren Reiz als Muster und Vorbild behielten.

Erst Ende des Jahrhunderts tauchte ein weiteres Alternativmodell auf. Sein Urheber war Caravaggio. Wieder entwickelte sich eine persönliche Technik zu einem nachahmenswerten Stil, und zwar nur, weil sie rasch aufgegriffen und für die bereitwillige Übernahme durch andere modifiziert wurde. Das Genie allein freilich schuf noch keine Bewegungen. Die beiden bedeutendsten Maler der Jahrhundertmitte waren der Niederländer Pieter Bruegel und der Italiener Tizian. Nichts an Bruegels Technik war ausgesprochen individuell. Seine Vision von der unbarmherzigen Gleichgültigkeit der Natur gegenüber den Menschen, die in ihren unermeßlichen Weiten pflügten, ernteten und jagten, seine Sympathie für die Mühen der sozial Benachteiligten und ihre derben Zerstreuungen (sein erster Biograph hat geschildert, wie er und ein Freund ländliche Feste »in Bauerntracht verkleidet« besuchten[54]) wie sein politisch motivierter Zorn über Krieg und religiöse Intoleranz verschafften ihm den Status eines respektierten Phänomens. Kritische Bewunderer kauften seine Bilder, aber es entwickelte sich nicht so etwas wie ein bruegelesker Stil. Tizian hatte, ungeachtet seiner kühnen Phantasie, von seinem Temperament her keine Schwierigkeiten, die hauptsächlich reichen und mächtigen Auftraggeber seiner Porträts, religiösen Werke und mythologischen Szenen zufriedenzustellen. In seinem 1559 gemalten Bild *Aktaion überrascht Diana* waren weibliche Akte so lebendig wie noch nie zuvor in der europäischen Kunst: warm, atmend, greifbar und von Licht, Farbe und Pinselstrichen so geduldig erkundet, wie sie sich unversehens dem erschrockenen Aktaion zeigten. Mit aller realistischen Sorgfalt wurden Wasser, Bäume, Himmel, die Säule mit ihrer vorausdeutenden Trophäe eines Hirschschädels gemalt, doch die Luft ist erfüllt von Zauber. Die Geschichte war allgemein bekannt und immer wieder in der Malerei nacherzählt worden: Die jungfräuliche Göttin der Jagd wird beim Bade von einem menschlichen Jäger überrascht. Zur Strafe dafür, daß er ihre Nacktheit erblickt hat, verwandelt sie ihn in einen Hirsch und hetzt seine eigenen Hunde auf ihn, die ihn töten. Tizians Szene ist so farbenprächtig – von dem roten Gewand, das links zum Trocknen aufgehängt ist, bis zu dem purpurroten Samt, auf dem Diana ruht, und dem rosa und weiß gestreiften Kleid, das ihrer schwarzen Dienerin von der Schulter gleitet – und so unvergänglich in ihrem Gesamteindruck, daß Tizian die Tragödie schockierend unerwartet hereinbrechen läßt. Dies geschieht durch Dianas abrupte Geste, die auf dramatische Weise von früheren Darstellungen der mythischen Erzählung abweicht. In dem Augenblick, da Aktaion so unvermutet auftaucht und der Frau, die das Bein ihrer Herrin trocknet, keine Zeit bleibt zu erkennen, was hier geschieht, greift Diana rasch nach einem Tuch – aber nicht um schamhaft ihren Körper zu verhüllen, sondern das halbmondförmige Emblem ihrer Göttlichkeit auf ihrem Haupt. Sie läßt einen Mann sehen, was Männer so gern sehen, und verurteilt ihn dafür zum Tode.

Dieses Gemälde wurde ebenso wie die herrlichste aller Versionen vom *Raub der Europa* (1562) für Philipp II. gemalt und nach Spanien gesandt. Doch ungeachtet seines internationalen Ruhms und der Zahl seiner Gehilfen, die ihm dabei zur Hand gingen, Kopien und Varianten seiner Werke für Klienten anzufertigen, für die er sich nicht herbeiließ zu arbeiten, führte Tizian nicht den tizianesken Stil ein. Wie bei Bruegel lag das genausowenig daran, daß seine Technik nicht zu imitieren war. In der Tat machte er von der Möglichkeit reichlich Gebrauch, Ölfarben übereinanderzuschichten und zu manipulieren. Jemand, der ihm bei seinem Spätwerk zusah, hat berichtet, daß

er im Endstadium der letzten Retuschierarbeiten hie und da die hellsten Glanzlichter milderte, indem er mit den Fingern daran rieb, die Kontraste mit den mittleren Farbtönen reduzierte und eine Farbe mit der anderen in ein harmonisches Verhältnis brachte; ein andermal trug er mit dem Finger einen dunklen Strich in einer Ecke auf, um die Wirkung zu verstärken, oder einen Tupfer leuchtenden Rots, fast wie ein Blutstropfen, der irgendeine raffinierte Korrektur beleben würde; und in dieser Weise ging es weiter, bis er seine lebendi-

Tizian, *Aktaion überrascht Diana*, um 1559 (National Gallery, Edinburg)

gen Gestalten in einen Zustand der Vollkommenheit versetzt hatte. Und Palma [Giovane] selbst hat mir bestätigt, daß er in den letzten Stadien mehr mit den Fingern als mit seinen Pinseln gemalt hat.[55]

Wenn das nicht ohnehin eine Übertreibung eines begeisterten Verehrers war, so traf dies jedenfalls nicht auf die meisten seiner schönsten Werke zu. Tizian schlug mit seiner Malweise eine Richtung der Phantasie ein, die andere Maler – in Italien wie im Ausland – zwar bewunderten, aber der zu folgen sie sich nicht bemüßigt fühlten. Seine Werke wurden gewiß oft bearbeitet, zum Beispiel von Rubens, später von Rembrandt. Aber es gab keine tizianeske Bewegung, keine »Tizianisti«, so wie es dann »Caravaggisti« geben sollte.

Caravaggios Gemälde *Christus in Emmaus* veranschaulicht durch die Sparsamkeit der Mittel wie durch seine Kraft das Wesen des vierten Stils der künstlerischen Verwandlung. Die beiden Jünger, die auf dem Weg zum Dorf Emmaus Jesus nach seiner Auferstehung aus dem Grab begegneten und den vermeintlichen Fremden einluden, mit ihnen dort zu speisen, merkten erst, daß es Christus war, als er das Brot nahm, »dankte, brach's und gab's ihnen. Da wurden ihre Augen geöffnet, und sie erkannten ihn.« (Lukas 24, 30 f.) Während der Wirt Christi Worte hört, ohne ihre Bedeutung zu begreifen, beugt sich der Jünger links spontan vor, und der andere breitet die Arme aus. Mit dieser Geste unterstützt er nicht nur die Erzählung des Lukas, indem er die Aufmerksamkeit des Betrachters auf sich zieht, sondern damit mißt er auch die Bildtiefe, in der Caravaggio die Szene verdichtet hat. Auch der Kontrast zwischen der zart über dem Brot schwebenden linken Hand Christi und seiner ausgestreckten Rechten, die auf die sakramentale Bedeutung verweist, erfüllt sowohl einen rhetorischen wie technischen Zweck. Das kunstvoll einfallende Licht enthüllt eindringlich realistisch dargestellte Details: den Riß am Ellbogen des sich vorbeugenden Jüngers, die hochgereckten Beine des Hühnchens, den über das Tischtuch hinausragenden Korb mit Früchten, die anachronistische Herzmuschel des Pilgers auf dem Wams des rechten Jüngers. Dramatische Kontraste von Licht und Schatten; intensive, aber nie ausgefallene oder modische Farben; kein Zögern, Modelle von der Straße oder aus einer Taverne zu verwenden; ein unbeirrbarer Glaube an die Freisetzung einer geistigen Wahrheit durch realistische Mittel: all dies, verbunden mit einer herausragenden Beherrschung aller Kunstgriffe, auf die ein Künstler zurückgreifen könnte, machte Caravaggios Werk für andere Maler zum Gegenstand nacheifernder Faszination. In den zwanziger Jahren des 17. Jahrhunderts gab es Caravaggisti in vielen westeuropäischen Ländern. Manche, wie der Spanier Fray Juan Bautista Mayno, waren nicht viel mehr als gefällige Kopisten, andere, vor allem der Franzose Moise Le Valentin, entdeckten ihr eigenes Genie aufgrund ihrer Seelenverwandtschaft mit Caravaggios Malweise und ihren Wirkungen.

Die »vorbildlichen« Stile stellten eine Führung wie eine Befreiung dar. Sie eröffneten die Möglichkeit, die Beziehung zwischen der Tätigkeit, Kunstwerke zu verfertigen, und der Interpretation der Welt menschlicher Erfahrung und der Welt natürlicher Tatsachen neu zu bewerten. Auch wenn der Bedarf an ohne weiteres erkennbaren Porträts und Landschaften, an der Abbildung attraktiver weiblicher Körper und an Illustrationen der Funktionen von Maschinen zunahm, so bedeutete doch die Suche nach einer kreativen Form von Realismus nicht nur, daß man einen bestimmten Stil zu kopieren lernte. Künstler erwarben sich einen guten Namen, weil sie ihren Auftraggebern das anboten, was sie haben wollten, aber die Initiative lag bei ihnen. Sie bereiteten den Weg für den Nordländer Rubens (der sich von Raffael und Tizian nahm, was er wollte) sowie den Spanier Velázquez (der sich an Caravaggio und an flämische »Neorealisten« wie Aertsen hielt)

Caravaggio, *Christus in Emmaus*, um 1602 (National Gallery, London)

in den zwanziger und dreißiger Jahren des 17. Jahrhunderts und damit für
weitere Veränderungen im Erscheinungsbild der Kunst. Bis dahin hatten
sie dafür gesorgt, daß ihre Renaissancezeit für die Nachwelt mehr Wirklichkeit besaß als das nicht minder lebendige Zeitalter, das ihr vorausgegangen war. Und der Manierismus, dessen Transplantate aus Italien
überall so prächtig auf den Nährböden der ausschwingenden gotischen
Phantasie gediehen, zeigte sich auch weiterhin erkenntlich für die Methoden, die die Illusion so real erscheinen ließen, indem er sie pervertierte.
Im Hinblick auf die mathematischen Grundlagen von Proportion und
Perspektive schrieb Federico Zuccari im Jahre 1607, kurz vor dem Ende
seiner langen Karriere als Maler im manieristischen Stil: »Das Denken des
Künstlers muß ebenso frei wie klar sein, und sein Geist soll befreit sein und
sich nicht von einer mechanischen Abhängigkeit von derartigen Regeln
beschränken lassen.«[56]
Ein Jahrzehnt zuvor hatte der in Prag arbeitende Flame Bartholomaeus
Spranger auf die Erlesenheit und die kühle Erotik von Parmigianino zu-

rückgegriffen und ein Meisterwerk gemalt, das geschickt gegen die Regeln verstieß: den *Triumph der Weisheit*. Minerva, die Göttin der intelligent eingesetzten kriegerischen Kraft, steht in elegant provokativem *contrapposto* und hält eine zierliche Lanze, die zerbrochen wäre, hätte sie sie verwendet. Während ihr geflügelte Knaben die Siegerkrone und -palme reichen, setzt sie einen Fuß, in eine elegante Sandale gekleidet, der unwissenden Barbarei in den Nacken, einem gefesselten nackten Jüngling, der sich auf dem Boden rekelt. Im Vordergrund links verläßt Bellona, die Göttin der schrecklichen Seite des Krieges, die Szene. Ihr gegenüber schickt sich Klio, die Muse der Geschichte, gerade an, einen weiteren Feldzug in die Annalen einzutragen. Das Wissen, dargestellt durch das auf der linken Seite erhobene Astrolabium, und die Künste, die der auf der rechten Seite hochgehaltene Stechzirkel des Architekten symbolisiert, dürfen weiterhin ihren Beschäftigungen nachgehen. Das Werk ist ein Tribut an die erfolg-

Bartholomaeus Spranger,
Triumph der Weisheit,
1595 (Kunsthistorisches
Museum, Wien)

reichen Schlachten, die Sprangers Auftraggeber, der gebildete Kaiser Rudolf II., gegen die Türken geführt hat. Das Personal entstammt der Mythologie. Aber das ist auch schon das einzig Klassizistische an diesem Gemälde. Nichts könnte dem, was von der antiken Welt an sichtbaren Überresten
erhalten oder in einer schriftlichen Schilderung festgehalten war, so wenig
gleichen wie dieser dichtgedrängte, aber unbestimmte Raum, diese vage
aufeinander bezogenen bläßlich schönen Gesichter oder die Pose im kurzen Röckchen und mit gespreizten Beinen, die die Göttin der Weisheit
einnimmt, deren Brüste dem Betrachter viel fleischlicher dargeboten sind
als durch den klassischen Kunstgriff des verrutschten Chitons oder der
langen Robe, die von einer Schulter geglitten ist.

Der Einfluß des Humanismus auf das gewandelte Erscheinungsbild der
Welt, wie es durch die Künste wiedergegeben wurde, fand zwar weithin
Anklang, war aber keineswegs allumfassend. Der Realismus des Nordens,
von Jan van Eyck bis Hugo van der Goes und Aertsen, verdankte ihm nichts.
Masaccio erweiterte den erzählerischen Realismus eines Giotto gewiß
durch das figurale Gewicht und Volumen, das die Bildhauer von antiken
Skulpturen übernahmen, aber für die Wirklichkeit des Raums, in dem seine
Figuren standen oder sich bewegten, gab es kein antikes Vorbild, und auch
das Gefühl, das sein qualvoller Adam und seine leidende Eva zum Ausdruck
brachten, bedurfte keines Hinweises auf die römische Vergangenheit.
Raffael arbeitete in einem Rom, wo klassische Statuen ausgegraben und
eifrig gesammelt wurden, als die Stadt größer wurde. Er malte für die
Päpste Julius II. und Leo X., deren Höfe Zentren der humanistischen
Wissenschaften waren. Aber seine Porträts von beiden verdanken nichts
den realistischen römischen Büsten, die die Regale immer mehr füllten. Er
arbeitete nach lebendigen Modellen, betrachtete wirkliche Gesichter und
Haltungen, verfeinerte die von seinem Meister Perugino übernommenen
Wiesen und Ausblicke, in die er seine Madonnen stellte – ja, selbst wenn
er sich ein klassisches Sujet vornahm wie *Die Schule von Athen* oder
Galatea, vermaß er den Raum mit eigenem Auge und eigenem Geist, und
sein Instinkt für die richtige Form bewirkte die Harmonie seiner Kompositionen.

Da es keine klassischen Gemälde gab, die er hätte betrachten können, und
die schriftlichen Schilderungen von ihnen vieldeutig waren, wurde der
Maler offenbar nicht so direkt vom anschaulichen Beispiel der Antike
herausgefordert wie der Bildhauer und der Architekt. Und in allen Künsten
ging es bei der Idee der Wiedergeburt, mit der Vasari Raffael so unmittelbar
in Verbindung brachte, letztlich darum, der Antike ein neues Leben zu
vermitteln, aber nicht, sie zu reproduzieren. Die Wendung zum Manieris-

Masaccio, *Vertreibung aus dem Paradies*, Ausschnitt aus einem Fresko (Brancacci-Kapelle, Santa Maria del Carmine, Florenz)

mus, die Raffael in seiner mittleren Phase vollzog, verweist darauf, wie frei sich die Künstler fühlten, ihren eigenen ästhetischen Kanon zu kreieren. Tizians mythologische Gemälde folgten klassischen Geschichten, aber er malte sie mit der Technik, die er von seinem Meister Giovanni Bellini und seinem Altersgefährten Giorgione übernommen hatte und weiterführte. Es wird einem auch nicht gelingen, dem Werk von Caravaggio das Etikett des Humanismus anzuhängen. Das heißt nicht, daß die Maler darauf verzichteten, ein Wissen über die Antike zur Schau zu stellen. Sie mochten durchaus auf bekannte antike Statuen und Bauwerke anspielen und Varianten davon produzieren oder einen umfassenden *all'antica*-Effekt erzielen. Aber als sich die Malerei von gotischen Formen abwandte, sah sie sich nicht wie die Bildhauerei genötigt, sich auf der Suche nach neuen Formen an antike Statuen und Reliefs anzulehnen. Doch selbst Bildhauer wollten sich nicht mehr mit einem gotischen Stil begnügen, der saft- und kraftlos geworden war, und ihre Rivalität gegenüber Kollegen wie ihr Impuls, nach eigener Anschauung zu meißeln und zu modellieren, waren genauso wichtig wie die Vorbilder, die sie herausforderten, und anregender als der altertümelnde Geschmack ihrer humanistischen Auftraggeber. Von dem schmerzerfüllten Pathos von Donatellos hölzerner *Magdalena* (um 1455) und dem natürlichen Charme von Luca della Robbias zeitgenössischen Terrakotta-Madonnen bis zu der fast abstrakten Anatomie von Jacopo Sansovinos marmornem *Neptun* (um 1560) und der geradezu ballettartigen Körperhaltung von Adrien de Vries' Bronzegruppe *Herkules, Nessus und Deianeira* von 1603 (denn auch in der Bildhauerei gab es eine manieristische Strömung) schufen Bildhauer Werke, über die man im römischen Forum nur die Nase gerümpft hätte.

Wir haben bereits erwähnt, daß auf dem Höhepunkt der humanistischen Bewegung in Italien die Ruinen in diesem Forum eher ausgeschlachtet als geschützt oder restauriert wurden. Doch von allen Künsten war die Architektur am engsten verbunden mit der Wiederbelebung des Interesses an der klassischen Antike, mit der unverhohlensten Abkehr vom gotischen Stil und mit der prestigeträchtigsten Art, den Besitzer eines Palastes und Hauses oder Gartens mit dem antiken Lebensstil zu assoziieren. Die augenfälligste Veränderung im Erscheinungsbild vollzog sich in der Errichtung klassizistischer Bauwerke. Dieser Prozeß setzte natürlich bei den Architekten ein, die sich selbst für die unmittelbaren Nachfolger der Römer hielten. Um 1402 statteten Filippo Brunelleschi und sein Bildhauerkollege Donatello Rom ihren ersten Besuch ab. Es war eine Zeit, in der die Stadt auf Brunelleschis Phantasie geradezu einen unwiderstehlichen Reiz ausüben mußte. Er hatte gegen Lorenzo Ghiberti gerade einen Wettbewerb für die Bronzetüren des florentinischen Baptisteriums verloren, von dem man damals glaubte, es sei in der Antike erbaut worden, auch wenn es sich von allen Bauten unterschied, die aus dieser Zeit noch existierten. Eine Welle patriotischen Stolzes brandete auf, als Florenz – das als Republik gegründet worden war, ehe Rom von Kaisern regiert wurde – das Heer des angriffslustigen Herzogs von Mailand, Giangaleazzo Visconti, abgewehrt hatte, der in der florentinischen Propaganda zum Tyrann stilisiert wurde. Und nun, da die Päpste, die wegen der in Rom herrschenden Gesetzlosigkeit von 1307 bis 1377 in Avignon residiert hatten, wieder zurückgekehrt waren und die Stadt allmählich sicherer gemacht hatten – nun war es möglich, daß die Menschen nach Lust und Laune durch die Ruinen einer Kultur spazieren konnten, der ihre eigene so viel verdankte. Auch wenn Brunelleschi weiterhin immer wieder als Bildhauer arbeitete, wandte sich seine Einbildungskraft nach dem, was er dort sah, der Architektur zu.
Was er und andere Schöpfer von Bauwerken während ihrer Studienaufenthalte in Rom lernten, hatte mit der zeitgenössischen Baupraxis kaum etwas zu tun. Wozu die römischen Foren gedient hatten, entzog sich hoffnungslos einer klaren Bestimmung angesichts ihres Verfalls und der Schichten aus Erde und Unrat, die sie im Laufe der Jahrhunderte überlagert hatten. Der römische Säulentempel war die symbolische Antithese der christlichen Kirche – ihm fehlte auch der Raum für die Gemeinde, den die predigende

Leon Battista Alberti, San Francesco, Rimini, frühe fünfziger Jahre des
15. Jahrhunderts

Geistlichkeit benötigte. Als Papst Pius II. 1458 den Bau einer neuen Stadt
in Auftrag gab, und zwar auf dem Plateau über dem Dorf Corsignano, in
dem er geboren war, spiegelten die Paläste die klassizistischen Merkmale
wider, die gerade so beliebt waren, aber die Kathedrale war eindeutig
gotisch. Indem die Architekten für den Kirchenbau antike Vorbilder wählten, etwa seit Leon Battista Albertis Kirche San Francesco in Rimini aus den
frühen fünfziger Jahren des 15. Jahrhunderts, übertrugen sie ein Teilstück
des, in geistiger Hinsicht neutralen, römischen Triumphbogens auf die
Fassaden. Unter den anderen Ruinen, deren ursprüngliche Funktionen
man noch erkennen konnte, war beispielsweise die für das Trajansforum
typische Bauweise von Häusern, bei denen die Wohnräume über einem
Laden oder einer Werkstatt lagen, wegen ihrer logischen geschäftlichen
und privaten Doppelfunktion in italienischen Städten schon seit so langer
Zeit üblich, daß man sie nicht neu erfinden mußte. Denn so beeindruckend
das Kolosseum und die Arena in Verona auch sein mochten, waren sie doch

bedeutungslos für ein Zeitalter, das den staatlich geförderten öffentlichen Kult von Gladiatoren- und Tierkämpfen nicht kannte. Man verehrte zwar die alten Römer, aber moderne Italiener wollten allenfalls im Hinblick auf die ländliche Villa so leben wie sie. Und diese Villa, wie sie sich aus Lorenzo de' Medicis Poggio a Caiano aus den achtziger Jahren des 15. Jahrhunderts bis zu der von Andrea Palladio in den fünfziger Jahren des 16. Jahrhunderts entworfenen symmetrischen Villa Rotonda mit ihren vier Tempelportikus entwickelte, war eher das klassizistische toskanische oder lombardische Landhaus als die Rekonstruktion irgendeines echten antiken Musterbaus. Indem Brunelleschi und seine Nachfolger die Effekte, die sie an den römischen Bauwerken so bewunderten, vermaßen und analysierten, erfuhren sie zum Teil einiges über die alte Konstruktionstechnik. Als sie die große halbkugelförmige Kuppel des Pantheon betrachteten und zu den eleganten Flächen der Kassettendecke in den Thermen des Caracalla hinaufsahen, erwachte in ihnen keineswegs der Wunsch, Bauwerke nachzuahmen, für die es in ihrer Zeit keine Verwendung gab, sondern sie erarbeiteten vielmehr Methoden, wie man große Räume überdachen konnte, ohne auf die vorspringenden Pfeiler zurückgreifen zu müssen, die so charakteristisch für die gotische Bauweise waren. Brunelleschi löste das Problem, die riesige Öffnung über der Vierung des nach übertrieben ehrgeizigen Plänen erbauten Doms von Florenz zu bedecken, durch eine Kuppel, die durchaus nicht römisch aussah – aber er hätte sie kaum

Palladio, Villa Rotonda, Vicenza

konstruieren können, wenn er das Problem nicht wie römische Maurer
angegangen wäre und gelöst hätte.

Eine große Faszination ging auch von der Art und Weise aus, wie römische
Architekten Oberflächen vielfältig und reliefartig durch die Verwendung
vertikaler Elemente – Säulen, Halbsäulen und Pfeiler – gestaltet sowie
horizontale Strukturen variiert hatten, indem sie verschiedene Typen von
Mauerwerk anbrachten, die sie durch Simse und andere deutlich sich über
die Oberfläche erstreckende Absätze stufenförmig unterteilten. Als man
dieses visuelle Vokabular beherrschte, stellte sich heraus, daß es hinsichtlich der Absicht oder Wirkung alles andere als beliebig war, denn die
Beziehungen zwischen den einzelnen Details ergaben eine harmonische
und würdevolle Komposition. Man kam auch dahinter, daß die Römer ihr
augenfälligstes Baumerkmal, die verschiedenen »Säulenordnungen« von
Basis, Säule und Kapitell, auf logische Weise eingesetzt hatten, indem sie
beispielsweise an der Außenseite des Kolosseums im unteren Teil die
ausgesprochen tragenden Säulenordnungen, die tuskische und dorische,
und in den oberen Rängen die offeneren und zierlicher aussehenden
korinthischen Kapitellformen verwendeten.

Die Geschwindigkeit, mit der man sich dieses Vokabular aneignete und es
anwendete, war nicht nur auf die Vorliebe der humanistischen Bauherren
und auf das interpretatorische Genie von Brunelleschi zurückzuführen,
sondern auch darauf, daß in Italien noch Bauwerke im frühmittelalterlichen romanischen Stil standen, die in der Antike verwendete Elemente

Filippo Brunelleschi, Loggia degli Innocenti, Florenz

San Miniato al Monte,
Florenz

weiterführten. Außerdem fehlten hier die hochaufragenden gotischen Bauwerke im Flamboyant-Stil, die im 15. Jahrhundert überall sonst in Europa
errichtet wurden und eine Ästhetik hätten in Frage stellen können, die auf
einer Rückbesinnung auf das alte Rom beruhte.

Von gewissen Details abgesehen, verdankte Brunelleschis wegbereitende
und einflußreiche Loggia vor dem 1419 bis 1426 erbauten Ospedale degli
Innocenti ebensoviel seiner Kenntnis der rundbögigen romanischen Klöster wie dem, was er in Rom gesehen hatte. Alberti hatte weniger Schwierigkeiten, die Kirche San Francesco in Rimini zu erbauen, weil er die um
1100 entstandene Kirche San Miniato in Florenz so gut kannte. Dort
entwickelte er, auf Vitruv und auf seine eigene Erfahrung zurückgreifend,
die Ideen, die er 1452 in seinem Traktat *De re aedificatoria (Von der
Architektur)* formulierte. Der Einfluß von Vitruv war in der Tat von größter
Bedeutung. Sein Buch *De architectura (Über die Architektur)*, Ende des
1. Jahrhunderts v. Chr. entstanden, war das einzige erhaltene Werk der
Antike über dieses Thema und stellte daher eine überragende Autorität

dar. Es lag seit dem frühen 15. Jahrhundert in einer einigermaßen klaren
Textfassung vor. Wer sich für klassische Details begeisterte, erfuhr von
Vitruv, wie mit ihrer Hilfe Bauwerken verschiedenster Art Harmonie und
Funktionalität beigegeben wurden: religiösen und privaten ebenso wie
festlichen oder Verteidigungszwecken dienenden Bauten. Und indem er
die entsprechenden Grundprinzipien zur Verfügung stellte, trug er dazu
bei, eine antigotische Stimmung zu mobilisieren. »Proportion«, hatte Vitruv
geschrieben, »liegt vor, wenn den Gliedern am ganzen Bau und dem
Gesamtbau ein berechneter Teil (modulus) als gemeinsames Grundmaß
zu Grunde gelegt ist. Aus ihr ergibt sich das System der Symmetrien.«[57]
Alberti griff dies auf und erklärte, »daß die Schönheit eine bestimmte
gesetzmäßige Übereinstimmung aller Teile, was immer für einer Sache,
sei, die darin besteht, daß man weder etwas hinzufügen noch hinwegneh-
men oder verändern könnte, ohne sie weniger gefällig zu machen«.[58] Ein

Leon Battista Alberti,
Palazzo Rucellai,
Florenz

Jahrhundert später konnte Vasari befriedigt auf ein *fait accompli* zurückblicken. Unsere italienischen Bauwerke, schrieb er, haben »Regel, Ordnung, Maaß, Zeichnung und Manier«.[59]
Wieder einmal war es dem Wohlstand zu verdanken, der Generationen
nach dem Schwarzen Tod des Jahres 1348 wieder eingekehrt war, daß
italienische Kaufleute zu einer Zeit, da derartige Prinzipien übernommen
wurden, Paläste in Auftrag geben konnten, die davon profitierten. Und da
auch die Auseinandersetzungen zwischen widerstreitenden bürgerlichen
Interessen unterdrückt wurden, konnten Fenster nun größer, Eingangsbe-
reiche geräumiger sein, und beides bot den Baumeistern entsprechende
Gestaltungsmöglichkeiten. Dies führte dazu, daß neue Paläste – zuerst seit
den vierziger Jahren des 15. Jahrhunderts in Florenz, dann in Rom, Mailand
und, etwas später (um 1500), in Venedig – nicht mehr gotisch aussahen.
Fenster und Türen liefen oben nicht mehr spitz aus, sondern schlossen
flach oder halbkreisförmig ab. Statt nichtssagende, zweckdienliche Stra-
ßenfronten zu sein, nahmen Fassaden einen eher individuellen Charakter
an und ließen sich nach ästhetischen Maßstäben beurteilen. Daß so viele
ihrer Architekten zugleich auch Künstler waren – unter anderem Michelozzo (der den Medici-Palast Mitte des 15. Jahrhunderts plante), Raffael,
Michelangelo, Giulio Romano, Vasari und Bernardo Buontalenti –, gab es
eine unendliche Vielfalt von Möglichkeiten, eine Oberfläche zu gestalten
und das Erscheinungsbild von Gesimsen, Friesen und Fensterlaibungen zu
variieren. Bereits die antike römische Architektur war ja eklektisch gewesen, verglichen mit den schmucklosen griechischen Formen, aus denen sie
abgeleitet war. Als es in der weltlichen Architektur seit den zwanziger
Jahren des 16. Jahrhunderts eine eigene manieristische Phase mit bizarren
Fenster- und Türrahmen und bewußt unlogischen Konstruktionselemen-
ten gab, führte dies im Klassizismus der Renaissance zu einem verstärkten
Eklektizismus, wobei es nichtitalienischen Gestaltern überlassen blieb,
sich an die Regeln der Proportion zu halten oder gegen sie zu verstoßen,
wenn es ihren heimischen Traditionen und dem Geschmack ihrer Auftraggeber entsprach.
In Italien gab es einen kontinuierlichen Kontakt zu den Werken der Antike,
eine gemeinsame methodische Auseinandersetzung mit ihren Merkmalen
und ein ständiges Experimentieren mit ihnen. Die Mittler waren die jeweiligen Architekten einer Stadt, die sich auf dem laufenden darüber hielten,
was in einer anderen gebaut wurde. Die verschiedenen italienischen
Formen des Klassizismus erreichten das übrige Europa in Form von modischen Hinweisen, allerdings weniger darauf, wie man *all'antica* zu bau-
en, sondern wie man auf etwas anzuspielen habe, was sich in italienischen

Händen bereits zu einer Vielfalt von Anspielungen auf die klassische Vergangenheit verwandelt hatte. Ungeachtet einer seit 1537 erscheinenden Fülle von illustrierten Handbüchern über den echten Klassizismus, wie Sebastiano Serlios *Libri VII d'architettura (Sieben Bücher über die Architektur)*, fand in die regionalen Stile eher eine italienisierte als eine klassische Architektur Eingang. Aufgrund der Kosten, des Klimas und der unterschiedlichen Formen des Lebens im Innern, die das äußere Erscheinungsbild eines Bauwerks bestimmten, war die Architektur außerhalb von Italien die konservativste aller Künste, da man sich damit begnügte, sich hier mit einer Brosche von klassischen Rundfenstern oder da mit einem Halsband aus klassischen Statuen in Nischen effektvoll zu schmücken, statt das nationale Kostüm völlig zu verändern. Nur wenige nichtitalienische Architekten waren bereit, ein derartiges Beispiel einer italienischen Praxis in ihren Ländern aufzugreifen, wie es Serlio mit seinem burgundischen Château d'Ancy-le-Franc tat, das der Italiener um 1546 während eines Frankreichaufenthalts errichtet hatte.

Nationalstile waren aber nicht nur gegen Einflüsse von außen resistent, sondern sind im 16. Jahrhundert von inländischen Architekten von starker Persönlichkeit sogar aktiv entwickelt worden: Pierre Lescot und Philibert de l'Orme in Frankreich, Juan de Herrera in Spanien, Robert Smythson in England. Das hohe, giebelverzierte Handelshaus von Nord- und Mitteleuropa verdankte dem römisch-italienischen Flachdachmodell nichts, außer einigen gelegentlichen klassischen Oberflächenmotiven. Es bedurfte schon eigens eingeführter italienischer Arbeiter, damit der Baustil der zwischen 1536 und 1543 errichteten italienisierten Residenz des Herzogs von Landshut in Bayern nicht wieder die von den heimischen Maurern traditionellerweise bevorzugten Formen annahm. Und für Architekten und Steinmetzmeister, die bereit waren, auf Einflüsse außerhalb der Entwicklung ihres nationalen architektonischen Vokabulars zu reagieren, gab es im übrigen Handbücher über französische und flämische Formen, die mit den italienischen konkurrierten – Smythson beispielsweise griff auf beide zurück.

Bemerkenswerterweise war die mit Bastionen versehene Festungsanlage diejenige italienische Bauform, die in ganz Europa sowie in den von Europäern besiedelten Überseegebieten am ehesten und ohne größere Veränderungen übernommen wurde. Aber solche Befestigungsanlagen waren in allen Ländern den gleichen Belastungen durch Kanonenbeschuß ausgesetzt, örtliche Lebensgewohnheiten spielten dabei keine Rolle, und die Baumethoden waren einfach und überall identisch, wo alte Mauern verändert oder neue *alla moderna* errichtet wurden. Die neuen Festungs-

Sebastiano Serlio, Château d'Ancy-le-Franc, Burgund

anlagen, die das Erscheinungsbild von Stadtmauern verwandelten und aus
hohen, strategisch gelegenen Burgen gedrungene, oft sternförmige Festungen machten, griffen auf geometrische Prinzipien zurück, um für maximale
Feuerkraft bei den auf den Bastionen montierten Kanonen zu sorgen – sei
es, um eine vordringende feindliche Streitmacht aus der Distanz zu treffen
oder eine Nachbarbastion vor den vorgerückten Sturmtrupps oder Mineu-
ren zu schützen. Der Plan oder Umriß, der über die Relation von einer
Bastion zur nächsten und von jedem Abschnitt des Verteidigungssystems
zum Gesamtumfang entschied, war das Ergebnis eines abstrakt errechne-
ten Verhältnisses – das natürlich der Lage des Geländes angepaßt wurde.
Bei diesem Verfahren griff der Kriegstechniker auf den mathematischen
Schnitt zurück, der es den Architekten ermöglicht hatte, in den Bauwerken
von Rom die Bauelemente zu ermitteln, von denen Vitruv gesprochen hatte.
Selbst Brunelleschi entwarf eine Bastion bei Pisa. Sein geistiger Nachfolger,
Giuliano da Sangallo, errichtete Befestigungsanlagen wie Kirchen – desgleichen Michelangelo, dessen Vorhalle zur Biblioteca Medicea Laurenzi-
ana in Florenz ein Meilenstein in der manieristischen Architektur war und
der die Arbeiten an Sankt Peter weiterführte; ebenso der Architekt von
Kirchen und Palästen Michele Sanmicheli sowie Buontalenti. Diese Na-

Filippo Brunelleschi, San Lorenzo, Florenz

mensliste, die vom frühen 15. bis zum späten 16. Jahrhundert reicht, ließe
sich durchaus noch verlängern. Auch so verweist sie schon auf die Verbindung zwischen der unumgänglichen mathematischen Grundlage für Fe-
stungspläne und der Bauweise bei privaten und kirchlichen Bauwerken.
Andernfalls hätte es nicht zu dem faszinierendsten Angriff Italiens auf die
europäische Architekturtradition kommen können: der Vertreibung der
Gotik aus ihren eigenen Tempeln.
Gotische Kirchen waren als Schauplatz für das Gebet und die Liturgie in
Italien seit dem frühen 13. Jahrhundert heimisch geworden, und auch
wenn die Prinzipien, die um 1421 von Brunelleschi in seinem Entwurf von
San Lorenzo in Florenz eingeführt worden waren, in einem gewissen Maße
auf die Merkmale der Romanik zurückgingen, so waren sie doch ebenso
kühn wie neu. Innenräume sollten sich nicht mehr an Pfeilern nach oben
schwingen und in hochaufragenden steilen Dachbögen auflösen. Fortan
würden sie sich durch Reihen von Säulen und Pfeilern artikulieren, die
nach ununterbrochenen Friesbändern ausgerichtet waren sowie – durch
die Verwendung eines einzigen Bauelements oder -maßes, das durch ein

Filippo Brunelleschi, Kapelle der Pazzi, Santa Croce, Florenz

Verhältnissystem die Beziehungen zwischen den Säulen im Hauptschiff und den Seitenkapellen festlegte – nach der Breite und Höhe, die beide einnahmen. Ein derart festgelegter Raum führte eher zu einer ruhigen Berechnung seiner Wirkung als zu einer subjektiven Einfühlung in ihn. Und dieses Gefühl eines impliziten Theorems wurde durch eine flache, kassettierte Decke über dem Hauptschiff noch verstärkt. Darüber hinaus sollten dekorative Merkmale nur zurückhaltend verwendet werden. Kapitelle sollten einheitlich gestaltet sein, statt durch die erzählverliebte Phantasie der Steinmetzen augenfällig individualisiert zu werden. Bildhaueri-

Palladio, Redentore,
Venedig

sche Arbeiten sollten sich nicht mehr in Vorhallen drängen, aus Streben
und Bögen herausprießen oder von Dachkanten herabgestikulieren. Der
neue Schönheitskanon hatte Klarheit und Verständlichkeit zum Ziel. Als
Brunelleschi in einem viel bescheideneren Maßstab zehn Jahre später an
seinem Entwurf für die Kapelle der Pazzi am ersten Kreuzgang von Santa
Croce, einer weiteren florentinischen Kirche, arbeitete, konnte er den
Kanon mit einer so großen Genauigkeit demonstrieren, daß sie einem
Manifest gleichkam. Hier, in einem gestreckten Kubus unter einer runden
Kuppel, wurde die Struktur zum Dekor an sich, das nur noch blaugrundige
Terrakottanischen benötigte, als Echo des Himmels, der durch die Seiten-
fenster der Kuppel zu sehen war.
Auch wenn es kein Zeugnis dafür gibt, daß die Pazzi-Kapelle für Architek-
ten das wurde, was die Brancacci-Kapelle für Maler war, so finden Brunel-
leschis gelassen berechnete Strenge und die Art, wie sie auf den zentralen
begrifflichen Unterschied zwischen den Erscheinungsbildern klassischer

und gotischer Bauwerke verwies (so wenig seine Bauten denen des alten Roms glichen), einen Nachhall im Werk von Florentinern, die damit aufwuchsen, wie Giuliano da Sangallo und Michelangelo. Es erreichte schließlich auch – über das Werk von Mauro Coducci im späten 15. Jahrhundert – die letzte italienische Stadt, die an gotischen Formen festhielt: Venedig. Bei der größten Renaissance-Kirche dieser Stadt, der (1576 begonnenen) Redentore, griff Palladio auf seine eigenen Untersuchungen der Konstruktion der eindrucksvollen und damals noch weitgehend überdachten Bäder des »römischen« Roms zurück. Aber der freie und lichterfüllte Raum, den er unten aus Reihen von Säulen und oben aus runden Leerräumen und festen Körpern schuf, stellt auch in seiner reicheren Würde ein Echo auf die Intention der frühen florentinischen Antigotik dar: die Mathematik in den Gottesdienst einzubeziehen. Und während sich Brunelleschi auf seine Innenräume konzentrierte (San Lorenzo hat noch immer keine vollendete Fassade) und jeden direkten Verweis auf echte römische Denkmäler vermied, rückten andere Architekten – wie etwa Alberti in Rimini oder in seiner 1470 errichteten Kirche Sant'Andrea in Mantua – derartige klassische Verweise buchstäblich nach vorn. Hoch über dem Giebel der sorgfältig gearbeiteten, aber ein wenig bombastischen Tempelarkade von Redentore posierend, gibt die Statue von Christus mit dem Kreuz in der Hand eine klägliche, ja ausgesprochen unpassende Figur ab. Diese beiden Entlehnungen von Rom, das klar rationale Innere und die offen klassische Fassade, ermöglichten es, je für sich oder kombiniert, der italienisierenden Kirchenarchitektur, die Sakralbauweisen jenseits der Alpen zu modifizieren und zuweilen auch neuzugestalten.

Geld und Kultur

Voller Bewunderung für das geschnitzte Kirchengestühl in der Abtei Sankt Michael zu Antwerpen schrieb Dürer im Jahre 1520: »Und zu Antorff sparen sie kein Kostung zu solchen Dingen, dann do ist Gelds genug.«[60] Fast ein Jahrhundert später, im Jahre 1617, stellte Jan Bruegel der Ältere in seiner Allegorie *Das Gesicht* ein überquellendes Magazin aller Dinge zur Schau, die man kaufen konnte und die das Auge ansprachen – von den Pfauen und dem Brunnen im Garten bis zu den Blumen in einer Vase im Zimmer; von Wandteppich, Läufer, Vitrine, Geschirr, Medaillen, antiken Büsten, Kandelaber bis zu einem Astrolabium und einem Teleskop, die ebenso bestaunt werden sollen wie dem Gebrauch dienen; von Porträts und anderen Gemälden (darunter auch eines der anrührendsten Werke Tizians, die sogenannte *Allegorie des Alfonso d'Avalos*) bis zu Ketten und anderen Goldschmiedearbeiten. Diese Ansammlung von Objekten unterscheidet sich dem Geiste nach nicht sehr von den Gemälden eines Joachim Beuckelaer aus den sechziger Jahren des 16. Jahrhunderts, mit ihren glitschigen Schalen voll feuchter Fische, geschlossenen Fallen voller Wild, mit Fleischstücken überladenen Küchentischen und hoch aufgetürmten Gemüseständen, und dies alles dem Betrachter mit einer derart fleischlichen Prallheit entgegengeworfen, als ob es gälte, nur ja den Appetit zu befriedigen, statt irgendein nagendes Schuldgefühl zu wecken. Als ein Reisender 1590 erneut nach Italien kam, notierte er: »Ich bin in Rom und kann es kaum glauben, so sehr macht mir alles den Eindruck der Neuheit: Gebäude, Gassen, Plätze, Brunnen, Wasserleitungen, Obelisken und so viele andere Wunder, alles das Werk Sixtus V.«[61] Als Hardwick Hall in Derbyshire 1597 fertiggestellt wurde, war es großzügig mit Fenstern ausgestattet, die mehr Glas enthielten als je ein weltliches Gebäude zuvor. Als Philipp II. 1598 starb, hatte er außer den rund fünfhundert geerbten Gemälden noch über tausend weitere zusammengetragen. Im Jahre 1600 enthielt die Bibliothek des französischen Historikers Jacques-Auguste de

Jan Bruegel d. Ä., *Das Gesicht*, aus: *Die fünf Sinne*, 1617 (Museo del Prado, Madrid)

Joachim Beuckelaer, *Fischmarkt*, sechziger Jahre des 16. Jahrhunderts
(Koninklijk Museum voor Schone Kunsten, Antwerpen)

Thou um die sechstausend Bücher. Diese zufällig herangezogenen Beispiele belegen, daß Menschen mit Kaufkraft in diesem Zeitalter nach immer mehr begehrten.

Unsere Beispiele umfassen eine Zeit, in der es mehr Geld in mehr Händen gab, das für Dinge ausgegeben werden sollte, die zum Vergnügen einer ziemlich verwöhnten Käuferschicht erdacht und gestaltet worden waren, für Dinge, die über die Grundbedürfnisse hinausgingen: Annehmlichkeiten, Luxusgüter und betörender Tand, die das Wohlbefinden des Käufers steigerten – physisch, gesellschaftlich, intellektuell. Nichts änderte sich so sehr wie die auf Geld basierende Beziehung zwischen der Gesellschaft und ihrer Kultur. Durch Geld aus den Pachteinkünften von Klöstern und aus Stiftungen waren die Schreibstuben unterstützt worden, die die illustrierten Handschriften verfertigten. Kathedralen waren auf der Grundlage von Lohnzahlungen errichtet worden. Altarbilder und Reliquiarien, Broschen, Tapisserien und Zaumzeug: für alles, was Zeit und Materialien erforderte, mußte man bezahlen. Die Rolle des persönlichen oder institutionellen Auftraggebers, der die Schirmherrschaft über ein umfassendes oder langfristiges Projekt oder die Förderung einer geschätzten begabten Person übernahm, weitete sich aus, aber im Prinzip blieb sie, was sie im Europa des Mittelalters gewesen war. Die größte Veränderung, die die Renaissance herbeiführte, war die zunehmende Zahl einfacher Kunden: Menschen, die ihre kulturellen Bedürfnisse in Läden oder Werkstätten stillten und bezahlten, wenn sie wieder gingen. Trotz aller Phasen wirtschaftlichen Aufschwungs und aller Bankrotte, ja selbst trotz langer, harter Kriege wurde und blieb der europäische Markt für Kulturgüter größer als in früheren Jahrhunderten. Das Kaufen nicht lebenswichtiger Dinge, die auf der übli-

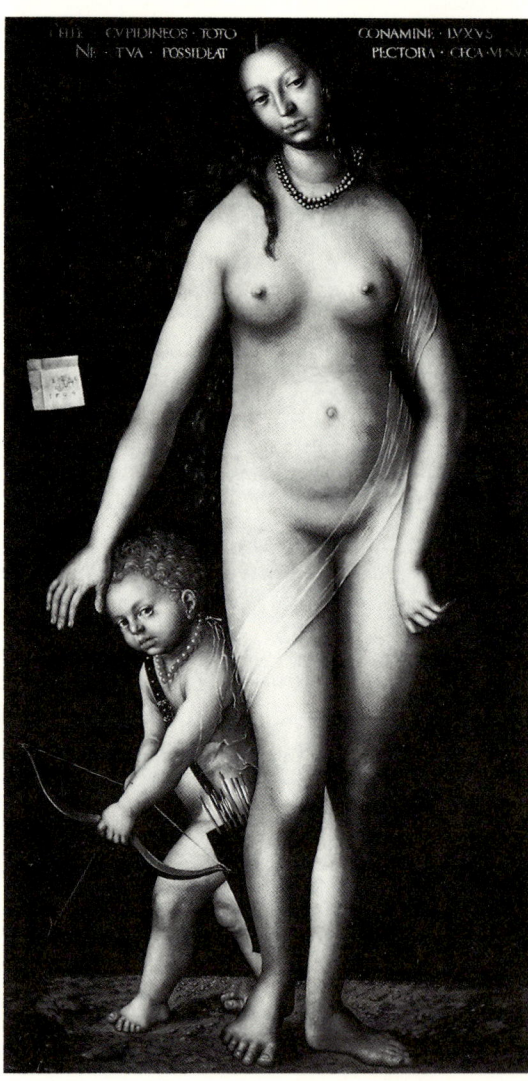

Lucas Cranach d. Ä.,
Venus und Amor,
1509 (Eremitage,
Sankt Petersburg)

Lucas van Leyden,
Selbstbildnis (Herzog Anton
Ulrich Museum, Braunschweig)

chen Einkaufsliste eines Haushalts neu waren oder diejenigen ersetzten, die aufgrund von technischen oder stilistischen Veränderungen veraltet schienen, wurde mit Blick auf Komfort, Status und gebildete Erwerbslust eher zur Gewohnheit. Mehr Geld, mehr Waren – eine Gleichung, die auf der Hand liegt. Aber sie ist kaum von kultureller Bedeutung, außer in Verbindung mit der Art und Qualität der Produkte, zu deren Herstellung sich die Produzenten veranlaßt sahen und an die sich die Kunden gewöhnten.

Die Popularisierung klassischer Mythen zur Zeit der Renaissance erweiterte den Markt für Gemälde, Statuen und Schrankfriese von Minerva, Mars und Venus, mit den Arbeiten des Herkules, von Cupidi und Amazonen, von Bacchus und Pan. Und als derartige Bildmotive in weltlichen öffentlichen Festen Einzug hielten, bekam der Humanismus ein Flair, das von ungebildeten Betrachtern fast unbewußt aufgesogen werden konnte – oder das Leser in gedruckten Beschreibungen, die die verborgenen Anspielungen erläuterten, nachlesen konnten. Als die mythologische Bilderwelt auf Decken gemalt, in Kamine eingemeißelt, an Aussichtspunkten in Gärten plaziert und in Maskenzügen und Balletts zur Schau gestellt wurde, drang humanistische Gelehrsamkeit immer weiter in die schönen und dekorativen Künste ein, je mehr dies zusammenfiel mit der allgemeinen Anwendung geschickt erzeugter Illusionen der Wirklichkeit durch die Künstler. Während eine Darstellung von Venus im stilisierten Gewand von *Luxuria* oder Lüsternheit einen statischen Markt für moralische Abstraktionen aufrechterhalten hätte, wurde der Impuls, etwas aufreizend Attraktives zu kaufen, stärker, wenn man eine Venus *toute entière* bekam, wie Racine es formulierte, der eine wahre Flut verführerischer Bilder erbte.

Sobald Lucas Cranach der Ältere 1509 mit seinem Bild *Venus und Amor* die erste frontal dargestellte nackte Göttin in der deutschen Kunst geschaffen hatte, bekamen er und sein Atelier alle Hände voll zu tun, Varianten dieses schelmisch provokanten Sujets zu verfertigen. Während Veränderungen im Erscheinungsbild von Kunstwerken die Nachfrage nach religiösen Gemälden nicht berührten, an deren Verwendung man gewöhnt war und deren Sujets man gleich aus ihrem Kontext ablesen konnte, auch wenn sie noch so wenig lebensecht waren, führten die realistischen Effekte dazu, daß schlüpfrige Bilder immer beliebter – und von der Kirche verdammt wurden. Der Realismus schuf eine neue Nachfrage nach der künstlerischen Erfassung realer Ereignisse: einer wirklichen statt einer symbolischen Schlacht, einer politisch bedeutsamen Festlichkeit, wie es die Freundschaftsfeier von Heinrich VIII. und Franz I. auf dem sogenannten Goldtuchfeld war. Das vermittelte der Verzierung von Hausfassaden einen neuen Impuls – von den Soldaten und gutgekleideten Männern und Frauen am »Goldenen Dachl« von Maximilian I. in Innsbruck und Giorgiones Figurenfresken am Fondaco dei Tedeschi in Venedig bis zu den neuen Straßen, die gebaut wurden, um eine Neuansiedlung in Livorno zu fördern: »Ihre Häuser«, schrieb Peter Mundy 1617, »sind außen mit Geschichten, Landschaften etc. bemalt, in verschiedenen Farben, wodurch sich ein ganz reizender Anblick bietet.«[62] Damit wurde auch der Markt für Drucke größer, von ausgesprochenen Stücken für Kenner wie den Stichen, für die Lucas van Leyden jeweils einen goldenen Gulden haben wollte, bis zu dem »üblen« Propagandabildnis von Königin Elisabeth, das, wie ein englischer Agent berichtete, in Paris verteilt werde – »sie auf einem Pferd ... mit der rechten Hand ihre Kleider hochziehend, so daß man ihr Hinterteil sieht«.[63] Für die umfassendste Steigerung der Nachfrage allerdings sorgte eine realistische Ästhetik bei einer bestimmten Kunstform: dem Porträt. Nun konnte man ganze Gruppen genauso akkurat und unvergeßlich ins Bild bannen wie einzelne Personen: die Freunde eines Auftraggebers als Zeugen der Anbetung, die Mitglieder eines venezianischen Magistrats oder die Offiziere einer niederländischen Bürgerwehr. Im Laufe des 15. Jahrhun-

Leonardo da
Vinci, *Porträt der
Cecilia Gallerani*
(Dame mit dem
Hermelin), um
1490 (Museum
Czartoryski,
Krakau)

derts war die Entwicklung des Porträts einer Reihe von unterschiedlichen
Einflüssen unterworfen: der römischen Münze und Büste, der Technik,
Wachsmasken von lebenden Modellen abzunehmen, der Experimentierfreude von Künstlern, die von sich Selbstporträts anfertigten, wobei der
Blick in den Spiegel notwendigerweise dazu führte, daß sie sich von den
früheren, statischen Modellen der Frontalansicht oder des reinen Profils
verabschiedeten.

Die Porträtmalerei hielt auch einer sorgfältigen Prüfung stand. Im Jahre
1498 schrieb Isabella d'Este an Cecilia Gallerani, eine Mailänder Adelige,
die inzwischen verheiratet, aber zuvor eine Geliebte des Herzogs Lodovico
Sforza von Mailand gewesen war: »Heute haben wir uns zufällig einige
schöne Porträts von Giovanni Bellini angesehen, und daraufhin sprachen
wir über die Werke von Leonardo … Da uns bei dieser Gelegenheit einfiel,
daß Leonardo Euer Porträt gemalt hat« – die *Dame mit dem Hermelin,* heute
in Krakau –, »möchten wir Euch fragen, ob Ihr wohl so gut sein könntet,

uns Euer Porträt durch diesen Boten zu schicken, so daß wir nicht nur die
Werke der beiden Künstler miteinander vergleichen können, sondern auch
das Vergnügen haben werden, Euer Gesicht wiederzusehen.«[64] Bezeichnenderweise ging Cecilia nur zögernd auf diese Bitte ein: In den paar
dazwischenliegenden Jahren hatte sich ihr Aussehen nämlich leicht verändert gegenüber dem Bild, das Leonardo von ihr gemalt hatte.

Im 15. Jahrhundert gab es nur wenige venezianische Porträts, aber im
16. Jahrhundert konnte Vasari im Hinblick auf Giovanni Bellini feststellen:
»Vornehmlich beschäftigte er sich Bildnisse nach dem Leben zu malen, und
führte dadurch in jener Stadt den Brauch ein, daß wer irgend einen Rang
einnahm, sich von ihm oder einem Andern malen ließ. Daher sind in allen
venezianischen Häusern eine Menge Bildnisse.«[65] Noch aufschlußreicher
ist eine Bemerkung von Pietro Aretino, es sei »eine Schande für unser
Jahrhundert, daß es sogar die gemalten Porträts von Schneidern und
Metzgern duldet«.[66] Und um 1530 überredete doch tatsächlich ein Goldschmied Lorenzo Lotto, in einem einzigen Werk nicht nur sein zugewand-
tes Gesicht, sondern auch sein linkes und rechtes Profil zu malen. Ob
Fürsten oder Fürstinnen das Porträt ihres künftigen Ehepartners zu sich
kommen ließen oder ob man Miniaturen austauschte, die sich seit den
zwanziger Jahren des 16. Jahrhunderts zu Medaillen als Geschenke und
Erinnerungsgaben gesellten – der Wunsch nach Lebensähnlichkeit wurde
jedenfalls immer lauter. Die Porträtierten oder ihre Freunde wollten darüber hinaus Konterfeis haben, die nicht nur ihre Gesichtszüge zeigten,
sondern auch ihr Temperament widerspiegelten. Man interessierte sich
noch mehr für einen flüchtigen Ausdruck (Mona Lisa konnte schließlich
nicht den ganzen Tag lächeln), für die Spontaneität, die eine Zeichnung
vermitteln konnte, oder – vor allem in Frankreich – für den Anflug eines
Gedankens oder einer Stimmung auf einem Gesicht, der sich mit Kreide
oder Bleistift bannen ließ. Und das immer beliebter werdende Familien-
gruppenbild erweiterte den Spielraum der Porträts von Männern und
Frauen im 15. Jahrhundert, die üblicherweise auf getrennten Gemälden
abgebildet worden waren. Diese Gruppenbilder sollten nun eher eine
Beziehung verherrlichen als an einen Heiratskontrakt erinnern.

Neben der Verfügbarkeit von Kunstwerken, die wegen ihrer realistischen
Darstellungsweise Freude bereiteten, entwickelte sich zugleich ein Sinn
für häuslichen Komfort und Häuser, die mehr Zimmer enthielten. Leon
Battista Albertis Werk *Zehn Bücher über die Baukunst* aus dem Jahre 1452
hat diese veränderte Einstellung festgehalten. »Mann und Gattin«, schrieb
er, »brauchen jeder ein getrenntes Schlafzimmer, und zwar nicht nur
deshalb, damit die Frau beim Gebären oder sonstigen Übelbefinden dem

Paris Bordone, *Familiengruppe*, um 1547 (Chatsworth, Trustees of the
Chatsworth Settlement)

Manne nicht lästig sei, sondern man wird auch im Sommer nach Belieben
ungestörter schlafen können. Jedes Gemach wird seine Türe haben und
außerdem wird auch noch ein gemeinsames Hintertürchen vorhanden
sein, durch das sie sich gegenseitig ohne Zeugen aufsuchen können. An
das Zimmer der Frau wird man den Ankleideraum, an das des Mannes die
Bücherei anschließen.«[67] Der Wunsch nach Zurückgezogenheit führte
zunehmend zu einer Trennung zwischen Wohnräumen und Räumen, die
der geselligen Unterhaltung dienten, sowie zu so komfortablen Einrichtungen wie separaten Sommer- und Winterschlafzimmern und langen Galerien für die häusliche Körperertüchtigung. Während diese Ausweitung der
Zahl der Zimmer in Italien bereits um 1500 üblich war, kam es dazu in
England und Frankreich seit der Mitte des 16. Jahrhunderts, und zwar
sowohl beim Bau neuer Häuser wie beim Umbau älterer. Und der Wohlstand, der diese Vorliebe für häusliche Zurückgezogenheit förderte, gestattete es auch, daß man diese Räume entsprechend einrichten konnte.
Auf einmal gab es eine ungeheure Nachfrage nach Schreibtischen, Ti-

schen, Anrichten, Sets von Hängeregalen und -schränken, die alle zu dem
betreffenden Haus paßten und die Zurschaustellung der neuen Besitztümer ermöglichten. Die hochaufragende große Halle des Mittelalters
vermittelte nun, wie Leonardo es formulierte, »ein Gefühl der Melancholie«, und dafür konnte man nun innerhalb desselben Raums ein Mezzanin
oder Zwischengeschoß einziehen.[68] Größere Kamine und Fenster, in denen
klares Glas das halbdurchsichtige Ölpapier ablöste, sorgten für hellere
Räume, in denen Gemälde und Wandteppiche erst so richtig zur Geltung
kamen.

Manche Familien, selbst reiche und adelige, lebten auch weiterhin sparta-
nisch; insgesamt jedoch war der soziale Druck, überschüssiges Geld zur
Einrichtung und Verschönerung des Heims zu verwenden, in diesem
Zeitalter des »Mehr« geradezu ansteckend. Im Extremfall führte dies zu
überflüssigem Zierat im wahrsten Sinne des Wortes: Ein besonders
schöner Tisch verlangte einen schützenden Teppich darauf, der wiederum
mit einem schützenden Tuch bedeckt werden mußte. Neben der Ausführung von wichtigen einzelnen Auftragswerken stellten die Ateliers und
Werkstätten von Malern, Bildhauern, Goldschmieden und Tischlern
spekulative Produkte her, für die sie sich mit einiger Sicherheit potentielle
Käufer erhoffen konnten. Aus Inventarlisten, die seit der Mitte des 16.
Jahrhunderts zu Schätzungszwecken angelegt wurden, geht hervor, daß
die Häuser im Vergleich zu den spärlich eingerichteten Zimmern früherer
Zeiten geradezu vollgestopft waren. Ganz typisch für den um sich greifenden Eklektizismus war es, daß in einer Antwerpener Bestandsliste von 1552
»Ein Bild in Öl, das Unseren Lieben Herrn zeigt, wie er das Kreuz trägt«
neben einem »Alabasterrelief von Venus und Cupido« aufgeführt war.
Italienische Inventare zeigen, daß die Bitte, die die florentinische Bild-
hauerzunft in ihrem Karnevalslied artikuliert hatte, nicht auf taube Ohren
gestoßen war: »Wer möchte eine elegante kleine Statue zum eigenen
Ergötzen? Ihr könnt sie über Euerm Haupt aufstellen oder auf einem
kleinen Sockel. Mit unseren Figuren sieht jedes Zimmer gut aus.«[69]

Im 15. Jahrhundert waren es hauptsächlich die politisch wichtigen Kaufleute – deren palastähnliche Häuser unmittelbar neben den Silberschmieden, Tischlern und Malern standen, mit deren Produkten sie handelten und
die sie auch kauften –, die die Fürsten und deren Botschafter beeinflußten,
welche sie empfingen. Danach waren es die fürstlichen Kaufgewohnhei-
ten, die ein Gütesiegel darstellten in den Augen derer, die immer zahlreicher die Höfe bevölkerten und den Geschmack der Herrscher imitierten.
Folglich wetteiferten elisabethanische Adelige miteinander, der Königin
bei ihren Besuchen die italienisierte Architektur, die Gärten im französi-

schen Stil, die flämischen Tapisserien und Porträts zu bieten, mit denen sie
in Hampton Court vertraut war. Sei es durch Heiraten zwischen Kaufleuten
und aristokratischen Familien, die ihre Liquidität sichern wollten, sei es
durch den sozialen Aufstieg von Angehörigen der in juristischen Angelegenheiten beschlagenen oder finanziell betuchten Schicht von Städtern –
auf diese und andere Weise jedenfalls wurden in den Städten lebende
Männer und Frauen von einem luxuriösen Lebensstil beeinflußt. Ein Londoner Ratsherr mochte zwar zu stolz sein, seine Tochter mit jemandem
außerhalb seiner Kreise zu verheiraten, aber er wollte sich doch die
Peinlichkeit ersparen, kein Tafelgeschirr aus vergoldetem Silber, keine
Wandbehänge aus geprägtem Leder oder keine Tapisserien und Porträts
vorweisen zu können, wenn er einen Höfling empfing. Der litauische
Adelige mochte es seiner nicht für würdig erachten, sein hölzernes Herrenhaus durch einen Steinpalast zu ersetzen, aber er kaufte die Teppiche,
Glasartikel und Gemälde, die laut Auskunft seiner Handelsvertreter im
Artushof, dem Kaufmannsclub im kosmopolitischen Danzig, *de rigueur*
waren. Zur kritischen Bewertung dieser Anhäufung von Luxusgütern trugen die relativ zugänglichen Kunstsammlungen von Kaufleuten wie die
großartigen Sammlungen von Fürsten bei, die Besuchern gezeigt wurden.
Weil er vermutlich Zugang zu den königlichen Sammlungen in Spanien
hatte, die Werke von Rogier van der Weyden und Bosch neben Bildern von
Jacopo Bassano und Tizian enthielten, konnte Francisco de Quevedo, der
den Hof in Madrid gut kannte, von den Lesern seines Schelmenromans *Der
abenteuerliche Buscón* erwarten, daß sie begriffen, was der Erzähler meinte,
als er angesichts einer Gesellschaft von Bettlern, die an das Mitleid der
Öffentlichkeit appellieren wollten, erklärte: »So seltsame Posturen und
Stellungen malte selbst Hieronymus Bosch nicht.«[70]
Seit den dreißiger Jahren des 16. Jahrhunderts war es in protestantischen
– und danach auch weiterhin in katholischen – Ländern von Bedeutung,
daß neben der von oben beeinflußten Mode, Kunstwerke zu kaufen, auch
ein eher traditionelles Muster fortbestand: Einzelpersonen, Familien oder
Zünfte hatten nämlich den Kirchen Kunstwerke von unterschiedlichem
Niveau, von großen Altarbildern bis zu den bescheidensten Votivtafeln,
geschenkt und waren es gewohnt, sie dort auch zu sehen. Selbst wenn er
an einem religiösen Auftragswerk arbeitete, war der Künstler in seiner
Freiheit, beim Malen oder Schnitzen eines konventionellen Sujets seinen
persönlichen Stil zum Ausdruck zu bringen, durch den Konservatismus
eines Auftraggebers oder durch öffentliche Mißbilligung kaum beeinträchtigt worden: Vasaris Bericht über den Stilwandel in Italien zwischen 1300
und 1550 würde auch dann noch Gültigkeit besitzen, wenn man jedes

weltliche Werk, das er erwähnt, außer acht ließe. Die neue Generation von
Käufern hatte einen Blick, der an die Vielfalt der Stile und Epochen gewöhnt
war, wie sie sich in den kirchlicherseits gebilligten Sammlungen präsentierte.

Natürlich würde man gern wissen, welche Rolle die Frauen bei diesem
Kaufrausch der Renaissance gespielt haben. Das herausragende Beispiel
der Isabella d'Este, die Gemälde kaufte, bildet allerdings die große Ausnahme. Sie war die Tochter eines Fürsten, des Herzogs Ercole I. von Ferrara,
der seinerseits ein gebildeter Auftraggeber von Künstlern war, sowie die
Frau eines anderen Herrschers, des Marchese Gianfrancesco Gonzaga von
Mantua, der die Herrschaft über Hof und Staat in ihre Hände legte, wenn
er selber als Soldat längere Zeit abwesend war. Gleichwohl beschränkten
sich ihre bekannten Erwerbungen auf ihre Privatgemächer im Palast von
Mantua – auf die künstlerische Gestaltung der Räume ihres Mannes oder
der für öffentliche Anlässe bestimmten Säle hatte sie keinerlei Einfluß.

Als der Patrizier Alberti, der als Praktiker und Theoretiker mit der Welt der
Malerei und Bildhauerei bestens vertraut war, in den dreißiger Jahren des
15. Jahrhunderts über die Führung eines Haushalts schrieb, gab er unmißverständlich zu verstehen, daß sich die Rolle des Weibes auf die tägliche
Gestaltung des Familienlebens, die Aufsicht über die Dienerschaft und die
Vorratskammern sowie über das Servieren der Mahlzeiten beschränkte.
Wertgegenstände waren die Domäne des Mannes. Während der Mann in
die Welt hinauszog, feilschte und handelte und seinen Bekanntenkreis
erweiterte, blieb es der Frau vorbehalten, Dreh- und Angelpunkt der
häuslichen Ordnung zu sein. Gegen Ende des 15. und im Laufe des
16. Jahrhunderts gab es sowohl reale wie auch theoretische Veränderungen in den Beziehungen zwischen verheirateten Männern und Frauen. In
den sechziger Jahren des 16. Jahrhunderts wurde die bedeutende böhmische Münze in Kutná Hora von Susanne Erker als »Geschäftsführerin«
geleitet. Aber damals waren die Möglichkeiten, daß Frauen ein Geschäft
oder Unternehmen allein oder mit ihrem Mann leiteten, seltener geworden. Frauen betrieben auch weiterhin die Fähren über die Rhone bei Lyon
und arbeiteten in ganz Europa auf Märkten und in Läden, aber in dem
Maße, wie in Nord- und Südeuropa Frauen immer mehr die Mitgliedschaft
in Zünften verwehrt wurde, nahmen ihre Einkünfte wie ihre Bewegungsfreiheit in jenen Haushalten ab, in denen nicht nur lebenswichtige Dinge
gekauft wurden. Frauen der kaufkräftigen Schichten hatten sich auf ihre
häuslichen Pflichten zu beschränken und durften allenfalls auf freiwilliger
Basis Wohltätigkeitseinrichtungen wie Hospize und Armenhäuser leiten.
Nun, damals wurden Albertis Ansichten kaum in Frage gestellt. Das 1529

zuerst auf Lateinisch erschienene und im Laufe des Jahrhunderts ins Spanische, Englische, Französische, Deutsche, Italienische und Holländische übersetzte dreibändige Werk des spanischen Humanisten Juan Luis Vives, *De institutione feminae christianae (Über die Erziehung der christlichen Frau)*, hob gleichfalls nachdrücklich hervor, daß sich die Rolle der Frau auf das Heim beschränken und sich nicht mit der des Mannes decken solle. Auf der gleichen Linie lag auch das 1589 erschienene Buch *The Common Welth of England (Das Gemeinwohl Englands)* von Sir Thomas Smith, einem zweimal verheirateten Mann, der in seiner Jugend als Maler und Bildhauer gearbeitet hatte und sich für Innenarchitektur interessierte: Frauen waren für ihn »diejenigen, die die Natur dazu ausersehen hat, zu Hause zu bleiben und ihre Familie und Kinder zu ernähren und sich nicht in außerhäusliche Angelegenheiten einzumischen«.[71]

Mittlerweile pries der Protestantismus den Ehestand als idealen Ort für ein gottesfürchtiges Leben: Wenn Luther den Umfang weiblicher Hüften als Zeichen dafür ansah, daß Frauen fürs Haus und fürs Kinderkriegen bestimmt seien, so gehörte dies schlicht zu seiner Abkehr vom unnatürlichen Zölibat der Mönche und Nonnen. Und auch die katholische Lehre betonte nun die Würde des Ehestands für all jene, denen das Zölibat nicht als Geschenk Gottes galt. Das mönchische Vorurteil gegenüber den unangenehmen weiblichen Körperfunktionen ging zwar zurück, aber geschlechtsspezifische Voreingenommenheiten verschwanden keineswegs. Im frühen 16. Jahrhundert führten die drastischen Schnitzereien an einem Stuhl im hanseatischen Rathaus von Reval in Estland den Kaufmannsmitgliedern mittelalterliche Szenen vor Augen, in denen der weise Aristoteles auf allen vieren dahinkroch, während seine Geliebte ihn triumphierend ritt, und Delila den völlig vernarrten Samson auf der Höhe seiner Macht mit ihrer kastrierenden Schere vernichtete. Der polnische Bearbeiter von Castigliones *Hofmann* erläuterte 1566, er habe die weiblichen Figuren aus den Dialogen herausgenommen, weil seine Leser nicht glauben würden, daß sie an einer so anspruchsvollen Diskussion teilnehmen könnten. Als der bedeutende dänische Astronom Tycho Brahe 1601 in Prag, dem kultiviertesten europäischen Hof, starb, rühmte ihn sein Grabredner, weil er »seine Söhne zum Studium und seine Töchter zum Spinnen und Nähen angehalten« habe.[72]

Doch diese Einstellungen galten wenig angesichts der unübersehbaren Tatsache, daß immer mehr Frauen sich zu Hause durch gedruckte Bücher bildeten und daß Liebe und Vertrauen in der Ehe eine immer größere Rolle spielten, die vermutlich durch ökonomische oder ideologische Veränderungen kaum beeinflußt wurde. Lange bevor die Reformation die Ehe idealisierte, schrieb der Deutsche Ludwig von Diesbach anläßlich des Todes seiner Frau: »Aber ich wills nehmen uf die Verdammniß meiner Seel, daß wenn es nit wider Gott wär und wider ihr und miner Seel Heil, so wett ich geben Gott dem allmechtigen ein Hand und ein Fuß ab minem Lyb, und daß ich die Frouwen möcht han in Fröuden und Heil bis zu eim guten Alter.«[73] Nur ein weiteres Beispiel noch: Königin Maria von Böhmen trug ständig ein Schmuckstück, das man am Leichnam ihres Mannes Ludwig II. nach seinem Tod in der Schlacht von Mohács gegen die Türken im Jahre 1526 gefunden hatte. In ihrem Testament erklärte sie, welche Bedeutung dieser Schmuck für sie gehabt hatte. »Seit dem Tod meines Gemahls, des Königs, habe ich bei mir ein goldenes Herz getragen, das er bis zu seinem Lebensende bei sich gehabt hat. Ich verfüge hiermit, daß dieses Herz, zusammen mit dem Kettchen, an dem es hängt, eingeschmolzen und an die Armen verteilt werde. Es hat zwei Menschen begleitet, die zu Lebzeiten bis zu ihrem Tod nie voneinander getrennt waren, körperlich wie in ihrer Neigung zueinander, und daher möge es ausgelöscht werden und seine Form ändern wie die Leiber jener, die einander geliebt haben.«[74]

Daher liegt es wohl auf der Hand, daß Frauen – entweder so reale wie die verschmitzte und aufgeweckte *Frau aus der Familie Hofer* auf einem Bild von etwa 1470 oder fiktive wie die Olivia in Shakespeares *Was ihr wollt* – eine entscheidende Rolle bei der Einrichtung des Heims gespielt haben, in dem sie ihr Leben verbrachten. Ihr Sinn für modische und qualitätvolle Kleidung trieb Moralisten zur Verzweiflung, und wie wir gesehen haben, bat die Kaufmannsfrau Magdalena Paumgartner ihren Mann, der in Italien Tuche einkaufte, um Vergebung, »daß ich Dir in meinem Schreiben immer etwas abbettele«.[75] Tycho Brahes Töchter mochten vielleicht tatsächlich zum Nähen verurteilt gewesen sein, aber Bücher über Stickerei wie das von Giovanandrea Vavasori (um 1545) handelten auch von Einrichtungs-gegenständen und von Kleidern. Wenn sogar eine relativ bescheidene venezianische Kurtisane wie Julia Lombardo ihr Haus in den dreißiger Jahren des 16. Jahrhunderts mit Himmelbetten, Spiegeln, Truhen, Feuer-böcken aus Messing, kleinen Skulpturen, Porzellan, Majolika und Glas sowie profanen und religiösen Gemälden einrichten konnte, dann ist es höchst unwahrscheinlich, daß »gute« Hausfrauen sich weniger für ihr Heim interessierten. Das geht sogar aus negativen Meinungsäußerungen hervor. Achtet darauf, Ariost, mahnte ein Freund, nicht über Eurem Stand zu heiraten, denn sonst bringt Euer Weib luxuriöse Gewohnheiten mit, die Euch ruinieren werden. Frauen, warnte der Herzog von Northumberland seinen Sohn im Jahre 1609, seien in ihrer Gier so unersättlich, daß du es »niemals zulassen darfst, daß deine Frau Macht über dich hat«; halte sie

Anon., *Frau aus der Familie Hofer*, um 1470 (National Gallery, London)

dazu an, die Dienerschaft anzuweisen, sich um die Tischwäsche zu kümmern und Kinder aufzuziehen – dies sollten ihre Beschäftigungen sein,
außer daß sie, »wenn hohe Persönlichkeiten zu Besuch kommen, am Ende
des Tisches sitzen und elegant tranchieren« solle.[76] Eher repräsentativ für
den durchschnittlichen städtischen Haushalt war, was Hermann von
Weinsberg über die Handhabung der Haushaltsführung seiner Eltern in
ihrem Haus in Köln berichtete. Sein Vater habe erklärt: »hausfrau, laist uns
dissen vertrag ingain, ein wech sult ir regeren und recht haben, die ander
wech soll ich regeren und recht haben.«[77]

Ganz gleich, ob die Anschaffung von schönen und dekorativen Kunstge-
genständen vom Mann allein oder gemeinsam mit seiner Frau entschieden
wurde, so läßt sich doch nur schwer etwas Allgemeines zu den Kosten
sagen, die von der Zeit, den Materialien, dem Transport, dem Namen des
Herstellers und der Großzügigkeit oder dem Drängen des Auftraggebers
abhingen – selbst wenn Aufzeichnungen über Preise erhalten sind, lassen
sie sich nicht so ohne weiteres zum Einkommen oder zu anderen Lebenshaltungskosten in Relation setzen. Zwei Vergleiche vermitteln zumindest
einen gewissen Eindruck. Als Lorenzo de' Medicis Besitztümer nach seinem Tod geschätzt wurden, taxierte man ein Porträt von Pollaiuolo mit vier
Gulden, einen bestickten Betthimmel aus Wolle mit sechzig; er selbst hatte
einmal hundert Gulden für einen Araberhengst bezahlt. Im Jahre 1573
zahlte Sir Francis Willoughby 64 Shilling und vier Pence für eine silberne
Zuckerdose und dreißig Shilling für zwei Porträts von ihm und seiner Frau,
die George Gower gemalt hatte, der immerhin so berühmt war, daß er
Hofmaler bei Königin Elisabeth wurde. Man kann mit ziemlicher Sicherheit
sagen, daß die Preise für die schönen Künste sich nicht über der Infla-
tionsrate bewegten und daß die Wohlhabenden sie sich leisten konnten und
nicht die Lust auf »Mehr« verloren. Die vierhundert Dukaten, die
Caravaggio 1607 für sein Altarbild *Die sieben Werke der Barmherzigkeit*
erhielt (ein stolzer Preis für damalige Verhältnisse), entsprachen in etwa
den 190 Gulden, die Fra Angelico 1433 für ein vom Aufbau her komplexeres
Altarbild bekommen hatte. Die Preise stehen jedenfalls nicht im Wider-
spruch zu Fernand Braudels Schlußfolgerung, daß die Kultur um die Mitte
des 16. Jahrhunderts ein wichtiger Industriezweig geworden sei.[78] Er
sprach in diesem Zusammenhang von Italien, aber dies trifft auch auf
Europa insgesamt zu.

Auch die Musik wurde in die Kultur des »Mehr« einbezogen. Die Betonung
der harmonischen gegenüber der kontrapunktischen Komposition und des
dramatisch-sinnlichen Effekts führte im 16. Jahrhundert zur Vergrößerung
von Chören und Orchestern. Es gab immer mehr Stadtkapellen, die ihre
Kunst besser beherrschten, die nicht mehr bloß ihre traditionelle Funktion
ausübten, Prozessionen der Bürger zu beleben und wichtige Würdenträger
willkommen zu heißen, sondern öffentliche Konzerte gaben, bei denen sie
auf ein größer werdendes Musikrepertoire zurückgreifen konnten. Dank
des humanistischen Interesses an jener Begleitmusik, die die Wirkung von
Versen bei den Griechen erhöht hatte – worauf Nicola Vicentino 1555 in
seinem Hauptwerk *L'antica musica ridotta alla moderna prathica (Die
antike Musik und ihre Übertragung auf die moderne Praxis)* sowie Galileis
Vater Vincenzo Galilei 1581 in seinem *Dialogo della musica antica et della*

moderna (Dialog über die antike und die moderne Musik) hingewiesen hatten –, kam die Idee auf, daß jeder Anlaß, der nach passenden Worten verlangte: eine Hochzeit, ein Vertrag, der Geburtstag eines Herrschers oder einer Geliebten, auch die Gelegenheit für den Vortrag einiger Verse und einer musikalischen Komposition bot, der ihn noch steigern würde. Das führte zu unzähligen Vertonungen: Lieder für einzelne Stimmen wie für die neue, aus Italien kommende musikalische Form, das Madrigal (das nicht nur unterhaltsam war, sondern auch als eine Art Laboratorium für kompositorische Experimente galt).

Mehr als je zuvor wurde die Musik – und zwar eine Musik, für die bezahlt und die gelernt werden mußte – integraler Bestandteil von Festen und Zeremonien, von Gottesdienst und Muße. So zeigt beispielsweise Cornelis Anthonicz in dem Gruppenporträt, das er 1533 von Mitgliedern der Amsterdamer Armbrustschützengilde gemalt hatte, durch die Gestalt, die ein Notenblatt in der Hand hält, daß dies kein traditionelles Zunfttrinklied gewesen sein konnte. All diese Entwicklungen und, nachdem sie einmal Mode geworden waren, der Anreiz zu ihrer Verbreitung verursachten Kosten. Auch wenn die Hausmusik begeisterten Amateuren vorbehalten blieb, so war man doch aufgeschlossen für Neuerungen: Der Gebrauch von Noten nahm zu, und es kam zu einer ständigen Nachfrage nach Instrumenten, die ebenso schön wie zweckmäßig waren, etwa die kunstvoll bemalten Manualgehäuse. Da immer mehr Sänger und Instrumentalisten von Städten, Höfen und Kathedralen angestellt wurden, stiegen die Kosten für das Musizieren in einem Maße an, das man zwar praktisch nicht quantifizieren kann, das aber zwischen der Mitte des 15. und dem Beginn des 16. Jahrhunderts deutlich zunahm.

Die meistverbreiteten Kulturgüter waren jedoch Bücher. Daß in diesem Zeitalter immer mehr Menschen lesen und schreiben konnten, lag großenteils daran, daß Geld zur Herstellung, Vermarktung und zum Kauf von Büchern zur Verfügung stand. Zwischen der Einführung der Druckerpresse durch Johannes Gutenberg um die Mitte des 15. Jahrhunderts und dem Beginn des 16. Jahrhunderts waren etwa 28 000 Ausgaben hergestellt worden. In der Mittelschicht hatte sich eine neue, beträchtliche Leserschaft entwickelt, um die man sich bemühte. »Neben der Masse des gemeinen Pöbels und den gebildeten Weisen«, erklärte der englische Übersetzer von Ciceros *Tusculanae disputationes (Gespräche in Tusculum)*, »gibt es eine mittlere Sorte von Menschen: Diese sind zwar nicht gebildet, können aber dank ihrer raschen Auffassungsgabe all jene Dinge der Kunst begreifen, die es in der Welt nur geben kann.«[79] In Spitzenjahren vor 1600 erschienen in Frankreich fast 1000 verschiedene Titel, und im Jahre 1611 beklagte sich

Cornelis Anthonicz, *Mitglieder der Amsterdamer Armbrustschützengilde*, 1533
(Historisches Museum, Amsterdam)

Thomas Coryat: »Mir scheint, daß wir lieber Leser für Bücher wollen als Bücher für Leser.«[80]

Aufschlußreicher als de Thous außergewöhnliche Büchersammlung ist die ältere und kleinere Bibliothek von sechshundert Bänden, die Georg von Frundsberg – alles andere als ein Gelehrter, sondern ein vielbeschäftigter und kampfeslustiger Berufssoldat – bei seinem Tod im Jahre 1528 hinterließ. Sie enthielt Ritterromane, Turnierbücher und Reiseberichte, aber auch medizinische, juristische und theologische Werke sowie die bekanntesten klassischen Texte. Bezeichnend auch für ein Bücherpublikum, das mehr Interesse als Zeit und Durchhaltevermögen besaß, waren die zahlreichen Auszüge und Waschzettel, die angeblich alles, was man über den Inhalt wissen mußte, in kondensierter Form enthielten. De Thous detaillierte *Historiae sui temporis (Geschichte seiner Zeit),* die seit 1604 in unregelmäßigen Abständen erschien, war eben zu umfangreich; ein Jahrzehnt zuvor hatte Mathias Quadt einen einbändigen Abriß der Geschichte der ganzen Welt geschrieben, dem er ein beruhigendes Wort an den Leser voranstellte:

Ihr müßt nicht mehr, wie's einst gewesen,
Dickleib'ge Wälzer mühsam lesen;
Ihr seid von dieser Last befreit
Und habt für and're Dinge Zeit.[81]

Und auch wenn die Preise für schön gedruckte oder reich illustrierte
Bücher in die Höhe gingen, konnten sich doch auch jene Menschen gelegentlich eines kaufen, die nur wenig Geld zur Verfügung hatten: In den
dreißiger Jahren des 16. Jahrhunderts kostete in Frankreich eine vierund-
zwanzigseitige Flugschrift soviel wie ein Laib Brot von minderer Qualität,
und der Preis für ein Neues Testament entsprach dem Tageslohn eines
Arbeiters. Dank dem Buchdruck wurde das Lesen oder Vorlesen zum
ersten Mal ein beliebter kultureller Zeitvertreib neben dem Gespräch und
der Musik.

Der Buchdruck bewegte auch mehr Männer und Frauen zum Schreiben,
und dies mit großer Sorgfalt: Je mehr sich die Fähigkeit, lesen und schreiben zu können, ausbreitete, desto schärfer wurde auch das literarische
Bewußtsein. Da dem Schriftsteller gedruckte Bücher zur Verfügung standen, empfing seine Phantasie vielfältige Anregungen, und er war sich mehr
als bisher der Beiträge anderer zu dem Genre bewußt, das ihn so faszinier-
te. Während Petrarca, Chaucer und François Villon verehrte Vorbilder für
Autoren in Italien, England und Frankreich blieben und Vergil, Tacitus und
Cicero universelle Musterbeispiele, regte sich zugleich kräftig der Wunsch,
eine eigene literarische Stimme zu finden und zu Gehör zu bringen. Und
in all dem Geschwätz, das die engen Gassen der Veröffentlichung erfüllte,
waren derartige Stimmen immer zahlreicher zu vernehmen: Die Aussicht
auf ein größeres Publikum lockte die Schriftsteller aus dem Elfenbeinturm
in die Öffentlichkeit. Sie veranlaßte die französische Dichterin Louise Labé,
in der Einleitung zur Ausgabe ihrer *Œures* von 1555 das weibliche Geschlecht aufzufordern, dem Zeitalter schreibend den eigenen Stempel
aufzudrücken. Auf diese Weise, erklärte sie, würden sie nicht in der
historisch gesichtslosen Prozession der Hausfrauen und Schmuckträgerin-
nen untergehen, sondern einen persönlichen Eindruck hinterlassen: »Die
Ehre, die uns das Wissen verleiht, wird ganz die unsre sein, und sie wird
uns weder von einem noch so geschickten Dieb genommen werden können
noch von der Vergänglichkeit der Zeit.«[82]

Die verlockende Aussicht auf ein größeres Publikum stellte allerdings für
einige der engagiertesten Schriftsteller nicht automatisch einen Anreiz dar.
Sowohl Machiavellis *Principe* wie seine *Discorsi* gingen in Manuskriptform
von Hand zu Hand, ehe sie nach seinem Tod gedruckt wurden. Guicciardini

feilte mit großer literarischer Sorgfalt immer wieder an seinen *Ricordi (Gedanken)*, Sentenzen und Maximen, die ihm im Laufe seiner politischen Karriere in den Sinn gekommen waren, aber er begnügte sich mit einem schmalen Publikum: seiner Familie und seinen Verwandten. Die beiden originellsten Autobiographien dieses Zeitalters, nämlich die von Benvenuto Cellini und Girolamo Cardano, wurden nicht zu Lebzeiten ihrer Autoren veröffentlicht. Als Spenser *The Faerie Queene (Die Feenkönigin)* herausgab, geschah dies ebenso im Sinne des Widmungsexemplars eines Manuskripts für einen Gönner wie im Sinne einer Bitte um allgemeinen Zuspruch. Autoren waren noch nicht prozentual am Verkauf ihrer Bücher beteiligt und erhielten oft kein Honorar – einen nennenswerten Gewinn verdankte man, wie Erasmus rasch erkannte, allenfalls überschwenglichen Widmungen, die vielleicht baren Lohn einbrachten oder den Empfänger veranlaßten, dem Autor bei einer Karriere behilflich zu sein. 1586 erkundigte sich Emanuel van Meteren in einem Brief an seinen Vetter Ortelius, was er denn von der Veröffentlichung seiner soeben abgeschlossenen *Belgischen Geschichte* erwarten könne. Ortelius erwiderte: »Nach meiner Erfahrung bekommen Autoren nur selten Geld für ihre Bücher, sondern erhalten gewöhnlich ein paar gedruckte Exemplare.« Dies sei das einzige, fuhr er fort, was er selbst von Christopher Plantin bekommen habe, und er kenne sogar andere Autoren, deren Werke von der Druckerei Plantin veröffentlicht worden seien, die »ihm eine silberne Schale schenkten, als sie sahen, daß ihr Werk elegant gedruckt worden war«.[85] Und von Ausnahmen wie Tasso abgesehen, fanden schöpferische Dichter nur selten Mäzene, die sie unterstützten. Cervantes war nicht der einzige geniale Autor, der in Armut starb. Die Druckerpresse verschaffte Herausgebern, Übersetzern und zuweilen auch Lohnschreibern ein Einkommen, aber einfallsreiche kreative Autoren waren genausowenig frei wie ihre Vorgänger, sondern abhängig von anderen Einnahmequellen. Das Kapital, das es Shakespeare gestattete, sich als wohlhabender Grundeigentümer nach Stratford zurückzuziehen, hatte nichts mit der unregelmäßigen Veröffentlichung seiner einzelnen Stücke zu tun, außer vielleicht mit der Publicity, die sie der Schauspieltruppe verschafften, für die er schrieb und die ihm zum Teil gehörte.

Das Drama selbst hatte schon immer mehr als jede andere literarische Form etwas mit Geld zu tun gehabt. Die ungeheuer beliebten Passions- und Mirakelspiele des Spätmittelalters, die zuweilen eine Woche oder noch länger dauerten, wurden überall in Europa auf offenen Feldern oder Straßen und Marktplätzen vor bis zu zwanzigtausend Zuschauern aufgeführt. Sie waren teils Schauspiel, teils religiöse Zeremonie (die Anwesenheit bei einigen Spielen brachte dem Zuschauer einen Ablaß von etlichen

Jahren im Fegefeuer ein, wie man ihn auch in Pilgerkirchen erhielt) und teils Jahrmarkt, und die Kosten für die Bühnenbilder, Kostüme, Instrumentalisten und Sänger sowie für die Aufsicht über die Menge und die Erfrischungsstände wurden von den Zünften getragen, deren Mitglieder daran teilnahmen, wie auch von staatlichen und kirchlichen Sponsoren. Die Autoren oder vielmehr Bearbeiter der überlieferten Texte erhielten kein Geld. Seit dem späten 15. Jahrhundert wurden diese theatralischen Dinosaurier zu einer gefährdeten Art. Ihre volkstümliche Schlichtheit ging dabei ein wenig verloren: In York mußten die Darsteller seit 1476 vorsprechen, damit man sicher war, daß ihre Worte klar verstanden wurden. Man begann höhere Ansprüche an kunstvoller gestaltete Bühnen und wirkungsvollere Effekte zu stellen: Im Jahre 1501 wurden in Mons die Puppen, die im letzten Augenblick die Darsteller der zum Tod auf dem Scheiterhaufen verurteilten Märtyrer ersetzten, mit Tierknochen und -innereien ausgestopft, damit es auch ganz realistisch roch. Das war schon eine Annäherung an Aufführungen vor einem kleineren Publikum in geschlossenen Räumen, wo man obendrein ein Eintrittsgeld erheben konnte. Denn die steigenden Kosten ebenso wie ein zunehmendes Mißtrauen gegenüber großen Massen und die Abkehr von einer vordergründigen religiösen Gesinnung hatten zur Folge, daß in den dreißiger Jahren des 16. Jahrhunderts die große Zeit des subventionierten volkstümlichen religiösen Dramas vorbei war. Dreißig Jahre später war es in ganz Frankreich sogar als umstritten und provokativ verboten worden, während es andernorts nur noch bei rein lokalen Festen zugelassen war.

Seit den zwanziger Jahren des 15. Jahrhunderts jedoch waren sogenannte Moralitäten ebenfalls beliebt. Sie verfolgten zwar ein religiöses Anliegen, setzten aber eher Konflikte zwischen Lastern und Tugenden in Szene als Geschichten aus der Bibel und das Leben von Heiligen. Originaltextbücher wurden erstellt, zuweilen von bekannten Autoren – auch Lorenzo de' Medici hat eines geschrieben. Einige wurden, wie in seinem Falle, von religiösen Orden aufgeführt, die auch die Kosten trugen. Andere wurden an verschiedenen Orten von kleinen halbprofessionellen Gruppen gegeben, die von den Zuschauern einen Obulus erwarteten, wenn sie in einer Kirche, im Hof eines Gasthauses oder im Haus eines Edelmanns auftraten. Aus diesen Gruppen wie aus jenen, die mit einem eher gemischten Programm auf Tournee gingen – kurze Stücke und Rezitationen, Tänze und Jonglieren –, entwickelten sich die hauptberuflichen Schauspielertruppen der Renaissance. Andererseits blühten andere zentral geförderte theatralische Formen auf, als die Passions- und Mirakelspiele verschwanden: Bürgerprozessionen, in denen Schauspieler Lobgedichte auf einen neuen

Bürgermeister oder einen durchreisenden Würdenträger deklamierten, fürstliche Interludien und Maskenzüge für die Mitglieder eines Hofes. Und einzelne Institutionen wie Oxford-Colleges oder französische, niederländische und italienische Gesellschaftsclubs bezahlten für die Aufführungen von weltlichen Spielen, die oft von ihren Mitgliedern geschrieben worden waren. Aber während es diesen subventionierten Stegreifaufführungen zu verdanken war, daß das Stückeschreiben kunstvoller wurde und den Einfluß des klassischen Dramas erkennen ließ, und während die Säle, in denen sie stattfanden, die Vorteile vor Augen führten, die ein geschlossener, förmlicher Rahmen für die Spieler wie fürs Publikum mit sich brachte, entwickelten die Wandertruppen aus diesen Erfahrungen die professionellen Repertoireschauspieltruppen und die eigens dafür gebauten Theater, für die Shakespeare, Lope de Vega und Alexandre Hardy schrieben.

Solche Theater, deren Türen man nur gegen ein Eintrittsgeld passieren durfte, wurden von 1576 an in London, in Madrid seit den achtziger Jahren und in Paris im Jahre 1599 eröffnet. Ein Impresario trieb das Kapital auf, teilte die Einnahmen mit den Schauspielern und heuerte Schauspieler für Nebenrollen an, wenn eine große Besetzung erforderlich war. (Einige Kompanien nannten sich nach einem bedeutenden Schirmherrn – allerdings nicht um dafür eine finanzielle Unterstützung zu bekommen, sondern einen Rückhalt höheren Orts, wenn die Truppe Schwierigkeiten mit der politischen Zensur oder mit einem Magistrat bekam, der die Schauspielhäuser aus moralischen Gründen mißbilligte.) In den großen öffentlichen Theatern in London (das Globe wurde im Jahre 1599 eröffnet), mit ihren überdachten Rängen, die um einen offenen Raum für die Stehplätze errichtet wurden, verlangte man einen Penny auf den Stehplätzen und zwischen zwei und sechs Pence auf den Rängen, je nachdem, in welcher Entfernung von der Bühne die Bänke standen. Da ein Penny der Tageslohn eines geschickten Arbeiters war und die Theater Londons im Jahre 1605 über achttausend Männer und Frauen gleichzeitig fassen konnten, heißt dies, daß das Drama auch nach der Einführung von Eintrittsgeldern sein Publikum hatte. Ja, man rechnete sogar mit mehr Zuschauern als zuvor. Die öffentlichen Theater in London waren täglich geöffnet, außer in der Fastenzeit. Auch war das Publikum nicht auf bestimmte soziale Schichten beschränkt. Um 1618 entrüstete sich der Bürgermeister von Exeter darüber, daß »diejenigen, die ihr Geld für Schauspiele ausgeben, gewöhnlich ganz arme Leute sind«.[84] Er bezog sich in diesem Zusammenhang auf reisende Schauspieltruppen, die in Höfen von Gasthäusern auftraten und am Ende den Hut herumgehen ließen. Aber im Jahre 1609 bemerkte der Stückeschreiber Thomas Dekker im Hinblick auf die Londoner Theater, daß »jeder Stinker die gleiche Freiheit hat, dort in seinen Tabakrauch-schwaden zu sitzen, wie ein wohlriechender Höfling, und ... jeder Kutscher und Kesselflicker ... entscheidet über Leben und Tod des Stückes«.[85] Das Vorwort zur ersten postumen Ausgabe sämtlicher Stücke von Shakespeare aus dem Jahre 1623 zollte sowohl der nun allgemeiner verbreiteten Fähigkeit, zu lesen und zu schreiben, Tribut wie auch der Vielfalt des Theaterpublikums – es wandte sich »an die große Schar von Lesern, vom begabtesten bis hin zu dem, der gerade buchstabieren kann«. Auch wenn die Kluft zwischen Reich und Arm in England wie überall in Europa immer größer wurde, so waren die Bedingungen, die die Entwicklung einer so kraftvollen und genialen Dramatik ermöglichten, welche in erster Linie die Renaissance in England auszeichnet, großenteils auf die bewegende Kraft des Geldes zurückzuführen.

Wir wissen wenig darüber, wieviel die Stückeschreiber davon erhielten. Viele, wie Plantins Autoren, schrieben zu ihrem eigenen Vergnügen und waren froh, wenn ihr Werk das Licht der Öffentlichkeit erblickte; keiner der Autoren der italienischen Renaissancekomödie – Machiavelli, Ariost, Bernardo Dovizi (genannt Il Bibbiena), Aretino – schrieb für ein Honorar. Shakespeare konnte, als Schauspieler und als Stückeschreiber, mit seinem Anteil an dem Geld rechnen, das beim Eintritt eingenommen wurde, aber er war eine Ausnahme. Nach der Zahl der Stücke zu urteilen, die einige freie Autoren geschrieben hatten, müssen sie daran nur wenig verdient haben. Shakespeares Zeitgenosse Thomas Heywood behauptete, zwischen 1596 und 1633 der Verfasser beziehungsweise Mitautor von zweihundertzwanzig Stücken gewesen zu sein. Als Lope de Vega 1635 starb, hatte er über fünfhundert Stücke geschrieben, die aus einer vermutlich dreimal so großen Produktion noch immer herausragen und aufgeführt werden. Sein französischer Zeitgenosse Alexandre Hardy soll angeblich der Verfasser von mindestens siebenhundert Stücken sein.

Etwas mehr wissen wir über die Einkünfte von Künstlern. Auch wenn die Berichte über ihr Einkommen einen lückenhaften Wirrwarr von Honoraren, Subventionen, Gehältern und Vergünstigungen sowie ungezählten Aufwendungen darstellen, so daß eine Gesamtschätzung nicht möglich ist, so geht doch eindeutig daraus hervor, daß zumindest einige von den besonders gefragten Künstlern sich in einer besseren Lage befanden, als es ihre mittelalterlichen Kollegen hätten erhoffen können. Wir haben schon von den finanziellen Verlockungen gesprochen, die einige Meister dazu bewogen, im Ausland zu leben und zu arbeiten. Dürer war sein eigener Verleger und nützte geschickt schon seit Beginn seiner Karriere Handelsmessen und -reisende dazu, seine Drucke zu verkaufen, so daß er

schließlich eines der schönsten Häuser in Nürnberg erwerben konnte.
Lucas Cranachs Haus in Wittenberg war so stattlich, daß der Rat der Stadt
den Maler bat, den entthronten König Christian II. von Dänemark aufzunehmen, als dieser mit seinem Gefolge im Jahre 1523 nach Wittenberg
kam. Tizian war in der Lage, ein angenehmes Künstlerleben zu führen,
indem er schlecht bezahlte Aufträge zugunsten lukrativer ausschlug, seine
literarischen Freunde aufforderte, ihn in ihren gedruckten Werken zu
rühmen, indem er sich ferner auf italienische fürstliche Auftraggeber und
die Habsburger Herrscher – Karl V., Maria von Ungarn (Karls Regentin in
den Niederlanden) und Philipp II. – konzentrierte sowie seine Gehilfen
daran setzte, Kopien zu verfertigen. Die Häuser anderer Künstler, etwa das
von Giulio Romano in Mantua, das von Vasari in Arezzo oder die Häuser
und die Grundstücke, die Rubens 1610 in Antwerpen erwarb und sechs
Jahre später zu verschönern begann – sie waren die Ergebnisse von
Karrieren, die selten so erfolgreich verliefen, ja noch seltener war Erfolg
so gut organisiert wie in diesem Fall. Die wirtschaftliche Bilanz eines
Künstlerlebens, die durch die Fülle der erhaltenen Rechnungen vielleicht
am ehesten als repräsentativ zu bezeichnen wäre, ist die des überragend
begabten, wenn auch exzentrischen Lorenzo Lotto. Er wurde 1480 in
Venedig geboren und malte für den Adel und für große Kirchen. Aus seinen
Aufzeichnungen geht aber auch hervor, wie breit der Markt für seine
Werke war, besonders für Porträts, die er von einzelnen Mönchen und
Gemeindepfarrern, von weniger bedeutenden Kaufleuten, ja sogar von
einer Reihe von Handwerkern malte. Er schickte religiöse Werke auf die
Handelsmessen in Venedig und Brescia, auf denen neben anderen natürlichen oder handwerklich gefertigten Produkten auch Gemälde angeboten
wurden. Er schickte sie auf gut Glück ins Ausland, wo befreundete Kaufleute sie in seinem Namen feilboten. 1550 organisierte er für sechsundvier-
zig ohne Auftrag gemalte Bilder eine Tombola in Ancona. Er veranstaltete
auch eine Verkaufsausstellung für Entwurfszeichnungen von fertigen Werken, für die er bereits bezahlt worden war. Als er im Jahre 1556 oder 1557
starb, hatte er bis zuletzt gearbeitet, war aber auf die Unterstützung durch
Almosen angewiesen.[86]
Was Schriftsteller und Künstler verdient haben, ist höchst interessant – für
sie und ihre Verwandten ebenso wie für uns. Insgesamt aber ist dies im
Hinblick auf den umfassenderen Zusammenhang von Geld und Qualität
von untergeordneter Bedeutung. Die Investition von Kapital in Druckerpressen, Theater und Werkstatt- und Atelierräume war eine Reaktion auf
die Nachfrage und die beschleunigte Produktivität. Der Wohlstand regte
die Nachfrage an. Die Nachfrage bot Chancen für begabte Menschen. Aber

wir dürfen nicht vergessen, daß es keine *notwendige* Verbindung zwischen Wirtschaft und Kreativität, zwischen Geld und Genie gab. Zu Lebzeiten der Florentiner Botticelli, Leonardo, Raffael, Michelangelo, Ficino, Pico della Mirandola und Machiavelli war das nahegelegene Genua genauso kommerziell aktiv, aber es brachte keinen bedeutenden Künstler oder Denker hervor. Bei all seinem Wohlstand, der die Errichtung großartiger Landhäuser ermöglichte und die Theater füllte, war das elisabethanische England auf den Import von Werken der schönen und dekorativen Künste angewiesen. Dank seines Handelsmonopols mit den spanischen Amerikas wurde Sevilla im 16. Jahrhundert die wohlhabendste spanische Stadt, während es in künstlerischer Hinsicht tiefste Provinz blieb – andererseits fiel seit dem Ende des Jahrhunderts das sogenannte Goldene Zeitalter der spanischen Kunst und Literatur (zu dem Cervantes und Lope de Vega das Ihre beisteuerten) mit der ersten Ausgabe von Kupfermünzen zusammen, dem Symptom einer an Geldmangel leidenden, flauen Wirtschaft. Aber wenn man an die größere Kaufkraft der Europäer in einer Zeit der lebhaften Handelstätigkeit, des Wandels in Gesellschaft und Bildung und einer intensiven Beschäftigung mit Status und Mode denkt, erklärt die Macht des Geldes doch auch den gestiegenen Konsum, der genialen Werken eine bessere Chance als je zuvor einräumte, produziert und bewundert zu werden.

Das eigentliche Problem besteht darin, sich neben dieser Qualität auch die Quantität vorstellen zu können. Die Zeit ist mit der Kunst freundlicher als mit der Literatur umgegangen, indem sie einen Großteil dessen vernichtet hat, was routiniert und zweitklassig war. Und doch gibt es noch genügend hölzerne Porträts, unbeholfen ausgeführte mythologische Sujets *(Die Großmut des Scipio Africanus* in der Eremitage ruft auf abschreckende Weise in Erinnerung, wie armselig die italienische Malerei des 15. Jahrhunderts auch sein konnte) und plumpe Skulpturen, die uns davon überzeugen – falls wir über den Charme hinwegsehen können, den ihnen das Weiterleben vermittelt –, daß die Kultur der Renaissance nicht nur nach ihren Meisterwerken zu beurteilen ist. Vasari hat den Unterschied zwischen Quantität und Qualität klar erkannt: Man dürfe »nicht nach der Güte und Herrlichkeit eines einzelnen Gegenstandes die Vortrefflichkeit aller übrigen beurtheilen«.[87]

6. Kapitel

Vermittlungen

»Tauschverkehr des Geistes«

Im Jahre 1492 hielt der dreiunddreißigjährige Chorograph, humanistische Gelehrte und erste deutsche Poeta laureatus Konrad Celtis seine Antrittsvorlesung an der Universität von Ingolstadt. Er forderte seine jungen Zuhörer auf, neue Dinge zu lernen und neuen Gedanken nachzugehen, denn als Studenten gehörten sie nicht nur Deutschland an, sondern der »Republik der Gelehrsamkeit«.[1] Damit meinte er nicht die üblichen Texte und Lehrprogramme, die seit langem an europäischen Universitäten studiert worden waren, sondern neue Auffassungen über den Vorgang des Lernens und Wissens sowie über die Formen der Selbstdarstellung. Diese Republik war noch im Entstehen begriffen. Die meisten ihrer Vertreter waren Italiener; einer Reihe von ihnen war er auf einer Reise über die Alpen begegnet. Andere deutsche Universitätslehrer und Schulmeister oder freie Gelehrte und begabte Laien hatte er auf seinen Reisen durch das Kaiserreich kennengelernt. Und außerhalb seines Bekanntenkreises gab es noch Gelehrte in Frankreich, England und in den Niederlanden, die sich in ähnlicher Weise auf das neue Wissen einließen. Sie alle waren gerade dabei, sich durch persönliche Kontakte und Briefwechsel, über gedruckte Bücher und Übersetzungen zusammenzuschließen. Ihr geistiger Ahnherr im 14. Jahrhundert, Petrarca, hatte in jenen unruhigen Zeiten an jedem seiner wechselnden Wohnsitze Verbindung zu Gelehrten gehalten, von denen er vermutete, daß auch sie genauso wie er von dem Wunsch beseelt seien, eine echte und nicht bloß vordergründige Beziehung zu den Autoren der klassischen Antike eingehen zu wollen. Nicht lange nach Celtis' Tod im Jahre 1508 sollte Erasmus sich selbst durch seine internationale Korrespondenz und die Verbreitung seiner Bücher in aller Welt zum inoffiziellen Präsidenten einer Republik ernennen, die sich zunehmend als ein weiteres, nichtinstitutionalisiertes System verwandter Geister ver-

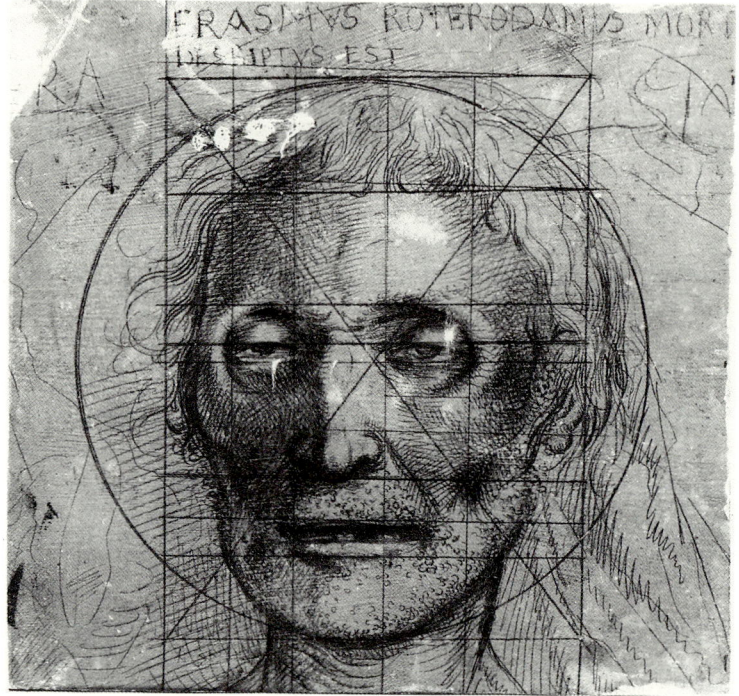

Erasmus, kurz nach seinem Tod, Zeichnung von Hans Baldung
(Öffentliche Kunstsammlung, Basel)

stand. Sein Pazifismus und sein Appell an die Menschen, auf Christi
Botschaft der allumfassenden Güte zu hören, wurden seit den zwanziger
Jahren des 16. Jahrhunderts von eher erbitterten politischen und religiösen
Rivalitäten abgelöst. In katholischen Ländern waren seine Werke verboten.
Aber die Grundströmung, die die Idee paneuropäischer Kontakte initiiert
hatte, ließ sich nicht mehr unterdrücken.
1574, vier Jahre nach der Erstveröffentlichung seines *Theatrum orbis
terrarum*, begann Abraham Ortelius sein Autographenalbum »Buch der
Freunde« zu führen. Bis 1596 hatten einhundertdreiunddreißig Männer
und eine Frau (die flämische Dichterin Caterine Heyns) sich darin einge-
tragen oder Verse hineingeschrieben, entweder in seinem Haus in Antwerpen oder unterwegs, wenn er das Buch auf seinen Reisen dabeihatte. Diese
Zahl stellt nur einen Bruchteil seiner Briefpartner dar, aber für sich
genommen ist das Album ein anrührendes Symbol für das, was aus der
Republik der Gelehrten geworden war. Bemerkenswert daran ist gar nicht
so sehr die geographische Bandbreite der Autographen – England, Frank-

reich, Spanien, Portugal, Italien, Deutschland sowie die südlichen und
nördlichen Niederlande –, sondern die Vielfalt der Beschäftigungen und
intellektuellen Interessen derer, die sich in diesem Buch verewigt haben.
Da gab es Rechtsgelehrte, Diplomaten, Staatsmänner, protestantische wie
katholische Geistliche, Ärzte ebenso wie Altphilologen und Altertumsken-
ner, Dichter und Drucker und wohlhabende Kaufleute wie Nicholas Rok-
kox, der Mäzen von Rubens und van Dyck. Unter den Engländern befanden
sich auch der Historiker William Camden, der Gelehrte und Diplomat
Thomas Smith (der eine Grußbotschaft und sein Wappen aus Richmond
schickte) und der Mathematiker und Astrologe John Dee. Andere Unterzeichner repräsentierten die Kalligraphie, Numismatik, Botanik, Kosmolo-
gie, Musik und Architektur. Zu den Künstlern zählten Pirro Ligorio, Lucas
de Heere und Hendrick Goltzius. Ortelius schwindelte im Falle von Pieter
Bruegel, der bereits 1569 gestorben war – er trug ihn ein im ehrenvollen
Gedenken an eine alte und enge Freundschaft. Und natürlich waren da
auch noch die Kartographenkollegen versammelt – vielleicht entstand die
Idee zu diesem Album während einer Studienexkursion im Jahre 1560, als
Ortelius, Mercator und andere Freunde ihre Namen in einen Druidenstein
bei Poitiers einritzten.

Angesichts der häufigen Feldzüge in den Niederlanden und der immer
wieder aufflackernden Bürgerkriege in Frankreich ist es schon erstaunlich,
wie viele Ausländer sich während der Unterbrechungen der Feindseligkeiten in dieses Buch eintrugen. 1591 beklagte sich Ortelius bei seinem Neffen
darüber, daß der Nachdruck des *Theatrum* sich verzögert habe, denn »vor
zwei Jahren habe ich Papier aus Frankreich bestellt, aber die Straßen sind
nun so unsicher, daß es schwierig ist, irgendwelche Ware von dort zu
bekommen«.[2] Kein Wunder, daß ein deutscher Freund ins Album schrieb:
»All dieses Elend wird erst dann ein Ende haben, wenn die Philosophen
herrschen.«[3] In diesem Sinn einer neuen philosophischen Anschauung
vom Menschen, in der sich eine Vielfalt von Interessen ausdrückte, die
Intellektuelle jenseits der Mauern von Universitäten und ungeachtet aller
kriegerisch-patriotischen Aufrufe miteinander vereinten – in diesem Sinne
also sah sich Samuel Daniel im Jahre 1603 veranlaßt, die Veröffentlichung
der Essays von Montaigne in England (durch den in London lebenden
Italiener John Florio) mit folgenden Versen zu begrüßen:

> Es ziemt sich für einen Mann der Feder,
> Nicht eines einz'gen Herrschers Untertan zu sein –
> Er weilt in jener bess'ren Welt von Menschen,
> Die einem Reich des Geistes angehören,

Die weder Meere, Wüsten, Felsen, Sand
Am Tauschverkehr des Geistes hindern können ...[4]

Damals verband dieser »Tauschverkehr« nicht nur einzelne Persönlichkeiten und intellektuelle Zirkel im Westen, sondern reichte von Westeuropa bis ins Prag von Kaiser Rudolf, das das herausragende kosmopolitische Zentrum der gelehrten Welt und ihres Bündnisses mit den literarischen und bildenden Künsten blieb, bis es in den Würgegriff des Dreißigjährigen Krieges geriet. Man war so sehr davon überzeugt, daß die Mitglieder jenes Reiches des Geistes dort ihren Weg machen würden, daß Scaliger im Jahre 1604 von Leiden aus resigniert an einen Freund schreiben konnte: »Gestern abend teilte mir unser [gemeinsamer Freund] Mylius mit, er habe aus einem Brief von Euch erfahren, daß ich in Prag gestorben sei. Ich nehme nicht an, mein lieber Welser, daß ich irgendwo anders sterben werde, solange ich hier lebe.«[5]

So zögerlich die Universitäten auch Veränderungen in ihren Lehrinhalten akzeptierten, blieben sie doch die Brutstätte für den Nachwuchs im Reich des Geistes und der Hort der beruflichen Qualifikation für Kirche, Recht und Medizin, und sie waren auch weiterhin eingestellt auf die beachtliche Minderheit derer, die im Ausland studieren wollten. Im frühen 16. Jahrhundert waren einundvierzig Prozent der Studenten in Krakau Ausländer, unter anderem Skandinavier und Schotten. Sechstausendundsechzig Deutsche machten in der zweiten Hälfte des Jahrhunderts ihren Abschluß in Padua. Selbst in den Straßen von so kleinen Universitätsstädten wie Bourges und Saumur vernahm man nichteinheimische Stimmen. Eltern akzeptierten es, wenn ihre Söhne von zu Hause weggehen wollten, und trafen gegenseitige Abkommen mit Familien im Ausland, um am Aufwand für Kost und Logis zu sparen. Selbst das Londoner College of Physicians, das ausdrücklich zu dem Zweck gegründet worden war, daß Engländer Medizin studieren konnten, ohne nach Padua oder Montpellier gehen zu müssen, nahm seit 1518 ausländische Studenten auf – für das doppelte Studiengeld.

An den meisten Universitäten konnten Gastdozenten das Recht erwerben, Studenten fürs Examen vorzubereiten, während sie von den Geldern lebten, die sie direkt von ihren Schülern bekamen. Auf diese Weise verschafften sich neue Lehrmethoden neben den traditionellen Lehrplänen selbst Zugang. Und insbesondere in der ersten Hälfte des 16. Jahrhunderts erhielten eine Reihe von Ausländern bezahlte Positionen. Das war am ehesten in neuen Institutionen möglich, wie das von Franz I. außerhalb der Sorbonne gegründete Kollegium, aus dem sich das Collège de France entwickelte. Unter seinen Gründungsprofessoren befanden sich zwei Italiener, ein Flame und ein Luxemburger, den man von seinem Lehrstuhl in Köln abgeworben hatte. Aber sogar in Oxford gestatteten die Statuten des Corpus Christi College von 1516 die Wahl eines Ausländers zum Mitglied, solange er inländischen Kandidaten eindeutig überlegen war, wenngleich diese Konzession nur für Männer galt, die aus Griechenland stammten oder aus »Italien jenseits [das heißt südlich] des Po«. In Cambridge gewährten die Statuten von einigen Colleges ihren Mitgliedern Freisemester – auch Fynes Moryson machte von einer derartigen Möglichkeit Gebrauch und verbrachte die Jahre 1590–1595 mit ausgedehnten Reisen durch Europa.

Vermutlich haben sich viele, vielleicht sogar die meisten Studenten selbst um die Vorteile eines Studiums fern der Heimat gebracht, weil die Kernfächer mehr oder weniger einheitlich waren und sie sich außerhalb des Hörsaals, in dem Lateinisch gesprochen wurde, in die freiwillige Isolation der sprachlich abgegrenzten Welt »ihrer« Nationen begaben, dieser selbstverwalteten Einrichtungen, die das gesellschaftliche Leben und die akademischen Interessen von Minderheiten regelten. Diese »Nationen« konnten umfassend sein: Zu den »Nordländern« in Padua gehörten Deutsche, Ungarn, Polen, Böhmen, Niederländer und Engländer. Sie konnten aber auch beschränkt sein: So hatten die Schotten in Montpellier ihre eigene »Nation«, ja, in Orleans waren die Franzosen selbst in »Nationen« eingeteilt, die jeweils für Studenten aus der Normandie, der Picardie und aus den übrigen Teilen des Landes zuständig waren. Aber zumindest für einige vermittelte das Studentenleben – der gemeinsame Besuch von Vorlesungen, die Verachtung der Städter, das Zechen und Raufen und die Ausflüge in die ländliche Umgebung – eine klare Vorstellung davon, daß ein Aufenthalt im Ausland eben mehr war als nur eine Flucht aus dem Familienverband und das Streben nach einem akademischen Abschluß. Als der junge polnische Dichter Jan Kochanowsky in den fünfziger Jahren des 16. Jahrhunderts in Padua studierte, ließ er sich von der Begeisterung, die der französische Dozent Antoine Muret in einer Sondervorlesung über Ronsard vermittelte, so anstecken, daß er sich nach Paris begab, um Ronsard kennenzulernen. John Kay (Caius), der Cambridge verließ, um in Padua Medizin zu studieren, hatte das Glück, im Haus des herausragenden Anatomen der Universität, des Flamen Andreas Vesalius, logieren zu dürfen. Von dort aus begab er sich, versehen mit entsprechenden Empfehlungsschreiben, in andere italienische Städte und reiste durch Deutschland und Frankreich. Seine anschließende berufliche Karriere wurde damit gekrönt, daß er 1555 Präsident des Londoner College of Physicians wurde, und er erhielt nach italienischem Vorbild die Erlaubnis, die Leichen hingerichteter Verbrecher fürs Sezieren zu verwenden.

Wer an einer ausländischen Universität studiert hatte, pflegte mit ausländischen Freunden und Lehrern und ihren Ideen in Verbindung zu bleiben, auch wenn diese Kontakte durch politische und religiöse Intoleranz eingeschränkt wurden. Im Jahre 1534 untersagte König Sigismund seinen polnischen Untertanen, an ausländische Universitäten zu gehen. Doch das Verbot wurde weitgehend ignoriert. Als spanische Untertanen 1559 nicht außerhalb von Spanien, Portugal oder Italien studieren durften, gehorchten die meisten Spanier, die in akademischer Hinsicht offenbar am wenigsten reiselustigen Europäer. Es schrieben sich zwar weniger Protestanten offiziell an Universitäten in katholischen Ländern ein, aber viele kamen doch, um den bedeutenden Stimmen außerhalb ihrer Mauern zu lauschen. Inoffiziell jedenfalls gab es im Leben in den und um die Universitäten, soweit es als Anreiz für ein Leben in der Republik des Geistes galt, keine grundlegende Veränderung.

Während der Buchdruck im ersten Jahrhundert seiner Einführung das Wissen und die Ansichten anderer noch leichter zugänglich machte, tat er der Tradition der gelehrten Pilgerschaft, die man unternahm, um einem Meister zu Füßen zu sitzen oder einen herausragenden Kollegen aufzusuchen, kaum einen Abbruch – im Gegenteil, der durch das gedruckte Werk erworbene Ruhm verstärkte sie sogar noch. In den achtziger und neunziger Jahren des 15. Jahrhunderts beispielsweise strömten ganze Scharen junger Männer von jenseits der Alpen nach Florenz, der Wiederbelebung des Geistes der platonischen Philosophie durch Marsilio Ficino wegen, auch wenn dessen neuplatonische Werke inzwischen veröffentlicht waren und er abwehrend erklärte, er sei in keinerlei Hinsicht ein richtiger Lehrer. Als Georg Herivart aus Augsburg auf seine eigene Wallfahrt nach Florenz zurückblickte, sprach er vom »glücklichsten Tag seines Lebens«.[6] Derartige Besuche konnten sich auch auf die Entwicklung des Werkes eines Gelehrten auswirken. Als Erasmus in England war, führte sein Kontakt zu Thomas More und John Colet (einem Briefpartner von Ficino) dazu, daß er sich auf die Sprache und das Denken der Kirchenväter konzentrierte und von der eigenständigen Bedeutung der Evangelien für das Alltagsleben überzeugt war. Die Publikationen, die sich aus dieser neuen Wende in seinen Studien ergaben, trugen ihm internationalen Ruhm ein, dem er lukrative Einladungen vom Herzog von Bayern sowie von den Königen von Frankreich, Spanien und England verdankte. Da Erasmus frei und ungebunden sein wollte, schlug er sie aus.

So sinnvoll und anregend diese Gelehrtenreisen auch waren, kann man

sich doch kaum des Eindrucks erwehren, daß für einige die Weiterbildung
schon immer mit einer gewissen Rastlosigkeit verbunden war und ist.
Konrad Celtis rühmte in einer Elegie die Wanderschaft auf der Suche nach
Wissen – nachdem er von zu Hause weggelaufen war und zehn unstete
Jahre damit verbracht hatte, von Schule zu Schule und von Universität zu
Universität und auch von einer Geliebten zur anderen zu flattern. Paracel-
sus' Bericht von seiner intellektuellen Erziehung verrät eine verdächtige
Lust am Unterwegssein: »Viele Jahre lang habe ich an den Universitäten
in Deutschland, Italien und Frankreich studiert, in dem Bemühen, die
Grundlagen der Medizin zu entdecken. Allerdings habe ich mich nicht mit
ihren Lehren, Schriften und Büchern zufriedengegeben, sondern setzte
meine Reise fort nach Granada und Lissabon, durch Spanien und England,
durch Brandenburg, Preußen, Litauen, Polen, Ungarn, die Wallachei,
Transsylvanien, Kroatien, die Wendische Mark [einen Teil von Livland]
und weitere Länder, die hier nicht erwähnt zu werden brauchen ... Ich
suchte nicht nur Ärzte auf, sondern auch Barbiere, Leiter von Heilbädern,
gelehrte Heilpraktiker, Zauberer und weise Frauen.«[7] Während diese
Reisen zur Bildung seiner freien Anschauungen beitrugen, weisen ihn
seine Vorliebe fürs Trinken und für ein ausschweifendes Leben sowie sein
rauflustiges Wesen als einen von jenen gelehrten *picaros* aus, die ein
italienischer Autor 1591 folgendermaßen definierte: »Männer, denen der
Himmel in einem gewissen Maße ein Leben der Wanderschaft durch die
Provinzen der Welt auferlegt hat.«[8]
Neue Themen und Stoffe erforderten Wallfahrten zu jenen, die darin eine
Vorreiterrolle spielten. Genauso wie Ficinos Zeitgenosse Pico della Miran-
dola in den achtziger Jahren des 15. Jahrhunderts auf Reisen gegangen
war, um sein Griechisch zu verbessern und Hebräisch und Arabisch vor
Ort zu lernen, als es noch keine gedruckten Grammatiken und Wörter-
bücher gab, so orientierten sich Studenten der Botanik, der angewandten
Mathematik und der seriösen Alchimie nach der Mundpropaganda ausländischer Kontakte. Auf seinen Reisen von Cambridge nach Prag, auf denen
John Dee solche Kontakte im Dunstkreis von Universitäten und an den
Höfen von Fürsten knüpfte, die für seine Mischung aus Magie und Wissenschaft empfänglich waren, gelangte er auch nach Antwerpen, wo er sich
in Ortelius' Album eintrug. Da aber neue Methoden und Informationen in
Publikationen Eingang fanden, die in privaten, Universitäts- und halböf-
fentlichen fürstlichen Bibliotheken aufgestellt waren, war es nicht mehr
erforderlich zu reisen, um sich auf dem laufenden zu halten.
Damit das wachsende Interesse an den Naturwissenschaften, der klassischen wie der neusprachlichen Philologie und der literarischen und künst-

lerischen Ästhetik befriedigt werden konnte, verlagerte sich das geistige Leben außerhalb der Universitäten immer mehr zu neuen intellektuellen Diskussionsforen: zu locker zusammengesetzten »Sodalitäten« oder Debattiergruppen beziehungsweise seit der Mitte des 16. Jahrhunderts zu eher offiziell eingerichteten Akademien mit strengen Regeln und seriös gestalteten Forschungsprogrammen. Diese Einrichtungen zogen sowohl Gelehrte wie interessierte Laien an, und während einige nicht viel mehr als lokale gesellige Clubs waren, die eine kleinkarierte Gelehrsamkeit pflegten, waren andere wie die (1603 gegründete) Accademia dei Lincei in Rom richtige wissenschaftliche Institutionen, die gleichgesinnte Besucher willkommen hießen und durch Briefwechsel mit ausländischen Forschern und ihren Publikationen aktiv in Verbindung blieben.

Auch die bedeutenderen Druckereien stellten eine Art von Diskussionszentrum dar. Vor der allgemeinen Geräuschkulisse mit dem Quietschen und Stampfen der Druckerpresse, die den Autoren beruhigenderweise klarmachte, daß ihre Manuskripte als Bücher wiedergeboren würden, fanden sich neben den Setzern und den angestellten gelehrten Fahnenkorrektoren, Illustratoren und Übersetzern noch andere Besucher ein, die zuweilen im Haus des Druckers oder sonstwo in der Nähe logierten. Die venezianische Druckerei von Aldus Manutius war tonangebend. Aldus selbst beklagte sich im Jahre 1514 über den Erfolg, den ihm sein Bemühen um wissenschaftlich genaue Ausgaben, sein Vertriebsnetz und der große Zuspruch für seine so praktischen kleinformatigen Ausgaben der Klassiker eingebracht hatten. »Abgesehen von sechshundert anderen Dingen«, schrieb er in seiner Einführung zu einem seiner Bestseller, der fälschlicherweise Cicero zugeschriebenen *Rhetorica ad Herennium (Rhetorik für Herennius),*

> stören mich ganz besonders zwei bei meiner Arbeit. Dies sind zunächst die Briefe, die ich häufig von gelehrten Männern aus allen Teilen der Welt erhalte und die mich ganze Tage und Nächte kosten würden, wenn ich sie beantwortete. Und dann sind es die Besucher, die vorbeikommen, um mich teils zu begrüßen, teils um zu sehen, an welchem neuen Werk wir gerade arbeiten, aber zumeist weil sie nichts Besseres zu tun haben. »Also gut«, sagen sie, »schauen wir doch mal bei Aldus vorbei!«… Ganz zu schweigen von denen, die mir ein Gedicht oder ein Stück Prosa vortragen wollen, das gewöhnlich roh und unausgefeilt ist und das ich für sie verlegen soll.[9]

Es entstanden immer mehr Zentren des Buchdrucks: Cromberger in Sevilla; Gryphius in Lyon, dem Rabelais während seiner frühen Karriere als Arzt genausoviel verdankte – nämlich als Herausgeber klassischer medizinischer Texte – wie seinem Universitätsstudium; Oporinus in Basel, dem Verleger von Vesalius und großzügigen Gastgeber religiöser Radikaler und unorthodoxer Universalisten wie Postel; Robert Estienne, dessen Pariser Herausgeberkorps die Philologen der Sorbonne an Fachkenntnis in den Schatten stellte. Die Offizin »Goldene Kompasse« von Ortelius' Freund Christophe Plantin in Antwerpen war mit ihren zweiundzwanzig Pressen, einhundertundsechzig Arbeitern und zahlreichen Schriften für verschiedene Sprachen und Formate, ihren ruhigen Innenhöfen und Gästezimmern ebensosehr eine Buchfabrik wie ein Hospiz für reisende Intellektuelle und das Heim von Plantins Familie. Um 1570 hatten die Druckerpressen in Venedig die Hälfte aller in Italien hergestellten Bücher produziert – und wie in Lyon, London oder Frankfurt schufen die zahlreich vorhandenen Pressen eine Atmosphäre, in der popularisierende Autoren zwischen der Welt der Gelehrten und der der Lesekundigen vermittelten.

Da sich immer mehr solcher geistigen Zirkel bildeten, nahm auch die Korrespondenz von Männern und Frauen mit gelehrten Interessen an Umfang zu. Weil so viele ausländische Studenten bei ihnen eingeschrieben waren, hatten etliche große Universitäten seit dem frühen 15. Jahrhundert einen eigenen Postdienst eingerichtet. Dieser bestand ebenso weiter wie die Post, die internationale Handelsunternehmen für Freunde besorgten. Seit dem späten 15. Jahrhundert wurde von den Wechselstationen für Postpferde ein zusätzlicher Postdienst angeboten, der vertraglich mit der Regierung vereinbart und für den diplomatischen Gebrauch vorgesehen war, aber zuweilen von den diskreten Kurieren auch Privatpersonen gegen eine Gebühr eingeräumt wurde. Mit Hilfe des von einer Firma italienischer Emigranten in den Niederlanden organisierten Dienstes erreichten Briefe aus Brüssel im Jahre 1500 Granada in achtzehn und Neapel in vierzehn Tagen. Bei der von dem Italiener Prosper Provana in der Mitte des 16. Jahrhunderts gegründeten Organisation verließen Kuriere Krakau am Sonntag, erreichten Wien am Mittwoch und lieferten die Post am darauffolgenden Dienstag in Venedig ab.

Abseits der wenigen Hauptrouten war der Postverkehr auf Fuhrleute, die zwischen den Märkten hin und her fuhren, sowie auf reisende Freunde angewiesen. Als Leonardo da Vinci 1519 in Amboise starb, schrieb sein Gefährte und literarischer Erbe Francesco Melzi an den Bruder des Künstlers in Florenz, er würde ihm Leonardos Testament geschickt haben, »wenn ich jemanden gefunden hätte, dem ich vertrauen könnte. Ich warte nun auf einen Onkel von mir, der mich besuchen will und anschließend nach Mailand zurückkehren wird. Ich werde ihm das Testament mitgeben, und er wird dafür sorgen, daß es Euch sicher erreicht.« Im Hinblick auf die weniger vertrauliche Antwort des Bruders fügte er freilich hinzu: »Schickt mir Eure Antwort über die Gondi« – ein Bankunternehmen mit Filialen in Frankreich.[10]

Doch selbst die Handelssysteme waren nicht absolut sicher. Im Jahre 1581 schrieb ein Fugger-Korrespondent von Köln an die Filiale in Nürnberg, daß der Kurier aus Antwerpen beraubt worden sei: »… ein Achtel Meile vor der Stadt sind ihm die Briefe, die er hier empfangen hatte, abgenommen worden und teils geöffnet und zerrissen und ins Feld geworfen worden. Wo aber der Bote mit den Briefen, die er aus Antwerpen gebracht hat, hinge-kommen ist, kann man nicht erfahren.«[11] Doch wenn Enzyklopädisten wie Vasari bei der Zusammenstellung seiner Kunstgeschichte oder Paolo Giovio beim Schreiben der politischen und militärischen Geschichte seiner Zeit eine dringende Bitte um Auskunft übermittelten, konnten sie sich gleichwohl einigermaßen darauf verlassen, daß sie die richtige Adresse erreichen würde. Ortelius ließ eine Mitteilung an seine Leser drucken, in der er sie um neue Informationen bat und versprach, ihre Beiträge namentlich zu erwähnen. Robert Estienne forderte die Leser auf, ihm neue Wörter und sprachliche Gebräuche für die zweite Auflage seines französisch-lateinischen Wörterbuchs mitzuteilen. Für sein 1578 erschienenes Buch über *Verbreitete Irrtümer* (*Erreurs populaires*) erbat Laurent Joubert Ergänzungen zu den Themen Krankheiten und Medizin – und er erhielt innerhalb eines Jahres 456 Antworten. Über 3000 Briefe von und an Erasmus sind erhalten. Lipsius hatte bis zu seinem Tod im Jahre 1606 etwa 4300 Briefe an über 700 Briefpartner geschrieben bzw. von ihnen erhalten. Grotius schrieb und bekam rund 7600 Briefe. Derart riesige Korrespondenzen waren ebenso im Umlauf wie die weniger umfangreichen Briefwechsel zwischen orthodoxen Gelehrten und politischen und religiösen Radikalen oder wie die Briefe, die Nicolas Fabri de Peiresc – ein Freund von Camden und Bacon, Lipsius, Grotius und Scaliger wie auch des streitsüchtigeren Paolo Sarpi, des unerbittlichen Kritikers des tridentinischen Katholizismus, und des ketzerischen Utopisten Tommaso Campanella – aus seiner Heimatstadt Aix-en-Provence erhielt.

Zahlen und Namen können nicht die persönliche Warmherzigkeit vermitteln, von der das Reich des Geistes erfüllt wurde. Gemälde machten es fernen Freunden möglich, einander optisch zu vergegenwärtigen und voneinander zu hören. Erasmus und sein Freund Peter Gilles, der gelehrte Stadtsyndikus von Antwerpen, erteilten im Jahre 1517 den Auftrag, Porträts von Quentin Massys von den Niederlanden aus an Thomas More in London zu schicken – »so daß, falls das Schicksal uns beide dahinraffen sollte, wir

Quentin Massys, *Erasmus*, 1517 (HM The Queen, Hampton Court)

zumindest in irgendeiner Form bei Euch sein können«, kommentierte
Erasmus diese Bildersendung.[12] Auch der zwanzigjährige Philip Sidney
hatte sich 1574 von einem Veroneser Maler porträtieren lassen, als ihn sein
viel älterer Freund und Mentor Hubert Languet darum bat. Als sie sich in
Frankfurt voneinander verabschiedeten und Sidney seine Europareise in
Richtung Italien fortsetzte, hatte ihn Languet um dieses Porträt gebeten:
»Obgleich Euer Aussehen sich mir so ins Herz eingeprägt hat, daß es mir
immer vor Augen steht, bitte ich Euch doch, so freundlich zu sein, mir
diesen Gefallen zu erweisen.«[13] Gemeinsame Interessen, auch wenn sie
nicht durch tatsächliche Begegnungen gepflegt wurden, erweckten Zuneigung. Ruhm zog Verehrerpost an. Menschen, die Erasmus nur von
seinen Büchern her kannten, schrieben ihm Briefe, in denen sie sich
besorgt nach seiner Gesundheit und Ernährung erkundigten. Als ein
Antwerpener Kaufmann von seiner Vorliebe für die Weine aus Burgund

erfahren hatte, versicherte er ihm brieflich, wenn er doch nur einmal seine Bewunderer dort besuchen würde, »werden wir Euch nicht nur mit burgundischem, sondern auch mit persischem und indischem Wein versorgen, wenn Ihr das Bedürfnis danach habt«.[14] Ortelius erhielt einmal ein Widmungsschreiben, das etwas über die Gefühle aussagt, die Kollegen auch auf nicht an Universitäten gelehrten Gebieten – in diesem Falle der Kartographie und Kosmographie – füreinander hegten.

> Herzlich geliebter Ortelius,
> weder das ständige Fieber, das mich alle sechs Tage anfällt und tagsüber schüttelt, noch die Erwartung des nahen Todes, noch der unaufhörliche heftige Kopfschmerz können die Erinnerung an meinen Ortelius aus meinem unruhigen Hirn vertreiben, weshalb ich Euch mein *Wales* sende [Teil einer größeren Darstellung von England, die postum erschien] ... Nehmt daher dieses letzte Erinnerungszeichen Eures Humphrey entgegen und lebt für immer wohl, mein Freund Ortelius. Aus Denbigh, in Gwyneth oder Nordwales, den XXX. August 1568. Im Leben wie im Sterben
>
> Euer Humphrey Lluyd.[15]

Ortelius vermerkte auf diesem Brief, daß Lluyd am darauffolgenden Tag gestorben sei. Es ist durchaus typisch für das Reich des Geistes, daß die beiden Männer durch einen gleichgesinnten walisischen Finanzagenten einer Londoner Firma miteinander bekannt gemacht worden waren, als sie alle zusammen in Antwerpen gewesen waren.

Es versteht sich von selbst, daß gedruckte Bücher in diesem Reich die Hauptwährung waren. Sie ersparten das mühsame Abschreiben, und wenn sie unterwegs verlorengingen, konnten sie ersetzt werden. Sie erleichterten die Diskussion über größere Entfernungen hinweg, weil man sich auf Seitenzahlen und Zeichnungen in identischen Exemplaren beziehen konnte. Da sie noch nicht durch ein wirkungsvolles Copyright geschützt waren, konnten Raubdrucke ihre Verbreitung verdreifachen. Ihre Widmungen und Vorworte enthielten Mitteilungen und Danksagungen, die Fürsten und Gelehrte in einer Welt des Wissens zusammenbrachten, die großenteils außerhalb der von Universitätsprofessoren lagen. Seit Aldus hatten Drucker-Verleger ihre Ware in die vertrauten internationalen Handelskanäle eingeführt, und die Frankfurter Buchmesse, die jedes Jahr gegen Ende der Fastenzeit sowie im Spätsommer stattfand, war nicht nur ein Ort der Begegnung und ein Vertriebszentrum durch Bestellungen aufgrund von Vorausexemplaren, sondern sie stellte damals auch so etwas wie einen

letzten Ablieferungstermin dar: Sebastian Münster lag seinen Briefpartnern in Preußen in den Ohren, »daß er große Verluste erleiden würde«,
wenn er ihre Beiträge für seine *Cosmographia* von 1550 nicht rechtzeitig
erhielte und damit »das Werk nicht auf der bevorstehenden Fastenmesse
zu Frankfurt in den Handel bringen könnte«.[16] Scaliger schimpfte 1597 über
die häuslichen Umstände, die schuld daran seien, daß das Buch, an dem
er gerade arbeite, nicht zur nächsten Messe erscheinen könne. Seit 1564
wurden Kataloge der angebotenen Bücher veröffentlicht. Von den bis zum
Jahr 1600 darin angezeigten 30 000 Titeln waren fünfundsechzig Prozent
auf Lateinisch. Zu einer Zeit, da Autoren sich zunehmend der Volkssprache
bedienten, um ihre Ideen einem nationalen Publikum nahezubringen,
verweist diese Zahl auf die anhaltende Lebendigkeit des Lateinischen als
Grundsprache der Gelehrtenrepublik – in der Korrespondenz, die ihre
Mitglieder über Grenzen hinweg miteinander verband, wurde sie fast
ausschließlich verwendet. Ja, das Lateinische war selten zuvor mit einer
derart ungezwungenen Natürlichkeit und Gesprächigkeit gehandhabt worden wie in den ausgesprochen spontanen Briefen von Erasmus oder den
luzide bezaubernden von Scaliger.

Dies war indes auch das erste große Zeitalter der Übersetzung. Bis 1528
lagen Thukydides, Xenophon, Cäsar, Livius, Sueton und Sallust auf Französisch vor. 1558 beklagte sich Nicholas Grimalde im Vorwort zu seiner
Cicero-Übersetzung über die Rückständigkeit der Engländer, weil sie noch
längst nicht das für ihr Land getan hatten, was »Italiener, Franzosen,
Spanier, Holländer und andere Ausländer großzügigerweise für das ihre
getan« hätten.[17] Mit größerer Schärfe griff Henry Billingsley diesen Vorwurf
1570 in seiner Euklid-Übersetzung auf. Er hoffe, diese werde »andere
Gelehrte aufrütteln und anregen, ein Gleiches zu tun … Wodurch unsere
englische Sprache nicht weniger um gute Autoren bereichert wird als
andere fremde Zungen: etwa die der Holländer, Franzosen, Italiener und
Spanier, in denen man alle guten Autoren lesen kann, die sich unter den
Griechen oder Lateinern befinden. Dies ist«, fährt er fort, »die Hauptursache dafür, daß unter ihnen so viele gewitzte und geschickte Männer die
besten Möglichkeiten haben, merkwürdige und wunderbare Dinge zu
erfinden, wie wir dies in unseren Tagen dort erleben.«[18] Das lag ganz auf
der Linie des Nützlichkeitsdenkens, das gleichfalls zum Geist der Gelehrtenwelt gehörte: praktisch angewendet im Falle von Billingsley, der sich
als Londoner Kaufmann für den Nutzen der Mathematik bei den Naviga-
tionstechniken der Seefahrt interessierte, in moralischer Hinsicht exemplarisch relevant in Thomas Norths Übersetzung von Plutarchs *Parallelbiographien* (1579) – da er selbst kaum Griechisch beherrschte, machte er sich

die fortgeschritteneren Kenntnisse der »Ausländischen« zunutze und legte seinem Werk die französische Übersetzung von Jacques Amyot aus dem Jahre 1559 zugrunde.

Keinesfalls griffen alle Autoren, die international Gehör zu finden hofften, auf das Lateinische zurück. Bei Sprachen wie dem Flämischen, Holländischen und Tschechischen war dies unabdingbar, und wer Lateinisch nicht fließend beherrschte, nahm sich einen Übersetzer. Andere hingegen scheuten eher eine größere Verbreitung. Richard Mulcaster schrieb über das in seinem Buch *The Elementarie* (etwa *Die Grunderziehung*) vorgetragene Plädoyer für eine eher praktische Berufsausbildung für Jungen im Jahre 1581 an Ortelius: »Wenn unsere englische Öffentlichkeit damit einverstanden ist, werde ich es Euch auf Lateinisch schicken, aber wenn nicht, wünsche ich, daß sich meine Irrtümer auf meine eigene Insel beschränken.«[19] Paracelsus stellte das seltene Beispiel eines Autors mit einer Thematik von paneuropäischem Interesse dar, der sich weigerte, das Lateinische dafür zu bemühen, und trotzig behauptete, das Deutsche sei eine genauso elegante und würdevolle Sprache. Es war eher ein allgemeines Zeichen für das Bemühen um ein größeres Publikum, daß vielen Autoren, die auf Lateinisch schrieben, auch daran gelegen war, in ihrer Muttersprache bekannt zu werden, und daß sie entsprechende Übersetzer beschäftigten oder es ihren Verlegern überließen, einen zu finden. Verleger spielten oft eine Vorreiterrolle. Die ersten gedruckten Ausgaben der Geschichte von Florenz von Leonardo Bruni aus dem frühen 15. Jahrhundert beziehungsweise von Poggio Bracciolini um die Jahrhundertmitte wurden beispielsweise erst 1476 vom lateinischen Manuskript ins Italienische übersetzt. Und die Drucker, nicht der Autor, sorgten dafür, daß Sigismund von Herbersteins *Rerum moscoviticarum commentarii* schon wenige Jahre, nachdem sie 1549 auf Lateinisch erschienen waren, auch auf Italienisch, Deutsch und Tschechisch vorlagen.

Die Übersetzung aus einer fremden Volkssprache in die eigene konnte von Übersetzern als eine positive Mission angesehen werden. Castigliones *Buch vom Hofmann* erschien 1528 zuerst auf Italienisch. Es folgten lateinische, französische und deutsche Übersetzungen, und Sir Thomas Hoby, der das Buch ziemlich spät, nämlich erst 1561, ins Englische übersetzte, erklärte, er habe es als seine Pflicht angesehen, seinen Landsleuten eine so notwendige Anleitung zu nützlichem, gelehrtem und höflichem Verhalten zugänglich zu machen. Zu einer Zeit, als Schriftsteller sich bewußt darum bemühten, ihre jeweilige Volkssprache so weit zu entwickeln, daß sie sich immer besser als literarische Ausdrucksform eignete, beruhte der Reiz einer Übersetzung zum Teil auch darauf, daß sie als Beitrag zur

Nationalliteratur des Übersetzers angesehen wurde, insbesondere wenn es der nichtkanonische Status von Wörterbüchern rechtfertigte, durch Umschreiben oder gar durch Erfinden ein gewisses Maß an persönlicher Eigenheit einzubringen. Hobys *Courtier* enthielt an Stelle eines Vorworts einen Brief von Sir John Cheke, dem führenden englischen Gräzisten (und Übersetzer von Sophokles und Euripides ins Lateinische), der darauf hinwies, welche Herausforderung für den Übersetzer eine flüssige sprachliche Form darstelle. »Ich bin der Meinung«, schrieb Cheke, »daß unsere eigene Sprache sauber und rein geschrieben werden und sich nicht mit Anleihen aus anderen Sprachen vermischen und verfälschen sollte, denn wenn wir nicht rechtzeitig darauf achten, daß wir nicht immer nur borgen und nie bezahlen, wird sie eines Tages bankrott sein.«[20]

Übersetzungen aus einer Volkssprache in eine andere war absolut nichts Neues. Seit der Mitte des 14. Jahrhunderts waren die phantastischen Reiseberichte *Les Voyages d'outre mer (Die »Reisen« des Jean de Mandeville)* nicht nur ins Lateinische, Englische, Deutsche, Spanische und Italienische übersetzt worden, sondern sogar ins Tschechische, Dänische und Irische, ehe das Werk erneut in gedruckter Form Karriere machte. Im Mittelalter gab es nun gewiß keine derartige Menge und Vielfalt von Übersetzungen wie im 16. Jahrhundert, und darüber war sich auch Étienne Dolet im klaren, als er 1540 sein Buch über »die Art und Weise, eine gute Übersetzung von einer Sprache in eine andere zu verfertigen« herausbrachte. Luthers geistliche Lieder ebenso wie die Spottverse des Schusters und Meistersingers Hans Sachs erschienen auf Englisch; Castiglione, Ariost und Tasso auf Polnisch; der spanische Schelmenroman *Lazarillo de Tormes* auf Lateinisch, Englisch, Deutsch, Italienisch und Holländisch; Matteo Bandellos (hauptsächlich während seines Aufenthalts in Frankreich geschriebene) Sammlung von kurzen Erzählungen, die *Novelle (Novellen)* auf Spanisch; Montaignes *Essais* auf Italienisch und Englisch. Und wenn wir dazu noch an die Freizügigkeit denken, mit der Autoren unterschiedlicher Nationalität einander zitierten und paraphrasierten (Raimond de Fourquevaux' *Instructions sur le faict de la guerre – Kriegs Regiment –* waren großenteils eine uneingestandene Übersetzung von Machiavellis *I sette libri dell'arte della guerra – Sieben Bücher über die Kriegskunst –*), dann hat man eine gewisse Vorstellung von der Reichweite des »Tauschverkehrs des Geistes« und von der bis dahin undenkbaren Geschwindigkeit, mit der nunmehr Ideen wie die Formen, in denen sie sich ausdrückten, aufgenommen und ausgetauscht wurden.

Stilwanderungen

Der Begriff »internationale Gotik« impliziert bereits die Übertragung künstlerischer Ideen von einem Zentrum auf ein anderes. Die Fresken des Katalanen Ferrer Bassá aus den vierziger Jahren des 14. Jahrhunderts beispielsweise spiegelten die Einflüsse seines fernen Zeitgenossen Simone Martini aus Siena wider. Simone selbst war mit dem Stil, in dem französische Künstler arbeiteten, vertraut worden, als er vom König von Neapel, Robert von Anjou, Graf der Provence, in dessen Residenzstadt eingeladen wurde. Auf vielfältige Weise erfuhren Künstler und Auftraggeber in einem Land, was in einem anderen vorging: durch Einladungen an Künstler, deren Ruhm sich über die diplomatischen und kirchlichen Informationskanäle verbreitete; durch Bilder, die im Ausland in Auftrag gegeben und in Kirchen zu Hause zur Schau gestellt wurden; durch die »Wanderung« illustrierter Handschriften. Aber seit der Mitte des 15. Jahrhunderts wird dies deutlicher sichtbar, da der Handel mit Kunstwerken zunahm und mehr Belege darüber erhalten sind. Auftraggeber warfen ihre Netze weiter aus, Sammlungen wurden zusammengestellt, Künstler reisten nicht nur, um einen Auftrag zu erfüllen, sondern auch, um dazuzulernen, der Buchdruck ermöglichte es, daß Proben eines persönlichen Stils auf völlig neuartige Weise übermittelt wurden.

In künstlerischer Hinsicht zog sich Europa in sich selbst zurück. Durch das Vordringen der Türken verlor sich allmählich der Einfluß von Byzanz in Italien, der sich besonders stark in Venedig ausgewirkt hatte. Das gleiche galt auch für die maurischen Bogenformen und dekorativen Filigranarbeiten, die die portugiesische und südspanische Architektur einst verziert hatten – was sich dort weiterhin hielt, spiegelte nicht so sehr einen bestimmten Geschmack wider, sondern stellte in einem fast afrikanischen Klima eine Annehmlichkeit dar: kühl gekachelte Innenräume, Innenhöfe mit Wasserbehältern, durchbrochene Fensterläden. Und was anderswo an islamischen Keramiken, Glaswaren und Metallarbeiten importiert wurde, behandelte man zunehmend als Exotika, die eine gewisse Europäisierung verlangten – an einem Deckel, einem Griff oder einem Sockel. Bis zur Mitte des 16. Jahrhunderts reagierten türkische Kunsthandwerker auf diese Isolation mit dem Export von Erzeugnissen, die europäische Formen kopierten. Nur Teppiche, die man noch nicht mit heimischen Techniken nachbilden konnte, und ein wenig Keramik aus Iznik brachten auch weiterhin islamische Motive in europäische Häuser. Der Einfluß der Künste in den Überseeländern, in denen die Europäer so rasch vordrangen, lag noch

Michelangelo,
Brügger Madonna, um
1504/05 (Liebfrauen-
kirche, Brügge)

in ferner Zukunft. Dürer war ganz begeistert von der Kunstfertigkeit der mexikanischen Gold- und Silbergegenstände, die er 1520 in Brüssel sah: »Und ich hab aber all mein Lebtag nichts gesehen, das mein Herz also erfreuet hat als diese Ding.«[21] Gleichwohl wurden sie eingeschmolzen. Und was an neuen Importen dem Schmelzofen entging und in fürstliche Sammlungen Eingang fand, wurde als wirkungslose Kuriosität gesammelt. Geschäftliche und politische Rivalitäten sorgten dafür, daß Kaufleute und Staatsmänner auf die Wahrung des europäischen Einflusses in Übersee achteten. Wie wir gesehen haben, regten Berichte über »sie«, ganz gleich, ob es sich dabei um amerikanische Indianer oder Asiaten handelte, eine

Nuño Gonçalves, *Vinzenz-Altar*, um 1470 (Museu Nacional de Arte Antiga, Lissabon)

Neubewertung »unseres« Wesens an. Was aber die Hauptrichtung des kulturellen Bewußtseins betraf, so gab es in ganz Europa doch allzu viele neue eigenständige Impulse für Literatur und Kunst und ein so intensives Interesse an der gemeinsamen römischen Vergangenheit, daß man der Außenwelt kaum mehr als flüchtige Beachtung schenkte. In den Künsten ebenso wie in der Gelehrsamkeit (in der arabisches Wissen noch im Mittelalter eine so wichtige Rolle gespielt hatte) entwickelte sich der Kontinent zunehmend zu einer in sich geschlossenen Welt, und gerade diese Isolierung förderte die Wanderung der Stile in Europa nur noch mehr. Ausländische Künstler, besonders wenn sie eine Zeitlang im fremden Land blieben und mit den dortigen Kollegen zusammenarbeiteten, waren von wesentlicher, ja oft – wie im Falle der von Franz I. nach Frankreich eingeladenen Italiener Rosso Fiorentino, Primaticcio, Cellini – von ent-

scheidender Bedeutung für den Richtungswandel in einem nationalen Stil.
Neben der Wanderung von Menschen spielte auch der Handel mit Kunst-
gegenständen eine Rolle. Der Ruhm von Michelangelos riesigem *David*,
der 1504 vor dem Palazzo Vecchio in Florenz aufgestellt worden war,
bewegte einen flämischen Wollhändler, der die Stadt besuchte, die mar-
morne *Madonna mit dem Kind* zu kaufen.

Aber erst eine Generation später, nachdem sie in der Liebfrauenkirche in
Brügge aufgestellt worden war, betrachtete man sie ebenso als exemplari-
sches Kunstwerk wie als Gegenstand der Andacht. Und weil Kaufleute,
wenn sie solche Werke importierten, mindestens ebensosehr auf den
heimischen Ruhm des Künstlers reagierten, wie dessen Werk ihrem eigenen Geschmack entsprach, der sich in einem ganz anderen kulturellen
Umfeld gebildet hatte, konnte die Ankunft ausländischer Meisterwerke

besonders anregend sein. Wir haben bereits gesehen, wie der *Portinari-Altar* von Hugo van der Goes nach Florenz kam: nachdem Handelskontakte mit Flandern Werke von Jan van Eyck und Rogier van der Weyden bekannt gemacht hatten. Das Flügelaltarbild von van der Goes wurde 1483 in Tommaso Portinaris Familienkapelle aufgestellt, und zwar vor dem Hintergrund von Fresken von einigen der innovativsten italienischen Maler aus der Mitte des 15. Jahrhunderts: Domenico Veneziano, Andrea del Castagno und Piero della Francesca, die alle stilistische Tendenzen repräsentierten, welche in auffälligem Gegensatz zu dem Stil von van der Goes standen. Teilweise stellte gerade die Disharmonie dieses Arrangements eine Anregung für einheimische Künstler dar, von Domenico Ghirlandaio bis Leonardo, die das flämische Werk dort erblickten und Aspekte von ihm übernahmen, die sie für wesensverwandt mit ihrem eigenen Werk hielten. Das Altarbild kam nach einer langen Seereise sicher an. Nicht alle Käufer hatten solches Glück. Iacopo Tani, wie Portinari ein Bankier der Medici in Brügge, gab bei einem anderen genialen und regional berühmten Künstler, Hans Memling, ein Triptychon mit dem *Jüngsten Gericht* in Auftrag – Memlings wohl berückendstes und eindringlichstes Bild. Es war ebenfalls für eine Familienkapelle in Florenz bestimmt. Aber das Schiff, auf dem es überführt werden sollte, wurde von einem Danziger Piraten gekapert, der das Altarbild der dortigen Marienkirche als Trophäe schenkte. Die Erwerbung von Kunstwerken durch Kaufleute, ob sie nun für den persönlichen Bedarf waren wie in diesen Fällen oder spekulative Investitionen darstellten, analog zu den Tapisserien und Stichen als einer sicher verkäuflichen, aus dem Norden in den Süden gebrachten Importware – diese Erwerbungen waren Mittler eines Stils, mit all seinen möglichen oder unmittelbaren Auswirkungen. Wenn es derartige Importe im Ausland nicht gegeben hätte, ließe sich beispielsweise nur schwerlich eine Erklärung finden für die kompositorische Gestaltungskraft und die psychologisch-menschliche Eindringlichkeit der Figuren, die sich auf dem Polyptychon drängten, das Nuño Gonçalves um 1470 für die Sankt-Vinzenz-Kapelle der Lissabonner Kathedrale gemalt hatte. Erst der Handel zwischen Lissabon und Flandern ermöglichte es Gonçalves, über den etwas hölzernen Provinzialismus seines Heimatlandes hinauszugelangen.

Weil südländische Kaufleute im großen ganzen mit dem Markt für Luxuseinrichtungen besser vertraut waren als ihre Kollegen im Norden, begünstigte die Bilanz im Import-Export-Geschäft bis zum Beginn des 16. Jahrhunderts den Fluß von Kunstwerken aus Nordeuropa in den Süden – ein Handelsverkehr, der Maler dazu anregte, statt Holztafeln lieber Leinwand zu verwenden, die zusammengerollt leichter transportiert werden konnte.

Danach wurde dieser Verkehr mehr von der kulturellen Diplomatie und der persönlichen Initiative von Auftraggebern und Sammlern geprägt. Im Jahre 1502 gab die florentinische Regierung, die auf französische Militärhilfe im Krieg gegen Pisa angewiesen war, bei Michelangelo einen bronzenen *David* in Auftrag und sandte ihn per Schiff an Florimond Robertet, dem obersten außenpolitischen Berater des französischen Königs. Darüber hinaus gesellten sich damals zu den Pferden, Waffen und Rüstungen, die Fürsten einander zu überreichen pflegten, auch noch Medaillen und Porträts. Üblicherweise kombinierten solche Medaillen ein realistisches Porträt auf einer Seite mit einem Propagandabild oder einem sich von selbst verstehenden Emblem auf der anderen Seite, sie waren reproduzierbar und leicht zu transportieren und stellten außerdem eine Verdichtung des Stils der Zentren dar, von denen aus sie ins Ausland gingen – persönliche Geschenke und kulturelle Mittler zugleich.

Und das konnten auch gemalte Porträts sein. Die Wittenberger Werkstatt von Lucas Cranach dem Älteren erhielt 1533 den Auftrag, nicht weniger als sechzig Porträtpaare von dem frischgekrönten sächsischen Kurfürsten Johann Friedrich und seiner Frau Sibylle zu verfertigen, die an seine politischen Kontaktmänner verteilt werden sollten. Als 1550 ein kriecherischer Mailänder Hofbeamter an Granvelle, den Staatssekretär Karls V., schrieb und ihn um ein kaiserliches Porträt von »Eurem hervorragendsten Maler«[22] Anthonis Mor bat, erhielt er eine Kopie von einem Ateliergehilfen. Gleichwohl sorgten Porträts, selbst wenn sie keine Originale waren, mit größerer Direktheit für die Verbreitung künstlerischer Stile im Ausland als viele Übersetzungen literarischer Werke.

Die Gipsabgüsse antiker Skulpturen in Italien, die in Frankreich eingeführt wurden, beeinflußten das klassizistische Werk von Pierre Bontemps, der für die Gestaltung des Grabmals von Franz I. verantwortlich war, sowie den elegantesten Manieristen unter den französischen Bildhauern des 16. Jahrhunderts, Jean Goujon. Die Kopien und Varianten berühmter Gemälde wie Leonardos *Heilige Anna selbdritt* (1501–1507), die von Schülern verfertigt werden konnten, als es noch keine Eigentums- oder Urheberrechte für Auftraggeber oder Künstler gab, gelangten bis in ferne Länder. Aber die anregendsten Multiplikatoren kamen aus der Druckerpresse – und zwar nicht das gedruckte Wort, sondern die gedruckte Illustration.

In einer Hinsicht hatte der Druck die Vermittlung von Stilen, die mit einem Blick voll erfaßt werden konnten, behindert, indem er nämlich die Produktion von illustrierten Handschriften verringerte – Schwarzweißreproduktionen konnten eben nicht den Lichteffekt wiedergeben, den Piero della Francesca von der Buchmalerei aus dem Kreis um seinen französischen

Giovanna Tornabuoni, Bronzemedaille von Niccolò Fiorentino,
um 1486 (British Museum, London)

Zeitgenossen Jean Fouquet gelernt hatte. Den größten Nutzen bei der
Mischung ausländischer und einheimischer Stile boten vor allem illustrierte Werke über Architektur, von Serlios Werk über die Säulenordnungen
aus dem Jahre 1537 und Giacomo da Vignolas *Regole delli cinque ordini
d'architettura (Regeln der fünf Ordnungen der Architektur)* von 1562, über
Andrea Palladios *I quattro libri dell' architettura (Die vier Bücher zur
Architektur*) von 1570 und Jacques Androuet du Cerceaus *Les plus excellents
bastiments de France (Die schönsten Bauwerke Frankreichs)* von 1579 bis zu
Vincenzo Scamozzis *L'idea della architettura universale (Die Idee der universalen Architektur)* von 1615. Diese Werke zeigten, was alles gebaut
worden war und noch gebaut werden sollte, und die Illustrationen konnten
als Vorbilder selbst von den Architekten herangezogen werden, die nicht
in der Lage waren, die Texte zu lesen. Für Maler, Bildhauer und Innen-
architekten gab es seit der Mitte des 16. Jahrhunderts enzyklopädische
Handbücher mit Illustrationen von Personifikationen (wie wir am Beispiel
der Europa gesehen haben) und von anderen verkürzten symbolischen
Methoden zur Verbreitung von Ideen – Bienen, beispielsweise, die aus
einem weggeworfenen Helm schwärmten, als ziemlich direktes Bild für
Frieden und das Leben, das nach den Unterbrechungen durch den Krieg
wieder aufblühte. In seiner *Iconologia* von 1611 gelang es Cesare Ripa
sogar, eine derart komplexe Idee wie die Staatsräson symbolisch darzustellen: eine Frau in einer Rüstung hält den Löwen, Symbol der Kraft, durch

den Druck einer Hand ruhig, während die andere das Szepter der Herrschaft schwingt; mit einem Fuß steht sie auf einem Buch – es trägt die Aufschrift IUS (Recht) und ist von ihrem Waffenrock halb verdeckt, weil die Staatskunst es erfordert, daß gewöhnliche Rechtsverfahren in Zeiten der Not in den Hintergrund treten müssen. Diese Figur war als Teil der ikonographischen Ausdruckselemente auf der Titelseite eines 1624 in Venedig erschienenen Buches unverändert kopiert worden.

Die Frankfurter Buchmessen fungierten als Vertriebszentrum für Stiche und künstlerische Holzschnitte – also Graphiken, die nicht einfach an ein Publikum verschleudert wurden, das beliebte Flugblätter mit den neuesten Nachrichten oder religiöse Bilder haben wollte. Johann Cochlaeus, ein Bekannter von Dürers Freund und Gönner Willibald Pirckheimer, schrieb an diesen aus Frankfurt im Jahre 1520, zu seinem Erstaunen gebe es nur wenige Werke von Dürer, doch »von dem Holländer Lucas van Leyden jede Menge Stiche im Handel«.[23] Aber Dürer war damals bereits zu seiner Reise in die Niederlande aufgebrochen, wo er seine Drucke auf eigene Faust veräußerte, wobei er einige verkaufte, andere tauschte – wie etwa in Antwerpen gegen die von Lucas van Leyden – und mit den Werken deutscher Graphikerkollegen wie Hans Baldung handelte. Und dieser Austausch zwischen deutschen und niederländischen zeichnerischen Ideen, den Dürer bereits als junger Mann durch die Stiche von Martin Schongauer aufgenommen hatte, die von beiden beeinflußt waren – dieser Austausch fand seine noch umfassendere Parallele im Umlauf deutscher Druckgraphiken in Italien und umgekehrt. In der Mitte des 16. Jahrhunderts gestand Vasari den deutschen Stichen und Holzschnitten nur widerwillig einen derartigen Einfluß zu. Für ihn hätten sie ein Interesse an der ländlichen Szenerie und deren tatsächliche Gestaltung angeregt (verdrießlich erklärte er: »Jeder Flickschuster hat in seinem Haus eine deutsche Landschaft.«[24]) und einen ungebührlichen Beiklang von spontaner Gefühlsbetontheit eingeführt – sie hätten, wollte er damit sagen, das wahrhaft italienische Genie verdorben, das das Harmonische und Ideale in der unfertigen Masse der natürlichen Erscheinungen und psychologischen Marotten gepflegt habe. So sei es auch beklagenswert, daß sich Jacopo da Pontormo in seinen Werken seit den zwanziger Jahren des 16. Jahrhunderts zu Dürers Manier hingezogen gefühlt habe, so »daß der Reiz seiner eignen Manier, die von Natur weich und mild war, durch dieß neue Studium und die Strenge deutscher Manier sehr litt, und man in all jenen Werken, obwohl sie schön sind, doch nur wenig von der Anmuth erkennt, welche bis dahin seine Gestalten schmückte«.[25] Das lag ganz auf der Linie des älteren Vorurteils, das dem venezianischen Kupferstecher Jacopo de'

Barbari nach der Rückkehr von einem Arbeitsaufenthalt in Deutschland
den nicht gerade schmeichelhaften Beinamen »von den Barbaren« einge-
tragen hatte. Gleichwohl wurde die erste und zweite Generation der
norditalienischen Maler des 16. Jahrhunderts – von Giorgione, Tizian und
Pordenone bis Lotto und Gaudenzio Ferrari – von Drucken aus dem Norden
erheblich beeinflußt. Ja, Vasari selbst verwendete eine stark vergrößerte
Kopie eines Dürer-Holzschnitts, Die Belagerung einer Festung, als Hintergrund für eines seiner historischen Gemälde im Palazzo Vecchio in Florenz.
Und dieser Einfluß reichte hinein bis in die eifrige Suche nach neuen
Erzählbildern zur Belebung der Teller und Schalen, die die aufblühende
Majolika-Industrie für die Tische der Wohlhabenden produzierte.

Im Gegenzug vermittelte Italien dem Norden weniger Stiche, die eigenständige Kunstwerke waren, sondern vielmehr Bilder, die das Werk bedeutender Maler bekannt machten, indem sie die vereinfachten Grundprinzipien ihres Stils wiedergaben. Als Vasari italienische Kupferstecher rühmte,
dachte er dabei insbesondere an Marcantonio Raimondis Drucke nach
Raffael aus den zwanziger Jahren des 16. Jahrhunderts und an die von dem
römischen Drucker Antonio Lafreri in den vierziger Jahren in Auftrag
gegebenen Stiche nach Michelangelo. »... sie förderten die Arbeiten treff-
licher Meister ans Licht«, schrieb er in seiner Biographie von Marcantonio,
»führten die verschiedenen Erfindungen und Weisen der Maler denen vor
Augen, welche sich nicht nach den Orten begeben können, wo die haupt-
sächlichsten Kunstwerke gefunden werden, und lehrten den Bewohnern
jenseits der Berge vieles, was ihnen bis dahin unbekannt war.«[26] Und
italienische Drucke von Schmuckleisten und -motiven bereicherten den
deutschen Bestand an gedruckten Mustern für Tischler, Stukkateure und
Silber- und Goldschmiede, der Handwerkern in ganz Europa Anregungen
lieferte.

Das Sammeln zeitgenössischer Kunstwerke um ihrer selbst willen – statt
daß man sie für fromme Zwecke oder für die Inneneinrichtung kaufte –
wurde in Italien durch das Interesse am Erwerb antiker Gemmen und
Münzen, Vasen und Skulpturen angeregt. In den siebziger Jahren des
15. Jahrhunderts brachte Giovanni Rucellai, der florentinische Auftraggeber von Leon Battista Alberti, die prototypische Einstellung eines Kunst-
sammlers zum Ausdruck, als er bemerkte, »daß wir in unserem Hause« –
dem Palast, den Alberti für ihn entwarf – »viele Gegenstände der Bildhauerkunst und Malerei und der Holzeinlegearbeit aus den Händen der besten
Meister haben, die vor einiger Zeit gelebt haben, und zwar nicht nur in
Florenz, sondern in ganz Italien«.[27] Im Jahre 1502 schrieb Isabella d'Este,
die Frau des Marchese von Mantua: »Wir wünschen in unserem *camerino*«

– einem Zimmer im Erdgeschoß des Gonzaga-Palastes – »Bilder mit einer
[erzählerischen] Handlung von den hervorragendsten Malern zu haben,
die es heute in Italien gibt.«[28] Indem sie Familienmitglieder und Diplomaten außerhalb von Mantua einschaltete, trat sie praktisch an alle wichtigen
Maler heran – Mantegna, Giovanni Bellini, Perugino, Leonardo, Tizian
sowie Francesco Francia, Giorgione, Raffael und Michelangelo –, wenngleich nicht immer mit Erfolg.

Italiener kauften damals flämische Werke, weil sie ihnen gefielen, doch sie
betrachteten sie auch als Zeugnisse für die bewußte Spannbreite ihres
Geschmacks. Aber erst seit dem Kontakt, den die französischen Könige
Ludwig XII. und Franz I. auf ihren Eroberungszügen mit Italien bekamen,
wurden Sammlungen ausländischer Künstler außerhalb ihrer Heimat gezielt angelegt. Für Ludwig mochte die Überführung von Antiquitäten,
Handschriften und Gemälden aus Mailand und Pavia der Einstellung
verwandt gewesen sein, mit der die Venezianer Kunstwerke nach der Eroberung von Byzanz im Jahre 1204 nach Hause gebracht hatten, nämlich
in erster Linie als Trophäen. Franz hingegen war in seiner Habgier schon
differenzierter: Es war bereits ein Vorgeschmack auf eine künftige Gesinnung, als er 1528 Battista della Palla damit beauftragte, in Italien »eine
Vielzahl von Antiquitäten jeder Art, das heißt Marmor- und Bronze-
skulpturen sowie Gemälde von Meistern, die Seiner Majestät würdig sind«,
zu sammeln.[29] Della Pallas Aktivitäten wurden von Vasari schlichtweg als
Raub von Kulturgütern verurteilt und ebenso leidenschaftlich wie erfolgreich von der Witwe Pier Francesco Borgherinis zurückgewiesen, als
sie dahinterkam, daß er sie beschwatzen wollte, ihr Ehebett zu verkaufen,
weil es mit Malereien von Pontormo, Andrea del Sarto, Granacci und
Bachiacca verziert und damit eigentlich selbst eine Sammlung ebenso wie
ein Sammlerstück war. Und obwohl della Palla für sie nichts weiter als »ein
abscheulicher Händler ... ein billiger Handelsvertreter« war, der »herrschaftliche Schlafzimmer ihres Schmuckes berauben« wolle, gelang es ihm
schließlich, nach Marseille nicht weniger als vierzig Kisten mit Antiquitäten, Skulpturen und Gemälden zu verschiffen – Käufe und Aufträge
für neue Werke sowie Kopien von alten.[30] Diese Sendung förderte das
wachsende Interesse der Franzosen an der Antike. Sie bestätigte auch die
Ansicht, daß die zeitgenössische italienische Kunst vor allem aus Florenz
kam. Und durch die Einbeziehung von Werken wie Rossos *Moses verteidigt
die Töchter des Jethro* verstärkte sie noch den Hang zum Manierismus in
den Werken der Künstler, die Franz dafür bezahlte, daß sie für ihn in
Fontainebleau und anderen königlichen Residenzen arbeiteten.

Später wurden die Sammler wählerischer, insbesondere Fürsten, die sich dank ihrer internationalen Kontakte darüber auf dem laufenden halten konnten, wer gerade im Gespräch war. Philipp II. von Spanien schätzte Werke von Joachim Patinier und Hieronymus Bosch ebenso wie von Tizian. Spaniens territoriale Verbindungen zu den Niederlanden und Italien übten zwar einen gewissen Einfluß auf den Geschmack Rudolfs II. aus, aber seine Kunstsammlungen ebenso wie seine Sammlungen von Kuriositäten aus der Natur und von technischen Erfindungen hielten sich nicht an irgendwelche politischen Richtlinien. Rudolf war am Hof seines Onkels Philipp II. aufgewachsen, und später stellte er im Hradschin in Prag Malern und Bildhauern aus Italien, Spanien, Frankreich, den Niederlanden, Deutschland und der Schweiz Ateliers und Werkstätten zur Verfügung, wo sie für sich wie für ihn arbeiten konnten. Das im späten 16. Jahrhundert aufkommende modische Interesse an Gemälden von Sammlerkabinetten und Empfangsräumen zeigt, wie viele vergangene und gegenwärtige Richtungen man in diesen Stilenzyklopädien zu Rate ziehen konnte und wie sehr sich der Handel mit Kunstwerken ausgeweitet hatte.

Einige Künstler gingen hauptsächlich auf Reisen um zu lernen – sie trafen mit Kollegen zusammen, studierten ihre Werke und nahmen Aufträge an, um ihren Lebensunterhalt zu bestreiten, ehe sie wieder heimkehrten. Andere, wie die Künstler aus Rudolfs Truppe, wurden fest angestellt, damit sie bleiben und außerhalb ihres Landes arbeiten konnten. Ihre Beiträge zur Wanderung der Stile waren natürlich von Idiosynkrasien geprägt. Bruegel lehnte alles ab, was sich ihm auf seiner Reise durch Italien in den fünfziger Jahren des 16. Jahrhunderts anbot. Als El Greco in den sechziger Jahren nach Italien kam, legte er den auf die Ikonenmalerei zurückgehenden Stil ab, den er noch in seiner Heimat Kreta praktiziert hatte, aber als er nach Spanien ging, folgte er einer eigenen Vision, die der neuen wie der alten Heimat zunehmend weniger verdankte. Im letzten Drittel des Jahrhunderts übernahmen die aus dem Norden kommenden Bildhauer Jean Boulogne (dessen Name während seiner langen Anstellung in Florenz zu Giovanni Bologna naturalisiert wurde) und Adrien de Vries den verführerischen italienischen Stil mit solcher Hingabe, daß man sie ungeachtet ihrer unverwechselbaren Ausdruckskraft als Italiener ehrenhalber ansehen kann. Und nicht alle Künstler, die im Ausland arbeiteten, teilten ihre eigene Manier ihren dortigen Kollegen mit, sondern gingen vielmehr eine friedliche Arbeitssymbiose mit ihnen ein. Gleichwohl regten Künstler, die reisten, um zu lernen oder eine Anstellung zu finden, immer häufiger den Wechsel von den regionalen Varianten der Gotik zu den mit der Renaissance verbundenen Stilen an.

Abgesehen von dem mitteleuropäischen Wanderjahr, das den jungen Dü-

Selbstporträt von Maerten van Heemskerck in Rom (Fitzwilliam Museum, Cambridge)

rer in die Schweiz und über den Rhein nach Straßburg und Colmar führte, und von solchen seltenen Fällen wie dem, daß der Herrscher von Mailand, Francesco Sforza, kurz nach der Mitte des 15. Jahrhunderts seinen Hofmaler Zanetto Bugatti in die Werkstatt von Rogier van der Weyden schickte, damit er dort noch hinzulernte – ansonsten also verlief der Schulweg der Künstler von Norden nach Süden. Insbesondere aus den Niederlanden gingen Künstler, die gegen die gewissenhafte Mustergültigkeit ihrer eigenen traditionellen Schule aufbegehrten, auf Reisen, um andere Bräuche zu erkunden. Als Lodovico Guicciardini die Veränderungen gewahrte, die Italien im Werk von Malern wie Jan Gossaert (Mabuse), Jan van Scorel und Maerten van Heemskerck sowie bei dem Bildhauer und Architekten Cornelis Floris bewirkt hatte, meinte er, in seinem Reisebuch *Niderlands Beschreibung (Descrittione di tutti: i Paesi Bassi),* das er nach einem langen Aufenthalt dort 1561 geschrieben hatte, die erzieherische Rolle Italiens für die Kunst des Nordens rühmen zu müssen. Nachdem er eine Liste von Namen aufgeführt hatte, fuhr er fort:

Solche gedachte Maler / Bawmeister und Bildschnitzer seind schier
alle in Italia gewesen / einer zu lehrnen / der ander die Antiquiteten
zusehen / und die fuertreffliche Kuenstler jhres beruffs zu erkennen
/ und etliche jr glueck zu suchen / unnd sich inn kundschafft zu
bringen / und wann sie dann jren lust und willen in dem erlangt
mehrertheils mit guter erfahrenheit / gut und ehr wider in das
Vatterlandt zu Hause kommen. Und volgends von hie auß zerstrewen
sich die Meister inn Engellandt / in das gantz Teutschlandt / und
sonderlich inn Dennemark / Schweden / Norwegen Polen / und in
andere Mittnaechtige Lander biß in die Moscow / unangezogen
dieselben / die inn Franckreich / Hispania unnd Portugal reisen / ja
mehrertheils mit grossem geschenck und bestallungen von den
Fürsten / Gemeinde / und andern Potentaten beruffen / welch es
zwar nicht weniger wunder dann ehre ist.[31]

Dank der Diaspora der italienisierten ebenso wie der italienischen Künstler
und der offenbar unerschöpflichen Selbsterneuerung der auf der Halbinsel
selbst entstandenen Stile und Techniken behielt Italien lange Zeit seine
erzieherische Vorreiterrolle. Als Rubens im Jahre 1600 von Antwerpen
aufbrach, schrieb sein Neffe, er sei »erfüllt von dem innigen Wunsch, Italien
zu sehen und mit eigenen Augen die berühmtesten antiken und modernen
Kunstwerke in jenem Land zu erblicken und seine Kunst nach diesen
Vorbildern zu entwickeln«.[32] Solche Pilgerfahrten zum unbefrachteten Naturalismus und klassischen Anspielungsreichtum als den so befreienden
Aspekten italienischer Stile erfolgten im Westen hauptsächlich aus Spanien, und zwar bevor sich italienische Künstler auf Einladung Philipps II.
häufiger hier aufhielten. Jene Aspekte veränderten nach der Rückkehr das
Werk von Besuchern wie dem Maler und Bildhauer Alonso Berruguete –
der auch die frühen Zuckungen des italienischen Manierismus miterlebte
– und von Pedro Machuca, der wie sein Vorbild Raffael Maler und Architekt
war. Es liegt eine gewisse Ironie des Schicksals darin, daß der Bau von
Machucas italienisiertem Arkadeninnenhof für den Palast Karls V. in der
Alhambra von Granada 1527 begonnen wurde – im selben Jahr also, da die
Truppen des Kaisers Rom plünderten.
Künstler, die um ein Salär baten oder eines angeboten bekamen, damit sie
im Ausland arbeiten konnten, interessierten sich wie Söldner kaum für die
religiöse oder politische Rolle ihrer Auftraggeber. Gentile Bellini hielt sich
von 1479 bis 1481 in Konstantinopel auf, wohin er eingeladen worden war,
um das Porträt des Sultans zu malen. Der Bildhauer Guido Mazzoni aus
Modena arbeitete gerade in Neapel, als die Eroberungstruppen von

Innenhof des Palastes von Karl V. in der Alhambra, Granada

Karl VIII. im Jahre 1495 die Stadt im Sturm nahmen. Er wurde Karl vorgestellt, und weil er von ihm geadelt wurde, folgte er dem König geschmeichelt nach Frankreich, wo er sein Grabmal in Saint-Denis entwarf und nach Karls Tod dessen gleichfalls in Italien einfallendem Nachfolger Ludwig XII. diente. Als Mazzoni selbst starb, und zwar kurz nach seiner Heimkehr, wurde sein Grab mit den Lilien Frankreichs geschmückt. Dank reichhaltigerer Quellen erfährt man etwas mehr über die Motive und Gesinnungen der italienischen Künstler, die seinem Beispiel im Laufe der nächsten beiden Generationen folgten. Ein besonderer Anreiz war der Luxus eines festen Einkommens. Im Jahre 1516 hatte Franz I. den müde gewordenen dreiundsechzigjährigen Leonardo da Vinci seiner »Sammlung« bedeutender Künstler einverleibt und ihn als Genie wie als Kuriosität gegen einen Vorschuß von 700 Kronen im Jahr in einem Vorort von Amboise untergebracht. Er mußte nur wenig tun, obgleich er, wie Antonio de Beatis bemerkte, trotz eines vor kurzem erlittenen Schlaganfalls »noch zeichnen und unterrichten kann«.[33] Benvenuto Cellini wurde für seine aktiveren Dienste für Franz I. von 1540 bis 1545 die gleiche Summe angeboten, und der großzügig honorierte florentinische Bildhauer Giovanni Rustici, der 1554 in Tours starb, schrieb mit einer gewissen

Selbstgefälligkeit, daß »Männer, die sich den ganzen Tag plagen, will sagen, die für einen Lebensunterhalt statt um der Ehre willen arbeiten, eigentlich Arbeiter sind – Kunstwerke können nicht ohne langes Nachdenken erschaffen werden«.[34] Eine radikale Änderung in seinem persönlichen Status erlebte Rosso: »So lebte er nicht mehr wie ein Maler«, hat Vasari dazu bemerkt, »sondern wie ein Fürst, hielt sich Dienerschaft und Pferde und hatte ein Haus mit Tapeten, Silberzeug und anderem Zubehör und Hausrath von Werth.«[35] Falls Rosso 1540 tatsächlich Selbstmord beging – der erste Künstler, von dem man weiß oder mit gutem Grund annimmt, daß er sich selbst umgebracht hat –, dann geschah dies nicht, weil er in Ungnade gefallen war, sondern weil der finanzielle Erfolg, der ihn übertrieben prozeßsüchtig werden ließ, seinem unsteten Temperament geschadet hatte. Andrea del Sarto hingegen, der in Frankreich mehr als in Florenz verdiente, wurde von seiner Frau überredet, innerhalb von zwei Jahren wieder heimzukehren, und Francesco Salviati war in Frankreich so unglücklich, daß auch er wieder ging, bevor zwei Jahre vergangen waren, und Vasari gegenüber erklärte, »wie gut er [Vasari] gethan habe nicht nach Frankreich zu gehn, und erzählte ihm Dinge, die geeignet waren, die Lust dazu einem jeden zu vertreiben, in dem sie noch so groß gewesen wäre«.[36]

Salviatis Aufenthalt von 1554 bis 1556 fiel mit der Erschöpfung der französischen Finanzen infolge des Kriegs und des zunehmenden Parteienzwists am Hofe von Franz' Nachfolger Heinrich II. zusammen. 1562 setzten die Unruhen der Bürgerkriege ein, und die italienische Königinmutter Caterina de' Medici wurde immer unbeliebter. Aber es war nicht einfach auf politische Wirren zurückzuführen, daß die großartige Epoche beendet war, in der die Künste von Italien beeinflußt worden waren. Inzwischen hatte man nämlich schon alles Nötige gelernt und die intellektuellen Prinzipien in einem Maße übernommen, das dem französischen Geschmack entsprach. Parallel zu dieser Entwicklung gingen weniger niederländische Maler nach Italien, um zu lernen, wie es Rubens und nach ihm van Dyck noch taten, sondern reisten, da sie bereits an die eingebürgerten italienisierenden Stile zu Hause gewöhnt waren, zur Halbinsel, um sich nach Arbeit umzusehen, und einige wurden auch als gleichgesinnte Kollegen und Mitarbeiter aufgenommen. Es war schon ein hohes Lob, das Vasari einem Porträt seines Idols Michelangelo von dem flämischen Maler und Graphiker Giovanni Strada (sein Name wurde in Jan van der Straat naturalisiert) wegen solcher geschätzter italienischer Qualitäten zollte: »vorzüglich in der Zeichnung, reich an Gedanken und Erfindungen und sehr geschickt in Behandlung der Farben«.[37] Die beiden Landschaftsmaler Mattheus und Paul Bril wurden im späten 16. Jahrhundert von Päpsten gefördert, die von den Werken Raffaels, Michelangelos und Giulio Romanos umgeben waren. Die um 1600 entstandene, ganz im italienisierenden Stil gehaltene Intarsienvertäfelung in der Sakristei der Certosa di San Martino in Neapel trägt die Signaturen »Lorenzo Ducha, de Frisone« (aus den nördlichen Niederlanden) und »Teodoro de Vogel, Fiammingo« (der Flame).

Wie bei »Giovanni Bologna« verschleiert der Name des bedeutenden französischen Porträtisten Corneille de Lyon seine holländische Herkunft, genauso wie der spanische Maler Alejo Fernández eigentlich aus Deutschland stammte. Isaac Oliver, der wichtigste Schüler des einzigen genialen englischen Malers im 16. Jahrhundert, des Miniaturenmalers Nicholas Hilliard, war Franzose. Die Gesichtszüge von Heinrich VII. kennen wir anhand der Grabmalsskulptur von Pietro Torrigiano, der aus Florenz geflohen war, nachdem er Michelangelo einen Nasenstuber versetzt hatte, und dessen Leben in einem Gefängnis der spanischen Inquisition endete. Wir sehen Heinrich VIII. und die prominenten Engländer und Engländerinnen seiner Zeit durch den Pinsel und den Bleistift eines Augsburgers, Hans Holbein des Jüngeren, Maria Tudor durch die Augen des Holländers Anthonis Mor, Elisabeth hauptsächlich durch die von Lucas de Heer, Hans Eworth und anderer Flamen und ihrer Atelierkopisten. Erst mit der Berufung des schwachen Robert Peake zum Maler des Sohnes von Jakob I., Henry, Prince of Wales, wurde ein Einheimischer offiziell damit betraut, Bilder englischer Herrscher zu malen.

Ein paar Künstlern kam es bei diesem Prozeß des Lernens und Vermittelns zugute, daß sie in ein diplomatisches Gefolge aufgenommen wurden. Rodrigo Borgia, der künftige Papst Alexander VI., brachte italienische Freskenmaler mit, die 1472 in der Kathedrale von Valencia arbeiteten. Jan Mostaerts Kunst nahm eine radikale Wendung, nachdem er 1508 den Bischof von Utrecht nach Rom begleitet hatte. Während eines Aufenthalts in England im Gefolge von Philipp II. erstellte der italienische Medailleur Jacopo da Trezzo das erste klassisch inspirierte Porträt einer englischen Monarchin, Maria Tudor. Durch seinen Einfluß auf die Medailleure, denen er auf weiteren Reisen mit Philipp oder auf unbedeutenderen diplomatischen Missionen in seinem Namen begegnete, führte er die stilistische Tradition von Pisanello, Matteo de' Pasti und anderen italienischen Medailleuren des 15. Jahrhunderts in Flandern und Frankreich ein, wo sogar der bedeutendste Medailleur seiner Zeit, Guillaume Dupré, sich von Jacopos Werk inspirieren ließ. Weitere Möglichkeiten zum Ideenaustausch boten die großangelegten Gemeinschaftsprojekte, deren Umfang und zeitliche Planung es erforderlich machten, daß man sich weithin auf den heimischen

und ausländischen Arbeitsmärkten für Künstler und Kunsthandwerker
umsah: Franz' I. Fontainebleau, Herzog Cosimos I. großzügiger Umbau des
Palazzo Vecchio in Florenz während der sechziger Jahre des 16. Jahrhunderts, die seit den siebziger Jahren erfolgende Einrichtung von Philipps II.
riesiger Palast- und Klosteranlage, dem Escorial.

Gleichwohl war keiner der bedeutendsten innovativen und einflußreichen
Künstler (Leonardo war da eine rätselhafte Ausnahme) bereit, die heimische Atmosphäre, in der ihre Phantasie – wie ihr einträgliches Atelier –
gedieh, zu verlassen, es sei denn für Gelegenheitsreisen. Botticelli, Raffael,
Michelangelo, Giovanni Bellini, Correggio, Tizian, Tintoretto, Annibale
Carracci, Caravaggio (immerhin hinterließ er während eines kurzen Aufenthalts auf Malta die düster grüblerische *Enthauptung Johannes des
Täufers* in der Kathedrale von Valetta); Bosch und Bruegel; Grünewald,
Altdorfer und Cranach; Jean Fouquet und Jean Perréal (auch wenn beide
durch Aufenthalte in Italien, um 1450 und um 1500, beeinflußt worden
waren) – sie alle blieben zu Hause oder arbeiteten ganz in der Nähe und
ließen ausländische Agenten zu sich kommen, und diese Liste ließe sich
noch verlängern. Selbst Dürers Lern- und Arbeitsaufenthalte in Venedig –
im Winter 1494/95 und zwischen 1505 und 1507 – waren nur vorübergehende Unterbrechungen seines langen Arbeitslebens in Nürnberg, von
seiner 1486 beginnenden Lehre bis zu seinem Tod im Jahre 1528. Aber
sobald Künstler und ihre Auftraggeber einmal damit angefangen hatten,
einen fremdländischen Stil zu bewundern, wie dies in Frankreich seit der
Mitte des 16. Jahrhunderts der Fall war, wurde er auf geradezu natürliche
Weise übernommen durch die Werke, die von eher talentierten als genialen heimischen Kräften produziert wurden, sowie durch importierte Werke, die eine fremde Manier verkörperten, deren Implikationen man aber
im Laufe der Zeit verstehen lernte.

Die bedeutenden Künstler der internationalen Gotik hatten die technische
und stilistische Grundlage für einen persönlichen Ausdruckswillen geschaffen. Bis zur Wende vom 15. zum 16. Jahrhundert arbeitete ein ganzes
Heer von Kunsthandwerkern – eine Zunft, die im allgemeinen nur langsam
von ihren traditionellen Wegen abweicht – noch immer in einer Manier,
die man die internationale Naivität nennen könnte. Von der Schweiz,
Deutschland und Norditalien bis Dänemark und Finnland hielten sich
umherziehende Freskenmaler in Dorfkirchen und ländlichen Burgen
ebenso wie die Illustratoren lokaler Chroniken und populärer Devotionalien an die üblichen Konventionen: leere oder karikierte Gesichter, flüchtig
hingeworfene Gewänder, scharfe Umrisse, ein wenig ausgeprägtes Interesse für die modellierenden Möglichkeiten der Farbe, einen leidenschaft-

Jan Bruegel d. Ä., Ausschnitt aus *Das Gehör*, 1617 (Museo del Prado, Madrid)

lichen, wenn auch unbeholfenen Sinn für Schilderungen. Es waren nicht nur Künstler unterwegs, die sich weiterbilden wollten.

Bei aller Lebendigkeit der visuellen Künste strahlte doch die Musik den umfassendsten Reiz aus. Es war üblich, daß Aristokraten ein Instrument beherrschtcn. Heinrich VIII. spielte Laute und Virginal, sang vom Blatt und komponierte Messen und Lieder. Der flämische Komponist Clemens non Papa (»nicht der Papst«) wurde mit diesem Beinamen von einem Amateurkomponisten unterschieden: Papst Clemens VII. Als der Diplomat Richard Pace 1516 von der mühsamen Mission, die Schweizer und Maximilian zu einem Bündnis mit England gegen Frankreich zu bewegen, Urlaub nahm, zog er sich in ein öffentliches Badehaus in Konstanz zurück, wo er vor jeder Unterbrechung sicher war und sein erstes gelehrtes Werk schrieb, *De fructu*. Darin berichtete er, daß seine Schulzeit in Winchester von »einem musikalischen Können weit über mein Alter hinaus« bestimmt worden war – nur das Einschreiten des Bischofs von Winchester persönlich, der »mich nach Italien schickte, an die Schule [Universität] von Padua, damit ich mich dort dem Studium der Literatur widmete«, verhinderte, daß er sich weiterhin seiner Leidenschaft für die Musik hingab.[38] Etwa zur gleichen Zeit, da sich dieser Bischof einmischte, rang in Italien (und auf einer tieferen Stufe der sozialen Leiter) Benvenuto Cellini mit seinem musikliebenden Vater, einem Handwerksmeister, darum, daß er ihm erlaubte, ein Künstler zu werden, während »der größte Wunsch, den er in der Welt für mich hegte, war, daß ich ein großer Musikus werden möchte. Dagegen war mir's äußerst unangenehm, wenn er mir davon erzählte und mir versicherte: wenn ich nur wollte, könnte ich der erste Mensch in der Welt werden.«[39] Und gleichfalls um diese Zeit notierte de Beatis in Brügge, hier seien »die meisten Leute Liebhaber der Musik«, und in Antwerpen: dort »interessieren sich alle für Musik, und sie sind derartige Könner und spielen sogar Handglocken so harmonisch und mit einem so vollen Ton, daß die Glocken zu singen scheinen«.[40]

Cellinis Vater war Mitglied bei den Stadtpfeifern von Florenz und spielte bei offiziellen Empfängen und bei Prozessionen oder Festen auf. Derartige Kapellen, die aus Trompetern, Querpfeifern und Trommlern bestanden, waren in allen europäischen Städten üblich, und einige gaben regelmäßig Abendkonzerte. Und als Erasmus der Hoffnung Ausdruck verlieh, daß Geschichten aus dem Neuen Testament eines Tages am Spinnrad und am Pflug gesungen würden, dann war das nicht nur reiner Gefühlsüberschwang: Ein deutsches Gebetbuch von 1509 hatte es für selbstverständlich erachtet, »wan zwo oder drie zusammen kommen, so müssen sie singen, und sie singen alle bey der Arbeit in Haus und Feld, bei Gebet und Frummigkeit, in Freud und clag bey trauer und gelag«.[41] Das war vielleicht zu idealistisch gesehen, aber zweifellos gab es weitverbreitet die Möglichkeit, Musik zu hören: in der Kirche, bei Hochzeiten und Tanzveranstaltungen, auf Märkten und Messen. Und wenn eine der vielen umherziehenden Truppen von Bettlermusikern aufspielte, dann flocht sie geschickt Worte aus dem örtlichen Dialekt in ihre Balladen ein und spielte auf lokale Ereignisse an. Soldaten, Studenten und Händler – ganz abgesehen von der offiziell organisierten Zunft der Meistersinger – hatten ihre eigenen geselligen Lieder. Eine spanische Handschriftensammlung von etwa 1500 griff auf eine Fülle traditioneller europäischer Quellen zurück und setzte Lieder des Adels neben Volkslieder. Auf einer deutschen Miniatur von 1519 ist ein Nürnberger Festwagen zu sehen, auf dem im Vorbeifahren die Blasinstrumente die Aufmerksamkeit auf sich ziehen, während die Streicher gelassen für die Patrizierherren und -damen aufspielen, die in einem künstlichen Gärtchen um einen Tisch sitzen. Das Thema der Musiker, die spielen, während ihr hochmögendes Publikum tafelt, sollte in der Kunst dieses Jahrhunderts immer wiederkehren.

Man war vertraut mit Werken der Vokal- und Instrumentalmusik und konnte sie auch weitverbreitet zum besten geben – vom Wiegenlied, das in einer Hütte gesummt wurde, bis zur Perfektion, mit der Isabella d'Este Laute und Klavichord spielte. Dürer erlebte in Venedig, wie während eines Konzerts die Violenspieler von der Schönheit der Komposition, die sie aufführten, zu Tränen gerührt wurden, und keine Beschreibung der Empfindungen, die der Anblick eines Kunstwerks auslöste, vermag es mit der Reaktion von Andrea Calmo auf die Aufführung eines Liedes aufzunehmen, das von einem von Isabellas Protegés, Marchetto Cara, zur Lautenbegleitung komponiert worden war: »Was nun die Manier des Gesangs betraf, so habe ich nie etwas Besseres gehört. Gott, was für eine wunderschöne Stimme, was für ein Stil, welche Fülle, welche Diminuendos, welche Lieblichkeit, die auch das härteste Herz erweichen würde!«[42] Einer von Papst Leos X. Kapellmeistern (Leo selbst war einer dieser komponierenden Potentaten), der fromme Südfranzose Elzéar Genet, ging so weit, weltliche Musik in Bausch und Bogen abzulehnen – und zwar wegen der Gefahr, daß sie weltliche Leidenschaften wecken könnte.

Damals wurde die Musik eingeteilt in ihre zwar miteinander verbundenen, aber unterschiedlichen internationalen Welten: in die der Komponisten und in die der singenden »Kanarienvögel« und virtuosen Instrumentalisten. Bis zur Mitte des 16. Jahrhunderts strömten die Komponisten und die Stile, die sie repräsentierten, von Norden nach Süden, während die Wanderungsbewegung der Sänger und Instrumentalisten eher in der entgegengesetzten Richtung verlief. Der Wettstreit zwischen italienischen Höfen, ihren Besuchern die sinnlichsten Klänge zu bieten, die einer Kehle oder einem Instrument zu entlocken waren, hatte zur Folge, daß herausragende Interpreten besser als Universitätsprofessoren bezahlt wurden und Verträge bekamen, die für sie verbindlicher waren als irgendeine Vereinbarung mit einem Maler oder Literaten – und die freilich regelmäßig gebrochen wurden, wenn die Künstler anderswo noch bessere Angebote erhielten. Als ein Italiener während eines Aufenthalts am Hof Heinrichs VIII. die italienischen Organisten, Blech- und Holzbläser vernahm, erklärte er, diese Musik sei »eher göttlich als menschlich«.[43] Franz I. engagierte italienische Zugposaunen-, Kornett-, Lauten- und Oboenspieler und bot ihnen sogar die französische Staatsbürgerschaft an. Der florentinische Emigrant Luigi Alamanni schrieb Verse, die von seinem Landsmann Francesco dell'Aiolle vertont werden sollten, der einem Angebot gefolgt war und sich als Organist in Lyon niedergelassen hatte. Es ist kaum anzunehmen, daß diese Streuung begabter Interpreten die Qualität der mißtönigen Hintergrundmusik bei Banketten in irgendeiner Weise verbesserte oder Einfluß darauf nahm, daß die musikalischen Beiträge bei öffentlichen Festen nicht

Lorenzo Costa, *Ein Konzert*, um 1488 (National Gallery, London)

zur schieren Geräuschkulisse verkamen: Als Karl V. beispielsweise mit
Papst Clemens VII. im Jahre 1529 zusammentraf, »verursachten das Stim-
mengewirr, die Trompeten, Trommeln und die Artillerie einen derartigen
Lärm, daß man den Eindruck hatte, ganz Bologna sei auf den Kopf gestellt
worden«.[44] Nur der Vorliebe für eine religiöse oder weltliche Musik, der
man andächtig lauschen mußte, war es zu verdanken, daß jene kompo-
sitorischen Stile, die die Ausführenden zu interpretieren hatten, vom
Norden in den Süden gelangten.
Sie waren im frühen 15. Jahrhundert von den miteinander in Verbindung
stehenden Komponisten in Nordfrankreich, den Niederlanden und England entwickelt worden – die Werke des englischen Komponisten John

Dunstable, der 1453 starb, sind weitgehend nur in kontinentaleuropäischen Kopien seiner handschriftlichen Kompositionen erhalten. Im späten 15. Jahrhundert hielten sich die führenden Vertreter der nördlichen Stile – Jacob Obrecht, Alexander Agricola und Heinrich Isaac – eine Zeitlang in Florenz auf. Der flämische Komponist und Musiktheoretiker Johannes Tinctoris arbeitete von 1474 bis 1495 am Hof von Neapel. Alle gelangten nach Süden, weil in diplomatischen und Handelskreisen der Ruf verbreitet wurde, daß man die beste Musik wie auch die besten Tapisserien im Norden fabrizieren würde. Als Karl von Burgund 1516 König von Spanien wurde, brachte er einen ganzen Chor von flämischen Sängern samt ihren Noten mit.

Während die bedeutendsten bildenden Künstler zu Hause blieben und ihre Produkte ins Ausland verkauften, waren die Komponisten, die finanziell nicht von irgendwelchen Werkstätten abhängig waren, viel unterwegs und ließen ihre Saat in allen Zentren aufgehen. Kurz nach dem Tod des Florentiners Antonio Squarcialupi (um 1475) holte Lorenzo de' Medici (der für ihn im Dom, in dem er Leiter der Kirchenmusik gewesen war, eine Büste aufstellen ließ) Isaac aus Flandern. Doch noch bevor Lorenzo starb, war Isaac als Hofkomponist nach Wien gegangen. Wie sehr es Isaac gelang, die lokalen Stile zu prägen, in deren Verbreitungsgebiet er sich bewegte, beweist die Beliebtheit der italienischen, deutschen und französischen Verse, die er vertonte. Daß Isaacs deutscher Schüler Ludwig Senfl erklärte: »Er ist in aller Welt bekanndt«, war kaum übertrieben[45]: Handschriftliche Kopien seiner Kompositionen sind von Portugal über den deutschen Ostseeraum bis Polen gefunden worden. Ähnlich verlief die Karriere des noch bedeutenderen flämischen Komponisten Josquin Desprez, der sich großenteils in Italien und Frankreich aufhielt. Castiglione ließ eine der Figuren in seinem *Buch vom Hofmann* ironisch bemerken: »Als man in Gegenwart der Frau Herzogin eine Motette sang, gefiel sie überhaupt nicht und wurde keineswegs für gut gehalten, bis man erfuhr, daß sie eine Komposition des Josquin des Préz war.«[46] Ein nicht so fragwürdiger Tribut wurde dem Komponisten aus Deutschland zuteil, und zwar von Martin Luther: »dem ... haben es die Noten machen müssen, wie er gewollt habe, die anderen Sangmeister müssen's machen, wie es die Noten wollen«.[47]

Die geistliche Musik – Vertonungen der Messe – von Josquin und Obrecht gehört zu den frühesten Kompositionen, die von dem Venezianer Ottaviano Petrucci, dem Erfinder des Notendrucks mit beweglichen Typen, herausgegeben wurden. Petruccis Druckverfahren, das 1501 eingeführt und bald von anderen übernommen wurde, ersetzte nicht sofort die handschriftlichen Noten, insbesondere nicht die großformatigen und oft illustrierten

Blätter, die sich aus einiger Entfernung noch leicht lesen ließen und für Domchöre auf riesige Pulte gestellt wurden. Aber diese Drucktechnik vermied die Fehler, die sich in die Fassungen von Kopisten einschlichen, und indem sie die schriftlich festgehaltene Musik auf überall verständliche schwarzweiße Symbole reduzierte, sorgte sie dafür, daß allmählich die farbige Kodierung von Notenwerten verschwand, die sich regional einge- bürgert hatte. Solche Noten waren selten so vollständig, daß sie die Existenz von ad hoc zusammengestellten Instrumentalensembles oder die Vorliebe der Spieler oder Sänger für Improvisationen ignorierten. Das Druckverfah- ren beschleunigte nun die Vermittlung von Stilen über nationale Grenzen hinweg und erweiterte das Repertoire der Hausmusik.

Orlando di Lasso, der bis zu seinem Tod im Jahre 1594 in England, Frankreich und Deutschland ebenso wie in Italien tätig war, zählt mit seinen Messen und religiösen Motetten zu den bedeutenden Komponisten des Jahrhunderts. Dieses Beispiel an offener Einstellung gegenüber den italienischen Neuerungen weltlicher Musik geht kaum über die Mög- lichkeiten der Verwendung flämischer Stile hinaus, wie sie zuvor bereits in den religiösen wie weltlichen Werken zur Zeit von Josquin vorwegge- nommen worden waren. Erst die Kompositionen der ersten Generation von Italienern mit einer vergleichsweise maßgebenden Genialität im späten 16. Jahrhundert – Andrea Gabrieli, sein Neffe Giovanni sowie Palestrina – machten in Mittel- und Nordeuropa deutlich, wie überlegen inzwischen der Süden war. Durch den vollen Wohlklang und und die leichte Verständ- lichkeit fanden ihre Werke durch Schüler und Notensätze Verbreitung und beeinflußten jene Musiker, die noch immer von Norden her über die Alpen kamen, nun aber hauptsächlich um von der großartigen Erhabenheit italienischer Werke für große Chöre und von der ergreifenden Wehmut weltlicher Madrigale zu lernen. Auch wenn italienische Stile zunächst gegen etablierte Formen nicht ankamen (wie die lutherische Kirchenmu- sik in den protestantischen deutschen Staaten und die weiterhin bestehen- de Vorliebe der Spanier für Varianten der flämischen Polyphonie) und bis zu einem gewissen Ausmaß in einheimische Traditionen eingingen – wie in Frankreich und England –, die in ähnliche Richtungen vorgestoßen, aber weniger fruchtbar gewesen waren – bis zum Jahr 1600 jedenfalls stellten sie den Spielraum dar, in dem sich innovative Komponisten in ganz Europa bewegten. Und als die langjährige Beschäftigung mit der Begleitung der Poesie durch die Musik die Entwicklung der Oper eingeleitet hatte, war Italien die musikalische Vorherrschaft für über ein Jahrhundert sicher.

Nirgendwo wirkte sich der Einfluß Italiens so überraschend direkt aus wie im äußersten Südwesten von Europa. Was die Aktivitäten und Folgen der

Entdeckerfahrten im Überseeraum betraf, so leistete Portugal Pionierarbeit. Die Portugiesen waren ausgezogen, um zu forschen, zu handeln und Informationen zu sammeln, und als sie auf ihren seefahrerischen Expeditionen schließlich 1473 den Äquator überquert hatten und nach der Rückkehr darüber berichteten, hatten sie die vorstellbare Größe des bewohnbaren Erdballs quasi verdoppelt. Als Bartolomeu Diaz 1488 das Kap der Guten Hoffnung umrundete, rundete er gleichsam auch die Gestalt eines Kontinents ab, dessen Ausdehnung seit der klassischen Antike in den Nebel der Mutmaßung gehüllt war. Auch wenn Kolumbus vier Jahre später Land sichtete, das sich als Vorposten Amerikas erwies, verursachte das Eintreffen der Gewürzfrachten in Lissabon im Anschluß an Vasco da Gamas Ankunft in Indien im Jahre 1498 größere Aufregung in der europäischen Handelswelt, und zwar lange vor dem Import amerikanischer Edelmetalle. Der Monarch, der Vasco da Gama ausgesandt hatte, Emanuel I., behielt sich vom Verkauf und Umschlag der Gewürze einen königlichen Anteil vor und leitete die größte Hochkonjunkturphase der portugiesischen Wirtschaft vor der Ausbeutung der brasilianischen Reichtümer im frühen 18. Jahrhundert ein. Nichts spricht dafür, daß Emanuel, der von 1495 bis 1521 regierte, mehr als nur ein Lippenbekenntnis gegenüber der Vorstellung ablegte, daß ein Motiv der Erkundung fremder Welten darin bestehe, Seelen für Christus zu gewinnen; aber wie jeder andere kaufmännische Unternehmer seiner Zeit war er davon überzeugt, daß man angesichts der Risiken für die Männer wie für das investierte Kapital vor Beginn eines solchen Unternehmens um göttlichen Schutz beten und nach seinem erfolgreichen Abschluß Gott seinen ergebensten Dank abstatten müsse. Emanuel wußte, daß diejenigen, die das größte Risiko auf sich nahmen, seine Seeleute und deren Familien, dies erwarten würden; und Gebete galten als besonders wirkungsvoll, wenn sie in Kirchen gesprochen wurden, und ihre Wirkung war am ehesten durch professionelle Fürsprecher garantiert, durch Mönche. Emanuel erwies sich als großzügig gegenüber einer Reihe von Klostergründungen. Besonders begünstigte er den Orden der Hieronymiten in Belém, dem Versammlungsort am Tejo (dessen Nordufer damals fast bis an die Mauern der Klosterkirche reichte), von dem aus seine Flotten in See stachen, sowie den Christusritterorden in Tomar, nördlich von Lissabon, dessen Großmeister er nach königlicher Tradition war. An beiden Orten ließ er Bauwerke in einem auffallenden, ja fast manieristisch übertriebenen persönlichen Stil errichten, der darum auch emanuelinisch genannt wird.

Die Klosterkirche von Belém, deren Bau aus weißem Kalkstein 1502 begonnen wurde, ist in jedem ästhetischen Element dem damals in Italien

Belém, Klosterkirche

Belém, Kreuzgang

herrschenden Stilempfinden auf geradezu exemplarische Weise entgegengesetzt. Die Fenster sind oben abgerundet, was aber durch spitzbogige Leisten verschleiert wird. Andere Leisten verlaufen einfach in langen horizontalen Streifen in eine Seite der Fenster und tauchen an der anderen wieder auf, und dies ohne eine wohlüberlegte Beziehung zur unterschiedlichen Höhe der Öffnungen in der Wand. Stützpfeiler ragen auf wie ausgezogene Taschenteleskope und verleihen der Oberfläche der Mauern etwas Unruhiges, statt ihre strukturelle Funktion zum Ausdruck zu bringen, nämlich das Gewicht vom inneren Gewölbesystem nach unten zu verlagern, das hier in der Tat keiner derartigen Hilfe bedarf. Der Hauptbogen des Südportals ist rund, umschließt aber zwei oben abgeflachte Türen, über denen sich jeweils eine spitz zulaufende Lünette befindet. Dieser Portalkomplex wird von einem dichten Bündel vorspringender behauener Säulenschäfte eingerahmt, deren unterschiedliche Länge sie wie Pfeifen einer nach außen gewendeten Orgel aussehen läßt. Zum Rahmenwerk des Westportals gehören filigrane Vordächer und tiefe Friese für Statuen und Szenen aus dem Neuen Testament. Der zweistöckige Kreuzgang schließt sich an der Nordseite der Klosterkirche an. Auch hier herrscht das Gegenteil von Einfachheit vor. Dieser Kreuzgang hat zwar einen quadratischen Grundriß, aber seine Ecken sind vorgezogen, um die Eintönigkeit des rechten Winkels zu brechen. Die Arkaden in beiden Etagen weisen flache Rundbögen auf, aber mit jeweils verschiedenen Radien. Das ist auch bei den Maßwerken zwischen ihnen der Fall, die von ausgeprägt individuell gestalteten Säulen gestützt werden. Auch hier gibt es Säulenschäfte, die unten einen quadratischen und im oberen Stockwerk einen runden Querschnitt aufweisen – in beiden Fällen dienen sie weniger als Stütze denn als Vorwand, damit man noch mehr Oberflächen verzieren konnte.

Doch selbst in Belém wird der schwelgerische Zierat nicht annähernd erreicht, wie er in den Anbauten zur Schau gestellt wird, die Emanuel den Klostergebäuden in Tomar gestiftet hat. Hier besitzt das Westfenster des neuen (1510 erbauten) Kapitelhauses an der Innenseite einen Trennpfeiler, der überladen ist mit Tau- und Flechtwerk und Artischocken. Von außen, wo man eine noch größere Wirkung angestrebt hat, wirkt das Fenster geradezu winzig innerhalb eines üppig verzierten Rahmens, dessen Motive aus Armillarsphären (Emanuels persönlichem Emblem), Tauen und Netzkorken, Korkeichenwurzeln, fiktiven Vorhängen, Säulen, Urnen und Quasten bestehen – einer Verschmelzung von Dingen, die normalerweise starr oder schlaff sind. Das ist nichts anderes als Grottendekor, das auf eine Fassade übertragen wurde: das auftrumpfendste Mar-

Tomar, Westfenster (Außenseite)
der Christusritterburg

kenzeichen, das je einem europäischen Bauwerk aus jener Zeit aufgeprägt wurde.

Emanuels Auftragsarbeiten öffneten eine Pandorabüchse von Einflüssen, die sich in dieser einzigartigen schwelgerischen Prachtentfaltung vereinten: der spätgotische Flamboyantstil aus Frankreich und Flandern mit den gebrochenen Bogenumrissen und den kalligraphischen Details des islamischen *mudéjar*-Kunsthandwerks sowie – etwa auf den Säulen der Kirche in Belém – locker verstreute italienische Motive, Putten und Urnen, die vermutlich aus gedruckten Quellen stammten und gewiß nicht auf irgendeinen humanistischen Impuls oder ein Interesse an den Entwicklungen in Italien hindeuteten. Dieser Stil stellt weder eine neue Achtung vor den Leistungen der klassischen Antike dar noch eine Wiedergeburt in ihrem anderen Sinn, der Wiederbelebung einheimischer Könnerschaft; die Aufsichts-, Architekten- und Bildhauerteams waren multinational – Franzosen, Spanier, Portugiesen –, und die Arbeiterschaft war sogar noch heterogener. Dies war das Produkt eines lokalen Schmelztiegels, in dem ein einzelner herumrührte in einer flüchtigen Phase finanzieller Euphorie und an dessen Export nicht im Traum zu denken war. Doch der Augenblick der emanuelinischen Architektur gehört unabdingbar zu der Summe neuer Errungenschaften, die die Zeitspanne der »Renaissance« umfaßt.

Von 1529 an taucht allerdings der Begriff *al Romano* [48] in portugiesischen Bauaufzeichnungen auf, und in den dreißiger Jahren des 16. Jahrhunderts änderte Joâo de Castilho, der Erbauer des gotischen Gewölbes der Kirche von Belém, dramatisch seinen Stil und schuf eines der reinsten Beispiele im Geiste der Klassik in Europa: die Kapelle Nossa Senhora da Conceiçâo auf einem kleinen Hügel in Sichtweite des Klosters von Tomar. Dieses freistehende, innen wie außen sorgfältig vollendete kleine Bauwerk, dessen korinthische Säulen und Pfeiler Tonnengewölbe tragen, mit seinen rechteckigen Fenstern, deren äußere Rahmen und Giebel plastisch an den Außenwänden gestaltet sind – dieses architektonische Schmuckkästchen, das eher auf die klare Gestaltung des Raums als auf Zierat setzt, kann es durchaus mit einem Musterbeispiel an Eleganz wie der Pazzi-Kapelle aufnehmen. Und von 1557 an erfolgte dann der Umbau des Hauptkreuzgangs des Klosters, dicht neben der emanuelinischen Flanke der Kirche. Während die Kapelle der Unbefleckten Empfängnis die kurze Phase der italienischen Anti-Gotik widerspiegelt, schwelgte der Architekt des Kreuzgangs, Diogo de Torralva, beim Kreuzgang in den späteren, eher theatralischen unverhüllten Anspielungen auf die Klassik, die von Giuliano da Sangallo und Bramante erkundet worden waren. Doch offensichtlich war kein Italiener daran direkt beteiligt, und außerdem hatte der Humanismus in Portugal nie einen derartigen Stellenwert gehabt, daß dadurch architektonische Auftragsarbeiten beeinflußt worden wären. Dies war auch bei der nächsten Vermählung eines klassischen mit einem emanuelinischen Gebäude der Fall: beim Durchbruch, den Jerónimo de Ruâo (der Sohn eines französischen Bildhauers aus Rouen) 1571 am östlichen Ende der Kirche von Belém vornehmen ließ, um eine karge Mausoleumsapsis zu errichten. Hier ruht Emanuel mit seiner Gemahlin und ihren Nachfolgern und Verwandten in schlichten Sarkophagen, die von Elefanten getragen werden und in Nischen stehen, welche von einer glatten Marmorvertäfelung umrahmt und von Doppelsäulen auf zwei Etagen voneinander getrennt sind – mit absolut korrekten ionischen und korinthischen Kapitellen.

Tomar, Kapelle Nossa Senhora da Conceição   Belém, Mausoleumskapelle

Von diesen Ausnahmen abgesehen, spiegelte die religiöse Architektur
außerhalb von Italien im 16. Jahrhundert nur langsam die grundlegende
Neubesinnung im Kirchenbaustil wider, die in Gang gesetzt worden war
durch die praktische Arbeit von Brunelleschi, die Theorie von Alberti, die
Autorität von Vitruv und die Leichtigkeit, mit der antike Baustrukturen von
Generation zu Generation studiert werden konnten. In Spanien wurden
dank der persönlichen und politischen Verbindungen von Karl V. und
Philipp II. zu Italien italienisierende klassische Merkmale eingeführt, die
aber hauptsächlich in weltlichen Bauwerken zur Geltung kamen. Die
spanische Kirchenarchitektur bevorzugte im Innern die von der Gotik
geschaffene Atmosphäre, während bei der äußeren Gestaltung das klassische Ornament mit der übertriebenen Irrationalität des plateresken, »sil-
berschmiedartigen« Stils konkurrierte. Auch in Frankreich wirkten sich
italienische Einflüsse am ehesten noch bei weltlichen Bauwerken aus. Im
Gegensatz zur Vielzahl neuer *châteaux,* die vor den Bürgerkriegen gebaut
wurden, harrten noch zahlreiche gotische Kirchen der Vollendung, und als
die Kriege in den sechziger Jahren des 16. Jahrhunderts begannen, kam
der Kirchenbau praktisch zum Stillstand. Ja, aus Vorsicht oder weil man

sich nicht einig war, setzte man immer dann, wenn es zu reformatorischen Spannungen kam, den Bau neuer Kirchen aus: In ganz England, den Niederlanden, Deutschland und der Schweiz beschränkte sich der italienische Einfluß hauptsächlich auf die Gestaltung von Grabmälern und (in katholischen Kirchen) von Altären in bereits existierenden Formen. Auf internationaler Ebene änderte sich das Erscheinungsbild erst wieder mit dem Westfälischen Frieden von 1648, der den Dreißigjährigen Krieg beendete, und als England im Jahre 1660 wie Frankreich ein Land wurde, das von Spannungen beherrscht wurde, ohne daß es zu einem Bürgerkrieg kam. Sobald sich die religiösen Verhältnisse von Land zu Land einigermaßen stabilisiert hatten, konnten sich die Kirchenarchitekten, intellektuell gründlicher vorbereitet, den Lektionen des alten Roms zuwenden und sich überlegen, wie sie mit geringeren regionalen Vorbehalten auf eine neue italienische Formensprache reagieren sollten: die des Barocks.

Die Launen des Genies

Ungeachtet der Originalität und des Einflusses niederländischer Künstler seit dem frühen 15. Jahrhundert, gilt Italien traditionellerweise als tonangebend in der Kultur der Renaissance in Europa. Hier brachten Gelehrte erstmals die Gegenwart mit dem Leben der klassischen Antike in Berührung, hier wurden zeitgenössische Errungenschaften in den Wissenschaften, der Literatur und den Künsten bewußt als Wiedererwachen einer lange Zeit versunkenen Meisterschaft verstanden. Und auch wenn sich andere Europäer durchaus darüber im klaren waren, daß sich ihre Zeit beachtlich von der ihrer mittelalterlichen Vorväter unterschied, sollte die Bewunderung der Nachwelt für die unerschöpfliche Kreativität italienischer Künstler und Denker zunächst Vasaris Hinweis auf die Wiedergeburt der Künste aufgreifen, ihn dann ausweiten, um damit die italienische Kultur insgesamt zu charakterisieren, und schließlich den Begriff Renaissance für eine Epoche der europäischen Geschichte verwenden.
Soviel Glanz ist mit diesem Begriff verbunden, der nichts Geringeres impliziert, als daß sich die Menschheit selbst von der Last der Jahrhunderte habe befreien und wie nach einer Wiedergeburt einen Neubeginn wagen können, und so bequem läßt sich damit auf den engen Zusammenhang zwischen einer Phase in der geschichtlichen Erfahrung eines Landes mit der nächsten verweisen, daß es absurd wäre, auf diesen Begriff zu verzichten. Das heißt, solange man sich darüber im klaren ist, daß es ebenso

absurd ist, ihn zu verwenden – impliziert er doch auch, daß die Leistungen von ein paar genialen Menschen repräsentativ sein könnten für die Lebensumstände der vielen anderen. Dabei wäre es schon sehr kühn anzunehmen, die Gestalter des kulturellen Wandels, sei es als dazu beitragende Künstler oder als Auftraggeber, hätten mehr als ein Tausendstel der Bevölkerung von Europa ausgemacht. Und während das Wort Renaissance auf die ständig sich selbst erneuernde kreative Energie von Italien zurückgeht, erscheint es kaum noch angemessen, wenn man es von seinem heimischen Boden verpflanzt. Es wird zu einer Art Medaille, mit der man die Übernahme des italienischen Geschmacks in der Kultur eines anderen Landes (»die Renaissance in Spanien«) oder einfach die Leistungen eines großenteils heimischen Gipfels an überschäumender Kreativität auszeichnet (»die englische Renaissance«).

Gewiß, als sich das europäische System der Vermittlungen beschleunigte und sich die Geldbörsen ebenso auftaten, wie sich die Köpfe und Herzen öffneten, hielten mehr Europäer nach dem Ausschau, was in Italien getan und gedacht wurde. Um 1500 schrieb der Emigrant Antonio Bonfini über seinen Gönner, König Matthias Corvinus I., der eine humanistische Erziehung genossen und eine Tochter des Königs von Neapel geheiratet hatte: »Er war bestrebt, Pannonien [Ungarn] in ein zweites Italien zu verwandeln.«[49] Ein Jahrhundert später, im Jahre 1609, besuchte der Reiseschriftsteller Daniel L'Ermite auf der Rückreise von einem überwältigenden Aufenthalt in Italien in seine Heimat, den südlichen Niederlanden, den Hof des Duodezfürsten Ludwig von Anhalt in Köthen. Ludwigs Palast war von Gärten umgeben, die mit Hilfe von importierten Samen und Bäumen im italienisierenden Stil angelegt waren, und hier gründete der Fürst 1617 eine literarische Gesellschaft, die sich die florentinische Accademia della Crusca zum Vorbild nahm, um die deutsche Sprache nach dem Muster des von der Crusca seit 1612 herausgegebenen *Vocabolario* (Wörterbuch) zu reinigen. L'Ermite also stellte in seinem Reisetagebuch fest: »Als ich Fürst Ludwig aufsuchte, meinte ich doch wahrhaftig, wieder nach Italien zurückgekehrt zu sein – so sehr war alles, was diesen Fürsten umgab, nach dem italienischen Muster gebildet. Selbst seine Diener bei Hofe sind in ihrer Sprache, ihrer Kleidung und ihrem Benehmen ganz italienisch; sogar die Architektur seines Palastes ist nicht, wie die der unseren, ohne Eleganz. Man würde nichts finden, worin der Fürst einem Italiener nachstünde, dessen Tugenden, wenn auch nicht dessen Laster, er verkörpert. Auf wunderbare Weise verbindet er die leichte Anmut des Italieners mit der Ernsthaftigkeit des Deutschen.«[50]

Abgesehen von derart befangenen Lobhudeleien spiegelte sich im 16. Jahrhundert der italienische Geschmack in der Architektur und Bildhauerkunst von Granada und Hampton Court bis Uppsala, in Krakau und im Kreml sowie in der Malerei von Sevilla bis Antwerpen wider; es gab nur wenige Dichter in Europa, die Petrarca und Ariost nicht als wünschenswerte Vorbilder ansahen, nur wenige Gelehrte, die nicht auf klassische Texte zurückgriffen, die von Italienern aufbereitet waren oder zu denen italienische Humanisten den Zugang eröffnet hatten. Castigliones *Hofmann* war ein auf dem ganzen Kontinent verbreitetes Handbuch über das korrekte soziale Verhalten und ein Vorbild für die weitgespannten Interessen des gebildeten Herrn, Machiavelli war der berüchtigte »Machiavell« von Innocent Gentillets *Contre-Machiavel* von 1577 wie auch im Prolog von Christopher Marlowes *Der Jude von Malta* von 1589: »Wenn man auch offen meine Bücher schilt, / Ließt man sie doch«.[51] Aber längst vermochten Importe aus Italien die heimische Kultur eines Landes genausowenig zu verändern, wie die aus Venedig importierten Gewürze seinen Tafelfreuden mehr als einen Hauch von Exotik vermittelten.

Wie bei einem Flüsterkettenspiel nahmen die ursprünglichen Aussagen literarischer oder künstlerischer Ideen eine andere Bedeutung an, während sie weitergegeben wurden. Sie passierten Regionen, in denen sie verzerrt wurden oder untergingen. Sie wurden verworren, indem sie sich mit Aussagen vermischten, die entlang anderer Ketten weitergegeben wurden. Zu Beginn der zwanziger Jahre des 16. Jahrhunderts beispielsweise malte der Toledaner Pedro Machuca sein Meisterwerk *Die Kreuzabnahme*. Die Grundstruktur der künstlerischen Komposition – das leuchtende Dreieck in der Mitte und die im Hintergrund stützenden Vertikalen aus Leitern und Kreuz – geht ebensosehr auf italienische Vorbilder zurück wie der eingesunkene Körper Christi und der abgewandte Kopf der verschleierten Frau neben Magdalena. Andererseits verweist die zusammengedrängte Gruppe der Juden, die mit dem frommen Hauptmann auf der rechten Seite über die Bedeutung der Kreuzigung diskutieren, ebenso wie das sich windende Banner über ihnen auf eine nördliche Tradition, während das über allem liegende düster dämmernde Gefühl, einem Geheimnis beizuwohnen, das zugleich eine historische Wirklichkeit war, Machucas Lebensumständen und seinem Temperament zuzuschreiben ist.

Sir Philip Sidneys ausufernde, vier Jahre nach seinem Tod (1586) im Druck erschienene Prosaromanze *The Countess of Pembroke's Arcadia (Das Arkadien der Gräfin von Pembroke)* war eine improvisierte und rasch niedergeschriebene Arbeit – in seinem Vorwort behauptet er gegenüber seiner Schwester, das Werk sei »auf losen Blättern Papiers niedergeschrieben, das meiste davon in Eurer Gegenwart, das übrige auf Blättern, die Euch

Pedro Machuca, *Die Kreuzabnahme*, 1520–1525 (Museo del Prado, Madrid)

geschickt wurden, sobald sie beschrieben waren«.[52] Es zeigt, von wie vielen
Einflüssen – der griechischen Antike, des französischen Mittelalters, des
Italiens und Spaniens der neueren Zeit – der Kopf eines Engländers erfüllt
war, der eine gründliche humanistische Erziehung genossen und in Italien
studiert hatte. Und wieder blickte man ebenso zurück wie über die eigenen
Landesgrenzen hinweg. Ungeachtet aller antiken und neulateinischen
Autoren, die Spenser verschlungen hatte, gehörten seine Sympathien doch
eindeutig der mittelalterlichen Tradition der fahrenden Ritter, Zwerge,
Eremiten und verzweifelten Edelfräulein. Sidney stützte sich zwar auf
seine Kenntnis der klassischen Literaturtheorie, als er seine postum 1595
erschienene *Defence of Poesie (Verteidigung der Poesie)* schrieb, aber darin
bekannte er: »Ich habe nie das alte Lied von Percy und Douglas hören
können, ohne daß mein Herz stärker als von einem Trompetenstoß erregt

worden wäre.«⁵³ Shakespeare schlägt ähnliche Töne an. In *Was ihr wollt* (II, 4) möchte der liebeskranke Herzog in Gegenwart der verkleideten Viola Musik hören:

> Das alte schlichte Lied von gestern abend!
> Mich dünkt, es linderte den Gram mir sehr,
> Mehr als gesuchte Wort' und lust'ge Weisen
> Aus dieser raschen, wirbelfüß'gen Zeit.⁵⁴

Diese gelegentlich sich einstellende nostalgische Sehnsucht nach dem Alten und Vertrauten gab es überall. Künstler wandten sich zurück, um eine geistesverwandte Position für einen Neuanfang zu finden, die Buchdrucker arbeiteten in ganz Europa den langen Bestand an unveröffentlichten mittelalterlichen Texten auf: Man ließ sich kaum etwas aus der Vergangenheit entgehen, bis es schließlich ganz seinen Reiz verloren hatte. Unterschiedlich von Land zu Land waren die kulturellen Traditionen, die gesellschaftlichen Erfordernisse und die intellektuellen Bedürfnisse. Was die Gelehrsamkeit, die Literatur und die Künste betraf, so konnte es kein einheitliches Gebrauchs- und Verbrauchsmuster geben.

Selbst als sich der Humanismus vom späten 15. Jahrhundert rasch von Italien ausbreitete und den Europäern einen gemeinsamen Bezugspunkt in der klassischen Antike bot, war er hauptsächlich ein Instrument zur Umgestaltung ihrer Vorlieben und der Möglichkeit, ihnen Ausdruck zu verleihen. Auch die neue Fülle an Beispielen, die er Schriftstellern bot, zeugte nicht unbedingt von Geistesverwandtschaft. So gab es beispielsweise zwar ein großes Repertoire an antiker Liebesdichtung, doch die Autoren in den einzelnen Ländern wollten auf ihrer Suche nach Inspiration keineswegs weiter zurückgehen als bis zu Petrarca. Das lag zum Teil daran, daß seine Verskunst auf exemplarische Weise zeigte, wie sich Gefühle in einer Volkssprache ausdrücken ließen. Man konnte auch einiges von seiner technischen Virtuosität lernen wie von der Schönheit der damit erzielten Klangmuster. Aber es lag eben auch daran, daß Petrarca sich einer wehmütigen Erkundung der privaten Psychologie der Liebe in einem religiösen und sozialen Umfeld des 14. Jahrhunderts widmete, das seinen Versen etwas zeitlos Ergreifendes gab, was man nicht so unmittelbar zu spüren oder vermittelt bekam, wenn man auf die Dichter der klassischen, heidnischen Welt zurückgriff.

Was immer aus den tiefen Schichten der Antike an die Oberfläche gelangte, wurde von Individuen mit ihren eigenen Worten interpretiert. Was auch immer in Italien im 15. und 16. Jahrhundert gemacht wurde, wurde anders-

wo den jeweiligen Verhältnissen angepaßt und stieß dabei auf zwei entscheidende Hindernisse: individuelles Genie und gemeinsames Temperament – die Klischees über den Charakter einer Nation waren schließlich
nicht nur bissige Erfindungen einer Rivalität zwischen den einzelnen
Ländern. El Greco verkörpert auf exemplarische Weise das sich selbst zum
Ausdruck bringende geniale Individuum. Als er in den sechziger Jahren des
16. Jahrhunderts als kretischer Ikonenmaler nach Italien gekommen war,
stattete er seinen Dank für das, was er während seines Aufenthalts dort
gesehen hatte, dadurch ab, daß er Porträts von Tizian, Raffael und Michelangelo in einer Ecke seines Bildes *Vertreibung der Händler aus dem Tempel*
unterbrachte, das er in Rom malte: So sehen sie aus wie die Stifter der
Gaben, derer er sich bediente, als er das Bild malte.

Seit 1577 lebte El Greco in Spanien, und seitdem opferte er das meiste, was
er einst gelernt hatte, auf dem Altar seiner eigenen Vision. Schon sein erstes
größeres Werk, das dort entstand, die *Entkleidung Christi*, verriet eine neue
Entschiedenheit in der künstlerischen Absicht, ein Gleichgewicht zwischen dem inneren Auge und dem Auge des Beobachters, und damit ist
dieses Bild eines der herausragenden Werke der Malerei, nicht nur in
Spanien, sondern in ganz Europa – es nahm sowohl den Naturalismus eines
Velázquez wie die geistig erleuchtete Weltlichkeit eines Caravaggio vorweg. Und dann wurde seine Kunst innerlicher, persönlicher. In dem großen
Gemälde *Anbetung der Hirten*, das er kurz vor seinem Tod im Jahre 1614
für sein eigenes Grab malte, hat er jeden Kunstgriff der Renaissancemaler
– außer der perspektivischen Illusion – verwendet und verwandelt. Drei
Hirten heben die Hände, als wollten sie sie an dem Licht wärmen, das von
dem Kind ausgeht. Die Hände der Madonna segnen, was die Hirten darbie-
ten. Der vierte Hirt drückt seine Arme, und damit auch die Bedeutung des
Ereignisses, an sein Herz. Eine Szene, bei der man augenblicklich erkennt,
daß sie auf einer alltäglichen Beobachtung beruht, wird zu einer einzigartigen Sehweise umgestaltet – durch das Zusammenspiel der Farben, die
Verwendung des Lichts, das die fließenden Umrisse von Beinen und Armen
zusammenhält: Das vermeintlich Unbewegte wird als Bewegung dargestellt. Und was über dieser Szene scheinbar in Bewegung ist – der sich
aufschwingende Engel und der großartig perspektivisch dargestellte
Schwarm der Engel –, vermittelt ein Gefühl von Beständigkeit: Während
die Gesichter der Menschen altern und ihre Körper der Veränderung
unterliegen und andere Menschen als Anbetende an ihre Stelle treten, sind
geistige Wesen von gelassener, unveränderlicher Schönheit immer schon
da, vom Augenblick der Geburt Christi bis ans Ende der Zeit. Das ist ein
Gemälde von berückender technischer Virtuosität. Darin zeigt sich aber

El Greco, *Die Entkleidung Christi*, 1590–1595 (Alte Pinakothek, München)

auch ein Manierismus des Geistes, kein genialer Bruch mit den Regeln oder eine Suche nach Neuem: ein Stil, der auf keine dominierende Quelle verwies und keine Nachahmer finden konnte.

Wie sehr nationales Temperament in Europa dem Einfluß einer klassizistischen und italienisierenden Kultur im Wege stehen konnte, zeigte sich nirgendwo so deutlich wie in Deutschland von den achtziger Jahren des 15. Jahrhunderts bis zu den dreißiger Jahren des 16. Jahrhunderts. Die anfängliche Begeisterung für den Humanismus in der Generation von Konrad Celtis war ebensosehr vom Wettbewerb mit der angesehenen italienischen Gelehrsamkeit wie vom Interesse an der Antike um ihrer selbst willen motiviert; dieses Interesse ging noch weiter zurück, nachdem

Luther zur moralischen Ordnung in der Gegenwart aufgerufen hatte. Auch aus der Unmenge von Traktaten, Flugschriften, Gedichten und Stücken, die die deutschen Druckerpressen vervielfältigten, erhob sich keine einzelne literarische Stimme, die die Aufmerksamkeit von Schriftstellern irgendwo sonst oder auch zu irgendeiner späteren Zeit auf sich zog. Brant, Luther und Sachs wandten sich mit unmittelbarer Wortgewalt an ihre deutschen Landsleute, aber es gab eben keinen Ariost, Ronsard, Sidney, Cervantes oder Kochanowski. Geniales deutsches Ausdrucksvermögen beschränkte sich insbesondere in Süddeutschland, im Rheinland und in der deutschsprachigen Schweiz auf das Werk von Bildhauern und Malern. Gerade in den Jahrzehnten, als die italienische Kunst im höchsten Sinne »italienisch« wurde, wurde sie jenseits der Alpen, in den Händen einer bemerkenswerten Gruppe von Männern von außergewöhnlicher Genia-

Bernt Notke,
Sankt-Georgs-Gruppe,
1489 (Storkyrkan,
Stockholm)

Hans Baldung,
Beweinung Christi,
um 1513 (Ferdinandeum,
Innsbruck)

lität, so »deutsch« wie noch nie zuvor. Als das lebensgroße Modell von
Verrocchios stämmiger und kompakter Reiterstatue des *condottiere* Bartolomeo Colleoni in Venedig eintraf, wo der Bronzeguß erfolgen sollte,
bemerkte der Dominikanermönch Felix Faber aus Ulm dazu, die Venezianer würden »die Gebräuche der Heiden nachahmen«.[55] Ein derartiger
Kommentar hätte keinem Betrachter von Bernt Notkes fast gleichzeitig
entstandener *Sankt-Georgs-Gruppe* in den Sinn kommen können. Das in
lebhaften Farben (auf Holz) bemalte Pferd bäumt sich über dem gezackten
Drachen auf, der sich noch im Todeskampf windet. Der Heilige stellt sich
in den Steigbügeln auf, um ihm den tödlichen Schwertstreich zu versetzen,
aber nicht mit der finsteren Konzentration, mit der sich Colleoni seiner
Aufgabe widmet, sondern mit einer gelassenen Zuversicht, daß der Schlag
weniger von seinem eigenen Arm geführt wird als von dem seines Mit-
streiters: Gott. Selbst wenn man den thematischen Unterschied berücksichtigt – zwischen diesen beiden Reiterstatuen, so genial sie beide
sind, liegen in gedanklicher Hinsicht Welten oder zumindest die Alpen.

Von da an, also etwa seit 1480, gab es nur gelegentlich ein Echo auf den
bewußten Ästhetizismus der italienischen Kunst, mit ihrer Unterdrückung
grober Umrisse, ihrem Zierat an Ausdrucksformen und Gesten, ihrer
Suche nach einer umfassenden Anmut und Harmonie, ihrem Abscheu vor
der häßlichen Seite der Realität und vor »niederen« Themen. Deutsche
Künstler reagierten auch weiterhin auf die Ecken und Kanten und die
Gefühlsbetontheit ihrer eigenen Version der internationalen Spätgotik. Sie
begrüßten die Unordnung der Natur ebenso wie sie vom Leben der Bauern
und Soldaten fasziniert waren. Werk um Werk vermittelten sie einfühlsam
direkt und unprätentiös die Sinnlichkeit der Dinge: das ungeheure Gewicht
des Christkindes auf den Schultern des heiligen Christophorus, die Tiefe
der Wunde in Christi Seite, die Thomas mit prüfendem Finger ertastet, das
Entsetzen eines Soldaten, wenn ihm eine Pike durch die Kehle fährt, die
zuckenden Leiber der Pilger, die sich vor einer heiligen Stätte religiöser
Hysterie hingeben. Da gab es die spontane subjektive Identifikation mit der
Vergangenheit, von den sexuellen Annäherungsversuchen zwischen Adam
und Eva vor dem Sündenfall bis zum Aufschrei der Verdammung, als die
Folterknechte Christus die Dornenkrone aufs Haupt drückten. Einige dieser Elemente finden sich ohne übertriebene Betonung in Hans Baldungs
Beweinung Christi von 1513. Der unnatürlich hingestreckte Leib Christi
wird dem Betrachter entgegengehalten. In ihrer Verzweiflung umklammert Magdalena die Zehen an einem seiner ungewöhnlich langgliedrigen
Füße. Das flatternde Gewand des Johannes schwingt gleichsam mit seinem
Gram mit. Im Hintergrund befindet sich nicht etwa Jerusalem, sondern
eine heimische Landschaft mit einem Gehöft und fernen Bergen und einem
nahen Wald, und zwei seiner Bäume sind lebendige Kreuze für die beiden
Missetäter, von denen man nur die Füße sieht (nur einen von dem auf der
rechten Seite). Im Gegensatz zum bleichen Fleisch Christi und dem fahle-
ren, beunruhigend blutbefleckten Tuch, in das er gewickelt werden soll,
sind die Farben von auffallender Leuchtkraft. Das Gemälde soll verstören,
den Glauben glaubhaft darstellen.

Sein nichtitalienischer Stil ist freilich sanft, wenn man dieses Bild mit Jörg
Ratgebs *Auferstehung Christi* vergleicht, wo das Alltägliche und das Über-
natürliche hart miteinander konfrontiert werden. Die Soldaten werden
zurückgeschleudert – auf den Boden, der genrehaft übersät ist mit zeitgenössischen Waffen, Weinflasche und -krug sowie den Spielkarten, mit
denen sie gespielt hatten, ehe sie einschliefen – von der Druckwelle einer
fast hörbaren Explosion, mit der ein weißglühender Christus aus seinem
Felsengrab hinaus nach oben schießt. Doch in keinem Werk kommt die
ganze intensive Spannweite des deutschen Zeitgefühls so zum Ausdruck

Matthias Grünewald, *Kreuzigung*, Ausschnitt aus dem *Isenheimer Altar*,
um 1515 (Musée d' Unterlinden, Colmar)

wie in den drei raffiniert miteinander verbundenen Triptychen von Matthias Grünewalds gewaltigem, um 1515 vollendetem *Isenheimer Altar*, die
sich entsprechend den Wandlungen des Kirchenjahrs öffnen ließen. Mit
seiner genialen Beherrschung der Perspektive, seiner souveränen Verwendung von Stillebendetails und seiner (zuweilen) gewichtig realistischen
Behandlung der Gewänder ist dieses Werk auch der fortgeschrittenen
Praxis in den Niederlanden oder in Italien intellektuell weit voraus. Aber
es hätte niemals geschaffen werden können außerhalb einer persönlichen
wie kommunalen Vorliebe für ein Pathos, das an Entsetzen grenzt, wie auch
für die überaus subjektive Verwendung der Farben von Grünewalds Heimat. Der von Geißelhieben übersäte Leib Christi ist im Gelbgrün der
Verwesung gehalten. Auch wenn sein Mund vor unendlicher Erschöpfung
offensteht, krümmen sich die Finger aufwärts von dem durchhängenden
Querbalken, an den seine Hände genagelt sind, und Blut schimmert an den

Spitzen seiner zerschlagenen, klauenartigen Füße. Und der Zeigefinger
von Johannes dem Täufer, den der Künstler seinerseits nach seiner Enthauptung durch Herodes wiederauferstehen ließ, verweist auf die Inschrift
aus dem Buch der Zukunft neben ihm: »Illum oportet crescere – Jener muß
wachsen.« Weder von seiner Farbe noch von seiner Behandlung der historischen Zeit, noch von seinen Größenverhältnissen her – man vergleiche
die winzige Magdalena mit der bleichen Madonna, die vom Evangelisten
Johannes im Arm gehalten wird – hätte ein derartiges Werk einem Italiener
einfallen können.

Angesichts der Tatsache, daß diese Maler und Bildhauer über vierzig Jahre
lang in Zentren, die von Köln bis Basel und von Straßburg bis Nürnberg
reichten, und in einer künstlerischen Welt gearbeitet haben, die sich
niemals Einflüssen von außen verschloß, umfaßt der Begriff »deutsch« eine
Vielzahl von Impulsen. Doch ungeachtet all dieser Entfernungen, Einflüsse
und persönlichen Eigenheiten wurde hier ein Gesamtwerk geschaffen, das
vor allem sui generis national war.

Ein paar Künstler wandten sich – wie Cranach dies häufig tat – mythologischen Themen zu, wenngleich sich diese gewöhnlich auf Holzschnitte
beschränkten, und selten ist bei ihnen die klassische Empfindung unge-
zwungen oder natürlich. Auf dem Monumentalgemälde *Urteil des Paris*
(um 1517) des Schweizers Niklaus Manuel beispielsweise ist Paris ein
modisch gekleideter Stutzer, Juno eine biedere Hausfrau und die neckische
Minerva ist provozierender nackt als Venus, ja auf dem Kopf trägt sie den
Straußenfederschmuck, den andere Künstler mit Soldatenhuren assoziieren. Auch wenn Dürer seine Landsleute einmal dafür getadelt hat, sie seien
als Maler »im Unverstand wie ein wilder, unbeschnittener Baum auferwachsen«[56], und zwei geistig ergiebige Aufenthalte in Italien verbrachte,
so sieht doch nur sein Spätwerk *Die Vier Apostel* (1526), mit seiner kom-
pakten Komposition und dem massigen, vereinfachten Faltenwurf, auf den
ersten Blick so aus, als hätte es auch im Süden entstanden sein können.

Im allgemeinen hielten deutsche Künstler die geliehenen italienischen
Gewänder für unbequem. In *Christus wird dem Volk gezeigt* von Urban
Görtschacher ist die Bühne, auf der die Gestalt des Erlösers zur Schau
gestellt wird, auf eine allerdings seltsam verzerrte Weise »Renaissance«
nach italienischem Muster: Die Reliefarbeit am Ende der Treppe, die
Zierleisten des Mittelbogens und der perspektivische Blick durch den
Arkadengang dahinter, die säulengerahmte Rundbogenöffnung darüber
und die links oben angedeutete Arkade mit ihrer stämmigeren Säule – all
dies erinnert an eine weniger bedeutende Szenerie aus dem Quattrocento.
Aber sobald der Blick auf die Figuren fällt, ist die Stimmung wie verwandelt.

Niklaus Manuel,
Urteil des Paris, um 1517
(Kunstmuseum, Basel)

Die gestikulierende Menge mit den angespannten Gesichtern, der Trinker oder die auf der Treppe herumlungernden Gestalten, vor allem die eingezwängte, gekrümmte, qualvoll an den Händen gefesselte Figur des Hauptdarstellers, Christi, versetzen diesen sogleich weit weg von Italien, genauso wie die flatternden Bänder mit den Inschriften, die die bildliche Botschaft der Szene um einen verbalen Kommentar ergänzen.

Ein Werk wie dieses erinnert an die Vielzahl unbedeutender Maler, von denen viele nur nach der Signatur auf einem bestimmten Werk benannt sind, oder nach der Stadt oder Region, in der sie gelebt und für deren Kunstmarkt sie gearbeitet haben. Denn ein weiterer Grund dafür, daß italienische Stile zwar nach Westen über Frankreich und nach Osten über Polen gelangten und die Manier der Künstler in den Niederlanden veränderten, aber in dieser mittleren Zone kaum Einzug hielten, war eine Produktivität von einer derart hohen und weitverbreiteten Qualität, daß Auftraggeber kaum das Bedürfnis empfanden, sich anderswo umzusehen,

eine Produktivität zugleich, die so pointiert und selbstbewußt war, daß die
Künstler froh waren, wenn sie bei ihrer Arbeit ihre eigene, ganz und gar
heimische Methode neu durchdenken und aufrechterhalten konnten.

Dabei spielte natürlich nationalistischer Konservatismus eine gewisse
Rolle. Maximilian I., der seine Rolle musterhaft ausfüllende Erzpropagan-
dist des deutschen Kaiserreichs, wollte keine Ausländer in den Künstler-
teams beschäftigen, von denen er seine Taten und seine Bestimmung
feiern ließ. Herzog Wilhelm von Bayern entschied sich zwar bei der Deko-
rierung seines Sommerpalasts für einen Zyklus klassischer Schlachten,
berief aber dazu nur heimische Maler. Wie sehr sein Vertrauen belohnt
wurde, zeigt ein Vergleich zwischen Altdorfers Beitrag, der tief durchgei-
stigten, erlesenen und zugleich apokalyptischen *Alexanderschlacht* von
1529, und der glatten gekonnten Anhäufung klassischer Motive in dem
Gemälde *Die Konstantinsschlacht*, das Giulio Romano ein paar Jahre zuvor
im Vatikan gemalt hatte.

Seit den dreißiger Jahren des 16. Jahrhunderts freilich war es um die
herausragende Besonderheit der deutschen Kunst geschehen. Die protestantische Bilderstürmerbewegung wirkte sich auf die Einkünfte der

Albrecht Dürer,
Die Vier Apostel, um 1526
(Alte Pinakothek,
München)

Urban Görtschacher, *Christus wird dem Volk gezeigt*, 1508 (Kunsthistorisches Museum, Wien)

Künstler aus. Die Reformationspolitik traf einige von ihnen noch härter. Ratgeb wurde 1526 wegen seiner Parteinahme für die Unterdrückten im Bauernkrieg hingerichtet. Aus dem gleichen Grund mußte auch der Bildhauer Tilman Riemenschneider seine künstlerische Karriere beenden, er kam ins Gefängnis und wurde gefoltert. Wegen seiner Sympathien für die Protestanten verließ Grünewald seinen Posten als Hofmaler des Erzbischofs von Mainz, Albrecht von Brandenburg, und flüchtete nach Halle, wo er zwei Jahre später (1528) starb. Er malte dort zwar weiterhin, aber die politische Bevormundung nahm den Künstlern – wie zum Beispiel im Falle der verfolgten Maler Barthel und Hans Sebald Beham – die Freiheit der Interpretation, die wesentlich die deutsche Malerei und Bildhauerei geprägt hatte. Auch wenn die Nachfrage zurückging, konnten einige geniale Künstler ungehindert weiterarbeiten: Dürer bis zu seinem Tod im Jahre 1528, der Bildhauer Veit Stoß bis 1533, Altdorfer bis 1538, Baldung bis 1545,

Albrecht Altdorfer, *Alexanderschlacht*, 1529 (Alte Pinakothek, München)

Cranach der Ältere, wenngleich immer mehr mit einem gewissen Automatismus, bis zu seinem Tod im Jahre 1553. Dabei lag es gar nicht einmal so sehr an der Religionspolitik, daß der künstlerische Beitrag der Deutschen im Zeitalter der Renaissance praktisch abgeschlossen war: Die Kirchen verboten die Kunst nur in Teilen von Deutschland und der Schweiz, und die Nachfrage nach Porträts und Bildern mit mythologischen und historischen Themen nahm sogar zu. Es war vielmehr ein unglücklicher Zufall – es fehlte nämlich eine neue Generation genialer Künstler. Und nachdem sie so lange auf ihren Auftritt in den Kulissen hatte warten müssen, übernahm nun die italienisierende Zweitbesetzung die von den Hauptdarstellern verlassene Bühne.

Im Hinblick auf das kulturelle Leben in Deutschland ist das Wort »Renaissance« somit kaum von Bedeutung, es sei denn, man verbindet damit ausschließlich die Welle eines gemeinsamen Fortschritts gegenüber dem, was dieser einzigartigen, visuellen und relativ kurzen Phase einer inländischen Kreativität vorausgegangen war. In Frankreich hingegen ist es möglich, einerseits im engeren Sinne von einer französischen Renaissance zu sprechen – die in diesem Fall allerdings kein visuelles, sondern ein verbales Phänomen war: der gemeinsame Beitrag einer Gruppe von Dichtern, die einen beachtlichen Fortschritt in der heimischen literarischen Tradition herbeiführten –, andererseits (und in einem viel weiteren Sinne als im Falle Deutschlands) von einer Renaissance in Frankreich.

In dem langen Zeitraum (von 1307 bis 1377), in dem der päpstliche Hof aus dem unregierbaren Rom geflohen und in Avignon Zuflucht gesucht hatte, errichtete der Humanismus während seiner Entwicklungsphase auch in Frankreich eine Basis – bis zu seinem neunundvierzigsten Lebensjahr wirkte Petrarca in der Provence. Frankreich orientierte sich, nachdem der Humanismus das Gedankengut des Landes einmal durchdrungen hatte, zwanglos an dessen Texten und Ideen, die mit so instinktiver Leichtigkeit in den *Essais* von Montaigne auftauchten. Eine derartige Kontinuität eines genialen Künstlertums gab es in der Malerei nicht: Auch wenn der Maler Simone Martini aus Siena auf dem Höhepunkt seiner Karriere im Jahre 1339 nach Avignon kam, um dort zu arbeiten, und obwohl die künstlerischen Beziehungen zwischen Frankreich und Italien weiterhin bestanden – so gingen die beiden führenden französischen Maler Jean Perréal und Jean Bourdichon um 1500 nach Italien –, gab es im späten 15. oder im 16. Jahrhundert keinen Franzosen, der sich von der italienischen Kunst anregen ließ oder auf den früheren Leistungen der Gebrüder Limbourg oder eines Jean Fouquet aufbaute. Der Aufenthalt von Rosso und anderen Italienern rief zwar umgehend die unbeständige Malerschule von Fontainebleau ins Leben, aber die heimische Malerei, die seit den fünfziger Jahren des 16. Jahrhunderts am besten in der sorgfältigen Handwerklichkeit von François Clouet und Corneille de Lyon vertreten war, erlebte nie eine derartige Blüte wie in Deutschland. Der Augenblick der Malerei in Frankreich war noch nicht gekommen. Es war hingegen – wenn auch nicht im Sinne einer einheitlichen »Schule« von überragender europäischer Bedeutung – der Augenblick für eine Reihe von Bildhauern, von Jean Goujon in den vierziger bis zu Germain Pilon in den achtziger Jahren des 16. Jahrhunderts.

Dies waren Männer, deren offenkundige Intelligenz unterstreicht, mit welcher Meisterschaft sie die Anmut der spätgotischen französischen Bildhauerei in eine klar verständliche Beziehung zur klassischen Inspiration hinter dem Werk von Italienern, die (wie Cellini) in Frankreich arbeiteten, oder zu den antiken Werken beziehungsweise deren Abgüssen setzten, die von Ludwig XII. oder Franz I. eingeführt wurden. Dies war auch, in qualitativer Hinsicht, der Augenblick der französischen Architekten. Und in einem Europa, das von italienisch-klassizistischen Motiven übersät war, die an Fassaden angebracht wurden und unruhig auf Dachkanten saßen, lag wieder einmal der Schlüssel zum Erfolg der französischen Züchtung heimischer Stile in einer Sensibilität, die hoch intellektualisiert war. Die Entwürfe von Jacques Androuet du Cerceau und Philibert de l'Orme um die Mitte des 16. Jahrhunderts stellen den bewußten Versuch dar, die Prinzipien zu verstehen, die von Vitruv erläutert, in den klassischen Ruinen von Rom zu besichtigen (beide Architekten waren dort gewesen) und von Sebastiano Serlio interpretiert waren, der 1554 in Frankreich starb, nachdem er das Château von Ancy-le-Franc geschaffen hatte – eine vollkommene Synthese zwischen den Vorschriften seiner Abhandlungen und dem, was ein französischer Auftraggeber bereit war zu akzeptieren. Ein späterer italienischer Kunsttheoretiker, Giovanni Paolo Lomazzo, schrieb 1584 bissig, Serlios Schriften hätten »mehr abgeschmackte Architekten hervorgebracht, als er Haare in seinem Bart hatte«, doch das traf auf Frankreich nicht zu. Aber nicht im leichten Transfer humanistischer Interessen von Italien nach Frankreich oder in der anpassungsfähigen Intelligenz heimischer Bildhauer und Architekten liegt das Besondere der französischen Renaissance, sondern vielmehr in der genialen Verwendung von Worten: in der Prosa von Rabelais und Montaigne, vor allem aber in der Lyrik.

Jean Clouet (der Vater von François Clouet), ein Künstler, der sich von den Niederlanden und Italien inspirieren ließ, malte um 1530 das Porträt eines unbekannten Franzosen, der ein kleines Buch hält mit der Inschrift »Petrarcha«: *Der Mann mit dem Petrarca-Band*. Dreißig Jahre später hätte der Porträtierte wohl eher einen der ebenso kleinen und persönlich geschätzten Bände der ersten Oktavausgabe der gesammelten Gedichte von Pierre de Ronsard in Händen gehalten, die 1560 erschien. Bis dahin hatten sich französische Dichter, besonders die Mitglieder der Pléiade, italienische und klassische Vorbilder zu einem eigenen lyrischen Ton anverwandelt, der im übrigen Europa von Edmund Spenser bis Jan Kochanowski, dem »polnischen Ronsard«, vernommen und nachgeahmt wurde.

Jean Clouet, *Der Mann mit dem Petrarca-Band,* um 1530
(HM The Queen, Windsor Castle)

Der Begriff »Pléiade«, den Ronsard selbst verwendete, bezieht sich auf die Gruppe von Sternen im Sternbild Stier, die nach den sieben Töchtern des Atlas benannt ist. Tatsächlich konnten vor der Einführung des galileischen Teleskops nur sechs Sterne wahrgenommen werden, so daß dieser Vergleich durchaus richtig war im Hinblick auf den Freundeskreis, der in Paris studierte und Gedanken austauschte: Ronsard und Du Bellay, Jean-Antoine de Baïf, Rémy Belleau, Pontus de Tyard und Étienne Jodelle. 1550 waren sie sechsundzwanzig, siebenundzwanzig, achtzehn, zweiundzwanzig, neunundzwanzig beziehungsweise achtzehn Jahre alt. Damals nannten sie sich selbst eine »Brigade«, eine gleichgesinnte radikale Sodalität. Und

dieses Gefühl, einem gemeinsamen Unternehmen zu dienen, wurde durch
die Kontakte mit anderen Gruppen von Traditionsgegnern in Lyon und an
der Universität von Poitiers genährt. Wie in der Atmosphäre einer »Schule«
von Malern, die das Werk der anderen verfolgen, oder der argwöhnischen
Rivalitäten in der späteren Londoner Theaterszene war das Gefühl der
Nähe innerhalb einer Minderheit stimulierend. Und bis dahin war Paris
der feste Sitz eines zuvor noch umherziehenden Hofes, zu dem die Mitglieder der Brigade ebenso wie zu den sich dazugesellenden Salons aufgrund ihrer aristokratischen Herkunft oder ihres ererbten Vermögens
Zugang hatten. In diesen feinen Kreisen waren Gedichte beliebt – sie waren
förderlich bei Flirts und auch bei weniger diskreten Affären, und die
kürzeren Formen wurden häufig vertont. Bevor es zu den häßlichen Parteistreitigkeiten kam, im Vorfeld des Massakers der Bartholomäusnacht,
war Paris für junge Leute und Dichter ein angenehmer und förderlicher
Ort. Gebildet, wie sie waren, konnten sie das Interesse an den italienischen
und lateinischen Dichtern, die damals Mode waren, wie das Vergnügen an
den mythologischen Phantasien der Zerstreuungen bei Hofe teilen. Aber
für sie stellte die Tradition der heimischen Dichtkunst eine Quelle des
Nationalstolzes dar, und unter einer italienischen Königinmutter, Caterina
de’ Medici, war es besonders reizvoll, damit die berühmten Italiener zu
übertrumpfen.

Was die Dichter der Pléiade davor bewahrte, nichts weiter als eine erlesene
Clique zu sein, und sie zu einer Bewegung machte, war die Energie und
Begabung, mit der sie den Wandel verspürten und theoretisch wie praktisch förderten. Sie verstanden sich bewußt als Avantgarde und warfen
ihren unmittelbaren Vorgängern vor, die vielversprechenden Möglichkeiten ihrer eigenen Muttersprache nicht genügend wahrgenommen zu haben. Sie entdeckten bei ihnen eine Abneigung, Vorreiter des Wandels zu
sein, eine mangelnde Feinnervigkeit: »Heutzutage«, hatte ein französischer
Autor 1529 resigniert festgestellt, »ist die Sprache tausendmal anders als
noch vor fünfzig Jahren.«[57] Du Bellay ignorierte den schöpferischen Gebrauch, den Rabelais und der Dichter Clément Marot, der 1544 starb, von
diesem ständigen Wandel gemacht hatten, und wandte sich 1549 der
umfassenderen Diskussion über die Sprache zu, um für sich einen Neubeginn zu setzen.

Die Wiederbelebung des korrekten und eleganten Lateins durch die
Humanisten – im Gegensatz zu dem, was sie abfällig »Küchenlatein«
nannten – hatte auch den literarischen Status der Volkssprachen in Frage
gestellt.[58] Pietro Bembo gestand 1513 ein, daß er von seiner Hauptaufgabe,
perfekt Latein zu beherrschen, abgelenkt worden sei, da er zugleich auf

die mundartlichen Formen achtete: »Weil viele verderbte und verzerrte Dinge später in dieser Sprache [das heißt dem Italienisch von Dante, Petrarca und Boccaccis] von vielen zum Ausdruck gebracht worden waren, die sich nicht länger ihres korrekten und gehörigen Gebrauchs beim Schreiben bewußt waren, schien es daher, als würde sie – wenn ihr nicht jemand zu Hilfe käme – in kurzer Zeit so weit herunterkommen, daß sie für Jahrhunderte ohne Ehre, ohne Glanz, ohne Ehrerbietung oder Würde bliebe.«[59] Luthers Interesse an der deutschen Sprache verfolgte einen eher direkten Zweck: Um einem großen Publikum Gedanken mitzuteilen, müsse man »den gemeinen Mann auff dem Markt drumb fragen, und denselbigen auff das maul sehen«.[60] Eine große Rolle spielte der Patriotismus bei der Verteidigung des Kastilischen durch Juan de Valdés in seinem um 1535 entstandenen *Diálogo de la Lengua (Dialog über die Sprache)*. Wie verbreitet fünfzig Jahre später dieses Interesse an den Volkssprachen war, besonders daran, wie weit sie sich für die Dichtkunst eigneten, geht aus Sidneys *Verteidigung der Poesie* hervor: »Das Italienische ist so voller Vokale, daß man dabei ständig über Auslassungen stolpert; das Holländische andererseits so voller Konsonanten, daß sie das angenehme Gleiten nicht erlauben, das bei Versen erforderlich ist; im Französischen gibt es kein einziges Wort, bei dem die Betonung auf der letzten Silbe liegt, sondern nur einige mit Betonung auf der drittletzten, Antepänultima genannt, und nur wenig mehr gibt es im Spanischen, und darum können sie nur ganz ungraziös Daktylen verwenden. Das Englische«, schloß er kurz und bündig, »ist frei von diesen Mängeln.«[61]

Das Wort »Verteidigung« hatte Sidney von Du Bellays *La defence et illustration de la langue françoyse (Verteidigung und Rühmung der französischen Sprache)* übernommen, dem sprachlichen Manifest der Pléiade. Auch Du Bellay interessierte sich in erster Linie für die Lyrik, die am meisten aus den Möglichkeiten der Sprache herausholte. Der Wortschatz des Französischen, betont er, sei zwar reichhaltig; gleichwohl wird der Dichter seinem Ohr und seinem Wissen vertrauen, die ihm zeigen, was er aus dem italienischen oder lateinischen Sprachgebrauch übernehmen solle, während er sorgfältig darauf achtet, den heimischen Fundus nicht damit zu vermischen. Nachdrücklich verweist Du Bellay auf den Auftrag des Dichters: die Unwissenheit zu beseitigen, den Geschmack zu heben und die Schöpferkraft des eigenen Landes zu demonstrieren. Zu diesem Zweck solle die Volkssprache verbessert werden: »Ich kann gar nicht genug die Eilfertigkeit tadeln, mit der einige unserer Landsleute, die alles andere als Griechen oder Lateiner sind, aber alles mißbilligen und ablehnen, was auf Französisch geschrieben ist.«[62] Dann wendet er sich nach den Worten den

Werken zu und beklagt sich über einige der von seinen Vorgängern
verwendeten Metren und Formen. »Sonne moy des beaux sonnetz«, sagt er
mit einem bewußt provokanten Wortspiel: »Laßt mich schöne Sonette
hören, eine ebenso gelehrte wie angenehme italienische Erfindung.«[63] Es
gehörte zum Anspruch, den die Pléiade-Dichter an sich wie an ihre Schüler
stellten, daß sie den sprachlichen Nationalismus mit der Bewunderung für
Formen wie das italienische Sonett und die lateinische Ode und Ekloge
verbanden. Die meisten von ihnen hielten denn auch mit dem gelehrten
modischen Geschmack mit, indem sie lateinische Verse schrieben und sich
damit als Autoren und Förderer der französischen Lyrik Respekt verschafften. Sie kannten eben noch nicht die herablassende Anspielung des Latei-
ners Milton auf Shakespeares »heimisch ungekünstelte Gesänge«, sondern
waren entschlossen, sich nicht als naive regionale Künstler zu blamieren.
In einem Sonett von 1552 spricht Ronsard von winzigen Teilchen, die in
zufälligen Bahnen durchs Weltall wirbeln und sich endlich zusammen-
schließen, um die Welt zu bilden.[64] Genauso, fährt er fort, hat eine Anhäufung zufälliger Ereignisse die Liebe in seinem Herzen erwachen lassen.
Wenn sie nun stirbt, wird sie sich dann in die vier Elemente Erde, Luft,
Feuer und Wasser auflösen? Nein, dank seiner Stimme wird sie für immer
im ganzen Universum zu vernehmen sein. Mit dieser Anspielung auf die
Atomtheorie des Lukrez und auf die mittelalterliche Vorstellung vom
Menschen als Mikrokosmos im Kosmos wie auch mit der überraschenden
Wiederbelebung eines Topos, der fast so alt ist wie die Dichtkunst selbst,
nämlich daß die Worte des Dichters den Tod besiegen – mit diesen Mitteln
bringt das Gedicht zum Ausdruck, daß die Generation der Pléiade von den
fünfziger bis zu den siebziger Jahren des 16. Jahrhunderts eine Fülle von
Atomen zu Stoffen umwandelte, die einen neuen Klang und eine feste
Struktur hatten. So fragt sich der Leser, wie Belleau nach den ersten Worten
eines seiner Sonette: »Wenn du willst, daß ich sterb' in deinen Armen,
Liebste«, die vertraute Vorstellung vom Orgasmus als kleinem Tod auflösen
wird.[65] Der Dichter erklärt nun der Geliebten, dies sei nur möglich, wenn
sie ihre Kleider ablege, so daß er sich so eng um sie winden kann wie der
Efeu um die Ulme – ein Bild, das direkt einem der von der Pléiade am
meisten bewunderten neulateinischen Dichter entlehnt ist, dem Holländer
Johannes Secundus. Dann weitet sich das Gedicht zur zeitgenössischen
Szenerie: Einige suchen den Tod in den Flanken einer Bastion, in einem
Scharmützel, in der Schlacht – ich aber, erklärt Belleau schließlich, suche
Ruhm auf andere Weise, »denn ich riskier' mein Leben zwischen deinen
Lippen«.
Einfälle, die nicht nur klug sind, eine Verdichtung von Ideen, die sie

dennoch nicht trocken abstrakt werden läßt, eine Fülle von Anspielungen, die mit raffinierter Nonchalance in einen persönlichen Ton umgesetzt werden: das sind einige von den Qualitäten, die den Reiz der Lyrik der Pléiade ausmachen. Dazu gehört auch, daß sie Themen von universaler Bedeutung neu formulieren. Antike wie mittelalterliche Dichter hatten lange die Einsamkeit des Exils beklagt, aber auch die Freude gefeiert, den Rauch aus dem heimischen Herd wiederzusehen; sie hatten vom erquikkenden Trost der ländlichen Idylle im Gegensatz zur hektischen Geschäftigkeit der Stadt gesprochen; vom hastigen Dahineilen der Jahre und vom Pathos eines welken Kadavers, der noch immer unter den Funken jugendlicher Leidenschaft erbebte; von der Gewaltigkeit des Schicksals und der Geringfügigkeit des Menschen; vom äußersten Fieber der Liebe, die doch einen höchsten Sinn vermittelte: all dies waren immer wieder zum Ausdruck gebrachte Aspekte der Menschlichkeit, aber jeder wurde auf die Gefühlswelt der Gegenwart neu eingestimmt und erklang für das Ohr der Zeitgenossen wie zum ersten Mal.

Von all diesen Themen war natürlich die Liebe das verbrauchteste. Doch als Louise Labé (die der Lyoner Dichterschule angehörte, aber mit ihrer neuen Ausdruckskraft die Ehrenmitgliedschaft in der Pléiade errang) ein Sonett mit dem großartigen Bild einleitete, wie der Schnee des Kaukasus taut, als »Phöbus ... seinen vollen Ring / vollendet hat« (sie war keine Heliozentristin), da brachte sie mit dem, was dann folgte, in die unmittelbare oder imaginierte Erfahrungswelt des Lesers ein neues Kriterium ein:

> War eine Zeit, da schien mir dein Gefühl
> (ich tröstete dich manchmal) unentschlossen;
> doch jetzt, seit ich in deinen Armen war
> und dort, wo du mich wolltest, ganz und gar:
> hast du dein Feuer plötzlich fortgegossen
> und bist, wie ich es niemals konnte, kühl.[66]

Und einen weiteren neuen Aspekt lieferte Ronsard, als er, der doch normalerweise mit seiner Zuneigung nicht hinter dem Berg hielt und so zart sinnlich war, unvermittelt eine Frau verwünschte, die sich des Nachts so sehr mit ihrem Dildo verausgabte, daß sie ihn nicht mehr empfangen konnte.[67]

Familiäre Verbindungen und Beziehungen zum Hof hielten die Dichter der Pléiade über die großen religiösen und politischen Fragen auf dem laufenden, die zu den Bürgerkriegen führen sollten. Als Du Bellay als diplomati-

scher Sekretär des mit ihm verwandten Kardinals Jean Du Bellay Rom
besuchte, war er von dem politischen Zynismus und der legeren Religiosität der Metropole zutiefst enttäuscht. Beim Anblick des Tibers sehnte er
sich an die Loire zurück. Angesichts der Marmorpaläste und der prunk-
vollen Innenhöfe bedauerte er es, die schiefergedeckten Häuser des Anjou
und ihre bescheidenen Höfe verlassen zu haben. Von diesen Empfindungen ist in einem der berühmtesten Gedichte der Gruppe überhaupt die
Rede: »*Heureux qui, comme Ulysse, a fait un beau voyage …*« (*Glücklich,
wer, wie Odysseus, eine schöne Reise macht*) – und dann heimkehrt. Der
Zyklus, in dem es steht, trägt den Titel *Regrets (Klagelie-der)*.[68] Er ist von
dem Gefühl bestimmt (dem er sich gelegentlich vielleicht allzusehr hin-
gibt), daß die Zeit aus den Fugen sei. Für Ronsard wurde der Gegensatz
zwischen dem gegenwärtigen »eisernen Zeitalter« mit seinen Kriegen,
seiner Gier und seinen Streitigkeiten und dem »goldenen Zeitalter«, in dem
die Menschen noch harmonisch miteinander wie auch mit der Natur gelebt
hatten, zu einem ständig wiederkehrenden Refrain. Im Jahre 1553, noch
vor Beginn der Bürgerkriege, spricht er in einem an seine literarischen
Gefährten gerichteten Gedicht traurig vom »armen Europa … von dem die
Götter ihre Augen abgewendet«.[69]

Ronsard meisterte nicht nur wortgewandt die lyrischen Themen, mit denen
sich die Bewegung befaßte, sondern beschäftigte sich auch am intensivsten
mit den öffentlichen Fragen und Problemen. Seit seiner Jugend als Page
bei Hofe und als unbedeutender diplomatischer Gesandter hing sein Lebensunterhalt von Zuwendungen reicher Gönner ab, bis er seit 1565 ein
ständiges Einkommen aus einer Kirchenpfründe bezog (wobei ihn die
niederen Priesterweihen nicht daran hinderten, seinen Liebschaften zu
frönen): Wie anderen Autoren brachten auch ihm seine Veröffentlichungen
Ruhm, aber kein Geld ein. Daher mußte er Glückwunschgedichte und
Liedertexte für einzelne Auftraggeber schreiben, sogar Liebesgedichte im
Namen von Männern, deren Leidenschaft größer war als ihr literarisches
Ausdrucksvermögen; schließlich wurde er auch der inoffizielle Poeta laureatus der Königinmutter während der jeweils nur kurzen Herrschaft von
Heinrich II., Franz II. und Karl IX. Er schrieb Gelegenheitsgedichte anläß-
lich von Siegen, Friedensverträgen und Allianzen – nach dem französisch-
englischen Abkommen (dem Vertrag von Troyes) von 1564 erhielt Robert
Cecil einen Band mit seinen Gedichten, in dem sich auch eine »Elegie an
Ihre Majestät des Königreichs England« befand, die Cecil doch an Elisabeth
weiterleiten möge. Bezeichnenderweise sagte diese Elegie voraus, daß die
englische Königin »das herrliche goldene Zeitalter« wiederbeleben werde.[70] Er verfaßte engagierte Schmähreden gegen die Hugenotten, die in den

Augen des Hofes dafür verantwortlich waren, daß das gegenwärtige Zeitalter ein eisernes war.

Kein anderer Dichter hatte so viele Gelegenheitsgedichte geschrieben und
darin so viele Themen von privatem und öffentlichem Interesse behandelt.
Doch Ronsard war weder ein Großdichter noch eine Versmaschine. Er
schrieb selten seicht oder mechanisch. Auch wenn er aufgefordert wurde,
einmal den Frieden zu feiern, dann wieder die Begeisterung für den Krieg
zu schüren, so war sein rhetorischer Eifer doch jedesmal von der Überzeugung getragen, daß die Dichtkunst den Wert jeder Empfindung und jeden
Standpunkt zu erhöhen vermochte. Während Ronsard als virtuoser Techniker von Klang- und Strophenformen ein Poeta doctus war – in einer Zeit,
da dies als Auszeichnung galt –, war er doch auch ein Mensch, der seine
ganze Einstellung zum Leben ganz natürlich und höchst kunstvoll zugleich
in seinen Gedichten auszudrücken verstand: Fast alles, was er schrieb –
selbst im Auftrag für einen Liebhaber oder einen Politiker –, spiegelte in
irgendeiner Weise sein persönliches Engagement für das Geschriebene
wider. Gerade in seinem Werk, wie in dem der anderen Sterne des Sieben-
gestirns, manifestiert sich am reinsten die Genialität der französischen
Renaissance, in der sich das antike Vorbild und der italienische Einfluß mit
einer langen heimischen Tradition verbanden.

Im Jahre 1586 wurde dem Earl of Leicester, Kommandeur der englischen
Streitkräfte, die den Widerstand der nördlichen Niederlande unterstützten,
in Leiden ein Staatsempfang bereitet. Zu den wichtigen Programmpunkten
gehörte auch der Besuch einer Vorlesung von Lipsius über Tacitus. Dem
Gefolge des Earls gehörte auch sein Neffe Philip Sidney an, der sich mit
Lipsius anfreundete, was zur Folge hatte, daß der berühmte Gelehrte noch
im selben Jahr eine Einladung nach England erhielt und vermutlich einen
Lehrstuhl angeboten bekam: »Ich weiß«, schrieb Sidney, »daß Ihr unserer
Königin sehr willkommen wäret sowie vielen anderen, ja eigentlich allen
anderen Menschen auch.«[71] Im Herbst dieses Jahres starb der Autor von
Arkadien und der *Verteidigung der Poesie* an einer Schußverletzung, die er
sich in der Schlacht von Zutphen zugezogen hatte. Im darauffolgenden Jahr
wurden in London zwei Stücke uraufgeführt: Christopher Marlowes *Tamerlan* und Thomas Kyds *The Spanish Tragedie (Die Spanische Tragödie)*,
die noch in den dreißiger Jahren des 17. Jahrhunderts gespielt wurden,
obwohl es da längst ganz andere bedeutende Stücke gab von der bedeutendsten Schar genialer Dramatiker – seit 1590 zählte dazu auch Shakespeare –, die jemals in einem vergleichsweise kurzen Zeitraum in dieser
Stadt gewirkt hatten. Hätte Lipsius die Einladung angenommen, so hätte

er das erste Aufblühen der englischen Renaissance im Rahmen der italienisierenden Renaissance in England miterlebt.

Wie in Frankreich hatte der Humanismus auch in England sogleich Fuß gefaßt. Zu Beginn des 16. Jahrhunderts beglückwünschte Erasmus seine englischen Freunde zu ihrer Gelehrsamkeit. Der Humanismus hatte sich weithin zwischen der höheren Bildung und dem intellektuellen Leben eingebürgert gehabt, lange bevor William Camden 1586 seine lateinische Landeskunde *Britannia* schrieb und Thomas North den früheren englischen Übersetzungen klassischer Autoren seine Plutarch-Übersetzung (1579) hinzufügte, der Hauptquelle für Shakespeares römische Stücke.

Andere italienische Einflüsse waren trotz aller protestantischen Vorurteile ohne weiteres auf die Insel gelangt. Italienische Wörter und literarische Kunstgriffe fanden ungehindert Zugang. Die italienische Sprache genoß Ansehen, wenngleich dies nicht für das Benehmen der Italiener galt. Hamlet unterbricht das Spiel im Spiel, als der Schauspieler in der Rolle des Lucianus Gift ins Ohr des schlafenden Königs träufelt, und verkündet dem zuschauenden Hofstaat lauthals: »die Geschichte ist vorhanden und in auserlesenem Italienisch geschrieben« (III, 2).[72] In seiner *Description of Britain (Beschreibung von Großbritannien)* von 1586 fühlte sich William Harrison bemüßigt zu erklären: »Wenn es je eine Blütezeit für denkwürdige Bauwerke in England gegeben hat, dann in diesen unseren Tagen, da unsere Baumeister sich hervortun und in ihrer Manier durchaus vergleichbar sind den Alten, Vitruv, Leo Baptista [Alberti] und Serl[i]o.«[73] Doch das erste Bauwerk, das tatsächlich ein wahrhaft umfassendes Verständnis italienischer Prinzipien demonstrierte, war das Queen's House in Greenwich, 1616 von Inigo Jones erbaut. Obgleich Heinrich VIII. schon früh italienische Künstler beschäftigt hatte, herrschte ein Mangel an großen heimischen Talenten, die entweder auf deren Vorbild zurückgriffen oder ihm etwas Eigenständiges entgegensetzten. Noch durften in postreformatorischen Kirchen Grabdenkmäler errichtet werden, aber keines konnte es mit Pietro Torrigianos Grabmal von Heinrich VII. und seiner Gemahlin in der Westminster Abbey aus dem Jahre 1512 aufnehmen. Und da heimische Maler nichts wirklich Ernstzunehmendes zu bieten hatten, orientierte sich der ungebildete Geschmack der Auftraggeber an Werken, die den bequemen Weg über die Nordsee nahmen.

Selbst das Bild mit dem humanistischsten Sujet, das jemals in England dargestellt worden war – Elisabeth verwirrt Venus, Juno und Minerva, indem sie ihnen nicht den Apfel von Paris, sondern den Reichsapfel entgegenhält –, war das Werk eines flämischen Einwanderers, Hans Eworth. Eher gerechtfertigt als Harrisons Behauptung war da schon das Selbstbe-

Hans Eworth (Zuschreibung), *Königin Elisabeth mit Juno, Minerva und Venus*,
1569 (HM The Queen, Hampton Court)

wußtsein von Michael Drayton, dem die literarische Musik der Stimmen
von Sidney, Spenser, Shakespeare und (wie er meinte, wenn auch nicht die
Nachwelt) seines eigenen Frühwerks Auftrieb gegeben hatte und das den
Vielschreiber 1613 veranlaßte, Englands geographische Isolation zu be-
klagen:

> Ach, bänd' der Ozean nicht unsern Stil
> So sehr an diese starren, engen Grenzen;
> Mög' unsrer süßen Insel Melodie
> Man nun an Tiber, Arno, Po vernehmen
> Und wissen, daß die Themse übertrifft
> Die Musik des verkommenen Italien.[74]

Gleichwohl: Ungeachtet des Ansehens, das die architektonische Ornamen-
tik Italiens, seine Novellen und seine Lyrik wie die Zahl der Übersetzungen
aus dem Italienischen genossen (zum Beispiel Sir John Harringtons
Übertragung von Ariosts *Orlando Furioso* von 1591); trotz der Vielfalt und
der Qualität der englischen Lyrik, vom weit ausholenden, grüblerischen

Schreiten von Spensers Stanzen in der *Feenkönigin* bis zur Spannung in Donnes lyrisch-philosophischer Dichtung; und trotz der herausragenden englischen Komponisten (William Byrd, Orlando Gibbons und John Dowland starben innerhalb von drei Jahren, zwischen 1623 und 1626) – vor allem anderen rechtfertigen es die Kraft und der Reichtum der Dramatiker, von der »englischen Renaissance« zu sprechen.

1594 wurde Shakespeares formal einfallsreiche und ironisch-witzige Komödie *The Taming of the Shrew (Der Widerspenstigen Zähmung)* uraufgeführt, zwei Jahre zuvor das anonyme, auf eine wahre Begebenheit (eine Frau ermordet gemeinsam mit ihrem Geliebten ihren Mann) zurückgehende Melodram *Arden of Feversham*. Beide Stücke waren beim Publikum beliebt und wurden immer wieder aufgeführt. Zwischen 1591 und 1598 gab John Florio, als in London geborener Sohn italienischer Eltern ein herausragender Vermittler zwischen Italien und England, seine pädagogischen Dialoge in beiden Sprachen heraus. Einer handelte davon, daß die englischen Dramatiker, im Gegensatz zu ihren italienischen Kollegen, die auf dem antiken Drama beruhenden Regeln nicht beachteten. »Nach dem Abendessen«, schlägt der Student vor, »werden wir uns ein Stück ansehen.« Vernichtend erwidert der Lehrer: »Die Stücke, die sie in England spielen, sind doch keine richtigen Komödien.« Mutig verweist der Student auf die Beliebtheit des Theaters:

> »Aber sie spielen doch wirklich jeden Tag.«
> »Gewiß, aber das sind weder richtige Komödien, noch
>   richtige Tragödien.«
> »Was würdet Ihr sie dann nennen?«
> »Darstellungen von Historien, ohne jede Ordnung.«[75]

Vielleicht hat Florio die bewußt provozierende Aussage nicht gekannt oder mißverstanden, die der gelehrte John Lyly dem Prolog seiner 1591 uraufgeführten Komödie *Endimion, the Man in the Moone (Endymion, der Mann im Mond)* in den Mund legte: »Wir geben weder eine Komödie noch eine Tragödie, noch eine Geschichte oder sonst etwas – wer immer uns zuhören mag, darf sagen: Gewiß doch, dies ist eine Geschichte vom Mann im Mond.« Lyly hat dies natürlich geschrieben, bevor er im Jahre 1603 hätte erleben können, wie Ben Jonsons klassisch gebaute Tragödie *Seianus His Fall (Der Sturz des Sejan)* vom Publikum ausgepfiffen wurde.

Während andere Autoren neben Jonson auf die Komödie à la Plautus und die Tragödie à la Seneca zurückgriffen, wurden die klassischen und italienischen Muster allein schon durch die Zahl neuer Stücke (zwischen Marlowes *Tamerlan* von 1587 und Shakespeares *Heinrich VIII.* von 1613 waren es mindestens 275) sowie durch ihre stilistische und thematische Bandbreite verdrängt. Subtil oder bombastisch, geistreich oder schwerfällig moralisierend, auf englischen und klassischen historischen Schauplätzen spielend oder in der Gegenwart der »bürgerlichen Komödie« von London und seiner Vorstädte wie Thomas Dekkers *The Shoemaker's Holiday, or the Gentle Craft* (*Das Fest der Schuster oder Die edle Zunft*) und Jonsons *Every Man in his Humour (Jedermann auf seine Art),* in dem Shakespeare als Schauspieler mitwirkte – das Drama jedenfalls sprengt alle Erklärungsmuster außer Genie, Können, Nachfrage und Gelegenheit.

»He, ihr verhätschelten Mähren von Asien!«[76] Lange bevor Marlowes *Tamerlan* mit der gleichen belebenden Kraft, wie sie Masaccios Fresken in der Brancacci-Kapelle der florentinischen Malerei vermittelt hatten, frischen Wind in die englische Dramatik brachte, war man süchtig gewesen nach den Geschichten, die Schauspieler über ein breites soziales Spektrum – von Höflingen bis zu Zettel aus dem *Sommernachtstraum* – zum besten gaben. Abgesehen vom hausbackenen jahreszeitlichen Ritual der Moralitätenzyklen, traten ad hoc gebildete Gruppen in den Häusern des Adels auf sowie in den Gasthöfen und auf den Marktplätzen von Provinzstädten, während Oxbridgestudenten klassische Stücke inszenierten und bearbeiteten und Schuljungen (wie jene von St. Paul's, für die *Endymion* geschrieben war) bei Hofe oder in Privathäusern spielten. Seit den siebziger Jahren des 16. Jahrhunderts wurden in London ständige Schauspieltruppen zugelassen und errichtet, und so entstand mit speziellen Schauspielhäusern ein Theaterapparat, der auf die Zahl der Besucher und Dramatiker reagierte, ja sie vergrößerte. Bis 1605 gab es drei öffentliche Freilichtbühnen (The Theatre, The Globe und The Fortune) und zwei geschlossene Häuser. Erstere boten jeweils Platz für rund zweitausend Zuschauer, die im Parterre standen oder auf den Rängen saßen, letztere hatten etwa je vierhundert Sitzplätze – zusammen also konnten diese Theater an einem einzigen Tag bis zu achttausend Besucher fassen. Wiederholte Besuche waren daher aus kommerziellen Gründen unabdingbar – so entwickelte sich das Repertoiresystem, und das bedeutete, daß ein Schauspieler eventuell dreißig Rollen in einer Saison einstudieren mußte, was wiederum zu einer gewaltigen Nachfrage nach neuen Texten führte. Während des Produktionsbooms neuer Stücke zwischen 1600 und 1610 (bei Shakespeare waren es die Dramen von *Hamlet* bis zu *Der Sturm*) betrug das unglaubliche Platzangebot in den kommerziellen Theatern alljährlich, abzüglich der Sonntage und der Fastenzeit, über zwei Millionen – und das bei einer Bevölkerung von rund 250 000 Einwohnern in London. Nie zuvor in Europa hatte man so

entschieden auf eine einzige Form von kultureller Betätigung gesetzt.
Noch, muß man hinzufügen, hatte man zugleich so entschieden dagegen
protestiert. Diese Beschwerden gipfelten in einer Petition an die Obrigkeit
der Stadt im Jahre 1619. Die Theater seien schuld daran, daß »es tagtäglich
einen derartigen Andrang von Menschen und eine derartige Vielzahl von
Kutschen gibt, von denen viele Mietskutschen sind, die alle möglichen
Leute herbringen, daß all unsere Straßen sie bisweilen nicht fassen können«. In Ludgate beispielsweise »können die Bewohner weder zu ihren
Häusern gelangen noch ihren notwendigen Vorrat an Bier, Holz, Kohle oder
Heu herbeischaffen, noch die Händler oder Ladenbesitzer ihre Waren
veräußern oder die Bootspassagiere ohne Gefahr für Leib und Leben zu
den öffentlichen Anlegeplätzen gehen«.[77]
Natürlich waren nicht alle Plätze besetzt. Aber dies förderte nur die Konkurrenz unter den Schauspieltruppen, zwischen den Dramatikern sowie
zwischen den kleineren geschlossenen Häusern, die sich mit einem geist-
reicheren, eher auf die richtige Form achtenden Programm an ein gebil-
detes oder zumindest wohlhabendes und schickes Publikum wandten, und
den öffentlichen Theatern, wo die Ansprüche an das, was man für sein Geld
erwartete, nicht so hochgeschraubt waren. Doch die Liebe zum Schauspiel
und zu den Schauspielern war so groß, daß das Publikum der komfortablen
Privattheater auch die Aufführungen in den überfüllten und den Unbilden
des Wetters ausgesetzten öffentlichen Theatern besuchte. »Gründlinge«
war vielleicht das Wort, das Hamlet (III, 2) für jene Zuschauer gebrauchte,
die im Parterre standen, aber *Hamlet* war nicht nur für sie geschrieben
worden. Denn fast jedermann genoß die Wortspiele in einem Drama – und
war schließlich nicht auch das Leben selbst nichts anderes als ein Drama,
voller politischer Ereignisse, Morde, Hexerei, Kriege, sexueller Ausschwei-
fungen, unerwarteter und unerklärlicher Todesfälle? Wo Knaben Frauen-
rollen spielten (und in den geschlossenen Theaterhäusern auch Männer
jeden Alters) und wo man sich kaum um die Stimmigkeit von Kulissen und
Kostümen kümmerte, bedurfte es nicht so sehr der Manipulation, daß das
Publikum sich einer Aufführung hingab – man tat dies willig und gern, und
weniger wegen einer konsequenten Illusion, sondern wegen der vielfältigen Resonanz auf die Story, die Kunst der Schauspieler, den Stil, die
Sprache und weil man eigene Erfahrungen im Stück gespiegelt sah. Der
Wortschatz und die Diktion des Englischen erlebten einen dynamischen
Wandel, auf der Ebene des höchst komplexen *Euphues*, den Lyly in epischer
Breite schrieb, wie auf der des einfallsreichen Jargons der unsteten Londoner Unterwelt der Diebe und Schwindler. Zwischen 1580 und 1623
kamen nahezu elftausend neue Wörter auf und gingen in den englischen

Wortschatz ein, womit sich der bisherige Sprachbestand um fast ein Viertel vergrößerte; zweifellos wurden noch viel mehr Wörter geprägt und gesprochen, bis sie wieder verlorengingen.

Kein Wunder also, daß sich die Schriftsteller der Bühne zuwandten. Einige brachten ein einziges Stück zustande, und dann hatten sie nichts mehr zu sagen. Andere schrieben pausenlos: Thomas Heywood hat behauptet, zwischen 1596 und 1633 der Verfasser oder Mitautor von zweihundertzwanzig Stücken gewesen zu sein. Von den für das Jahr 1611 historisch verbürgten Stücken beispielsweise stammen zwei von genialen Autoren: Shakespeare und Jonson; sechs von überragenden Könnern oder Persönlichkeiten: eins von Francis Beaumont in Zusammenarbeit mit John Fletcher, zwei von Fletcher allein, je eins von Dekker, Cyril Tourneur und Thomas Middleton; fünf von Gelegenheitsschreibern wie John Cooke, Nathan Field, William Rowley und zwei von Heywood. Dazu gab es Wiederaufführungen von bewährten Publikumsrennern. Alles in allem gab es ein so anhaltendes Bedürfnis nach theatralischen Dialogen und Effekten, daß ein Stückeschreiber seinen Ambitionen frönen konnte, es sei denn, er forderte unverhohlen die politische und religiöse Zensur heraus; Derbheiten nahm man ungerührt hin, was freilich die puritanische Kritik auf den Plan rief und schließlich im Jahre 1642 zu dem Erlaß führte, sämtliche Theater zu schließen – ein Erlaß, über den man sich fast genauso häufig hinwegsetzte, wie daß man ihn befolgte.

Shakespeare mochte zwar für seine Gedichte Lob geerntet haben, aber sein Einkommen hing von seiner Karriere als Schauspieler und Teilhaber seiner Truppe ab, The Lord Chamberlain's Men, die nach der Thronbesteigung von Jakob I. im Jahre 1603 in The King's Men umbenannt wurde. Daß er diese Karriere einst als wohlhabender und angesehener Haus- und Grundbesitzer in Stratford beschließen sollte, ohne sein sozial so gemischtes Publikum durch die Phantasie- und Sprachmächtigkeit seiner Stücke zu überfordern und vor den Kopf zu stoßen, ist ein bemerkenswerter Beweis dafür, daß das Theatererlebnis für die Engländer geradezu eine Sucht war. Im Gegensatz zu den Schöpfern des emanuelinischen Stils, den von Auftraggebern geförderten großen Malern von Italien, der Niederlande und von Deutschland oder den von ihrem privaten Einkommen lebenden Dichtern der Pléiade, war Shakespeare genauso wie seine Stückeschreiberkollegen auf Popularität und die Unterstützung durch sein Publikum angewiesen. In dieser Hinsicht unterschied sich das englische Drama von anderen nationalen schöpferischen Gipfelleistungen.

Abgesehen von der einen oder anderen Stichelei gegen die stilistischen Unbeholfenheiten seiner Vorgänger und die ad hoc gebildeten, nicht regi-

strierten Truppen, die außerhalb der Theater schockierende Tagesneuig-
keiten aus dem Stegreif dramatisierten – »aus dem Stegreif spielen / Uns
selbst und Alexandriens Gelage / Die lust'gen Histrionen«, sagt Kleopatra
in *Antonius und Kleopatra* (V, 2) voller Verachtung[78] –, ergriff Shakespeare
keine Partei in der Debatte über die Bühnenkunst, zu der andere Autoren
häufig in ihren Prologen Stellung nahmen. Während er sich – wie in der
Komödie der Irrungen oder *Julius Cäsar* – durchaus des kanonischen
klassischen Aufbaus der Komödie und Tragödie bewußt war, bewegte er
sich in seinem eigenen geistigen Universum der Dramenformen, indem er
darauf achtete, ob sich Geschichten, die er selbst für anspruchsvoll hielt
oder die seiner Meinung nach The King's Men finanziell zugute kamen, zu
Stücken umsetzen ließen. Es gibt jedoch kaum ein zeitgenössisches Genre,
abgesehen vom bürgerlichen Melodram, das er nicht aufgriff oder vorweg-
nahm. Überaus selbstbewußt und gelassen war die Beziehung zwischen
seinen persönlichen Eindrücken und Gefühlen und seiner professionell
bewuß-ten Einstellung zur Welt des Theaters, mit der er sich identifizierte.
Noch bemerkenswerter ist, mit welcher Leichtigkeit sein Verstand die
ganze Fülle seines Wissens und seiner Erfahrung für den dichterischen
Ausdruck im jeweiligen Register nach seiner dramatischen und sprachlichen Absicht ausrichtete.

Aus drei Gründen wissen wir nur sehr wenig über Shakespeare: weil es
kaum dokumentarische Nachweise über sein Leben gibt; weil er es vermieden hat, in seinen Stücken offen persönliche Ansichten zu äußern; und
weil das Wesen des Genies für immer ein Geheimnis bleiben wird. Aber
einige Anhaltspunkte gibt es immerhin. Die Plots seiner Werke oder Teile
davon gehen auf eine Fülle von Quellen zurück: das klassische Drama,
vermutlich nicht aus erster Hand; italienische Novellen in Übersetzung
oder mündlich nacherzählt; englische Chroniken; frühere Stücke; zeitgenössische Prosaromanzen (Robert Greenes *Pandosto* als Vorlage für *Das
Wintermärchen*, Thomas Lodges *Rosalynde* für *Wie es euch gefällt*); Norths
Plutarch-Übersetzung. Aber abgesehen von solchen Handlungsquellen,
einigen rhetorischen Tricks – höchstwahrscheinlich gehen Redeformeln
wie »Mitbürger! Freunde! Römer!« auf die beliebte klassische Abhandlung
über die öffentliche Rede *Ad Herennium* zurück – und ein paar Beispielen,
wo eine Redewendung oder ein Gedankengang offenbar direkt auf ein
bestimmtes Buch verweist, wie ein Anklang an Florios Übersetzung von
Montaignes Essay »Von den Menschenfressern« in *Der Sturm* – abgesehen
davon also kann man sich nicht des Eindrucks erwehren, daß man es hier
mit einem schnellen Leser zu tun hat, der in Büchern blättert und nach
einer Anregung statt nach einer bestimmten Aussage sucht. Und wenn man

sich überhaupt erst einmal den Quellen seiner Inspiration nähern will, kommt man nicht umhin sich vorzustellen, wie er dem lebendigen Konversationslexikon lauscht, das das London seiner Zeit darstellte, mit all den gebildeten Bekannten, die ein Modeschauspieler und -autor dort nun einmal hatte, mit dem Volk, das sich in den Tavernen herumtrieb, mit seinem schwebenden Status zwischen Insel und Kontinent für all die Händler, Diplomaten und Soldaten, mit seinen ausländischen Gemeinschaften, die das Lokalkolorit für *Der Kaufmann von Venedig* und das Franglais von Heinrich und Katharina in der Werbeszene von *Heinrich V.* (V, 2) liefern und zu dem Kauderwelsch (»Boscos thromuldo boscos«) anregen konnten, mit dem Parolles in *Ende gut, alles gut* (IV, 1) von den angeblichen muscovitischen Soldaten angesprochen wird.[79]

Es lag nicht nur an seiner Sprachlust und an seinem Einfühlungsvermögen für die Reaktionen seiner Figuren auf die Situationen, in die er sie versetzte, daß Shakespeare die Führungsposition im so aktiven Völkchen der zeitgenössischen englischen Dramatiker innehatte. Es lag auch daran, daß er das Letzte aus London herausholte, aus dem Hof, der Stadt, dem Hafen und dem ständigen Umschlag von Ideen und Informationen, die durch irgendeinen unmittelbaren Speicher- und Sortierprozeß Eingang in die Sprache seiner Stücke fanden. Gerade durch das Werk von Shakespeare und der Dramatiker seiner Zeit erkennen wir am deutlichsten, warum man aufgrund des Gespürs von Zeitgenossen für das dichte Gewebe von Ereignissen und Leistungen, das für sie – wie wir im Epilog sehen werden – »Unser Zeitalter« ausmachte, jeden retrospektiven Aspekt der »Renaissance« entweder als eine Art klassischen Wiedergänger in italienischen Gewändern bezeichnen muß, der auf der Suche nach Anhängern durch Europa schreitet, oder als eine Suche nach verstreuten nationalen schöpferischen Gipfelleistungen.

Dritter Teil

KULTUR

Die Kultur muß also gegen den Einzelnen verteidigt werden und ihre Einrichtungen, Institutionen und Gebote stellen sich in den Dienst dieser Aufgabe.

Sigmund Freud, *Die Zukunft einer Illusion* (1927)

7. Kapitel

Zivilisation

Die Normen

Im März 1772 besuchte James Boswell Dr. Johnson, als dieser gerade die vierte Auflage seines berühmten *Dictionary* vorbereitete. Boswell, der wie üblich auf dem neuesten Stand war, schlug die Aufnahme des Wortes »civilization« vor. Dies, meinte er, sei doch ein sinnvoller allgemeiner Begriff im Gegensatz zu »Barbarei«, da »civility« doch eher auf das Gesellschaftliche beschränkt sei. Der Lexikograph wollte das nicht akzeptieren: »er wolle nicht *civilization,* sondern nur *civility* aufnehmen«.[1] Zivilisieren, erklärte er, im Sinne eines Ausweitens der Werte der Zivilisation auf jene, die nicht hoffnungslose Barbaren seien, könne man als Verbum akzeptieren, aber dieser Prozeß sei doch noch nicht so weit fortgeschritten, daß man das Wort Zivilisation auf die Gesellschaft insgesamt anwenden könne. Nirgendwo sonst erweist sich Johnson so unmittelbar wie hier als Erbe der sozialen und intellektuellen Werte der Renaissance.

Aus der Sicht des Mittelalters war die europäische Gesellschaft eine Art christlicher Genossenschaft gewesen, die sich aus verschiedenen Schichten zusammensetzte. Nach dem damals gültigen Modell der drei Stände schufteten sich die Massen des dritten Standes für den zweiten Stand der Kriegsherren ab, die sie beschützten, sowie für die klerikalen Angehörigen des ersten Standes, die für die beiden anderen beteten. Seit dem 14. Jahrhundert zeigten sich Risse in diesem schlichten Modell. Ritter waren inzwischen ebenso Gutsherren wie Krieger geworden. Angehörige des dritten Standes unterschieden sich immer mehr nach Status und Tätigkeit. Seit der Mitte des 15. Jahrhunderts war das Modell immer häufiger in Frage gestellt worden. Mit dem Aufblühen des Handels, dem zunehmenden Ansehen der juristischen und medizinischen Berufe und dem wachsenden Einfluß der Bürokratie von zentralen und städtischen Regierungen nahm auch der Anteil wohlhabender und gesellschaftlich höherstehender Bür-

gerlicher zu. Infolge der Reformation, der Unterdrückung klösterlicher
Gebetshäuser und des Verlusts des Monopols, das der Klerus quasi auf dem
Gebiet der Bildung innegehabt hatte, war der geistliche Stand nun weniger
klar definiert, zumindest von seinem Erscheinungsbild, wenn auch nicht
von seiner Funktion her. Auch das Bild des zweiten Standes verlor noch
mehr an Schärfe: durch Verbindungen zwischen Geblüt und Reichtum, die
Abhängigkeit vom Dienst bei Hofe und eine Form der Erziehung, die der
der Nichtadeligen ähnelte. Im 16. Jahrhundert gab es Klagen über englische *knights*, die nicht reiten, spanische *hidalgos*, die nicht schießen
konnten, italienische *conti* und *baroni*, die nur bei persönlichen Auseinandersetzungen zum Schwert griffen. Nur in den östlichen deutschen Gemar-
kungen und jenseits davon hatten die Nachkommen eines Grafen oder
Ritters am ehesten die Chance, unangefochtene Angehörige des Militär-
standes zu bleiben, und selbst dort wirkte sich der Einfluß der größeren
Habsburger Höfe in Wien und Prag sowie der kleineren in Innsbruck und
Graz aufweichend auf diese Strukturen aus. Nicht daß die Aristokraten sich
ihrer Geburt weniger bewußt waren oder daß Bürgerliche ihnen den
nötigen Respekt schuldig blieben, vielmehr hatte der Stand, dem sie angehörten, ein wenig an klarem Umriß verloren.

Diese Veränderungen führten zu der Ansicht, daß die drei Stände obsolet
und formal geworden seien, wie etwa im englischen Parlament, das sich
aus Bischöfen, Lords und Commons (den gemeinen Bürgern im Unterhaus) zusammensetzte. Im normalen Sprachgebrauch meinte »Stand« nun
die Stellung eines Menschen in der Gesellschaft, unabhängig davon, welchem Stand er angehörte. Die Unsicherheit, die durch die in Bewegung
geratene Gesellschaft entstanden war, führte dazu, daß man wiederholt
versuchte, Menschen einzuordnen: Jedermann, lautete eine Augsburger
Verordnung aus dem Jahre 1537, müsse eine standesgemäße Kleidung
tragen, damit »er oder sie daran erkannt werden kann«. Es hatte auch zur
Folge, daß man erneut mit Nachdruck auf die Notwendigkeit einer Hierarchie verwies. Gerade die Schlichtheit der Bilder, die Sir Thomas Elyot in
seinem *Buch vom Führer* von 1531 verwendet, verweist auf das Bedürfnis,
die konservative Botschaft klar zu formulieren. »Wo alles gemeinsam ist«,
heißt es dort, »da fehlt die Ordnung, und wo sie fehlt, da ist alles widerwärtig
und unziemlich. Das lehrt uns auch die tägliche Erfahrung. Denn Pfannen
und Töpfe zieren wohl die Küche und würden doch dem Zimmer nicht zum
Schmucke gereichen. Auch Betten, Polster und Pfühl stehen der Halle nicht
an, so wenig Teppiche und Kissen in den Stall gehören.« Könnte ein Töpfer
oder Kesselflicker Recht sprechen, fuhr Elyot fort, ein Pflüger oder Fuhr-
mann den Posten eines Botschafters ausfüllen, ein Weber ein Heer führen?

Ohne die gebührende Ehrfurcht vor Rang und Stellung und den schuldigen Gehorsam vor Ranghöheren »kann so wenig von einem Staatswesen die Rede sein, wie man behaupten kann, ein Haus sei ohne sachgemäße und gebührliche Verzierung gut und hinreichend eingerichtet«.[2]

Als sich zeigte, daß das Dreiständemodell immer weniger auf die Beschreibung der Gesellschaftsordnung anzuwenden war, griff man auf ein noch älteres Zweischichtenmodell zurück, das einfacher, aber flexibler war, antik und heidnisch, doch einer Analyse der gegenwärtigen christlichen Gesellschaft eher entsprach. Das war die »Zivilisiertheit«, die Johnson so sehr schätzte, ein Begriff, der die Trennung einschloß zwischen denen, die sich seinen Werten verpflichtet fühlten, und denen, die dies nicht taten.

Aristoteles hatte die Gesellschaft auf den einzigartigen Umstand zurückgeführt, daß der Mensch ein »zoon politikon«, ein politisches Wesen, sei, von Natur aus dazu bestimmt, sich zu Familien und Gemeinschaften zusammenzuschließen, in denen er allein seine Möglichkeiten als einziges vernunftbegabtes Lebewesen verwirklichen konnte. Im Unterschied zur christlichen Idee der Vorbestimmung, derzufolge der Sinn des Menschenlebens und einer Gesellschaftsordnung vor allem darin bestand, die Menschen darauf vorzubereiten, ihrem Schöpfer beim jederzeit bevorstehenden Jüngsten Gericht gegenüberzutreten, gingen die Griechen von einem biologischen Ausgangspunkt aus und hielten die menschlichen Gesellschaftsformen für historisch unbegrenzt. Doch die Ideen und Denkmethoden von Aristoteles hatten auf so breiter Basis Eingang in die mittelalterliche christliche Philosophie gefunden, daß sogar Männer, die hohen Wert auf einsiedlerische geistige Kontemplation legten, mit Aristoteles' Behauptung, die höchste Form des Lebens sei *politikos*, politisch (oder in ihrer eher vertrauten lateinischen Übersetzung: *civilis*, öffentlich), ohne weiteres zurechtkamen. Außerdem verkörperten Königs- und Adelshäuser mit ihren Ritterkodizes sowie Klöster mit ihren weltabgewandten Formen gottesfürchtigen Verhaltens die aristotelische Idee von der naturbedingten Suche des Menschen nach Gemeinschaft in einem durchaus ehrenwerten Gewand.

Daß die aristotelische Saat im christlichen Ständemodell aufging, verdankte sie der zunehmenden Beachtung, die Humanisten seit dem 15. Jahrhundert auch anderen klassischen Autoren widmeten. Bei griechischen und lateinischen Dichtern – von Hesiod, der nur wenig später als Homer gelebt hatte, bis zu dem Römer Lukrez, dessen Werke im 1. Jahrhundert v. Chr. entstanden – entdeckte man Darstellungen vom Ursprung der Gesellschaft, die auf eine romantischere Weise faszinierend waren als die des Aristoteles: Es war die Geschichte von der Evolution des Menschen, die von einsamen Wanderschaften über die Nutzung des Feuers, die Bearbeitung von Metallen und das Bedürfnis nach gegenseitigem Schutz vor Wölfen, Löwen und verwilderten Menschen zu organisierten Gemeinschaften führte. Diese Hypothesen hatte Vitruv in seiner Abhandlung über Architektur geschickt zusammengefaßt:

In der Urzeit kamen üblicherweise die Menschen wie die wilden Tiere in Wäldern, Höhlen und Hainen zur Welt, und sie fristeten ihr Leben durch Verzehr roher, wildwachsender Feldfrüchte. Während dieser Zeit entfachten einmal Bäume, die infolge ihrer großen Anzahl dicht beieinander standen dadurch, daß sie, von Unwettern und Winden hin- und hergepeitscht, untereinander ihre Zweige rieben, Feuer, und durch dessen lodernde Flamme erschreckt liefen die, die sich in der Nähe dieses Ortes befanden, weg. Als sich später die Lage beruhigt hatte, gingen sie näher heran und, als sie bemerkt hatten, daß die Wärme des Feuers für ihre Körper sehr angenehm war, warfen sie Holzscheite hinzu und unterhielten es dadurch, holten andere Leute herbei und mit einer Gebärde wiesen sie darauf hin, welchen Nutzen sie davon hätten. Als bei diesem Zusammenlauf von Menschen bald so, bald so beim Atmen (unartikulierte) Laute hervorgestoßen wurden, setzten sie durch tägliche Gewohnheit Wörter zusammen, so wie sie sich gerade geboten hatten; dann begannen sie dadurch, daß sie öfter Dinge (mit diesen Worten) beim Gebrauch bezeichneten, schließlich durch Zufall zu sprechen. Und so brachten sie es zu Gesprächen untereinander.

Als also infolge der Entdeckung des Feuers zunächst bei den Menschen ein Zusammenlauf, ein Zusammenschluß und ein Zusammenleben entstanden war und mehr Menschen an *eine* Stelle zusammenkamen, die von der Natur aus dies vor den anderen Lebewesen als Auszeichnung hatten, daß sie nicht vornübergeneigt, sondern aufrecht gingen und die Herrlichkeit des Weltalls und der Gestirne anblickten, ferner mit ihren Händen und Gliedmaßen alles, was sie wollten, leicht bearbeiteten, begannen in dieser Gemeinschaft die einen, aus Laub Hütten zu bauen, andere, am Fuß von Bergen Höhlen zu graben; einige ahmten auch die Nester der Schwalben nach und stellten aus Lehm und Reisig Behausungen her, um dort unterzuschlüpfen. Dann beobachteten sie die Behausungen der anderen, fügten durch eigenes Nachdenken Neuerungen hinzu und schufen so von Tag zu Tag bessere Arten von Hütten.[3]

Und so gelangten sie schließlich dazu, kleinere und größere Städte zu errichten, ihren Staat zu organisieren und soziale Unterschiede einzufuhren. Als Cicero der meistgelesene antike Autor wurde, besonders nach der Entdeckung eines vollständigen Textes seiner Dialoge *De oratore (Über den Redner)* im Jahre 1421, erkannte man immer klarer, daß er in allem, wofür er verehrt wurde – sei es als Moralphilosoph oder als Meisterrhetoriker –, das aktive öffentliche Leben für selbstverständlich hielt. Die Moralphilosophie stellte für die Römer die Kunst dar, die höchsten ethischen Maßstäbe zu beachten, während man ein nützliches und angenehmes Leben in einer großen Gemeinschaft führte. Die gründliche Erziehung zum politischen Redner und Anwalt habe es auch ihm ermöglicht, wie Cicero schrieb, »den Ansprüchen, die das Leben in Rom an sie [die Redner] stellt«,[4] gerecht zu werden.

Von dem Historiker Tacitus, wegen seines Stils wie seiner Themen eine weitere Kultfigur unter den im 15. Jahrhundert wiederbelebten und wiederbelebenden Autoren der klassischen Literatur, konnte man noch mehr über den kultivierenden Einfluß der Städte erfahren. In seiner Biographie über seinen Schwiegervater, den Feldherrn und Statthalter Gnaeus Iulius Agricola, schilderte Tacitus dessen Versuch, die Bewohner von Britannien zu zähmen: »Damit diese verstreut und in Unwissenheit lebenden, und deshalb zu Kriegen neigenden Menschen sich in Freuden an Ruhe und Schonung gewöhnen, ermutigt er sie im privaten und hilft ihnen im öffentlichen Leben, Tempel, Märkte und Wohnungen zu bauen ... Die Kinder der Honoratioren läßt er in den freien Künsten unterrichten.«[5] Bei allen möglichen Autoren stieß man auf das Adjektiv *civilis*, das eine ideale Eigenschaft bezeichnete, und auf das Substantiv *civilitas*, das die Tugenden des verfeinerten Stadtlebens in der Antike umfaßte. Und seit dem Spätmittelalter sorgten die Gegebenheiten dafür, daß sich die Aufmerksamkeit der Qualität des Stadtlebens zuwandte. Ihre Bevölkerung nahm zu, Adelige errichteten darin Paläste, Herrscher verbrachten mehr Zeit in ihren Hauptstädten. Als das Wort *civilis* in die Volkssprachen Eingang fand (italienisch *civile*, französisch und englisch *civil*), konnte man bei einer vernunftgemäßen Betrachtung zeitgenössischer Machtstrukturen um so eher erkennen, wie wichtig den klassischen Autoren Städte als Muster für das waren, was in der Entwicklung des Menschen geschätzt werden sollte, auch wenn sich die christliche Tendenz weiterhin behauptete. Calvin schrieb in seinem *Unterricht in der christlichen Religion* von 1536, »daß es unter den Menschen zweierlei Regiment gibt. Das eine ist geistlich (*spirituale*) ... Das andere ist bürgerlich (*politicum*): es erzieht uns zu den Pflichten der Menschlichkeit und des bürgerlichen Lebens.«[6] Im Jahre 1583 konnte ein Autor im Hinblick auf die Teile Amerikas nördlich der spanischen Siedlungen in Florida erklären: »Gott hat dieselben dazu ausersehen, durch die englische Nation in die christliche Kultur zurückgeführt zu werden.«[7]

Neben der städtischen Kultur als einem Prüfstein für die Entwicklung einer Gesellschaft wirkte sich noch ein anderes Erbe aus der Antike auf die Einschätzung des Zustands der Menschheit aus. Aristoteles hatte erklärt, »daß es von Natur Freie und Sklaven gibt und daß das Dienen für diese zuträglich und gerecht ist«.[8] Diese rationale Betrachtung der Sklaverei als einer Grundlage des Wirtschaftslebens der Antike ging ungebrochen in die Diskussionen des 16. Jahrhunderts über die Gesellschaftsordnung ein. Einer der Sprecher in Castigliones *Buch vom Hofmann,* dessen Ansichten der Autor im großen ganzen teilte, bemerkt dazu: »Es gibt viele Menschen, deren Tätigkeit sich nur auf den Körper richtet; sie sind von den Tugendhaften so verschieden wie die Seele vom Körper, und obwohl sie vernunftbegabte Wesen sind, nehmen sie nur soweit an der Vernunft teil, als sie sie erkennen, nicht aber als sie sie besitzen oder nutzen. Solche sind von Natur aus Sklaven, und es ist besser und nützlicher für sie, zu gehorchen als zu befehlen.«[9] Ähnlich äußerte sich Juan de Matienzo 1567 über die kruden Gewohnheiten der Eingeborenen von Peru: »Es ist vorteilhafter für sie, zu dienen als zu herrschen. Wie Aristoteles einmal gesagt hat: Die Natur hat jenen, die zum Dienen geboren sind, einen stärkeren Körper und einen geringeren Verstand verliehen, während diejenigen, die frei sind, weniger körperliche Kraft und einen größeren Verstand besitzen.«[10]

Diese Debatte über die Sklaverei steckte voller Widersprüche. Sogar Busbeck bedauerte halb im Ernst: »Bei uns erreicht man nirgends die Großartigkeit antiker Werke. Warum? uns fehlen die Hände, nämlich die Hilfe der Sklaven. Ganz davon zu schweigen, welch eine Hilfe die Gelehrsamkeit und Bildung der Sklaven den Alten in jeder Wissenschaft gewesen ist.«[11]

Die Konquistadoren, die sich bis Peru durchschlugen, um es zu beherrschen, waren nicht gerade Männer mit viel Grips und einem schwachen Körper. Aber in Verbindung mit der ciceronischen Betonung der intellektuellen Ausbildung und der Beherrschung der eigenen Gefühle sowie mit der zeitgenössischen Unterscheidung zwischen »Stadtbürgern« mit Stadtrechten und -pflichten und einfachen Stadtbewohnern beeinflußte das Klassenvorurteil der antiken Gesellschaft ganz entschieden die Bedeutung von Kultur und sorgte dafür, daß sie auf eine gebildete Elite beschränkt blieb.

Diejenigen, die für andere arbeiteten, insbesondere die Bauern und die städtischen Tagelöhner, die immerhin zwischen achtzig und neunzig Prozent der europäischen Bevölkerung ausmachten, waren von diesem neuen

Modell einer bürgerlichen Kultur in der Gesellschaft ausgeschlossen. Es erschwerte auch die Einbeziehung der Kleriker, es sei denn, ihre Erziehung und ihr Lebensstil wiesen einen weltlichen Schliff auf. Was die Krieger des zweiten Standes betraf, so führte im späten 16. Jahrhundert Pierre de Bourdeille, Seigneur de Brantôme, in seinem Buch *Les vies des hommes illustres et grands capitains (Leben berühmter Männer und großer Feldherrn)* ein Rückzugsgefecht im Namen ihres Standes als einer wesentlichen Komponente in der Kultur einer Nation. Immerhin akzeptierte er die Idee der Kultur, als er wählerisch anmerkte: »Ich will nicht von niedrigen Leuten reden, weder vom Lande noch von der Stadt, denn über die zu schreiben, lag gar nie in meiner Absicht, meine Feder fliegt vielmehr nur für die Großen.«[12]

Während die Griechen und Römer noch all jene Barbaren genannt hatten, die (wie die Briten bei Tacitus) außerhalb ihrer eigenen politisch-kulturellen Welt lebten, neigte man im 16. Jahrhundert immer mehr dazu, innerhalb eines einzelnen Landes einen Unterschied zu machen zwischen den Menschen, die sich an die Normen der Zivilisation hielten, und denen, die dies nicht taten. Im Laufe des Jahrhunderts hörten die Chorographen auf, den kuriosen Sitten und Gebräuchen des gemeinen Volkes ihre Aufmerksamkeit zu widmen. Vor allem aber galt Zivilisation als Ergebnis eines Prozesses, durch den der Mensch gezähmt und diszipliniert wurde. Für Lipsius war dies der »Zauberstab der Circe, der Mensch wie Tier durch seine Berührung zähmt, wodurch sie in Ehrfurcht versetzt und zu schuldigem Gehorsam bewegt werden, während sie zuvor noch wild und ungebärdig waren«.[13] Letzteres ist ein Zitat von Livius, einem weiteren Autor der Antike, der die Bedeutung von *civilitas* mitgestaltete. Aber weder das zunehmende Interesse an klassischen Kriterien noch das Ausmaß, in dem sie als für den gegenwärtigen Wandel in der Gesellschaft relevant aufgegriffen wurden, reichen aus, um die verbreitete Übernahme der Idee der Zivilisation um 1600 zu erklären – wir müssen vielmehr noch einmal einen Blick auf die Auswirkungen werfen, den die Unterscheidung zwischen »Uns« und »Ihnen« im Selbstverständnis der Europäer gehabt hat.

Auch wenn Reisende, die das Osmanische Reich besuchten, weiterhin den islamischen Glauben verurteilten und Beispiele für die Grausamkeit der Türken anführten, wurde doch eine scharfsichtigere Beobachtung möglich, als sich der christliche Qualm verzog, der ihnen die Sicht vernebelt hatte, denn nun konnten sie genauer auf die Eigenschaften und Fähigkeiten eingehen, die durchaus einem verfeinerten europäischen Verhalten entsprachen: die Fähigkeit, lesen und schreiben zu können, und eine gute Bildung; Selbstdisziplin; die vernünftige Ausnutzung menschlicher Arbeits-

kraft und natürlicher Produktivität; eine Betonung von Komfort und Anstand; die Beherrschung der Künste des Krieges wie des Friedens; die
Belohnung intelligenter Ambitionen; vor allem aber eine Betonung einer
stabilen Regierung und der Achtung vor dem Gesetz. Ein italienischer
Autor, der am Hof des Sultans in Konstantinopel gelebt hatte, seit er im
Alter von zwölf Jahren auf See in Gefangenschaft geraten war, wies 1551
in einem Buch *Über die Sitten und Lebensweise der Türken* darauf hin, daß
ein christlicher Monarch, der einen Kreuzzug gegen die Türken in Erwägung ziehe, »gut daran täte, die zur Zeit kursierenden Märchen über deren
unzivilisiertes und barbarisches Verhalten zu vergessen«.[14] In gleicher
Weise wurden auch die Chinesen und Japaner in erster Linie nach den
weltlichen Kriterien der europäischen Kultur beurteilt. Natürlich hingen
auch sie einem Irrglauben an. Inzwischen aber galten der Glaube an ein
höheres Wesen und eine organisierte Form von Gottesdienst an sich schon
als Aspekte der Zivilisation. Ganz anders als Türken und Orientalen waren
indes afrikanische Neger: 1554 schilderte sie der Chronist einer Seereise,
die Engländer nach Guinea unternommen hatten, als »ein Volk, das wie
die Tiere lebt, ohne einen Gott, ohne Gesetz, Religion oder Gemeinwesen«.[15]

Nicht anders hatte man anfangs auf die amerikanischen Indianer reagiert:
Sie lebten *sans roi, sans loi, sans foi* (ohne König, ohne Gesetz, ohne
Glauben), wie ein französischer Kommentator reimte,[16] sie wurden, wie
wir gesehen haben, zunächst für irrational gehalten, weil ihnen die Kraft
des ordnenden Verstandes fehle, und damit galten sie zwar nicht gleich als
Tiere (auch wenn sie gelegentlich mit Affen verglichen wurden), so doch
auf jeden Fall als natürliche Sklaven, und sie waren vermutlich nicht
imstande, das Evangelium zu verstehen. An diesen beiden Fragen entzündete sich zwischen Missionaren, die an Ort und Stelle gewesen, und
Rechtsgelehrten und Theologen, die zu Hause geblieben waren, eine
heftige Debatte darüber, ob und in welchem Ausmaß ihnen *policía* – das
spanische Wort für Zivilisation – attestiert werden konnte. Als die Diskussion von der Alternative Affen oder Menschen zu der Frage gelangt war,
um welche Art von Menschen es sich denn dabei handele, wurde immer
mehr die Elle der *policía* angelegt. Und da diese Diskussion hauptsächlich
innerhalb der Geistlichkeit geführt wurde, ist es interessant zu sehen, wie
sie immer mehr an einer Weltsicht festhielten, die sich auf die weltlichen
Maßstäbe ausrichtete, nach denen inzwischen die Schöpfung Gottes beurteilt wurde.

In seinen Erinnerungen an die früheren Erlebnisse als Begleiter von
Hernán Cortés, dem Eroberer von Mexiko, schrieb Bernal Diaz del Castillo,

daß sogar der Marktplatz von Tenochtitlan ihre Bewunderung erregt habe:
»Leute, die Konstantinopel und Rom gesehen hatten, erzählten, daß sie
noch nirgendwo einen so großen und volkreichen Marktplatz gefunden
hätten.«[17] Aber nicht die Mexikaner und Peruaner lösten die Debatte aus.
Wie die Türken und Chinesen lebten sie in festen Siedlungen, hatten
Regierungen, deren Gesetze anerkannt und befolgt wurden, sowie eine
Priesterschaft und Orte, an denen sie ihre Gottesdienste abhielten. Die
Kontroverse entzündete sich vielmehr an den Völkern der Westindischen
Inseln, Mittelamerikas sowie des nördlichen und nordöstlichen Südameri-
kas, die Spinnen aßen und Kannibalen waren, die nackt umherliefen,
sexuell promiskuitiv waren und denen es offensichtlich an allen Formen
einer Gesellschaftsordnung und eines organisierten Handels mangelte.

Bis es im Jahre 1550 zu einer offiziellen Debatte in Valladolid über ihren
Status als zu versklavende Wesen kam, hatte man genug über sie in
Erfahrung gebracht, um einen Plan zu erörtern, der von diesen genaueren
Informationen Gebrauch machte und mehr auf die Wohlfahrt dieser Völker
abzielte. Und während man zuvor einen Großteil der Informationen über
sie wie ein Staatsgeheimnis gehütet hatte, wurde ein Bericht über die
Verhandlungen in Valladolid veröffentlicht und regte so die umfassendere
Debatte darüber an, was denn ein zivilisiertes Wesen ausmache. Sowohl
die dabei aufgeworfenen Fragen wie die Quellen des vorgelegten Beweis-
materials waren zwar verworren und polemisch (die beiden Hauptkontra-
henten waren der leidenschaftlich für die Indianer engagierte Missionar
Bartolomé de Las Casas und der für die natürliche Sklaverei eintretende
Juan Ginés de Sepúlveda), aber auch wenn man alle speziellen Einwände
und Bedeutungsnuancen in Betracht zog, so verständigte man sich doch
zumindest darauf, daß die *policía* beziehungsweise die Fähigkeit, sie zu
erlangen, sich durch folgende Dinge beglaubigen mußte: Vernunft; geistliche und staatliche Gesetze, die auch befolgt wurden; die Ansiedlung in
Gemeinschaften, insbesondere in Städten; die Verwendung von Geld und
ein Verständnis vom Handel, das über die natürlichen Wirtschaftsformen
von Diebstahl und Tauschhandel hinausging; die Ausbeutung der Natur,
statt nur von ihr zu leben; der Besitz einer logisch aufgebauten Sprache,
die sich analysieren und übersetzen ließ; eine Form der Kleidung und
Ernährung, die eine bewußte Entscheidung und Schicklichkeit widerspiegelte statt den bloßen Instinkt; ein all diese Kategorien zusammenfassendes
Bewußtsein von Recht und Unrecht.

Zwei Jahrzehnte zuvor hatte der spanische Völkerrechtler Francisco de
Vitoria im Hinblick auf die amerikanischen Indianer bemerkt: »Ich schreibe die Tatsache, daß sie offenkundig so dumm und töricht sind, zum großen

Teil einer schlechten und barbarischen Erziehung zu, denn selbst bei uns finden wir viele Bauern, die sich kaum vom Vieh unterscheiden.«[18] Und daß die klassische Unterscheidung zwischen zivilisierten und barbarischen, viehischen Menschen im Grunde ganz instinktiv getroffen wurde, zeigt uns ein Blick auf die Art und Weise, wie die amerikanischen Indianer des christlichen Europas – die Iren und Russen – dargestellt wurden. George Turberville, der Irland gut kannte, hat in einem Gedicht von 1568 beide zusammengebracht. Die Iren waren einst berühmt gewesen als frühe Wegbereiter des Christentums auf den Britischen Inseln, aber nun kommt der Dichter nicht umhin zu bemerken, er habe noch nie ein Volk erlebt,

> ein Volk mit so viel Heil'gen, doch nichts als gemein und eitel:
> Die wilden Iren sind so kultiviert nach Art der Russen:
> Trotz ihres harten Kerns – ihr Bestes! – nur abscheulich,
> grob und blind.

Daher ermahnte Turberville seine Leser:

> Und wenn ihr ganz vernünftig seid und
> hören wollt auf mich,
> Bleibt ruhig zu Haus und trachtet nicht
> diese Barbar'n zu sehn.[19]

Auf der anderen Seite sahen jene, die Königin Elisabeth ersuchten, ihnen Landbesitz in Nordirland zu überlassen, in diesem Barbarentum einen durchaus positiven Grund, die Irische See zu überqueren. Wenn ihnen diese Ländereien gewährt würden, argumentierten sie, dann würde das »der groben und barbarischen Nation der wilden Iren mehr Zivilisiertheit in ihrem Verhalten beibringen« und sie zu »guten und gehorsamen Unter-tanen« zähmen, insbesondere wenn man sie dazu ermutige, sich in Sied-lungen gemeinsam niederzulassen.[20] 1617 bemerkte Fynes Moryson aner-kennend, daß die »wilden oder rohen Iren« vor langer Zeit eine schöne Bardentradition gepflegt hätten, aber nun »gleichen sie leider nicht mehr Orpheus, dem es mit seiner süßen Leier und den gesunden Grundsätzen der Poesie gelang, das grobe und barbarische Volk dazu zu bringen, nicht mehr in den Wäldern zu leben, sondern sich in kleinen und großen Städten aufzuhalten und sich statt wildem Aufruhr einer gesitteten Unterhaltung hinzugeben«.[21] Und fünf Jahre zuvor hatte sich Sir John Davies, ein Mann, der das Land kannte und sich bemühte, gerecht zu sein, verzweifelt über die Iren ausgelassen, die »nichts als Verachtung übrig haben für alle Dinge, die für das kultivierte Leben des Menschen unerläßlich sind ... Ich erkühne mich zu behaupten, daß dort noch niemand ein Backstein- oder Steinhaus für seine persönlichen Bedürfnisse gebaut hat ... Auch hat keiner von ihnen jemals einen Garten oder Obstgarten angelegt, sein Land umfriedet oder verbessert oder sich mit anderen zusammen in Dörfern oder Städten niedergelassen.«[22]

In diesen Ansichten spiegelt sich persönliches Erleben wider. Um 1530 hatte Thomas Starkey in der Gesittetheit des Lebens in der Stadt ein zivilisierendes Allheilmittel gegen die Gesetzlosigkeit gesehen, die das Land weithin heimsuchte. Er schilderte, wie einst »die Menschen nach und nach vom wilden Leben in Feldern und Wäldern zu jener Kultur gelangten, die man nun in allen gut regierten kleinen und großen Städten sicher eingeführt und errichtet sieht«. Er beklagte die hartnäckige Vorliebe von Menschen aus gutem Hause für das Leben auf dem Lande (den gleichen Vorwurf machten die Italiener den Franzosen) und forderte, daß »unsere vornehmen Herren dazu bewegt werden müssen, in die Städte zurückzukehren« und dort schöne Häuser zu bauen, so daß »sie sich vielleicht nicht mehr ständig auf dem Land aufhalten, wie sie es ... taten, ehe bei uns ein kultiviertes Leben bekannt oder ermöglicht war«.[23] Achtzig Jahre später hörte sich diese Forderung wie eine Prophezeiung an. Im Jahre 1616 stellte Jakob I. fest, London habe so viele vermögende Männer angezogen, daß er eine wirkungsvolle Verwaltung der Regionen in Frage gestellt sah. Er beklagte sich vor dem Rat der Sternkammer darüber, daß »das ganze Land nach London kommt, so daß England im Laufe der Zeit nur noch aus London bestehen und das ganze Land brachliegen wird ... Laßt uns in Gottes Namen von diesen eitlen ausländischen Manieren Abschied nehmen und den alten Brauch von England bewahren.« Sein Wunsch, alle Häuser sollten zerstört werden, außer denen der »Höflinge, Stadtbürger und Advokaten«, wurde selbstverständlich nicht in die Tat umgesetzt.[24]

Wenn Erlösung von der Sünde das Streben nach dem ewigen Leben im Neuen Jerusalem, der Stadt Gottes, bedeutete, so mußte man Erlösung vom Makel der Barbarei zu Lebzeiten in London, Nürnberg oder Prag suchen. Der Pilgersmann mochte zwar vielleicht die Landschaft bemerken, durch die er kam, und den Landgasthof, in dem er die Nacht verbrachte, aber sein eigentliches Ziel waren die kleinen und großen Städte, die Orte, an denen Bequemlichkeiten und eine angenehme Gesellschaft auf ihn warteten. Erst in ihnen überprüfte der Tagebuchschreiber seine Eindrücke von der Region, in der sie lagen. Jede County-Karte in John Speeds *Theatre of the Empire of Great Britain (Ansichten des Königreichs von Großbritannien)* von 1611 enthielt in einer Ecke eine beruhigende Ansicht der Provinzhauptstadt aus der Vogelperspektive. Mit ihren Universitäten und Kathedralen, Hospitälern und Armenhäusern, Rathäusern und Zunfthäusern, ihren Straßen mit einer Fülle von Handwerksbetrieben und Märkten, auf denen nicht nur einheimische Produkte verkauft wurden, ihren Druckereien und Buchhandlungen, ihren sichtbaren, wenn auch nicht besonders effektiven Systemen zur Bekämpfung von Verbrechen und zur Steuerung der Wasserversorgung, der Kanalisation und der Bepflasterung von Straßen und Plätzen – mit alldem benötigten Städte kaum »Zivilisiertheit«, damit sie ein für allemal als Orte einer nichtbarbarischen Lebensweise galten, auch wenn sich eine finstere und verzweifelte Barbarei in ihnen breitmachte, als sie immer dichter bevölkert wurden. Dadurch gesellte sich zu dem Eindruck, den man aus der Kenntnis der sozialen Unterschiede in der griechischen *polis* und der römischen *urbs* gewonnen hatte, ein Anspruchsdenken, das auf realer Erfahrung beruhte. »Urbanität« wurde so ein Synonym für Zivilisiertheit.

Denn zunehmend kamen nicht bloß die Arbeitsuchenden in die Stadt, sondern auch die ursprünglichen Vertreter von Kulturnormen und Verhaltensidealen. Abgelegene Klöster waren nicht länger Inseln der Gelehrsamkeit und eines disziplinierten Gemeinschaftslebens, statt dessen genossen die städtischen Einrichtungen der Klosterorden höchstes Ansehen. Die Entscheidung der Monarchen, weniger Zeit damit zu verbringen, mit einer wahren Karawane von Beamten und Advokaten durch ihr Reich zu ziehen, verstärkte die Anziehungskraft der Städte noch mehr, die sie zu ihrem ständigen Sitz erkoren. Botero weist in seinem Buch, dessen Titelformulierung *Von der Staetten Auffgang / Groesse und Herrligkeit* verdeutlicht, welchen geistigen Einfluß die Zentren der Zivilisiertheit auf seine Zeitgenossen hatten, im Jahre 1588 darauf hin: »Dann wa der Fuerst sein Hofhaltunge hat / da sind allzeit auch die Regierungen / Parlamente / Rhaete / Hofgerichte / die Staende / und wie mans alles nennen mchoete. Daselbsten kommen alle wichtige Haendel / alle Fuersten unnd Herrn / unnd sonst alle namhafftigste Personen : die Gesandten von Keysern / Koenigen / Fuersten / Herrn / Landschafften unnd Staetten / unnd sonst der unterworffenen Stetten : unnd sonst der unterworffnen Stetten Bottschaften. Daselbsthin kommen hauffen weise alle / die nach Ehren / Aemptern und Diensten / stellen.«[25]

Botero hätte auch hinzufügen können: alle Kaufleute. Handel und die Verwendung von Geld waren Kriterien für die Zivilisiertheit der amerikanischen Indianer, weil sie als selbstverständliches Zeichen für den fortgeschrittenen Zustand einer Gesellschaft in Europa galten. Britannien, wie Spenser in *Die Feenkönigin* schrieb,

In alter Zeit war ungezähmte Wildnis,
Kein Mensch bebaut es, sah es, rühmte es ...
... noch aufgesucht
Von ferner Länder Händlern, aus Gewinnsucht,
Doch nichts als Wüstenei.[26]

In einem Preislied auf den Frieden aus dem Jahre 1538 verband der französische Dichter François Sagon den Vorzug, daß Bildung und Gelehrsamkeit erneut erblühen, mit der Möglichkeit, daß sich Kaufleute wieder frei bewegen könnten.[27] Und ein Gedicht, das in einem Festzug nach dem Sieg über die Armada verkündete, Elisabeths Ruhm werde »Europa ehren, während dort die Sonne strahlt«, endete mit dem Refrain

Religion, die Künste und der Handel
Erstrahlen im Triumph![28]

Denn wie jede andere Idee, die aus der Vergangenheit in die Gegenwart versetzt worden war, erlebte auch die *civilitas* einen ungeheuren Wandel, als sie zur »Zivilisiertheit« umgeformt wurde. Kaufleute waren weitaus angesehenere und einflußreichere Mitglieder der Gesellschaft geworden, als sie es (zumindest nach damaligem Verständnis) in der Welt der Antike gewesen waren, und gehörten nun zur Gruppe derer, die »zivilisiert« waren. Erst Kaufleute und Bankiers ermöglichten die Anhäufung materieller Beweise dafür, daß man die Barbarei weit hinter sich gelassen hatte: Häuser und Einrichtungsgegenstände, Gärten, vornehme Kleidung, Bücher, Hauslehrer für die Kinder, die Mittel für Vergnügungsreisen zu Heilbädern oder ins Ausland. Während Geld schon immer die Grundlage eines zivilisierten Lebens gewesen war, akzeptierte man es in dieser Epoche offen als charakteristisches Merkmal der Zivilisiertheit. Bis zur Mitte des 15. Jahrhunderts demonstrierten die Kaufleute, denen wir uns noch zuwenden werden, auf exemplarische Weise, wie man einen Status der Zivilisiertheit erlangen konnte, auch wenn man weder aus dem ersten noch aus dem zweiten Stand kam. Bevor der französische königliche Finanzier und diplomatische Gesandte Jacques Cœur wegen angeblicher Veruntreuungen in Ungnade fiel, war er geadelt worden und hatte sich in seiner Heimatstadt Bourges ein Palais gebaut, das noch heute seinen Geschmack ebenso wie seinen Reichtum bekundet. Als Cosimo de' Medici 1464 starb, hatte er nicht nur ein Geschlecht begründet, das bis zum 18. Jahrhundert über Florenz herrschen sollte, sondern war in Italien berühmt als Förderer der Künstler und Gelehrten und genoß internatioles Ansehen als Handelsbankier wie als geschickter Diplomat. Im frühen 16. Jahrhundert verdankten Mitglieder der Familie Fugger aus Augsburg den Zugang zu Fürstenkreisen ebenso ihrem kultivierten Lebensstil wie der Tatsache, daß sie gigantische Anleihen gewähren konnten – was Karl von Habsburg nutzte, um die Kurfürsten zu bestechen, die ihn zum Kaiser Karl V. wählten.

Bis zum späten 16. Jahrhundert war die Idee der Zivilisiertheit das Organisationsprinzip für einen Überblick über die europäische Bevölkerung geworden. International beeinflußte sie den Wortschatz der Wertschätzung. Dies geht aus der Häufigkeit hervor, mit der die Formulierung »civil conversation« (kultivierte Unterhaltung) im Sinne einer Diskussion zwischen kultivierten Menschen über kultivierte Themen gebraucht wurde. Spenser, der selbst notgedrungen ein Höfling war, meinte

> ... in Fürstensälen
> Begegnet man der Tugend wahrhaft reichlich,
> Denn sie ist aller guten Sitten Grund
> Und Wurzel kultivierter Unterhaltung.[29]

Für den Italiener Stefano Guazzo, dessen Buch *De civili conversatione (Von dem Buergerlichen Wandel und zierlichen Sitten)* von 1574 sich an ein breiteres Publikum richtete (und bald auch ins Französische, Englische, Deutsche, Spanische und Lateinische übersetzt wurde), reichte die Zivilisiertheit noch weiter. Auf die in seinem Dialog so wichtige Frage: »Was versteht jhr durch das Wort *Civil* oder *Buergerlich*?« lautete die Antwort: »Sehet ihr derhalben, daß wir diesem Wort ein weitlaeufftigen Verstand geben / nach dem wir einbringen wollen / daß ein Buergerlichen Wandel führen / nicht an der Stat begleibe / sonder die Eigenschafft deß Gemuets betreffe«, und diese Eigenschaft konnten auf dem Lande die »Edlen« erlangen, ja selbst »Leut / welche ob sie schon nicht den Standt der Edlen erreichen / jedoch nicht weit von demselbigen seyn«.[30] Und eine so umfassende Definition, die zur Folge hatte, daß man Zivilisiertheit auch den Türken und amerikanischen Indianern zugestand, findet sich auch in den *Civilis conversationis libri duo (Zwei Büchern über kultivierte Konversation)* des holländischen Staatsrechtlers Johannes Althusius aus dem Jahre 1611. »Kultivierte Unterhaltung«, heißt es dort, »kann als die Kunst bezeichnet werden, ein angemessenes Verhalten an den Tag zu legen, oder auch als die Kunst, sich gemäß den guten Sitten und der rechten Vernunft zu verhalten.«[31]

Als daher der Einfluß der Klassik und die Lust an der Beobachtung, die die

»Entdeckung Europas« begleitete, angesichts der Analyse der Gesellschaft gemäß dem christlichen Dreiständemodell schwanden, begann sich dabei ein doppelter Impuls auszuwirken. Auf der einen Seite wollte man im Interesse der öffentlichen Ordnung auf möglichst breiter Ebene den Eindruck vermitteln, kultiviert zu sein. Als der beliebte französische Autor Lancelot Voisin de la Popelinière 1599 das Wort *civilisé* definierte, erklärte er, »das heißt soviel wie gemäß bestimmten politischen Formen regiert und organisiert zu sein, statt in einem Zustand der Wildheit zu leben«.[32] Auf der anderen Seite neigten die Bürgerlichen dazu, Zivilisiertheit mit Werten gleichzusetzen, die auf dem Leben in der Stadt beruhten: vernünftige Erziehung, höfliche Manieren, den umsichtigen Umgang mit Geld und eine gesellschaftliche Stellung, die es ihrem Inhaber ermöglichte, eine Rolle im Gemeinwesen zu spielen. Im großen ganzen wurde der Zivilisiertheits-Test am ausgiebigsten bei Nichteuropäern angewendet; eher zögerlich bei den europäischen Randbewohnern (Giles Fletcher räumte in dem Bericht über seine Erlebnisse in Rußland aus dem Jahre 1591 ein, daß das breite Volk dort zwar barbarisch sei, aber es könne durchaus »zivilisiert und zu einem tieferen Verständnis von Gott und einer guten Politik gebracht werden«[33]); am wenigsten pauschal, wenn man die Angehörigen jener Schichten betrachtete, deren wachsende Zahl für die Zivilisiertheit der Privilegierten eine Bedrohung darstellte: die Armen in der Stadt, die »Bauern« auf dem Land.

Ganz gleich, in welchem Kontext man den Begriff der Zivilisiertheit verwendete: Sein Kernelement jedenfalls war die Übertragung rationaler Prinzipien der Hege und Pflege auf eine ursprünglich ungezähmte Natur. Nach einer häufig wiederkehrenden Formulierung bestand die Rolle der Regierung darin, »das Volk im Zaume [zu] halten«[34]: Eine um 1550 entstandene Skulptur von Leone Leoni zeigte Karl V., wie er in seiner Rüstung über einer nackten und angeketteten Gestalt steht, die den Menschen in seinem natürlichen, rebellischen Zustand darstellte.

Innerhalb einer kultivierten Gesellschaft selbst mußte jede neue Generation »entschlossen diszipliniert« werden, wie es ein venezianisches Gesetz zur Ausweitung der öffentlichen Erziehung aus dem Jahre 1551 formulierte.[35] Die Betonung des guten Benehmens, der man in Hunderten von Büchern über gesellschaftliches Wohlverhalten begegnet, verfolgte unter der Politur der Etikette die Absicht, bei den Privilegierten deren natürliche Neigung zu unterdrücken, zu flatulieren und zu krakeelen, und damit die so sorgfältig entwickelten und festgeschriebenen sozialen Unterschiede wieder zu verwischen. In einem Bericht über einen Ausflug von Lorenzo de' Medici zu einer ländlichen Baustelle bei Vallombrosa, wo er eine Villa

und Gärten errichten wollte, heißt es, er habe dieses Land »*alla civile*«
kultivieren wollen.[36]

Bei jeder wünschenswerten Zivilisationsnorm ging es nämlich um Zähmen
und Bändigen – im Hinblick auf den Staat, die Moral, die Erziehung und
das Benehmen ebenso wie auf ein unerschlossenes Grundstück im oberen
Arno-Tal oder den Malstil von Dürers Zeitgenossen, die nach dessen
Ansicht »wie ein wilder, unbeschnittener Baum auferwachsen« seien. Und
weil nur eine Minderheit für sich in Anspruch nehmen konnte, zur zivilisierten Gesellschaft zu gehören, mußte man immer wieder ihre Normen
betonen angesichts der Bedrohung durch die unberechenbar gezähmte
Mehrheit auf dem Lande und den unsteten Pöbel innerhalb der Stadtmauern. Menschen aus vielen Schichten suchten sich hervorzutun und verschafften sich einen gewissen Ruhm. Aber die Normen selbst förderten

*Karl V., zu Füßen den gefes-
selten Furor,* **Bronzeskulptur
von Leone Leoni, um 1550
(Museo del Prado, Madrid)**

keineswegs den Individualismus. Die Zivilisiertheit war mühsam erworben worden, sie hütete das Ansehen, das sie erlangt hatte, voller Genugtuung darüber, daß sie den Boden wieder zurückerobert hatte, den Griechenland und Rom an die Barbaren verloren hatten, und entschlossen, ihn zu halten. Ihre am höchsten geschätzten Werte unterstützten jede Form von Anpassung. Und sie waren in sich gefährdet durch die Vermarktung, die selbst eine Norm geworden war, wie durch die Selbstdarstellung der Zivilisiertheit im Sinne einer Zurschaustellung von persönlichen Besitztümern und Zerstreuungen. Nach der Passage, in der Tacitus die Zivilisierung der Briten beschrieb, verwies er mahnend auf deren Auswüchse: »Und so verfallen sie Schritt für Schritt den Freuden des Lasters; sie wollen Portiken, Thermen, die Eleganz der Bankette. Die Naiven nannten all dies Zivilisation: und es war doch nur eine Form der Knechtschaft.«[37]

Kultivieren hieß: die Werte der Zivilisation verbreiten. Und hauptsächlich die kommerziellen und kulturellen Aspekte der Zivilisation wurden von jenen getadelt, die erkannten, daß ihre Gesellschaft um ihres eigenen Wohles willen allzu kultiviert war, insbesondere wenn sie von außen bedroht wurde. Man habe gesehen, schrieb Machiavelli 1513 in *Der Fürst*, »daß Fürsten, die mehr ihre Vergnügungen als die Kriegskunst im Sinn hatten, ihre Herrschaft verloren haben«.[38] In den später entstandenen *Sieben Büchern über die Kriegskunst* beklagte er: »Unsere italienischen Herrscher glaubten …, es genüge, wenn ein Fürst schöne Briefe zu schreiben versteht, eine kunstvoll gedrechselte Antwort zu geben weiß, spitzfindige oder tiefgründige Reden halten und einen Verrat geschickt einfädeln kann«, während er von lauter Annehmlichkeiten und Vergnügungen verdorben wurde.[39] Selbst Castiglione ließ einen seiner Sprecher Kritik an der Überfeinerung üben: Sie bewirke häufig nichts anderes, als »die Jugend zu verderben und sie zu einem lockeren Leben zu verführen. Daher entstehen dann solche Wirkungen, daß der Name des Italieners zum Spott geworden ist und sich nur noch wenige finden, die, ich will nicht sagen, zu sterben, sondern sich überhaupt in Gefahr zu begeben wagen.«[40] Gegen Ende des Jahrhunderts brachte Michel de l'Hôpital seine Sorge darüber zum Ausdruck, daß so viele französische Aristokraten die Waffen niederlegten und sich »den verschiedenen Zweigen des Wissens, den Künsten und der Landwirtschaft« zuwandten, so daß es erforderlich sei, ausländische Offiziere zu holen, um das Land gegen Spanien zu verteidigen.[41]

Seit der Mitte des 16. Jahrhunderts wurde die verweichlichende Wirkung der Zivilisation weithin beklagt. Die Bewohner der südlichen Niederlande, stellte der venezianische Botschafter Bernardo Navagero 1546 fest, waren einst kräftige und tapfere Leute – »aber nun, da sich das Land dem Handel widmet und voller schöner und im Überfluß lebender Städte ist, ist es mit der alten Tapferkeit nicht mehr so weit her«.[42] Erziehungswissenschaftler legten nun mehr Wert auf die praktische Unterweisung als auf das Studium der Geisteswissenschaften. Ja, im Jahre 1580 vertrat Richard Mulcaster, der Leiter der Merchant Taylors' School in London, die Meinung, die Kultur untergrabe die gesellschaftliche Exklusivität, die doch gerade die Zivilisation aufrechterhalte. Zu viele Knaben würden ermutigt, Ambitionen zu entwickeln, die über ihren Stand hinausgingen: »Sie werden nicht mit der gesellschaftlichen Stellung zufrieden sein, zu der sie bestimmt sind, sondern weil ihnen ihr Buch eine Grille in den Kopf gesetzt hat, werden sie glauben, daß jede Stellung, und sei sie noch so hoch, für sie einfach zu niedrig sei.«[43] Montaigne, der stets ein parfümiertes Taschentuch zur Hand hatte, um über seinen Schnurrbart zu wischen, wenn er unter all seinen Büchern saß und schrieb – Montaigne zweifelte am Nutzen des Schreibens, das nur die Feindseligkeiten verewige, statt sie zu beseitigen (»Wann haben wir je so viel geschrieben als in Zeiten unserer Darmbeschwerden?«). So kam er nicht umhin zu behaupten: »Das Türkische Reich ist gegenwärtig in der Welt das mächtigste: und das Volk schätzet die Waffen so hoch, als es die Gelehrsamkeit verachtet. Ich finde Rom tapferer, ehe es gelehrt geworden ist.«[44]

Gerade weil auch die Zivilisiertheit nichts an dem Umstand ändern konnte, daß die Menschen mit dem eigenen Leben unzufrieden waren, übten die wilden Menschen seit dem Mittelalter eine ungebrochene Faszination aus. Diese nackten Bewohner von Wäldern und abgelegenen Tälern, die eifersüchtig über ihre unrechtmäßigen Weiber und ungetauften Kinder wachten, konnten jederzeit hinter Büschen und Bäumen hervorspringen und mit erhobener Keule auf Reisende losgehen, die unvorsichtig genug waren, sich den Höhlen der Wilden zu nähern. Die allgemeine Enttäuschung über eine verfeinerte Kultur förderte die pastorale Stimmung in der Malerei, der Musik und in der Literatur. »Deshalb entzücken auch die einfachen, in die rauhe Rinde der Buchen eingeschnittenen Lieder den Leser nicht weniger«, schrieb Jacopo Sannazaro in seinem 1485 erschienenen Schäferroman *Arcadia (Arkadien)*,

> als die gefeilten Verse, welche auf das Atlaspapier vergoldeter Bücher geschrieben sind, und die wachsbestrichenen Flöten der Hirten geben im blumigen Tal vielleicht lieblicheren Ton als die aus poliertem, wertvollem Buchsbaum verfertigten Instrumente der Musiker in den Palästen. Und wer zweifelt daran, daß eine Quelle, die natürlich aus dem Stein inmitten frischen Grüns hervorsprudelt, dem

Waldmenschen,
Zeichnung von
Albrecht Altdorfer, 1510
(Albertina, Wien)

Menschen nicht besser gefällt als alle Kunstbrunnen aus blendend-
weißem Marmor und schimmernd von Gold?[45]

Montaigne dachte an diese Zeilen, als er schrieb: »Es würde unbillig seyn,
wenn die Kunst unsere große und mächtige Mutter die Natur überträfe.
Wir haben der Schönheit und Pracht ihrer Werke durch unsere Erfindungen so zugesetzt, daß wir sie ganz erstickt haben. Gleichwohl macht sie
allerwegen, wo ihre Reinigkeit hervor leuchtet, unsere nichtigen und
unbesonnenen Unternehmungen zu Schande.«[46]
Das war die Sehnsucht der Zivilisierten nach dem Goldenen Zeitalter, als
der Mensch noch nicht kultiviert war. Sie ging zurück auf den mittelalterlichen Chiliasmus mit seiner Vision von einer Welt, die wieder ganz einfach
war und in der der Mensch nackt inmitten der Ruinen seiner Pracht und
Herrlichkeit das Jüngste Gericht erwartete. Sie erhielt Auftrieb durch

Berichte über die amerikanischen Indianer, die »in der goldenen Welt zu leben scheinen ... in der die Menschen einfach und unschuldig gelebt haben«, wie es der englische Übersetzer von Petrus Martyr Anglerius' Werk *De rebus oceanicis et orbe novo (Über die Ozeane und die Neue Welt)* 1553 formulierte[47] – diese Sehnsucht galt also einer ursprünglich natürlichen Lebensweise, die von der Zivilisation verdorben war. Der Mythos vom Goldenen Zeitalter wurde von Hofdichtern gefeiert, die sorgenlos in ihrer Sinekure lebten, und in ebenso prächtige wie kostspielige Bilder von den Erfindern fürstlicher Festzüge umgesetzt. Dieser Mythos ließ in Montaigne eine tiefe Sehnsucht nach einem verlorenen Zustand der Natur erwachen; er brachte Cervantes dazu, und zwar nicht nur um der Komik willen, Sancho Pansa auf die Statthalterschaft verzichten zu lassen, auf die er zunächst so stolz gewesen war; und er regte Shakespeare (über Florios Übersetzung von Montaignes Essay *»Von den Cannibalen«*) zu Gonzalos antizivilisatorischer Rede in *Der Sturm* (II, 1) an:

> Hätt ich, mein Fürst, die Pflanzung dieser Insel – ...
> Und wäre König hier: was würd ich tun? ...
> Ich ordnete in meinem Staate alles
> Durchs Gegenteil: denn keine Art von Handel
> Erlaubt ich, keinen Namen eines Amts;
> Gelehrtheit sollte man nicht kennen; Reichtum,
> Dienst, Armut gäb's nicht; von Vertrag und Erbschaft,
> Verzäunung, Landmark, Feld- und Weinbau nichts;
> Auch kein Gebrauch von Korn, Wein, Öl, Metall,
> Kein Handwerk; alle Männer müßig, alle;
> Die Weiber auch; doch völlig rein und schuldlos;
> Kein Regiment – ...
> Allen gemeinsam sollte die Natur
> Frucht bringen ohne Müh und Schweiß; Verrat, Betrug,
> Schwert, Speer, Geschütz, Notwendigkeit der Waffen
> Gäb's nicht bei mir; es schaffte die Natur
> Aus freien Stücken alle Hüll und Fülle,
> Mein schuldlos Volk zu nähren.[48]

Diese rückwärtsgewandte Sehnsucht war bis 1566 bereits so verbreitet, daß der französische Staatstheoretiker Jean Bodin der Meinung war, daß sie einen Dämpfer verdiene: Er machte darauf aufmerksam, daß sie subversiv und töricht sei und die Werte der Kultur unterminiere. Sie romantisiere eine Zeit, »in der die Menschen wie die wilden Tiere in den Feldern und

Wäldern verstreut lebten und so viel hatten, wie sie sich durch Gewalt und Verbrechen beschaffen konnten, bis sie allmählich von dieser Wildheit und Barbarei abkamen und zu der Verfeinerung der Sitten und der gesetzestreuen Gesellschaft gelangten, wie wir sie heute erleben«.[49]

Im Zeichen Merkurs

Im Jahre 1564 ließ der Stadtrat von Nürnberg seine Satzung und Rechtsordnung drucken. Auf dem allegorischen Titelblatt deutet Respublica, eine weibliche Gestalt, die die Gesamtheit der Bürger und ihre Obrigkeit verkörpert, mit der rechten Hand gen Himmel, von wo aus Gott die Stadt segnet. Ihre Linke ruht auf der Schulter von Liberalitas, der Freiheit, die den vernünftigen Gebrauch des Geldes verkörpert. Auch Liberalitas hebt eine Hand hoch. Darüber ist ein Geldbeutel gestülpt, um den Bienen wie um einen Bienenstock schwärmen. Diese stellen die Bürger dar, die für das Gemeinwohl arbeiten, in Eintracht untereinander und gehorsam gegenüber ihrem König (damals glaubte man, die Bienenkönigin sei männlichen Geschlechts) oder Gesetzgeber. Sie erzeugen Münzen. Diese fallen aus dem Bienenstock in eine Schale, die Liberalitas auf dem Schoß hält. Die Schale ist in zwei Fächer eingeteilt: In eines fällt der Gewinn, den der ehrenwerte Kaufmann erzielt, in das andere das zur Unterstützung der Armen und Bedürftigen bestimmte Geld. Rechts neben Respublica sitzt Iustitia, die Gerechtigkeit, die für eine ausgewogene Verteilung der Gewinne der Stadt sorgt, so daß Pax, der Frieden, der in Respublicas Schoß ruht, ungestört weiterschlummern kann.

Daß der intelligente Umgang mit Geld als ein Aspekt des seßhaften und zivilisierten Lebens galt, war teils auf die zusätzliche Nachfrage nach Gütern, die durch das Bevölkerungswachstum im 15. Jahrhundert entstanden war, teils auf ein gestiegenes Volumen von Geld- und Kredittransaktionen zurückzuführen. Doch als ein bewußt zum Ausdruck gebrachtes Element der Kultur basierte es großenteils auf den Entdeckungen in Übersee. Im Osten feilschten Europäer mit Händlern, die genauso gerissen und gewinnorientiert waren wie sie. Aber in den Teilen von Afrika, bis zu denen die geschickten arabischen Händler noch nicht vorgedrungen waren, wurde die Barbarei durch den Wert gebannt, der den Perlen und anderem Flitterkram von den Eingeborenen beigemessen wurde. Und als man die amerikanischen Indianer daraufhin testete, ob sie die Verwendung von Tauschmitteln über die lokalen Grenzen von Tauschen und Schenken

hinaus begriffen, gaben Staat wie Kirche offen zu, wie wichtig das Finanzunternehmertum für die Zivilisiertheit war.

Im Hinblick auf die Überseereisen bemerkte Busbeck: »man redet von
Frömmigkeit, man sucht nach Gold.«[50] Braune Brüste und Pobacken verlangten nach christlicher Kleidung. Die Siedler wollten sich ihre Behau-
sungen angenehm einrichten: Als zuerst Gold, dann Silber gen Osten floß,
beteiligten sich die meisten europäischen Länder an der Erzeugung von
Waren, die in Amerika gebraucht wurden. Als Richard Hakluyt mit den von
1598 bis 1600 erscheinenden drei Bänden seiner *Principal Navigations,
Voyages and Discoveries of the English Nation (Die wichtigsten Schiffsrouten,
Seereisen und Entdeckungen Englands)* bewies, daß eine Sammlung von
Reiseberichten auch ein patriotisches Epos sein konnte, verband er an-
standslos die Rettung von Seelen für Christus mit der Überzeugung, daß
die Förderung der Kolonisation Elisabeths »Staatssäckel füllen« werde.[51]
Und weil mittlerweile die gestiegenen Kosten für die Höfe, die Diplomatie,
das Beamtentum und die Kriege in ganz Europa die mittelalterliche Vorstellung ad absurdum führten, daß Herrscher ruhig vom Einkommen aus
ihren eigenen Besitzungen und aus den herkömmlichen Steuern und
Zöllen leben sollten, betonten die Steuertricks der Regierungen die politische Rolle des Geldes noch mehr. John Donne kam auf die Idee, den
kumulativen Effekt der Besteuerung mit dem »Wachstum der Liebe« (so
der Titel seines Gedichts) zu vergleichen:

> Zwar jeder Frühling schürt das Liebesfeuer,
> Doch wie zur Kriegszeit Fürsten neue Steuer
> Erheben, und sie nicht im Frieden lindern,
> So soll kein Winter uns des Frühlings Wachstum mindern.[52]

Auch wenn die europäische Wirtschaft durch die steigende Nachfrage nach
industriell gefertigten Gütern eine breitere industrielle Basis erhielt, zeichnete sich die Wirtschaft doch vor allem durch den Kauf und den Vertrieb
dieser Güter und von Rohstoffen aus. Die Zeitgenossen beurteilten sie nicht
so sehr im Hinblick auf den Produzenten als auf den Händler. Als Karl V.
1520 Antwerpen besuchte, ein Jahr nach seiner Wahl zum Kaiser, zeigte
eines der Gemälde, die sich mit dieser Reise befaßten, wie er Europa
umarmt, während die anderen Kontinente flehendlich vor ihm knien. Auf
einem anderen Bild triumphieren Gestalten, die Philologia (Gelehrsamkeit) und Mercurius (Handel) verkörpern, über den besiegten Gestalten von Ignorantia (Unwissenheit) und Barbaria. Angesichts dieser
selbstbewußten Verbindung zwischen Handel und Zivilisation in einem

Gute Herrschaft und die
Segnungen des Gewinns:
Titelseite des Nürnberger
Kodex, Holzschnitt, 1564
(British Museum, London)

internationalen Kontext konnte Spenser erklären, einst habe die Barbarei
von Britannien darin bestanden, daß es nicht »von ferner Länder Händlern«
aufgesucht worden sei; etwa zur gleichen Zeit veranlaßte diese Verbindung
einen dichtenden französischen Geschäftsmann, die Wirtschaft mit einer
Hymne auf den Handel hochleben zu lassen.

Während Merkur in der Mythologie als Bote der Götter agierte, verbanden
ihn die Astrologen mit hochentwickelten handwerklichen und künstlerischen Fertigkeiten. Auf einer italienischen Miniatur um 1460 beispielsweise werden seine »Kinder« bei der Arbeit gezeigt: ein Schreiber, ein Maler,
ein Uhrmacher, ein Bildhauer, ein Waffenschmied, ein Musikinstrumen-
tenmacher, ein Töpfer. Bis zum Jahr 1500 führte das zunehmende Interesse
am Wesen der Wirtschaft insgesamt dazu, daß man sich auf Merkurs Rolle
als Schutzheiliger der Kaufleute im römischen Pantheon zurückbesann.

Auf Jacopo de' Barbaris *Ansicht von Venedig* aus dem Jahre 1500 blickt Neptun aus der Lagune, wohin er die Handelsschiffe zu einem sicheren Ankerplatz geleitet hat, nach oben zu Merkur, der am Himmel schwebt und von einer Inschrift umgeben ist: »Merkur, der erlauchte Lehrmeister dieses glücklichen Handelsplatzes.«

1515, fünf Jahre vor dem Besuch Karls V., wurde Merkur in ähnlicher Weise dargestellt, wie er auf einem Holzschnitt über einer Ansicht von Antwerpen thront. Anläßlich der Eröffnungsfeier des neuen Rathauses von Augsburg erhielt Adrien de Vries 1596 den Auftrag, eine überlebensgroße Figur von Merkur zu gestalten, die den Brunnen vor dem Rathaus krönen sollte. Und wieder geschah es in Verbindung mit Antwerpen, der Stadt des wirtschaftlichen Aufschwungs schlechthin, als sich das Volumen des Handels und

Geschickte Handwerker, die Kinder des Merkur, Miniatur, um 1460

der finanziellen Transaktionen aus dem Mittelmeerraum zur Ost- und Nordsee verlagerte, daß Merkur mit einem Höchstmaß an ikonographischer Prachtentfaltung als Schutzgeist des Handels gefeiert wurde.

Im Vordergrund von Jost Ammans Holzschnitt *Allegorie des Handels* von 1585 werden Fässer und Ballen verpackt und erhalten ihre Handelsmarken, während Angestellte den Inhalt prüfen und notieren, und in den inneren Räumen diskutieren Kaufleute über Preise und Wechselkurse und stellen ihre Rechnungen aus.[53] Im Mittelgrund werden Waren in Fuhrwerke verladen, die sie zu den Lagerhäusern und Schiffen auf der fernen Schelde befördern, der lebenswichtigen Flußverbindung zwischen Antwerpen und der weiten Welt. Am Himmel, flankiert von den Wappen der führenden Handelszentren Europas, schwebt Merkur aus dem Tierkreis nach vorn. In der einen Hand hält er den Heroldstab, sein Emblem als Bote und Lehrmeister, in der anderen eine riesige Waage, die die ganze Komposition beherrscht. Die eine Schale ist mit der Inschrift »Creditor« (Gläubiger), die andere mit der Inschrift »Debitor« (Schuldner) verbunden; zwischen beiden – auf einer Säule, die sich aus dem Becken eines Brunnens erhebt, das sich mit Kapital und Vertriebserlös füllt, wenn alles gutgeht – befindet sich Fortuna, teils kahlköpfig, teils mit langem Haar – das den Kaufmann auffordert, »die Gelegenheit beim Schopfe zu packen« –, und wippt anmutig auf der unsicheren Kugel des Zufalls. Wie aus den zahlreichen Inschriften hervorgeht, kann sich der Kaufmann zwar aller möglichen Kalkulations- und Buchungsverfahren bedienen (Ammans Programm war von einem erfahrenen Buchhalter zusammengestellt worden), aber er ist doch im riskantesten wie im potentiell gewinnträchtigsten Wirtschaftszweig tätig. Stämmige Mannsbilder, die Prudentia (Klugheit), Integritas (Redlichkeit) und Taciturnitas (Verschwiegenheit) personifizieren, stehen um eine weibliche Figur herum. Sie ist von den Emblemen der Macht: Reichsapfel, Krone, ein Sack Münzen, und von den Luxusgütern der Kultur umgeben, die man für Geld kaufen kann: Musikinstrumente, Bücher, Kunstwerke. Aber auch sie balanciert auf einer labilen Kugel: Der Erfolg, den sie verheißt, beruht auf Glück. Und der zeitgenössischen moralischen Einstellung gegenüber materiellem Gewinn entsprechend, schmiegt sich an den Sack voller Münzen ein Totenschädel.

Ungeachtet aller abergläubischen Vorsichtsmaßnahmen und einem moralisierenden Zurückweichen vor den übermaterialistischen Aspekten der Wirtschaft, wurde der geschickte Einsatz von Handel und Geld ganz offen als zivilisierender Wirkungsfaktor angesehen. Als die beiden Söhne Kaiser Maximilians II. 1563 Mailand besuchten, beschloß der Statthalter, die Segnungen der spanischen Herrschaft über das Herzogtum buchstäblich

in den Schaufenstern auszustellen. »Der Herzog von Sessa«, schrieb ein
Bürger der Stadt in sein Tagebuch, »ließ durch einen Ausrufer öffentlich
verkünden, daß alle Läden in Mailand geöffnet sein sollen« – normalerweise waren sie am Tag des heiligen Silvester, dem 31. Dezember, geschlossen
– »und daß jedermann die schönsten Dinge, die er anzubieten habe, zur
Schau stellen solle, so daß die beiden Söhne die Schönheiten der Läden von
Mailand erblicken können.«[54] Die Berichte von Reisenden aus allen Schichten rühmen aufs höchste die Zentren des kultivierten Lebens, die zugleich
auch blühende Warenmärkte waren. Pädagogen beschäftigten sich ernsthaft mit dem Rechnen und gaben Lehrbücher heraus, die sich an den
Schulmeister wie an den Autodidakten wendeten. Sie enthielten Multipli-
kationstafeln, die man zum schnellen Nachsehen und Auswendiglernen
ausschneiden konnte. Da gab es Aufgaben, die sich mit Darlehen befaßten:
X leiht A, B und C verschieden hohe Summen für zehn Prozent bis zu den
Zeitpunkten D, E und F. Wenn er zum Zeitpunkt G alle Darlehen und
Zinsen zurückfordert, wieviel muß er dann bekommen? Andere betrafen
das häufig auftretende Problem, wie man die Werte der verschiedenen
Währungen miteinander verrechnen konnte. Bereits 1458 hatte William
Wey in seinem Handbuch für Pilger seine Leser ermahnt, alle nur an
bestimmten Orten geltenden Münzen auszugeben, bevor sie weiterzögen,
denn »es gibt so viele verschiedene Arten von Geld in den verschiedenen
Lordschaften [Herrschaftsgebieten eines Lords]«.[55] Bis zum Jahre 1614
verzeichnete der Zahlungsverkehr der Niederlande vierhundert verschiedene Sorten von Münzen. Um sie bewerten zu können, erhielten Kaufleute
gedruckte Umrechnungstabellen. Aber genauso wie die Deklinationstabel-
len von Seefahrern den neuen astronomischen Entdeckungen angepaßt
werden mußten, kamen auch in den Umrechnungstabellen Fehler vor, die
hauptsächlich durch die Entscheidung eines Staates verursacht wurden,
den Edelmetallgehalt einer Münze zu verringern oder zu erhöhen. Daher
hielt sich trotz der zunehmenden Verwendung von Papier für Barüberwei-
sungen das Wiegen und Prüfen von Münzen als sichtbares Element im
kaufmännischen Gewerbe.

Für Thomas Mun, dessen Werk *England's Treasury by Forraign Trade
(Englands Finanzschatz aus dem Außenhandel)* in den zwanziger Jahren
des 17. Jahrhunderts erschien, war der Kaufmann mit seinem Wissen um
die Kräfte, die auf die Welt der Wirtschaft einwirkten, zusammen mit
seinen Sprachkenntnissen der Inbegriff des nützlich angewandten Wissens. Aber für den Kosmos der Finanzen gab es keinen Kopernikus. Aufgrund seiner Beobachtungen konnte Elisabeths erfahrener Finanzier Sir
Thomas Gresham zwar das »Gesetz« verkünden, daß schlechtes (im Wert

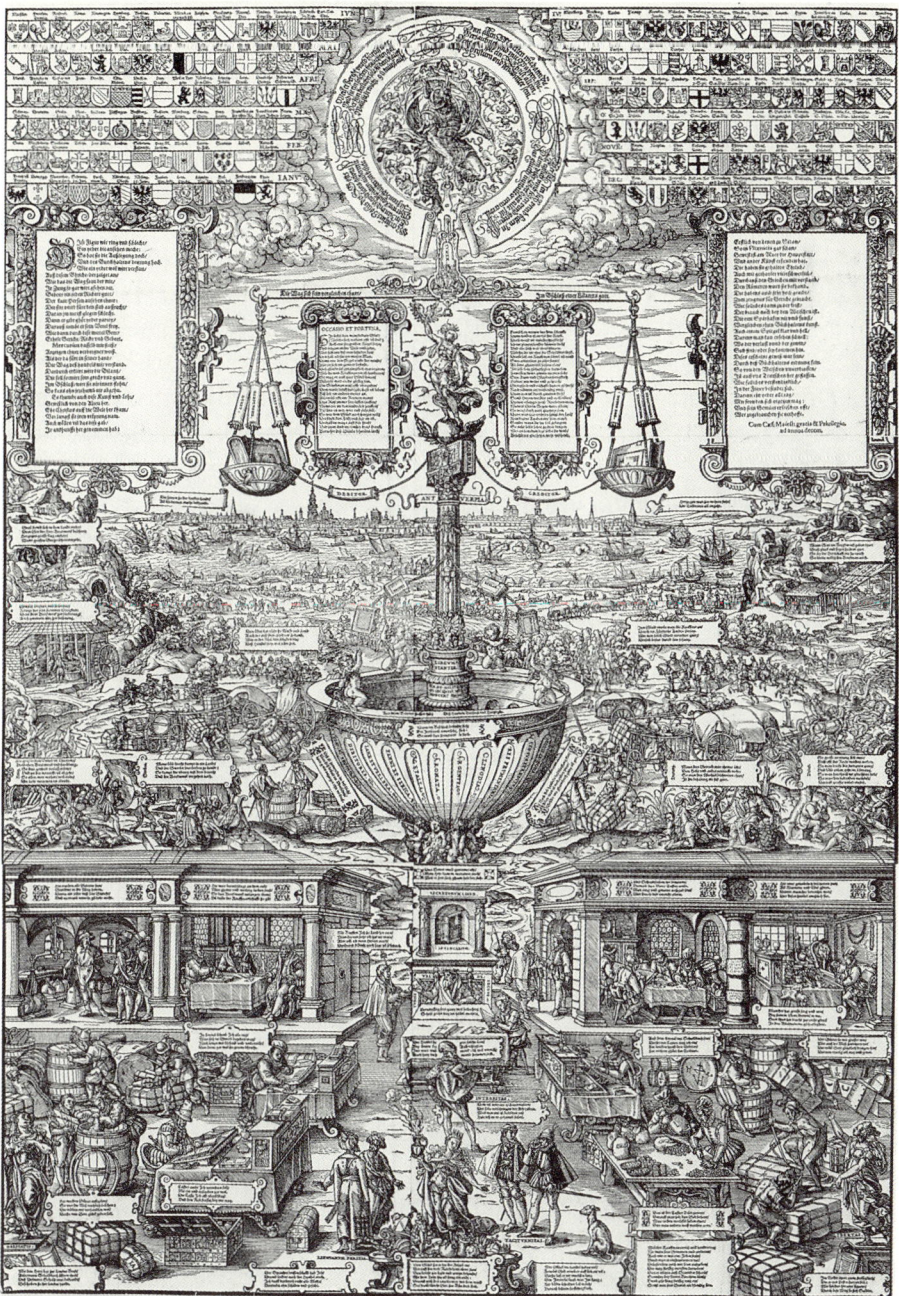

Allegorie des Handels, Holzschnitt von Jost Amman, 1585 (British Museum, London)

gemindertes) Geld das gute vertreiben würde, wenn beide zur selben Zeit im Umlauf wären, aber die Regierungen blieben gleichsam in einem ptolemäischen Stadium der Wirtschaftstheorie befangen: Der freie Handel war gefährlich, der Wohlstand eines Landes hing von den Edelmetallmünzen ab, die hereinkamen oder im Umlauf waren. Diese Zeit zeichnete sich auch nicht durch Einfallsreichtum auf dem Gebiet der Finanzen aus. Die doppelte Buchführung – die Amman auf seinem Holzschnitt pries – war zwar im frühen 14. Jahrhundert eingeführt worden, wurde aber noch im 16. Jahrhundert nur gelegentlich praktiziert. Versicherungen, Partnerschaften, Zweigunternehmen, übertragbare Anteile am Unternehmenskapital: all diese Einrichtungen wurden weiterentwickelt, waren jedoch nicht neu. Der spekulative Handel mit »Termingeschäften«, die im voraus festgelegten Preise für den bevorstehenden Heringsfang oder für die Nachfrage nach Walöl beispielsweise, war eine Weiterentwicklung der bekannten Praxis, den voraussichtlichen Preis für Getreide im voraus zu entrichten. Monopole und Kartelle spielten eine neue und umstrittene Rolle, aber das Bestreben, einen Markt zu monopolisieren und einen Preis abzusprechen, war nicht neu. Der Unternehmer, der Produktion, Weiterverarbeitung und Verkauf unter einen finanziellen Hut brachte, wie im Tuchhandel, oder Söldnertrupps zusammenstellte, um sie an Regierungen zu vermieten, die sich zum Krieg rüsteten, konnte damit ein größeres Vermögen machen oder verlieren als früher – gleichwohl machte er sich noch immer mittelalterlichen Sachverstand zunutze. Die Verwendung von Papier statt Bargeld, eine ebenso bequeme wie sichere Maßnahme, erleichterte in der Tat Transaktionen in einem neuen Maßstab und förderte eine wahrhaft merkurische Intellektualisierung geschäftlicher Angelegenheiten, aber eigentlich ging sie auf die Schuldscheine und Wechsel des Spätmittelalters zurück. Und auch als Regierungen alle Mittel anwendeten, von denen sie sich einen Erfolg versprachen, um die Steuergroschen auf sanfte oder rüde Weise aus dem privaten Beutel in den Staatssäckel zu befördern, und dazu übergingen, die unvermeidliche Lücke zwischen einem Steuergesetz und dem tatsächlichen Steuereingang dadurch zu überbrücken, daß sie Staatsämter verkauften, Anleihen auf dem internationalen Geldmarkt aufnahmen und rückzahlbare Schuldscheine ausgaben, waren die Auswirkungen auf die politische Meinung und auf persönliche Karrieren zwar groß, aber neue Ideen wurden nur wenige entwickelt. Diese Auswirkungen waren besonders einschneidend, als im späten 16. Jahrhundert der merkantilistische Gedanke aufkam, daß Regierungen Handel und Produktion im Interesse der gesamten Volkswirtschaft regulieren sollten. Wie die Staatsbankrotte, die die vermeintliche Notwendigkeit einer derartigen Regulierung unterstrichen (das Papsttum war im Jahre 1521 bankrott, Frankreich 1558, Spanien in den Jahren 1557, 1575, 1596 und 1607), schärfte auch der Merkantilismus theoretisch wie praktisch die Aufmerksamkeit, die man dem Prozeß des Einnehmens und Ausgebens widmete.

Gleichwohl war es manchem noch immer peinlich, das Finanzunternehmertum als Agens der Kultur zu akzeptieren. In seinen *Adagia*, seinem am weitesten verbreiteten Buch, erklärte Erasmus: »Andrerseits ist es, wie Aristoteles in der Politik schreibt, wider die Natur, daß Geld ›Geld trägt‹ ... Aber jetzt ist die Gier nach Besitz so weit gediehen, daß es auf der Welt nichts mehr gibt, nichts Heiliges und nichts Profanes, aus dem man nicht Gewinn schlagen würde.«[56] Erasmus wiederholte damit nur einen seit langem bestehenden und im kanonischen Recht der Kirche verankerten Glaubenssatz, demzufolge ein allzu starkes Interesse an materiellem Gewinn das Seelenheil gefährde und es eine Sünde sei, über eine nominell gerechte Gebühr für eine Ware oder ein Darlehen hinaus einen Gewinn zu machen. Der Puritanismus in den reformierten Religionen übernahm diesen zunehmend vernachlässigten Aspekt der katholischen Morallehre und versuchte, ihn wieder in Kraft zu setzen. In einem Pamphlet aus dem Jahre 1520 geißelte Luther eine Philosophie nach dem Motto »Zahle gleich oder zahle Zinsen, denn ich muß meinen Gewinn haben!« Übertriebener wirtschaftlicher Gewinn, argumentierte er, sei eine Form des Diebstahls. Der Gewinn sollte gerade die Kosten für Rohstoffe, Arbeit und Transport decken. Er erinnerte seine Leser daran, daß Paulus in seinem ersten Brief an Timotheus eindeutig erklärt habe: »Denn Geitz [Geldgier] ist eine wurtzel alles ubels / Welches hat etliche gelüstet / und sind vom glauben jrre gegangen / und machen jnen selbs viel Schmertzen« (1 Ti 6, 10).[57] Calvin äußerte sich zwar weniger kategorisch, hielt aber genauso eindeutig am gerechten Preis fest und verwies auf die geistigen Gefahren eines allzu großen Strebens nach Wohlstand – im Calvinismus des 16. Jahrhunderts deutete nämlich kaum etwas auf die spätere Idee hin, daß Reichtum ein Zeichen der Gnade Gottes sei. Und seit der Mitte des Jahrhunderts bekräftigte auch die ihrerseits zum Puritanismus neigende Gegenreformation die vernachlässigte Pflicht des Katholizismus, Praktiken zu brandmarken, die als Wucher angesehen werden konnten.

Damals wetterten die Kanzelredner beider Konfessionen im Wechselgesang gegen das Motiv des Gewinnstrebens; und während die Druckerpresse einerseits Fibeln für die Berechnung von geradezu aberwitzigen Zinsen herstellte, unterstützte sie andererseits die Moralisten mit Traktaten und Flugblättern. Deutsche Drucke geißelten die Geldheirat, die Ausbeutung der Armen und die hoffärtigen Reichen, die nicht darauf

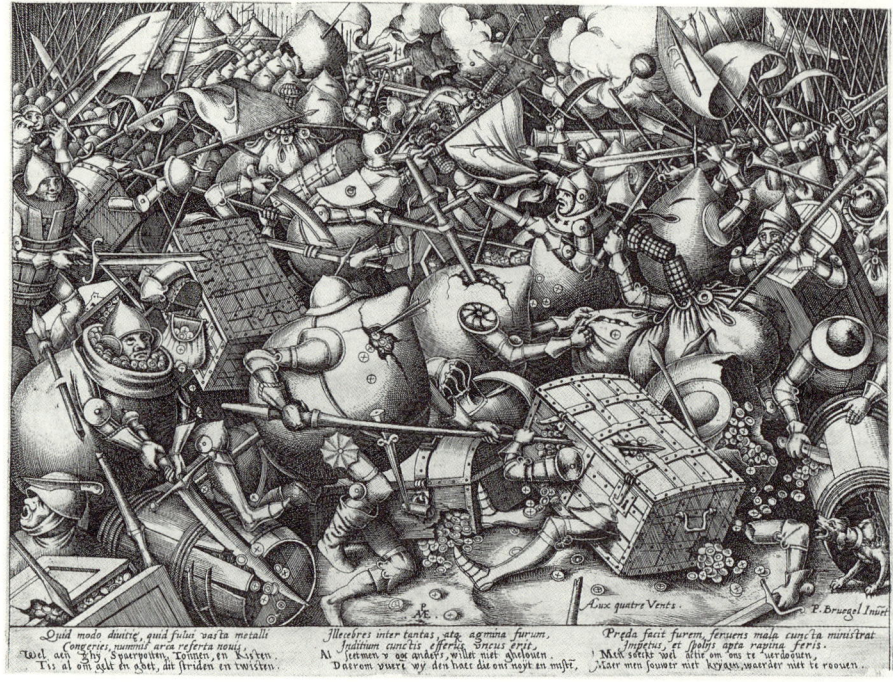

Der Kampf der Geldsäcke und der Geldschränke, Holzschnitt von Jan Galle nach
Pieter Bruegel d. Ä. (Kress Library, Harvard University, Cambridge, Mass.)

vorbereitet seien, ihrem Schöpfer gegenüberzutreten, wenn der Tod bei
ihnen anklopfe.

Auf einem Druck nach Bruegels Zeichnung *Der Kampf der Geldsäcke und
der Geldschränke* sieht man, wie die Schatztruhen die Geldsäcke durch-
bohren und die Säcke die Schränke aufsprengen, um an die Münzen darin
zu gelangen: Geld kämpft gegen Geld um noch mehr Zaster.

Auf einem anderen Druck nach einem Holzschnitt von Maerten van
Heemskerck thront eine aufgeputzte Königin Geld mit ihrem Diener Räuberei auf einem Wagen, der von Angst und Gefahr gezogen und von
Dummheit und Neid begleitet wird; unter ihrem Umhang beschirmt sie
Räuberei; dem Wagen folgt Pandemia, die gedankenlose Menge. Der frühe
deutsche Roman *Fortunatus* (1509) übernimmt den Zauber und das toll-
kühne Abenteurertum aus dem Ritterroman, wählt sich aber einen Kaufmann zum Helden einer Geschichte, die in Not und Tod endet. In dem
neulateinischen Drama *Mercator seu iudicium (Der Kaufmann oder das
Gericht)* des Pastors Thomas Naogeorgus (Kirchmeyer) aus dem Jahre 1540
ist der Held der uneheliche Sproß aus einer Verbindung zwischen Gewinn

und Kapital, und die Handlung schildert die Bemühungen des Gewissens, ihn dazu zu bringen, sich mit höheren Dingen als seinem Profit zu befassen, bevor es für die Errettung seiner Seele zu spät ist. Zehn Jahre später wird die vertraute mittelalterliche Gestalt des Jedermann in einem moralisierenden Werk des Holländers Dirck Volckertsen Coornhert zu einem reichen Kaufmann, der sich von den Schmeicheleien von Geld und Falschheit zu einem Leben in geistiger Blindheit verleiten läßt. »Sei mir gegrüßt, o Tag«, ruft der machtgierige Geizhals Volpone in der ersten Szene von Jonsons Stück, »und gleich darauf mein Gold! Öffne den Schrein, auf daß ich meinen Heiligen erblicke!«[58]

Zuweilen spiegelt eine derartige Zeitkritik eher politische Unsicherheit wider als irgendwelche Gewissensbisse. Ein extremes Beispiel war im Jahre 1581 der Ausschluß der Bankiers (neben Akrobaten und Bordellwirten) vom Abendmahl in den protestantischen nördlichen Provinzen der Niederlande, die damals Gottes Beistand gegen die spanischen Heere dringend benötigten. Aber im allgemeinen hatte die übliche Mißbilligung von Wucher und Preistreiberei als Folge der Inflation einen durchaus

Die unglücklichen Reichen, Holzschnitt von Dirck Coonhert nach Maerten van Heemskerck (Albertina, Wien)

praktischen Sinn. Das machte die Preisgestaltung besonders heikel, weil sie Zwietracht in der Gesellschaft säen konnte. Dadurch kam auch wieder die alte Unsitte der Hamsterkäufe auf, und da die Preise nicht überall gleichmäßig stiegen, suchte so mancher Kaufmann sein Spielerglück, indem er in einem Teil von Europa einkaufte, was er in einem anderen wieder verkaufte. An der Fassade der neuen Antwerpener Börse, dem Ort, an dem die neuesten Informationen aus der Wirtschaft ausgetauscht und viele Handelsabkommen geschlossen wurden, brachte man 1531 die Inschrift an: »Im Dienste der Kaufleute aus allen Nationen und Sprachen«. Bis zur Mitte des 16. Jahrhunderts führten Rivalitäten unter ihren Mitgliedern dazu, daß immer wieder neue Verordnungen erlassen wurden, die schwere Geldbußen oder das Abhacken von Fingern bei Beleidigungen oder handfesten Auseinandersetzungen mit Fäusten oder Schwertern androhten, und es kam vor, daß Kaufleute ihre Konkurrenten in den umliegenden Straßen durch gedungene Strolche ermorden ließen. Fast genauso skandalös war die Zahl der Händler, die bankrott gingen oder einfach durchbrannten, ohne für eine Begleichung ihrer Schulden zu sorgen. Über bloße Bestechung und Veruntreuung konnte man zwar schon eher achselzuckend hinweggehen – sie waren genauso üblich bei Hofe wie bei der Bezahlung und Versorgung der Heere. Aber auch sie bestärkten die Moralisten in der Überzeugung, daß eine vorwiegende Beschäftigung mit Geld die christliche Grundlage der Gesellschaft gefährdete.

Hin und her gerissen zwischen größeren Chancen und immer lauter werdenden Mahnungen, verwiesen Kaufleute auf ihr Risiko, auf Schwankungen bei Wechselkursen oder auf die Zeitspanne zwischen Auszahlung und Rückerstattung, um ihre Preise oder Zinsgebühren zu rechtfertigen. Als er längst Kardinal war, blickte der Jesuit Robert Bellarmine auf die unangenehmste Zeit in seiner Karriere zurück: auf seine Erlebnisse als Beichtvater in den Niederlanden während der siebziger Jahre des 16. Jahrhunderts, als er sich mit derartigen Ausreden befassen mußte. Aber die Kaufleute fanden Trost im würdigen Rahmen ihrer Zunfthäuser und in der Achtung, die ihnen von den Regierungen erwiesen wurde. Und sie trösteten sich selbst mit dem Wertgefühl, das ihnen ein geachtetes Familienleben gab. Auch wenn ein anderer alter Brauch ausstarb, nämlich den Kopf eines Rechnungsbuches oder sogar eines Wechsels mit einem Kreuz und einem JHS. MA (Jesus, Maria) zu schmücken, hinterließen sie doch noch immer – in protestantischen wie in katholischen Ländern – ein Legat für fromme, erzieherische oder wohltätige Einrichtungen.

Wie das andere Schreckgespenst der Religion – die Sexualität – trieb auch das Geld die Menschen entweder dazu, es zu bekommen und in aller Ruhe zu Hause zu verwahren oder wie Don Juan seine Trophäen anzuhäufen, allein um der Jagd willen. Als Jakob Fugger aus Augsburg, der führende Handelsbankier seiner Zeit, der 1525 starb, einmal als älterer Mann gefragt wurde, ob die Zeit nicht gekommen sei, mit dem Spekulieren aufzuhören und sich mit all seinen Gewinnen zur Ruhe zu setzen, soll er erwidert haben: »Ich will Gewinn machen, solange ich kann.«[59] Wie weit also vereinigten sich Leidenschaft und Scharfsinn in finanzieller Hinsicht zur Zivilisiertheit im Gewande des »Kapitalismus«, jener bewußten, vergeistigenden Suche nach mehr?

Schlichte materielle Besitzgier war ein seit langem vertrauter Charakterzug. Machiavelli ermahnte seinen Fürsten, den Privatbesitz seiner neuen Untertanen nicht anzutasten, »denn die Menschen vergessen schneller den Tod ihres Vaters als den Verlust ihres Erbes«.[60] In einigen Symbolen der Besitzgier, wie den Initialen »LAU. R. MED«, die Lorenzo de' Medici tief in seine antiken Granitvasen einmeißeln ließ, klingt zwar ein neuer Ton an, aber letztlich spiegeln auch sie eine Stimmungslage wider, die sich von den sorgfältigen Inventarlisten geliebter Besitztümer in mittelalterlichen Testamenten nicht unterschied. Die Entdeckungen in Übersee boten da schon Raum für großartigere Gesten. Die Portugiesen errichteten Säulen an ihren afrikanischen Gestaden und erklärten diese damit zum Eigentum ihrer Monarchen. Die Venezianer stellten Säulen oder Reliefs mit dem Bild von San Marco in Städten auf, die sie seit dem frühen 15. Jahrhundert in Italien eingenommen hatten. Wenn der spanische Konquistador Bernardo de Vargas Machuca im Jahre 1599 als Frontispiz für seinen Bericht über den spanischen Feldzug in Amerika einen Stich verwendete, auf dem er einen Globus mit einem Zirkel vermißt, dann drückte die Widmung »Für Zirkel und Schwert / Mehr und mehr und mehr und mehr« nicht ein Loblied auf den eigenen Gewinn aus, sondern einen Anfall von übertrieben imperialistischem Triumph.[61] Der veränderte Ton persönlicher Habgier äußerte sich in weniger großspurigen Bemerkungen. »Weil sich die Florentiner dem Handel und dem Streben nach Gewinn widmen«, schrieb Machiavellis Freund Francesco Vettori anläßlich der Wahl von Giovanni de' Medici zum Papst Leo X., »denken sie alle daran, vom Pontifikat profitieren zu wollen.«[62] Der flämische Diplomat Busbeck mißbilligte »die Nützlichkeit, die heute am meisten gilt«.[63] Der aus vornehmem Hause stammende Kaufmann Michael Behaim beklagte sich 1534 gegenüber einem Vetter: »Obgleich auch ich ein Behaim von Nürnberg bin, haben mir meine Familie und mein Wappen nicht geholfen. Ich sage Euch dies, damit ihr nicht das gleiche annehmt, denn die Menschen messen wahrhaftig solchen Dingen keine Bedeutung bei. Heutzutage ist es in Nürnberg nicht anders als sonstwo auf der Welt: Wer Geld hat, dem wird gegeben, doch wer nichts hat, bekommt auch nichts dazu. Die Menschen merken's, wenn einer nichts hat; sie fragen nicht danach, wer einer ist.«[64]

Doch nicht nur Kaufleute betraten die Rolltreppe des Profits, die durch Bevölkerungswachstum und steigende Preise angetrieben wurde. Die Unsitte der Aristokraten, Land für Schafe einzuzäunen, um aus der Nachfrage nach Wolle Kapital schlagen zu können, wurde in Mores *Utopia* gegeißelt. Französische Adelige verachteten zwar den Handel, zögerten aber nicht, auf ihrem Grund und Boden die Mineralvorkommen auszubeuten. Adelige Grundbesitzer in Polen und Böhmen errichteten Ziegeleien und Branntweinbrennereien und verkauften ihre Getreideernte für den Transport an die Ostsee. In diesen Fällen jagte man zwar mit ungewohntem Eifer dem Geld hinterher, aber es wurde doch dazu verwendet, um schönere Häuser zu bauen, Luxusgüter zu kaufen und sich größere Achtung bei anderen zu verschaffen, statt es abermals in neue, Gewinne verheißende Unternehmungen zu investieren. Auch staatliche Lotterien lenkten die Aufmerksamkeit auf das Spielen mit Geld, ohne daß sie dabei mit Gewinnen kalkulierten: In Zürich und Köln waren sie tatsächlich Teil einer Werbekampagne für Handelsmessen, die der heimischen Wirtschaft zugute kamen. Venedig aber wollte mit dem Geld aus seinen Lotterien Kriege finanzieren, und Antwerpen und Amsterdam erwirtschafteten damit das nötige Kapital für öffentliche Bauvorhaben oder Wohltätigkeitseinrichtungen wie das Irrenhaus, das durch die Amsterdamer Lotterie von 1610 finanziert wurde. Geldgier und die Aussicht auf Landbesitz und Ansehen, was in der Heimat unerreichbar schien, reichten als Motiv aus, daß man sein Leben in Mexiko und Peru aufs Spiel setzte, aber als Konquistador war man genausowenig ein Kapitalist wie einst als Pirat.

Immerhin machten mehr Menschen Gebrauch von den zahlreicheren Möglichkeiten, Geld zu verdienen, und gewinnorientierten Beschäftigungen ging man mit selbstbewußtem, entschlossenem Ernst nach. Bezeichnend dafür war beispielsweise die verdrießliche Reaktion von Aldus, als ihn seine Freunde bei der Arbeit in seiner venezianischen Druckerei störten.[65] Ein englisches Buch über Buchhaltung aus dem Jahre 1553, dessen Autor behauptete, es sei für den Kaufmann genauso wichtig wie »Fleisch oder ein Getränk, wenn er Hunger oder Durst hat«, betonte nachdrücklich, wie wichtig es sei, daß man seine Zeit gewinnbringend nutze. Die Widmung endete mit folgenden Versen:

> Denn Wissen ist so kostbar und so herrlich,
> Und niemals wiederkehrt verlor'ne Zeit,

Darum studiert dies Buch, wenn Ihr noch Zeit habt,
Damit Ihr ihren Mangel nicht bereut.[66]

Auf jene Menschen, die wie Jakob Fugger ganz besessen waren vom
Umgang mit Geld, dem sie um seiner selbst willen ganz ohne Habgier
frönten, oder die in einem bedeutenden Handelszentrum wie Antwerpen
lebten und in den Bann seiner steten Geschäftigkeit gerieten, paßt die von
jeher ungenaue Bezeichnung »Kapitalist« in einem durchaus nicht
anachronistischen Sinn. Solche Menschen genossen die Jagd nach dem
Gewinn, und zwar ganz unabhängig davon, ob er sich sogleich einstellte
oder nicht. Sie gerieten bei jedem Risiko in Hochstimmung, zumal wenn
sie Möglichkeiten fanden, es zu mindern.
Daß Aristoteles und die mittelalterliche Kirche einen Gewinn verurteilten,
der über den Wert der gebotenen Leistung hinausging, verweist nur auf
die allgemeingültige Tatsache, daß Männer und Frauen, die mit Waren
handeln oder Geld wechseln, bei diesen Geschäften auch selbst Geld
verdienen wollen. Aber neu war in der Renaissance, daß man mit der
Genugtuung über eine gelungene Transaktion wie auch mit dem dabei
erzielten Gewinn nicht mehr hinter dem Berg hielt. Der französische
Kaufmann und Bankier Jacques Cœur, der für seine finanziellen Dienste
für die Krone 1448 geadelt worden war, wählte für sein Wappen die Devise:
»Dem kühnen Herzen ist nichts unmöglich.«
Im darauffolgenden Jahr machte die Kaufmannsrepublik Genua ihre
Bürger dann darauf aufmerksam, daß es angezeigt sei, Bargewinne nicht
in Besitztümern anzulegen, sondern daß es viel vorteilhafter sei, sie im
Geschäft zu reinvestieren, »was großartige Früchte und großen Nutzen
bringen kann«.[67] Während die Nachfrage der Kriegsausrüster nach Eisen
zunahm und bevor noch das amerikanische Silber seit der Mitte des
16. Jahrhunderts in großen Mengen importiert wurde, enthielt die Literatur über Bergbautechnik in Mitteleuropa bereits zahlreiche Tips für In-
vestoren. Dank diesem Buch, erklärte eine Figur in einem der frühesten
Beispiele dieses Genres, das in Dialogform geschrieben war, »werde ich
eine ganze Menge darüber erfahren, welche Bergwerke mit Gewinn arbeiten können, so daß meine Investition nicht verschwendet sein, sondern
einen Profit abwerfen wird«. Gott habe die Erze in die Erde getan, schrieb
ein anderer Autor, und die Menschen seien verpflichtet, »sich die ganze
Schöpfung untertan zu machen«. Gewiß sei damit ein Risiko verbunden,
räumte ein Dritter im Jahre 1530 ein, aber »gewiß hat jemand mit einer
sklavischen oder ängstlichen Seele noch nie etwas zuwege gebracht oder
wird jemals etwas zuwege bringen«.[68]

Ebenfalls auf den Bergbau und seine lange Kette von Verfahren, die von der Gewinnung des Erzes in der Tiefe bis zum fertigen Nagel oder Panzerhandschuh reichte, bezieht sich die bis dahin deutlichste Darstellung der Mittel, mit denen man einen Gewinn aus der inaktiven »ganzen Schöpfung« herausholt. Diese Beschreibung steht – bezeichnenderweise zu Beginn des bewußten staatlichen Merkantilismus – in Boteros *Anordnung guter Policeyen … von* 1589.

> Die Eysengruben / tragen fuer sich selberst geringen Nutz. Was nutz bringet aber die Arbeit / so darauß gezogen und gemachet / und der Gewerbe und Handel / so mit dem Eysen getrieben wirdt ? Viel tausent Menschen erhalten und ernehren sich darmit : einer grabt / der ander saeubert : dieser schmeltzet / jener schmidet : etlich verkauffens in grossen Stangen / andre stucksweise / in vielerley wege. Was soll ich sagen von der Arbeit / so nach solchen allem noch ferner darauß gemacht wirdt ? Diser / schmidet Harnisch darauß : jener / andre Wehre unnd Waffen : ein anderer / allerley Instrument unnd werckzeuge / so zum Feldbaw / zur Architectur / zu allerley Handthierungen / zu allerley taeglichen Geschaefften / zu aller Notdurfft deß gantzen menschlichen wesens / wenig minder notwendig sind / als das Brot zu auffenthaltung des Lebens. Daß also / wann einer das Gefelle / so ein Herr von seiner Eysengruben hat / mit der Nutzbarkeit / so die Handthierungen und Gewerbe mit Kunst und Geschicklichkeit darvon ziehen (welches doch den Herrn auch mercklich in Seckel dienet / vermittelst der Stewern / Schatzungen und Zoellen) vergleichen solte / man gewißlich befinden und augenscheynlich sehen wurde / daß die Kunst die Natur bey weittem ubertreffen thut.
>
> Vergleiche einer einen rauhen Marmorsteyn / mit einem Bilde oder andrer Arbeit / so in viel wege darauß gemachet wirdt : Halte ein ungehobeltes Holtz / wie es die Natur gibt / gegen einer Galleen od' andre Schiffe / deren vielerley gattungen sind / so zum kriegen / Laeste zu tragen / oder zur Kurtzweil gebraucht werden : deßgleichen auch gegen die Bilder / und allerley Gebaewe und Zierde der Haeusern / so von Holz gemachet sind : daß ich des Hobels / des Schnitzers / und des Drechslers nit gedencke : Setze die Farben und die Gemaelde gegen einandern / schetze eins und das ander / und schawe wie sich eins gegen den andern halte. So wirstu gewißlich befinden / umb wie vil und wie hoch die Matery durch die Arbeit ubertroffen werde : und wie so viel mehr Leute sich vermittelst der

Kunst ernehren / als durch die Natur ohn ander zuthun ernehret und
erhalten werden.[69]

Diese Betonung von Investition, Herstellung und Handel auf Kosten der
Landwirtschaft spiegelt in gewisser Weise die Bevorzugung des Städtischen durch die Zivilisation wider, ihre Achtung, die mehr dem von
Menschen gefertigten Produkt galt als dem Naturerzeugnis, dem hand-
werklichen Geschick mehr als der reinen Arbeit. Die Renaissance war
weniger ein Zeitalter des Kapitalismus als der Kapitalisten: von Cosimo de'
Medici und Jacques Cœur bis zu Jakob Fugger und den großen Waffenba-
ronen des späten 16. Jahrhunderts, Louis de Geer aus Lüttich und Elias
Tripp aus Dordrecht. Gleichwohl war das besondere Gespür solcher Männer nur denkbar vor dem Hintergrund einer zunehmenden allgemeinen
Wertschätzung der Möglichkeiten, wie man natürliche Erzeugnisse und
Arbeit in Geld umwandeln konnte. Da gab es auch neue und bedeutendere
Beispiele, wie man Kapital in die Arbeitsprodukte Fremder investieren
konnte: das Heer der Handwerker auf den Werften, die die wachsende
Nachfrage nach Handels- und Kriegsschiffen befriedigten, die zwanzigtausend Arbeiter und Handwerker, die in den und um die Eisenerzgruben
bei Schwaz in Tirol arbeiteten, die vierzigtausend Arbeiter in den Waffen-
fabriken im Val Trompia bei Brescia in Norditalien um 1600. Aber ungewöhnliche Karrieren und Industriewerke reichten doch nicht aus, um die
mittelalterliche Einstellung zum Gewinnstreben völlig zu verändern. In
überaus einträglichen Jahren für den Schiffbau und die Herstellung und
den Umschlag von Seefahrtgütern waren in der venezianischen Werft, dem
Arsenal, bis zu viertausend Mann beschäftigt. Aber während des ganzen
16. Jahrhunderts gab es aus Achtung vor den traditionellen staatlichen und
kirchlichen Feiertagen nicht mehr als rund 265 Arbeitstage im Jahr. Es
sollte noch einige Zeit dauern, bis die Wirtschaft verkürzt als kapitalistisch
definiert wurde.
Jedenfalls lebte die überwiegende Mehrheit derer, die mit und um Geld
handelten, entweder fern von den Zentren des Handels und der Banken,
oder sie war zu gewissenhaft oder unterkapitalisiert oder einfach unbegabt,
als daß man sie als kapitalistisch hätte bezeichnen können. Alles in allem
zeichnete sich das Geschäftsgebaren nicht durch dramatische Zinsraten
aus, sondern durch ein Sich-Abrackern und einen auf Werterhaltung
gerichteten Fleiß, wobei man auf Spruchweisheiten hörte wie die von Brant

Wem wol ist mit nemen uff borg
Der hat zu bzalen gantz keyn sorg.[70]

und Luca Pacioli: »Geregelte Buchführung erhält die Freundschaft.«[71] Viele Kaufleute gingen nur zögerlich von römischen zu arabischen Zahlen über und legten lieber einen Kapitalüberschuß für Notzeiten auf die hohe Kante, statt ihn in Renten oder Pfandbriefen mit kleinen, aber sicheren Erträgen anzulegen. Lange vor dem Jahr 1500 wurden Leute, die von solchen Anlagen lebten, in den Niederlanden *Ledichghangers*, Müßiggänger genannt. Als Girolamo Priuli über das glanzlose Abschneiden von Venedig in den Kriegen der Liga von Cambrai im frühen 16. Jahrhundert berichtete, räsonierte er mit bitterer Übertreibung: »Unsere Vorfahren waren tapfer und grimmig, duldeten keine Beleidigungen, schlugen rasch zu, waren entschlossen zu kämpfen. Heute sind wir sanftmütig, leidgeprüft, weichen vor einem Schlag, schrecken vor Krieg zurück. Und dies, nehme ich an, liegt daran, daß wir alle in alten Zeiten vom Handel und nicht von einem festen, sicheren Einkommen gelebt haben.«[72] Und als die Finanzierung von Kriegen in Frankreich, Italien, Spanien und einigen Provinzen der Niederlande mehr Möglichkeiten bot, Geld in öffentliche Schuldverschreibungen zu investieren, und man allerorten Land kaufte, weil es sowohl ein verläßliches Einkommen wie Ansehen einbrachte, verstärkte sich von Generation zu Generation die Kapitalflucht aus den Kassen der Kontore. Als der Kaufmann eine immer bedeutendere Rolle spielte, geriet er wegen seiner gesellschaftlichen Ambitionen ins Kreuzfeuer der Kritik.

Auf einer um 1450 entstandenen Zeichnung von Rogier van der Weyden sind Bauern zu sehen, die nicht mehr ihren natürlichen Arbeiten nachgehen, sondern Stühle und Tische auf einen Haufen schaufeln. Kurz vor 1500 ereiferte sich ein französischer Autor über Frauen, die ihre Töchter wie Aristokratinnen anziehen wollten (er sprach von einem Kleid, das unterhalb der Taille nach verschiedenen Moden geschnitten war). Prediger schrieben die Heimsuchungen der Pest »jener gefräßigen und alles verschlingenden Schlange der Begierde« zu, wie sich ein englischer Geistlicher 1551 ausdrückte.[73] Die äußere Zurschaustellung des Reichtums, wetterte Philip Stubbes 1583, mache es »sehr schwer zu wissen, wer von Adel, wer angesehen, wer ein Herr ist und wer nicht«.[74] Eine ähnliche Klage stimmt auch Eméric Crucé 1623 in seiner Kaufmanns-Satire an: »Solange er den goldenen und silbernen Flitterkram auf den Kleidern der Adeligen erblickt, wird er lieber sein ganzes Hab und Gut verpfänden, als sie nicht auch zu tragen.«[75] Als Agostino Chigi, einer der reichsten und – als Auftraggeber Raffaels wie als Bauherr der wundervollen Villa Farnesina – kultiviertesten Bankiers von Rom, im Jahre 1512 bei der Frau des Marchese von Mantua um die Hand der unehelichen Tochter ihres Mannes anhielt, bemerkte sie zu diesem Ansinnen: »Er ist mir überaus genehm, außer daß

»Bauern gehen nicht mehr ihren natürlichen Arbeiten nach und schaufeln Stühle und
Tische auf einen Haufen«: Zeichnung von Rogier van der Weyden (Zuschreibung),
um 1450 (Robert Lehman Collection, Metropolitan Museum, New York)

er ein Kaufmann und Bankier ist, was mir bedauerlicherweise nicht für
unser Haus geziemend zu sein scheint.«[76] Ähnliche Vorwürfe wurden
gegenüber den beiden Mediceer-Königinnen von Frankreich – Caterina,
der Frau von Franz I., und Maria, der Frau von Heinrich IV. – wegen ihrer
Herkunft aus einer ehemaligen Kaufmannsfamilie erhoben.

Gewiß konnten einem Kaufmann gesellschaftliche Fehler unterlaufen, die
einer vulgären Geschmacksentgleisung gleichkamen: Der Italiener Gas-
pare Ducci etwa ließ Mitte des 16. Jahrhunderts bei einem Essen zu Ehren
der Statthalterin der Niederlande, Maria von Österreich, mit Blattgold
überzogene Austern servieren. Aber so unterschiedlich die Formen auch
gewesen sein mochten, in denen sich kaufmännischer Reichtum ausdrückte, üblich war denn doch der Lebensstil, den Machiavelli in seiner
Komödie *Clizia* geschildert hat. Die Kaufmannsgattin Sofronia beschreibt,
wie ihr Mann lebte, bevor er hinter einem jungen Mädchen her war:

Wer Nicomaco vor einem Jahr kannte, und jetzt mit ihm umgeht,
muß erstaunen über die große Veränderung, die mit ihm vorgegan-

gen ist. Er war sonst ein ernster, besonnener, vorsichtiger Mann. Er
verteilte seine Zeit ehrenvoll. Des Morgens stand er früh auf, hörte
seine Messe und sorgte für den Bedarf des Tages. Dann, wenn er auf
dem Platz, auf dem Markt, bei der Obrigkeit ein Geschäft hatte,
besorgte er es; wenn er keines hatte, begab er sich entweder zu
einem Bürger zu ehrbarem Gespräche, oder er zog sich zu Hause in
sein Schreibzimmer zurück, wo er seine Bücher führte, seine Rechnungen ordnete. Hierauf speiste er freundlich mit seiner Familie ...
Er ging hierauf aus und brachte so den ganzen Tag entweder in
Geschäften, oder mit ernsten und anständigen Unterhaltungen zu.
Abends fand ihn das Avemaria immer zu Hause; er blieb ein wenig
bei uns am Feuer, wenn's Winter war; dann ging er in seine Schreib-
stube, seine Geschäfte nachzusehen; um drei Uhr aß er fröhlich zu
Nacht.[77]

Das war die Lebensform des Durchschnittsbürgers, der man überall in
Handel treibenden Gesellschaften begegnete. Erasmus schilderte seine
Landsleute folgendermaßen: »Betrachtet man übrigens die Umgangsfor-
men, so findet sich kein Volk, das so sehr zu Gesittung und Freundlichkeit
neigt und so wenig Roheit und Rücksichtslosigkeit an sich hat wie die
Holländer. Ihr Charakter ist unkompliziert, ohne Arg und ohne allen
Falsch, zu schwerwiegenderen Lastern haben sie keinerlei Hang, nur dem
Genuß, zumal den Tafelfreuden, sind sie etwas zu sehr ergeben.«[78]
Doch trotz aller Ressentiments und Sticheleien wurde die Schicht der
Kaufleute immer selbstbewußter. Ihre Kenntnisse und Fähigkeiten waren
unentbehrlich, und so spielten sie eine wichtige Rolle bei der Verknüpfung
Europas. Persönlich oder durch Vertreter hielten sie sich mehr als andere
über alle Neuigkeiten und Angelegenheiten auf dem laufenden. Sie konnten besser rechnen und waren in manchen Fällen kultivierter als viele
Menschen, die gesellschaftlich über ihnen standen. Wenn sie schon die
restriktiven Praktiken des Zunftsystems stillschweigend hinnehmen mußten, dann bemühten sie sich lieber gleich darum, es zu beherrschen und
andere auszuschließen. Auch wenn sie fromme Christen waren, so waren
sie doch von allen Teilen der Gesellschaft am tolerantesten gegenüber den
Geschäftspartnern, die einem anderen Glauben anhingen. Empfindlich
reagierten sie allerdings auf Wucher und seine mögliche Verbindung zur
Pfandleihe, den Kleinkrediten und dem Altkleiderhandel, die den Juden
vorbehalten waren.
Eine gewisse Abwehrhaltung spiegelt sich in Quentin Massys' zartem und
ernstem Porträt von 1514 wider. Es zeigt einen Kaufmann, der Goldmünzen

Quentin Massys, *Der Goldwäger und seine Frau*, 1514 (Musée de Louvre, Paris)

wiegt und dem seine Frau dabei zuschaut, wobei sie eine Seite ihres Gebetbuches aufgeschlagen hat, auf der eine Miniatur der Jungfrau mit dem Kind zu erkennen ist: Das richtige Gewicht verweist auf den gerechten Handel, den die Kirche billigt und der nicht an den ehrbaren Normen des christlichen Familienlebens rüttelt.

Spätere Porträts aber, wie Dürers ernst und entschlossen blickender Kaufmann Bernhart van Resten von 1521, der selbstsichere Hermann Hillebrandt Wedigh aus Köln, den Holbein der Jüngere um 1532 in London gemalt hatte, oder Christoph Ambergers resoluter Matthäus Schwarz, der stolze Hauptbuchhalter der Fugger (er gab eine Reihe von Porträts von sich in Auftrag, die das Datum 1542 tragen) – all diese Porträts verzichten weitgehend auf die beruflichen Accessoires des Geschäftsmanns und konzentrieren sich auf seinen Charakter und sein Auftreten.

Die Bedeutung seiner Rolle in der Gesellschaft wurde mit einer neuartigen Klarheit erkannt. In einem negativen Sinn wurde dies besonders klar in Spanien, wo man überzeugt war, daß ein diskriminierendes Steuersystem,

die Verfolgung von Kaufleuten jüdischer Abstammung und das ungebrochene aristokratische Ethos den Handel und die Industrie des Landes
geschwächt hatten. In seiner Erörterung der erforderlichen Maßnahmen
zur Wiederherstellung des Wirtschaftslebens aus dem Jahre 1600 war es
für González de Cellorigo selbstverständlich, daß Kaufleute Teil der »natürlichen Ordnung der Dinge« waren. In unserem Land, klagte er, »herrscht
ein extremer Gegensatz zwischen Reich und Arm, und es besteht keine
Möglichkeit, sie einander anzupassen. Bei uns gibt es Reiche, die untätig
herumlungern, oder Arme, die betteln, und was uns fehlt, sind Menschen
der mittleren Art, die weder Reichtum [in Form von Landbesitz] noch Armut
davon abhält, der rechtmäßigen Art von Geschäft nachzugehen, zu dem
uns das Gesetz der Natur anhält«.[79]

Mit der »mittleren Art« meinte González de Cellorigo weder die nichtari-
stokratischen Angehörigen der gehobenen Berufe: Advokaten, Ärzte und
Beamte (davon gab es in Spanien genug), noch diejenigen, die täglich ihre
Dienste anboten, wie Ladeninhaber und Wirte, so nützlich und wertvoll
diese auch sein mochten. Er meinte Menschen, die mit ihrer Produktivität
die Wirtschaft in Gang hielten: Großhandelskaufleute, große Importeure
und Exporteure, Bankiers, Hersteller von Waren, nach denen nicht nur
eine lokale Nachfrage bestand. »Alle Menschen, die in unserem Land
leben«, schrieb der englische Handelsschulleiter Richard Mulcaster 1581,
»gehören entweder dem Adel oder dem gemeinen Volk an. Das gemeine
Volk teilt sich auf in Kaufleute sowie Arbeiter und Handwerker.«[80] Die
Bedeutung von »Kaufmann« war allerdings noch vage. Das französische
Wort »bourgeois« gab es noch nicht als umfassenden Begriff für die mittlere
Art: Als Thomas Platter das Wort zum ersten Mal auf seiner Reise durch
Frankreich im Jahre 1599 vernahm, erklärte er, es bezeichne einen Mann,
»welcher von dem seinen leben kan«, statt für seinen Lebensunterhalt
arbeiten zu müssen.[81] Die mannigfaltigen Tätigkeiten, mit denen man Geld
verdienen konnte, erschwerten eine Kategorisierung. »Kaufleute« konnten
in einem Stil leben, der sich in nichts von dem eines Gentleman oder
Adeligen oder von dem eines Handwerksmeisters unterschied. Andererseits konnten Kriegsunternehmer wie Georg von Frundsberg in den zwanziger Jahren des 16. Jahrhunderts und Sebastian Schertlin von Burtenbach,
der 1577 starb, mit der Rekrutierung von Söldnertruppen für den Staat ein
Vermögen machen, das es durchaus mit dem der großen Handelsbankiers
aufnehmen konnte. Und wie wir gesehen haben, konnten auch Künstler
erfolgreiche Händler sein.

Eine verallgemeinernde Definition des europäischen »Kaufmanns« läßt
sich entweder im räumlich-geographischen Sinne nicht halten – er konnte

Albrecht Dürer,
Bernhart van Resten,
1521 (Gemäldegalerie,
Dresden)

ein Angehöriger der herrschenden Klasse in Venedig oder Augsburg sein,
aber nicht in Paris oder Neapel, einer aufstrebenden Gesellschaftsschicht
in Frankreich angehören, in Spanien dagegen einer im Niedergang befind-
lichen – oder verblaßt im Laufe der Zeit: Wenn man eine bestimmte
Kaufmannsfamilie über mehr als drei Generationen hinweg verfolgt, erlebt
man normalerweise, daß sie entweder durch Heirat, eine Gunst des Hofes
oder den Kauf von Grundbesitz eine Welt verläßt, die man sinnvollerweise
merkantil nennen kann – oder man beobachtet ihren Niedergang. Jacques
de Beaune, der einer einfachen Kaufmannsfamilie entstammte, war im
Jahre 1518 in der Lage, der französischen Krone 240 000 Livres zu leihen.
1523 war er so reich wie nie und wurde zum obersten Finanzbeamten des
Königreichs ernannt. 1527 wurde er wegen Veruntreuung aufgehängt. Als
Jakob Fugger 1525 starb, hatte das Familienunternehmen einen Wert von
fast zwei Millionen Gulden. Innerhalb von zwei Generationen hatte sein

Niedergang eingesetzt, nach vier war es untergegangen. Duccis Vermögen hielt sich nicht viel länger als seine vergoldeten Austern.

So selten solche dramatischen Beispiele letztlich waren – so launenhaft war auch das Schicksal des Handels und der Händler. Ein unfähiger – oder fehlender – Erbe, ein Umschwung in der Nachfrage, ein leichtfertiges Vertrauen in Gläubiger: all dies machte ebenso wie widrige Winde und Kriege die Kugel noch rutschiger, auf der Ammans Fortuna des Handels balancierte. Gleichwohl konnte das die immer breiter werdende Schicht der Geld-Jongleure – mit den adeligen Finanziers auf der einen und Machiavellis bürgerlichem Nicomaco mit seiner Alltagsroutine auf der anderen Seite – insgesamt nicht bremsen, und der lockende Gewinn reizte auch weiterhin den Nachwuchs, wie etwa den jungen Mann aus Basel, der später (im Jahre 1530) berichtete: »Als ich sah, wie [Johannes] Hervagius und andere Drucker geschäftlichen Erfolg hatten und mit wenig Arbeit einen guten Gewinn machten, dachte ich, daß ich ein Drucker werden sollte.«[82] Alle zusammen verdienten mehr über ihren Lebensunterhalt hinaus, als dies in früheren Jahrhunderten möglich gewesen war. Darum trugen sie nicht nur dazu bei, daß die Idee der Zivilisiertheit etwas mit Geld zu tun hatte – mit ihrem Geld und der Art und Weise, wie sie es ausgaben und anlegten, spielten sie auch eine bedeutende neue Rolle für die Kultur, neben der traditionellen Funktion der Herrscher, Aristokraten und Kirchenfürsten. Bewunderung und Beunruhigung mischten sich bei diesen, als im Zeichen des Merkur Königin Geld neben Königin Europa einherritt.

Der Status der Gelehrsamkeit und der Künste

Im Jahre 1584 gab der achtzigjährige französische Hofhistoriker André Thevet sein Buch *Les vrais pourtraits et vie des hommes illustres (Wahre Porträts und Lebensbeschreibungen berühmter Männer)* heraus. Dieses Werk eines Mannes, der Reisen nach Amerika, in die Levante und durch Europa unternommen hatte, wo er mit einer ganzen Reihe von Briefpartnern korrespondierte, war das umfassendste *Who Is Who* und *Who Was Who* von Europa im 16. Jahrhundert. Thevet beschäftigte eine ganze Gruppe flämischer Künstler, die die 233 Kupferstichporträts zu seinen Kurzbiographien erstellten, und wo der Porträtierte nicht zu seiner Zufriedenheit getroffen worden war, ließ er einfach eine Lücke. Allerdings nahm er keinen einzigen Künstler in sein Werk auf – es enthält weder einen Bildhauer noch einen Architekten oder Musiker. Literaten erging es nicht viel besser: Joachim Du Bellay und Ronsard werden jeweils nur mit einer Zeile in der Biographie eines anderen erwähnt. Rabelais wird als »ein Mann mit ungewöhnlichem Wissen« bezeichnet.[83] Thomas Mores Laufbahn als Beamter und Diplomat wird geschildert, die in dem Hochverratsprozeß gipfelte, bei dem er für »Githy« (schuldig) erklärt wurde, was man damals umschrieb mit »des Todes würdig« – *Utopia* aber wird überhaupt nicht erwähnt.[84] Aufgenommen wurden Politiker, Militärs, Theologen und Juristen sowie Persönlichkeiten aus gesellschaftlich nützlichen Wissensbereichen: Seefahrer, Historiker, Kosmographen und Ärzte. Thevet räumte auch Platz ein für »einige Techniker, die durch ihr geniales Bemühen sehr nützliche Geheimnisse entdeckt haben, die für die Förderung des Gemeinwohls notwendig sind«, aber der Buchdruck, die Alchimie und die Mathematik sind nicht etwa durch Zeitgenossen vertreten, sondern nur durch ihre Erfinder und Entdecker: Gutenberg, Geber (Djabir ibn Hajjan) und Pythagoras – sobald sich die Nützlichkeit ihrer Entdeckungen erwiesen hatte, wurden sie für selbstverständlich erachtet. Dies war Thevets persönliche Meinung. Nach modernen Kriterien ist dies eigentlich eine Verzerrung des Begriffs »Renaissance«. Diese Gleichgültigkeit gegenüber der Rolle der Literatur und der Künste ist indes nicht untypisch für das Zeitalter der Renaissance. Rund zwanzig Jahre zuvor hatte der Mathematiker, Physiker und Astrologe Girolamo Cardano die Horoskope von hundert herausragenden Männern seines Jahrhunderts veröffentlicht. Nur ein Künstler war darunter: Dürer.

Nun gab es damals freilich kein umfassendes Wort für Kultur, das einen größeren Überblick nahegelegt hätte. Florios italienisch-englisches Wörterbuch von 1598 gibt *cultura* mit »Landwirtschaft, Ackerbau, Düngen, Pflügen« wieder. Bacon schrieb im metaphorischen Sinne über »die Kultur und die Herrschaft der Vernunft«. Aber dies entspricht eher dem lateinischen Wort *cultura* als der weiteren Bedeutung, die der Begriff im 19. Jahrhundert annahm. Ähnlich einschränkend wirkte es sich aus, daß es keine Bezeichnung für die »schönen Künste« als Gesamtheit gab, und damit spielten sie im Diskurs über die Entwicklung des Menschen von der Barbarei bis zur Zivilisation nur eine marginale Rolle. Zu dieser Marginalisierung trug auch die übliche Bedeutung von »Kunst« als Können bei, entweder auf handwerklicher Ebene (das italienische Wort für Handwerkszunft hieß *arte*) oder auf der Ebene, die Fähigkeit zu organisieren und in einem größeren Zusammenhang anzuwenden, wie etwa in Machiavellis *Kriegskunst*. Die Kreativität unter die Normen der Kultur einzureihen indes war schwierig, da der Begriff der »freien Künste« nachwirkte, womit der weltliche Themen umfassende Lehrplan der mittelalterlichen Universitätsausbildung bezeichnet worden war: Grammatik, Rhetorik, logische Beweisführung, Arithmetik, Geometrie, Astronomie und mathematisch begründete Musiktheorie. All diese Gebiete befaßten sich damit, die geistigen Wurzeln des kultivierten Lebens zu verstehen und zu bewahren, statt sie zu verschönern oder in Frage zu stellen. Im Gegensatz dazu sorgte das handwerkliche Element in der Malerei und Bildhauerei dafür, daß sie zu den von den Zünften und Werkstätten betriebenen mechanischen Fertigkeiten gezählt wurden. Selbst in Florenz wurden Künstler erst 1571 offiziell von der Mitgliedschaft in einer Zunft entbunden. Die mit Phantasiebildern arbeitende Literatur wurde – unter dem Etikett »Poesie« – irgendwo zwischen beiden Kategorien eingeordnet, und daß sie als Element der Zivilisation geachtet wurde, verdankte sie vor allem ihrem Ansehen in der klassischen Antike. Sogar Thevet nahm in sein Werk jeweils eine Kurzbiographie von Homer und von »Sappho Lesbienne« auf, wobei er energisch jede Verbindung zwischen dieser ehrbar verheirateten Dichterin und der »anderen« Sappho bestritt, »deren entsetzliches Verbrechen es mir gebietet, es besser zu verschweigen als zu erwähnen«.[85] Und auch hier stand nur ein begrenzter Wortschatz zur Verfügung, der auf kulturelle Phänomene verwies. »Letters«, etwa in dem häufig aufgestellten Vergleich zwischen »arms« und »letters«, »Waffen« und »Wissen«, bezog sich auf die Fähigkeit der Gebildeten, lesen und schreiben zu können, und den Besitz von Wissen oder die Fähigkeit, es bei anderen zu schätzen. Der »lettered man«, der »gebildete Mann«, war noch nicht der »man of letters«, der Literat.

Thevets Ansicht entsprach allerdings der seines nicht minder kultivierten Zeitgenossen, des offiziellen Historikers von Venedig, Paolo Paruta. Er war im Laufe seines Lebens (er starb 1598) Zeuge des Ruhms venezianischer Architekten und Künstler geworden, unter anderem von Palladio, Tizian, Veronese und Tintoretto, hatte aber auch die internationale Bewunderung für die Art und Weise kennengelernt, wie die Republik die stabilisierenden religiösen, politischen und sozialen Aspekte eines kultivierten Lebens fast bis zur Vollkommenheit entwickelt hatte. Als er auf letzteres zu sprechen kam, tat er die Literatur und die Künste im Vergleich zu anderen Dingen als »ganz belanglose Angelegenheiten« ab.[86] Er hatte zwar in einem früheren und eher subjektiven Werk, seinen *Discorsi politici (Politische Diskurse)*, den Festungsbau, den Schiffbau, die Medizin, die Bildhauerei und die Malerei »und jede andere edle Disziplin« unterschiedslos nebeneinandergestellt als Aspekte menschlichen Strebens, dessen »Vervollkommnung wir tagtäglich durch neue Initiativen erleben«[87], aber wie Thevet neigte er dazu, das als marginal anzusehen, was für die Erhaltung des Kerns der Zivilisation nicht von wesentlicher Bedeutung war. Für all jene, die den

Unterschied zwischen einer zivilisierten und einer primitiven Gesellschaft zu definieren suchten, spielten die Literatur und die schönen Künste weniger eine gestaltende als eine ehrenvolle und damit eigentlich entbehrliche Rolle. Was wirklich zählte, war die Gelehrsamkeit, zu der der Verstand der Barbaren keinen Zugang hatte, sowie die Architektur, die die Macht und die Verfeinerung einer gesellschaftlich und politisch geordneten Lebensweise symbolisierte.

Natürlich lobten Männer, die selbst gelehrt waren, die Gelehrsamkeit, und dies um so mehr, als man sie dafür schätzte, daß sie ein klassisches Erbe antraten, um das sich ihre Vorgänger im Mittelalter wenig gekümmert hatten. Die Begeisterung für den Kontakt mit der Gelehrtenkultur der antiken Welt wurde bereits in den dreißiger Jahren des 14. Jahrhunderts zum Ausdruck gebracht, als Petrarca ausrief: »Ich lebe heute, aber ich wäre lieber zu einer anderen Zeit geboren«, und eloquente Briefe an seine Idole schrieb, die er nur durch ihre Werke kennenlernen konnte.[88] Indem er Beispiele daraus in seine weitverbreitete Korrespondenz aufnahm, forderte er andere auf, die Rolle zu erkennen, die die Gelehrsamkeit in der Antike gespielt hatte, sei es in der Person Ciceros, der sowohl Philosoph wie aktiver Staatsmann gewesen war, sei es in der eines Livius, der öffentliche Ereignisse zur Erleuchtung der Nachwelt aufgezeichnet hatte. Und als Regierungen seit dem späten 14. Jahrhundert Gelehrte beschäftigten, die die amtliche Korrespondenz beaufsichtigen und ihr mehr Würde verleihen sollten, wurde die Verbindung zwischen Gelehrsamkeit und Herrschaft enger. Als Kardinal Bessarion im Jahre 1468 beschloß, seine Bibliothek Venedig zu vermachen, konnte er sich an den Dogen und den Senat im Vertrauen darauf wenden, daß sein Geschenk entsprechend gewürdigt würde. »Aus Büchern«, schrieb er, »vernehmen wir die Stimmen der Weisen, die Lehren der Antike ... so groß ist die Kraft der Bücher ..., daß wir alle ohne sie primitiv und unwissend wären. Ohne Bücher würden wir fast nichts über die Vergangenheit wissen und hätten beinahe keine Beispiele, denen wir folgen sollten.«[89]

In den dreißiger Jahren des 15. Jahrhunderts schrieb Matteo Palmieri in seinem Traktat *Della vita civile (Über das bürgerliche Leben):* »Heutzutage möge wahrhaftig jeder nachdenkende Geist Gott danken, daß es ihm beschieden ist, in diesem neuen Zeitalter geboren zu sein.«[90] Dieser Zeitgenosse von Donatello, Brunelleschi und Filippo Lippi erwähnte zwar die Wiederbelebung der Künste als Teil der Wiedererlangung klassischer Fertigkeiten, betonte jedoch vor allem die Bedeutung von »Philosophie und Weisheit«, die schließlich »aus der reinen Quelle getrunken« würden. Er schrieb für eine politisch verantwortliche Schicht, der die Gelehrsamkeit wichtiger war als die Unterhaltung. Und diese Akzentuierung wurde im Norden seit dem frühen 15. Jahrhundert aufgegriffen. Als Celtis seine deutschen Landsleute mit Nachdruck aufforderte, der Welt zu zeigen, daß sie in kultureller Hinsicht keine Barbaren seien, hatte er nicht die Künste im Sinn, sondern die Gelehrsamkeit. 1517 meinte Erasmus: »Auf der ganzen Welt beginnen sich wie auf ein Zeichen hin herausragende Geister zu rühren und zusammenzukommen, um das beste Wissen wiederzubeleben«, aber er zog über die »Philister« nicht wegen ihrer Blindheit gegenüber den Künsten, sondern gegenüber der Gelehrsamkeit her.[91] Unerschütterlich wurde die Gelehrsamkeit – oder zumindest eine mehr als oberflächliche Bildung – von jenen für selbstverständlich erachtet, die damit nicht berufsmäßig zu tun hatten. »Leider werdet Ihr keine edlen Gentlemen sein«, führte Guazzos Übersetzer George Pettie seinen Lesern 1581 vor Augen, »wenn Ihr keine Gelehrten seid: Ihr werdet Eurem Fürsten einen schlechten Dienst erweisen und Eurem Land nur ungenügend zur Verfügung stehen.«[92] Und was den Fürsten selbst betraf, so wiederholte Botero 1589 die mittelalterliche Sottise: »Ein ungelehrter Koenig seye anders nit / als ein gekroenter Esel.«[93]

Zumindest um das Jahr 1441, als der strenge Condottiere Francesco Sforza Pisanello ermächtigte, für ihn eine Gedenkmedaille zu entwerfen, die auf der Vorderseite sein Profil und auf der Rückseite das Pferd und das Schwert eines Kavalleristen zusammen mit einem Buch zeigte, begann die Vorstellung, daß Schwert und Feder, Waffen und Wissen Hand in Hand gingen, zur unumstößlichen Gewißheit zu werden. Wer würde sich noch an Julius Cäsar erinnern, wenn er nicht über seine militärischen Leistungen geschrieben hätte? Herrscher unterhielten gelehrte Lobredner und Hofhistoriker. Und die Gelehrsamkeit, verdünnt zu einem Erziehungsprogramm, das noch reichlich Zeit ließ für »den Dienst der wilden Göttin«[94] (wie der Hauslehrer des Sohnes von Thomas Cromwell, Heinrichs VIII. leitendem Minister, die Jagd und die Falkenbeize geziert umschrieb), wurde ein Teil des Selbstschutzes der zivilisierten Welt. Mahnend wies der Biograph eines deutschen Aristokraten 1507 darauf hin, sein Stand habe die Gelehrsamkeit vernachlässigt, weshalb »der pauern kinder sich zu lernen understanden, zu großen bistomben, hohen ambtern ... furgebrochen,... damit die stüel, als das gemain sprüchwort sagt, uf die penk gesprungen sind«.[95] Auf ähnliche Weise wurde die Bildung um 1530 auch dem Adel in England nahegelegt, »wo sich die Herren mehr bemühen, gute Jagdhunde aufzuziehen als kluge Erben«.[96] Die Forderung, Wissen durch Erziehung aufzunehmen, erwies sich als Sisyphusarbeit: Verzweifelt bemerkte Montaigne bei seinen hochgeborenen Begleitern auf seiner Reise nach Italien, was er in seinen *Essais* schon formuliert hatte: alles was »sie aus der Schule zurück gebracht« hätten, sei »nichts als Haß gegen die Bücher, wie fast unser sämtlicher Adel«.[97] Aber unabhängig davon, ob sie nun akzeptiert oder abgelehnt wurde, war die Vorstellung doch weit verbreitet, daß ein politischer und gesellschaftlicher Status mit Wissen und Gelehrsamkeit einhergehen solle.

Dieser Vorstellung kam zugute, daß die von den Alten einst untersuchten Themen als relevant angesehen wurden für eine Betrachtungsweise der Welt von Mensch und Natur, die nicht berufsbezogen war (wie die mittelalterlichen Erziehungsprogramme) und die auch der Nichtfachmann begreifen konnte. Als Dürers Freund Willibald Pirckheimer, ein patrizischer Ratsherr und Diplomat, im Jahre 1517 seinen Ärzten, die ihn vor allzu großer Belastung gewarnt hatten, die rhetorische Frage stellte: »Warum soll ein Mann leben, wenn er nicht studieren kann?«, verwies er damit auf die Vorstellung vom Lernen als einer freien Tätigkeit, als Ausweis für den vernünftigen Gebrauch, den ein zivilisierter Mensch von seiner freien Zeit machen könne. Und als er hinzufügte: »Es ist ein Geschenk Gottes, daß wir leben, aber der Philosophie verdanken wir es, daß wir gut leben«[98], meinte er mit »Philosophie« nicht einen selbstgenügsamen Zweig akademischen Forschens, sondern verstand sie als fundierte Allgemeinbildung, an die auch Hamlet – freilich in ganz anderem Zusammenhang – dachte, als er seinen Schulfreund nachsichtig zurechtwies (I, 5):

Schwert und Feder: Pisanellos Medaille des Condottiere Francesco Sforza, um 1441 (British Museum, London)

Es gibt mehr Ding' im Himmel und auf Erden,
Als Eure Schulweisheit sich träumt, Horatio.[99]

Wenn jedermann (aber nicht Jedermann) ein Philosoph sein konnte, dann wurde die Gelehrsamkeit ein um so selbstverständlicherer Aspekt des kultivierten Lebens. Der Buchdruck, durch den billigere und vor allem mehr Bücher verbreitet werden konnten, trug dazu bei, daß diese Vorstellung konkrete Gestalt annahm. Seit Mitte des 15. Jahrhunderts ließen sich wohlhabende italienische Bürger in ihrem Haus ein kleines Arbeitszimmer einrichten oder berücksichtigten es gleich im Bauplan. Darin wurden zum Teil private Familienpapiere aufbewahrt, aber vor allem war es ein Zufluchtsort, an den sich der Vorstand eines geschäftigen Haushalts zurückziehen konnte, um die Lieblingsbücher zu lesen, und zwar oft nachts, wenn andere schliefen.

Mit ihren Schreibtischen, Lesepulten, Lampen, Kohlebecken und Bücherregalen waren diese Zimmer die Vorbilder für Künstler wie Gozzoli, Botticelli, Colantonio, Carpaccio, Dürer und andere, die es für die Darstellung der Refugien der gelehrten Heiligen Hieronymus, Augustinus und Gregorius heranzogen. Solche Studierstuben gab es bald überall. Als der gelehrte John Leland Mitte der dreißiger Jahre des 16. Jahrhunderts eine Reise durch den politisch unsicheren Norden von England wagte, entdeckte er zu seiner Freude im Turm einer Burg, die Henry Percy, Earl of Northumberland, gehörte, ein Studierzimmer mit Schreibtischen und Lesepulten, das »Paradies« hieß.

Seit dem 15. Jahrhundert durften ernsthafte Studenten Bücher aus den Sammlungen der Medici in Florenz und aus dem Vatikan in Rom ausleihen. Im 16. Jahrhundert wurde in Nürnberg eine städtische Bibliothek errichtet, die bis zu den fünfziger Jahren über viertausend Bände, Handschriften und gedruckte Bücher, enthielt. 1537 wurde per Gesetz in Frankreich die erste Urheberrechts-Bibliothek gegründet, der alle Drucker Belegexemplare zur Verfügung stellen mußten. Dieses Gesetz wurde zwar nur teilweise angewendet, aber die Vorstellung, daß eine gebildete Bürgerschaft für den Staat nur von Vorteil sei, setzte sich immer mehr durch.

Der Umstand, daß sich persönlicher Ehrgeiz nach Weiterbildung in einer Zeit, da bessere Arbeitsmöglichkeiten sehr begehrt waren, mit der humanistischen Betonung auf Bildung verband, hatte zur Folge, daß auf jeden Fall mehr Kinder Schulen besuchten, deren Unterrichtsmethoden nicht mehr so nachlässig waren: Mitte des 16. Jahrhunderts beklagten sich Eltern bereits über die Kosten für überarbeitete Fibeln. Bessere Schulen, die Tatsache, daß die Aristokratie Bildung als Gütesiegel der Kultiviertheit

Niccolò Colantonio, *Hieronymus in seinem Studierzimmer*, um 1450 (Museo di Capodi-
monte, Neapel)

und als Mittel zum Weiterkommen bei Hofe begriff, und die Weigerung der
Zünfte, einen Lehrling anzunehmen, »wenn er nicht schreiben und lesen
kann«, wie die Londoner Goldschmiedegilde 1478 verfügte – all dies führte
dazu, daß der Analphabetismus in Europa zurückging.[100] Am meisten
machte sich dies in Städten bemerkbar. Bis zur Mitte des 16. Jahrhunderts
konnten über fünfzig Prozent der Londoner einigermaßen lesen und
schreiben; die Zahlen für die meisten anderen europäischen Großstädte
weisen einen vergleichbaren oder nur geringfügig kleineren Prozentsatz
auf, wobei Zugezogene vom Land nicht berücksichtigt wurden. In ländlichen Gegenden, außerhalb der Häuser der Reichen, blieb die Rate sehr
niedrig, obwohl es so gut wie in jedem Dorf irgend jemanden gab, der laut

aus gedruckten Büchern vorlesen konnte; die Bücher wurden vom Wanderhändler gekauft, der in einer Beschreibung aus dem Jahre 1611 als »kleiner Hausierer« bezeichnet wird, »der in einem langen Paket oder Weidenkorb (den er meist offen um den Hals gehängt vor sich herträgt) Kalender, Neueste Nachrichten oder anderen Ramsch verkauft«.[101]

In England durfte jemand, der eines Verbrechens beschuldigt wurde, »kirchlichen Segen« erflehen, um für eine ganze Reihe von Vergehen einer leichteren Strafprozedur teilhaftig zu werden. Dazu gehörte auch, daß er einen simplen Schreib- und Lesetest bestand: Er mußte in der Lage sein, mit einem Namen statt mit einem Kreuz zu unterzeichnen und ein oder zwei Zeilen Geschriebenes zu entziffern. Ursprünglich als Trostpflaster für den Anspruch des Staates gedacht, den Klerus in ein einheitliches weltliches Rechtssystem einzubinden, wurde dieses Verfahren nach der Reformation weiterhin beibehalten, und das hatte etwas mit einem wachsenden Mißtrauen gegenüber den Massen zu tun, die weder lesen noch schreiben konnten. Es war mit Sicherheit ein Anreiz, zumindest nach außen hin den Eindruck von Bildung zu vermitteln. Von zwei Dieben, die 1613 in das Haus des Earl of Sussex einbrachen, wurde der eine aufgehängt, während der andere, der den Test bestand, bloß am Daumen gebrandmarkt wurde. Nach diesem Test zu urteilen, hat sich der Prozentsatz der Lese- und Schreibkundigen in Europa zwischen der Mitte des 15. und dem Ende des 16. Jahrhunderts vermutlich nicht sehr verändert. Was sich tatsächlich änderte, war der Anteil jener, die frei schreiben und das, was sie lasen, auch verstehen, behalten und beurteilen konnten. Diesen Aspekt des popularisierten Wissens meinte Richard Mulcaster, als er die bürgerliche Kultur durch jene bedroht sah, die über ihre Stellung im Leben hinausgelangen wollten. Und wie wir noch sehen werden, führte der gesellschaftlich erweiterte Zugang zu Gedanken und Vorstellungen dazu, daß die Regierungen sich weniger mit dem Sammeln als mit der Zensur von Büchern befaßten.

Unumstritten freilich war die Vorrangstellung der Architektur unter den Künsten. Alberti hatte über Malerei und Bildhauerei ebenso wie über Architektur geschrieben. Aber sein höchstes Lob behielt er 1452 dem Architekten vor: »Einen hohen Geist, unermüdlichen Fleiß, höchste Gelehrsamkeit und größte Erfahrung muß jener besitzen und vor allem eine ernste und gründliche Urteilskraft und Einsicht haben, der es wagt, sich Architekt zu nennen. Denn in der Baukunst gilt als oberstes Lob, genau beurteilen zu können, was not tut.«[102] Drei Jahre später rechtfertigte sich Papst Nikolaus V., er habe die künstlerische Ausgestaltung des Vatikans und des Laterans »nicht aus Ehrgeiz, Prunksucht, übertriebener Eitelkeit,

Die Bibliothek des Vatikans: anon. Fresko mit Sixtus VI. und Platina, um 1478
(Ospedale di Santo Spirito, Rom)

Ruhmsucht oder zur Verewigung meines Namens, sondern um der höheren Autorität der Römischen Kirche und der höheren Würde des Apostolischen Stuhles« willen veranlaßt.[103] Sein übernächster Nachfolger, Pius II., dankte seinem Architekten Bernardo Rosselino sogar dafür, daß er für den Dom und den Papstpalast in Pienza mehr als ursprünglich geplant ausgegeben hatte: »Du tatest gut daran, Bernardo, Uns hinsichtlich der mit diesem Werk verbundenen Kosten zu belügen.«[104] In seinem Traktat *De magnificentia (Über das Erhabene)* von 1498 erklärt Giovanni Pontano, Humanist und ehemaliger Berater von Alfons II. von Neapel, allein die Architektur sei der Förderung durch hohe Gönner würdig. In der Stadtplanung spiegelte sich eine neue Betonung von rationaler Organisation des mustergültigen bürgerlichen Lebens wider. Und was Alfons vorschwebte, wurde von einem anderen Angehörigen seines gelehrten Hofstaats erläutert. Pietro Summonte berichtete, wie »zu meiner Zeit unser Herr und König Alfons II.«, der von den Franzosen 1495 aus Neapel vertrieben wurde,

so sehr vom Bauen angetan und darauf aus war, etwas Großartiges
zu schaffen, daß er – hätte ihn nicht ein widriges Geschick allzu früh
vom Thron gestürzt – fraglos diese Stadt prachtvoll verschönert
hätte. Er beabsichtigte, einen fernen Fluß über gewaltige Aquädukte
in die Stadt hineinzulenken, und ... er wollte die Hauptdurchgangs-
straßen neu anlegen, so daß sie direkt von einer Mauer zur andern
verliefen, wobei Vorbauten, ungünstige Winkel und alles andere,
was diesem Vorhaben im Wege stand, beseitigt und gleichzeitig die
Querstraßen begradigt werden sollten. Die sich daraus ergebende
Symmetrie aller Straßen sowie die Tatsache, daß sie ein natürliches
Gefälle von Nord nach Süd aufwiesen, hätten unsere Stadt zur
saubersten und elegantesten in Europa gemacht ..., und bei dem
geringsten Regenschauer hätten sie mehr geglänzt als eine blank
polierte Silbermünze. Außerdem wollte er eine wahrhaft herrliche
Kirche erbauen ... zusammen mit einem riesigen Palast ..., in dem
die Gerichtshöfe untergebracht werden sollten ... All diese edlen,
erhabenen Pläne wurden vereitelt ... durch den unvermittelten barbarischen Eroberungsfeldzug von König Karl VIII. von Frankreich.[105]

Das antibarbarische Thema, das hier bei Summonte anklingt, war bereits
1473 von Giovanni Rucellai im Zusammenhang mit einzelnen Bauwerken
angeschlagen worden. Er dankte Gott dafür, daß er es ihm ermöglicht habe,
»als vernünftiges Wesen und nicht als ... ein Barbar« zu leben. Dann
berichtete er, daß er von all seinen Leistungen am stolzesten auf seine
architektonischen Projekte sei, unter anderem auf die Fassade von Santa
Maria Novella, »weil sie zum Teil der Ehre Gottes dienen ebenso wie der
Ehre der Stadt und dem Gedenken an mich«.[106] Und als Herzog Cosimo I.
von Florenz gut neunzig Jahre später ein Porträt von sich als Förderer der
Künste in Auftrag gab, wollte dieser doch so bedeutende Auftraggeber von
Bildhauern und Malern, daß er darauf hauptsächlich von Architekten mit
ihren Zeichnungen und Modellen umgeben sei.
Als sich die großen Städte immer mehr durch Gesetzestreue und Wohlstand
auszeichneten, erweiterte sich auch der Spielraum für die individuelle
Gestaltung von Palästen, die nun nicht mehr gleichzeitig Festungen sein
mußten. Ebenso wuchs das Bewußtsein, daß diese Prachtbauten nicht nur
persönlichem Rang und Namen Ausdruck verliehen, sondern auch zur
Vielfalt und Würde des Städtebaus beitrugen. Die Zivilisiertheit erhielt seit
der Mitte des 15. Jahrhunderts ebenso eine strukturelle wie eine politische
und soziale Bedeutung. Die Stadthäuser der Aristokratie, die Mitte des
16. Jahrhunderts angelegte »Neue Straße« mit ihren Patrizierpalästen in

Genua, französische und deutsche Zunfthäuser, die hochaufragenden Handelshäuser aus dem frühen 17. Jahrhundert in Amsterdam: in all diesen Bauten drückte sich ein weltliches Selbstbewußtsein aus, wie sie da zwischen den Glocken- und Burgtürmen des Ersten Standes in die Höhe ragten. Alle trugen zum stolzen Lobpreis auf die Stadt bei. Bis zum frühen 17. Jahrhundert feierte man die kultivierende Rolle der städtischen Architektur in Analogien, die vom Aufbau des Staates bis zu den Komponenten eines Bauwerks reichten.

In Italien ließ sich die Architekturtheorie, wie wir gesehen haben, von der Struktur und den Baustilen des antiken Roms inspirieren, dem Musterbeispiel einer zunächst republikanischen und dann kaiserlichen Kultur. Und das Ansehen eines klassizistischen Stils und der Architekten, die ihn förderten, hing zum Teil damit zusammen, daß man die Gotik mit Barbarei gleichsetzte. Aber im nördlichen Europa der »Goten« selbst assoziierte man das Wort positiv mit heimischer Vitalität und Unabhängigkeit. Immerhin waren es ja auch die »Goten« gewesen, die Rom widerstanden und es am Ende überwunden hatten. Ihre Architektur hatte einen Siegeszug durch Europa angetreten und führte während des ganzen 15. Jahrhunderts noch immer ein Nachhutgefecht in Genua, Mailand und Venedig. Während man also die zentralen Werte der Zivilisiertheit gleichermaßen auch im Norden schätzte, übernahm man italienische Baustile eher zögerlich.

Einen noch größeren Anteil am Ruf der Architektur, im Norden wie im Süden die Kunst zu sein, die der Zivilisiertheit am nächsten stand, hatte die einzige aus der Antike erhaltene Abhandlung, in der jede Kunstform berücksichtigt wurde: *Über die Architektur* von Vitruv, die die Architektur eng mit der Gelehrsamkeit verknüpfte. Im ersten Kapitel des ersten Buches erklärte Vitruv: »Des Architekten Wissen umfaßt mehrfache wissenschaftliche und mannigfaltige elementare Kenntnisse. Seiner Prüfung und Beurteilung unterliegen alle Werke, die von den übrigen Künsten geschaffen werden« – das heißt, sie müssen sich in ihrem Umfeld bewähren. Der Architekt müsse, fuhr er fort, »im schriftlichen Ausdruck gewandt sein, des Zeichenstiftes kundig, in der Geometrie ausgebildet sein, mancherlei geschichtliche Ereignisse kennen, fleißig Philosophen gehört haben, etwas von Musik verstehen, nicht unbewandert in der Heilkunde sein, juristische Entscheidungen kennen, Kenntnisse in der Sternkunde und vom gesetzmäßigen Ablauf der Himmelserscheinungen besitzen«.[107]

In der Praxis nahmen es Architekten damit nicht so genau, so wie sie auch Vitruvs Regeln brachen oder sich daran hielten, ganz wie es ihnen beliebte. Aber sein Einfluß trug dazu bei, daß die Architektur eher zu den freien Künsten als zur Technik gerechnet wurde. Das geht bereits im Jahre 1468 aus einem Vertrag hervor, der Luciano Laurana verpflichtete, am neuen Palast des Herzogs Federigo da Montefeltre mitzuarbeiten:

> Unseres Erachtens müssen die Männer geehrt und gelobt werden, die mit Begabung und Kunstfertigkeit gerüstet sind, und besonders jener Kunstfertigkeit, die sowohl von den Alten als auch den Modernen immer geachtet wurde, wie zum Beispiel die Kunst der Architektur, die auf die Arithmetik und die Geometrie gegründet ist, welche zu den sieben freien Künsten und den Hauptkünsten gehören, denn sie sind gesicherte Errungenschaften ersten Ranges, und eine Kunst, die große Wissenschaft und große Begabung erfordert und von uns sehr geschätzt und gewürdigt wird.[108]

Diese Formulierung war um so eindringlicher, als sich Federigo persönlich sehr für die Konstruktion und Anlage des Bauwerks interessierte. Es ist klar, warum allegorische Personifikationen der Architektur üblicherweise einen Stechzirkel als charakteristisches Attribut in der Hand halten. Ja, eigentlich war die Idee der Architektur lebendiger als das Bild des Architekten. Es gab keine formale Lehre und Ausbildung. Männer, die für ihre Entwürfe berühmt waren – vom Goldschmied Brunelleschi und vom Maler Bramante im 15. Jahrhundert bis zum Kostüm- und Bühnenbildner Inigo Jones im frühen 17. Jahrhundert –, erstellten Pläne für die äußere Gestaltung sowie Grundrisse, die von erfahrenen Baumeistern und ihren Teams interpretiert wurden. Selbst Fürsten konnten sich daran beteiligen: Heinrich VIII. »ersann« Festungen an der Kanalküste und um Boulogne; Giovanni de' Medici, von Haus aus Soldat, legte 1587 einen Entwurf für die unvollendete Fassade des Doms von Florenz vor und trat damit als Konkurrent gegen die Bildhauer Giovanni Bologna und Bernardo Buontalenti an, der über die Miniaturmalerei zur Architektur gekommen und weiterhin bekannt war für seine gelungenen Entwürfe für Maskenzüge und andere Festlichkeiten am Hof der Medici. Palladio war das seltene Beispiel eines Spezialisten, die vor ihm im frühen 16. Jahrhundert tätige Baumeisterfamilie Sangallo das noch seltenere Beispiel eines professionellen Architekturbetriebs für Privatbauten und Bauwerke für militärische Zwecke.
Sir Francis Willoughby beauftragte in den achtziger Jahren des 16. Jahrhunderts Robert Smythson mit dem Bau von Wollaton Hall in Nottinghamshire, weil er einen Landsitz haben wollte, der Anspielungen auf die einst so prestigeträchtige Burg mit einer Anordnung der Räumlichkeiten verband, in der sich die Kultiviertheit des Stadtpalastes widerspiegelte. Aber

außer für die Auftraggeber und andere Menschen, die über entsprechende Ortskenntnisse verfügten, galten Bauwerke nicht so sehr als Produkte genialer einzelner denn als Beispiele für den hervorragendsten materiellen Ausdruck kultivierten Lebens. Nur selten machten sich Reisende in Europa mehr Gedanken über den, der diese Bauwerke entworfen hatte, als einst die Konquistadoren, als sie vor den Bauten der Inkas und Mayas standen. Plätze, Brücken, Markthallen, befestigte Kanalufer und Lagerhäuser, Brunnen – sie alle galten gleichermaßen als Beiträge zum baulichen Abbild der Zivilisiertheit.

Während die Erbauer von Häusern und christlichen Tempeln durch erhaltene Baudenkmäler und den Einfluß von Vitruv auf ihre Werke direkten Kontakt zum antiken Rom hatten und Bildhauer zumindest Beispiele der antiken Plastik vor Augen hatten, die erhalten geblieben waren oder von Bauern und Bauarbeitern freigelegt wurden, konnten die Maler nicht auf Vorbilder der figurativen oder beschreibenden Kunst der Antike zurückgreifen – diese waren damals noch in Pompeji, Herculaneum und Oplontis unter Schlamm, Asche und Lava begraben. Im Jahre 1512 bedauerte es Dürer, daß keine Abhandlung über die Malerei aus der Antike erhalten sei.

> Vor viel hundert Johren sind etlich berühmt Moler gewesen, als mit Namen der Phidias, Praxideles, Abelles, Polteclus, [Polykletus], Parchasias, Lisipus, Protogines und die anderen, unter denen etlich ihr Kunst beschrieben haben, und zumal künstlich angezeigt, klar an Tag bracht. Doch sind dieselben ihre löbliche Bücher uns bisher verborgen und vielleicht gar verloren ... Ich hab oft Schmerzen, daß ich der vorbestimmten Meister Kunstbücher beraubt sein muß.[109]

Die Namen der »vorbestimmten Meister« hatte Dürer, worauf er an anderer Stelle verwies, der ausführlichen Darstellung der Künste im antiken Griechenland und Rom entnommen, die in der von Plinius dem Älteren im ersten Jahrhundert zusammengestellten enzyklopädischen *Historia naturalis (Naturgeschichte)* enthalten war. Die entsprechenden Kapitel gaben nicht nur über das Leben, das Ansehen und die Werke von Malern und Bildhauern Auskunft, sondern auch Anekdoten zum besten, die seit dem 15. Jahrhundert als Grundsätze für ästhetische Regeln interpretiert werden konnten und wurden. Auch Dürer griff darauf zurück, als er erklärte: »Ein schön Bild zu machen kannstu van einem Menschen nit abnehmen ... Dorum so tut not, wiltu ein gut Bild machen, da du van etlichen das Haupt nehmest, van anderen die Brust, Arm, Bein, Händ und Füß, also durch alle Gliedmaß alle Art ersuchest.«[110] Bei Plinius heißt es, daß Zeuxis, als er für

Wollaton Hall, Nottinghamshire, 1588 (City of Nottingham Art Gallery)

einen Tempel in Agrigentum auf Sizilien ein Bild von Helena malen wollte, »er ihre Jungfrauen nackend untersuchte und fünf derselben auswählte, damit er das, was an einer jeden das schönste sei, in dem Gemälde anbringen könnte«.[111]

Plinius hatte auch Pamphilius aufgeführt – »der erste Maler von umfassender wissenschaftlicher Bildung, namentlich in der Arithmetik und Geometrie, ohne welche man es, seiner Ansicht nach, in der Kunst nie weit bringen könne«.[112] Das war natürlich ein willkommener Beweis dafür, daß die Malerei zu den freien Künsten gerechnet werden konnte. Darauf berief sich Alberti in seiner um 1435 entstandenen Schrift *De pictura praestantissima et nunquam satis laudata arte libri tres absolutissmi (Die drei ganz vollständigen Bücher über die Malerei, die sehr vortreffliche und niemals genug gelobte Kunst),* um die Rolle der Mathematik (für die Perspektive – »ohne Perspektive kann nichts gut gemacht werden«, wie es bei Leonardo heißen sollte[113]) und der Rhetorik (für die Auswahl der Themen aus Dichtung und Geschichte sowie für ihre vielfältige und schickliche Verwendung) in der Malerei zu betonen. Von Plinius hatte man auch erfahren, daß in der Antike Werke, die Künstler bei ihrem Tod unvollendet hinterlassen haben, »mehr bewundert werden als ihre fertigen ... Die Ursache hiervon ist, dass man in dergleichen Nachlasse die übrigen (unvollendeten) Theile im Entwurfe und somit die Gedanken des Künstlers selbst sieht.«[114] Und dieser Hinweis darauf, daß der Künstler eine schöpferische Persönlichkeit besaß, die ihn von den mechanischen Fertigkeiten anderer Zunftmitglieder unterschied, tauchte wieder in Dürers Bemerkung über die Fähigkeit des Künstlers auf, »alle Tag viel neuer Gestalt der Menschen und andrer Kreaturen auszugießen und zu machen ..., daß man vor nit gesehen noch ein ander gedacht hätt«[115], sowie in Michelangelos Erklärung, »daß man mit dem Kopf und nicht mit den Händen malt«.[116]

Gleichwohl vertrat Plinius keineswegs die einhellige Meinung der Antike, als er sich in seinem enzyklopädischen Werk den Künsten zuwandte: Einem Werk, das, wie er stolz verkündete, zwanzigtausend Dinge, die der Betrachtung wert seien, einschließlich der Botanik, Zoologie, Landwirtschaft, Mineralogie und Medizin enthalte. Seneca hatte die Malerei als ausgesprochene Nebensache für den ehrenwerten Bürger abgetan. Lukian, ein weiterer antiker Autor von einigem Einfluß im 15. Jahrhundert, hatte spitzfindig bemerkt, daß man zwar die Werke der Bildhauer schätzen könne, aber nicht selbst ein Bildhauer sein möchte. In der Antike gab es ebenso wie in dem Zeitalter, das von ihr großenteils seine Definition von Zivilisiertheit bezog, eine Diskrepanz: Auf der einen Seite achtete man die Künstler und begehrte ihre Werke, auf der andern schätzte man den Status der Künste, die sie ausübten, nur gering ein.

Viele Belege für das Interesse an den Leistungen und der Persönlichkeit der Künstler kommen aus Italien. In dieser Hinsicht taten sich die Italiener, besonders die Florentiner, schon früh hervor. Bereits in den dreißiger Jahren des 14. Jahrhunderts führte der florentinische Chronist Giovanni Villani Maler unter den Berühmtheiten der Stadt auf. Bis zum späten 15. Jahrhundert konnten Auftraggeber mehr oder weniger selbstverständlich Unterschiede zwischen den einzelnen Künstlern feststellen. Um 1490 berichtete ein Agent des Herzogs von Mailand in Florenz über die herausragenden Maler, die bereit seien, Aufträge zu übernehmen: Botticellis Werke wiesen eine »sehr gute Ordnung und Ausgeglichenheit« auf; Filippino Lippi könne nicht so viel wie sein Vater Filippo; Peruginos Malweise sei »sehr sanft«; Domenico Ghirlandaio sei gleichermaßen gut als Maler von Tafelbildern wie von Fresken, »liefert sehr pünktlich und malt viele Werke«.[117] Bis zu den dreißiger Jahren des 16. Jahrhunderts ging diese Kennerschaft noch über die Erörterung unterschiedlicher Stile, technischer Fertigkeiten und der Einhaltung von Lieferfristen hinaus. Der Marchese Federico Gonzaga von Mantua wies seinen Agenten in Rom an, von Michelangelo alles zu erbitten, was er zu geben bereit sei: »Und sollte er vielleicht fragen, was dargestellt sein soll, so sagen Sie ihm, daß wir nach nichts anderem Sehnsucht und Verlangen haben als nach irgendeinem Werke seines Genies.«[118] Und nun ließ man sich auch genauer darüber aus, wie sehr man das schätzte, was man erworben hatte. »Obgleich ich arm bin«, schrieb Sabba di Castiglione 1549 in seinen Memoiren, »schmücke ich doch mein kleines Studierzimmer mit einer Büste von dem vierzehnjährigen Johannes dem Täufer, einer Vollplastik aus Carrara-Marmor von Donatello, die wunderschön ist. Sie allein würde ihn, gäbe es kein anderes Werk mehr von ihm, in den Augen der Welt unsterblich machen.«[119] Um die Mitte des 16. Jahrhunderts konnten so hochbegabte und von einflußreichen Auftraggebern geförderte Künstler wie Cellini Gewaltverbrechen praktisch ungestraft begehen oder gar, wie im Falle des Bildhauers Leone Leoni, als Mörder ungeschoren davonkommen. Und Vasaris *Lebensläufe,* die zuerst 1550 und in einer erweiterten Fassung 1568 erschienen, lieferten nicht nur erstmals eine Fülle von Informationen über das Leben von Künstlern und über ihre Werke, sondern waren auch die erste methodische Darstellung, wie diese »Maler, Bildhauer und Baumeister« die Künste vor der Barbarei bewahrt hätten und wie es ihnen gelungen sei, den Leistungen ihrer klassischen Ahnen erst nachzueifern und sie dann zu übertreffen.

Dieses Ansehen genossen einzelne Künstler unabhängig davon auch im Norden. Jan van Eyck war nicht nur bei wohlhabenden burgundischen Auftraggebern ein begehrter Maler, sondern wurde in den zwanziger Jahren des 15. Jahrhunderts auch von Herzog Philipp dem Guten mit diplomatischen Missionen in Portugal und Spanien betraut. Der Ruhm, den sich seine niederländischen Nachfolger Rogier van der Weyden und Hans Memling in ihrer Heimat erworben hatten, brachte Italiener dazu, bei ihnen Werke in Auftrag zu geben – bevor Memling 1494 starb, war er ein Mann von beachtlichem Reichtum geworden. Zwei Jahrzehnte später heiratete Lucas van Leyden eine Tochter aus vornehmer Familie und »verlor dabei zu seinem Leidwesen viel Zeit mit Tafeln und Lustigsein«, wie sein Biograph beklagte.[120] Als ein Italiener, der in Tours lebte, im Jahre 1477 in der Kirche Notre-Dame »Darstellungen der Heiligen aus älterer Zeit mit solchen aus neuerer« verglich, ging ihm auf, »wie sehr doch Jean Fouquet die Maler aller anderen Jahrhunderte in seiner Kunst übertrifft«.[121] 1511 wurde Jean Perréal in einem Vertrag als »Maler und Privatsekretär unseres Herrn und Königs« (Ludwig XII.) bezeichnet.[122] Michel Sittow, ein in den Niederlanden ausgebildeter Este, wurde von Königin Isabella in Spanien als Hofmaler beschäftigt, und zwar zu einem Gehalt, das nur noch von vier anderen Höflingen übertroffen wurde.

In Deutschland wurde Martin Schongauer schon zu Lebzeiten als großartigster Maler gerühmt. Dürer erhob sich über den bescheidenen Handwerkerstatus seiner Eltern und seiner verdrießlichen Frau und erlangte die Freundschaft und Bewunderung von aristokratischen Intellektuellen wie Pirckheimer. Als Peter Vischer und seine Söhne das elegante gotische Sebaldusgrab 1519 vollendeten, schrieb der neulateinische Dichter Eobanus Helius Hessus, daß »nicht einmal die Muse imstande wäre, eine solche Arbeit zu leisten oder diesem unsterblichen Werk Gerechtigkeit widerfahren zu lassen, das weder Praxiteles noch Myron, Polyklet, Chares oder Scopas nachbilden könnten. Auch wenn sich diese Meister so rühmlich hervorgetan haben ..., wird doch ein größerer Glanz auf unsere Zeit fallen.«[123] 1538 erklärte sich der Stadtrat von Basel damit einverstanden, der Witwe von Holbein auch weiterhin einen Großteil des Gehaltes zu zahlen, das der Künstler während seines langen Aufenthalts am Hofe Heinrichs VIII. erhalten hatte, »da er berühmter ist als andere Maler aufgrund des Reichtums seiner Kunst«.[124] Um 1600 schrieb Nicholas Hilliard, er bedaure es, daß England noch keinen Dürer oder Holbein, Raffael oder Rosso habe, doch er habe gehört, daß Inseln zwar »selten irgendeinen kunstfertigen Mann hervorbrächten, aber wenn es ihnen gelinge, dann in höchster Vollkommenheit; und daher hoffe ich, ein solcher möge diesem unserem Land erstehen, damit dies die bedeutendste und berühmteste Insel von Europa sei«.[125]

Jedenfalls fand sich kein Engländer in der beachtlichen Liste, die der Portugiese Francisco de Holanda (der diesen Namen der Heimat seines Vaters verdankte) 1548 von »den berühmten Männern, die sich zu unserer Zeit in Europa in Malerei, Bildhauerei und Architektur hervortun«, zusammengestellt hatte.[126] Sie beginnt mit einundzwanzig Malern, den »Adlern« der Kunst, dann werden Illustratoren, Bildhauer, Architekten, Kupferstecher und Medailleure aufgeführt. Insgesamt werden fünfundfünfzig Künstler namentlich genannt: zehn Spanier (oder mit Spanien in Verbindung gebrachte Namen), drei Portugiesen, drei Niederländer, ein Franzose und ein Deutscher; der Rest besteht aus Italienern, allen voran die vier größten »Adler« – Michelangelo, Leonardo, Raffael und Tizian. Vor dem Hintergrund der bisherigen Ausführungen könnte Francisco de Holandas Überblick den Eindruck vermitteln, daß die Künste schließlich einen festen Platz hatten in den Ansichten der Gebildeten über das, was das Wesen der Kultur ausmache.

Wenn man an all diese Belege ebenso wie an die Vermittlung der Werke gesuchter Künstler in ganz Europa denkt, dann kann es in der Tat nicht weiter überraschen, daß die erste offizielle Kunstakadamie, die Accademia delle Arti del Disegno, die 1563 in Florenz errichtet wurde, unter der Schirmherrschaft von Herzog Cosimo I. stand. Zu ihren Gründungsmitgliedern gehörten Vasari, der Hofmaler Agnolo Bronzino und der Bildhauer Bartolomeo Ammanati; im darauffolgenden Jahr veranstalteten die Akademiemitglieder eine Trauerfeier für Michelangelo, die ebensosehr eine Hommage für die Künste selbst wie für den Künstler war. Denn Michelangelo hatte es seit seiner Kindheit zur Malerei hingezogen, gegen den Willen seiner vornehmen Familie, denen es lieber gewesen wäre, wenn er studiert und eine angesehene Laufbahn eingeschlagen hätte. Aber seine Leidenschaft war so groß, daß er, wie sein Schüler und Biograph Ascanio Condivi schrieb, »dass er die Wissenschaften vollständig aufgab. Darüber wurde er vom Vater und den Brüdern des Vaters, die gegen eine solche Profession einen Hass hatten, übel angesehen und gar oft ausnehmend geschlagen, da es ihnen, aus Unkenntnis der Hoheit und des Adels der Kunst, eine Schande schien, sie in ihrem Haus zu haben.«[127]

Ungefähr um die gleiche Zeit – im Jahre 1561 – rühmten Betrachter die amateurhaften Malkünste von Elisabeth, der französischen Frau Philipps II., während professionelle spanische Künstler Werke für Auftraggeber schufen, die ihren Status mit dem von Tischlern und Maurern gleichsetzten. Selbst als Raffael von römischen Kardinälen als gesellschaftlich ebenbürtig behandelt wurde und Tizian stolz war auf das Adelsprivileg, das ihm von Karl V. verliehen wurde, haftete den Malern – abgesehen von Künstlern mit einer ungewöhnlichen Begabung, die gerade modern war, persönlichem Charme oder (wie im Falle von Perréal) einer nützlichen »Verwendung« außerhalb ihres Berufs – auch weiterhin der Makel einer handwerklichen Tätigkeit an: die fleißige Lehre, die mit der Zubereitung von Farben und dem Zurechtschneiden von Leinwänden verbracht wurde, die Handarbeit mit Pinsel und Meißel. Selbst in Italien sah sich Lodovico Dolce, in seinem *Dialogo della pittura intitolato l'Aretino (Aretino oder Dialog über die Malerei)* von 1557, genötigt, für die Malerei eine Lanze zu brechen: »Nun stand gerade die Malerei zu jeder Zeit bei Königen, Kaisern und Gelehrten in hohem Ansehen; sie ist also von sehr edler Art.«[128]

Viele Künstler, vermutlich die Mehrheit, machten sich wenig daraus, daß ihre Arbeiten mit den mechanischen Handwerkskünsten auf eine Stufe gestellt wurden. Die meisten Käufer achteten auf Kunstfertigkeit, ohne sich über das Wesen des Genies Gedanken zu machen, und die Mitgliedschaft in einer Zunft war gleichbedeutend mit Qualitätsarbeit, ganz gleich, ob es sich dabei um Originalwerke, Kopien der Meisterwerke anderer Maler oder um raffinierte Fälschungen handelte, wie die künstlich gealterten und falsch signierten Bosch-Fälschungen, die gewissermaßen seinem Ruf Tri-

Raffael, Porträt von Baldassare Castiglione, 1516 (Musée du Louvre, Paris)

but zollten. Die Lehrlinge und die Werkstätten wurden in angemessener Weise damit fertig, wenn sich die Absichten eines Künstlers radikal veränderten. Jedenfalls nahmen Käufer im allgemeinen das, was sie von den von ihnen geachteten Künstlern geliefert bekamen. Gerade diese Großzügigkeit ermöglichte das außerordentliche experimentelle Spektrum, das für die Epoche insgesamt so charakteristisch war: Künstler genossen die Freiheit, auf die Werke anderer zu reagieren und sich gegen die Tradition zu stellen oder sie zu modifizieren. Und die wenigen, die an einem gewissen Status ihrer Tätigkeit ebenso wie am Erfolg ihrer Werke interessiert waren, erhoben den Anspruch, daß Malerei und Bildhauerei geistig durchaus mit den freien Künsten mithalten könnten. Vasari und seine Kollegen nötigten Cosimo die Idee einer Akademie förmlich auf, und sie plädierten dafür, die Beerdigungsfeier für Michelangelo abzuhalten. Und Vasari stellte auch die Künstler seiner Zeit denen des 15. Jahrhunderts gegenüber, die bereit gewesen seien, Banner zu malen oder Möbel zu verzieren, und zwar »ohne sich dessen zu schämen, wie dies heute der Fall sei«.[129]

In Büchern, die sich mit der geistigen Bildung des kultivierten Mannes befaßten, dürfte man durchaus auch die Künste geschätzt haben; gelegentlich war dies mit der Empfehlung verbunden, zeichnen zu lernen. Castiglione, dessen Freundschaft zu Raffael wir sein einfühlsames Porträt verdanken, erklärte, daß »der Besitz der Kenntnis von Malerei Ursache eines sehr großen Vergnügens ist«.[130] Aber er meinte denn doch, die nützliche Seite dieser Kenntnis betonen zu müssen: daß sich damit die Künste und Kunstgegenstände – Vasen, Kameen, Schnitzereien – der Antike beurteilen und Karten skizzieren ließen, wenn man einen Feldzug plane. Schon eher vertrat Thomas Elyot die allgemeine Meinung, als er in seinem 1531 erschienen *Buch vom Führer* den Rat gab: »Ist das Kind von Natur, wie das oft vorgekommen ist, geneigt, mit einer Feder zu zeichnen oder Bildwerke aus Stein oder Holz zu formen, dann darf man es davon nicht zurückhalten oder die Natur schelten, die es begnadet. Man sollte ihm vielmehr jemand beigesellen, der in der Kunst, an der es Freude hat, überaus tüchtig ist. Und in den Pausen anderen, ernsthafteren Studiums sollte es im Malen und Bildhauern auf kunstgerechteste Weise unterrichtet werden.«[131]

Es liegt rückblickend eine gewisse Ironie des Schicksals in der Tatsache, daß Malerei und Bildhauerei nicht als »ernsthafte« Tätigkeiten angesehen wurden – in einer Zeit, als die Künste in Europa ein noch nie dagewesenes Maß an Erfindungskraft und Leistungsfähigkeit demonstrierten; als Porträts der heiligen Jungfrau angebetet wurden, weil man glaubte, sie seien von Lukas selbst gemalt worden; als – laut Vasari – ein Papst, Julius II., einen Bischof schlagen konnte, weil dieser groberweise von Michelangelo gesagt hatte: »Solche Leute wären unwissend und außer ihrer Kunst zu nichts zu brauchen«[132]; als es praktisch zur Allgemeinbildung gehörte zu wissen, daß Alexander der Große den Maler Apelles so bewundert hatte, daß er ihm zum Dank seine Lieblingskonkubine überließ; als Staatsoberhäupter anfingen, Kunstsammlungen anzulegen, und dabei miteinander wetteiferten. Und in gewisser Weise spiegelt diese Diskrepanz eigentlich das Fehlen eines Ordnungskonzepts wider, nach dem man die schönen Künste eindeutig zu den Kriterien von Kultiviertheit hätte zählen können.

Im Unterschied zur Musik, die nicht nur allgemein beliebt, sondern auch dadurch legitimiert war, daß sie im Mittelalter zu den freien Künsten zählte, und anders als bei der Dichtkunst, die unter den klassischen Musen reichlich repräsentiert war, gab es für Malerei und Bildhauerei keine begriffliche Nische. Der Malerei, schrieb Leonardo da Vinci, fehle es daher an »Fürsprechern«. In seinen Notizbüchern stellte er wiederholt die Vorrangstellung der Dichtkunst in Frage. »Die Malerei dient einem edleren Gefühl als die Dichtkunst, und sie stellt die Werke der Natur mit größerer Wahrheit dar als der Dichter ... Es ist ein edlerer Beruf, die Gegenstände der Natur nachzuahmen, als mit Worten die Handlungen und Reden der Menschen nachzuäffen.«[133] Aber als sich die Gelegenheit ergab, erneut den kulturellen Beschäftigungen nachzugehen, nachdem sich die Luken der Kultiviertheit wieder öffneten, die zuvor gegen die Barbarei des Krieges dichtgemacht worden waren, begnügten sich die Künste damit, Feste und Feiern künstlerisch zu gestalten, statt selbst gefeiert zu werden. Als die Bewohner von Lyon 1559 ein Fest anläßlich des Friedens von Cateau-Cambrésis veranstalteten, war eines der Versatzstücke eine fast zehn Meter

Lucas de Heere, *Die freien Künste im Krieg* (Pinacoteca, Turin)

hohe Figur von Mars, die angezündet wurde. Als sie zusammenstürzte, tauchte daraus ein Tableau von Minerva und den Musen auf, womit man »demonstrieren wollte«, wie ein Beobachter schrieb, »daß der Tod des Mars die Wiederauferstehung und das Leben der Minerva bedeutet, der Göttin der Weisheit und der freien Künste«.[134]

Allerdings hat es den Anschein, daß es bis zur Jahrhundertwende – ungeachtet der von Thevet und von anderen kultivierten Prioritäten – endlich so etwas wie eine Nische für die bildenden Künste nördlich der Alpen gab. Aber auch sie war Werken vorbehalten, die den Beifall eines Herrschers fanden, der sich nur dazu herbeiließ, das Ansehen der Künstler zu mehren, die seine unersättlichen Interessen als Auftraggeber und Sammler befriedigten. Auf einem Bronzerelief von Adrien de Vries thront Kaiser Rudolf II. im Zentrum der Komposition triumphal auf seinem Pferd. Im Hintergrund schwingt der letzte Barbar seine Keule. Unter den Hufen von Rudolfs Hengst windet sich die geschlagene Bellona, die Göttin des Krieges, in Schmach und Schande, während sich die Göttin des Ruhms anschickt, ihre Fanfare zu heben, um dem Eroberer zu huldigen. Die Siegespalme in der Linken, neigt sich der Kaiser den geschmeidigen nackten Damen zu, die die Kultur des Friedens darstellen, um ihnen neuen Mut zuzusprechen. Auch die Musik und die Dichtkunst sind vertreten, letztere mit einem Buch, das Wissen im allgemeinen symbolisierend, und einem Kind, das sich an sie klammert, um zu zeigen, daß die Bildung erneut in Frieden beginnen kann. Aber sie werden nach links abgedrängt. Unmittelbar neben dem Kaiser und als einzige Figur frontal dargestellt, befindet sich die Architektur mit Zeichendreieck und Stechzirkel, aber unübersehbar Hand in Hand mit Frauen, die eine Palette und Pinsel, einen Meißel und eine Statuette halten. Und auf einem anderen Werk für Rudolf, einem Gemälde von Hans von Aachen, hält eine verführerisch sich räkelnde Friedensgöttin einen Olivenzweig über den Kriegstrophäen hoch, während ihr Ceres, die Göttin des Wachstums, Nahrung bietet und sie von einem Jüngling umarmt wird, der (mit bemerkenswerter Gelassenheit) mit einer Hand ein Astrolabium umklammert, durch das ein Schwert als Symbol der durch Waffengewalt geschützten universalen Eintracht fährt, und mit der anderen emblematische Zutaten , die auf die schönen Künste verweisen: Palette und Statuette.[135]

Aber dies waren späte und exzentrische Beispiele eines verstärkten Eintretens für die Künste. Im allgemeinen jedoch galten sie in ganz Europa noch immer als Dekor für die zentralen politischen, religiösen und wirtschaftlichen Anliegen der Zivilisation. Außergewöhnlich war die Aufmerksamkeit, die man ihnen in Italien seit Villani widmete. Die Kunstschaffen-

Rudolf II. als Beschützer der Künste im Frieden, Bronzerelief von Adrien de Vries, 1610
(HM The Queen, Windsor Castle)

den, die in den Hauptstädten von Kleinstaaten arbeiteten, hatten vertrau-
lichen Umgang mit reichen und angesehenen Männern. Das besonders
intensive Verhältnis zwischen den Italienern und den Meisterleistungen
des antiken Roms förderte die Achtung für jene, die erfolgreich den Künstlern der Antike nacheiferten. Unter den europäischen Auftraggebern und
Mäzenen bewiesen vor allem Italiener, daß sie am besten zu unterscheiden
wußten zwischen großen Künstlern und geschickten Routiniers. Im Laufe
des 16. Jahrhunderts interessierte man sich in Italien auch für die unterschiedlichen Vorzüge von Malerei und Bildhauerei sowie für die miteinander konkurrierenden Wirkungen von Dichtkunst und Malerei, und aufgrund solcher Fragen gelangte das Wesen der Kunst als solcher ins
Repertoire der Themen, über die die Denker miteinander diskutierten.
Doch selbst in Italien konnte ein Paruta die Künste als Nebensache abtun,
als er über die Werte nachdachte, die die Zivilisation geschaffen hatten und
bewahrten. Unverzichtbar war die Gelehrsamkeit: Der Geschichte verdankte man Unterweisung und Führung; der Dichtung und der Redekunst
die Darstellung der höchsten Form des Wohlverhaltens und den Anreiz, ihr
nachzueifern (häufig wurde darauf hingewiesen, daß Offiziere redege-

wandt sein sollten, um die Moral ihrer Truppen zu festigen); Philosophie und Theologie sollten die Furcht vor einem Neuanfang unterdrücken. Zweifellos war die Begeisterung echt, die einige Menschen empfanden, die Kunstwerke als eine Quelle persönlichen Vergnügens erwarben; auf der anderen Seite aber herrschte auch ein ungebrochener Glaube an ihre Nützlichkeit, wenn es darum ging, Prestige zu gewinnen, der politischen Propaganda zu dienen und den religiösen Glauben zu festigen. Nichtsdestoweniger galten sie angesichts der Bedrohungen der Zivilisation, denen wir uns noch zuwenden müssen, als ebenso wunderbar und nützlich wie überflüssig. Wie die Figuren eines Wetterhäuschens konnten sie herauskommen, wenn die Sonne des heiteren Friedens schien, und wieder darin verschwinden, wenn sich das politische oder soziale Klima verfinsterte. So sehr wir sie heute in Ehren halten – damals galten die Künste nicht als Teil des geistigen Rüstzeugs, das die zivilisierte Menschheit vor der Barbarei bewahrte.

Der Rückzug nach Utopia

Für die Utopisten, die mit ihren Entwürfen einer idealen Gesellschaft hausieren gingen, war die Zivilisation auf dem Weg, korrumpiert zu werden. Die Billigung des Strebens nach Gewinn schuf neue Spaltungen und Ressentiments innerhalb der Gesellschaft. Die um sich greifenden Verlockungen der Künste zehrten nicht nur an der Charakterstärke des Menschen, sondern entmenschlichten ihn geradezu – dieser Ansicht war zumindest Calvin, selbst ein christlicher Utopist: »Viele ergötzen sich so sehr an Marmor, Gold und Bildern, daß sie selbst zu Marmor werden, sich gleichsam in Metalle verwandeln und wie gemalte Figuren sind.«[136] Aber diejenigen, die eine Flucht aus den beengenden Normen der Zivilisation empfahlen und die Leichtigkeit und ehrliche Spontaneität von Männern und Frauen im Zustand der Primitivität priesen, irrten sich. Was den Utopisten zufolge not tat, war ein Überdenken der Normen der Zivilisation auf der Basis einer eisernen Disziplin.

Damit reagierten sie nur auf die zahlreichen Stimmen, die Kritik an den zeitgenössischen *mores* übten. »Das Geld ist König bei uns«, beklagte sich Willibald Pirckheimer gegenüber einem Freund über die Verhältnisse in Nürnberg.[137] Doch aus Wien bekam er nur zu hören, daß es überall so wäre. 1574 machte Bodin den extravaganten Lebensstil der Reichen für den Anstieg der allgemeinen Lebenshaltungskosten in Frankreich verantwortlich. Im Zeichen des Merkur grassierte die Bestechlichkeit so sehr, daß im Rathaus von Genf ein Fresko, das etwa aus der gleichen Zeit stammte, eine Bank mit Richtern zeigte, denen die Hände abgehackt waren zum Zeichen dafür, daß die Gerechtigkeit sich nicht bestechen lassen solle. 1527 äußerte sich Jean Bouchet mißbilligend über Gärten und Häuser, die der »Schamlosigkeit und Sinnlichkeit« frönten – hier seien eher »geile und lüsterne als kampfesmutige und anständige Männer zu Hause«.[138] Die Art und Weise, wie Niccolò Zen 1539 das schlechte Verhalten beschrieb, das Venedig im letzten Krieg gegenüber den Türken an den Tag gelegt habe, erinnerte an Tacitus' Beschreibung dessen, was die Zivilisation den Bewohnern Britanniens angetan hatte. Dieses einstmals so tapfere Volk, klagte er, denke »zwei, drei Generationen später … nur an Müßiggang und Vergnügen, und dann schätzt es Architekten, Lieder, Musik, Spieler, Paläste und Kleider … Elend ist diese Stadt, dieser Herrscher, der solche Zerstreuungen liebt, denn er wird von üblen und schändlichen Leuten unterjocht werden.«[139] Diese und andere Klagen wurden 1550 in einem holländischen Stich versinnbildlicht: Er zeigt einen jungen Mann, der den ehrenwerten Bürger verkörpert und hilflos gefesselt zusehen muß, wie ein Dämon auf die Nachbildung eines menschlichen Herzens das Wappen des Teufels malt – eine Krone und ein Diadem, eine nackte Frau und einen Sack Geld.

Thomas Mores *Utopia* erschien 1516. Die darin dargestellte ideale fromme, rational geordnete und stabile Gesellschaft war nicht als Ziel, sondern als Mahnung gedacht. Das von den Utopiern vertretene Prinzip der Gleichheit aller, ihre Ächtung des Geldes, ihre Verachtung für überflüssige Luxusgüter (aus Gold durften nur Nachttöpfe sein), ihre Toleranz gegenüber abweichenden ernsten Glaubensformen: diese Grundzüge sollten den Leser hauptsächlich dazu bewegen, die Werte seiner eigenen Welt noch einmal zu überdenken, aber sie nicht im Sinne Utopias umzuformen. Das Buch war freilich nicht frei von einer unverkennbaren Neigung zu einer rigide intellektuellen gesellschaftlichen Planung um ihrer selbst willen, und More fand ganz offensichtlich Gefallen an seinen genialen Einfällen – das heißt, denen der Utopier: »Geflügel ziehen sie in unendlicher Menge auf, und zwar mit Hilfe einer erstaunlichen Einrichtung: Die Hennen brüten nämlich die Eier nicht selbst aus, sondern man setzt eine große Anzahl von Eiern einer gleichmäßigen Wärme aus, erweckt so das Leben und zieht die Kücken auf. Sobald diese aus der Schale geschlüpft sind, laufen sie hinter den Menschen her wie hinter der Glucke und sehen sie als diese an.«[140] Einige von Mores radikalen Manipulationen wurden von jenen übernommen, ja eigentlich übertrieben, die wie er die zeitgenössische Gesellschaft moralisierend in Frage stellten. Denn sobald diese neue

methodische Beschäftigung mit dem Wesen der Gesellschaft Anerkennung
gefunden hatte und der Begriff der Zivilisation isoliert betrachtet und
erforscht wurde, gerierten sich eine Reihe von Schriftstellern als Diät-
apostel, die dem Staatswesen eine weniger selbstgenügsame Kur und eine
Beschneidung der Luxusgüter und Privilegien vorschrieben, um es bei
guter Gesundheit zu halten. Die Darstellung eines idealen Gemeinwesens
wurde zu einem üppig gedeihenden Genre – über Francesco Patrizis *La
città felice (Der Glücksstaat)* von 1553, ein Werk, das der Autor schon mit
zweiundzwanzig Jahren geschrieben hatte und das zeigt, wie weit utopische Spekulationen bereits gingen, bis zu Tommaso Campanellas *La città
del sole (Der Sonnenstaat,* entstanden 1602, erschienen 1623) und Bacons
1627 veröffentlichtem Fragment *Nova Atlantis (Neu-Atlantis)*. Sie alle er-
hellten die auf Selbsterhaltung zielenden Normen der Zivilisation, indem
sie diese Normen als notwendige Mittel zur Disziplinierung des Indivi-
duums und der Gemeinschaft schilderten.

Utopische Schriftsteller leiteten ihre Prinzipien aus dem komplexen Leben
der Großstädte ab, selbst wenn sie – wie More und Bacon – isolierte Inseln
darstellten. Alle suchten das komplizierte soziale und ökonomische Gefüge
zu vereinfachen, das die Bürger den Rechtsanwälten auf Gedeih und
Verderb ausliefere, die, wie More es formulierte, »ihre Prozesse auf durch-
triebene Weise führen und die Gesetze spitzfindig auslegen«.[141] Seine
Utopier verbannten sie. Das von Mambrino Roseo ins Toskanische übersetzte Buch *Institutione del Prencipe Christiano (Die Erziehung des christlichen Herrschers)* des Spaniers Antonio de Guevara enthielt die Beschreibung eines idealen Gemeinwesens namens Garamantia, auf das angeblich
Alexander der Große im Laufe seines Feldzugs nach Indien gestoßen sei.
Die Garamantier hätten nur sieben Gesetze gehabt – Gesetze, die zeigen,
zu welchem unmenschlichen Ordnungswahn der Utopismus neigte. Das
erste Gesetz schrieb vor, daß die anderen Gesetze nie verändert werden
sollten; nach dem zweiten sollten nur zwei Götter verehrt werden: der Herr
des Lebens und der Herr des Todes; nach dem dritten sollten alle Menschen
gleich angezogen sein, damit weder Neid noch Putzsucht aufkämen; dem
vierten Gesetz zufolge sollte jede Frau, die mehr als drei Kinder gebar,
umgebracht werden; nach dem fünften sollte jeder, der bei einer Lüge
ertappt wurde, hingerichtet werden; nach dem sechsten sollte jede Erb-
schaft gleichmäßig aufgeteilt werden; das siebte Gesetz schließlich sah vor,
daß kein Mann länger als fünfzig und keine Frau länger als vierzig Jahre
leben sollte. Guevaras Buch erschien im Jahre 1543, aber die drakonischen
Lösungen für aktuelle europäische Probleme wie den Religionsstreit, den
Sozialneid, angefochtene Testamente und die Überbevölkerung waren

bereits in Europa bekannt gemacht worden, nämlich in seinem viel weiter verbreiteten und übersetzten Werk, dem 1529 erschienenen *Libro aureo de Marco Aurelio emperador*, auch *Relox de príncipes* genannt *(Goldenes Buch des Kaisers Mark Aurel*, auch: *Fürstenuhr)*, das 1572 auf Deutsch erschien.

Für die meisten Autoren war das Vorbild für die Regierungsform eines idealen Stadtstaates nicht so sehr Platons *Politeia (Das Staatswesen)*, obwohl Mores *Utopia* sicher auch davon angeregt worden war, sondern das Kloster. Die Utopisten reagierten auf das zeitgenössische Wetteifern an protziger Zurschaustellung wie auf die Komplikationen von Luxusgesetzen und sahen im uniformen klösterlichen Habitus einen Vorzug – von Mores Idee: »die Kleider haben über die ganze Insel hin denselben Schnitt« bis zu Campanellas Beharren auf schlichter overallartiger Kleidung.[142] Auch der klösterliche Tagesablauf wurde in säkularisierter Form übernommen, so daß jedermann in Utopia zur selben Zeit das gleiche tat und man wußte, daß er dies tat. Mahlzeiten wurden gemeinsam zu festgelegten Zeiten eingenommen, um sicherzustellen, daß auch wirklich alle das gleiche konsumierten, und es den Behörden zu ermöglichen, die Nachfrage nach Lebensmitteln dem Angebot anzupassen, worauf Lodovico Agostini in seinem zwischen 1575 und 1580 entstandenen Werk *La repubblica immaginaria (Die imaginäre Republik)* besonderen Wert legte. Im Interesse der Aufrechterhaltung von Gesetz und Ordnung verbot Agostini seinen Bürgern auch, während der gemeinschaftlichen Mahlzeiten oder nach Einbruch der Dunkelheit in den Straßen herumzulungern oder sich auf der Piazza zu versammeln.

Klösterlich war auch das von allen Autoren betonte Mißtrauen gegenüber dem persönlichen Eigentum. Die Bewohner des Sonnenstaates, schrieb Campanella, behaupten, »daß die harte Armut die Menschen feil, hinterlistig, verschlagen, diebisch, hinterhältig, landflüchtig, lügnerisch, meineidig usw. mache, der Reichtum aber unmäßig, hochmütig, unwissend, verräterisch, grundlos eingebildet, prahlerisch, gefühllos, streitsüchtig usw. Die echte Gemeinschaft aber mache alle zugleich reich und arm: reich, weil sie alles haben, arm, weil sie nichts besitzen; und dabei dienen sie nicht den Dingen, sondern die Dinge dienen ihnen. Deshalb loben sie auch die christlichen Mönche, besonders aber das Leben der Apostel.«[143] Ob die empfohlene Gesellschaftsordnung nun offen »kommunistisch« war oder eine Klasse von Sklaven oder Leibeigenen für die Landarbeit und die untergeordneten Tätigkeiten in der Stadt zuließ oder auch zwischen einer herrschenden Klasse von Bürgern und einer zu Gehorsam verpflichteten Klasse von Nichtbürgern unterschied – gemeinsam war diesen Utopien jedenfalls, daß sie extreme Armut und extremen Reichtum unbedingt vermeiden wollten, da beide die zivilisierte Ordnung am meisten bedrohten. Lodovico Zuccolo, der seinen heimatlichen Zwergstaat San Marino in utopischen Begriffen rühmte, führte dessen friedlichen Zustand auf »ein gewisses wirtschaftliches Mittelmaß unter den Bürgern« zurück.[144] Wenn man einmal von Mores Verbot des Geldes und vom Vorschlag einer Luxussteuer im utopischen Essay in Robert Burtons *The Anatomy of Melancholy (Die Anatomie der Melancholie)* von 1621 absieht, geht keiner der Autoren darauf ein, wie dieser Glückszustand herbeigeführt werden sollte. Allerdings befaßten sich Utopien generell nicht mit dem Übergang von realen, historisch bedingten Gemeinwesen zu ihren idealen Entwürfen.

Ein erstaunliches Beispiel dafür, wie rasch man von einem Problem auf seine Lösung kam, ist das Allheilmittel, das gegen die Sünden, Verbrechen und das Unglück empfohlen wurde, die aus ehelichen Gewohnheiten und sexueller Begierde entstanden. More, der in dieser Hinsicht unverhohlen mit seinen hochgeistigen Utopiern sympathisierte, definierte die Sexualität damit, »daß ein deutliches Wohlgefühl die Sinne erfüllt«[145], erkannte aber durchaus, welche berückende Macht der außerehelichen Leidenschaft innewohnte: »Diese Verfehlung bestrafen sie deshalb so streng, weil sie voraussehen, daß sich selten zwei Menschen in ehelicher Liebe verbinden würden, in der man sein ganzes Leben mit einem Partner verbringen und obendrein die mit dem Ehestand verbundenen Beschwerlichkeiten ertragen muß, wenn man dem freien Zusammenleben nicht sorgsam wehrte.«[146] Damit Ehekandidaten auch körperlich zueinander paßten, durften sie – natürlich unter entsprechender Aufsicht – einander nackt sehen, bevor sie ihre Wahl bekräftigten – denn warum sollte die Aufzucht von Menschen weniger wichtig genommen werden als die von Pferden? Bacons Gewährsmann hinsichtlich der Sitten und Gebräuche von Atlantis bemerkte, sie würden Freunden erlauben, über das Paar Bericht zu erstatten, nachdem sie es dabei beobachtet hatten, wie es nackt in den »Teichen Adam und Evas« badete, die es in jeder Stadt gebe; denn es sei von großer Bedeutung, befriedigende und eugenisch vernünftige Eheverhältnisse in einer Gesellschaft zu haben, in der es »keinerlei Freudenhäuser, keine Bordelle, keine bezahlten Buhlerinnen« und keine Möglichkeit für die Ersatzbefriedigungen männlicher Liebe gebe.[147] In der Sorge der Utopisten um vernünftige Ehen und gesunde Kinder, die dem Staat nicht zur Last fallen würden, spiegelte sich das Wissen um die Untreue und die Lage der Findelkinder und Krüppel in der realen Welt wider. Zugleich legitimierte das Interesse am optimalen Alter wie den optimalen Zeiten und Methoden (langsam, um den Samenausstoß zu erhöhen) für den Beischlaf ein grausames Herumschnüffeln im Privatleben, das gar nicht so weit entfernt war von einer Sanktionierung der Euthanasie, im Namen der Erlösung von Schmerzen wie der Säuberung des Staates von nutzlosen Mündern.

Den rücksichtslosen Planungseifer der Utopisten nahm Antonio Francesco Doni 1552/53 in seinem Werk *I mondi (Die Welten)* mit der Beschreibung des idealen Gemeinwesens ironisch aufs Korn. Innerhalb der vollkommenen Symmetrie seiner kreisförmigen Stadt, mit ihren Hunderten von Straßen, die von einer Piazza im Zentrum ausstrahlen, war jede Straße einem einzelnen Handwerk und jedes Segment Land jenseits der Mauern dem Anbau einer einzelnen Feldfrucht vorbehalten. Jedes warme Essen mußte aus Gemeinschaftsküchen geholt werden. Alle Bürger waren gleich reich und lebten in gleichförmigen Häusern, die identisch und einfach eingerichtet waren. Alle trugen die gleiche Kleidung, die sich nur farblich nach dem jeweiligen Alter des Trägers unterschied. Doni löste das Eheproblem, indem er die Ehe abschaffte, und das Problem der Promiskuität, indem er diese erlaubte. Kamen Kinder zur Welt, wurden sie ertränkt, wenn sie krank oder behindert waren, und wenn sie gesund waren, wurden sie nach der Entwöhnung vom Staat aufgezogen. »O glückliches Land«, rief die Figur in Donis Dialog aus, der man diese Lösung erläutert hatte, »das die Trauer über den Tod einer Gattin, von Vätern, Müttern, Kindern und Verwandten abschafft – dort gibt es nie einen Grund zum Weinen.«[148]

So ironisch-satirisch Utopien auch sein mochten, wie bewußt auch immer Utopisten von ihren Vorgängern profitierten oder mutwillig ihre strengen Maßnahmen noch höher schraubten: Alle jedenfalls hielten es für unumgänglich, drastische Abhilfe für das gefährliche Kuddelmuddel einer Zivilisation zu schaffen, die aufgrund historischer Katastrophen, widerstreitender Glaubensmeinungen und individueller Eigenwilligkeiten alles andere als vollkommen war. Die Normen der Zivilisation mußten auf einer sauberen Tafel neu geschrieben werden, und allen utopischen Allheilmitteln gemeinsam – so verschieden sie hinsichtlich ihrer Mechanismen auch beschrieben wurden – war das Beharren auf dem freiwilligen und fraglosen Akzeptieren unverfälscht reiner Standards der sozialen Hygiene, die vom Ärgernis des Ehrgeizes, der Selbstbeobachtung und der abweichlerischen Vorliebe für ein Privatleben und einen persönlichen Geschmack geläutert war. Das Leben sollte fröhlich sein, aktiv, gesund, gleichgeschaltet, von Hilfsbereitschaft getragen – und unter Aufsicht stehen. Im Sonnenstaat »haben sie Kundschafter, die der Staatsführung alles melden, was sie hören«. Im übrigen gebe es hier die idealen Untertanen: »Es ist einfach großartig, wie Männer und Frauen truppweise einherkommen und niemals ihrem ›König‹ ungehorsam sind oder Widerwillen an den Tag legen.«[149] In einem Utopia kam es darauf an, daß alles vorgegeben, einheitlich war und ein für allemal so blieb. Das Übel der alten und die Bedrohung der neuen Normen der Zivilisation stellte der Individualismus dar. Und wenn man einmal von Bacons Atlantis absieht, in dem es immerhin ein Forschungsinstitut zur Weiterentwicklung der Wissenschaften gab, so waren neugierige Fragen und ein nichtutilitaristisches kreatives Denken etwas, das in Utopia unerwünscht war.

Daher vermieden es die meisten Utopisten, auf den Stellenwert des Wissens in ihren idealen statischen Gesellschaftsformen einzugehen. More rühmt es als eine positive Entspannung für viele, als eine Vorbereitung für die Diplomatie oder ein hohes Amt für wenige. Nur für Bacon wirft Wissen Fragen auf und führt zu Entdeckungen, aber nur auf Gebieten, die die Domäne des Naturwissenschaftlers sind. Von dieser partiellen Ausnahme also abgesehen, gab es in Utopien keinen Raum für originelle oder spekulative Ideen – oder auch für die private Zerstreuung, die die Künste boten. Patrizi erklärte, Komödien und Liebesgedichte seien nichts für Kinderaugen und -ohren. Ansonsten herrscht Schweigen über das Thema Literatur in Utopien. Musik ist in Grenzen erlaubt. Patrizi bevorzugte ernste oder fröhliche Musik, nicht aber, wenn sie andere, gesellschaftlich weniger nützliche Gefühle weckte. Für Doni diente sie der gemeinschaftlichen Entspannung und Hebung der Moral. Auch im Sonnenstaat war die Funktion der Musik genau definiert: »Nach der Mahlzeit danken sie Gott mit Musik. Dabei werden die Taten der christlichen, israelitischen und heidnischen Helden und die aller Völker besungen; und das macht ihnen Freude, denn sie kennen niemandem gegenüber Mißgunst und Neid. Man singt Hymnen auf die Liebe und die Weisheit und auf jede Tugend unter der Leitung ihres jeweiligen ›Königs‹.«[150]

Und wo man Luxusgüter verbot und auf einheitlichen Häusern, Einrichtungen und Kleidern bestand, gab es auch nicht viel Spielraum für die Architektur oder die Malerei und Bildhauerei. Selbst More, der nur das Aufstellen von Statuen berühmter Männer zuließ, zuckte bei diesem Aspekt der Macht seiner auf Geldlosigkeit und Gleichheit basierenden Vision zusammen und gab zu, »allein schon dadurch wird aller Adel, alle Erhabenheit, aller Glanz, alle Würde, alles, was nach allgemeiner Ansicht den wahren Schmuck und die wahre Zierde eines Staatswesens ausmacht, vollständig ausgeschaltet«[151], verdrängte aber rasch wieder dieses seltene Beispiel einer nostalgischen Sehnsucht nach nichtutopischen Sitten. Die Malerei blieb weitgehend unberücksichtigt, außer für didaktische Zwecke. Diese Einstellung übernahm man von Nichtutopisten, die sich um die Bildung des kultivierten Charakters bemühten. Im Hinblick auf die Einrichtung, die für den Haushalt eines idealen jungen Kardinals geeignet sei, schlug Paolo Cortese um 1510 vor, der Würdenträger solle doch beim Aufwachen in seinem Schlafzimmer Gemälde erblicken, auf denen tugendhafte Taten dargestellt seien, die ihn dazu prädisponierten, ihnen im Laufe des Tages nachzueifern. Ein paar Jahre später beschrieb Erasmus den Palast eines idealen jungen Fürsten: Es würde sich schicken, die Höfe der Fürsten mit Bildern zu schmücken, die die Großherzigkeit Alexanders (»der sich bei der Untersuchung eines Rechtsfalles ein Ohr mit der Hand zuhält«) und die Enthaltsamkeit von Scipio (der eine gefangene Braut wieder ihrem Bräutigam zurückgibt) zeigten, sowie mit anderen »nutzbringenden Bildern dieser Art ..., und nicht mit solchen, die Wollust, Hochmut und Gewaltherrschaft lehren«.[152] Nur einmal wurde der Ort der Kunst in einem Utopia ausführlich erwähnt, nämlich als Campanella schilderte, daß die Innenseite der Mauer, die den Sonnenstaat umgab, zum Zwecke der öffentlichen Unterweisung mit einer Art Bildenzyklopädie bedeckt sei: mit gemalten Karten, Tieren, Beispielen der handwerklichen Fertigkeiten, Porträts von bedeutenden Kriegern, Staatsmännern, religiösen Gestalten und Erfindern. Diese Helden sollten nicht nur als Beispiele für die Jugend herhalten, sondern auch durch den eindrucksvollen Anblick eine eugenische Funktion erfüllen: »Diese betrachten dann oft die schönen Frauen, die von Staats wegen zur Fortpflanzung bestimmt sind.«[153]

Als sich die Utopisten eine ideale Gesellschaft vorstellten, die sicher war vor den Gefahren, die sie in der realen Welt bedrohten, hielten sie es – wie schon zuvor Platon – für notwendig, die Rolle der Gelehrsamkeit, der Literatur und der Künste auf ihre soziale und moralische Nützlichkeit zu beschränken und die Zivilisation zu ihrem eigenen Besten davor zu bewahren, allzu zivilisiert zu werden.

8. Kapitel

Die Zivilisation in Gefahr?

Die Unbeständigkeit der menschlichen Natur

Die biblische und die mittelalterliche Tierkunde hatten das Loblied der fleißigen Ameise, der geschickten Spinne, des monogamen Elefanten, der gehorsamen Biene und des treuen Hundes gesungen. Aber seit dem 15. Jahrhundert wurde die für die Kultur so wesentliche Ordnung dadurch hervorgehoben, daß man immer wieder den Menschen als vernunft-begabtes Lebewesen definierte und zwischen irrationalem und diszipli-niertem Verhalten unterschied. Dabei lag es ganz auf der Linie des utopi-stischen Denkens, als der deutsche Theologe und Luther-Schüler Johannes Agricola 1528 schrieb: »Denn unser herr Gott will haben / daß die leutte auch eusserlich / erbarlich / und zuchtig gebaren sollen / sonst weren wir bestien und unvernunfftige thier.«[1]

Etwa zur gleichen Zeit wurde das Gesicht von Attila dem Hunnenkönig, dem Erzrepräsentanten eines instinktgeleiteten Barbarentums, auf einer italienischen Medaille ausschließlich aus miteinander verflochtenen Tie-ren dargestellt. In anatomischer Hinsicht tierisch, in geistiger mit dem Makel des Ungehorsams im Paradies behaftet, aber mit der Gabe ausge-stattet, sich für das Instinktverhalten von Kröten und Wölfen oder die verklärte Geistigkeit von Engeln zu entscheiden, zeichnete sich die menschliche Natur unausweichlich durch ihre Unbeständigkeit aus.

Als George Chapman 1608 eine Figur in seiner Tragödie *The Conspiracie and Tragedie of Charles Duke of Byron, Marshall of France (Die Verschwö-rung und Tragödie Karls, Herzog von Biron, Marschall von Frankreich)* räsonieren ließ: »Ach, aus welchen Gegensätzen besteht doch ein Mensch!«[2], war dies eine ganz banale Feststellung, wie sie Männer und Frauen, die sich ganz normale Gedanken über ihren Nächsten machten, zu jeder Zeit hätten machen können. Aber als man sich dann anschickte, klarer zu definieren, was Zivilisiertheit bedeutete, war diese Gegensätzlichkeit in

Instinktgeleitete Barbarei:
Ein aus Tieren zusammenge-
setztes Porträt von Attila,
anon., Bronzemedaille
(British Museum, London)

der menschlichen Natur ein Problem, das die Geistlichkeit, die Philosophen
und vor allem die Gesetzgeber zunehmend beunruhigte.
In einer öffentlichen Bekanntmachung, die auf allen Marktplätzen und an
allen Kirchentüren in ganz England ausgehängt werden sollte, stellte der
Kronrat Heinrichs VIII. im Jahre 1513 das Problem zusammenfassend dar,
das dem idealen Gehorsam und der idealen Ordnung aus der menschlichen
Natur erwuchs:

> Insofern als es oft geschieht, daß der Verstand des Menschen, womit
> er das Gute vom Bösen und das Richtige vom Falschen unterscheiden
> sollte, immer wieder infolge der Verführung durch den Teufel wie
> durch weltliche und sinnliche Begierden unterdrückt und besiegt
> wird, woraufhin es gemeinhin zu Zwietracht, Morden, Raub, Unei-
> nigkeit, Ungehorsam gegenüber dem Herrscher, zur Unterwerfung
> von Reichen und zur Vernichtung von Menschen kommt, so daß dort,
> wo diese Übel herrschen, der Sieg in Kriegszeiten und die Gerech-
> tigkeit in Friedenszeiten aufs äußerste beeinträchtigt und vertrieben
> werden – daher haben Kaiser, Fürsten und Regierungen in vergan-
> genen Zeiten in vollkommener Weisheit und politischer Klugheit
> verschiedene Gesetze erlassen, die dem gleichen Zweck in Kriegs-
> wie in Friedenszeiten dienen, nämlich von solchen unordentlichen
> Begierden und ihrer Bestrafung jene Menschen abzuhalten, die eher

aus Angst vor körperlichem Schmerz oder vor dem Verlust von
Gütern als aus Liebe zu Gott oder zur Gerechtigkeit davor zurück-
schrecken, ein Verbrechen zu begehen.[3]

Als Montaigne 1580 wegen seiner Leiden den ruhigen Badeort Plombières
am Fuße der Vogesen aufsuchte, schrieb er dort die Vorschriften ab, die auf
Französisch und Deutsch ausgehängt waren. Niemand durfte den Ort
betreten, dessen Körper die Zeichen ansteckender Krankheiten aufwies
(Pest oder Syphilis). Es war verboten, in den Bereich des Bades Waffen
mitzubringen, und ein jeder – ganz gleich welchen Standes oder welcher
Herkunft der Besucher war – sollte sich »aller ehrenrührigen Worte, alles
Streitens, aller tätlichen Beleidigungen« enthalten. Ferner war es allen
»Huren und unzüchtigen Frauenzimmern … untersagt, die Bäder zu betreten und ihnen näher als 500 Schritt zu kommen, auf Gefahr, an allen vier
Ecken der Bäder gestäupt zu werden«; Männer, die ihre Gesellschaft
suchten, sollten mit einer Geldbuße belegt und ins Gefängnis geworfen
werden. Man duldete auch keine gotteslästerlichen Reden.[4]
Gewalt, sexuelle Zügellosigkeit und Mißachtung der Religion: dies waren
die hauptsächlichen Infektionen, die von der undisziplinierten menschlichen Natur ausgingen und die Ordnung von Bädern wie von Staaten
gleichermaßen gefährdeten. Das hatten sie zwar schon immer getan. Aber
eine neue Sensibilität, die zwischen einer zivilisierten und einer barbarischen Gesellschaft sorgfältig unterschied, sowie das entschiedenere Bemühen der Regierungen, keine Unordnung aufkommen zu lassen, und der
wiedererstarkten Kirchen, das Verhalten der Gläubigen zu überwachen,
sorgten für neue Denkweisen, wenn nicht gar Tatsachen. Und die Druckerpresse wie auch die realistischen Bilder der Maler machten die öffentliche
Meinung in einem noch nie dagewesenen Ausmaß sensibel für diese
Fragen.
Am häufigsten wurde die Ordnung durch primitive Gewalt bedroht. Daß
Menschen auch damals unbeherrscht waren, belegt eine Vielzahl von
Strafprozessen wegen Körperverletzung und Mord an Bauern und Handwerkern, nachdem wortreiche Auseinandersetzungen rasch eskaliert waren. Der leicht erregbare Künstler Niccolò Pizzolo aus Padua wurde 1452
ermordet. Mantegna, dieser fromme und gelehrte Maler, ließ Konkurrenten, die ihn plagiierten, von gedungenen Schlägern verprügeln. Um sich
den rechtlichen Folgen seiner brutalen Streitlust zu entziehen, diente der
Schweizer Künstler Urs Graf immer wieder als Soldat. Michelangelos
gebrochene Nase war das Ergebnis einer tätlichen Auseinandersetzung mit
einem Bildhauerkollegen. Christopher Marlowe wurde ermordet. Ben Jon-

son brachte den Schauspieler Gabriel Spencer bei einer Wirtshausschlä-
gerei um. Die Beliebtheit von Fechtstunden im 16. Jahrhundert spiegelte
nicht nur die modische Übernahme einer neuen Form von Kostümschwert,
des Stoßdegens, wider, sondern vor allem das Bedürfnis, sich auf die
zunehmend häufigen Gewalttaten einzustellen, zu denen es nach einer
Rempelei auf der Straße kommen konnte. In ganz Europa suchte man per
Gesetz das Tragen von Waffen in Städten oder an anderen öffentlichen
Orten wie in Landgasthöfen zu verhindern, da man davon ausging, daß von
ihnen im Falle einer Auseinandersetzung, etwa nach Verlusten beim Spiel
oder als empfindliche Reaktion auf eine angebliche Beleidigung, spontan
Gebrauch gemacht würde: Im Jahre 1611 verbot man in dem französischen
Marktflecken Laon das Tragen von Waffen zwischen Abenddämmerung
und Sonnenaufgang mit der Begründung, man wolle »künftig die Bevölkerung daran hindern, einander beim geringsten Streit zu töten«.[5] Francis
Bacon berichtete, Jakob I. habe ihm erzählt, »wenn er ins Ausland gehe,
achte er darauf, daß er von einem königlichen Gefolge aus vielen guten
Edelleuten und Herren umgeben sei, und es bereite ihm große Freude und
Trost, sie zu sehen und an sie zu denken. Aber dann erfülle es ihn doch mit
viel größerem Kummer, daß er keine vierundzwanzig Stunden ihrer Leben
sicher sein könne, denn wenn sie miteinander diskutieren, dann komme
es schon nach ein paar Worten zu einer Lüge, die Lüge ziehe unweigerlich
eine Forderung nach sich und die Forderung den Tod.«[6]
Gröbere Formen der Selbsthilfe waren an der Tagesordnung – man ließ
einen Schuldner verprügeln, bis er bereit war zu bezahlen, man heuerte
bei einer Familienvendetta Mörder sowie bewaffnete Banden an, um ein
wirkliches oder eingebildetes Unrecht zu rächen. In seiner in den vierziger
Jahren des 16. Jahrhunderts geschriebenen Autobiographie schilderte Götz
von Berlichingen dreißig Fehden, die er um einer persönlichen Rache
willen oder im Sold von anderen ausgetragen hatte. Felix Platter, der
Bruder von Thomas Platter, der gleichfalls an der Universität von Montpellier studiert hatte, berichtete von folgender Begebenheit, die sich 1555 in
Nîmes zugetragen hatte:

> Ich gedenck, daß ich an des schumachers laden oft gsach sitzen einen
> im langen rock, hatt ein abgehuwene nasen und gieng iemerlich an
> der krucken; deßen ursach ich erfur, also zugangen sein: er war ein
> schreiber, schöner junger man gewesen zu Nismes [Nîmes], do hatt
> er eim doctor juris sein weib gebult, der in mit ettlichen studenten,
> so all vermaschiert gwesen, überfallen im beth by des Bigotti (also
> hies der doctor) frauwen ligendt und im gebunden die gmäch [Penis

und Testikel] abgeschnitten, wie auch die nasen, sampt den spano-
deren [Sehnen] und also jämerlich zugerist, uf die gaßen in der nacht
gedragen und do ligen laßen, do er, alß er nach langem geheilt, ze
Mompelier also sein leben ellentglich verschlißen mußt etc.[7]

Eine Inschrift aus dem 16. Jahrhundert unter einer männlichen Gestalt,
die in einer klassisch gestalteten Nische im Gildesaal der Kaufleute in
Stralsund steht, verkündet drohend, wer kein Kaufmann sei, der solle
draußen bleiben, sonst werde ihm aufs Maul gehauen.[8] Darin spiegelt sich
die gleiche Haltung wider wie in den Initiationsriten, die die hanseatische
Kaufmannsgilde von Bergen an Gehilfen vollzog, die sich um die volle
Mitgliedschaft bewarben. Zuerst wurden sie mit den Füßen voran in einem
Kamin nach oben gezogen, bis sie fast erstickten. Dann wurden sie dreimal
von einem Boot weit draußen im Hafen ins Wasser geworfen und jedesmal
wieder im letzten Augenblick zurückgestoßen, wenn sie hineinzuklettern
versuchten. Zuletzt wurden sie im Gildehaus nackt bis aufs Blut ausgepeitscht und mußten zur Abrundung dieser rüden Unterhaltung auch noch
ein lustiges Lied singen.

In seiner Autobiographie schildert Bartholomäus Sastrow, wie sein Vater,
ein Brauer und Kornhändler aus Greifswald, nach Stralsund übersiedeln
mußte, nachdem er bei einem Streit während einer geschäftlichen Ver-
handlung einen Mann getötet hatte. Bartholomäus Sastrow studierte Jura
an der Universität Rostock und schlug dann die einigermaßen erfolgreiche
und langweilige Laufbahn eines Notars ein. Ja, eigentlich schrieb er seine
Memoiren nur, um seine Kinder zu ermutigen, seinem Beispiel zu folgen.
Die eigentliche Faszination, die von diesem Werk ausgeht, beruht auf der
Darstellung des Alltagslebens mit all jenen Auseinandersetzungen und
Fehden, die es damals zwischen Familien wie Städten gab, als die Prospe-
rität der Hanse durch den Kampf mit Schweden und Dänemark um die
Vorherrschaft im Ostseeraum bedroht war. Das Buch handelt von der
brutalen Disziplin im Elternhaus, von Streitereien zwischen Schuljungen,
die gleich zum Messer griffen, von Straßenschlägereien und Banditen auf
dem Lande, von korrupten Ratsherren, bedenkenlos grausamen Strafen
(anläßlich einer Hinrichtung merkt Sastrow an: »Obwohl nun der arme
Mensch die That offenbar im Wahnsinn vollbracht hatte, so wurde er
dennoch vor Gericht gestellt, zum Tode verurteilt und auf dem Radeberge
von unten auf gerichtet.«) und unerbittlichem Groll. Der Autor schildert
eine Gesellschaft, die starr an ihren Vorurteilen und Animositäten festhält,
äußerst materialistisch ist und zugleich einem kruden Aberglauben an-
hängt und lüstern im Privatleben der lutherischen Geistlichkeit herum-

schnüffelt. Als Sastrow erfuhr, daß die alten Gegner seines Vaters in Schwierigkeiten geraten waren, fallen ihm dazu nur die Schlußworte des 9. Verses des 75. Psalms ein: »Die Gottlosen müßen alle trinken und die Hefen aussaufen.« Diese Vorgänge in Friedenszeiten unterschieden sich offenbar nicht allzusehr von den Grausamkeiten, die die spanischen Soldaten von Karl V. während des Schmalkaldischen Kriegs von 1546 an Zivilisten begingen und die Sastrow miterlebte: »Mit Weibern und Jungfrauen sprangen sie übel um und verschonten, Unzucht zu treiben, keine Weibsperson. Die Mannsleute peinigten sie so lange, bis sie sagten, wo sie ihr Geld und Geldeswerth hatten ... Alle Höfe, sowol der Adlichen als der Bauern, waren ledig, kein Mensch ließ sich darin sehen ... In dem Dorfe, worin Jürgen von Wedel furirte, lag in dem einen Hofe ein *membrum virile*.« Nachdem Sastrow sich selbst dafür gelobt hat, daß er es anstandshalber begraben habe, schildert er, wie er dahintergekommen sei, daß ihm sein Hengst gestohlen worden war, und fügt hinzu: »Ich nahm wiederum nach Kriegsgebrauch den nächsten und besten, den ich ergreifen konnte, putzte ihn, zäumte ihn, legte den Sattel darauf und ritt meine Straße.«[9]

In Sastrows Pommern mag es vielleicht besonders hoch hergegangen sein, aber es hatte durchaus kein Monopol auf die Gewalt. Es war eine Zeit, in der die Verhaltensstandards von den Alten festgelegt und von den aggressiven Jungen mißachtet wurden. Und diese waren in der Mehrheit. Die Hälfte der Bevölkerung, möglicherweise sogar mehr, war unter zwanzig. Von freischaffenden Prostituierten und lizensierten Marktweibern abgesehen, mußten Mädchen und junge Frauen, ganz gleich ob sie verheiratet waren oder nicht, zu Hause bleiben oder durften nur mit einer Anstandsdame oder in einer Gruppe ausgehen. Der Anteil der jungen männlichen Erwachsenen und jugendlichen Junggesellen an der Bevölkerung nahm provokativerweise zu. In ganz Europa beklagte man sich ständig über ihre Aufsässigkeit und ihren rücksichtslosen Hang zum Landfriedensbruch. Jugendliche Banden terrorisierten erwachsene Bürger, sei es in der Schweiz, wo sie sie im Namen des »verrückten Lebens« drangsalierten und beraubten, oder in Florenz gegen Ende des 15. Jahrhunderts, wo die Banden von Savonarolas jugendlicher Bürgerwehr ihren moralistischen Auftrag mißbrauchten, Männer vom Spielen abzuhalten und Frauen dafür zu tadeln, daß sie ihren Schmuck und ihre ungenügend verhüllten Brüste zur Schau stellten. Bei den rituellen Kampfspielen zwischen französischen Dörfern gab es Verwundete und Tote, angesichts derer die Hüter des Gesetzes kaum mehr tun konnten, als sie achselzuckend als die unvermeidlichen Folgen jugendlicher Erregtheit abzutun. Im Jahre 1558, als Elisabeth die Nachfolge von Königin Maria antrat, wurden die Londoner

Ratsherren angewiesen, »ein wachsames Auge ... auf die Bewohner und besonders die Jugend zu werfen«.[10] Selbst in ruhigeren Jahren wie 1563 verwies ein englisches Gesetz auf »die ausschweifende Ausgelassenheit der Jugend« und machte folgendes Zugeständnis: »Ehe nicht der Mann zum Alter von vierundzwanzig Jahren herangewachsen ist ..., ist er ... ungebärdig, ohne Urteilskraft und fehlt es ihm an der zur Selbstbestimmung nötigen Erfahrung.«[11]

Bauernjungen arbeiteten schon mit acht oder neun Jahren auf dem Feld, und städtische Jugendliche gingen mit dreizehn oder vierzehn in die Lehre, oft weit weg von zu Hause. So liebevoll und besorgt über das Benehmen ihrer Kinder Eltern auch sein mochten – in einem Alter, da sie prägende Eindrücke empfingen, hielten sich die jungen Leute hauptsächlich in der Gesellschaft von ihresgleichen oder älteren unverheirateten Männern auf. Soziale Unterschiede spielten dabei kaum eine Rolle. Universitätsstudenten waren berüchtigt für ihre Aufsässigkeit außerhalb des Hörsaals. Die (während des 16. Jahrhunderts immer weniger geübte) Praxis, Jungen aus guter Familie als Pagen in größeren oder höheren aristokratischen Haushalten heranbilden zu lassen, brachte es mit sich, daß sie genausoviel Zeit mit Stallburschen und Bediensteten verbrachten wie damit, das feine Benehmen zu lernen.

Natürlich gab es aber auch fleißige, ängstliche oder pflichtbewußte junge Menschen, doch darf man mit einiger Sicherheit davon ausgehen, daß die meisten Männer zwischen Kindheit und Reife eine Phase durchmachten, in der man gewalttätiges Verhalten für selbstverständlich erachtete. Und diese Konditionierung wurde möglicherweise noch verstärkt durch das Erleben einer gefühlsrohen Grausamkeit gegenüber Tieren, die keine Schoßhündchen oder geliebte Pferde waren (das Spiel, Steine nach Katzen zu werfen, die bis zum Kopf begraben waren, die Hatz auf Stiere und Bären), und durch das allseits geschätzte Schauspiel der Verstümmelung oder Hinrichtung von Verbrechern. 1556 schilderte ein Student in Frankreich, wie ein Mann, der einen Kanonikus der Kathedrale beraubt und ermordet hatte, zum Galgen gebracht wurde:

Nach dem man im die urtheil offentlich verlesen hatt, satzt in der hencker auf ein karren, seiner frauwen, die auch zu im sas, in die schoß, pfetzt in mit glieienden zangen iämerlich bis fir deß canonici hus, do das mort beschechen, do huw er im uf eim britt uf dem karren beide hendt ab. Des nachrichters frauw verhub im die augen und wan ein handt abgehuwen war, nam sy ein hanen, schneidt in unden auf und streift in im über den stumppen, daruß daß blut sprang, bandt eß zamen mit eim strick, doruf daß blut sich gleich allerdingen gstalt.[12]

Ehe Peter Mundy im Jahre 1620 von der Türkei auf venezianisches Gebiet überwechselte, kam er nach Valjevo. Vor dem Tor erblickte er die Leichname von zwei gepfählten »Männern, kopfüber aufgespießt, von Hunden und Krähen schon halb aufgefressen«. Und gleich darauf bemerkte er beiläufig: »Hier bekamen wir Kirschen, das Pfund für einen Farthing.«[13] Rauh ging es nicht nur im weitentfernten Bergen zu. Nachdem Erasmus in den gebildeteren Niederlanden bestimmte Schulen kennengelernt hatte, verurteilte er »Initiationszeremonien, die eher zu Scharfrichtern, Folterknechten, Zuhältern oder Galeerensklaven passen würden« und zitierte den Fall eines Knaben, der gezwungen wurde, Exkremente zu essen, ehe er kopfüber an Seilen aufgehängt wurde und »brutal überall geschlagen wurde, bis er fast starb«.[14] Als Botero das Leben in Frankreich während der achtziger Jahre des 16. Jahrhunderts schilderte, erwähnte er auch »die Raeuberey und Moerderey« – man benötigte »Bannwarten / so die Weynberge und zeittigen Fruechte verhueten / die Thueren an Haeusern / die Schloß unnd Rigel an denselbigen / die Huende darvor«.[15] Giles Fletchers Kommentar über Rußland aus dem Jahre 1591 zeigt, daß Moskau sich kaum von Sevilla oder Neapel oder – zumindest von bestimmten Stadtteilen – von London unterschied: Ein Mann, schrieb er, wird dort auf der Straße beraubt, »wenn er sich spätabends hinaus wagt, und niemand wird herauskommen, auch wenn man ihn um Hilfe schreien hört«.[16] Ungeachtet des Gebots »Du sollst nicht töten« war die christliche Haltung gegenüber Gewaltakten durchaus nicht unzweideutig. Als Tizian in den fünfziger Jahren des 16. Jahrhunderts auf die Decke von San Spirito in Isola in Venedig malte, wie Kain mit einem fürchterlichen Schlag Abel umbrachte, und dabei dem Betrachter den Eindruck vermittelte, als würde Abel in den Kirchenraum hinunterstürzen, dann sollte das nicht nur die Gemeinde daran erinnern, welche Gefahr das Verbrechen für die Gesellschaft darstellte – Gott hatte Kain mit dem »Mal«, mit dem er in die Verbannung geschickt wurde, verflucht und beschützt zugleich. Ohne Gewalt hätte die katholische Kirche keine Märtyrer gehabt, deren Schicksale die Gebete der Frommen aufrechterhielten. Päpste wie protestantische Prediger billigten ausdrücklich harte Strafen für jene, die sie zu Anhängern eines Irrglaubens erklärten, und sie empfahlen Kriege oder wetterten gegen sie, je nachdem, ob sie sie für rechtmäßig erachteten oder nicht. Auch die weltliche Macht, die Hüterin der Werte der Zivilisation, war nicht unschuldig: »Wer das Entstehen der großen Staaten betrachtet«, schrieb

Francesco Guicciardini um 1525, »wird feststellen, daß keiner ohne Gewalt groß wurde.«[17]

Für die meisten Beobachter war Sorge über die Gewalt an der Tagesordnung, und sie wurde noch größer. Dies geht nicht nur daraus hervor, daß mehr Berichte darüber überliefert worden sind, sondern auch aus der Tatsache, daß das Maß der Gewalt zunahm oder es dies zumindest in den Augen derer tat, die sich darüber beklagten, da der Reichtum in immer weniger Hände floß und der Anteil derer an der Bevölkerung wuchs, die gewalttätig wurden, aus Habgier oder weil sie ihrem Groll Luft machen wollten. Die immer mehr um sich greifende kommerzielle Bewirtschaftung des Landes führte dazu, daß die Kleinbauern sich und ihre Familien nicht mehr vom Ertrag ihrer eigenen Parzellen ernähren konnten. Der Kampf um Arbeitsplätze in den immer dichter besiedelten Städten, zu einer Zeit, da die Mitgliederzahlen der Zünfte und Gilden im Interesse der Erhaltung hoher Gewinne stagnierten, hatte zur Folge, daß es immer mehr Tagelöhner gab, die keine Aussicht auf Beförderung in dem Unternehmen hatten, für das sie arbeiteten – die »Ungelernten«, denen Stadträte so gern einen Hang zum Unruhestiften unterstellten. Auch wenn sie an sich noch nicht auf eine Zunahme der Gewalt hindeuten, kann man die gesellschaftlichen Denkweisen, die sie auslösen konnten, zum Teil schon den beiläufig hingeworfenen Bemerkungen entnehmen. Die Armen »sehen nicht so gut aus wie die höheren Gruppen«, schrieb der Florentiner Antonio Filarete in den frühen sechziger Jahren des 15. Jahrhunderts[18]; für die Militärstatthalter belagerter Städte, die die Armen den Feinden als Kanonenfutter vorwarfen, damit sie nicht die schwindenden Nahrungsvorräte der besseren Stände aßen, waren sie »arm und nutzlos«, »unnütze Mäuler«, »nichtsnutzige Leute«[19]; für Thomas Nashe – der selbst ein von Schulden überhäufter, wenn auch begabter Schreiberling war – waren sie 1599 nichts weiter als »minderwertiger Kehricht«.[20] Pläne aus der Mitte des 15. Jahrhunderts für eine vernünftige Umgestaltung des Durcheinanders mittelalterlicher Häuser um den römischen Petersdom sahen drei neue Straßen vor: eine für die Reichen, eine für die, denen es einigermaßen gutging, und eine für die Armen, die ihre Dienste anboten. Leonardos idealer Stadtplan enthielt erhöhte Fußwege für die »Vornehmen«, um sie vor den darunterliegenden Straßen zu schützen, die *la poveraglia,* der Plebs, benützte.[21]

Sebastiano Serlios Holzschnitte (1545) idealtypischer Bühnenbilder unterschieden zwischen der klassischen Pracht, die für das noble Personal der Tragödie geeignet war, und der barbarischen Gotik, die zu den plebejischen Figuren der Komödie paßte. Wie sehr man sich des sozialen Ungleichgewichts bewußt war, zeigt auch die Frage, die Shakespeare im 1594

Bühnenbilder für Tragödie (links) und Komödie (rechts), aus Sebastiano Serlio,
Architettura, *Libro II*, Paris 1545

entstandenen Zweiten Teil von *Heinrich VI.* (IV, 2) Jack Cade in den Mund
legt, dem Führer eines Bauernaufstands gegen die Krone im Jahre 1450.
Als er den Schreiber von Chatham verhört, fragt ihn Cade, ironisch den
sozial Schwachen spielend, dessen einzige Unterschrift das Kreuz des
Analphabeten war: »Pflegst du deinen Namen aufzuschreiben, oder hast du
ein Zeichen dafür wie ein ehrlicher schlichter Mann?«[22]
Vom Biß des Köters bis zum Herabstoßen des Adlers gab es wie immer
genügend Belege dafür, daß animalische Gewalt auf jeder sozialen Ebene
die Normen der Zivilisation durchbrechen konnte. Aber das Bewußtsein
der Aufteilung der Gesellschaft in Privilegierte und Bedürftige (ein spanisches Sprichwort lautete: »Es gibt nur zwei Familien auf der Welt: die
Habenden und die Habenichtse«) führte dazu, daß man mit größerer
Beunruhigung auf die latente Aggressivität des Menschen achtete. Um sich
selbst vor diesem Instinkt zu schützen, schrieb Juan de Mariana 1599,
begannen die primitiven Menschen, als sie sich von tötenden Bestien in
Raubtiere einer eigenen Art verwandelten, »sich mit anderen gemäß einem
gegenseitigen Gesellschaftsvertrag zusammenzurotten und nach jeman-

dem Ausschau zu halten, der sich in puncto Gerechtigkeit und Vertrauenswürdigkeit besonders auszeichnete ... Auf diese Weise«, fuhr Mariana fort,
»wurden die zivilisierten Gesellschaften, in denen wir gut und glücklich
leben, aus Furcht und Schwäche geboren.«[23] Aber zu der Zeit, da er diese
schlichte Formel prägte, war es einfach nicht zu übersehen, daß viele es
nicht hinnahmen, daß ihre Lebensbedingungen sich durch Gerechtigkeit
und Vertrauenswürdigkeit auszeichneten. Und angesichts der Kriege in
diesen Jahrhunderten kam es zu einer wahren Flut von Untersuchungen
über die Verbindungen zwischen individueller und öffentlicher Gewalt.
Pierre de la Primaudaye faßte 1577 die widersprüchlichen Ergebnisse
zusammen. Auf der einen Seite habe sich der Charakter des Menschen
unter dem Einfluß des Krieges »weit von seiner natürlichen Veranlagung
entfernt und ist grausam und brutal geworden«. Auf der anderen Seite
komme es aufgrund der »Auseinandersetzungen und Meinungsverschie-
denheiten unter den Menschen zu Aufruhr und Mord und am Ende zum
offenen Krieg«.[24]

Man beschäftigte sich auch verstärkt mit der Gefahr, die der zivilisierten
öffentlichen Ordnung aus dem animalischen Geschlechtstrieb des Menschen erwuchs. Verbrechen aus Leidenschaft, zu denen es nach Ehe-
brüchen kam oder wenn jemand abgewiesen wurde; Vergewaltigungen;
Raufhändel, Messerstechereien und Diebstähle in Bordellvierteln; Probleme bei der Erbfolge durch eine uneheliche Geburt: dies alles hatte schon
seit langem die Gerichte beschäftigt. Die immer wieder nachgedruckten
Novellen von Boccaccio oder die (1558/59 erschienenen) neuen von
Marguerite de Navarre gaben nur noch älteren Anekdoten über die
sexuelle Zügellosigkeit von Mönchen und Nonnen eine literarische Form.
Die fröhliche Gemeinschaftszeremonie, Braut und Bräutigam ins Bett zu
geleiten, das reichhaltige volkssprachliche Vokabular für Geschlechtsor-
gane und sexuelles Tun und Treiben, das fehlende Privatleben in beengten
und überfüllten Behausungen – all dies sorgte dafür, daß zumindest die
nackten Tatsachen der Sexualität und der geschlechtlichen Begierde kein
Geheimnis waren. Daß die Leser von Ritterromanen deren idealisierende
Darstellung auf ihren eigentlichen sexuellen Gehalt hin entschlüsseln
würden, war schon vor langer Zeit von Dante für selbstverständlich erachtet worden: Als Paolo und Francesca zusammen *Lancelot* lasen, kam
die Stelle – und dafür kamen sie in die Hölle –, an der sie »nicht mehr
weiterlasen«. Die drastisch anschauliche Anprangerung der Sodomie, insbesondere wenn man Mißernten oder Kriege damit erklärte, daß Gott
wegen dieses höchst unnatürlichen Gebrauchs des Leibes zürne, verkündete von der Kanzel herab ein Wissen, mit dem man aus Volkssagen und

Die doppelte Natur des Menschen: *Herkules am Kreuzweg,* Girolamo di Benvenuto
(Zuschreibung), um 1500 (Ca' d'Oro, Venedig)

auf der Straße längst vertraut war. In einem von Pietro Aretinos *Kurtisa-
nengesprächen* aus den dreißiger Jahren des 16. Jahrhunderts empfiehlt
eine erfahrene Prostituierte ihrer Tochter, um einen lustlosen Kunden zu
erregen, solle sie seine Kleider anziehen: »Sowie der Herr dich aus 'ner
Frau in 'nen Mann verwandelt sieht, wird er auf dich losfahren wie der
Hunger auf das warme Brot.«[25] Erasmus hätte es nie zugelassen, daß eine
Anspielung auf die lesbische Liebe in Nonnenklöstern in seinen weitverbreiteten und auch in Schulen herangezogenen *Colloquia familiaria (Vertraute Gespräche)* stand, hätte er geahnt, daß dies für seine Leser eine
beunruhigende Neuigkeit war.

Es wäre freilich kühn zu behaupten, daß sich die sexuellen Begierden änderten oder daß die Ordnung der kultivierten Gesellschaft durch das Sexualverhalten stärker bedroht worden wäre. Was die Quellen enthüllen, ist nur allzu grausam vertraut. 1476 wurde ein Priester angezeigt, der »sein Geschlechtsteil vor vielen Frauen in der Gemeinde« enthüllt hatte.[26] 1530 erhob Joan Martyn aus Saint Ives in Huntingdonshire Klage gegen Robert Blundell wegen eines gebrochenen Eheversprechens. Er habe gesagt: »Ich werde dich heiraten, wenn du es mit mir treiben willst«, und sie habe erwidert: »Gewiß will ich keinen anderen als dich haben«, und »daraufhin«, hielt der Protokollführer des Kirchengerichts fest, »trieben sie es miteinander«.[27] Unter Androhung der Exkommunikation wurden sie dazu verurteilt, einander zu heiraten. Im Jahre 1540 verging sich der Leiter eines Waisenheims im sächsischen Zwickau an einem neunjährigen Mädchen, das ihm anvertraut war. Das Mädchen erstattete Anzeige, und der Fall kam vor Gericht. Der Täter wurde hingerichtet. Weil das Mädchen zwar unschuldig, aber entehrt war, gab man ihr einen halben Gulden und Wechselkleidung und verjagte sie aus der Stadt. In einem 1550 erschienenen Buch stellte der Arzt und Naturforscher Girolamo Cardano fest, daß manche Männer »nur zur Erektion kommen, wenn sie prügeln, ja manche, wenn sie peitschen«.[28] Als sich Montaigne 1580 in Rom aufhielt, erfuhr er von den Trauungen, die für homosexuelle Paare in der Kirche San Giovanni a Porta Latina abgehalten worden seien – bis man dieser Sitte drakonisch Einhalt gebot: »Acht oder neun Portugiesen dieser schönen Sekte wurden verbrannt.«[29]

Keiner dieser Verhaltensaspekte hätte einen mittelalterlichen Friedensrichter oder Beichtvater überrascht. Aber neu war das Interesse am Wesen der Sexualität an sich. Das lag zum Teil an der energischeren Überwachung der Moral durch den katholischen Klerus und an den unerbittlichen Auflagen, die der Protestantismus mit dem sexuellen Verhalten verband. In Teilen des »Merry England« von Elisabeth I. führte die protestantische Bigotterie dazu, daß jeder Siebte in der Bevölkerung von seinen Nachbarn der Unzucht, des Ehebruchs, des Analverkehrs, des Inzests, der Sodomie oder Bigamie bezichtigt wurde. Heerführer mußten im Feld die Erfahrung machen, wie der Groll über sexuelle Übergriffe Gemeinden gegen sie aufbringen konnte, auf die sie wegen der Versorgung mit Nahrung, Transportmitteln und Führern angewiesen waren; innerhalb der Heere wurden Kodizes ausgegeben, die den Soldaten sexuelle Vergehen, die im einzelnen aufgeführt wurden, unter Androhung der Todesstrafe untersagten. Entdeckungen in Übersee lenkten die Aufmerksamkeit auf die sexuellen Gewohnheiten von Nichteuropäern und auf die Gier, mit der manche Kolonisatoren sie ausnutzten – und zwar nicht nur in Übersee: Giles

Albrecht Altdorfer, *Landsknecht und Dirne*,
um 1508 (Privatsamm-
lung, London)

Fletcher wies Elisabeth darauf hin, daß die Vertreter der Muscovy Company
so viel Geld für ihre russischen Geliebten ausgaben, daß sie gezwungen
waren, Mittel der Company zu unterschlagen. Es waren immer mehr
Männer auf Reisen, und einschlägige Tips führten sie zu den Bordellen von
Hamburg, den Badehäusern in der Schweiz oder den nobleren Verfüh-
rungskünsten venezianischer Kurtisanen. Autoren, die über die Türkei
berichteten, versorgten Tagträumer mit abenteuerlichen Vermutungen
über das Leben in den Harems und ausführlichen Berichten über die
sinnlichen Freuden, die den Gläubigen im Paradies des Islams erwarteten.
Moralisten beklagten sich öffentlich darüber, daß im Druck erschienene
volkssprachliche Übersetzungen von Ovids Liebesgedichten »zarte Jüng-
linge und empfindsame Jungfrauen« verderben könnten, da diese Texte
nunmehr so abgefaßt seien, als ob sie reale anstelle von vergeistigt allego-
risierten Liebesverhältnissen wiedergäben (die venezianischen Kirchenbehörden zwangen 1497 einen Verleger der *Metamorphosen*, Illustrationen
von »nackten Frauen, phallischen Gottheiten und anderen unsauberen

Dingen« zu entfernen[30]). Die ständige Nachfrage nach Literatur mit erotischem Inhalt, der aber nun psychologisch glaubwürdiger sein mußte, läßt
auf ein höheres sexuelles Selbstbewußtsein schließen. Die um 1500 aufge-
kommene Vorstellung, daß die Komödie die Funktion habe, »der Natur
einen Spiegel vorzuhalten«, führte nicht nur zu einer derb humoristischen
sexuellen Gebärdensprache – etwa wenn ein verschmähter Liebhaber sich
durch Masturbieren tröstet –, sondern wie in der in der ersten Hälfte des
16. Jahrhunderts entstandenen anonymen venezianischen Komödie *La
Venexiana* zu einer ergreifend ernsthaften Behandlung weiblicher Sexualität, die die Literatur früher entweder ignoriert oder mit übertriebener
Schicklichkeit behandelt hatte. Das von Horaz verkündete Motto »Carpe
diem«, »nutze den Tag«, war mittelalterlichen Dichtern durchaus vertraut.
Lorenzo de' Medici verlieh ihm eine neue verlockende Pointiertheit in
seinem Karnevalslied von 1470:

> Jugend spielt auf schönen Wangen
> und entflieht in graue Ferne;
> wer sich freuen will, der lerne:
> jedes Morgen ist verhangen.[31]

Bei Pierre de Ronsard drückte es ein tiefes persönliches Gefühl aus. In
seinem Sonett »Wenn du alt bist« aus den fünfziger Jahren des 16. Jahrhunderts drängt er die Geliebte nachzugeben, ehe

> Im Grabe werd ich sein. Mit beinernen
> Gespenstern ruhe ich im Myrtenschatten;
> Du, altes Weib, stehst krumm gebeugt am Herd,
> Weinst meiner stolz verschmähten Liebe nach.
> Ich bitt dich, leb! Vergiß den Schmerz des Morgen –
> Heut pflück die Rosenknospen deines Lebens.[32]

Kein Dichter hatte früher so bewegend die Gefühle beschrieben, die sich
mit dem Geschlechtsakt verbanden, wie dies Ronsard in einem anderen
Sonett tat: »Wenn unter mir dein liebliches Gesicht ...«[33] Und keiner hatte
so anmutig verführerisch mit einem alten Thema gespielt wie sein Vorgänger Clément Marot in seiner Ode auf die weibliche Brust: Hüte dich, schrieb
er, vor »der Lust, die Streicheln und Berühren bringen – Sie reizen dich zu
andern Dingen«.[34]
Diese Entwicklung des Erotischen in der Literatur, die Torquato Tasso
dazu bewegte, in sein epischen Hymnus auf das heldenhafte Christentum

von 1575, *Das befreite Jerusalem*, auch Liebesszenen und -geschichten aufzunehmen, die allein schon die Dichtung bei künftigen Generationen so beliebt machten, war an sich noch kein Indiz für ein reales Sexualverhalten. Die Schriftsteller bewirkten, daß die Sexualität auf die Moralisten noch beunruhigender wirkte, indem sie sie anzüglicher auf das zeitgenössische Empfinden ausrichteten. Während man das schlicht Obszöne – wie die fröhlich derben Verse der Gedichte des Polen Mikołaj Rej z Nagłowic in dem 1562 erschienenen Band *Zwierzyniec (Der Jäger)* oder die Zoten in einem um 1610 veröffentlichten Buch von Béroalde de Verville (»Ich wünschte, meine Muschi wäre ein Weihwasserbecken«, meinte eine Dame, »so daß jedermann seine Finger hineintauchen würde«[35]) – kichernd goutieren oder fast blindlings verdammen konnte, verband sich mit der Erotik eine ebenso reizvolle wie bewußte Sexualität, die aus der Phantasie zum realen Verhalten führen könnte. Für Brantôme, der selbst eher mittelmäßige Liebesgedichte geschrieben hatte, stand fest, daß Mädchen – auch wenn sie in Spanien und Frankreich nur im stillen Kämmerlein die nachgedruckten mittelalterlichen Romane lasen, insbesondere den leidenschaftlich realistischen *Amadis* – sich bei der Lektüre »aufregten, befleckten und entjungferten«.[36] Der Zusammenhang zwischen Aggressionstrieb und Verbrechen und Krieg wurde untersucht, die Gefährdung der Öffentlichkeit durch die erotische Literatur (die schließlich innerhalb der von den Hütern der Zivilisation gezogenen literarischen Grenzen gelesen wurde) jedoch nicht. Wenn Bücher zum Teil zensiert (wie Boccaccios *Dekameron*) oder verboten wurden (wie Pietro Aretinos *Kurtisanengespräche*), hatte man dabei eher die Gedanken der Leser als ihr Handeln im Sinn. Das galt auch für das eher unverhüllte und neuartige Element der Erotik in der Kunst. Als die Künstler anatomisch immer genauer malen und die Illusion der Dreidimensionalität herstellen konnten und zudem mit nackten Modellen arbeiteten, stieg die Nachfrage nach Aktdarstellungen attraktiver unbekleideter Männer und Frauen, die genau so aussahen, wie man es zur damaligen Zeit in den jeweiligen Ländern gewohnt war. So wie die Schriftsteller dank einer freieren Handhabung der Volkssprache zeitgenössische Gefühle mit ungewohnter Direktheit ausdrücken konnten, war es den Künstlern dank neuartiger Techniken der bildlichen Darstellung möglich, eine sexuelle Bilderwelt zu erschaffen, die es mit der Wirklichkeit oder mit dem Traum aufnehmen konnte. Wie bei der Nackten in Dürers Kupferstich *Der Traum [des Doktors]* wurde eine symbolisch dargestellte Verführung schließlich auch sichtbar verführerisch. Als Savonarola in den neunziger Jahren des 15. Jahrhunderts gegen religiöse Bilder wetterte, die die falschen Gefühle erweckten, hätte man dies als paranoide Übersteigerung

eines Zölibatärs abtun können, wäre sie nicht in die Tat umgesetzt worden
– etwa als der *Heilige Sebastian* seines dominikanischen Glaubensbruders,
des Malers Fra Bartolomeo, später aus Savonarolas eigener Kirche, San
Marco in Florenz, entfernt wurde: »Die Mönche kamen bei der Beichte
dahinter, daß Frauen beim Anblick des Bildes gesündigt hatten, und zwar
wegen des wohlgestalteten und lasziven Realismus, mit dem Fra Bartolomeo es ausgestattet hatte.«[37] Nachdem sie es eine Zeitlang den Augen der
Öffentlichkeit entzogen hatten, verkauften sie es an einen Gesandten des
Königs von Frankreich. Leonardo da Vinci hat einmal erklärt: »Der Maler
kann sogar Männer dazu bringen, sich in ein Bild zu verlieben, auf dem
keine wirklich lebende Frau dargestellt ist. Ich habe einmal erlebt, daß ich
ein Bild mit einem religiösen Sujet gemalt hatte, das von einem Manne
gekauft wurde, der es liebte – und dann wollte er, daß ich die religiösen
Symbole wieder beseitige, damit er es ohne Bedenken küssen könne. Am
Ende war sein Gewissen stärker als seine Lust, und er … entfernte das Bild
ganz aus seinem Haus.«[38] Leonardo wollte damit betonen, welche Kraft ein
Gemälde im Gegensatz zu einer Skulptur ausstrahle. Aber wir können wohl
kaum davon ausgehen, daß eine Statue durch ihren Symbolcharakter vor
einer direkteren Wertschätzung geschützt war – weder Donatellos sanfter,
nackter Bronze-David, noch gar Michelangelos überlebensgroße Marmor-
version des gleichen Themas, die 1504 zum Gedenken an den gleichsam
mit der Steinschleuder errungenen Triumph des Davids Florenz über den
Goliath der Mediceer-Herrschaft errichtet worden war. Bis 1545 und vermutlich schon seit 1504 war Michelangelos Riese »unter ein paar Goldblät-
tern verhüllt« worden.[39]

Humanistische Untersuchungen enthüllten die Vorliebe der alten Römer
für sexuelle Sujets, beispielsweise Suetons Beschreibung von Tiberius’
Lustpalast auf Capri. Verbesserte technische Fertigkeiten erweiterten das
Repertoire – und die Raffinesse – der plumpen obszönen Bilder, die aus
mittelalterlichen Konsolen und Bossenwerken gemeißelt waren.

Eine italienische Medaille trug Aretinos edles Profil auf der Vorderseite und
auf der Rückseite das Profil eines Satyrs, das nur aus Penissen und Hoden
bestand; ein ungefähr zur gleichen Zeit entstandener Stich von Hans Sebald
Beham zeigte ein lesbisches Liebesspiel. Einige von diesen Werken waren
überaus berüchtigt. Die Kupferstichserie mit sechzehn Liebesstellungen
von Raffaels Lieblingskupferstecher Marcantonio Raimondi sollten in Rom
vernichtet werden, aber heimlich davon angefertigte Kopien waren in ganz
Europa verbreitet. Einige Fassungen kursierten am Hof Heinrichs III. von
Frankreich in den achtziger Jahren des 16. Jahrhunderts, und Ben Jonson
spielte in seinen beiden Stücken *Volpone* (1605) und *The Alchemist (Der*

Alchimist, 1610) augenzwinkernd darauf an. Drucke wie die in den neunziger Jahren des 16. Jahrhunderts entstandenen Liebesszenen von Agostino Carracci, einem hochangesehenen Maler religiöser Werke, vermitteln
eine gewisse Vorstellung dessen, woran Henry Peacham dachte, als er 1612
beklagte, daß unanständige Kunst »öfter in den Läden verlangt wurde als
irgendeine andere«.[40]

Cardano, stets bemüht, das ausgeglichene Temperament zu propagieren,
riet in seinem 1550 erschienenen Buch den Gelehrten (»denn die Lebens-
geister werden durch Studium aufgelöst«), eine antiutopische Lebensweise
zu pflegen: »Es ist deshalb gut für sie, wenn sie mit schönen Mädchen
Umgang haben, Liebesgeschichten lesen sowie auch Bilder von schönen
Jungfrauen im Schlafzimmer aufhängen«.[41] Als der Lord in *Der Widerspenstigen Zähmung* (Einleitung, 1. Szene) sehen wollte, wie der betrunkene
und schlafende Christopher Sly reagieren würde, wenn er in einer luxuriösen Umgebung erwachte, wies er seine Diener an

Wirklichkeit oder Traum:
Frau mit der roten Lilie,
anon., um 1540

Edler Kopf, lasziver Sinn: Bronzemedaille von Pietro Arentino (British Museum, London)

> Tragt ihn behutsam in mein schönstes Zimmer
> Und hängt umher die lüsternen Gemälde.[42]

Wo man derartige Gemälde aufhängen sollte, darüber machte sich Giulio Mancini, der Autor des im frühen 17. Jahrhundert erschienenen Werkes *Considerazioni sulla pittura (Gedanken über die Malerei)* ernsthafte Gedanken. Halbwegs schlüpfrige Bilder, meinte er, sollten in Räumen hängen, die normalerweise nicht von Gästen aufgesucht würden, und ausgesprochen erotische Werke nur in reinen Privatzimmern.

Wenn man an diesen Hintergrund denkt (und an solche Details wie die nackte Frau, die der französische Hoftöpfer Bernard Palissy auf dem Boden einer Sauciere modellierte), kommt man nicht umhin zu erkennen, daß die vielen ebenmäßigen Nackten, wie Tizians *Venus von Urbino* und ihre Varianten oder Lukas Cranachs verschmitzt lächelnde, frontal dargestellte Venus-Figuren, eine ganz bestimmte Absicht verfolgten und wegen ihrer Wirkung begehrt waren.

Auftraggeber durchstöberten den internationalen Kunstmarkt, um ihre Gelüste zu befriedigen. In Frankreich gab es durchaus kompetente einheimische Maler, als Franz I. an Herzog Francesco Gonzaga von Mantua schrieb und ihn um »nackte Gestalten einer Venus« von Lorenzo Costa bat oder als Herzog Cosimo I. von Florenz ihm Bronzinos kühl provokante *Allegorie* schickte.

In Fontainebleau befriedigten Rosso und Primaticcio geschickt die dortige modische Vorliebe für verführerisch androgyne Figuren. Die wohlig sich selbst zur Schau stellende Gestalt des Argus in Paulus van Vianens versilberten Plakette von 1610 war ein virtuoser Versuch, der Nachfrage nach homosexuellen Bildern zu entsprechen.

Giovanni Paolo Lomazzo wiederholte in seiner kunsttheoretischen Schrift von 1584 die alte Binsenweisheit, daß die Kunst die Macht habe, Gefühle zu beeinflussen, und verwendete das in diesem Zusammenhang eher merkwürdige Wort »Weib« im Sinne von Ehefrau, als er erklärte, ein Gemälde könne »den Betrachter bewegen ..., eine schöne junge Frau zum Weibe zu begehren, wenn er sie nackt gemalt sieht«.[43] Denn die Ehe war ja gerade die Institution, die durch sexuelle Begierde am meisten gefährdet war. Wie wir gesehen haben, bemühten sich die Utopisten, diesen Achsnagel der Zivilisation besonders fest einzuschlagen oder als unbrauchbar herauszuziehen. Wie die Gewalt und die Sexualität war auch die unbeständige Ehe eine Tatsache des Lebens, für die man sich zunehmend ganz offen interessierte. Seit dem 14. Jahrhundert hatte sich der Kern aus Eltern und Kindern allmählich aus dem größeren Familienverband herausgelöst. Zu-

Offizielle Nacktheit: *Venus von Urbino,* Tizian, 1538 (Uffizi, Florenz)

Kühl und provokant: *Allegorie,* Agnolo Bronzino, um 1540
(National Gallery, London)

nehmend verstanden sich jene Menschen, die einigermaßen wohlhabend
waren und von anderen auch dafür gehalten wurden, in emotionaler wie
in finanzieller Hinsicht als getrennte Einheiten. Der wachsende Wohlstand
in den Städten führte zu einer größeren Mobilität – vom Land in die Stadt
und von einer Stadt in eine andere, die bessere Möglichkeiten bot –, die
ehrgeizige Menschen aus dem seßhaften Familienverband hinaustrieb und
ein eigenes Haus beziehen wie ein selbständiges Leben führen ließ. Diese
Tendenz wurde von den Behörden noch gefördert, die es aus steuerlichen
Gründen und wegen der Verpflichtung zum Arbeits- und Militärdienst ganz
praktisch fanden, mit getrennten »Herden« oder Haushalten rechnen zu

Homoerotisches Bild: *Merkur und Argus,* versilberte Platte von
Paulus van Vianen, 1610 (Rijksmuseum, Amsterdam)

können. Außerdem ging von den Kirchen beider Konfessionen ein gewisser
Druck aus, den einst völlig ausreichenden weltlichen Ehekontrakt mit dem
zusätzlichen feierlichen Vollzug dieses Vertrags vor dem Altar zu vereinen.
All dies trug dazu bei, daß die Vorstellung von der Einzelfamilie Form
annahm.

Seit den dreißiger Jahren des 16. Jahrhunderts erschien eine wahre Flut
von Veröffentlichungen, die die Ehe idealisierten und sie mit allen möglichen Ratschlägen versorgten. Gleichzeitig machten sich Kunst und Literatur darüber lustig: in Motiven von männlicher Untreue, von zügellosen
Frauen, die ihren Männern Hörner aufsetzten, vom Krieg der Geschlechter,
die innerhalb der Mauern der Ehe miteinander um die Oberherrschaft
kämpften. Shakespeares junge Heldinnen (Rosalinde in *Wie es euch gefällt,*
Katharina in *Der Widerspenstigen Zähmung,* Beatrice in *Viel Lärmen um
nichts*) spielen die flinkzüngigen Spiele ihrer letzten Tage in Freiheit vor
einem Publikum, dessen Ehen wohl nicht so kurzweilig und sicher waren
wie die der lustigen Weiber von Windsor. Nach der Hochzeit, wie Zeichner
ebenso wie Schriftsteller mit nimmermüdem Schwung zeigten, entbrannte
der Kampf darum, wer die Hosen anhaben würde, und dann kam der
Augenblick, da feurige Wortgefechte in Nörgelei umschlugen, aus verba-

lem Schlagabtausch physische Schläge wurden. In Hans Sachs' Stück *Ein kürtzweylig fasnachtspiel von einem bösen weib* von 1551 raunt ein Nachbar einem Ehemann ins Ohr, der völlig unter dem Pantoffel steht:

> So nimb an dich eins mannes mut!
> Sie würd zu-letzt gar auff dir reyten
> Und würd dir noch in kurtzen zeyten
> Bruch, daschen und das messer nemen,
> Das müssen wir uns für dich schemen.
> Des laß ir nicht zu lang den zügel,
> Sondern nimb einen aichen prügel
> Und schlag sie waidlich zwischn die ohren![44]

Eine derartige Bitterkeit, wie sie sich auch in einer endlosen Reihe von ehelichen Auseinandersetzungen vor Gericht äußerte, rief die Moralisten auf den Plan.

Dabei blieb vermutlich der Prozentsatz der Ehen, in denen sich beide Partner geborgen fühlten und einander unterstützten, unverändert. Aber das neuerwachte öffentliche Interesse an unglücklichen Ehen beruhte nicht nur auf dem jahrtausendealten Mißtrauen gegenüber Eva, die den ursprünglichen Zustand der Unschuld gestört hatte, sowie auf der Abneigung von Zölibatären gegenüber den natürlichen Funktionen des weiblichen Körpers, sondern auch und vor allem auf tatsächlichen Problemen, die es in diesen Ehen gab. Gut fünf Prozent der Mütter starben im Kindbett. Nachdem sie genügend gesunde Kinder zur Welt gebracht hatten (die Rate der Säuglingssterblichkeit war etwa genauso hoch), die für ein zusätzliches Einkommen sorgten, wenn sie größer wurden, und bei den Wohlhabenden die Nachfolge sicherten oder sich gut verheiraten ließen, stellte jede weitere Empfängnis für die weniger Begüterten ein praktisches Problem dar. Konnte man sich dieses Kind überhaupt leisten, insbesondere wenn es ein Mädchen sein sollte, in einer Welt, in der es mehr Frauen als Männer gab (ein Problem, das sich durch die Abschaffung von Frauenklöstern in protestantischen Ländern noch verschärfte)? Auch wenn man alle möglichen Methoden zur Empfängnisverhütung anwendete – gegenseitige Masturbation, Coitus interruptus, Coitus per anum, die Verwendung von Pessaren zweifelhafter Herkunft, Urinieren unmittelbar nach dem Geschlechtsverkehr, ausgedehntes Stillen –, so waren doch alle potentiell unsicher und weckten bei den Frommen oder schlicht Abergläubischen Schuldgefühle. Die Abtreibung wurde weithin praktiziert. Sie verlief oft erfolgreich, wurde aber als Sünde gefürchtet, bei der selbst der großzügigste Priester oder Geistliche nur ungern die Absolution erteilen wollte, und außerdem hatte es sich herumgesprochen, daß damit körperliche Risiken verbunden waren. Unerwünschte Babys konnte man auch töten, durch Vernachlässigung oder – um den gängigen umgangssprachlichen Ausdruck zu verwenden – »Darauflegen«, das heißt durch Erdrücken im engen Ehebett. Üblicher war es, und traurigerweise nahm dies immer mehr zu, Säuglinge auf die Stufen vor Klöstern und Waisenhäusern abzulegen, aber selbst das war kein Ausweg, dem soeben schwanger gewordene Frauen gelassen entgegensehen konnten.

Nachwuchs war eine Belastung für die Ehe, und dies nicht nur für Menschen, die in bedrückenden Verhältnissen lebten – für die Wohlhabenden war er mit einer Mitgift für Töchter und der Teilung des Erbes verbunden. Das erklärt möglicherweise den hohen Anteil jener, die ledig blieben – etwa zwanzig Prozent im protestantischen England, wo die Geistlichen heiraten konnten und es keine Nonnenklöster gab. Üblich war die Hinauszögerung der Hochzeit bis zum Alter von dreiundzwanzig bis fünfundzwanzig Jahren bei Frauen und achtundzwanzig bis dreißig Jahren bei Männern. So hatten die Männer Zeit, für einen eigenen Hausstand zu sparen und, wenn es sich um Handwerker handelte, Meister zu werden, und zugleich wurden durch die kürzere Ehezeit auch die fruchtbaren Jahre der Frau weniger. Ein solches Hinausschieben konnte zwar die Ehe festigen, aber der hohe Anteil von Junggesellen und unverheirateten jungen Frauen vervielfachte die sozialen moralischen Probleme, die durch verbotenen Geschlechtsverkehr und den damit verbundenen Klatsch entstanden. In katholischen Ländern standen Stiftsklöster jenen jungen Frauen offen, deren Familie sich die Aufnahmekosten leisten konnte. Aber überall blieb einem gewissen Prozentsatz von Mädchen und jungen Frauen nur noch die Prostitution als einziger Ausweg.[45] An Orten, wo die Erbfolge auf die ältesten Söhne überging, bestand das Problem sogar noch verschärft. Gut fünfzig Prozent von Venezianern aus gutem Hause blieben unverheiratet, um das Familienvermögen zu sichern. So überrascht es nicht weiter, daß dort die Zahl der Prostituierten (und parallel dazu die Strafe für den aktiven Partner in homosexuellen Beziehungen) besonders hoch war.

Damals glaubte man, daß die Ordnung des Gemeinwesens gestört wird durch die Gewalt – und in einem weniger meßbaren Ausmaße – durch die Sexualität sowie durch einen weiteren Aspekt der menschlichen Natur, der eine gesteigerte Unruhe auslöste: durch die Neigung des Menschen zur Trägheit. Jeder in einem Utopia mußte um des Gemeinwohls ebenso wie um seines eigenen Seelenheils willen arbeiten. Eine vernünftige Arbeitsteilung würde zwar die Arbeitszeit verkürzen – für More auf sechs Stunden,

Hendrick Goltzius, *Liebesheirat gegen Geldheirat*

im *Sonnenstaat* Campanellas sogar auf vier –, aber die mittelalterliche
Verdammung des Lasters der Faulheit stand weiterhin als Leitprinzip
hinter der Überwachung von Arbeit und Freizeit in idealen Gemeinschaften. Das Problem war brennend aktuell. Während die Kanzelredner ständig
auf den Teufel verwiesen, der sich um die Trägen kümmere, diskutierten
weltliche Gelehrte über den richtigen Nutzen des *otium*, der Muße, die
eines der Geschenke des seßhaften, zivilisierten Lebens war, und die
Behörden bemühten sich zuweilen in panischer Verzweiflung, mit einem
doppelten Problem fertig zu werden: der Arbeitslosigkeit und den Schwierigkeiten, die die Arbeitsscheuen bereiteten.
Die Debatte über den Nutzen der Mußezeit inspirierte etwa Matteo Bandellos fiktives Porträt der wohlhabenden und sinnlichen Zanina, die den
ganzen Tag im Bett blieb und das *Dekameron* und Ariosts *Rasenden Roland*
las: Heldentaten und traumhafte Liebesabenteuer. Die Novellen und Komödien des 16. Jahrhunderts weisen ein beachtliches Personal von fragwürdigen Gestalten auf, die teilweise aus der klassischen Literatur übernommen wurden: der Parasit, der dank seiner Schlauheit von anderen lebt;

der bramarbasierende Soldat, der zu feige ist zu kämpfen; aufgeblasene Schulmeister, die sich nie die Mühe gemacht hatten zu studieren; hochstapelnde Ärzte, die ihre Referenzen gefälscht haben; Zuhälter, die von ihren Frauen leben; träge Bedienstete; falsche Astrologen, die sich die Ängste der Dummen zunutze machen; Bettler. Ihnen allen gemeinsam war das Motto, das ihnen ein spanischer Autor zuschrieb: »Wir wollen leben, ohne zu arbeiten.«[46]

Die größten Sorgen bereiteten die Bettler. Sie bildeten den städtischen Untergrund, der eine eigene Hierarchie und Arbeitsteilung aufwies: Da gab es diejenigen, die Verwundungen und Verletzungen vortäuschten; andere führten Banden von aufdringlichen Jungen und zwölfjährigen Flittchen; scheinbar andächtige Kirchgänger betätigten sich als Taschendiebe; andere begaben sich auf eine Pilgerreise, angeblich zur Buße für eine ungewollte Sünde, was die Herzen potentieller Opfer rührte. Die Baseler Behörden zählten fünfundzwanzig verschiedene Kategorien auf. Ein Londoner Friedensrichter beschrieb eine Schule für Taschendiebe wie in *Oliver Twist*. Zuweilen schienen die Bettler mit ihren Verbrechen und ihrem aufdringlichen Lärm die Sicherheit zu bedrohen, die das mühsam errungene zivilisierte Leben bot. Bürger von Lyon beklagten sich nur über bettelnde Kinder, die vor Hunger und Kälte jammernd und johlend Tag und Nacht durch die ganze Stadt zogen und mit ihrem unglaublichen Krach in den Kirchen die Andacht der Menschen störten: »… ach, was für eine Unordnung, was für ein Kummer und Skandal«.[47] Und fast genauso beunruhigend war die in ganz Europa verbreitete Sucht ehrbarer Bürger, über die Tricks und üblen Gewohnheiten dieses Abschaums zu lesen, der sie bedrohte. Besonders reichhaltig war die Literatur über das Leben im Londoner Untergrund, und der Spanier Francisco de Quevedo ging in der »Vorrede an den Leser« zu seinem um 1603 entstandenen Roman voller unbekümmert herzloser Gewalt, Fäkalsprache und gerissenem Ausbeutertum, *Der abenteuerliche Buscón*, höchst freimütig auf dieses Leserbedürfnis ein:

> Hier wirst Du auf jede Art von Spitzbüberei stoßen (an der, wie ich vermute, sich die meisten ergötzen), auf Spitzfindigkeiten, Betrügereien, Erfindungen und Weisen, dem Müßiggange entsprungen, um auf gaunrische Art zu leben; und nicht wenig Nutzen wirst Du daraus ernten können, wenn du auf die Warnungen durch andrer Beispiele aufmerksam bist. Tust Du dies nicht, so halte Dich wenigstens an die Moral von der Geschichte, denn ich zweifle, daß einer ein Buch mit Schwänken kauft, um die Anregungen seines verderbten Sinnes zu unterdrücken. Es sei indes, wie Du willst, gib ihm nur Deinen Beifall,

den es wohl verdient; und wenn Du lachst über seine Einfälle, so lobe den Geist dessen, der einzusehen weiß, daß es mehr Vergnügen macht, Leben von Spitzbuben, mit Zierlichkeit geschrieben, kennenzulernen als andre Erfindungen von größerem Gewicht.[48]

Was diese Aspekte des undisziplinierten menschlichen Instinkts – Aggressivität, Libido und Trägheit – miteinander verband, war ihre psychische Brisanz. Die Angst vor Mißernten oder anderen Anzeichen einer drohenden Katastrophe oder göttlichen Strafe wurden durch Marktklatsch, Hausierer und selbsternannte Wanderprediger in ein paar Wochen in ganzen Regionen verbreitet und verwandelten hysterische Massen in einen Mob, der nach Sündenböcken suchte: Wirte und Kaufleute, die höhere Preise verlangten, die Gott beleidigenden Juden, die vom Teufel besessenen Hexe. Im Jahre 1596 rief ein Yorker Priester in seiner Predigt zu Gebeten und reuevoller Buße auf: »Im Juli war es bei uns wie im Februar, im Juni sogar wie im April ... Die Jahreszeiten sind auf den Kopf gestellt ... Unsere Sommer sind keine Sommer mehr, unsere Ernten keine Ernten.«[49] Für seine Gemeinde lag das völlig auf der Hand. Schließlich gab es kaum jemanden, der nicht die jährliche astrologische Voraussage las oder sich vorlesen ließ, die in den billigen Almanachen standen, die seit der Einführung der Druckerpresse fast die am weitesten verbreiteten Druckerzeugnisse darstellten – bis zu dem Jahr, in dem jene Predigt gehalten wurde, gab es sie beinahe in jedem dritten englischen Haushalt. Diese Voraussagen waren zwar oft falsch, und man wußte dies auch; denn über den berechenbaren Bewegungen der Planeten thronte ein Gott, der selbst abschätzte, wann und wo die Sündhaftigkeit des Menschen mit einem Sommer bestraft werden mußte, der keiner war. Aber der Almanach, der neben seinen Wetterprognosen auch mit Erklärungen über die Bedeutung von Omen – wie Kometen und Sternschnuppen, eine Viehseuche, eine Mißgeburt, die halb Mensch, halb Schwein war – aufwartete, besaß in schwierigen Zeiten die Macht, die Ängste vor rationalen wie irrationalen Phänomenen zu vergrößern.

Der wirkliche oder vorsorgliche Glaube an astrologische Einflüsse wie an das geheimnisvolle Wirken eines strafenden Gottes war unter Arm und Reich, bei den Dummen wie den Gebildeten gleichermaßen verbreitet. Der strenge Feldherr und Truppenunternehmer Wallenstein (1583–1634) trug ein Amulett mit astrologischen Zeichen. In Zeiten des Mangels oder im Krieg forderten Regierungen regelmäßig die Kirchen auf, Buße zu predigen und Prozessionen der Frommen zu veranstalten, um Gottes Gnade zu erflehen wegen irgendwelcher Missetaten (Sodomie, Blasphemie, unregelmäßiger Kirchenbesuch, fehlende Fürsorge gegenüber den Armen und Notleidenden), die es wiedergutzumachen galt. Die kultivierten Menschen bildeten sich ein, sie befänden sich eher in einem geheimen geistigen Einverständnis mit dem Zauber der astrologischen Voraussage, statt ihm abergläubisch gottergeben ausgeliefert zu sein. Anders verhielt es sich mit Omen und Zeichen. Kritische Historiker sahen einen Zusammenhang zwischen Kometen und Blitzen und dem Tod von Fürsten und militärischen Niederlagen. Der Patrizier Marino Sanudo schilderte in seinem Tagebuch eine seiner Meinung nach bezeichnende Episode, die sich 1509 in Venedig abspielte. Das Heer der Republik hatte eine Niederlage erlitten. Der Große Rat mußte diese Nachricht »verdauen«. Das Ganze zog sich in die Länge, denn man stand vor komplizierten Problemen mit fürchterlichen Folgen. Nach etlichen Stunden rutschte der ältliche Doge, der die Versammlung leitete, von seinem Thron, weil er austreten mußte. Man schüttelte den Kopf über diesen noch nie dagewesenen Verstoß gegen den bürgerlichen Anstand. Schließlich gab nur der Plebs dem Blasendrang nach, nicht aber der Weise, ganz zu schweigen ein Staatsoberhaupt. Man sah darin ein Omen für noch größere Katastrophen, die sich ereignen würden.

Menschen, die kaum eine Schulbildung genossen hatten, waren nicht imstande, die offenkundigen Ungerechtigkeiten des Lebens zu begreifen, wie es ihnen von den Theologen erklärt wurde, und betrachteten daher das Leben von einer traditionellen und empirischen Warte – Glück und Unglück des einzelnen, gute und schlechte Jahre für Ernten und Vieh, Gesundheit und Epidemien unter den Menschen. Dies alles entzog sich der Berechnung. Unter solchen Umständen waren geziemendes Verhalten und das Gebet weniger von Bedeutung als die Sühne. Heilige spielten in der Phantasie der Ungebildeten eine größere Rolle als Christus, denn schließlich schützten sie die Orte, an denen sie gestorben waren, oder das Handwerk und den Handel, dem sie vor ihrem Martyrium nachgegangen waren. In einem Witz aus dem späten 15. Jahrhundert betet ein Mann, dessen Sohn nach einem Unfall zu sterben droht, zu einem Gemälde, auf dem der zwölfjährige Jesus mit den Schriftgelehrten diskutiert. Als der Junge dennoch stirbt, wendet sich der enttäuschte Bittsteller an das Bild und erklärt: »Ich verspreche dir, daß ich nie wieder etwas mit dir oder mit anderen Kindern zu tun haben will, denn wer sich auf Kinder einläßt, kann nichts anderes als kindisches Verhalten erwarten!«[50] Diesen Witz erzählte man sich unter gebildeten Menschen. Aufschlußreich daran ist, daß man offenbar einem Großteil der Bevölkerung unterstellte, von der Religion direkte Lösungen bei persönlichen Krisen zu erwarten. So kam es vor, daß Bilder, die die in sie gesetzten Erwartungen nicht erfüllten, in Flüsse geworfen oder ausgepeitscht wurden. Soldaten wandten sich an die Heiligen Georg oder Andreas, potentielle Pestopfer an den heiligen Sebastian oder den heiligen Rochus, Flickschuster an den heiligen Crispin, Frauen im Kindbett an die heilige Margarete, Reisende an Christophorus. Immer wieder versuchte man mit religiösem Gefühl, das in Augenblicken der Qual aufflammte, das anzurufen oder zu berühren, was das Göttliche am ehesten zu verkörpern schien. Diese tröstliche Kraft hatten natürlich auch Reliquien, allerdings weniger so esoterische, selbst den Glauben der Ungebildeten überfordernde, wie das Nachthemd der Madonna in Aachen oder das Wasser in Kairo, in dem sie die Säuglingskleidung von Jesus gewaschen hatte, oder seine Vorhaut, die ihm bei der Beschneidung entfernt worden war (Calvin, der eigentlich nicht viel herumgekommen war, hatte immerhin drei Stück gesehen) – mehr versprach man sich von Knochensplittern, Fingernägeln und Haaren, die ungehindert den Strom der Hoffnung zwischen dem Andächtigen und dem Schutzheiligen leiteten, ob es sich dabei nun um einen Heiligen aus dem Kalender oder um einen örtlichen Märtyrer handelte, der kaum über einen Umkreis von ein paar Quadratkilometern hinaus bekannt war.

So sehr dies auch ein Zeichen für Unwissen und Irrationalität war – ein derartiger Aberglaube war weit verbreitet. Fürsten sammelten Reliquien. Kurfürst Friedrich, der Schutzherr Luthers, besaß über 19 000, darunter ein Stück vom brennenden Dornbusch und etwas Ruß aus Daniels Feuerofen. Man bewahrte sie in Kathedralen in Reliquiarien auf, die mit vergoldetem Silber beschlagen und mit Juwelen verziert waren. Die Angst machte alle gleich, auch wenn gebildete Menschen Reliquien nur für alle Fälle verehrten, während die verängstigten Armen alles darauf setzten. Etwas ähnlich Verbindendes über soziale Grenzen hinweg besaßen vorreformatorische Pilgerfahrten. Gebildete Menschen verknüpften diese Bußfahrt mit einer lebhaften intellektuellen Neugier für die Szenen und Verhaltensweisen, die sie unterwegs erlebten, und begaben sich nur selten aus reiner Verzweiflung auf eine Pilgerreise – im Gegensatz zu zahllosen einfacheren Menschen.

Um 1520 hat ein Künstler die Anfälle der frommen Verzückung dargestellt, in der sich viele Pilger vor der wunderwirkenden Marienstatue in Regensburg wanden. In jenem Jahr hatten einheimische Kunsthandwerker 109 108 tönerne und 9763 silberne Andenken an die Statue produziert – für die einen ein Souvenir, für die anderen ein Talisman von immerwährender Beruhigung. Wir können heute nicht mehr ermessen, wie weit der Katholizismus und der Protestantismus in ihren Bemühungen gingen, Männern und Frauen die »abergläubischen« Tröstungen in widrigen Zeiten auszu-

Pilgerfahrt zu Unserer Lieben Frau von Regensburg, Holzschnitt von Michael Ostendorfer, 1520 (Germanisches National-museum, Nürnberg)

treiben, noch in welchem Ausmaße sie durch den Rückgriff auf Zauberfor-meln und vorchristliche Schutzgeister ersetzt wurden oder wie weit die Reform beider Glaubensrichtungen die Schwelle senkte, über die die Unruhe in die Seele einkehrte. Sicher ist nur, daß der Aberglaube, im Sinne einer Hingabe gegenüber dem Irrationalen, nur verschoben wurde.

Ein frommer italienischer Apotheker schilderte im Jahre 1509, wie ein Verkäufer von Glücksgebeten in einen Backofen kroch und unversehrt wieder herauskam, während der Teig, den er mit hineingenommen hatte, fertiggebacken war. »Und ich sage, unter allen Dingen, die ich je gesehen habe ..., war kein größeres Wunder denn dieses«, bemerkte der Tagebuch-schreiber, fügte allerdings vorsichtig hinzu: »... falls es ein Wunder ist.«[51] Ohne die geringste Spur von Skepsis berichtete der Lutheraner Sastrow, wie ein Küchenmädchen seiner Mutter unvermittelt mit Kochtöpfen und Bratpfannen um sich warf, während sie kreischte: »Ich will heraus!« Sie sei natürlich, fuhr Sastrow fort, »von einem bösen Geiste beseßen« gewesen.

Und dafür gebe es auch eine ganz natürliche Erklärung: »Ihre Mutter ...
hatte auf dem Markte einen frischen Käse gekauft und denselben in den
Schrank gesetzt. In Abwesenheit der Mutter war die Magd, ihre Tochter,
an den Schrank gekommen und hatte von dem Käse wol gegeßen. Als nun
die Mutter gesehen, daß jemand beim Käse gewesen war, hatte sie dem
den bösen Geist in den Leib geflucht. Seitdem war er in die Magd gefahren
und hatte darin übel hausgehalten.«[52] Franz I. soll angeblich den göttlichen
Segen, der seiner Krönungszeremonie innewohnte, dazu benutzt haben,
die Köpfe von fast 17 500 Untertanen zu berühren, die vor ihm niederknie-
ten und sich von ihrer Skrofulose heilen lassen wollten, einer chronischen
Schwellung der Lymphdrüsen. Englische Könige, und zwar Katholiken
ebenso wie Protestanten, taten es ihm gleich – von Eduard IV. bis Jakob I.,
ja noch bis zu Königin Anna. Der calvinistische Intellektuelle Jakob ließ
sich dazu mehr aus Ehrerbietung vor einem traditionellen königlichen
Attribut herbei als aus dem Aberglauben heraus, daß er tatsächlich seine
Untertanen heilen könnte. Doch gleichzeitig war er ein überzeugter
Hexenjäger.

Der Glaube, daß gewisse Personen dank ihrer Hingabe an Satan nicht nur
so bösartige Tricks beherrschten, wie Milch gerinnen zu lassen, Unwetter
herbeizurufen und Männer impotent zu machen, sondern auch die Wel-
lenlängen zu stören, auf denen Gott mit der Menschheit kommunizierte,
war jahrhundertealt. Als Beispiel für die Art und Weise, wie die Ketzerei
den wahren Glauben verderben konnte, hatte man schon im 15. Jahrhundert die Hexerei definiert und mit Strafen belegt, die von der einfachen
Buße bis zur Todesstrafe reichten. Aber erst seit dem 16. Jahrhundert stieg
die Zahl der Opfer rapide an: Über 100 000 Menschen wurden in ganz
Europa umgebracht – allein achtzig Prozent Frauen, die als Witwen oder
alte Jungfern in ihrer Gemeinde lebten. Montaigne tat sich leicht zu
erklären: »... man hält seine Muthmaßungen allzu hoch, wenn man Menschen darüber verbrennen läßt«[53], aber jene, die Hexen anzeigten, unter
der Folter befragten und verbrannten, waren durchaus nicht der Meinung,
daß Satans Gabe, sich Komplizen zu suchen, eine Frage von Vermutungen
sei. Dies gehörte vielmehr zu seiner Rolle als Feind Gottes und als Verder-
ber Seiner Schöpfung.

Vermutlich ist es kein Zufall, daß die Hexenverfolgung zunahm, während
die Kirchen andere Hausmittel beschnitten, um mit den Unwägbarkeiten
des Lebens zurechtzukommen. Es war eben zu verlockend, einen unbe-
liebten Nachbarn statt einen unbotmäßigen Heiligen für die Krankheit
eines Kindes oder eines Pferdes verantwortlich zu machen. Darüber hinaus
bekundete man seine Solidarität mit der neuen, disziplinierten Orthodoxie

Hexensabbat,
Zeichnung von Urs Graf,
1514 (Albertina, Wien)

beider Glaubensrichtungen, wenn man eine Nachbarin der Hexerei be-
schuldigte, denn diese Solidarität könnte ja das Ansehen des Denunzianten
mehren.

Viele, wenn nicht gar die meisten Anschuldigungen beschränkten sich auf
diese persönliche und lokale Ebene, und Jakob I. brachte in die ziemlich
legere englische Form des Protestantismus den engstirnigeren und eher
autoritären Calvinismus seiner Heimat Schottland ein, wo Hexen mit einer
Entschlossenheit aufgespürt worden waren, die seinem neuen Königreich
fremd war. Anderswo gab es allerdings wahre Massensäuberungen.
Zwischen 1587 und 1593 wurden in und um Toulouse 368 Menschen als
Hexen verbrannt. 1611 und 1612 wurden in der süddeutschen Kleinstadt
Ellwangen 260 Hexen umgebracht. In einigen Fällen mußten sie – wie die
Juden – als Sündenböcke für katastrophale Nahrungsknappheit herhalten.
An einigen Orten (wie in Ellwangen) führte eine hausgemachte Panik dazu,
daß die Anschuldigungen ins Monströse wuchsen und zudem durch

alptraumhafte Vorstellungen genährt wurden, wie Hexen zu ihrem Sabbat durch die Lüfte flogen, bei diesen Versammlungen untereinander und mit ihren Teufelsmeistern sexuell verkehrten und Anschläge gegen anständige Männer und Frauen ausheckten. Angst erzeugte neue Angst und vergiftete eine Atmosphäre, in der einige der Beschuldigten tatsächlich glaubten, sie seien wegen ihrer Sünden von Satan erwählt worden, und freiwillig ihre Strafe über sich ergehen ließen.

Andere Ausdrucksformen einer verbreiteten nervlichen Labilität wurden als politische Aufstände behandelt, die sich daraus zuweilen tatsächlich, wenn auch unfreiwillig entwickelten. »Anno domini 1476«, berichtete der bayrische Chronist Georg Widman,

> hat sich im dorff Nicolaushauszen in der graffschafft Wertheimb am flusz Tauber ligendt ein hirt, ein pauckenschläger erhebt und [gesagt, daß] were Teutschlandt in groszer sündt und übermuth; wo sie nicht busze thetten und davon abstünden, würdte Gott in kurtzen Teutschlandt undergehen laszen. Solches hette ihme die mutter Gottes ... geoffenbahret und zue predigen befohlen. Also wurdte gen Nicolaushauszen in solche kirchen im nahmen Unnszerer Lieben Frawen ein groszer zuelauff unndt gantz Teutschlandt bewegig. Da lieffen die roszhiertten von ihren pferdten die zäume in händen tragendt, die schnitter mit ihren siechelln vom schnitt, die häwerinn mit ihren rechen von den wiesen, die weiber von ihren ehemännern, die männer von ihrn weibern etc. Der wein war ein jahr davohr wohl gerathen, gutt und wollfail. Da wurdten umb der mänge desz volckhs bey zwo meyllen umb Niclaushauszen im feldt unndt uff der straszen tabernen ufgeschlagen.

Der Trommler predigte gegen die sündig übertriebene Kleidung, und so gab es »frawen undt mannen, derer viel ihre kleider nackendt bisz an das hembt auzzogen, in die kirch warfen und davon zogen«. Er predigte auch »hefftig wider die obrigkeit, clerisey« und »so lang wider die pfaffheith, dasz die wallende unnder andern ihren creutzlieden offentlich sunngen«:

> Wir wollens Gott vom himmel clagen,
> kirie eleyson,
> Das wir die pfaffen nicht zue todt sollen schlagen,
> kirie eleyson.

Als der Fürstbischof von Würzburg davon hörte, der auch politisch über die

Stadt herrschte, sandte er Truppen aus. Viele Bauern wurden getötet oder gefangengenommen. Der Chronist berichtete auch davon:

> Dasz verursachte, dasz ... vil gefangen undt zue Würtzburg thürrn unndt gewölbe voll lagen. Seindt doch folgendts auszgebetten, ohne der bauckhenschläger sambt andern zweyen oder dreyen seindt zue pulver verbrandt undt ihre aschen, aberglauben zu verhütten, in den Mayn gestrewet worden. Dannoch haben etliche dieszes bauckhers anhänger bey nächtlicher weyll an dem orth, da er verbrandt worden, die erde auszgraben und allsz ein heiligthumb heimgetragen.

Als sich diese spontane Impulsivität verbreitete und die davon Erfaßten politische Slogans von sich gaben, versetzte das natürlich jene Menschen in äußerste Unruhe, die bereit waren, die Werte der Zivilisation zu verteidigen, nach denen sie ein bestimmtes Verhalten als rational oder irrational einstuften. Und sie selbst hielten sich für Bewohner eines Archipels der Vernunft und einer gerechtfertigten Privilegiertheit inmitten eines gewaltigen Ozeans von instinktbedingter Gewalt und Begehrlichkeit, verkörpert in der Bauernschaft, die die überwältigende Mehrheit der Bevölkerung in Europa darstellte.

Auf einem holländischen allegorischen Druck von 1550 – aus einer Serie, in der die Gesellschaft als ein Pferd dargestellt wird, die von der Vernunft nicht gezähmt ist – wird Justitia von ihrem bockigen Hengst abgeworfen. Über ihrer stürzenden Gestalt befindet sich die Inschrift: »Gute Gerechtigkeit will die närrische Welt reiten, aber die läßt dies nicht zu.« In seiner Prosaromanze *Arcadia* schilderte Sir Philip Sidney, was geschah, als die unvernünftige Bevölkerung über ihr eigenes Geschick selber bestimmen durfte. Die armen Städter wollten billigeres Getreide und billigeren Wein haben, aber »die Bauern und Winzer waren dagegen. Die Landleute verlangten, daß ein jeglicher Mann frei sein [die Rechte von Stadtbürgern haben] solle in den Hauptstädten. Das wollte der Bürger wiederum nicht haben. Die Bauern wollten alle Edelleute beseitigen; die Stadtbürger waren damit zufrieden, wenn sie umerzogen würden. Und auf beiden Seiten gab es ähnliche Unterschiede mehr.«[55] Typisch für die Ängste des Durchschnittsmenschen mit etwas Vermögen war der bittere Gedanke, den Jean de Saulx, Seigneur de Tavannes in seinen in den achtziger Jahren des 16. Jahrhunderts entstandenen Memoiren formulierte: Weil sie an einer rationalen Ordnung der Gesellschaft nicht interessiert seien, »wollen die Menschen nichts weiter als Gleichheit«.[56]

Von beachtlichen regionalen Ausnahmen abgesehen – wie Holland im

Gefallene Justiz: aus *Die Allegorie der Welt als ungezähmtes Pferd*, Maerten van Heemskerck, 1550 (Albertina, Wien)

späten 16. Jahrhundert, wo fast fünfzig Prozent der Bevölkerung in Städten oder in Dörfern am Rand von Städten lebte –, galt die ländliche Bevölkerung des Kontinents als das gefährlichste Element. Natürlich gab es Unterschiede – in finanzieller Hinsicht zwischen Bauern und Landarbeitern, bei den einzelnen sozialen Rollen (etwa in der Infrastruktur von Gutsverwaltern, Inspektoren und Renteneinnehmern, die den Arbeiter mit dem Gutsherrn verbanden) und bei den jeweiligen Beschäftigungen: ländlicher Klerus, Wagenbauer, Müller, Schmiede, Spediteure, deren Planwagen und Maultiere die Erzeugnisse auf den Markt brachten, die reisenden Kommissionäre, die Kredite gegen die Sicherheit von Bauernhöfen und landwirtschaftlichem Gerät sowie auf den Verkauf der unreifen Feldfrüchte vermittelten. Auf dem Land lebten viele, die arm, aber keine Bauern waren. Um 1620 schilderte Tristram Risdon das Leben des einfachen Zinnbergmannes in Devon und Cornwall: Sein »Gewand ist grob, seine Nahrung karg, sein Logis hart, sein Getränk ist Wasser, und da er keinen Becher besitzt, trinkt er es gewöhnlich aus seinem Spaten oder seiner Schaufel. Sein Leben spielt sich unter Tage ab ... und ist ständig in Gefahr, weil die

Erde über seinem Kopf an verschiedenen Stellen mit Holz verschalt ist,
damit dieselbe nicht herabfällt«.[57] Überall, wie in Friesland oder in Tirol,
hatten bäuerliche Freisassen einen Vertreter, der für sie im örtlichen
Gemeinderat saß. Auf Städter allerdings wie auf jene gebildeten Angehörigen der Gutsherrenschicht, deren wirtschaftliche und administrative
Rolle sie in Städte und an Höfe führte, konnte das Land in schlechten Zeiten
ohne weiteres wie eine Wildnis wirken, in der nur unwissende, schwer
schuftende, aber potentiell rebellische »Bauern« lebten. Weder der in der
Stadt lebende Grundbesitzer, der mit seinen ländlichen Pächtern auf ver-
trautem Fuße stand, noch der Landadelige, der die Familien, von deren
Arbeit er lebte, bestens kannte, konnten der Versuchung widerstehen, die
von ihnen Abhängigen als Wilde im Bauernkittel zu sehen.

Luther, der Sohn eines ländlichen Bergmannes, wandte sich gegen die
»Bauern« als Klasse, als sie in Süddeutschland die gesellschaftliche Hierarchie bedrohten, auf die er zur Durchsetzung seines Reformprogramms
angewiesen war. Erasmus, der trotz aller Romantisierung des Psalmen
singenden Landmannes vermutlich nie einem begegnet war, ermahnte
seine jungen Leser, die als zivilisiert gelten wollten, sich nur ja nicht die
unkultivierte Primitivität von Bauern zum Beispiel zu nehmen, die sich die
Nase an der Kleidung abwischten. Der spanische Rechtsgelehrte Francisco
de Vitoria machte, wie wir gesehen haben[58], seine Leser darauf aufmerksam, daß wir zwar vielleicht die Gewohnheiten von Nichteuropäern verur-
teilen, doch »selbst bei uns finden wir viele Bauern, die sich kaum vom Vieh
unterscheiden«. Städter machten sich in einer Flut von Witzen über die
Bedrohung lustig (und distanzierten sich damit zugleich davon), die ihrer
Minderheit aus dem gewaltigen Reservoir ländlicher Außenseiter erwuchs,
denn als immer mehr Menschen vom Land sich in der Stadt nach Arbeit
umsahen und immer mehr Kaufleute ihre Investitionen verteilten oder
ihren gesellschaftlichen Status dadurch zu verbessern suchten, daß sie
Landbesitz erwarben, wurde man mit der Gestalt des Bauern zunehmend
vertrauter. Sebastian Brant beklagte dies im Jahre 1494:

> Das statt volck yetz von buren lert
> Wie es jnn boßheit werd gemert
> All bschyß yetz von den buren kunt
> All tag hant sie eyn nuwen funt.[59]

Auch wenn der naive Bauer in ein paar Anekdoten besser wegkommt als
der Städter (in Machiavellis *La Novella del diavolo che prese moglie – Die
Novelle vom Teufel, der eine Frau nahm* – legt ein Bauer sogar den Teufel

Belfagor herein) – meist aber dient er als Zielscheibe des Spotts. Da kehrt
ein Bauer aus der Stadt zurück und hat sich seinen Bart nur zur Hälfte
abrasieren lassen – stolz erzählt er, daß er den Barbier überlistet habe, weil
er ihm nur den halben Preis bezahlt habe. Eine Gruppe von Bauern bittet
einen Künstler um ein Bild von Christus. Als sie gefragt werden, ob sie ihn
lieber lebend oder tot abgebildet haben wollen, erwidern sie: »Lebendig,
denn wenn es uns nicht gefällt, wissen wir ganz genau, wie wir ihn töten
müssen.«[60] An solchen Witzen ist allenfalls die hochnäsige Verachtung
aufschlußreich, die in ihnen zum Ausdruck kommt. Die rauheren antibäuerlichen Gefühle der Italiener äußern sich in den Stücken, die der Paduaner
Angelo Beolco Mitte der zwanziger Jahre des 16. Jahrhunderts für das
vornehme Publikum in Venedig geschrieben hat (viele Zuschauer bezogen
ihr Einkommen von diesen Bauern, die sie auf ihren ländlichen Bauern-
hofen ausbeuteten), das über sein nur allzu realistisches Porträt ländlicher
Brutalität, Armut und Hoffnungslosigkeit lachen sollte. Eine Serie satiri-
scher deutscher Drucke aus dem frühen 16. Jahrhundert, die Bauern zeigt,
wie sie plump die Moden und Zerstreuungen der Vornehmen nachahmen,
wurde später in den Niederlanden aufgegriffen. Unter einem von Christoph
Murers antibäuerlichen Holzschnitten, die die ungebärdige Ausgelassenheit eines bäuerlichen Tanzes veranschaulichen, befindet sich folgende
Inschrift: »Wie der Hof von der Schafhürde unterscheidet sich auch der
Höfling von den Bauern. Dieser derbe Rundtanz wird dies euch gleich
zeigen. Aber darin äußern sich eben die verschiedenen Seiten des Lebens.«
Shakespeares Sir John Falstaff (*Heinrich IV.*, Erster Teil, IV, 2) äußerte sich
wegwerfend über die Bauerntölpel, die er verachtungsvoll für die Kriege
des Königs rekrutiert hatte – sie seien nur dazu geboren, erschossen zu
werden: »Futter für Pulver, Futter für Pulver; sie füllen eine Grube, so gut
wie bessere«.[61]
Weniger die Zahl solcher Stellen, als vielmehr ihre Schärfe, die von
Verachtung bis zum Haß reicht, vermittelt den Eindruck, daß die Städter
das Gefühl hatten, ihre Zivilisiertheit sei bedroht. In Osteuropa führte der
Umstand, daß die Großgrundbesitzer unabhängig, das heißt keiner effektiven Kontrolle durch den König oder den Zaren unterlagen, sowie die
Tatsache, daß sie praktisch das Monopol über die örtliche Polizei und
Gerichtsbarkeit besaßen, zu einer unbarmherzigen Ausbeutung der Bauernschaft: Das Interesse galt allein dem höchstmöglichen Gewinn aus dem
Export der landwirtschaftlichen Produkte. In Polen nahm die Zeit, in der
der Bauer gezwungen war, für seinen Herrn zu arbeiten, statt für sich selbst
und seine Familie zu sorgen, im 16. Jahrhundert von einem Tag pro Woche
auf sechs zu. Da die Grundbesitzer auf der Einnahme von Renten in Form

Bauerntanz, Holzschnitt von Christoph Murer (Zuschreibung), 17. Jahrhundert

von Naturalien beharrten, war es den Pächtern unmöglich, irgendeine Preiserhöhung bei Produkten zu nutzen, die sie nicht für ihre eigene Familie brauchten. Ähnliche Veränderungen, die sich aus der Rückkehr zu den Zuständen der frühmittelalterlichen Leibeigenschaft ergaben, mußten die Bauern in Ungarn und Litauen erleben. In Siebenbürgen hatte ein Bauer nicht einmal den Sonntag für sich. Zum Frondienst verpflichtet, mit einem Reiseverbot belegt, weitgehend ohne Schulbildung und unwissend, arm und ohne Entschädigung den Peitschen- und Knüppelhieben seiner Aufseher ausgeliefert, galt der osteuropäische Bauer keinesfalls als Gefahr für die Lebensart hinter Burgmauern oder in der Stadt: Man sprach von ihm eher mit selbstbewußtem Ekel als mit dem Spott, hinter dem sich sonst die Unruhe verbarg.

Im Westen hatte, nach der großen Pest von 1348, die Nachfrage nach Landarbeitern in die entgegengesetzte Richtung geführt. Bauern wurden ihren ursprünglichen Herren abspenstig gemacht oder aus den Frondiensten entlassen, um sie zum Bleiben zu bewegen. Benachteiligt, aber dem Gesetz nach frei, waren die Bauern in der Lage, Land zu kaufen, sofern sie es sich leisten konnten, mit ihren eigenen Produkten und Tieren auf den Markt zu gehen, wenn auch nur in bescheidenem Maße, ja einigen war es sogar möglich, wenngleich nur für ein paar Jahre in der Kindheit, zur Schule zu gehen. Damit war der Bauer nicht nur für jene, die zwischen den

zahlreicheren Städten des Westens verkehrten, präsent und Gegenstand des Nachdenkens und Objekt einer bestimmten Kunst und Literatur, sondern er hatte auch selbst die Möglichkeit, sich sozial zu verändern. Einige wurden Priester. Andrea del Castagno, ein Bauernsohn, wurde immerhin vom Staat und von der Kirche beauftragt, Fresken in Florenz zu malen, und Konrad Celtis wurde ein einflußreicher Professor in Ingolstadt. Dieser Entwicklung war man sich durchaus bewußt, als sich seit dem späten 15. Jahrhundert die Situation der Bauernschaft in Teilen des Westens verschlechterte. Herkömmliche Grundbesitzer umzäunten Land für große Schafweiden; neue Landbesitzer aus der Kaufmannschaft setzten ihre Rechte durch und ignorierten alte Pachtverträge. Mit dem Elend der Bauern wuchs auch ihr Groll. Und einige Alarmglocken der Zivilisation waren so eingestellt, daß sie bei der kleinsten Veränderung ausgelöst wurden.

Neue Unsicherheiten

Inn allen landen ist groß schand
Keynen begnuegt me / mit sym stand
Nyemans denckt wer syn vorderen woren
Des ist die welt yetz gantz voll doren.[62]

Wer hier der guten alten Zeit nachtrauert, ist erneut Sebastian Brant, in seinem *Narrenschiff* von 1494. Immer wieder während des ganzen folgenden Jahrhunderts waren ähnliche Töne in einer reichhaltigen internationalen Klageliteratur zu vernehmen. 1587 beklagte sich William Harrison in seiner Beschreibung von England darüber, daß er angesichts von Männern mit Ohrringen und Frauen im Wams auf den Straßen von London sich verwirrt gefragt habe, »ob dies nun Männer oder Frauen gewesen sind«, denn »heute kommt es vor, daß Frauen Männer geworden sind und Männer sich in Monster verwandelt haben«.[63] Derartige Klagen darüber, daß die Zeit aus den Fugen sei, waren indes alles andere als neu. Bereits im 13. Jahrhundert verkündete ein lateinisches Lied: »Die Jugend will nicht mehr lernen! Das Wissen ist verkümmert! Die ganze Welt steht kopf! Blinde führen Blinde und stürzen sie in den Abgrund, Vögel fliegen, ehe sie flügge sind ... Was einst geächtet war, wird nun gepriesen. Alles ist aus den Fugen.«[64]

Eine ähnlicher Wunsch, sich an vergangene Traditionen zu klammern, statt eine Veränderung hinzunehmen oder gar herbeiführen zu wollen, lag nicht nur der Konstitution von Radom (»Nihil Novi« – nichts Neues) zugrunde, die der polnische Adel König Alexander I. aufnötigte, sondern war auch typisch für die Forderungen nach einer Rückkehr zu den alten Zeiten, die bäuerliche wie aristokratische Rebellen gegenüber einer Machterneuerung während des ganzen 16. Jahrhunderts in Europa erhoben. Ein Eroberer, schrieb Machiavelli in *Der Fürst*, sollte gewiß die bis dahin herrschende Familie ablösen und vernichten, aber er dürfe nicht die Gesetze ändern, an die sich die Untertanen gewöhnt hätten. »Und ob sichs etwan begebe / daß man Newerungen einzufuehren gezwungen wuerde«, empfahl Botero etwa ein halbes Jahrhundert später, »so soll man doch solches nit auff einen stutz (wie man spricht) sonder nach und nach / also / daß mans kaum mercket / thun.«[65] Für viele Menschen stellte die Suche nach Erneuerung in praktischer, spiritueller oder intellektueller und kreativer Hinsicht so etwas wie ein Glaubensbekenntnis dar. Aber selbst unter Humanisten, Reformatoren und Naturwissenschaftlern ging die Anziehungskraft des

Neuen mit der Überzeugung einher, daß es in den meisten Fällen auch auf eine Rückkehr zu Traditionen ankam, die man aus dem Blick verloren hatte, seien es nun die Weisheit und die Errungenschaften der Antike oder die Ideale des frühen Christentums – und wenn ihr Blick darüber hinausging, dann lag dies zum Teil daran, daß sie fest auf den Schultern ihrer Vorgänger standen. Die große Mehrheit indes, die am Rande des Existenzminimums lebte, fürchtete mit jeder Veränderung, ein Leben nicht mehr im Griff zu haben, das ohnehin schon unsicher war.

Impulsive Verstöße gegen die Verhaltensnormen durch Akte der Gewalt, durch hemmungslose Sexualität und Massenhysterie waren gewiß längst vertraut, aber in der Renaissance wurde darüber weitaus häufiger berichtet, weil die Ordnung, die sie bedrohten, bewußter definiert war, und die problematischen Situationen durch zusätzliche Belastungen des einzelnen verschärft wurden. Eine gewisse Rolle spielte es dabei, daß sich der Staat in Lebensformen einmischte, die sich durch Gewohnheit stabilisiert hatten. Beunruhigender freilich waren unpersönliche demographische und ökonomische Kräfte sowie die massive Abkehr von traditionellen Einstellungen gegenüber der Religion und dem, was sie bot und vom einzelnen erwartete.

Als die Bevölkerung von Europa zunahm, konnten die Produktion und die Verteilung der landwirtschaftlichen Erzeugnisse in vielen Jahren kaum damit Schritt halten. Wie sich solche mageren Jahre bei einer so drastisch gestiegenen Zahl der Münder auswirkte, geht aus einer beiläufig erzählten Anekdote in einer neapolitanischen Chronik hervor: »... vor einigen Tagen [im April 1601] schlossen sich im Gebiet von Reggio (d'Emilia) ein Bauer zusammen mit seiner Frau in ihr Haus ein, um nicht mit eigenen Augen mit anzusehen, wie ihre drei Kinder Hungers starben; und so starben sie mit Gott. Nach drei Tagen beschlossen ihre Nachbarn, da sie sie nicht zu Gesicht bekamen, die Türe einzuschlagen (was sie auch machten), und fanden zwei Kinder tot und das dritte, das starb und noch Stroh im Munde hatte; und auf dem Feuer hatten sie einen Kochkessel mit Stroh darinnen, um es zu kochen und es so zum Essen weicher zu machen.«[66] So passiv waren die Armen nur selten. »Eher wird das Meer austrocknen, als daß der Arme einen Freund hat«[67] – solche Spruchweisheiten mochten vielleicht resigniert weitergegeben worden sein, aber die Quellen sind doch eher voll von bewaffneten Banden, die in die Felder und Scheunen ihrer Herren einfielen oder in die Städte strömten, wo sie bisweilen erschöpft um Brot bettelten und es dann wieder gewaltsam und mit vereinten Kräften forderten.

Die Lage verschlimmerte sich noch dadurch, daß die Bevölkerung in den

Städten selbst unter Druck geriet. Bis zum Jahr 1600 hatte sich die Zahl der Einwohner von Rom, Palermo, Wien, Nürnberg, Augsburg und anderen Städten im Norden – Hamburg, Danzig – innerhalb eines Jahrhunderts verdoppelt, die der Einwohner von Lissabon, Sevilla und Messina verdreifacht. Die Bevölkerung von Lyon nahm zwischen 1530 und 1535 um ein Drittel zu. London hatte um 1600 viermal soviel Einwohner wie im Jahre 1509, als Heinrich VIII. den Thron bestieg. Die Folge davon war, daß die Menschen überall in Hütten und übelriechenden Mietskasernen hausen mußten, »düsteren Höhlen für ... Diebe, Mörder und alle möglichen Unruhestifter«[68], wie es ein Londoner Beobachter 1592 formulierte, und daß sich die ohnehin vertrauten Probleme, Armut in den Städten und Gewalt auf den Straßen, noch verschärften. Und als die Lebensmittelversorgung infolge des Bevölkerungswachstums immer schwieriger wurde, gingen die Preise natürlich in die Höhe und machten den Armen das Leben noch schwerer.

Durch die steigende Nachfrage trug das Bevölkerungswachstum also zur Inflation der Preise bei. Aber auch die ungeheure Einfuhr von Silber aus Mexiko und Peru wirkte sich vermutlich inflationär aus, als das Edelmetall in das monetäre System Europas Eingang fand. Der Abfluß massenhaft hergestellter Güter, der die Nachfrage von Siedlern in Übersee befriedigte, mochte vielleicht ebenfalls zu den höheren Preisen geführt haben, die nun für die in Europa erhältlichen Waren gefordert wurden. Ein übriges tat die Manipulation des Silbergehalts der Münzen durch Staaten, die sich auf diese Weise über eine Reihe vorübergehender Finanzkrisen hinwegzuretten suchten – jedenfalls paßten die Kaufleute die Preise nach oben an, um den niedrigeren Edelmetallgehalt des Geldes, das sie für ihre Ware bekamen, wieder auszugleichen. 1603 schrieb Lipsius an einen Freund in Spanien, wo sich die Preise während des vorangegangenen Jahrhunderts verfünffacht hatten: »Die von Euch eroberte Neue Welt hat Euch nun ihrerseits erobert.«[69] Andere Ursachen waren für die Opfer des Preisanstiegs leichter nachvollziehbar. 1523 wetterte ein deutscher Flugblattschreiber gegen die monopolistischen Kaufleute und Kaufmannsvereinigungen, die ihr Monopol auf die Herstellung oder den Import von Produkten dazu nutzten, diese zu verteuern – dies führe dazu, daß der arme Mann für alles zahlen müsse, oder wie es damals hieß, »so leget der arm man das har dar«.[70] Ein englischer Priester zog 1549 über habgierige Vermieter her, die ihre Renten so erhöht hätten, »daß arme Menschen, die von ihrer Hände Arbeit leben, ihren Lebensunterhalt auch im Schweiße ihres Angesichts nicht bestreiten können, denn alle möglichen Lebensmittel sind so teuer«.[71]

Sowohl die Schlichtheit zeitgenössischer Erklärungen wie die Komplexität der daran anschließenden Versuche, bessere Erklärungen zu finden, spiegeln die Bedeutung dieses Phänomens wider. In Frankreich ging die Kaufkraft der Löhne um vierzig Prozent zurück (in der Normandie sogar um siebzig Prozent, denn die Inflation war stets ungleich verteilt, wenngleich sie insgesamt zunahm). Man hat geschätzt, daß Durchschnittseinkommen und Durchschnittspreise in Mittelengland um bis zu fünfzig Prozent auseinanderklafften.

In der größten deutschen Stadt, Augsburg, machten die Löhne für ungelernte und teilweise ausgebildete Arbeiter zwar einen Sprung nach oben um bis zu siebenundvierzig Prozent, aber gleichzeitig stiegen die Preise um fast siebzig Prozent. 1568 schrieb der Staatsphilosoph Jean Bodin, ein scharfsinniger Beobachter, daß »die Preise vor fünfzig oder sechzig Jahren zehnmal niedriger waren als heute«.[72] Was ihn daran so beunruhigte, waren die damit verbundenen künftigen Probleme: mehr durch die Knappheit ausgelöste Bauernaufstände, mehr Tumulte auf den Marktplätzen, eine noch weiter zunehmende Unsicherheit auf den Straßen, weil es immer mehr Banditen geben würde, mehr spontane und weiter verbreitete Unterstützung der Unzufriedenen aus allen sozialen Schichten, die Gleichgesinnte um sich scharten, um gegen die reale oder eingebildete Ungerechtigkeit der Behörden aufzubegehren. All diese unpersönlichen Ursachen des Bevölkerungswachstums und der Inflation zusammengenommen, versetzten die Habenden in Europa in Alarmbereitschaft angesichts der Bedrohung, die von den Habenichtsen ausging. Robert Wilson warnte in seinem um 1590 uraufgeführten Stück *The Cobbler's Prophecy (Die Prophezeiung des Flickschusters)* die Reichen – die »in Saus und Braus leben, doch Almosen nie geben« –, eine Zeit werde kommen, da werde sich »Dieser weinenden Armen / Der Himmel erbarmen, / Wenn ihr alle verloren, / Zur Verachtung erkoren.«[73]

Die Staaten sorgten selbst dafür, daß sich die Spaltung noch mehr vertiefte, da die zentralen Verwaltungsbehörden in ganz Westeuropa versuchten, ihre Zugriffsmöglichkeiten auf die menschlichen und monetären Ressourcen auszuweiten. Größere Heere erforderten auch eine verstärkte Rekrutierung, und zwar auf freiwilliger Basis wie auch zwangsweise. Und in den Augen vieler Zeitgenossen wurde durch die Bezahlung eines Solds keineswegs das soziale Elend gelindert, sondern vielmehr die Unruhe unter den sozial Benachteiligten, aus denen sich die Truppen hauptsächlich rekrutierten, noch mehr gefördert. Über die neuen Soldaten, die in den zwanziger Jahren des 16. Jahrhunderts von ihren Familien und Nachbarn Abschied nehmen mußten, schrieb der Deutsche Johann Eberlin von

Der venezianische
Doge bewilligt Gelder
für den Krieg:
Majolikaschale mit der
Inschrift »Taten statt
Worte«, um 1495
(Fitzwilliam Museum,
Cambridge)

Günzburg: »... sie lernen und gewonen aller untzucht in schelten, schweren, schandworten, fluchen etc., ya in hurerey, ehebruch, iung-frawschendung, fullerey, zusauffen, ya zu gantz vihischen sachen, stelen, rauben, moerden ist bey ynen wie teglich brot, und das thun sie ihenen armen leuthen, welche sie die landsknecht nie beleidigt haben.«[74] Diese Äuße-rung stammt zwar von einem Moralisten, aber es gibt genügend Belege dafür, daß ein einberufener Bauer oder armer Städter, sobald er eine Waffe in der Hand hatte und sich nicht mehr den normalisierenden Konventionen seiner Gemeinschaft beugen mußte, sich gegenüber den wehrlosen Angehörigen seiner eigenen Klasse im Ausland barbarisch verhielt. Und als er wieder zu Hause war, legte er das herrische, unsoziale Verhalten nicht mehr ab, das er sich angewöhnt hatte, als er vom Lager aus marodierend loszog oder unterwegs auf dem Marsch war oder Städte besetzte, die sich ergeben hatten.

Um die Kosten für Kriege, die Diplomatie und den Unterhalt der Höfe aufbringen zu können, hoben die Regierungen die Steuern kräftig an. Nicht überall waren sie damit erfolgreich. Eine derartige Veränderung wurde von niemandem begrüßt, welchem Stand er auch angehörte. Doch obgleich die bürokratischen Apparate immer größer wurden, gab es nie genug Beamte, die dafür sorgen konnten, daß die Steuern in der erwarteten Höhe auch wirklich eingetrieben wurden.

Während Künstler vor der Mitte des 16. Jahrhunderts noch im Bild festhielten, wie öffentliche Gelder an dankbare Soldaten, Seeleute und die Armen verteilt wurden, so zeigten sie danach nur noch niedergeschlagene und resignierte Bürger, wie sie ihre Steuern in Amtsstuben abgeben, die von Beamten und Akten überquellen.

Auf einer französischen Zeichnung aus dem späten 16. Jahrhundert stehen Männer und Frauen Schlange, um ihre Steuern an einem Pult abzuliefern, über dem der Mahnspruch »Fürchtet Gott, Ehret den König« prangt, und auf einem zeitgenössischen Gemälde von Pieter Bruegel dem Jüngeren dienern Steuerzahler devot vor Beamten, die über einem Berg von Papier thronen. Diese Steuern waren Abgaben, die für Grundbesitz und – weniger häufig – Einkommen erhoben wurden; aber beider Raten wurden gewöhnlich gegenüber der ursprünglichen Forderung gesenkt, allerdings nur von Verbänden, die die Großfinanz eines Königreichs, oder von Anwälten, die

Fürchtet Gott und ehret den König: *Der Steuerein-nehmer*, anon. Zeichnung, spätes 16. Jahrhundert (Musée du Louvre, Paris)

Kläger vertraten, die sich diese Anwälte leisten konnten. Mit den sichersten Steuereinnahmen konnte man bei Waren und Verbrauchsgütern rechnen: Feuerholz, Getreide, Wein, Fleisch, Öl, Salz und Tuche zum Beispiel. Und außerhalb der ländlichen Gebiete, wo die Geschäfte oft noch im Rahmen einer Tauschwirtschaft abgewickelt wurden, wirkten sich diese Verbrauchsgütersteuern am härtesten aus beim entschieden brisantesten Element der Gesellschaft, nämlich jenen Menschen, die gerade genug hatten, um sich über den Preisanstieg zu ärgern. Als Paolo Paruta 1595 seiner Regierung über seine Erlebnisse in den Kirchenstaaten als venezianischer Botschafter in Rom Bericht erstattete, schilderte er eine Situation (in der man die eigene wiedererkannte), die sich durch ein an bestimmten Orten vorherrschendes Banditentum, immer wiederkehrende Hungersnöte »und ständige Steuern, die mit aller Härte eingetrieben werden«, auszeichnete. Diese Faktoren, bemerkte Paruta, »haben in der Seele der weltlichen Untertanen der Kirche eine tiefe Unzufriedenheit mit ihrer Regierung erweckt sowie eine entschiedene Sehnsucht nach Veränderung, in der Hoffnung, daß, was immer geschehe, ihr gegenwärtiges höchst qualvolles Los sich bessern möge«.[75] Die Veränderung, an die sie dabei dachten, war eine Rückkehr zu einer Zeit, da die Grundbesitzer wie die Regierung geringere Forderungen gegenüber Pächtern und Untertanen erhoben.

Zusätzlich zu den durch das Bevölkerungswachstum, den Preisanstieg und die staatliche Steuerpolitik verursachten Belastungen wurde die emotionale Stabilität in Europa auch noch durch die Reformation auf eine harte Probe gestellt. In der ersten Generation der Ausbreitung protestantischer Ideen in Süddeutschland, der Schweiz und in Teilen von Frankreich verlief die Volksbekehrung oft recht turbulent. Ganze Gemeinden benahmen sich während des Gottesdienstes provozierend und begannen zu pfeifen. Der Streit setzte sich auf den Straßen und in den Wirtshäusern fort und führte zu Raufereien und zur Plünderung von Läden. Große Massen, die örtliche Behörden schon immer nervös gemacht hatten, strömten aus katholischen Städten und Dörfern hinaus, um protestantische Prediger zu hören, die im Freien zu den versammelten Gläubigen sprachen. Auf einmal waren Gemälde in Mode, auf denen der heilige Johannes in der Wildnis predigte und die an die zweite Verkündung des wahren Evangeliums erinnern sollten. Und so wie katholische Missionare in Amerika Glaubenssymbole zerstörten, die im Namen des wahren Gottes abgelöst werden mußten, kennzeichneten auch die Ausbrüche von Bilderstürmerei die hektischeren Angriffe auf die Gemälde und Plastiken, in denen sich der katholische Aberglaube bekundete. Das »Martin Luther«, das ein deutscher Soldat während der Plünderung von Rom im Jahre 1527 in Raffaels eucharistisches Fresko *Der*

Triumph des Sakraments im Vatikan kratzte, war nichts weiter als ein Kratzer, verglichen mit der Zerschlagung und Verbrennung von Kunstwerken, zu denen es kam, als Protestanten um diese Zeit in Schweizer und deutschen Städten, in den vierziger Jahren in England und seit Mitte der sechziger Jahre des 16. Jahrhunderts in den Niederlanden um die Vorherrschaft kämpften. Erasmus, der sich in Basel niedergelassen hatte, um den dortigen gelehrten Druckereien nahe zu sein und weil er die Atmosphäre der Toleranz dort schätzte, verfolgte diesen Ausbruch Anfang 1529 mit Entsetzen: »Von den Statuen ist nichts übriggeblieben, weder in den Kirchen noch in den Vorhallen oder in den Säulengängen und Klöstern. Alle Bilder sind übertüncht worden, Brennbares wurde auf den Scheiterhaufen geworfen, anderes wurde in Stücke geschlagen. Weder Kostbarkeit noch künstlerischer Wert setzten der Zerstörungswut irgendwie eine Grenze.«[76] Am 1. April billigte der Stadtrat diesen Ausbruch: »Wir haben keine Bilder mehr in unseren Kirchen noch in der Stadt oder auf dem Lande, weil sie zuvor sehr zur Götzendienerei verleitet … Daher werden wir in Zukunft, mit Gottes Hilfe, keine Bilder mehr errichten.«[77] Am 13. April verließ Erasmus Basel, um den Rest seines Lebens in Freiburg im Breisgau zu verbringen. In anderen Schweizer Städten, beispielsweise in Zürich, verlief diese Reinigung der Tempel gemäßigter: Hier nahm man die Bilder und Plastiken einfach ab, lagerte sie ein oder verkaufte sie, statt sie zu zerstören. Nichtsdestoweniger mußten Künstler, die von Porträtmalerei und der Darstellung weltlicher Themen allein nicht leben konnten, entweder auswandern oder sich einer anderen Beschäftigung zuwenden.

Daß man das zweite Mosaische Gebot, keine Götzenbilder anzubeten, erneut ehrte, stellte ebenso einen nachdrücklichen Gehorsam gegenüber dem Wort Gottes dar wie es den Abscheu gegenüber den abergläubischen Blendwerken zum Ausdruck brachte, mit denen die katholische Hure Babylon ihre Opfer umgarnte. Der Schauplatz, an dem der protestantische Gottesdienst stattfand, sollte durch nichts ablenken und zerstreuen. Statuen wurden entfernt, Gemälde durch Texte ersetzt, allen voran die Zehn Gebote. Bunte und bemalte Fenster wurden durch schlichte Glasfenster ersetzt. Altäre wurden abgebaut, und zuweilen verwendete man ihre Steine dazu, den Boden von Kanzeln neu auszulegen, die man absenkte, um den Unterschied zwischen dem privilegierten Podium der Geistlichkeit und dem Kirchenschiff der Gemeinde zu verringern. Lettner, die die getrennten Räume für Priester und Gemeinde noch stärker betonten, wurden abgerissen. Bestickte Altardecken und Ornate wurden verboten. Glocken und Kerzenständer, die tragbaren Einrichtungsgegenstände der katholischen Liturgie, wurden verkauft oder gestohlen. Die führenden

Reformer – Luther, Zwingli, Calvin – billigten diese Änderungen, auch wenn keiner von ihnen den gegen die Künste gerichteten Terror unterstützte, der sie nur allzuoft begleitete.

Dabei hätte sich diese Beseitigung der Bilder um eines veränderten Schmuckes für den Gottesdienst willen durchaus sowohl von der Lehre wie von der Liturgie her rechtfertigen lassen. Aber was Männer wie Erasmus verstörte, war der gedankenlose Vandalismus, die eifersüchtige Rache an Objekten, die Privilegiertheit und Unterdrückung repräsentierten, die sich jene Rechtfertigung rein instinktiv zunutze machten. Statt sie beispielsweise aus ihren Nischen zu holen und zu veräußern, wurden alle 262 Statuen, die die Alcock-Votivkapelle in der berühmten Kathedrale im englischen Ely schmückten, bis auf eine zerschmettert oder verstümmelt. Wie im Falle des Trommlers von Niklashausen setzte die geistliche Führung aufgestaute Frustrationen von umfassender Bedeutung frei. Dabei äußerte sich die Bilderstürmerei nicht überall mit gleicher Brutalität. Im Gegensatz zu dem Mob von Saint Albans fanden sich die Gemeindemitglieder von Saint Laurence in Ludlow, auf der anderen Seite von England, mit den Veränderungen ihrer Religion unter den verschiedenen Herrschern resigniert ab. Sie bauten ihren Lettner 1548 ab, errichteten ihn wieder im Jahre 1554, als nach Heinrich VIII. die katholische Königin Maria den Thron bestieg, und rissen ihn erneut ab, als sich im Jahre 1559 unter Elisabeth die Vorschriften wieder änderten. Sobald sich die anfänglichen Leidenschaften in England wie auch auf dem Kontinent gelegt hatten, wurden die religiösen Bilder und Statuen zwar weiterhin nach der herrschenden Lehre verboten, aber hier und da wurden wieder Kanzelstufen errichtet und persönliche Grabmäler, ja sogar Gedenkaltäre zurückgebracht oder wiederhergestellt. Elisabeth verbot jede weitere Verunstaltung von Bildern – mit denen, die noch in Gemeindekirchen und Kathedralen verblieben waren, konnte man friedlich leben, als Relikten einer vergangenen Zeit.

Gestörte Gottesdienste, mutwillig zerstörte und geplünderte Kirchen, Nachbargemeinden, die einander ihrer unterschiedlichen Praktiken wegen schmähten, gespaltene Familien: all diese Geschehnisse, in denen die angespannte Lage zum Ausdruck kam, wurden immer seltener. Aber selbst als die durch die Wahl zwischen verschiedenen Fassungen des christlichen Glaubens verursachten Manipulationsversuche den einzelnen zumeist durch eine Entscheidung des Staates verwehrt war, blieben doch die persönlichen, inneren Spannungen auch weiterhin bestehen.

Infolge des protestantischen Eifers ebenso wie der darauf reagierenden katholischen Strenge waren sich die empfänglichen Anhänger beider Glaubensrichtungen zunehmend ihrer Sündhaftigkeit bewußt. Aus Angst vor

einer Befleckung und um ihre eigene Strenggläubigkeit zur Schau zu
stellen, verwandelten sich Nachbarn in Denunzianten für eine zunehmend
überlastete Inquisition. Ein Bewohner von Brescia wurde bei der Inquisition angezeigt, weil er behauptet habe, die Autoren der Bibel hätten nichts
weiter im Sinn gehabt, als die Menschen einzuschüchtern, und weil er
erklärt habe, daß »er einen hübschen Jungen, mit dem er geschlechtlich
verkehrte, mehr liebe als Gott«. Ein anderer Italiener, ein Schuster, soll
angeblich verkündet haben, die Oblate des heiligen Abendmahls sei nichts
weiter als »ein Stückchen Nahrung, das man in den Mund steckt und das
zum Arsch wieder herauskommt«.[78] Solche Bemerkungen konnte man
nicht mehr ungestraft machen wie früher, als sie nichts weiter als harmlose
Provokationen der Spießer oder frivole Witze gewesen waren. Menschen,
die unbeirrt an abweichenden Ansichten über das Wesen der Schöpfung
oder die Rolle der Engel festhielten, wurden aus ihren gewöhnlich entlegenen ländlichen Häusern an die städtischen Feuer der Uniformität
gezerrt. Selbst die in doktrinärer Hinsicht einigermaßen legere elisabethanische Form des Protestantismus (die gleichwohl missionarische
katholische Priester wie Edmund Campion tötete, wenn sie ihrer habhaft
werden konnte) entwickelte eine Rigidität, die genausowenig Erbarmen
mit schwachen Freunden hatte wie mit berufsmäßigen ideologischen Feinden. Im Jahre 1608 wurde der Engländer John Molle in Rom verhaftet,
während er einen jungen Adeligen unterrichtete, und von der Inquisition
ins Gefängnis geworfen. Nachdem man sich drei Jahre lang vergebens
bemüht hatte, auf diplomatischem Wege seine Freilassung zu erreichen,
machte sich seine Frau mehr Sorgen um sein Gewissen als um sein Leben.
»Für Eure liebe Frau«, schrieb ein Freund 1611 in ihrem Namen, »steht
Euer Glauben höher als ihre Zuneigung zu Euch, und mit einem Mut, der
ihr Geschlecht übersteigt, ist sie über das schlimmste Elend Eures Verlusts
erhaben und bekennt, daß sie ihr Leben für Eures geben würde, aber nicht,
wenn Ihr nachgäbt [das heißt, wenn Molle katholisch würde, um freizu-
kommen]; und während sie die vielen Pfänder Eurer teuren Liebe vor
Augen hat, Eure hoffnungsvollen Kinder, würde sie sie lieber vaterlos
sehen als ihren Vater seinem Glauben untreu.«[79]
Vielleicht hat Molle diesem Appell an eine höhere Loyalität Folge geleistet.
Jedenfalls war er noch immer im Gefängnis, als er viele Jahre später starb.
Aber nicht bei allen konnte eine entschiedene Gläubigkeit die inneren
Spannungen ausgleichen. Gerade die Nervosität und der Starrsinn der
straffen religiösen Überzeugungen von Protestanten wie von Katholiken
bewirkten, daß Denunziation und Hexenverbrennung wahrhaft epidemi-
sche Ausmaße annahm. Die psychische Depression, die sich als »Melan-

cholie« äußerte, war ein Zustand, mit dem sich die medizinische Literatur seit der Antike befaßt hatte. Aber niemals zuvor wurde diesem Ausdruck einer hoffnungslosen, unstillbaren inneren Verwirrung und den Selbstmorden, die man damit in Verbindung brachte, soviel Interesse gewidmet wie in den Generationen, die auf die Einführung der Glaubensreformen folgten. Robert Burton befaßte sich in seinem 1621 erschienenen Werk *The Anatomy of Melancholy (Die Anatomie der Melancholie)* mit einer fast überwältigenden Fülle von Beispielen mit jedem Aspekt dieser «epidemischen Krankheit, die so oft den Körper und Geist zerreißt«[80], die für ihn aber vor allem in den Ursachen und Symptomen einer verzweifelten Religiosität zum Ausdruck kam.

Nationale Regierungen oder regionale oder städtische Verwaltungsbehörden allerdings interessierten sich nicht für die inneren Spannungen des einzelnen – um so mehr dafür für die Gefolgsleute des Trommlers. Der bewaffnete nordenglische Aufstand von 1536, der wegen des Protestes gegen die Unterdrückung der Klöster durch Heinrich VIII. den euphemistischen Beinamen »Die Gnadenpilgerfahrt« erhielt; die aufsässigen Banden mit über sechstausend Mitgliedern, die Waffen mitbrachten, um 1566 in den katholischen Niederlanden calvinistischer Prediger hören zu können – diese Revolten ebenso wie die verstreuten Zellen von Splittersekten wie den Anabaptisten oder Wiedertäufern, die sich der Autorität der Kirche wie des Staates nicht beugen wollten, stellten die eigentliche Bedrohung dar. Manifestationen dieser Art, in denen sich sozialer und politischer Protest konzentriert äußerte, verliehen den Ängsten, daß die Zivilisation in Gefahr sei, eine religiöse Dimension.

9. Kapitel

Die Herrschaft über den Menschen

Die Disziplinierung durch Staat und Kirche

Ein unmerkliches Bevölkerungswachstum; eine auffälligere Diskrepanz zwischen Preisen und Löhnen; ein nicht immer erwünschtes Infragestellen des geistigen Selbstvertrauens: all diese Faktoren boten der Agitation einen fruchtbaren Boden. Sie fielen zusammen mit einer wachsenden Unruhe, die zwischen den in die Defensive gedrängten Habenden und den ressentimentgeladenen Habenichtsen herrschte. Und immer dann, wenn die Regierungen höhere Steuern forderten oder Soldaten für größere Armeen rekrutierten, kamen sie dahinter, daß ihre Absicht, die Wünsche und Vorstellungen ihrer Untertanen unter Kontrolle zu bringen, sich nur bedingt verwirklichen ließ.

Von der Angst vor einem Aufstand wurden ständig jene Menschen heimgesucht, die Macht oder Besitz zu verlieren hatten. Diese Angst fand beispielsweise ihren Ausdruck darin, daß Schriftsteller immer wieder auf die klassische Analogie zwischen dem Staatskörper und dem menschlichen Körper verwiesen. Zwischen 1532 und 1534 schrieb Thomas Starkey, der – außer in der Frage der sozialen Hierarchie – alles andere als ein unbeweglicher Konservativer war:

> Dem Kopf mit seinen Augen, Ohren und anderen Sinnen lassen sich durchaus jene vergleichen, die von Fürsten in ihre Ämter berufen wurden, denn sie sollen ja das Wohl des übrigen Körpers beachten und eifrig wahrnehmen. Den Armen gleichen die Handwerker und die Krieger, die den übrigen Körper vor einer Verletzung durch äußere Feinde bewahren und arbeiten und Dinge herstellen, die dieser braucht; den Füßen schließlich gleichen die Pflüger und Bereiter des Ackers, weil sie durch ihre Arbeit den übrigen Körper erhalten und unterstützen.[1]

Ein Beobachter der nordenglischen Gnadenpilgerfahrt von 1536, eines Aufstands, bei dem sich antistaatliche Ressentiments unter dem Vorwand eines Protests gegen die Auflösung der Klöster entluden, schrieb an Thomas Cromwell: »Wäre es nicht töricht und unerhört, wenn ein Fuß erklärte, er wolle einen Hut tragen wie der Kopf, oder wenn ein Knie sagte, es wolle Augen haben?«[2] Dies war die Stimmungslage, in der europäische Beobachter sich veranlaßt sahen, den ungläubigen Türken vieles nachzusehen, weil sie die Autorität ihrer Herrscher so zivilisiert akzeptierten. Und jene Angst war den städtischen Regierungen ebenso vertraut wie den staatlichen. Eine Gestalt in Annibale Romeis 1585 erschienenen *Discorsi (Erörterungen)* verglich eine Stadt mit dem menschlichen Körper:

> Da eine Stadt nichts weiter als ein Körper aus Menschen ist, die mit einander verbunden sind und zugleich für sich leben können, ist es notwendig, daß sie wie bei einem menschlichen Körper, der ja auch aus ungleichen Gliedern besteht, die unterschiedlich gut und würdig sind, gleichwohl gemeinsam dem Wohle einer Stadt dienen. Da es ja auch monströs und beschwerlich wäre, wenn ein menschlicher Körper nur aus Köpfen, Armen, Beinen oder anderen Gliedern bestünde, ... so wäre es völlig unangemessen ..., wenn alle Menschen in einer Stadt Handwerker, Landwirte, Soldaten, Richter wären oder sonst einem einzigen Stand angehörten.[3]

Die Selbstgefälligkeit, mit der solche geistlosen frommen Vergleiche immer wieder vorgetragen werden konnten, warnt uns davor, den überall in Europa stattfindenden Revolten allzu große Bedeutung beizumessen, so sehr wir die Verzweiflung würdigen müssen, die Untertanen dazu brachte, aufzubegehren. Wenn man nach Angriffen auf den Status quo Ausschau hält, dann findet man sie auch. Da gab es durchaus Komplotte, um Herrscher zu stürzen. Ganze Gebiete gerieten in Aufruhr, wenngleich man in den dramatischsten Fällen – dem Aufbegehren der Schweizer Kantone gegen die Bevormundung durch den Kaiser und der nördlichen Niederlande gegen die Unterdrückung durch die Spanier – weniger von Rebellionen sprechen sollte als von Unabhängigkeitskriegen. Da gab es Massenerhebungen gegen den Mißbrauch einer ansonsten als legitim akzeptierten Macht. Da kam es örtlich in Städten und ländlichen Gegenden, in denen elende Zustände herrschten, zum Aufruhr. Aber auch wenn es einige allgemeine Ursachen für solche Aufstände gab, die meist mit dem Lebensstandard und örtlichen Glaubensformen zusammenhingen, so verliefen sie doch nicht nach einem allgemeinen Schema. Europa war einfach zu groß, die regionalen Kommunikationsmöglichkeiten zu beschränkt, eine politische und religiöse Einheitlichkeit zu wenig zusammenhängend zu verwirklichen, als daß man sinnvollerweise in räumlicher wie in zeitlicher Hinsicht generalisierend auf allgemeine Ursachen schließen könnte. Aufsässige oder charismatische Persönlichkeiten konnten Ressentiments auslösen, die sonst gar nicht aufgekommen wären, Hungeraufstände wurden von Männern angeführt, die niemals Hunger erlebt hatten. Regionalen und städtischen Behörden gelang es in unterschiedlichem Maße, Unruhen im frühen Stadium zu unterdrücken oder beizulegen. In anderen Fällen wurden die Ursachen dafür von Gemeinschaften aufgesogen, die nur allzu geübt darin waren, Not und Elend verdrießlich hinzunehmen. So aufsässig und bösartig rebellische Untertanen auch sein konnten, wenn sie mobilisiert wurden – ihre Forderungen waren jedenfalls nur ganz selten revolutionär zu nennen, im Sinne einer Veränderung des herrschenden Systems. Am beunruhigendsten war noch die Bedrohung von Staatsoberhäuptern. Das letzte Beispiel eines bewaffneten Handstreichs gegen einen großen Staat bot der *condottiere* Francesco Sforza, der sich 1450 selbst zum Herrscher von Mailand ernannte; durch kleinere Staatsstreiche wurden die herrschenden Familien in Württemberg (1498) und Ansbach (1515) mit einschneidenden Veränderungen konfrontiert. »Schwer ruht das Haupt, das eine Krone drückt«, läßt Shakespeare seinen alternden Heinrich IV. (Zweiter Teil, III, 1) sagen, der keinen Schlaf findet.[4] Im Jahre 1595 schilderte er in seinem Stück *Richard II.* (II, 1) die Absetzung eines Königs im Jahre 1400. Doch was die Verschwörer als Richards Vergehen bezeichneten, konnte auch den zeitgenössischen zentralistischen Monarchen vorgeworfen werden:

> Das Volk hat er geschatzt mit schweren Steuern
> Und abgewandt ihr Herz; gebüßt die Edlen
> Um alten Zwist und abgewandt ihr Herz.[5]

1569 hatten sich die bis dahin quasi unabhängigen Adeligen in Nordengland gegen Elisabeth erhoben. 1583 wurde eine weitere Verschwörung, die nach einem der Protagonisten, Francis Throckmorton, benannt wurde, aufgedeckt. Beide Aufstände gingen auf die Verärgerung der Adeligen über die Bürokratisierung der Regierung sowie auf eine ziemlich weitverbreitete Sehnsucht nach einer Rückkehr zum alten katholischen Glauben zurück. Als Shakespeares Truppe vor den Kronrat zitiert und befragt wurde, warum sie ein so provokatives Stück aufgeführt hätten, verteidigten die Schauspieler ihre Themenwahl mit der Begründung, Richards Regierungszeit liege so weit in der Vergangenheit zurück, daß man damit keine Parallele zur Gegenwart ziehen könne. Sie kamen mit einer Verwarnung davon, aber danach wurde die Zensur von Stücken vor ihrer Inszenierung oder Veröffentlichung verschärft. Gerade der Erfolg von Historien, und zwar nicht nur von Shakespeare, bewies, wie lange sich Erinnerungen hielten und wie sehr das Publikum ihre Wiederbelebung schätzte. 1601 schlug erneut ein Aufstand fehl, und diesmal stand ein Mann im Mittelpunkt, dem Elisabeth ihre Gunst nicht nur durch Beförderungen bewiesen hatte, sondern auch durch die Erklärung, daß sie sich zu ihm hingezogen fühle: Robert Devereux, Earl of Essex. Nach seiner Hinrichtung ging die Königin die im Tower aufbewahrten Strafregister mit dem Archivar durch, dem Anwalt und Antiquar William Lambarde. Als sie zur Zeit von Richards Herrschaft kamen, erklärte die Königin: »Ich bin Richard II., wißt Ihr das nicht?«[6]

Da die Staatsoberhäupter ständig Angst hatten, daß sich der Adel im eigenen Land von ihnen entfremdete und daß er sich angesichts der religiösen und politischen Teilungen in Europa heimlich aus dem Ausland unterstützen ließ, waren sie von der Furcht vor einer Verschwörung geradezu besessen. Stehende Heere, also militärische Streitkräfte, die aufständische Regionen ununterbrochen kontrollieren konnten, wurden klein gehalten, und zwar nicht nur weil sie kostspielig waren, sondern weil dynastische oder republikanische Machtstrukturen am nachhaltigsten durch einen Schlag im Zentrum beschädigt werden konnten. 1599 versicherte der Spanier Juan de Mariana in seinem Traktat *De rege et regis institutione (Über den Herrscher und die Unterweisung des Herrschers)*, daß »das aufständische Volk wie ein reißender Strom ist – angeschwollen, aber nur für kurze Zeit«.[7] Damit nahm er freilich das Problem zu sehr auf die leichte Schulter, denn die Bewachung des Palastes wurde als mindestens genauso wichtig angesehen wie die polizeiliche Überwachung des Reichs. Königliche Wachen und Eskorten wurden gut bezahlt. Das Protokoll – wer durfte sich wo in fürstlichen Residenzen aufhalten – hatte nicht nur die Funktion, für mehr Würde zu sorgen, sondern auch für mehr Sicherheit. Gerade in dem Gang, der von der Küche zu dem Saal führte, in dem Elisabeth gerade zu Abend speiste, wurden die kühnsten Teilnehmer an der Essex-Verschwörung überwältigt.

Derartige Vorsichtsmaßnahmen waren gar nicht mehr so weit entfernt vom Verfolgungswahn früherer Herrscher wie beispielsweise Herzog Filippo Maria Visconti di Milano (gestorben 1447) oder König Ludwig XI. von Frankreich (gestorben 1483), die sich buchstäblich zum Gefangenen ihres Mißtrauens machten. Monarchen zeigten sich bei ihren Untertanen, gin-

gen auf die Jagd, nahmen an öffentlichen Festen teil. Aber die Vorsichtsmaßnahmen wurden verschärft. Gastwirte wurden angehalten, auch die
geringste Andeutung verschwörerischer Reden weiterzugeben. Immer
mehr Spione und Informanten wurden eingesetzt. Unter Herzog Cosimo I.,
berichtete der venezianische Botschafter 1561, lebten die Florentiner in der
ständigen Angst, als illoyal denunziert zu werden. Das war nur die halbe
Wahrheit, denn seine eigene Regierung beschäftigte durch den Rat der
Zehn, der für die Sicherheit des Staates verantwortlich war, eine ganze
Anzahl von Geheimagenten, und zwar im Inland wie im Ausland, und das
tat auch Elisabeths Regierung. Verrat und Verschwörung, mit dem Ziel, die
führenden Mitglieder der Regierung zu stürzen, wurden mindestens genauso argwöhnisch verfolgt wie Aufstände gegen ihre Politik.

Wenn man einmal von utopischen Träumen von einer gerechten Gesellschaft absieht, befaßte sich kein Autor ernsthaft mit der Umbildung der
Gesellschaft. Aber immer mehr gewann ein Denken an Boden, das nicht
nur passiven Widerstand gegenüber tyrannischen Herrschern empfahl,
sondern deren Tod befürwortete. Pietro Paolo Boscoli und seine Mitver-
schwörer in Florenz verbanden im Jahre 1513 ihren Gedanken, die führenden Mitglieder der alles beherrschenden Medici zu töten, mit der Vorstellung, in die Toga von Brutus zu schlüpfen – den Michelangelo später mit
einer so strengen Würde porträtierte. Die französischen Schriftsteller, die
unter dem Namen *Monarchomachi* oder Königsmörder bekannt wurden,
hielten es in den siebziger Jahren des 16. Jahrhunderts für gerechtfertigt,
eine verfolgungswütige Regierung durch eine andere zu ersetzen, die
religiöse Minderheiten tolerierte. In einem Land, in dem mindestens fünfzehn Prozent der Bevölkerung Protestanten waren, stellten derart offenkundige Aufforderungen, die da oben anzugreifen, statt für eine Veränderung von unten zu agitieren, wichtige Staatsangelegenheiten dar. Im Jahre
1604 befaßte sich der englische Reisende Thomas Dallington, der sich
durchaus der Unzufriedenheit des Volkes in seinem eigenen Land bewußt
war, mit der Neigung der Franzosen, schlecht zu reden »über ihren eigenen
Staat und König ..., diesem unerträglichen Laster, das ich hier als erstes
nennen möchte, weil ich es vor allen anderen für die größte Illoyalität und
Gesetzlosigkeit halte«.[8] Im Jahre 1610 wurde der König selbst, Heinrich IV.,
nicht nur kritisiert, sondern von dem hitzköpfigen Fanatiker François
Ravaillac erstochen, einem Katholiken, der die tolerante Haltung des
Monarchen gegenüber anderen Religionen als Verrat am wahren Glauben
ansah.

Im Sinne jenes zeitgenössischen Vergleiches kann man Fieberanfälle im
Körper der Gesellschaft – im Gegensatz zu derartigen Dolchstößen ins Herz

der Zivilisation – bis zu einem gewissen Ausmaß als eine Rechtfertigung der selbstgefälligen Bemerkung ansehen, die Juan de Mariana in seinem erwähnten Buch tat.

Es gab ganze Regionen, in denen sich alle Schichten, Grundbesitzer und Kaufleute, Bauern und Handwerker, miteinander gegen die Zwangsmaßnahmen der zentralen Macht verbündeten. Im Jahre 1520 erhoben sich die Städte im nördlichen Kastilien, anfangs unterstützt vom heimischen Adel und dessen Pächtern, gegen die Unterdrückung ihrer Unabhängigkeit gegenüber den Anwälten und Steuerbeamten der Zentralregierung. Als sich jedoch innerhalb eines Jahres herausstellte, daß ein Aufstand gegen die Krone sich in einen Klassenkampf gegen ländliche und städtische Grundherren und *deren* legale Ansprüche und Steuerforderungen verkehrte, war dies Grund genug für den Adel, die Revolte der *comuneros* im Namen des Königs zu zerschlagen. Es kam aber auch vor, daß eine einzelne Stadt gegen die Entpersönlichung ihrer historischen Identität infolge der Übergriffe einer zentralistischen Monarchie aufbegehrte. Im Jahre 1539 vertrieben die Bürger von Gent die Statthalter von Karl V. und forderten die Nachbarstädte auf, ihrem Beispiel zu folgen. Dies geschah nicht; im darauffolgenden Jahr zwang das kaiserliche Heer die Stadtregierung, öffentlich zu widerrufen und – als symbolisches Eingeständnis ihres Verrats – ihre Glocken und ihre Artillerie herauszugeben und Teile der Mauern niederzureißen, in deren Schutz sie sich gegen eine höhere Macht aufgelehnt hatte. Mit einer damals vertrauten Anspielung warf man Gent und anderen Städten, die versucht gewesen waren, sich ihm anzuschließen, vor, sie hätten »eigene Kantone wie in der Schweiz gründen« wollen.[9] Die Rebellion im Südwesten Englands im Jahre 1549 hatte andere Vorbilder: die Aufstände in Yorkshire von 1489 und in Lincolnshire von 1536. Wie bei der Revolte der Comuneros sorgten königliche Truppen ebenso wie ein Gesinnungswandel vor Ort hinsichtlich der eigentlichen Ziele dafür, daß sich die Gemüter wieder beruhigten, auch wenn man diese Revolte nicht vergessen sollte.

Wie die Absetzung von Königen blieben auch Volksaufstände beunruhigenderweise im Gedächtnis haften. Dazu gehörte etwa der englische Bauernaufstand von 1381 mit seiner aufrührerischen Parole: »Als Adam ackerte und Eva spann, Wer war denn da der Gentleman?« Ein anderes Beispiel war die Forderung nach Sitz und Stimme in der Regierung, die die rechtlosen florentinischen Wollarbeiter, die *ciompi*, lautstark und mit Waffengewalt durchzusetzen suchten. Ein paar Monate lang hatten sie damit Erfolg. Das immerwährende Trauma dieses Debakels trug dazu bei, daß eine Stadt, die meinte, für sich in gewisser Weise in Anspruch nehmen zu dürfen, für die Idee der Zivilisation Pionierdienste geleistet zu haben, zu einer so wachsamen Einstellung gegenüber dem potentiellen inneren Feind tendierte, daß die wohlhabenden Bewohner im 15. Jahrhundert den alles beherrschenden, mafiaähnlichen Einfluß der Medici hinnahmen und im 16. Jahrhundert mit noch größerer Geschlossenheit hinter einem Herzog als Staatsoberhaupt standen. Als die Staatsgewalt in London am Evil May Day von 1517 außer Kontrolle geriet, war dies für die Behörden und die wohlhabenden Bürger eine nachhaltige Lehre: Bei späteren Ausbrüchen verhängte man eine Ausgangssperre, verstärkte die Wachen, konfiszierte Waffen und hielt Lehrlinge hinter Schloß und Riegel. Angeheizt durch die Flugblätter und Pamphlete, die sie begleiteten, und gehegt in den Nischen, die sie in Bürgerchroniken fanden, prägten sich Revolten und Aufstände dem Gedächtnis so stark ein, daß sie bei den Konservativen zunehmend Überreaktionen auslösten. Nach einem Aufstand von Londoner Lehrlingen im Jahre 1595, der eher ein Sturm im Wasserglas war, wurde allen Ernstes behauptet, die Aufrührer hätten vorgehabt, »die Reichen zu berauben, zu bestehlen, zu plündern und zu ruinieren … und das Schwert der Macht den rechtmäßig eingesetzten Räten und Herrschern zu entreißen«.[10]

Das blutigste Frühwarnsignal für die Nutznießer der Zivilisation wurde vom süddeutschen Bauernaufstand von 1524/25 ausgelöst. Ihm gingen Revolten von Bauern und Handwerkern voraus, die sich unter dem Zeichen des Bundschuhs, des geschnürten Schuhs der Arbeiter, gegen die überzogenen Forderungen der weltlichen und kirchlichen Grundbesitzer zusammenrotteten: Eine über tausendköpfige Menge, die ausgemusterte Soldaten aus der gleichen Schicht verstärkten, wurde im Jahre 1502 aufgelöst, ehe sie die Städte und Burgen erreichte, die sie stürmen wollte. Auch wenn die Geständnisse der Rädelsführer unter der Folter gemacht wurden und ihnen darum nur bedingt Glauben geschenkt werden kann, geht doch aus ihnen hervor, warum derartige Aufstände solche Unruhe hervorriefen:»Sie sagten, sie hätten diese Genossenschaft von Bundschuh vor allem deswegen begonnen, damit sie jedes Joch der Dienstbarkeit gewaltsam abwürfen und sich nach Schweizerart jegliche Freiheit mit den Waffen erstritten … In und außer der Folter bekannten sie, daß es ihre Absicht war, alle Obrigkeit und Herrschaft auszutilgen.«[11]

Ursache des Aufstands von 1524/25 war der gleiche Groll gegen die Grundbesitzer, deren Rechtsberater viel ältere »Rechte« als Präzedenzfälle anführten, damit sie die Arbeitskraft der Bauern ausbeuten und sie in ihrer Bewegungsfreiheit wie in der Wahl ihres Ehepartners einschränken konnten. Als nach der großen Pestepidemie (1347–1352) Arbeitskräftemangel herrschte, waren diese Einschränkungen aufgehoben worden, und als sie nach so langer Unterbrechung wieder eingeführt wurden, sah man dies als einen radikalen Bruch mit einer inzwischen traditionellen Praxis an. Die revolutionäre Stimmung wurde durch ein Mißverständnis angeheizt: Die Bauern hielten die lutherische Reformation für eine Revolte gegen jede Autorität schlechthin, für ein Angebot an die Armen, sich an den Reichen zu rächen – eine Deutung, die Luther selbst wütend zurückwies. Darüber hinaus wurde der Ruf zu den Waffen nicht nur mündlich verbreitet, sondern auch durch gedruckte Mahnreden und Erklärungen über konkrete Mißstände. Weniger aufgrund seines Ausmaßes, sondern wegen der freizügigen Verwendung von Waffen sowohl auf seiten der Aufständischen wie der Truppen, die ihnen Einhalt gebieten und sie niedermachen sollten, hat man diese Revolte einen Bauernkrieg genannt. Und wie bei der Beilegung eines Krieges konnten die Bauern in einigen Gebieten im Gegenzug zum Niederlegen ihrer Waffen gewisse Konzessionen durchsetzen, die zumindest den Rückfall in eine neue Leibeigenschaft verhinderten, was ähnlichen Aufständen in Osteuropa nicht gelang.

Kein Land in Europa war vor gelegentlichen Ausbrüchen des Volkszorns im weiteren Verlauf des Jahrhunderts gefeit. Einige waren brutal, aber kurz. Andere gingen über Drohungen nicht hinaus: 1596 vertraute der englische Schreiner Bartholomew Steere einem guten Bekannten an, daß »es einen derartigen Aufstand geben würde, wie man ihn schon seit langem nicht mehr erlebt habe«, in dem »er allen Herren die Köpfe abschneiden würde«[12], aber es gelang ihm nicht, für sein Vorhaben genügend Gefolgsleute zu finden, bevor die Behörden von seiner Drohung Wind bekamen und ihn verhafteten. In Südfrankreich hingegen erhielten verstreute Bauernaufstände zwischen 1593 und 1595 Zulauf von armen Städtern. Es kam zu Angriffen auf Landadelige, die es versäumt hatten, ihre Pächter während der letzten Zuckungen der Bürgerkriege vor marodierenden Soldaten zu schützen. Auch Städte wurden überfallen, wo Ratsherren von den Bürgern hohe Steuern forderten, während sie selbst in Saus und Braus lebten: »Sie wollen nur den Ruin der armen Leute, denn unser Ruin ist ihr Wohlstand.« Die Behauptung der Adeligen, die Truppen gegen die Rebellen entsandten, nämlich daß »diese die Monarchie stürzen und eine Demokratie nach Schweizer Muster errichten möchten«, spiegelt zwar eher Ängste als die Wirklichkeit wider, aber das Gespenst eines Ständekriegs, das 1524/25 aufgetaucht war, lauerte hinter diesen späteren und weniger ausufernden Revolten.[13] In dieser aufgeladenen Atmosphäre ermahnte Botero die Mächtigen generell, sie sollten bereit sein, Aufständischen einige erste Zugeständnisse zu machen: »Dann es ist nichts / dadurch die Gemueter und Hertzen der Vasalln und Unterthanen / die du erst newlich an dich gebracht / mehr von dir entfrcmbdet unnd entzogen werden / als wann du jhnen die conditionen unnd gedinge / mit welchen sie sich dir ergeben und unterworffen haben / nit haltest / sondern veraenderst oder brichst.«[14]

Nicht zuletzt weil es wegen der Lebensmittelknappheit so oft zu gewaltsamen Protesten gekommen war, neigten die Armen in der Stadt genauso wie die auf dem Lande dazu, sich aufzulehnen. Immer wieder terrorisierten sie die Wohlhabenderen, in Neapel ebenso wie in London oder Paris. Aber solche Bürgeraufstände ließen sich im allgemeinen von den für Recht und Ordnung zuständigen lokalen Behörden unterdrücken, zumal wenn sie dabei eine Verbesserung versprachen und zugleich aber auch drohten, sollten die Unruhen andauern, würde man Soldaten zu Hilfe rufen. Die größere Bedrohung glaubte man zwar in den Bauern zu sehen, die weit verstreut waren und sich mit Schwertern oder Messern bewaffneten, um ihre Dörfer zu bewachen, oder mit den Sicheln und Sensen, mit denen sie auf den Feldern arbeiteten. Doch ihre Eingaben und Forderungen, von schreibkundigen Sympathisanten, Handwerkern oder Geistlichen geschrieben, waren nicht gerade sehr streitsüchtig – allenfalls rief man zu einer Rückkehr zu den guten alten Zeiten auf, als Gerechtigkeit und Achtung vor der Tradition noch die Grundpfeiler von Gesetz und Gesellschaftsordnung waren. Volkssagen verraten, wie bescheiden ihre Ansprüche waren. Eine dieser Geschichten spiegelte die Träume einer Bevölkerungsschicht wider, die elend dahinsiechte – sie handelte von einem Bauern, der »beim Ackern der Erde mit dem Pflug ein goldenes Gefäß voll mit einer bestimmten Flüssigkeit fand; da er glaubte, es sei Himmelstau, wusch er sich das Gesicht damit und trank es und wurde an Leib und Herzensgüte, Geist und Weisheit gestärkt, und aus dem Ochsentreiber wurde ein Dienstmann des Königs.«[15]

Es trifft vermutlich zu, daß solche über ganz Europa verstreuten regionalen Aufstände sowie die ländlichen und städtischen Unruhen, die man im eigenen Land kannte und von denen man durch Hörensagen oder Lesen wußte, daß sie auch im Ausland stattfanden, auf die Gefahren aufmerksam machten, die den Veränderungen in der europäischen Gesellschaft innewohnten, und zwar besonders dort, wo sich diese Veränderungen am meisten bemerkbar machten: im Westen. Auf der Ebene der Volksunruhen war nicht die jupiterähnliche Gestalt des Monarchen in Gefahr, sondern es waren die Anhänger Merkurs: die Grundbesitzer, Kaufleute oder Bürokraten. Höhere Preise und Steuern – dies waren die beherrschenden Indikatoren für soziale Ungerechtigkeit. Selbst wenn eine Revolte angeblich eine religiöse Ursache hatte, wie die Aufstände in den südlichen Niederlanden

von 1579, so lag das wahre Ziel doch tiefer: »den Reichen ihr Geld wegnehmen«.[16]

Im großen ganzen allerdings bestärkten die religiösen Reformbewegungen
den Staat darin, auf den Gehorsam der Untertanen zu achten. In seinen
1548 erschienenen *Exerciciones spirituales (Geistliche Übungen)* nahm der
spanische Exsoldat und Gründer des Jesuitenordens, Ignatius von Loyola,
den Geist der katholischen Reform vorweg, wie er vom Tridentinischen
Konzil definiert werden sollte. »DIE ERSTE REGEL: Nachdem wir alles Urteil
abgelegt haben, müssen wir bereiten und willigen Sinn haben, um in allem
der wahren Braut Christi, unseres Herrn, zu gehorchen, die unsere heilige
hierarchische Mutter Kirche ist.«[17] 1541 gab Calvin seine *Ordonnances
ecclésiastiques (Kirchlichen Vorschriften)* heraus, die das Gemeindeleben
disziplinieren sollten. Bis zum Jahre 1550 lag in jeder englischen Kirche
ein Exemplar von Thomas Cranmers *Book of Homilies (Buch der Predigten)*
aus – unter den Predigten, die danach gehalten werden sollten, kam denen
»Über den Gehorsam« und »Über den Aufstand« besondere Bedeutung zu.
Der von Elisabeth 1559 erlassene Act of Uniformity machte den Kirchenbesuch an Sonntagen und an vom Staat ausgewählten kirchlichen Feiertagen zur Pflicht. 1583 betonte der Erzbischof von Canterbury, John Whitgift,
die Bedeutung »einer festgelegten Ordnung in der Lehre und in der Disziplin«, um jeden »Ungehorsam gegenüber der Königin und dem Gesetz« zu
verhindern.[18] In protestantischen wie in katholischen Ländern hielten sich
Kanzelredner an die Weisungen des Staates wie niemals zuvor. Schon
lange galten hier die Kirchengerichte mit ihren Bußen für Sünden und die
weltlichen Gerichtshöfe mit ihren Strafen für Verbrechen als Partner, die
Hand in Hand den Verirrungen der menschlichen Natur zu wehren suchten. Seit der Mitte des 16. Jahrhunderts wurde diese Zusammenarbeit so
eng wie noch nie zuvor. Die Kirchen griffen in ihren Bemühungen um die
Festigung des Glaubens noch mehr auf die Unterstützung durch den Staat
zurück. Sogar in Venedig, das sich von allen katholischen Staaten am
meisten vor einer rückhaltlosen Zusammenarbeit mit dem Papst hütete,
verwies ein Doge im Jahre 1564 auf »den öffentlichen Nutzen, den der
Schutz der katholischen Religion gewährt«.[19] In den Ländern beider Glaubensrichtungen stellte das engmaschige Netz der Geistlichkeit eine unab-
dingbare Ergänzung der Provinzverwaltung dar – bezahlte Informanten
warnten im voraus vor ketzerischen Bestrebungen, die sich ebenso gegen
die Politik wie gegen die kirchliche Lehre richteten. Nie zuvor hatte es eine
so weit verbreitete Gesinnungsschnüffelei gegeben. Nie zuvor hatten Nachbarn es gewagt, so eifrig das Verhalten anderer zu bespitzeln oder sie so
bereitwillig bei Priestern, Pastoren oder beim Magistrat anzuschwärzen.

Deutschland, die Wiege des Buchdrucks, war auch das erste Land, das die Zensur einführte. Die Universltät Köln, die argwöhnisch die freizügige Verbreitung von Ideen verfolgte, erhielt 1475 vom Papst das Recht, Lizenzen zur Veröffentlichung von Büchern zu erteilen und jene Menschen zu bestrafen, die nichtautorisierte Werke herausbrachten oder lasen. 1496 wurde eine ähnliche Zensur in der Erzdiözese Mainz eingerichtet, und diesmal stand dahinter die Angst vor der Verbreitung unorthodoxer religiöser Vorstellungen; fünf Jahre später weitete Papst Alexander VI. diese Praxis auf ganz Deutschland aus. Bischöfe oder diejenigen, die sie mit dieser Aufgabe betrauten, sollten die Drucker von nichtautorisierten Werken über den christlichen Glauben exkommunizieren und mit einer Geldbuße belegen. In ähnlicher Weise wurde die religiöse Zensur in Italien zunächst in einzelnen Diözesen eingeführt – 1491 in Treviso – und im Jahre 1515 auf die gesamte Halbinsel ausgedehnt. Die steigende Bücherflut und die Erkenntnis, daß dadurch ein neues, weniger unterrichtetes und empfänglicheres Publikum angesprochen wurde, veranlaßten bis dahin eine Reihe weltlicher Behörden in ganz Europa, darauf zu bestehen, daß ihnen Manuskripte vor der Drucklegung eingereicht wurden.

Mit der Verbreitung der lutherischen Flugschriftenliteratur war der Versuch, die neuen Ideen durchzusetzen, wie auch, sie zu kontrollieren, zu einer Schlacht entbrannt. 1520 wurden Luthers Werke in Köln und Löwen öffentlich verbrannt, während er ähnliche Verbrennungen von päpstlichen Edikten und Dekreten in Wittenberg organisierte. Im darauffolgenden Jahr untersagte Karl V. den Druck, den Besitz oder das Lesen aller Werke Luthers, und der Reformator bemühte sich seinerseits, den sächsischen Kurfürsten dazu zu bewegen, die Bücher jener Protestanten zu verbieten, deren Ansichten er nicht teilte. Als einige Staaten die eine oder andere Ausprägung einer reformierten Religion schützten, stellte die Zensur zur Bewahrung des angenommenen Glaubens gleichsam eine Parallele zum Kirchenapparat in katholischen Staaten dar; dieser Apparat funktionierte tadellos seit der Veröffentlichung des Tridentinischen Indexes von 1564, einer Liste von gedruckten Büchern, deren Lektüre dem katholischen Gläubigen kategorisch verboten war, sofern ihm sein körperliches Wohlbefinden und sein Seelenheil am Herzen lagen. Danach durfte kein Buch mehr ohne die ausdrückliche Erlaubnis der dafür zuständigen staatlichen oder kirchlichen Behörde gedruckt werden.

Denn da war man sich längst darüber im klaren, daß der Titel eines Buches nicht unbedingt auf die Tendenz der darin geäußerten Ansichten schließen ließ. Vor allem aber sah man Bücher inzwischen als Bedrohung politischer und moralischer ebenso wie doktrinärer Werte. Daher wurden die Werke

Der zensierte Erasmus:
entstelltes Porät in einem
Exemplar von Sebastian
Münster, *Cosmographia*,
1550 (Biblioteca Nacional,
Madrid)

von Machiavelli, genauso wie die von Luther, ausnahmslos verboten.
Neben Büchern derben Inhalts wurden auch okkultistische Werke auf den
Index gesetzt, und Werke von »klassischem« literarischem Rang mußten
entsprechend »bearbeitet« werden – das *Dekameron* etwa wurde von an-
tiklerikalen und sexuell freizügigen Geschichten und Passagen gereinigt.
Aus Castigliones *Buch vom Hofmann* mußte der Abschnitt über Witze
herausgenommen und der Hinweis auf die Rolle der Fortuna in menschlichen Angelegenheiten durch den Verweis auf das Wirken Gottes ersetzt
werden. In Kirchenbibliotheken durften verbotene Bücher zwar aufbewahrt, aber nur an jene Benutzer ausgegeben werden, die man für immun
gegenüber jeder Ansteckung hielt. Im Jahre 1595 entdeckten Thomas
Platter und sein Begleiter ein Exemplar der calvinistischen Genfer Bibel
im Jesuitenkolleg in Tournon – »doch daß forder blatt außgerissen. Unndt
als doctor Collado wolte deß Calvini buch aufthun, sagt ein jesuiter, er solte
es bey leib nitt thun, dann eß ein verdammet buch wehre.«[20]
Natürlich blühte bald ein illegaler Handel mit solchen Büchern. Manche
Drucker in katholischen Städten fälschten auch das Impressum und gaben
bei verbotenen Büchern protestantische Druckorte an und umgekehrt, eine

Praxis, die offenbar bereits so vertraut war, daß sich ein lutherisches Flugblatt darüber lustig machen konnte – darin wurde nämlich behauptet, es sei in »Bethlehem am Nil« gedruckt worden. In ein paar Städten – wie Venedig oder Basel – waren die Bürger so selbstbewußt und zugleich von dem Wunsch erfüllt, den Buchhandel zu fördern, daß die Zensur weniger streng war. Daher hatten entschlossene Leser, die Geld und den entsprechenden Mut besaßen, trotz der wachsenden Unterdrückung meist die Möglichkeit, an ihre gewünschte Lektüre heranzukommen, wobei die gedruckten Fassungen des Indexes einen nützlichen Überblick über all das boten, was heterodox oder *risqué* war. Es gab auch nie genug Zensoren, die sich gründlich mit den zur Veröffentlichung vorgelegten Manuskripten befassen konnten. Aber immerhin zwang die Zensur intellektuelle Dissidenten, konspirative Geheimzirkel zu bilden und auf Methoden vor der Einführung des Buchdrucks, nämlich mündliche Botschaften oder Briefe, zurückzugreifen, wenn sie ihre kritische Meinung verbreiten wollten.

Inquisitoren – eine weitere überlastete Gruppe von Unterdrückern – zeigten nur selten ein größeres Interesse daran, unbedeutende verdächtige Subjekte von ihren Irrlehren abzubringen, als daß sie aus ihnen rasch und notfalls mit grausamer Härte Leerformeln herauspreßten, mit denen sie künftigen Gehorsam schworen: »Ich bekenne und glaube«, hieß es dann etwa, »daß die Heilige Römische Kirche die wahre Kirche und Gemeinschaft der Gläubigen ist, außerhalb derer es kein Seelenheil gibt.«[21] Nur hebräische Schriften wurden entschlossen unterdrückt: 1553 erging in Italien die Weisung, alle Exemplare des Talmuds ausfindig zu machen und zu verbrennen, und seither durfte er nicht mehr erscheinen. Die Verbreitung philosophischer Spekulationen und astronomischer Theorien, die an der von der Bibel behaupteten zentralen Stellung der Erde im Kosmos rüttelten, wurden nicht nur über den mehrfach aktualisierten Index kontrolliert und verfolgt, sondern auch in den Gefängnissen, in denen Campanella den Großteil seines buchstäblich qualvollen Lebens verbrachte, oder mit den Flammen des Scheiterhaufens, auf dem Giordano Bruno im Jahre 1600 dafür büßen mußte, daß er die katholische Auffassung von der Stellung des Menschen im Universum in Frage gestellt hatte. Und während spekulative Geister gezwungen waren, sich hinter der Sprache einer scheinbaren Orthodoxie zu verstecken oder sich in den Untergrund zu begeben, wurden neue Universitätslehrstühle für Theologie errichtet, auch – wie in Bologna – für die scholastische Theologie, über die sich zuvor die christlichen Humanisten in ganz Europa nur noch lustig gemacht hatten. Neben Büchern wurden in katholischen wie in protestantischen Ländern auch Kunstdrucke zensiert, wobei man, damit nackte Figuren weniger

Paolo Veronese, *Gastmahl im Hause Levis*, 1573 (Accademia, Venedig)

provokativ aussahen, gelegentlich Änderungen bei den Kupferdruckplatten erzwang. Als erster gab der Rat von Trient im Jahre 1563 Richtlinien für die Malerei heraus (verboten war jeder »verführerische Reiz«) sowie ein Genehmigungsverfahren für neue religiöse Kunstwerke, deren Darstellung des Themas für »ungewöhnlich« gehalten werden könnte.[22]

Verboten war nicht nur die zweideutige Sinnlichkeit, sondern auch jedes Detail der Darstellung, das von der doktrinären Bedeutung des Werks ablenkte – wegen dieses Detailreichtums und nicht wegen der Zurschaustellung von nacktem Fleisch auf seinem Gemälde *Das letzte Abendmahl* mußte sich Paolo Veronese der Befragung durch die Inquisition stellen. Man gab ihm drei Monate Zeit, sein Bild »zu verbessern und abzuändern«[23], aber er änderte einfach den Titel um in *Gastmahl im Hause Levis*, wie es auch im Lukas-Evangelium hieß. Die gleiche Einstellung führte dazu, daß das seit langem in hohem Ansehen stehende Meisterwerk von Nuño Gonçalves, der um 1466 entstandene *Vinzenz-Altar*, aus dem Lissabonner Dom entfernt und eingelagert wurde, weil seine detailreichen realistischen

Porträts angeblich die Aufmerksamkeit vom Heiligen selbst ablenkten. Wie im Falle der Zensur von Drucken und Büchern wurden die Richtlinien unterschiedlich streng ausgelegt – nur wenige Zensoren gingen so weit wie Johannes Molanus in den katholischen Niederlanden, der dagegen war, daß das Christkind nackt dargestellt wurde. Außerdem ließen sich die Künstler durch die Vorschriften ebensowenig wie durch die dadurch bewirkte Zurückhaltung bei der Darstellung weltlicher und mythologischer Themen davon abhalten, für private Auftraggeber zu arbeiten. Die Mißbilligung der Nacktheit beispielsweise hatte zur Folge, daß in Spanien, wo die Inquisition den Geist der Tridentinischen Reformen mit aller Schärfe durchsetzen durfte, gefolterte Märtyrer die Kleider anbehielten und mythologische Themen kaum behandelt wurden. Doch auch wenn Philipp II. die Lenden von Cellinis nacktem Marmor-Christus bedecken ließ, als er in der Kirche des Escorial aufgestellt werden sollte, so genoß er gleichwohl weiterhin die strahlend sinnlichen mythologischen Szenen von Tizian, die in seinen anderen Palästen hingen. Aber nicht nur im Süden geriet die

Kunst unter politisch-religiösen Druck. Da Pieter Bruegel gegen den Krieg und dem Volk zugewandt war, empfahl er seiner Frau, alle Werke zu vernichten, die sich nach seinem Tod noch in seinem Atelier befänden. Im Jahre 1551 verbot die russische Staatskirche die Einfuhr westlicher religiöser Kunstwerke sowie jedes Abweichen heimischer Künstler von den Traditionen der orthodoxen Ikonenmalerei.

In protestantischen wie in katholischen Ländern zielte die Unterdrückung des freien künstlerischen Ausdrucks eher darauf ab, die Einheitlichkeit der Lehre und den politischen Gehorsam zu gewährleisten, als die Moral aufrechtzuerhalten. Während in England gedruckte Darstellungen von politischen Nachrichten verboten wurden, wenn die betreffenden Ereignisse »unzureichend« oder »unwahr oder falsch berichtet« wurden[24], hielten die Zensoren von Dramen, wie im Falle von *Richard II.*, nur danach Ausschau, ob die Regierung und ihre Politik bedroht waren – derbe Ausdrücke und Themen wie Ehebruch, Vergewaltigung und Inzest dagegen ließen sie ungehindert durchgehen. So beklagenswert animalische Sexualität auch sein mochte, sie war doch weit weniger interessant als Verschwörungen der Aristokratie gegen Staatsoberhäupter, die in einzelnen Regionen drohenden »Schweizer Verhältnisse« und heftige soziale Proteste.

Im Jahre 1565 unternahmen Staat und Kirche gemeinsam den bis dahin dramatischsten Versuch, Untertanen zum Gehorsam zu zwingen. Seit der Eroberung des Königreichs Granada im späten 15. Jahrhundert waren an der Zwangsbekehrung der Mauren, die im Lande bleiben wollten, Zweifel laut geworden: War ihr Bekenntnis zum Christentum wirklich ernst gemeint? Oder unterhielten sie noch verräterische Kontakte zu den islamischen Feinden Spaniens in Nordafrika? Wie weit die 1565 vorgeschlagenen Maßnahmen zur Bewältigung der Probleme reichten, die durch die sogenannten Morisken entstanden, geht anschaulich aus der Protestnote ihres Sprechers hervor. »Als die Bewohner dieses Königreichs zum christlichen Glauben bekehrt wurden, gab es keine Vorschrift, die sie zwang, ihre Kleidung, Sprache oder Bräuche aufzugeben«, erklärte Francisco Núñez Muley. »Die Kleidung unserer Frauen ist nicht maurisch, sondern nur für unsere Provinz typisch, wie in Kastilien und anderen Regionen auch ... Wenn die 200 000 Frauen dieses Königreichs ihre Kleidung von Kopf bis Fuß ändern sollen, woher sollen sie das Geld dafür nehmen? ... Wenn man verlangt, daß unsere Frauen ihr Gesicht entschleiern, dann bietet man damit Männern nur eine Gelegenheit zu sündigen, nachdem sie die Schönheit der Frauen wahrgenommen haben, zu denen sie sich hingezogen fühlen, während die Häßlichen keinen Mann finden, der sie heiratet.« Er verwies auf die christlichen Kaufleute aus Syrien und Ägypten, die als solche anerkannt wurden, als sie mit Südeuropa Handel trieben, auch wenn sie sich wie Türken kleideten und arabisch sprachen. Was uns betrifft, fuhr er fort, wie können alte Männer oder die jungen Leute Kastilisch lernen, ohne dafür Zeit zu opfern, die sie für ihren Lebensunterhalt verwenden müssen? »Wie kann man eine Sprache einem Volk wegnehmen, die natürliche Sprache, in der sie aufgewachsen sind?« Schon werden wir, faßte Núñez Muley zusammen, »von den kirchlichen und weltlichen Gerichten verfolgt – und doch sind wir alle treue Vasallen, gehorsame Diener Seiner Majestät ... Niemals kann behauptet werden, daß wir seit dem Tag unserer Kapitulation Verrat begangen hätten.«[25]

Doch davon ließ sich weder der König noch der für diese Region zuständige Kardinal Diego de Espinosa beeindrucken. In einem zwei Jahre dauernden brutalen Feldzug versuchten sie ihre Integrationspolitik durchzusetzen. Doch selbst dann waren sie sich ihres Erfolgs nicht sicher. Erst nach einer weiteren langen Kampagne, bei der Menschen gesucht, niedergemacht und verhaftet wurden und die bis 1614 dauerte, kam Spanien zur Ruhe – nachdem es sich, durch Tod oder Vertreibung, von über 270000 potentiellen Verrätern gegenüber König und Christus befreit hatte.

Für immense Kosten – für Soldzahlungen, Ausrüstung und Transportmöglichkeiten –, die kein anderes Land außer in Kriegszeiten hätte aufbringen können oder wollen, hatte Spanien im eigenen Land die Macht des Staates demonstriert. Durch diesen flagranten Verstoß gegen Machiavellis Ermahnung, sich nicht in traditionelle Lebensformen der Untertanen einzumischen, erkaufte sich Spanien den ideologischen Sieg über unerwünschte Gebräuche mit dem Verlust der Untertanen selbst, und dies zu einer Zeit, da man über den Bevölkerungsrückgang auf der Iberischen Halbinsel beunruhigt war. Diese Umstände in Spanien waren allerdings einzigartig. Anderswo waren die dramatischsten Beispiele einer erfolgreichen Einmischung in bestimmte Lebensweisen nicht auf das Vorgehen nationaler, sondern städtischer Regierungen zurückzuführen, und zwar im öffentlichen Gesundheitswesen. Um der wieder auftretenden Pest Einhalt zu gebieten, waren, wie wir noch sehen werden, drakonische Maßnahmen erforderlich. Bis zur zweiten Hälfte des 16. Jahrhunderts gab es in allen großen italienischen Städten ständige Gesundheitsausschüsse, die ehemalige Schnellgesetze wiederbelebten und ausweiteten. Sie sperrten Straßen, verriegelten Häuser, in denen sich mutmaßlich infizierte Männer, Frauen und Kinder aufhielten, schlossen Läden und Gasthäuser, trieben Betreiber von Marktständen zur Verzweiflung, indem sie ihnen den Verkauf einer Vielzahl von Waren untersagten, entschieden darüber, wo und wie Begräbnisse stattzufinden hatten, verboten Menschenansammlungen und den

Besuch der Kirche, außer bei ausgewählten Fürbittgottesdiensten. Als der Mailänder Schulmeister Giambattista Casale, der, wie er meinte, seine Familie bei guter Gesundheit zurückgelassen hatte, einen solchen Gottesdienst im Jahre 1576 verließ, wurde ihm befohlen, sich unverzüglich nach Hause zu begeben, weil die Gesundheitsinspektoren Ursache hatten zu glauben, daß es infiziert sei: »Man wartet schon auf Euch und wird Euch auch einschließen.« In den darauffolgenden Tagen brach ein Feuer aus, und »kein Nachbar wollte uns zu Hilfe eilen«.[26] Casale, ein braver, frommer und gebildeter Mann, gehörte zu den vielen Menschen, die die Notwendigkeit derart drastischer Maßnahmen einsahen. Andere aber wehrten sich dagegen und beschäftigten damit die städtische Polizei genauso, wie dies die Auflösung aufrührerischer Versammlungen tat. Städtische Behörden konnten Untertanen eindeutig effektiver kontrollieren als nationale Instanzen. Schließlich waren sie lange genug vertraut mit der routinemäßigen Regelung von Zünften, Märkten und Miliztruppen, sie sorgten dafür, daß Schlachthöfe und Misthaufen an der windabgewandten Seite errichtet wurden, Straßenbrunnen und offene Entwässerungsgräben ungehindert abliefen, sie bewachten Mauern und Tore und beaufsichtigten Bordelle und Gasthöfe wie das Kommen und Gehen von Fremden. Es gab städtische Zollbeamte, Nachtwächter, Ausrufer, Gefängniswärter und in größeren Städten auch Folterknechte und Scharfrichter. Und als Familien vom Lande aufgrund des Bevölkerungswachstums und der Inflation in der Stadt ihr Glück suchten und weil es in erster Linie in Städten zu religiösen und sozialen Unruhen kam, übertrugen die Staaten die Verantwortung für Polizeiaufgaben zunehmend den städtischen Regierungsbehörden, die viel eher über Kontrollmöglichkeiten verfügten.

Hilfreich waren hier auch die höheren moralischen Anforderungen, die die Kirchenreform stellte. In katholischen wie in protestantischen Ländern wurden die alten Einrichtungen der Kirchengerichte und der Kirchenvisitationen wieder eingeführt. »Denn was soll wohl geschehen«, fragte Calvin, »wenn jeder tun darf, was ihm gefällt? Eben dies muß aber eintreten, wenn zur Predigt der Lehre nicht persönliche Einzelvermahnungen, Zurechtweisungen und andere Hilfsmittel dieser Art hinzutreten, welche die Unterweisungen stützen und sie nicht wirkungslos bleiben lassen.«[27] Und da die meisten Sünden (Begehrlichkeit, Neid, Diebstahl, sexuelle Ausschweifung, Gotteslästerung – damit verband sich eine Mißachtung der Autorität – und Mord) auch etwas mit der Gesellschaft zu tun hatten, arbeiteten die Behörden mit katholischen Priestern und protestantischen Pfarrern zusammen. Als man den beiden Künstlerbrüdern Sebald und Barthel Beham 1525 in Nürnberg Gottlosigkeit vorwarf und sie wegen ihrer Ansichten über die

Bibel und die Eucharistie verhörte, fragte man sie auch, ob sie damit einverstanden seien, daß die städtischen Behörden über ihren Besitz verfügten und über ihren bürgerlichen Status entschieden.

Die von den Kirchengerichten verhängten Strafen waren milde: Die Verurteilten sollten öffentlich widerrufen, barfuß das härene Büßergewand tragen, symbolische Geldbußen zahlen, vom Kirchenbesuch ausgeschlossen und aus der Gemeinschaft der frommen Gläubigen ausgestoßen werden. Damit appellierte man an das Gewissen, in den Augen der Nachbarn aber demütigte man sie zugleich durch diese Bußen. Wenn die Schande allein als Abschreckungsmaßnahme nicht ausreichte, stellten die städtischen Behörden den Sünder öffentlich an den Pranger. Und wenn seine Sünde eindeutig von öffentlicher Bedeutung war, wie bei Eigentumsdelikten oder Verbrechen gegen Personen, etwa einer Vergewaltigung, dann nahmen sich die weltlichen Gerichte, die den Übeltäter verbannen, ins Gefängnis stecken, verstümmeln und hinrichten konnten, des Falles an, sofern sie nicht bereits die Initiative übernommen hatten. Da sich die Kirchengerichte nicht mit derartigen Verbrechen befassen durften, stellten sie gleichsam ein Forum dar, auf dem denjenigen, die gegen Anstand und Sitte verstoßen hatten, die Normen des Anstands eingebleut wurden. »Die erste Grundlage der Zucht«, hatte Calvin an der eben zitierten Stelle erklärt, »besteht nun darin, daß persönliche Ermahnungen stattfinden ... und daß ein jeder seinen Eifer daran wendet, seinem Bruder ... solche Ermahnung zukommen zu lassen.« Als die Städte immer dichter besiedelt waren und eine zunehmend nervöse Atmosphäre herrschte, waren die Kirchengerichte mit Anschuldigungen überhäuft, und damit wurde noch deutlicher, welchen geringen Stellenwert Christi Ermahnung: »Du sollst deinen Nächsten lieben wie dich selbst«, in der Hackordnung der christlichen Werte besaß. Immerhin gab es einige Menschen, die die Milderung der gegen die Sünder verhängten Bußen beklagten. »Heute ist die für Hurerei geltende Strafe«, bemängelte der Puritaner Philip Stubbes in seinem zeitkritischen Werk *The Anatomie of Abuses* (*Die Anatomie der Mißstände*) von 1583, »so leicht, daß sich die Missetäter nichts daraus machen – sie fürchten sie nicht, sondern machen sich nur darüber lustig. Denn was ist schon dabei, sich zwei oder drei Tage lang in einem weißen Tuch vor der Gemeinde zu zeigen, zuweilen nicht länger als eine oder zwei Stunden täglich, wobei sie noch ihre gewöhnliche Kleidung darunter tragen?«[28]

In manchen Städten – allen voran Augsburg und Genf –, wo die Behörden peinlichst darauf achteten, daß der innere Frieden nicht gestört wurde, kontrollierten sie direkt die moralische Disziplin, und zwar sowohl in der Ehe (selbst Ehepaare, die sich ständig stritten, konnten bestraft werden) wie außerhalb der Ehe. Überall wurde die polizeiliche Überwachung der Sitten zeitraubender, als leicht zu kontrollierende Bordellviertel geschlossen wurden und die Prostitution sich auf die Straßen verlagerte. Nicht weniger aufwendig waren die Zensur von Büchern, die an Ort und Stelle gedruckt wurden, und die Untersuchung von eingeführten Exemplaren, zudem da diese Kontrollen strenger waren als auf nationaler Ebene. Die Furcht vor aufrührerischen Massen führte zum Verbot von traditionellen Straßentheatern und zu strengeren Vorschriften für Messen, Viehmärkte und öffentliche Sportveranstaltungen und Festlichkeiten, die mit Getränkeständen aufwarteten und zuweilen eingeschlagene Köpfe und blutige Fehden hinterließen. Gleichermaßen verdächtig war das Tanzen, das fast genauso beliebt war wie die entsprechende Begleitmusik. Im lutherischen Greifswald war es sogar bei Hochzeiten verboten, wie ein Bürger 1551 feststellen mußte: »Da bei den Hochzeitstänzen ein gar zu unverschämter Misbrauch mit dem Ummeküseln (Umdrehen) der Frauen und Jungfrauen getrieben war, so hatte ein ehrbarer Rath solches verboten.«[29] Und Franz von Sales machte in seiner vielgelesenen *Introduction à la vie dévote (Philothea. Einführung in das Leben aus christlichem Glauben)* von 1609 den katholischen Laien klar: »Tanzunterhaltungen und Bälle sind an sich weder gut noch schlecht; aber die Art und Weise, in der sie gewöhnlich abgehalten werden, läßt sie zum Schlechten hinneigen und *gefährlich* werden.«[30] Durch derartige Ansichten wurde die Förmlichkeit der erlaubten Art des Tanzens ohne körperlichen Kontakt gefördert, wie sie bei Hofe praktiziert und von sittenbewußten Städtern nachgeahmt wurde und woraus sich schließlich die Kunst des Balletts entwickelte.

Private oder öffentliche Versammlungen, in geschlossenen Räumen oder im Freien, ließen sich leichter überwachen als individuelles Imponiergehabe. Dabei gab es schon immer gewisse Luxusverordnungen, mit denen man das Tragen kostspieliger, aus dem Ausland importierter Kleider einschränken, das Zurschaustellen von Reichtum, der nur Sozialneid hervorrief, verhindern und die aufreizende Wirkung von teilweise entblößten Brüsten und durch Hosenbeutel betonten Genitalien abschwächen wollte. Aber damit hatte man immer nur bedingt Erfolg gehabt. Und als die europäische Wirtschaft eine Blütezeit erlebte, konnten diese Verordnungen zwar ständig neu verkündet werden, aber kaum jemand hielt sich daran. Ja, gerade die Stadträte, die diese Vorschriften erließen, frönten jenen Zerstreuungen und Kleidermoden, die sie von der breiten Masse der weniger Privilegierten unterschieden. Wer von seinesgleichen respektiert werden wollte, konnte dem Modekult einfach nicht widerstehen. Selbst gemeine Söldner, die ihren Außenseiterstatus akzeptierten, trugen trotzig abgetragene und bewußt zerschlissene Kleider im vornehmen Stil ihrer Dienstherren.

Männliche Attacken auf weibliche Eitelkeit – den Gebrauch von Kosmetika, Pinzetten und Haarbleichmitteln – reichten fast bis in die Zeit von Ahabs Gemahlin Jezabel zurück. Leonardo da Vinci allerdings meinte ebenso narzißtische Männer wie eitle Frauen, als er schrieb, daß »unter den schlichten Gemütern ein widerspenstiges Haar für den Träger tiefe Schande bedeutet ..., und solche Leute klammern sich nur an Spiegel und Kamm, und der Wind ist ihr Erzfeind ... Die menschliche Torheit nimmt immer mehr zu.«[31] Dabei war er selbst an Haar- und Kopfputzstilen und -moden heftig interessiert, ebenso wie sein Zeitgenosse Dürer, der bei seinen Kostümskizzen vermerkte, wo und wann er sie gezeichnet hatte. Als sich Christoph Weiditz 1531/32 von Deutschland nach Spanien und weiter in die Niederlande begab, führte er eine Mappe mit kolorierten Zeichnungen der Kostüme bei sich, denen er in den verschiedenen Provinzen und bei

Gefiederter Soldat, Zeichnung von Urs Graf, 1523 (Kupferstichkabinett, Kunstmuseum, Basel)

den unterschiedlichsten Schichten begegnet war. Eine gewisse Rolle spielte hier sicher das Interesse des Chorographen an lokalen Trachten, aber die zunehmende Reiselust und -literatur sowie die Verbreitung von Schnittmustern zur Anfertigung von Kleidung in fremdländischem Stil nährten das Interesse an der Mode um ihrer selbst willen. Es war eben nicht nur eine abstrakte anthropologische Faszination, die dazu führte, daß man bei Hoffesten exotische Kostüme trug oder Werke wie das 1586 erschienene »Frauentrachtenbuch« *Theatrum mulierum* des Züricher Illustrators Jost Amman in mehrere Sprachen übersetzte.

Und obgleich sich solche Kostümbücher hauptsächlich mit Frauen befaßten, hatten die Moralisten ein größeres Anliegen.

> Das zeygt / das unser gmuet ist licht
> Und wanckelbar in alle Schand
> Vil nüwrung ist jn allem land[32],

schrieb Sebastian Brant über die neuen Moden. Andrew Boorde gab einen vielbeachteten Holzschnitt in Auftrag, auf dem ein fast nackter Mann in einer Hand eine Schere und in der anderen ein Stück Tuch trug. Darunter standen die Verse:

> Ich bin ein Engländer, und nackt stehe ich hier,
> Und grüble drüber nach, was ich anziehen soll;
> Denn jetzt trag ich dies, und dann trag ich das –
> Und nun weiß ich gar nicht mehr, was.[33]

Der Modegeschmack wurde weder durch die Frage, ob das jeweilige Kleidungsstück für den Träger auch bequem war oder zu ihm paßte, noch durch unterschiedliche klimatische Bedingungen beeinflußt – Anleihen, von Spanien bis Böhmen oder von Italien bis England, waren schlicht eine Stilfrage, ob es sich dabei nun um Pelze oder Taftstoffe handelte. Überall an Höfen und in Städten machte die Mode auf die sich wandelnden Sehnsüchte aufmerksam und schärfte das Bewußtsein für soziale Unterschiede. Selbst wenn ein übernommener Stil nüchtern war, wie im Falle der würdevoll ernsten Gewänder des spanischen Adels, gab es doch eine deutliche Kluft zwischen der Garderobe der Wohlhabenden und der genormten Arbeitskleidung der Armen, deren einziges Festtagsgewand, so liebevoll und sorgfältig es auch gearbeitet war, fast unveränderte religiöse Traditionen bewahrte.

In Zeiten, in denen ein gewisser Wohlstand herrschte, erweckten Rangunterschiede, und waren sie noch so differenziert durch Schnitt und Farbe zur Schau gestellt, eher moralische Entrüstung als soziale Ressentiments. Von Unterbrechungen durch Kriege abgesehen, erlebten die Städte nun im großen ganzen eine wirtschaftliche Blüte. In Industrie und Handel gab es einen Aufschwung, es wurde gebaut und umgebaut, und immer mehr Haushalte brauchten Dienstpersonal, so daß ein gewisser Anteil das heimischen Bevölkerungsüberschusses aufgefangen werden konnte. Da die Preise für Lebensmittel im Vergleich zu den Löhnen immer mehr stiegen und gleichzeitig die Landflucht stark zunahm, spitzte sich seit den vierziger Jahren des 16. Jahrhunderts die Bedrohung von Recht und Ordnung immer mehr zu und damit auch das problematische Verhältnis von Preisdämpfung und Preissteigerung.

Dabei gab es geläufige Mechanismen, mit denen man dafür sorgte, daß der Brotpreis erschwinglich blieb. Es gab städtische Notvorratslager. Man hatte gesetzliche Handhaben gegen Händler, die Getreide vor der Ernte kauften, und gegen Kaufleute, die Korn kauften und lagerten, bis die Knappheit den Preis in die Höhe trieb. Als aber durch die Inflation die altbekannte Versuchung zu Ankäufen und Monopolen immer verlockender wurde und die Getreidehändler in Stadtregierungen eine gewichtige Rolle spielten und damit argumentieren konnten, daß die Finanzwirtschaft zur städtischen Entwicklung beitrug, wurde die Preiskontrolle immer weniger effektiv. Damit verlagerte sich diese Form der Preissteigerung auf eine allgemeinere und heftig diskutierte Ebene: die Frage nach der jeweiligen Rolle von Wohltätigkeit und Fürsorge, wenn es darum ging, die Not zu lindern und die Unzufriedenheit zu dämpfen.

Die wohltätige Fürsorge für die sozial Benachteiligten war seit langem von grundsätzlicher Bedeutung: Die Nächstenliebe war neben Glaube und Hoffnung eine der christlichen Grundtugenden. Auf zahlreichen Gemälden und in vielen Plastiken gab *Caritas* hungernden Kindern die Brust. Fürsorge gegenüber den Armen gehörte zu den immer wieder dargestellten Werken der Barmherzigkeit, die nach den Worten Christi im Matthäus-Evangelium dem Menschen zum Seelenheil verhalfen: Das Thema war so vertraut, daß sich der Künstler bei seiner großartigsten Darstellung – Caravaggios 1606 in Neapel entstandenem Gemälde *Die sieben Werke der Barmherzigkeit* – darauf verlassen konnte, daß der Betrachter genau wußte, welche Gestalt welches Werk in dieser dicht gedrängten, düsteren Straßenszene personifizierte.

Waren im Mittelalter die Akte der Wohltätigkeit, wie das Verteilen von Almosen an Klostertüren, die Errichtung von Heimen für Waisen, Findlinge und Alte und von Hospizen für die Kranken – eine Mischung aus fürsorg-

licher Nächstenliebe und der Neigung der Gesellschaft, sich ihre Opfer aus
den Augen zu schaffen –, institutionalisiert, so waren die üblicheren Formen nun jene individuellen »guten Taten« und die an Straßenecken,
Kirchentüren oder nach Hochzeiten oder Begräbnissen gespendeten Almosen, die die Reformatoren als nutzlose Bestechung zur Erlangung der
Gnade abtaten. Katholiken sahen in den Armen eine Gelegenheit, ihre
Wohltätigkeit zur Schau zu stellen: »Die Armen tragen das Kreuz des
Elends«, lautete eine typische Äußerung von 1531, »und zwar ebensosehr
zum Seelenheil derer, die ihnen Barmherzigkeit zuteil werden lassen, wie
zu ihrem eigenen Seelenheil.«[34] Als die Stadt Ypern, ein frühes Opfer der
Massenzuwanderung, in den frühen dreißiger Jahren des 16. Jahrhunderts
die private Wohltätigkeit durch städtisch geförderte Wohlfahrtsprogramme
zu ersetzen suchte, verkündeten die Dominikaner und die Franziskaner:
»Das Verbot, um Almosen zu bitten …, ist böse und gemein und entspricht
einem Prinzip von Luther, das verurteilt worden ist.«[35]
Um diese Zeit allerdings wurden von einzelnen verteilte milde Gaben in
zentral geführte Verteilungsstellen umgeleitet, und zwar sowohl in protestantischen Städten, wo die Säkularisierung katholischer Klöster und anderer frommer Stiftungen hungernde Menschen gezwungen hatte, sich an
die Regierung zu wenden, wie auch in katholischen Städten, die von den
Mittellosen belagert wurden. Es wurde immer deutlicher, daß die zahlreichen Neuankömmlinge sich auch durch Überprüfungen an den Stadttoren,
Prügelstrafen oder Brandmarkungen als Unerwünschte nicht abschrecken
ließen. Bis zum Jahr 1600 sah man in solchen Institutionen wie der
Aumône-Général (Zentrale Almosenstelle) von Lyon, der Obdachlosenher-
berge von San Lazzaro in Venedig oder dem modellhaften Arbeitshaus von
Amsterdam die effektivsten Möglichkeiten verwirklicht, menschliche Not
zu lindern, die die europäische Wirtschaft bei aller Flexibilität nicht behe-
ben konnte.
Doch auch dieser Versuch einer Lösung erweckte Ressentiments. Da
mußten gedruckte Formulare ausgefüllt werden, bevor man Geld von der
Fürsorge erhielt, Beamte gingen von Haus zu Haus und ermittelten die Zahl
der Angehörigen und stellten fest, ob jemand wirklich schuldlos ohne
Arbeit war, wie er behauptete. Verwandte durften nur in eingeschränktem
Maße Institutionen besuchen, in denen Männer und Frauen isoliert von der
Gesellschaft untergebracht waren, damit sie ihre Sünden oder ihre Faulheit
bereuten und eine nützliche Tätigkeit erlernten. Diese irritierenden Ne-
benwirkungen des Beamtentums trugen kaum dazu bei, daß eine an sich
praktische Absicht in eine akzeptable Lösung umgesetzt werden konnte.
Auf jeden Fall war das System sowohl allein schon durch die Zahl der

Betroffenen wie durch den Prozentsatz der Armen überfordert, die lieber bettelten und Verbrechen begingen, als sich in solche Besserungsanstalten zu begeben. Und umgekehrt trug das Problem der von Haus aus Arbeitsscheuen, die sich auch vor derartigen Institutionen drückten, dazu bei, daß die Trennung zwischen der armen und der gesichert lebenden Stadtbevölkerung noch deutlicher wurde. Schon seit urdenklichen Zeiten unterschied man zwischen den Bedürftigen, den *poveri vergognosi*, den »sich schämenden Armen«, wie sie in Italien hießen nach dem Gleichnis vom unehrlichen Verwalter im Lukas-Evangelium (»graben kann ich nicht, auch schäme ich mich zu betteln«; 16, 3), und denen, die sich nicht an das Gebot von Paulus an die Thessalonicher (2., 3, 10) hielten: »Denn schon als wir bei euch waren, geboten wir euch: Wer nicht arbeiten will, der soll auch nicht essen.« Und während die Wohltätigkeit wie immer schon eine Form von Menschenfreundlichkeit darstellte, hielten sich die Stadtverwaltungen an das Paulus-Wort und sperrten die trotzig in ihrem Elend Verharrenden ein oder jagten sie fort.

Zentralregierungen erkannten durchaus, wenn auch verspätet, daß das Problem der Städte mit dem Elend und der Ruhelosigkeit im ganzen Land zusammenhing. Maßnahmen wurden verabschiedet – 1531 für die spanischen Niederlande, 1566 für Frankreich, 1563, 1576 und am umfassendsten 1598 für England –, wonach örtliche Behörden angewiesen wurden, Landstreicher in ihren Herkunftsort zurückzuschicken, und diese ländlichen Gemeinden sollten für sie sorgen und sie bestrafen, falls sie wieder einmal fortziehen wollten. Aber diese Maßnahmen erwiesen sich als wenig effektiv. Während die Bürger größere Stärke aus Disziplinierungssystemen in der Gemeinschaft und der Familie bezogen, trugen die Städte auch weiterhin die Hauptlast.

Kommunale Kontrolle und Selbstdisziplin

Die Angst, daß Hexen sich in Hexenzirkeln zusammentaten und Diebe und Bettler Bruderschaften bildeten, war sicher übertrieben; aber es war auch ganz natürlich, daß man sich derartige Vorstellungen machte in einer Zeit, da die Gesellschaft auf allen Ebenen gewisse Formen der Verbindung einging und gemeinsamen Zwecken unterworfen war.

Hinter ihren Stadtmauern waren die Bewohner in verschiedenartige Gruppen eingebunden, die die Kontakte innerhalb der Familie sowie unter Freunden und Nachbarn ins städtische Leben insgesamt ausweiteten.

Nachbarliche Beziehungen waren eng, wenngleich zuweilen auch streitsüchtig und bösartig. Und sie waren insofern noch enger, als sie auf
Gemeinderituale fixiert und an städtische Untergliederungen gebunden
waren, an »wards«, »Viertel«, »sestrieri« – wie auch immer sie hießen, so
funktionierten sie doch in ganz Europa nach dem gleichen Prinzip, nämlich
der gemeinsamen Verantwortung für die Überwachung der Straßen, die
Kontrolle von Bränden und die Anzeige von Vergehen wie etwa Abflußka-
näle durch Unrat zu blockieren oder Verbrechern Unterschlupf zu gewähren. Handwerksberufe waren üblicherweise auf einzelne Straßen konzentriert. Dieser Umstand wie der Brauch, über der Werkstatt zu wohnen,
sorgten dafür, daß sich Arbeitsleben und Freizeit am selben Ort in dorf-
ähnlicher Intimität abspielten. Nachbarschaftliche Verbindungen wurden
häufig durch Heiraten gefestigt, insbesondere vor den dreißiger Jahren des
16. Jahrhunderts, denn danach verboten die Kirchen dies bei bestimmten
Verwandtschaftsgraden. Es gab kaum ein Privatleben, weder in den eigenen vier Wänden noch außerhalb davon, und daher wußten die Behörden
auch gleich, wohin sie sich begeben sollten, wenn sich etwas zusammen-
braute, und wen sie zur Rechenschaft ziehen mußten.

Im 16. Jahrhundert hatten die mittelalterlichen Zünfte und Gilden noch
immer ihre wirtschaftliche und soziale Bedeutung. Die Statuten wurden
entsprechend geändert, damit es »Ausländern« noch mehr erschwert wurde, in den Genuß der Privilegien der Mitgliedschaft zu kommen oder die
Preise zu unterbieten. Aber unverändert bestanden die alten hierarchi-
schen Strukturen von Meistern, Gesellen, Lehrlingen und Lohnarbeitern,
die Rohmaterialien herbeischaffen und fertige Produkte ausliefern sollten.
Die Zünfte überhäuften den Stadtrat auch weiterhin mit Eingaben und
versuchten Einfluß auf ihn zu nehmen, um ihren quasiunabhängigen
Status zu schützen, bedürftige Mitglieder oder ihre Familie mit wohltätiger
Unterstützung zu versorgen und in katholischen Städten »ihre« Kapellen
und Altäre in den Kirchen zu unterhalten und zu verschönern, in denen
traditionellerweise die Taufen, Hochzeiten und Begräbnisfeierlichkeiten
ihrer Mitglieder stattfanden.

Einige Zünfte waren in größere religiöse oder wohltätige Bruderschaften
eingebunden, deren Zentralen von den prachtvollen und mit Stiftungsmit-
teln reich ausgestatteten *scuole* von Venedig mit ihren würdigen Vorstands-
mitgliedern bis zu den bescheidenen Versammlungsorten im Haus eines
Priesters oder im Hinterzimmer einer Gastwirtschaft reichten. Welche
ausgleichende bürgerliche Rolle solche Bruderschaften spielten, geht anschaulich aus den Verbandsstatuten der Bruderschaft von San Ildefonso in
Valladolid hervor, die ihre wohltätige Funktion hervorhoben und eindring-

lich daran erinnerten, daß vor jeder offiziellen Sitzung alle Auseinandersetzungen beigelegt sein sollten und daß »diejenigen, die nicht miteinander reden«, versprechen mußten, ihren Streit zu begraben.[36] In den Zunfthäusern und den Hauptquartieren der Bürgerwehren im Norden – die Gruppenporträts ihrer Anführer von Frans Hals und Rembrandt standen in einer in den dreißiger Jahren des 16. Jahrhunderts begründeten Tradition – wie auch in den Versammlungen südlicher Bruderschaften herrschte ein freundschaftlicher Geist, ganz gleich ob man hier finanzielle Dinge abwickelte, Andachten abhielt oder gesellig zusammenkam. Persönliche Verwandtschaftsbande und Gefolgschaftsverbindungen ergaben ein dichtes Gewebe von Beziehungen, das für Stabilität sorgte.

Auf dem Lande stellte die Gefolgschaft – das Angebot von Dienstleistungen und die Loyalität gegenüber einem Höhergestellten als Gegenleistung für dessen Schutz – eine vertragsfreie Variante der sich auflösenden Formen feudaler Abhängigkeit von einem Adelsherrn dar. Unter diesem Lehnswesen war den Adeligen vom Herrscher und von jenen den geringeren Pächtern Land zur Verfügung gestellt worden, und zwar im Gegenzug für deren Hilfe in nationalen und – weniger legal – in lokalen Notfällen, etwa als während der Rosenkriege in der zweiten Hälfte des 15. Jahrhunderts Unterpächter ihre unmittelbaren feudalen Dienstherren gegen die Krone unterstützten. Die verstärkte Effektivität königlicher Macht und die abnehmende Bereitschaft, mit der Pacht von Land auch Leib und Leben zu riskieren, führten bis etwa zum Jahre 1500 dazu, daß abgelaufene Pachten ohne die Verpflichtung zum Militärdienst erneuert wurden. Gleichzeitig erboten sich Männer aus gutem Hause, aber ohne Landbesitz, adeligen Häusern praktisch als Söldner zu dienen, gegen Kost und Logis sowie ein gewisses Maß an Unterstützung, falls ihre Lebensweise sie in Konflikt mit dem Gesetz brachte. Solche »Vasallen« stellten eine gewisse Entschädigung für Adelige von altem Schlag dar, die ein persönliches Gefolge gewohnt waren; aber als sich auch zählebige Werte änderten und das regionale politische Leben stabiler wurde, verschwanden diese Formen ebenfalls.

Doch solche feudalistischen Beziehungen hatten an tiefe psychische und an ganz praktische Bedürfnisse gerührt und sie zugleich befriedigt. Die Schwachen benötigten den Schutz der Starken, und dem Prestige der Starken war es nur förderlich, wenn sie ein kleines Imperium von Bittstellern und Anhängern hatten, von denen einige über nützliche militärische, finanzielle, juristische oder kirchliche Macht verfügten. Bis um das Jahr 1500 hatten solche zeitweiligen Gefolgsleute einer regionalen herrschaftlichen Familie den Platz der Vasallen eingenommen (die daraufhin das Vorbild für Brigantenbanden wurden). Diese Gefolgschaftsbeziehungen erreichten ihren Höhepunkt in den französischen Bürgerkriegen, als rivalisierende Territorialclans, die die Politik einer durch jugendliche Herrscher geschwächten Monarchie zu kontrollieren suchten, Beistand nicht nur aufgrund der traditionellen Beziehungen zwischen Grundbesitzer und Pächtern erhielten, sondern auch von jenen Personen und ganzen Städten und Regionen, denen an einer Unterstützung ihres neuen – calvinistischen – Glaubens oder ihres wiederbelebten Katholizismus gelegen war.

Auf dem Land bot die Gefolgschaft die Möglichkeit, seinen Status zu behalten, während man zugleich ein gewisses Maß an Unabhängigkeit aufgab. In den Städten drückte sich dieser Impuls, Abhängigkeit zu suchen und zu genießen, in Formen aus, die zeigen, wie grundlegend dieser Austausch von Dienstleistungen war. Nur wenige Beispiele sind so klar umrissen wie das der Medici im 15. Jahrhundert, die sorgsam ein Machtzentrum aufrechterhielten, das von ihrem eigenen Kreis aus Bankiers und internationalen Händlern über die Bruderschaft der Magi, der sie angehörten (Botticellis *Anbetung der Könige* zeigt unter den Zuschauern Mitglieder der Familie Medici), und die Gemeinde, deren Kirche – San Lorenzo – sie als Schirmherren verschönerten, bis zu den lokalen Banden plebejischer Jugendlicher reichte, die auf die Straße gehen und sie mit Waffen und Hurrageschrei unterstützen konnten. Diese Form eines Herrentums, die ihnen in Stadtratssitzungen Stimmen bei Angelegenheiten sicherte, für die sie sich bekanntermaßen stark machten, kam nicht durch vertragliche politische Verbindungen zustande, die in Florenz nicht erlaubt waren, sondern durch Vergünstigungen: hier wurde eine Schuld erlassen, da ein Darlehen gewährt, eine Mitgift bezahlt, ein Empfehlungsschreiben für einen Posten ausgestellt, ein Heiratsantrag nachhaltig unterstützt, eine verwandtschaftsähnliche Beziehung eingegangen, indem man beim Kind eines Gefolgsmannes Pate stand. Es war ein System, dessen Auswirkungen sich nie präzise vorausberechnen ließen. Man belastete sich dadurch mit einer erschöpfenden Korrespondenz und mit ständigen Besuchen von Bittstellern – und dies um so mehr, da das ganze System auch ein echtes Stück väterliche Fürsorge mit einschloß. Wie radikal sich die Zeiten geändert hatten, zeigte sich daran, als Cosimo I. de' Medici, der 1537 zum Herzog ernannt wurde, seinen Schreibtisch dank seiner neuen Machtfülle von allem Papierkram der Gefolgschaftsangelegenheiten leerräumte. Aber da war Florenz bereits aus seiner stadtstaatlichen in die fürstliche Phase seiner Geschichte eingetreten. In allen anderen politisch weniger bedeutenden europäischen Städten führte die vom Wettbewerb diktierte Notwendigkeit, eine wichtige Rolle in der städtischen Regierung zu spielen und zugleich eine kontrollierende Funktion in Gilden und Zünften innezuhaben, zu vergleichbaren Gefolgschaftsformen. Nach einer geschickten Wahl des Ehepartners und einer Reihe nützlicher angeheirateter Verwandter sahen sich Geschäftsleute nach Anhängern unter den Meistern der Werkstätten und den Leitern der Nachbarschaftsorganisationen um, die für Recht und Ordnung und den Gottesdienst zuständig waren. Je wohlhabender eine Stadt war und je herrenähnlicher sich ihre führenden Familien verhielten, desto entschiedener bemühte man sich um diese Verbindungen. Dies führte zu einer wachsenden Solidarität in der urbanen Gesellschaft oberhalb der anschwellenden Schicht der Tagelöhner und wirklich Armen, den unmittelbaren Opfern von Marktschwankungen. Es gab zwar noch die alten mäßigen Möglichkeiten, seinen Stand zu wechseln: das manchmal Wirklichkeit werdende Märchen vom fleißigen Lehrling, der es bis zum Meister und Zunftmitglied bringt; der bankrotte Kaufmann, der auf die bescheidenen Almosen seiner Kollegen angewiesen ist. Nichtsdestoweniger aber wurde die Kluft größer. Mehr Adelige als früher wollten die Ehe mit einer wohlhabenden Bürgerlichen eingehen; mehr reiche und selbstbewußte Bürgerliche suchten – durch den Erwerb von Land oder eines Staatsamts oder schlicht dadurch, daß sie sich in ihren Stadthäusern »nobel« aufführten – dem Gütesiegel einer aristokratischen Lebensweise zu entsprechen, zumindest was ihre vornehmen Manieren betraf.

Denn »Manieren«, so lautete das Motto des Winchester College, dessen Gründer im 14. Jahrhundert geglaubt hatte, durch Hege und Pflege ließe sich die Natur zähmen, »Manieren machen den Menschen«. Und diese Manieren – also die bewußte Anpassung des Verhaltens, um sich selbst achten und anderen gefallen zu können – wurden eine Art Linderungsmittel, das es Menschen von territorialem, kommerziellem oder bürokratischem Einfluß erleichterte, ihre Rollen aufeinander abzustimmen. Außerdem trugen sie dazu bei, daß man sich auf eine gemeinsame Haltung gegenüber jenen verständigte, die ihre Zivilisiertheit bedrohten.

Angesichts der Tatsache, daß sich in Machtzentren immer mehr Menschen unterschiedlicher Herkunft mischten, sah sich Giovanni Della Casa veranlaßt, die Bedeutung guter Manieren zu betonen. Sein *Galateo*, eine Abhandlung über feines Benehmen, die zuerst im Jahre 1558 in Italien erschien und dann rasch ins Französische, Lateinische, Spanische, Deutsche und Englische übersetzt wurde, wandte sich an die *arrivisti*, für die Manieren das Fehlen eines durch Herkunft und Überlieferung geprägten Stils kompensieren mußten. »Da jeder genötigt ist«, beruhigte er seine Leser, »täglich mit anderen Menschen umzugehen und mit ihnen zu sprechen, muß man die Regeln der Höflichkeit beständig anwenden, während Gerechtigkeit, Charakterstärke und die anderen höheren und edleren Tugenden seltener ins Werk gesetzt werden. Auch ist der Freigiebige und Großherzige nicht gehalten, sich stets von seiner besten Seite zu zeigen. Im Gegenteil, es gibt kaum jemanden, der oft dazu Gelegenheit hätte, und tapfere Männer sind selten gezwungen, ihren Wert und ihre Tugend unter Beweis zu stellen.« Daraus folgte für Della Casa: »Deshalb kann niemand daran zweifeln, daß, wer immer sich entschließt, nicht in Einsamkeit oder Einsiedelei zu leben, sondern in den Städten und unter Menschen, es als sehr nützlich ansehen muß, zu wissen, wie er seine Gewohnheiten und sein Verhalten geschliffen und angenehm gestalten kann. Und nicht zuletzt brauchen die anderen Tugenden mehr Aufwand, ohne den sie nichts oder wenig nützen, während gutes Benehmen ohne weiteres ein reiches und mächtiges Besitztum darstellt, auch wenn es nur aus Worten und Gesten besteht.«[37]

Della Casa griff im wesentlichen auf zwei Quellen zurück, vor allem auf Ciceros Schrift *De officiis (Über die Pflichten),* die betonte, wie notwendig es für den verantwortungsvollen Bürger sei, sich den richtigen Gebrauch seiner Mußestunden ebenso wie seiner Arbeitszeit bewußt zu machen: Angenehme Konversation und gemeinsamer Zeitvertreib seien Aspekte eines kultivierten Lebens, die ethisch gerechtfertigt seien, sofern sie sich innerhalb der Grenzen des physischen und verbalen Anstands bewegten. Diese oberste Autorität der römischen Moralphilosophie legitimierte es daher, daß man sich mit den guten Manieren beschäftigte. Della Casas zweite Quelle war Castigliones *Buch vom Hofmann,* das seinerseits von Ciceros Lehren durchtränkt war und ausführlich die Regeln der angenehmen Konversation behandelte, wie sie einer Hofgesellschaft von Männern und Frauen mit unterschiedlicher nationaler und beruflicher Herkunft angemessen war. Die Vorstellung, daß ein geschliffenes und auf wahrer Gewandtheit beruhendes Benehmen den gesellschaftlichen Rang erhalten oder gar verbessern konnte, erfuhr hier ihre frühe Apotheose.

Diese Beschäftigung mit dem oberflächlichen Firnis eines verfeinerten Verhaltens war weit verbreitet. Eine ganz andere Persönlichkeit, der streng rational argumentierende florentinische Staatsmann Francesco Guicciardini, schrieb unabhängig von Castiglione im Jahre 1528, dem Erscheinungsjahr des *Hofmanns:* »Als ich noch jung war, hatte ich gar keinen Spaß am Lautespielen, Tanzen, Singen und ähnlichen leichten Künsten, auch nicht am schönen Schreiben, Reiten und prächtiger Kleidung sowie all den anderen Dingen, die den Menschen mehr schmücken, denn sein eigentliches Wesen berühren. Später neigte ich mehr zum Gegenteil … Außerdem öffnet die häufige Beteiligung an Lustbarkeiten den Weg zur Fürstengunst, und gesellige Künste verschafften schon die größten Vorteile, da die Fürsten wie die ganze Welt heute ja nicht so beschaffen sind, wie sie vielleicht sein sollten, sondern wie sie eben sind.«[38] Und Erasmus räumte 1530 in seinem Traktat *De civilitate* ein: »Ob dise gleich die geringst wissenheit ist / macht sie doch einen menschen / der welt (wie die ietzt gesinnet ist) mit andern innerlichen freien künsten / mercklich angeneme.«[39]

Geschrieben von einem Mann von adeliger Geburt, einem Soldaten und Diplomaten ebenso wie einem gebildeten Schriftsteller, konnte das *Buch vom Hofmann* von seinen Standesgenossen in ganz Europa gelesen werden, ohne daß sie fürchten mußten, an Ansehen zu verlieren, wenn sie sich an seine Prinzipien hielten. Bei der Frage, was einen Höfling mehr qualifiziere: Geburt oder Begabung, neigte Castiglione dazu, die Geburt höher zu bewerten. Aber seine Aussage, weder die Herkunft an sich noch der gekonnte Umgang mit dem Schwert reiche aus, Einfluß bei Hofe zu erlangen, wenn da nicht noch Erziehung und ein wohl abgewogenes Benehmen hinzukämen – diese Aussage konnte man ohne weiteres akzeptieren: Das hieß doch wohl, daß man beizeiten üben müsse, und gedanklich bedeutete es nicht viel mehr als eine Aktualisierung des traditionellen Ritterkodexes der Tapferkeit und des loyalen Dienstes, verbunden mit einem sanften und gewandten Benehmen außerhalb von Schlachtfeld oder Turnierplatz. Eine der am häufigsten zitierten und bearbeiteten Passagen im *Hofmann* handelte davon, wie einem Mann, der sich selbst beim Tanzen nur über Schlachten unterhalten konnte, von einer Dame der Rat gegeben wurde, es wäre doch sehr gut, »wenn Ihr Euch ordentlich einfetten und zusammen mit Eurem gesamten Kampfgerät in einen Schrank stecken ließet, bis man Eurer wieder bedarf, um nicht noch mehr zu verrosten, als Ihr es schon seid«.[40] Gegen Ende des Jahrhunderts griff ein Aristokrat, der selbst Soldat war, diese Empfehlung auf: In seinen *Discourses politiques et militaires (Diskurse über politische und militärische Angelegenheiten)* schrieb François de La Noue, Soldaten sollten nicht – »wie Handwerker« – über nichts anderes als ihren Beruf sprechen. »Und in diesem Zusammenhang«, fuhr er fort, »erinnere ich mich an einen Rat, der bei Hofe einem Manne gegeben wurde, der selbst im Frieden nur vom Krieg sprechen konnte: ›Wenn es dazu kommt, wird man Euch wieder gebrauchen können.‹«[41]

Und auch da spiegelten Castigliones Empfehlungen den Sinneswandel im Laufe der Zeiten wider, als er – erneut auf Cicero zurückgreifend – die Rolle von Anekdoten und Scherzen im leichten und harmonischen Umgang der höfischen Gesellschaft betonte. Mittelalterliche Prediger hatten ihre Ermahnungen mit Anekdoten und volkstümlichen Redensarten versüßt – seit den dreißiger Jahren des 15. Jahrhunderts waren handschriftliche Sammlungen solcher Sprüche im Umlauf. Als sich dann die Bildung unter Männern von Stand ausbreitete, gesellten sich zur Anekdote das Wortspiel und das Bonmot. Ein Florentiner schrieb 1497 an seinen Bruder, er solle ihm doch »acht oder zehn« witzige Sprüche schicken, damit er in höfischen Kreisen in Rom mitreden könne.[42] Diese Mode grassierte so sehr, daß es Lord Burghley im Jahre 1590 für angeraten hielt, seinen Sohn darauf aufmerksam zu machen, daß er »bei so vielen Menschen erlebt habe, wie sie geradezu süchtig nach geistreichen und spöttischen Bemerkungen seien und eher ihren Freund verraten als auf einen Witz verzichten würden«.[43]

Das *Buch vom Hofmann* konnte auch als Benimmratgeber gelesen werden, als Anleitung für gesellschaftliche Aufsteiger. In seiner 1534 erschienenen Komödie *La Cortigiana (Die höfische Komödie)* machte sich Pietro Aretino über einen Provinztölpel lustig, der sich einbildet, durch die Lektüre eines solchen Buches könnte er ein Hofmann und ein Kardinal werden und eine adelige Geliebte bekommen. Im elisabethanischen England konnten Dramatiker offenbar davon ausgehen, daß selbst »Gründlinge« wußten, was gemeint war, wenn eine Figur im Jahre 1602 »Castilio Balthazar« hieß oder eine andere 1604 als »der absolute Castilio« bezeichnet wurde. Ebenfalls im Jahre 1604 hielten es die Autoren von *Westward Ho!,* Thomas Dekker und John Webster, für allgemein verständlich, der Kupplerin Mistress Birdlime die boshafte Bemerkung über die Frau eines Kaufmanns in den Mund zu legen: »Sie hat in *Der italienische Hofmann* gelesen, es sei eine besondere Zierde, malen zu können.«[44] Zu dieser Zeit war die Bezeichnung »castiglioneskes Verhalten« in gewissen Kreisen eine Umschreibung für Pöstchenjägerei und den Verhaltenskodex der oberen Gesellschaftsschichten geworden.

Somit stand es also für einige Kritiker fest, daß eine Selbstertüchtigung um des Erfolges willen das Tier im Menschen nur unterdrückte, um ihn zum Affen für die Bessergestellten zu machen. Aber die dem natürlichen Menschen durch gutes Benehmen auferlegte Disziplin hatte doch auch einen ernsthafteren Aspekt, den Castiglione für selbstverständlich hielt und der zum Erfolg der Bücher beitrug, die er, Della Casa und ihre zahlreichen Nachahmer geschrieben hatten.

Die frühesten Werke über korrektes Benehmen hatten Geistliche im 13. Jahrhundert verfaßt. Sie entstanden unter den Lebensbedingungen in geschlossenen Klostergemeinschaften, wo die Übertreibungen in Gang und Gestik, die für das unordentliche Verhalten der Laienschaft so typisch waren, für unpassend gehalten wurden. Klösterliche Manieren sollten die aufreizende Wirkung von Manieriertheiten korrigieren. Dort, in den widerhallenden Räumen von Kapelle und Refektorium, störten das Aufstoßen, das Aushusten von Schleim, das geräuschvolle Absondern von Darmgasen die Konzentration auf den Gottesdienst oder die stummen Zuhörer bei der lauten Verlesung der Heiligenleben während der Mahlzeiten. Diese Haltung griff Erasmus in seinem Traktat *De civilitate* auf, einem Benimmratgeber für die Jugend, der zwischen 1530 und 1600 über neunzig Auflagen erlebte. Man niese anderen Leuten nicht ins Gesicht, mahnte er. Wenn die Kleider schlecht riechen, wechsle man sie vor einer Mahlzeit. Man spucke keine unverdaulichen Speisereste auf den Tisch, sondern fange sie mit der Hand auf und werfe sie beiläufig beiseite. Man schnaube auch nicht in Gesellschaft – aber »das gar/so es die natur gibt/mit gewalt vertrucken/ist zuovil unnd mer hoeflich dann gesundt«.[45] Della Casa stieß ins gleiche Horn: »Eine Unsitte ist es aber auch, nach dem Schneuzen das Taschentuch zu öffnen und hineinzuschauen, als müßten Perlen oder Rubine aus der Nase getröpfelt sein.«[46] Diese Übertragung von Verhaltenskodizes aus dem Refektorium auf Laienkreise verweist sowohl auf das Weiterbestehen von grobem Benehmen wie auf den ungebrochenen Einfluß, den geistliche Sitten auf weltliche Manieren nahmen. Was klerikale *mores* bewirkten, belegt die folgende Passage aus dem frühen 17. Jahrhundert. »Wir können gar nicht oft genug betonen«, schrieb der Spanier Juan de Grijalva im Hinblick auf die Eingeborenen von Mittel- und Südamerika, »was die drei Orden [der Franziskaner, Dominikaner und Augustiner] in diesem Königreich bewirkt haben, denn man verdankt ihnen nicht nur die Verkündung der geistlichen Lehre, sondern daß sie den Indiern moralisches und zivilisiertes Verhalten beigebracht haben, kurz, alles, was für das menschliche Leben unabdingbar ist. Denn diese Menschen waren einst so wild, daß sie nicht einmal wußten, wie man richtig ißt, wie man seine Blößen bedeckt oder sich miteinander auf höfliche und zivilisierte Art unterhält. Aber diese drei Orden haben in dieser Region so gründliche Arbeit geleistet, daß sie nun im Hinblick auf die Religion und die Zivilisation den Vergleich mit ganz Europa nicht zu scheuen braucht.«[47] Höfische und klösterliche Manieren waren lange Zeit eng miteinander verknüpft gewesen. Die Äbte und Äbtissinnen wichtiger Klöster waren herkömmlicherweise selbst Aristokraten, und ihre Klöster und Konvente beherbergten reiche Reisenden ebenso, wie sie den Armen Almosen gaben; gutes Benehmen lernte man allerdings nicht in den weniger bedeutenden Einrichtungen, deren unflätige Manieren und Sitten die Kirchenoberen, die sie gelegentlich besuchten, zur Verzweiflung trieben und den Erzählern seit Boccaccio Vergnügen bereiteten. In ganz Europa mischten sich aber auch in den großen Haushalten der Kirchenprälaten, mit ihrem Heer von Kaplänen und Verwaltungsbeamten, weltliche und geistliche Verhaltensweisen, wobei man sich jeweils bewußt war, wie notwendig die Selbstdisziplin im Interesse gegenseitiger Achtung und des persönlichen Fortkommens war.

Denn alle Quellen – kirchliche, aristokratische, humanistische –, die das Reservoir des guten Benehmens speisten, gingen von der Vorstellung aus, das Instinktverhalten müsse durch zivilisierte Formen der Selbstbeherrschung diszipliniert werden. In seinem Einführungsbrief zur *Feenkönigin* schrieb Edmund Spenser im Jahre 1589 an Sir Walter Raleigh, daß hinter dem gewaltigen Komplex seiner Allegorie die Absicht verborgen sei, »einen Gentleman oder Mann von Adel zur tugendhaften und sanften Disziplin zu bringen«.[48] Als Dichter verwies er auf andere Autoren, seine Quellen für Beispiele schicklichen Verhaltens und der hohen Prinzipien, die ihm zugrunde lägen, wobei er klassischen und zeitgenössischen Mustern den gleichen Stellenwert beimaß: Homer und Vergil, Ariost und Tasso. Aus beiden Welten, fuhr Spenser in seiner Erläuterung fort, habe er Charakterzüge entlehnt, um mit seiner Hauptfigur, König Arthur, einen exemplarischen Helden zu gestalten, der die ethische und politische Weisheit der Antike personifiziere, allerdings angepaßt an christianisierte und ritterliche Werte.

Es wäre indes falsch anzunehmen, daß sich nur einflußreiche Bücher sowie weltliche und kirchliche Machtzentren mit der Erziehung zu gutem Benehmen beschäftigt hätten. Da gab es noch andere Organisationsformen, die zwar nicht über eine Literatur von Vorschriften und Verordnungen verfügten, aber seit langem die Selbstbeherrschung zum Prinzip erhoben hatten: die Zusammenkünfte von Räten und Magistraten, die Vorstände von Wohltätigkeitsinstitutionen und Zünften. In neuerer Zeit legte man auch in einigermaßen wohlhabenden Familien zunehmend Wert auf gutes Benehmen, worin sich in protestantischen wie in katholischen Gemeinschaften ein verstärktes Interesse am richtigen Verhalten widerspiegelte. Am häuslichen Tisch herrschten Zucht und Ordnung. »Nit schnaube oder sewisch schmatz«, ermahnte der Text zu einem deutschen Holzschnitt von 1534, auf dem eine Familie beim Essen abgebildet war. »Red nit mit vollem mundt / sey messig / Sey inn der schüssel nit gefressig«, »Unnd kewe mit verschlossen mundt / Schlag nit die zung auß gleich eim hundt«, »Ruck nit hin unnd her auff der penck / Das du nit machest ein gestenck.« Und am Schluß heißt es: »Darnach soltu vom Tisch auff stehn / Dein hend waschen und wider gen / An dein gewerb unnd arbeyt schwer / So sprichet Hans Sachs Schuhmacher.«[49]

So grob derartige von billigen Flugblättern und Büchern massenhaft verbreitete Ratschläge auch waren, spiegelten sie doch das Bedürfnis von

Familien aus der Mittelschicht wider, es den Sitten der besseren Leute gleichzutun. Dabei ging es nicht nur um die richtigen Tischmanieren, sondern auch darum, den spontanen Gesichtsausdruck unter Kontrolle zu bekommen und Geschrei, lautes Lachen und weit ausholende Gesten zu vermeiden, wie sie für das ungehobelte Volk typisch waren. Die Werte, die dabei gepredigt wurden: Nüchternheit, Mäßigung, Ordentlichkeit, Achtung vor Alter und Autorität, sollten der eigenen Schicht Respekt verschaffen. Zugleich wollte man damit eine andere Form der Ehrbarkeit demonstrieren: die des gottesfürchtigen Haushalts, wo gutes Benehmen auch eine gute Moral zum Ausdruck brachte. Beide Motive waren auf die Werte der Zivilisiertheit ausgerichtet. Damit entsprach man den Erwartungen des Staates, der sich immer mehr darauf verließ, daß die einzelnen Zellen in der Wabe des organisierten Bienenstocks Stadt, die Familie und ihr gewöhnlich männliches Oberhaupt, die Initiative bei der Kontrolle des Instinktverhaltens übernahmen. Nach Cosimo de' Medicis Tod im Jahre 1464 enthielt die Inschrift auf seinem Grab in der Kirche von San Lorenzo auch den Titel *Pater Patriae,* »Vater des Vaterlandes«, der ihm durch einen öffentlichen Erlaß zuerkannt worden war. Danach ernannten sich Herrscher und staatliche Behörden immer öfter selbst zu Vätern ihrer Untertanen oder Gemeinwesen. Und solche »Väter« kümmerten sich um die echten Väter und warfen ihnen »fehlende Zucht und Ordnung« vor, wenn die Jugendlichen, für die sie verantwortlich waren, sich auf den Straßen herumtrieben und Fenster einschlugen und mit Steinen nach dem Nachtwächter warfen.

Wie weit sich der neu propagierte und immer mehr akzeptierte Kult des guten Benehmens insgesamt auswirkte, läßt sich nur vermuten. Jedenfalls tat er der Gewaltbereitschaft von Menschen aus vornehmem Hause keinen Abbruch – man denke nur an die Duelle und Verschwörungen. Er produzierte Höflinge wie jenen Osrick, den Shakespeare in *Hamlet* auf die Bühne brachte. Diejenigen, die sich von Hans Sachs' Tisch erhoben und sich die Hände wuschen, zogen noch immer bei einer Auseinandersetzung gern ein Messer oder mußten sich vor einem Kirchengericht verantworten, weil sie einem Mädchen, das ihnen zu Willen gewesen war, ein Kind gemacht hatten. In der Oberschicht der Gesellschaft trug die Anerkennung intellektueller Fähigkeiten als Wesensmerkmal der wohlerzogenen Persönlichkeit dazu bei, daß man Frauen mehr Verständnis und Achtung entgegenbrachte – doch unterhalb dieser Ebene führte die Verstärkung des Ansehens des Familienpatriarchen dazu, daß sich diese Achtung eher verringerte. Während die von Castiglione wie von Erasmus oder Hans Sachs gepredigten guten Manieren die hierarchische Struktur der Gesellschaft nicht in Frage

Ochsenkopf: aus Giambattista Della Porta, *De humana physiognomonia*,
Vito Equense 1586

stellten, stützten sie die Ordnung und verstärkten die Werte der Zivilisation. Vor allem aber weckten sie in den Privilegierten und Respektierten
ein gemeinsames Mißtrauen gegenüber der Bedrohung durch jene Menschen, denen die guten Manieren fehlten, die Verbote mißachteten, statt
sich an Gebote zu halten, und die nicht auf Bücher hörten, sondern auf
ihren knurrenden Magen und das Geschrei ihrer Kinder.

Feiertage und Freizeit

Als Olivias puritanischer und ordnungsliebender Haushofmeister Mal-
volio in *Was ihr wollt* (II, 3) Sir Toby Belch (Junker Tobias von Rülp)
wegen seiner lärmenden Zecherei tadelte, legte Shakespeare dem be-
schwipsten Ritter die berühmte Erwiderung in den Mund: »Vermeinest du,
weil du tugendhaft seist, solle es in der Welt keine Torten und keinen Wein
mehr geben?«[50] Über so eine Retourkutsche freute sich natürlich ein
Publikum, das sich sogar mit einem Theaterbesuch die Mißbilligung aller
Malvolios zuzog.
Das protestantische Mißtrauen gegenüber »eitlen Vergnügungen« erwuchs
aus dem Verlangen, die Moral auf dem gleichen Niveau wie die guten

Manieren zu halten und Gott ebenso außerhalb wie innerhalb der Kirche zu ehren. Der Sonntag sollte als Feiertag geachtet und nicht nur als freier Tag von der Arbeit angesehen werden, an dem es zufällig auch noch einen Gottesdienst gab. Genauso wie das Laster konnte auch die Tugend zu Übertreibungen führen: Der Sabbatismus verstieg sich zu einem umfassenden Angriff auf weltliche Vergnügungen während der ganzen Woche, und erschwingliche Bücher – Bibeln, Katechismen, Heiligen- und Märtyrerlegenden – standen nun praktischerweise zur Verfügung, um die verdächtigen Zerstreuungen von Gastwirtschaften und Abendspaziergängen auf dem Lande zu ersetzen. Und die Bilderstürmerei beschränkte sich auch nicht auf die Vernichtung von papistischen Bildern. Da galt es, Volksfeste und -bräuche abzuschaffen, die zumindest das Siegel des Katholizismus trugen, wenn sie nicht gar eindeutig heidnischen Ursprungs waren: Maibäume, rituelles Herumtollen im Sommerheu oder (wie im Piemont) im Winterschnee, die Kinderbischöfe und die proletarischen Leiter von Weihnachtsbelustigungen.

Sowohl die protestantischen wie die katholischen Reformbestrebungen zeichneten sich durch einen Hang zum Puritanismus aus. Er war ausgeprägter in protestantischen Ländern, weil sie einem Glauben anhingen, der sich erst bewähren mußte und der weder in seiner lutherischen Form noch in seinen zwinglianischen oder calvinistischen Spielarten zu Beginn des 17. Jahrhunderts schon so gefestigt war, daß sich nicht noch gewisse Anhänger dazu berufen glaubten, die totale Frömmigkeit durchzusetzen. Und weltliche Behörden unterstützten sie vorsichtig dabei, denn der Puritanismus fiel zeitlich mit der zunehmenden Angst vor Krawallen, Verbrechen und sozialem Unmut zusammen. Selbst die Privilegierten meinten sich im 16. Jahrhundert für ihre Zerstreuungen quasi entschuldigen und rechtfertigen zu müssen. Die Bedeutung der Jagd für den Krieg war längst anerkannt, ehe Machiavelli sie 1513 hervorhob. Im Frieden, schrieb er, müsse der Fürst »stets auf die Jagd gehen und dadurch seinen Körper an Entbehrungen gewöhnen, dabei auch die Beschaffenheit des Geländes erkunden ..., denn [diese Fähigkeit] verhilft dazu, den Feind ausfindig zu machen, Lagerplätze auszuwählen, Truppen heranzuführen, eine Schlachtordnung zu entfalten und eine Belagerung vorzunehmen, alles zu deinem Vorteil«.[51] Lodowick Lloyd machte den Lesern seines 1604 erschienenen Werks *The Practice of Policy (Die politische Praxis)* klar: »Die gleichen Strategien werden oft im Krieg ausgedacht und gegen Soldaten angewendet, wie sie der Jäger bei der Jagd auf verschiedene Arten von wilden Tieren kennt.«[52] Der Zweikampf, das Turnier, das Ringelstechen oder das Rennen mit Stechpuppen (Geschicklichkeitsspiele, bei denen man versuchen mußte, mit der Lanzenspitze durch einen herunterhängenden Ring zu stechen oder eine auf einem sich drehenden Brett montierte Holzfigur beiseite zu schlagen, ohne vom anderen Brettende getroffen zu werden) – all diese sportlichen Betätigungen wurden als politisch nützlich gerechtfertigt. »Für jede Form von Geschicklichkeits- oder Kampfspielen zu Pferde«, schrieb ein italienischer Autor im Jahre 1600, »ist der wirkliche Kampf Ziel und Zweck.«[53] Selbst im Schach, eigentlich ein Brettspiel für vornehme Leute, entdeckten die Theoretiker und vielleicht auch so mancher Spieler eine gewisse soziale Symbolik. Die Herrscher, König und Dame, in Verbindung mit der Kirche (den Bischöfen oder Läufern) sowie unterstützt vom zweiten Stand der Krieger (den Springern) und der Macht, die sie den Beamten (den Türmen) anvertraut hatten, welche sie auf und ab und hin und her übers Brett des Königreichs schickten, arbeiteten eng mit dem Dritten Stand (den Bauern) zusammen. In Spanien waren die Bauern gemeine Soldaten, die sich am Ende eines getreulich geführten Feldzugs eine Beförderung verdienen konnten. In der Schweiz und in Deutschland stellten sie einen Querschnitt durch den gesamten Dritten Stand dar: Kaufleute, Ärzte, Anwälte, Wirte, Wächter, Schmiede, Bauern und der schillernde Bote, der Kontakte zwischen den Menschen herstellte, dem man aber als einem seinem Instinkt folgenden Spieler nicht trauen durfte.

Wie im Falle der Jagd, bei der ganze Gebiete auf dem Land gesperrt wurden, als es mehr Menschen gab, die auf das dort befindliche Brennholz und Wild angewiesen waren, und im Falle des ritterlichen Zweikampfs, der in einer Zeit, da die Kavallerie im Krieg eine geringere Rolle spielte, nicht viel mehr als ein wirkungsvolles Zurschaustellen von sozialem Status war, so enthielt auch die Schachliteratur (die Castiglione seinem Hofmann empfahl) nur wenige Gedanken, die es nicht auch schon im Mittelalter gegeben hatte. Die ständige Wiederholung allerdings zeigt, daß die Vorstellung, Verhalten müsse sich im Sinne dessen rechtfertigen, was sich für das kultivierte Gemeinwesen gehörte, nicht auf die mittleren Schichten der Gesellschaft beschränkt war.

Dabei waren dies alles Zerstreuungen, bei denen es selbstregulierende Regeln und Formalien gab. Was Staat und Kirche aber mehr beunruhigte, waren die individuellen Freizeitbeschäftigungen, die ihrer unmittelbaren Aufsicht entzogen waren. So mißbilligte man Glücksspiele, weil es dabei zu Streitigkeiten kommen und man sein Geld verspielen konnte. Aber Adelige wetteten auf den Jagdeifer eines Falken, Handelsunternehmen führten ebenso wie die hanseatischen Kaufleute in Danzig Wettbücher, in denen Wetten über den Preis für den Heringsfang, den Ausgang eines Feldzugs oder die Identität des Vaters eines unehelichen Kindes notiert wurden. Würfel und Karten gab es überall. Künstler malten sie zusammen mit dem Hab und Gut der Verdammten oder wie sie auf dem Boden neben den schlafenden Soldaten lagen, die Christi Grab bewachen sollten. Beides wurde – vergeblich – durch einen Regelkatalog für das Verhalten an Bord und Heeresvorschriften verboten; Geistliche wetterten gegen die Ursache, aber die Strafen richteten sich – außer im Falle der professionellen Spieler, die die Leichtgläubigen betrogen – gegen die Folgen verlorener Spiele: Gewaltverbrechen oder Diebstahl. Nicht anders verhielt es sich mit dem Trinken, wobei Noahs schändliche Trunkenheit gleich den passenden Text (Genesis 9, 20–27) für eindringliche Kanzelreden lieferte. Die Vergabe von Wirtshauskonzessionen wurde in Städten, im elisabethanischen England etwa, zwar strenger gehandhabt, aber eher mit dem Ziel, ein wachsames Auge auf die Trinkenden zu haben als sie am Trinken zu hindern. Größtenteils waren die Schenken in Europa während der Renaissancezeit Zufluchtsorte für Reisende und entsprachen den Arbeiterklubs, wo Klatsch und Streit genauso wichtig waren wie der Humpen. Reuevoll schilderte Machiavelli in einem Brief an Vettori ein derartiges Lokal, in dem er seine Zeit beim Spielen und Streiten mit dem Wirt, dem Fleischer, dem Müller und zwei Ziegelbrennern verschwendete, ehe er wieder nach Hause zurückkehrte, um an seinem Werk *Der Fürst* weiterzuarbeiten.[54] Und für Regierungsbehörden waren Bierschenken insofern nützlich, weil sie leicht zu ermittelnde Unruheherde und wertvolle Beobachtungsposten für Informanten darstellten.

Komplizierter war das Gleichgewicht zwischen wirkungsvoller Kontrolle und den Bedürfnissen menschlicher Lust, wo die Prostitution ins Spiel kam. Der angesehenste Theologe des Mittelalters, Thomas von Aquin, hatte ein Bordell in einer Stadt mit einer Latrine in einem Palast verglichen – unangenehm, aber notwendig als Senkgrube für natürliche Unreinheiten. Während sich vielleicht der Zeremonienmeister des Borgia-Papstes Alexander VI. noch darüber beklagt hatte, daß er Prostituierte zum Zeitvertreib in den Vatikan holen mußte, war man sich in deutschen Städten darüber im klaren, daß beim Besuch eines Kaisers und seines Gefolges eine freie Nacht in einem Bordell freudig begrüßt würde. Zwischen diesen beiden Extremen verband sich das Verlangen der Reichen nach Vergnügen mit der von den weltlichen wie von den geistlichen Behörden akzeptierten Notwendigkeit, die sexuelle Aktivität in die richtigen Bahnen zu lenken (beide strichen die Gewinne aus Bordellen ein, die in ihren Häusern eingerichtet waren), so daß man die käufliche Lust unterstützte – so »beschlossen die Stadträte wegen des ›gemeinen Nutzens‹ oder aus ›öffentlichem Interesse‹ die Prostitution offiziell zuzulassen … Oder aber wurde

Jan Sanders van Hermessen (Zuschreibung), *Wirtshausszene*, um 1540
(Staatliche Museen, Gemäldegalerie Dahlem, Berlin)

sie von der Stadtgemeinde selbst für ihre eigenen Bedürfnisse hervorgebracht?«[55] Die Argumente, mit denen man die Prostitution akzeptierte,
waren in ganz Europa die gleichen: sie senkte die Rate der unehelichen
Geburten in einer Zeit, da die sexuelle Lust üblicherweise zehn oder mehr
Jahre vor dem Heiratsalter einsetzte; sie verhinderte die Übertragung von
Geschlechtskrankheiten durch freischaffende Prostituierte, die nicht von
städtisch approbierten Hebammen medizinisch untersucht werden konn-
ten; und sie hielt junge Männer von skandalöseren homosexuellen Bezie-
hungen ab.
Weil legale Bordelle eine öffentliche Dienstleistung anboten, wurden die
Preise niedrig gehalten, wobei sich die Bordellwirte oder -wirtinnen da-
durch schadlos hielten, daß sie zum Ausgleich für die unter dem freien
Markt liegenden Preise Getränke und Essen verkauften. Da sie praktisch
Schenken mit Bordellbetrieb waren, nahmen sie herumziehende Tunicht-
gute für ganze Abende auf einmal in Beschlag.
Im Gegenzug mußten lizensierte Prostituierte die Vorschriften des Hauses
akzeptieren, für einen geringen Lohn arbeiten und sich verpflichten, beim

Verlassen des Hauses ein besonderes Kennzeichen zu tragen: ein Abzeichen oder einen Streifen an ihrem Gewand oder einen Hut, an dem man sie erkannte. Sie nahmen eine ungewöhnliche Stellung ein. Als Angestellte einer öffentlichen Einrichtung wurden sie in deutschen Städten zu Festen eingeladen, auf denen Vertreter aller Berufszweige bewirtet wurden, denen die Stadt ihr Ansehen verdankte. In Italien liefen sie bei den Rennen mit, die ein Teil von Karnevalsfesten waren. Da gab es fromme Einrichtungen, die Exprostituierten ein Heim boten, auch wenn es in ihren Statuten hieß, daß sie zumindest in einigen Fällen hauptsächlich der Unterbringung von Frauen dienten, die noch jung und hübsch genug waren, um den Männern auf der Straße den Kopf zu verdrehen. Es gibt genug Beispiele dafür, daß ehemalige Bordellangestellte heirateten und Stellen als Dienstboten erhielten, und dies zeigt, daß das Stigma ihres Gewerbes mit wohlwollender Nachsicht hingenommen werden konnte. Mit ihrem Abzeichen oder Hut, bewacht und abgesondert in der Kirche und zumindest theoretisch mit dem Verbot belegt, mit den respektablen Mitgliedern der Gesellschaft, den Geistlichen und den verheirateten Männern, zu schlafen, teilten sie gleichwohl mit den Juden den Status der nützlichen Außenseiter. Ja, in einigen Fällen konnten nur Mädchen und junge Frauen, die nicht aus der Stadt stammten, in städtischen Bordellen angestellt werden. Und angesichts der mit der Reformation verbundenen moralischen Empörung wurde die Parallele zu den Juden noch deutlicher.

»Ist das nicht ein jämmerliches Ding«, fragte Luther 1520, »daß wir Christen unter uns sollten halten freie, gemeine Frauenhäuser, so wir sind alle zur Keuschheit getauft? Ich weiß wohl, was etliche dazu sagen ..., daß dazu besser sei ein solches, denn eheliche und jungfräuliche Personen ... zuschanden zu machen. Sollten aber hier nicht gedenken weltliches und christliches Regiment, wie man demselben nicht mit solch heidnischen Weise möchte zuvorkommen?«[56] Es dauerte nicht lange, dann handelte man auch entsprechend. Im Jahre 1532, notierte ein Augsburger Chronist: »Hie zuo Augspurg hat ain rat abthan die offnen gemeinen 2 frauenhäuser aus angeben der lutherischen predigern.«[57] Diesem Beispiel schlossen sich bis zur Mitte des Jahrhunderts die Stadträte von Ulm und Regensburg an. Die Nürnberger erkundigten sich bei den Augsburger Behörden, welche Erfahrungen sie mit der Schließung der Bordelle gemacht hätten. Die Antwort lautete, daß die meisten, wenn auch nicht alle verantwortlichen Bürger damit einverstanden seien, und so wurde das Haus in Nürnberg 1562 geschlossen. Es gab gewisse Rückfälle. Das 1537 geschlossene Bordell im sächsischen Freiberg wurde auf Drängen der Öffentlichkeit nach drei Jahren wiedereröffnet – und erneut geschlossen, nachdem die Behörden einen wütenden Brief von Luther erhalten hatten: »Welche solche Häuser wollen wieder anrichten, die sollen zuvor Christus Namen verleugnen, und bekennen, dass sie nicht Christen, sondern Heyden seyen, die von Gott nichts wissen.«[58]

Um diese Zeit war Luther, der ehemalige katholische Priester, bereits mit einer ehemaligen Nonne verheiratet. Für Luther wie für Calvin, der ebenso darauf beharrte, daß Bordelle geschlossen werden sollten, lag es auf der Hand, daß die Belastung durch den erzwungenen Zölibat Geistliche dazu verleitet hatte, sowohl in offener Sünde mit Frauen zu leben wie auch gegenüber anderen allzu tolerant zu sein, die Prostituierte aufsuchten. Und neben seinen Angriffen auf die käufliche Lust begründete der Protestantismus durch Musterbeispiele und Kanzelreden die Heiligkeit der Ehe und des Familienlebens und damit auch die Bedeutung der vorehelichen Keuschheit. Christen sollten das Bedürfnis nach diesen Senkgruben nicht länger dulden. Als die lutherischen Stadtväter von Zwickau ihr Bordell bereits 1526 schlossen, gaben sie dafür zwar auch einen praktischen Grund an – »die Tatsache, daß so viele Junggesellen von der französischen Krankheit vergiftet sind« –, ihr Hauptmotiv aber sei die Notwendigkeit eines keuschen Lebens vor der Ehe gewesen.[59]

Vor allem in Deutschland, in der Schweiz und in Frankreich wurden die Bordelle, die hier vom Magistrat geleitet wurden und diesem Steuern zahlten, von Moralisten aufs Korn genommen, die danach trachteten, die Lebensqualität in der Stadt zu verbessern. Am ehesten trafen sie in den protestantischen Gebieten dieser Länder ins Schwarze – im katholischen Perpignan dagegen trugen die Dominikaner noch im Jahre 1608 zum Unterhalt des städtischen Bordells bei. Als Philipp II. 1570 die Vorschriften für die privat geführten Bordelle von Sevilla verschärfte, war ihm vor allem an der wöchentlichen Inspektion durch einen Arzt und einen Chirurgen gelegen, die ermächtigt waren, infizierte Prostituierte zur Behandlung ins Krankenhaus einzuweisen. In Venedig schaltete sich die Regierung gelegentlich ein, bestand auf dem Tragen eines besonderen Kennzeichens und verbot das allzu offene Werben um Kunden auf den Straßen oder von Gondeln aus sowie das Tragen von Männerkleidern. Hier wurden in Pestzeiten auch Bordelle geschlossen, und Zuhältern war es auch verboten, auf Kundenfang zu gehen. Die Regierung beteiligte sich aber nicht an einem moralischen Kreuzzug. Eine gedruckte Liste von 1535, in der die Namen, Preise, Spezialitäten und Kontaktadressen von einhundertzehn herausragenden Prostituierten standen, befand sich offen in Umlauf, ebenso ein umfangreicher Katalog von 1570, der zweihundertfünfzehn Namen enthielt, darunter auch den der weithin bewunderten Dichterin Veronica

Franco, die damals neunundzwanzig Jahre alt war (und einen Preis von zwei Dukaten verlangte).

Solche Listen befaßten sich mit den *cortegiane*, *F*rauen mit eigenen Häusern oder Wohnungen, im Gegensatz zu den in einem Bordell untergebrachten oder nur gelegentlich tätigen *meretrici* – das 1578 erlassene Verbot, Männerkleider zu tragen, galt allerdings für *»cortegiane et meretrici«*. Die herausragenden Kurtisanen waren oft die Gefährtinnen von reichen patrizischen Junggesellen und lebten in einem Stil, über den sich Bandello gar nicht einmal so lustig machte, als er den Haushalt von Imperia, der Heldin einer seiner Novellen, beschrieb. »Ihr Haus war so gelegen und in jeder Hinsicht eingerichtet, daß jeder Besucher, der es betrat und die Möbel und die Dienerschaft bemerkte, es für den Wohnsitz einer Fürstin gehalten hätte.«[60] Und dann ergeht er sich des langen und breiten in der Schilderung der Teppiche und Tapisserien, der vornehm eingebundenen Bücher, der Regale mit Vasen aus Halbedelsteinen, der auf Tischen bereitliegenden Musikinstrumente. Für Faustina, eine andere römische Kurtisane, die wirklich gelebt hatte, schrieb Michelangelo ein gereimtes Epitaph, in dem er ihre Schönheit rühmte, aber den Gebrauch verurteilte, den sie davon gemacht hatte. Brantôme berichtete, daß er sie bei seinem ersten Besuch in Rom aufgesucht habe, aber da »sie hohe Preise machte, zehn oder zwölf Taler für die Nacht, mußte ich mich damit begnügen, sie anzureden und anzusehen«.[61] Rom und Venedig blieben außergewöhnlich tolerant. Hier war der Anteil der einflußreichen unverheirateten Männer an der Bevölkerung unverhältnismäßig groß. Beide Städte waren Zentren eines lukrativen internationalen Tourismus. Ein typischeres Beispiel für die Reaktion auf Regierungen, die den Geist der Reformation unterstützten, war London. Mitte des 16. Jahrhunderts wurden Bordelle in der City of London verboten, und in den anderen Etablissements, die außerhalb der Stadtgrenzen errichtet wurden, um die Bordelle in der Innenstadt zu ersetzen, insbesondere in Clerkenwell, Whitechapel und Shoreditch, gab es immer häufiger Razzien, und auch sie wurden geschlossen – bevor sie anderswohin auswichen oder heimlich wiedereröffneten. Denn auch in London gab es ausländische Besucher und Gemeinden, die zum Ausgleich für das Leben in der Fremde auf Vergnügungen aus waren. Außerdem machten den Behörden Bordellwirte zu schaffen, die den Schutz des Adels genossen. Einer trug sogar ganz offen die Livree von Lord Ambrose Dudley. Eine Prostituierte, die 1578 zu einer Gefängnisstrafe verurteilt worden war, kam wieder frei, als sich herausstellte, daß sie für »Mr. Browne [arbeite], der das Haus von Mylord von Lecester führt«. Allerdings wurden die Kontrollen verschärft, wie aus dem Geständnis eines

Zuhälters im darauffolgenden Jahr hervorgeht, der den Justizbehörden gegenüber erklärte, als ihn sein Herr, der Günstling von Königin Elisabeth, aufgefordert habe, »eine Dirne [zu beschaffen], die noch unberührt sei«, da habe er sich bis nach Guildford begeben müssen, um eine zu finden.[62]

Aber auch als man Bordelle schloß oder zur Illegalität zwang, konnte man der Prostitution keineswegs Einhalt gebieten. Als die öffentlichen Häuser geschlossen wurden, verloren die Frauen ihren regelmäßigen Lohn und den Schutz vor Gewalt, den die privaten Bordelle nur selten boten. Und als auch diese Schikanen ausgesetzt oder unterdrückt wurden, verschlechterte sich die Situation ihrer Bewohnerinnen, in einer Zeit, da sie immer mehr Konkurrenz durch die zunehmende Zahl von Frauen erhielten, die ihren Lebensunterhalt nur dadurch bestreiten konnten, daß sie herumreisten und sich auf Jahrmärkten, Weinlese- und Erntedankfesten sowie an Wallfahrtsstätten auf dem Land feilboten oder sich in Stadtschenken und Gassen herumtrieben. Um 1500 hatte der Anwalt und Poet Guillaume Coquillart eine vertraute Gestalt in den nächtlichen Straßen von Paris bedichtet, die

> Frau, die das Dunkel durchstreift
> Und jeden fragt: »Willst du mich haben?«[63]

Von Generation zu Generation tauchten immer mehr dieser zwielichtigen Gestalten auf. Selbst Heeresvorschriften spiegelten – jedenfalls ihrer Intention nach – die veränderte Moral wider. Im burgundischen Heer von 1473 durfte jede Kompanie dreißig »Frauen« haben (die furagierten, wuschen, kochten und Wunden verbanden, aber auch sexuell willens waren). In deutschen Heeren gab es mindestens bis zu den vierziger Jahren des 16. Jahrhunderts einen erfahrenen Soldaten, den Hurenweibel, der auf die Disziplin unter dem weiblichen Troß des Lagers achtete und die Frauen beschützte. Derartige bewegliche Senkgruben galten als selbstverständlich in Männergesellschaften, die ständig unterwegs waren. Sie sollten auch Störungen der Bevölkerung in jenen Ortschaften vermeiden, durch die die Heere zogen oder in denen sie Quartier nahmen. Hugenottische Kommandeure versuchten ihrem calvinistischen Glauben treu zu bleiben, indem sie diese Frauen nicht zuließen. Als ein alter Soldat den protestantischen Grafen von Coligny 1562 für seine puritanischen Vorschriften ironisch beglückwünschte, erwiderte der Graf nicht minder ironisch, der Ausschluß der Frauen sei doch »sehr schön – vorausgesetzt, er ist von Dauer«.[64] Während der Kriege in den Niederlanden wurde die Zahl der offiziellen Huren in den katholischen spanischen Streitkräften auf maximal acht pro zweihundert Mann reduziert. Man kann nur Mutmaßungen darüber anstellen, inwieweit derartige Vorschriften sowie das Schließen von Bordellen, der verstärkte Einsatz von Bürgerwehren auf den Straßen und ein vermehrtes Zusammenwirken selbstgerechter Nachbarn das Angebot an käuflicher Lust zurückgehen ließen. Es liegt wohl eher auf der Hand, daß die Frauen, die sie gewährten, immer mehr drangsaliert und erniedrigt wurden, wenn sie keine reichen Beschützer fanden, und daß für die Männer, die sie aufsuchten, sexuelle Betätigung außerhalb der Ehe eine eher heimliche und triebhafte Angelegenheit wurde, weniger gesellig war, weniger ein Freizeitvergnügen und nicht länger der mehr oder weniger für selbstverständlich erachtete Übergang von der Jugend zum reifen Mannesalter.

Als Todsünden des Fleisches waren Völlerei und Wollust schon immer als unzertrennliches Paar angesehen worden. Moralisierende Bilder und Graphiken setzten diese Tradition fort: die mit Speisen und Getränken überladene Tafel im Bordell, das Lustmahl für Liebende in einem Garten. Literarische Schilderungen der Unterhaltung während eines Banketts zeigten – etwa bei Rabelais und Béroalde de Verville um 1610 –, daß es dabei zunehmend derber zuging. Aber ein Festgelage, das ebenso maßlose wie wunderbare Schwelgen an der Tafel, wurde vor allem als lustvolles Vergnügen an sich geschätzt.

Die normale Nahrung war überwiegend mehlhaltig: aus Weizen, Roggen, Gerste, Hafer und Hirse – die übliche Mahlzeit war eine dünne Gemüsesuppe, in der etwas Brot schwamm. Frisches Fleisch wurde nur selten gegessen, in den meisten Familien vielleicht zwölfmal im Jahr. Wegen der auf Getreide konzentrierten Ernährungsweise und weil es so schwierig war, das Vieh gut durch den Winter zu bringen, war der Viehbestand nur klein; Metzger gab es nur in größeren Städten, ihr Angebot schwankte, und ihre Preise waren hoch. Milch, Butter und haltbare Hartkäse waren allesamt teuer, und arme Städter haben vermutlich nie erfahren, wie sie schmecken. Auf dem Lande sorgten hauptsächlich Eier und gelegentlich ein Huhn für Abwechslung auf dem Speiseplan. Ein Schwein wurde wohl eher in die Stadt gebracht oder an das örtliche Herrenhaus verkauft statt gegessen, weil das Salz zum Pökeln zu teuer war. Wild wurde von den Großgrundbesitzern eifersüchtig gehütet. Frischen Seefisch gab es nur an der Küste, und Salzfische haben bei der Ernährung des gemeinen Mannes wohl kaum eine Rolle gespielt: Da die Kosten für das Salzen und den Transport so hoch waren, hielt er sich normalerweise an Freitagen und anderen Fastentagen an seine gewöhnlich fleischlose Kost. Flüsse und Seen wurden zwar befischt – an der Stadtmauer von Konstanz befand sich

Anon., *Der verlorene Sohn,* um 1550, Eichenrelief (Rijksmuseum, Amsterdam)

ein kreisrundes Diagramm, aus dem hervorging, welcher Fisch in jedem
Monat des Jahres am besten schmeckte –, aber die Fischereirechte waren
den Großgrundbesitzern vorbehalten, die an diesen Gewässern siedelten,
und zum Großteil gelangte der Fang in die Küchen der Klöster und des
Adels.
Dabei war die Ernährung durchaus nicht einheitlich. Die wohlgenährten
Männer und Frauen, die uns aus ihren Porträts so hellwach anblicken,
verdankten ihren selbstbewußten Ausdruck sicher nicht nur Brot und
Suppe. Die Angehörigen eines Adelshaushaltes bekamen vielleicht jeden
Tag Fleisch (sogar zweimal am Tag, laut den Berichten des bayrischen
Grafen Joachim von Gettingen), die wohlhabende Bürgersfrau mochte
Zucker aus Sizilien nicht nur, wie üblich, als Medizin verwendet haben,
sondern statt Honig als Süßmittel. Aber auch wenn die Ernährung von
Reich und Arm extrem unterschiedlich war, so pflegten doch selbst die
Wohlhabendsten frugal und einförmig zu speisen, und die schwelgerischen
Genüsse, die in zeitgenössischen Berichten eine so große Rolle spielen,
wurden nur deshalb so hervorgehoben, weil sie im Gegensatz zur üblichen

Enthaltsamkeit standen, zu der man durch hohe Preise und Lebensmittelknappheit gezwungen war. Die derbe Freude, mit der die Gelage der Aristokratie im 15. Jahrhundert geschildert werden, mit ihren gargantuanischen Katalogen von Fleisch-, Geflügel- und Fischsorten, unterscheidet sich gar nicht einmal so sehr von der Stimmung einer Bauernorgie, wenn eine Hochzeit, ein Begräbnis oder das Erntedankfest als Rechtfertigung dafür herhielt, daß man sich einmal über die alltäglichen Möglichkeiten einer Randexistenz hinwegsetzte.

Nicht nur die Geistlichkeit, sondern auch weltliche Moralisten und Regierungen wetterten gegen diese Festtage des Magens und ihre Nachwirkungen: uneheliche Kinder, zerschlagene Köpfe, Ressentiments derjenigen, die davon ausgeschlossen blieben, und Krankheiten. In der Moralität *La condamnacion de bancquet (Die Verurteilung von Gelagen)*, die der französische Anwalt und Doktor des Zivil- und Kirchenrechts, Nicholas de la Chesnaye, verfaßt hatte, werden GOURMAND, EPIKUR, VERGNÜGEN und GUTE GESELLSCHAFT von DINER, SOUPER und BANKETT eingeladen. Auf dem Höhepunkt ihres Mahls werden sie von einer Horde finsterer Ungeheuer angefallen: unter anderem von SCHLAGANFALL, PARALYSE, EPILEPSIE, BRUSTFELLENTZÜNDUNG und GICHT. Nach einem heftigen Scharmützel vertreiben die Gourmets ihre unerwünschten Gäste und begeben sich alsbald von DINERS Haus zu dem von SOUPER, wo sie sich sogleich wieder die Bäuche vollschlagen. Und erneut fallen die Krankheiten in ihr Gelage ein, und diesmal sind sie die Sieger. Sie haben die DAME ERFAHRUNG mitgebracht, und als GUTE GESELLSCHAFT ihren Fehler eingesteht, übergibt sie sie ihren Gefolgsleuten PILLE, KLISTIER und ADERLASS. SOUPER wird verurteilt, sich DINER nicht weiter als bis auf sechs Stunden zu nähern und Armbänder aus Blei zu tragen, damit seine Hände nicht so rasch zum Munde fliegen. DINER kommt mit einem scharfen Tadel davon, aber als BANKETT die Ungeheuerlichkeit seines Verhaltens eingestanden hat, wird es als warnendes Beispiel für das Publikum feierlich von DIÄT aufgehängt.

Diese Warnung mußte sich freilich nur die privilegierte Minderheit zu Herzen nehmen. Gleichwohl wurde sie implizit in den immer wieder erlassenen Gesetzen wiederholt, mit denen die Regierungen die Zahl der Gänge zu begrenzen suchten, die bei Hochzeiten und zu anderen festlichen Gelegenheiten serviert werden durften: Der Konsum der Wohlhabenden sollte nicht den Neid der Armen wecken. Und seit gastronomische Werke, wie *De honesta voluptate al valitudine (Ehrbares Vergnügen und gute Gesundheit* [Von allen Speisen und Gerichten]) des Il Platina genannten Bartolomeo Sacchi) um 1474 und das englische *Boke of Keruyinge (Buch vom Tranchieren)* im Jahre 1508, erschienen waren, interessierte

man sich immer mehr für die geziemende Ordnung und Präsentation
großer Gastmähler wie für die wohldurchdachte Beziehung zwischen den
einzelnen Gängen. In Domenico Romolis *Singolare dottrina ... dell' ufficio
dello scalco ... (Der Küchenmeister)* von 1560 wurde das lärmende, unge-
zügelte, ungeplante und gedankenlos zubereitete mittelalterliche Festgelage zivilisiert. Die Gäste essen nun nicht mehr mit den Händen, sondern
mit Messer und Gabel. Es gibt Tischtücher, die zuweilen zwischen den
Gängen gewechselt werden, und Servietten. Ein Gang wird abgetragen,
ehe der nächste aufgetischt wird. Die Diener sind flink, still und sorgfältig
eingearbeitet. Wie Anlage und Inhalt des Gartens draußen spiegelte auch
das Essen drinnen den zügelnden Einfluß der Zivilisation wider. Montaigne schilderte, wie er sich eingehend mit einem Italiener unterhielt, »der
dem ehemaligen Cardinal Caraffa bis an seinen Tod als Haushofmeister
gedienet hatte. Er mußte mir von seiner Verrichtung erzählen. Er hat mich
von der Leckereywissenschaft so ernsthaft und mit so ernster Mine unterrichtet, als ob er mit mir von einem wichtigen Punkte aus der Gottesge-
lahrsamkeit redete.«[65] Statt mit der Wollust wurde die Völlerei – zumindest
von den kritischen Geistern – mit dem feinsinnigen Tischgespräch und der
Zurschaustellung von Wissen in Verbindung gebracht: Platina hatte auf
antike und arabische Quellen zurückgegriffen; die 1582 erschienene Abhandlung über die Geschichte und Bedeutung des Essens *Antiquitatum
convivialium libri tres* des Schweizers Guilielmus Stuckius (Wilhelm
Stuck) umfaßte 838 Folioseiten und zitierte über 550 Autoren. Festessen
blieben bei den Reichen genauso wie bei den Armen seltenen und besonderen Gelegenheiten vorbehalten, aber die Art und Weise, wie sie gegeben
wurden, und ihr eher zurückhaltender privater Rahmen verwiesen doch
auf die deutlichen Unterschiede. Die Tage, da man an einem offenen
Palasttor den Lärm und die Wärme drinnen zufällig mitbekam und etwas
von den Überresten erhaschen konnte, waren vorbei – das gemeine Volk
war von den Vergnügungen der Reichen eindeutig ausgeschlossen.

Eine ähnliche Entwicklung zeichnete auch die öffentlich organisierten
Feste aus. Brot und Spiele: Lorenzo de' Medici wurde vorgeworfen, er habe
in den siebziger und achtziger Jahren des 15. Jahrhunderts um die Unterstützung jener gebuhlt, die in der Regierung weder Sitz noch Stimme
hatten, indem er sie mit üppigen öffentlichen Festen bei Laune hielt: mit
Turnieren und Straßenfestzügen. Kurz nach Lorenzos Tod im Jahre 1492
schrieb Savonarola verallgemeinernd: »Oftmals beschäftigt der Tyrann das
Volk mit Schauspielen und Festen.«[66] Es ist durch nichts belegt, daß
Lorenzo andere Absichten damit verband, als er den traditionellen Festen

von Florenz mehr Schwung verlieh. Doch es lag auf der Hand, daß sich in einer Republik, die geschickt zu einer beschränkten Oligarchie manipuliert worden war, die Gegner dieser Tendenz beunruhigt daran erinnerten, wie einst die Kaiser, die die republikanische Verfassung des antiken Roms zerstört hatten, schlichte Gemüter mit Gladiatoren- und Tierkämpfen zerstreut hatten. Ein Jahrhundert nach Lorenzo allerdings, als der Brotpreis stieg und das Volk sich erhob, bekam die Frage solcher Zerstreuungen im Hinblick auf die politische Praxis einen ganz anderen Stellenwert. »Ferner / dieweil das gemeine Volck seiner art und natur halben unbestaendig und wanckelbar ist / und staets etwas newes begeret«, schrieb Giovanni Botero 1589 in seiner *Anordnung guter Policeyen ...*, »so pflegt es gern zu geschehen / wann sie nit mit sonderbaren Mitteln von jhren Fuersten auffgehalten werden und staets geuebt / daß sie von sich selberst die Newerungen / zu sampt der veraenderung deß Stands und Regiments / suchen. Solchem zu begegnen / haben jederzeit weise unnd verstaendige Fuersten gemeine Kurtzweil unnd Ubungen angerichtet.«[67]
In Wirklichkeit waren die Regierungen weder so zynisch – noch so naiv. Die ausgeklügelteren Festzüge und Turniere im elisabethanischen England, in Frankreich und im Herzogtum Florenz waren eine Form der Prachtentfaltung, die eher darauf abzielte, die Unterstützung durch den heimischen Adel zu sichern und internationale Bewunderung zu erwekken, als daß man damit die Massen beschwichtigen wollte. Die von den Städten unterstützten und weithin bekanntgemachten Schützenfeste in der Schweiz und in Deutschland, samt den damit verbundenen öffentlichen Lotterien, sollten wie die Handelsmessen das Geld von Fremden und Ausländern ins heimische Wirtschaftsleben holen. Daß sie eine festliche Atmosphäre erzeugten, war eher ein Nebeneffekt, der aus der Sicht jener, die Recht und Ordnung aufrechterhalten mußten, gar nicht einmal so sehr erwünscht war. Es gab keine »Spiele«, die bewußt darauf ausgelegt waren, sozialen Unfrieden positiv umzumünzen. Öffentliche Schauspiele, mit denen man einen Monarchen in einer Stadt empfing oder ein königliches Verlöbnis oder einen Frieden feierte, wurden im allegorischen Bildwerk der Triumphbögen und Festwagen eher esoterisch unverständlich, und die Nebenstraßen entlang der Route wurden schärfer bewacht. Das Turnier im Freien wurde von Maskenspiel und Tanz im Saal abgelöst. Zwischen dem Spektakel und der Öffentlichkeit stand die Zivilisation in Form der Einladungskarte.
Gleichwohl, schrieb im Jahre 1604 ein französischer Advokat, der auf eine langjährige Erfahrung mit einer sozial »schwierigen« Stadt, Lyon, zurückblicken konnte, gleichwohl »ist es zuweilen zweckdienlich, dem Volke zu

erlauben, herumzualbern und fröhlich zu sein, denn wenn wir es in allzu großer Strenge halten, stürzen wir es in Verzweiflung«.[68] Er dachte dabei gar nicht einmal so sehr an eine Rückkehr zu offiziellen oder privilegierten Festen, bei denen auch ein größeres Publikum zumindest stellvertretend zugelassen wäre – er meinte vielmehr, daß es klüger wäre, wenn sich die Obrigkeit nicht in örtlich traditionelle, ausgelassene Festivitäten einmischte. Abgesehen von der Aufmüpfigkeit volkstümlicher Sportveranstaltungen, besonders jener ritualisierten Kampfspiele zwischen Dörfern oder Stadtvierteln, bot der sogenannte »Charivari« in ganz Europa die Gelegenheit, sich durch einen galligen und wilden Humor Luft zu machen. Die Wiederverheiratung eines Witwers oder die Hochzeit eines Mannes mit einer viel jüngeren Frau, berüchtigte Fälle, wie einem Mann Hörner aufgesetzt wurden oder er feige das Keifen und Schelten zu Hause ertrug: all diese Vorwände mußten dafür herhalten, daß es vor dem Haus des Opfers hoch herging, wobei jugendliche Banden deftige Kommentare zum besten gaben, auf Kochtöpfe trommelten, Glocken läuteten und auf Hörnern bliesen – eine nicht nur die Ohren beleidigende Kakophonie. Diese Störungen wurden geduldet, weil dahinter im Grunde konservative Motive standen. Wer sich wiederverheiratete, wilderte den örtlichen Bestand an unverheirateten jungen Frauen, und übertriebene Altersunterschiede verstießen gegen eine instinktiv empfundene Norm; wer sich Hörner aufsetzen oder von einer Xanthippe unterkriegen ließ, stellte den sicheren Hafen der Ehe in Frage. Während der Charivari als Vorwand für eine unerlaubte Ruhestörung herhalten mußte, stellte er also zugleich eine Form grober Volksgerechtigkeit dar, in der das Verlangen eines Gemeinwesens zum Ausdruck kam, die Einhaltung geltender Werte auf seine Weise zu überwachen. Und zweifellos billigten die Stadtväter dieses Treiben stillschweigend und mit einer gewissen Schadenfreude.

Und während die alljährlichen Festessen der Gilde- und Zunftmeister immer förmlicher wurden, mit ihrem Silberzierat und ihren geschlossenen Gesellschaften, schloß sich der Nachwuchs, die Lehrlinge und die Gesellen, zu Gruppen zusammen, die ihre eigenen Zerstreuungen pflegten. Am bekanntesten waren sie in Frankreich, aber überall sind Berichte über sie erhalten. Ihre Anführer gaben sich anarchische Titel: Abt der Mißwirtschaft, Fürst der Freuden, der Jugend, der Narren. Ihre Stellvertreter nannten sich in Royan Bischof Geizhals, Herzog Arschtritt und Der Großpatriarch von Syphilitika. Hauptsächlich waren sie damit beschäftigt, zu essen, zu trinken und die Straßen unsicher zu machen, aber ihre Mitglieder konnten auch vom Charivari aufgefordert werden, einen Hochzeitszug zu belästigen, indem sie ihn mit Ketten aufhielten, oder ins Schlafzimmer des

Die Welt auf dem Kopf:
Kupferstich des Hausbuch-
Meisters (Rijksprenten-
kabinett, Amsterdam)

frisch vermählten Paars einzudringen, um den Vollzug der Ehe zu stören und aufzuhalten. Derlei Mutwilligkeiten versuchten Protestanten Einhalt zu gebieten (»am Mittsommertag zur Zeit des Abendgebets zog die Jugend etwas zu ausgelassen über die Herren her«, hieß es um 1600 in einem Urteil des Kirchengerichts von Wootton in Oxfordshire [69]), während katholische Autoritäten sie als Teil der umfassenden Kontinuität in ihrem eigenen Traditionssystem zähneknirschend akzeptierten.

Neben der Lust des einzelnen auf Trinken, sexuelle Vergnügungen oder eine üppige Mahlzeit kam in der gesellschaftlichen Euphorie an offiziell genehmigten Feiertagen die Unbeständigkeit zum Ausdruck, vor der sich die zivilisierte Gesellschaft fürchtete, auch wenn einige ihrer Repräsentanten ihre Zügellosigkeit genossen. Auf religiöse Feste, sei es der Namenstag

eines Ortsheiligen oder die Feier eines wichtigen Ereignisses im Kalender
– Fronleichnam, Christi Himmelfahrt, Johannisnacht, Bartholomäustag –,
stürzte man sich mit einem Eifer, in dem sich die Freude äußerte, mit der
eine Gemeinde sowohl an einem Akt der Frömmigkeit teilnahm, wie ihn
nach eigenem Gutdünken inszenierte: mit Spielen und Festwagen, Feuer-
werk und lauter Musik, Essen und Trinken. Der lutherische Pastor Balthasar Russow vermerkte mißmutig, daß es in Estland in der Johannisnacht
»Freudenfeuer im ganzen Land« gegeben habe: »Um diese Feuer tanzten,
sangen und sprangen die Menschen mit größtem Vergnügen und schonten
die Dudelsäcke nicht [...] viele Ladungen Bier wurden angefahren [...]
welch eine Unordnung, Hurerei, Rauferei, Totstecherei und großer
schrecklicher Götzendienst fanden da statt.«[70] Aber bei diesen Festen ging
es ja gerade um Unordnung, so sorgfältig die Umzüge auch organisiert
waren.

Die Themen des ausgelassensten Festes überhaupt, der letzten Tage des
Karnevals vor der Fastenzeit, brachten durch Pantomimen und Bocksprün-
ge zum Ausdruck, welchen Spaß es bereitete, für ein paar Tage die geordnete Welt auf den Kopf zu stellen: Frauen zogen Pflüge, Männer waren als
Frauen verkleidet und umgekehrt, Meister bedienten ihre Bediensteten
(oder Festgäste verkleideten sich als Diener) in Häusern, deren Türen man
nicht vor Passanten zu schließen wagte, Masken und Kostüme zeigten die
Repräsentanten der Macht, Geistliche, Advokaten, Stadträte, in lächerli-
cher oder erniedrigender Verkleidung. Daß selbst im sittenstrengen Spanien den Frauen während der »faßnacht« gewisse Freiheiten gestattet
wurden, erlebte Thomas Platter 1599 in Barcelona: »Unnd obschon daß
frauwenzimmer daß gantze jahr durchauß gar sträflich eng unndt eingezogen gehalten wirdt, also daß sie schier gar nitt dörfen mit frembden
männeren oder knaben sprach halten ..., so sindt sie doch die gantze
faßnacht von solchem allem gefreyet, dörfen mitt ihren gespilen unndt
bekannten vermummet herumb laufen, wie ich dann der weiberen viel
gesehen also vermummet; da gibt es dann viel (cocus) gauchen, obschon
der früling noch nitt vorhanden. Unndt miessen die mannen solches ihren
weiberen, oft wider ihren willen, lassen passieren, weil sie es von alter also
härgebrocht haben.«[71]

Ein beliebtes Kostüm war das des Wilden Mannes, und so überrascht es
kaum, daß der Karneval auch Gelegenheit bot, Streitigkeiten scheinbar
spielerisch gewaltsam beizulegen, phallische Ornamente zur Schau zu
stellen und obszöne Lieder zu singen und hemmungslos von Pasteten und
gefüllten Krügen überquellende Stände zu stürmen. Doch nicht nur das
gemeine Volk befreite sich von den Zwängen des Alltags. In seinem *Buch*

vom Hofmann erwähnt Castiglione namentlich den Kardinal von Avignon als Zuschauer oder Teilnehmer am römischen Karnevalssport, Passanten (in diesem Fall war es ein Mönch) mit Eiern zu bewerfen. Protestantische Reisende aus gutem Hause wurden von der Freizügigkeit des venezianischen Karnevals angezogen. Aber wenn die Welt auf den Kopf gestellt wurde (und Graphiken führten diesen Gedanken noch weiter, indem sie fliegende Fische zeigten und eine Stadt auf den Mond versetzten), dann erfreuten sich doch in erster Linie diejenigen Menschen daran, die täglich verspüren mußten, welche engen Zügel ihnen das Geld, die Moral und ihre niedrige soziale Stellung anlegten, und sich schon im voraus darauf freuten, sie für ein paar Tage abwerfen zu können.

10. Kapitel

Die Zähmung der Natur

Das Land

Als der Konquistador Hernán Cortés schrieb, »es ist eine universale Veranlagung der Menschheit, wissen zu wollen«[1], und der Schriftsteller Lodovico Domenichi 1551 erklärte, Menschen hätten »ein unendliches Verlangen, viele Dinge zu wissen«[2], verliehen sie nur einer klassischen Ansicht Ausdruck, die bereits im Mittelalter eine Binsenweisheit geworden war: durch seine Neugier, das Verlangen nach Wissen also, unterscheide sich der Mensch vom Tier.

Carpaccio brachte um 1502 auf seinem Gemälde *Die Vision des heiligen Augustinus* diese alte Ansicht bildlich auf den Punkt: Wissen stammt aus Büchern und aus göttlicher Inspiration – das Licht, das durch die höchst realistisch dargestellte Dreifaltigkeit der Fenster neben seinem Schreibtisch hereinfällt. Aber zu dieser Zeit gewann bereits die Vorstellung an Boden, Wissen basiere auf praktischer Erfahrung. Sogar Machiavelli, sonst ein Liebhaber des Bücherwissens, betonte, der Staatsmann müsse »der Wirklichkeit der Dinge« nachgehen.[3] Cortés feierte die Entdeckung einer neuen Welt, Domenichi berichtete seinen Zeitgenossen, wie das türkische Reich tatsächlich beschaffen sei.

Diese Form der Neugier fand Ausdruck im Entdeckergeist der Chorographen und im Werk von Künstlern, die sich nicht mehr mit sorgfältigen Studien einzelner Details – einer Lilie, eines Hirsches – begnügen wollten, die sie oder ihre Helfer immer wieder verwenden konnten. Leonardo schrieb, der Maler müsse die Veränderungen in der Atmosphäre infolge von Wolken, Regen und Staub studieren, das wechselvolle Spiel des Lichts auf einer Landschaft oder auf einem Kiesel im Flußbett, das Kräuseln einer Strömung, das auf der Oberfläche eines Baches wahrzunehmen sei. Dürer betonte, »wahrhaftig steckt die Kunst in der Natur«.[4] Denn in keinem Kontext kam das begeisterte Verlangen nach praktischem Wissen konstanter zum Ausdruck als in der Welt der Natur. Rabelais, der Meister der selbstironischen Redseligkeit, machte sich über diese Wißbegier ein wenig lustig. »Anlangend die Kenntniß natürlicher Ding«, empfahl Gargantua seinem Sohn mit großem Ernst im Hinblick auf dessen Studium, »verlang ich, daß du dich darauf mit Fleiß verlegest, daß kein Meer, See, Fluß noch Quell sey, davon du nicht die Fische wüßtest. Alle Vögel des Himmels, alle Bäum, Gebüsch und Sträuch der Wälder, alle Kräuter der Erden, alle Erz im Schoos des Abgrunds, alle Gestein soviel das ganze Morgenland und Mittag hegt, nichts müsse dir verborgen bleiben.«[5] Nur drei Jahre später aber, im Jahre 1538, nahm ein anderer traditionell erzogener Gelehrter, der Spanier Juan Luis Vives, solchen Rat absolut ernst. Wer die Natur verstehen wolle, schrieb er, brauche »nichts weiter als eine gewisse Beobachtungsgabe. Darum wird er die Natur der Dinge beobachten, am Himmel bei Wolken und bei klarer Sicht, auf den Ebenen, in den Bergen, in den Wäldern. Auf diese Weise wird er viele Dinge entdecken und kennenlernen im Hinblick auf jene, die sich an solchen Stellen aufhalten. Dazu möge er sich an Gärtner, Bauern, Schäfer und Jäger wenden …, denn es kann einfach niemand alle Beobachtungen in einer solchen Vielzahl und Vielfalt von Richtungen ohne Hilfe machen.«[6]

Diese Wißbegier sollte auch den Unterschied bestätigen zwischen jenen, die die Natur studierten, und den Menschen, die einfach in ihr lebten. Eine Geschichte aus der Mitte des 16. Jahrhunderts brachte dies auf den Punkt. Als ein Mann über eine Wiese ging, entdeckte er zu seinem Entzücken ein erstes Veilchen. Aber als er es später seiner Geliebten zeigen wollte, hatte sich ein Bauer zufällig darüber entleert und es also zugedeckt.

Mit dem intellektuellen Antrieb, die Natur zu erforschen, verband sich das wirtschaftlich begründete Verlangen, sie auszubeuten. Edmund Spenser hatte die barbarische Vergangenheit mit einer Zeit verglichen, da das Land von keinem Menschen »bebaut« gewesen sei. An einer anderen Stelle in der *Feenkönigin* allegorisiert er das Schicksal der protestantischen Niederlande, die von einem papistischen spanischen Ungeheuer verschlungen worden seien, und dann schildert er das furchtbare Schicksal von Belge, der Herrscherin, der man das Land weggenommen und verwandelt habe »in Moore und in Marschen, / Fruchtbare Erde, Städte voller Glanz, / In denen sel'ge Zuflucht sie begehrt«. Nun, beklagt sie sich bei Fürst Arthur, ihrem Möchtegernretter, sei sie aus der Zivilisation verbannt:

> Nur in den Marschen, moor'gen Sümpfen,
> In denen fürchterliche Echsen hausen
> Und Frösche quaken, find ich Unterschlupf.[7]

Vittore Carpaccio, *Die Vision des heiligen Augustinus,* um 1502 (Scuola di San Giorgio degli Schiavoni, Venedig)

Spensers eigener erzwungener Aufenthalt unter den »gemeinen Iren« verlieh seiner Darstellung von Belges Elend eine schmerzliche Authentizität. Aber der Zusammenhang zwischen der Zivilisiertheit von »Städten voller Glanz« und einem Land, das man aus »moor'gen Sümpfen« kultiviert hatte, war ausgesprochen typisch für seine Zeit. Um 1620 stellte der Doge Niccolò Contarini die Geschichte Venedigs während der vorangegangenen Generation dar. Mit einer »geordneten Regierung« verband er »eine fruchtbare Landschaft«: »Jene Felder, die einst aus sumpfigen Niederungen, tiefen Seen und Teichen bestanden hatten, waren nun durch Einfallsreichtum, vereinte Anstrengungen und finanzielle Mittel in ein höchst fruchtbares Terrain umgewandelt worden, in liebliche Wiesen und reizende Gärten …; Wälder und Hügel wurden nicht nur mit der Axt gerodet, sondern auch mit dem Pflug bestellt.«[8] Das Ideal einer vom Menschen gestalteten Landschaft tauchte ein Jahr später in Robert Burtons utopischer Vision wieder auf: »Bei mir wird es keine Moore, Sümpfe, Marschen, riesigen Wälder, Wüsten, Heiden mehr geben … Es wird keinen unfruchtbaren

Morgen Land mehr in all meinen Ländereien geben, weniger als die Zahl
seiner Bergspitzen: Wo die Natur versagt, wird die Kunst nachhelfen.«[9]
Deutlicher konnte man die Vorstellung kaum zum Ausdruck bringen, daß
Zivilisiertheit nichts anderes sei als der Wunsch, die Natur so zu zähmen,
daß sie dem Menschen zu Dienste stand – oder seinem ästhetischen
Geschmack entsprach. So konnte Busbeck über die Landschaft bei
Konstantinopel schreiben: »Wenn diese Lande etwas mehr Kultur hätten,
wenn ihre Natur durch Mittel der Kunst auch nur etwas gehoben würde,
so weiß ich nicht, ob die Sonne irgendwo schöneres sähe.«[10]
Es gibt viele Belege für den Wunsch, die Verwendung wie das Aussehen
des Landes rational zu gestalten, weil eine ganze Reihe von kultivierten
Menschen sich tatsächlich bemühten, es zu kultivieren. Während sich

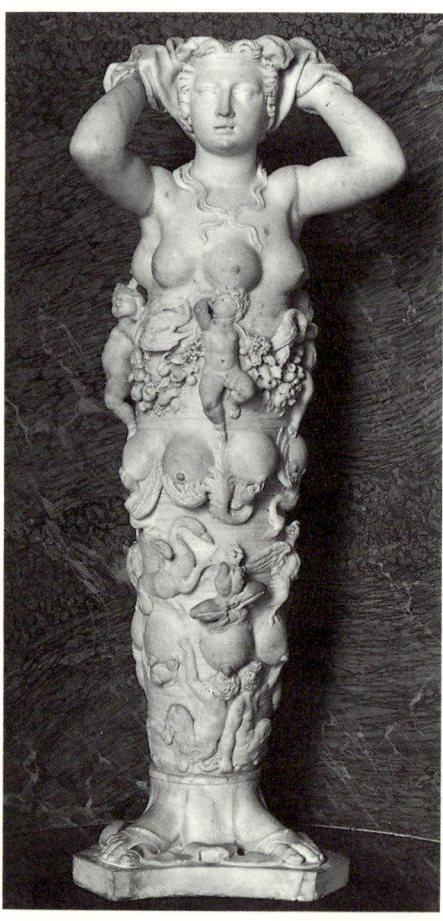

Niccolò Tribolo, *Natur*, um 1528
(Château de Fontainebleau)

aristokratische Grundbesitzer einen Großteil des Jahres in Städten und an Höfen aufhielten, kauften sich wohlhabende Städter aus Prestigegründen und zum eigenen Nutzen Landsitze, als sommerliche Zufluchtsorte vor ansteckenden Krankheiten in den Städten und um des Vergnügens willen, das noch dadurch erhöht wurde, daß man dem Beispiel der Römer mit ihrer Liebe zu Landhäusern folgte. Damit gab es einen neuen Markt für volkssprachliche Fassungen der Texte klassischer Autoren, die sich, wie Varro und Columella, mit Landwirtschaft befaßten, sowie für zeitgenössische Werke, die das Leben auf dem Lande priesen und praktische Ratschläge für den Ackerbau erteilten: über Dränage und Bewässerung, über die Verwendung von tierischem und mineralischem Dünger (Pottasche, Kalk), Mulchen und Kompostieren. Denn ob der Kaufmann und Landbesitzer sein Land nun erworben hatte, um seinen Status zu heben, sich eine Quelle für landwirtschaftliche Produkte zu verschaffen oder seine Investitionsgelder zu verteilen – auf jeden Fall hatte er seine eigenen Vorstellungen, wie das Land zu bestellen sei, das seine Villa oder sein Herrenhaus umgab.

Spätmittelalterliche Darstellungen der über die Monate eines Jahres hinweg anfallenden Arbeiten auf dem Lande, die noch davon ausgingen, daß die traditionellen jahreszeitlich bedingten Aufgaben unverändert weiterbestehen würden, gingen zwar bis zum Jahr 1500 zurück, auch wenn Bruegel in der Mitte des 16. Jahrhunderts unbeirrt erneut künstlerisch gestaltete, wie der immerwährende Ablauf der Natur die Zeiteinteilung des Menschen bestimmte. Inzwischen aber war die Vorstellung von der Freigebigkeit der Natur auf den Begriff gebracht. Künstler stellten Ceres, die Göttin des Ackerbaus, mit ihrem Füllhorn voller natürlicher Erzeugnisse als Schutzgottheit des Landes schlechthin dar. Niccolò Tribolos Plastik *Natur,* die von Florenz zum Landschloß von Franz I. in Fontainebleau geschickt wurde, war mit ihren zahlreichen segenspendenden Brüsten und der Ansammlung tierischer und pflanzlicher Produkte, die sich um ihre Gestalt rankten, eine neue Form der Huldigung an die Bereitwilligkeit der Natur, sich zum Dienst am Menschen verführen zu lassen.

1591 ging Giuseppe Arcimboldo sogar so weit, Kaiser Rudolf selbst in der Maske von Vertumnus darzustellen, dem Schutzgeist der Gärten im Wandel der Jahreszeiten. Kopf, Hals und Brust bestehen ausschließlich aus Früchten, Blüten und Gemüsen – Pastinaken, Zwiebeln und Kürbisse ergänzen dabei das eher konventionelle Repertoire von Äpfeln und Kirschen, die für Backen und Lippen stehen.

Auf der Suche nach Erzen (Silber, Kupfer, Blei) und Salz trieb man immer tiefere Bergwerksschächte in die Erde, vor allem im östlichen Deutschland, in Böhmen und Polen. Wie sehr sich die Öffentlichkeit für diese Ausbeutung

Guiseppe Arcimboldo,
Rudolf II. als Vertumnus,
um 1591 (Kunsthisto-
risches Museum, Wien)

interessierte, demonstriert eine ganzseitige Miniatur in einer liturgischen
Handschrift aus Böhmen während der neunziger Jahre des 15. Jahrhunderts, die die bergmännischen Verfahren zeigte, mit denen man bei Kutna
Hora Silber abbaute und feinte. Im Jahre 1532 bestand eine Tischdekora-
tion aus einem Silberpokal auf einem Hügel, der von Bergwerksschächten
durchbohrt und von einer Haspel gekrönt war, die Säcke voller Erz an die
Oberfläche holte: Die Kunst wußte sich dem Menschen dankbar verpflichtet, der in die Natur eindrang. Verbesserte Pumpen- und Windensysteme
machten es möglich, daß Flöze bis in dreihundert Metern Tiefe angelegt
werden konnten. Bis 1550 entriß man der Erde etwa fünfmal soviel Erz wie
hundert Jahre zuvor. Auf der Oberfläche ging die spätmittelalterliche
Praxis des Einfriedens von Weideflächen weiter, aber zunehmend behut-
samer wegen der sozialen Probleme, die die Vernichtung von bäuerlichem
Grund und Boden mit sich brachte. Dank der Verbesserung der Vermes-
sungs- und Wasserbautechniken ließen sich Kapitalgeber eher dazu bewegen, in Landgewinnungsprojekte zu investieren, die das Erscheinungsbild
des Landes veränderten, während sie zugleich seine Erträge erhöhten.

An den Küsten der Niederlande wurden Deiche errichtet, um eine weitere
Erosion zu verhindern. In Italien wurden Marschen und Sumpfflächen in
Kornkammern oder Weidegründe umgewandelt: im Veneto, um Ravenna
und in Teilen der Pontinischen Sümpfe südlich von Rom. Weinreben
wurden auf den ehemaligen Feuchtböden um Bordeaux angebaut. Man
begann damit, die Moore in East Anglia trockenzulegen. Außer in den
Niederlanden waren die betreffenden Flächen zwar ganz klein, aber die
neue Verbindung von Kapitalinvestition und moderner Technik stellte eine
veränderte Methode der Landgewinnung dar. Und ausgesprochen typisch
für das 16. Jahrhundert war es, daß man bei jedem praktischen Fortschritt
(beim Kanalbau, bei Pumpgeräten) auch wieder über das Ziel hinausschoß:
Da wurden Erdbewegungsmaschinen erfunden, die viel zu kompliziert
waren, um funktionieren zu können, oder gar Perpetuum-mobile-Pumpen,
die angeblich Energie erzeugen konnten, ohne selbst welche zu benötigen.
Und wie man beispielsweise die Projekte, die der venezianischen Regierung vorgelegt wurden, optimistisch prüfte und oft auch erprobte, so
spiegelte selbst der kühnste Plan die Überzeugung wider, daß der Mensch
in der Beherrschung der Natur noch viel weiter gehen sollte.

Herri met de Bles, *Kupferbergwerk*, Ausschnitt, um 1540 (Uffizi, Florenz)

Der Abholzung ganzer Wälder – aufgrund der Nachfrage nach mehr und
größeren Schiffen, nach Gerüsten für mehr und höhere Häuser, nach
Holzkohle für das Schmelzen von Eisen und Kupfer und zum Feinen von
Stahl für eine sich rasch entwickelnde Waffenindustrie – wurde hier und
da mit Projekten zur Erhaltung von Bauholz durch Seekriegsmächte wie
England und Venedig entgegengewirkt. Einen gewissen Ausgleich stellten
auch die weiter verbreitete Anpflanzung von Windbrechern und – im
Interesse der Seidenindustrie – die Plantagen von Maulbeerbäumen entlang italienischer Straßen dar. In Südeuropa änderte sich das Erscheinungsbild der Landschaft durch den Anbau von Reis, von neu eingeführtem
Mais und von Zucker auf den Mittelmeerinseln. Am deutlichsten allerdings
kam in den neuen Gestaltungsformen von Gärten und Parklandschaften
die zivilisierte Einstellung gegenüber der Natur zum Ausdruck: ihr selbst-
verliebtes Besitzdenken, ihre Ängste und ihre Wißbegier gegenüber der
Welt der Natur.
Das mittelalterliche Interesse an Pflanzen wegen ihres hübschen Aussehens und wegen ihrer medizinischen Eigenschaften regte das Interesse des
Reisenden an Neuheiten an und führte dazu, daß Europa mit exotischen
Importen überschwemmt wurde, wobei man Samen und Wurzeln in Kisten
voller Erde verpackte, damit sie zu Hause aufgingen. Das utilitaristische
Klostergärtlein mit seinen nützlichen Kräutern wurde vom bewußt enzy-
klopädisch gestalteten botanischen Garten abgelöst. Der erste wurde 1543

Anon., *Polder*, um 1590
(Rijksmuseum Amsterdam,
Leihgabe des Zuiderzee-
museum, Enkhuizen)

in Pisa angelegt, 1545 folgten Florenz und die Universität von Padua diesem Beispiel, 1567 Bologna. Bald gab es sie auch in anderen Ländern – der botanische Garten von Leiden wurde 1594 eingerichtet. Philipp II., der Gesandte beauftragte, seine amerikanischen Ländereien nach entsprechenden Exemplaren zu durchkämmen, zögerte, ob er so einen Garten erwerben sollte, der von einem seiner Untertanen in Sevilla angelegt worden war, auch wenn man ihm versicherte, er sei »eines der herausragendsten Dinge in Spanien … Italiener und andere Ausländer sind schon hierhergekommen, nur um dies zu sehen«[11]; statt dessen kaufte er einen in Madrid, der für die Forschungen seiner Apotheker praktischer gelegen war.

Der einflußreichste klassische Autor auf diesem Gebiet war im ersten nachchristlichen Jahrhundert der Arzt Dioskurides aus Anazarbos gewesen, dessen Arzneimittellehre *Materia medica* die Hauptquelle für die mittelalterlichen Kräuterbücher war, welche Pflanzen auflisteten und ihre Eigenschaften beschrieben. Dioskurides hatte über fünfhundert Pflanzen aufgeführt, Gaspard Bauhin verzeichnete und klassifizierte in seinem zuerst 1623 erschienenen Werk *Pinax theatri botanici* rund sechstausend Pflanzen. Importe erweckten wiederum ein neues Interesse an Pflanzen, die in Europa heimisch waren, und weil so viele Arten nicht unter den Illustrationen der traditionellen Kräuterbücher zu finden waren, mußte man neue in Auftrag geben. Dabei fiel die Ungenauigkeit mancher Bilder auf, die bereits Kopien von Kopien waren. Die »Väter der Botanik« kamen aus Deutschland: Seit 1530 erschien Otto Brunfels' *Herbarium vivae eicones* (1532 als *Contrafayt Kreuterbuch* in deutscher Übersetzung erschienen), zu dem der vielseitige Hans Weiditz die Illustrationen beisteuerte. 1542 brachte Leonhart Fuchs seine *Historia stirpium (New Kreutterbuch)* heraus, das die Verbindung zwischen Kunst und Wissen noch deutlicher hervorhob – es enthielt einen Holzschnitt, der die beiden Illustratoren bei der Arbeit zeigte, sowie ein Porträt des Handwerkers, der ihre Zeichnungen in Holzschnitte übertrug.

Bei den bekannten Pflanzen hielten sich beide Autoren an die Beschreibungen von Dioskurides, ihre Illustratoren hingegen zeichneten die Exemplare nach, die vor ihnen lagen. Das Ergebnis war, daß der Text nicht zu den Illustrationen paßte. Das gleiche Problem tauchte auch, wie wir noch sehen werden, bei anatomischen Darstellungen auf. Am ehesten objektiv waren Texte, die sich ausschließlich mit Pflanzen befaßten, die die Griechen und Römer nicht gekannt hatten. »Versucht nicht, mir mit Dioskurides zu kommen ..., denn ich werde nur das sagen, was meines Wissens stimmt«, erklärte der Autor eines Werks über indische Pflanzen im Jahre 1563.[12]

Weil eine spanische Abhandlung von 1574 mit dem Versprechen aufwartete, daß aus amerikanischen Pflanzen neue Heil- oder Linderungsmittel gewonnen werden könnten, wurde sie schon nach drei Jahren ins Englische übersetzt – unter dem optimistischen Titel *Joyfull Newes out of the Newe Found World (Frohe Botschaften aus der Neuen Welt)*. Rührend waren die Versuche von seriösen Botanikern, zwei offenkundigen Verlockungen zu widerstehen: entweder das antike Wissen mechanisch auf den neuesten Stand zu bringen oder die Pflanzen nach ihrer medizinischen Verwendung als Betäubungsmittel, Abführmittel, Salben oder Heilmittel zu klassifizieren – wie beispielsweise eine Infusion aus südamerikanischem Guajakholz als Mittel gegen Syphilis. Neue Klassifikationsweisen wurden vorgeschlagen, die auf der Form von Knospen und Früchten, auf Habitus, Größe oder Herkunft basierten, aber alle richteten sich nach dem Kriterium der Nützlichkeit. Erst der Böhme Adam Zaluziansky von Zalusian wartete 1592 in seinem Werk *Methodi herbariae libri tres (Drei Bücher über die Methoden der Behandlung von Pflanzen)* mit einer Erklärung auf, die für künftige Forscher ganz selbstverständlich sein sollte. »Es ist üblich«, hieß es da, »die Medizin mit der Botanik zu verbinden, doch die wissenschaftliche Vorgehensweise erfordert es, daß wir beide für sich erörtern sollten ..., damit die Botanik ... eine selbständige Einheit bilden kann. Bevor man sie in Verbindung mit anderen Wissenschaften bringen kann, muß sie von der Medizin

François Clouet, *Pierre Quthe*, 1562 (Musée du Louvre, Paris)

abgetrennt und losgelöst werden.«[13] Die Botanik war zwar noch keine echte
Wissenschaft – ihr fehlte noch das im 17. Jahrhundert erfundene Mikroskop –, aber zumindest wurde sie ein angesehener Zweig der *scientia*, des
Wissens über die Welt der Natur. »Weise Frauen« geisterten zwar noch
immer durch Wald und Flur, aber immer öfter liefen sie nun Horden von
botanisierenden Studenten über den Weg, die von den Universitäten in die
Natur ausschwärmten. Und neben dem botanischen Garten kam nun auch
das Herbarium auf, der *hortus siccus*, die Bibliothek aus gepreßten und
getrockneten Pflanzen – beide brauchten die Künstler und Illustratoren,

die die Beziehung zwischen gezeichneter Darstellung und Beschreibung
neu definierten.

Diese *scientia* bedeutete indes keineswegs, daß das Interesse an der Natur
die Domäne von Gelehrten geworden war. Die alte Liebe zur Pflanzenkun-
de überlebte den Übergang vom weitschweifigen Kräuterbuch zur gebildeten Abhandlung. »Die Artischocke formt den Geschmack des Mundes
um« – sie beseitige, hieß das, schlechten Mundgeruch, wie Thomas Hill
1586 den Lesern seines Werks *The Gardener's Labyrinth (Das Labyrinth
des Gärtners)* versicherte –, »sie bewirkt den Urin und den Geschlechtsakt
… erleichtert das Wasserlassen und verbessert den ranzigen Geruch der
Achselhöhlen … hilft den Geschlechtsteilen, so daß Frauen Knaben bekommen können.«[14] Neue Pflanzen gediehen viel häufiger in gewöhnlichen als
in botanischen Gärten. Nach der Artischocke war der Spargel das nächste
Gemüse aus dem Mittelmeerraum, das sich im Norden akklimatisieren
konnte. Die Kartoffel entwickelte sich von einer exotischen Kostbarkeit
zum Grundnahrungsmittel. Fast neunzig neue Arten von Sträuchern und
Bäumen konnten während des 16. Jahrhunderts in englischen Gärten und
Parks heimisch werden. Kontakte zur Türkei führten Flieder und Tulpen
ein. Hyazinthen, Anemonen und Krokusse gesellten sich zu den seit langem
bekannten Rosen, Ringelblumen und Veilchen. Professionelle Gärtnereien
wurden errichtet, die die Nachfrage von Amateuren nach importierten
Pflanzen und Sträuchern befriedigten. In England gab es so viele solcher
Gärtnereien, daß sich um 1629 der Botaniker John Parkinson über diesen
Wildwuchs beschwerte, »wodurch die Außenbezirke unserer Städte er-
bärmlich verunziert werden«.[15] 1612 führte Emmanuel Sweerts Katalog der
Tulpen, die in Amsterdam erhältlich waren, um die grassierende Tulpo-
manie zu befriedigen, über hundert Sorten auf. Darunter waren einige so
teuer, daß sie sich nur der reiche Blumenfreund leisten konnte. Wie
kauflustig aber auch der gewöhnliche Bürger war, schilderte anschaulich
der Chronist des elisabethanischen Londons, William Harrison: »Laßt mich
ein wenig mit meinem Garten prahlen, der zwar klein ist …, und doch war
mir bei meinen Käufen das Glück hold …, so daß es darin bald dreihundert
Exemplare von der einen oder anderen Art gibt, von denen keine gewöhnlich oder normalerweise erhältlich ist.«[16]

Einige importierte Pflanzen weigerten sich, in Europa ein neues Leben zu
beginnen, und wurden in den *hortus siccus* verbannt. Eine Ausnahme stellte
zum Teil der Tabak dar, neben der Syphilis ein weiteres Instrument der
Rache Amerikas an den Konquistadoren. Während die Versuche scheiter-
ten, die Tabakpflanze heimisch zu machen, erzeugte ihr importiertes Blatt
eine internationale Konsumgewohnheit. Thomas Platter hatte sie Ende des

16. Jahrhunderts in England erlebt und berichtete darüber: »In den bier-
heüseren hatt man auch den tabac oder heidnisch wundtkraut, deßen man
einem auch umb sein pfenning gibt; da zündet er das pulver im rörlin an,
sauget den rauch in mundt unndt lasset also viel fluß auß dem mundt
laufen; demnach trinkt einer einen guten trunck spangischen wein darauf.«
Mit dieser »artzney«, fuhr Platter fort, sei freilich auch viel Mißbrauch
getrieben worden, so »daß auch ihre predicanten dorüber schreyen, wie
sie sich verderben, unndt sagt man mir, man habe bey einem nach seinem
todt befunden, daß alle seine aderen innwendig wie ein kemy [Kamin] mit
ruß seyen überzogen gewesen.«[17]

Während Gärtner eifrig das neue botanische Wissen aufgriffen (und damit
diese Wissenschaft weiter anregten), kam um die Mitte des 16. Jahrhunderts immer mehr die Vorstellung auf, daß ein sorgfältig angelegter Garten
eine Art Dritter Natur darstellte. Die Ansicht, daß der Mensch mit seiner
Fähigkeit, die »natürliche« Natur durch Landwirtschaft zu zähmen, eine
Zweite Natur geschaffen habe, hatte sich eingebürgert, seit Cicero ge-
schrieben hatte: »... wir säen Getreide und pflanzen Bäume; wir leiten
Wasser auf unsre Ländereien und machen sie dadurch fruchtbar, wir
dämmen Flüsse ein, bestimmen ihren Lauf und leiten sie ab; ja wir
versuchen mit unsren Händen inmitten der Natur gleichsam eine zweite
Natur zu schaffen«.[18] Diese Unterscheidung wurde deutlicher, als die
Kultivierung des Landes als Funktion der Zivilisiertheit betrachtet wurde.
Nun, da die Anlage von Gärten zur Mode und eine Frage bürgerlichen
Stolzes wurde, sollte die Natur nicht nur den Bedürfnissen des Menschen,
sondern auch seiner Idee von Schönheit entsprechen: Pläne für Beete,
Wege und Aussichtspunkte gingen davon aus, daß die Natur das Leben zur
Kunst erhebe.

Der Paradiesgarten, in dem die Jungfrau unbesorgt mit ihrem Kind spielte,
der Einhorngarten, wo die ideale keusche junge Frau ihren symbolischen
Liebsten auf ihrem Schoß wiegte, der weltliche Liebesgarten, in dem
junge Leute in privilegierter Abgeschiedenheit nutzlos aufwuchsen: all
diese spätmittelalterlichen Bildphantasien beruhten auf der Vorstellung
von einem sicheren, umfriedeten Raum innerhalb einer Natur des
Wildwuchses und voller wilder Tiere und Menschen. Erst um die Mitte des
15. Jahrhunderts begann man echte Gärten so einzurichten, daß sie bewußt soziale und ästhetische Ideen zum Ausdruck brachten. Die Gestaltung von Grundstücken am Haus glich den Mustern von Einlegearbeiten,
und auch Zierrasen und ineinander verschlungene Alleen spiegelten das
Leben im Innern wider – als Orte zum Lustwandeln und zur Konversation
ähnelten sie den langen Galerien, die in großzügigen Häusern gerade in

Mode waren. Weiter draußen bot eine sorgfältig inszenierte »Wildnis« eine sichere Version der »natürlichen« Natur. In den größten Besitztümern gab es ein noch größeres Areal in Form eines ummauerten Parks, der in erster Linie der Jagd ohne Wilderer diente, aber in manchen Fällen die Metaphern der »Wildnis« noch ausweitete: Grotten übernahmen aus der Welt der Natur Muscheln, Kristalle und Stalaktiten, die Unwetter der Natur wurden zu feinen Sprühregen gebändigt, die man überraschend in Gang setzen konnte, so daß sie den unachtsamen Spaziergänger durchnäßten. Statuen erquickten zum einen den Besucher, indem sie ihm Körbe mit Früchten entgegenhielten, und dann wieder – wie die neunzehn Meter hohe Allegorie des *Apenninus,* die Giambologna 1579 für den Park von Pratolino bei Florenz errichtet hatte – erinnerten sie an die unheimlichen Kräfte, die sich dem zähmenden Zugriff des Menschen entzogen. Der Wunsch, die rauhe Natur in Schach zu halten, verband sich mit dem Drang, mit den Gefahren, der Vielfalt und den Mühen des »Draußen« zu spielen. Im Jahre 1611 stellte ein deutscher Besucher fest, daß Sir Francis Carews Gut bei Beddington einen Mikrokosmos des Lebens jenseits seiner Mauern darstellte. Farbige Fischplastiken »schwammen« in den Becken der Brun-

Giambologna, *Allegorie des Apenninus* (Villa Demidoff, Pratolino)

nen; neben den Bächen standen Miniaturmühlen, und kleine Schiffe lagen vor Anker und spiegelten idyllisch das gefahrenreiche Geschäftsleben draußen wider.

Als man zunehmend Geschmack daran fand – und sowohl die entsprechenden Räume wie Mittel vorhanden waren –, den Kunstcharakter der Gärten weiter auf die Landschaft auszudehnen, lag es auf der Hand, daß man sich von antiken Mustern der kultivierten Gestaltung eines Landguts anregen ließ. Die Merkmale, die Plinius der Jüngere im 1. Jahrhundert bei der Beschreibung seiner Villa in der Toskana erwähnt hatte, finden sich immer wieder in den Schilderungen ausgedehnter Gartenanlagen des 16. Jahrhunderts. Plinius nimmt die Nähe der Apenninen durchaus zur Kenntnis, er erfreut sich zwischendurch an der Aussicht auf die von Menschenhand angelegten Wiesen und Felder, aber dies alles ist im Ton eines Prinzipals gehalten, dessen Freilichttheater reizvolle Prospekte und Kulissen zu bieten hat. Auf der Seite seines Hauses, die dem Besitztum zugewandt ist, befindet sich eine Kolonnade, die sich auf einer Seite zu einem Sommerspeisesaal öffnet, der eine Aussicht über die ganze Anlage gewährt. Davor liegt eine Terrasse, »dann folgt ein steil abfallendes Rasenpolster, auf das der Buchsbaum Bilder von einander gegenüberstehenden Tieren zeichnet«. Das Ganze ist von einer »Allee mit dichtstehendem, mannigfaltig zugeschnittenem Gebüsch« umgeben, von wo ein »um kleine, von Künstlerhand gestutzte Bäumchen laufender, ringförmiger Fahrweg ausgeht. Das Ganze wird von einer Lehmmauer geschützt; durch stufenförmig wachsendes Buchsbaumgebüsch verdeckt, ist sie dem Blick entzogen.« Innerhalb dieses Grundes befinden sich Pfade, Rasenflächen und noch mehr phantasievoll beschnittene Bäume, »und in dieser Anlage von höchst städtischer Eleganz ist plötzlich ein Bild unverfälschter Ländlichkeit anzutreffen ... Am oberen Ende wird ein halbrunder Ruheplatz aus weißem Marmor von Reben geschützt .... Aus dem Ruheplatz fließt Wasser in kleinen Röhren – gleichsam vom Gewicht der darauf Liegenden herausgedrückt; es wird von einem ausgehöhlten Stein aufgefangen und in einem zierlichen Marmorbecken aufgenommen und mit einer verborgenen Einrichtung so reguliert, daß das Becken immer voll ist, aber nie überläuft ... An mehreren Orten sind Marmorsitze verteilt, die, wie auch der Pavillon, den vom Spaziergang Ermüdeten Erholung spenden. Neben den Sitzen sind kleine Brünnlein; durch die ganze Reitbahn plätschern in Leitungen herangeführte Wässerchen und folgen ihrem künstlich vorgezeichneten Lauf.«[19]

Diese Gartenanlage des Plinius, mit ihrer Betonung von Landschaftsgestaltung, Wasserspielen und der Übertragung architektonischer Formen (Ter-

rasse, Arena, Theater) auf natürliche Gegebenheiten, beeinflußte in erster
Linie italienische Gärten seit der Mitte des 16. Jahrhunderts, wie etwa den
der Villa d'Este in Tivoli bei Rom, die auf dem Gelände der Villa von Kaiser
Hadrian errichtet wurde. Aber bis dahin hatte die Gartengestaltung ihre
vertrautesten und praktischsten Aspekte schon zu einer Kunst gemacht.
Der Garten der Palastvilla des Herzogs Ercole d'Este in Belfiore, außerhalb
von Ferrara, hatte weitgehend die Aufgabe, den großen Haushalt zu versorgen. Aber nach einer Beschreibung, die Giovanni Sabadino degli Arienti
1479 davon gegeben hat, waren die Gemüse- und Kräuterparzellen und
Obstgärten mit einer so »verschiedenartigen Kunstfertigkeit« angelegt, daß
sie Meisterwerke vom »Pinsel des großartigsten Malers« zu sein schienen.[20]
Während Sabadino auf den gepflegten, mit Ziegeln ausgelegten Pfaden
umherging, mußte er hier an das Paradies, da an den abgeschiedenen
Garten denken, in dem die keusche Susanna – in der apokryphen *Geschichte
von Susanna und Daniel* – von den beiden zudringlichen geilen Ältesten
überfallen wurde, und dann wieder an das friedlich fruchtbare Reich von
Pomona, der klassischen Göttin der Baumfrüchte. Das waren schon unglaubliche Assoziationen, die da beim Anblick von Kirschen und Birnen,
Minze und Majoran und Roter Bete beschworen wurden. Sabadino wollte
damit gewiß seinem Gönner Ercole schmeicheln. Gleichwohl bildete sich
diese neue Einstellung gegenüber den Gärten als Reaktion auf ihre Gestaltung und beeinflußte diese zugleich.

Im Norden kamen andere, unklassische Merkmale hinzu, da dort die Liebe
zu den verschiedenen Blumen, die im Laufe des Jahres blühten, größer
war als in Italien und da sich dort der Pferdekult auf die Gärten auswirkte,
die von Besitzern angelegt wurden, welche in der vom Menschen geschaffenen Natur ebensogern ausritten wie promenierten. Im Jahre 1517 besichtigte Antonio de Beatis den Garten von Franz I. in Blois, den der Italiener
Pacello da Mercoliano nach französischen Anweisungen angelegt hatte.
»Der Palast erhebt sich über drei Gärten mit Obst- und Laubbäumen, die
man durch eine Galerie betritt, die auf beiden Seiten mit Hirschen geschmückt ist, welche aus Holz geschnitzt und ganz realistisch bemalt und
mit echten Hirschgeweihen besetzt sind … Der große Garten ist vollständig
umgeben von Alleen, die breit und lang genug sind, daß Pferde darin im
vollen Galopp geritten werden können. Darin befinden sich schöne Pergo-
len, die auf hölzernem Gitterwerk ruhen … In der Mitte befindet sich über
einem wunderschönen Brunnen ein Pavillon mit einem Kuppeldach.« Die
kleineren Gärten enthielten heimische und importierte Blütenpflanzen,
und außerdem gab es, wie de Beatis hinzufügte, »viele Pflanzen und Kräuter
für Salate«.[21]

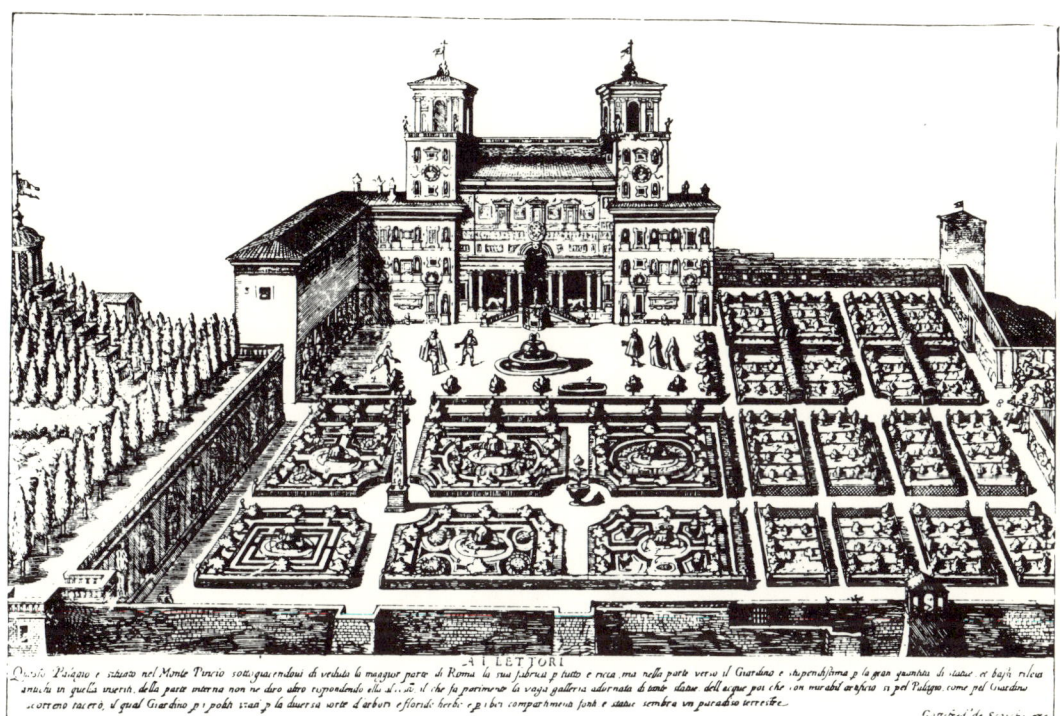

Garten der Villa Medici, Rom, Kupferstich von Gottefred de' Scaichi, 16. Jahrhundert

In der Beschreibung, die Robert Laneham 1575 vom Garten des Earl of
Leicester in Kenilworth gab, verbinden sich italienische und französische
Elemente, mit denen die Idee der Dritten Natur zum Ausdruck gebracht
werden sollte: Terrasse, Statuen, Alleen und Lauben, Obstgärten, sorgfältig
angelegte Beete voller »duftender Pflanzen und wohlriechender Kräuter
und Blumen, so köstlich vielfältig in Form, Farbe und Menge«, Brunnen
und verborgene Wasserspiele, die den Besucher »aus einem Hahnen-
kamm« bespritzen. Mit seiner Voliere und seinen Fischteichen war Kenilworth ein prächtiges Beispiel für den Garten, der einen zivilisierten Mikrokosmos der gezähmten Naturkräfte darstellen sollte.
Laneham faßte seine Eindrücke zusammen und erklärte, ungeachtet des
Fehlens von »schönen Flüssen« sei Kenilworth es wert, ein Paradies genannt zu werden, »doch vor allem weil darin nicht dieser unglückliche
Baum steht«.[22] Und während diese bedeutenden Gärten ihren Besitzern
eine willkommene Unterbrechung von den Regierungsgeschäften und
sonstigen Unternehmungen sowie ihren Frauen einen sicheren Hort der

Erholung boten, erweckten sie in ihren Besuchern eine Fülle von Assozia-
tionen, die die Dritte Natur definierten. Die Vorstellung vom Garten als
Anspielung auf den Garten Eden konnte sich auf die Stelle im Johannes-
Evangelium berufen, wo Christus Maria Magdalena im Gewande des
Gärtners erscheint und den Spaten trägt, mit dem Adam im Schweiße seines
Angesichts arbeiten sollte, als er aus einem Garten verbannt wurde, der
nicht bestellt werden mußte – ein Thema, das bildende Künstler während
des 16. Jahrhunderts immer wieder gestalteten. Aus dieser Sicht stand der
Garten für die Erlösung, die Wiederkehr einer Zeit, da der natürlichen
Natur selbst noch nicht der Makel der Wildheit angehaftet hatte. Üblicher-
weise verband man die durch echte oder falsche Ruinen, Tempel und
Obelisken ausgelösten Assoziationen mit der geordneten Herrschaft Roms
oder mit den Zaubergärten, in die die Helden des spätmittelalterlichen

Höllenschlund
(Bomarzo bei Viterbo)

Ritterromans und des Renaissance-Epos gebracht wurden, damit sie sich vom Kampf gegen Drachen und Riesen und blutrünstigen Heiden in der Außenwelt erholen konnten. Manche Gärten hatten sich solchen Zauber bewußt zum Ziel gesetzt.

In Vincenzo Orisinis »heiligem Wald« von Bomarzo war die Natur weitgehend sich selbst überlassen, aber angefüllt mit einem statischen Ballett steinerner Metaphern: ein schiefes Haus, eine Sphinx unmittelbar neben einer Kapelle, ein fürchterlicher Höllenschlund mit einem praktischen Picknicktisch im Innern. Dies war eine Natur, die weniger mit dem Spaten als mit Witz und Verstand gezähmt worden war.

Was den Garten als Metapher der geordneten politischen Herrschaft betraf, so sprach Shakespeares Gärtner in *Richard II.* (III, 4) jeden Zuschauer an, der selbst ein kultivierbares Stückchen Land besaß. »Du«, weist er seine Gesellen an,

> Du, bind hinauf die schwanken Aprikosen,
> Die, eigenwill'gen Kindern gleich, den Vater
> Mit ihrer üpp'gen Bürde niederdrücken;
> Gib eine Stütze den gebognen Zweigen.
> Geh du und hau als Diener des Gerichtes
> Zu schnell gewachsner Sprossen Häupter ab,
> Die allzu hoch stehn im gemeinen Wesen:
> In unserm Staat muß alles eben sein. –
> Nehmt ihr das vor, ich geh und jät indes
> Das Unkraut aus, das den gesunden Blumen
> Die Kraft des Bodens unnütz saugt hinweg.

Worauf einer der Gesellen eine der effektvollsten, dichtesten Zusammenfassungen zum besten gibt, die dem Dramatiker im Hinblick auf die dumpfe Volksmeinung gelungen sind:

> Was sollen wir, im Umfang eines Zauns,
> Gesetz und Form und recht Verhältnis halten,
> Als Vorbild zeigend unsern festen Staat?
> Da unser Land, der seeumzäunte Garten,
> Voll Unkraut ist ...«[23]

Denn in all ihren Verkleidungen galt die Dritte Natur des gärtnerisch bestellten Landes als Modell der Träume wie der Realität der Zivilisation. Und während die Botaniker ihre immer länger werdenden Klassifikations-

listen zusammenstellten, düngten, hackten, stutzten und pfropften Gärtner
in der Praxis und brachten das alltägliche Handwerk in die Domäne der
Naturwissenschaft ein – beispielsweise ermöglichten sie es, daß eine, in
England »Lady's Thigh« genannte, samtweiche Birnensorte auch außerhalb ihres heimischen Bodens um Lyon gedieh. Hier verband sich die Liebe
auf einzigartige Weise mit dem wissenschaftlichen Interesse am Experiment. Francis Bacons Essay *Über Gärten* beginnt mit den Worten: »Gott
der Allmächtige pflanzte zuerst einen Garten, und in der Tat ist dies die
reinste aller menschlichen Freuden« – die Freude des Autors verleiht dem
Wiedererwachen der Sinne des Nordeuropäers, nachdem der Winter seinen Griff gelockert hat, eine poetische Stimme. »Weil aber der Blütenduft
in der Luft«, fährt er fort (nach einem langen Katalog aller Pflanzen, die im
Frühjahr, Sommer und Herbst blühen), »wo er wie flutende Musik hin und
her zieht, weit lieblicher ist als in der Hand, so kann man sich diesen Genuß
leicht verschaffen, wenn man diejenigen Blumen und Pflanzen kennen-
lernt, die die Luft mit den köstlichsten Wohlgerüchen erfüllen ... Von denen
aber, welche die Luft am köstlichsten durchduften, an denen man nicht
wie an den übrigen vorübergeht, sondern sie mit Füßen tritt und zerknickt,
gibt es drei an der Zahl: sie heißen Pimpinelle, Thymian und Pfefferminze;
man sollte ganze Alleen davon ziehen, will man sich beim Lustwandeln
den Genuß ihres Duftes verschaffen.«
Doch dann geht er mit einer übertriebenen Unterordnung der Natur unter
die Kunst hart ins Gericht: »Was die Anlage von verschlungenen Wegen
oder Mustern mit verschiedenfarbiger Erde betrifft, die man gewöhnlich
unter den gartenwärts blickenden Fenstern des Hauses anbringt, so sind
das bloße Spielereien. Man kann auf Torten oft einen ebenso schönen
Anblick genießen.«[24] Und in seiner Utopie *Neu-Atlantis* bringt er in die
Sprache des Laboratoriums die praktischen Erfahrungen ein, die die Gärtner machen mußten, als sie die Blumen, Sträucher und Bäume, die ihnen
oder ihren Herren gefielen, pfropften, vermehrten und an ein fremdes
Klima zu gewöhnen versuchten: »In diesen Gärten machen wir auch
Versuche mit Pfropfungen und Inokulationen ... Auch bringen wir es ...
durch künstliche Mittel zuwege, daß Früchte und Blüten früher oder auch
später kommen, als es ihre Zeit ist, ebenso daß sie in rascherer Aufeinan-
derfolge ausschlagen, sprossen und Früchte tragen, als sie es ihrer Natur
nach zu tun pflegen. Wir bringen auch größere Bäume und Pflanzen hervor,
als natürlich ist, größere und süßere Früchte.«[25]
Seit den Fischteichen der mittelalterlichen Klöster und den Maschendraht-
volieren für Fasane und Rebhühner, die de Beatis 1517 in Gaillon so sehr
bewundert hatte, bot der Garten als eine Vitrinenversion der Natur auch in

den ausgedehnten Parks Gehege für Wild, Wildziegen, Kaninchen und Feldhasen, die vielleicht von Zeit zu Zeit gejagt oder abgeschossen wurden, aber in erster Linie als Musterexemplare der wilden Natur außerhalb herhalten mußten. Und wie im Falle der Pflanzen kam man durch solche Gehege auf die Idee, daß der Mensch auch Tiere der Natur sammeln und mit ihnen herumexperimentieren könnte. Bacon stellte sich vor, daß in Neu-Atlantis durch Vivisektionen an Tieren Arzneimittel und Kuren ausprobiert wurden, um Menschen von ihren Leiden zu befreien. Da wurden Experimente gemacht, um Tiere zu verkleinern oder zu vergrößern oder ihre Fruchtbarkeit zu erhöhen. Mehr noch: »Wir sorgen ferner für Kreuzungen und Verbindungen von Tieren verschiedener Arten, die neue Arten hervorbringen.«[26]

Hier war Bacon seiner Zeit voraus. In der Praxis blieb das sorgfältige Züchten, wie schon in der Vergangenheit, auf die Tiere beschränkt, die sich die Aristokratie am meisten zunutze machten: Pferde, Jagdhunde und Falken. Auch wenn die zutrauliche Vorliebe für Haustiere, kuschelige Schoßhündchen, Papageien, Kanarienvögel und andere Käfigvögel, auch Affen, mit dem Wunsch nach häuslichem Komfort und nach Zerstreuung in den immer zahlreicher werdenden Einfamilienheimen verbunden war, pflegte man auf den Bauernhöfen doch noch immer eine traditionelle Einstellung gegenüber Tieren. Ein Ochse, den man sonst bei einem Kosenamen rief, konnte gedankenlos einer schrecklichen Hetzjagd durch Doggen ausgesetzt werden, einer Tortur, die angeblich sein Fleisch zarter machte. Hühner wurden in dunklen Dachböden und Kellern zusammengepfercht gehalten, um die Nachfrage nach Geflügelfleisch zu befriedigen. Ferkeln, mit denen Kinder auf städtischen Straßen wie auf Bauernhöfen gespielt hatten, zog man, als sie größer waren, das Gedärm heraus, als Häute für Würste. Weil das Lampenöl aus dem Tran von Robben und Walen ein besseres Licht erzeugte als Wachskerzen, wurden diese Tiere bis weit in die Arktis hinauf gejagt, eines der größten Abenteuer zur See. Bankette verwandelten die Welt der Natur in ein Menü: Ziege, Wild, Igel, Haselmaus, Delphin und Tümmler, Pfau, Möwe, Rotkehlchen, Storch und Rohrdommel. Außer Ratten und Katzen konnte alles, was kreuchte und fleuchte, ein Essen oder zumindest ein kulinarisches Spektakel abgeben. Nur die Kreaturen, die krochen oder sich dahinschlängelten, waren für den Feinschmecker tabu.

Genauso wie die Botanik die mittelalterlichen Kräuterbücher ablöste, veranlaßte die Neubewertung des von den antiken Wissenschaften vermittelten Wissens, zusammen mit neuen Informationen, die von außerhalb Europas hereinströmten, die Zoologen dazu, die in den früheren Bestiarien

und tierkundlichen Überlieferungen enthaltenen Ansichten über das Tierreich in Frage zu stellen. So ein Bestiarium war ein Handbuch mit Informationen über Tiere, Vögel, Fische und ein paar Insekten, die auf biblische
Anspielungen und klassische Beschreibungen zurückgingen und oft moralisierend vorgetragen wurden, um dem Menschen eine Lehre zu erteilen:
Der Elefant galt als Muster ehelicher Treue, die Spinne als Inbegriff des
Fleißes, das Hermelin verkörperte die Keuschheit. Unkritisch frönten sie
der mittelalterlichen Liebe für das Wunderbare, das Einhorn, den Wasser-
mann und die Nixe. Die beiden wichtigsten klassischen Autoritäten waren
Aristoteles, dessen Absicht, Sinn und Zweck der gesamten Schöpfung zu
ergründen, ihn dazu bewegte, nicht nur den Menschen zu erforschen,
sondern in seinem faktenreichen Werk *Peri ta zoa historia (Über die
Naturgeschichte der Tiere)* auch nichtrationale Wesen, sowie Plinius der
Ältere, dessen *Historia naturalis (Naturgeschichte)* sowohl die Berichte von
Reisenden wie seine eigenen Beobachtungen sammelte.

Dank der Kritik der Humanisten aus dem späten 15. Jahrhundert, insbesondere der massiven Plinius-Korrekturen des Venezianers Ermolao Bàr-
baro von 1492/93 *(Castigationes Plinianae),* konnte nun zwischen Fakten
und Legenden unterschieden und gezeigt werden, daß das Wissen, das
Griechen und Römer im Mittelmeerraum, im Nahen Osten und in Nordafrika gesammelt hatten, nicht unbedingt für Nordeuropa gültig war. Und
diese kritische Einstellung wurde bestärkt durch die Entdeckung von
Formen tierischen Lebens, von denen man in der Antike noch nicht einmal
etwas gehört hatte. Die Felle und Bälge amerikanischer Säugetiere und
Vögel gelangten mit schriftlichen Darstellungen nach Europa, die für den
Künstler wie den Präparator sehr hilfreich waren. Die naturalistische
Rekonstruktion wurde eine neue Tätigkeit – die Gemälde von Säugetieren
und Vögeln aus der Neuen Welt von Jacopo Ligozzi aus den achtziger
Jahren des 16. Jahrhunderts beispielsweise sind zwar nach der äußeren
Ansicht der Häute gemalt worden, aber ihre erstaunliche Lebensähnlich-
keit verdanken sie den Präparaten, die der Künstler von ähnlichen heimi-
schen Tieren anfertigte.

Die beiden Stimuli – der Stolz, antike Irrtümer aufzudecken, und der Eifer
im Aufnehmen neuer Informationen – brachten einen neuen Typus hervor:
den Naturforscher. Dies jedenfalls war um die Mitte des 16. Jahrhunderts
der Franzose Pierre Belon, der sich in seinen beiden Werken *L'histoire
naturelle des estranges poissons marins (Geschichte ungewöhnlicher Meeres-
fische)* und *L'histoire de la nature des oyseaux (Naturgeschichte der Vögel)*
mit den Tieren befaßte, denen er auf seinen Reisen in den Nahen Osten in
der Wildnis wie auf Märkten und an den Küsten begegnet war, an denen

die Fischer ihren Fang an Land brachten. Die fünfbändige *Historia animalium (Allgemeines Tierbuch)* des Schweizers Conrad Gesner – der Aristoteles' Darstellung unmittelbar in Frage stellte – war zwar bis zu seinem Tod im Jahre 1565 noch nicht abgeschlossen, aber die veröffentlichten (und illustrierten) Bände setzten einen neuen Standard für enzyklopädische Werke zur Naturkunde, und die Fragen, die er seinem großen Freundeskreis im Reich der Gelehrsamkeit gestellt hatte, führten zu Büchern, die praktisch spezielle Ergänzungsbände zu seinem Lebenswerk darstellten. Als eine verspätete Antwort auf eine von Gesners Anfragen beispielsweise erschien das Buch *Of English Dogs (Über englische Hunde)* des englischen Arztes John Kay im Jahre 1575, kurz nach Kays Tod. Es enthielt eine realistische, wenngleich unwissenschaftliche Einteilung der Tiere in soziale Kategorien: die aristokratischen Jagdbegleiter, das geadelte Haustier, den Arbeitsgefährten des Schäfers und des Bauern und die unterwürfigen Köter, die einen in Gassen und Gängen anknurrten und in Tretmühlen eingesperrt wurden, um Lasten zu heben oder Bratspieße in der Küche zu drehen.

Es entstand auch ein neues Interesse am Vergleich und an der Illustration der jeweiligen Anatomie von Tieren und Vögeln und des Menschen. Angeregt wurde es durch das zeitgenössische Studium der menschlichen Anatomie. Von seltenen Ausnahmen wie der 1598 erschienenen tierärztlichen Abhandlung *Dell' anotomia, e dell' infermità del cavallo (Über die Anatomie und Krankheiten des Pferdes)* des Bolognesers Carlo Ruini abgesehen, fiel es allerdings aufgrund der Analogien zwischen Tieren und Menschen – Blut, Knochen, Fortbewegung – den Zoologen schwerer als den Botanikern, sich von den vorgefaßten Meinungen des Mittelalters freizumachen. In Büchern wie in Sammlungen von naturkundlichen Kuriositäten überlebte das legendäre Einhorn, und zwar nicht nur sein sagenhaftes Horn (das eigentlich der lange spiralförmig gedrehte Zahn des arktischen Narwals war) – 1599 zeigte Sir Walter Cope in London seinen Besuchern stolz den *Schwanz* des Einhorns. Gesner lehnte weder den priesterlich gewandeten Bischoffisch ab noch das Schuppentier mit dem Frauengesicht, die Lamia; noch 1607 warnte Edward Topsell, ein Anhänger Gesners, seine Leser vor einer Begegnung mit diesen Wesen, denn »wenn sie einen Mann sehen, entblößen sie ihre Brüste und verlocken ihn mit deren Schönheit, sich ihnen zu nähern, und wenn sie ihn in ihrer Reichweite haben, verschlingen und töten sie ihn«.[27]

Als mehr Leser auf Reisen gingen, wurden solche Tiersagen durch die Erfahrung der Wirklichkeit abgelöst. Der deutsche Landsknecht Ulrich Schmidel aus Straubing, der seit 1534 bei spanischen Truppen in Südamerika diente, schrieb über seine Erfahrungen mit Krokodilen: »Man hat behauptet, es erwache spontan zum Leben und die einzige Art, es zu töten, sei, ihm einen Spiegel vorzuhalten, woraufhin es vor Entsetzen über seinen eigenen Anblick sterben werde. Aber all dies ist Märchen und Unsinn. Wenn es nämlich wahr wäre, so müßte ich unzählige Male umgekommen sein, denn ich habe mehr als dreitausend von ihnen gefangen und gegessen.«[28] Dieser unverblümten Offenheit entsprachen ein neuer Umgang mit der Welt der Natur ebenso wie eine radikal andere Form, sie zu beschreiben. Im Mittelalter hatte man das, was einem neu war, mit vertrauten Phänomenen verglichen, eine Methode, die noch im Jahre 1540 bei der umständlichen Schilderung der äußeren Erscheinung eines Gürteltiers angewandt wurde. Es sei, erklärte Roger Barlow, »nicht größer als ein Schwein im Alter von einem Monat, und die Füße, der Kopf und die Ohren sind wie bei einem Pferd, und sein Körper und sein Kopf sind bis auf die Ohren ganz mit einer Schale bedeckt, ganz ähnlich dem Panzer einer Schildkröte, aber mit den Proportionen eines gepanzerten Pferdes, denn diese Schale hängt an den Seiten herab ... ganz wie die Schöße eines vollständigen Harnischs«.[29] Aber zu dieser Zeit war das Ringen um Worte, die das benannten, was das Auge sah, statt es der Suche des Verstandes nach unangemessenen Vergleichen zu überlassen, aus der Mode gekommen – so genau, wie es der Pinsel oder die Feder des Künstlers war, vermochte nun die Sprache eine eher direkte Darstellung in Worte zu kleiden. Petrus Martyr Anglerius' Beschreibung des Balzverhaltens eines Truthahns (einer weiteren Entdeckung aus Amerika, die er in den zwanziger Jahren des 16. Jahrhunderts in Spanien erblickte) macht diesen Wandel auf exemplarische Weise sichtbar, auch wenn er sich einen Vergleich mit menschlichem Verhalten nicht versagen konnte. »Sie putzen sich vor ihren Weibchen«, schrieb Martyr, »und von Zeit zu Zeit, in regelmäßigen Abständen zittern sie, wie Fieberkranke, die vor Kälte mit den Zähnen klappern. Sie stellen die verschiedenfarbigen Federn um ihren Hals auf, die manchmal blau, dann wieder grün oder purpurfarben schillern, je nachdem, wie sie sich bewegen.«[30]

So wie man die exotischen Pflanzen in die Gärten holte, wollte man auch gern die ausgefallenen Tiere heimisch machen. Die spätmittelalterliche Menagerie, die hauptsächlich ein Repertoire für die emblematischen Tiere einer Stadt bildete – die Löwen von Florenz, die Bären im Wappen und auf den Schlachtfahnen von Bern –, wurde im frühen 16. Jahrhundert eine Zeitlang vom vielfältigeren Zoo abgelöst, wie dem in Ferrara, wo Tizian für sein Gemälde *Bacchus und Ariadne* die Geparden studierte. Aber die Probleme, die der Umgang mit Tieren bereitete, verhinderten es, daß große

Ferrante Imperatos Museum, aus Ferrante Imperato, *Historia naturale,* Neapel, 1599

Sammlungen kontinuierlich angelegt wurden. Das Rhinozeros, von dem Dürer nach Berichten, die ihn bei der Ankunft des Tieres in Lissabon im Jahre 1515 erreichten, ein kraftvoll wuchtiges Bild entwarf, war eine der letzten Darstellungen der großen exotischen Tiere, die nach Europa kamen – als sich die Beziehungen zur Türkei und zum islamischen Nordafrika verschlechterten, gelangten auch keine Tiere mehr – wie Lorenzo de' Medicis Kamel, Papst Leos X. Elefant – als Geschenke hierher. Die königlichen Menagerien im Tower von London und beim Louvre wurden eher deshalb unterhalten, um die traditionelle Verbindung zwischen Monarchie und edlen Tieren zu bewahren, als sie zu wissenschaftlichen Studien zu nutzen, und Kurfürst August I. von Sachsen hatte hauptsächlich seinen Status im Sinn, als er 1554 eine Menagerie in Dresden einrichtete. Das zunehmende Interesse an der Naturkunde wurde mehr von illustrierten Büchern und durch die Errichtung von Kuriositätenkabinetten befriedigt, »Schatzkammern«, in denen sich präparierte Gürteltiere und Krokodile neben ausgestopften Pelikanen, Tukanen und mumifizierten ägyptischen Katzen, Stoßzähnen und Nüssen und seltsam geformten Wurzeln befanden.

Seit der Mitte des 16. Jahrhunderts waren diese Sammlungen von seltenen, wertvollen oder nur merkwürdigen Objekten aus der Welt der Natur in ganz West- und Mitteleuropa verbreitet: Einige waren in einem Salon im Hause eines Advokaten oder Arztes untergebracht, andere waren groß und unter erheblichen Kosten zusammengetragen durch die Gesandten von Sammlern wie toskanischen Herzögen oder Kaiser Rudolf in Prag und seinem Vetter Ferdinand auf Schloß Ambras bei Innsbruck. Wie ernsthaft dieser Leidenschaft im Grunde gefrönt wurde, läßt sich an dem Unternehmen des Gelehrten und Gelegenheitsdiplomaten Cassiano dal Pozzo in den zwanziger Jahren des 17. Jahrhunderts ermessen. Cassiano lebte in Rom, der Stadt der Mäzene und Sammler, aber ihm fehlte das Vermögen, um die Objekte erwerben zu können, die er für überaus interessant hielt. Daher beauftragte er Zeichner, Gebäude und Statuen, also die Werke des Menschen, sowie Pflanzen, Vögel, Tiere und Mineralien, die Werke der Natur, für ihn getreulich festzuhalten. Sein »Papiermuseum«, wie er es nannte, umfaßte schließlich über fünftausend Blätter.

Die Neigung, das immer größer werdende Wissen über die Welt in einen kleinen Rahmen zu bringen, der Wunsch des kultivierten Mannes, wie Bacon es formulierte, »ein persönliches Modell der umfassenden Natur« bequem zur Verfügung zu haben, sei es in seinem Garten und Park oder in seinem Studierzimmer, war 1531 auch von Thomas Elyot in seinem *Buch vom Führer* zum Ausdruck gebracht worden.[31] Für ihn gab es

kein so gutes Lehrmittel wie die Darstellung der Kosmographie durch körperliche Figuren und Instrumente, wenn man dazu einen guten Lehrer hat. Und sicher ist diese Lektion sowohl angenehm als auch nützlich, denn welche Lust ist es, in einer Stunde all die Reiche, Städte, Meere, Flüsse und Berge zu beschauen, die kaum in eines alten Mannes Lebenszeit wirklich bereist und durchforscht werden können. Welch unendliche Ergötzung schöpft man aus der Betrachtung der Verschiedenheit von Völkern und Tieren, Vögeln, Fischen, Bäumen und Kräutern, aus dem Kennenlernen der vielerlei Sitten und Lebensweisen der Völker und der Mannigfaltigkeit ihrer Natur. Und alles das in einem warmen Wohn- oder Studierzimmer ohne die Gefahren der See oder langer mühevoller Reisen. Ich kann nicht sagen, welch größere Freude einem feinen Geiste widerfahren könnte, als im eigenen Hause jedwedes Ding zu betrachten, das irgend auf der ganzen Welt vorkommt.[32]

Diese Einstellung war zwanzig Jahre früher bildlich zum Ausdruck gebracht worden: in Carpaccios Porträt des jungen ligurischen Adeligen
Francesco della Rovere. Von Kopf bis Fuß gepanzert, aber ohne Sporen,
steht er in einer Pose da, bei der man seine leuchtendroten Strümpfe sieht
und ein Papier entdeckt, das aus einer Tasche seines Hosenbeutels lugt.
Diese Merkmale, zusammen mit der weichen Kappe, stellen ihn als
jemanden dar, der beides in einem ist: Mann des Wortes und der Waffen.
Er faßt nach seinem Schwert, als sei er bereit, sowohl den durch Pferd,
Jagdhund und Falken angedeuteten aristokratischen Lebensstil zu verteidigen wie die Pflanzen, Vögel und Tiere – Hirsch, Kaninchen, Hermelin –,
die sich gleichfalls in der Landschaft hinter ihm befinden – einer Landschaft, die sicher umhegt ist von Gebäuden und einem See: eine Natur nach
dem Maß des Menschen.

Es gab vieles, was der Aufgeschlossenheit gegenüber der »natürlichen«
Natur jenseits der Gärten, Felder und Weiden im Wege stand. Vor allem
war es gefährlich, sich ins Gebirge zu begeben, in Wälder vorzudringen
(außer in der truppenähnlichen Form einer Jagdgesellschaft), sich zu Fuß
oder zu Pferde zu weit von Dörfern und Bauernhöfen zu entfernen. Dem
Interesse am Tier- und Pflanzenleben auf dem Lande stand die dortige
Verbrechensrate entgegen: Gott mochte die Erde erschaffen, nach dieser
Mühe geruht und gesehen haben, »daß es gut war«, aber er hatte auch den
ersten Mord geschehen lassen, als Kain Abel erschlug, in der wirklichen
Landschaft außerhalb des gezähmten Gartens Eden. Diesen Standpunkt
nahm auch Giovanni Bellini ein, als er kurz nach 1500 die Ermordung des
heiligen Petrus des Märtyrers malte, neben einer Landstraße – was dort
geschah, pflegten die Förster zu ignorieren, es ging sie nichts an. Die
meisten gebildeten Reisenden nahmen die Landschaft eigentlich nur
flüchtig wahr, aus der sicheren Geborgenheit einer Eskorte oder eines
Kaufmannskonvois heraus. Und was sie da sahen, wurde auch noch durch
ein geistiges Prüfsystem gefiltert, das sie sich aus ihrer Lektüre gebildet
hatten: der klassizistischen Lyrik mit ihren eindringlichen Bildern vom
wohlbestellten Weinberg und vom heiligen Hain, der phantasievollen
mittelalterlichen Darstellungen des irdischen Paradieses, der Ritterromane.

Als die Reisenden immer besser lesen, schreiben und rechnen konnten,
wurden ihre Berichte von dem, was sie gesehen hatten, auch immer
kunstvoller und künstlicher. Während Kolumbus bei seiner ersten Besichtigung der karibischen Inseln noch spontane Freude über deren farben-
prächtige Flora geäußert hatte, stellten seine späteren Schilderungen eher
eine berechnende Parallele zu dem dar, was er zu finden erwartet hatte –

Vittore Carpaccio,
*Francesco della Rovere
in einer Landschaft,*
1510 (Sammlung
Thyssen, Madrid)

daher mußte das Wasser im Mündungsgebiet des Orinokos auch aus einer
Quelle stammen, in der seine Auftrag- und Geldgeber das irdische Paradies
wiedererkennen würden. Ein spanischer Besucher, der 1554 in Gesellschaft durch die relativ friedlichen englischen Grafschaften um London
ritt, versicherte seinen Lesern: »Es gibt gewiß hier in England mehr zu
sehen, als in irgendeinem Ritterbuche steht: Landhäuser, Flußufer, Wälder, herrliche Wiesen, mächtige und wunderschöne Schlösser und überall
erfrischende Quellen.«[33] Wenn man die folgende Passage liest – eine der
schönsten in Sir Walter Raleighs Reiseprosa –, sollte man wissen, daß die
politische Zukunft des Autors vom finanziellen Erfolg seiner umstrittenen
Expedition nach Guayana im Jahre 1595 abhing. »Nie habe ich«, versuchte
er nach seiner Rückkehr seinen Kritikern den Wind aus den Segeln zu
nehmen,

ein schöneres Land gesehen oder eindrucksvollere Aussichten –
Hügel, die hie und da über den Tälern aufstiegen, den Fluß, der sich
in verschiedenen Armen entlangwand, die angrenzenden Felder,
ganz ohne Gebüsch oder Stoppeln, sondern alles schönes, grünes
Gras und harter Sandboden, auf dem man leicht marschieren oder
reiten konnte. Überall kreuzte Wild unseren Pfad; gegen Abend
sangen Vögel auf jedem Baum – tausend verschiedene Melodien; am
Fluß saßen weiße, blutrote und rosafarbene Kraniche und Reiher.
Ein sanfter Ostwind erfrischte die Luft, und jeder Stein, den wir
aufhoben, versprach seinem Aussehen nach entweder Gold oder
Silber; Eure Lordschaften werden viele davon sehen, und ich glaube,
manche können nirgends übertroffen werden.[34]

Dies ist sicher ein extremes Beispiel, aber fast jede Schilderung muß auf
dieses Element einer bewußten oder unbewußten Manipulation hin geprüft
werden. Was es uns auf so verwirrende Weise schwermacht zu verstehen,
was Menschen damals dabei empfanden, wenn sie die Landschaft betrachteten, ist die Tatsache, daß es in unseren Belegen eine Kluft gibt zwischen
der gedanklichen und verbalen Reaktion und ihrer späteren schriftlichen
Fixierung. Gelegentlich entdecken wir in einem Vergleich, der einem Autor
unbewußt in den Sinn kommt, ein Gefühl der Freude, von dem wir sonst
nie erfahren hätten. So erklärt beispielsweise ein Autor im Jahre 1575, daß
man auf den Wegen in einem Landhausgarten »so angenehm spazieren
kann wie am Strand bei Ebbe«.[35] Aber fast immer fallen in den Erlebnisbe-
richten von Reisenden, Malern und Literaten Schleier der kulturellen
Konvention zwischen Erlebnis und Bericht. Wenn man dann noch die
Schwierigkeit, das Unvertraute zu beschreiben, und die selektive Denkwei-
se hinzunimmt, die einen Menschen, der nach etwas Bestimmtem sucht –
sei es ein Gasthof, eine Pflanze oder der Nachweis eines Erzes –, davon
abhält, auf das Umfeld zu achten, dann ist unsere Chance, ein wahres Bild
davon zu bekommen, wie die Menschen damals die wilde Natur empfanden, frustrierend gering.

Denn mit Sicherheit ist die Erklärung des Botanikers und Zoologen Conrad
Gesner – »ich habe beschlossen, künftig … jedes Jahr ein paar Berge oder
zumindest einen zu besteigen« – nicht ganz aufrichtig. Er wolle, fährt er
fort, nur klettern, »wenn die Vegetation blüht, teils um mit ihr vertraut zu
werden, teils um der körperlichen Ertüchtigung und des geistigen Ent-
zückens willen. Denn wie groß ist dieses Vergnügen, wie groß, glaubt mir,
sind die Freuden des Geistes, angesichts der gewaltigen Massen der Gebirge, während man ihre ungeheure Größe ansieht und dabei den Kopf

über die Wolken hebt. In gewisser Weise wird die Seele überwältigt von
dieser schwindelerregenden Höhe und versinkt in stummes Betrachten der
Werke des Höchsten Baumeisters.«[36] Das erinnert doch sehr stark an einen
berühmten Brief, den Petrarca bereits 1353 geschrieben hatte. Darin schilderte er – oder gab vor, dies zu tun – seine Besteigung des Mont Ventoux
in der Provence. Als er die Behausungen der Menschen weiter unter sich
ließ, kam ihm immer stärker zu Bewußtsein, daß dieser Aufstieg nicht nur
körperlich anstrengend war, sondern auch ein Aufstieg im moralischen
Sinne. Und auf dem Gipfel öffnete er ein Exemplar der *Confessiones* von
Augustinus (das er zufällig mitgenommen hatte), unbeabsichtigt bei der
folgenden Passage: »Da gehen die Menschen, die Höhen der Berge zu
bewundern und die Fluten des Meeres ... und verlieren dabei sich selber.«
Denn so beeindruckend der Ausblick von dort oben auch gewesen sei,
räsonierte Petrarca, so sei doch »nichts wunderbar als der Geist, und daß,
wenn dieser groß, nichts anderes mehr groß erscheint«.[37] Daher hatte auch
Gesner, als er das Geläute der Kuhglocken auf seinen heimischen Almwei-
den hinter sich gelassen hatte, das Bedürfnis, nicht nur eine Beschreibung
der Natur zu liefern, sondern gleichsam als Alibi für seine weltlichen
Forschungen ein allgemeines religiöses Ergriffensein angesichts der Großartigkeit von Gottes Schöpfung zu bekunden. Wenn sich Beschreibungen
einmal aufrichtig anhören, liegt das daran, daß der Autor angesichts der
wilden Natur das angenehme Gefühl hat, ihren gezähmten Zustand quasi
im Rücken zu haben. Die hügeligen Kleewiesen von Pembrokeshire,
schrieb George Owen 1603, gediehen so üppig, daß »im Sommer das Land
mit diesen Blüten ganz bedeckt ist ..., in deren Weinrot sich Weiß und Rot
mischen, und einen höchst angenehmen Duft verströmt«.[38] Das war nichts
weiter als eine Gartenschwärmerei im großen Maßstab.
Zu den schriftlichen Belegen, wie die Menschen auf das Land reagierten,
das sie umgab, gab es entsprechende Parallelen in der Malerei. Bis zu den
zwanziger Jahren des 15. Jahrhunderts hatten Künstler bereits die erfor-
derliche Fähigkeit entwickelt, weite Ausblicke in die Landschaft zu zeigen,
wie auf den Fluß, der sich zu den fernen Hügeln im Hintergrund von Jan
van Eycks *Madonna des Kanzlers Nicholas Rolin* windet. Anknüpfend an
Plinius, der auf das Interesse der alten Römer an Landschaftsansichten
verwiesen hatte, und an Vitruv, der sie für die Einrichtung einer Villa
empfohlen hatte, schrieb Alberti um 1452:

> Unser Gemüt wird dadurch besonders erheitert, wenn wir die Lieb-
> lichkeit der Gegend, die Häfen, die Fischerei und die Jagd, das Bad
> und die Spiele der Landleute, Blüten und Laub im Bilde sehen.[39]

Für Leonardo da Vinci war der Maler geradezu mit Schöpfermacht begabt: »Wenn es ihn zu Tälern hinzieht oder er von Berggipfeln aus weite Land striche entdecken und seine Blicke darüber hinaus bis zum Meer am Horizont schweifen lassen möchte, dann liegt dies in seiner Macht ... Ja, alles, was im Universum entweder als Möglichkeit oder tatsächlich oder in der Einbildungskraft existiert, hat er zuerst im Kopf und dann in seinen Händen.«[40] Doch ungeachtet dieser Fertigkeiten und Ansprüche fand man im 15. und 16. Jahrhundert nur wenig Gefallen an reinen Landschaftsdarstellungen, außer wenn sie als Dekorationen Ausblicke von Gartenterrassen und Villenfenstern ergänzten.

Schließlich war die Kunst eine disziplinierende, Ordnung schaffende Tätigkeit, während die Natur wild war. Ein Interesse an der meisterhaften Darstellung von Versatzstücken der Natur (der Tiere von Pisanello, der Blumen von Botticelli, der Felsschichten von Leonardo, der Bäume von Fra Bartolomeo und Tizian) war nicht notwendigerweise mit einem Gefühl für die rauhe Natur selbst verbunden. Der Künstler, der religiöse Szenen im Freien malte – die Flucht nach Ägypten, die Taufe, Hieronymus in der Wüste, Antonius in der Wildnis –, mußte zwar eine Landschaftsszenerie darstellen, aber damit sie mit der Geschichte übereinstimmte, mußte sie nicht gleich mit der Beobachtung übereinstimmen. Und in einer Zeit, da man bei der Darstellung der räumlichen Tiefe mit den Mitteln der Atmosphäre widerspiegelnden Farbgebung und der perspektivischen Komposition experimentierte, wie in Italien während der zweiten Hälfte des 15. Jahrhunderts, wurde das, was das Auge vor sich sah, den Intentionen des geistigen Auges angepaßt. Piero della Francesca kannte ebenso wie sein Zeitgenosse Giovanni di Paolo die Hügel in der Landschaft um Arezzo und Siena, aber die Unterschiede in der individuellen Gestaltung dieser Hügel haben nichts zu tun mit den Gegensätzen, die auftauchten, als die beiden Künstler diese Landschaftsformationen mit ihrem jeweiligen Gefühl für Muster, Atmosphäre und Farbe verarbeitet hatten. Aufgrund eines intensiven Studiums von Naturphänomenen als solchen malte Leonardo seine Landschaften – sei es die durchbrochene Grotte in der *Felsgrottenmadonna* oder die im Dunst verschwimmende Bergkette, die sich mit einer so neckischen Bedeutsamkeit hinter *Mona Lisa* erstreckt – allein aus seiner Phantasie heraus. Selbst wenn ein Maler einen erkennbaren lokalen Hintergrund verwendete, wie Antonio Pollaiuolo, als er das Tal des Arno hinter seinem *Martyrium des heiligen Sebastian* (um 1475) einfügte, dann wollte er damit in erster Linie zeigen, wie gut er die lineare Perspektive beherrschte, und zwar als Folie für die in den Vordergrundfiguren demonstrierte Beherrschung der Anatomie. Andere italienische Künstler im 15. Jahrhundert übernahmen die Form von Bäumen und Kornfeldern aus flämischen und deutschen Landschaftsbildern, statt sich die Mühe zu machen, selbst welche darzustellen.

Ein uneingeschränktes Einfühlungsvermögen in die Landschaft äußerte sich erstmals in den Werken deutscher Künstler des frühen 16. Jahrhunderts, insbesondere jener, die wie Dürer, Albrecht Altdorfer, Hans Baldung und Wolf Huber in der Nähe der von Hügeln und Wäldern gesäumten Donau-Täler arbeiteten. Sie akzeptierten die Wildheit der Landschaft mit einer Impulsivität, die kaum durch Vorstellungen von ästhetischer Schicklichkeit gezügelt war. Altdorfers *Heiliger Georg* geht fast unter in dem Laubwald, in dem er auf den Drachen stößt.

Albrecht Altdorfer, *Landschaft mit Brücke*, 1518–1520
(National Gallery, London)

Tizian, *Ländliches Konzert,* um 1510 (Musée du Louvre, Paris)

Auch wenn es Hinweise darauf gibt, daß Altdorfers *Landschaft mit Brücke* von Menschen bewohnt ist – die Brücke selbst, das festungsähnliche Haus, zu dem sie führt, das ferne Dorf zwischen den Bäumen –, gibt es hier keine Menschen, und nichts deutet auf ein Geschehen hin: Das Thema ist die Szene als solche. Hier wie auf Dürers Aquarellen, auf denen er festhielt, was er auf seiner Rückkehr von Italien und auf seiner Reise in die Niederlande sah, wird die Natur dem Betrachter unmittelbar vor Augen geführt. Aber diese enge Beziehung war sowohl örtlich beschränkt wie von kurzer Dauer. Und Altdorfers Gemälde stellten eine Ausnahme dar: Meist wurde dieses künstlerische Echo auf die Landschaft in Zeichnungen und im Hintergrund von Stichen zum Ausdruck gebracht. Durch die Einflüsse aus Italien bedeutete auch in der deutschen Malerei seit den dreißiger Jahren des 16. Jahrhunderts die Landschaft nicht viel mehr als ein nützliches Accessoire für die erzählerische Malerei, die Fertigkeiten des Künstlers demonstrierte, die in seinen Augen wie in denen seines Auftraggebers als höchst modisch galten: die expressive Darstellung der menschlichen Ge-

stalt und eine umfassende kompositorische Ordnung. Doch ehe jene im-
pulsiven deutschen Künstler diese Lehre annahmen, hatten sie bereits die
Alpen überquert, hauptsächlich mit ihren Stichen und Holzschnitten. Der
Sammler Sabba da Castiglione erinnerte sich in seinen *Ricordi* (*Memoiren;*
abgeschlossen und erstmals veröffentlicht 1546) daran, wie er als junger
Mann »eine Graphik von Albrecht Dürer« gekauft habe, »die vor kurzem
aus Deutschland gekommen war. Mit Entzücken und großem Vergnügen
bewunderte und betrachtete ich die Figuren, Tiere, Perspektiven, Häuser,
fernen Ausblicke und Landschaften.«[41] Aber wie in Süddeutschland war
dieser neue Stil ebenfalls nur von kurzer Dauer und örtlich begrenzt. Er
wirkte sich hauptsächlich bei norditalienischen Künstlern im zweiten und
dritten Jahrzehnt des 16. Jahrhunderts aus, und zwar nicht so sehr in Form
einer Darstellung der rauhen Natur als in einer Idee: der Idee einer
beruhigenden und friedlichen freien Natur.

Die Landschaften bei Giorgione, Tizian und Palma Vecchio wiesen gemeinsame Elemente auf. Ferne Städte oder Gehöfte, eine gutgebaute Brücke
(im Unterschied zu Altdorfers groben Brettern), ein gemeißelter Brunnen:
all dies verweist darauf, daß die Zivilisation sozusagen gleich um die Ecke
ist, falls man sie braucht. Häufig hatten die auf den Bildern dargestellten
Naturliebhaber Accessoires dabei, die sie mit dem Leben in der Stadt
verbanden: Lauten und Gamben, ein Kontrapunkt zu den weniger sanften
»natürlichen« Klängen bäuerlicher Flöten. Und weil sich die Protagonisten
dieser Szenen so weit hinaus wagten und damit die rauhe Welt der ländlichen Tätigkeiten betraten, wurde einer von deren Vertretern ausgewählt,
ihnen dort zu begegnen: der Schäfer, das akzeptable Gesicht unter den
Landleuten, eine Gestalt, die nicht grub, pflügte, stutzte, Hufeisen herstellte, schwitzte oder sich aufdrängte. Der Schäfer führte sanft seine Herde
dahin, sprach leise mit den Fremden oder schlief. Er wurde nach Arkadien
nicht aus dem Leben, sondern aus der Literatur versetzt.

Auch wenn das Wort Landschaft *(paesaggio)* damals zum ersten Mal zur
Bezeichnung von dieser Art von Bildern verwendet wurde, war damit nicht
etwa ein Gemälde gemeint, auf dem die Landschaft eine ungewöhnlich
wichtige Rolle spielte. Ein berühmtes Beispiel ist Giorgiones Bild *Das
Gewitter* (um 1508), das 1530 als *paesaggio* bezeichnet wurde – auch wenn
darauf drei menschliche Gestalten, eine Reihe von Gebäuden, die auf eine
ziemlich große Stadt hindeuten, und Reste einer früheren, klassischen
Bestimmung des Ortes zu sehen sind. Ein norditalienischer Maler namens
Girolamo Muziano, der sich ausschließlich mit Landschaften einen Namen
machen wollte, gab dieses Genre um die Mitte des Jahrhunderts wieder
auf und wandte sich figurativen Themen zu, um damit Beachtung zu finden

und seine Bilder gewinnbringend verkaufen zu können. Antonio Francesco Doni allerdings beschrieb nach einem Besuch in einer venezianischen Patriziervilla um dieselbe Zeit »einen erstaunlich großen Raum, in dem alles höchst angenehm ist ... Staffeleibilder von Tizian; Wandgemälde mit Landschaften guter flämischer Meister, einfach wunderschön«.[42]
Tatsächlich überlappte sich mit der Generation deutscher und italienischer Künstler, die eine veränderte Einstellung zur Landschaft zum Ausdruck brachten, eine Entwicklung in den Niederlanden, die jene Generation überdauerte. Ausgehend von der örtlichen Tradition, ihre religiösen Sujets vor einen sorgfältig erarbeiteten Hintergrund zu setzen, begaben sich die Maler unter dem Einfluß der kartographischen und topographischen Darstellung von Landschaftsabschnitten aus der Vogelperspektive auf einen erhöhten Standort; das hatte zur Folge, daß sie die Landschaft in einem so großen Winkel erfaßten, daß ihre vordergründigen Sujets – Moses und der brennende Dornbusch, die Bußpredigt des Johannes, Christus, das Kreuz tragend – praktisch untergingen. Bei einigen führte das zu den speziellen »einfach wunderschönen« Bildern, die bald zur Einrichtung europäischer Häuser gehörten. Bei anderen wurde der erhöhte Standort ein religiös motivierter Standpunkt: eine Einladung an den Betrachter, sich Gedanken über einen Ausschnitt aus der Erdoberfläche zu machen, der für die Weltlandschaft stand, die Gott erschaffen hatte und in der der winzige Mensch seine Rolle verteidigen mußte. Der damit verbundene Naturalismus hatte es mit Symbolen zu tun: die friedvolle Wiese, der wilde Wald, der bedrohliche Gebirgszug, das mahnende Tosen eines Wasserfalls. Solche visionären Landschaften, womit sich zum ersten Mal konsequent Joachim Patinier vor seinem Tod im Jahre 1524 beschäftigt hatte und wie sie bis zum Ende des Jahrhunderts von Künstlern wie Gillis Mostaert am Leben erhalten wurden, veranlaßten Karel van Mander in seiner Geschichte der niederländischen Kunst von 1604 zu einer italienisierenden Einstellung. Aus seiner Sicht sollte die Natur, ob nun realistisch oder symbolisch dargestellt, in ihre Schranken verwiesen werden.
Im Hinblick auf Bruegels »Veduten nach der Natur« – vielleicht meinte er sogar konkret die *Bekehrung Sauls* von 1567, wo der Protagonist in seinem durch eine wilde Felsschlucht marschierenden Heer fast untergeht – verweist van Mander auf Kritiker, die gesagt hätten, Bruegel »habe, als er in den Alpen war, all die Berge und Felsen verschluckt und sie, nach Hause zurückgekehrt, auf Leinwände und Malbretter wieder ausgespien«.[43]
Diese Bemerkung, die immerhin von einem Mann stammt, der selbst Maler war, betont den Unterschied zwischen der technischen Fertigkeit des Künstlers, Natur darzustellen, und der Vorliebe der Kunsttheorie und der

Geschmacksvorliebe der Auftraggeber, diese Natur einer Stimmung oder
Symbolik unterzuordnen. Denn obgleich viele dieser Auftraggeber weitgereiste Leute waren, veranlaßte sie doch die Einschätzung, die Zivilisation
sei vor allem ein von den Städten ausgehender Zähmungsprozeß, dazu,
Ansichten einer Natur zu bevorzugen, die aus ihrer Wildheit herausgeris-
sen war. Selbst so angenehme Zerstreuungen wie Musik und Liebesspiele,
die in einer ländlichen Szenerie angesiedelt worden waren, wurden bis
1600 innerhalb der Mauern eines sorgfältig geplanten Gartens verpflanzt.
Außer in Ansichten, die von Landbesitzern in Auftrag gegeben waren, fiel
daher die Landschaft entweder auf ihren Status von vor 1450, nämlich als
Hintergrund, zurück, oder sie spiegelte ein subjektives Motiv wider. Die
Stelle im Matthäus-Evangelium, an der von Jesu Versuchung die Rede ist
(4, 8) – »Darauf führte ihn der Teufel mit sich auf einen sehr hohen Berg
und zeigte ihm alle Reiche der Welt und ihre Herrlichkeit« –, findet eine
Parallele in der Anspielung der italienischen Dichterin Veronica Gambara
auf »verborgene, ehrwürdige und heilige Haine und abgeschiedene Wege«,
wo »ich weinend immer wieder mein Leid geklagt«.[44] Kabinette mit Kuriositäten aus der Natur mochten aus allen Nähten geplatzt sein, eine Tul-
penzwiebel mochte so viel wie – in manchen Fällen sogar mehr als – ein
Bild gekostet haben, aber noch immer wollte man nur ungern an das Land
erinnert werden, aus dem all diese Dinge kamen, so verlassen und unge-
zähmt, unallegorisiert und unzensiert es nun einmal dalag.
Die Phantasien der Literatur waren den gleichen Beschränkungen unterworfen. Die Vorstellung, das Landleben sei sorgloser und unschuldiger als
das Leben in der Stadt, auf einem Schloß oder an einem Hof, war bereits
in der galanten Literatur angeklungen. Der dichtende Herzog René von
Anjou, der 1442 seinen Thron in Neapel verloren hatte, teilte diese Vorstellung natürlich:

> Einen König von Sizilien
> Sah ich Schäfer werden
> Und seine edle Frau
> Den gleichen Stand ergreifen;
> Sie trugen die Brottasche,
> Den Hirtenstab und den Hut,
> Sie wohnten in der Heide
> Bei ihrer Herde.[45]

Und als die Schriftsteller die Bandbreite, den Ton und die Intention klassischer Werke über das Landleben – den Naturalismus von Theokrit, Vergils

Pieter Bruegel d. Ä., *Bekehrung Sauls*, 1567 (Kunsthistorisches Museum, Wien)

idealisierende *Bucolica (Hirtengedichte)*, die bittere Melancholie, mit der
Horaz die Mißstände und Auswüchse der Zivilisation darlegte – sicherer
begriffen, stimmten sie um so bewußter das Loblied des Lebens auf dem
Lande an. Nicht lange nach dem Beginn der italienischen Kriege im Jahre
1494 prägte Iacopo Sannazaro mit dem von Vergil entliehenen Titel seines
1504 erscheinenden Schäferromans *Arcadia (Arkadien)* den Namen eines
ganzen Genres, das ein Goldenes Zeitalter der guten Manieren empfind-
sam beschwor: mit sittsamen Liebesspielen, zurückhaltender Musik, un-
gekünstelten Akten der Frömmigkeit gegenüber den ländlichen Gottheiten. Und als die Kriege weitergingen, die sozialen Spannungen zunahmen
und die moralischen Einschränkungen sich verschärften, führte die Sehnsucht nach Arkadien zur Entstehung von Gedichten, Schauspielen, Maskenspielen, Romanen (und, wie in *Don Quixote,* zu Zwischenspielen in
Romanen), die die nichtmaterialistischen Interessen kultivierter Männer
und Frauen in eine Sphäre der Sorglosigkeit projizierten, in der Nymphen,
Satyrn, Schäfer und Schäferinnen den Debatten über Liebe und Glück der
höheren Stände eine zusätzliche Farbe verliehen und sich zuweilen daran
beteiligen konnten.
Wie die Malerei spiegelte auch das literarische Arkadien die Zivilisiertheit

wider: die Nähe der Stadt hinter der ländlichen Kulisse, die Kultiviertheit der Besucher, das gehegte Gefühl der sozialen Distanz gegenüber den Einheimischen. Darüber kann man sich leicht lustig machen. Angelo Beolco tat dies denn auch, nämlich bereits um 1520 in seiner Posse *La Pastorale*, in der der Bauer Ruzzante (von ruzzare, auf deutsch scherzen, Possen treiben – ein Name, den sich der Autor als Pseudonym zulegte) aus dem, was ein arkadianisierter Schäfer von sich gibt, nicht schlau werden kann. Aber als Metapher für die Flucht vor den beunruhigenden Gefährdungen der Zivilisiertheit oder vor ihren drückenden inneren Kontrollmechanismen besaß Arkadien einen ungeheuren Reiz, und da es sich auf seine gedruckten klassischen Vorläufer berufen konnte, währte sein Zauber länger als die Landschaftsschwärmerei in der bildenden Kunst. Gleichwohl fand es nicht nur im bezaubernden Ardennerwald von *Wie es euch gefällt* oder in der hinreißenden Perdita in *Das Wintermärchen* Ausdruck, sondern enthüllte auch falsche Gefühle. Das »schöne und glückliche Milchmädchen« in den *Characters* (*Charaktertypen*, 1614–1616) von Sir Thomas Overbury stellte eigentlich ein Musterbeispiel an Ungekünsteltheit dar, das die Damen in der Stadt beschämen sollte. Sie verwendet keine »Gesichtskur«, »ihre Träume sind so keusch, daß sie sie unbekümmert erzählen kann«. Aber wenn der Autor das Spinnrad, an dem echte Landfrauen bis spät in die Nacht sitzen mußten, um nicht zu verhungern, als »ihr fröhliches Rad« bezeichnet, wird das Idyll so falsch wie Marie Antoinettes Melkkübel in Versailles.[46]

Die Dichter mochten die Natur noch so idyllisch darstellen – etwa wenn Marlowes Schäfer um die Liebste wirbt:

> Komm, leb mit mir und liebe mich
> Und laß uns alle Freuden teilen,
> Die Hügel, Felder, Täler, Wälder
> Und steile Berge uns gewähren.[47]

Aber fast niemand, der sich für kultiviert hielt, dachte auch nur im Traum daran, einen echten steilen Berg zu besteigen oder in einen wirklichen Wald weit einzudringen. Wie in Marlowes erotischem Symbolismus wurden Naturbilder in der Dichtung immer reichhaltiger und vertrauter. Aber außer für den Siedler oder den Naturwissenschaftler beschränkte sich die »Natur«, auch wenn sie in einem Maße wie noch nie zuvor erforscht und ausgebeutet wurde, auf einen Umkreis in Rufweite eines Gartens oder einer Stadtmauer.

Der Körper

Wenn sich der Mensch mit seiner Stellung in der Natur beschäftigt, waren für ihn die Farbe seines Urins und die Konsistenz seines Kots weitaus wichtiger als Wälder und Berge, Vögel und wilde Tiere. Für diejenigen, die nicht zu den Opfern der hohen Säuglingssterblichkeit – die Hälfte bis zwei Drittel aller Geburten – zählten, hing das weitere Überleben davon ab, daß sie sich keine äußeren Wunden und keine Infektionskrankheiten zuzogen und tagtäglich auf das natürliche Gleichgewicht der heißen und trockenen, kalten und feuchten »Körpersäfte« achteten, die durch die sich im Körper verteilenden Säfte und Dämpfe ihrer Nahrung erzeugt wurden. Wenn diese Körpersäfte zusammenwirkten, war alles in Ordnung. War aber einer auch nur leicht vorherrschend, konnte dies die Persönlichkeit beeinflussen: Wurde zuviel Trockenes aufgenommen, machte dies einen Menschen cholerisch, infolge von zuviel konzentrierter Feuchtigkeit war er anfällig für die Melancholie. Verlor sein System radikal die Kontrolle über diesen Mischungsprozeß, wurde er physisch krank, und wenn sie nicht durch medizinische Behandlung und Kuren wiederhergestellt wurde, starb er. Diese Körpersäfte breiteten sich durch die Venen und Arterien, die Metzger und Hausfrauen so gut kannten, bis zum edlen Herzen und zum lenkenden Gehirn aus; aber nachdem sie im Magen verrottet waren, strömten sie vereint in die Leber, und da es bei den ersten beiden Organen – Herz und Hirn – keine diagnostizierbaren Ausscheidungen gab, hing eine Diagnose des Ungleichgewichts von den Mülldeponien der Leber, Darm und Blase, ab.

Auf Schweizer und deutschen Chronikillustrationen und Graphiken, die die Tatsachen des gewöhnlichen Lebens als selbstverständlich hinnahmen, sieht man immer wieder Menschen, die ihren Darm entleeren. Es sind Bauern oder gemeine Soldaten. Aber das Interesse für Körperfunktionen war nicht nur auf sie beschränkt. In *De civilitate*, einer Erziehungslehre für Knaben aus guter Familie, erklärt Erasmus: »Ists auch höflich den harm [Harn] verhalten? Ant[wort:] Solches ist gantz ungesund / aber den harm züchtig / und heimlich abschlagen / ist zimlich / und dem leib dienstlich … Ists auch höflich bey andern leuten dem leyb lufft geben? Ant. Solchs ist beurisch und sewisch / sonderlich wenn es von gewohnheit / auß keiner notturfft geschicht.«[48] Bis zum ausgehenden 15. Jahrhundert hatten die Ärzte gelernt, zwanzig verschiedene Arten von Urin nach Farbe und Dichte und ebenso viele Arten von Stuhl zu unterscheiden. Kein Wunder, daß der gewöhnliche Sterbliche, von Ärzten in Krankenhäusern und Badeorten ganz zu schweigen, die Natur nur nach dem Inhalt des Nachttopfes beurteilte. Diese häufigen Signale der Körperinhalte wurden noch verstärkt durch die übliche Anwendung des Aderlasses, als Linderungsmittel für echte oder eingebildete Krankheiten. »Ich bitt Euch, mir eine Aderlaß-Lanzette zu schicken«, schrieb Friedrich VIII. Behaim, Student der Universität Altdorf (bei Nürnberg), 1578 an seine Mutter. »Die anderen Studenten haben ihre eigenen speziellen Lanzetten«, so daß sie sich in den Badehäusern nicht mit denen begnügen müssen, »mit denen man die Bauern und alle anderen gemeinen Leute zur Ader läßt«.[49]

Das Wissen um die Physiologie des menschlichen Körpers und die daraus folgende grundlegende Methode, seine Krankheiten zu diagnostizieren und zu heilen, gingen fast unverändert auf die Kenntnis zurück, die man im Mittelalter von der klassischen Antike hatte. Die Schriften, die von dem um 460 v. Chr. geborenen griechischen Arzt Hippokrates stammten oder ihm zugeschrieben wurden, enthielten eine beachtliche Zahl von Fallstudien, die sich mit der Entwicklung einer Krankheit und ihrer Behandlung durch die Medizin oder Chirurgie befaßten. Der nachhaltige Einfluß des Corpus hippocraticum beruhte nicht nur auf klinischen Beobachtungen, sondern auch auf dem darin zum Ausdruck kommenden gesunden Menschenverstand und ihrem humanitären Anspruch. Eine Aussage wie »Mattigkeit ohne Ursache zeigt eine Krankheit an« hielten die Ärzte in allen folgenden Jahrhunderten für wahr. Und bis auf geizige Scharlatane pflichtete ihm jeder bei, als er »die heilende Kraft der Natur« betonte. In diesem Corpus befand sich auch das grundlegende Dokument der medizinischen Ethik: der Hippokratische Eid.

»Meine Verordnungen«, heißt es da unter anderem (auch heute noch!),

> werde ich treffen zu Nutz und Frommen der Kranken, nach bestem Vermögen und Urteil; ich werde sie bewahren vor Schaden und willkürlichem Unrecht. Ich werde niemandem, auch nicht auf seine Bitte hin, ein tödliches Gift verabreichen oder auch nur dazu raten. Auch werde ich nie einer Frau ein Abtreibungsmittel geben ... Welche Häuser ich betreten werde, ich will zu Nutz und Frommen der Kranken eintreten, mich enthalten jedes willkürlichen Unrechtes und jeder anderen Schädigung, auch aller Werke der Wollust an den Leibern von Frauen und Männern, Freien und Sklaven. Was ich bei der Behandlung sehe oder höre oder auch außerhalb der Behandlung im Leben der Menschen, werde ich, soweit man es nicht ausplaudern darf, verschweigen und solches als ein Geheimnis betrachten.[50]

Wie es so oft mit dem Wissen der alten Griechen geschah, wurden auch
die Schriften von Hippokrates von den römischen und arabischen Gelehrten im südlichen und östlichen Mittelmeerraum aufgenommen, und aus
beiden Quellen gelangten sie in den Unterrichtsstoff der medizinischen
Fakultäten an den Universitäten im mittelalterlichen Europa. Das geschah
auch mit den medizinischen Schriften des unvermeidlichen Aristoteles, der
sich anhand der Sektion des Uterus (von Tieren) und einer Untersuchung
des Wachstums von Küken im Ei davon überzeugt hatte, daß ein Embryo
seine gesamte Gestalt vom Augenblick der Empfängnis an der Mutter
verdankte, während der Beitrag des männlichen Spermas vermutlich darin
bestand, den Zeugungsprozeß in Gang zu setzen und mit Sicherheit auch,
auf eine nichtmaterielle Art und Weise, die Seele hinzuzufügen. Nach
Aristoteles' Ansicht war es theoretisch möglich, daß eine Empfängnis auch
ohne Beischlaf stattfinden und die Seele durch göttliche Vermittlung hinzugefügt werden konnte. Diese Erklärung der Jungfernzeugung erlaubte
es dem christlichen Europa, die aristotelische Anatomie anzuerkennen, so
wie auch die ethische Einstellung der Kirche zur Heiligkeit des Lebens die
Übernahme der hippokratischen Lehre ermöglichte.

Auch wenn die humanistische Vorliebe für eine Neubewertung antiker
Autoren beiden zu neuer Bedeutung verhalf, wurde doch die medizinische
Theorie und Praxis in der Renaissance am stärksten durch Galen beein-
flußt, einen Arzt griechischer Herkunft, der im zweiten nachchristlichen
Jahrhundert verschiedenen römischen Kaisern gedient hatte. Er hatte ein
gewaltiges Werk hinterlassen und war einer jener Männer, deren intellektuelle Nüchternheit wegen der Wichtigkeit ihres Themas Beifall findet.
Und auch er ließ sich ohne weiteres in ein christliches Umfeld assimilieren.
Ob er nun die Sektion eines Elefantenrüssels oder eines Weichtiers beschrieb oder sich über die wunderbare Zweckmäßigkeit einer schweißab-
weisenden Augenbraue oder den Zugriff einer Hand ausließ – immer
verkündete er das aristotelische Diktum, daß die Natur nichts ohne Sinn
und Zweck gemacht habe. Wie könne der Mensch nur so sehr den Bildhauer preisen, fragte er, wenn dieser doch nur die Natur kopieren und der
von ihm gestaltete Marmor es doch niemals mit der Außenseite wie mit
den inneren Teilen von Mensch und Tier aufnehmen könne? Und warum
könne der Mensch, während er sie bewundere, nicht von der unwürdigen
Erde und ihren Kreaturen zu den Himmelskörpern von Sonne, Mond und
Sternen aufschauen? »Es ist vernünftig anzunehmen, daß die Intelligenz,
die sich in ihnen aufhält, so viel besser und vollkommener ist als die in
irdischen Körpern, da ihre körperliche Substanz die reinere ist.« Das
Studium der Physiologie, erklärte er, »ist nicht nur für den Arzt zweckmä-

ßig, sondern noch viel mehr für den Philosophen, der sich um ein Verständnis der ganzen Natur bemüht. Und ich glaube, daß alle Menschen, welcher Nation oder welchem Stand sie auch immer angehören mögen, die die Götter ehren, in dieses Werk eingeführt werden sollten.«[51]

Im 15. und 16. Jahrhundert hatten die Ärzte Zugang zu dem reichhaltigen Fundus, den die antike Praxis und philosophische Spekulation zu ihrem Thema angelegt hatte, wobei sich zum medizinischen Kanon später noch die Werke des persischen Arztes und Philosophen Avicenna aus dem 11. Jahrhundert sowie die 1316 erschienene Abhandlung über Anatomie des Italieners Mondino de' Luzzi gesellten, die auf der Sektion menschlicher Leichen basierte. Diese Wissensanhäufung hatte aber mehr mit dem Ansehen der Ärzte zu tun als mit ihrer Fähigkeit zu heilen. Paracelsus war hinreichend von Hippokrates beeinflußt, als er um 1530 einen eigenen Eid formulierte: Der Arzt müsse »die kranken [lieben] …, ein ieglichen mer als wan es mein leib antreffe … auch kein arznei geben on verstand, kein geld on gewunnen einnemen«.[52] Paracelsus erklärte aber auch, »das der medicus nicht alles das er können und wissen sol, auf den hohen schulen lernet und erfaret, sonder er muß auch zu zeiten zu alten weiberen, zigeineren, schwarzkünstlern, lantfarern, alten baursleuten und dergleichen mer unachtsamen leuten in die schul gehen und von inen lernen«.[53] Girolamo Cardano, der den Typus des ausgesprochen selbstbewußten intellektuellen Arztes verkörperte, warnte vor gelehrten Verordnungen, die oft ausschließlich aus Geldgier geschrieben würden. Typisch für die Einstellung, die mit der Übernahme des klassisch-mittelalterlichen Kanons einherging, war seine Empfehlung, sich den Besuch beim Arzt zu ersparen, und zwar durch mäßiges Essen und nicht zu häufigen Beischlaf, und Streß zu vermeiden, indem man viel schlafe, sich in fröhliche Gesellschaft begebe und sich eine optimistische Laune bewahre. Aber nicht minder typisch war eine Behauptung in einem Werk von 1550, die im Grunde auf Aristoteles zurückging: »Wenn eine Frau menstruiert, so trübt sie den stählernen Spiegel …, und sie schädigt die Saat, durch die sie geht.«[54] Beide Männer, der Schweizer Paracelsus und der Italiener Cardano, griffen auf ein gemeinsames Erbe zurück. Sie bezogen sich auf das pseudomedizinische Wissen der Ungebildeten, wenn sie es auch für unzulänglich hielten, es ex cathedra zu verkünden. Und zusammen mit anderen Männern, die sich ebenfalls nicht mit der Kluft zwischen Wissen und Heilen zufriedengeben wollten, sahen sich beide außerhalb des vordergründigen Rationalismus der griechisch-römischen Fallstudie und der traditionellen *materia medica* nach anderen Möglichkeiten um.

In den siebziger Jahren des 16. Jahrhunderts, im hohen Alter also, befaßte sich Cardano mit dem volkstümlichen Mythos vom Jungbrunnen und behauptete, »daß in der Neuen Welt ›eine Quelle mit weit wertvollerem Wasser, als es Wein ist‹, gefunden worden sei, ›von dem jedweder Alte, der davon trinkt, wieder jung wird‹« – und gesund.[55] Da man sich die Wiedergewinnung jugendlicher Gelenkigkeit sehnlichst wünschte, waren Darstellungen des Jungbrunnens ein beliebtes Sujet in der Kunst des 15. Jahrhunderts gewesen.

Es war auch eines jener Phänomene, nach denen die Erforscher neuer Länder Ausschau hielten. In Cardanos Zeit glaubte man tatsächlich, einen solchen Jungbrunnen irgendwo in Florida entdeckt zu haben. Damit berief man sich auf ein Stück Magie. Aber auch die Magie war ein Thema, das man nüchtern anging. Während der menschliche Körper einerseits dazu da war, entkleidet, beklopft, zur Ader gelassen, geschnitten, verbunden und behandelt zu werden, so war er doch auch, wie Galen bedeutet hatte, unsichtbar mit der übrigen Welt der Natur verbunden durch seine chemische Zusammensetzung und die physikalischen Prinzipien, die theoretisch das Zucken eines Muskels mit einem Kometenschweif am Himmel verknüpften. Daher nahmen Ärzte zu den Theorien der Astrologen Zuflucht und setzten die »Aspekte« der Planeten in irgendeinem bestimmten Augenblick mit dem Zustand von Haut und Puls eines Patienten in Beziehung, um sich ihre Diagnose zu erleichtern. Und zur Behandlung griffen sie nach den Säuren, Retorten und Schmelzöfen der Alchimisten, die mit der Destillation von pflanzlichen und metallischen Substanzen zu Essenzen und der Läuterung von Giften zu nichttoxischen vorbeugenden Mitteln experimentierten.

Trotz eines reichhaltigen Fundus an »hartem« Wissen aus dem Erfahrungsschatz von zwei Jahrtausenden beschäftigte sich die Renaissance so ernsthaft wie keine Zeit vor ihr mit der Alternativmedizin. Auch wenn dies kaum zur Rettung von Leben beitrug, so war dies doch ein Zeichen für eine Neubelebung innerhalb der Schulmedizin. Einen positiven Fortschritt gab es allerdings nur auf zwei Gebieten. Das eine, dessen eigentliche Vorteile noch immer der Zukunft vorbehalten sind, war ein eher pragmatischer akademischer Umgang mit der menschlichen Anatomie. Das andere war die Präventivmedizin, deren Weiterentwicklung nicht nur Ärzten zu verdanken war, sondern auch der Entscheidung von Behörden und einer geänderten Einstellung gegenüber den hygienischen Erfordernissen kultivierten Lebens. Anatomische Sektionen, die von den einfacheren Chirurgen unter der Aufsicht eines leitenden Arztes ausgeführt wurden und einst Informationen in klassischen Texten visuell veranschaulichten, standen nun stärker im Dienst der Forschung. Das System der Herzklappen, die

Der Brunnen der Jugend, anon. Fresko (Castello, Mantua)

weiblichen Eileiter (die nach ihrem Entdecker Gabriele Falloppio *Tubae Falloppii* genannt wurden) – diese Entdeckungen brachten das Wissen über die Funktionsweise des Körpers weiter. Das beeindruckendste Zeugnis der Anatomie im 16. Jahrhundert ist die Veröffentlichung der sieben Bücher des Anatomen Andreas Vesalius *De humani corporis fabrica (Über den Bau des menschlichen Körpers)* 1543 in Basel. Wenn ihr Text auch konservativ blieb – er wiederholte beispielsweise Galens Behauptung, daß das Blut nicht im Körper zirkuliere –, so setzten ihre Illustrationen doch einen neuen Standard bei der Genauigkeit von Buchabbildungen, die gehäutete und sezierte Körperteile zeigten. Vesalius kam ursprünglich aus Brüssel und Löwen, verdankte aber seine umfassende Bildung den Lehrern in Paris, bei denen er studiert hatte. Doch erst als Dozent für Chirurgie in Padua erreichte er mit seinem Thema ein breiteres Publikum. Seine Sektionen waren öffentliche Ereignisse.

Dieses Interesse beschränkte sich nicht auf Padua. Auch an der medizinischen Fakultät in Montpellier war die Öffentlichkeit zu derartigen Demonstrationen zugelassen, wobei sich die Frauen maskieren mußten, wenn es sich um eine männliche Leiche handelte. Die Sektion eines toten Körpers wurde zur Salonversion des öffentlichen Spektakels der Verstümmelung eines lebenden Verbrechers, so daß sich zu dem Staunen über den komplizierten Bau des Körpers und zur Hoffnung, daß neue Forschungen auch zu neuen Heilmethoden führen würden, ein gewisser Voyeurismus gesellte. Die Illustrationen zu *De humani corporis fabrica* verdankten freilich auch einiges dem früheren Interesse von Künstlern an der Anatomie, die durch sie ihr eigenes Können weiterentwickeln wollten. Von Antonio Pollaiuolos Sektionen in den siebziger Jahren des 15. Jahrhunderts und Leonardos anatomischen Zeichnungen aus dem frühen 16. Jahrhundert – die damals noch nicht veröffentlicht waren, aber im Hinblick auf das in ihnen sichtbare Zusammenspiel von Geist, Augen und Messer nie übertroffen wurden – bis zu den privaten Präparierstudien nach Sektionen von

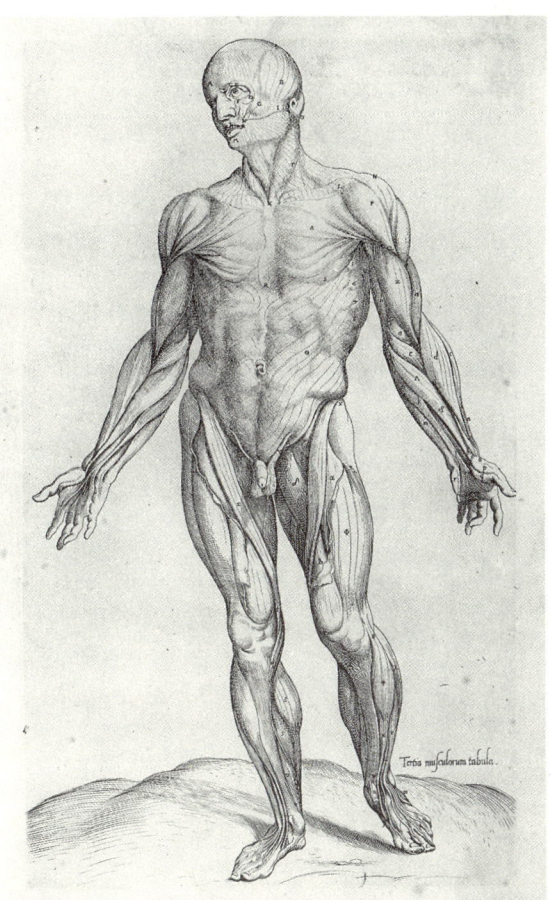

Die Muskulatur des Menschen, aus Andreas Vesalius, *De humani corporis fabrica*, Basel, 1543 (Newberry Library, Chicago)

Bronzino und Alessandro Allori und den *écorchés*, den zwischen der Mitte und dem Ende des 16. Jahrhunderts aufkommenden enthäuteten Muskelfiguren, nahmen die Künstler dank ihrer Fähigkeit zur realistischen Darstellung den Wunsch der Anatomen nach Veranschaulichung ihrer Arbeitsergebnisse zunächst vorweg und hielten dann mit ihnen Schritt. Künstlergilden wurden üblicherweise nach dem Evangelisten Lukas benannt, aufgrund der überlieferten Behauptung, er habe die Heilige Jungfrau gemalt. In den sechziger Jahren des 16. Jahrhunderts verband Maerten van Heemskerck dieses Thema mit der Selbstdarstellung des heiligen Paulus als Arzt. Im Vordergrund, vor der Jungfrau, befindet sich ein Urinal. In einer Nische über ihr stehen klassische medizinische Werke. Während Lukas malt, nimmt sein Blick nicht nur die Jungfrau und das Kind wahr, sondern auch einen aufgeschlagenen Band mit anatomischen Zeichnungen, die seine Hand inspirieren, so wie die Jungfrau seinen Glauben inspiriert. Aber genausowenig wie Künstler, die sich für die Anatomie interessierten, das Gesicht oder den Körper eines Menschen lebensähnlicher darstellten als ihre Kollegen, die sich mit dem Studium von Oberflächen begnügten, vermochte auch die virtuose Arbeit im Anatomiesaal den Ärzten kaum vermitteln, wie sie Leiden zu behandeln hätten, selbst wenn es nur darum ging, einer sprudelnden Arterie eine Aderpresse anzulegen – erst 1628 wurde von William Harvey der große Blutkreislauf entdeckt.

Dennoch wurde immer mehr um Leichen nachgefragt. Medizinische Fakultäten rissen sich geradezu um die Leichname von soeben hingerichteten Verbrechern. Leidenschaftlich engagierte Medizinstudenten riskierten weltliche wie kirchliche Strafen, wenn sie nachts die Leichen unschuldiger Bürger ausgruben, die am selben Tag begraben worden waren. Dabei ließen sie sich ebenso von echter Forscherneugier leiten wie von der inneren Einstellung, aus der heraus Bücher gestohlen wurden, mit denen man sich auf ein Examen vorbereiten wollte.

Die klassisch-antiken und die mittelalterlichen Anatomen hatten sich aus Achtung vor dem religiösen Diktum der Unantastbarkeit des menschlichen Körpers hauptsächlich auf Tiere beschränkt: Hunde, Schweine und nordafrikanische Affen, wenn sie zur Verfügung standen. Aus diesem Grund hatte sich Galen dazu verleiten lassen, die Ähnlichkeit zwischen den Organen – und damit auch dem Stoffwechsel von Tieren und Menschen – überzubetonen. Und selbst Leonardo da Vinci und Vesalius wiederum erklärten, die rechte Niere sei beim Menschen höher als die linke, wie es bei Tieren der Fall war und bereits von Galen behauptet worden war. Gleichwohl stellten anatomische Studien den kühnen, säkularisierenden Versuch dar, Adam objektiv aus seiner inneren und äußeren Beschaffenheit

heraus zu verstehen. Die Mensch und Tier vergleichende Anatomie gab es
zwar auch weiterhin, aber weniger im Interesse der Erforschung von
Krankheiten, sondern wegen der zivilisatorischen Betonung des wesentlichen Unterschieds zwischen dem Menschen und dem übrigen Tierreich.
Vesalius rühmte dieses »gesegnete Zeitalter«, in dem es möglich geworden
war, das klassische medizinische Wissen von eigenen wie von mittelalterlichen Mißverständnissen zu befreien. Aber als sein Blick vom Leichnam
zum antiken Text ging, hielt er sich noch immer an das, was er glaubte,
sehen zu müssen, wie an das, was er tatsächlich sah. In der revidierten
Ausgabe seines bedeutenden Werks (1555) äußerte er sich noch vorsichtig
über das Septum, die Scheidewand zwischen den Herzkammern.

> Bei der Betrachtung des Aufbaus des Herzens und des Gebrauchs
> seiner Teile stimme ich größtenteils mit der Lehre von Galen über-
> ein; nicht weil ich glaube, daß diese sich in jedem Punkte mit der
> Wahrheit in Übereinstimmung befände, sondern weil ... ich mir
> noch selbst mißtraue. Es ist noch gar nicht lange her, da hätte ich
> nicht gewagt, auch nur um Haaresbreite von Galens Ansicht abzu-
> weichen. Aber das Septum ist so dick, dicht und kompakt wie das
> übrige Herz. Ich kann daher nicht erkennen, wie auch nur das
> kleinste Teilchen von der rechten in die linke Kammer durch es
> gelangen kann. Wenn man diese und andere Tatsachen bedenkt,
> dann erheben sich viele Zweifel im Hinblick auf die Blutgefäße.[56]

Im anatomischen Hörsaal wurde der menschliche Körper wie ein Text
behandelt, der der Exegese bedurfte. Das zeitigte indes nur wenige positive
Ergebnisse für die Behandlung von Krankheiten oder für die Operationstechniken Amputation und Trepanation (Schädelöffnung) wie für Geburten
mit chirurgischer Nachhilfe oder die Behandlung von Hernien (Brüchen).
Und das Messer nützte ohnehin nichts bei der Erklärung, geschweige denn
Heilung der Haupttodesursachen des Zeitalters: der Infektionskrankheiten.
Die Gewöhnung an endemische Infektionen hatte dazu geführt, daß Europäer weniger anfällig waren für ihre eigenen infektiösen und ansteckenden
Krankheiten als die Menschen, denen sie in Übersee begegneten. Weil sich
die Kontakte der Europäer mit Afrika und Asien hauptsächlich auf ihre
Küstensiedlungen beschränkten, war der Schaden begrenzt, den die von
ihnen eingeschleppten fremden Krankheitserreger unter den Eingeborenen anrichteten. Anders verhielt es sich in den amerikanischen Kolonien.
Die karibische Bevölkerung der Westindischen Inseln wurde fast völlig

ausgerottet. Die einheimische Bevölkerung von Mexiko wurde um 1600 von etwa elf Millionen Menschen auf zwei Millionen dezimiert. Vermutlich erlitt die Bevölkerung von Peru ein ähnliches Schicksal. Diese Katastrophen überstiegen bei weitem die Zahlen der Todesopfer bei Epidemien in Europa, die verursacht wurden durch bösartig infektiöse Formen der Grippe, der Pocken, des Typhus und verschiedener Formen der Ruhr, darunter auch eine mit der reißerischen Bezeichnung »Blutfluß« – auch wenn es unwahrscheinlich ist, daß irgendein Gebiet in Europa innerhalb irgendeines Zeitraums von fünf Jahren völlig frei war von einer dieser Krankheiten. Die größte Unruhe und erhöhte praktische Vorsichtsmaßnahmen löste allerdings die Pest aus.

Sie kündigte sich auf besonders schreckliche Weise durch einen schwärzlichen Abszeß in der Leistengegend, in der Achselhöhle oder in der Handfläche an und führte unglaublich rasch zum Tod. Als der Schwarze Tod zum ersten Mal 1349 auftrat, dezimierte er die Bevölkerung in Europa um über ein Drittel. Von da an war die Pest endemisch. Sie konnte in vereinzelten Schüben ausbrechen, aber auch fürchterlich wüten. Im Jahre 1484 schrieb ein Lehrer in Deventer an einen Bekannten mit einer gewissen Unbekümmertheit: »Ihr fragt mich, wie es meiner Schule geht. Nun, im Augenblick ist sie wieder voll; aber im Sommer ging die Zahl der Schüler doch ziemlich zurück. Die Pest, die zwanzig Jungen tötete, hat viele andere vertrieben und zweifellos einige davon abgehalten, überhaupt zu uns zu kommen.«[57] 1604 berichtete Scaliger seinem Freund Isaac Casaubon in Paris, daß die Pest in den vergangenen beiden Jahren in Leiden endemisch gewesen sei. »Doch auch wenn sie viele tagtäglich dahinrafft, wirkt die Stadt nicht weniger bevölkert. Ja, mir will sogar scheinen, daß je mehr Menschen sterben, desto mehr sich in der Stadt aufhalten. In der Universität befinden sich sehr viele Studenten, und das schreckliche Sterben hält niemanden fern. Ich bin ringsum von Trauerfällen umgeben – vom Tod trennt mich nur die Dicke der Mauern meines Hauses. Inmitten all dieses Jammers füge ich mich dem Willen des barmherzigen Gottes, der mich von Kindheit an selbst bis zum heutigen Tag vor großen Gefahren beschirmt hat.«[58]

Aber dieser Jammer nahm häufig ein Ausmaß an, das positivere Reaktionen erforderte als solche passive moralische Überlegenheit. 1471 starben zehn Prozent der englischen Bevölkerung. Im Sommer 1527 kamen täglich im Durchschnitt etwa fünfhundert Menschen um. In Venedig feierte man mit Palladios Redentore die göttliche Fügung, die die Stadt von einer Heimsuchung durch die Pest erlöste, welche die Bevölkerung um siebenundzwanzig Prozent dezimiert hatte. Baldassare Longhenas Kirche Santa Maria

Anon., *Der Anatomieunterricht,* nach 1581 (Wellcome Trustees, Hunterian Museum, Glasgow)

della Salute wurde auf über einer Million Pfählen errichtet, die man in den Ufergrund des Canale Grande getrieben hatte – aus Dankbarkeit für die Erlöserin Maria, die die Stadt von der noch vernichtenderen Epidemie von 1630 erlöst hatte, von der ganz Norditalien erfaßt worden war. Vier Jahre später starb ein Neuntel der Bevölkerung von Amsterdam. Man hat es als merkwürdig angesehen, daß es »keinen verläßlichen Nachweis für die Pest irgendwo in England zwischen 1616 und 1624 gibt«.[59] Wo Heiligenbilder erlaubt waren, malten die Künstler Gemälde mit dem heiligen Sebastian: Die Pfeile, die ihn trafen, ohne ihn zu töten, wurden mit den Attacken der Pest gleichgesetzt (später wurde er zum Märtyrer, als man ihn auf ästhetisch wenig angenehme Weise erschlug). In Italien blühte der Kult um den heiligen Rochus (San Rocco) auf, der die Pest bekam, aber davon genas und anschließend sein Leben der Sorge für ihre Opfer widmete.

Es war nur zu verständlich, daß sich die Menschen einer fatalistischen Gläubigkeit hingaben. Erst im 19. Jahrhundert kam man dahinter, daß die Beulenpest durch die Flöhe übertragen wurde, die im Fell von schwarzen

Hausratten saßen, welche in Europa heimisch wurden, nachdem sie im
14. Jahrhundert auf Handelsschiffen aus der Levante eingeschleppt worden waren. Bis dahin aber gab es keine logische Erklärung für die Existenz
der Pest oder für ihr unberechenbares Auftreten, das vom Fortpflanzungs-
verhalten der Ratten und den Bewegungen von Menschen – zwischen
Häusern, Städten und Dörfern – abhing, die die Flöhe mit sich trugen. Aber
während die Bevölkerung und die Prediger die Pest als eine Strafe für
Sünden ansahen, wie andere göttliche Strafen, Mißernten und Kriege, und
während sich die Ärzte nicht einigen konnten, ob sie ansteckend war und
sich durch Berührung verbreitete oder eine Infektion, die durch den
Speichel, den Atem oder sogar durch Blicke übertragen oder durch außergewöhnliche Wetterbedingungen ausgelöst wurde, meinte man ihr nur
dadurch begegnen zu können, daß man die Kranken oder Verdächtigen
von den Gesunden isolierte. Dafür gab es ein einschlägiges Vorbild. Indem
man sich an die Vorschriften des Alten Testaments hinsichtlich der Lepra
hielt – der Aussätzige soll »unrein sein, allein wohnen, und seine Wohnung
soll außerhalb des Lagers sein ... Und man soll das Kleid ... mit Feuer
verbrennen« (3. Mose 13,46 und 52) – war die Lepra durch Isolierung des
Leidenden im Laufe des Spätmittelalters praktisch zum Verschwinden
gebracht worden. 1490 löste Papst Innozenz VIII. den Lazarusorden auf,
weil es nicht mehr erforderlich war, für die Leprakranken zu sorgen, um
deretwillen der Orden gegründet worden war. Ähnliche Vorkehrungen
waren während der Heimsuchungen durch den Schwarzen Tod getroffen
worden, aber erst seit den erneuten schweren Ausbrüchen der Pest in den
siebziger Jahren des 15. Jahrhunderts machten städtische wie staatliche
Behörden Ad-hoc-Vorschriften zu zwingenden Edikten, die für die ganze
Bevölkerung verbindlich waren. Ausländische Schiffe mußten außerhalb
des Hafens vor Anker gehen. Verdächtige Reisende wurden entweder von
Wachen zurückgeschickt, die fünfzehn oder zwanzig Meilen von den
Städten entfernt postiert waren, oder gezwungen, sich in eigens dafür
eingerichteten Krankenhäusern vierzig Tage lang aufzuhalten – die *qua-
rantina*, nach der das Wort Quarantäne geprägt wurde –, um zu sehen, ob
sich an ihnen die typischen Symptome zeigten. In den Städten wurden die
Kleider von Opfern verbrannt. Wer verdächtig war, infiziert zu sein, mußte
ein weißes Armband tragen oder einen weißgestrichenen Stock bei sich
führen, wodurch andere davor gewarnt waren, sich ihm zu nähern, während sie wichtigen Geschäften nachgingen. Märkte wurden geschlossen,
Kirchenfeste abgesagt. Straßen wurden gesperrt oder einzelne Häuser mit
Brettern verbarrikadiert, und wenn die Behörden effektiv arbeiteten, wurde ihren Bewohnern das Essen durchs Fenster gereicht; 1593 berichtete

ein Londoner Gemeindepfarrer vom Begräbnis eines Mannes, der »vor Kummer starb, weil er zur Zeit der Krankheit in seinem Haus eingeschlossen war«.[60]

Diese Vorschriften, die in den verschiedenen Teilen von Europa unterschiedlich streng gehandhabt wurden, stellten eine noch nie dagewesene Ausschöpfung rechtlicher Möglichkeiten und Mobilisierung von Menschen zur Bekämpfung einer Krankheit dar. Sie machten auch vor diesen Helfern nicht halt, den Ärzten, den Angehörigen religiöser Wohltätigkeitsorganisationen, die die Leidenden aufsuchten und pflegten, den Trägern, die die Toten wegtrugen und bestatteten. Wer es sich leisten konnte, Grenz- und Torwachen zu bestechen, damit sie ihn passieren ließen, setzte sich über solche Bestimmungen hinweg. Immerhin gelang es ihnen in gewissem Maße, der Ausbreitung der Krankheit über die befallenen Gebiete hinaus Einhalt zu gebieten, aber kaum, ihren Verlauf in diesen Regionen unter Kontrolle zu bekommen. Es gab auch Menschen, die es nicht nur für sinnlos, sondern auch für ein Sakrileg hielten, den gerechten Unwillen Gottes mißachten zu wollen. Gleichwohl hatten die Ärzte, selbst wenn sie sich irrten, einen weltlichen Punkt für sich verbucht: Die Menschen konnten und sollten sich gegen solche Heimsuchungen wehren.

Auch die Pest trug dazu bei, die Spannung zwischen jenen, die die Zivilisiertheit repräsentierten, und denen, die dies nicht taten, zu verschärfen. Da die Lebensmittelversorgung eingeschränkt war und die für Gesetz und Ordnung zuständigen Stellen mit anderen Aufgaben beschäftigt waren, organisierten die städtischen Behörden die Verteilung von Lebensmitteln so, daß potentielle Plünderer abgewehrt werden konnten, und damit stigmatisierte man die Männer und Frauen, die als soziale Gefahr galten, noch mehr. Und da man gute Manieren auch noch mit persönlicher Sauberkeit gleichsetzte, führte dies dazu, daß die Wohlhabenden in ungewaschenen Menschen auch eine Gefahr für die Gesundheit sahen. Selbst wenn die Pest weder die Reichen noch die Armen verschonte, bildeten letztere doch den größten Anteil an den Opfern. Im Unterschied zur gewöhnlichen Ratte, die überall zu finden war, bevorzugte die schwarze Hausratte Keller und Abflußrohre und suchte dort oder im Erdgeschoß nach Nahrung. Ihre Flöhe erklommen nur selten die soziale Leiter mehrstöckiger Häuser. Abwassersysteme und Straßenreinigung waren eher auf die Stadtzentren beschränkt und weniger in dem Hüttengewirr der Vorstädte zu finden, wo Zuwanderer hausten und nach einer Beschäftigung Ausschau hielten, auch wenn sich überall in den Gassen der Städte Abfälle und menschliche Exkremente ansammelten. Die Wohlhabenden wechselten ihre Kleidung und Bettwäsche häufiger, verwendeten Seife, hatten Bedienstete, die ihnen das Bade-

wasser erwärmten und herbeischleppten, und besaßen Häuser auf dem
Lande, in die sie sich bei den ersten Anzeichen der Pest flüchten konnten.
Ohne daß man näher darauf einging, schienen die Fakten doch für sich zu
sprechen: Die Ansteckung ging von den Armen aus, deren Zahl bedrohlich
zunahm. Ihre dringendsten Bedürfnisse durch wohltätige Gaben, Geld,
Nahrung und medizinische Fürsorge zu stillen war daher nicht nur eine
ehrliche Christenpflicht, sondern eine weitere Vorsichtsmaßnahme. Die
florentinische Regierung unterstützte die Bruderschaft der Misericordia
aus Mitleid – und weil die Brüder die Kranken am liebsten in ihren eigenen
Häusern pflegten und ernährten und sie davon abbrachten, draußen auf
den Straßen zu betteln.

Eine Krankheit, die alle Menschen unterschiedslos traf, war die neue,
einzigartig bösartige Form einer Geschlechtskrankheit – die Syphilis. Zum
ersten Mal wurde man auf sie 1494 bei den französischen Truppen aufmerksam, die damals das Königreich von Neapel besetzten, wohin die
Krankheit höchstwahrscheinlich durch Seeleute gebracht worden war, die

*Der Tod und das
Mädchen*, Zeichnung von
Niklaus Manuel, um 1517
(Kupferstichkabinett,
Kunstmuseum, Basel)

Kontakt mit Prostituierten gehabt hatten. Diese wiederum waren von jenen Matrosen aufgesucht worden, die an Kolumbus' erster Seereise zu den Westindischen Inseln teilgenommen hatten. Als die Armee 1495 über die Alpen zurückkehrte und aufgelöst wurde, breitete sich die Syphilis aus. Ein Jahr später wurden ihre Symptome in der Schweiz, in Deutschland und Holland registriert. 1497 wurden Quarantänemaßnahmen in Frankreich und Schottland angeordnet. Bis 1499 war sie über Prag hinaus nach Osten vorgedrungen. Auf einem Holzschnitt von 1496 hat Dürer die Entzündungen dargestellt, die ein frühes Symptom waren.

Um 1517 zeigte der Schweizer Künstler Niklaus Manuel den Tod, wie er, bekleidet mit den Fetzen einer Uniform, eine junge Frau befingert. Als die Zeit verging und man die körperlichen Mißbildungen der tertiären Phase der Krankheit wahrnahm, war man über ihre Ähnlichkeit mit den Ent

Anon., *Der heilige Antonius und die Syphilitiker* (Museum für Kunstgeschichte, Lübeck)

stellungen durch die Lepra entsetzt. Auf einem anonymen deutschen Gemälde um 1520 werden ein männliches und ein weibliches Opfer mit schrecklich verzerrten Gesichtern von Magdalena zum heiligen Antonius gebracht, damit er sie beschütze, während sich hinter dem Heiligen eine kleine Gruppe junger Frauen drängt, die verschämt die Augen senken, aber noch keine Symptome erkennen lassen.

Gleichwohl geriet man nicht in Panik. Man erkannte, daß dies keine Geißel der Menschheit war wie eine Epidemie – das Risiko, von der Syphilis angesteckt zu werden, ging man freiwillig ein, so wie man einen Mann zum Duell aufforderte oder in ein Haus einbrach, um zu stehlen. Über ihre Opfer waren viele Gerüchte in Umlauf: Führende Politiker und Gelehrte sollten darunter sein, sogar Papst Julius II. Bis zu den dreißiger Jahren des 16. Jahrhunderts war man fast allgemein der Ansicht, daß die Ursprünge der Krankheit in der unchristlichen Neuen Welt lagen. Außerdem kursierte die bösartige Unterstellung, daß ihre Ausbreitung mit der Diaspora der Juden nach ihrer Vertreibung aus Spanien im Jahre 1492 einherging. Eine Nation schob der anderen die Verantwortung dafür zu: Für Italiener war sie entweder die Spanische Krankheit oder – populärer – die Französische Krankheit, für die Franzosen hieß sie die Pocken aus Neapel, für die Türken war sie die Christliche Krankheit. Die zunächst eingeführte Quarantäne für Krankheitsverdächtige gab man bald wieder auf. Bis zur Mitte des 16. Jahrhunderts hatte man erkannt, daß früh festgestellte Symptome durch Medikamente behandelt werden konnten (einschließlich der Einnahme von Quecksilber) und daß die Krankheit selten bis zu ihren späten Entstellungen fortschritt oder gar tödlich endete. Man bemühte sich in einem gewissen Maße, die medizinische Untersuchung in Bordellen zu verschärfen – Opfer wurden in die barmherzigen Krankenhäuser für »Unheilbare« eingewiesen. Aber im großen ganzen reagierte man auf das neue Phänomen eher träge.

Ähnlich war die Einstellung gegenüber schmerzhaften Erkrankungen wie Leistenbrüchen, Arthritis, Gallensteinen, Gicht (ein Oberbegriff für geschwollene Gelenke): Man fürchtete sie, sah sie aber als praktisch unvermeidlich an. »Ich habe ein langes Leben gehabt«, schrieb Erasmus 1535 an einen Freund, als er Ende Sechzig war, »wenn man die Jahre zusammenzählt; aber wenn ich davon die Zeit abziehe, in der ich mit dem Fieber, den Steinen und der Gicht zu kämpfen hatte, habe ich nicht lange gelebt.«[61] Beunruhigender war die Unberechenbarkeit des Fiebers, dessen zwischen Schwitzen und Frösteln schwankende Anfälle zwar die Theorie der Körpersäfte zu bestätigen schienen, aber es zugleich als fraglich erscheinen ließen, daß deren Gleichgewicht wiederhergestellt werden könnte, bevor es zu spät wäre.

Aber die Medizin blieb ein konservativer Beruf – sie suchte ebensosehr dem Lehrplan der Universitäten und dem Approbationssystem zu entsprechen wie der populären Forderung nach Heilung. Um ihres Ansehens willen knüpfte sie an das klassische Wissen an, statt es zu erweitern. So zögerte man beispielsweise zunächst, die Syphilis als neue Krankheit anzuerkennen. Auch wenn sie noch nicht von den Medizinern der Antike beschrieben

worden sei, behauptete Niccolò Leoniceno 1497, müsse sie ihnen bekannt
gewesen sein, denn »die Menschheit hat die gleiche Natur, ist unter dem
gleichen Himmel geboren und wächst unter den gleichen Sternen auf«.
Daher »muß ich daraus schließen, daß wir alle stets den gleichen Krankheiten ausgesetzt gewesen sind, und ich kann absolut nicht glauben, daß
diese Krankheit ganz plötzlich erst jetzt entstanden ist und nur unsere
Epoche befallen hat und keine der vorangegangenen Epochen«.[62] Teilweise um den Ruf der antiken Kollegen zu schützen, verständigte man sich
schließlich allgemein darauf, daß die Syphilis in Ländern entstanden sei,
die sie nicht gekannt hätten. Galens Texte gehörten zum ehernen Bestand
der Schulmedizin, und der Stand der Mediziner ließ nichts auf sie kommen.
Nach Meinung der Galenisten von Paris war Montpellier, wo antigalenisti-
sche Ansichten mit vorsichtigem Respekt behandelt wurden, »ein stinken-
der Sumpf von Ignoranz und Hochstapelei«.[63]
Die Loyalität gegenüber dem aus der Antike überkommenen Wissen über
den Aufbau und die Gesundheit des Körpers wurde noch dadurch verstärkt,
daß sowohl der wiederbelebte Katholizismus wie die immer mehr zur
Orthodoxie erstarrenden lutherischen und calvinistischen Glaubensrichtungen hellhörig für die Gefahren der Ketzerei waren, die im Bruch mit
der Autorität um einer persönlichen Lösung willen lauerten. Aber vom
College of Physicians im protestantischen London bis zu Vesalius' vorsichtigem Auftreten im katholischen Padua bemühte man sich um Linientreue
– zwischen 1490 und 1598 erschienen nicht weniger als sechshundertsech-
zig Ausgaben von Werken Galens. Die direkten Angriffe auf ihn erfolgten
von Radikalen, wie Agrippa von Nettesheim, die wütend waren über die
Anmaßung klassizistischer Ärzte oder die, wie Paracelsus, die Natur für
eine bessere Lehrmeisterin hielten, sowie von seiten einiger gemäßigter
Eirenisten wie Montaigne, die jedem Dogma mißtrauten, ganz gleich, ob
es religiöser oder wissenschaftlicher Natur war. Außerdem hütete die
medizinische Fakultät selbst im relativ toleranten Montpellier konservativ
ihre Rechte. »Es darff auch kein landtstreicher (empiricus) oder quacksalber noch triaxkremer [Theriakskrämer, nach dem im Altertum gebrauchten Allheilmittel Theriak] weder in der statt feil haben oder practicieren,
wie auch kein außlendischer doctor, er habe dann sich zevor mitt der
universitet verglichen«, erinnerte sich Thomas Platter an seine Studenten-
zeit in Montpellier. »Begreift man aber ein landtstreicher oder quacksalber
u.s.w., der artzney *da* gebraucht, so dörfen die doctores unndt studenten,
ohne ferneren proces, *ihn* sogleich auf einen esel hinderfür setzen, muß
den esel beym schwantz als bey einem zaum halten« – die Symbolik der
verkehrten Welt! –, »unndt wird durch die gantze statt mit grossem ge-

schrey unndt spott also geführet; laufen alles gesindt naher, werfen ihn mitt unraht, daß er also besudlet wirdt, als wann er im katt [Kot] sich gewaltzet hette, wie wier dann einmahl, *den 19./29. decembris 1595*, ein solchen albereit begriffen unndt in der anatomey kammer wolten auf den esel setzen unndt also tractieren, welches alß sein haußfrauw erfahren, hatt sie mitt weinen unndt heülen daß geschrey außgebracht, die studenten wellen ihren haußwirt lebendig anatomieren, welches die gantze nachbaurschaft zur barmhertzikeit bewegt, also daß man ihn uns mitt gewalt genommen unndt erlößt hatt; ist nachmahlen unsichtbahr worden.«[64]

Die Schulmedizin übernahm die Führung auf dem Gebiet der Anatomie, wobei man zu den Texten Galens vorsichtig einige marginale Beobachtungen beitrug, die sie dann im 17. Jahrhundert so gut wie ersetzen sollten. Bis dahin blieben praktische Fortschritte bei Operationstechniken und in der medizinischen Behandlung die Domäne von praktischen Ärzten und von den Apothekern, die man in erster Linie bei den üblichen Krankheiten konsultierte: Katarrh, Grind, Verstauchungen, grauer Star, infizierte Schnitte und Wunden. Auch wenn das alte Vorurteil gegenüber Ärzten, die die Geburt eines Kindes überwachten, weiterhin bestand, so war doch die Hinrichtung eines Hamburger Arztes im Jahre 1522, der sich als Frau verkleidet hatte, um Erfahrungen über die Vorgänge bei der Entbindung zu sammeln, eine Ausnahme; zu dieser Zeit nämlich war das Tabu praktisch aufgehoben worden durch Bücher, die auf die Nachlässigkeit und Unwissenheit von Hebammen aufmerksam machten. Aus den neuen Blutbädern, die Gewehr- und Kanonenkugeln anrichteten, lernte man eine Menge über die Behandlung von Wunden und amputierten Gliedmaßen – sowohl Paracelsus wie Paré dienten als Feldscher. Paré hat ein frühes Erlebnis im Felde beschrieben, nämlich wie ihm einmal das kochende Öl zur Kauterisierung von Schußwunden ausging, einer damals allgemein üblichen Form der Wundbehandlung. In seiner Not legte er um die restlichen Wunden kalte Salbenverbände (»ein Digestivum von Eigelb, Oleum rosatum und Terpentin«). Am nächsten Morgen entdeckte er, daß der Zustand der letzteren Patienten besser war als der der anderen: »Ich beschloß daher, die armen Verwundeten nie mehr auf so grausame Weise zu brennen.«[65] Und dank des Buchdrucks wurden derartige Erfahrungen weithin bekannt und mit den vielen popularisierten Versionen der Galenschen Orthodoxie verglichen. Es war ein Zeichen dafür, daß sich die Zeiten änderten, als die französische Hebamme Louise Bourgeois im Jahre 1608 ein Buch herausgab, in dem sie sowohl ihren Berufsstand gegen die Verunglimpfung durch ihre medizinischen Zeitgenossen verteidigte, als auch Galens irreführenden Rat kritisierte.

Gleichwohl wurde die Kluft zwischen dem Wissen und der Heilkraft der Medizin kaum schmaler, und die alten Heilmethoden erhielten diese Kluft, ungeachtet der Fortschritte der neuen Medizin, weiterhin aufrecht. Von Hypochondern abgesehen, wandte man sich nur im äußersten Notfall an Ärzte; auf jeden Fall praktizierten sie nur selten außerhalb von Städten oder Heerlagern (nur auf wenigen Schiffen befand sich ein Arzt neben dem Barbier, zu dessen Beruf auch der Aderlaß und die Versorgung von Wunden gehörten). Die meisten Menschen suchten Linderung durch das Hauswissen um die Eigenschaften von Pflanzen und Kräutern. Die traditionelle Betonung der medizinischen Eigenschaften von Pflanzen in den alten Kräuterbüchern fand seinen Widerhall in den Kochbüchern. In einem englischen Buch aus der Mitte des 15. Jahrhunderts wurde behauptet, es sei angeblich das gemeinsame Werk von »Meisterköchen« und »Meisterärzten«. Das um 1474 veröffentlichte Rezeptbuch des lombardischen Humanisten Platina enthielt am Anfang einen Abschnitt über die Aufrechterhaltung der Gesundheit durch eine vernünftige Ernährung. Später, nach einer Beschreibung einer Salatsauce (»Salz, ein wenig Öl und etwas mehr Essig«), warnt er davor, nach dem Salat noch Obst zu essen: »Wenn sie sich miteinander mischen, schadet ihre Feuchtigkeit und Kälte der Verdauung«, weil dann einer der Körpersäfte zu sehr dominiere.[66] 1615 ging Gervase Markham ganz selbstverständlich davon aus, daß die Leser seines Werks *The English Housewife (Die englische Hausfrau)* nicht nur für Rezepte dankbar wären, sondern auch für Empfehlungen hinsichtlich der Zusammensetzung von Medizinen, Salben, Infusionen und Brühen – die Speisekammer als Apotheke. Man verließ sich indes nicht nur auf solche Selbsthilfe, sondern hing auch noch dem alten Glauben an die Heilwirkung von Zaubersprüchen und Beschwörungen, gemurmelten Zauberformeln und schriftlichen Amuletten an. »Die Zauberei«, schrieb William Perkins 1608 mißbilligend über den Volksaberglauben, »wird genausosehr gewünscht wie die Medizin, und in Zeiten der Not verlangt man mehr nach Zauberern als nach Ärzten.«[67] Bis weit ins 17. Jahrhundert hinein und darüber hinaus bekundeten und bekunden noch immer wächserne und metallene Bilder von Augen, Brüsten und Gliedmaßen in katholischen Schreinen die alternative Medizin des Gebets.

Ärzte, sofern sie zur Verfügung standen, waren teuer. Und ihre Operationen waren schmerzhaft. Die Verbindung zwischen der an den Universitäten erforschten Anatomie und der praktischen Erfahrung hatte eine spürbare Verbesserung bei der Behandlung einer verbreiteten Krankheit wie Steinen im Blasenhals bewirkt. Es gab drei Methoden. Der Chirurg konnte Zertrümmerungswerkzeuge durch die Harnröhre einführen (viele dieser fürchterlich großen Instrumente sind noch heute erhalten), er konnte durchs Perineum schneiden oder die Blase oberhalb der Schambeinfuge öffnen. Die erste Methode barg das geringste Risiko einer späteren tödlichen Infektion. Bei allen, bemerkte Paré, sei es erforderlich, daß vier starke Männer den Patienten ruhighalten. Auch wenn die Beschaffenheit des Menschen, diesem »Vorbild der Lebendigen«, wie Shakespeares Hamlet ihn nannte (*Hamlet*, II, 2)[68], und die wahre Ursache für die Erschaffung der Natur selbst so gründlich wie noch nie zuvor erforscht wurden – mit weitaus systematischerem und originellerem Aufwand bemühte man sich um die Gesundheit der Seele als um die des Körpers: In dieser Hinsicht war das »gesegnete Zeitalter«, von dem Vesalius gesprochen hatte, nicht viel mehr als eine Fortsetzung des Mittelalters, das die gelehrten Geister der Renaissance doch so häufig verächtlich abtaten.

Der Kosmos

Bis zu den dreißiger Jahren des 16. Jahrhunderts war das geistige Leben eng verbunden mit dem zunehmenden Wissen über die Welt der Natur und mit den Entdeckungen und Erfindungen, die damit einhergingen. Petrus Apianus ging sogar so weit, 1532 zu behaupten, ohne diese Fortschritte »würde das Leben zurückfallen in den Zustand der Menschen in alter Zeit, die ohne Gesetze oder Zivilisation lebten, wie wilde Tiere«.[69] Eigentlich war Apian im sächsischen Leisnig als Peter Bienewitz zur Welt gekommen. Als er seinen Namen latinisierte, um seine Zugehörigkeit zum Reich der Gelehrsamkeit zu verkünden, wurde aus dem Wort *Biene* das lateinische *Apis*. Die Biene war in der Tat ein passendes Emblem für die wissenschaftlichen Interessen zur Zeit Apians. Als Physiker, Geograph und Astronom war er mehr daran interessiert, Informationen über die Welt der Natur zu sammeln, als das neue Wissen mit neuen Erklärungen der physikalischen Gesetze zu verbinden, die ihren Aufbau bestimmten. Wissenschaftliche Interessen also erzeugten nicht an sich schon Wissenschaft. Ja, gerade ihre Vielfalt verzögerte sogar ihre Entwicklung als objektives Ziel, Naturphänomene zu erklären. Der deutsche Philosoph und Kirchenpolitiker Nikolaus von Kues hatte 1440 in einer mit raffinierter Vorsicht *De docta ignorantia (Über die belehrte Unwissenheit)* betitelten Abhandlung die Möglichkeit zur Debatte gestellt, daß die Erde sich um sich selbst drehen könne, daß sie vielleicht nicht der absolute Mittelpunkt des Universums und das Weltall unendlich sein könne statt nach göttlichem Ratschluß endlich begrenzt, daß man das Wissen über den Kosmos noch einmal überdenken möge, und zwar nach mathematischen Regeln statt nach dogmatischen Vorschriften. Seine Ideen inspirierten eine Reihe späterer Denker, unter anderem Leonardo, Kopernikus, Giordano Bruno. Aber eine Infragestellung des anerkannten Modells des Kosmos stieß auf erhebliche Widerstände. In einer bislang beispiellosen Geschwindigkeit wurden immer neue Daten und Informationen gewonnen: von europäischen Chorographen und Naturforschern, von Entdeckern und Siedlern in Übersee. Die spekulative Energie ging im Erfassen und Klassifizieren unter. Und eine Reihe von Männern mit wissenschaftlichen Neigungen interessierten sich zunehmend für das Studium technischer Verfahren. Dazu waren, ebenso wie zur besseren Nutzung der Naturkräfte Wind und Wasser, verbesserte Methoden des Bergbaus und der Gewinnung von Erzen erforderlich, ihrer Feinung (wie im Amalgamationsverfahren zur Erzeugung von reinem Silber) und der Prüfung des Feingehalts von Metallen, um beispielsweise im Falle von Messing Legierungen erzeugen zu können, die ihrem Verwendungszweck besser entsprachen. Dank des Interesses an derartigen Verfahren konnte man selbst das, was in den abgeschiedenen Bergarbeiterdörfern in ostdeutschen Tälern oder in den Schmelzwerken in den Wäldern im Zentrum von Frankreich vor sich ging, aus allen möglichen Büchern erfahren, von kurzen praktischen Handbüchern bis zu dickleibigen, gut illustrierten Abhandlungen. Dies war ein Aspekt des wissenschaftlichen Wissens, der Handelsgesellschaften gefiel und dem auch in den Bibliotheken vornehmer Herren ein Platz eingeräumt wurde.

1544 verlieh der deutsche Maler Lucas Gassel diesem neuen Interesse an der Wissenschaft mit einem Landschaftsgemälde Ausdruck, auf dem die Schuppen und Gerätschaften eines Bergwerks in unmittelbarer Nachbarschaft eines schloßartigen Landhauses stehen und im Hintergrund eine Stadt zu sehen ist. Zwei Jahre später hob Georg Agricola in seiner fünfteiligen Abhandlung über Bergbau und Metallurgie *De ortu et causis subterraneorum (Über die Entstehung und Gesetzmäßigkeit der Dinge unter der Erde)* hervor, wie wichtig es für den zivilisierten Menschen sei, nicht nur das zu erforschen, was auf der Erdoberfläche wachse und gedeihe, sondern auch »andere Dinge, die die Erde in ihr selbst erzeugt und die gänzlich verborgen und unbekannt sind«. Und ganz allgemein wies er darauf hin, durch ein praktisches Studium der »natürlichen Gegenstände ... erwarb der Mensch etwas nicht näher zu Bestimmendes jenseits dessen, was der menschlichen Art offenkundig bestimmt war«.[70]

Seinem praxisbezogenen Umgang mit Wissen, den er 1556 in einer zwei-

Lucas Gassel, *Landschaft mit Bergwerk*, 1544 (Musées Royaux, Brüssel)

ten, zwölfteiligen Abhandlung über Methoden zur Gewinnung und Weiterverarbeitung von Metallen *De re metallica (Vom Berg- und Hüttenwesen)*
weiterentwickelte (all diese Dinge »habe ich nicht nur beschrieben, sondern auch gegen Entlohnung Zeichner gewonnen, um Abbildungen zu
schaffen«[71]), folgte Vesalius' Erklärung im Jahre 1543: »Der wichtigste ...
Zweig der Medizin ... beruht vor allem auf der Untersuchung der Natur.«[72]
Und auf seine etwas gröbere Weise hielt sich an diese Methode auch der
autodidaktische, mit Farbpigmenten experimentierende Kunsttöpfer und
Glasmaler Bernard Palissy, dessen zoomorphe Schalen und Teller sein
intensives Interesse an Pflanzen, Tieren, Fischen und Fossilien zum Ausdruck brachten. In der Einleitung zu seinen *Discours admirables de la
nature ... (Denkwürdigkeiten der Natur ...)* von 1580 heißt es: »Durch die
Praxis vermag ich zu beweisen, daß die Theorien vieler Philosophen, selbst
der ältesten und berühmtesten, in vielerlei Hinsicht falsch sind. Jedermann
kann sich dessen selbst versichern, indem er sich nur die Mühe macht,
meine Werkstatt aufzusuchen ... Ich versichere Dir, lieber Leser, daß Du
aus den in diesem Buch enthaltenen Tatsachen mehr über die Naturkunde
erfährst, als Du in fünfzig Jahren erführst, die dem Studium der Theorien
der antiken Philosophen gewidmet wären.«[73]
Bacon sollte mit Nachdruck eine bewußte Verbindung zwischen dem Na-
turphilosophen, dem nach den Naturgesetzen Ausschau haltenden Wissen-

schaftler und dem Handwerker fordern. Aber auch wenn Tiefbau-zechenpumpen und der Bau von Kanälen und Wehren hydrostatische und hydraulische Studien im großen Maßstab ermöglichten und Metallgieße-reien, Keramik-, Seifen- und Glaswerke lebendige Laboratorien für den Chemiker darstellten, zeigt gerade der scharfe Ton, den praktisch arbeiten-de Techniker und ihre Beobachter anschlugen, wie sehr sie sich doch von der Studierstube des denkenden Wissenschaftlers distanzierten. Die fanatische Beschäftigung mit Flaschenzügen und Schneckengetrieben führte zur Konstruktion von Maschinen, die zwar anschaulich mechanische Prinzipien demonstrierten, aber einfach zu komplex waren oder zuviel Energie erforderten, um funktionieren zu können – diese Tendenz reichte von Francesco di Giorgio und Leonardo da Vinci im späten 15. Jahrhundert bis hin zu Agostino Ramellis wunderschön illustriertem und grotesk über-triebenem Werk *Le diverse artificiose macchine (Verschiedene und einfalls-reiche Maschinen)*, das 1588 in italienischer und französischer Sprache in Paris erschien. Immerhin verweist die Faszination, die von einer genialen, aber unpraktischen Technik ausging, auf eine Verbindung zwischen hand-werklicher Kunstfertigkeit und gebildetem Mäzenatentum. Francesco di Giorgios mechanische Phantasiegebilde wurden in die Mauern des Palazzo Ducale von Urbino eingemeißelt. Eine unter Geldnot leidende florentini-sche Regierung nahm Leonardos grandiosen Plan ernst, den Lauf des Arno von der rebellischen Stadt Pisa wegzulenken. Noch bemerkenswerter war das Beispiel von Girolamo Maggi. Während er als gelehrter Herausgeber in Venedig tätig war, stellte sich im Jahre 1570 heraus, daß ein drohender türkischer Angriff auf Zypern die nur unvollkommen befestigte Stadt Famagusta gefährden würde. Maggi legte dem Rat der Zehn Konstruktions-pläne für eine Verstärkung der Festungsanlagen und zum Schutz der Zufahrtsmöglichkeiten vor. Einer dieser Pläne zeigte vorgefertigte Türme, in denen Kanonen durch komplizierte Hebelmechanismen ausgerichtet und durch einen Fernsteuerungsmechanismus abgeschossen werden konnten.

Auf einer anderen Skizze war eine gigantische Batterie von Gabeln zu sehen, die mit Winden verbunden waren, welche von Pferden und Ochsen in unterirdischen Gelassen gedreht wurden, vor und zurück über die Wälle fuhren und dabei Leitern wegschieben würden, die die Feinde an die Mauern gelehnt hatten (diese Idee hatte tatsächlich bereits Leonardo gehabt). Gleichwohl wurden diese und andere theoretisch plausiblen, aber praktisch nicht zu verwirklichenden Einfälle von Maggi vom klügsten Rat der vernünftigsten Regierung in Europa akzeptiert. Er wurde geadelt, erhielt eine Blankovollmacht zur Anforderung von Materialien aus dem

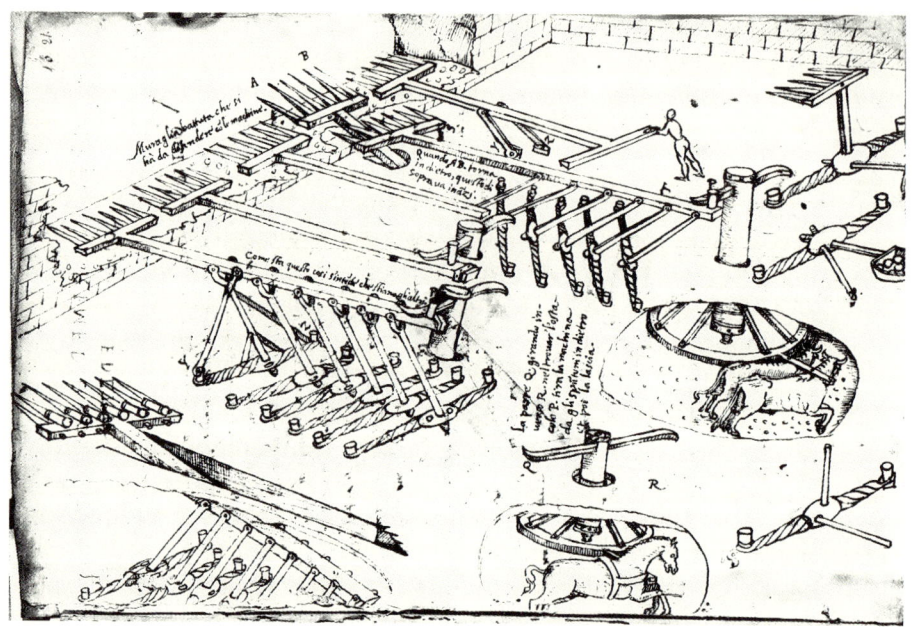

Verteidigungsmaschinen auf einer Zeichnung von Girolamo Maggi, um 1570
(Archivio di Stato, Venedig)

Arsenal und wurde damit nach Famagusta geschickt. Dort versagten seine
Projekte oder konnten, weil zu kompliziert, gar nicht erst gebaut werden,
und so diente er tapfer als einfacher Soldat. Als Famagusta 1571 fiel, kam
er als Gefangener nach Konstantinopel, wo er nach einem Fluchtversuch
hingerichtet wurde.

Maggis Geschichte erscheint weniger bizarr, wenn man sie in die Flut von
Erfindungen einreiht, die Regierungen von Männern vorgelegt wurden, die
den unterschiedlichsten Tätigkeiten nachgingen: Taucherglocken zur Ber-
gung und Anzüge für Taucher, damit sie Löcher in den Boden feindlicher
Schiffe bohren konnten; gigantische Erdbewegungsmaschinen; mehrläu-
fige und mehrschüssige Gewehre, die für eine Anfertigung in größeren
Stückzahlen zu teuer und anfällig für Verstopfungen oder Fehlzündungen
waren; Perpetuum-mobile-Maschinen, die noch irgendwie weiterlaufen
würden, wenn sie an Bewässerungspumpen angeschlossen würden. Im
frühen 17. Jahrhundert war der Erfinder eine beliebte komische Figur
geworden. In Quevedos Schelmenroman *Der abenteuerliche Buscón* legt
eine Gestalt einen Plan vor, der vorsah, das Wasser aus den Verteidigungs-
anlagen von Ostende während der langen Belagerung durch die Spanier
von 1601 bis 1604 – mit Schwämmen abzusaugen. Diese Belagerung brach-

te auch Ben Jonson auf die Idee, in seinem Stück *The Staple of News (Ein Haufen von Neuigkeiten)* erfundene Gerüchte wiederzugeben, über einen »unsichtbaren Aal« (einen lenkbaren Torpedo) und ein spanisches Projekt,

> Eine Armee in Korkschuhen herüberzubringen
> Und hier in Harwich landen zu lassen. All ihre Pferde
> Sind mit Kork beschlagen, und achtzig Geschütze,
> Montiert auf Korklafetten, mit Schweinsblasen
> Statt Rädern versehen, überqueren rasch die Meerenge
> Bei einer Springflut.[74]

Mittlerweile hatten Handwerker während des ganzen 16. Jahrhunderts technische Verfahren ausprobiert und verfeinert und damit auf die Nachfrage beispielsweise nach genauer gebohrten Kanonen und verbesserten Zündmechanismen für Jagdgewehre und militärische Pistolen reagiert. Wassergetriebene Erzquetschwerke und Aufwerfhämmer, Drahtziehwerke und Papiermühlen wurden entwickelt, um die Produktivität zu erhöhen. Man erfand auch schon Reihenwebstühle und Wirkmaschinen, auch wenn die Prototypen bei den Akkordarbeitern auf einen derartigen Widerstand stießen, daß sich ihr Einsatz auf breiter Ebene verzögerte.

Das wissenschaftliche Element im geistigen Leben zeichnete sich vor allem durch Neugier, Beobachtung und die Überlegung aus, welchen Nutzen man denn aus all diesem Wissen ziehen könne. Leonardo schilderte, wie er vor dem Eingang einer dunklen Höhle stand und hineinstarrte, die Hand über den zusammengekniffenen Augen, und sich bald hierhin, bald dahin beugte, und plötzlich regten sich »zwei Gefühle in mir, nämlich Furcht und Begierde: Furcht vor der düster drohenden Höhle und Begierde, zu erforschen, ob dort drinnen etwas Wunderbares sei«.[75] Die Höhle war der Inbegriff der Natur. Und wenngleich ihre Erkundung im großen ganzen nur beschreibend und von Nützlichkeitserwägungen diktiert statt experimentell war, obgleich man mit all dem sich anhäufenden Wissen nicht allgemein methodisch vorging und neue Mutmaßungen in physikalische und chemische Gesetze umzuwandeln suchte, so war doch die Erforschung der Natur im 16. Jahrhundert ein wichtiges Vorspiel zur Wissenschaft im darauffolgenden Jahrhundert Newtons, mit seiner größeren Vielfalt an Präzisionsinstrumenten (Mikroskop, Thermometer, Barometer, der Luftpumpe zur Herstellung eines partiellen Vakuums), die es Wissenschaftlern möglich machten, ihre Untersuchungsmethoden zu verfeinern und zur Wiederholung an andere weiterzugeben. Zunächst einmal mußten alte Theorien mit dem neuen Wissen überprüft werden. »Ich besitze kein anderes Wissen als das, was ich durch meine eigenen Augen erworben habe«, schrieb der Industriechemiker Vannoccio Biringuccio im Jahre 1540.[76] Diese praktische bodenständige Methode wurde auch von Bacon befürwortet: »Daher soll man den menschlichen Geist nicht mit Flügeln, sondern eher mit Bleigewichten versehen, um so jedes Springen und Fliegen zu verhindern.«[77]

Dieser massive Pragmatismus erklärt weitgehend, warum Nikolaus von Kues' radikale Fragen bei aller Erforschung der Natur noch immer nicht beantwortet waren. Das alte Modell des Universums hatte den Prüfungen vieler Jahrhunderte praktischer Erfahrung standgehalten und war elastisch genug, die neuen Beweise aufzunehmen, die man hineinpackte, ohne daß das alte Modell seine Gestalt verlor. Es umfaßte ein bequemes Verweissystem für die kategorische Zuordnung jedes Phänomens an seinen Platz im Plan der Dinge. Die Materie war eingeteilt in vier Elemente: Erde, Luft, Feuer und Wasser. Jedes besaß Eigenschaften, die aus vier Grundbeschaffenheiten abgeleitet waren: Wärme, Kälte, Feuchtigkeit, Trockenheit – somit war Feuer heiß und trocken, Wasser feucht und kalt. Diese Grundbeschaffenheiten spiegelten sich auch in den medizinischen Temperamenten wider, die den Gesundheitszustand bestimmten, und dies waren ebenfalls vier: das cholerische, melancholische, phlegmatische und sanguinische Temperament. Diese wiederum entsprachen den Eigenschaften der Planeten, die innerhalb ihrer konzentrischen Sphären aneinander vorbeiglitten – der kalte und trockene Saturn, der feuchte Mond, der feurige Mars. Es war ein Modell, das für die Sinne auch Sinn machte. Der Seemann steuerte danach. Der Doktor hielt sich bei seinen Vorschriften daran. Der Charakterkundige wählte unter diesen Kategorien aus – oder konzentrierte sich auf eine, wie Dürer dies bei seiner in sich versunkenen *Melencolia* tat. Es hatte darüber hinaus etwas gewinnend Partizipatorisches: ein Kosmos mit Eingebungen von oben, mit sympathetischen Reaktionen im ganzen Weltall, mit Entsprechungen zwischen Mensch und Universum, die einen Krieg mit einem Kometen in Verbindung brachten, eine syphilitische Infektion mit einer Konjunktion zwischen dem virilen Mars und Saturn, dem hitzige Vergnügungen ein Greuel waren. Dieses Modell entsprach perfekt den beiden vertrautesten Formen traditionellen wissenschaftlichen Forschens: der Alchimie und der Astrologie. Und ihre innere Logik erwies sich erst dann als fehlerhaft, als ihre Außenseite zerbrach, nämlich als ein neues Bild der Himmelsmechanik das ganze System von Verbindungen und Korrespondenzen in Zweifel zog.

Während viele industrielle Verfahren, sei es die Verwendung von Alaun beim Walken und Farbfixieren oder die Verschmelzung von Glas und keramischen Glasuren, mit chemischen Prozessen einhergingen und bis zum Ende des 16. Jahrhunderts auch bis ins einzelne beschrieben worden waren, gab es keinen Neuansatz, sie aufgrund der Natur der daran beteiligten Substanzen zu erklären. Gelegentlich verwies man zwar auf die klassische Vorstellung, daß alle materiellen Dinge aus unsichtbaren »Atomen« bestünden, unterschiedlich zusammengesetzt seien und unterschiedlich auf jene Atome in ungleichen Körpern reagierten. Aber ohne eine allgemein anerkannte Theorie der Atomstruktur konnte der »chymist« oder Chemiker nicht daran interessiert sein, Theorien über Reaktionen zu formulieren oder gar zu überprüfen, die zu chemischen Gesetzen führen könnten. So tat er nichts weiter, als besondere Beispiele dafür anzuhäufen, was passierte, wenn X zu Y hinzugefügt oder wenn Z Wärme ausgesetzt wurde.

Der »chymist« war noch immer ein Alchimist. Einen ersten allgemeinen Überblick über die Herstellung von Verbindungen, Lösungen, Destillaten, Kristallisationen und Verschmelzungen – also die praktische Chemie – bot die 1597 erschienene *Alchymia collecta* des deutschen Arztes und Chemikers Andreas Libavius (Libau). Bereits die Laboratorien des Alchimisten enthielten die Geräte des späteren reinen Chemikers: Bechergläser, Retorten, Kondensatoren, Waagen, Filter, Wärmequellen. Trotz der Spinner und Scharlatane, die sie in Verruf brachten, ihrer verdächtigen Heimlichtuerei und des mystischen Hokuspokus ihrer Sprache und Symbole (verwesende hermaphroditische Leichname, Bäume voller Früchte in Form von Gesichtern, Löwen, die Sonnen verschlangen, und so weiter), war die Alchimie eine Naturwissenschaft. Die Suche nach dem Stein der Weisen oder nach dem Elixier (es mußte nicht unbedingt ein Feststoff sein), das gewöhnliches Metall in Gold verwandeln konnte, stellte den Versuch dar, die Methode zu wiederholen, die die Natur selbst anwandte, um Gold von weniger reinen Substanzen zu isolieren. Selbst der nüchterne Libavius war in dieser Hinsicht machtlos. Gott hatte zwar kraft seines Willens die Natur im Laboratorium des Kosmos erschaffen, aber indem er sie unvollkommen sein ließ, hatte er den Menschen vor die Herausforderung gestellt, die in ihr verteilten vollkommenen Essenzen zu entdecken und zu konzentrieren. Diese Vorstellung hat Paracelsus klar zum Ausdruck gebracht: »... nichts ist in der Form seiner *ultima materia* gemacht; ... Die Alchimie aber führt zu Ende, was nicht zu Ende gekommen ist; ... Lerne so zu erkennen, was Alchimie ist, und daß sie allein das ist, was das Unreine durch Feuer verarbeitet und rein macht.«[78] Unter *ultima materia* verstand er an dieser Stelle die reinen Essenzen, die aus unreinen Substanzen gewonnen und in der Medizin verwendet werden konnten. Für ihn entstanden Krankheiten nicht aus einem Ungleichgewicht, das den ganzen Körper in Mitleidenschaft zog wie in der Körpersäftetheorie von Galen, sondern durch spezifische Organe, deren chemische Zusammensetzung nicht mehr in Ordnung war. Auf den Körper des Menschen wirkten nicht die Planeten als solche ein, die die Körpersäfte bestimmten, sondern das chemische Gleichgewicht im Universum insgesamt. Daher wurde die Heilung durch die korrekte Dosierung der richtigen destillierten oder sonstwie verfeinerten Chemikalie beeinflußt, sei es ein Metallsalz, eine Säure oder ein Gift wie Antimon. In seiner Schrift *Advancement of Learning (Fortschritt des Wissens*, in *Das neue Organon)* hatte Bacon, ohne zu zögern, erklärt: »Eben so hat die Goldmacherey zu nicht wenigen edlen Erfindungen und Experimenten, die so wohl die Geschichte der Natur erläutern, als im gemeinen Leben nützlich sind, allerdings Gelegenheit und Erleuchtung gegeben.«[79]

Dem Glauben des Alchimisten, daß die terrestrische Natur, vom Menschen bis zu den Mineralien, aufs engste mit der umfassenderen Natur des Universums verknüpft sei und sich diese Verbindung zunutze machen könne, entsprach auch die populärste Wissenschaft überhaupt: die Astrologie. Die schwer und bewegungslos in sich ruhende Erde, die Bühne für das christliche Drama, war umgeben von einer unruhigen Atmosphäre, die von Unwettern erschüttert oder von Kometen erhellt werden konnte. Jenseits des Mondes allerdings wurde die Atmosphäre abgelöst von genau ineinanderpassenden Sphären, von denen jeweils eine größer als die andere war und die von einer durchsichtigen Substanz erfüllt waren, dem Äther, der sich nie veränderte. Der Mond war in einer dieser Sphären eingeschlossen, die anderen enthielten nacheinander die Planeten Merkur, Venus, die Sonne und dann die Planeten Mars, Jupiter, Saturn. Alle glitten aneinander vorbei und wurden unterschiedlich schnell bewegt durch Engel, und während sie sich reibungslos drehten, erzeugten sie unerhörte Klänge, die »Sphärenmusik«. Die äußerste Sphäre freilich bewegte sich nicht, und sie war mit den fixierten, nichtplanetarischen Sternen übersät. Nur die Astronomen, die die aktuelle Position der »Fixsterne« im Vergleich zu Beobachtungen aus der Antike überprüften, bemerkten im Laufe der Zeit Veränderungen – aber selbst dann konnten sie »die Erscheinungen retten«, die das Modell bedrohten, und zwar durch raffinierte mathematische Erklärungen der offenkundigen Diskrepanzen.

Da der Kosmos also eine Konstante darstellte, war es möglich, ein zuverlässiges Modell seiner terrestrischen Einflüsse zu erarbeiten. In der instabilen Umgebung der Erde und ihrer Atmosphäre war alles der Veränderung unterworfen. Der Meeresspiegel änderte sich relativ gegenüber dem

Land – daher auch die fossilen Fische in den Flanken der Gebirge. Pflanzen und Tiere wuchsen und wurden krank, genauso wie der Mensch. In ihrem Temperament unterschieden sich die Menschen voneinander ebenso wie in ihrem Schicksal. All diese Veränderungen und unterschiedlichen Zustände und Stimmungen gingen auf den Einfluß der Planeten zurück, da sich ihre Sphären in Relation zur ruhenden Erde wie zueinander bewegten, und zwar vor dem Hintergrund der zwölf Tierkreiszeichen, in die die feste Sphäre der Sterne eingeteilt war. Entwickelt von den Weisen der Antike, geheiligt durch christliche Beglaubigung, wurde die universale Natur aus dieser Sicht der menschlichen Natur nahegebracht. Und dank der Astrologie konnte der Mensch sie sich zunutze machen.

Je mehr die Erziehung und Bildung das Studium der menschlichen Leistungen und der weltlichen Entwicklung betonte, desto stärker nahm man neben dem Gebet Zuflucht zur Astrologie, und dies war durchaus zulässig, denn auch wenn die Planeten einen Menschen so beinflussen konnten, daß er zu einer bestimmten Entscheidung oder einer physischen Disposition neigte, so waren sie doch außerstande, etwas gegen den Willen Gottes geschehen zu lassen. Das wiedererwachte Interesse an der klassischen Mythologie erweckte auch die planetarischen Götter zu neuem Leben in der Literatur und in der Kunst. Der Buchdruck sorgte dafür, daß das astrologische Wissen weithin zur Verfügung stand, insbesondere, wie wir gesehen haben, in Form von Almanachen.[80] Der Nachthimmel war ein gewaltiges Nachschlagewerk, in dem die wahrhaft Lesekundigen Antworten auf eine Vielzahl von Fragen fanden.

Wenn ihre komplizierten Planetenberechnungen stimmten, konnten die Astrologen theoretisch vergangene und gegenwärtige Ereignisse erklären und kommende vorhersagen: Pestilenzen, Hungersnöte, den Tod von Fürsten. Allerdings wurden ihnen hauptsächlich Fragen zur Gegenwart, zur jüngsten Vergangenheit oder zur unmittelbar bevorstehenden Zukunft gestellt, und da konnte die präzise Zeit eines erwarteten Ereignisses, eine Geburt, eine Reise oder ein Bauprojekt, dem Berater einen festen Anhaltspunkt im Hinblick auf den vergangenen oder künftigen Standort der Planeten vermitteln. Solche Anfragen kamen aus allen Schichten, von Monarchen und Bankiers bis zu Bauern und Dienstmädchen: Wann war der richtige Zeitpunkt, mit einem Feldzug zu beginnen oder einen männlichen Erben zu zeugen oder die Fundamente eines Palastes oder einer Festung auszuheben? Welches war die richtige Heilmethode bei einer Krankheit? Wie standen die Chancen – nach den entsprechenden Anhaltspunkten –, daß eine Ehefrau untreu war oder ein reicher Onkel starb? Wo waren vermißte Ehemänner oder gestohlene Waren geblieben? Wann sollte man eine Zuchtstute vom Hengst decken lassen? Wie waren die Erfolgsaussichten eines Handels?

Natürlich gab es schon damals Skeptiker. Nachdem Pico della Mirandola in den achtziger Jahren des 15. Jahrhunderts ein Wettertagebuch geführt hatte, fand er heraus, daß die astrologischen Vorhersagen nur bei sieben von hundert Tagen korrekt gewesen waren. In ähnlicher Weise machte sich ein oft imitiertes englisches Pamphlet von 1569 über die zeitgenössischen Almanache lustig, indem es ihre drei voneinander abweichenden Vorhersagen abdruckte. Der Unterschied zwischen gelehrter Vorhersage und bloßer Wahrsagerei, zwischen Astrologie und Magie war verwirrenderweise gering. Wir wissen nicht, ob Shakespeares Intention darin bestanden hat, daß sich das Publikum mit Edmund in *König Lear* (I, 2) identifizierte oder ob es – was vermutlich eher der Fall war – seine Ungläubigkeit verurteilte, aber vielleicht hat Edmunds Tirade dafür gesorgt, daß einige, wenn auch reuevoll, den Kopf geschüttelt haben:

> Das ist die ausbündige Narrheit dieser Welt, daß, wenn wir an Glück krank sind – oft durch die Übersättigung unsres Wesens –, wir die Schuld unsrer Unfälle auf Sonne, Mond und Sterne schieben, als wenn wir Schurken wären durch Notwendigkeit, Narren durch himmlische Einwirkung, Schelme, Diebe und Verräter durch die Übermacht der Sphären, Trunkenbolde, Lügner und Ehebrecher durch erzwungene Abhängigkeit von planetarischem Einfluß und alles, worin wir schlecht sind, durch göttlichen Anstoß. Eine herrliche Ausflucht für den Liederlichen, seine hitzige Natur den Sternen zur Last zu legen! – Mein Vater ward mit meiner Mutter einig unterm Drachenschwanz, und meine Nativität fiel unter *ursa major;* und so folgt denn, ich müsse rauh und verbuhlt sein. Ei was, ich wäre geworden, was ich bin, wenn auch der jungfräulichste Stern am Firmament auf meine Bastardisierung geblinkt hätte.[81]

1608, also etwa zwei Jahre nachdem Shakespeare diese Zeilen geschrieben hatte, starb John Dee in seinem Haus in Mortlake an der Themse, bei London. Elisabeth I. hatte ihn dort oft besucht; als ihr Hofastrologe hatte er 1570 geschrieben: »Wir ... können tagtäglich wahrnehmen, daß der Körper des Menschen ebenso wie alle anderen elementaren Körper durch das einflußreiche Wirken von Sonne, Mond und anderen Sternen und Planeten verändert, geneigt gemacht, angewiesen, erfreut und betrübt wird.«[82] Im Jahre 1596 ernannte Elisabeth ihn zum Rektor des Christ's College in Manchester. Aber kurz bevor *König Lear* geschrieben wurde, zwang man

Dee zum Rücktritt, weil man ihn immer heftiger der Nekromantie bezichtigte, der ungesetzlichen Beschwörung der Geister zur Vorhersage der Zukunft, und er starb unter erbärmlichen Umständen. Anderswo, wie an den Höfen von Rudolf II. in Prag und von Ferdinand I. in der Toskana, wurden Astrologen noch immer in hohen Ehren gehalten. Aber ihr Berufsstand verlor doch seinen Einfluß auf die Meinung der Gebildeten, als beide Glaubensrichtungen sich zunehmend gegen die Vorstellung verwahrten, Gott wirke durch einen materiellen Filter, und als die Astronomen die Genauigkeit des kosmischen Modells, auf das sich die Astrologie berief, in Frage stellten.

Im Volk freilich blieb dieser Glaube an die Wahrheit der Astrologie weitgehend intakt, so daß sich Regierungen veranlaßt sahen, Vorhersagen über politische Veränderungen zu zensieren, die die öffentliche Meinung erregen und Verschwörungen ermutigen würden, ebenso wie dies durch Vorhersagen über Hungersnöte geschehen konnte, indem sie Kaufleute dazu anregten, Getreide massenhaft aufzukaufen und zu lagern, bis der Preis stieg. Und selbst unter den Gebildeten ging das Mißtrauen gegenüber Astrologen oft einher mit dem Glauben an ein System, das die persönliche Beziehung des Menschen zum Universum tröstlicherweise sinnvoller erscheinen ließ als irgendein anderes. Tycho Brahe war auch weiterhin fasziniert von der Astrologie, während er doch das Modell, auf dem sie beruhte, drastisch revidierte; Galilei, der es zerstörte, stellte für seine Gönner, die Medici, und ihre Freunde Horoskope. John Napier, der 1614 die Logarithmen erfand, forschte dennoch weiter auf diesem Gebiet. Das Interesse dieser Männer legt die Vermutung nahe, daß man in diesem Zeitalter zögerte, Männer und Frauen in einem Universum zu verunsichern, in dem sich Blumen bei Sonnenlicht öffneten und Gezeiten, dem Mond gehorchend, stiegen und fielen, während sie sich selbst überlassen waren – außer in der weniger berechenbaren Beziehung zum Schöpfer der Natur.

So wie die chemische Industrie durch die Nachfrage nach besseren Seifen, Glas und Farbstoffen sowie nach verbesserten oder billigeren Waffen, die Mechanik durch den Bedarf an komplexeren Maschinen und die Ballistik durch die bedeutungsvolle Kenntnis der Reichweite und Flugbahn von Kanonenkugeln angeregt wurden, so reagierte die Astronomie auf das nach Kolumbus wachsende Verlangen nach umfassenderen Informationen über die Himmelskörper. Grobe Positionen auf See oder an Land konnten durch Koppelung ermittelt werden, den rechnerischen Ausgleich der geschätzten Geschwindigkeit gegenüber dem Zickzackkurs des Kreuzens und dem durch Strömungen und Winde verursachten Abdriften von der geraden

Kurslinie, alles in Relation zum Kompaßkurs gesehen. Präzise Standortbe-
stimmungen, die von Kartographen ebensosehr benötigt wurden wie von
Seeleuten, beruhten auf Umrechnungstabellen, die die Differenz angaben
zwischen dem an Ort und Stelle gemessenen Elevationswinkel der Sonne
oder eines Sterns und dem zum selben Zeitpunkt gemessenen Winkel in
einer europäischen Stadt, wo die Tabellen zusammengestellt worden waren. Eine andere Anregung zur Himmelsbeobachtung ging vom dringen-
den Bedürfnis nach einer Kalenderreform aus: Seit Julius Cäsar die Länge
des Sonnenjahres per Dekret festgelegt hatte (den Julianischen Kalender),
hatten die seitdem aufgelaufenen Abweichungen zwischen der Sonnenzeit
und der konventionellen Zeitmessung zu einer kumulativen Differenz von
zehn Tagen geführt. Als eine Kommission eine sorgfältige Analyse der
astronomischen Daten erstellte und damit bei Papst Gregor XIII. vorstellig
wurde, verfügte der, daß diese zehn Tage 1582 ausgelassen werden sollten
und daß danach das – heutige – Gregorianische System der Schaltjahre
eingeführt wurde. Diese Reform wurde außerhalb der Gebiete der russischen und griechischen Orthodoxie ziemlich schnell übernommen, wenngleich das Volk ein wenig murrte, daß man so mir nichts, dir nichts zehn
Tage aus dem Leben eines Menschen stahl.

Die zielbewußte Sternguckerei war allerdings nicht nur durch diese praktischen Erwägungen motiviert worden. Mit dem Interesse an der Astrologie
nahm auch das Interesse an den Himmelskörpern zu – ja, während des
gesamten 16. Jahrhunderts waren die Begriffe Astrologe und Astronom
üblicherweise praktisch austauschbar. So schrieb der Biograph des Arztes
und Astronomen Jean Fernel nach dessen Tod im Jahre 1558: »Die Betrachtung der Sterne und Himmelskörper übt auf den menschlichen Geist einen
solch wundersamen Zauber aus, daß wir uns, wenn wir erst einmal davon
fasziniert sind, verzückt in die Bande andauernder Sklaverei verstrickt
finden, die uns in untertäniger Knechtschaft hält.«[83] Und für den geborenen
Mathematiker bestand die Verlockung darin, die Berechnungen zu überprüfen, die dem Beitrag zum kosmischen Modell zugrunde lagen, den
Ptolemäus im 2. Jahrhundert geleistet hatte, oder jene Berechnungen zu
vereinfachen, die später »zur Rettung der Erscheinungen« dieses Modells
eingeführt wurden.

Als Nikolaus Kopernikus sich nach 1512 in Frauenburg, in dem von Polen
regierten Ostpreußen, niederließ, um in seinem Turmstübchen über der
Ostsee zu arbeiten, widmete er seine Berechnungen der Erforschung einer
Idee, die neben so vielem anderen in den Funden enthalten war, die man
im 15. Jahrhundert in griechischen Texten gemacht hatte. Sie lautete: Es
könnte ja sein, daß sich nicht die Erde, sondern die Sonne im Mittelpunkt

des Universums befände. Auch Nikolaus von Kues hatte an diese Möglichkeit gedacht. Um 1530 hatte Kopernikus zu seiner eigenen Befriedigung
den Nachweis erbracht, auch wenn er erst 1543 damit einverstanden war,
daß seine Entdeckungen veröffentlicht wurden. Als Kopernikus das neue
Modell, bei dem Erde und Mond zwischen die Sphären von Venus und Mars
plaziert wurden, in seinem Hauptwerk *De revolutionibus orbium coelestium
libri VI (Sechs Bücher über die Kreisbewegungen der Weltkörper)* darstellte,
wurde es nicht nur für schockierend gehalten, sondern auch für nicht
überzeugend. Zur Erklärung der Beziehung der Planeten und Sterne zu
einer nun sich bewegenden Plattform in einer neuen Position im Raum –
während Kopernikus zugleich das »offizielle« Bild der sich in vollkommenen Kreisen drehenden konzentrischen Sphären beibehielt – waren derart
komplizierte Berechnungen erforderlich, daß man ihren Sinn in Frage
stellte. Eine weitere Belastung der Glaubwürdigkeit dieses Modells war die
Plazierung der veränderlichen Erde und ihrer unreinen Atmosphäre zwischen Sphären von unveränderlicher Makellosigkeit. Es war die verwirrende Aufforderung: »Nehmen wir einmal an, daß …« von seiten eines
genialen Denkers und stellte so lange eine Herausforderung dar, bis andere
Astronomen bessere Gründe dafür fanden, diese heliozentrische Orientie-
rung zu akzeptieren.

Allmählich, immer gegen konservativen, zuweilen gleichermaßen intelli-
genten, wenn auch weniger phantasievollen Widerstand, zerstörte Tycho
Brahe das ganze Sphärensystem und stellte die Theorie von einer gemeinsamen Atmosphäre auf, die sich durch das gesamte Universum erstreckte,
in dem es zu Phänomenen wie Novae und Kometen überall im Weltraum
kommen konnte. Die Sphären, schrieb Brahe 1588, »die gewisse Autoren,
um den Schein zu wahren, erfunden haben, existieren nur in der Phantasie
und zu dem Zweck, damit die Bewegungen der Planeten vom Geist verstanden … werden können«.[84] Gleichwohl beharrte er auf der Annahme,
daß die Erde sich im Zentrum des Universums befinde oder zumindest in
dessen Nähe – und auch das war noch ein bemerkenswerter Bruch mit der
Tradition. Sobald die Planeten aus ihren Sphären befreit waren, konnte
Johannes Kepler (ein weiterer begeisterter Astrologe) rechnerisch nach-
weisen, daß die Bewegungen der Planeten nicht kreisförmig, sondern
elliptisch waren und sich in ihrer Geschwindigkeit unterschieden, entsprechend der jeweiligen Entfernung zur Sonne. Indem er in seiner *Astronomia
nova (Neue Astronomie)* von 1609 vorbrachte, daß die Wechselbeziehungen
zwischen den Magnetfeldern von Sonne, Erde und Planeten zu einem
unabhängigen Sonnensystem innerhalb des gesamten Universums geführt
hätten, konnte Kepler die Behauptungen von Kopernikus und Brahe bestä-

tigen, daß die Sterne unendlich viel weiter von der Erde entfernt seien, als es das alte Modell vorgesehen hätte. Bestürzenderweise – weil damit der »Himmel« abgeschafft wurde – war es nun möglich, sich ein unendliches Universum vorzustellen, das eine Vielzahl derartiger Systeme enthielt, die vielleicht sogar wie das Sonnensystem bewohnt waren. Lukrez hatte diese Vorstellung eigentlich schon im 1. Jahrhundert v. Chr. entwickelt, und Giordano Bruno, der im Jahre 1600 auf dem Scheiterhaufen in Rom verbrannt wurde, betonte seine anderen ketzerischen Ansichten noch, indem er diese Anschauung in seiner Schrift *De l'infinito universo et mondi (Vom Unendlichen, dem All und den Welten)* vertrat. Während die Vorstellung von Gottes persönlichem Interesse an jedem Christenmenschen schon durch die Einbeziehung der amerikanischen Indianer, der Afrikaner und der Japaner arg strapaziert worden war, gefährdete die Idee von zahllosen bewohnten Welten den gesamten christlichen Glaubensapparat und seine Organisation. Die protestantischen wie die katholischen Reformen waren bestrebt gewesen, das Band zwischen den Menschen und Gott zu verstärken. Die Intimität dieser Beziehung konnte gerade noch die Vorstellung verkraften, daß die Erde aus dem Mittelpunkt der Schöpfung herausgehoben war. Aber die Kirchen hatten die Psychologie ebenso wie die Genesis auf ihrer Seite, als sie Ideen verurteilten, die Männern und Frauen ihren exklusiven göttlichen Ursprung entzogen.

Der Botaniker wie der Zoologe konnte seinen Interessen gelassen nachgehen, ebenso der Alchimist und der Astrologe, sofern sie sich nicht dazu hinreißen ließen, ihre Forschungen auf die dunkleren Formen der Magie auszudehnen. Der Anatom und der Arzt mußten – wie das Beispiel von Vesalius zeigte – sehr behutsam sein, wenn sie an der Autorität von Galen rüttelten. Aber nur der Astronom trat gegen die göttliche Autorität wie gegen die der Klassiker zugleich an.

Andreas Osiander, der lutherische Freund von Kopernikus, sah dessen Buch vor der Drucklegung in Nürnberg durch und hielt es für notwendig, ihm ein unautorisiertes Vorwort voranzustellen. Darin wies er darauf hin, daß Kopernikus' Schlußfolgerungen nur hypothetisch seien: »Diese Hypothesen müssen nicht wahr, ja nicht einmal beweisbar sein. Es genügt allein schon, wenn sie ein Kalkül anbieten, das mit den Beobachtungen übereinstimmt ... Und wenn irgendwelche Ursachen [der Bewegung] erdacht sind, was in der Tat bei sehr vielen der Fall ist, so werden sie nicht dargelegt, um irgend jemanden zu überzeugen, daß sie wahr sind, sondern nur um eine korrekte Grundlage für die Berechnung zu bieten.«[85] Kopernikus sah das Buch erst im Jahre 1543, kurz vor seinem Tod. Und erst 1566 wagte sich ein Drucker an eine zweite Auflage heran.

Kopernikus war so vorsichtig gewesen, die Provokation herunterzuspielen, die seine Zahlen für die ptolemäische Form und für die aristotelische Physik des geweihten Modells darstellten. Andere bekamen Auftrieb durch die Wissenschaften, die bewiesen hatten, wie das antike Wissen ausgeweitet werden konnte, und waren weniger zurückhaltend. Als im Jahre 1572 plötzlich eine Nova, ein heller neuer Stern, nahe dem Sternbild Kassiopeia auftauchte, ergriff Jeronimo Muñoz, Professor für Hebräisch und Astronomie in Valencia, die Gelegenheit zu zeigen, daß Aristoteles' Lehre über die Beschaffenheit des Weltraums über dem Mond – nämlich daß dort nichts vergehen oder geschaffen werden könne – falsch war. Das Bild, auf dem Aristoteles auf allen vieren zu sehen war und von Phyllis geritten wurde, dem Freudenmädchen, in das er nach der Legende vernarrt war, war ein beliebtes mittelalterliches *exemplum* gewesen für die gefährliche Macht von Frauen über die Weisheit.

Aristoteles und Phyllis,
Zeichnung von Josef
Heintz d. Ä., 1600
(Museum der Schönen
Künste, Budapest)

Als es dann wieder von Josef Heintz dem Älteren – der damals (wie Brahe und Kepler) für Kaiser Rudolf in Prag arbeitete – in einer schwungvollen Zeichnung von 1600 aufgegriffen wurde, sah man, daß Aristoteles auch wegen seiner kosmologischen Verirrungen gedemütigt wurde.

Bis dahin war die Geistlichkeit der Meinung gewesen, daß die kosmologische Theorie mathematisch viel zu kompliziert sei, um einen verderblichen Einfluß auf die Massen haben zu können, und da der Klerus auch nichts dagegen hatte, daß die heidnische Lehrmeinung angegriffen wurde, war man nicht allzusehr beunruhigt. Überaus verstört freilich war man, als Galilei, dank seiner Verbesserungen am jüngst entwickelten Teleskop und seines Interesses an mathematischer Physik, das heliozentrische Weltbild von Kopernikus im Lichte von Brahes und zum Teil auch von Keplers Entdeckungen erneut überprüfte. Seine Veröffentlichungen von 1610 stellten, auch mit ihren bewußt bilderstürmerischen Seitenhieben, die klassische Lehrmeinung über den Himmel so scharf in Frage, daß man befürchtete, das darauf errichtete theologische Gebäude sei in Gefahr einzustürzen. Galilei sah durch sein Teleskop, »daß die Oberfläche des Mondes nicht glatt, gleichmäßig und von vollkommener Kugelgestalt ist, wie eine große Schar von Philosophen ... glaubte«.[86] Diese Mitteilung ebenso wie die gleichfalls in seiner Schrift *Sidereus Nuncius (Sternenbotschaft)* von 1610 veröffentlichten Enthüllungen, nämlich daß vier Begleiter den Jupiter wie der Mond die Erde umkreisen und daß die Zahl der Sterne noch größer sei und daß sie in vielfältigerer Entfernung von der Erde stünden, als seine Vorgänger vermutet hätten – all diese Entdeckungen führten zu einer Revision der Theorie vom Kosmos. Damit war zwar noch längst nicht das verfügbare Beweismaterial richtig ausgeschöpft, wie Isaac Newton in seinen *Philosophiae naturalis principia mathematica (Mathematische Grundlagen der Naturphilosophie)* von 1687 zeigen sollte. Aber nach den erweiterten Ausführungen in Galileis späteren Werken stand für eingefleischte Aristoteliker und Kleriker einwandfrei fest, daß es sich um einen revidierten, auf die Degradierung der Erde abzielenden Kopernikanismus handelte, und darum zwang man ihn 1633, seiner Lehre abzuschwören und praktisch unter Hausarrest außerhalb von Florenz zu leben, bis er neun Jahre später starb. Bis dahin war man, wie Robert Burton 1621 in seiner *Anatomie der Melancholie* gestand, in seiner Vorstellungskraft angesichts so vieler rivalisierender Kosmos-Theorien »ganz schwindlig vor lauter Umherschweifen«.[87]

In einem 1595 veröffentlichten Katalog führte der Londoner Buchhändler Andrew Maunsell über sechstausend in England gedruckte Bücher auf, die er auf drei Abteilungen verteilte. Nach »Divinitie« (Theologie) kam »Sciences« (Naturwissenschaften) und dann »Humanities« (Geisteswissenschaften), und hier waren Bücher versammelt über »Grammatik, Logik, Rhetorik, Recht, Geschichte, Dichtung, Politik und andere, die großenteils erfreuliche und vergnügliche Dinge betreffen«. Der zweite Abschnitt, erklärte Maunsell, »betrifft die mathematischen Wissenschaften, wie Arithmetik, Geometrie, Astronomie, Astrologie, Musik, die Kriegskunst und Navigation und auch ... Physik und Chirurgie«.[88] Diese Abteilung enthielt auch Bücher über Architektur sowie Kochbücher. Allen Werken in dieser Gemischtwarenabteilung gemeinsam war, daß ihr Wissen auf die wirkliche Welt von Mensch und Natur gerichtet war und in ihnen ermittelt wurde, ob beispielsweise ein mathematisches Theorem, ein Bauwerk, die Positionierung einer Armee oder eine pharmazeutische Rezeptur auf die Verwendung von Zahlen angewiesen war. In Kochbüchern waren die Mengenangaben ungenau aufgerundet und die Zeitangaben subjektiv und vage: Man brate einen Schellfisch, »bis es genug ist«, empfahl ein englisches Kochbuch aus dem 15. Jahrhundert; nach einem italienischen Rezept von 1560 sollte Kabeljaurogen so lange erwärmt werden, »wie es dauert, ein Credo aufzusagen«. Dennoch war die Naturwissenschaft der Zweig des Wissens, der mit Zahlen arbeitete. Die Chirurgie war hier nur scheinbar fehl am Platze – immerhin hatten es mit ihr Ärzte zu tun, von denen sich viele auch als Mathematiker bezeichneten.

In gewisser Weise wurde das Rechnen auch in den Elementarunterricht einbezogen und im *quadrivium* (Arithmetik, Geometrie, Astronomie und Musik) zu Beginn des Universitätsstudiums für selbstverständlich erachtet. Für den Ladenbesitzer und Kaufmann war es unumgänglich. Alberti betonte die Bedeutung des Rechnens für den Künstler. Piero della Francesca schrieb zwei Abhandlungen über Perspektive und Proportion, die vor Zahlen nur so strotzten. In einem seiner Notizbücher warnte Leonardo seine Leser: »Es soll mich nicht lesen, wer nicht ein Mathematiker nach meinen Grundsätzen ist.«[89] 1525 veröffentlichte Dürer eine *Underweysung der messung / mit dem zirckel und richtscheyt*, die noch 1622 in der Liste von Büchern über Mathematik aufgeführt war, welche Henry Peacham in seinem Werk *Der vollkommene Gentleman* zur Lektüre empfahl. Der Weiterentwicklung der Kriegskunst suchten Bücher zu entsprechen, die betonten, wie notwendig die Arithmetik bei der Berechnung des Raums zur Aufstellung von Armeen sowie die Geometrie für die Konstruktion von Festungsanlagen sei. Thomas Digges, der Autor eines dieser Bücher, bezeichnete 1571 all jene, die die Bedeutung der Mathematik nicht erkannten, als »zweibeinige Maulwürfe und Kröten, die die Natur und das Schicksal

dazu verurteilt haben, in der Erde zu kriechen und Jauche zu saugen«.[90]
Gelehrte, die sich mit der Anwendung der Mathematik auf die Kriegskunst
befaßten, wurden herangezogen, um einem tatkräftigen Mann aus gutem
Hause den letzten erzieherischen »Schliff« zu verpassen – auch Galilei hielt
in Padua Vorlesungen über dieses Thema. Rechenkenntnisse waren natürlich auch im staatlichen Rechnungswesen und bei der Seefahrt erforderlich.

Holbeins Gemälde *Die Gesandten* von 1533, auf dem ein Kleriker und ein
Edelmann neben einer sorgfältig komponierten Ansammlung von seemän-
nischen und astronomischen Instrumenten, einer Laute und Noten (die in
diesem Kontext auf das *quadrivium* anspielen) sowie einem deutschen
Rechenbuch posieren, ist nur eines von vielen Porträts, auf denen sich
gebildete Männer gleichsam mathematische Kompetenz bescheinigen
ließen.

Die Wiederentdeckung praktisch aller wichtigen antiken mathematischen
Texte führte zu einer fruchtbaren Kontroverse – ein italienischer Herausgeber von *Euklid* erklärte 1505, der Herausgeber der vorhergehenden
stümperhaften Ausgabe hätte sie eigentlich nicht *Euklid,* sondern *Chaos*
nennen sollen – und einer neuen Begeisterung für die reine Mathematik,
die durch die Wiederbelebung des Interesses an Platon angeregt worden
war. Für Platon spielte die Gewißheit der Mathematik bei der Ausbildung
des Philosophen eine ganz wesentliche Rolle, »weil er dabei aus der Welt
des Werdenden aufsteigen und das Seiende anrühren muß«, weil die
Arithmetik »die Seele zwingt, mit Hilfe des einsichtigen Denkens die
Wahrheit selbst zu suchen«, und die Geometrie, als »Erkenntnis des immer
Seienden«, die »Seele zur Wahrheit hinziehen ... und philosophisches
Denken in uns wirken« würde.[91] Während das Nützlichkeitsdenken Fortschritte in der Trigonometrie und die Erfindung der Logarithmen bewirkte,
hatte das selbstzweckhafte Spiel mit den Verhältnissen zwischen Zahlen
die Einführung negativer und imaginärer Zahlen und eine lebhafte, oft
erbitterte Debatte über die Theorie der Gleichungen dritten und vierten
Grades zur Folge. Die Ergebnisse dieses weitgehend von Italienern besetzten Forschungszweiges wurden in dem 1572 veröffentlichten Buch *Algebra*
von Rafael Bombelli zusammengefaßt. Aber die praktische Rolle der Mathematik als dem gemeinsamen Nenner der verschiedenen Zweige der
Naturwissenschaft wurde eingehender von dem Engländer Robert Recorde
dargestellt. Sein erstes Buch, über Arithmetik, trug den bezeichnenden
Titel *The Grounde of Artes (Die Grundlage der Künste).* Das 1540 erstveröf-
fentlichte und bis 1561 sechsmal nachgedruckte Werk stellt diese »Grundlage« anhand der Bandbreite der Fächer dar, die Recorde in Oxford und

Hans Holbein d. J., *Die Gesandten*, 1533 (National Gallery, London)

Cambridge gelehrt hatte: Anatomie und Medizin, Musik, Astrologie und Astronomie (als erster englischer Autor erwähnte er Kopernikus). 1557 gab er das erste englische Werk über Algebra heraus und sorgte damit für die weitere Verbreitung der Verwendung arabischer Zahlen beim Rechnen sowie der Symbole plus und minus und des Gleichheitszeichens.

Wer Naturgesetze erforschte, stützte sich dabei mehr auf mathematische Erklärungen als auf Schlüsse aus den Ergebnissen echter Experimente. Von den zahllosen praktischen Beobachtungen, die Leonardo gemacht hat, gehen nur eine Handvoll auf Versuchsanordnungen zurück, und zwar hauptsächlich auf dem Gebiet der Optik. Auch wenn Galilei zumindest ein Experiment geschildert hat – die Konstruktion einer gerillten schiefen

Ebene mit geringer Reibung, im Zusammenhang mit seinem Studium der Bewegung –, so ist doch keineswegs klar, inwieweit sich seine theoretische Physik auf Experimente stützte. Statt damit neue Vermutungen zu testen, benützte man Experimente in erster Linie dazu, überkommene Meinungen zu überprüfen und Ammenmärchen zu widerlegen. Keines der Experimente über die Eigenschaften des Magneteisensteins von Giambattista Della Porta war so angelegt, daß es überzeugend den Mythos zu widerlegen vermochte, das Aroma von Knoblauch würde die Funktion des Kompasses aufheben (eine Meinung, die »unter Seeleuten ... verbreitet ist«): Nachdem er eine Knoblauchzehe gegessen hatte, hauchte er einen Magnetstein an und entdeckte, daß der »Genuß von Knoblauch seinen Kräften keinerlei Abbruch« tat.[92] Man darf sich nicht durch den häufigen Gebrauch des Wortes »Experiment« täuschen lassen – meist wird es synonym für »Erfahrung« gebraucht, etwa als Paracelsus 1527 behauptete, ihm dienten »als Beweishelfer Erfahrung und eigene Erwägung statt Berufung auf Autoritäten«[93], oder als Jacques Cartier, der in den dreißiger Jahren des 16. Jahrhunderts das östliche Kanada erforschte, erklärte: »Die gewöhnlichen Seefahrer unserer Zeit machen wirkliche Experimente [= Erfahrungen] und haben dabei das Gegenteil der Ansichten der Philosophen erfahren.« Und dann fügt er eine bemerkenswerte Aussage hinzu, die in nuce den neuen Forschergeist widerspiegelte: »Ich möchte doch dringend darum bitten, daß niemand versuchen möge, mich von etwas zu überzeugen, das der Erfahrung widerspricht.«[94]

Dieser neue Forschergeist überprüfte und demonstrierte lieber bestehende Anschauungen, als daß er nach neuen Erklärungen für Naturphänomene suchte. Es ist nichts weiter als eine hübsche Legende, daß Galilei verschieden große Gewichte von der Spitze des Schiefen Turms von Pisa fallen ließ, um zu zeigen, daß sie auf der Erde zur selben Zeit auftrafen. Dann hätte er damit nämlich Skeptiker widerlegt, die an einer Theorie der Bewegungsenergie zweifelten, die eine Generation zuvor von dem Venezianer Giovanni Battista Benedetti aufgestellt worden war, um die aristotelische Idee zu bekämpfen, daß schwere Körper zur Erde mit einer Geschwindigkeit strebten, die im Verhältnis zu ihrem Gewicht stehe. Als Galilei 1623 beschrieb, wie eine Kugel in einem Gefäß mit Wasser, das im Kreis herumgeschwenkt wird, sich in entgegengesetzter Richtung dreht, dann wollte er damit die von Kopernikus zur Erklärung der Himmelsmechanik eingeführte Idee der gegenläufigen Rotation verteidigen. In diesem Geist konstruierte auch der Niederländer Simon Stevin einen Apparat, der die Beziehung zwischen der Höhe einer Wassersäule und dem von ihr ausgeübten Druck anzeigte, während der Erfinder selbst damit nichts anderes demonstrieren wollte als die Funktionsfähigkeit der praktischen Vorschläge, die er als Hydrauliktechniker gemacht hatte.

Ungeachtet der Vorbehalte von Bacon gegenüber dem Springen und Fliegen – ohne einige »Flieger« und die Organisationen, die ihre Forschungen unterstützten, wäre die naturkundliche Forscherneugier niemals so nachdrücklich zur Wissenschaft gelangt.

In seinem utopischen Roman *Neu-Atlantis* schilderte Bacon ein ständiges zentrales Forschungszentrum, das er das »Haus Salomons« nannte und in dem die Ergebnisse von Experimenten erörtert und daran anschließende Versuche geplant werden konnten. Bis dahin (1627, als das Romanfragment postum erschien, beziehungsweise ein paar Jahre früher, als es entstand) hatte es nichts Derartiges gegeben, auch wenn Bacons Idee vielleicht von den Männern mit wissenschaftlichen Interessen vorgeschlagen worden sein mochte, die im Londoner Haus von Sir Thomas Gresham zusammenkamen, aus dem 1597 das Gresham College wurde. Diese Interessen allerdings bezogen sich hauptsächlich auf das Gebiet der angewandten Mathematik. Eine Ballade »zu Ehren der auserwählten Gesellschaft von Philosophen und erlauchten Geistern, die sich jeden Mittwoch im Gresham College zusammenfinden« formulierte dies so:

> Dies College mißt die ganze Welt,
> Daß auch Unmögliches gelänge
> Und Seefahrt zu den Freuden zählt,
> Errechnet man die richt'ge Länge!
> Ein Leichtes ist's dann dem Matrosen
> Zu segeln zu den Antipoden.[95]

Andere inoffizielle Vereinigungen bildeten sich um führende Forscher wie John Dee in Mortlake oder Federico Cesi in Rom: Vorläufer der im 17. Jahrhundert errichteten wissenschaftlichen Akademien und Gesellschaften, die dann so viel zur Experimentierfreude und zum öffentlichen Ansehen der Wissenschaften beitragen sollten.

Zunächst aber war die einzige Einrichtung, die dem Haus Salomons am ehesten entsprach und seine Konzeption vielleicht auch beeinflußte, Tycho Brahes spezieller Laboratoriumspalast von Uranienborg auf der dänischen Insel Ven, mit mehreren Observatorien, einem gigantischen Quadranten, dem großen messingverkleideten Himmelsglobus für die Eintragung von Beobachtungen, den Schmelzöfen und alchimistischen Geräten, dem Stab von Assistenten und der Zimmerflucht in der Mansarde für Studenten und Kollegen, die auf Besuch hier weilten. Die Feier anläßlich der Grundsteinlegung im Jahre 1576 verweist auf das halbromantische Prestige, das die Naturwissenschaften gewonnen hatten, seit sie das Interesse von Kaufleuten, Bürokraten und Angehörigen der Aristokratie als Mäzene oder Studenten auf sich gezogen hatten. Der Grundstein wurde vom französischen Botschafter in Dänemark gelegt, und diese Zeremonie fand im Beisein von Gelehrten und Mitgliedern des Hofes statt, »als die Sonne zusammen mit Jupiter nahe Regulus aufging, während der Mond im Sternbild des Wassermanns unterging. Trankopfer wurden mit verschiedenen Weinen feierlich dargebracht, man wünschte dem Unternehmen Erfolg, und dann wurde der Stein an seinen Platz gelegt.«[96]

Während sich die Universitäten mit ihren traditionellen Lehrplänen nur zögerlich der neuen Welle der Forschung öffneten, konnten die »Flieger« entweder über nichtprofessorale Mittel verfügen (wie Kopernikus mit seiner Domherrnpfründe, der »Logarithmen-Napier« auf seinen schottischen Gütern, William Harvey dank seines Stipendiums als Königlicher Leibarzt und seiner umfangreichen Privatpraxis ebenso wie seiner Honorare vom College of Physicians, Bacon aufgrund seiner Ämter als Kronanwalt und weil er eine gute Partie gemacht hatte), oder sie waren die Günstlinge reicher Mäzene. Seit langem war bekannt, welche Rolle dies in der Karriere von anderen Männern gespielt hatte, die mehr Genie als Geld besaßen: Bei einem Brettspiel, das ein spanischer Autor 1587 beschrieb, mußte ein Mitspieler, dessen Spielmarke nach dem Würfeln auf Feld Dreiundvierzig landete (»Dein Gönner stirbt«), wieder zum Startfeld zurückgehen.[97] Nun schlug die Stunde des Wissenschaftlers.

König Friedrich II. machte Brahe zu einem der reichsten Männer in Dänemark, und der Astronom stellte sich selbst auf einem Stich als ausgesprochener Herr dar (der er aufgrund seiner Herkunft ja auch war), wie er neben seinem gemauerten Quadranten saß und einem Sekretär diktierte, während seine Assistenten Zeit und Winkel der Himmelsbeobachtung notierten. Kepler erhielt sein Gehalt als Kaiserlicher Mathematiker zwar nur unregelmäßig, aber damit konnte er sich zumindest über Wasser halten, und nach dem Tod Rudolfs II. ermöglichte es ihm diese Position, einen gutbezahlten Posten bei der Provinzregierung in Linz zu bekommen – allerdings sah er sich später gezwungen, vor dem Regensburger Reichstag ihm zustehende Obligationszinsen aus dieser Tätigkeit einzuklagen. Galilei verdankte seine Erlösung von den Pflichten eines Universitätslehrers in Padua der Patronage der Medici, die er geschickt zu erlangen verstand. Als er im Jahre 1608 nämlich von der bevorstehenden Hochzeit von Cosimo, dem Erben des Großherzogs Ferdinand I. von Toskana, erfuhr, schrieb er an Cosimos Mutter und empfahl ihr ein Emblem für eine

Tycho Brahe in Uranienborg, Kupferstich aus Tycho Brahe,
Astronomiae instauratae mechanica, Nürnberg 1602

Gedenkmedaille. Meisterhaft Wissenschaft und Schmeichelei miteinander
verknüpfend, schlug er das Abbild eines Magnetsteins mit dem Motto »Kraft
erzeugt Liebe« vor und erklärte: So wie die Anziehungskraft des Magnetsteins Eisenfeilspäne anziehe, erhebe die Anziehungskraft der fürstlichen
Macht seine Untertanen in liebendem Gehorsam.[98] Anschließend nannte
er die Monde des Jupiter, die er entdeckt hatte, »die Mediceer-Sterne«. Nach
ein paar Monaten bereits wurde er nach Florenz als Großherzoglicher
Mathematiker geholt und erhielt ein Stipendium, das zu den zehn höchst-
bezahlten Gehältern zählte, die Regierungsbeamte in der ganzen Toskana

erhielten, und damit lag er noch über den Honoraren der Künstler, Kriegstechniker und herzoglichen Sekretäre, die bei Hofe angestellt waren.

Eine derartige Patronage stellte eine Gegenleistung für das Prestige dar,
das mit der Leistung verknüpft war, der die Förderung galt. Friedrichs
Gunst gründete sich auf dem europaweiten Ansehen, das Brahe mit seiner
Erklärung der Nova von 1572 erlangt hatte. Cosimo, der 1610 Großherzog
Ferdinands Nachfolger wurde, gewann eine gewisse Reputation durch
seine »Sterne« und weil er galileische Teleskope und Exemplare der
Sternenbotschaft als Diplomatengeschenke verschickte. Von ihren fürstlichen Horsten aus machten diese Flieger deutlich, daß die Wissenschaft
nicht nur zur Erklärung, sondern auch zur Ausbeutung der Natur maßgeblich beitragen könne: »Das wahre und rechtmäßige Ziel der Wissenschaften ist kein anderes, als das menschliche Leben mit neuen Erfindungen
und Mitteln zu bereichern«, um Bacon noch einmal zu zitieren, wobei
dieser Ausspruch auf die Leistung seiner eigenen Zeit wie auf seine
Hoffnungen für die Zukunft gemünzt war.[99] In einem Europa, in dem
wissenschaftliche Informationen zirkulierten, während die Wissenschaft
selbst noch immer nicht organisiert war, war Galileis Stipendium für
andere fast genauso ermutigend wie seine neuen Entdeckungen auf den
Gebieten der Optik, der Mechanik und der Astronomie.

Allerdings schützte selbst diese Beglaubigung seiner Forschungen Galilei
nicht vor der Verfolgung durch die Kirche. Im Jahre 1615 erklärte einer
seiner frühen katholischen Widersacher, daß seine Unterstützung der
Irrlehren des Kopernikus »eine sehr gefährliche Sache« darstelle, die »den
heiligen Glauben durch die Behauptung, daß die Heilige Schrift falsch sei,
zu verletzen« drohe.[100] Außerdem sah sich Galilei gezwungen, mit konservativen Akademikern darüber zu diskutieren, daß die sicherere Methodik
seines Gegenstandes den gleichen Respekt verdiene wie Philosophie und
Theologie. Jedenfalls konnte man angesichts der Tatsache, daß Wissenschaftler noch nicht imstande waren, Epidemien und Vereiterungen zu
verhindern und Schmerzen zu lindern oder neue Energiequellen zu erschließen oder nur das zu erklären, was Techniker längst taten – unter
diesen Umständen also konnte man Bacons Optimismus kaum teilen.
Während die meisten Männer und Frauen irgend etwas aus der traditionellen Pseudowissenschaft begriffen, war die wahre, objektive Wissenschaft längst nicht ausreichend bekannt, um populär werden zu können.
Über Stevins Landjacht von 1600 sprach man viel mehr als über seine
hydrostatischen Erkenntnisse, Galilei war bekannter wegen seines Teleskops als wegen der damit gemachten Entdeckungen. Botanik, Zoologie
und Mineralogie vermochten Neugier zu wecken und zu befriedigen. Aber

welchen praktischen Nutzen bot der angesehenste Zweig der Naturwissenschaften: die kosmologische Astronomie – insbesondere wenn Jene, die die damit verbundenen Rechnungen verstehen konnten, sich untereinander nicht einig waren? »Was können wir hieraus anders folgern«, fragte Montaigne, »als daß wir uns nicht darum bekümmern dürfen, welches von beyden wahr ist? Und wer weiß, ob nicht eine dritte Meynung binnen hier und tausend Jahren die beyden vorhergehenden umwirft?«[101]

Angesichts des Mißtrauens und der Skepsis, wie sie sogar in intellektuellen Kreisen zum Ausdruck gebracht wurden, war das eher populäre Verlangen nur zu verständlich, an einer Vorstellung von der Welt der Natur festzuhalten, an die man schlicht glauben konnte, statt sie nur mit dem kalten Verstand zu begreifen. Denn jedem Buch, das wissenschaftlich genannt werden konnte, stand auch weiterhin ein ganzer Berg von weitaus eingängigeren Sammlungen gegenüber, die die alten ermutigenden Mythen nachbeteten: über den Jungbrunnen oder die Kraft des Bernsteins, eine untreue Ehefrau zu entlarven. Die meisten Menschen wollten nicht Methodik, sondern Magie – diese Wissenschaft derer, die nicht rechnen konnten, die potentielle Macht der Nichtprivilegierten. Sie war auch die Helferin jener Wissenschaftler, die es eilig hatten, die Geheimnisse der Natur zu lüften. Wenn der Kosmos denn schon von Geistern betrieben wurde, die die Sphären bewegten und dafür sorgten, daß die Planeten das Leben des Menschen beeinflußten, dann konnte man sich auch an sie wenden und sie bitten, die Umwandlung von Katzengold in echtes Gold zu beschleunigen oder die Milch einer kranken Kuh wieder fließen zu lassen. Oder sie konnten dazu bewegt werden, die geheimnisvollen Funktionsweisen des Universums zu erklären, so daß die Menschen mit Hilfe dieses Wissens Gott mit einem besseren Verständnis Seines Schöpfungsplans dienen – oder Macht für sich selbst gewinnen konnten.

Man sprach von der *Natürlichen Magie* (nach dem Titel der *Magiae naturalis sive de miraculis rerum naturalium libri IV* – *Vier Bücher über die natürliche Magie oder die Wunder der natürlichen Dinge* – von Giambattista Della Porta, die nach der Veröffentlichung im Jahre 1558 immer wieder nachgedruckt und übersetzt wurden), weil sie die Kräfte der Natur erforschte, die man nicht sehen oder fühlen konnte. Von ihren Motiven her war solche Magie eine echte Forschungswissenschaft. Sie stellte sich die Geister, die dafür sorgten, daß alles im Kosmos an seinem Platze blieb und mit allem anderen in Verbindung stand, keineswegs als Wesen vor, die beschworen werden konnten. Diesen Aspekt des Aberglaubens überließ man den Volkssagen von Elfen und Feen und den Zauberern und Zauberinnen der Dichter, die ein Schwert mitten im Schwung innehalten lassen und Menschen in Tiere verwandeln konnten. Wer sich mit der natürlichen Magie befaßte, achtete darauf, sich von Geisterbeschwörern zu distanzieren, die behaupteten, sie könnten Dämonen auffordern, ihnen zu dienen, und die dies tatsächlich eines Nachts im römischen Kolosseum taten – jedenfalls für einen so leicht erregbaren Zeugen wie Benvenuto Cellini. Daß die Abgesandten des Teufels umgingen und Menschen sexuelle Vergnügungen, Reichtümer und Macht gegen ihre Seele boten, war nicht nur eine Kanzelmetapher. Auch die Faust-Geschichten kündeten davon und inspirierten Marlowe dazu zu zeigen, wie der Wissensdurst des Gelehrten durch seine Begierde nach okkulter Macht vergiftet werden konnte.

In seinem 1562 erschienen Buch *De secretis (Über die Geheimnisse)* hat sich Girolamo Cardano eingehend mit den Problemen der natürlichen Magie befaßt. »Es ist noch gar nicht bewiesen«, heißt es da, »dass es wirklich Dämonen gibt, und wenn es sie gäbe, diese durch einen Pakt bezwungen werden können. Wenn es sie gibt, so sind sie sicher höheren Geistes und werden kaum unsere Nichtigkeiten und Machwerke verstehen. Die Menschen verstehen ja die Übereinkünfte, Ordnungen und Parteiungen der Ameisen auch nicht.«[102] Und im allgemeinen war auch nichts Sensationelles an der Literatur über wissenschaftliche Magie. Natürlich war sie wegen ihres Forschungsgegenstandes in einem mystischen und esoterischen Ton gehalten. Sie betonte gemäß dem damals gerade modischen Neuplatonismus, daß Gott jedem Teilchen seiner Schöpfung innewohne. Sie akzeptierte die Führung jener, die offenbar den Code, oder Teile davon, richtig verstanden hatten: die Propheten und Sibyllen aus der Zeit des Alten Testaments, der Heiligen Drei Könige, deren Wissen sie nach Bethlehem geführt hatte, der gottähnliche Weise Hermes Trismegistos, dessen rätselhafte antike Schriften, die Ficino 1471 aus dem Griechischen ins Lateinische übersetzt und die Pico della Mirandola ernst genommen hatte, als verheißungsvoller Schlüssel für die Schatztruhen des verborgenen Wissens galten. Einer anderen Methode zufolge, die auf dem wiederbelebten Interesse an dem Mathematiker Pythagoras aus dem sechsten vorchristlichen Jahrhundert aufbaute, konnten die arithmetischen Formeln und geometrischen Formen den Code knacken, der die Form des Universums bestimmte. Darum sollte kraft der Theorie der Sympathien die Anrufung eines göttlichen Musters durch ihr von Menschenhand gemachtes Abbild einen weiteren Schlüssel bewegen, mit dem sich die Tür zum Wissen öffnen ließe – daher die »Pentakel« und »Zirkel«, in denen der Geisterbeschwörer stand, als er das Erscheinen der »Legionen« höllischer Geister erzwang, die Cellini, wie er behauptete, wenn schon nicht gesehen, so doch zumindest in seinem Bewußtsein wahrgenommen hatte.[103]

Im Laufe des 17. Jahrhunderts sollte die Rolle der Magie auf die einer Trickkiste oder eines Aberglaubens der Ultraleichtgläubigen reduziert werden. Als Wissenschaft konnte sie die allmähliche Ablösung einer animistischen Vorstellung vom Kosmos durch ein mechanistisches System nicht überleben. Aber von der Generation Ficinos bis zu der Bacons bewegte sich das fortschrittliche wissenschaftliche Denken auf parallelen, sich oft überlappenden Bahnen. Beide waren europäische Sehweisen. Der Zweig der Wissenschaft, der schließlich als der »wahre« anerkannt wurde, wuchs unter anderem durch die Werke des Polen Kopernikus, des Spaniers Muñoz, des Dänen Brahe, des Deutschen Kepler und des Italieners Galilei. Bacon war sich durchaus der magischen Methoden bewußt, derer sich der Deutsche Agrippa von Nettesheim, die Italiener Della Porta und Cardano sowie seine Landsleute, der Astrologe John Dee und der Mathematiker und Arzt Robert Fludd, bedienten. Und nicht ohne Zögern landete er am Ende auf der anderen Seite: »Den was die natürliche Magie anbetrifft, welche in den Schriften der meisten zu finden ist, so enthält sie einige läppische und abergläubische Ueberlieferungen und Beobachtungen von den Sympathien und Antipathien der Dinge, und von den verborgenen und specifiken Eigenschaften, die meistens noch mit possirlichen Experimenten angefüllt, die mehr den Schein und den Griffen nach als in der That zu bewundern sind.«[104]

Noch nie hatten so viele Menschen voller Staunen auf die Rätsel der Natur hinabgestarrt, wie sie es von der Brücke taten, die das späte 15. mit dem frühen 16. Jahrhundert verband. »Ich bin damahlen wie auch nachmahlen oft darbey gewesen, unndt ist sich höchlich dorab zeverwunderen, waß ich da gesehen hab«, hielt Thomas Platter, ein durchschnittlich gebildeter Arzt, 1596 in seinem Reisetagebuch fest, als er einen seltsamen Brunnen in dem französischen Dorf Pérols aufgesucht hatte. »Im winter sichet man ein rundt loch im boden, eines schrittes breit unndt 1 schu dieff, voller waßer; daß seüdet unndt strudlet nicht anderst, als wann es von einem großen feür also sutte; hab dorein griffen unndt es versuchet, ist kalt unndt am kust wie ein ander brunnwaßer.«[105] Und wenn viele Menschen auch noch so zwanghaft in der Mathematik oder in der Magie nach Erklärungen für die Rätsel der Natur suchten, entfernten sie sich damit doch nicht unbedingt von der Alltäglichkeit des Lebens, deren Vermittlung Historikern solche Schwierigkeiten bereitet. Dazu Cardano, Arzt, Mathematiker, Erfinder (der kardanischen Aufhängung, die für Kompasse auf See verwendet wird), Hypochonder – und ein Mensch, der an die Bedeutung von Träumen und den magischen Weg zum Wissen glaubte: »Zwar scheint mein ganzes Wesen mit dem Begriff Glück nicht das mindeste zu tun zu haben. Doch komme ich der Wahrheit näher, wenn ich sage, dass es mir vergönnt gewesen, wenigstens manchmal und teilweise glücklich zu sein. – Wenn es aber überhaupt im Leben ein Gutes gibt, womit wir dieser Komödie Bühne schmücken, so bin ich um dergleichen wahrlich nicht betrogen worden.« Und dann zählt er diese guten Dinge auf: »Erholung, Ruhe, stille Behaglichkeit, Besonnenheit, Ordnung, Abwechslung, Heiterkeit, Unterhaltung, angenehme Gesellschaft, Behaglichkeit, Schlaf, Essen und Trinken, Reiten, Rudern, Spazierengehen, Neuigkeiten, die man erfährt, Überlegung, ruhige Betrachtung, gute Erziehung, Frömmigkeit, Ehe, fröhliche Gastereien, ein gutes, wohlgeordnetes Gedächtnis, Sauberkeit, Wasser, Feuer, Musik, viel Schönes für die Augen, angenehme Gespräche, Erzählungen und Geschichten, Freiheit, Selbstbeherrschung, kleine Vögel, junge Hunde, Katzen, der tröstliche Gedanke an den Tod, an den ewigen Wechsel der Zeit, die an allen, Seligen und Elenden, an Glück und Unglück vorüber geht, die Hoffnung auf unerwartete Glücksfälle, die Ausübung irgend einer Kunst, die man versteht, der mannigfaltigste Wechsel, die ganze weite Welt!«[106]

Epilog

»Unser Zeitalter«

O tempora! O mores! – O diese Zeiten! O diese Sitten!: Seit Cicero diese traurige Feststellung im ersten vorchristlichen Jahrhundert machte, haben Menschen immer wieder das Gefühl zum Ausdruck gebracht, daß sich ihr eigenes Jahrhundert von früheren Zeiten unterscheide, und zwar gewöhnlich auf schockierende oder beklagenswerte Weise. Aber noch nie vor der Renaissance waren solche Hinweise so sehr an der Tagesordnung gewesen, noch nie hatte es aber auch so viele Optimisten gegeben. »Seit 1400«, schrieb der kultivierte Kaufmann Giovanni Rucellai im Jahre 1457, »haben wir mehr Grund, zufrieden zu sein, als jede andere Zeit vor uns seit der Gründung von Florenz.«[1] Für andere brachte die Geschwindigkeit, mit der sich der Wandel vollzog, auch eine geistige Veränderung mit sich. Heiter begrüßte Erasmus, der Gelehrte, sein Zeitalter im Jahre 1517: »Auf der ganzen Welt« – er meinte natürlich das Europa des Humanismus – »erwachen wie auf ein Zeichen hin großartige Begabungen.«[2] Kurz vor seinem Tod im Jahre 1536 machte sich Erasmus, der friedliebende Christ, Gedanken über die düsteren politischen und religiösen Aussichten und erklärte, er lebe im »schlimmsten Zeitalter der Geschichte«.[3] Im großen ganzen jedoch galten die sich häufenden Hinweise auf die Gegenwart oder auf andere Zeiten – in vier aufeinanderfolgenden Stanzen des *Rasenden Roland* sprach Ariost von »heut'gentags« und »früher« und stellte »alt' und neue« [Maler] einander gegenüber – Veränderungen, die als Wendung zum Guten empfunden wurden, als »Licht ..., das ... / Hell glänzend, rings die Dunkelheit verjagte«.[4]

Das veränderte Aussehen von Giottos Werken und sein Ruhm über die Mauern von Florenz hinaus hatten Dante dazu bewegt, ihn mit seinem Vorgänger Cimabue zu vergleichen:

> Es glaubte Cimabue zu behaupten
> das Feld im Malen, jetzt ist Giotto oben,
> so daß den Ruhm des andern er verdunkelt.[5]

Hier, im *Purgatorio*, legte Dante seine Meinung einem anderen Künstler in den Mund, dem Handschriftenillustrator Oderisi da Gubbio. Ein Jahrhundert nach Dantes Tod im Jahre 1321 trat eine weitere Generation florentinischer Künstler von überragender Originalität, geistiger Kraft und zeitgenössischer Berühmtheit: der Maler Masaccio, der Architekt Brunelleschi und der Bildhauer Donatello, zeitgleich mit der ersten konzertierten Beglaubigung humanistischer Studien durch florentinische Gelehrte und Mäzene in Erscheinung. Von da an verbanden gebildete Menschen den Nachweis zeitgenössischen künstlerischen Genies mit ihrem Selbstverständnis, es mit den Leistungen der Antike aufnehmen zu können. Auch wenn die Künste nicht an erster Stelle standen, so gehörten sie doch zumindest zu den Gründen, die der humanistisch gebildete Staatsmann Matteo Palmieri in den dreißiger Jahren des 15. Jahrhunderts anführte, als er »jeden nachdenklichen Geist« aufforderte, »Gott dafür zu danken, daß es ihm vergönnt war, in diesem neuen Zeitalter geboren zu sein«.[6]

Um die Mitte des Jahrhunderts stießen eine ganze Reihe von Autoren ins gleiche Horn. Der aus der Romagna stammende Historiker und Antiquitätensammler Flavio Biondo schrieb: »Dieses gegenwärtige Zeitalter« – das lateinische *saeculum* hatte ebenso wie das von ihm abgeleitete italienische *secolo* noch nicht die strenge Abgegrenztheit unseres Wortes »Jahrhundert« – »hat den Aufstieg aller Künste erlebt, namentlich der Redekunst und der Literatur.«[7] In Neapel erklärte Lorenzo Valla, »daß diejenigen Künste, die den freien Künsten am nächsten stehen, nämlich die Malerkunst, die Bildhauerkunst, die Baukunst, erst so lange und so übel entartet und beinahe mit der Bildung selbst gestorben sind und jetzt auferweckt werden und neu aufleben, und daß nun eine solche Blüte von guten und literarisch wohlgebildeten Künstlern gedeiht«.[8] Enea Silvio Piccolomini verlieh dem Ganzen eine genauere historische Dimension: »Bilder, die vor zweihundert Jahren gemalt wurden, fehlte die Verfeinerung durch die [bewußte] Kunst; was damals geschrieben wurde, war grob, unbeholfen und ungeschliffen. Nach Petrarca schwang sich die Literatur wieder zu neuen Höhen auf; nach Giotto bekamen die Hände der Maler wieder neuen Schwung. Nun können wir erleben, wie beide Künste zur Vollkommenheit gelangt sind.«[9] Später, um 1490, äußerte sich Raffaels Vater, der Künstler Giovanni Santi, über die Malerei in einer gereimten Chronik, die er in Urbino dichtete:

> In dieser herrlich edlen Kunst
> Haben in unsrem Zeitalter so viele Ruhm erworben,
> Und jede andre Zeit erscheint dagegen arm.[10]

Und dazu führte er eine Namensliste auf, die von Masaccio und Jan van Eyck über Filippo Lippi und Rogier van der Weyden bis zu seinen Zeitgenossen Giovanni Bellini und Leonardo da Vinci reichte. Ohne auf diese nördlichen Beiträger zur Renaissancekultur einzugehen, schrieb Marsilio Ficino 1492 an Paul von Middelburg mit einer gewissen patriotischen Selbstgefälligkeit: »Dieses Zeitalter hat wie ein Goldenes Zeitalter die freien Künste wieder ans Licht gebracht, die fast untergegangen waren: Grammatik, Dichtkunst, Rhetorik, Malerei, Bildhauerei, Architektur, Musik.«[11]

Erst im 16. Jahrhundert wurden auch nördlich der Alpen geistige und künstlerische Leistungen als Gütesiegel eines Zeitalters empfunden. Der von Erasmus 1517 geäußerten Begeisterung schloß sich im darauffolgenden Jahr Ulrich von Hutten an, der gerade von Maximilian I. zum Dichterfürst des Deutschen Kaiserreichs gekrönt worden war: »O Jahrhundert, o Wissenschaft! Es ist eine Lust zu leben!«[12] Dürer veröffentlichte 1528 seine Abhandlung über die menschliche Proportion in der Hoffnung, »damit auch anderen Verständigen, dergleichen zu tun, Ursach gegeben werd, und unser Nachkommen haben, das sie mehren und besseren mögen, damit die Kunst der Malerei mit der Zeit wieder zu ihr Vollkommenheit reichen und kommen mög«.[13] Und ein paar Jahre später schrieb Rabelais, der sich durchaus bewußt war, wie sehr die freie Meinungsäußerung in Erasmus' »schlimmstem Zeitalter« bedroht war, Gargantuas euphorischen Brief an dessen Sohn Pantagruel. Als er selbst Student gewesen sei, erklärte der gewaltige Held des Autors, sei »die Zeit den Künsten … nicht so gelegen, noch günstig wie sie jetzo ist … die Zeiten waren finster … Aber mit Gottes Hülf ist den Künsten bei meiner Zeit ihr Licht und Ansehn wiedergegeben … Ja was sage ich? Selbst die Frauen und Mägdlein hat nach diesem Lob und himmlischen Manna guter Erkenntniß gelüstet.«[14]

Dieses Gefühl, es gehe ständig aufwärts, führte dazu, daß das Wort »modern« (genauer: das spätlateinische »modernus«) immer häufiger verwendet wurde. 1448 bewarb sich der Süditaliener Luca di Puglia bei Niccolò Pizzolo um Arbeit mit der Begründung: »um zu lernen, im modernen Stil zu malen«.[15] Die mit Bastionen arbeitende Architektur der Festungsanlagen wurde »alla moderna« genannt. Vasari lobte Michelozzo dafür, daß er die Zimmer im Palast der Medici »nach moderner Anordnung gebaut, und … nützlich und schön vertheilt« habe.[16] Als er sich 1550 ausführlicher über diesen Fortschritt äußerte, verwendete Vasari das starke Wort Wiedergeburt (*rinascità*), um damit die neue Aufklärung zu bezeichnen, die die Künste wieder zum Leben erweckt habe, indem sie sie aus ihrem langjährigen Joch unter der gotischen und byzantinischen Barbarei befreite.[17]

Trotz seines weltlichen Gehalts war dies ein Wort mit starken religiösen Anklängen. Schon im Johannes-Evangelium (3, 3) hatte Jesus erklärt: »Es sei denn, daß jemand von neuem geboren werde, so kann er das Reich Gottes nicht sehen.« Und denjenigen, für die sich in den Künsten und in der Gelehrsamkeit der bessere Teil des Menschen bekundete, leuchtete diese Idee auch sofort ein. Als Jacques Amyot 1559 seine Übersetzung von Plutarchs *Parallelbiographien* ins Französische König Heinrich II. widmete, verwies er auf den Vater des Königs, Franz I., der »mit so glücklicher Hand gute Wissenschaften eingeführt und dafür gesorgt hat, daß sie in diesem edlen Reiche wiedergeboren werden und gedeihen«.[18] 1571 gab Jacques Charron eine weitere Ausgabe von Erasmus' *Adagia* heraus. Deren Urheber, erklärte er – Italiener hätten dies für eine Übertreibung gehalten – »war der erste, der wohlformuliertes Wissen *[bonnes lettres]* zu einer Zeit förderte, da es gerade erst dabei war, wiedergeboren zu werden und sich aus dem Schmutz der Barbarei zu erheben«.[19]

Die Vorstellung von einer neuen Kulturepoche verdankte ihre Entstehung indes nicht nur einem Neubeginn der schönen Künste und Wissenschaften. 1581 bescheinigte Galileis Vater Vincenzo der wiedergewonnenen Fähigkeit, zu schreiben und zu musizieren, mit ähnlichen Worten ein Niveau, wie es seiner Meinung nach nur in der antiken Welt erreicht worden sei: Infolge der Einfälle der Barbaren »waren die Menschen in einer schweren Lethargie der Unwissenheit versunken, sie lebten ohne jegliches Verlangen nach Wissen und nahmen so wenig Notiz von der Musik wie von den Westindischen Inseln«. Erst in seinem eigenen Zeitalter (und seine Anspielungen datieren dies auf das frühe 16. Jahrhundert), behauptete Vincenzo Galilei, »begann man zu erforschen, was Musik wirklich sei, und bemühte sich auf diese Weise, sie aus der Finsternis zu erretten, in die sie versunken war«.[20] Während die wechselnden Moden die Vorstellung von kurzfristigen Veränderungen am Leben erhielten – so beklagte sich 1537 der Architekt Sebastiano Serlio bereits darüber, daß »man heutiges Tags Newer und frembder sachen begierlich ist«[21] –, führte die atemberaubende Mißachtung des Beitrags, den das Mittelalter in der Musik, den Künsten und der Gelehrsamkeit geleistet hatte, zu der umfassenden Vorstellung, jede Tätigkeit werde ganz neu wieder in dem Zustand aufgenommen, in dem sie die Antike hinterlassen habe.

Als der Hauslehrer des jungen Genueser Adeligen Giovanni Battista Grimaldi seinen Schützling 1554 beim Aufbau einer Büchersammlung für sein Studierzimmer beriet, empfahl er ihm, er solle die Werke klassischer Autoren rot, die von modernen Schriftstellern grün einbinden – da würde er mit einem Blick die Leistungsbilanz erkennen, die jede Farbe repräsen-

tiere. Immer wieder wurde auch die Meinung zum Ausdruck gebracht, moderne Autoren könnten mehr leisten, wenn sie das Wissen der Alten verarbeiteten. 1518 oder 1519 rühmte Guillaume Budé die Druckerpresse, weil sie zur »Wiederherstellung und Bewahrung der Antike« beitrage, und fügte hinzu: »Da wir sehen, wie die Wissenschaften in unserem Zeitalter zum Leben wiedererweckt werden, was hindert uns denn eigentlich daran, unter uns einen neuen Demosthenes, Platon, Thukydides, Cicero zu sehen?«[22] Demgegenüber erklärte der Spanier Juan Luis Vives 1531: »Es scheint also, daß wir, vorausgesetzt wir befleißigen uns in derselben Weise, im allgemeinen besser über die Erscheinungen des Lebens und der Natur abhandeln können als Aristoteles, Plato oder irgendeiner der Alten.«[23] Vasari stellte fest, bis zum Tod des Malers, Bildhauers und Architekten Michelangelo im Jahre 1564 seien die Alten übertroffen worden durch Michelangelo nämlich seien »die drei edeln Künste ... zu einer Vollkommenheit gebracht«.[24] Bacon zweifelte nicht daran, daß nach der Antike und dem langen Zeitalter, das ihr gefolgt sei, »diese dritte Periode der Wissenschaften jene zwo ersteren bey den Griechen und Römern weit übertreffen werde«.[25] Darüber hinaus wurde das Gefühl, in einer dritten Periode zu leben, noch durch die Überzeugung verstärkt, daß das neue Wissen auf immer größere Resonanz stoße. In seiner Abhandlung über Logik, *The Rule of Reason (Die Herrschaft der Vernunft)*, sprach Thomas Wilson 1551 vom »Fleiß dieses Zeitalters, in dem die Menge in allen Wissenszweigen unterwiesen und vollendet ist«.[26] 1599 erklärte der Deutsche Mathias Quadt, »daß das jenige so vor etlichen zeiten mit grosser mueh und arbeit / ja zum offtermahl auch gantz nicht / hat koennen und muessen zu wegen bracht werden / und alsolches noch durch die kluegeste / gelehrteste / und erfahrneste koepff: dasselbe heutigs tags nit allein mit minder muehe und unkosten / sondern auch durch mittelmaeßiget / schlechte / und kaum halberfahrne Leut also fix / volkommen / und artig volfuehret wirt / daß es mit der zeit wol fur kein wunder oder grosse tieffsinnigkeit mehr solt gehalten werden.«[27] Und diese Zukunftsvision wurde auch durch die Entwicklung der Naturwissenschaften unterstützt, insbesondere auf dem Gebiet der Medizin. So konnten Vesalius und der Arzt Jean Fernel in den vierziger Jahren des 16. Jahrhunderts im Hinblick auf den Nutzen für die Öffentlichkeit wie aus eigener intellektueller Befriedigung heraus von einem »gesegneten Zeitalter«[28] sprechen beziehungsweise von »diesem unserem Zeitalter, das nach zwölf Jahrhunderten der Ohnmacht endlich wieder Kunst und Wissenschaft ruhmreich auferstanden sieht«.[29]
Dieses dritte Zeitalter war kein bloßes Gedankengebäude der Kultur im engeren Sinne. Bacon war ebensosehr Naturwissenschaftler wie Schrift-

steller. 1547 stellte Louis Le Roy einen Zusammenhang zwischen überseeischen Entdeckungen und Erfindungen und Literatur, Malerei, Bildhauerei
und Architektur innerhalb des historischen Wandels fest, der charakteristisch gewesen sei für »die letzten hundert Jahre«.[30] Postel brachte 1560 die
Entdeckungen, die Verwendung von Artillerie und die Druckerpresse in
Verbindung mit Gelehrsamkeit und Literatur als den Gebieten, auf denen
die Menschen »in fünfzig Jahren mehr Fortschritte gemacht haben als in
den tausend Jahren zuvor«.[31] Es hatte neue Entwicklungen bei der Konstruktion und der Takelage von Schiffen gegeben. Seefahrer brauchten sich
nicht mehr nur auf den Kompaß zu verlassen, sondern verwendeten nun
auch Logleine, Doppeltransporteur und, eher skeptisch, den Quadranten.
Mit diesen Hilfsmitteln konnten die Überlebenden der letzten Expedition,
die Magalhães von Spanien aus unternommen hatte, den Globus umrunden
und im Jahre 1522 endlich wieder heimkehren. Fünf Jahre später kündigte
der Kaufmann Robert Thorne ein neues Zeitalter kühner Seefahrtun-
ternehmen an: »Es gibt kein Meer, das unbefahrbar ist, kein Land, das man
nicht bewohnen kann.«[32] Als Ficino das Goldene Zeitalter rühmte, bezog er
im Laufe seiner Ausführungen auch »die Kriegskunst« mit ein. Jeder Soldat
war sich ebenso wie jeder Stubenhocker, der Berichte über Schlachten und
wechselndes Kriegsglück las, darüber im klaren, daß der wirkungsvolle
Gebrauch von Schießpulverwaffen seit der Mitte des 15. Jahrhunderts das
Wesen der Kriegführung verändert hatte. Keinem Schriftsteller oder Leser
war entgangen, wie sehr das Zeitalter, und zwar ebenfalls seit der Mitte des
15. Jahrhunderts, von der Einführung mechanisch bewegbarer Lettern
geprägt worden war.

Um 1620 wurde das Gefühl, die Schule der Antike hinter sich gelassen zu
haben, von Alessandro Tassoni in seinen wissenschaftlichen Aufsätzen
Dieci libri di pensieri diversi (Zehn Bücher unterschiedlichster Gedanken)
mit missionarischem Eifer zum Ausdruck gebracht:

> Was haben denn die Griechen und Römer je erfunden, das sich mit
> der Druckpresse vergleichen ließe … Sprechen wir vom Kompaß und
> von der Seekarte … Welchen Ruhm verdient nicht der, der den
> Portugiesen beibrachte, zu einem unbekannten Ort zu segeln, von
> einem Horizont zum andern? … Kann man sich eine großartigere
> Erfindung vorstellen als unsere Artillerie? … Was hätten die Grie-
> chen und Lateiner zur genialen Erfindung von Uhrwerken gesagt,
> die sich ständig drehen und dabei die Stunden schlagen und anzei-
> gen wie die Bewegungen der Planeten? Allein schon das Teleskop,
> mit dem man Dinge, die fünfzehn oder zwanzig Meilen entfernt sind,

sehen kann, als befänden sie sich direkt vor einem, und mit dem man unsichtbare Sterne am Himmel entdeckt – allein schon das Teleskop übersteigt bei weitem alle Erfindungen, die die Römer und Griechen im gesamten Verlauf ihres so sehr gerühmten Zeitalters gemacht haben.[33]

Dabei waren doch eigentlich der Kompaß, die Schießpulverwaffen und die mechanischen Uhren Produkte des so verachteten Mittelalters. Sie waren verbessert worden, man hatte sich an sie gewöhnt, und so waren sie Bestandteil einer Welt geworden, die größer wurde und reicher mit Informationen und Untersuchungstechniken versehen war als die Welt der Antike. Als Tassoni dies schrieb, wurde es ein Gemeinplatz, den Kompaß von Kolumbus mit Galileis Teleskop zu verbinden – beides waren Mittel, mit denen sich Phänomene in der Natur entdecken ließen, die die Antike nicht gekannt oder mißverstanden hatte. Und dieser Aspekt der Neuerungen des Zeitalters wurde noch verstärkt durch die Zusammenhänge zwischen produktiver Technik und wissenschaftlichem Fortschritt. »Ich bin sicher«, schrieb Vannoccio Biringuccio, der Autor des ersten gedruckten Werkes, das sich mit jedem Fortschrittsaspekt in der Metallurgie befaßte, »daß neue Informationen im Geist des Menschen stets neue Entdeckungen hervorbringen und damit wieder weitere Informationen.«[34]

Für andere wiederum war ihr Zeitalter in erster Linie durch Ereignisse definiert, die ihnen eine noch nie dagewesene Bedeutsamkeit zu besitzen schienen. Die frühe Entwicklung des protestantischen Sektierertums, die für Erasmus »das schlimmste Zeitalter der Geschichte« einzuleiten schien, wurde von Luther in einem ganz anderen, aber nicht minder epochalen Licht gesehen, da »zu dieser Zeit *(hoc saecolo)* alles anfängt, wiederhergestellt zu werden, als ob der Tag der Wiederbringung aller Dinge bevorstehe«.[35] Die Bewegungen der Bilderstürmerei waren eigentlich physische Angriffe auf das, wofür die Vergangenheit gestanden hatte. Als Engländer in den dreißiger Jahren des 16. Jahrhunderts für ihre Nachbarn Formulierungen gebrauchten wie »er ist von der neuen Art« oder »er ist vom alten Glauben«[36] und Franzosen seit den sechziger Jahren von »Papisten« oder »Hugenottern« sprachen und als die internationale Politik widersprüchliche Glaubensrichtungen fest in ihr Arsenal an traditionellen Bosheiten integriert hatte, war es klar, daß die Verbindungen zu dem im kleineren Kreis wirkenden, unterdrück- oder kontrollierbaren spätmittelalterlichen Ketzerbewegungen – etwa den englischen Lollards und den böhmischen Hussiten – abgerissen waren.

Angesichts der Geschwindigkeit, in der politische Bündnisse in europäi-

schem Maßstab geschlossen, gebrochen und wieder neu gebildet wurden, sowie der tieferreichenden Auswirkungen der Kriegführung sah sich Francesco Guicciardini veranlaßt, als er aus den dreißiger Jahren des 16. Jahrhunderts auf die französische Invasion von 1494 zurückschaute, darin »ein überaus unglückliches Jahr für Italien« zu erblicken »und wahrhaft den Beginn von Jahren des Elends, weil es zahllose furchtbare Katastrophen anbahnte, die sich später aus verschiedenen Gründen auf einen Großteil der übrigen Welt auswirkten«.[37] Das war eine frühe Aussage zu dem Jahr 1494, das jahrhundertelang in historischen Darstellungen der europäischen Politik und Diplomatie als üblicher Wendepunkt angesehen werden sollte. Es wurde für nachdenkliche Menschen zunehmend schwieriger, politische Ereignisse losgelöst von dem zu betrachten, was für sie ihr Zeitalter zu definieren schien. Als Castiglione in seinem *Buch vom Hofmann* auf die Epoche vor der Mitte des 15. Jahrhunderts zu sprechen kam, erklärte er direkt, ohne sich eines Sprachrohrs zu bedienen: »Daß die Geister jener Zeiten im allgemeinen den gegenwärtigen sehr unterlegen waren, kann man zur Genüge aus allem erkennen, was man von ihnen sieht, sei es in den Wissenschaften oder an Malereien, Statuen, Bauwerken und in allem anderen.« Aber als er seine Figuren miteinander reden ließ, war es ihm nicht möglich, die Katastrophen, von denen Guicciardini gesprochen hatte, aus dem Zauberkreis der kultivierten Themen herauszuhalten, über die sie sich unterhielten. Wenn dies dann geschah, ließ er eine seiner Figuren die Atmosphäre wieder auflockern, indem sie oder er etwa sagte: »Es ist daher besser, mit Schweigen zu übergehen, woran man sich nicht ohne Schmerz erinnern kann« oder: »Ich möchte aber nicht, daß wir uns auf verdrießliche Gespräche einlassen. Gut würde es indessen sein, über die Gewänder unseres Hofmanns zu reden.«[38] Sir Francis Walsingham, der Schirmherr von Spionen, nicht von Literaten und Gelehrten, dachte in einem engeren Sinne nur an die internationale politische Szene, als er von »unseren Zeiten« und »unserem Zeitalter« schrieb.[39] Aber eine veränderte Einstellung gegenüber Epochen innerhalb des Geschichtsverlaufs als ganzem verknüpften die Chronologie der Künste, der Gelehrsamkeit und der Literatur viel enger mit der Chronik der Ereignisse.
Petrarca und der englische Gelehrte Richard de Bury waren Zeitgenossen gewesen. Als letzterer jedoch den »Neuheiten der Modernen« die »bewährten Bemühungen der Alten« gegenüberstellte, verglich er die Ansichten von Aristoteles mit denen der späteren Aristoteliker.[40] Er hatte, anders als Petrarca, keinen Blick für das Grundsätzliche im klassischen literarischen Diskurs noch für die Persönlichkeiten seiner Repräsentanten, noch für die lange Zeit der »Finsternis«, die ihre Zeit von der seinen trennte. Da Filippo

Villani diese Vorstellung von einer Zwischenzeit vertraut war, konnte er 1382 in seiner Chronik berühmter Florentiner bereits die Namen erwähnen, die man in »alten, mittelalterlichen und modernen Zeiten« verschiedenen Inseln gegeben hatte.[41] Als die italienische Mode, die Geschichte in Epochen einzuteilen, auch anderswo in Europa eingeführt wurde, gewöhnte man sich bald daran, die Unterschiede zwischen ihnen zu betonen. Und als sich historische Darstellungen unter dem Einfluß klassischer Vorbilder weiterentwickelten, die sich in Stadtchroniken wie in der Geschichte von Nationen auf politische und militärische Ereignisse konzentrierten, entstanden aufgrund der Auswirkungen der Italienischen Kriege und der Reformation zeitgeschichtliche Werke auf europäischer Ebene, die sich ausschließlich auf die Staatskunst, die Kriegführung und die Religion beschränkten. Und zunehmend teilte man die Ansicht, die der deutsche Geschichtsschreiber Johannes Sleidanus in seinen *Commentarii de statu religionis et reipublicae Carolo V. caesare* (*Wahrhaftige Beschreibung Geistlicher und Weltlicher Sachen*, 1555–1558) vertrat: Man solle sich vor Werturteilen hüten – was allein zähle, sei die Rekonstruktion jedes Ereignisses, »wie es tatsächlich passiert ist«.[42] Die Darstellung der Zeitgeschichte wie die Betonung der Genauigkeit im Detail liefen auf das gleiche hinaus: Die jüngste Vergangenheit und die Gegenwart sollten sich scharf von der vorhergehenden Epoche unterscheiden, über die weniger zuverlässige Belege und Quellen vorlagen; kein Wunder, daß das Mittelalter noch mehr verblaßte und an Bedeutung verlor – es war nichts weiter als ein Bindeglied zwischen der klarer verstandenen Welt der klassischen Antike und der beschränkten Erfahrung »unseres Zeitalters«.

Der Gedanke, in einer eigenen historischen Epoche zu leben, machte den Menschen das Vergehen der Zeit verschärft bewußt. In seiner Chorographie von Pommern aus den dreißiger Jahren des 16. Jahrhunderts erklärte Thomas Kantzow: »Nachdem wyr nhu von den geschichten der Pomern gesagt, ists auch nicht undienstlich von jtziger jrer gelegenheit, sitten und wesende etwas anzuzeigen, domit man die historie dester beßer vernheme, und auch deßhalben, nachdem sich offte der voelcker arth und sitten verendern, das man zukuenfftig dießer jtzigen gelegenheit und arth eine wissenschaft habe.«[43] Cardano betonte, man solle »nicht Dinge der eigenen Zeit, die jetzt jedermann kennt, nur kurz erwähnen. Denn so ist manches aus alter Zeit verloren gegangen.«[44] Seine Autobiographie gehörte ebenso wie die von Cellini zu einer ganzen Reihe von Memoirenwerken, die – wie beispielsweise auch die Erinnerungen des französischen Soldaten Blaise de Monluc – das Verlangen eines einzelnen zum Ausdruck brachten, eine Zeit mitgeprägt zu haben, die neu und so vergänglich war. Das Thema ging zwar mindestens bis auf Horaz im ersten vorchristlichen Jahrhundert zurück, aber nie zuvor hatten die Dichter so unermüdlich ihre Geliebten gedrängt, ihre Rosen pflücken zu lassen, bevor sie verblühten. Aus Kummer über den flüchtigen Eindruck, den die Ereignisse hinterließen, beklagte Giacomo Luccari – aus der Generation von Donne, Lipsius und Galilei – im Jahre 1605 das Ende »des menschlichen Geistes in diesem vorletzten Zeitalter des Universums«.[45] Er lebte und arbeitete in Ragusa (Dubrovnik), das von den Türken zunehmend von Europa abgeschnitten wurde. Und als die ersten Konflikte des Dreißigjährigen Krieges aufflammten, drängte es Carlo Borromeo, 1625 die Gemälde in seiner Sammlung zu schildern, weil er fürchtete, Worte wären einst das einzige, was von ihnen noch künden werde, so wie allein noch die Worte von Plinius an die antiken Kunstwerke erinnerten, die den Barbaren zum Opfer gefallen waren.

Diese verstreuten Ansichten, denen zwar persönliche Motive zugrunde lagen und die in jedem Falle von einer Minderheit zum Ausdruck gebracht wurden, die sich zu artikulieren vermochte, verweisen darauf, daß zwischen der Mitte des 15. und dem frühen 17. Jahrhundert nachdenkliche Menschen – gewiß zu verschiedenen Zeiten, an unterschiedlichen Orten und aus unterschiedlichen Gründen – das sichere Gefühl hatten, in einer Epoche zu leben, die trotz aller Wurzeln in den vorangegangenen Jahrhunderten doch ganz anders war. Für einige bedeutete dies, eine Epoche der kulturellen Wiedergeburt und die danach folgende faszinierende Reife mitzugestalten. Die meisten freilich nahmen ihre Zeit auf ganz unterschiedliche Weise wahr. Wie auch immer die Nachwelt diese eineinhalb Jahrhunderte bezeichnet, ob anspruchsvoll als »die Renaissance« oder nüchtern und neutral als die »frühe Neuzeit« der europäischen Geschichte – für die Menschen damals waren sie, in zunehmendem Maße und ganz natürlich, »unser Zeitalter«.

Nachwort

John war mit dem Manuskript zu diesem Buch im Juni 1992 fertig gewesen. Einen Monat nachdem er es abgeliefert hatte, erlitt er einen schweren Schlaganfall, durch den er vorübergehend die Fähigkeit einbüßte, mit anderen Menschen zu kommunizieren. Da sein Verstand und seine Persönlichkeit nicht in Mitleidenschaft gezogen waren, mußte er die entsetzliche Frustration ertragen, zu wissen, daß seine Behinderung es ihm unmöglich machen würde, ein Buch zu sehen, dem er sich vier Jahre lang bis zur Veröffentlichung gewidmet hatte.

Auch wenn die schöpferische Arbeit längst getan ist, hat ein derart umfassendes und komplexes Buch doch keineswegs die Reife zur Veröffentlichung erlangt, wenn der Text fertiggestellt ist. In diesem Fall waren noch immer die ins Detail gehenden Fragen des Cheflektors Stuart Proffitt zu beantworten; bestimmte Passagen mußten noch geklärt, die Quellenhinweise und die Bibliographie vervollständigt, die Fahnen gelesen und die Legenden zu den Illustrationen geschrieben werden, die John doch so sorgfältig ausgewählt hatte. Wenn ich jemals im Laufe unserer langen Ehe Johns Fähigkeiten und seine Gelehrsamkeit für selbstverständlich gehalten hatte, wurde ich nun eines Besseren belehrt. Ich erkannte, daß eigentlich nur ein Berufshistoriker ersten Ranges, der noch dazu Johns besondere Anschauung seines Forschungsgegenstandes verstand oder gar teilte, imstande wäre, für John einzuspringen.

Ich wandte mich mit dieser Bitte an David Chambers, Dozent für die Geschichte der Renaissance am Warburg Institute der University of London und einer der Herausgeber des *Journal of the Warburg and Courtauld Institutes*. In den späten fünfziger Jahren war er einer von Johns Schülern in Oxford gewesen, und ich wußte, daß John seine Arbeit bewunderte; außerdem war mir wiederholt zu Ohren gekommen, wie sehr Davids herausgeberisches Geschick und sein Urteilsvermögen geschätzt wurden. Zum Glück war ich viel zu unwissend und zu benommen von dem Schock, den ich infolge Johns plötzlicher Erkrankung erlitten hatte, um mir darüber bewußt zu werden, wieviel ich da von einem Mann verlangte, dessen Zeit von zahlreichen anderen Dingen in Beschlag genommen war. Um so überwältigender wirkte auf mich die menschliche Zuwendung, die John und mich während der schrecklichen Monate nach Johns Schlaganfall zu

trösten und aufzuheitern vermochte. Davids Freundlichkeit und sein Sinn
für Humor waren nicht nur liebenswürdige Zugaben, sondern vermittelten
uns Hoffnung und ein Gefühl der Geborgenheit in einer Zeit, in der
zumindest ich unter Schmerz und Sorge zusammengebrochen wäre; er war
unendlich geduldig und großzügig mir gegenüber. Vor allem aber setzte
sich David entschieden dafür ein, daß das Buch so bald wie möglich und
genau so, wie John es geschrieben hatte, veröffentlicht und John in alle
Lektoratsentscheidungen einbezogen wurde – soweit er dazu in der Lage
war. Dieses freundschaftliche Engagement machte die ganze Angelegenheit für David natürlich noch zeitraubender. Ich möchte an dieser Stelle
erwähnen, daß David zwar von meiner Seite aus keine Hilfe zuteil wurde,
daß er aber um so mehr auf die Zusammenarbeit mit Stuart Proffitt, seiner
Lektorin Rebecca Wilson und dem Hersteller des Buches, Philip Lewis,
sowie auf den Rat von Professor Nicolai Rubinstein, Fellow of the Warburg
Institute und ein langjähriger gemeinsamer Freund, bauen konnte. Nicolai
las auch das ganze Manuskript und beteiligte sich an der Durchsicht der
Fahnen, wobei seinem geschulten Auge kein stilistisches und faktisches
Detail entging. Bei der Lösung hier und da auftauchender Probleme kam
David auch, wie er wiederholt betonte, der rasche Zugang zu einer einzigartigen Bibliothek sowie der Kontakt zu Kollegen zugute, die über Fach-
wissen auf verschiedenen Gebieten der Kultur der Renaissance verfügten.
John hat nicht nur einen Großteil seiner Vorarbeiten in der Bibliothek des
Warburg Institute erledigen können, sondern diesem Institut ist es nicht
zuletzt auch zu verdanken, daß Johns Buch doch noch vollendet werden
konnte.

Sheila Hale, Juni 1993

Anmerkungen

Die vollständigen Angaben zu den verkürzt wiedergegebenen Werktiteln finden sich im Literaturverzeichnis

1. Kapitel:
Die Entdeckung Europas

1 Bacon, *Über die Würde* ... (VIII.Buch), S.757
2 Zit. nach Hutchinson, S.7
3 Bacon, *Über die Würde* ... (II.Buch), S.211
4 Cochrane/Kirshner, S.414
5 *Certain Discourses Military*, Hg. von John R. Hale. Ithaca, N.Y. 1964, passim
6 Mundy, S.85
7 Michele Lauretano S.J. Der Verfasser dankt Dilwyn Knox für diesen Hinweis.
8 Calvin, zit. nach Elliott, J.H., in: Parker/Smith, S.112
9 Bandello, Bd.4, Dritter Teil. Novelle LXII, Widmung
10 Ortelius, *Theatrum* ..., fol.5, fol.1
11 John Gylford, Einleitungsgedicht von *Coryat's Crudities*, in: Coryat, Bd.1, S.68
12 Zit. nach Law, T.G., in: *The Cambridge Modern History*, Bd.3, Cambridge 1907, S.264
13 Gianandrea Bussi, zit. nach Lowry, S.25
14 Shakespeare, Bd.2, S.311
15 Zit. nach Hutton, S.131
16 Poliziano, Angelo, *Le stanze*, zit. nach der engl. Übers. von David Quint, S.55
17 Zum Holzschnitt von Eysenhut und der Illustration von Vischer d. J. vgl. *Die Verführung der Europa*, S.70 (Abb. 77), S.128 (Abb. 136)
18 Postel, Guillaume, *Cosmograficae disciplinae compendium*. Basel 1561, fol.2, zit. nach *La conscience européenne*, S.60
19 Rauw, S.224
20 Ortelius, *Theatrum* ..., fol.5

21 Busbeck, S.43
22 Biblioteca Correr, Venedig, Portolano 40, fol.1^r
23 Shakespeare, Bd.2, S.204
24 Rowse, S.50
25 Marlowe, *Tamburlaine* ..., (V, 3), S.307
26 Davies, S.159
27 Herberstein, Vorrede [handschriftl. Pagina: S.8]
28 Fletcher, S.58
29 Herberstein, S.LXXII [handschriftl. Pagina: S.85]
30 Pinet, Antoine du, *Plantz, pourtraits et descriptions* ... Lyon 1564, S.11
31 Zit. nach Anderson, S.28
32 Ortelius, *Theatrum* ... (Zum guetwilligen Leser), fol.3
33 Rowse, S.32/33
34 Cuspinian, Johannes, *Austriae regionis descriptio*, Basel 1553, fol.56
35 Greene, Robert, *Baco und Bungay* (16. Szene), in: Bodenstedt, Friedrich, *Lilly, Greene und Marlowe, die drei bedeutendsten Vorläufer Shakespeares und ihre dramatischen Dichtungen*. Aus dem Engl. von Friedrich Bodenstedt. Berlin 1860, S.127/128
36 Leonardo Bruni Aretino, zit. nach *The Earthly Republic: Italian Humanists on Government and Society*. Hg. von Benjamin G. Kohl/Ronald G. Witt. Manchester 1978, S.139
37 Zit. nach Strauss (1959), S.70
38 Englander, S.345, 350
39 Beatis, S.44
40 Kantzow, Bd. 2, S. 396, 402/403 (14. Buch)
41 Ladislaus Suntheim, zit. nach »Die älte-

ste württembergische Landesbeschreibung«, in: Württembergische Vierteljahreshefte für Landesgeschichte, Jg. VII, Stuttgart 1884, S.127

42 Montaigne, *Tagebuch ...*, S.84

43 Zit. nach Braudel, *Frankreich I*, S.329

44 Zit. nach Ehrensvärd, Ulla, in: *Art and Cartography.* Hg. von David Woodward. Chicago 1987, S.134

45 Machiavelli, *Geschichte von Florenz,* S.557

46 Zit. nach Cochrane, S.364

47 Zit. nach Cozzi, Caetano, *Il Doge Niccolò Contarini.* Venedig 1958, S.309/310

48 Zit. nach Hay (1957), S.120/121

49 Morus, S.86

50 Zit. nach Heath, Michael, »Unlikely Alliance: Valois and Ottomans«, in: Renaissance Studies, 3, 1989, Nr.3, S.307/308

51 Erasmus, *Züchtiger Sitten ...*, fol.c i[v]

52 Zit. nach Burien, Orlan, »Interest of the English in Turkey as Reflected in English Literature of the Renaissance«, in: Oriens, 5, 1954, S.214

53 Ebd., S.210

54 Müntzer, S.115

55 Della Valle, *Reiß-Beschreibung ...*, Tl.1, S.67 a

56 Della Valle, *The Journeys ...*, S.135

57 Hall, Joseph, *The Discovery of a New World.* London 1608, S.13

58 Luis Frois, S.J., zit. nach Cooper, S.222

59 *Gesammelte Briefe des heiligen Franciscus Xaverius, des grossen Indianerapostels aus der Gesellschaft Jesu.* Aus dem Lat. Tl.2, Augsburg 1794, S.48

60 Zit. nach Cooper, S.4, 43

61 Ebd., S.229

62 Zit. nach Cheney, Bd.2, S.35/36

63 Kolumbus, Christoph, *Bordbuch. Aufzeichnungen seiner ersten Entdeckungsfahrt nach Amerika 1492–1493.* Aus dem Ital. von Anton Zahorsky. Zürich 1941, S.50

64 Zit. nach Honour, S.3

65 Acosta, José de, *America, oder wie mans zu Teutsch nennet : Die niewe welt oder*

Welt India. 7 Bücher, Oberursel 1589. Zit. nach Pagden (1987), S.2

66 Siehe unten, S.428–432

67 Kolumbus, Christoph, *Entdeckungsfahrten. Reiseberichte und Briefe von der zweiten, dritten und vierten Entdeckungsfahrt nach Amerika 1493–1506.* Aus dem Ital. Zürich/Leipzig 1943, S.191

68 Zit. nach Todorov, Tzvetan, »Der Reisende und der Eingeborene«, in: Garin, S.353

69 Montaigne, *Essais ...* (III, 6), Bd.3, S.23/24, 28

70 Ebd. (I, 30), Bd.1, S.369

2. Kapitel:
Die Länder Europas

1 Zit. nach Gutierrez, S.21

2 *Briefe von Dunkelmännern (Epistolae obscurorum virorum) an Magister Ortuin Gratius aus Deventer, Professor der schönen Wissenschaften zu Cöln* (Brief XVI). Aus dem Neulat. von Wilhelm Binder, Stuttgart 1876, S.195/196

3 Le Roy, Louis, *De la vicissitude ou variété des choses en l'univers ...* Paris [2]1576, fol.10[r]. Zit. nach *La conscience européenne*, S.225

4 Shakespeare, *Der Kaufmann von Venedig* (I, 2), in: Shakespeare, Bd.1, S.603/604

5 Erasmus, *Züchtiger Sitten ...*, fol.a vii[r] + [v]

6 Aretino, Pietro, »Es hebt an der erste Tag der ergötzlichen Gespräche des Aretino, an dem die Nanna ihr Töchterlein Pippa im Hurenberuf unterrichtet« (2.Teil, 1.Tag), in: *Kurtisanengespräche*, S.280 ff.

7 Bradford, S.455–460

8 Nashe (dt.1970), S.107–110

9 Zit. nach Barycz, Henryk, in: *Italia, Venezia e Polonia tra Umanesimo e Rinascimento.* Hg. von Mieczyslav Brahmer. Warschau 1969, S.153

10 Der vollständige Titel lautet: *La Oposición y conjunción de los dos grandes Luminares de la Tierra. Obra apazible y curiosa en la qual se trata de la dichosa Alianza* [gemeint ist der Frieden von Vervins, 1598] *de Francia y España: con la Antipatia de Españoles y Franceses.* Für den folgenden Auszug siehe: García, S.223–225

11 Guazzo, S.50

12 Botero, S.70^{r+v}, 73^v

13 Leonardo Bruni Aretino, zit. nach Yates, Frances, *Astrea. The Imperial Throne in the Sixteenth Century.* Harmondsworth 1977, S.16

14 Erasmus, *Züchtiger Sitten ...*, hier zit. nach der engl. Übers. in: Erasmus, *Literary and Educational Writings.* Hg. von J.K. Sowards. Toronto 1985, S.276

15 Zit. nach Archer, S.131

16 Zit. nach Hale (1963), S.15

17 Zit. nach Bächtiger, Franz, »Andreaskreuz und Schweitzerkreuz: Feindschaft zwischen Landsknechten und Eidgenossen«, in: Jahrbuch des Bernischen Historischen Museums, 1971/72, S.205–270

18 Ascoli, S.18

19 Zit. nach Ahern, Sheila, »Andrew Boorde«, in: *Dictionary of National Biography*, Bd.136, Detroit 1994, S.23–27

20 Zit. nach Braudel (dt.1985/86), Bd.3, S.392

21 Zit. nach Knox, Dilwyn in: Henry/Hutton, S.103

22 Zit. nach Barycz, Henryk, in: *Italia, Venezia e Polonia tra Umanesimo e Rinascimento.* Hg. von Mieczyslav Brahmer. Warschau 1969, passim

23 Fynes Moryson, zit. nach Hale (1963), S.28/29

24 Della Casa, S.44/45

25 Botero, S.395^r

26 Philemon Holland, zit. nach Hale (1963), S.36

27 Ascham, Roger, *Roger Ascham's Schulmeister.* Aus dem Engl. von J. Holzamer, Wien 1881, S.52, 56/57

28 Sastrow, S.194

29 Bebel, Heinrich, *Oratio ad regem Maximilianum de laudibus atque amplitudine Germaniae*, Pforzheim 1504, fol.a iij^v

30 Ozment (dt.1989), S.11

31 Della Casa, S.109

32 Zit. nach Amelung, S.149

33 Moryson, S.292, 298; über die Schweiz: S.364

34 Zit. nach Roberts, Michael, *The Swedish Imperial Experience, 1560–1718.* London 1979, S.85

35 Gaspar Ofhuys über Hugo van der Goes, in: Sander, Hjalmar G., »Beiträge zur Biographie Hugos van der Goes und zur Chronologie seiner Werke«, in: Repertorium für Kunstwissenschaft, 35, 1912, S.521

36 *Certain Discourses Military,* Hg. von John R. Hale. Ithaca, N.Y. 1964, S.41/42

37 Scaliger, S.49

38 Annibale Litolfi, zit. nach Chambers, David, in: Chaney/Mack, S.99

39 Cellini, S.20

40 Anon., *Relatione o piu tosto raguaglio dell'isola d'Inghilterra,* hier Zit. nach der engl. Übers. *A Relation or rather a True Account, of the Island of England.* Hg. und übers. von Charlotte A. Sneyd. London 1847 (Camden Society; Old Series, 37), S.20–25

41 Paul Hentzer (1598), zit. nach Wilson, S.18

42 Zit. nach *English Historical Documents 1485–1558.* Hg. von David C. Douglas. London 1967, S.207

43 Ascoli, S.102

44 Zit. nach Bates, S.134

45 Friedrich Herzog von Württemberg (1592), zit. nach Wilson, S.92

46 Vorwort von George Pettie in: Guazzo, Stefano, *The Civil Conversation.* Bd.1, London 1925, S.10

47 Della Valle, *The Journeys ...*, S.29

48 Quevedo, S.48

49 Thomas Platter (1968), S.380

50 Giovanni Antonio Campano, zit. nach Strauss (1959), S.9

51 Brief von Tommaso Vincidor an Leo X., zit. nach Klein/Zerner, S.49
52 Alonso Vázquez, zit. nach Braudel, *Das Mittelmeer ...*, Bd.1, S.338
53 Beatis, S.111/112
54 Rauw, S.346
55 Mander, Karel van, *Das Lehrgedicht des Karel van Mander* (1.Kap., § 68). Aus dem Niederl. übers. und hg. von R. Hoecker. Den Haag 1916, S.45
56 Hall, Joseph, *The Discovery of a New World*. London 1608, S.10/11
57 Moryson, S.295
58 Antonio Possevino, zit. nach Cochrane, S.359; vgl. »Ein russischer Reisebericht aus dem Jahre 1581«, hg. von A.M. Ammann, S. J., in: Ostkirchliche Studien, 10, 1961, S.156 ff.
59 Honterus, Johannes   (Johann [Jan] Honter), *Rudimenta Cosmographica*. Zürich 1552
60 Beatis, S.115; über das »wahre Frankreich«. S.164–169
61 Thomas Bedyell in einem Brief an Thomas Cromwell, zit. nach Brigden, S.129
62 Zit. nach Pagden, S.57/58
63 *The Prologues and Epilogues of William Caxton*. Hg. von W.J.B. Crotch. London 1928, S.108/109
64 Zit. nach Grayson, Cecil, in: *The Fairest Flower*, S.168
65 Machiavelli, *Dialog über die Sprache*, in: *Gesammelte Schriften*, Bd.5, S.304
66 Zit. nach Hale, John R./Mallett, E.M., *The Military Organization of a Renaissance State: Venice c. 1400 to 1617*. Cambridge 1984, S.435
67 Rauw, S.335/ 336
68 Ascham, Roger, *The Schoolmaster*. Hg. von V. Lawrence Ryan. Ithaca, N.Y. 1967, S.137
69 Picot (1901–1905), 2, S.126
70 Shakespeare, Bd.2, S.372/373, 405
71 Rastell, John, *An Interlude of the Four Elements* (um 1517), zit. nach Honour, S.123
72 Erasmus, Brief an Ulrich Zwingli vom 3.(?) 9.1522 (in *Opus Epistolarum*, Bd.5,

Brief 1314), zit. nach Gail, Anton J., *Erasmus*. Aus dem Lat. von A. J.Gail. Reinbek bei Hamburg 1974, S.73
73 Becon, Thomas, *The Policy of War*, in: *Early Works*. Hg. von J. Ayre. London 1843, S.232–235
74 Elyot, S.1
75 Erasmus, *Die Erziehung des christlichen Fürsten*. Aus dem Lat. von Gertraud Christian, in: *Ausgewählte Schriften*, Bd.5, S.325
76 Bradford, S.136
77 Zit. nach Frecero, in: Hollier, Bd.1, S.146/147
78 Strong (dt.1991), S.272
79 Pius II., *Commentaries*, gekürzt in der engl. Übers. *Memoirs of a Renaissance Pope*. New York 1959, S.81
80 Sir Thomas Overbury, zit. nach Hughes, Charles, in: *Shakespeare's England*. 2 Bde., Oxford 1932, Bd.1, S.214
81 Zit. nach Koenigsberger/Mosse, S.176
82 Monluc, Blaise de, *Commentaires*, Bd.2, Paris 1925, S.217. Zit. nach Cottrell, S.27
83 Zit. nach Hale, John R., *Florence and the Medici*. London 1977, S.169
84 Zit. nach Elton, Geoffrey R., *Renaissance and Reformation 1300–1648*. London ²1968, S.134
85 Castiglione, S.16
86 Strong (dt.1991), S.271
87 Bodin, Bd.1, S.216 (1.Buch, 8.Kap.)
88 Machiavelli, *Il Principe*, S.29
89 Zit. nach Pagden (1990), S.65
90 Zit. nach Aulard, A., *Le patriotisme français de la Renaissance à la Révolution*. Paris 1921, S.21, Anm. 60
91 Thomas Platter (1968), S.65
92 Fabri, Felix, *Bruder Felix Fabris Abhandlung von der Stadt Ulm*. Aus dem Lat. von K.D. Haßler. Ulm 1908, S.26 (Mitteilungen des Vereins für Kunst und Alterthum in Ulm und Oberschwaben, Heft 13)
93 Beatis, S.51
94 Albert von Bayern, zit. nach Strauss (1971), S.198
95 *Reineke Fuchs*. Aus dem Niederdt.

von Karl Langosch. Stuttgart 1967, S.140/141

96 Franck, Sebastian: *Chronica, Zeÿt-buech und Geschüchtbibel von anbe-gyn biß inn diß gegenwertig A.D. xxxj. jar.* Straßburg 1531, fol.c xxii[b]

97 Zit. nach Heinemann, Margot, in: Braunmuller/Hattaway, S.181

98 Goodman, David C., *Power and Penu-ry.* Cambridge 1987, S.102

99 Zit. nach Trevor-Roper (1976), S.50

100 Zit. nach Hale (1983), S.67

101 Kelley, Donald in: Foster/Teich, S.134

102 Thomas Platter (1968), S.867

103 Shakespeare, Bd.2, S.203

104 Ebd., Bd.3, S.1162

3. Kapitel:
Das geteilte Europa

1 Commynes, Philippe de, *Memoiren.* Hg. Fritz Ernst. Aus dem Frz. in Zu-sammenarbeit mit dem Hg. von Marga Krabusch-Schaefer. Stuttgart 1952, S.2, 222-224

2 Sidney, Sir Philip, *Astrophel und Stella.* Aus dem Engl. von Maria Gräfin Lanckorosńka. Krefeld 1947, S.26

3 »Instrucciones Carlos Quinto à Don Felipe su hijo«, in: *Papiers d'État du Cardinal de Granvelle,* Hg. von Char-les Weiss. Bd.3, Paris 1842, S.267–318 (mit frz. Übersetzung). Hier zit. nach einer dt. Übersetzung in: Brandi, Karl, *Kaiser Karl V. Werden und Schicksal einer Persönlichkeit und eines Weltrei-ches,* Bd.1, Frankfurt a.M. [8]1986, S.486

4 Zit. nach Brandi (siehe Anm. 3), S.486–488

5 Zit. nach Hutton, S.115

6 Mander, Karel van, *Uytbeeldinghe der Figueren ...,* zit. nach Stechow, S.72

7 Lloyd, Lodowick, *The Stratagems of Jerusalem.* London 1602

8 Ulrich Hutten, zit. nach Bouthol, Ga-ston, *Les guerres.* Paris 1951, S.278

9 Shakespeare/Fletcher, zit. nach *Die englische Bühne zu Shakespeare's Zeit. Zwölf Dramen.* Aus dem Engl. von F.A. Gelbcke, Tl.3, Leipzig 1890, S.87

10 Zit. nach Davies, S.143

11 Montaigne, *Essais ...* (II, 23), Bd.2, S.540/541

12 Botero, S.131[v]/132[r]

13 Cervantes, S.395

14 Ercilla y Zuñiga, Alonso de, *Die Unter-werfung der Araukaner* (Gesang XX, 5). Aus dem Span. von C. M. Winterling. Nürnberg 1831, S.16

15 Zu diesen Zitaten und ihrem Kontext vgl.: Hale, John R., *War and Society in Renaissance Europe.* London 1985, S.91

16 Zit. nach Hale, John R., in: *The Cam-bridge Modern History.* Bd.1, Cam-bridge 1957, S.290

17 Valdés, Alfonso de, *Dialogus oder Ge-spräch Uber Kayser Carolen deß Fünff-ten / mit Francisco Valesio Königen zu Franckreich ...* (Dialogo de Mercurio y Caron). Aus dem Span. Frankfurt a.M. 1643, S.159/160

18 Zit. nach Hutton, S.79

19 Voigt, Georg, *Enea Silvio Piccolomini.* Bd.2, Berlin 1862, S.118/119

20 Machiavelli, Brief an Francesco Vettori vom 10.8.1513, in: *Gesammelte Schrif-ten,* Bd.5, S.385

21 Zit. nach Mattingly, S.109

22 Zit. nach Osborn, J. M., *Young Philip Sidney 1572–1577.* New Haven, Conn./ London 1972, S.342

23 Valla, Lorenzo, *Clagrede wider die er-dicht unnd erlogene begabung so von dem Keyser Constantino der Roemischen kirchen sol geschehen sein,* Hg. von Wolfram Setz, Frankfurt a.M. 1981, S.98

24 Fichtner, Paula Sutter, *Ferdinand I.* Aus dem Engl. von Uta Szyszkowitz, Graz 1986, S.11

25 Beide zit. nach Parker, Geoffrey, *The Army of Flanders and the Spanish Road, 1567–1659.* Cambridge 1972, S.133

26 Zit. nach Koenigsberger/Mosse S.198

27 Sir Ralph Winwood, zit. nach Buisseret, David, *Henry IV.* London 1984, S.85

28 Morus, S.36–38

29 Marino Cavalli, zit. nach Knecht, R.J., *Francis I.* Cambridge 1982, S.95/96

30 Zit. nach Maltby, William S., *Alba. A Biography of Fernando Alvarez de Toledo, Third Duke of Alba, 1507–1582.* Berkeley, Calif. 1983, S.82

31 Marino Sanudo. Zum Kontext vgl.: Hale, John R./Mallett, E.M., *The Military Organization of a Renaissance State: Venice c. 1400 to 1617.* Cambridge 1984, S.317

32 Zit. nach Santillana, Giorgio de, *The Crime of Galileo.* London 1958, S.6

33 Savonarola, Hieronymus, »Aus der 18. Predigt am Sonnabend nach dem 2. Fastensonntag über Amos 5, 21 ff.«, in: *Ausgewählte Predigten.* In dt. Übersetzung hg. von Wilhelm von Langsdorf. Leipzig 1890, S.92

34 Hair, S.124

35 Zit. nach Speroni, Charles, *Wit and Wisdom of the Italian Renaissance.* Los Angeles 1964, S.147, Anm. 43

36 Ozment, Steven E., *The Reformation in the Cities. The Appeal of Protestantism to the 16th-Century Switzerland.* New Haven, Conn. 1975, S.26

37 Luther, *Sendbrief an Leo X.* (1520), in: *Werke.* WA, Bd.7, S.3

38 Brigden, S.437

39 Zwingli, Ulrich, *Erklärung des christlichen Glaubens,* in: *Hauptschriften.* Hg. von Fritz Blanke u.a. Bd. 3, Zürich 1948, S. 337

40 Vgl. bes. die Predigten in Wittenberg 1522 nach Luthers Rückkehr von der Wartburg. Hier zit. nach Mack/Jacob S.206

41 Brigden, S.437

42 Georgius de Hungaria, *Abconterfayung vnd entwerffung der Türckey ...* Aus dem Neulat. von Sebastian Franck. Augsburg 1530, 30.Kap. (ohne Pagina)

43 Zit. nach Terry, Arthur, in: Mulryne/Shewring, S.112

44 Crucé, S. 20

45 Sastrow, S.209

46 Keynes, Geoffrey, *The Apology and Treatise.* London 1951, S.49

47 Aldana, Francisco de, »Otro aquí no se ve«, zit. nach *Spanische Lyrik von der Renaissance bis zum späten 19. Jahrhundert.* Aus dem Span. von Hans Felten und Augustín Valcárcel. Stuttgart 1990, S.117

48 Zit. nach Braudel, *Frankreich I,* S.122

49 Zit. nach Douglas, David C., *English Historical Documents 1485–1558.* London 1967, S.177

50 Erasmus, Paraphrasen zum Neuen Testament – Vorwort Hl. Markus. Aus der engl. Übers., London 1548, zit. nach Yates, Francis, *Astraea: The Imperial Throne in the Sixteenth Century.* Harmondsworth 1977, S.55/56

51 Fernão de Magalhães, zit. nach *The First Voyage round the World by Magellan.* Hg. von Lord Stanley of Alderley. London 1874 (Hakluyt Society), S.xxix

52 Carletti, Francesco, *My Voyage round the World.* Aus dem Ital. ins Engl. übers. von Herbert Weinstock. London 1965, S.201

53 *Four Years at the Court of Henry VIII. Despatches Written by the Venetian Ambassador, Sebastian Giustinian.* Hg. von R. Brown. 2 Bde., London 1954, Bd.2, S.57

54 François Duaren, zit. nach Fulbecke, William, *The Pandectes of the Law of Nations.* London 1602, S.41$^\mathrm{v}$

55 Botero, S.259$^\mathrm{v}$/260$^\mathrm{r}$

56 Botero, Giovanni, *Discorso dell'eccelenzia della monarchia* (1607), zit. nach Pagden (1990), S.49

57 Zit. nach Mattingly, S.292

58 Gentili, Alberico, *De iure belli libri tres.* Hg. von W. John C. Rolfe. Oxford 1933, S.3

59 Weigel, Valentin, *Ein nützliches Tractätlein. Vom Ort der Welt,* Hg. von Will-Erich Peuckert, Stuttgart 1962, S.52

60 Marlowe, *Der Jude von Malta* (Prolog), S.286

61 Crucé, S.4

62 Zit. nach Bouwsma, S.130

63 Zit. nach Saitta, S.25

64 Zit. nach Saitta, S.28 ff. Derek Heater gewährte dem Verfasser freundlicherweise Einblick in das Manuskript seines Buches *The Idea of European Unity*, und zwar in das Kapitel über Heinrich IV. und Sully.

65 Crucé, S.66

66 Ebd., S.10

67 Ebd., S.104

68 Ebd., S.114

69 Zit. nach Parker (1979) S.14

70 Zit. nach Parker, Geoffrey, *The Thirty Years War*. London 1984, S.xiv

4. Kapitel:

Grenzen und Sprachen

1 Thomas Platter (1968), S.868/869

2 Sastrow, S.191

3 Andreas Ryff, zit. nach Braudel (dt.1985/86), Bd.3, S.42

4 Erasmus, Brief an Beatus Rhenanus um den 15.10.1518 aus Löwen, in: *Briefe*, S.212

5 Georg Tectander von der Jabel, zit. nach Braudel (dt.1985/86), Bd.3, S.23

6 Busbeck, S.27

7 Moryson, S.xii/xiii

8 Geneakoplos, S.186

9 Coryat, S.318

10 Monga, S.115

11 Elliott (1970), S.73

12 Ebd., S.75, 96

13 Thomas Platter (1968), S.782

14 Luther, *Auslegung von 1 Mose, Kap. 11*, in: *Dr. Martin Luthers sämtliche Schriften*. Hg. von Johann G. Walch. Bd.1, Groß Oesingen 1986, Sp.690/691

15 Moryson, S.320

16 Piccolomini, Enea Silvio, *De liberorum educatione*, zit. nach der engl. Übers., Washington 1940, S.137

17 Shakespeare, Bd.1, S. 524

18 Clark, G., S.170

19 Gilbert, Humphrey, *Queene Elizabethes Achademy*. Hg. von F. J. Furnivall. London 1869 (Early English Texts Society. Extra Series. 8). Nachdr. Millwood, N.Y. 1973

20 Zit. nach Wright, Louis B., *Middle-Class Culture in Elizabethan England*. Chapel Hill, N.C. 1935, S.365

21 Luther, *Vorrede aus der vollständigen Ausgabe der »deutschen Theologie«* (1518), in: *Werke*. WA, Bd.1, S.379

22 Vettori, Francesco, *Viaggio in Alemagna*, in: Ders., *Scritti storici e politici*. Hg. von E. Niccolini. Bari 1972, S.105

23 *Die Geschichte vom Leben des Lazarillo von Tormes, von ihm selbst erzählt*. Aus dem Span. von Walter Widmer. München 1963, S.97

24 Zit. nach Rouillard, S.222

25 Brief von Michael Behaim aus Breslau an Friederich Behaim vom 23. 10.1527, in: Ozment (1990), S.25

26 Zit. nach Hale (1963), S.18/19

27 Daniel, Samuel, *Musophilus*, zit. nach Kohn, Hans, *The Idea of Nationalism*. New York 1940, S.160

28 Jerome Horsey, zit. nach Fletcher, Giles, *Of the Russe Common Wealth* (1591). Cambridge, Mass. 1966, S.13

29 Florio, John, *First Fruits*, zit. nach Rossi, Sergio/Savoia, Daniella, *Italy and the English Renaissance*. Mailand 1989, S. 17

30 Moryson, S.322

31 Ozment (dt.1989), S.101

32 Zit. nach Picot (1906),,.1, S.51

33 Montaigne, *Tagebuch* ..., S.288

34 Montaigne, *Essais ...* (II, 12), Bd.2, S.259

35 Fabri, Felix, *Voyage de la Saincte Cyté de Jerusalem ... fait l'an 1480*. Hg. von H.M. Chas. Paris 1880, zit. nach *Canon Pietro Casola's Pilgrimage to Jerusalem in the Year 1494*. Hg. von Margaret M. Newett. Manchester 1907, S.92

36 Zit. nach Prescott, H.F.M., *Jerusalem Journey: Pilgrimage to the Holy Land in the Fifteenth Century*. London 1954, S.69/70

37 Pietro Casola, zit. nach *Canon Pietro Casola's Pilgrimage to Jerusalem in the Year 1494.* Hg. von Margaret M. Newett. Manchester 1907, S.230

38 Olivier de Serres, zit. nach Braudel, *Frankreich I*, S.159, 161

39 Cochrane, S.253

40 Zit. nach Elliott (1970), S.76

41 Zit. nach Kagan, Richard L., in: Levenson, S.60

42 Zit. nach Davies, S.441

43 Zit. nach Braudel (dt.1985/86), Bd.2, S.175

44 Luther, *Von den Juden und jren Lügen* (1543), in: *Werke.* WA, Bd.53, S.446

45 Erasmus, Brief an Jacobus Hochstrat vom 11.8.1519 aus Antwerpen, in: *Opus Epistolarum*, Bd.4, 1006

46 Jacques de la Faille, zit. nach Braudel (dt.1985/86), Bd.3, S.202

47 Scaliger, S.50/51

48 Shakespeare, Bd.1, S.232

49 Ozment (dt.1989), S.73

50 Zit. nach Letts, Malcolm, *Bruges and Its Past.* London 1924, S.133

51 Thomas Platter (1968), S.186

52 Marlowe, *Der Jude von Malta* (IV, 1), S.376

53 Zit. nach Koenigsberger/Mosse, S.203

54 Zit. nach Roberts (1968), S.8

55 Zit. nach Hamilton, H., *The English Brass and Copper Industries to 1880.* Nachdr. London 1967, S.6

56 Moryson, S.300

57 Zit. nach Bates, S.10

58 *Des böhmischen Herrn Leo's von Rozmital Ritter-, Hof-, und Pilger-Reise durch die Abendlande 1465–1467.* Beschrieben durch Gabriel Tetzel von Nürnberg. Stuttgart 1844, S.145

59 Vettori, Francesco, *Viaggio in Alemagna*, in: Ders., *Scritti storici e politici.* Hg. von E. Niccolini. Bari 1972, S.122/123

60 Paracelsus, *Sieben Defensiones* (1537/38), in: *Sämtliche Werke*, I. Abt., Bd.11, S.145/146

61 Nashe (dt.1970), S.105

62 Ariost, zit. nach Dionisotti, Carlo, *Europe in Sixteenth-Century Italian Literature.* Oxford 1971 (Taylorian Lecture) S.11/12

63 Elyot, S.27

64 Montaigne, *Tagebuch ...*, S.134

65 Dallington, Sir Robert, *A Method for Travell.* 1606: »Fons aperta, lingua parca, mens clausa.« Zit. nach Bates, S.58

66 Zit. nach Matthiessen, S.20

67 Beatis, S.57

68 Bacon, *Essays ...* (dt.1970), S.60

5. Kapitel:
Verwandlungen

1 Rabelais, *Gargantua und Pantagruel* (4.Buch, 55. und 56.Kap.), S.698/699, 701

2 Alberti, Leon Battista, *Teogenio,* zit. nach Whitfield, J.H., in: *The Languages of Literature in Renaissance Italy.* Hg. von Peter Hainsworth u.a. Oxford 1988, S.37

3 Machiavelli, Brief an Francesco Vettori vom 26.8.1513, in: *Gesammelte Schriften*, Bd.5, S.407

4 Montaigne, *Essais ...* (III, 5), Bd.2, S.911

5 Zit. nach Matthiessen, S.181

6 Poggio Bracciolini, *De varietate fortunae,* zit. nach Auszug in: Valentini, R./ Zucchetti, G., *Codice topografico della città di Roma.* Bd.4, Rom 1953, S.231

7 Zit. nach Mitchell, Charles, in: *Italian Renaissance Studies.* Hg. von E.F. Jacob. London 1960, S.470

8 Machiavelli, *Vom Staate* (Discorsi), in: *Gesammelte Schriften*, Bd.1, S.3

9 Walsingham, Sir Francis, zit. nach Martines. Martines gewährte dem Verfasser freundlicherweise Einblick in seinen damals noch unveröffentlichten Artikel.

10 Diaz del Castillo, Bernal, *Denkwürdigkeiten des Hauptmanns Bernal Diaz del Castillo, oder wahrhafte Geschichte der*

Entdeckung und Eroberung von Neu-Spanien (2. Buch, 1. Kap.). Aus dem Span. von Ph.J. von Rehfues, Bonn 1838, Bd.1, S.183

11 Zit. nach Lynn, Caro, *A College Professor of the Renaissance.* Chicago 1937, S.110

12 Pace, Richard, *De fructu.* Basel 1517, S.15/16. Zit. nach Hay, Denis, »The Early Renaissance in England«, in: *From the Renaissance to the Counter Reformation.* Hg. H.C. Carter. New York 1965, S.105

13 Cicero, *Orator/Der Redner.* Aus dem Lat. Hg. von Bernhard Kytzler. Zürich/München [3]1988. S.97, 99. – Quintilianus, Marcus Fabius, *Institutionis Oratoriae libri XII / Ausbildung des Redners. Zwölf Bücher* (XII, 11,22). Aus dem Lat. von Helmut Rahn. Bd.2, Darmstadt, 2., durchges. Aufl. 1988, S.799

14 *Briefe von Dunkelmännern (Epistolae obscurorum virorum) an Magister Ortuin Gratius aus Deventer, Professor der schönen Wissenschaften zu Cöln* (Brief LII). Aus dem Neulat. von Wilhelm Binder, Stuttgart 1876, S.286

15 Vives, Juan Luis, *In Pseudo Dialecticos,* zit. nach der engl. Übers., Leiden 1979. S.88–90

16 Krabbel, Gerta, *Caritas Pirckheimer. Ein Lebensbild.* Aus dem Neulat. von Gerta Krabbel. Münster [3-4]1947, S.47 bis 50

17 Zit. nach Brown. S.70

18 Erasmus, *Vertraute Gespräche.* Aus dem Lat. von Werner Welzig, in: *Ausgewählte Schriften*, Bd.6, S.77, 79

19 Luther, *An die Ratherren aller Städte deutscher Land* (1524), in: *Werke.* WA, Bd.15, S.37

20 Zit. nach Holberton, S.63

21 Shakespeare, Bd.3, S.634

22 Zit. nach Golzio, Vinzenco, *Raffaello nei Documenti.* Rom 1936, S.30

23 Zit. nach Thornton, P., S.394, Anm. 16

24 Thomas Platter (1968), S.106

25 Zit. nach Hope, Charles, in: *Andrea Mantegna.* Hg. von Jane Martineau. Ausstellungskatalog. London 1992, S.350/351

26 Cervantes, S.499/500

27 Shakespeare, *Hamlet* (II, 2), zit. nach Shakespeare, Bd.3, S.629

28 Zit. nach Wickham, Glynne, *A History of the Theatre.* London [2]1992, S.138

29 Zit. nach Dreyer, S.74

30 Zit. nach King, S.237

31 Castiglione, S.410

32 Shakespeare, Bd.3, S.627

33 Zit. nach Garin, S.207

34 Guazzo, S.41

35 Montaigne, *Essais … * (III, 8), Bd.3, S.67

36 Ebd. (I, 25), Bd.1, S.239

37 Tasso, Torquato, *Discorsi del poema eroica.* Der Verfasser dankt Hellmut Wohl für diesen Hinweis. Vgl. »Über die Dichtkunst, insbesondere das Heldenepos«, in: *Werke und Briefe.* Aus dem Ital. von Emil Staiger. München 1978, S.737–774

38 Seneca, *Briefe an Lucilius* (Brief 66), in: *Philosophische Schriften*, Bd. 3, S.251

39 Zit. nach Cameron, James, K., in: Goodman/MacKay, S.145

40 Lipsius, Justus, *Constantia in publicis malis,* zit. nach Oestreich, S.26

41 Lipsius, Justus, *Von der Bestendigkeit.* Aus dem Lat. von Andreas Viritius. Leipzig 1599. Nachdruck Stuttgart 1965, Vorrede

42 Saunders, S.22

43 Zit. nach Saunders, S.55

44 Vasari, Bd.2/2, S.295 (Andrea Mantegna)

45 Zit. nach Beatis, S.46

46 Zit. nach Beatis, S.47

47 Beatis, S.96

48 Ebd., S.182

49 Zit. nach Mainz, Valerie, in: Weston/Davies, S.143

50 Zit. nach Honour, S.1

51 Vasari, Bd.1, S.132 (Giotto)

52 Ebd., Bd.3/1, S.v-xviii (Vorrede)

53 Ebd., Bd.3/2, S.155 (Francesco Mazzuoli aus Padua)

54 Mander, Bd.1, S.257 (Pieter Breughel)

55 Boschini, zit. nach Hope, Charles, *Titian*. London 1980, S.163/164

56 Federico Zuccari, zit. nach Würtenberger, S.107

57 Vitruvius, *De architectura* (III/1, 1–3), S.137, 139

58 Alberti, *Zehn Bücher über die Baukunst*, S.293

59 Vasari, Bd.3/1, S.v (Vorrede)

60 Dürer, S.28

61 Hübner, Alexander Freiherr von, *Der eiserne Papst. Sixtus V. und seine Zeit*. Berlin 1932, S.236

62 Mundy, S.16/17

63 Zit. nach Campbell, S.202

64 Zit. nach Campbell, S.204

65 Vasari, Bd.2/2, S.144 (Jacopo, Giovanni und Gentile Bellini)

66 Zit. nach Thornton, D., Bd.1, S.74

67 Alberti, *Zehn Bücher über die Baukunst* (5.Buch, 17.Kap.), S.279

68 Zit. nach Pedretti, Carlo, in: *Le lieu théâtral à la Renaissance*. Paris 1964, S.26

69 Zit. nach Thornton, D., Bd.1, S.45/46

70 Quevedo (dt.1980), S.138

71 Zit. nach Cochrane/Gray/Kishlansly, S.10

72 Zit. nach Dreyer, S.311

73 Ludwig von Diesbach, *Chronik und Selbstbiographie*. Bern 1830, S.202 (Schweizerische Geschichtsforscher, 8)

74 Zit. nach Perjés, S.268/269

75 Ozment (dt.1989), S.73

76 Zit. nach Friedman, S.50

77 Weinsberg, Hermann von, *Das Buch Weinsberg*, in: *Kölner Denkwürdigkeiten aus dem 16. Jahrhundert*. Hg. von Konstantin Höhlbaum. Bd.1, Leipzig 1886, S.138/139

78 Vgl. Braudel (dt.1985/86), Bd.2, Kap. 5

79 Wright, S.341

80 Coryat, Bd.1, S.7

81 Quadt, Mathias, *Die Jahr-Blum*, zit. nach Strauss (1959), S.137

82 Zit. nach Jordan, S.174

83 Ortelius, *Catalogue …*, S.10, Nr.17

84 Zit. nach Salinger, S.6

85 Zit. nach Salinger, S.5

86 Der Verfasser dankt Tommaso Astarita für diesen Hinweis.

87 Vasari, Bd.2/1, S.15 (Einleitung)

6. Kapitel:
Vermittlungen

1 Celtis, Konrad, *Oratio in gymnasio in Ingolstadio publice recitata* (1492), in: Rupprich, Hans (Hg.), *Humanismus und Renaissance in den deutschen Städten und an den Universitäten*. Leipzig 1935, S.226 (»in rem publicam litterariam«)

2 Ortelius, *Catalogue …*, S.11, Nr.24

3 Friedrich Haller von Hallerstein: »Miseriarum nullus erit finis, nisi Philosophi imperent«, in: Ortelius, *Album amicorum*, S.25 und Tafel 19[V]

4 Samuel Daniel, zit. nach Kohn, Hans, *The Idea of Nationalism*. New York 1940, S.158

5 Scaliger, S.53

6 Zit. nach Spitz, S.13

7 Paracelsus, zit. nach Trevor-Roper (1986), S.151

8 Cochrane, S.350

9 Lowry, S.165

10 Kemp, S.279

11 *Fugger-Zeitungen. Ungedruckte Briefe an das Haus Fugger aus den Jahren 1568–1605*. Hg. von Victor Klarwill. Wien u.a. 1923, S.52

12 Zit. nach Campbell, S.165

13 Zit. nach Rosand, S.237

14 Brief von Erasmus Schets an Erasmus vom 30.1.1525 aus Antwerpen, in: *Opus Epistolarum*, Bd.6, Brief 1541

15 Llyud, Humphrey, *Commentarioli* (engl. 1573), zit. nach Rowse, S.46/47

16 Sastrow, S.273

17 Zit. nach Matthiessen, S.25

18 Zit. nach Wright, Louis B., *Middle-Class Culture in Elizabethan England*. Chapel Hill, N.C. 1935, S.347

19 Ortelius, *Catalogue* ... S.24, Nr.70

20 Castiglione, *The Courtier*. Ins Engl. übers. von Thomas Hoby. London o.J., S.7 (Everyman)

21 Dürer, S.32

22 Campbell, S.183

23 Brief von Johann Cochlaeus an Willibald Pirckheimer vom 5.4.1520, ausschnittsweise in: Markus Zucker, »Zur Dürerforschung, 2«, in: Zeitschrift für bildende Kunst, 22, 1887, S.32; hier zit. nach Jacobowitz, Ellen S./Stepanek, Stephanie Loeb (Hg.), *The Prints of Lucas van Leyden and His Contemporaries*. Catalogue of the National Gallery of Art. Washington, D.C. 1983, S.13

24 Zit. nach Gombrich (dt.1985), S.143

25 Vasari, Bd.4, S.247 (Jacopo da Puntormo)

26 Ebd., Bd.3/2, S.340 (Marcantonio Raimondi und andere Kupferstecher)

27 Zit. nach Gilbert, Creighton E., *Italian Art 1400–1500*. Englewood Cliffs, N.J. 1980, S.112

28 Chambers, S.134

29 Zit. nach Elam, Caroline, »Art and Diplomacy in Renaissance Florence«, in: Journal of the Royal Society of Arts, Oktober 1988, S.821

30 Ebd.

31 Guicciardini, Lodovico, *Niderlands Beschreibung*. Aus dem Ital. von Danuel Federman von Memmingen. Basel 1580, fol. c xxij

32 Zit. nach White, Christopher, *Peter Paul Rubens*. New Haven, Conn. 1987, S.11

33 Beatis, S.132

34 Zit. nach Wittkower, Rudolf und Margot, *Born under Saturn*. London 1963, S.60

35 Vasari, Bd.3/2, S.105 (Rosso)

36 Ebd., Bd.5, S.155 (Francesco de' Salviati)

37 Ebd., Bd.6, S.204/205 (Von den Akademikern der Zeichenkunst)

38 Zit. nach *Early English Meals and Manners*. Hg. von F.J. Furnivall. London 1968, S.xix (Early English Text Society, 32)

39 Cellini, S.14

40 Beatis, S.51

41 *Christliche Ermahnung zum frummen Leben* (1509), zit. nach Salmen, Walter, »European Song (1300–1530)«, in: *Ars Nova and the Renaissance 1300–1540*. Hg. von Dom Anselm Hughes und Gerald Abraham, London 1960, S.372 (New Oxford History of Music, 3)

42 Zit. nach Bridgman, S.202

43 Zit. nach Scarisbrick, J.J., *Henry VIII*. Harmondsworth 1971, S.32

44 Zit. nach Cummings, Anthony M., *The Politicized Muse: Music for the Medici Festivals, 1512–1537*. Princeton, N.J. 1992, S.128

45 Ludwig Senfl, zit. nach Bridgman, Nanie, »The Age of Ockeghem and Josquin«, in: *Ars Nova and the Renaissance 1300–1540* (siehe Anm. 41), S.283

46 Castiglione, S.157

47 Köstlin, Julius, *Martin Luther. Sein Leben und seine Schriften*. Bd.2, Elberfeld [2]1883, S.511

48 Zit. nach Kubler, George, *Portuguese Plain Architecture ... 1521–1706*. Middletown, Conn. 1972, S.17 und Anm. 26

49 Zit. nach Klaniczay, Tibor, in: Porter/Teich, S.167

50 Zit. nach Bircher, Martin, in: *The Fairest Flower*, S.123

51 Marlowe, *Der Jude von Malta* (Prolog), S.284

52 Zit. nach Sidney, Sir Philip, *The Countess of Pembroke's Arcadia*. Hg. von Maurice Evans. Harmondsworth 1977, S.10

53 Sidney, Sir Philip, *A Defence of Poesie*, zit. nach Greer, Germaine, *Shakespeare*. Oxford 1986

54 Shakespeare, Bd.1, S.940

55 *Fratris Felicis Fabri Evagatorium*. Hg. von Konrad Dieter Hassler. Bd.1, Stuttgart 1843, S.95

56 Dürer, Albrecht, Widmung zu »Under-

weysung der Messung«, in: Gombrich (dt.1987), S.138; auch in Dürer, S.210

57 Zit. nach MacFarlane, S.5

58 Paolo Giovio, zit. nach Cochrane, S.319

59 *Le epistole ›De imitatione‹ di G.F.Pico della Mirandola e di Pietro Bembo*. Hg. von Santangelo, G. Florenz 1954, S.53. Zit. nach Grayson, Cecil, »The Renaissance and the History of Literature«, in: Chastel u.a., S.218

60 Luther, *Vom Dolmetschen und Fürbitte der Heiligen* (1530), in: *Werke*. WA, Bd.30/II, S.637

61 Zit. nach Englander, S.478

62 Zit. nach Benesch, Otto, in: Gundersheimer (1969), S.216

63 Zit. nach *French Literature and Its Background. I: The Sixteenth Century*. Hg. von J. Cruikshank. Oxford 1968, S.98

64 Ronsard, ›Les petitz corps …‹, zit. nach der engl. Übers. *Poems of Love*, S.14

65 Ronsard, ›Si tu veux que je meure …‹, in: MacFarlane, S.278

66 *Die vierundzwanzig Sonette der Louïze Labé*. Aus dem Frz. von Rainer Maria Rilke. Frankfurt a.M. 1963, S.35

67 Ronsard, ›Amour, je ne me plans …‹, zit. nach der engl. Übers. *Poems of Love*, S.108

68 Ronsard, *Poems of Love*, Nr. XXXI

69 Ronsard, ›Les Isles Fortunées‹, frz. in: Armstrong, S.15

70 Ronsard, ›Elégie à la majesté la royne d'Angleterre‹, frz. in: Armstrong, S.43

71 Zit. nach van Doesten, S.117

72 Shakespeare, Bd.3, S.648

73 Zit. nach Black, J.B., *The Reign of Elizabeth 1558–1603*. Oxford 1976, S.257

74 Zit. nach Black (siehe Anm.73), S.244

75 Florio, John, *Second Frutes*, zit. nach Rossi, Sergio, in: Rossi, Sergio/Savoia, Daniella, *Italy and the English Renaissance*. Mailand 1989, S.13

76 Marlowe, *Tamburlaine …* (2.Teil, IV, 3), S.273

77 Zit. nach Gurr, S.35

78 Shakespeare, Bd.3, S.994

79 Ebd., Bd.1, S.880

7. Kapitel:
Zivilisation

1 Boswell, Samuel, *Life of Johnson*. Hg. von R.W. Chapman. Oxford 1980, S.466. Der Verfasser dankt Stuart Proffitt für diesen Hinweis.

2 Elyot, S.7

3 Vitruvius, *De architectura* (II/1, 1–2), S.79, 81

4 Cicero, *De oratore/Über den Redner* (I, 21). Lateinisch/Deutsch. Aus dem Lat. von Harald Merklin. Stuttgart 1976, S.53

5 Tacitus, *Agricola*, zit. nach Le Goff, Jacques, *Für ein anderes Mittelalter. Zeit, Arbeit und Kultur im Europa des 5.–15. Jahrhunderts*. Aus dem Frz. von Juliane Kümmell und Angelika Hildebrandt-Essig. Weingarten 1987, S.175, 176

6 Calvin (III, 19, 15), S.561

7 Zit. nach Elliott (1970), S.94

8 Aristoteles, *Politik*. Aus dem Griech. übers. und hg. von Olof Gigon. Zürich/München 1951, S.64

9 Castiglione, S.353

10 Hanke, S.133

11 Busbeck, S.103

12 Brantôme, Bd.1, S.311

13 Lipsius, Justus, *Politicorum sive civilis doctrinae libri sex*, zit. nach der engl. Übers.: *Six Bookes of Politics*. London 1594, S.17

14 Giovanni Antonio Menavino, zit. nach Cochrane, S.331

15 Zit. nach. Barthelemy, Anthony G., *Black Face Maligned Race. The Representation of Blacks in English Drama from Shakespeare to Southerne*. Baton Rouge, Ind. 1987, S.4/5

16 Zit. nach Honour, S.56

17 Diaz del Castillo, Bernal, *Wahrhaftige Geschichte der Entdeckung und Eroberung von Mexiko*. Hg. und bearbeitet von Georg A. Narziß. Frankfurt a.M. 1981, zit. nach *Die Neue Welt. Chroniken Lateinamerikas von Kolumbus bis zu den Unabhängigkeitskriegen*. Hg. von

Emir Rodríguez Monegal. Frankfurt a.M. 1982, S.149

18 Zit. nach Elliott (1970), S.45

19 Zit. nach Fletcher, S.10

20 Zit. nach Jardine (1990), S.78

21 Moryson, S.199

22 Zit. nach Bates, S.177/178

23 Starkey, S.36, 117

24 Zit. nach Brown, S.116

25 Botero, S.410^V

26 Spenser, Edmund, *The Fairie Queen*, 2.Buch, Gesang I,1

27 Hutton, S.86

28 Zit. nach Yates, S.60

29 Spenser, Edmund, *The Fairie Queen*, 6.Buch, Gesang I,1

30 Guazzo, S.42/43, 163

31 Althusius, Johannes, *Civilis conversationis libri duo*. Hannover 1611, S.1. Der Verfasser dankt Dilwyn Knox für diesen Hinweis.

32 Zit. nach Huppert, S.766/777

33 Fletcher, S.115^V

34 Machiavelli, *Vom Staate* (Discorsi) (II, 24), in: *Gesammelte Schriften*, Bd.1, S.272. Dieser Ausdruck wurde bereits von dem Architekten Michele Sanmicheli verwendet; vgl.: Hale, John R./Mallett, M.E., *The Military Organization of a Renaissance State: Venice c. 1400–1617*. Cambridge 1984, S.421

35 Grendler, S.63

36 Zit. nach Elam, Caroline/Gombrich, E.H., in: Denley/Elam, S.481

37 Tacitus, *Agricola*, zit. nach Le Goff, Jacques, *Für ein anderes Mittelalter. Zeit, Arbeit und Kultur im Europa des 5.–15. Jahrhunderts*. Aus dem Frz. von Juliane Kümmell und Angelika Hildebrandt-Essig. Weingarten 1987, S.175, 176

38 Machiavelli, *Il Principe*, S.113

39 Machiavelli, Niccolò, *Die Kriegskunst in sieben Büchern nebst den kleinen militärischen Schriften*. Aus dem Ital. von Johann Ziegler. Karlsruhe 1833, S.190

40 Castiglione, S.334

41 Zit. nach de la Barre-Duparcq, E., »L'art militaire pendant les guerres de religion 1562–1598«, in: *Séances et travaux de l'Académie des Sciences Morales et Politiques*, 1864, S.290

42 Bradford, S.457

43 Zit. nach Simon. S.369

44 Montaigne, *Essais ...* (I, 24), Bd.1, S.237

45 Sannazaro, Jacopo, *Arcadia*. Aus dem Ital. von Kaspar Brunhuber. Neumarkt/Opf. 1904, Vorrede

46 Montaigne, *Essais ...* (I, 30), Bd.1, S.370

47 Zit. nach Elliott (1970), S.26

48 Shakespeare, Bd.1, S.52/53

49 Bodin, Jean, zit. nach der engl. Übers.: *Method for the Easy Comprehension of History*. New York 1966, S.298

50 Busbeck, S.48

51 Zit. nach Wright, S.530

52 Donne, John, *Alchimie der Liebe. Gedichte*. Aus dem Engl. von Werner von Koppenfels. Berlin, 2., erw. Aufl. 1991, S.53

53 Der Verfasser verweist dankend auf die Erläuterungen von Yamey, S.115 bis 122

54 Zit. nach Cochrane/Kirshner, S.411

55 Zit. nach Mitchell, R.J., *The Spring Voyage*. London 1964, S.19

56 Erasmus, *Mehrere tausend Sprichwörter und sprichwörtliche Redensarten (Auswahl)* (I 9,12). Aus dem Lat. von Theresia Payr, in: *Ausgewählte Schriften*, Bd.7, S.443, 445

57 Luther, *Eyn Sermon von dem Wucher* (1520), in: *Werke*, WA, Bd.6, S.36–60. – *Biblia : das ist: Die gantze Heilige Schrifft : Deudsch* (1545). München 1972, S.2396

58 Jonson, Ben, *Volpone, or the Fox/Volpone oder der Fuchs* (I, 1). Englisch/ Deutsch. Aus dem Engl. von Walter Pache und Richard C. Perry. Stuttgart 1974, S.23

59 Jakob Fugger, zit. nach Ferguson, Wallace K., *Europe in Transition, 1300–1520*. London 1962, S.434

60 Machiavelli, *Il Principe*, S.131

61 Illustration in: Levenson, S.647, Abb.1

62 Vettori, Francesco, *Sommario della Storia d'Italia*, in: *Scritti storici e politici*. Hg. von E. Niccolini. Bari 1972, S.152

63 Busbeck, S.48

64 Brief von Michael Behaim an Paul Behaim vom 18.1.1534, in: Ozment (1990), S.90

65 Siehe oben, S. 338

66 Zit. nach Bennett, H.S., *English Books and Readers 1475 to 1557*. Cambridge 1952, S.121/122

67 Gage, John, *Life in Italy at the Time of the Medici*. London 1968, S.195

68 Long, S.328, 332, 339

69 Botero, S.239ʳ–240ᵛ

70 Brant, S.41

71 Luca Pacioli, zit. nach Kent, F.W./Lillie, Amanda, in: Denley/Elam, S.352

72 Priuli, Girolamo, *I diarii*. Hg. von Roberto Cessi. 4 Bde., Bologna 1912–1938, Bd.4, S.24

73 Zit. nach Brigden, S.471

74 Zit. nach Jardine (1983), S.147/148

75 Crucé, S.206

76 Zit. nach Yamey, S.20

77 Machiavelli, *Clizia* (II,4), in: *Gesammelte Schriften*, Bd.5, S.212

78 Erasmus, *Mehrere tausend Sprichwörter und sprichwörtliche Redensarten (Auswahl)* (IV 6, 35). Aus dem Lat. von Theresia Payr, in: *Ausgewählte Schriften*, Bd.7, S.617

79 Zit. nach Elliott (1986), S.305

80 Zit. nach Stone, Lawrence, *The Crisis of the Aristocracy*. Oxford 1965, S.50

81 Thomas Platter (1968), S.84

82 Zit. nach Lowry, S.8

83 Thévet, Bd.2, S.501ᵛ

84 Ebd., Bd.2, S.540

85 Ebd., Bd.1, S.55ᵛ

86 Zit. nach Cochrane, S.235

87 Paruta, Paolo, *Discorsi politici*. Venedig 1599, S.569

88 Petrarca, Francesco, *De vita solitaria*, zit. nach Mann, Nicholas, *Petrarch*. Oxford/New York 1984, S.28

89 Zit. nach Englander, S.149

90 Zit. nach Woodward, W.H., *Studies in Education during the Age of the Renaissance*. Cambridge 1924, S.67

91 Erasmus, Brief an Wolfgang Fabritius Capito vom 16.2.1517 aus Antwerpen, in: *Opus Epistolarum*, Bd.2, Brief 541

92 Vorwort von George Pettie in: Guazzo, Stefano, *The Civil Conversation*. Bd.1, London 1925, S.8

93 Botero, S.65ᵛ

94 Henry Dowes, zit. nach *Early English Meals and Manners*. Hg. von F.J. Furnivall. London 1968, S.xxi/xxii (Early English Text Society, 32)

95 Aus dem Vorwort zu *Die Geschichten und Taten Wilwolts von Schaumburg*. Hg. von Adelbert von Keller. Stuttgart 1859, S.2

96 Starkey, S.126

97 Montaigne, *Essais …* (I, 25), Bd.1, S.308

98 Brief von Willibald Pirckheimer an Bernhard Adelmann von Adelmannsfelden von Anfang März 1517, in: *Willibald Pirckheimers Briefwechsel*. Bd.3, Hg. von Dieter Wuttke, München 1989, S.78; hier zit. nach Spitz, S.163, 165

99 Shakespeare, Bd.3, S.614

100 Zit. nach Simon, S.15

101 R. Cotgrave, zit. nach Burke (dt.1981), S.266

102 Alberti, *Zehn Bücher über die Baukunst* (9.Buch, 9.Kap.), S.515

103 Frommel, S.41

104 Thornton, P., S.323, Sp.2

105 Zit. nach Seward, Desmond, *Naples: A Traveller's Companion*. London 1984, S.113–115

106 Zit. nach Brown, S.109/110

107 Vitruvius, *De architectura* (I/1, 1 und 3), S.23, 25

108 Luciano Laurana, zit. nach Chastel, André, »Der Künstler«, in: Garin, S.268

109 Dürer, S.119

110 Dürer, S.127, 128

111 *Die Naturgeschichte des Cajus Plinius Secundus*. Aus dem Lat. von G.C. Wittstein. Bd. 6, Leipzig 1882, S. 133

(35.Buch: Von der Malerei und den Farben)

112 Ebd., S.136

113 Zit. nach Ames-Lewis, Francis, in: Bulletin of the Society for Renaissance Studies, Oktober 1989, S.25

114 *Die Naturgeschichte des Cajus Plinius Secundus*. Aus dem Lat. von G. C. Wittstein. Bd.6, Leipzig 1882, S.156

115 Dürer, S.192

116 Michelangelo, S.251

117 Zit. nach Brown, S.115

118 Zit. nach Gombrich (dt.1985), S.144

119 Zit. nach Thornton, D., Bd.1, S.131

120 Mander, Bd.1, S.115 (Lucas van Leyden); vgl. Ristori, Renzo, in: Rinascimento, 2. Serie, 26, 1986, S.77–97

121 Francesco Florio, zit. nach Stechow, S.146

122 Zit. nach Stechow, S.147

123 Zit. nach Smart, S.175

124 Zit. nach Stechow, S.132

125 Zit. nach Stechow, S.171

126 Holanda, Francisco de, *Diálogas em Roma*. Hg. von Alves J. da Felicidade. Lissabon 1984, S.89/90. John Bury machte den Verfasser auf diese Liste aufmerksam und besorgte eine Abschrift.

127 Condivi, Ascanio, *Das Leben des Michelangelo Buonarroti*. Aus dem Ital. von Rudolph Valdek. Wien 1874, S.10/11

128 Dolce, Lodovico, *Aretino oder Dialog über die Malerei*. Nach der Ausgabe von 1557 aus dem Ital. von Cajetan Cerri. Wien 1871, S.28

129 Zit. nach Thornton, D., Bd.1, S.97

130 Castiglione, S.94

131 Elyot, S.20

132 Vasari, Bd. 5, S. 296 (Michelangelo Buonarroti)

133 Zit. nach Richter, S.52/53

134 Zit. nach Hutton, S.104

135 Reproduktion in: *Prag um 1600*, Bd.1, Kat.Nr.96

136 Calvin (III, 10, 3), S.468

137 Zit. nach Strauss (1966), S.237

138 Zit. nach Smith, P.M., S.87

139 Zit. nach Tafuri, S.2

140 Morus, *Utopia*, S.50

141 Ebd., S.85

142 Ebd., S.54

143 Campanella, *Sonnenstaat*, S.136

144 Zit. nach Widmar, Bruno, *Scrittori politici del '500 e '600*. Mailand 1964, S.845

145 Morus, *Utopia*, S.75

146 Ebd., S.81/82

147 Bacon, *Neu-Atlantis*, S.202, 200/201

148 Zit. nach Curcio, S.73

149 Campanella, *Sonnenstaat*, S. 137, 145/146

150 Ebd., S.154/155

151 Morus, *Utopia*, S.109

152 Erasmus, *Die Erziehung des christlichen Fürsten*, in: *Ausgewählte Schriften*, Bd.5, S.235

153 Campanella, *Sonnenstaat*, S.155

8. Kapitel:
Die Zivilisation in Gefahr?

1 Agricola, Johannes, »Eyn jeder sol sich halten nach seinem stande ...«, in: Ders., *Die Sprichwörtersammlungen*. Hg. von Sander L. Gilman. Bd.1, Berlin/New York 1971, S.202

2 Zit. nach Potter, Lois, in: Times Literary Supplement, 1988, S.673

3 Zit. nach *Tudor Royal Proclamations*. Hg. von F.L. Hughes und J.F. Larkin. Bd.1, New Haven, Conn. 1964, S.106

4 Montaigne, *Tagebuch* ..., S.20/21

5 Zit. nach Mandrou, Robert, *Introduction à la France moderne: Essai de psychologie historique*. Paris 1961, S.81

6 Bacon, Francis, *Note of Bacon's Speech on Darcy's Case*, in: *The Letters and the Life of Francis Bacon*, Bd.6, Hg. von James Spedding, London 1872, S.109

7 Felix Platter (1976), S.213

8 Zit. nach Schildhauer, S.111

9 Sastrow, S.83, 60, 218, 219

10 Zit. nach Brigden, S.539

11 Thomas, Keith, »Lebensalter und Autorität«, in: Thomas, Keith, *Vergangenheit, Zukunft, Lebensalter. Zeitvorstellungen im England der frühen Neuzeit.* Aus dem Engl. von Robin Cackett. Berlin 1988, S.46

12 Felix Platter (1976), S.261

13 Mundy, S.78

14 Erasmus, *De civilitate* ..., zit. nach Erasmus, *Literary and Educational Writings.* Hg. von J.K. Sowards. Toronto 1985, S.xxxvi

15 Botero, S.438[r + v]

16 Fletcher, S.116

17 Guicciardini, Francesco, *Das politische Erbe der Renaissance (»Ricordi«).* Aus dem Ital. von Karl Joseph Partsch. Bern [2]1946, S.58

18 Zit. nach Onians, John, *Bearers of Meaning: The Classical Orders in Antiquity, the Middle Ages and the Renaissance.* Princeton, N.J. 1988, S.166

19 Vgl. etwa: Hale, John R., *War and Society in Renaissance Europe.* London 1985, S.192/193

20 Nashe, Thomas, *Lenten Stuffe,* in: *The Works.* Hg. von R.B. McKerrow. Bd.3, Oxford 1958, S.183

21 Leonardo da Vinci, S.808

22 Shakespeare, Bd.2, S.581

23 Zit. nach Hale (1983), S.340/341

24 Zit. nach Hale (1983), S.343

25 Aretino, Pietro, »Es hebt an der erste Tag der ergötzlichen Gespräche des Aretino, an dem die Nanna ihr Töchterlein Pippa im Hurenberuf unterrichtet« (2.Teil, 1.Tag), in: *Kurtisanengespräche,* S.263

26 Hair, S.83

27 Ebd., S.55/56

28 Cardano, *De subtilitate* (XII.Buch), zit. nach Fierz, S.78

29 Montaigne, *Tagebuch* ..., S.154

30 Zit. nach Lowry, S.33

31 Lorenzo de' Medici, zit. nach *Italienische Gedichte von Kaiser Friedrich II. bis Gabriele d'Annunzio.* Italienisch/

Deutsch. Aus dem Ital. von Bruno Goetz. Zürich 1953, S.130

32 Pierre de Ronsard, zit. nach der engl. Übers. von Laurence Kitchen in der Anthologie *Love Sonnets of the Renaissance.* London 1990, S.31

33 Ebd.

34 Zit. nach Delumeau, S.468

35 Béroalde de Verville, *Le moyen de parvenir,* Kap. 68: *Respect,* zit. nach Jeanneret, S.230; dort finden sich weitere Beispiele

36 Brantôme, Bd.2, S.183

37 Zit. nach Freedberg, S.346

38 Zit. nach Freedberg, S.361

39 Brief von Pietro Aretino an Michelangelo vom November 1545 aus Venedig, in: Michelangelo, S. 266

40 Zit. nach Freedberg, S.357

41 Cardano, *De subtilitate* (XII.Buch), zit. nach Fierz, S.78

42 Shakespeare, Bd.1, S.754

43 Zit. nach Freedberg, S.30

44 Sachs, Hans, »Ein kürtzweilig fasnachtspiel von einem bösen weib«, in: *Werke.* Hg. von Adelbert von Keller und Edmund Goetze. Bd.5, Stuttgart 1870, S.64

45 Siehe unten, S.575–581

46 Zit. nach Elliott (1963), S.294

47 Zit. nach Davis (1975), S.24

48 Quevedo (dt.1980), S.9

49 Zit. nach Cheyney, Edward P., *A History of England from the Defeat of the Armada to the Death of Elizabeth.* 2 Bde., New York 1948, Bd.2, S.5

50 Zit. nach Speroni, Charles, *Wit and Wisdom of the Italian Renaissance.* Berkeley, Calif. 1964, S.93

51 Luca Landucci, zit. nach Camporesi, S.17

52 Sastrow, S.73

53 Montaigne, *Essais* ... (III, 11), Bd. 3, S.271

54 Hans Böhm, Der Trommler (Pfeifer) von Niklashausen (1476), in: *Württembergische Geschichtsquellen,* Bd.6: *Geschichtsquellen der Stadt Hall. II: Georg*

Widmans Chronica. Stuttgart 1904, S.216 220

55 Sidney, Sir Philip, *The Countess of Pembroke's Arcadia.* Hg. von Maurice Evans. Harmondsworth 1977, S.383

56 Zit. nach Knecht, R.J., in: Mulryne/ Shewring, S.14

57 Zit. nach Mendyk, S.92

58 Siehe oben, S. 419

59 Brant, S.136

60 Zit. nach Herford, C.H., *Studies in the Literary Relations of England and Germany in the Sixteenth Century.* Cambridge 1886, S.247

61 Shakespeare, Bd.2, S.225

62 Brant, S.137

63 Zit. nach Wilson, S.164/165

64 Zit. nach der engl. Übers.: LeGoff, Jacques, *Medieval Civilization 400–1500.* Oxford 1989, S.168; vgl. dt. *Für ein anderes Mittelalter* (siehe Kap. 7, Anm. 37)

65 Botero, S.90ᵛ

66 Zit. nach Camporesi, S.106/107

67 Ein Ausspruch von Sancho Pansas Großmutter in Cervantes' *Don Quixote*

68 Henry Chettle, zit. nach Koenigsberger/Mosse, S.56

69 Zit. nach Elliott (1970), S.63

70 *Dialogus, so Franciscus von Sickingen vor des Himels Pforten mit Sant Peter und dem Ritter Sant Jörgen gehalten ...,* zit. nach Schade, Oskar (Hg.), *Satiren und Pasquille aus der Reformationszeit.* Bd.2, Hannover 1863, S.57

71 Zit. nach Koenigsberger/Mosse, S.23

72 Zit. nach Kamen, S.59

73 Zit. nach Heinemann, Margaret, in: Braunmuller/Hattaway, S.175

74 Eberlin von Günzburg, Johann, »Mich wundert, das kein Geld im Land ist«, in: *Sämtliche Schriften.* Hg. von Ludwig Enders, Bd.3, Halle 1902, S.150

75 Zit. nach Davidson, in: Clark, S.157

76 Erasmus, Brief an Willibald Pirckheimer vom 9.5.1529, in: *Briefe,* S.462

77 Aston (1988), S.39, Anm. 68

78 Zit. nach Davidson (1982), S.94, 93

79 Zit. nach Lightbown, R., in: Chaney/ Mack, S.248

80 Robert Burton, zit. nach Bush, Douglas, *English Literature in the Earlier Seventeenth Century 1600–1660.* Oxford 1945, S.282

9. Kapitel:
Die Herrschaft über den Menschen

1 Starkey, Thomas, *Dialogue between Cardinal Pole and Thomas Lupset.* London 1878, S.45 ff. Zit. nach Tillyard, E.W.M., *The Elizabethan World Picture.* London ⁶1952, S.91

2 Zit. nach Bercé, S.54

3 Romei, Annibale, *Discorsi.* 1535, zit. nach Tillyard (siehe Anm. 1) S.88

4 Shakespeare, Bd.2, S.289

5 Ebd., S.105

6 Zit. nach Rowse, S.37

7 Zit. nach Englander, S.262

8 Zit. nach Parker, S.128

9 Zit. nach Bercé, S.43

10 Zit. nach Archer, S.1

11 *Der Bundschuh zu Untergrombach 1502,* in: *Quellen zur Geschichte des Bauernkrieges.* Hg. von Günther Franz. München 1963, S.73/74

12 Zit. nach Kamen, S.336

13 Zit. nach Kamen, S.337

14 Botero, S.162ᵛ

15 Giulio Getto, zit. nach Camporesi, S.30

16 Zit. nach Bonney, S.410

17 Ignatius von Loyola, *Geistliche Übungen und erläuternde Texte.* (Nr.353). Aus dem Span. von Peter Knauer. Graz u.a. 1978, S.149

18 Zit. nach Black, J.B., *The Reign of Elizabeth 1558–1603.* Oxford 1936, S.161

19 Zit. nach Davidson (1982), S.88

20 Thomas Platter (1968), S.51

21 Zit. nach Davidson (1982), S.92

22 Zit. nach Englander, S.168

23 Verhör des Paolo Veronese. Protokoll der Sitzung des Inquisitionstribunals

(18.7.1573), in: *Künstler-Briefe*. Hg. von Ernst Guhl. Berlin [2]1880, S.366

24 Zit. nach *Tudor Royal Proclamations*. Hg. von F.L. Hughes und J. F. Larkin. Bd.1, New Haven, Conn. 1964, S.329

25 Zit. nach Englander, S.301/302

26 Zit. nach. Cochrane/Kirshner, S.425

27 Calvin, S.842

28 Zit. nach Hair, S.57

29 Sastrow, S.312

30 Franz von Sales, *Philothea. Einführung in das Leben aus christlichem Glauben.* Aus dem Frz. von Franz Reisinger. Eichstätt/Wien 1986, S.240

31 Zit. nach Kemp. S.225–227

32 Brant, S.10

33 Zit. nach Ahern, Sheila, »Andrew Boorde«, in: *Dictionary of National Biography*, Bd.136, Detroit 1994, S.23–27

34 Zit. nach Davis (1975), S.37

35 Zit. nach Davis (1975), S.17

36 Benassar, B., *Valladolid au siècle d'or: une ville de Castille et sa campagne au XVIe siècle.* Paris 1967. Zit. nach Hale (1971), S.122

37 Della Casa, S.8, 9/10

38 Guicciardini, Francesco, *Das politische Erbe der Renaissance (»Ricordi«).* Aus dem Ital. von Karl Joseph Partsch. Bern [2]1946, S.83/84

39 Erasmus, *Züchtiger Sitten ...*, o.S.

40 Castiglione, S.41

41 La Noue, François de, *Dicours politiques et militaires* (1587). Hg. von F.E. Sutcliffe. Paris 1967, S.235

42 Zit. nach Brown, Alison, »Between Curial Rome and Convivial Florence: Literary Patronage in the 1480s«, in: Renaissance Studies, 2, 1988, Nr.2, S.213

43 Elton, Geoffrey R., *Renaissance and Reformation 1300–1648.* London [2]1968, S.137

44 Matthiessen, S.11

45 Erasmus, *Züchtiger Sitten ...*, fol.xiv

46 Della Casa, S.14

47 Zit. nach Knox, S.134

48 Spenser, Edmund, *The Fairie Queen.*

Hg. von J.C. Smith. 2 Bde., Nachdr. Oxford 1968, Bd.2, S.485

49 Ausschnitt aus einem Text von Hans Sachs zu dem Holzschnitt »Ein Tischzucht« von Georg Pencz (Gotha 1534), in: Ozment (1983), S.142

50 Shakespeare, Bd.1, S.938

51 Machiavelli, *Il Principe*, S.115

52 Zit. nach Hale (1983), S.234

53 Ebd.

54 Machiavelli, Brief an Francesco Vettori vom 10.12.1513, in: *Gesammelte Schriften*, Bd.5, S.404–409

55 Rossiaud, (dt.1994), S.17/18

56 Luther, Martin, *An den christlichen Adel deutscher Nation*, in: *Ausgewählte Werke*. Hg. von Georg Merz. München [3]1983, Bd.2, S.148

57 *Chroniken der deutschen Städte.* Bd.23, Leipzig 1894, S.337

58 Luther, Martin, *Werke. Tischreden.* Bd.6, Weimar 1921, S.273; auch in Otis, S.176

59 Zwickauer Ratsprotokolle 1525–1528. Zwickau 1526, f.59. Zit. nach Karant-Nunn, S.24

60 Bandello, Bd.4, S.130/131

61 Brantôme, Bd.1, S.131

62 Zit. nach Archer, S.232

63 Coquillart, Guillaume, *Œuvres.* 2 Bde., Paris 1857, Bd.1, S.106

64 Zit. nach Hale, John R., *War and Society in Renaissance Europe.* London 1985, S.162

65 Montaigne, *Essais ...* (I, 51), Bd.1, S.604

66 Zit. nach Bontempelli, Massimo, *Il Poliziano, Il Magnifico: Lirici del Quattrocento.* Florenz 1917, S.289

67 Botero, S.126[v]/127[r]

68 Zit. nach Davis (1975), S.41

69 Hair, S.64

70 Zit. nach Burke (1981), S.209

71 Thomas Platter (1968), S.373

10. Kapitel:
Die Zähmung der Natur

1 Zit. nach Elliott (1989), S.31
2 Zit. nach Cochrane, S.319, Anm.
3 Machiavelli, *Il Principe*, S.119
4 Dürer, S.198
5 Rabelais, *Gargantua und Pantagruel*, S.212
6 Vives, Juan Luis, *De anima* (1538), zit. nach Haydn, Hiram, *The Counter Renaissance.* New York 1950, S.199
7 Spenser, Edmund, *The Fairie Queen*, 5.Buch, Gesang X, 23
8 Holberton, S.12/13
9 Zit. nach Trevor-Roper (1986), S.252/253
10 Busbeck, S.33
11 Zit. nach Goodman, S.238
12 García d'Orta, zit. nach Debus, S.47
13 Zit. nach Debus, S.51
14 Zit. nach Strong (1991), S.195
15 Zit. nach Thomas (1984), S.224
16 Zit. aus der Einleitung zu Platter (1937), S.26
17 Thomas Platter (1968), S.795/796
18 Cicero, *Vom Wesen der Götter* (II.Buch, Abs.152). Lateinisch/deutsch. Aus dem Lat. übersetzt und hg. von Wolfgang Gerlach und Karl Bayer. München/Zürich 1990, S 325, 327
19 Plinius (V.Buch, 6.Brief), S.186–194
20 Zit. nach Gundersheimer (1972), S.52 bis 55
21 Beatis, S.134/135
22 Zit. nach Strong (1991), S.304–306
23 Shakespeare, Bd.2, S.130/131
24 Bacon, *Essays ...*, S.155–158
25 Bacon, *Neu-Atlantis*, S.207
26 Ebd., S.208
27 Zit. nach Debus, S.37
28 Zit. nach Céard/Margolin, S.104
29 Zit. nach Honour, S.39
30 Zit. nach Honour, S.37
31 Zit. nach Impey/Macgregor, S.1
32 Elyot, S.27
33 Zit. nach Douglas, David C., *English Historical Documents 1485–1558*. London 1967, S.210
34 Raleigh, Sir Walter, *Gold aus Guyana. Die Suche nach El Dorado 1595.* Aus dem Engl. von Egon Larsen. Stuttgart 1988, S.142
35 Zit. nach Strong (1991), S.305
36 Zit. nach Strauss (1959), S.144
37 *Des Francesco Petrarca Sendschreiben die Besteigung des Mont Ventoux betreffend.* Aus dem Neulat. von Viktor von Scheffel. München 1936, S.19
38 Zit. nach Rowse, S.45
39 Alberti, *Zehn Bücher über die Baukunst* (9.Buch, 4.Kap.), S.486
40 Zit. nach Klein/Zerner, S.8
41 Zit. nach Thornton, D., Bd.1, S.30
42 Zit. nach Holberton, S.127
43 Mander, Bd.1, S.255, 257 (Pieter Breughel)
44 Zit. nach Turner, A. Richard, *The Vision of Landscape in Renaissance Italy.* Princeton, N.J. 1966, S.117
45 Huizinga, *Herbst des Mittelalters*, S.185
46 Overbury, Sir Thomas, *Characters* (1614–1616), zit. nach Wilson, S.32/33
47 Marlowe, Christopher, ›The Passionate Shepherd to His Love‹
48 Erasmus, *De civilitate*, Ausgabe von 1573, Nr. LIX, LX
49 Brief von Friederich VIII. Behaim an seine Mutter vom 11.9.1578, in: Ozment (1990), S.103
50 Hippokrates, *Der hippokratische Eid*, zit. nach Pschyrembel, *Klinisches Wörterbuch*. Berlin/New York [257]1994, S.635/636
51 Galen, Bd.2, S.734
52 Paracelsus, »Jus jurandum«, in: *Sämtliche Werke*, I. Abt., Bd.6, S.181
53 Paracelsus, »De occulta philosophia«, in: *Sämtliche Werke*, I. Abt., Bd.14, S.541
54 Cardano, *De subtilitate* (XII.Buch), zit. nach Fierz, S.75/76
55 Strozzi Cigogna, zit. nach Camporesi, S.31
56 Vesalius, Andreas, *De humanis corporis*

fabrica. 2., rev. Aufl. 1555, zit. nach Singer, S.89/90

57 Brief von Hegius an Rudolf Agricola, zit. nach Allen, P.S., *The Age of Erasmus.* Oxford 1914, S.27

58 Scaliger, S.46/47

59 Slack, S.175

60 Zit. nach Slack, S.183

61 Erasmus, Brief an Peter Tomiczki vom 28.2.1535 aus Freiburg, in: *Opus Epistolarum,* Bd.11, Brief 3000

62 Zit. nach Foa, Anna, in: Muir/Ruggiero, S.29

63 Zit. nach Trevor-Roper (1986), S.171

64 Thomas Platter (1968), S.70/71

65 Paré, Ambroise, *Die Behandlung der Schußwunden (1545).* Aus dem Frz. übersetzt und hg. von Henry E. Sigerist. Leipzig 1923, S.5

66 Platina, S.85/86

67 Zit. nach Thomas (1971), S.7

68 Shakespeare, Bd.3, S.627

69 Zit. nach Rossi (engl.), S.71

70 Zit. nach Rossi (engl.), S.48, Anm.

71 Agricola, Georg, *Vom Berg- und Hüttenwesen.* Aus dem Neulat. von Carl Schiffner. München 1994, S.xvi

72 Zit. nach Rossi (engl.), S.8

73 Zit. nach Rossi (engl.), S.2

74 Jonson, Ben, *The Staple of News* (III, 1)

75 Leonardo da Vinci, S.917

76 Biringuccio, Vannuccio, *Pirotechnia.* Boston 1966, S.70

77 Bacon, *Neues Organon ...,* S.223

78 Paracelsus, *Labyrinthus medicorum errantium – Vom Irrgang der Aerzte* (1537/38), in: *Sämtliche Werke.* I. Abt., Bd.11, S.188/189. Hier in modernisiertem Dt. zit. nach Boas, S.195/196

79 Bacon, *Über die Würde ...* (I.Buch), S.89

80 Siehe oben, S.658

81 Shakespeare, Bd.3, S.716/717

82 Zit. nach French, Peter J., in: Dee, John, *The World of an Elizabethan Magus.* London 1972, S.92

83 Zit. nach Boas, S.185

84 Zit. nach Boas, S.126

85 Zit. nach Koyré (engl.), S.36; vgl. Osiander d. Ä., Andreas, *Schriften und Briefe 1539 bis März 1543.* Hg. von Gerhard Müller und Gottfried Seebaß. Gütersloh 1988, S.556–568 (Gesamtausgabe, Bd. 7)

86 Galilei, Galileo, *Sternenbote* (Sidereus nuncius, 1610). Aus dem Lat. von Christian Wagner, in: *Schriften, Briefe, Dokumente.* Hg. von Anna Mudry. München 1987, Bd.1, S.104

87 Burton, S.222

88 Zit. nach Eisenstein, S.106/107

89 Leonardo da Vinci, S.472

90 Zit. nach Hale (1983), S.214

91 Platon, *Der Staat* (VII.Buch, 8/9.Kap.). Aus dem Lat. von Rudolf Rufener. Zürich 1950, S.370-373

92 Della Porta, Giambattista, *Magiae naturalis* (1558), zit. nach Boas, S.207

93 Paracelsus, *Intimatio Theophrasti Medicae artis Studiosis* (Basel, 5.6.1527) in: *Sämtliche Werke.* I. Abt., Bd.4, S.4. Hier dt. zit. nach Kaiser, Ernst, *Paracelsus.* Aus dem Neulat. von Ernst Kaiser. Reinbek bei Hamburg 1969, S.89/90

94 Cartier, Jacques, *Bref récit et succincte narration.* Paris 1545, zit. nach Rossi (engl.), S.66

95 Rossi (engl.), S.140

96 Zit. nach Dreyer, S.93

97 Zit. nach Biagioli, S.16

98 Biagioli, Mario, »Galileo the Emblem Maker«, in: Isis, 1990, S.240

99 Bacon, *Neues Organon ...,* S.173

100 Zit. nach Davidson, N.S., *The Counter-Reformation.* Oxford 1987, S.17

101 Montaigne, *Essais ...* (II, 12), Bd.2, S.311

102 Cardano, *De secretis,* zit. nach Fierz, S.84

103 Cellini, S.86

104 Bacon, *Über die Würde ...* (III.Buch, 5.Kap.), S.351

105 Thomas Platter (1968), S.144

106 Cardano, *De vita propria liber,* zit. nach Fierz, S.29/30

Epilog:
»Unser Zeitalter«

1 *Giovanni Rucellai ed il suo Zibaldone.* Hg. von A. Perosa. London 1960, S.60
2 Erasmus, Brief an Wolfgang Fabritius Capito vom 16.2.1517 aus Antwerpen, in: *Opus Epistolarum,* Bd.2, Brief 541
3 Zit. nach Trevor-Roper (1986), S.74
4 Ariost, *Der rasende Roland* (Canto 33, 2–5). Aus dem Ital. von Diederich Gries. München 1980, Bd.2, S.208/209
5 Dante Alighieri, *Die göttliche Komödie.* Aus dem Ital. von Ida und Walther von Wartburg. Zürich 1963, S.540 (Purgatorio, 11, 94)
6 Zit. nach Woodward, W.H., *Studies in Education during the Age of the Renaissance.* Cambridge 1924, S.67
7 Blondus, Flavius (Flavio Biondo), *Italia illustrata libri VIII.* Rom 1474, fol.20^{r+v}. Zit. nach Strauss (1959), S.18
8 Vorrede von Lorenzo Valla zu seiner Schrift *Elegantiae linguae latinae.* Basel 1543. Zit. nach Huizinga, Johan, »Das Problem der Renaissance«, in: Huizinga, Johan, *Das Problem der Renaissance. Renaissance und Realismus.* Aus dem Niederl. von Werner Kaegi. Berlin 1991, S.20
9 Zit. nach Panofsky (engl. 1970), S.16
10 Zit. nach Baxandall, Michael, *Painting and Experience in Fifteenth-Century Italy.* Oxford 1972, S.113
11 Zit. nach Brown, S.94
12 Brief Huttens an Willibald Pirckheimer vom 25.10.1518, in: *Ulrichi Hutteni Equitis Germani Opera.* Hg. von Eduard Böcking. Bd.1, Leipzig 1859, S.217
13 Dürer, Widmung zu »Vier Bücher von menschlicher Proportion«, in: Dürer, S.188
14 Rabelais, *Gargantua und Pantagruel,* S.210, 211
15 *Andrea Mantegna.* Hg. von Jane Martineau. Ausstellungskatalog. London 1992, S.99

16 Vasari, Bd.2/1, S.260 (Michelozzo Michelozzi)
17 Siehe oben, S. 260
18 Zit. nach Delumeau, S.96
19 Zit. nach Delumeau, S.96
20 Cochrane/Kirshner, S.309
21 Serlio, Sebastiano, *Von der Architectur.* Aus dem Ital. Basel 1608, fol.xxiij^{v}
22 Kelley, Donald R., in: Porter/Teich, S.131
23 Vives, Juan Luis, *Über die Wissenschaften* (De disciplinis, 1531). Aus dem Lat. von Rudolf Heine, in: *Ausgewählte pädagogische Schriften.* Leipzig 1881, S.7/8
24 Vasari, Bd.3/1, S.xvii (Vorrede)
25 Bacon, *Über die Würde* ... (VIII.Buch, 3.Kap.), S.796
26 Zit. nach Wright, S.343
27 Quadt, Mathias, *Enchiridion Cosmographicum : daß ist / Ein Handtbüchlin / der gantzen Welt gelegenheit.* Köln 1599, fol.a 2^{r}
28 Zit. nach Eisenstein, S.571
29 Zit. nach Sarton, S.195
30 Le Roy, Louis, *Considérations sur l'histoire universelle.* Paris 1567, zit. nach Rossi (engl.), S.68
31 Zit. nach Bouwsma, S.271
32 Hakluyt, Richard, *Voyages.* Bd.1: *The English Voyages.* London 1907, S.228
33 Zit. nach Rossi (engl.), S.89
34 Zit. nach Long, S.333
35 Luther, *Auslegungen über das fünfte Buch Mosis,* in: *Dr. Martin Luthers sämtliche Schriften.* Hg. von Johann G. Walch. Bd.3, Groß Oesingen 1986, Sp.1375
36 Zit. nach Brigden, S.3
37 Francesco Guicciardini, zit. nach der engl. Übers. von Cecil Grayson: *History of Italy and History of Florence.* hg. von John R. Hale. New York 1966, S.124
38 Castiglione, S.108/109, 80, 143
39 Siehe oben, S. 230
40 Zit. nach Bolgar, R.R., *The Classical Heritage.* New York 1964, S.240
41 Zit. nach McLaughlin, S.135

42 Zit. nach Burke, Peter, *Sarpi,* New York 1967, S.xxix

43 Kantzow, Bd.2, S.395 (14.Buch)

44 Cardano, *De libris propriis,* zit. nach Fierz, S.34

45 Zit. nach Cochrane, S.322

Der Verlag dankt folgenden Verlagen für die Erlaubnis zum Nachdruck:

Artemis & Winkler, Zürich/München (Cervantes 1956, Plinius 1969) – Birkhäuser, Basel/Stuttgart (Fierz, 1977) – Campus, Frankfurt a.M. (Garin, 1990) – Diogenes, Zürich (Montaigne, 1992) – Insel, Frankfurt a.M. (Quevedo, 1980) – Klett-Cotta, Stuttgart (Braudel 1989) – Manutius, Heidelberg (Della Casa, 1988) – Meiner, Leipzig/Hamburg (Bacon 1990, Elyot 1931) – Reclam, Stuttgart (Machiavelli, 1986) – Rowohlt, Reinbek bei Hamburg (Bacon, Campanella, Morus, in: *Der Sonnenstaat,* 1960) – Schünemann, Bremen (Bacon 1970, Castiglione o.J., Erasmus 1956) – Wissenschaftliche Buchgesellschaft, Darmstadt (Erasmus [1-2] 1967–1990, Vitruvius [5]1991)

Literaturverzeichnis

Das Interesse an der Renaissance hat die Literatur über sie gewaltig anschwellen lassen. Bei diesem Verzeichnis beschränkt sich der Verfasser daher auf Werke, die ihm bei den Vorarbeiten zu diesem Buch von unmittelbarem Nutzen waren, vor allem Bücher, denen er Zitate aus zeitgenössischen Quellen entnommen hat.
(Für die deutsche Ausgabe wurde das Verzeichnis um einige Werke sowie Quellen in deutscher Sprache ergänzt. Diese Titel sind mit einem * gekennzeichnet.)

Den besten allgemeinen Überblick bieten die folgenden Bücher:
Hale, John R., *Renaissance Europe, 1480–1520*. London 1971
Elton, Geoffrey R., *Reformation Europe, 1517–1559*. London 1963
Elliott, John H., *Europe Divided, 1559–1598*. London 1968
Parker, Geoffrey, *Europe in Crisis, 1598–1648*. London 1979

sowie
Delumeau, Jean, *La civilisation de la Renaissance*. Paris 1967
Margolin, Jean-Claude, *L'avènement des temps modernes*. Paris 1977
Koenigsberger, H.G./Mosse, George C., *Europe in the Sixteenth Century*. London 1968

Die wichtigsten Quellensammlungen sind zwei Bände in der von der University of Chicago Press herausgegebenen Reihe *University of Chicago Readings in Western Civilization*:
Bd. 5: *The Renaissance*. Hg. von Eric Cochrane und Julius Kirshner, 1986
Bd. 6: *Early Modern Europe: Crisis of Authority*. Hg. von Eric Cochrane, Charles M. Gray und Mark A. Kishlansly, 1987

Übersichtswerke * in deutscher Sprache:
Diwald, Hellmut, *Anspruch auf Mündigkeit, um 1400–1555*. Frankfurt a.M./Berlin 1975 (Propyläen Geschichte Europas)
Dülmen, Richard van (Hg.), *Die Entstehung des frühneuzeitlichen Europas 1550–1648*. Frankfurt a.M. 1982 (Fischer Weltgeschichte, 24)
Durant, Will/Durant, Ariel, *Kulturgeschichte der Menschheit*. Bd. 7: *Das hohe Mittelalter und die Frührenaissance*. Bd. 8: *Glanz und Zerfall der italienischen Renaissance*. München 1978
Garin, Eugenio, »Die Kultur der Renaissance«, in: *Propyläen Weltgeschichte*. Hg. von Golo Mann. Bd. 6, Frankfurt a.M./Berlin 1964, S. 431–534
Kristeller, Paul O., *Humanismus und Renaissance*. Hg. von Eckhard Keßler. Aus dem Engl. von Renate Schweyen-Ott. 2 Bde., München 1974–1976; ern. 1980
Lutz, Heinrich/Mann, Golo u. a., in: *Propyläen Weltgeschichte*. Hg. von Golo Mann. Bd. 7: *Von der Reformation zur Revolution*. Frankfurt a.M./Berlin 1964
Romano, Ruggiero/Tenenti, Alberto, *Die Grundlegung der modernen Welt. Spätmittelalter, Renaissance, Reformation*. Frankfurt a.M. 1967 (Fischer Weltgeschichte, 12)

Zeeden, Ernst, *Hegemonialkriege und Glaubenskämpfe 1556–1648.* Frankfurt a.M./Berlin 1977 (Propyläen Geschichte Europa)

Alberti, Leon Battista, *Della famiglia libri IV* (entst. 1433–1441) (dt. *Vom Hauswesen.* Aus dem Ital. von Walther Kraus. Stuttgart/Zürich 1962)
– *De re aedificatoria* (entst. um 1450) (dt. *Zehn Bücher über die Baukunst.* Aus dem Lat. von Max Theurer. Wien/Leipzig 1912)
Amelung, Peter, *Das Bild des Deutschen in der Literatur der italienischen Renaissance (1400–1559).* München 1964
Anderson, Matthew S., *Britain's Discovery of Russia, 1553–1815.* London 1958
Andersson, Christiane, »Polemical Prints During the Reformation«, in: *Censorship: 500 Years of Conflict.* Katalog. New York 1984
Anglo, Sydney, *Images of Tudor Kingship.* London 1992
Archer, Ian W., *The Pursuit of Stability: Social Relations in Elizabethan London.* Cambridge 1991
Aretino, Pietro, *Ragionamenti.* 2 Tle. Paris/Turin 1533/1536 (dt. *Kurtisanengespräche.* Aus dem Ital. von Ernst Otto Kayser. Frankfurt a.M. 1986)
Ariès, Philippe/Duby, Georges, *Histoire de la vie privèe.* Bd. 2: *De l'Europe fèodale à la Renaissance.* – Bd. 3: *De la Renaissance aux Lumières.* Paris 1985/86 (dt. *Geschichte des privaten Lebens.* Bd. 2: *Vom Feudalzeitalter zur Renaissance.* – Bd. 3: *Von der Renaissance zur Aufklärung.* Aus dem Frz. von Holger Fliessbach. Frankfurt a.M. 1990/91)
Armstrong, Elizabeth, *Ronsard and the Age of Gold.* Cambridge 1968
Ascoli, Georges, *La Grande-Bretagne devant l'opinion française depuis la Guerre de Cent Ans jusqu'à la fin du XVIe siècle.* Paris 1927. Nachdr. Genf 1971
Aston, Margaret, *England's Iconoclasts. I. Law against Images.* Oxford 1988 – »Iconoclasm in England: Rites of Destruction by Fire«, in: Wolfenbütteler Forschungen 46, 1990

Bacon, Francis, *Essays.* London 1597 (dt. *Essays oder praktische und moralische Ratschläge.* Aus dem Engl. von Elisabeth Schücking. Stuttgart 1970)
– *The Advancement of Learning.* London 1605, umgearb. als *De dignitate et augmentis scientiarum.* London 1623 (dt. *Über die Würde und den Fortgang der Wissenschaften.* Aus dem Lat. übersetzt und hg. von Johann Hermann Pfingsten. Pest 1783. Reprograf. Nachdr. Darmstadt 1966)
– *Cogitata et visa.* London 1612; umgearb. als *Novum organon scientiarum.* London 1620 (dt. *Neues Organon.* Lateinisch/Deutsch. Aus dem Lat. von Rudolf Hoffmann und Getraud Kohr, hg. von Wolfgang Krohn. Hamburg 1990)
– *Nova Atlantis.* London 1627 (dt. *Neu-Atlantis,* in: *Der utopische Staat.* Aus dem Lat. übers. und hg. von Klaus J. Heinisch. Reinbek bei Hamburg 1960)
Bagrow, Leo, *History of Cartography.* Rev. von R. A. Skelton. London 1964
Bandello, Matteo, *Le novelle.* 4 Bde., Florenz 1930
Baron, Hans, *Bürgersinn und Humanismus im Florenz der Renaissance.* Aus dem Engl. von Gabriele Krüger-Wirrer. Berlin 1992 *
Bates, Ernest S., *Touring in 1600.* London 1911
Beatis, Antonio de, *The Travel Journal ... 1517–1518.* Hg. von John R. Hale. London 1979 (Hakluyt Society)
Bercé, Yves-Marie, *Révoltes et révolutions dans l'Europe moderne (XVIe-XVIIIe siècles).* Paris 1980 (engl. *Revolt and Revolution in Early Modern Europe.* Manchester 1987)

Biagoli, Mario, »Galileo's System of Patronage«, in: History of Science, 28, 1990, S. 1–61

Blunt, Anthony, *Art and Architecture in France 1500 to 1700*. Harmondsworth 1957

Boas, Marie, *The Scientific Renaissance 1450–1630*. London 1962 (dt. *Die Renaissance der Naturwissenschaften 1450–1630. Das Zeitalter des Kopernikus*. Aus dem Engl. von Marlene Trier. Nördlingen 1988)

Bodin, Jean, *Les six livres de la république*. Paris 1576 (dt. *Sechs Bücher über den Staat*. Hg. von C.P. Mayer-Tasch. Aus dem Frz. von Bernd Wimmer. 2 Bde., München 1981–1986)

Bonney, Richard, *The European Dynastic States 1494–1660*. Oxford 1991

Boockmann, Hartmut, *Die Stadt im späten Mittelalter*. München, 2., rev. Aufl. 1987

Boorde, Andrew, *The Fyrst Boke of the Introduction to Knowledge*. London o.J. [vor 1542]

Botero, Giovanni, *Delle cause della grandezza e magnificenza delle città*. Rom 1588. – *Della ragion di Stato*. Venedig 1589 (dt. *Anordnung guter Policeyen und Regiments : auch Fuersten und Herrn Stands. Von der Staetten Aufgang / Groesse und Herrlichkeit*. Aus dem Lat. Straßburg 1596)

Bouwsma, William, *Concordia Mundi: The Career and Thought of Guillaume Postel (1510–1581)*. Cambridge, Mass. 1957

Bradford, William (Hg.), *Correspondence of the Emperor Charles V*. London 1850

Brady, Thomas, *Turning Swiss: Cities and Empire 1450–1550*. Cambridge 1985

Brant, Sebastian, *Das Narrenschiff*. Nach der Erstausgabe (Basel 1494) mit den Zusätzen der Ausgaben von 1405 und 1499 hg. von Manfred Lemmer. Tübingen 1962

Brantôme, Pierre de Bourdeille, Seigneur de, *Vie des dames galantes*. Leiden 1665 (dt. *Das Leben der galanten Damen*. Aus dem Frz. von Georg Harsdoerffer. 2 Bde., Leipzig 1905)

Braudel, Fernand, *La Méditerranée et le monde méditerranéen à l'époque de Philippe II*. 2 Bde., Paris 1949 (dt. *Das Mittelmeer und die mediterrane Welt in der Epoche Philipps II*. Aus dem Frz. von Grete Osterwald und Günter Seib. 3 Bde., Frankfurt a.M. 1990)

– *Civilisation matérielle, économie et capitalisme, XVe–XVIIIe siècle*. 3 Bde., Paris 1968 bis 1979 (dt. *Sozialgeschichte des 15. bis 18. Jahrhunderts*. Aus dem Frz. von Siglinde Summerer u. a. 3 Bde., München 1985/86)

– »L'Italia fuori d'Italia«, in: *Storia d'Italia*, Bd. 2/2. Mailand 1974, S. 2091–2248

– *Identité de la France, I*. Paris 1986 (dt. *Frankreich I. Raum und Geschichte*. Aus dem Frz. von Peter Schöttler. Stuttgart 1989)

– *Le modèle italien*. Paris 1989 (dt. *Modell Italien: 1450–1650*. Aus dem Frz. von Siglinde Summerer und Gerda Kurz. Stuttgart 1991)

Braunmuller, A.R./Hattaway, Michael, *The Cambridge Companion to English Renaissance Drama*. Cambridge 1990

Bridgman, Nanie, *La vie musicale au Quattrocento*. Paris 1964

Brigden, Susan, *London and the Reformation*. Oxford 1991

Brown, Alison, *The Renaissance*. London 1988

Brown, Jonathan, *The Golden Age of Painting in Spain*. New Haven, Conn. 1991

Burckhardt, Jacob, *Die Kultur der Renaissance in Italien*. Basel 1860 [recte 1859]; Neudr. der Urausgabe, hg. von Konrad Hoffmann. Stuttgart [11]1988

Burke, Peter, *Culture and Society in Renaissance Italy*. London 1972 (dt., vom Autor rev.: *Die Renaissance in Italien. Sozialgeschichte einer Kultur zwischen Tradition und Erfindung*. Aus dem Engl. von Reinhard Kaiser. Berlin [2]1992)

– *Popular Culture in Modern Europe*. London 1978 (dt. *Helden, Schurken und Narren*.

Europäische Volkskultur in der frühen Neuzeit. Aus dem Engl. von Susanne Schenda. Stuttgart 1981)

– »Did Europe Exist before 1700?«, in: History of European Ideas, 1, 1980, Nr. 1, S.21–29

– *The Historical Anthropology of Early Modern Italy: Essays on Perception and Communication.* Cambridge 1987 (dt. *Städtische Kultur in Italien zwischen Hochrenaissance und Barock.* Aus dem Engl. von Wolfgang Kaiser. Berlin 1986)

– *The Renaissance.* London 1987 (dt. *Die Renaissance.* Aus dem Engl. von Robin Cackett. Berlin 1990)

Burton, Robert, *The Anatomy of Melancholy.* London 1621 (dt. *Die Anatomie der Melancholie.* Ausgewählt und aus dem Engl. übertr. von Werner von Koppenfels. Teil III »Schwermut der Liebe« in der Übers. von Peter Gau. Mainz 1988)

Busbeck, Ogier Ghiselin von, *Vier Briefe aus der Türkei.* Aus dem Lat. von Wolfram von den Steinen, Erlangen 1926

Bush, Michael, »Tax Reform and Rebellion in Early Tudor England«, in: History, 76, Oktober 1991, S.379–400

Cafritz, Robert/Gowing, Lawrence/Rosand, David, *Places of Delight: The Pastoral Landscape.* Katalog der Phillips Collection. Washington, D.C. 1988

Calvin, Johannes, *Christianiae religionis institutio* … Basel 1536 (dt. *Unterricht in der christlichen Religion.* Nach der letzten Ausgabe aus dem Neulat. übers. und bearb. von Otto Weber. Neukirchen-Vluyn [4]1986)

Cameron, Euan, *The European Reformation.* Oxford 1991

Campanella, Tommaso, *Civitas solis idea republicae philosophicae.* Frankfurt a.M. 1623 (dt. *Sonnenstaat,* in: *Der utopische Staat.* Aus dem Lat. übers. und hg. von Klaus J. Heinisch. Reinbek bei Hamburg 1960)

Campbell, Lorne, *Renaissance Portraits: European Portraits Paintings in the 14th, 15th and 16th Centuries.* New Haven, Conn. 1990

Camporesi, Piero, *Il pane selvaggio.* Bologna, 2., erw. Aufl. 1984 (dt. *Das Brot der Träume. Hunger und Halluzinationen im vorindustriellen Europa.* Aus dem Ital. von Karl F. Hauber. Frankfurt a.M. 1990)

Cardano, Girolamo, *De propria vita.* Paris 1643 (dt. *Des Girolamo Cardano von Mailand eigene Lebensbeschreibung.* Aus dem Neulat. von H. Hefele. Jena 1914). Vgl. auch Fierz

Carletti, Francesco, *My Voyage around the World.* Aus dem Ital. von Herbert Weinstock. London 1965

Casey, Paul F., »Formed, Not Born«: Vernacular Reading and Books of Manners in Sixteenth-Century Germany«, in: German Life and Letters, 42, 1989, S. 91–100

Cassirer, Ernst, *Individuum und Kosmos in der Philosophie der Renaissance.* Leipzig/Berlin 1927; Nachdr. Darmstadt [6]1987 *

Castiglione, Baldesar (Baldassare), *Il libro del cortegiano.* Venedig 1528 (dt. *Das Buch vom Hofmann.* Aus dem Ital. von Fritz Baumgart, Bremen 1960)

Céard, Jean, »L'image de l'Europe dans la littérature cosmographique de la Renaissance«, in: *La conscience européenne* [s. u.], S.49–63

Céard, Jean/Margolin, Jean-Claude (Hg.), *Voyager à la Renaissance.* Paris 1987

Cellini, Benvenuto, *Vita.* Neapel 1728 (dt. *Leben des Benvenuto Cellini von ihm selbst erzählt.* Aus dem Ital. von Johann Wolfgang Goethe. Hamburg 1957)

Cervantes Saavedra, Miguel de, *Il ingenioso hidalgo Don Quixote de la Mancha.* 2 Tle., Madrid 1605–1615 (dt. *Der sinnreiche Junker Don Quijote von der Mancha.* Aus dem Span. von Ludwig Braunfels, München [7]1993)

Chambers, David, *Patrons and Artists in the Italian Renaissance*. London 1970

Chaney, Edward/Mack, Peter (Hg.), *England and the Continental Renaissance: Essays in Honor of J. B. Trapp*. Woodbridge 1990

Chastel, André, *Italienische Renaissance II. Die Ausbildung der großen Kunstzentren (1460–1500) – Italienische Renaissance III. Die Ausdrucksformen der Künste in der Zeit von 1460 bis 1500*. München 1965/66 *

– u. a., *The Renaissance: Essays in Interpretation*. London 1982

Cheyney, Edward P., *A History of England from the Defeat of the Armada to the Death of Elizabeth*. 2 Bde., New York 1948

Cipolla, Carlo, *European Culture and Overseas Expansion*. Harmondsworth 1970

– *Public Health and the Medical Profession in the Renaissance*. Cambridge 1976

– (Hg.), *Europäische Wirtschaftsgeschichte*. Bd. 1/2, Stuttgart 1978/79 *

Clark, Sir George, *A History of the Royal College of Physicians of London*. Bd. 1, Oxford 1964

Clark, Peter (Hg.), *The European Crisis of the 1590s: Essays in Comparative History*. London 1985

Cochrane, Eric, *Historians and Historiography in the Italian Renaissance*. Chicago 1981

La conscience européenne au XVe au XVIe siècle. Actes du colloque international organisé à l'École Normale Supérieure des Jeunes Filles. Paris 1982

Conze, Werner (Hg.), *Sozialgeschichte der Familie in der Neuzeit Europas*. Stuttgart 1976 *

Cooper S. J., Michael (Hg.), *They Came to Japan. An Anthology of European Reports on Japan, 1543–1640*. London 1965

Coryat, Thomas, *Coryat's Crudities*. 2 Bde., Glasgow 1905

Cottrell, Robert D., *Brantôme. The Writer as a Portraitist of His Age*. Genf 1970

Crucé, Eméric, *The New Cyneas*. Aus dem Frz. von T.W. Balch. Philadelphia 1909

Cummings, Anthony M., *The Politicized Muse: Music for Medici Festivals 1512–1573*. Princeton, N.J. 1992

Curcio, Carlo, *Utopisti italiani del Cinquecento*. O.O.1944

Davidson, N. S., »Il Sant'Ufficio e la Tutela del Culto a Venezia nell' 500«, in: Studi Veneziani, N.S. 6, 1982, S.87–101

– »Northern Italy in the 1590s«, in: Clark, Peter (Hg.) [s. o.]

Davies, N., *God's Playground: A History of Poland. 1. The Origins to 1795*. London 1981

Davis, Natalie Z., »The Reasons of Misrule: Youth Groups and Charivaris in Sixteenth-Century France«, in: Past and Present, 1, 1971. S.41–75

– *Society and Culture in Early Modern France*. Stanford, Calif. 1975

Debus, Allen G., *Man and Nature in the Renaissance*. Cambridge 1978

Della Casa, Giovanni, *Il galateo* (entst. 1554). Mailand 1559 (dt. *Der Galateo. Traktat über die guten Sitten*. Aus dem Ital. von Michael Rumpf. Heidelberg 1988)

Della Valle, Pietro, *Reiß-Beschreibung in unterschiedliche Teile der Welt*. Aus dem Ital. Genf 1624

– *Pilgrim: The Journeys of Pietro della Valle*. Aus dem Ital. von George Bull. London 1989

Denley, Peter/Elam, Caoline, *Florence and Italy: Renaissance Studies in Honour of Nicolai Rubinstein*. London 1988

Dickens, Arthur G. (Hg.), *The Courts of Europe: Politics, Patronage and Royalty, 1400 bis 1800*. London 1977

Doesten, J. A. van, *Poets, Patrons and Professors: Sir Philip Sidney, Daniel Rogers and the Leiden Humanists*. Oxford 1962

Dollinger, Philippe, *La Hanse.* Paris 1964 (dt. *Die Hanse.* Aus dem Frz. von Marga und Hans Krabusch. Stuttgart, 4., erw. Aufl. 1989)

Dreyer, John L., *Tycho Brahe: A Picture of Scientific Life and Work in the Sixteenth Century.* Edinburg 1890; Nachdr. New York 1963

Dürer, Albrecht, *Schriften und Briefe.* Hg. von Ernst Ullmann, Textbearbeitung von Elvira Pradel. Leipzig, 6., veränd. Aufl. 1993

Eisenstein, Elizabeth L., *The Printing Press as an Agent of Change: Communications and Cultural Transformations in Early-Modern Europe.* Cambridge 1980

Elias, Norbert, *Über den Prozeß der Zivilisation. Soziogenetische und psychogenetische Untersuchungen.* 2 Bde., Basel/Bern 1939/1969

Elliott, John H., *Imperial Spain, 1469–1716.* London 1963
– *The Old World and the New, 1492–1650.* Cambridge 1970
– *Spain and Its World, 1500–1700.* New Haven, Conn. 1989
– *National and Comparative History: An Inaugural Lecture.* Oxford 1991

Ellis, Harold, *A History of the Bladder Stone.* Oxford 1969

Elyot, Sir Thomas, *The Boke Named the Governour.* London 1531 (dt. *Das Buch vom Führer.* Aus dem Engl. von Hanns Studniczka, Leipzig 1931)

Englander, David u. a., *Culture and Belief in Europe 1450–1600: An Anthology of Sources.* Oxford 1990

Eörsi, Anna, *International Gothic Style in Painting.* Budapest 1986

Erasmus, Desiderius, *Züchtiger Sitten zierlichen wandels / und höfflicher Geberden der Jugent ...* Aus dem Neulat. O.O. 1531; Nachdr. Berlin o.J. [1940]
– *Opus Epistolarum.* Hg. von P.S. Allen, 12 Bde., Oxford 1906–1958
– *Briefe.* Verdeutscht und hg. von Walther Köhler. Erw. Neuausg. von Andreas Flitner. Bremen 1956
– *Ausgewählte Schriften.* Lateinisch /Deutsch. Aus dem Lat. von Werner Welzig u. a. Hg. von Werner Welzig. 8 Bde., Darmstadt $^{1-2}$1967–1990

Evans, Robert J.W., *Rudolf II and His World.* Oxford 1973 (dt. *Rudolf II.: Ohnmacht und Einsamkeit.* Graz u. a. 1980)

The Fairest Flower. The Emergence of Linguistic National Consciousness in Renaissance Europe. International Conference of the Center for Medieval and Renaissance Studies ... Florenz 1986

Febvre, Lucien, »Civilisation: évolution d'un mot et d'un groupe d'idées«, in: Ders., *Pour une histoire à part entière.* Paris 1962, S.479–528
– »Frontière: le mot et la notion«, ebd., S.11–52
– *Der neugierige Blick. Leben in der französischen Renaissance.* Aus dem Frz. von Gabriele Ricke und Ronald Voullié. Berlin 1989 [Fünf Essays aus dem Band *Pour une histoire à part entière.* Paris 1962] *

Ferguson, Wallace K., *The Renaissance in Historical Thought: Four Centuries of Interpretation.* Cambridge, Mass. 1948

Fierz, Markus, *Girolamo Cardano (1501–1576). Arzt, Naturphilosoph, Mathematiker, Astronom und Traumdeuter.* Basel/Stuttgart 1977

Flasch, Kurt, *Das philosophische Denken im Mittelalter.* Stuttgart 1986 *

Fletcher, Giles, *Of the Russe Common Wealth.* London 1591; Nachdr. Cambridge, Mass. 1966

Freedberg, David, *The Power of Images: Studies in the History and Theory of Response*. Chicago 1989

Friedman, Alice T., *House and Household in Elizabethan England: Wollaton Hall and the Willoughby Family*. Chicago 1989

Frommel, Christoph L., »Papal Policy: The Planning of Rome During the Renaissance«, in: Rotbert, Robert L./Rabb, Theodore K. (Hg.), *Art and History: Images and Their Meaning*. Cambridge 1981, S.39–66

Galen, *On the Usefulness of the Parts of the Body*. Ins Engl. übers. von Margaret T. May. 2 Bde., Ithaca, N.Y. 1968

García, Carlos, *Antipatia de los Franceses y Españoles*. Rouen 1627; Neuausg. hg. von Michael Bareau. Edmonton 1979 (dt. *Anthipathia oder Grundwiederwertigkeit der Franzosen und Spanier*. Aus dem Span. O.O. 1645)

Garin, Eugenio (Hg.), *L'uomo del Rinascimento*. Rom 1988 (dt. *Der Mensch der Renaissance*. Aus dem Frz. und Engl. von Linda Gränz, aus dem Ital. von Asa-Bettina Wuthenow. Frankfurt a.M. u. a. 1990)

Geneakoplos, Deno, »La Colonia greca die Venezia et il Rinascimento«, in: Pertusi, Agostino (Hg.), *Venezia e l'oriente fra tardo medioevo e rinascimento*. Florenz 1966

Geschichte der Deutschen Kunst. Bd.4/1–2: *1470–1550*. Hg. von Ernst Ullmann. Leipzig 1985

Gibson, Walter S., »*Mirror of the Earth*«: *The World Landscape in Sixteenth-Century Flemish Painting*. Princeton, N.J. 1989

Gilbert, Felix, *Guicciardini, Machiavelli und die Geschichtsschreibung der italienischen Renaissance*. Aus dem Engl. von Matthias Fienbork, aus dem Ital. von Friederike Hausmann. Berlin 1991 *

Gollwitzer, Heinz, *Europabild und Europagedanke*. München 1972

Gombrich, Ernst H., *Norm and Form: Studies in the Art of the Renaissance*. London 1966 (dt. *Die Kunst der Renaissance, I. Norm und Form*. Aus dem Engl. von Lisbeth Gombrich. Stuttgart 1985)

– *The Heritage of Apelles. Studies in the Art of the Renaissance*. London 1976 (dt. *Die Entdeckung des Sichtbaren. Zur Kunst der Renaissance, 3*. Aus dem Engl. von Lisbeth Gombrich. Stuttgart 1987)

– *Zur Kunst der Renaissance*. Aus dem Engl. von Lisbeth Gombrich. 4 Bde., Stuttgart 1985–1988

Goodman, Anthony/Mackay, Angus, *The Impact of Humanism on Western Europe*. London 1966

Goris, Jan A., *Étude sur les colonies marchandes méridionales à Anvers de 1488 à 1567*. Löwen 1925

Grafton, Anthony/Blair, Ann (Hg.), *The Transmission of Culture in Early Modern Europe*. Philadelphia 1990

Grafton, Anthony/Jardine, Lisa (Hg.), *From Humanism to the Humanities: Education and Liberal Arts in Fifteenth- and Sixteenth-Century Europe*. Cambridge, Mass. 1986

Grendler, Paul F., *Schooling in Renaissance Italy: Literacy and Learning 1300–1600*, Baltimore 1989

Guazzo, Stefano, *La civil conversatione*. Brescia 1574 (dt. *De civili conversatione. Das ist Von dem Buergerlichen Wandel und zierlichen Sitten*. Aus dem Ital. von Nicolaus Rücker. Frankfurt a.M. 1599)

Gundersheimer, Werner L. (Hg.), *French Humanism 1470–1600*. London 1969

– (Hg.), *Art and Life at the Court of Ercole d'Este: The »De Triumphis Religionis« of Giovanni Sabadino degli Arienti*. Genf 1972

Gurr, Andrew, *Playgoing in Shakespeare's London*. Cambridge 1987

Gutierrez, Asensio, *La France et les Français dans la littérature espagnole. Un aspect de la xenophobie en Espagne (1589–1665)*. Saint- Étienne 1977

Hair, Paul (Hg.), *Before the Bawdy Court*. New York 1972

Haitsma Mulier, Eco O.G., *The Myth of Venice and Dutch Republican Thought in the Seventeenth Century*. Assen 1980

Hale, John R., *England and the Italian Renaissance*. London, rev. Ausg. 1963

– *Renaissance Europe, 1480–1520*. London 1971 (dt. *Fürsten, Künstler, Humanisten: Renaissance, Anbruch der Neuzeit*. Reinbek bei Hamburg 1973)

– *Renaissance War Studies*. London 1983

Hampe, Theodor, *Das Trachtenbuch des Christoph Weidlitz*. Berlin/Leipzig 1927

Hanke, Lewis, *All Mankind Is One: A Study of the Disputation between Bartolomé de Las Casas e Juan Ginés Sepúlveda in 1550 on the Intellectual and Religious Capacity of the American Indians*. DeKalb, Ill. 1974

Hay, Denys, *Europe – The Emergence of an Idea*. Edinburg 1957; 2., rev. Aufl. 1968

– »England, Scotland and Europe: The Problem of the Frontier«, in: Transactions of the Royal Historical Society, 5. Serie, 25, 1975, S.77–91

– *The Italian Renaissance in Its Historical Background*. Cambridge 1961; [2]1976 (dt. *Geschichte Italiens in der Renaissance*. Aus dem Engl. von Christa Dericum. Stuttgart 1962)

– *Renaissance Essays*. London 1988

Heater, Derek, *The Idea of European Unity*. Leicester 1992

Heller, Agnes, *A reneszansz ember*. Budapest 1967 (dt. *Der Mensch der Renaissance*. Aus dem Ungar. von Hans-Henning Paetzke. Köln 1982) *

Henderson, John, »Epidemics in Renaissance Florenz«, in: Bulet, Neithardt/Delort, Robert, *Maladies et société*. Paris 1989

Henry, John/Hutton, Sarah (Hg.), *New Perspectives on Renaissance Thought: Essays in the History of Science, Education and Philosophy in Memory of Charles B. Schmitt*. London 1990

Herberstein, Sigismund von, *Rerum Moscoviticarum commentarii*. O.O.1549 (dt. *Moscouiter wunderbare Historien*. Aus dem Neulat. von Heinrich Pantaleon. Basel 1567)

Holberton, Paul, *Palladio's Villas. Life in the Renaissance Countryside*. London 1990

Hollier, Denis (Hg.), *A New History of French Literature*. Bd. 1, Cambridge, Mass. 1989

Honour, Hugh, *The New Golden Land. European Images of America from the Discoveries to the Present Time*. London 1976

Hope, Charles, »Tiziano e la committenza«, in: *Tiziano*. Katalog des Palazzo Ducale, Venedig 1990

Hsia, Ronnie Po-Chia, *Social Discipline in the Reformation: Central Europe 1500–1750*. London 1989

Hughes, Dom Anselm/Abraham, Gerald (Hg.), *Ars Nova and the Renaissance 1300–1540*. Oxford 1960 (New Oxford History of Music, 3)

Huizinga, Johan, *Herfstij der middeleeuwen*. Haarlem 1919 (dt. *Herbst des Mittelalters*. Aus dem Niederl., unter Benutzung der älteren Übersetzung von T. Wolff-Mönckeberg (1923), von Kurt Köster. Stuttgart [11]1975)

– *Das Problem der Renaissance. Renaissance und Realismus.* Aus dem Niederl. von Werner Kaegi. Berlin 1991 [Zwei Aufsätze von 1920 bzw. 1929]

Huppert, George, »The Idea of Civilization in the Sixteenth Century«, in: Molho, Anthony/Tedeschi, John A. (Hg.), *Renaissance Studies in Honor of Hans Baron.* Florenz 1971, S. 759–769

Husa, Václav, *Traditional Crafts and Skills: Life and Work in Medieval and Renaissance Times.* Prag 1967

Hutchinson, Jane Campbell, *Albrecht Dürer: A Biography.* Princeton, N.J. 1990

Hutton, James, *Themes of Peace in Renaissance Poetry.* Hg. von R. Guerlac. Ithaca, N.Y. 1984

Impey, Oliver/Macgregor, Arthur (Hg.), *The Origins of Museums: The Cabinet of Curiosities in Sixteenth- and Seventeenth-Century Europe.* Oxford 1985

Israel, Jonathan I., *European Jewry in the Age of Mercantilism 1550–1750.* Oxford, rev. Ausg. 1985

Jacob, Ernest F. (Hg.), *Italian Renaissance Studies.* London 1960

Jardine, Lisa, »Mastering the Uncouth: Gabriel Harvey, Edmund Spenser and the English Experience in Ireland«, in: Henry/Hutton (Hg.) [s. o.], S.68–82

Jeanneret, Michel, *A Feast of Words: Banquets and Table Talk in the Renaissance.* Chicago 1991

Jones, E. L., *The European Miracle: Environments, Economies and Geopolitics in the History of Europe and Asia.* Cambridge 1981

Jordan, Constance, *Renaissance Feminism: Literary Texts and Political Models.* Ithaca, N.Y. 1990

Kagan, Richard L., »Philip II and the Art of Cityscape«, in: Rotberg, Robert L./Rabb, Theodore K. (Hg.), *Art and History: Images and Their Meaning.* Cambridge 1981, S.115–135

Kamen, Henry, *The Iron Century. Social Change in Europe 1550–1660.* London 1971

Kantzow, Thomas, *Pomerania.* Hg. von Hans G. L. Kosegarten. 2 Bde., Greifswald 1816/17 *

Karant-Nunn, Susan C., »Continuity and Change: Some Effects of the Reformation on the Women of Zwickau«, in: Sixteenth-Century Journal, 13, 1982, Nr. 2, S.17–42

Karl. V., »Instrucciones de Carlos-Quinto à Don Felipe su Hijo«, in: *Papiers d'État du Cardinal de Granvelle.* Hg. von Charles Weiss. Bd. 3, Paris 1842, S.267–318

Kauffmann, Thomas Da Costa, *L'École de Prague. La peinture à la cour de Rodolphe II.* Paris 1985

Kearney, Hugh F., *Origins of the Scientific Revolution.* London 1964

Kemp, Martin (Hg.), *Leonardo on Painting.* New Haven, Conn. 1989

Kempers, Bram, *Kunst, macht en mecenaat. Het beroep van schilder in sociale verhoudingen 1250–1600.* Amsterdam 1987 (dt. *Kunst, Macht und Mäzenatentum. Der Beruf des Malers in der italienischen Renaissance.* Aus dem Niederl. von Bram Opstelten. München 1989) *

Kent F.W./Simons, Patricia (Hg.), *Patronage, Art and Society in Renaissance Italy.* Oxford 1987

Kibre, Pearl, *The Nations in the Medieval Universities.* Cambridge, Mass. 1948

Kiernan, V. G., *The Duel in European History.* Oxford 1989

King, Margaret L., *Women of the Renaissance*. Chicago 1991 (dt. *Frauen in der Renaissance*. Aus dem Engl. von Holger Fliessbach. München 1993)

Kitchen, Laurence (Übers.), *Love Sonnets of the Renaissance*. London 1990

Klein, Robert/Zerner, Henri, *Italien Art 1500–1600: Sources and Documents*. Englewood Cliffs, N.J. 1966

Knox, Dilwyn, »*Disciplina:* The Monastic and Clerical Origins of European Civility«, in: *Renaissance Society and Culture: Essays in Honor of Eugene F. Rice Jr.* Hg. von John Monfasani und Ronald G. Musto. New York 1991. S.107–135

Koyré, Alexandre, *La révolution astronomique: Copernic, Kepler, Borelli*. Paris 1961 (engl. *The Astronomical Revolution*. London 1973)

– *Leonardo, Pascal und die Entwicklung der kosmologischen Wissenschaft*. Aus dem Frz. von Horst Günther. Berlin 1994 *

Krailsheimer, Alban J. (Hg.), *The Continental Renaissance 1500–1600*. Harmondsworth 1971

Kristeller, Paul O., »The Modern System of the Arts«, in: Ders., *Renaissance Thought*. Bd. 2, New York 1965, S.163–227

Kubler, George, *Portuguese Plain Architecture. Between Spices and Diamonds 1521–1706*. Middletown, Conn. 1972

Kubler, George/Soria, Martin, *Art and Architecture in Spain and Portugal and Their American Dominions*. Harmondsworth 1959

Labé, Louise, *Die vierundzwanzig Sonette der Louïze Labé Lyoneserin*. Aus dem Frz. von Rainer Maria Rilke. Leipzig 1918; Nachdr. Frankfurt a.M. 1963

Lazzaro, Claudia, *The Italian Renaissance Garden*. Cambridge, Mass. 1990

Leonardo da Vinci, *Tagebücher und Aufzeichnungen*. Nach den ital. Handschriften übersetzt und hg. von Theodor Lücke. München 1952

Levenson, Jay A. (Hg.), *Circa 1492: Art in the Age of Exploration*. Katalog der National Gallery, Washington. New Haven, Conn. 1992

Levey, Michael, *The Soul of the Eye: An Anthology of Painters and Painting*. London 1990

Lewner, Lynne, *I modi*. Mailand 1984

Lievsay, John L., *The Elizabethan Image of Italy*. Ithaca, N.Y. 1964

Lippe, Rudolf zur, *Vom Leib zum Körper. Naturbeherrschung am Menschen in der Renaissance*. Reinbek bei Hamburg 1988 *

Long, Pamela O., »The Openness of Knowledge: An Ideal and Its Context in Sixteenth-Century Writings on Mining and Metallurgy«, in: Technology and Culture, 32, April 1991, S.318–355

Lowry, Martin, *The World of Aldus Manutius: Business and Scholarship in Renaissance Venice*. Oxford 1979

Luther, Martin, *Werke. Kritische Gesamtausgabe. Weimarer Ausgabe*. I. Abt.: *Schriften*. 54 Bde., Weimar 1883–1990 [WA]

Lutz, Heinrich, *Reformation und Gegenreformation*. München/Wien 1979 *

MacCurtain, Margaret, *Tudor and Stuart Ireland*. Dublin 1972

Machiavelli, Niccolò, *Istorie fiorentine*. Rom 1532 (dt. *Geschichte von Florenz*. Aus dem Ital. von Alfred von Reumont, Zürich ³1993)

– Gesammelte Schriften. Unter Zugrundelegung der Übersetzungen von Johann Ziegler und Franz Nicolaus Baur hg. von Hanns Floerke. 5 Bde., München 1925

– *Il Principe/Der Fürst.* Italienisch/Deutsch. Aus dem Ital. von Philipp Rippel. Stuttgart 1986

Mack, Phyllis/Jacob, Margaret C., *Politics and Culture in Early Modern Europe: Essays in Honour of H.G. Koenigsberger.* Cambridge 1987

Mander, Carel van, *Das Leben der niederländischen und deutschen Maler.* Textabdruck nach der niederl. Ausgabe von 1617 und dt. Übers. von Hanns Floerke. 2 Bde., München/Leipzig 1906

Manley, Lawrence, »Fictions of Settlement: London 1590«, in: Studies in Philology, 1991, S.207–224

Marlowe, Christopher, *Der Jude von Malta,* in: *Alt-englische Schaubühne.* Aus dem Engl. von Eduard von Bülow, Tl. 1, Berlin 1831

– *Tamburlaine the Great/Tamerlan der Große.* Englisch/Deutsch. Aus dem Engl. von F. Lichius u. a. Stuttgart 1979

Martines, Lauro, »The Protean Face of Renaissance Humanism«, in: Modern Language Quarterly, 51, 1991, S.105–121

Matheson, Peter, »Thomas Müntzer's Idea of an Audience«, in: History, 76, 1991, Nr. 247, S.190, Anm. 28

Matthiessen, Francis O., *Translation: An Elizabethan Art.* Cambridge, Mass. 1931

Mattingly, Garrett, »An Early Non-Aggression Pact«, in: Journal of Modern History, 10, 1938, S.1–30

– *Renaissance Diplomacy.* London 1955

McFarlane, I. D., *A Literary History of France. Renaissance France 1470–1589.* London 1974

McLaren, Angus, *A History of Contraception from Antiquity to the Present Day.* Oxford 1990

McLaughlin, M. L., »Humanist Concepts of Renaissance and Middle Ages in the tre- and quattrocento«, in: Renaissance Studies, 2, 1988, S.131–142

McNeill, William H., *Europe's Steppe Frontier 1500–1800.* Chicago 1964

Mendyk, Stan A. E., »*Speculum Britanniae*«: Regional Study, Antiquarianism and Science in Britain to 1700. Toronto 1989

Michelangelo, *Lebensberichte. Briefe. Gespräche. Gedichte.* Aus dem Ital. übersetzt und hg. von Hannelise Hinderberger. Zürich 1985

Monga, Luigi (Hg.), *Discours viatique de Paris à Rome et de Rome à Naples et Sicile (1588–1589).* Genf 1983

Montaigne, Michel de, *Essais.* Bordeaux 1580; letzte Fassung: Paris 1595 (dt. *Essais* [Versuche] nebst des Verfassers Leben nach der Ausgabe von Pierre Coste ins Deutsche übersetzt von Johann Daniel Tietz. 3 Bde., Zürich 1992)

– *Journal de voyage ...* Neuausg. Celtà di Castello 1895 (dt. *Tagebuch einer Reise durch Italien, die Schweiz und Deutschland in den Jahren 1580 und 1581.* Aus dem Frz. von Otto Flake. Frankfurt a.M. 1988)

Monter, E. William, *Calvin's Geneva.* New York 1967

Morus, Thomas, *Utopia.* Löwen 1516 (dt. *Utopia,* in: *Der utopische Staat.* Aus dem Lat. übers. und hg. von Klaus J. Heinisch. Reinbek bei Hamburg 1960)

Moryson, Fynes, *Shakespeare's Europe.* Hg. von Charles Hughes. London 1903

Moxey, Keith, *Peasants, Warriors and Wives. Popular Imagery in the Reformation.* Chicago/London 1989

Muir, Edward/Ruggiero, Guido (Hg.), *Sex and Gender in Historical Perspective.* Baltimore 1990

Mulryne, J. R./Shewring, Margaret (Hg.), *War, Literature and the Arts in Sixteenth-Century Europe.* London 1989

Mundy, Peter, *The Travels of Peter Mundy in Europe and Asia 1608–1667.* Bd. 1: *Travels in Europe, 1608–1628.* Hg. von R.C. Temple. London 1907 (Hakluyt Society)

Müntzer, Thomas, *Ausgedrückte Entblößung des falschen Glaubens der ungetreuen Welt ...,* in: *Schriften. Liturgische Texte. Briefe.* Ausgewählt und in neuhochdt. Übertragung hg. von Rudolf Bentzinger und Siegfried Hoyer. Berlin 1990

Murray, Peter J., *The Architecture of the Italian Renaissance.* London 1963 (dt. *Die Architektur der Renaissance in Italien.* Aus dem Engl. von Grete und Karl-Eberhard Felten. Stuttgart 1980)

Musikgeschichte in Bildern. Begr. von Heinrich Besseler, hg. von Werner Bachmann. Bd. 3/1 ff.: *Musik des Mittelalters und der Renaissance.* Leipzig 1976 ff.

Nashe, Thomas, *The Unfortunate Traveller, or, The Life of Jacke Wilton.* London 1594 (dt. *Der unglückliche Reisende oder Die Abenteuer des Jack Wilton.* Aus dem Engl. von Werner von Koppenfels, München 1970)

Oestreich, Gerhard, *Neostoicism and the Early Modern State.* Hg. von Brigitta Oestreich und H.G. Koenigsberger. Aus dem Dt. von David McLintock. Cambridge 1982 (Überarb. und veränd. Fassung von *Geist und Gestalt des frühmodernen Staates.* Berlin 1970)

Olson, Roberta J. M., *Italian Renaissance Sculpture.* London 1992

Ortelius, Abraham, *Album amicorum.* Faksimileausgabe. Mit frz. Übersetzung und Anmerkungen hg. von Jean Puraye, Amsterdam 1969

– *Theatrum oder Schawplatz des Erdbodems, warin die Landtafell der gantzen weldt, mit sambt aine der selben kurtze erklarung zu sehen.* Antwerpen 1572 – *Catalogue of the ... Correspondence of Abraham Ortelius.* Amsterdam 1969

Otis, Leah L., *Prostitution in Medieval Society: The History of an Urban Institution in Languedoc.* Chicago 1985

Ozment, Steven E., *Mysticism and Dissent. Religious Ideology and Social Protest in the Sixteenth Century.* New Haven, Conn. 1973

– *The Reformation in the Cities.* New Haven, Conn. 1975

– *When Fathers Ruled. Familiy Life in Reformation Europe.* Cambridge, Mass./London 1983

– *Magdalena and Balthasar ...* New Haven, Conn. 1989 (dt. *Magdalena & Balthasar. Briefwechsel der Eheleute Paumgartner aus der Lebenswelt des 16. Jahrhunderts.* Aus dem Amerik. und dem Frühneuhochdt. von Friedhelm Rathjen. Frankfurt a.M. 1989)

– *Three Behaim Boys. Growing up in Early Modern Germany.* New Haven, Conn./London 1990

Pagden, Anthony, »The Impact of the New World on the Old: The History of an Idea«, in: Renaissance and Modern Studies, 30, 1986

– (Hg.), *The Languages of Political Theory in Early-Modern Europe.* Cambridge 1987

– *Spanish Imperialism and the Political Imagination: Studies in European and Spanish-American Social and Political Theory 1513–1830.* New Haven, Conn. 1990

Panofsky, Erwin, *Studies in Iconology.* New York 1939 (dt. *Studien zur Ikonologie.* Aus dem Amer. von D. Schwarz. Köln 1980)

– *Renaissance and Renascences in Western Art.* 2 Bde., Stockholm 1960; ern. London 1970

(dt. *Die Renaissancen der europäischen Kunst*. Aus dem Amer. von Horst Günther. Frankfurt a.M. 1979)

Paquet, Jacques/Ijsewijn, Jozef (Hg.), *Les universités à la fin du Moyen Age*. Löwen 1978

Paracelsus, *Theophrast von Hohenheim, gen. Paracelsus. Sämtliche Werke*. I. Abt., hg. von Karl Sudhoff, 14 Bde., München/Berlin 1922–1933

Parker, Geoffrey, *The Military Revolution: Military Innovation and the Rise of the West, 1500–1800*. Cambridge 1988

Parker, Geoffrey/Smith, Leslie, *The General Crisis of the Seventeenth Century*. London 1978

Penrose, Boise, *The Sherleian Odyssey*. Taunton 1938

Perjés, Géza, *The Fall of the Medieval Kingdom of Hungary: Mohacs 1526 – Buda 1541*. Aus dem Ungar. von Mario D. Fenyö. New York 1989

Phillips, J. R. S., *The Medieval Expansion of Europe*. Oxford 1988

Phillips, Margaret M., *Erasmus and the Northern Renaissance*. Woodbridge, 2., rev. Aufl. 1981

Piccolomini, Enca Silvio, *La Germania*. Aus dem Neulat. übers. und hg. von Gioacchino Paperelli. Florenz 1949

Picot, Émile, »Les Italiens en France au XVIe siècle«, in: Bulletin Italien, 1–4, Bordeaux 1901–1905

– *Les français italianisants au XVIe siècle*. 2 Bde., Paris 1906

Pirotta, Nino, *Music and Culture in Italy from the Middle Ages to the Baroque*. Cambridge, Mass. 1984

Platina (Sacchi, Bartolomeo), *Il Piacere onesto e la buona Salute*. Hg. von Emilio Faccioli. Turin 1985

Platter, Felix, *Tagebuch (Lebensbeschreibung) 1536–1567*. Hg. von Valentin Lötscher. Basel/Stuttgart 1976

– *Beloved Son Felix: The Journal of Felix Platter a Medical Student in Montpellier in the Sixteenth Century, 1552–7*. Aus dem Dt. von Seán Jennett. London 1963

Platter d. J., Thomas, *Beschreibung der Reisen durch Frankreich, Spanien, England und die Niederlande 1595–1600*. Hg. von Rut Keiser. Basel/Stuttgart 1968

– *Thomas Platter's Travels in England*. Hg. von Clare Williams. London 1937

Plinius Caecilius Secundus, Gaius, *Sämtliche Briefe*. Aus dem Lat. von André Lambert. Zürich/Stuttgart 1969

Poliziano, Angelo. *Stanze*. Bologna 1520 (ital./engl. *The Stanze*. Cambridge, Mass. 1979)

Pontano, Giovanni, *I trattati delle virtù sociali*. Lateinisch/Italienisch. Hg. von Francesco Tateo. Rom 1965

Pope-Hennessy, John, *The Piero della Francesca Trail*. London 1991

Porter, Roy/Teich, M. (Hg.), *The Renaissance in National Context*. Oxford 1992

Prag um 1600. Kunst und Kultur am Hofe Kaiser Rudolfs II. 3 Bde. Kulturstiftung Ruhr Essen und Kunsthistorisches Museum Wien, 1988

Quevedo y Villegas, Francisco, *Historia de la vida del Buscón llamado Don Pablos, ejemplo de vagamundos y espejo de tacaños*. Saragossa 1626 (dt. *Der abenteuerliche Buscón oder Leben und Taten des weitbeschrieenen Glücksritters Don Pablos aus Segovia*. Aus dem Span. von H.C. Artmann. Frankfurt a.M. 1980)

Rossi, Paolo, *I filosofi e le macchine (1400–1700)*. Mailand, rev. Ausg. 1971 (engl. *Philosophy, Technology and the Arts in the Early Modern Era*. New York 1970)

Rabb, Theodore K., *The Struggle for Stability in Early Modern Europe.* Oxford 1975

Rabelais, François, *Gargantua et Pantagruel.* Lyon 1532–1564 (dt. *Gargantua und Pantagruel.* Aus dem Frz. von Gottlob Regis, 2 Bde., München 1903–1906)

– *Les Epitres ... ecrites pendant son voyage d'Italie.* Hg. von L. und S. de Sainte-Marthe. Paris 1651

Rabil Jr., Albert, (Hg.), *Renaissance Humanism: Foundations, Forms and Legacy.* 3 Bde., Philadelphia 1988

Rauw, Johann, *Cosmographia.* Frankfurt a.M. 1597

Richter, Irma A. (Hg.), *Paragone: A Comparison of the Arts by Leonardo da Vinci.* London 1949

»Rinascimento: da Brunelleschi a Michelangelo«. Ausstellungskatalog des Palazzo Grassi. Venedig 1994[*]

Robb, Nesca, »The Fare of Princes: A Renaissance Manual of Domestic Economy«, in: Italian Studies, 7, 1952, S.36–61

Roberts, Michael (Hg.), *Sweden as A Great Power.* London 1968

– *The Swedish Imperial Experience 1560–1718.* London 1979

Ronsard, Pierre de, *Poems of Love.* Hg. von Grahame Castor und Terence Cave. Manchester 1975 (vgl. dt. *Sonnets d'Amour/Sonette der Liebe.* Französisch/Deutsch. Übers. von F. Fassbinder. Mainz 1948)

Roper, Lyndal, »Discipline and Respectability: Prostitution and the Reformation in Augsburg«, in: History Workshop, 19, 1985, S.3–28

Rosand, David, »Dialogues and Apologies: Sidney and Venice«, in: Studies in Philology, 1991, S.236–249

Rosand, David/Muraro, Michelangelo, *Titian and the Venetian Woodcut.* Katalog der National Gallery, Washington 1976

Rose, Paul Laurence, *The Italian Renaissance of Mathematics.* Genf 1975

Rosenthal, Earle E., *The Palace of Charles V in Granada.* Princeton, N.J. 1985

Rossiaud, Jacques, *La prostituzione nel medioevo.* Rom 1984 (dt. *Dame Venus. Prostitution im Mittelalter.* Aus dem Ital. von Ernst Voltmer. München 1989; Neuausg. 1994)

Rouillard, Clarence D., *The Turk in French History, Thought and Literature (1520–1660).* Paris 1941

Rowse, Alfred L., *The England of Elizabeth: The Structure of Society.* London 1950

Rubinstein, Nicolai, »The History of the Word *politicus*«, in: Pagden (1987) [s. o.]

Ruffmann, Karl H., *Das Russlandbild im England Shakespeares.* Göttingen 1952

Russell, Joycelyne G., *Peacemaking in the Renaissance.* London 1986

– *The Field of Cloth of Gold: Men and Manners in 1520.* London 1969

Saitta, Armando, *Dalla Res Publica Cristiana agli Stati Uniti di Europa.* Rom 1948

Salinger, Leo, »Jacobean Playwrights and ›Judicious‹ Spectators«, in: Proceedings of the British Academy, 75, 1989, S.1–23

Santore, Cathy, »Julia Lombardo, ›somtuosa meretrize‹: A Portrait by Property«, in: Renaissance Quarterly, 45, 1988, Nr. 1, S.44–84

Sarton, George, *Six Wings: Men of Science in the Renaissance.* London 1957

Sastrow, Bartholomäus, *Bartholomäus Sastrow, ein merkwürdiger Lebenslauf des sechzehnten Jahrhunderts.* Bearb. von Ludwig Grote. Halle 1860

Saunders, Jason L., *Justus Lipsius.* New York 1958

Scaliger, Joseph Justus, *Autobiography.* Ins Engl. übers. von George W. Robinson. Cambridge, Mass. 1927

Scammell, G.V., *The First Imperial Age: European Expansion c. 1400–1715*. London 1975

Schama, Simon, *The Embarrassment of Riches*. London 1987 (dt. *Überfluß und schöner Schein. Zur Kultur der Niederlande im Goldenen Zeitalter*. Aus dem Engl. von Elisabeth Nowak. München 1988)

Schildhauer, Johannes, *Die Hanse: Geschichte und Kultur*. Leipzig 1984

Schmitt, Antje, *Daniel Frese's Pictures of Justice in the Lüneburg Town Hall*. MA Dissertation, The Warburg Institute, University of London, 1991

Scribner, Robert W., *Popular Culture and Popular Movements in Reformation Germany*. London 1987

Seneca, Lucius Annaeus, *Philosophische Schriften*. Bd. 3/4: *Briefe an Lucilius*. Aus dem Lat. von Otto Apelt. Hamburg 1993

Shakespeare, William, *Sämtliche Dramen*. Nach der 3. Schlegel-Tieck-Gesamtausgabe von 1843/44. Aus dem Engl. von August Wilhelm von Schlegel, Dorothea Tieck, Wolf Graf Baudissin. 3 Bde., München $^{5-7}$1988–1991

Sharpe, Kevin, *Politics and Ideas in Early Stuart England: Essays and Studies*. London 1989

Sher, Stephen K., »Veritas odium parit«, in: The Medal, 14, Frühjahr 1989, S.4–11

Simon, Joan, *Education and Society in Tudor England*. Cambridge 1969

Singer, Charles, *A Short History of Medicine*. Oxford 1928

Sixsmith, G. M., *The Painted City: A Survey of External Painted Decorations on Secular Buildings in the Venetian Area in the Fifteenth and Sixteenth Centuries*. Ph.D. Thesis, University of Nottingham, 1981

Skrine, Peter, »Images of the Merchant in the German Renaissance Literature«, in: Bulletin of the John Rylands University Library, 72, 1990, Nr. 3, S.185–196

Slack, Paul, »The Response to the Plague in Early Modern England: Public Policies and Their Consequences«, in: *Famine, Disease and the Social Order in Early Modern Society*. Hg. von John Walter und Roger Schofield. Cambridge 1989

Smart, Alastair, *The Renaissance and Mannerism outside Italy*. London 1972

Smith, Alan G. R., *Science and Society in the Sixteenth and Seventeenth Centuries*. London 1970

Smith, Pauline M., *The Anti-Courtier Trend in Sixteenth Century French Literature*. Genf 1966

Spitz, Lewis W., *The Religious Renaissance of the German Humanists*. Cambridge, Mass. 1963

Starkey, Thomas, *A Dialogue between Pole and Lupset*. Hg. von T.F. Mayer. London 1989

Stechow, Wolfgang, *Northern Renaissance Art 1400–1600: Sources and Documents*. Englewood Cliffs, N.J. 1966

Stone, Lawrence, »The Educational Revolution in England, 1560–1640«, in: Past and Present, 28, 1964, S.41–80

– The Crisis of the Aristocracy. Oxford 1965

Storia dell'arte italiana. Hg. von Giovanni Previtali und Federico Zeri. Turin 1979 (dt. *Italienische Kunst. Eine neue Sicht auf ihre Geschichte*. Aus dem Ital. von Martina Kempter u. a. 2 Bde., Berlin 1987)

Strauss, Gerald, *Sixteenth Century Germany. Its Topography and Topographers*. Madison, Wis. 1959

– *Manifestations of Discontent in Germany on the Eve of the Reformation*. Bloomington, Ind. 1971

Stricchia, Santoro F., »Arte italiana e arte straniera«, in: *Storia dell'arte italiana*. Hg. von

Paolo Fossati. Tl. 1, Bd. 3: *L'esperienza dell'antico, dell'Europe, della religiosità*. Turin 1979, S.71–171

Strong, Roy, *Art and Power: Renaissance Festivals 1450–1650*. Woodbridge 1984 (dt. *Feste der Renaissance 1450–1650. Kunst als Instrument der Macht*. Aus dem Engl. von Susanne Höbel und Maja Ueberle-Pfaff. Freiburg i.Br. 1991)

– *A Celebration of Gardens*. London 1991

Tafuri, Manfredo, *Venezia e il Rinascimento*. Turin 1985 (engl. *Venice and the Renaissance*. Boston, Mass. 1989)

Tetel, Marcel/Witt, Ronald G./Goffen, Rona (Hg.), *Life and Death in Fifteenth-Century Florence*. Durham, N.C. 1989

Thevet, André, *Les vrais pourtraits et vies des hommes illustres*. Paris 1584. Faksimileausgabe. 2 Bde., New York 1973

Thomas, Keith, *Religion and Decline of Magic*. London 1971

– *Man and the Natural World: Changing Attitudes in England 1500–1800*. Harmondsworth 1984

Thomson Samuel H., *Das Zeitalter der Renaissance. Von Petrarca bis Erasmus*. Aus dem Engl. von Grete und Karl-Eberhard Felter. München 1969 [gek. und adapt. für die Reihe »Kindlers Kulturgeschichte«, Bd. 20] *

Thornton, Dora, *The Study Room in Renaissance Italy*. Ph.D. Thesis, The Warburg Institute, University of London, 2 Bde., 1990

Thornton, Peter, *The Italian Renaissance Interior 1400–1600*. London 1991

Torresan, Paolo, *Il dipingere di Fiandra. La pittura neerlandese nella letteratura artistica italiana del Quattro e Cinquecento*. Modena 1981

Trevor-Roper, Hugh (Hg.), *The Age of Expansion: Europe and the World 1559–1660*. London 1968

– *Princes and Artists: Patronage and Ideology at Four Habsburg Courts, 1517–1633*. London 1976

– *Renaissance Essays*. London 1986

Vasari, Giorgio, *Leben der ausgezeichnetsten Maler, Bildhauer und Baumeister*. Aus dem Ital. Hg. von Ludwig Schorn. 6 Bde. Stuttgart 1832–1849. Nachdr. Worms 1988

– *Le vite*. Hg. von Gaetano Milanesi, 9 Bde., Florenz 1875–1885

– *Lebensläufe der berühmtesten Maler, Bildhauer und Architekten*. Aus dem Ital. von Trude Fein unter Heranziehung der dt. Ausgabe von Schorn/Förster. Zürich 1974

Veldman, Ilja, *Maerten van Heemskerck and Dutch Humanism in the Sixteenth Century*. Maarssen 1977

Die Verführung der Europa. Ausstellungskatalog der Staatlichen Museen Berlin. Konzeption Barbara Mundt. Frankfurt a.M./Berlin 1988

Vickers, Brian, »Leisure and Idleness in the Renaissance: The Ambivalence of Otium«, in: Renaissance Studies, 4, 1990, S.107–154

Vitruvius Pollio, Marcus, *De architectura libri decem/Zehn Bücher über die Architektur*. Lateinisch/deutsch. Aus dem Lat. von Curt Fensterbusch. Darmstadt ^{5}1991

Waddington, Raymond B., »Before Arcimboldo. Composite Portraits on Italian Medals«, in: The Medal, 14, Frühjahr 1989, S.13–23

Weinstein, Donald (Hg.), *The Renaissance and the Reformation 1300–1600*. New York 1965

Weiss, Roberto, *The Renaissance Discovery of Classical Antiquity.* Oxford 1969

Weston, Helen/Davies, David (Hg.), *Studies in Honour of John White.* London 1990

Whitfield, Clovis/Martineau, Jane, *Painting in Naples 1606–1705: From Caravaggio to Giordano.* Ausstellungskatalog der Royal Academy, London 1982

Wilson, John Dover, *Life in Shakespeare's England.* London 1964

Wittkower, Rudolf, *Selected Letters: The Impact of Non-European Civilization on the Art of the West.* Hg. von Donald M. Reynolds. Cambridge 1989

Würtenberger, Frazepp, *Mannerism: The European Style in the Sixteenth Century.* London 1962

Yamey, Basil S., *Art and Accounting.* New Haven, Conn. 1989

Yates, Frances A., *The French Academies in the Sixteenth Century.* London 1947; Neuausg. 1988

Abbildungsverzeichnis

Register

Zum Autor

Sir John Hale, geboren am 17.9.1923, ist Mitglied der British Academy und emeritierter Professor für Italienische Geschichte am University College in London, wo er von 1970 bis zu seiner Emeritierung 1988 das Seminar für Italianistik leitete. Zu Beginn seiner Laufbahn, von 1949 bis 1964, war er Dozent für Neuere Geschichte am Jesus College in Oxford; danach lehrte er an verschiedenen amerikanischen Universitäten, so auch an der Cornell University und an der University of California. Er war Vorsitzender des Vorstands der National Gallery und der British Society for Renaissance Studies sowie Kurator am Victoria and Albert Museum, am British Museum und in der Museums and Galleries Commission. Er ist Autor zahlreicher Bücher, darunter:

England and the Italian Renaissance (1954)
Machiavelli and Renaissance Italy (1961)
Renaissance Europe, 1480–1520 (1971)
Florence and the Medici; The Pattern of Control (1977)
Italian Renaissance Painting (1977)
A Concise Encyclopaedia of the Italian Renaissance (1981)
Renaissance War Studies (1982)
The Military Organization of a Renaissance State:
    Venice, c. 1400 to 1617 (1984) [mit M. Mallett]
War and Society in Renaissance Europe (1985)
Artists and Warfare in the Renaissance (1990)